Österreichisches Handbuch des Völkerrechts

Band 1: Textteil

Herausgegeben von

Dr. Hanspeter Neuhold
Universitätsprofessor in Wien

DDDr. Waldemar Hummer
Universitätsprofessor in Innsbruck

Dr. Christoph Schreuer
Universitätsprofessor in Wien

unter Mitarbeit von

Dr. Christina Binder
Universitätsassistentin in Wien

und

Dr. David Rezac
Universitätsassistent in Wien

4., völlig überarbeitete Auflage

ALLE KRAFT IST WILLE 1849

Wien 2004
Manzsche Verlags- und Universitätsbuchhandlung

Printed in Austria

ISBN 3-214-14914-8 (br)
ISBN 3-214-14913-X (geb)

Telefon: (01) 531 61-0
E-Mail: verlag@MANZ.at
World Wide Web: www.MANZ.at
Datenkonvertierung, Satzherstellung und Druck:
MANZ CROSSMEDIA, 1051 Wien

Vorwort zur 4. Auflage

Nach mehr als zwei Jahrzehnten, die seit der 1. Auflage des Österreichischen Handbuches des Völkerrechts im Jahre 1983 vergangen sind, erscheint eine Neustrukturierung des Werkes angebracht, die über geringfügige Retuschen hinausgeht. Damit soll Schwerpunktverschiebungen innerhalb der völkerrechtlich geregelten Bereiche Rechnung getragen werden. Manche Gebiete des Völkerrechts haben in letzter Zeit derart an Bedeutung gewonnen, dass sie gesondert dargestellt zu werden verdienen. Das gilt etwa aus der Sicht des Mitgliedstaates Österreich für die Europäische Union; sie wird daher in einem eigenen Kapitel und nicht wie bisher im Rahmen jenes über die Internationalen Organisationen behandelt. Auch der internationalen Strafgerichtsbarkeit, bei der im vergangenen Jahrzehnt besonders bemerkenswerte Fortschritte zu verzeichnen waren, ist nunmehr ein eigenes Kapitel gewidmet. Im Lichte rezenter Entwicklungen wurde ferner das Kapitel über das Internationale Wirtschaftsrecht und die Internationalen Wirtschaftsorganisationen umgebaut und mit Schwerpunkten auf dem Recht des internationalen Handels und der Auslandsinvestitionen erweitert.

Dagegen wurde das bisherige Kapitel über die völkerrechtlichen Positionen der „Dritten Welt“ auf der Grundlage eines Beitrags von Prof. *Konrad Ginther* in einen umfassenden Überblick über die Entwicklung des Völkerrechts und dessen Lehre eingefügt, wie dies bereits in der 3. Auflage mit dem von Prof. *Henn-Jüri Uibopuu* verfassten Kapitel über die Völkerrechtsauffassung der „sozialistischen“ Staaten erfolgt war. Ebenso schien es sinnvoll, die früher gesonderte Darstellung des Fremdenrechts in das Kapitel über die Einzelmenschen einfließen zu lassen. Daneben wurden weitere Änderungen in der Gewichtung und damit im Umfang der verschiedenen Abschnitte des Handbuchs vorgenommen.

Außerdem war es hoch an der Zeit, den Autorenkreis zu erweitern, um wenigstens einige jüngere österreichische Völkerrechtler zu Wort kommen zu lassen.

Trotz der – im Übrigen von Fakultät zu Fakultät verschiedenen – Beschränkung des völkerrechtlichen Lehr- und Prüfungsstoffes durch neue Studienpläne wurde der bisherige thematische Umfang des Handbuches beibehalten. Damit soll einerseits die Brauchbarkeit des Werkes für Praktiker gewährleistet bleiben. Andererseits werden im Rahmen des Jusstudiums aus dem Pflichtbereich ausgeschiedene Bereiche des Völkerrechts in Wahlfachangeboten teilweise sogar vertieft behandelt, so dass auch diesbezüglich weiterhin Bedarf nach einer umfassenden Darstellung besteht.

Auch für das Zustandekommen der jüngsten Neuauflage haben wir zahlreichen Personen zu danken und tun dies gerne. Zunächst gilt unser Dank allen unseren Kollegen, die ihre Beiträge gemäß dem gemeinsamen Konzept des Handbuchs erneut überarbeitet und aktualisiert oder neue Kapitel verfasst haben. Besonders nützlich waren dabei Anregungen, die uns vor allem Assistenten und Studierende als Benützer der beiden Bände zukommen ließen. Es ist uns leider im vorliegenden Rahmen nicht möglich, alle Helfer und Helferinnen namentlich zu erwähnen. Stellvertretend für viele seien an dieser Stelle die Assistenten Dr. *Christina Binder* und Dr. *David Rezac* in Wien und Dr. *Jelka Mayr-Singer* in Innsbruck sowie die Bibliothekare Mag. *Natalie Bergmann,* Mag. *Catherine Quidenus* und Mag. *Jakob Wurm* am Wiener Institut genannt, ohne deren Mitarbeit diese Auflage nicht möglich gewesen wäre. Unter den Damen der Sekretariate haben wir uns erneut bei Frau *Brigitte Weidinger* für ihre bewährte Unterstützung zu bedanken. Es sei an dieser Stelle vermerkt, dass die vorliegende umfassende Überarbeitung des Handbuchs einen größeren Zeitaufwand als frühere Neuauflagen erforderte.

Einmal mehr bedanken wir uns bei den Damen und Herren im Manz Verlag, insbesondere Herrn Dkfm. *Franz Stein* und Frau Mag. *Doris Pummer,* für die mittlerweile gewohnte effektive und angenehme Zusammenarbeit.

Schließlich haben wir auch an dieser Stelle voll Trauer des Ablebens eines weiteren Handbuchautors zu gedenken. Prof. *Ignaz Seidl-Hohenveldern* verstarb am 25. Juli 2001. Seinem Andenken und jenem der Professoren *Herbert Miehsler* und *Felix Ermacora* sei diese 4. Auflage gewidmet.

Wien und Innsbruck, im Sommer 2004

Hanspeter Neuhold, Waldemar Hummer, Christoph Schreuer

Die Autoren dieses Handbuchs

Wolfgang Benedek	Universitätsprofessor für Völkerrecht und das Recht der Internationalen Organisationen, Universität Graz
Felix Ermacora †	(emeritierter) Universitätsprofessor für Staatslehre und österreichisches Verfassungsrecht, Verwaltungslehre und österreichisches Verwaltungsrecht, Universität Wien
Peter Fischer	Universitätsprofessor für Völkerrecht und Internationales Wirtschaftsrecht (im Ruhestand), Universität Wien
Gerhard Hafner	Universitätsprofessor für Völkerrecht, Universität Wien, Membre associé de l'Institut de Droit international
Waldemar Hummer	Universitätsprofessor für Völkerrecht und Europarecht, Universität Innsbruck
Wolfram Karl	Universitätsprofessor für Völkerrecht und Internationale Beziehungen, Universität Salzburg
Heribert Franz Köck	Universitätsprofessor für Völkerrecht, Universität Linz
Gerhard Loibl	Universitätsprofessor für Völkerrecht und Internationales Wirtschaftsrecht, Universität Wien, Inhaber des Lehrstuhls für Völkerrecht und Europarecht an der Diplomatischen Akademie Wien
Herbert Miehsler †	Universitätsprofessor für Völkerrecht, Universität Salzburg
Hanspeter Neuhold	Universitätsprofessor für Völkerrecht und Internationale Beziehungen, Universität Wien
August Reinisch	Universitätsprofessor für Völkerrecht und Europarecht, Universität Wien
Manfred Rotter	Universitätsprofessor für Völkerrecht und Internationale Beziehungen, Universität Linz
Christoph Schreuer	Universitätsprofessor für Völkerrecht, Universität Wien
Ignaz Seidl-Hohenveldern †	(emeritierter) Universitätsprofessor für Völkerrecht und Internationale Organisationen, Universität Wien; Membre de l'Institut de Droit international
Bruno Simma	Richter am Internationalen Gerichtshof, Den Haag
Stephan Wittich	Universitätsassistent am Institut für Völkerrecht und Internationale Beziehungen, Universität Wien
Karl Zemanek	(emeritierter) Universitätsprofessor für Völkerrecht und Internationale Organisationen, Universität Wien; Membre de l'Institut de Droit international

Inhaltsübersicht

Seite

Vorwort III

Die Autoren dieses Handbuchs V

Inhaltsübersicht VII

Inhaltsverzeichnis IX

Abkürzungsverzeichnis XXXI

Zur Arbeit mit diesem Handbuch XLIII

I. Abschnitt: Grundlagen und Rahmenbedingungen des heutigen Völkerrechts

Vorbemerkung der Herausgeber 1

1. Kapitel: Abgrenzungen, Strukturmerkmale und Besonderheiten der Völkerrechtsordnung *(Hanspeter Neuhold)* 3

2. Kapitel: Das moderne Völkerrecht und seine Lehre: geschichtlicher Überblick *(Hanspeter Neuhold)* 16

II. Abschnitt: Die Völkerrechtsquellen

Vorbemerkung der Herausgeber 31

1. Kapitel: Das Völkergewohnheitsrecht *(Bruno Simma)* 33

2. Kapitel: Das Völkervertragsrecht *(Karl Zemanek)* 45

3. Kapitel: Die allgemeinen Rechtsgrundsätze *(Manfred Rotter)* 79

4. Kapitel: Die Beschlüsse Internationaler Organisationen *(Christoph Schreuer)* 86

5. Kapitel: Die einseitigen Rechtsgeschäfte *(Herbert Miehsler, Gerhard Hafner und Stephan Wittich)* 93

6. Kapitel: Sonstige Quellen des Völkerrechts *(Wolfram Karl)* 101

III. Abschnitt: Völkerrecht und Landesrecht

Vorbemerkung der Herausgeber 109

1. Kapitel: Völkerrecht, Recht der Europäischen Union und Landesrecht *(Felix Ermacora und Waldemar Hummer)* 111

IV. Abschnitt: Die Völkerrechtssubjekte

Vorbemerkung der Herausgeber 133

1. Kapitel: Die Staaten *(Ignaz Seidl-Hohenveldern und Waldemar Hummer)* 135

2. Kapitel: Die Internationalen Organisationen *(Christoph Schreuer)* 173

3. Kapitel: Die Europäische Union *(August Reinisch)* 209

4. Kapitel: Sonstige Völkerrechtssubjekte *(Heribert Franz Köck)* 228

5. Kapitel: Internationale und transnationale Akteure an oder unter der Schwelle der Völkerrechtssubjektivität *(Waldemar Hummer)* 233

6. Kapitel: Einzelmenschen 244

A. Das Fremdenrecht *(Ignaz Seidl-Hohenveldern)* 244

B. Der internationale Menschenrechtsschutz: Entwicklung und Grundlagen *(Waldemar Hummer)* 258

C. Der universelle Menschenrechtsschutz im Rahmen der Vereinten Nationen *(Waldemar Hummer)* 264
D. Der europäische Menschenrechtsschutz *(Wolfram Karl)* 274
E. Der regionale Menschenrechtsschutz außerhalb Europas *(Waldemar Hummer)* 313
F. Der informelle Menschenrechtsschutz durch INGOs *(Waldemar Hummer)* 316
G. Der internationale Minderheitenschutz *(Waldemar Hummer)* 317

V. Abschnitt: Die Organe des völkerrechtlichen Verkehrs

Vorbemerkung der Herausgeber 323
1. Kapitel: Die Organe des völkerrechtlichen Verkehrs *(Heribert Franz Köck)* .. 324

VI. Abschnitt: Die Grundregeln der zwischenstaatlichen Beziehungen

Vorbemerkung der Herausgeber 347
1. Kapitel: Die Grundregeln der zwischenstaatlichen Beziehungen *(Hanspeter Neuhold)* 349

VII. Abschnitt: Territoriale Aspekte des Völkerrechts

Vorbemerkung der Herausgeber 393
1. Kapitel: Räumliche Regime und Nutzungen über die und jenseits der Staatsgrenzen *(Gerhard Hafner)* 394
2. Kapitel: Internationales Umweltrecht *(Gerhard Loibl)* 444

VIII. Abschnitt: Das Internationale Wirtschaftsrecht

Vorbemerkung der Herausgeber 465
1. Kapitel: Grundlagen und Entwicklung des Internationalen Wirtschaftsrechts *(Peter Fischer)* 467
2. Kapitel: Das Recht des internationalen Handels *(Wolfgang Benedek)* 479
3. Kapitel: Das internationale Investitionsrecht *(Christoph Schreuer)* 490

IX. Abschnitt: Das völkerrechtliche Unrecht und seine Folgen

Vorbemerkung der Herausgeber 503
1. Kapitel: Die völkerrechtliche Verantwortlichkeit und die Sanktionen des Völkerrechts *(Karl Zemanek, Gerhard Hafner und Stephan Wittich)* 505
2. Kapitel: Die internationale Strafgerichtsbarkeit *(Gerhard Hafner)* 533

X. Abschnitt: Das Kriegs- und Humanitätsrecht

Vorbemerkung der Herausgeber 539
1. Kapitel: Das Kriegs- und Humanitätsrecht *(Karl Zemanek)* 541

XI. Abschnitt: Der internationale Status Österreichs seit 1918

Vorbemerkung der Herausgeber 561
1. Kapitel: Der internationale Status und die völkerrechtliche Stellung Österreichs seit dem Ersten Weltkrieg *(Waldemar Hummer)* 562

Sach- und Namensregister 617

Inhaltsverzeichnis

Seite

I. Abschnitt: Grundlagen und Rahmenbedingungen des heutigen Völkerrechts

Vorbemerkung der Herausgeber ... 1

1. Kapitel: Abgrenzungen, Strukturmerkmale und Besonderheiten der Völkerrechtsordnung

A. Definition und Abgrenzung zu verwandten Bereichen ... 3
B. Die Funktionen des Völkerrechts ... 5
C. Strukturelle Voraussetzungen der gegenwärtigen Völkerrechtsordnung ... 6
D. Die Souveränität in der internationalen Realität der Gegenwart ... 8
E. Der Mangel an zentralen Organen als Strukturmerkmal des Völkerrechtssystems ... 11
F. Die Bedeutung der Reziprozität im Völkerrecht ... 13
G. Die Bedeutung der Effektivität im Völkerrecht ... 14

2. Kapitel: Das moderne Völkerrecht und seine Lehre: geschichtlicher Überblick

A. Der politische Hintergrund des „klassischen" europäischen Völkerrechts bis zum II. Weltkrieg ... 16
B. Weltpolitische Entwicklungen und völkerrechtliche Grundsatzpositionen nach 1945 ... 19
C. Die „Dritte Welt" und das Völkerrecht ... 22
   1. Die „Dritte Welt" in den internationalen Beziehungen ... 22
   2. Völkerrechtliche Positionen der „Dritten Welt" und ihre Grundlagen ... 24
      a) Das Selbstbestimmungsprinzip ... 24
      b) Das Demokratisierungsprinzip ... 24
      c) Das Entwicklungsprinzip ... 25
      d) Das Menschenrechtsverständnis der „Dritten Welt" ... 25
      e) Sonstige Einflüsse der „Dritten Welt" auf wesentliche Bereiche des Völkerrechts ... 26
D. Die Entwicklung der europäischen Völkerrechtswissenschaft ... 26
E. Die westliche Völkerrechtswissenschaft nach 1945 ... 28

II. Abschnitt: Die Völkerrechtsquellen

Vorbemerkung der Herausgeber ... 31

1. Kapitel: Das Völkergewohnheitsrecht

A. Begriff ... 33
B. Elemente ... 34
   1. Die Staatenpraxis ... 34
      a) Ihre Erscheinungsformen ... 34
      b) Ihre „Allgemeinheit" ... 34
      c) Partikuläres/regionales und bilaterales Völkergewohnheitsrecht ... 35
      d) Dauer, Intensität und Einheitlichkeit der Praxis ... 35

2. Die Rechtsüberzeugung (opinio iuris) ... 36
C. Verschiedene Erzeugungsarten ... 37
D. Derogierendes Gewohnheitsrecht ... 39
E. Die Kodifikation von Gewohnheitsrecht ... 40
1. Begriff ... 40
2. Entwicklung, Organisation und Methoden ... 41
3. Vor- und Nachteile der Kodifikation ... 42
F. Das Völkergewohnheitsrecht im System der österreichischen Rechtsordnung (Art 9 Abs 1 B-VG) ... 43
G. Die Theorie des Völkergewohnheitsrechts in der Krise ... 44

2. Kapitel: Das Völkervertragsrecht

A. Allgemeines ... 45
1. Die Funktion des Vertrages in der Völkerrechtsordnung ... 46
2. Der Anwendungsbereich der Wiener Vertragsrechtskonvention ... 47
3. Treaty-making power ... 47
4. Wann liegt ein Vertrag vor? ... 49
B. Das Zustandekommen völkerrechtlicher Verträge ... 49
1. Die zuständigen Organe ... 50
a) Nach der Wiener Vertragsrechtskonvention ... 50
b) Nach österreichischem Recht ... 50
2. Der Abschluss ... 51
a) Die Willensbildung in Verhandlungen ... 51
b) Die formellen Abschlussverfahren ... 52
3. Das In-Kraft-Treten ... 54
a) Verfahren ... 54
b) Depositär ... 54
c) Registrierung ... 54
C. Einheitlichkeit der Vertragspflichten oder größtmögliche Zahl von Vertragsparteien? ... 55
1. Vorbehalte ... 56
a) Völkerrechtliche Regelung ... 56
b) Innerstaatliche Behandlung in Österreich ... 58
2. Beschränkung der Zustimmungserklärung auf einen Teil des Vertragstextes ... 58
D. Die Durchführung völkerrechtlicher Verträge ... 59
1. Erfüllung/Anwendung ... 59
a) Völkerrechtliche Pflichten ... 59
b) Durchführung in Österreich ... 59
2. Interpretation ... 62
a) Völkerrechtliches Verfahren ... 63
b) Materielle völkerrechtliche Regeln ... 63
c) Innerstaatliche Interpretation völkerrechtlicher Verträge ... 65
E. Die Änderung völkerrechtlicher Verträge ... 65
F. Die Endigung völkerrechtlicher Verträge ... 66
1. Die Anfechtung ... 67
a) Wegen eines formellen Willensmangels ... 67
b) Wegen materieller Willensmängel ... 68
c) Wegen Verletzung von ius cogens ... 68
2. Kündigung/Auflösung (oder Suspendierung) ... 70
a) Die Kündigung (bzw der Rücktritt) ... 70
b) Die Auflösung oder die Suspendierung ... 71

3. Das Verfahren ... 72
4. Die Folgen ... 74
G. Verträge als Ordnungsinstrument ... 75
1. Verträge und dritte Staaten ... 75
2. Verträge untereinander ... 76
a) Bilaterale Verträge ... 76
b) Multilaterale Verträge ... 76

3. Kapitel: Die allgemeinen Rechtsgrundsätze

A. Einleitung ... 79
B. Die Entstehung des Art 38 Abs 1 lit c IGH-Statut ... 80
C. Die Auslegung des Art 38 Abs 1 lit c IGH-Statut ... 80
D. Die allgemeinen Rechtsgrundsätze als Rechtssatzform (Rechtsquelle) des Völkerrechts ... 81
E. Der Nachweis der allgemein anerkannten Rechtsgrundsätze ... 82
F. Beispiele in der Praxis ... 82
G. Allgemeine Rechtsgrundsätze in der Handelsschiedsgerichtsbarkeit ... 83
H. Allgemeine Rechtsgrundsätze im Recht der Europäischen Union und ihrer Gemeinschaften ... 84
I. Zusammenfassung ... 84

4. Kapitel: Die Beschlüsse Internationaler Organisationen

A. Allgemeines ... 86
B. Die verschiedenen Arten von Beschlüssen Internationaler Organisationen ... 87
1. Empfehlungen ... 87
2. Generell-abstrakte Vorschriften ... 88
3. Konkrete Entscheidungen ... 89
4. Beschlüsse Internationaler Organisationen und völkerrechtliches Vertragsrecht ... 90
a) Vertragsänderungen ... 90
b) Offizielle Auslegungen ... 90
c) Vertragsentwürfe ... 90
C. Die Beschlüsse Internationaler Organisationen im österreichischen Staatsrecht ... 90
1. Die Lückenlosigkeitstheorie; Art 9 Abs 2 B-VG ... 90
2. Österreichs Mitgliedschaft in der Europäischen Union ... 91
3. Die Durchführung von Beschlüssen Internationaler Organisationen in Österreich ... 91
4. Beschlüsse Internationaler Organisationen und materielles österreichisches Recht ... 92

5. Kapitel: Die einseitigen Rechtsgeschäfte

A. Einleitung ... 93
B. Einseitige Rechtsgeschäfte, die mit völkerrechtlichen Verträgen zusammenhängen ... 95
1. Zustimmung, durch einen Vertrag gebunden zu sein ... 95
2. Vorbehalt ... 96
3. Endigung, Suspendierung und Ungültigkeit eines Vertrages ... 96
4. Unterwerfungserklärungen ... 96
C. Selbständige einseitige Rechtsgeschäfte ... 96
1. Anerkennung ... 96

2. Protest 97
3. Versprechen 97
4. Verzicht 98
5. Andere selbständige einseitige Rechtsgeschäfte 98
D. Die einseitigen Rechtsgeschäfte im österreichischen Recht 98

6. Kapitel: Sonstige Quellen des Völkerrechts

A. Allgemeines 101
B. Die Judikatur 102
C. Die Völkerrechtslehre 103
D. Die Kodifikation 104
E. Die völkerrechtliche Praxis 104
F. „Außerrechtliche" Erklärungen und Abmachungen 105
G. Naturrecht und Billigkeit 106

III. Abschnitt: Völkerrecht und Landesrecht

Vorbemerkung der Herausgeber 109

1. Kapitel: Völkerrecht, Recht der Europäischen Union und Landesrecht

A. Abgrenzung 111
B. Das Verhältnis Völkerrecht – Landesrecht 111
1. Dualismus 112
2. Monismus 112
3. Praktische Bedeutung 112
C. Das Verhältnis Gemeinschaftsrecht – Landesrecht 113
D. Die Übernahme von Völkerrecht in das Landesrecht 113
1. Allgemeines 113
2. Inkorporationstheorien 114
3. Unmittelbare Anwendbarkeit 115
4. Rezente Perspektiven 115
E. Die Übernahme von Völkerrecht in das österreichische Recht 116
1. Völkergewohnheitsrecht und Allgemeine Rechtsgrundsätze 116
2. Völkerrechtliche Verträge 117
3. Einseitige Rechtsgeschäfte 118
4. Beschlüsse von Staatengemeinschaftsorganen 118
5. Kollision Völkerrecht – österreichisches Recht 119
F. Die Übernahme des Rechts der Europäischen Union in das österreichische Recht 120
1. Allgemeines 120
2. Die Übernahme des Gemeinschaftsrechts 120
3. Die Übernahme des Unionsrechts 121
G. Die Mitwirkung Österreichs an der Rechtsetzung und Vollziehung in der Europäischen Union 121
1. Der Beitritt Österreichs 122
2. Die Mitwirkung Österreichs 122
a) Die Vertretung Österreichs im Europäischen Parlament 122
b) Die Ernennung österreichischer Vertreter in den Organen in der Union 122
c) Die Mitwirkung der Länder und Gemeinden 122
d) Die Mitwirkung von National- und Bundesrat 123

e) Die Mitwirkung von Regierungsmitgliedern im Europäischen Rat und im Rat ... 124
f) Die Mitwirkung an der Gemeinsamen Außen- und Sicherheitspolitik (GASP) ... 125
g) Die Mitwirkung an den „Petersberg-Aufgaben“ bzw an der Gemeinsamen Europäischen Sicherheits- und Verteidigungspolitik (GESVP) ... 125
h) Die Mitwirkung der Sozialpartner ... 125
H. Die Auswärtige Gewalt ... 125
1. Auswärtige Gewalt als „vierte Gewalt“ ... 125
2. Bundesstaatliche Kompetenzlage ... 126
3. Organisatorische Gestaltung der Auswärtigen Gewalt ... 126
4. Limitierung der Auswärtigen Gewalt in der Europäischen Union ... 127
5. Tätigkeitsbereiche ... 127
a) Allgemeines ... 127
b) Vollziehungsaufgaben ... 128
c) Rechtsetzungsaufgaben ... 128
d) Rechtsprechung ... 128
e) Regierungstätigkeit ... 129
6. Die Kontrolle der Auswärtigen Gewalt ... 129
a) Maßstab und Organe der Kontrolle ... 129
b) Mittel der Kontrolle ... 130
7. Der Nationale Sicherheitsrat ... 131
8. Der Rat für Fragen der österreichischen Integrations- und Außenpolitik 131
9. Die Arbeitsgruppe für Integrationsfragen ... 132
10. Der Beirat für außenwirtschaftspolitische Angelegenheiten ... 132

IV. Abschnitt: Die Völkerrechtssubjekte

Vorbemerkung der Herausgeber ... 133

1. Kapitel: Die Staaten

A. Definition des Staates ... 135
1. Volk ... 136
a) Gegenseitiges Treueverhältnis zwischen Staat und Bürgern ... 136
b) Erwerb der Staatsbürgerschaft ... 137
c) Verlust der Staatsbürgerschaft ... 139
d) Diplomatischer Schutz der Staatsbürger (physischer und juristischer Personen) ... 140
da) Grundlagen ... 140
db) Voraussetzungen für die Inanspruchnahme diplomatischen Schutzes 140
dc) Entbehrlichkeit des diplomatischen Schutzes in Sonderfällen ... 142
2. Gebiet ... 142
a) Begriff des Staatsgebietes ... 142
b) Grenzen ... 142
ba) Grundsätze für Grenzziehungen ... 142
bb) Grenzen zu Lande ... 143
bc) Grenzen zur See und im Luft- und Weltraum ... 144
c) Territoriale Souveränität und Gebietshoheit ... 144
3. Souveräne Staatsgewalt ... 145
a) Begriffe ... 145
b) Abgrenzung gegenüber der Staatsgewalt anderer Staaten ... 147
ba) Im Allgemeinen ... 147

bb) Internationales Strafrecht 147
bc) Internationales Privatrecht und internationales Verwaltungsrecht . 148
B. Typologie staatsähnlicher Völkerrechtssubjekte 148
1. Staatenzusammenschlüsse 148
2. Staaten mit begrenzter Völkerrechtssubjektivität 149
a) Gliedstaaten als partielle Völkerrechtssubjekte 149
b) Anwärter auf Staatlichkeit als partikuläre Völkerrechtssubjekte 151
3. Staaten mit begrenzter Handlungsfähigkeit 151
a) Auferlegte Beschränkungen 151
aa) Protektorate 151
ab) Renaissance der „UN-Treuhandgebiete“ oder neue Formen „Internationaler Verwaltung“? 152
ac) Besetzte Gebiete 153
b) Freiwillig übernommene Beschränkungen 153
C. Entstehung eines Staates 154
1. Anerkennung von Staaten 154
2. Anerkennung von Regierungen 155
3. Indirekte Anerkennung von Staaten oder Regierungen 156
D. Gebietserwerb 156
1. Originärer Erwerb 156
2. Abgeleiteter Erwerb 157
E. Staatennachfolge (Staatensukzession) 157
1. Verträge 159
2. Aktivvermögen 161
3. Schulden 161
4. Konzessionen 162
5. Völkerrechtliche Verantwortlichkeit 162
6. Staatsbürgerschaftsfragen 163
F. Ausgewählte Fälle von Staatensukzessionen 163
1. Der Untergang Österreich-Ungarns 163
2. Deutschland nach dem Zweiten Weltkrieg 163
3. Sowjetunion 165
4. Jugoslawien 166
5. Tschechoslowakei 167
6. „Scheintote“ Staaten 167
G. Immunität 167
1. Absolute Immunität 167
2. Relative Immunität 168
3. Abgrenzungsprobleme 168
4. Staatliche Einrichtungen und Unternehmen 169
5. Immunität im Vollstreckungsverfahren 170
H. Fremde Hoheitsakte 170
1. Das Territorialitätsprinzip 170
2. Anerkennung fremder Hoheitsakte 171
3. Die Act-of-State-Doktrin 171

2. Kapitel: Die Internationalen Organisationen

A. Einleitung 173
1. Geschichte 173
2. Der Begriff der Internationalen Organisation 174

3. Arten Internationaler Organisationen ... 175
a) Nach dem Mitgliederkreis ... 175
b) Nach Zielsetzung und Aufgaben ... 175
c) Nach dem Grad der Integration ... 176
d) Nach dem Grad der Organisation ... 176
B. Entstehung und Ende Internationaler Organisationen ... 177
1. Gründung ... 177
2. Auflösung ... 178
3. Rechtsnachfolge ... 178
C. Die Rechtsstellung Internationaler Organisationen ... 179
1. Rechts- und Handlungsfähigkeit im Völkerrecht ... 179
2. Rechts- und Handlungsfähigkeit im staatlichen Recht ... 181
3. Vorrechte und Befreiungen Internationaler Organisationen ... 181
a) Befreiung von der staatlichen Gerichtsbarkeit ... 182
b) Fiskalbefreiungen ... 183
c) Sonstige Befreiungen ... 183
4. Anwendbares Recht ... 183
D. Das Personal Internationaler Organisationen ... 184
1. Rechtsstellung und Dienstrecht ... 184
2. Vorrechte und Befreiungen ... 186
a) Befreiung von der staatlichen Gerichtsbarkeit ... 186
b) Steuerfreiheit ... 186
c) Sonstige Vorrechte und Befreiungen ... 187
d) Schutz vor Übergriffen ... 187
E. Die Teilnahme an der Tätigkeit Internationaler Organisationen ... 187
1. Die Mitgliedschaft ... 187
2. Andere Formen der Teilnahme ... 190
3. Das Verhältnis Internationaler Organisationen zueinander ... 191
4. Die Suspension von Mitgliedschaftsrechten ... 192
5. Der Austritt ... 192
6. Der Ausschluss ... 193
7. Vertretung/Vollmacht ... 194
F. Die Organe Internationaler Organisationen ... 195
1. Plenarorgane der Staatenvertreter ... 195
2. Nicht-Plenarorgane der Staatenvertreter ... 196
3. Sekretariate ... 197
4. Quasi-parlamentarische Organe ... 198
5. Expertenorgane und Interessenvertretungen ... 199
6. Internationale Gerichte ... 200
G. Die Willensbildung in Internationalen Organisationen ... 200
1. Einstimmigkeit ... 200
2. Mehrstimmigkeit ... 201
3. Vorrechte bei der Willensbildung ... 201
4. Konsensus ... 203
H. Die Finanzierung Internationaler Organisationen ... 203
1. Einkünfte Internationaler Organisationen ... 204
a) Mitgliedsbeiträge ... 204
b) Sonstige Einkünfte ... 205
2. Das Ausgabenwesen Internationaler Organisationen ... 205
I. Die Bedeutung Internationaler Organisationen in den internationalen Beziehungen ... 205
J. Die Bedeutung Internationaler Organisationen im heutigen Völkerrecht ... 206

3. Kapitel: Die Europäische Union

A. Allgemeines ... 209
B. Geschichte ... 209
C. Ziele und Besonderheiten ... 213
D. Organisatorischer Aufbau ... 216
E. Haushaltsrecht ... 220
F. Rechtsetzung ... 220
G. Aufnahme neuer Mitglieder ... 222
H. Außenbeziehungen ... 222
I. Tätigkeitsbereiche der Gemeinschaften ... 224
J. Unionsbürgerschaft ... 226
K. Wertung ... 227

4. Kapitel: Sonstige Völkerrechtssubjekte

A. Begriffe und Arten ... 228
B. Die sonstigen Völkerrechtssubjekte im Einzelnen ... 228
1. Der Heilige Stuhl ... 228
a) Wesen und Terminologie ... 228
b) Geschichtlicher Überblick ... 229
c) Gesandtschafts- und Vertragswesen ... 229
d) Der Heilige Stuhl und die Internationalen Organisationen ... 230
e) Die spezifische Mission des Heiligen Stuhls in der internationalen Gesellschaft ... 230
f) Andere Religionsgemeinschaften als Völkerrechtssubjekte? ... 230
2. Die Ritterorden ... 231
a) Historische Entwicklung ... 231
b) Wesen und Zielsetzung heute ... 231
c) Die spezifische Mission und die partielle Völkerrechtssubjektivität des Souveränen Malteser-Ritter-Ordens ... 231
3. Das Rote Kreuz ... 232
a) Wesen und Zielsetzung ... 232
b) Das Internationale Komitee vom Roten Kreuz ... 232

5. Kapitel: Internationale und transnationale Akteure an oder unter der Schwelle der Völkerrechtssubjektivität

A. Einführung und Abgrenzung ... 233
B. Transnationale Wirtschaftsunternehmen (TNCs, Multis) ... 234
1. Allgemeines ... 234
2. Entstehung, Bedeutung und Charakteristika ... 234
3. Definition und Organisationsform ... 235
4. Völkerrechtliche Probleme ... 235
a) Völkerrechtliche Verantwortlichkeit des Heimatstaates ... 236
b) Kontrolle der transnationalen Unternehmen durch den Gastgeberstaat 237
c) Internationale oder supranationale Kontrolle der transnationalen Unternehmen ... 237
ca) Kontrolle durch multilaterale Verträge bzw Deklarationen ... 237
cb) Kontrolle durch zwischenstaatliche und supranationale Organisationen ... 237
d) Verträge zwischen Gastgeberstaat und transnationalen Unternehmen .. 238
e) Diplomatischer Schutz für transnationale Unternehmen ... 238
C. Internationale nichtstaatliche Organisationen (INGOs) ... 238
1. INGOs als internationale Akteure ... 238

2. Erscheinungsformen ... 239
3. Definitionen ... 239
4. Klassifikations- und Standardisierungsversuche ... 240
5. Die (I)NGO als Verein ... 240
6. Betrauung von INGOs mit völkerrechtlichen Handlungsbefugnissen ... 241
7. Ausgewählte Beispiele ... 241
a) Amnesty International (ai) ... 241
b) Greenpeace ... 242
8. Kontrolle und Transparenz der Aktivitäten ... 243

6. Kapitel: Einzelmenschen

A. Das Fremdenrecht ... 244
1. Staatsbürger und Fremde ... 244
a) Allgemeines ... 244
b) Ausländer ... 244
c) Flüchtlinge ... 245
d) Staatenlose ... 247
2. Zulassung, Ausweisung und Auslieferung von Ausländern ... 248
3. Rechte der Fremden ... 249
a) Grundsatzfragen ... 249
b) Diskriminierungsverbot ... 250
c) Rechtsfähigkeit ... 251
d) Unverletzlichkeit der Person ... 251
e) Gerichtsschutz und faires Verfahren ... 251
f) Beteiligung am Wirtschaftsleben ... 252
g) Enteignung von Fremden ... 252
ga) Zulässigkeit ... 252
gb) Verfahren ... 254
gc) Entschädigung ... 254
gd) Wirkungen im Ausland ... 256
ge) Rezente Entwicklungen und internationaler Investitionsschutz ... 256
4. Pflichten der Fremden ... 257
5. Politische Betätigung von Fremden ... 257
B. Der internationale Menschenrechtsschutz: Entwicklung und Grundlagen ... 258
1. Ideengeschichtliche Grundlage der Menschenrechte ... 258
2. Inhalt der Menschenrechte ... 259
3. Ausprägung der Menschenrechte ... 261
4. Internationalisierung des Menschenrechtsschutzes ... 261
5. Schutz der Menschenrechte durch das Völkerrecht ... 263
a) Arten der Gewährleistung der Menschenrechte im Völkerrecht ... 263
b) Typisierung der völkerrechtlichen Menschenrechtsschutzverfahren ... 263
C. Der universelle Menschenrechtsschutz im Rahmen der Vereinten Nationen ... 264
1. Entwicklung ... 264
a) Die Anfänge des universellen Menschenrechtsschutzes ... 264
b) Die Allgemeine Erklärung der Menschenrechte der Vereinten Nationen ... 264
c) Entstehung und Ausformung der Menschenrechtspakte der Vereinten Nationen ... 265
2. Rechtsschutzsysteme der Menschenrechtspakte der Vereinten Nationen ... 266
a) Der Pakt über wirtschaftliche, soziale und kulturelle Rechte ... 266
b) Der Pakt über bürgerliche und politische Rechte ... 266
c) Würdigung der Sicherungsverfahren der beiden Pakte ... 267

3. Sonstige Abkommen und Resolutionen zum Schutz von Menschenrechten im Rahmen der Vereinten Nationen ... 268
a) Internationale Abkommen gegen Sklaverei und Zwangsarbeit ... 268
b) Internationale Konvention über die Verhütung und Bestrafung des Völkermordes (Genocide-Konvention) ... 268
c) Folterverbot ... 268
d) Abkommen und Resolutionen gegen Diskriminierungen ... 269
e) Schutz des Kindes ... 269
f) Internationaler Arbeiterschutz ... 270
g) Internationale Abkommen zum Schutz der Menschenrechte im Krieg ... 270
h) Internationaler Schutz von Flüchtlingen und Staatenlosen ... 270
i) Internationaler Minderheitenschutz ... 270
4. Spezielle Verfahren des Menschenrechtsschutzes innerhalb und außerhalb der Vereinten Nationen ... 271
5. Der Hochkommissar der Vereinten Nationen für Menschenrechte ... 273
D. Der europäische Menschenrechtsschutz ... 274
1. Überblick ... 274
2. Die Europäische Menschenrechtskonvention (EMRK) ... 275
a) Abschluss der Konvention und ihre Entwicklung ... 276
b) Die Rechte der EMRK und ihrer Protokolle ... 277
c) Fragen der Anwendung und Auslegung der EMRK ... 279
ca) Die Geltungsbereiche der EMRK ... 279
cb) Vorbehalte zur EMRK ... 280
cc) Gerechtfertigte Eingriffe in Konventionsrechte und die Suspendierung von Rechten im Notstandsfall ... 280
cd) Die Auslegung der EMRK ... 282
d) Einzelne Konventionsrechte ... 282
da) Das Recht auf Leben (Art 2 EMRK, Prot 6 und 13) ... 282
db) Das Verbot der Folter (Art 3) ... 283
dc) Das Recht auf Freiheit und Sicherheit (Art 5) ... 284
dd) Das Recht auf ein faires Verfahren (Art 6) ... 285
de) Das Recht auf Achtung des Privat- und Familienlebens (Art 8) ... 286
df) Die Meinungs-(Kommunikations-)Freiheit (Art 10) ... 287
dg) Das Diskriminierungsverbot (Art 14 EMRK und Prot 12) ... 289
dh) Der Schutz des Eigentums (Art 1 Prot 1) ... 289
di) Einige Rechte aus Prot 7 ... 290
e) Das Straßburger Beschwerdeverfahren ... 290
ea) Vorbemerkung ... 290
eb) Der Europäische Gerichtshof für Menschenrechte ... 291
ec) Die Beschwerde ... 291
ed) Der Gang des Beschwerdeverfahrens ... 293
ee) Die Arbeitsweise des Gerichtshofs und einzelne Fragen ... 295
ef) Das Urteil und seine Wirkungen ... 296
eg) Statistik und Reformbemühungen ... 298
f) Die EMRK und Österreich ... 299
fa) Der Beitritt zur EMRK und ihren Zusatzprotokollen, Österreichs Vorbehalte und Erklärungen ... 299
fb) Die Stellung der EMRK in der österreichischen Rechtsordnung ... 300
fc) Die EMRK als österreichisches Grundrechtsdokument ... 300
fd) Der Einfluss der EMRK und der Straßburger Judikatur auf die österreichische Rechtsordnung ... 301
fe) Österreich als belangter Staat ... 302

3. Das Europäische Übereinkommen zur Verhütung von Folter und unmenschlicher oder erniedrigender Behandlung oder Strafe ... 303
4. Die Europäische Sozialcharta ... 304
a) Grundstruktur der ESC ... 304
b) Einzelne Rechte ... 305
c) Ausgestaltung der Rechte ... 305
d) Das allgemeine Kontrollverfahren ... 306
e) Die Kollektivbeschwerde ... 306
5. Weitere Schutzeinrichtungen im Rahmen des Europarats ... 307
a) Der Europarats-Kommissar für Menschenrechte ... 307
b) Die Europäische Kommission gegen Rassismus und Intoleranz ... 308
6. Der Menschenrechtsschutz in der EU ... 308
7. Der Menschenrechtsschutz im Rahmen der Organisation für Sicherheit und Zusammenarbeit in Europa (OSZE) ... 311
E. Der regionale Menschenrechtsschutz außerhalb Europas ... 313
1. Der regionale Menschenrechtsschutz in Amerika ... 313
2. Der regionale Menschenrechtsschutz in Afrika und im arabischen Raum ... 314
F. Der informelle Menschenrechtsschutz durch INGOs ... 316
G. Der internationale Minderheitenschutz ... 317
1. Entwicklung des internationalen Minderheitenschutzes ... 317
2. Strukturelle Unterschiede zwischen Menschenrechtsschutz und Minderheitenschutz ... 317
3. Selbstbestimmungsrecht der Völker und Minderheitenrechte ... 318
4. Definitions- und Abgrenzungsprobleme ... 318
a) Traditionelle, „alte“ Minderheiten ... 318
b) „Neue“ Minderheiten ... 319
c) Urvölker (autochthone, indigene Völker) ... 319
5. Universeller Minderheitenschutz in den Vereinten Nationen ... 320
6. Regionaler Minderheitenschutz in Europa ... 320
a) Minderheitenschutz im Europarat ... 320
b) Minderheitenschutz in der Konferenz über Organisation für Sicherheit und Zusammenarbeit in Europa ... 321
c) Minderheitenschutz in den Europäischen Gemeinschaften ... 322

V. Abschnitt: Die Organe des völkerrechtlichen Verkehrs

Vorbemerkung der Herausgeber ... 323

1. Kapitel: Die Organe des völkerrechtlichen Verkehrs

A. Rechtsgrundlagen ... 324
B. Zentrale Organe ... 325
1. Das Staatsoberhaupt ... 325
2. Der Regierungschef ... 326
3. Der Außenminister ... 326
4. Sonstige Ressortminister ... 326
C. Dezentralisierte Organe ... 327
1. Allgemeines ... 327
2. Diplomatische Vertreter ... 327
a) Ständige Vertreter ... 328
b) Ständige Vertreter im bilateralen Verkehr ... 329
ba) Allgemeines ... 329
bb) Funktion ... 330

bc) Die Aufnahme diplomatischer Beziehungen und die Akkreditierung des Ständigen Vertreters ... 331
bd) Die Beendigung diplomatischer Beziehungen ... 332
c) Ständige Vertreter im multilateralen Verkehr ... 332
ca) Allgemeines ... 332
cb) Die Einrichtung Ständiger Missionen und Beobachtermissionen .. 333
cc) Die Aufhebung Ständiger Missionen und Beobachtermissionen ... 334
d) Die Ad-hoc-Gesandtschaft ... 334
3. Konsuln ... 334
a) Geschichte ... 334
b) Klassen und Rang ... 336
c) Funktionen ... 336
d) Die Aufnahme konsularischer Beziehungen und die Bestellung von Konsuln ... 337
e) Die Beendigung konsularischer Beziehungen ... 338
4. Streitkräfte im Ausland ... 338
D. Immunitäten und Privilegien ... 339
1. Rechtliche Begründung ... 339
2. Umfang ... 339
a) Erhöhter Schutz ... 339
b) Unverletzlichkeit ... 340
c) Immunität ... 340
d) Privilegien ... 342
da) Flaggen- und Wappenrecht ... 342
db) Steuerprivilegien ... 342
dc) Zollprivilegien ... 343
dd) Sozialversicherungsabgaben ... 343
de) Freier Verkehr ... 343
df) Kuriergepäck ... 344
dg) Beginn und Ende der Immunitäten und Privilegien ... 344
dh) Immunitäten und Privilegien in Drittstaaten ... 344
E. Pflichten im bzw gegenüber Empfangs- bzw Sitzstaat ... 344
F. Exkurs: Immunitäten und Privilegien bei internationalen Institutionen ... 345

VI. Abschnitt: Die Grundregeln der zwischenstaatlichen Beziehungen

Vorbemerkung der Herausgeber ... 347

1. Kapitel: Die Grundregeln der zwischenstaatlichen Beziehungen

A. Das Verbot der Gewaltanwendung und -androhung in den internationalen Beziehungen (Gewaltverbot) ... 349
1. Das Grundsatzproblem ... 349
2. Die Entwicklung des Kriegs- bzw Gewaltverbotes ... 350
3. Bestrebungen zur Stärkung des Gewaltverbotes ... 352
4. Abrüstung und Rüstungskontrolle ... 352
5. Vertrauensbildung und Abrüstung im europäischen Rahmen ... 355
6. Das System kollektiver Sicherheit der Vereinten Nationen ... 356
7. Friedenserhaltende Operationen bis zum Ende des Ost-West-Konflikts ... 358
8. Sicherheitspolitische Leistungen der VN nach der „Wende" ... 359
9. Lücken im und Ausnahmen vom Gewaltverbot der Charta der Vereinten Nationen ... 361
a) Die Unterstützung von Bürgerkriegsparteien ... 361
b) Individuelle und kollektive Selbstverteidigung ... 362

10. Der Kampf gegen den internationalen Terrorismus 364
11. Die „europäische Sicherheitsarchitektur“ 365
a) Die NATO 365
b) Die EU 366
c) Die OSZE 367
B. Das Verbot der Einmischung in die inneren Angelegenheiten der Staaten (Interventionsverbot) 369
1. Das Grundsatzproblem 369
2. Die Entwicklung des Interventionsverbotes 370
3. Offene Probleme 371
C. Die friedliche Beilegung internationaler Streitigkeiten 372
1. Das Grundsatzproblem 372
2. Verhandlungen (der „diplomatische Weg“) 373
3. Die guten Dienste 373
4. Die Untersuchung 373
5. Die Vermittlung 374
6. Vergleich, Ausgleich, Schlichtung 374
7. Die Verfahren der Rechtsprechung: internationale Schiedsgerichte und Gerichtshöfe 375
a) Allgemeines 375
b) Der Unterschied zwischen internationaler Schiedsgerichtsbarkeit und Gerichtsbarkeit 376
c) Die Entwicklung der internationalen Schiedsgerichtsbarkeit 377
d) Die ersten internationalen Gerichtshöfe 377
e) Der Internationale Gerichtshof 377
f) Regionale Gerichte für bestimmte Sachgebiete 382
g) Verwaltungsgerichte und sonstige Gerichte für bestimmte Materien .. 382
8. Die Kombination von Streitbeilegungsmethoden 382
9. Das Streitbeilegungssystem der VN 382
10. Die „Große Debatte“ über die Streitbeilegungsverfahren 384
D. Die Pflicht zur Zusammenarbeit zwischen den Staaten (Kooperationsgebot) . 385
E. Gleichberechtigung und Selbstbestimmung der Völker 386
1. Das Grundproblem 387
2. Geschichtlicher Rückblick 387
3. Politisches Postulat oder Norm des Völkerrechts? 388
4. Meinungsverschiedenheiten über die Träger des Selbstbestimmungsrechtes. 388
5. Der Inhalt des Selbstbestimmungsrechtes 389
a) Äußere Selbstbestimmung 389
b) Innere Selbstbestimmung 389
6. Räumliche Beschränkung des Selbstbestimmungsrechtes? 390
7. Gewaltsame Ausübung des Selbstbestimmungsrechtes? 390
F. Die Achtung der Menschenrechte und Grundfreiheiten 390
G. Souveräne Gleichheit der Staaten, Achtung der der Souveränität innewohnenden Rechte 391
H. Die Erfüllung völkerrechtlicher Verpflichtungen nach Treu und Glauben ... 391

VII. Abschnitt: Territoriale Aspekte des Völkerrechts

Vorbemerkung der Herausgeber 393

1. Kapitel: Räumliche Regime und Nutzungen über die und jenseits der Staatsgrenzen

A. Das internationale Verkehrsrecht 394

1. Begriff und Einteilung 394
2. Allgemeine Regelungen 395
3. Flüsse, Kanäle 397
a) Internationale Flüsse: allgemeine Fragen, Schifffahrt 397
aa) Grundsatzprobleme 397
ab) Die Nutzungspalette 397
ac) Der Begriff des Flusses 397
ad) Die Schifffahrt 398
b) Die Donau 399
c) Der Rhein 400
d) Andere Nutzungen der Flüsse 401
e) Kanäle 403
ea) Allgemeines 403
eb) Der Suez-Kanal 403
ec) Der Panama-Kanal 404
ed) Der Nord-Ostsee-Kanal (Kieler Kanal) 404
4. Eisenbahnverkehr 404
5. Straßenverkehr 406
6. Luftverkehr 407
a) Grundsatzprobleme des Luftraums 407
b) Ausschließlicher Regelungsbereich 408
c) Die völkerrechtliche Regelung des Luftverkehrs 408
ca) Rechtsgrundlagen 408
cb) Der Rechtsstatus der Flugzeuge 409
cc) Die Regelung des Linienverkehrs 410
cd) Der Schutz des Luftverkehrs 410
7. Der internationale Fernmeldeverkehr 411
8. Kabel und Rohrleitungen (Pipelines) 414
9. Sonderregelungen für Güter 415
a) Gefährliche Güter 415
b) Post 415
B. Staatengemeinschaftsgebiete 416
1. Allgemeines 416
2. Polargebiete 417
a) Allgemeines 417
b) Arktis 417
c) Spitzbergen 418
d) Antarktis 418
3. Das internationale Seerecht 419
a) Grundsatzprobleme und Entwicklung des Seerechts 420
b) Das materielle Seerecht: Allgemeines 421
c) Innere Gewässer 421
d) Das Küstenmeer 423
e) Meerengen 424
f) Die Anschlusszone 425
g) Der Festlandsockel 425
h) Die ausschließliche Wirtschaftszone 426
i) Die Hohe See 428
j) Der Tiefseeboden 431
k) Der Schutz der Meeresumwelt 432
l) Streitbeilegung 434
m) Organisationen 434
n) Binnenstaaten 435

4. Der Weltraum 436
a) Allgemeines 436
b) Geschichte und Rechtsquellen 437
c) Statusbezogene Regelungen 438
d) Die Rechtsstellung der Weltraumfahrzeuge und Astronauten 439
e) Nutzungsbezogene Regelungen 440
ea) Militärische Nutzungen 440
eb) Andere Nutzungsmöglichkeiten 441

2. Kapitel: Internationales Umweltrecht

A. Einleitung 444
B. Problemstellungen im internationalen Umweltschutz 446
C. Rechtsquellen des Internationalen Umweltrechts 447
D. Grundsätze des Internationalen Umweltrechts 448
1. Territoriale Souveränität und territoriale Integrität 449
2. Konkretisierungen des Prinzips der beschränkten territorialen Souveränität und Integrität: das Prinzip des Verbots erheblicher grenzüberschreitender Umweltbeeinträchtigungen 449
3. Handlungsprinzipien 450
a) Vorsorgeprinzip („precautionary principle“) 450
b) Präventionsprinzip 452
c) Ursprungsprinzip 452
d) Verursacherprinzip („polluter-pays principle“) 452
4. Prinzip der gemeinsamen, aber unterschiedlichen Verantwortungen („common but differentiated responsibilities“) 452
5. Verfahrenspflichten 453
a) Informationspflicht 453
b) Konsultationsverpflichtungen 454
c) Umweltverträglichkeitsprüfung 455
d) Beteiligungsrechte und Rechtsschutz 455
6. Informations- und Warnpflichten bei Katastrophenfällen – grenzüberschreitendes Umwelt-Krisenmanagement 455
E. Institutioneller Rahmen des Internationalen Umweltrechts 456
F. Die Rolle nichtstaatlicher Akteure 457
G. Maßnahmen zur Förderung der Entwicklungsländer 458
H. Verantwortlichkeit und Haftung 458
I. Rechtseinhaltungsregime 459
J. Verhältnis zu anderen Rechtsbereichen 461
1. Umwelt und Menschenrechte 461
2. Umwelt und Internationales Wirtschaftsrecht 462

VIII. Abschnitt : Das Internationale Wirtschaftsrecht

Vorbemerkung der Herausgeber 465

1. Kapitel: Grundlagen und Entwicklung des Internationalen Wirtschaftsrechts

A. Allgemeines 467
B. Begriff und Quellen des Internationalen Wirtschaftsrechts 468
1. Der Begriff des Internationalen Wirtschaftsrechts (Wirtschaftsvölkerrecht, International Economic Law, droit international économique) 468

2. Nationales, die internationale Wirtschaft bestimmendes Recht (transnationales Wirtschaftsrecht, Außenwirtschaftsrecht) ... 468
3. Die Quellen des Internationalen Wirtschaftsrechts ... 469
C. Die Entwicklung des Internationalen Wirtschaftsrechts ... 470
1. Die Entwicklung bis zum Zweiten Weltkrieg ... 471
2. Nach dem Zweiten Weltkrieg: Bretton Woods und General Agreement on Tariffs and Trade (GATT) ... 472
3. Die Neue Internationale Wirtschaftsordnung ... 473
D. Regionale Wirtschaftsorganisationen ... 473
1. Europa ... 474
2. Amerika ... 474
3. Asien/Pazifik ... 475
4. Afrika/Arabien ... 475
E. Das Internationale Rohstoffrecht ... 475
1. Rohstoffabkommen ... 476
2. Rohstoffkartelle ... 477

2. Kapitel: Das Recht des internationalen Handels

A. Die Bedeutung der rechtlichen Regelung des internationalen Handels ... 479
B. Die Entwicklung der völkerrechtlichen Regelungen des internationalen Handels: GATT und WTO ... 480
C. Aufgaben und Organisation der WTO ... 480
1. Ziele, Aufgaben, Prinzipien ... 480
2. Organstruktur und Beschlussfassung ... 481
3. Mitgliedschaft ... 482
4. Zusammenarbeit mit anderen internationalen Organisationen und NGOs 482
D. Warenhandel: GATT 1994 ... 483
1. GATT 1994 ... 483
2. Sonderübereinkommen zum GATT 1994 ... 484
E. Dienstleistungen: GATS ... 484
1. Gegenstand ... 484
2. Verpflichtungen ... 484
F. Geistiges Eigentum: TRIPS ... 485
G. Plurilaterale Übereinkommen ... 486
H. Die Rechtsdurchsetzung ... 486
I. Handelspolitik und Nichthandelsfragen ... 488
J. Die Weiterentwicklung der internationalen Handelsordnung ... 489

3. Kapitel: Das internationale Investitionsrecht

A. Grundlagen und Entwicklung ... 490
B. Die Quellen des internationalen Investitionsrechts ... 491
C. Die Zulassung ausländischer Investitionen ... 494
D. Die Behandlung ausländischer Investitionen ... 495
E. Geldtransfers ... 496
F. Die Enteignung ... 496
G. Investitionsversicherung ... 498
H. Streitbeilegung ... 499

IX. Abschnitt: Das völkerrechtliche Unrecht und seine Folgen

Vorbemerkung der Herausgeber ... 503

1. Kapitel: Die völkerrechtliche Verantwortlichkeit und die Sanktionen des Völkerrechts

A. Allgemeines ... 505
1. Völkerrechtliche Verantwortlichkeit und Haftung für völkerrechtlich erlaubtes Verhalten ... 505
2. Die Rechtsquellen der Staatenverantwortlichkeit ... 506
B. Der Eintritt der völkerrechtlichen Verantwortlichkeit ... 507
1. Völkerrechtliches Unrecht ... 507
2. Schaden ... 509
3. Schuld- oder Erfolgshaftung? ... 509
4. Die Zurechnung zum Verletzer ... 510
a) Zurechnung über die Organe des Rechtsverletzers ... 511
b) Zurechnung bei so genanntem „Fremdverhalten" ... 512
5. Der Ausschluss der Rechtswidrigkeit ... 513
C. Die Folgen der völkerrechtlichen Verantwortlichkeit ... 515
1. Allgemeines ... 515
2. Die Pflicht zur Wiederherstellung des rechtmäßigen Zustandes ... 516
a) Durch Freigabe von Personen und/oder Rückgabe von Sachen ... 517
b) Durch Aufhebung von Staatsakten ... 517
3. Die Pflicht zum Schadenersatz ... 518
a) Für direkte und indirekte materielle Schäden ... 519
b) Für immaterielle Schäden ... 520
c) Zinsen ... 521
d) Globalabkommen (lump-sum agreements) ... 521
4. Genugtuung ... 521
5. Schwere Verletzungen von ius-cogens-Verpflichtungen ... 522
D. Die Geltendmachung der völkerrechtlichen Verantwortlichkeit ... 523
1. Die Feststellung des Anspruchsberechtigten ... 523
a) Die Relativität der völkerrechtlichen Rechte und Pflichten ... 523
b) Die Mediatisierung des Menschen ... 525
2. Rechtsanspruch und politische Opportunität ... 525
3. Zulässigkeit ... 526
4. Rechtsbehelfe ... 527
5. Selbsthilfe (Sanktionen) ... 529
a) Allgemeines ... 529
b) Die Retorsion ... 529
c) Die Schutzmaßnahmen ... 530
d) Die Gegenmaßnahmen (Repressalien) ... 530
e) Verfahren ... 532

2. Kapitel: Die internationale Strafgerichtsbarkeit

A. Allgemeines ... 533
1. Die Definition der Straftatbestände ... 533
2. Die Institutionalisierung der Strafjurisdiktion ... 534
B. Der Internationale Strafgerichtshof ... 534
1. Die Vorgänger: Ad-hoc-Tribunale zur Verfolgung der Kriegsverbrechen im früheren Jugoslawien und Ruanda ... 534
2. Die Einrichtung des Internationalen Strafgerichtshofs ... 535

X. Abschnitt: Das Kriegs- und Humanitätsrecht

Vorbemerkung der Herausgeber ... 539

1. Kapitel: Das Kriegs- und Humanitätsrecht

A. Allgemeines ... 541
1. Die gegenwärtige Rechtslage ... 541
2. Der sachliche Anwendungsbereich des Kriegs- und Humanitätsrechts ... 543
a) Internationale bewaffnete Konflikte ... 543
b) Nicht-internationale bewaffnete Konflikte ... 543
3. Der zeitliche Anwendungsbereich des Kriegs- und Humanitätsrechts ... 544
4. Besondere Verfahren zur Sicherung der Einhaltung des Kriegs- und Humanitätsrechts ... 545
a) Besondere innerstaatliche Durchführungsverpflichtungen ... 545
b) Individuelle Verantwortlichkeit ... 546
ba) Die Verantwortlichkeit von Vorgesetzten für ihre Untergebenen (Art 86, 87 1. Zusatzprotokoll 1977; auch Art 28 ICC-Statut) ... 546
bb) Handeln auf Befehl ... 547
c) Schutzmacht ... 547
d) Untersuchungsverfahren ... 548
5. Ausnahmen von der Bindung an das Kriegs- und Humanitätsrecht ... 548
B. Internationale bewaffnete Konflikte ... 548
1. Die zur Setzung von Kampfhandlungen berechtigten Personen ... 549
a) Legitime Kombattanten ... 549
b) Unrechtstatbestände und „riskante“ Handlungen ... 549
c) Nicht mehr an den Feindseligkeiten teilnehmende Kombattanten (Art 40–42 1. Zusatzprotokoll 1977; Art 8 Abs 2 lit b [vi], [xii] und lit c [x] ICC-Statut) ... 550
2. Verbotene Kampfmittel und -methoden ... 550
a) Verbotene Kampfmittel (Art 23 LKO; Art 35, 36 1. Zusatzprotokoll 1977) ... 550
b) Verbotene Kampfmethoden (Art 23, 24 LKO; Art 37–39 1. Zusatzprotokoll 1977; Art 8 Abs 2 lit b [xvii], [xviii], [xix], [xx] ICC-Statut) ... 551
3. Personen und Objekte, die nicht Gegenstand von Feindseligkeiten sein dürfen ... 552
a) Personen ... 552
b) Objekte ... 553
4. Abkommen über die Kampfhandlungen ... 555
a) Spezielle Vereinbarungen zwischen den am Konflikt beteiligten Parteien ... 555
b) Abkommen zwischen militärischen Befehlshabern im Felde ... 555
5. Die Behandlung der in der Gewalt des Feindes befindlichen Personen ... 556
a) Opfer von Kampfhandlungen und ihr Schutzpersonal ... 556
b) Kriegsgefangene ... 556
c) Die Zivilbevölkerung im besetzten Gebiet (occupatio bellica) ... 557
d) Feindliche Staatsangehörige im eigenen Gebiet (Art 35, 38, 41–43 IV. Genfer Abkommen 1949) ... 559
C. Nicht-internationale bewaffnete Konflikte ... 559

XI. Abschnitt: Der internationale Status Österreichs seit 1918

Vorbemerkung der Herausgeber ... 561

1. Kapitel: Der internationale Status und die völkerrechtliche Stellung Österreichs seit dem Ersten Weltkrieg

A. Untergang der österreichisch-ungarischen Monarchie und Entstehung der Ersten Republik ... 562

1. Der Untergang der Monarchie im Ersten Weltkrieg 562
2. Der Zerfall der Monarchie in souveräne Nationalstaaten 563
3. Deutschösterreich als Nachfolgestaat der Monarchie 563
4. Kontinuität oder Diskontinuität zwischen Deutschösterreich und dem Kaisertum Österreich? 563
5. Die Unabhängigkeitsverpflichtung Österreichs im Staatsvertrag von St-Germain 564
6. Die Konsolidierung des territorialen Besitzstandes der Republik Österreich 564
B. Österreich in der Völkerbundära bis zum „Anschluss" an das „Reich" 564
1. Die Absicherung der Unabhängigkeit Österreichs durch den Völkerbund und die Genfer und Lausanner Protokolle 564
2. Der deutsch-österreichische Zollunionsplan 565
C. Der „Anschluss" Österreichs an das nationalsozialistische Deutschland 566
1. Das faschistische Italien als Schutzmacht Österreichs gegenüber dem „Dritten Reich" 566
2. Der „Anschluss" Österreichs an das „Dritte Reich" 566
D. Österreich nach seiner Eingliederung in das „Dritte Reich" 568
1. Die staatsrechtliche Stellung Österreichs im Deutschen Reich 568
2. Die Erklärung der Alliierten über die Wiedererrichtung Österreichs 568
3. Der österreichische Widerstand 568
E. Die Befreiung Österreichs von der nationalsozialistischen Herrschaft 569
1. Von der „Appeasement"-Politik der Alliierten zur Niederlage des „Dritten Reiches" im Zweiten Weltkrieg 569
2. Österreich vom 13. 3. 1938 bis zum 27. 4. 1945: Okkupation oder Annexion? 569
F. Österreich unter der Besetzung durch die Alliierten Siegermächte 571
1. Die Gründung der Zweiten Republik 571
2. Österreich unter den Kontrollabkommen der Alliierten 572
a) Das Erste Kontrollabkommen 572
b) Das Zweite Kontrollabkommen 572
G. Der Kampf um den Staatsvertrag zur Wiederherstellung eines souveränen Österreich 573
1. Staatsvertrag und Staatsvertragsverhandlungen 573
2. Bündnisfreiheit bzw Neutralität Österreichs als politisches Offert in den Staatsvertragsverhandlungen 574
3. Das Moskauer Memorandum 575
H. Der Staatsvertrag von Wien-Belvedere 1955 576
1. Die Beziehung zwischen Staatsvertrag und Neutralität 576
2. Darstellung ausgewählter Staatsvertragsbestimmungen 577
a) Politische und territoriale Bestimmungen (Art 1–11) 577
b) Militärische und Luftfahrt-Bestimmungen (Art 12–19) 577
c) Aus dem Zweiten Weltkrieg herrührende Ansprüche (Art 20–27) 578
ca) Keine Reparationszahlungen Österreichs 578
cb) Der Versöhnungsfonds zur Abgeltung von Forderungen ehemaliger Sklaven- und Zwangsarbeiter 578
cc) Deutsches Eigentum 579
cd) Der Allgemeine Entschädigungsfonds für arisierte Vermögenswerte 580
ce) Rückstellung konfiszierter österreichischer Vermögenswerte 581
cf) Die „Beneš"-Dekrete 581
cg) Die Avnoj-Dekrete 582
ch) Die österreichischen Entschädigungsmaßnahmen für „Volksdeutsche" 583

d) Die Auslegung des Staatsvertrages (Art 34, 35) 583
e) Obsoleterklärung von Staatsvertragsbestimmungen 584
I. Das Bundesverfassungsgesetz über die Neutralität Österreichs 584
J. Der völkerrechtliche Status der dauernden Neutralität Österreichs 585
1. Explizite und implizite Pflichten aus dem österreichischen Neutralitätsgesetz – Vorbild der schweizerischen Neutralität? 585
2. Funktionen und Bewertung der Neutralität 586
3. Arten der Neutralität 586
4. Die gewöhnliche Neutralität 587
a) Begründung und Ende der gewöhnlichen Neutralität 587
b) Rechtsquellen der gewöhnlichen Neutralität 587
c) Pflichten aus der gewöhnlichen Neutralität 587
ca) Unterlassungspflichten 587
cb) Verhinderungspflichten 588
cc) Duldungspflichten 589
cd) Aktive Handlungsrechte 589
5. Die dauernde Neutralität 589
a) Begründung und Ende der dauernden Neutralität 589
b) Pflichten aus der dauernden Neutralität 589
6. Wandel in der österreichischen Neutralitätskonzeption? 590
7. Die neue österreichische Sicherheits- und Verteidigungsdoktrin 591
8. Beendigungsmöglichkeiten der dauernden Neutralität Österreichs 592
K. Die dauernde Neutralität als Bestandteil der österreichischen Rechtsordnung – innerstaatliche Durchführungsprobleme 593
1. Rechtsgrundlagen bzw Quellen der dauernden Neutralität im österreichischen Recht 593
2. Dauernde Neutralität als Verfassungsgrundsatz („Baugesetz“)? 593
3. Die Mitwirkung an der Gemeinsamen Außen- und Sicherheitspolitik der Europäischen Union 593
4. Die Durchführung von Sanktionsbeschlüssen Internationaler Organisationen in Österreich 594
5. Neutralitätsdurchführungsbestimmungen: rechtlich geboten oder bloß erwünscht? 594
6. Konkrete Neutralitätsdurchführungsbestimmungen im österreichischen Recht 594
a) Öffentliches Recht 595
b) Strafrecht 596
L. Minderheitenschutz in Österreich und Österreichs Schutzmachtfunktion für Südtirol 597
1. Minderheitenschutz in Österreich 597
2. Österreich als Schutzmacht für die deutschsprachige Volksgruppe in Südtirol 600
M. Das dauernd neutrale Österreich in der Staatengemeinschaft 603
1. Universelle Organisationen 604
a) Allgemeines 604
b) Die Mitgliedschaft Österreichs in Spezialorganisationen 604
c) Die Mitgliedschaft Österreichs in den Vereinten Nationen 604
ca) Probleme um die Aufnahme in die Vereinten Nationen 604
cb) Vereinbarkeit von Mitgliedschaft in den Vereinten Nationen und dauernder Neutralität? 605
cc) Die Neutralitätspolitik Österreichs in den Vereinten Nationen 606
2. Regionale Organisationen (Europa), Konferenzen und Verträge 607
a) Politische und technische Organisationen, Konferenzen und Verträge 607

b) Sicherheitspolitische Kooperationen 608
c) Wirtschaftliche Organisationen 608
ca) OEEC/OECD und EFTA 608
cb) Die Europäischen Gemeinschaften / Europäische Union 609
cc) EU-Sicherheitspolitik (Gemeinsame Außen- und Sicherheitspolitik, [Gemeinsame] Europäische Sicherheits- und Verteidigungspolitik) und Neutralität 611
cd) „EU-Quarantäne“ über Österreich 611
3. Österreichs „aktive“ Neutralitäts- und Außenpolitik 612
a) Allgemeines 612
b) Österreich als Sitzstaat Internationaler Organisationen und Ort internationaler Begegnung 612
c) Österreichs Teilnahme an friedenserhaltenden Operationen der Vereinten Nationen 613
d) Österreichs humanitäre Aktivitäten 614
4. Österreichs dauernde Neutralität in einem neuen internationalen System . 614

Abkürzungsverzeichnis

aA	= auswärtige Angelegenheiten
ABGB	= Allgemeines bürgerliches Gesetzbuch
ABl	= Amtsblatt
ABM	= anti-ballistic missile
Abs	= Absatz
Abschn	= Abschnitt
AD	= Annual Digest
ADB	= Asian Development Bank
ADIZ	= Air Defense Identification Zone
ADN	= European Agreement Concerning the International Carriage of Dangerous Goods by Inland Waterway
ADR	= European Agreement Concerning the International Carriage of Dangerous Goods by Road
AEPS	= Arctic Environmental Protection Strategy
AfDB	= African Development Bank
AFDI	= Annuaire français de droit international
AFTA	= Asian Free Trade Area
AG	= Aktiengesellschaft
AGN	= European Agreement on Main Inland Waterways of International Importance
AHG	= Außenhandelsgesetz
ai	= Amnesty International
AIA	= advance informed agreement procedure
AIEC	= Association of Iron Ore Exporting Countries
AJIL	= American Journal of International Law
AJPIL	= Austrian Journal of Public and International Law
AKP-Staaten	= Staaten Afrikas, der Karibik und des Pazifik
AllER	= All England Law Reports
AMAP	= Arctic Monitoring and Assessment Programme
Anm	= Anmerkung
AnwBl	= Anwaltsblatt
AöR	= Archiv des öffentlichen Rechts
APEC	= Asian-Pacific Economic Cooperation
ARABSAT	= Arab Corporation for Space Communications
ArchKirchR	= (Österreichisches) Archiv für Kirchenrecht
ArchVR	= Archiv des Völkerrechts
ARG	= Allgemeiner Rechtsgrundsatz
ARGE ALP	= Arbeitsgemeinschaft Alpenländer
ARGE	= Arbeitsgemeinschaft
ARIEL	= The Austrian Review of International and European Law
Art	= Artikel
ASEAN	= Association of South East Asian Nations
AStV	= Ausschuss der Ständigen Vertreter auf Botschafterebene
ATTAC	= Association pour une Taxation des Transactions financières pour l'Aide aux Citoyens
AU	= African Union
AUA	= Austrian Airlines
Aufl	= Auflage
AVG	= Allgemeines Verwaltungsverfahrensgesetz

AVNOJ	=	Antifašisticko veče narodnog oslobodjenja Jugoslavije (Antifaschistischer Rat für die Volksbefreiung Jugoslawiens)
aWZ	=	ausschließliche Wirtschaftszone
Bd	=	Band
Bde	=	Bände
BDIMR	=	Büro für Demokratische Institutionen und Menschenrechte
BerDGVR	=	Berichte der Deutschen Gesellschaft für Völkerrecht
bes	=	besonders
Beschw	=	Beschwerde
BG	=	Bundesgesetz
BGBl	=	Bundesgesetzblatt
BGH	=	Bundesgerichtshof
BGHSt	=	Entscheidungen des Bundesgerichtshofs in Strafsachen
BGHZ	=	Entscheidungen des Bundesgerichtshofs in Zivilsachen
BIP	=	Bruttoinlandsprodukt
BIS	=	Bank for International Settlements
BIT	=	Bilateral Investment Treaty
BlgNR	=	Beilage(-n) zu den stenographischen Protokollen des Nationalrats
BM	=	Bundesministerium
BMAA	=	Bundesministerium für Auswärtige Angelegenheiten (bis 1986)
BMaA	=	Bundesministerium für auswärtige Angelegenheiten (ab 1986)
BMG	=	Bundesministeriengesetz
BMJ	=	Bundesministerium für Justiz
BP	=	British Petroleum
BRD	=	Bundesrepublik Deutschland
BRJ	=	Bundesrepublik Jugoslawien
BVA	=	Bundesvergabeamt
BVerfGE	=	Entscheidungen des Bundesverfassungsgerichts
BVG	=	Bundesverfassungsgesetz
B-VG	=	Bundesverfassungsgesetz idF von 1929
BvR	=	Beschluss des deutschen Bundesverfassungsgerichts
BYIL	=	The British Yearbook of International Law
bzw	=	beziehungsweise
ca	=	circa
CAN	=	Comunidad Andina
CARICOM	=	Caribbean Community
CARIFTA	=	Caribbean Free Trade Association
CEAO	=	Communauté des Etats de l'Afrique de l'Ouest
CEDAW	=	Convention on the Elimination of All Forms of Discrimination against Women
CEMT	=	Conférence européenne des ministres des transports
CEP	=	Chile, Ecuador, Peru
CERN	=	European Organization for Nuclear Research
CESCR	=	Committee on Economic, Social and Cultural Rights
Cg	=	Gerichtshof erster Instanz in Zivilsachen
CIM	=	Convention internationale concernant le transport des marchandises par chemins de fer
CIPEC	=	Conseil Intergouvernemental des Pays Exportateurs de Cuivre
CIV	=	Convention internationale concernant le transport des voyageurs et des bagages par chemins de fer
Clunet	=	Journal de droit international
CMLR	=	Common Market Law Review
CMR	=	Convention relative au contrat de transport international des marchandises par route

Co	= Company
CONF	= Conference
COREPER	= Comité des Représentants Permanents
COTIF	= Convention relative aux transports internationaux ferroviaires
CPT	= Committee for the Prevention of Torture
CSD	= Commission for Sustainable Development
ČSSR	= Československá Socialistická Republika (Tschechoslowakische Sozialistische Republik)
CTBTO	= Comprehensive Test Ban Treaty Organization
CYIL	= The Canadian Yearbook of International Law
D	= Dokument
dBGBl	= deutsches Bundesgesetzblatt
DDR	= Deutsche Demokratische Republik
ders	= derselbe
DFÜ	= Datenfernübertragung
dh	= das heißt
dies	= dieselben
Dipl	= Diplomat
dipl	= diplomatisch
DM	= Deutsche Mark
Doc	= Document
Dok	= Dokument
Dr	= Doktor
DSB	= Dispute Settlement Body
DSU	= Dispute Settlement Understanding
dtv	= Deutscher Taschenbuch Verlag
EA	= Europa Archiv
EAG	= Europäische Atomgemeinschaft
ebd	= ebenda
EC	= European Community
ECDC	= Economic Cooperation among Developing Countries
ECE	= Economic Commission for Europe
ECHR	= European Court of Human Rights
ECMT	= European Conference of Ministers of Transport
ECOSOC	= Economic and Social Council
ECOWAS	= Economic Community of West African States
ECRI	= European Commission against Racism and Intolerance
ECSR	= European Committee of Social Rights
ECU	= European Currency Unit
EDU	= Europäische Demokratische Union
EEA	= Einheitliche Europäische Akte
EFTA	= European Free Trade Association
EG	= Europäische Gemeinschaft(en)
EGBGB	= Einführungsgesetz zum Bürgerlichen Gesetzbuch
EGJN	= Einführungsgesetz zur Jurisdiktionsnorm
EGKS	= Europäische Gemeinschaft für Kohle und Stahl
EGKSV	= Vertrag zur Gründung der Europäischen Gemeinschaft für Kohle und Stahl
EGMR	= Europäischer Gerichtshof für Menschenrechte
EGV	= Vertrag zur Gründung der Europäischen Gemeinschaft
einsRG	= einseitiges Rechtsgeschäft
EJIL	= European Journal of International Law
EKMR	= Europäische Kommission für Menschenrechte
ELDO	= European Organization for the Development and Construction of Space Vehicle Launchers

EmpfSt	=	Empfangsstaat
EMRK	=	Europäische Menschenrechtskonvention
ENMODKonv	=	Environmental-Modification-Techniques-Konvention
EO	=	Exekutionsordnung
EPIL	=	Encyclopedia of Public International Law
EPO	=	European Patent Office
EPZ	=	Europäische Politische Zusammenarbeit
ESA	=	European Space Agency
ESC	=	Europäische Sozialcharta
ESRO	=	European Space Research Organization
ESZB	=	Europäisches System der Zentralbanken
et al	=	et alii
etc	=	et cetera
ETS	=	European Treaty Series
EU	=	Europäische Union
EuGH	=	Gerichtshof der Europäischen Gemeinschaften
EuGRZ	=	Europäische Grundrechte Zeitschrift
EUMETSAT	=	Europäische Organisation für die Nutzung von meteorologischen Satelliten
EURATOM	=	Europäische Atomgemeinschaft
Eurocontrol	=	European Organization for the Safety of Air Navigation
EUROPOL	=	Europäische Polizeibehörde, Europäisches Polizeiamt
EUTELSAT	=	European Communications Satellite Organization
EUV	=	Vertrag über die Europäische Union
EuZW	=	Europäische Zeitschrift für Wirtschaftsrecht
EvBl	=	Evidenzblatt
EWG	=	Europäische Wirtschaftsgemeinschaft
EWGV	=	Vertrag zur Gründung der Europäischen Wirtschaftsgemeinschaft
EWI	=	Europäisches Währungsinstitut
EWIV	=	Europäische Wirtschaftliche Interessenvereinigung
EWR	=	Europäischer Wirtschaftsraum
EWS	=	Europäisches Währungssystem
EZB	=	Europäische Zentralbank
f	=	und die folgende (Seite)
FA	=	Foreign Affairs
FAO	=	Food and Agriculture Organization
ff	=	und die folgenden (Seiten)
FHZ	=	Freihandelszone
FIFA	=	Fédération Internationale de Football Association
FIS	=	Fédération Internationale de Ski
(F) POLISARIO	=	Frente Popular de Liberación de Seguia el Hamra y Río de Oro
FPÖ	=	Freiheitliche Partei Österreichs
FRD	=	„Friendly-Relations-Deklaration“
FS	=	Festschrift, Festlandsockel
FYROM	=	Former Yugoslav Republic of Macedonia
g	=	gegen
GA	=	Genfer Abkommen
GASP	=	Gemeinsame Außen- und Sicherheitspolitik (der EU)
GATS	=	General Agreement on Trade in Services
GATT	=	General Agreement on Tariffs and Trade
GBP	=	Gebührenpauschale
geb	=	geboren
GEF	=	Global Environmental Facility

GESVP	=	Gemeinsame Europäische Sicherheits- und Verteidigungspolitik (GESVP)
gem	=	gemäß
GFK	=	Genfer Flüchtlingskonvention
GG	=	Grundgesetz für die Bundesrepublik Deutschland (Bonner Grundgesetz)
GH	=	Gerichtshof
GHN 45	=	Gun-Howitzer-Noricum 45
GO	=	Geschäftsordnung
GP	=	Gesetzgebungsperiode
GrR	=	Grundrecht(e)
GS	=	Generalsekretär
GUS	=	Gemeinschaft Unabhängiger Staaten
GV	=	Generalversammlung
GYIL	=	German Yearbook of International Law
Hl	=	Heilig
HRQ	=	Human Rights Quarterly
Hrsg	=	Herausgeber
HÜ	=	Haager Übereinkommen
IADB	=	Inter-American Development Bank
IAEA	=	International Atomic Energy Agency
IAEO	=	Internationale Atomenergie Organisation
IATA	=	International Air Transport Association
IBA	=	International Bauxite Association
iBez	=	Internationale Beziehungen
IBez	=	Internationale Beziehungen (als Wissenschaft)
IBRD	=	International Bank for Reconstruction and Development (Weltbank)
ICAO	=	International Civil Aviation Organization
ICANN	=	Internet Corporation for the Assigned Numbers and Names
ICC	=	International Criminal Court (Internationaler Strafgerichtshof)
ICCPR	=	International Covenant on Civil and Political Rights
ICJ	=	International Court of Justice
ICLQ	=	The International and Comparative Law Quarterly
ICSID	=	International Centre for Settlement of Investment Disputes
ICSID Rev	=	ICSID Review – Foreign Investment Law Journal
ICTR	=	International Criminal Tribunal for Rwanda
ICTY	=	International Criminal Tribunal for the Former Yugoslavia
IDA	=	International Development Association
idF	=	in der Fassung
idgF	=	in der geltenden Fassung
IDI	=	Institut de Droit international
IDU	=	Internationale Demokratische Union
IEA	=	Internationale Energieagentur
ieS	=	im enge(re)n Sinn
IFAD	=	International Fund for Agricultural Development
IFC	=	International Finance Corporation
IFOR	=	Implementation Force
IGH	=	Internationaler Gerichtshof
IGO	=	Intergovernmental Organization
IJIL	=	The Indian Journal of International Law
IKRK	=	Internationales Komitee vom Roten Kreuz
ILA	=	International Law Association
ILC	=	International Law Commission
ILM	=	International Legal Materials

ILO	=	International Labour Organization
ILR	=	International Law Reports
IMCO	=	Intergovernmental Maritime Consultative Organization
IMF	=	International Monetary Fund
IMO	=	International Maritime Organization
INF	=	Intermediate-Range Nuclear Forces
INGO	=	International Non-Governmental Organization
inkl	=	inklusive
insbes	=	insbesondere
INTELSAT	=	International Telecommunications Satellite Organization
INTERFET	=	International Force in East Timor
IO	=	Internationale Organisation, International Organization (Zeitschrift)
IOC	=	International Olympic Committee
IPR	=	Internationales Privatrecht
IPU	=	Interparlamentarische Union
IRA	=	Irish Republican Army
IRO	=	International Refugee Organization
IRU	=	International Road Transport Union
ISAF	=	International Security Assistance Force
ISBA	=	International Sea-Bed Authority
iSd	=	im Sinne des, der
ISGH	=	Internationaler Seegerichtshof
iSv	=	im Sinne von
ITC	=	International Tin Council
ITO	=	International Trade Organization
ITT	=	International Telephone and Telegraph Corporation
ITU	=	International Telecommunication Union
iVm	=	in Verbindung mit
IWF	=	Internationaler Währungsfonds
IWR	=	Internationales Wirtschaftsrecht
iwS	=	im weite(re)n Sinn
IYIL	=	Italian Yearbook of International Law
JBl	=	Juristische Blätter
Jhdt	=	Jahrhundert
JHIL	=	Journal of the History of International Law
JIR	=	Jahrbuch für Internationales Recht
JN	=	Jurisdiktionsnorm
JöR	=	Jahrbuch des öffentlichen Rechts der Gegenwart
JRP	=	Journal für Rechtspolitik
jun	=	junior
JWT	=	Journal of World Trade
Kap	=	Kapitel
KFOR	=	Kosovo Force
Kfz	=	Kraftfahrzeug
km	=	Kilometer
KM	=	Küstenmeer
KMG	=	Kriegsmaterialgesetz
Kons	=	Konsul
kons	=	konsularisch
Konv	=	Konvention(en)
KonvWK	=	Übereinkommen über das Verbot oder die Beschränkung des Einsatzes bestimmter konventioneller Waffen, die übermäßige Leiden verursachen oder unterschiedslos wirken können
KPdSU	=	Kommunistische Partei der Sowjetunion

KPÖ	=	Kommunistische Partei Österreichs
KSE-BVG	=	Bundesverfassungsgesetz über Kooperation und Solidarität bei der Entsendung von Einheiten und Einzelpersonen in das Ausland
KSE-Vertrag	=	Vertrag über konventionelle Streitkräfte in Europa
KSZE	=	Konferenz über Sicherheit und Zusammenarbeit in Europa
kuk	=	kaiserlich und königlich
KVAE	=	Konferenz über Vertrauens- und Sicherheitsbildende Maßnahmen und Abrüstung in Europa
LAFTA	=	Latin American Free Trade Association
LAIA	=	Latin American Integration Association
leg cit	=	legis citatae
LEG	=	legal
lit	=	litera
LJIL	=	Leiden Journal of International Law
LKO	=	Landkriegsordnung
LKÜ	=	Landkriegsübereinkommen
LNTS	=	League of Nations Treaty Series
LR	=	Landesrecht
LThK	=	Lexikon für Theologie und Kirche
m	=	Meter
MAI	=	Multilateral Agreement on Investment
max	=	maximal
Max Planck UNYB	=	Max Planck Yearbook of United Nations Law
Md	=	Milliarde(n)
MD	=	Missile Defense
Mercosur	=	Mercado Común del Sur
MichLR	=	Michigan Law Review
MIGA	=	Multilaterale Investitions-Garantie-Agentur
MilStG	=	Militärstrafgesetz
Mio	=	Million(en)
MK	=	Ministerkomitee
MOEL	=	Mittel- und osteuropäische Länder
MR	=	Menschenrecht(e)
MRA	=	Menschenrechtsausschuss
MRK	=	Menschenrechtskommission
NAFTA	=	North American Free Trade Agreement/Association
NATO	=	North Atlantic Treaty Organization
NGO	=	Non-Governmental Organization
NILR	=	Netherlands International Law Review
NIWO	=	Neue Internationale Wirtschaftsordnung
NO	=	Nordost
No	=	Number
NorJIL	=	Nordic Journal of International Law
Nr	=	Nummer
NSDAP	=	Nationalsozialistische Deutsche Arbeiter-Partei
NTIR	=	Nederlands Tijdschrift voor Internationaal Recht
NW	=	Nordwest
NYIL	=	Netherlands Yearbook of International Law
OAPEC	=	Organization of Arab Petroleum Exporting Countries
OAS	=	Organization of American States
OAU	=	Organization of African Unity
Ob	=	Oberster Gerichtshof in Zivilsachen

ÖBl	=	Österreichische Blätter für gewerblichen Rechtsschutz und Urheberrecht
OCAM	=	Organisation Commune Africaine et Mauricienne
OECD	=	Organization for Economic Cooperation and Development
OEEC	=	Organization for European Economic Cooperation
ÖFB	=	Österreichischer Fußball-Bund
OGH	=	Oberster Gerichtshof
ÖGL	=	Österreich in Geschichte und Literatur
ÖIAG	=	Österreichische Industrie-Holding AG
ÖIM	=	Österreichisches Institut für Menschenrechte
ÖJIP	=	Österreichisches Jahrbuch für Internationale Politik
ÖJP	=	Österreichisches Jahrbuch für Politik
ÖJZ	=	Österreichische Juristen-Zeitung
OMV	=	Österreichische Mineralölverwaltung AG
ÖMZ	=	Österreichische Militärische Zeitschrift
ONUC	=	Opération des Nations Unies au Congo
OPEC	=	Organization of Petroleum Exporting Countries
ORF	=	Österreichischer Rundfunk
öS	=	österreichische(r) Schilling(e)
ÖSV	=	Österreichischer Skiverband
OSZE	=	Organisation für Sicherheit und Zusammenarbeit in Europa
OTIF	=	Organisation intergouvernementale pour les transports internationaux ferroviaires
ÖVP	=	Österreichische Volkspartei
ÖZAP	=	Österreichische Zeitschrift für Außenpolitik
ÖZöR	=	Österreichische Zeitschrift für öffentliches Recht
ÖZöRV	=	Österreichische Zeitschrift für öffentliches Recht und Völkerrecht
ÖZW	=	Österreichische Zeitschrift für Wirtschaftsrecht
P	=	Protokoll
PCIJ	=	Permanent Court of International Justice
PfP	=	Partnership for Peace
PIC	=	prior informed consent procedure
PJZS	=	Polizeiliche und Justizielle Zusammenarbeit in Strafsachen
PKO	=	Peace-keeping Operation
Pkt	=	Punkt
PLO	=	Palestine Liberation Organization
Prot	=	Protokoll
RAA	=	Rat für Auswärtige Angelegenheiten
RabelsZ	=	Rabels Zeitschrift für ausländisches und internationales Privatrecht
RBDI	=	Revue belge de droit international
RdC	=	Recueil des Cours de l'Académie de droit international
RDI	=	Revue de droit international et de legislation comparée
Red	=	Redaktion
Res	=	Resolution
rev	=	revidiert
RFIAP	=	Rat für Fragen der österreichischen Integrations- und Außenpolitik
RG	=	Rechtsgeschäft
RGBl	=	Reichsgesetzblatt
RGDIP	=	Revue Générale de Droit International Public
RGW	=	Rat für gegenseitige Wirtschaftshilfe
RIAA	=	Reports of International Arbitral Awards

Rs	= Rechtssache
Rz	= Randzahl
SAARC	= South Asian Association for Regional Cooperation
SADC	= Southern African Development Community
SALT	= Strategic Arms Limitation Talks
SchG	= Schiedsgericht
SchwJIR	= Schweizerisches Jahrbuch für internationales Recht
SDI	= Strategic Defense Initiative
SeeR	= Seerecht
SELA	= Sistema Económico Latinoamericano
sen	= senior
SendSt	= (Ent-)Sendestaat
SER	= Series
SFOR	= Stabilization Force
SFRJ	= Sozialistische Föderative Republik Jugoslawien
SI	= Sozialistische Internationale
Slg	= Sammlung
Sm	= Seemeile
SOFA	= Status of Forces Agreement
sog	= sogenannt
SPÖ	= Sozialistische Partei Österreichs
SR	= Sicherheitsrat
SRÜ	= Seerechtsübereinkommen
SSR	= Sozialistische Sowjetrepublik
St	= Sankt, Saint
STABEX	= Stabilisierung der Exporterlöse
START	= Strategic Arms Reduction Talks
StenProt	= Stenographische Protokolle
StGB	= Strafgesetzbuch
StGBl	= Staatsgesetzblatt
StGG	= Staatsgrundgesetz
StIG	= Ständiger Internationaler Gerichtshof
StPO	= Strafprozeßordnung
StV	= Staatsvertrag
StVO	= Straßenverkehrsordnung
SVD	= Sicherheits- und Verteidigungsdoktrin
SVN	= Satzung der Vereinten Nationen
SYSMIN	= System der Stabilisierung der Exporterlöse für mineralische Stoffe
SZ	= Entscheidungen des österreichischen Obersten Gerichtshofes in Zivil-(und Justizverwaltungs-)sachen
SZIER	= Schweizerische Zeitschrift für Internationales und Europäisches Recht
SZR	= Sonderziehungsrecht(e)
TEDs	= Turtle Excluder Devices
TEN	= Transeuropäische Netze
Texaco	= Texas Oil Company
TirLGBl	= Tiroler Landesgesetzblatt
TNC	= Transnational Corporation
TRIPS	= Trade-Related Aspects of Intellectual Property Rights
TRNZ	= Türkische Republik Nordzypern
TSB	= Tiefseeboden
ua	= unter anderem, und andere
U-Boot	= Unterseeboot

UDEAC	= Union Douanière et Economique de l'Afrique Centrale
UdSSR	= Union der Sozialistischen Sowjetrepubliken
UEFA	= Union Européenne de Football Association
UIC	= Union Internationale des Chemins de fer
ULV	= Umfassende Landesverteidigung
UN	= United Nations
UNCIO	= United Nations Conference on International Organization
UNCITRAL	= United Nations Commission on International Trade Law
UNCLOS	= United Nations Conference on the Law of the Sea
UNCOPUOS	= United Nations Committee on the Peaceful Uses of Outer Space
UNCTAD	= United Nations Conference on Trade and Development
UNDOF	= United Nations Disengagement Observer Force
UNDP	= United Nations Development Programme
UNEF	= United Nations Emergency Force
UNEP	= United Nations Environment Programme
UNESCO	= United Nations Educational, Scientific and Cultural Organization
UNESCO-K	= UNESCO-Konvention
UNFCCC	= United Nations Framework Convention on Climate Change
UNFICYP	= United Nations Peacekeeping Force in Cyprus
UNHCHR	= United Nations High Commissioner for Human Rights
UNHCR	= United Nations High Commissioner for Refugees
UNICEF	= United Nations International Children's (Emergency) Fund
UNIDO	= United Nations Industrial Development Organization
UNIDROIT	= Institut international pour l'unification du droit privé
UNIFIL	= United Nations Interim Force in Lebanon
UNISPACE	= United Nations Conference on the Exploration and Peaceful Uses of Outerspace
UNJYB	= United Nations Juridical Yearbook
UNMIBH	= United Nations Mission in Bosnia and Herzegowina
UNMIK	= United Nations Interim Administration Mission in Kosovo
UNMISET	= United Nations Mission of Support in East Timor
UNO	= United Nations Organization
UNPROFOR	= United Nations Protection Force
UNRRA	= United Nations Relief and Rehabilitation Administration
UNTAET	= United Nations Temporary Administration in East Timor
UNTAG	= United Nations Transition Assistance Group
UNTS	= United Nations Treaty Series
UNTSO	= United Nations Truce Supervision Organization
UPU	= Universal Postal Union
US-$	= US-Dollar
US	= United States
USA	= United States of America
usw	= und so weiter
U	= Urteil
uU	= unter Umständen
UVS	= Unabhängiger Verwaltungssenat
v	= versus
va	= vor allem
VB	= Völkerbund
VBS	= Völkerbundsatzung
vChr	= vor Christus
VerbRs	= Verbundene Rechtssachen
VfGH	= Verfassungsgerichtshof

VfSlg	= Sammlung der Erkenntnisse und wichtigsten Beschlüsse des Verfassungsgerichtshofes
vgl	= vergleiche
VGR	= Völkergewohnheitsrecht
vgr	= völkergewohnheitsrechtlich
VirgJIL	= The Virginia Journal of International Law
VKSE	= Verhandlungen über konventionelle Streitkräfte in Europa
VN	= Vereinte Nationen
VO	= Verordnung(en)
Vol	= Volume
VR	= Völkerrecht
vr	= völkerrechtlich
VRS	= Völkerrechtssubjekt
VRÜ	= Verfassung in Recht und Übersee
VRverl	= Völkerrechtsverletzung
vs	= versus
VSBM	= vertrauens- und sicherheitsbildende Maßnahmen
VwGH	= Verwaltungsgerichtshof
WBVR I – III	= Wörterbuch des Völkerrechts (Strupp/Schlochauer), Bd 1–3
WDK	= Wiener Diplomatenrechtskonvention (= Wiener Übereinkommen über diplomatische Beziehungen)
WEU	= Westeuropäische Union
WHO	= World Health Organization
WIPO	= World Intellectual Property Organization
WK	= Weltkrieg
WKK	= Wiener Konsularrechtskonvention (= Wiener Übereinkommen über konsularische Beziehungen)
WmDK	= Wiener multilaterale Diplomatenrechtskonvention (= Wiener Konvention über die Vertretung von Staaten in ihren Beziehungen mit Internationalen Organisationen universellen Charakters)
WMO	= World Meteorological Organization
WP	= World Politics
WPV	= Weltpostverein
WSR	= Wirtschafts- und Sozialrat
WTO	= World Trade Organization, World Tourism Organization
Wv	= Wiederverlautbarung
WVK	= Wiener Vertragsrechtskonvention (= Wiener Übereinkommen über das Recht der Verträge)
WVO	= Warschauer Vertrags-Organisation
WWU	= Wirtschafts- und Währungsunion
Yale LJ	= Yale Law Journal
YBICJ	= Yearbook of the International Court of Justice
YBUN	= Yearbook of the United Nations
Z	= Ziffer
ZaöRV	= Zeitschrift für ausländisches öffentliches Recht und Völkerrecht / seit 1989 auch Heidelberg Journal of International Law
zB	= zum Beispiel
ZBJI	= Zusammenarbeit in den Bereichen Justiz und Inneres
ZEI	= Zentraleuropäische Initiative
ZeuS	= Zeitschrift für europarechtliche Studien
ZfRV	= Zeitschrift für Rechtsvergleichung, Internationales Privatrecht und Europarecht
Ziff	= Ziffer

ZLW	=	Zeitschrift für Luft- und Weltraumrecht
ZLWR	=	Zeitschrift für Luft- und Weltraumrecht
ZöR	=	Zeitschrift für öffentliches Recht
ZP	=	Zusatzprotokoll
zT	=	zum Teil

Siehe auch das Abkürzungsverzeichnis im zweiten Band des Handbuchs, für Abkürzungen internationaler Organisationen und Institutionen siehe auch D 100, für wichtige friedenserhaltende Operationen der Vereinten Nationen D 233.

Zur Arbeit mit diesem Handbuch

Mit dem auch in der 4. Auflage beibehaltenen Konzept des Österreichischen Handbuchs des Völkerrechts wurde seinerzeit wenigstens in Österreich in mehrfacher Hinsicht Neuland betreten. Das Handbuch stammt nicht wie die meisten Lehrbücher von einem Verfasser oder einigen wenigen Autoren. Vielmehr arbeiteten an diesem Projekt bei der *1. Auflage 1983 16 habilitierte österreichische Wissenschaftler* mit, die damals an Österreichs Universitäten Völkerrecht unterrichteten bzw zu dieser Lehre in einem besonderen Naheverhältnis standen. 20 Jahre später sind an der 4. Auflage **17 Autoren** beteiligt.

Die einzelnen Mitarbeiter (Wörter mit einer männlichen und weiblichen Form sind im Handbuch geschlechtsneutral zu verstehen) am Handbuch haben Gebiete bearbeitet, mit denen sie sich in ihrer wissenschaftlichen Tätigkeit besonders eingehend beschäftigt haben. Mittlerweile ist das Ableben dreier Autoren zu beklagen, deren Beiträge von anderen Verfassern aktualisiert worden sind. Zusätzlich haben jüngere Kollegen die Einladung zur Mitarbeit angenommen.

Das Handbuch ist im Übrigen *nicht als Repräsentativwerk der österreichischen Völkerrechtswissenschaft* gedacht. Es soll **in erster Linie als für Studenten verständlicher Lehr- und Lernbehelf** bei der Ausbildung österreichischer Juristen dienen.

Da immer mehr Lebensbereiche völkerrechtlich geregelt werden, wurde in dem vom Verlag vor allem auch aus Gründen der Erschwinglichkeit vorgegebenen Rahmen von vornherein **keine umfassende, enzyklopädische Darstellung** ins Auge gefasst. Das Handbuch ist vielmehr auf die wichtigsten Bereiche des Völkerrechts beschränkt. Es sind jene, die sowohl im Unterricht und bei Prüfungen als auch in der Arbeit des außenpolitischen Praktikers sowie des Juristen im Allgemeinen im Vordergrund stehen. Bei der Auswahl wurden insbesondere mit dem Recht transnationaler Akteure, des grenzüberschreitenden Umweltschutzes, dem Internationalen Wirtschaftsrecht sowie neuerdings auch der internationalen Strafgerichtsbarkeit Gebiete berücksichtigt, die erst in jüngerer Vergangenheit völkerrechtliche Bedeutung erlangt oder an Wichtigkeit gewonnen haben.

Die Mitwirkung so vieler Autoren erforderte bei der Abfassung der einzelnen Beiträge die Beachtung eines **einheitlichen, von allen akzeptierten Konzepts,** das insbesondere folgende Schwerpunkte aufweist:

Ein Hauptanliegen der Verfasser besteht in der **Weckung und Vertiefung des Problembewusstseins** des Lesers statt bloßer Informationsvermittlung. Daher gilt es, *juristische Fragen vor dem Hintergrund der politischen, wirtschaftlichen, technischen oder sonstigen Probleme* zu behandeln, um deren Lösung mit völkerrechtlichen Normen es jeweils geht. Dabei ist die geschichtliche Dimension insofern einzubeziehen, als sie die verschiedenen

Lösungsmöglichkeiten für ein völkerrechtliches Problem im Lichte sich ändernder nichtjuristischer Rahmenbedingungen aufzeigt.

Dieser **rechtspolitische, interdisziplinäre Ansatz** müsste ferner Erkenntnisse vermitteln, deren Wert von einer gewissen Dauer ist. Denn der durch rechtliche Normen hergestellte Interessenausgleich ändert sich zwar gerade im internationalen System häufig und rasch. So haben das durch den Zusammenbruch des Kommunismus in Osteuropa bewirkte Ende des Ost-West-Konflikts und die Integrationsfortschritte im Westen des Kontinents auch im Völkerrecht ihren Niederschlag gefunden. In jüngster Zeit wirken sich zudem die unipolare Struktur des internationalen Systems und die zunehmende Globalisierung immer stärker auf das Völkerrecht aus. Dabei bleiben jedoch die Probleme, die gelöst werden müssen, oft gleich.

Nicht nur auf eine lückenlose Erfassung, sondern auch auf die Vermittlung der *Vorstellung,* das *moderne Völkerrecht* sei ein *geschlossenes, widerspruchsfreies Gebilde von universeller Geltung,* wird in diesem Handbuch von vornherein *verzichtet.* Vielmehr werden die Unterschiede in den Auffassungen zwischen Staaten und Staatengruppen zu Schlüsselfragen des Völkerrechts in der Vergangenheit und Gegenwart aufgezeigt.

Die Heranziehung einer Mehrzahl von Autoren vermeidet ferner den – gleichfalls unrichtigen – Eindruck des Bestehens einer monolithischen Völkerrechtstheorie selbst in einem relativ kleinen Land wie Österreich. **Meinungsvielfalt und -unterschiede** in diesem Handbuch dürften den Unterricht und das Studium damit für alle Beteiligten realistischer und reizvoller gestalten als bei der Vermittlung einer einzigen „herrschenden" Lehre.

Ein Mindestmaß an *Einheitlichkeit* und *Übersichtlichkeit* sollte jedoch durch das *gemeinsame Konzept* und durch *kurze Einleitungen der Herausgeber* zu den einzelnen Abschnitten gewährleistet sein. Diese **Vorbemerkungen** stecken den Rahmen der Abschnitte ab und verklammern die einzelnen Kapitel eines Abschnitts miteinander.

Ein weiteres Ziel des Handbuchs liegt in der **Praxisbezogenheit.** Diese soll insbesondere durch den **Materialienband** erreicht werden. Er bildet einen integrierenden Bestandteil des Handbuchs und belegt und verdeutlicht die dogmatischen Ausführungen im Textteil. Der Materialienband soll den Leser mit völkerrechtlichem Primärmaterial wie Vertragstexten, Beschlüssen Internationaler Organisationen, Entscheidungen internationaler und staatlicher Rechtsprechungsorgane, für das Völkerrecht relevanten staatlichen Gesetzen usw vertraut machen. Damit wird eine Synthese zwischen dem hierzulande traditionellen Lehrbuch, das nur wenige Dokumente im Originalwortlaut enthält, und einem *Casebook* angestrebt, in dem theoretische Aussagen häufig zu kurz kommen.

Besonderes Gewicht liegt in diesem Österreichischen Handbuch des Völkerrechts auf dem **Österreich-Bezug.** Immer wieder werden deshalb allgemeine Probleme an österreichischen Beispielen erläutert und die Interessenlage und Haltung Österreichs herausgearbeitet.

Der Leser möge in späteren Jahren bedenken, dass die Aussagen im **Handbuch** die **rechtliche** und **politische Lage** in den internationalen Beziehungen im Jahre **2004** wiedergeben. Es steht zu erwarten, dass sie sich auch in nächster Zeit rasch weiterentwickeln und ändern und dies auch im Völkerrecht seinen Niederschlag finden wird.

Zur technischen Gestaltung des Textbandes sei ferner angemerkt, dass *zur besseren Übersichtlichkeit keine Fußnoten* angebracht werden. **Verweise** auf Absätze im **Textteil** erfolgen mit **Rz** und der jeweiligen **Randzahl,** auf Dokumente im **Materialienteil** mit **D** und der jeweiligen **Zahl.** Dabei werden nur die international bekanntesten Fälle auch im Textteil namentlich zitiert.

Zahlreiche *Dokumente* sind **im englischen Original** zitiert. Dies soll dem Benützer helfen, sich mit der völkerrechtlichen Terminologie in der wichtigsten Sprache der internationalen Beziehungen vertraut zu machen.

Schon aus Raumgründen werden die **Literaturverzeichnisse knapp** gehalten und in erster Linie auf Gesamtdarstellungen, neues und vor allem auf Österreich bezogenes Schrifttum beschränkt. Vielleicht erweist sich die (Platz-)Not dadurch als Tugend, dass nur wenige, dafür besonders gezielte Hinweise die Studierenden zu weiterführender Lektüre ermuntern werden. Um Platz zu sparen, werden ferner Unter- und Zusatztitel bei Literaturangaben weggelassen, außer wenn sie zum Verständnis erforderlich sind.

Gelegentliche *Autorennennungen im Textteil in Klammer* ohne Werkangabe beziehen sich auf das an den *Beginn des betreffenden Kapitels gestellte Schrifttum.*

Um Platz zu gewinnen, werden außerdem **verhältnismäßig viele Abkürzungen** verwendet. Abkürzungen, die in der völkerrechtlichen Fachsprache üblich sind oder in den verschiedenen Abschnitten immer wieder vorkommen, werden durchgehend gebraucht. Die anderen werden nur in den Abschnitten oder Kapiteln benützt, in denen der betreffende Ausdruck besonders häufig aufscheint.

Abgekürzte völkerrechtliche Ausdrücke werden zumeist bei ihrer ersten Erwähnung ausgeschrieben; ihre Abkürzung wird in Klammer angefügt. Von dieser Regel wird abgegangen, wenn der betreffende Fachausdruck einer näheren Erläuterung bedarf, diese aber erst in einem nachfolgenden Abschnitt gegeben wird.

Internationale Organisationen werden je nachdem, welche Bezeichnung sich in der deutschen Völkerrechts- und Diplomatenterminologie durchgesetzt hat, mit ihrem englischen oder deutschen Namen angeführt.

Schließlich wird zur Erleichterung bei der selbständigen Suche vor allem nach völkerrechtlich relevanten Dokumenten eine Auswahl **wichtiger Websites** angeboten.

Wichtige Websites (Auswahl)

Internationale Institutionen:

- African Union: http://www.africa-union.org/
- Europarat: http://www.coe.int/DefaultEN.asp
- Europäische Union: http://europa.eu.int/index.htm; Gerichtshof der Europäischen Gemeinschaften: http://curia.eu.int/de/transitpage.htm
- Internationaler Gerichtshof: http://www.icj-cij.org/
- Internationaler Strafgerichtshof: http://www.icc-cpi.int/
- Organization of American States: http://www.oas.org/
- Organization for Security and Co-operation in Europe: http://www.osce.org/general/
- Vereinte Nationen: http://www.un.org
- Weltbankgruppe: http://www.worldbank.org/; International Centre for Settlement of Investment Disputes: http://www.worldbank.org/icsid/
- World Trade Organization: http://www.wto.org/
- World Trade Organization Panels und Berufungsgremium: http://www.wto.org/english/tratop_e/dispu_e/distab_e.htm

Wissenschaftliche Gesellschaften / Institute:

- American Society of International Law: http://www.asil.org/
- European Society of International Law: http://www.esil-sedi.org/
- International Law Association: http://www.ila-hq.org/
- Institut für Völkerrecht (Wien): http://www.univie.ac.at/intlaw/

Gesetzes-/ Vertragssammlungen; internationale Dokumente:

- The Avalon Project: völkerrechtliche Dokumente ab dem Westfälischen Frieden – zusammengestellt von der Yale University: http://www.yale.edu/lawweb/avalon/20th.htm
- EUR-lex – Amtsblatt der EU: http://europa.eu.int/eur-lex/de/
- Internationale Vertragsübersicht: zB österr. Außenministerium: http://www.bmaa.gv.at
- RIS – österr. Bundesgesetzblatt: http://www.ris.bka.gv.at/bgbl/
- Dokumente der Vereinten Nationen: http://www.un.org/documents/

Bibliothekskataloge für Literatursuche (Auswahl):

- Bibliothek des Friedenspalastes: http://www.ppl.nl/
- Max-Planck-Institut – OPAC: http://www.virtuelles-institut.de/
- RAVE-Datenbank für Völkerrechts- und Europarechtsartikel: http://www.jura.uni-duesseldorf.de/rave/e/englhome.asp

Menschenrechtslinks:

- Europäischer Menschenrechtsgerichtshof: http://www.echr.coe.int/
- Inter-American Court of Human Rights: http://www.corteidh.or.cr/

Wichtige Websites (Auswahl)

- The United Nations High Commissioner for Human Rights: http://www.unhchr.ch
- United Nations Human Rights Instruments: http://193.194.138.190/html/intlinst.htm
- University of Minnesota Human Rights Library: http://www1.umn.edu/humanrts/

I. Abschnitt

Grundlagen und Rahmenbedingungen des heutigen Völkerrechts

Vorbemerkung der Herausgeber

Das Verständnis des Völkerrechts (VR) bereitet vielen Juristen, die bloß im innerstaatlichen Recht geschult sind, Schwierigkeiten. Diese Probleme ergeben sich in erster Linie aus den strukturellen Besonderheiten eines *„primitiven“* **Koordinationsrechts:** Das VR wird weiterhin vornehmlich von einander gleichgestellten Subjekten, den Staaten, getragen. Daher **mangelt** es der Völkerrechtsordnung an **zentralen Organen** der **Rechtsetzung,** der **Rechtsprechung** und der **Rechtsdurchsetzung,** die den einzelnen Völkerrechtssubjekten (VRS) übergeordnet sind. *Dennoch* entfalten auch *völkerrechtliche (vr) Normen* in der Regel *ausreichende Wirksamkeit.* Diese beruht auf den zahlreichen Nachteilen einer Verletzung vr Pflichten und insbes den Mechanismen der *Gegenseitigkeit* sowie der engen Bindung des VR an die faktischen Gegebenheiten im internationalen System *(Effektivitätsgrundsatz).* 1

In Europa weisen allerdings die **supranationalen Europäischen Gemeinschaften** (EG) eine Organisationsstruktur und ein Rechtssystem auf, die vom traditionellen **„horizontalen“ VR abweichen.** Sie sind für Österreich direkt von Belang, weil es seit dem 1. 1. 1995 der Europäischen Union (EU) angehört. 2

Die **Staaten Europas** und **Nordamerikas** beherrschten seit Beginn der Neuzeit die Weltpolitik. Sie konnten daher auch bis zum Ersten Weltkrieg (I. WK) die universelle Geltung des von ihnen entwickelten **„klassischen“ VR** weitestgehend durchsetzen. Freilich regte sich bereits damals va in Lateinamerika Widerstand gegen manche seiner Normen. **Nach 1945** überschatteten tief greifende *ideologische, politische* und *wirtschaftliche* **Konflikte zwischen drei großen Staatengruppen** die Weltpolitik: zwischen den pluralistischen, marktwirtschaftlichen *Demokratien des Westens* (der *„Ersten Welt“*), dem sog *sozialistischen Lager* unter der Führung der UdSSR (der *„Zweiten Welt“*) und den Entwicklungsländern in Afrika, Asien und Lateinamerika (der *„Dritten Welt“*). Die weit reichenden Gegensätze in ihren Interessen und Einstellungen schlugen sich auch in unterschiedlichen vr Positionen und Normen nieder. 3

Der **Zusammenbruch** der **kommunistischen Regime** in Osteuropa und das dadurch bewirkte **Ende** des **Ost-West-Konflikts** nach 1989 **verminderten** die **Zersplitterung,** die nach dem II. WK das VR gekennzeichnet und dessen Betrachtung erschwert hatte. Nunmehr bejahen alle Staaten Europas die Grundwerte der pluralistischen Demokratie, westlicher Menschenrechte, des Rechtsstaats und der Marktwirtschaft. Im **weltweiten Rahmen** bestehen aber wesentliche **Meinungsverschiedenheiten,** zB über Wesen und Inhalt der Menschenrechte, weiter. 4

5 Va dem Leser, der sich erstmals mit VR befasst, wird die erneute Lektüre dieses ersten Abschn mit unvermeidlichen Verweisen auf die folgenden Kap empfohlen, nachdem er sich mit dem Inhalt des gesamten Handbuchs vertraut gemacht hat.

1. Kapitel

Abgrenzungen, Strukturmerkmale und Besonderheiten der Völkerrechtsordnung

Hanspeter Neuhold

Literatur: *Friedmann,* The Changing Structure of International Law (1964); *Coplin,* The Functions of International Law (1966); *Franck,* The Power of Legitimacy among Nations (1990); *Rosenau / Czempiel* (Hrsg), Governance without government: order and change in world politics (1992); *Neuhold,* Weltpolitik zwischen Integration und Fragmentierung, ÖJIP 1994 (1995) 99; *Huntington,* The Clash of Civilizations and the Remaking of World Order (1996); *Knapp / Krell* (Hrsg), Einführung in die Internationale Politik (3. Aufl, 1996); *Koh,* Why Do Nations Obey International Law? YaleLJ 106 (1997) 2599; *Kegley / Wittkopf,* World Politics: Trend and Transformation (7. Aufl, 1999); *Neuhold,* The Foreign-Policy „Cost-Benefit-Analysis" Revisited, GYIL 42 (1999) 84; *Seidel,* Die Völkerrechtsordnung an der Schwelle zum 21. Jahrhundert, ArchVR 38 (2000) 23; *Oeter,* Souveränität – ein überholtes Konzept? FS *Steinberger* (2002) 259.

A. Definition und Abgrenzung zu verwandten Bereichen

Das **VR** lässt sich als die Summe der **rechtlichen Normen** definieren, **6** die das **Verhalten** der **VRS regeln** und **nicht** dem **internen Recht** eines dieser Subjekte **angehören.** Im Gegensatz zu einfachen und eindeutigen Begriffsbestimmungen in anderen Rechtsbereichen birgt diese Definition des VR freilich mehr Probleme in sich, als sie löst. Diese Schwierigkeiten ergeben sich va auch daraus, dass sich das VR als Folge weit reichender Veränderungen in den internationalen Beziehungen (iBez) gleichfalls in ständigem Wandel und Umbruch befindet.

1) Rechtsnormen unterscheiden sich von anderen Sollensvorschriften **7** wie jenen der Moral, der Sitte usw durch ihre **Durchsetzungsmittel** und **-verfahren.** Im innerstaatlichen Recht bestehen zentrale Rechtsprechungsorgane mit obligatorischer Zuständigkeit zur Feststellung einer Rechtsverletzung und Entscheidung über deren Folgen. Zentrale Exekutionsorgane sind mit ausreichenden Zwangsmitteln zur Rechtsdurchsetzung ausgestattet. Hingegen werden diese Funktionen im Koordinationssystem des VR überwiegend von den einzelnen **Rechtssubjekten selbst** wahrgenommen. Dabei ergreifen VRS einerseits **Repressalien** (an sich völkerrechtswidriges Verhalten, das ausnahmsweise durch einen vorherigen Bruch des VR durch ein anderes VRS gerechtfertigt ist; nunmehr als **Gegenmaßnahme** bezeichnet – Rz 58, 1881, 2834 ff). Andererseits setzen sie auch von vornherein zulässige, *„unfreundliche" Maßnahmen;* diese sind uU zumindest ebenso wirksam (**Retorsionen** – zB Nichtgewährung noch nicht verbindlich zugesagter künftiger Wirtschaftshilfe – Rz 2828). Deshalb ist die Bestimmung der *spezifischen Unrechtsfolgen des VR problematisch.*

2) Der *„klassische"* **Rechtsquellenkatalog** in Art 38 Statut des Internationalen Gerichtshofs (IGH) nennt als „Primärquellen" des VR Verträge, **8**

Völkergewohnheitsrecht (VGR) und allgemeine Rechtsgrundsätze (ARG). Diese Liste wird aber als **unvollständig** angesehen (Rz 166ff, 523). Daher bereitet die *Abgrenzung vr Normen* auch nach dem Kriterium der *Entstehungsverfahren* bzw der *Ergebnisse dieser Verfahren Schwierigkeiten.* Als Beispiel anderer vr erheblicher Verhaltensvorschriften seien die Beschlüsse internationaler Organisationen (IO Rz 457ff) und die einseitigen Rechtsgeschäfte genannt (Rz 492ff). Ferner gilt es zwischen vr und anderen internationalen Verhaltensstandards ohne vr Bindungswirkung wie der *Völkersitte* oder *Courtoisie* (zB dem diplomatischen Zeremoniell) zu unterscheiden. Überdies ist die rechtlich unerhebliche Praxis von jener zu trennen, die durch das – häufig schwer nachweisbare – Hinzutreten der *opinio iuris sive necessitatis* zu verbindlichem VGR wird (Rz 191).

9 In diesem Zusammenhang hat sich der Betrachter außerdem mit der Sicht einer **im Fluss** befindlichen **Rechtsentwicklung** an Stelle des Entstehens einer Norm *uno actu* vertraut zu machen. Darüber hinaus muss er sich mit der Vorstellung von **Abstufungen** der **Verbindlichkeit** statt der einfachen Alternative zwischen dem Bestand einer rechtlich voll bindenden Norm oder deren Nichtexistenz auseinander setzen (**„soft law“** – Rz 126, 527, 1795, 1848, 1923, 2431, 2437, 2503f).

10 3) Auch die **Liste** der **VRS,** der Träger vr Rechte und Pflichten, ist **nicht** eindeutig **abgeschlossen.** Neben *Staaten* (Rz 667ff) und (zwischenstaatlichen) *IO* (Rz 885ff) sind nicht nur die Sonderfälle des *Heiligen Stuhles* (Rz 1186ff), der als Krieg Führende anerkannten *Aufständischen* (Rz 663, 2888, 3190) oder des *Internationalen Komitees vom Roten Kreuz* (IKRK – Rz 1203ff) anzuführen. Dazu sind in eine *„Grauzone“ partieller Völkerrechtssubjektivität* als Träger bestimmter Rechte und/oder Pflichten seit einiger Zeit neue Kategorien wie *transnationale Wirtschaftsunternehmen* (Rz 1212ff) und der *Einzelmensch* getreten (Rz 1341ff). Der Ausdruck *„Völkerrecht“* ist daher *zu eng* – ganz abgesehen davon, dass nicht Völker, sondern Staaten die Primärsubjekte dieser Rechtsordnung sind.

11 4) Das VR ist überdies von *anderen Rechtsgebieten* mit Bezugspunkten zu unterscheiden, die ebenfalls *über die Grenzen eines einzelnen Staates* hinausreichen. Zu nennen ist in diesem Zusammenhang das **interne Recht der IO.** Durch dieses erlegen Organe einer IO den Beamten dieser Organisation Pflichten auf und gewähren ihnen Rechte (Rz 471). Ebenso können *Organe der EG* (Rz 1123ff) die *Staatsangehörigen* der *Mitgliedstaaten* dieser supranationalen IO *unmittelbar berechtigen* und *verpflichten* (Rz 473, 581). Beide Typen von Normen beruhen letztlich auf vr Verträgen, in denen die Mitgliedstaaten den betreffenden IO diese Rechtserzeugungskompetenz übertragen. Dennoch weist das *Recht der EG/EU Besonderheiten* auf, die seine *Einstufung* als Kategorie *sui generis* nahe legen (vgl Rz 558ff).

12 Dem **innerstaatlichen Recht** gehören dagegen die Normen des **internationalen Privat-, Prozess-, Straf- und Verwaltungsrechts** (Rz 753ff) an. Sie bestimmen, welchen Staates Recht bei einer *Kollision* zwischen *mehreren staatlichen Rechtsordnungen infolge* eines *ausländischen Anknüpfungspunktes* anzuwenden ist. In diesen Bereichen ist freilich durch die zunehmende Vereinheitlichung in multilateralen vr Verträgen ein Trend zur Verankerung auch im VR festzustellen.

Der Völkerrechtler sollte sich noch weniger als seine im innerstaatlichen Recht tätigen Kollegen auf eine rein normative Betrachtung beschränken. Das VR spiegelt die internationale politische Wirklichkeit in bes hohem, für manche in betrüblich starkem Maße wider. Wenn Vorschläge für die künftige Gestaltung des VR dieser Realität nicht Rechnung tragen, haben sie kaum Aussicht auf Verwirklichung in der Praxis. Völkerrechtler müssen daher nicht nur wegen der engen Wechselbeziehungen zwischen VR und staatlichem Recht va mit dem Recht ihres Heimatstaates, insbes dessen Verfassungsrecht, vertraut sein; sie sollten auch wenigstens Grundkenntnisse der Sozialwissenschaften, va der Wissenschaft der Internationalen Beziehungen (IBez), aufweisen. **13**

Die Vertreter dieser Disziplin suchen empirisch nachprüfbare Kausalbeziehungen im internationalen System nachzuweisen. Es geht ihnen um die Feststellung von Regelmäßigkeiten im Verhalten der internationalen Akteure, die der Jurist als VRS bezeichnet. Die Politologen der IBez beschäftigen sich daher unter Anwendung anderer theoretischer Ansätze und Methoden mit demselben Untersuchungsgegenstand wie die Völkerrechtler (vgl zB Rz 1937). **14**

B. Die Funktionen des Völkerrechts

1) Das **„klassische" VR** (Rz 3, 25f, 80f), das sich nach den Westfälischen Friedensverträgen 1648 bis zum I. WK entwickelte, **diente** va der **Vermeidung von Konflikten** zwischen seinen Primärsubjekten, den Staaten. Dieses Ziel sollte durch die **Absteckung** der *territorialen, personellen, sachlichen* und *zeitlichen* **Kompetenzen** der Staaten erreicht werden. Zunächst regelte das VR also die Fragen, welcher Raum, welche Menschen, welche Sachgebiete in welchem Zeitraum der ausschließlichen staatlichen Regelungsgewalt mit welchen Ausnahmen unterliegen. Somit bestand das traditionelle VR hauptsächlich aus *„negativen" (Verbots-)Normen.* Diese sollten die Rivalität der Staaten in einigermaßen geordnete Bahnen lenken. Die Staaten hatten jedoch als Element ihrer Souveränität das Recht, nach Belieben zum Krieg zu schreiten *(ius ad bellum).* Ein Normensystem, das seinen Subjekten massivste Gewaltanwendung gestattete, ließ sich wohl kaum als Friedensordnung bezeichnen (Rz 1802ff). **15**

2) Va angesichts der wachsenden Zerstörungskraft moderner Waffen wurden zunehmend vr Normen zur **Verhinderung** von **Verhalten** geschaffen, das für alle Beteiligten nachteilig und daher **unerwünscht** war. Dies geschah einerseits durch die Ausbildung des *Kriegs-* und *Humanitätsrechts* (Rz 2870ff). Andererseits wurden im 20. Jhdt das *Kriegs-* und das *Gewaltverbot* (Rz 1798ff) im VR verankert. **16**

3) Neben die Friedenserhaltung ist mittlerweile als dringende Aufgabe des VR die **Bewahrung** des **Ökosystems** der Erde getreten (va Rz 2386ff). Sie erfordert auch aktive Maßnahmen. **17**

4) Wie seinerzeit der vierte Stand in den Industriestaaten begnügten sich im weltweiten internationalen Rahmen die benachteiligten *Entwicklungsländer* nicht mehr mit den ursprünglichen Funktionen des VR. Sie verlangten vielmehr dessen Ausgestaltung zu einem **sozioökonomischen Instru-** **18**

ment des Wandels und der Zusammenarbeit zwischen Nord und Süd. Dieses „neue" VR soll durch *Leistungspflichten der Besitzenden* zu einem Abbau des Wohlstands- und Machtgefälles zwischen den Staaten beitragen (va Rz 2484). Auch soll es jeder *Einzelperson* durch Einräumung va auch wirtschaftlicher und sozialer Grundrechte ein *menschenwürdiges Dasein* gewährleisten (ua Rz 1347). In diesen Bereichen treten gleichfalls neben Unterlassungspflichten „positive" Gebotsnormen.

19 Dieser Ruf nach internationaler *Solidarität* stellt den *individualistischen Charakter* des *traditionellen „Laissez-faire-VR" in Frage.* Danach durften Staaten innerhalb ihrer Grenzen zB ebenso Raubbau mit ihren Rohstoffen treiben wie ihre Ressourcen selbst bei dringendem Bedarf anderer brachliegen lassen.

C. Strukturelle Voraussetzungen der gegenwärtigen Völkerrechtsordnung

20 Das uns vertraute VR stellt keineswegs das einzig mögliche weltweite Rechtssystem dar. Es setzt vielmehr eine bestimmte Beschaffenheit der iBez voraus. Es mangelt(e) nicht an Ideologien (wie dem Marxismus – Rz 27) und Theorien der IBez für alternative globale Friedensordnungen. So sehen die Föderalisten die Ursache für Konflikte und Kriege in der anarchischen Struktur des Staatensystems. Sie wollen diese daher durch einen Weltstaat ersetzt sehen. Für das Bestehen des VR in seiner heutigen Form sind folgende Voraussetzungen wesentlich:

21 1) Es bedarf einer **Mehrzahl souveräner,** also voneinander unabhängiger und wenigstens formell gleichberechtigter **Akteure.** Zwischen diesen – insbes unter den jeweiligen Großmächten – muss ein ausreichendes **Machtgleichgewicht** herrschen. Anderenfalls wird eine überlegene Hegemonialmacht dazu neigen, den anderen Akteuren ihren Willen aufzuzwingen. Sie wird auf diese dabei ihr (staatliches) Recht ausdehnen, das sie allein geschaffen hat, oder zumindest – wie neuerdings die USA – einen doppelten Standard anwenden (Rz 115).

22 Wesentliche Gründe für die Komplexität des modernen VR liegen einerseits in der Zunahme der Zahl und Verschiedenartigkeit seiner Primärsubjekte, der Staaten. Der Hauptgrund dafür war die Dekolonisation in der „Dritten Welt" nach 1945. Dazu kommt andererseits das erwähnte Auftreten neuer Kategorien von VRS.

23 2) Die **VRS** müssen auf verschiedenen Gebieten – der Politik, Wirtschaft, Technik usw – **in Beziehungen zueinander** treten. VR entsteht nicht gleichsam im luftleeren normativen Raum. Es wird vielmehr dann geschaffen, wenn dies zur Lösung konkreter Probleme des Zusammenlebens seiner Subjekte nötig ist. So „erfand" *Hugo Grotius* (Rz 148) im 17. Jhdt den Grundsatz der Meeresfreiheit nicht im „Elfenbeinturm". Er versuchte vielmehr, damit zur Wahrung handfester niederländischer Interessen spanische, portugiesische und britische Exklusivansprüche auf Teile der Hohen See abzuwehren (Rz 2227).

24 Immer mehr Aufgaben können heute nur durch internationale Zusammenarbeit bewältigt werden. Daher ist insbes seit dem II. WK va im Zeichen des technischen Fortschritts das **VR** in immer **neue Bereiche** vorgedrungen. Vergeblich sucht man zB in einem älteren Lehrbuch des VR Abhandlungen über den *Weltraum* (Rz 2334 ff), den *Tiefseeboden* (Rz 2305 ff) oder den grenzüberschreitenden *Umweltschutz* (Rz 2386 ff). Deshalb wird selbst ein bloßer Überblick über den gesamten Regelungsbereich des VR immer schwieriger.

3) Auch bei Normen des VR geht es um den **Ausgleich** von **Interessengegensätzen.** Dieser bedarf zu seinem Zustandekommen einer **gemeinsamen Werteplattform** der Beteiligten. **25**

Sie war im „klassischen" VR vor dem I. WK verhältnismäßig umfangreich. Denn dieses wurde nur von der homogenen westlichen Staatengruppe getragen. Dagegen wirkte die heutige „Dritte Welt", die damals größtenteils Kolonialgebiet war, an der Entwicklung vr Normen nicht mit. **26**

Jene *Wertegrundlage stellten* nach der „Oktoberrevolution" 1917 zunächst die *UdSSR* und später *die anderen sozialistischen Staaten grundsätzlich in Frage* (Rz 94, 107 ff). Diese Staatengruppe trat für ein radikal anderes staatliches Wirtschafts- und Gesellschaftsmodell als das westliche Lager ein. Als Fernziel verfolgte sie auch eine völlig andere globale Ordnung, die *universelle klassenlose Gesellschaft.* Als Übergangslösung auf dem Weg dorthin bejahten die sozialistischen Staaten allerdings die „friedliche Koexistenz" mit nichtsozialistischen Staaten. **27**

Eine *zweite Erschütterung* des gemeinsamen *ideologischen Fundaments* ging nach dem II. WK von den jungen Staaten der *„Dritten Welt"* aus. Sie lehnten das ihnen vorgegebene VR zwar nicht rundweg ab. Wohl aber bekämpften sie jene Normen, die in ihren Augen keinen gerechten Interessenausgleich herstellten – zB jene über den Schutz ausländischer Investitionen vor Enteignung im traditionellen VR (Rz 1303 ff, 2649 ff). **28**

Dieser **ideologische Pluralismus** und die Machtverschiebungen zu Gunsten der Staaten, die Änderungen des traditionellen westlichen VR forderten, waren die Hauptgründe für eine vielfach behauptete Krise des VR nach 1945. **29**

Nach dem **Zusammenbruch** der **kommunistischen Regime** in Osteuropa im Zuge der **„Wende"** ab 1989 **erstarkte** die **gemeinsame Werteplattform** jedoch wieder. Im Ost-West-Konflikt zwischen zwei miteinander unvereinbaren umfassenden Ideologien erwiesen sich auf das Individuum ausgerichtete Menschenrechte, pluralistische Demokratie und Marktwirtschaft als den Gegenmodellen überlegen. Zudem lassen sich in einem durch zunehmende **gegenseitige Abhängigkeit** geprägten internationalen System immer mehr globale Probleme nur unter Mitwirkung aller lösen. Diese globalen Herausforderungen reichen von der Bedrohung durch Massenvernichtungswaffen bis zur Erhaltung der Umwelt und der Eindämmung der Bevölkerungsexplosion. **30**

Das Bewusstsein einer internationalen Gemeinschaft auf der Grundlage allseits bejahter Werte hat sich im VR insbes im Konzept des *ius cogens* niedergeschlagen. Dieses kann als Summe vr konkretisierter grundlegender Werte verstanden werden, die der Gestaltungsfreiheit einzelner VRS entzogen sind (Rz 364 ff, 2067, 2784 ff, 2836 f). Zum zwingenden VR werden va das *Gewaltverbot* (Rz 1798 ff) und die *wichtigsten Menschenrechte* (Rz 1341 ff) gezählt (zu den Pflichten *erga omnes* Rz 2792 ff). **31**

32 In Frage gestellt wird die von individualistisch und säkular ausgerichteten westlichen Grundsätzen bestimmte Wertegrundlage nunmehr durch radikale religiöse Bewegungen, insbes im Islam. Kritisch äußern sich auch Vertreter anders ausgerichteter sozialphilosophischer Vorstellungen, zB in der Tradition des Konfuzianismus (Rz 120, 136ff, 1359, 2083). Die Terroranschläge in den USA am 11. 9. 2001 haben der Diskussion über den vom amerikanischen Politologen *Samuel Huntington* geprägten Begriff *„clash of civilizations“* besondere Aktualität verliehen.

33 Gerade im VR lohnt sich die *Suche nach den entgegengesetzten Interessen, zwischen* denen die jeweilige *Norm vermitteln soll.* Diese Betrachtung lehrt, dass die Lösung desselben Problems im Lauf der Zeit je nach den herrschenden Machtverhältnissen und Wertvorstellungen sowie den materiellen Rahmenbedingungen variieren kann (Rz 75). Bei förderungswürdigen, aber miteinander unvereinbaren rechtspolitischen Interessen gibt es außerdem keine „Patentlösung“. Denn die Berücksichtigung des einen Anliegens geht auf Kosten des anderen.

D. Die Souveränität in der internationalen Realität der Gegenwart

34 Das **Hauptmerkmal** der **Staaten** gegenüber anderen Gruppen von Menschen besteht in der **Souveränität.** Sie wird als **Autonomie** und **höchste Befehlsgewalt** *im Inneren* verstanden. *Nach außen* wird sie als **Unabhängigkeit** und **Gleichheit** der *Staaten untereinander* definiert.

35 In Europa (und damit für das „klassische“ VR relevant) entstand ein Nebeneinander souveräner Akteure gegen Ende des Mittelalters im *italienischen Stadtstaatensystem* zunächst auf engerem Raum. Diese Entwicklung wurde durch den Verfall des Ordnungsfaktors der kaiserlichen Macht verursacht. Zu Beginn der Neuzeit entwickelte sich die Souveränität in kontinentalem Rahmen zur Grundlage der Beziehungen zwischen den *europäischen Territorialstaaten.*

36 Die theoretische Durchdringung des komplexen Phänomens der Souveränität dauerte lange. In seiner „Ahnentafel“ sind die Namen von *Bartolus de Saxoferrato* (1354: *„Tractatus Represaliarum“*), *Jean Bodin* (1576: *„Les six livres de la république“*) und *Emer de Vattel* (1758: *„Le droit des gens“* – Rz 149) zu nennen. *Bodins* Beitrag lässt sich als weiteres Beispiel für die erwähnte Bedingtheit politischer und rechtlicher Konzepte durch konkrete Interessen anführen. *Bodin* vertrat die Anliegen der französischen Könige im 16. Jhdt. Diese wehrten sich gegen die imperialen Ansprüche der Habsburger nach außen. Gleichzeitig gingen sie gegen die Feudalherren im eigenen Land vor. Zur Unterstützung dieser Politik lag es nahe, die Außen- und Innenseite der Souveränität zu betonen.

37 Die erwähnten und andere Theoretiker standen auf dem Boden der **„relativen“ Souveränität.** Danach ist kein Staat dem Willen eines anderen Staates unterworfen; wohl aber sind die *Staaten* dem von ihnen geschaffenen *VR untergeordnet.* Diese Bindung souveräner VRS an das VR lässt sich im Übrigen weder mit dem Rückgriff auf eine hypothetische Grundnorm (Rz 158) noch auf das Naturrecht (Rz 151) zwingend erklären.

Die Anhänger der **„absoluten" Souveränität** im Sinne *Georg Wilhelm Friedrich Hegels* (1770–1831) sahen *VR* als *„äußeres Staatsrecht"* an. Dieses beruhe auf der einseitig widerrufbaren Selbstbindung der VRS. Die übersteigerte nationalistische Politik, die mit dieser Doktrin verbunden war, führte zu zwei WK. Die katastrophalen Folgen dieser Kriege bewirkten schließlich eine Rückbesinnung. Nunmehr bekennen sich die Staaten erneut zum Paradoxon der Verbindlichkeit des durch sie erzeugten, gleichzeitig aber auch ihnen übergeordneten VR. 38

Wichtiger als theoretische Konstruktionen erscheint der immer stärkere **Gegensatz** zwischen den **juristischen Souveränitätspostulaten,** der Selbstregierung sowie der Unabhängigkeit und rechtlichen Gleichheit, und der **internationalen Wirklichkeit.** Diese ist durch wachsende **(Inter-)Dependenz** selbst von Großmächten, zB bei der Rohstoffversorgung, gekennzeichnet. Gleichzeitig ist die gegenseitige Abhängigkeit **asymmetrisch:** Die schwächeren Staaten sind von den mächtigeren stärker abhängig als umgekehrt. 39

Ferner besteht krasse **faktische Ungleichheit** zwischen Großmächten und „Mikrostaaten" mit weniger als 100.000 Einwohnern (Rz 131, 742f, 977, 2071). Der auf der souveränen Gleichheit beruhende Abstimmungsgrundsatz **„ein Staat – eine Stimme" verzerrt** die **politische Wirklichkeit.** Diese Regel vermindert va bei Mehrheitsvoten die Effektivität von IO und internationalen Konferenzen (Rz 140, 1043ff). Nichtverbindliche Beschlüsse, die gegen den Willen von für die Ausführung maßgeblichen Staaten gefasst werden, bleiben nämlich weitgehend wirkungslos. 40

Die von manchen vorgeschlagene Unterscheidung zwischen rechtlicher und politischer Souveränität liefert keinen brauchbaren Ausweg aus diesem Dilemma. Danach bestimmt sich die **rechtliche Souveränität** nach dem Formalkriterium der *Nichtunterordnung unter den Rechtsbefehl eines anderen VRS.* Die **politische Souveränität** wird mit der *Fähigkeit zur selbständigen Ausübung* aller wesentlichen *Staatsfunktionen* umschrieben. Für die entscheidende Frage, ab welcher Grenze diese Fähigkeit verloren geht, liefern aber weder die Rechtswissenschaft noch die IBez konkrete, eindeutig operationalisierbare Kriterien. Sind zB auf fremde Wirtschaftshilfe angewiesene „Mikrostaaten" politisch souverän? Ab welcher Integrationsschwelle büßen die Mitglieder supranationaler Organisationen (Rz 905) ihre Souveränität ein? 41

Die Betonung der *Souveränität* und *Staatlichkeit* schlug sich im „klassischen" VR ferner im Grundsatz der **Mediatisierung** des **Individuums** nieder (Rz 701ff, 2797ff). Der Einzelne ist danach bei der Durchsetzung seiner Rechte, die ihm nach Fremdenrecht (Rz 1263ff) im Ausland zukommen, letztlich auf seinen Heimatstaat angewiesen. Dieser muss dazu das *diplomatische Schutzrecht* ausüben. Der betreffende Staat kann aber die Ausübung dieses Rechtes, das ihm und nicht den betroffenen Staatsangehörigen zusteht, aus Gründen der Staatsräson nach Belieben unterlassen. Nach traditionellem VR fiel ferner die Behandlung der eigenen Bürger grundsätzlich in die inneren Angelegenheiten jedes Staates. 42

Mit dem Vordringen des Prinzips der **Achtung** der **Menschenrechte** (Rz 1341ff) – insbes auch durch den eigenen Staat – und der *individuellen Verantwortlichkeit für Kriegsverbrechen iwS bzw schwere Verstöße gegen das* 43

Humanitätsrecht (Rz 59, 2841 ff, 2914 ff; D 349, 350) wurde die **Ideologie** vom **Staat als Selbstzweck erschüttert.** Die Vorstellung vom Staat als einzigem VRS trifft nicht mehr zu. Ebenso wurde der Grundsatz der **kollektiven Verantwortlichkeit** des **gesamten Staatsvolks** für Verstöße gegen das VR durch seinen Staat **in Frage gestellt.** Damit wurde eine weitere wichtige Neuorientierung des VR ausgelöst.

44 Obgleich sich die *Souveränität immer mehr* als *Fiktion* erweist, *halten Staaten aus politischen und ideologischen Gründen* dennoch *an ihr fest.* Va kleine und schwache **Staaten** der **„Dritten Welt"** suchen ihre faktische Unterlegenheit gerade durch das **Beharren** auf **Souveränitätsaspekten** (zB auf dem erwähnten Grundsatz „ein Staat – eine Stimme" – Rz 40) abzuschwächen. Überdies trachten sie den Zusammenhalt ihrer oft heterogenen Bevölkerung durch die Betonung der Attribute und Symbole der Staatlichkeit zu fördern.

45 Die *sozialistischen Staaten* hatten *gegenüber den nichtsozialistischen* gleichfalls die *Souveränität hervorgehoben,* untereinander hingegen iSd nach dem damaligen Generalsekretär (GS) der KPdSU benannten *„Breschnew-Doktrin"* beschränkt (Rz 108, 1941). Danach war ein Abgehen vom Sozialismus unzulässig.

46 Die **Mitgliedstaaten der EU** sind bei **freiwilligen Souveränitätsverzichten** zur Erreichung gemeinsamer Ziele **am weitesten** fortgeschritten. Va über die *weitere politische Integration* sind sie jedoch *uneinig.*

47 Die **Staaten versagen** zunehmend bei **ihrer ursprünglichen Hauptaufgabe,** der Gewährleistung der **Sicherheit** *nach außen* und *im Inneren* (Rz 668). Selbst die beiden Nukleargroßmächte USA und Russische Föderation (besser „Russländische Föderation", weil nicht nur Russen Angehörige dieses Staates sind) können nicht alle in gehärteten Silos bzw auf U-Booten und Flugzeugen in Bewegung befindlichen Kernwaffen der anderen Seite zerstören. Deshalb sind beide gegen einen nuklearen Vergeltungsschlag weitgehend wehrlos.

48 Die USA streben jedoch mit einem „dünnen" Abwehrsystem ihre Unverwundbarkeit gegen Raketenangriffe va durch „Schurkenstaaten" (*„rogue States"* – Rz 748, 1823, 1885) an. Als *„rogue States"* werden Staaten bezeichnet, die sich wie Nordkorea oder der Irak unter Präsident *Saddam Hussein* auch durch massiven Druck und Sanktionen der internationalen Gemeinschaft nicht von massiven Menschenrechtsverletzungen und dem Streben nach Massenvernichtungswaffen abbringen lassen bzw ließen.

49 Auch *gegen zahlreiche nichtmilitärische Bedrohungen und Gefahren,* die vom Terrorismus (Rz 1893 ff) und dem organisierten Verbrechen bis zu Umweltkatastrophen reichen, sind die *Staaten* va individuell *zunehmend hilflos.* Die Angriffe mit gekaperten Zivilflugzeugen auf die Symbole der wirtschaftlichen und militärischen Macht der USA, das *World Trade Center* in New York und das Verteidigungsministerium in Washington, haben am 11. 9. 2001 drastisch die Verwundbarkeit auch der einzigen verbliebenen Supermacht gegenüber dem internationalen Terrorismus aufgezeigt.

50 Immer weniger können die Staaten auch ihre sonstigen Aufgaben allein innerhalb ihrer Grenzen erfüllen. Sie sind daher auf *internationale Zusammenarbeit* angewiesen. Die technischen Revolutionen im Informations- und

Transportwesen haben die Welt zum *„globalen Dorf"*, zu *einer weltweiten Fabrik, einem Markt* und *einer Börse* von *globaler Ausdehnung* werden lassen. Dadurch gerät der **Staat** unter **Druck „von oben"** durch *IO* und *transnationale Akteure.* Er ist aber auch **Druck „von unten"** ausgesetzt, zB durch *Bürgerbewegungen* oder nach Sonderrechten strebende *Minderheiten* (Rz 1639 ff, 3259 ff).

Dennoch dürfte der **Staat** in absehbarer Zukunft auch im Zeitalter der **Globalisierung** der **dominante politische Akteur** der iBez und somit auch das wichtigste VRS **bleiben.** Noch immer besitzt er ein weitgehendes *Gewaltmonopol, befriedigt wichtige Bedürfnisse* seiner Angehörigen und bleibt deshalb *Brennpunkt* ihrer *Loyalität.* **51**

E. Der Mangel an zentralen Organen als Strukturmerkmal des Völkerrechtssystems

1) Bei der Erzeugung des VR bewirkt die Souveränität das **Fehlen** eines **zentralen Normsetzungsorgans,** das wie ein innerstaatlicher Gesetzgeber mit Mehrheitsbeschluss für alle Rechtssubjekte verbindliche Normen schaffen kann. Souveräne VRS sind nur mit ihrer Zustimmung an Rechtsvorschriften gebunden **(Konsensgrundsatz).** **52**

Die *„parlamentarische Diplomatie"* (Rz 189, 243) im Rahmen der IOen, insbes in den Vereinten Nationen (VN), durchbricht dieses „primitive" System nur scheinbar. Die Generalversammlung (GV) der VN ist keinem internationalen Gesetzgeber gleichzusetzen. Ihre Resolutionen (Res) können zwar von den Vertretern der Mitgliedstaaten wie in einem Parlament mit Mehrheit beschlossen werden. Diese Res haben aber juristisch gesehen bloß empfehlende Wirkung für die Mitglieder, wenn sie über die von diesen bereits in der Satzung der Vereinten Nationen (SVN – D 1) übernommenen Pflichten hinausgehen (Rz 462 ff; vgl aber auch Rz 142). **53**

Trotz des Grundsatzes der souveränen Gleichheit wirken sich jedoch die tatsächlichen Machtunterschiede zwischen den VRS bei der Schaffung vr Normen aus. Die schwächeren müssen häufig beim normativen Interessenausgleich (Rz 33) mehr nachgeben als die stärkeren VRS. **54**

2) Im Gegensatz zu innerstaatlichen Gerichten bedarf die **Zuständigkeit** internationaler **Rechtsprechungsorgane** der **Einwilligung aller beteiligten** souveränen **VRS.** Diese Zustimmung kann *in unterschiedlichem Umfang* erteilt werden. Sie kann sich entweder bloß auf einen bestimmten, bereits bestehenden Streitfall oder auf eine unbekannte Zahl künftiger Streitigkeiten beziehen (Rz 1971 ff). **55**

3) Das Koordinationssystem des VR überlässt schließlich auch die **Rechtsdurchsetzung** den **einzelnen Subjekten.** Damit sind erneut die mächtigeren VRS begünstigt, die entsprechende Zwangsmittel besitzen. An die Stelle der gewaltsamen Selbsthilfe haben die VN zwar ein System *kollektiver Sicherheit* gesetzt (Rz 1840 ff). Die SVN sieht gegen Aggressoren, Friedensbrecher und -bedroher gemeinsame Sanktionen vor. Solche Zwangsmaßnahmen kann der Sicherheitsrat (SR) für alle Mitglieder der VN verbindlich anordnen. Dieses System blieb jedoch bis zum Ende des Ost-West-Konflikts weitgehend totes Papier. Denn die für derartige Beschlüsse des SR erfor- **56**

derliche *Einigkeit der fünf ständigen Ratsmitglieder,* der *Hauptsiegermächte* des Jahres *1945,* kam nur ausnahmsweise zu Stande. Aber auch nach der „Wende" ergriff der SR noch keine verbindlichen militärischen Zwangsmaßnahmen (Rz 1857 ff).

57 Wer dem VR mangels Effektivität, mangels regelmäßiger zwangsweiser Durchsetzung, Rechtscharakter abspricht (wie zB *John Austin* – Rz 153), übersieht jedoch, dass die vr Normen in der Regel dennoch eingehalten werden. Rational kalkulierende Entscheidungsträger müssen nämlich in einer **„außenpolitischen Kosten-Nutzen-Analyse"** von einer **Verletzung** des **VR** in der Regel **mehr Nach- als Vorteile** erwarten.

58 (1) Sie haben zunächst seitens des Opfers ihres Bruchs des VR mit *Gegenmaßnahmen bzw Repressalien, Schutzmaßnahmen* oder *Retorsionen* (Rz 7, 2828 ff) zu gewärtigen.

59 Bei Verstößen insbes gegen das Gewaltverbot können ferner „Kosten" erwachsen:

(2) als Folge der militärischen *Unterstützung* des angegriffenen VRS *durch mächtige Staaten* auf Grund einer *Bündniszusage,* aber auch *ad hoc* (Rz 1879 ff), allenfalls mit Ermächtigung durch den SR der VN;

(3) Durch verbindliche *nichtmilitärische Sanktionen* im Rahmen der *VN;* diese Maßnahmen können im Übrigen nicht nur in zwischenstaatlichen Konflikten, sondern auch bei massiven Menschenrechtsverletzungen innerhalb eines Staates verhängt werden (Rz 1855 ff);

(4) durch *Nichtanerkennung* erzwungener Gebietsgewinne und Verträge iSd *Stimson-Doktrin* 1932 (Rz 1812; D 221) und nach Art 51 und 52 Wiener Vertragsrechtskonvention 1969 (WVK – D 10; Rz 361 ff);

(5) zunehmend haben verantwortliche Spitzenpolitiker wegen schwerer Verletzungen des Kriegs- und Humanitätsrechts (Rz 43, 2841 ff, 2914 ff) mit *individuellen strafrechtlichen Folgen* zu rechnen;

(6) bei gravierenden Verstößen gegen Menschenrechte und das internationale Humanitätsrecht selbst unter der Schwelle des zwischenstaatlichen Gewaltverbots ist ein gewaltsames Einschreiten anderer Staaten auch ohne Ermächtigung des SR der VN nicht auszuschließen, mag es vr auch bedenklich sein (Rz 1866).

60 Als mögliche negative multilaterale Folgen sonstiger Verletzungen des VR sind zu veranschlagen:

(7) der *Verlust* der Vorteile internationaler *Zusammenarbeit* durch Ausschluss aus IO (Rz 1001 ff) bzw als Partei multilateraler Verträge bei einer erheblichen Vertragsverletzung (Art 60 WVK – Rz 380; D 10);

(8) *Einbußen* an internationalem *„Goodwill":* ZB wird ein Staat, der seine Schulden nicht zahlt, nicht nur von den betroffenen Gläubigern, sondern auch von anderen Geldgebern künftig keine Kredite erhalten;

(9) *negative Präzedenzwirkungen:* Ein anderes VRS mag sich in Zukunft in einer für den Rechtsbrecher ungünstigen Situation auf dessen „Urtat" berufen;

(10) uU eine *„Kettenreaktion",* welche die betreffende *Norm* zum Schaden aller im Wege neuen VGR überhaupt *außer Kraft* setzt (Rz 214 ff);

(11) eine generelle *Verschlechterung* des *„internationalen Klimas",* als deren Folge weitere Verstöße gegen das VR zu befürchten sind;

(12) ein von den meist „eitlen" Regierungen als unangenehm empfundener *Prestigeverlust* durch die allgemeine Brandmarkung als Rechtsbrecher (insbes durch das weltweite Forum der VN oder durch eine vorher akzeptierte Rechtsprechungsinstanz);

(13) überdies sind die *Folgen* von Verstößen gegen *ius cogens* (Rz 31, 364 ff, 2784 ff, 2836 f) und gegen Normen mit Wirkung *erga omnes* (Rz 2792 ff) in diesem Zusammenhang in Rechnung zu stellen.

Neben diesen internationalen können ebenso schwer wiegende *innerstaatliche „Kosten"* auflaufen: **61**

(1) ein Bruch des VR liefert der *politischen Opposition* einen willkommenen Anlass zur *Kritik* an der Regierung;

(2) seitens an guten (Wirtschafts-)Beziehungen mit dem Ausland interessierter *Pressure-groups* ist *Widerstand* zu gewärtigen;

(3) in Staaten mit Pressefreiheit muss die Regierung ein für sie bei Wahlen uU verhängnisvolles *ungünstiges Echo* in den *Massenmedien* befürchten;

(4) in Demokratien üben va im Menschenrechts- und Umweltschutzbereich *nichtstaatliche Organisationen* (Non-Governmental Organizations – NGOs; Rz 1208 ff) zunehmend wirksamen Druck aus;

(5) auch nach innen kann eine *negative Präzedenzwirkung* eintreten (zB Disziplinlosigkeit von Soldaten nach rechtswidrigen Befehlen);

(6) *Spannungen* drohen ferner in der *außenpolitischen Bürokratie.* In Außenministerien haben die *Rechtsberater* die Beachtung des VR zu überwachen. Aber auch die anderen *Beamten* haben die *Einhaltung des Rechts* in der Regel *internalisiert.*

Allerdings können die *erwarteten* geringen oder als *tragbar angesehenen „Kosten" auch zu Verletzungen* des *VR verleiten* (vgl aber Rz 65 f). **62**

Die hier aufgezeigte *dezentralisierte Grundstruktur* der Völkerrechtsordnung ist auch bei den *supranationalen EG nur teilweise durchbrochen* (Rz 905, 1087 ff). **63**

Trotz nur ansatzweiser Zentralisierung erweisen sich aber geregelte, gewaltfreie und kooperative Beziehungen zwischen den VRS als möglich, die als *„governance"* (im Gegensatz zu einem übergeordneten *„government"*) bezeichnet werden. **64**

F. Die Bedeutung der Reziprozität im Völkerrecht

Die **Gegenseitigkeit** spielt im VR eine wichtigere Rolle als im Subordinationssystem des innerstaatlichen Rechts. Sie wirkt gleichsam als **Motor** bei der **Entstehung** und **Einhaltung vr Normen.** Denn auch die souveränen Staaten sind zu Konzessionen an andere bereit, wenn sie sich ihrerseits davon entsprechende Vorteile erwarten. ZB räumt der Empfangsstaat den Diplomaten und Konsuln anderer Staaten an sich wohl eher widerwillig eine Sonderstellung ein. ZT steht er der Tätigkeit dieser Personen – etwa dem Sammeln von Informationen auf seinem Staatsgebiet – ja mit einem gewissen Misstrauen gegenüber. Dieser Nachteil wird jedoch durch die gleichen Privilegien und Immunitäten zu Gunsten seiner eigenen diplomatischen und konsularischen Vertreter im Ausland wettgemacht (Rz 1758 ff; vgl aber Rz 1938, 2093). **65**

66 Die zu erwartenden langfristigen Vorteile bei der Einhaltung vr Normen und reziproken Vergeltungsmaßnahmen bei Verletzungen des VR sind ein starkes Motiv für völkerrechtskonformes Verhalten auch dann, wenn sich ein Verstoß gegen das VR kurzfristig zu lohnen scheint (Rz 57 ff).

67 Die erwähnte Krise des VR im 20. Jhdt (Rz 27 ff) wegen dessen Ablehnung va durch die neuen Staaten erfasste denn auch nicht alle vr geregelten Bereiche. Auf manchen Gebieten lag aus der Sicht der „Dritten Welt" auch ohne ihre Beteiligung an der Normentstehung ein ausgewogener Interessenausgleich vor. Dort hatte die Reziprozität befriedigend funktioniert, wie eben im Großteil des Diplomaten- und Konsularrechts. In diesen Bereichen stimmten daher die neuen Staaten der universellen Weitergeltung des ihnen vorgegebenen VR zu.

68 Eine Eskalation **„negativer Gegenseitigkeit"** kann hingegen rechtspolitisch unerwünschte Folgen haben. Sie besteht in immer schärferen Vergeltungsmaßnahmen der beteiligten VRS als Reaktion auf Rechtsbrüche und Schadenszufügung durch den Gegner. Eine derartige Entwicklung kann zur Aushöhlung, uU sogar zum Zusammenbruch ganzer Sektoren des VR führen. Dies war zB im *II. WK* in verschiedenen Bereichen des *Kriegsrechts* der Fall, obwohl formal die betreffenden Normen in Geltung blieben (zB hinsichtlich der Bombardierung ziviler Ziele – Rz 218, 2962 ff).

G. Die Bedeutung der Effektivität im Völkerrecht

69 Als wichtige Folge der aufgezeigten Strukturmerkmale der Völkerrechtsordnung sei hier noch die bedeutsame Funktion des Effektivitätsprinzips im VR genannt. Andere Besonderheiten des VR, wie die *relativ große Bedeutung* der *bona fides* (Rz 2087), *des VGR* (Rz 177 ff) usw, sollen hingegen in den betreffenden Sachkapiteln erörtert werden.

70 Die enge Bindung des VR an die tatsächlichen Verhältnisse zeigt sich zB daran, dass für die Vertretung nach außen letztlich *nicht* die *geschriebene Verfassung* eines Staates maßgeblich ist. Entscheidend ist vielmehr die in ihm *tatsächlich wirksame* innere rechtliche *Ordnung,* auch wenn sie dem Verfassungstext nicht entspricht (Rz 1669).

71 1) Als **Tatbestandsmerkmal** spielt die Effektivität eine doppelte Rolle. Sie dient einerseits als Kriterium in Fällen, in denen das VR die Regelung eines Problems den einzelnen VRS überlässt. Mit dem Erfordernis der Effektivität sollen Willkür vermieden und ein Mindestmaß an *Einheitlichkeit* und *Rechtssicherheit* gewährleistet werden. ZB ist es nach VR Sache des einzelnen Staates, die Anknüpfungspunkte für die Verleihung seiner Staatsangehörigkeit zu bestimmen. Dabei wird aber grundsätzlich (siehe jedoch Rz 684 ff) ein effektives Naheverhältnis *(genuine link)* zwischen dem Staat und der betreffenden Person gefordert. Diese effektive Nähe liegt zB bei Geburt (*ius soli* – Rz 690), nicht aber bei einem Urlaubsaufenthalt im betreffenden Staat vor.

72 Andererseits dient die Effektivität der *Beschränkung* nach VR *zulässiger Tatbestände,* die jedoch politisch *wenig erwünscht* sind. Dies ist zB bei einer *Blockade* der Fall. Diese besteht in der Absperrung feindlicher Küsten durch eine Kriegspartei, welche die Meeresfreiheit (Rz 2285 ff) beschränkt.

Sie ist nur in dem Maß zulässig, in dem der betreffende Meeresbereich wirksam abgeriegelt werden kann.

2) Ferner liefert die Effektivität ein **Streitentscheidungskriterium.** So soll ein *Doppelstaatsbürger* seinen *Wehrdienst* in dem Staat leisten, zu dem er die effektivere Beziehung – va durch seinen Wohnsitz – hat. **73**

3) Schließlich ist im dezentralisierten System des VR die „normative Kraft des Faktischen" (vgl Rz 839) bei der **Sanierung andauernder rechtswidriger Zustände** bedeutsamer als im staatlichen Recht. So begründete nach „klassischem" VR längere *effektive Herrschaft* über *rechtswidrig annektiertes Gebiet* die *Souveränität* des *Aggressors* darüber (Rz 807). Beharrliche Rechtsverletzungen können paradoxerweise bei Hinzutreten der *opinio iuris* durch *desuetudo* die betreffenden Normen außer Kraft setzen. Sie werden künftig selbst zum vr verbindlichen Verhaltensmaßstab (Rz 214 ff). **74**

2. Kapitel

Das moderne Völkerrecht und seine Lehre: geschichtlicher Überblick

Hanspeter Neuhold

Literatur: *Nussbaum,* A Concise History of the Law of Nations (1947); *Coplin,* International Law and Assumptions about the State System, WP 17 (1964/65) 615; *Schreuer,* New Haven Approach und Völkerrecht, in: *Schreuer* (Hrsg), Autorität und internationale Ordnung (1979) 63; *Kennedy,* International Legal Structures (1987); Agora: *McDougal / Lasswell* Redux, AJIL 82 (1988) 41; *Grewe,* Epochen der Völkerrechtsgeschichte (2. Aufl, 1988); *Koskenniemi,* From Apology to Utopia: The Structure of International Legal Argument (1989); *Lang,* Regimes and Organizations in the Labyrinth of International Institutions, FS *Zemanek* (1994) 275; *Ziegler,* Völkerrechtsgeschichte (1994); *Neuhold / Simma* (Hrsg), Neues europäisches Völkerrecht? (1996); *Slaughter / Tulumello / Wood,* International Law and International Relations Theory, AJIL 92 (1998) 367; *Dicke,* Erscheinungsformen und Wirkungen von Globalisierung in Struktur und Recht des internationalen Systems auf universaler und regionaler Ebene sowie gegenläufige Renationalisierungstendenzen, BerDGVR 39 (2000) 13; *Frowein,* Konstitutionalisierung des Völkerrechts, ebd 427; *Onuma,* When Was the Law of International Society Born? JHIL 2 (2000) 1; *Thürer,* Modernes Völkerrecht: Ein System im Wandel und Wachstum – Gerechtigkeitsgedanke als Kraft der Veränderung? ZaöRV 60 (2000) 557; *Halliday,* The World at 2000 (2001); *Neuhold,* Strukturelle Veränderungen im internationalen System und das Völker- und Europarecht, in: *Hummer* (Hrsg), Paradigmenwechsel im Völkerrecht zur Jahrtausendwende (2002) 5; *Byers / Nolte* (Hrsg), United States Hegemony and the Foundations of International Law (2003).

A. Der politische Hintergrund des „klassischen" europäischen Völkerrechts bis zum II. Weltkrieg

75 Die **geschichtliche Betrachtung** des VR soll den Blick für die **Bedingtheit vr Normen** durch die jeweiligen **nichtrechtlichen** (politischen, wirtschaftlichen usw) **Gegebenheiten** einer Epoche schärfen. Gleichzeitig wird dabei der bloß *relative Wert vieler vr Problemlösungen* bei Änderung dieser Rahmenbedingungen deutlich (Rz 33). So erweist sich das traditionelle, aus der „Natur der Sache" abgeleitete Prinzip der freien wirtschaftlichen Nutzung der als unerschöpflich angesehenen Hohen See als immer weniger haltbar. Es droht nämlich zur Ausrottung ganzer Tierarten mit modernen Fangmethoden zu führen (Rz 2227).

76 Die Anfänge des VR iwS reichen bis zum Beginn – durch Gewohnheit oder ausdrückliche Vereinbarung – geregelter Beziehungen zwischen selbständigen Gruppen von Menschen zurück. Sie lassen sich aber mangels schriftlicher Aufzeichnungen und anderer Rechtsaltertümer eher vermuten als nachweisen.

77 **Ansätze** eines VR sind nicht nur in **Europa,** sondern bereits in der **Antike** zB im **Vorderen Orient,** in **Indien** und **China** feststellbar. Trotz aller kulturellen und sonstigen Unterschiede finden sich dabei zT identische Lösungen ähnlicher Probleme. Dabei wirkte va die Reziprozität (Rz 65 ff)

als einheitlicher Steuerungsmechanismus. So stellte es sich zur Beilegung von Konflikten für die Parteien als zweckmäßiger heraus, Abgesandte des Gegners als unverletzlich zu behandeln, als sie zu misshandeln oder zu töten.

Vorläufer des *europäischen VR* bildeten sich *auf engerem Raum* va zwischen den **Stadtstaaten** im **antiken Griechenland** und in **Italien** im **Mittelalter** heraus. Zwischen jenen einander gleich geordneten politischen Gebilden bestanden sowohl ausreichend intensive Beziehungen als auch eine entsprechende gemeinsame Werteplattform (Rz 25 ff). ZB führten konkrete Bedürfnisse zur Ausgestaltung von Normen der Schiedsgerichtsbarkeit, des See- und des Konsularrechts (Rz 1981 ff, 2225 ff, 1730 ff). **78**

Das Römische Imperium wie auch das Heilige Römische Reich des Mittelalters waren in ihrem Selbstverständnis und ihrer Politik hingegen universalistisch ausgerichtet. Sie trugen deshalb zur Entwicklung eines VR weniger bei. In ihrem Streben nach Weltherrschaft stießen diese Reiche freilich an machtpolitische Grenzen. Sie mussten daher mit nicht unterwerfbaren politischen Einheiten auf der Grundlage der Gleichheit und damit auf vr Ebene verkehren. **79**

Nach dem allmählichen **Verfall** der **Macht** von **Kaiser** und **Papst** traten in Europa souveräne **Territorialstaaten** auf den Plan. Diese *politische Neuordnung* fand va nach dem Dreißigjährigen Krieg in den **Westfälischen Friedensverträgen** von **Münster** und **Osnabrück 1648** ihren Niederschlag. Gleichzeitig hörte die Religionsfrage auf, Europa zu entzweien und blutige Kriege auszulösen. **80**

Seit Beginn der **Neuzeit beherrschten** die **europäischen Staaten** dank ihrer technischen und organisatorischen Überlegenheit (va durch Feuerwaffen und in der Schifffahrt) die **Weltpolitik.** Sie konnten deshalb das sich langsam entwickelnde „klassische" VR nach ihren Interessen und Wertvorstellungen gestalten. **81**

Die Beziehungen zwischen den europäischen Großmächten bis zum I. WK wurden durch das System des **„Europäischen Gleichgewichts"** bestimmt. Es zeichnete sich durch *bemerkenswerte Homogenität* auf dem Boden einer gemeinsamen Kultur sowie Gesellschafts- und Wirtschaftsordnung aus. Die europäischen Fürstenhäuser waren miteinander verwandt und verschwägert. Die Diplomaten bildeten eine internationale „Kaste". Das Söldnersystem trug gleichfalls zur Beschränkung der Kriege bei; kämpften doch Söldner, die bei besserer Bezahlung den Dienst wechselten, ohne Fanatismus. Auch die öffentliche Meinung und nationalistische Leidenschaften spielten kaum eine Rolle. Außenpolitik ließ sich deshalb als eine Art Schachspiel mit begrenzten Einsätzen betreiben (Rz 1802). **82**

Die **Grundregel** des Gleichgewichtssystems erforderte die **Verhinderung** der **Vorherrschaft** eines *Staates* oder einer *Staatengruppe.* Dies geschah in der Regel durch ein Bündnis der übrigen Mächte, auf deren Seite sich va Großbritannien als *„balancer"* zu schlagen pflegte. Dabei waren oft rasche Allianzwechsel nötig. Besiegte Gegner durften aber nicht vernichtet werden; sie mussten vielmehr in das System wieder eintreten können. Denn sie wurden in einer neuen Machtkonstellation vielleicht bald als Verbündete benötigt. Das „klassische" VR ist Produkt und juristisches Spiegelbild jenes „Europäischen Gleichgewichts". **83**

84 Das Funktionieren dieses Systems wurde va auch dadurch ermöglicht, dass die **europäischen Großmächte** ihren **Expansionsdrang** in **Übersee** befriedigen konnten. Diese Mächte standen einander als Mitglieder des Kreises der *christlichen* und später der *„zivilisierten" Staaten* (vgl Rz 430) gleichberechtigt gegenüber. Dagegen erkannten sie außereuropäische Akteure auch bei Erfüllung der Staatserfordernisse nach VR (Rz 671) nicht als gleichwertig und Verträge mit ihnen nicht als bindend an. Die Verbreitung des Christentums und später der abendländischen Zivilisation lieferte die ideologische Rechtfertigung für den Kolonialismus der übermächtigen Europäer. Diesem fielen zB in Mexiko oder Peru Hochkulturen zum Opfer.

85 An den Grundfesten des Gleichgewichtssystems in Europa rüttelten die *Französische Revolution 1789* mit ihrer generellen Kampfansage an die Monarchien und in der Folge *Napoleons Expansionspolitik.* In Übersee spalteten sich zunächst die *USA* im *Unabhängigkeitskrieg 1776–1783* von Großbritannien ab. Im ersten Drittel des 19. Jhdt nützten die *lateinamerikanischen Kolonien* die Schwächung der iberischen Kolonialmächte durch die Napoleonischen Kriege zur Erlangung ihrer *Unabhängigkeit.*

86 Auf dem **Wiener Kongress 1814/15** wurde der internationale und innerstaatliche **Status quo ante** weitgehend *restauriert.* Er sollte durch das **„Konzert" der europäischen Großmächte** und va durch die *„Heilige Allianz"*, nötigenfalls auch mit Waffengewalt, aufrechterhalten werden. Die Hauptträger dieser Allianz waren die konservativen christlichen Mächte Österreich, Preußen und Russland. Die damaligen Mechanismen mit ihrem Kongresssystem können als Vorläufer moderner Systeme kollektiver Sicherheit (Rz 1840ff) angesehen werden. Der Wiener Kongress trug insbes durch eine *Flussschifffahrtsordnung* (Rz 2110; D 270), ein *Règlement* über die *Rangordnung diplomatischer Vertreter* (Rz 1696) und die *Ächtung* des *Sklavenhandels* (Rz 1399) zur Entwicklung des VR bei.

87 Die Status-quo-Mächte konnten einerseits in Europa liberal-demokratische und nationalistische Kräfte auf die Dauer nicht unterdrücken (zB Losreißung Belgiens von den Niederlanden [Rz 795], Griechenlands, Serbiens, Rumäniens vom Osmanischen Reich, Einigung Italiens und Deutschlands im 19. Jhdt); ebenso wenig vermochten sie ihre Kolonialherrschaft in Amerika wiederherzustellen.

88 Mit der *Monroe-Doktrin* traten *1823* die USA für ihren Kontinent Eingriffsbestrebungen nichtamerikanischer Staaten entgegen. Diese ursprünglich defensive Erklärung bildete später auch die Grundlage der Hegemonialpolitik der USA in der westlichen Hemisphäre.

89 Dafür sicherten sich im 19. Jhdt die imperialistischen Mächte Europas den Zugriff über weite Gebiete in Afrika und Asien.

90 *1856* wurde nach dem Krimkrieg das *Osmanische Reich* zum Schutz gegen Russland *ins „Europäische Konzert"* aufgenommen. Nach seinen Siegen über China (1894/95) und va gegen das „weiße" Russland (1904/05) trat auch das nichteuropäische *Japan* in den Kreis dieser Großmächte ein.

91 Die (erste) **industrielle Revolution** zog verstärkte **internationale Zusammenarbeit** nach sich. Als deren Instrumente wurden die ersten IO geschaffen (Rz 886f).

Die Intensivierung der iBez schlug sich auch in der *Kodifikation* von Teilbereichen *des VR* nieder, va des *Kriegs- und Neutralitätsrechtes* auf den *Haager Friedenskonferenzen 1899* und *1907* (Rz 1806f, 2877, 3194; D 217, 352, 353, 388; ferner D 259). 92

Der I. WK endete mit der Schwächung ganz Europas. Der Versuch, durch das *System kollektiver Sicherheit* (Rz 1840ff) des **Völkerbundes** (VB – D 219) den Weltfrieden zu sichern, *scheiterte.* Die USA, unter Präsident *Wilson* treibende Kraft bei der Errichtung des VB, wurden unter dem Druck isolationistischer Kräfte im eigenen Land nie Mitglied des Bundes. 93

Nach der **Oktoberrevolution 1917** trat mit der **UdSSR** ein Staat auf, der mit seiner universalistischen Ideologie der einzig „richtigen", der kommunistischen Weltgesellschaft das *traditionelle Staatensystem ablehnte.* Ebenso stellte die Sowjetunion das *auf diesem System beruhende VR in Frage* (Rz 107ff). 94

Die *Weltwirtschaftskrise* nach dem „Schwarzen Freitag" *1929 stärkte nationalsozialistische* und *faschistische Kräfte* va in Staaten, die sich durch die Pariser Friedensverträge 1919/20 benachteiligt fühlten. Bes deutlich wurde die Ohnmacht des VB beim Angriff Japans auf die Mandschurei 1931 (Rz 741, 1812) und Italiens auf Abessinien 1935. 95

B. Weltpolitische Entwicklungen und völkerrechtliche Grundsatzpositionen nach 1945

Nach dem II. WK bildete sich unter der Führung der beiden Hauptsiegermächte USA und Sowjetunion rasch ein **bipolares System** heraus. Es war durch den **Gegensatz** zweier umfassender, miteinander unvereinbarer und weltweit angelegter **Ideologien** sowie bald durch das **„Gleichgewicht des nuklearen Schreckens"** gekennzeichnet. Der Ost-West-Konflikt machte die in die VN, insbes in deren System kollektiver Sicherheit, gesetzten Hoffnungen zunichte (Rz 1843). 96

Die beiden verfeindeten Lager entwickelten mit der *North Atlantic Treaty Organization (NATO* – Rz 1899 ff*),* der *Organization for European Economic Cooperation (OEEC)* und deren Nachfolgerin, der *Organization for Economic Cooperation and Development (OECD),* einerseits und der *Warschauer-Vertrags-Organisation* (*WVO* – Rz 1898, 1911) sowie dem *Rat für Gegenseitige Wirtschaftshilfe (RGW)* andererseits eigene Militärbündnisse und Wirtschaftsorganisationen. 97

Dazu kamen in Westeuropa die *Westeuropäische Union (WEU* – Rz 1911*),* der *Europarat* sowie die *supranationalen EG* (Rz 905, 1087ff), nämlich die *Europäische Gemeinschaft für Kohle und Stahl (EGKS),* die *Europäische Wirtschaftsgemeinschaft (EWG)* und die *Europäische Atomgemeinschaft (EAG),* sowie die *European Free Trade Association (EFTA).* 98

Von weltgeschichtlicher Tragweite war ferner die Erlangung der Souveränität durch abhängige Gebiete in Afrika, Asien und Lateinamerika im Zuge der **Dekolonisationswelle** der 1950er und 1960er Jahre. Auch diese jungen, wirtschaftlich wenig entwickelten Staaten schlossen sich zu eigenen Gruppierungen, va der *Bewegung der blockfreien Staaten* (deren erste „Gipfelkonferenz" 1961 in Belgrad stattfand) und der *„Gruppe der 77",* zusam- 99 men (Rz 125f). Diese *„Dritte Welt"* entwickelte auf Grund ihrer besonderen Interessenlage gleichfalls *eigene vr Positionen.*

100 In der vr Auseinandersetzung mit der „Zweiten" und „Dritten Welt" *verteidigten* die *westlichen Staaten* das von ihnen geschaffene *„klassische"* VR häufig als Gut an sich, oft ohne zu erkennen oder zuzugeben, dass dieses sie einseitig begünstigte.

101 So begründete das westliche Lager *universelles VGR* mit dem *Willen* der von seinen Mitgliedern seinerzeit gebildeten *„überwältigenden" Mehrheit* der Staaten (Rz 182). Der Westen forderte die *Bindung neuer Staaten an* das *vorgegebene „allgemeine" VR.*

102 Die *positive Haltung* der westlichen Staaten *zu* den *IO* lag ebenfalls nahe, stellten sie doch *lange Zeit die Mehrheit der Mitglieder* dieser Organisationen.

103 Gegenüber dem sozialistischen Lager betonte der Westen in der zentralen gesellschaftspolitischen Auseinandersetzung schließlich mit Erfolg sein *Menschenrechtskonzept.* Dieses zielt auf einen *Freiraum* des *Einzelnen gegen staatliche Eingriffe* ab (Rz 1345ff, 2081ff).

104 Die *Begrenzung* des *Gewaltverbots* auf *Waffengewalt* lag deshalb im Interesse westlicher Staaten, weil sie mehr als va die Entwicklungsländer politischen und wirtschaftlichen Druck ausüben konnten (vgl Rz 361, 1849, 1943).

105 *Die internationale Gerichtsbarkeit* sollte deshalb *gestärkt* werden, weil sich diese Methode der Streitbeilegung in westlichen Gesellschaften bewährt hatte; ihre untergeordnete Rolle in anderen Kulturkreisen wurde meist übersehen (Rz 2044).

106 *Im Nord-Süd-Konflikt* hielten westliche Staaten – wenn auch mit unterschiedlichem Nachdruck – an der *Ablehnung* des *Befreiungskampfes kolonialer Völker* mit *Waffengewalt* (Rz 130, 1887f, 2079f) und den Grundsätzen des *Privateigentums* und des *Freihandels* fest. Zur massiven Übertragung von Ressourcen und damit Macht an die „Dritte Welt" im Rahmen einer Neuen Internationalen Wirtschaftsordnung (NIWO – Rz 125, 2518ff) waren gerade die führenden Industriemächte nicht bereit. Die grundlegenden Wertgegensätze wurden zB in der Diskussion über die Enteignung ausländischer Investoren (Privateigentumsschutz gegen kollektive Entwicklung – Rz 1303ff, 2649ff) oder über den Technologietransfer (geistiges Eigentum gegen gemeinsames Menschheitserbe – Rz 2550) deutlich.

107 Die kommunistischen bzw nach eigener Definition **sozialistischen Staaten** unter Führung der Sowjetunion entwickelten ein **eigenes,** einigermaßen widersprüchliches **System vr Normen.** Dieses beruhte einerseits auf der marxistisch-leninistischen Ideologie und diente andererseits realpolitischen Interessen, va den sowjetischen Großmachtbestrebungen.

108 Nach dem einschlägigen Geschichtsverständnis waren die Beziehungen *zwischen* den *sozialistischen Staaten* höher entwickelt. Das zwischen ihnen *geltende VR* sollte dem „allgemeinen" VR zwischen Staaten mit verschiedenen Gesellschafts- und Wirtschaftssystemen – insbes trotz der Vorrangbestimmung in Art 103 SVN – vorgehen. Sein Fundament bildete der **„sozialistische Internationalismus".** Dieser erlaubte, ja verlangte auch die *„brüderliche Hilfe"* der anderen zu Gunsten eines sozialistischen Staates, in dem die Errungenschaften des *Sozialismus gefährdet* erschienen. Nötigen-

falls schloss diese Unterstützung auch ein militärisches Einschreiten mit ein, wie bei der Niederschlagung der „Konterrevolution" in Ungarn 1956 und der Beendigung des „Prager Frühlings" in der Tschechoslowakei 1968 gemäß der *„Breschnew-Doktrin"*. Die Souveränität sozialistischer Staaten untereinander war nach dieser Doktrin beschränkt, weil sie ihr gesellschaftliches, politisches und wirtschaftliches System nicht mehr ändern durften (Rz 45, 1941).

Im *voluntaristisch ausgerichteten* allgemeinen **„VR der friedlichen Koexistenz"** lag der *Schwerpunkt* unter den Rechtsquellen auf mit freier Zustimmung der Parteien geschlossenen *Verträgen. VGR* wurde als *pactum tacitum* verstanden. Die Definition der *ARG* als jene *Prinzipien,* die den wichtigsten *innerstaatlichen Rechtssystemen gemeinsam* sind (Rz 427 ff), wurde *verworfen:* Wegen des unterschiedlichen „Unterbaus" sozialistischer und kapitalistischer Rechtsordnungen hätten Normen selbst bei identischem Wortlaut wesensgemäß verschiedene Inhalte. 109

Die sozialistischen Staaten lehnten zunächst auch die *Völkerrechtssubjektivität* der *IO ab.* Die *Kompetenzen* der IO legten sie – va in der Frage der *implied powers* (Rz 342) – *restriktiv* aus. Die *Völkerrechtssubjektivität* des *Einzelmenschen* als Träger von Menschenrechten wurde *bestritten.* 110

Unter den Methoden der *friedlichen Streitbeilegung bevorzugten* die sozialistischen Staaten *Verhandlungen* zwischen den Konfliktparteien ohne Mitwirkung unbeteiligter Dritter (Rz 1953 ff). Dagegen sprachen sie sich *gegen* die internationale *Gerichtsbarkeit und Schiedsgerichtsbarkeit* aus. 111

Bezüglich des *Gewalt- und Interventionsverbots* sollte ein für Ideologien mit Universalitätsanspruch typischer *doppelter Standard* gelten. Der antikapitalistische und antikolonialistische Befreiungskampf war „gerecht" und durfte, ja sollte durch andere Staaten – allenfalls auch militärisch – unterstützt werden (Rz 1887 f). Gewaltanwendung in der Gegenrichtung stellte hingegen rechtswidrige Aggression dar. Der Versuch der Einflussnahme in sozialistischen Staaten galt als rechtswidrige ideologische Kriegführung und Subversion (Rz 1941 f). 112

Das *„Neue Denken"* in der sowjetischen Außenpolitik unter *Gorbatschow* führte zu einer *schrittweisen Annäherung an westliche Positionen.* 113

Der weitestgehend gewaltlose **Fall des Kommunismus** und der Rückzug der Sowjetunion aus ihrer osteuropäischen Einflusssphäre setzten dem Ost-West-Konflikt und damit auch dem **sozialistischen VR** ein **Ende.** 114

Damit trat auch ein grundlegender Strukturwandel in den iBez ein. Die bipolare Struktur nach 1945 machte als Folge des Machtverlustes der UdSSR/Russlands einem **unipolaren System** Platz. Darin **dominieren** die **USA,** wenn auch in unterschiedlichem Ausmaß, auf militärischem, wirtschaftlichem und (massen)kulturellem Gebiet. Die einzige verbliebene „Supermacht" ist auch zu vr problematischer *Gewaltanwendung im Alleingang* bereit, um ihre Interessen und Werte durchzusetzen (Rz 1869). Ferner legen die Vereinigten Staaten zB im Bereich der Menschenrechte und der internationalen Strafgerichtsbarkeit einen *doppelten Standard* an: Die USA fordern von den anderen Staaten die Einhaltung von Normen, denen sie sich selbst nicht unterwerfen (Rz 1341 ff). Angesichts der Überlegenheit der Vereinigten Staaten zeichnet sich für manche Beobachter sogar das Ende des 115 auf den Westfälischen Friedensverträgen (Rz 80) beruhenden internationalen Systems ab. Dieses beruht auf der souveränen Gleichheit der Staaten, die va durch das Gewaltverbot (Rz 1813 ff) und das Verbot der Einmischung in ihre inneren Angelegenheiten (Rz 1935 ff) geschützt sind.

116 Durch die deutsche Einigung und die Auflösung Jugoslawiens, der Sowjetunion und der Tschechoslowakei wurde die *Landkarte Europas neu gezeichnet.* Trotz einer gemeinsamen Werteplattform aller europäischen Staaten ist ein neues *gesamteuropäisches VR* höherer Integrationsdichte jedoch *erst in Ansätzen* (zB im Bereich der Menschenrechte – Rz 1432 ff, 1609 ff) erkennbar. Im Zuge der „Wende" in Europa wurden ferner *vr Bereiche* plötzlich *wieder aktuell,* die nur mehr von historischer Bedeutung erschienen waren, wie das *Selbstbestimmungsrecht* der *Völker* (Rz 2054 ff), die *Anerkennung neuer Staaten* (Rz 509 f, 789 ff) und die *Staatennachfolge* (Rz 810 ff).

117 Die Auflösung der WVO und des RGW führte im Osten des Kontinents zu einem institutionellen Vakuum. Die *westlichen IO* sahen sich hingegen der doppelten Herausforderung der *Anpassung* ihrer Funktionen an die neuen Gegebenheiten und der *Aufnahme postkommunistischer Mitgliedschaftsbewerber* gegenüber. Insbes bei der **Vertiefung der europäischen Integration** wurden durch die *Verträge von Maastricht 1992, Amsterdam 1997 und Nizza 2001,* bei der **Erweiterung** 1995 durch die *Aufnahme dreier neuer Mitglieder,* darunter *auch Österreichs,* in die EU Fortschritte erzielt (Rz 1095 ff, 3349 ff; D 397). 2004 wurden zehn weitere Staaten Mitglieder der Union, darunter acht ehemalige sozialistische Staaten (Rz 1092 f).

118 Ebenso unerwartet wie jene positiven Entwicklungen traten ihre *unerfreulichen,* ja schrecklichen *Folgeerscheinungen* ein. Dies galt va für den *Ausbruch* von durch Sowjetherrschaft und kommunistische Regime während des „Kalten Krieges" nur *„eingefrorener"* ethnischer, religiöser und territorialer *Konflikte* in Osteuropa. Die Gräuel im ehemaligen Jugoslawien lieferten die schlimmsten Beispiele dafür.

119 Die verbleibenden sozialistischen Staaten außerhalb Europas, wie China, Kuba, Nordkorea oder Vietnam, bilden keinen Block, sondern verfolgen unterschiedliche Modelle insbes im wirtschaftlichen Bereich.

120 Zwischen dem *Westen* und *anderen Staatengruppen* bestehen weiterhin traditionelle *machtpolitische Gegensätze.* Dazu kommen auf Grund des Entwicklungsgefälles, aber auch durch das rasche Aufholen von Rückständen, *wirtschaftliche Konflikte.* Ferner wirken sich zunehmend *Meinungsverschiedenheiten* aus, die auf *religiösen* und *sozialphilosophischen Grundhaltungen* beruhen (zB auf dem Islam und der konfuzianischen Tradition). Auch sie schlugen sich im VR, va in der *Menschenrechtsdiskussion,* nieder (Rz 32, 136 ff, 1357 ff, 2084).

C. Die „Dritte Welt" und das Völkerrecht

1. Die „Dritte Welt" in den internationalen Beziehungen

121 Im Gegensatz zur ehemaligen „Zweiten Welt" der sozialistischen Staaten spielen die Länder der „Dritten Welt" in den iBez und im VR weiterhin eine Rolle.

122 Die meisten Entwicklungsländer erlangten erst nach dem Machtverlust der Kolonialmächte im II. WK in Ausübung des Selbstbestimmungsrechts der Völker (Rz 2054) ihre Unabhängigkeit. Nach der Überwindung der ideologischen Gegensätze und der politischen Konfrontation im Norden ist auch die *Position der „Dritten Welt"* in einem veränderten internationalen System *neu zu bestimmen.*

123 Zwischen den *Ländern des Südens,* welche die Mehrheit in der Staatengemeinschaft bilden, bestehen beträchtliche *Unterschiede* im Stand ihrer *wirtschaftlichen Entwicklung* und im Wohlstand der Bevölkerung. Reichen Ölexporteuren (zB Saudi-Arabien) und „Schwellenländern" an oder über der Grenze zum Industriestaat (zB Brasilien) stehen die *least developed countries* gegenüber.

124 Die „Dritte Welt" stellte von Anfang an *Forderungen* an die nach dem II. WK errichtete *politische, wirtschaftliche* und *rechtliche internationale Ordnung.* Die wirtschaftliche Heterogenität und unterschiedliche außenpolitische Orientierungen bes gegenüber dem Westen erschwerten jedoch die Durchsetzung dieser Anliegen durch ein geschlossenes Vorgehen der Staaten des Südens.

125 Sie traten im weltweiten Rahmen als **Bewegung der blockfreien Staaten** und als *„Gruppe der 77"* auf. Die Blockfreienbewegung umfasst derzeit 115 Mitglieder. Die blockfreien Staaten lehnten die Zugehörigkeit zu den von den USA und der UdSSR geführten Bündnissystemen ab. Sie setzten sich zunächst va für weitere Dekolonisation, nötigenfalls auch mit Waffengewalt (Rz 1887), ein. In der Folge rückte das Verlangen nach selbstbestimmter wirtschaftlicher Entwicklung bes durch eine NIWO (Rz 106, 2518 ff) in den Vordergrund. In letzter Zeit wurde nicht mehr auf Konfrontation mit den westlichen Staaten, sondern auf Zusammenarbeit im Zeichen wachsender globaler Interdependenz (Rz 39, 50, 2047 ff) gesetzt.

126 Die sog **Gruppe der 77** besteht nunmehr aus 135 Staaten. Sie ist nach ihrer ursprünglichen Mitgliederzahl im Rahmen der *United Nations Conference on Trade and Development* (*UNCTAD* – Rz 2537) 1964 benannt und dient va der Koordinierung des Vorgehens der Entwicklungsländer in wirtschaftlichen Fragen. Bedeutsame Erfolge auf dem Höhepunkt der Macht dieser Staaten im Zuge der Erdölkrise 1973/74 waren die Deklaration und das Aktionsprogramm über die Errichtung einer NIWO (Rz 2520; D 307) sowie die Charta der wirtschaftlichen Rechte und Pflichten der Staaten (Rz 2520; D 308), welche die GV der VN 1974 annahm. Diese *„Soft-law"*-Dokumente (Rz 9, 527, 1795, 1923, 2437, 2503 f) sind jedoch mittlerweile vorwiegend nur von historischer Bedeutung (Rz 2608 f).

127 Wegen der für die „Dritte Welt" geringen tatsächlichen Erfolge der Nord-Süd-Verhandlungen wurde in der zweiten Hälfte der 1970er Jahre *„collective self-reliance", Economic Cooperation among Developing Countries,* zu einem weiteren Hauptanliegen der „Gruppe der 77". Der bisher größte Erfolg der UNCTAD liegt in der Annahme des Vertrages über ein *Global System of Trade Preferences.* Dabei handelt es sich um ein ausschließlich den Staaten der „Dritten Welt" offen stehendes System von Handels- und anderen wirtschaftlichen Begünstigungen.

128 Außerdem formierte sich die „Dritte Welt" in regionalen IO und Gruppen. Als Beispiele seien die *Association of Southeast Asian Nations (ASEAN)*, die *Anden-Gemeinschaft (Comunidad Andina [CAN]*, früher Anden-Pakt), die *Liga Arabischer Staaten* (Rz 1892, 1896, 1940, 2049), die *Organization of African Unity (OAU* – neuerdings *African Union [AU]* – Rz 1892*)*, die *Southern African Development Community (SADC)* und die *South Asian Association for Regional Cooperation (SAARC)* erwähnt. Gegenüber der EU bzw EG treten Entwicklungsländer als die *Afrikanischen, Karibischen und Pazifischen Staaten (AKP-Staaten)* in der Entwicklungszusammenarbeit als Vertragspartner auf (Rz 1160ff).

2. Völkerrechtliche Positionen der „Dritten Welt" und ihre Grundlagen

129 Die iBez nahmen mit der Formierung der „Dritten Welt" eine neue Gestalt an. Damit ging ein allmählicher Wandel grundsätzlicher materiellrechtlicher Bereiche im VR einher. Va auch in den VN forderte die „Dritte Welt" eine Neuverteilung politischer Macht und wirtschaftlicher Ressourcen. Die vr Grundlagen dafür lieferten va die Prinzipien des Selbstbestimmungsrechts der Völker, der Demokratisierung der iBez und der Entwicklung.

a) Das Selbstbestimmungsprinzip

130 Die Vollendung der Dekolonisation wurde spätestens mit der *Deklaration* der GV der VN *über die Gewährung der Unabhängigkeit an koloniale Länder und Völker 1960* (Res 1514 [XV] – Rz 2061; D 266) zu einer Hauptaufgabe der VN bei der Verwirklichung des in Art 1 Abs 2 und Art 55 SVN verankerten Grundsatzes der Gleichberechtigung und des Selbstbestimmungsrechtes der Völker (Rz 2060). Dabei setzte sich die *Definition* des *Volkes* nach dem Kriterium **„uti possidetis"** durch (Rz 720f, 2069). Die „Dritte Welt" trat auch für die Anerkennung der **Rechtmäßigkeit** des **nationalen Befreiungskrieges** im kolonialen Rahmen und dessen Unterstützung von außen ein (Rz 1876, 1887f). Sie erreichte ferner, dass Mitgliedern nationaler Befreiungsbewegungen im Kriegs- und Humanitätsrecht Kombattantenstatus eingeräumt wurde (Rz 2933).

131 Die Praxis der VN ließ eine große Zahl von *„Mikrostaaten"* der „Dritten Welt" ihre Unabhängigkeit erlangen und Mitglieder der VN werden (Rz 742f, 977, 2071). Dabei wurde über die schwache Ressourcenausstattung und unzulängliche wirtschaftliche Entwicklung sowie politische Instabilität und damit über die *fragliche wirtschaftliche* und *politische Lebensfähigkeit* mancher neuer Staaten *hinweggesehen.*

b) Das Demokratisierungsprinzip

132 Zur Stärkung der VN, in der sie die Mehrheit der Mitglieder stellen, trachteten die Staaten der „Dritten Welt" einerseits den *Einfluss der Großmächte im SR zu verringern.* Andererseits suchten sie unter Berufung auf den Demokratiegrundsatz die GV und die *von dieser angenommenen Res aufzuwerten.*

Mittlerweile treten diese Ziele in den Hintergrund. Die Staaten der „Dritten Welt" werden neuerdings vielmehr selbst mit einem ganz anders verstandenen Demokratiegrundsatz konfrontiert. Diese Forderung gilt einem *Recht* auf *demokratische Beteiligung* der *Bevölkerung* an der *eigenen politischen und wirtschaftlichen Entwicklung.* **133**

c) Das Entwicklungsprinzip

Bei allen Auffassungsunterschieden ist der ursprünglich nur ansatzweise formulierte *Grundsatz wirtschaftlicher Selbstbestimmung und Entwicklung* in der „Dritten Welt" als Prinzip unbestritten. Zu seiner Verwirklichung wurden im Laufe der Zeit je nach herrschender Entwicklungstheorie allerdings verschiedene Strategien – zumeist wenig erfolgreich – angewandt. **134**

In der Entwicklungspolitik wurde *anfangs* va auf *Industrialisierung* und auf den Transfer finanzieller und technischer Ressourcen seitens der Industriestaaten gesetzt. Die Entwicklungsländer vermochten die von ihnen va in den 1970er Jahren geforderte *NIWO* (Rz 106, 125, 2048, 2477, 2518 ff) nicht durchzusetzen. *Heute* werden dagegen nach einem partizipatorischen Konzept die eigenen *menschlichen Ressourcen* und *demokratische* sowie *sozial gerechte* gesellschaftliche *Strukturen* und die *Rechtsstaatlichkeit* betont. Ferner wird der *nachhaltigen Entwicklung („sustainable development")* Vorrang eingeräumt. **135**

d) Das Menschenrechtsverständnis der „Dritten Welt"

Viele Staaten der „Dritten Welt" stellen dem auf das Individuum ausgerichteten Menschenrechtskonzept des Westens ein auf anderen Traditionen beruhendes *kollektives Verständnis* gegenüber. Diese **„Menschenrechte der dritten Generation"** (Rz 1354 f) sollen nicht bloß Einzelmenschen und kleineren Gruppen, sondern *auch den Völkern* zustehen. Dazu zählen va die erwähnten Rechte der Völker auf *Selbstbestimmung* (Rz 130, 2054 ff) sowie auf *Entwicklung* und die *Verfügung über die natürlichen Ressourcen* (D 2, 158). Als weitere derartige Rechte werden jene auf eine *lebenswerte Umwelt,* auf Teilhabe am gemeinsamen *Erbe der Menschheit* und auf *Solidarität, Frieden* und *Abrüstung* postuliert. **136**

Im Zusammenhang mit dem Recht auf Entwicklung und auf die Verfügung über die eigenen natürlichen Ressourcen forderte die „Dritte Welt" ein weitgehendes Recht auf *Enteignung ausländischer Investoren.* Sie erreichte auch dessen Aufnahme in die Charta der wirtschaftlichen Rechte und Pflichten der Staaten 1974 (Rz 2520; D 308). Von diesem von Industriestaaten abgelehnten Recht sind die *meisten Entwicklungsländer jedoch* mittlerweile *abgekommen.* Damit schneiden sie sich nämlich va von der Fortsetzung weiterhin notwendiger Auslandsinvestitionen ab (Rz 2649). **137**

Im regionalen Rahmen verdient die **Afrikanische Charta der Menschenrechte und der Rechte der Völker von Banjul 1981** (Rz 1627 ff; D 200) besondere Erwähnung. Neben individuellen und kollektiven Rechten enthält sie auch Pflichten des einzelnen Menschen gegenüber der Gemeinschaft. **138**

139 Das „westliche“ Menschenrechtsverständnis wird darüber hinaus in der „Dritten Welt“ von Staaten, die sich an einem radikalen Islam, der Gesellschaftslehre des Konfuzianismus oder weiterhin am Kommunismus orientieren, grundlegend in Frage gestellt (Rz 32, 1359, 2084).

e) Sonstige Einflüsse der „Dritten Welt“ auf wesentliche Bereiche des Völkerrechts

140 Die Staaten der „Dritten Welt“ **betonen** verständlicherweise die für sie vorteilhafte **Souveränität.** Sie profitieren angesichts ihrer Abhängigkeit von und faktischen Schwäche gegenüber den Industriestaaten von den Postulaten der Gleichheit und Unabhängigkeit. Ihre zahlenmäßige Stärke lässt sie vom Grundsatz *„ein Staat – eine Stimme“* in IO und auf internationalen Konferenzen Nutzen ziehen (Rz 40, 1043 ff). Die Souveränität lieferte auch die Grundlage für das Verfügungsrecht über die Naturschätze auf dem eigenen Staatsgebiet. Mittlerweile können sich aber gerade die Entwicklungsländer den Sachzwängen der wachsenden internationalen Interdependenz zu Zusammenarbeit und damit zu Souveränitätsverzichten im globalen und regionalen Rahmen nicht entziehen.

141 Die „Dritte Welt“ trug wesentlich zur **Erweiterung des Kreises der VRS** durch die Einbeziehung der *Völker* als Träger va vr Rechte bei. Sie sieht ferner *transnationale Unternehmen* als Subjekte vr Pflichten an (Rz 1212 ff).

142 Zur Lösung der existenziellen Probleme in der „Dritten Welt“, des Massenelends von Hunderten Millionen Menschen als Folge von Hunger, Krankheit und des Fehlens von Bildungschancen, reichen die schwerfälligen Normerzeugungsverfahren des Vertragsrechts und des VGR oft nicht aus. Staaten des Südens plädierten daher für die **vr Verbindlichkeit** von **Beschlüssen IO,** va der GV der VN. Sie sehen darin auch ein Vehikel für die rasche Bildung von VGR (Rz 462 ff).

143 Bei der *friedlichen Streitbeilegung* geben viele Staaten der „Dritten Welt“ auf Grund ihrer gesellschaftlichen Traditionen *Verhandlungen* zwischen den Streitparteien und der *Vermittlung,* die einen Interessenausgleich anstrebt, gegenüber der internationalen Gerichtsbarkeit und Schiedsgerichtsbarkeit den Vorzug (Rz 2044).

144 Die euroatlantische Völkerrechtswissenschaft sollte sich mehr als bisher um das Verständnis der Probleme und der zur Problemlösung entwickelten vr Konzepte in der „Dritten Welt“ sowie um den Dialog und akademischen Austausch mit dieser bemühen. Auch der Westen könnte von manchen Auffassungen und Verhaltensmustern auf anderen Kontinenten und in anderen Zivilisationen – nicht nur im VR – zum eigenen Vorteil lernen.

D. Die Entwicklung der europäischen Völkerrechtswissenschaft

145 Die Aussagen der Völkerrechtslehre sollten va auch vor dem Hintergrund der jeweiligen internationalen Entwicklungen und aktuellen Probleme sowie der maßgeblichen geistesgeschichtlichen Strömungen gesehen werden.

So diagnostizierte *Bartolus de Saxoferrato* (1314–1357) in seinem *„Tractatus Represaliarum"* (1354) den Niedergang kaiserlicher Macht und das Selbsthilfesystem der „souveränen" Stadtstaaten Italiens (Rz 36). **146**

So setzten sich auf dem Boden der christlichen Lehre im 16. Jhdt spanische Moraltheologen mit der Rechtmäßigkeit der Eroberungen Spaniens in Übersee auseinander. Nach der offiziellen Doktrin des Kronjuristen *Juan Gines Sepúlveda* wurden „Heidenvölker" nicht als VRS anerkannt. Hingegen sah der Dominikaner *Francisco de Vitoria* (1480–1546) in seinen *„Relectiones de Indis"* gem dem allen Menschen gemeinsamen göttlichen Naturrecht diese Völker als gleichberechtigte Partner an (Rz 806). Ausländern sollte ein Recht auf Zutritt und Handelsverkehr zustehen – eine Forderung, die freilich in der Praxis die Europäer einseitig begünstigte. **147**

Der Niederländer **Hugo Grotius** (1583–1645) gilt mit seinem Hauptwerk *„De iure belli ac pacis libri tres"* (1625) als „Vater" der eigenständigen Völkerrechtswissenschaft. Seine *integrative Sicht* des VR schloss sowohl das aus der menschlichen Vernunft abgeleitete Naturrecht als auch das auf dem Willen der Staaten beruhende positive VR mit ein (zur Formulierung des Prinzips der Meeresfreiheit und der Lehre vom Krieg als rechtlichem Zustand Rz 2227, 1803). **148**

Grotius' Verständnis des VR vertrat in der Folge va auch der Schweizer **Emer de Vattel** (1714–1767). Als Diplomat in sächsischem Dienst schrieb er praxisorientiert. Sein *„Le droit des gens"* (1758) wirkte deshalb stark auf die Staatenpraxis, bes auf die Außenpolitik der jungen USA, bis ins 19. Jhdt ein. **149**

Daneben bewegte sich die Völkerrechtswissenschaft nach *Grotius* aber in entgegengesetzte Richtungen. **150**

1) Einerseits leiteten „reine" **Naturrechtler** auf dem Boden der Aufklärung aus der *Vernunft* als einziger Quelle des VR Regeln für das Verhalten der Staaten ab. *Samuel Pufendorf* (1632–1694; Professor in Heidelberg und Lund) ging dabei von der Annahme eines friedlichen Naturzustandes im zwischenstaatlichen Zusammenleben aus. *Thomas Hobbes* (1588–1679) stellte unter dem Eindruck des englischen Bürgerkrieges die entgegengesetzte These vom Krieg aller gegen alle auf. **151**

2) Andererseits engte der **Positivismus** das VR auf *Willensäußerungen der Staaten* ein. Naturrecht sollte allenfalls als moralisches Postulat gelten. So lehnte es *Johann Jakob Moser* (1701–1785) ab, einen philosophischen „Staatsroman" zu verfassen; er beschränkte sich auf die empirische Feststellung des tatsächlichen staatlichen Verhaltens. **152**

3) Außerdem *leugneten* im Gefolge von *Hobbes* manche Theoretiker – zB *John Austin* (1789–1859) – als Folge ihres (engen) Rechtsbegriffs die *Rechtsnatur* des VR. Sie begründeten dies damit, dass es in den iBez an zentralen Organen fehle (Rz 52 ff). **153**

4) Andere vergötzten im Zeitalter des Nationalismus im Anschluss an *Hegel* im 19. Jhdt den Staat. Gem der Lehre von der „absoluten" Souveränität (Rz 38) wurde das *VR auf „äußeres Staatsrecht" reduziert;* dieses beruhe auf letztlich einseitig widerrufbarer Selbstbindung. **154**

Nach dem I. WK, der als Auswuchs dieser überspitzten Machtideologie angesehen werden konnte, kam es zu einer weitgehenden Rückbesinnung **155** auf die „relative“ Souveränität und ein integratives Verständnis des VR (Rz 37).

156 Bedeutsame Impulse verlieh der vr Diskussion ua *Georges Scelle* (1878–1961). Er lehnte das traditionelle Naturrecht ab. Aus einer *soziologisch* orientierten Sicht leitete *Scelle* Recht als Produkt des *„fait social“*, der Notwendigkeiten menschlichen Zusammenlebens, ab. Es ergebe sich aus der Solidarität, die sowohl auf vorgegebenen Ähnlichkeiten der Rechtssubjekte als auch auf bewusster, für alle vorteilhafter Arbeitsteilung beruhe. *Scelle* hob hervor, dass Moral und Gerechtigkeit subjektive und wandelbare Größen seien.

157 Pioniere einer **soziologischen Betrachtungsweise** waren va auch die Schweizer *Max Huber* (1874–1960) und *Dietrich Schindler sen* (1890–1948) sowie der Belgier *Charles de Visscher* (1884–1973).

158 *Hans Kelsen* (1881–1973) wiederum übertrug seine „Reine Rechtslehre“ auf das VR: Dessen (hypothetische) *Grundnorm* schreibe den Staaten vor, sich so zu verhalten, wie es durch die Übung festgelegt sei – ohne dass *Kelsen* diese Grundnorm inhaltlich ausgestaltete.

159 Wie auch in anderen Wissenschaften – zB vor einiger Zeit in den IBez – erweisen sich im *„Schulenstreit“* zwischen *deduktiver und induktiver Methode Extrempositionen* als *nicht zielführend.* Der Versuch, VR auf Grund mehr oder weniger spekulativer Annahmen als geschlossenes System darzustellen, geht an der komplexen, oft widersprüchlichen Wirklichkeit der iBez vorbei. Eine rein empirische Bestandsaufnahme erschöpft sich jedoch in steriler Beschreibung. Der Völkerrechtler kommt bei der juristischen Beurteilung des Verhaltens der VRS als Recht oder Unrecht und bei seinen Vorschlägen *de lege ferenda* um Wertaussagen nicht herum. Dabei darf er sich einerseits bei der empirischen Erfassung der Praxis nicht mit ein paar für seine vorgefasste Ansicht passenden Präzedenzfällen begnügen. Andererseits muss er seine Wertvorstellungen klarstellen und darf geltendes mit für die Zukunft gewünschtem VR nicht vermengen.

E. Die westliche Völkerrechtswissenschaft nach 1945

160 Verallgemeinerungen über die westliche Völkerrechtswissenschaft nach dem II. WK sind zwar problematisch; jedoch lassen sich eine Tendenz zur Aufarbeitung neuer Bereiche des VR und eine deshalb unvermeidliche **Spezialisierung** feststellen. Die Diskussion von Grundsatz- und va Theorie- und Methodenfragen trat längere Zeit eher in den Hintergrund; (gemäßigte) Positivisten und Naturrechtler arbeiteten unter gegenseitiger Respektierung ihrer Grundpositionen nebeneinander. Daneben entwickelte sich ein Trend zu einer *interdisziplinären Betrachtung* des VR. In diese flossen sozialwissenschaftliche Erkenntnisse va der IBez ein.

161 Besondere Erwähnung unter den österreichischen Völkerrechtlern des 20. Jhdt verdient *Alfred Verdross* (1890–1980). Gestützt auf seine profunden Kenntnisse der Rechtsphilosophie und auf dem Boden des christlichen Naturrechts leistete er zB mit der Theorie des gemäßigten Monismus (Rz 565) oder des *ius cogens* (Rz 31, 364ff, 2784ff, 2836f) bleibende Beiträge. Der ehemalige Diplomat *Stephan Verosta* (1909–1998) brachte va

auch die geschichtliche und politologische Komponente ein. Das erwähnte Streben nach einer realistischen Sicht des VR sowie das Bemühen um direkten Zugang zur internationalen Praxis sind heute gerade auch in Österreich feststellbar. In einem von *Waldemar Hummer* herausgegebenen Sammelband wurden 2002 Überlegungen führender österreichischer Völkerrechtler zu einem Paradigmenwechsel auf zentralen Gebieten des VR an der Schwelle zum 21. Jhdt zusammengefasst.

Eine wichtige, aber auch umstrittene neuere Theorie des VR ist der **162** von *Myres S. McDougal* (1906–1998) und *Harold D. Lasswell* (1902–1978) an der Universität Yale begründete **„New Haven Approach"**. Das VR wird danach nicht als System von Normen, sondern als *autoritativer* und *effektiver Entscheidungsprozess* gesehen. Autoritativ heißt dabei in Übereinstimmung mit den Erwartungen der internationalen Gemeinschaft; effektiv bedeutet mit Aussicht auf Durchsetzung. Dieser Entscheidungsprozess vollzieht sich durch das stete Wechselspiel von Ansprüchen und Reaktionen oder Entscheidungen (D 8). Wichtiges Merkmal dieser Schule ist ihre *„policy orientation"*, dh die kritische Auseinandersetzung mit dem Recht anhand bestimmter offen gelegter *Wertmaßstäbe*. Die Forderung danach wird nicht nur im Hinblick auf eine mögliche Änderung des Rechts erhoben. Sie beruht auch auf der Erkenntnis, dass das geltende Recht in der praktischen Anwendung fast stets Wahlmöglichkeiten lässt.

Großen Wert legen die Anhänger dieser Methode auch auf die Sicht **163** des *VR im sozialen Zusammenhang*. Bei der Untersuchung vr Probleme wird zur möglichst vollständigen Erfassung des sozialen Umfeldes meist mit *Fragenkatalogen* vorgegangen. So werden die Teilnehmer, ihre Machtgrundlagen und subjektiven Vorstellungen, die von ihnen angewandten Strategien, die objektiven Situationen, die unmittelbaren Ergebnisse und die längerfristigen Auswirkungen außenpolitischer Maßnahmen eingehend analysiert. Diese methodische Richtung hat bes in den USA zahlreiche Befürworter gefunden. Va auch wegen ihrer anfangs schwer verständlichen Terminologie ist sie von anderen Völkerrechtlern, insbes in Europa, oft abgelehnt worden.

In jüngster Zeit ist die Theoriediskussion in der Völkerrechtswissen- **164** schaft durch Entwicklungen in anderen Disziplinen belebt worden. Dies gilt zB für **feministische Ansätze**. Aus der „postmodernen" Sicht des *„New Stream"* der Betrachtung des VR auf dem Boden der **„Critical Legal Studies"** wird die subjektive, politische Bedingtheit des VR betont und dessen Objektivität in Frage gestellt *(David Kennedy)*. Das Dilemma zwischen *„Apologie"* und *„Utopie"* wird hervorgehoben: Es geht um das Spannungsverhältnis zwischen Normen, welche die (Macht-)Politik zu konkret widerspiegeln, und Regeln, die in zu großer normativer Distanz zu ihr stehen *(Martti Koskenniemi)*. Im Wege der *„Dekonstruktion"* wird die *Unbestimmtheit* und *Widersprüchlichkeit* des VR aufgezeigt (zB der Gegensatz zwischen dem Selbstbestimmungsrecht der Völker und der territorialen Integrität der Staaten – Rz 2071 ff). Ferner erweist sich die *Regimetheorie* in den IBez für Brückenschläge zum VR als ergiebig.

Inhaltlich trachtet ein Teil der Lehre, die vr Aspekte wichtiger inter- **165** nationaler Entwicklungen wie der **Globalisierung** systematisch darzustellen. Andere Völkerrechtler suchen bedeutsame Trends im VR schon in einer frühen Phase zu erfassen. Dies gilt etwa für die **„Konstitutionalisierung"** des VR: Auch im internationalen Recht lassen sich auf der Grundlage von Gemeinschaftsinteressen und -werten Ansätze zu einer Überwindung der Koordinationsstruktur hin zu einer Verfassungsordnung mit entsprechenden Rechtsdurchsetzungsmechanismen feststellen. Bes ausgeprägt sind diese Entwicklungen im sektoralen (zB Welthandel – 2547 ff) und regionalen (zB EU – Rz 1087 ff) Rahmen.

II. Abschnitt

Die Völkerrechtsquellen

Vorbemerkung der Herausgeber

Die Völkerrechtsquellen sind die **Akte** und **Verfahren** der **Schaffung** von **VR.** Das Fehlen zentraler Legislativorgane bewirkt eine **Vielfalt** der Methoden, durch welche vr Regelungen der iBez entstehen. Sie umfassen die ausdrückliche Unterwerfung unter geschriebene Normen ebenso wie die Schaffung von verbindlichen Verhaltensmustern durch konkludentes Verhalten oder die Ableitung bestimmter Prinzipien aus staatlichen Rechtsordnungen. **166**

Ausgangspunkt der Erörterung der Quellen des VR ist weiterhin meist **Art 38 IGH-Statut** (D 261). Darin wird der IGH, der nach VR zu entscheiden hat, angewiesen, als *„Primärquellen"* das **vr Vertragsrecht,** das **VGR** und die **ARG** anzuwenden. Dazu kommen hilfsweise als *Rechtserkenntnisquellen* **Gerichtsentscheidungen** und die Aussagen der **Völkerrechtswissenschaft.** Diese vor mehr als 80 Jahren formulierte Bestimmung ist aber *nicht* als für alle Zeit autoritativer und *vollständiger Katalog* der Völkerrechtsquellen zu verstehen. **167**

Zunächst ist die *Unterscheidung* zwischen *primären Entstehungsquellen* und *hilfsweisen Erkenntnisquellen problematisch.* Die Praxis zeigt den bedeutenden Einfluss *gerichtlicher* (und *schiedsgerichtlicher*) *Entscheidungen* und des *Schrifttums* auf die Fortbildung des VR. Diese sog *Hilfsmittel* werden *häufig* ungeprüft als Beweis va für den Bestand von VGR *direkt herangezogen,* obwohl sie für sich allein zum Nachweis vr Normen nicht genügen. **168**

Ferner ist die Aufzählung der Quellen des VR im *Art 38 IGH-Statut keineswegs erschöpfend,* weil sie va auch **einseitige Rechtsgeschäfte** und **Beschlüsse** von **IO** *nicht enthält.* Gerade Letztere haben seit 1945 stark an Zahl und Wichtigkeit zugenommen. Versuche, diese Erscheinungsformen des VR den im Art 38 angeführten Quellen zuzuordnen, sind eine wenig überzeugende Verlegenheitslösung. Nicht nur das materielle VR ist nämlich einem Wandel unterworfen, sondern auch die Mittel und Verfahren seiner Fortbildung, va auch in der „Grenzzone" zwischen voller Verbindlichkeit und rechtlicher Irrelevanz. **169**

Nicht nur das oft schwer erfass- und nachweisbare VGR, sondern auch die vr *Problemregelung* durch *Verträge* wird mittlerweile *vielfach* als *unbefriedigend* empfunden. Der Abschluss eines Vertrages dauert oft (zu) lange; Vorbehalte höhlen ein einheitliches Rechtsregime aus; für die Erreichung des Vertragszieles wichtige Staaten können die Bindung an den Vertrag ablehnen; die rasche Anpassung eines Vertrages an neue Gegebenheiten mag Schwierigkeiten bereiten. **170**

In der praktischen Anwendung werden die verschiedenen Entstehungsformen des VR häufig eng miteinander verknüpft, weil eine bestimmte vr **Rechtsfrage nicht ausschließlich aus einer Rechtsquelle** beantwortet werden **171** kann. Daher ist das ganze Spektrum der Völkerrechtsquellen heranzuziehen; die so gewonnenen Erkenntnisse sind sodann in eine sinnvolle Beziehung zueinander zu bringen.

172 Die enge Verflechtung der Quellen des VR wirkt sich auch im häufigen *Wechsel von einem Rechtsquellentyp zum anderen* aus. Bislang im VGR geregelte Fragen können durch Kodifikation zu vr Vertragsrecht werden, vr Verträge durch die Übernahme in VGR Nichtvertragsparteien binden.

173 Allerdings ist *Vorsicht* am Platz, wenn *aus* bestimmten Regelungen in *einem Rechtsquellentyp* das Bestehen oder Nichtbestehen von *Normen in einem anderen abgeleitet* werden soll. So wird manchmal versucht, aus einer großen Zahl gleichartiger Vertragsbestimmungen auf diesbezügliches allgemeines bzw universelles VGR zu schließen. Umgekehrt wird die Existenz einer Vertragsbestimmung manchmal als Beweis für das Fehlen entsprechenden VGR gewertet, weil anderenfalls die vertragliche Norm überflüssig wäre. Beide Schlussfolgerungen sind problematisch.

174 Die **„Primärquellen"** in Art 38 IGH-Statut sind untereinander grundsätzlich **gleichwertig** bzw **gleichrangig.** Bei allfälligen Widersprüchen geht daher die spätere Norm der früheren bzw die speziellere der allgemeineren vor (**lex-posterior-** bzw **lex-specialis-Grundsatz**). Bei der praktischen Rechtsanwendung zeigt sich meist, dass geschriebenes VR (Vertragsrecht, Beschlüsse von IO) spezieller ist oder später geschaffen wurde als die ungeschriebenen vr Normen (VGR, ARG) und daher zunächst herangezogen wird. Es ist ferner in der Regel für den Praktiker leichter, va mit weniger Zeitaufwand, anwendbar. Allerdings gibt es durchaus auch Beispiele für eine Derogation von Vertragsrecht durch nachfolgendes VGR. Die frühere oder allgemeinere Norm wird freilich nicht notwendigerweise völlig vernichtet. Sie gilt uU in modifizierter Form weiter.

175 Eine klare **Normenhierarchie** besteht nur zu Gunsten des **ius cogens,** also zwingenden VR. Normen, insbes des Völkervertragsrechts, die *ius cogens* widersprechen, sind nichtig.

176 Von der Derogation ist der **Anwendungsvorrang** zu unterscheiden. Dabei wird in der praktischen Anwendung bei einer *Kollision* zweier oder mehrerer *Rechtsnormen einer* der *Vorzug* gegeben, *ohne* dass die *anderen vernichtet* werden. Beispiele für Regelungen über den Anwendungsvorrang sind Art 103 SVN (D 1) und Art 73 Wiener Konsularrechtskonvention 1963 (D 209).

1. Kapitel
Das Völkergewohnheitsrecht

Bruno Simma

Literatur: *Cheng,* United Nations Resolutions on Outer Space: „Instant" International Customary Law? IJIL 5 (1965) 23; *Verdross,* Entstehungsweisen und Geltungsgrund des universellen völkerrechtlichen Gewohnheitsrechts, ZaöRV 29 (1969) 642; *Baxter,* Treaties and Custom, RdC 129 (1970) 25; *Günther,* Zur Entstehung von Völkergewohnheitsrecht (1970); *Simma,* Das Reziprozitätselement in der Entstehung des Völkergewohnheitsrechts (1970); *d'Amato,* The Concept of Custom in International Law (1971); *Zemanek,* Die Bedeutung der Kodifizierung des Völkerrechts für seine Anwendung, FS *Verdross* (1971) 565; *Bernhardt,* Ungeschriebenes Völkerrecht, ZaöRV 36 (1976) 50; *Doehring,* Gewohnheitsrecht aus Verträgen, ebd 77; *Bos,* The Identification of Custom in International Law, GYIL 25 (1982) 9; *van Hoof,* Rethinking the Sources of International Law (1983); *Ferrari Bravo,* Méthodes de recherche de la coutume internationale dans la pratique des Etats, RdC 192 (1985) 233; *Abi-Saab,* La coutume dans tous ses états ou le dilemme du développement du droit international général dans un monde éclaté, FS *Ago* (1987) Bd 1, 53; *Zemanek,* Codification of International Law: Salvation or Dead End? ebd 581; *Cassese / Weiler* (Hrsg), Change and Stability in International Law-Making (1988); *Kirchner,* Völkergewohnheitsrecht aus der Sicht der Rechtsanwendung (1989); *Sassoli,* Bedeutung einer Kodifikation für das allgemeine Völkerrecht (1990); *Fastenrath,* Lücken im Völkerrecht (1991); *Simma / Alston,* The Sources of Human Rights Law: Custom, Jus Cogens, and General Principles, Australian Yearbook of International Law 12 (1992) 82; *Danilenko,* Law-Making in the International Community (1993); *Fastenrath,* Relative Normativity in International Law, EJIL 4 (1993) 305; *Wolfke,* Custom in Present International Law (2. Aufl, 1993); *Simma,* Die Erzeugung ungeschriebenen Völkerrechts, FS *Zemanek* (1994) 95; *Zemanek,* What is „State Practice" and Who Makes it? FS *Bernhardt* (1995) 289; *Mendelson,* The Subjective Element in Customary International Law, BYIL 66 (1995) 177; *Villiger,* Customary International Law and Treaties (2. Aufl, 1997); *Müllerson,* On the Nature and Scope of Customary International Law, ARIEL 2 (1997) 341; *Byers,* Custom, Power and the Power of Rules (1999); *Kelly,* The Twilight of Customary International Law, VirgJIL 40 (2000) 449; *Roberts,* Traditional and Modern Approaches to Customary International Law: A Reconciliation, AJIL 95 (2001) 757.

A. Begriff

Art 38 Abs 1 lit b IGH-Statut führt „das internationale Gewohnheitsrecht als Ausdruck einer allgemeinen, als Recht anerkannten Übung" als formelle Völkerrechtsquelle an. Diese Formulierung ist wenig gelungen. Die Redaktoren des Statuts wollten damit aber jedenfalls gem der herrschenden Völkerrechtslehre ausdrücken, dass von (allgemeinem) VGR dann gesprochen werden kann, wenn eine allgemein als Recht anerkannte, dh vom Rechtsbewusstsein *(opinio iuris)* getragene Übung vorliegt. **177**

VGR kommt also durch die *Verbindung* des objektiven (oder materiellen) Elements der *Staatenpraxis* iwS (auch Praxis anderer VRS) mit dem subjektiven (oder psychologischen) Element der *Rechtsüberzeugung (opinio iuris)* zu Stande. Eine bloße Übung ohne Rechtsüberzeugung kann demnach **178** kein VGR erzeugen. Umgekehrt reicht dafür auch eine – etwa in einer Res der GV der VN formulierte – Rechtsüberzeugung allein nicht aus, wenn das faktische Verhalten der Staaten ihr nicht folgt. Im Folgenden seien die beiden Bestandteile des VGR näher untersucht.

B. Elemente

1. Die Staatenpraxis

a) Ihre Erscheinungsformen

179 Die Staatenpraxis, die bei Vorliegen der weiteren Voraussetzungen zur Entstehung von VGR führen kann, umfasst einerseits **Rechtsakte** und **-behauptungen** staatlicher Organe, andererseits aber auch deren **faktische Verhaltensweisen,** wie die Vornahme oder Unterlassung einer Verhaftung, die Ausbeutung von Bodenschätzen oder den Einsatz militärischer Mittel. An dieses faktische Verhalten müssen dann allerdings vr Argumente anknüpfen, damit sich eine *opinio iuris* manifestieren kann. Das Abstimmungsverhalten der Staaten bei der Beschlussfassung in IO (zB bei der Annahme von Deklarationen mit normativem Anspruch durch die GV der VN – Rz 463) allein stellt noch keine für die Bildung von VGR ausreichende Praxis dar.

180 Wie etwa das Zustandekommen der Normen über die Staatenimmunität zeigt (Rz 864 ff), kann VGR durch die Übung nicht nur der Organe der Auswärtigen Gewalt, sondern **aller Staatsorgane,** also auch anderer Verwaltungsorgane, der Legislative und der Gerichtsbarkeit, entstehen.

b) Ihre „Allgemeinheit"

181 Was ist unter einer „allgemeinen, als Recht anerkannten Übung" zu verstehen? Die Antwort auf diese Frage wird durch einen Vergleich der lit b mit lit a Art 38 Abs 1 IGH-Statut erleichtert. Dort werden den vr Verträgen, „in denen von den im Streit befindlichen Staaten ausdrücklich anerkannte Normen aufgestellt sind", die Normen des allgemeinen Gewohnheitsrechts gegenübergestellt, die **nicht unbedingt von den Streitparteien,** sondern eben **nur „allgemein" angenommen** sein müssen. Demgemäß hat die vr Judikatur niemals gefragt, ob gerade die Streitparteien eine in Rede stehende Norm des allgemeinen VGR akzeptiert haben, sondern bloß, ob sie im Allgemeinen anerkannt ist (zB in den Fällen *Lotus* und *Nottebohm* – D 3, 62). Gefordert wird eine von Rechtsüberzeugung begleitete *extensive, dauernde* und *einheitliche Übung,* die va von jenen **Staaten** praktiziert werden muss, deren **Interessen** *bes* **betroffen** sind (*Asyl-Fall, Nordsee-Festlandsockel-Fälle* – D 4, 5).

182 Aus der anfänglichen Übung auch nur einiger weniger Staaten (bzw VRS) kann allgemeines VGR entstehen, wenn sich die überwältigende Mehrheit den in dieser Übung zum Ausdruck gelangenden Rechtsbehauptungen in der Folge ausdrücklich oder stillschweigend anschließt. Umgekehrt wird die Praxis einer Mehrheit der Staaten aus allen politischen Lagern eine Vermutung dafür begründen, dass die (noch) nicht an der Übung beteiligte oder auf die Mehrheitshaltung nicht reagierende Minderheit die entstehende Gewohnheitsrechtsnorm stillschweigend anerkannt hat.

Das Urteil des IGH im *Fischerei-Fall* enthält schließlich den wichtigen Grundsatz, dass ein Staat, der sich im Zuge der Herausbildung einer Norm des allgemeinen VGR von Anfang an deren Anwendung beharrlich widersetzt hat **(„persistent objector“),** zwar nicht deren Entstehung verhindern kann; wohl aber kann er erreichen, dass er durch sie nicht gebunden wird, da ihm diese Norm seitens der anderen Staaten nicht entgegengehalten werden kann. (D 6). Eine solche Norm kann demnach zwar für die anderen Staaten als allgemeines VGR, nicht aber als universelles VR gelten. 183

c) Partikuläres/regionales und bilaterales Völkergewohnheitsrecht

Bildet sich VGR nur innerhalb einer *kleineren,* geografisch, historisch, kulturell, politisch usw abgegrenzten *Gruppe* von *Staaten,* so haben wir *partikuläres* VGR vor uns. Ist diese Staatengruppe durch die gemeinsame Zugehörigkeit zu einer Region bestimmt, dann wird von *regionalem* VGR gesprochen, zB im lateinamerikanischen Bereich. Derartiges partikuläres/regionales VGR darf jedoch nicht dem universellen zwingenden VR (*ius cogens* – Rz 364ff, 31) widersprechen. Es darf auch nicht in die Rechte jener Staaten eingreifen, die weder der betreffenden Staatengruppe angehören noch sich deren Rechtsbehauptungen fügen. 184

Wegen ihres engen Geltungsbereiches müssen partikuläre/regionale Normen nicht bloß „allgemein“ von einer Mehrheit, sondern vielmehr von **sämtlichen Staaten innerhalb der Region anerkannt** werden, **die** an sie **gebunden sein sollen** (*Asyl-Fall* – D 4). 185

Natürlich gilt diese Qualifizierung auch für das *bilaterale (lokale)* VGR (*Durchgangsrecht über indisches Gebiet-Fall* – D 7). Bei bilateralem VGR handelt es sich nicht um einen durch konkludente Handlungen abgeschlossenen vr Vertrag. Dieser könnte nur durch eine Willenseinigung zu Stande kommen, während zur Entstehung von VGR eine widerspruchslose Duldung (Rz 213) ausreicht. 186

Da der IGH auch das regionale und bilaterale VGR unter Bezugnahme auf Art 38 Abs 1 lit b seines Statuts anwendet, darf die dort geforderte „Allgemeinheit“ der Praxis und Rechtsüberzeugung also nicht absolut auf die gesamte Völkerrechtsordnung bezogen werden, sondern nur relativ, auf den Kreis der VRS, der durch die betrachtete Norm gebunden wird. 187

d) Dauer, Intensität und Einheitlichkeit der Praxis

Früher wurde zur Herausbildung einer Norm des VGR eine länger andauernde Übung verlangt. Diese Auffassung entspricht nicht mehr den Gegebenheiten der hochorganisierten und -technisierten iBez von heute. In diesem Sinne ist auch für den IGH nicht die lange Dauer der Praxis, sondern nur der Umstand entscheidend, ob diese Praxis ausgedehnt und praktisch gleichförmig war (*Nordsee-Festlandsockel-Fälle* – D 5). Dies steht durchaus im Einklang mit Art 38 Abs 1 lit b IGH-Statut, da dort über die Dauer der notwendigen Übung nichts ausgesagt wird. Gleichwohl vergeht **immer** eine **bestimmte Zeit,** bis sich eine intensive und einheitliche Übung entfaltet hat. Sehr kurz war dieser Zeitraum zB bei der Bildung der vgr Regeln über die friedliche Nutzung des Weltraums (vgl Weltraumvertrag 1967 – Rz 2339; D 292). 188

189 Ein durch Res der GV der VN geschaffener *„instant custom"*, also ein „plötzlich" entstandenes VGR, ist aber ein Unding, da es ein auf der Übung beruhendes Recht ohne Übung nicht geben kann. Allerdings schafft die „parlamentarische Diplomatie" (Rz 53, 243) in der GV der VN wie auch in den übrigen Organen der VN und anderen IO ein Forum, in dem der gewohnheitsrechtsbildende Prozess zwischenstaatlicher Aktion und Reaktion ungleich dynamischer abläuft als in den traditionellen Formen der bilateralen Diplomatie (D 8).

190 Die vom IGH verlangte **Dichte** und **Einheitlichkeit** der **Praxis** lässt sich **nicht abstrakt** festlegen. So wird eine Übung, die darauf abzielt, eine bislang anerkannte Regel des VR abzulösen, intensiver und in sich widerspruchsfreier sein müssen als Staatenpraxis, die VGR im bisher rechtsfreien Raum schafft. Der – wenn auch weniger intensiven – Praxis einer repräsentativen Anzahl von Staaten wird höhere Beweiskraft für die Entstehung von allgemeinem VGR zukommen als wiederholten Übungshandlungen einiger weniger Staaten.

2. Die Rechtsüberzeugung (opinio iuris)

191 Art 38 Abs 1 lit b verlangt für den Bestand einer vgr Norm neben einer „allgemeinen" Übung im soeben dargestellten Sinn deren **Anerkennung „als Recht" (opinio iuris sive necessitatis).** Auch dieses Erfordernis wird durch die Judikatur des IGH näher erläutert (va in den *Nordsee-Festlandsockel-Fällen* – D 5). In der *Lehre* ist dieses Erfordernis mit verschiedenen Argumenten in *Zweifel* gezogen worden.

192 Va wurde eingewendet, das Rechtsbewusstsein sei ein intellektuelles bzw psychisches Phänomen, das eine juristische Person wie der Staat nicht aufweisen könne. Dieses Argument erscheint gekünstelt. Die Organe, die für den Staat handeln und VR anwenden, sind Menschen. Nur um ihr Rechtsbewusstsein geht es.

193 Ähnliches gilt für den Einwand, dass das Rechtsbewusstsein als psychischer Vorgang *kaum nachzuweisen* sei. Jedoch kommt es bei der Ermittlung einer Norm des VGR nicht auf einen psychologischen Befund, sondern immer nur auf die Deutung von Erklärungen und sonstigen Handlungen, von Duldungen und Unterlassungen der maßgeblichen Organe an, die über deren Rechtsauffassung Auskunft geben.

194 So berufen sich die zuständigen Organe der Außenpolitik zur Rechtfertigung faktischer Verhaltensweisen, zur Begründung oder Abwehr eines Anspruchs auf von ihnen behauptete vgr Normen oder bestreiten eine vom Gegner herangezogene Norm. Innerstaatliche Gerichte legen ihren Entscheidungen von ihnen angenommene Regeln des VGR zu Grunde. In den Erläuterungen von Gesetzesvorlagen, Motivenberichten usw finden sich vr Ausführungen. Stets handelt es sich um *äußere Vorgänge,* die auf ein bestimmtes *Rechtsbewusstsein hinweisen.* Dieses Rechtsbewusstsein kann sich auch darin zeigen, dass ein Staat gegen das Verhalten eines anderen Staates Repressalien (bzw Gegenmaßnahmen – Rz 2834 ff) androht oder durchführt, weil er damit seine Ansicht zum Ausdruck bringt, dass sein Gegner eine Rechtsnorm verletzt hat.

Gewichtiger ist der Einwand, dass das Rechtsbewusstsein jener *Staaten,* die als *erste* den Bestand einer *Norm* des VGR *behaupten* und damit eine allgemeine Praxis einleiten, auf einem *Irrtum* beruhen muss, da die Norm ja erst durch eben diese allgemeine Übung entstehen kann. Es kann aber durchaus zu einer bestimmten Übung allmählich die Überzeugung hinzutreten, eine im Werden befindliche Norm zu beobachten. Durch ihre wiederholte Anwendung kann zuletzt das Bewusstsein entstehen, zu einem entsprechenden Verhalten verpflichtet zu sein, da es nun von der anderen Seite erwartet wird. In anderen Fällen wiederum manifestiert sich die *opinio iuris* als schließliche Willenskundgebung, den Inhalt einer anfänglich nicht aus Rechtsüberzeugung, sondern aus Erwägungen der Nützlichkeit, Billigkeit etc befolgten Praxis künftig als Recht anzusehen. **195**

In der Regel treten neue Rechtsbehauptungen auch gar nicht im rechtsleeren Raum auf (wie dies in der Entwicklung des Weltraumrechts der Fall war – Rz 2334 ff). Staaten berufen sich vielmehr auf irgendein Rechtsprinzip oder eine andere Rechtsnorm, um daraus konkrete vr Normen abzuleiten. Diese gehen dann in die Praxis ein, weil sie allgemein als vernünftige(re) und angemessene(re) Lösungen einer Streitfrage angesehen werden. So stützte sich *Hugo Grotius* zur Begründung der *Meeresfreiheit* auf den Grundsatz, dass die Benutzung der Hohen See *„hominibus communis"* sei. Diese Behauptung setzte sich schließlich gegen die von *John Selden* verfochtene Gegenmeinung, wonach die Hohe See eine *res nullius* und daher okkupierbar sei, durch (Rz 2227 f). **196**

Auch der Einwand gegen das Erfordernis der *opinio iuris,* dass der Ständige Internationale Gerichtshof (StIG – Rz 1988) und der IGH sie nur scheinbar verlangen, in Wahrheit aber nur prüfen, ob eine andauernde, allgemeine Übung vorliegt, beruht auf einem Missverständnis. Es ist zwar richtig, dass diese Gerichtshöfe in erster Linie die Praxis untersuchen. Sie erschließen aber auch aus ihr, ob die übenden Organe durch ihr Verhalten zum Ausdruck bringen, eine bereits geltende oder im Werden begriffene Norm anzuwenden (*Lotus-Fall* – D 3). **197**

Im *Nicaragua-Fall* (D 245 b) ging der IGH übrigens umgekehrt vor. Er führte zahlreiche Rechtssätze und Res von IO zum Nachweis einer *opinio iuris* (zur vgr Verankerung des Gewalt- und Interventionsverbotes – Rz 1798 ff) an, aber keine Praxis, obwohl er diese ausdrücklich forderte. Dies entspricht dem **Trend** auch in der Literatur, das **Schwergewicht** beim VGR **vom objektiven auf das subjektive Element zu verlagern.** **198**

Schließlich betonte der IGH in den *Nordsee-Festlandsockel-Fällen,* dass eine *bloße Praxis* zur Bildung von VGR schon deshalb *nicht ausreichen* kann, weil auch verschiedene Regeln des *Protokolls* und der *Courtoisie* „beinahe ausnahmslos" geübt werden (D 5). Was diese Praktiken von der allgemeinen Übung des VGR unterscheidet, ist eben das Fehlen ihrer „Anerkennung als Recht" im Sinne des IGH-Statuts. **199**

C. Verschiedene Erzeugungsarten

Wie insbes *Verdross* (Rz 161) herausgearbeitet hat, entsteht VGR durch Verknüpfung von Praxis und Rechtsüberzeugung auf verschiedene Weise. **200**

201 1) Einmal hat die *Staatenpraxis* **ARG** (Rz 427 ff) *aufgenommen* und weiterentwickelt, zB das Prinzip *„pacta sunt servanda"* (Rz 310) oder die *clausula rebus sic stantibus* (Rz 382 f).

202 2) Andere Normen wurden von der Staatenpraxis *aus* der noch nicht national aufgespaltenen **Jurisprudenz** übernommen, wie das Prinzip *„par in parem non habet imperium"* (Rz 864) sowie die Grundsätze der Meeresfreiheit (Rz 2228) oder der Unverletzlichkeit der Diplomaten (Rz 1762).

203 3) Viele Regeln des VGR kamen dadurch zu Stande, dass *zunächst* in **bilateralen Verträgen** enthaltene Normen auch ohne solche Verträge als rechtsverbindlich angesehen wurden. So finden sich verschiedene Normen des *Diplomatenrechts* (Rz 1688 ff) zuerst in bilateralen Verträgen auf der Basis der Gegenseitigkeit (Rz 65 ff). Ebenso entwickelte sich im 19. Jhdt aus vielen Handels-, Niederlassungs- und Konsularverträgen ein im VGR verankertes *Fremdenrecht,* das einen Mindeststandard für Ausländer anerkennt (Rz 1291). Die Bildung von VGR aus zweiseitigen Verträgen ist allerdings mit *besonderer Vorsicht* zu betrachten. So existieren heute Hunderte von Auslieferungsverträgen weitgehend gleichförmigen Inhalts, ohne dass daraus eine vgr Auslieferungspflicht entstanden wäre (Rz 1283). Die bloße Tatsache übereinstimmender Verträge kann also noch kein VGR erzeugen.

204 4) Allgemeines VGR kann sich auch aus **mehrseitigen Verträgen** entwickeln, indem die darin vereinbarten Normen über den Kreis der Vertragspartner hinaus vgr anerkannt werden. So sind die auf dem *Wiener Kongress 1815* vereinbarten Normen über die *diplomatische Rangordnung* (Rz 86, 1696 ff) ins VGR aufgenommen und schließlich im *Wiener Übereinkommen über diplomatische Beziehungen 1961* bestätigt worden (Rz 1698; D 205). Auch die Normen der *Haager Landkriegsordnung* (LKO) 1907 sind, soweit sie nicht schon früher vgr Natur gewesen waren, seither in das VGR eingegangen (Rz 2877 ff; D 353). Dies hat ua der Nürnberger Militärgerichtshof (Rz 2914 f) nach dem II. WK hervorgehoben. Als derartige Kristallisationspunkte für Rechtsüberzeugung und Staatenpraxis können sich auch noch nicht in Kraft befindliche Konventionsentwürfe, Ergebnisse von Staatenkonferenzen und sogar rechtspolitische Vorschläge nichtstaatlicher Gruppen erweisen. Sie lassen uU auch eine ansonsten zweifelhafte Staatenpraxis legitimer erscheinen.

205 5) VGR kann sich auch durch *allmähliche Rezeption* **außerrechtlicher Normen** bilden. So wird eine bloß aus *Courtoisie* geübte Regel zu einer Norm des VGR, wenn die Überzeugung aufkommt, dass ihre Anerkennung als Recht für den internationalen Verkehr notwendig geworden ist. Dies geschah etwa mit den *Zollprivilegien* der *diplomatischen Vertreter* (Rz 1774 f).

206 6) Die Entstehung von VGR kann aber auch an zwischenstaatliche **außerrechtliche Abmachungen,** *„gentlemen's agreements"* (Rz 543) oder Verhaltenskodizes (*codes of conduct* – Rz 1227, 2504, 2625), nur empfehlender Natur anknüpfen. Dazu müssen die beteiligten Staaten die ursprüngliche Absicht, ihren Konsens nicht in VR verfestigen zu wollen, aufgeben und das vorgesehene Verhalten nunmehr mit echter *opinio iuris* praktizieren. An den Nachweis dieser Rechtsüberzeugung wird jedoch ein bes strenger Maßstab anzulegen sein.

207 7) Ebenso können die in einer **Res der GV der VN** oder einer **anderen IO** proklamierten Grundsätze zu Normen des VGR werden, wenn sich die

Staatenpraxis einheitlich und beständig nach ihnen orientiert (Rz 178, 189). Aber auch aus anderen (konkreten) Beschlüssen und Verfahrensweisen der Organe von IO kann VGR entstehen. Es kann die Gründungsverträge dieser Organisationen abändern (Rz 1053) und ergänzen, aber auch das allgemeine VR fortbilden. Dazu muss diese Übung allgemein, insbes von all denjenigen Staaten, deren Interessen betroffen sind, ausdrücklich oder durch widerspruchslose Hinnahme als neues Recht anerkannt werden.

Die zur Entstehung von VGR führende Anerkennung einer Organpraxis als Recht ist aber von einem **estoppel** zu unterscheiden. Danach darf ein Rechtssubjekt wegen seines früheren Verhaltens die Unverbindlichkeit oder gar Rechtswidrigkeit dieser seiner Praxis nicht geltend machen, sofern ein anderes Rechtssubjekt gutgläubig darauf vertraut und durch eine Verhaltensänderung Schaden erleiden würde (Rz 493, 546). **208**

8) In einzelnen Fällen entstanden Normen des VGR durch die allgemeine Übernahme von **Grundsätzen,** die sich im **innerstaatlichen Recht** entwickelt hatten, wie bei der Einschränkung der *Staatenimmunität* auf hoheitliches Handeln (Rz 866 ff). **209**

9) Schließlich sind verschiedene Normen des VGR **streitgeboren.** Am Ausgangspunkt ihres Entstehungsvorgangs stehen einander widersprechende Rechtsbehauptungen. In dem folgenden dialektischen Prozess können dann entweder bestimmte Ansprüche durch „allgemeine Duldung“ (so der IGH im *Fischerei-Fall* – D 6) allgemein anerkannt werden, oder es kann ein Ausgleich zwischen den einander widerstreitenden Interessen zu Stande kommen. **210**

Beispiele der ersten Art liefern der Grundsatz der *Meeresfreiheit* (Rz 196, 2385), ferner die von Norwegen initiierte Verwendung von *geraden Basislinien* zur Bestimmung der inneren Küstenmeergrenze (Rz 2238; D 6). **211**

Hingegen entstanden die Normen des VGR über das *Seebeuterecht* durch einen Ausgleich zwischen den Forderungen der Krieg Führenden nach Unterbindung des neutralen Handels mit ihren Gegnern und den Ansprüchen der neutralen Staaten auf freien Handelsverkehr (Rz 3196 ff). Ein weiteres, aktuelleres Beispiel der zweiten Art bieten die gegensätzlichen Rechtsbehauptungen über Ausmaß und Modalitäten der vr *Entschädigungspflicht* bei *Nationalisierungen* (Rz 1303 ff). **212**

Die Methode der Erzeugung von VGR im Kampf zwischen widerstreitenden Rechtsbehauptungen verdeutlicht auch, dass die Anerkennung einer Übung als Recht iSd IGH-Statuts nicht nur ausdrücklich erfolgen kann. Die anderen Staaten können sich auch einem proklamierten oder praktizierten Anspruch widerspruchslos fügen, obgleich sie dagegen Stellung nehmen könnten. Eine solche *widerspruchslose Hinnahme* nennen Völkerrechtslehre und IGH **acquiescence.** Staaten, die sich derart passiv verhalten, obwohl eine Reaktion notwendig und zu erwarten wäre, haben sich verschwiegen (D 74). Folglich ist ihr späterer Widerspruch nicht mehr rechtserheblich; sie sind also vom Geltungsanspruch der neuen Gewohnheitsrechtsnorm nicht mehr befreit (Rz 493). **213**

D. Derogierendes Gewohnheitsrecht

Auf vgr Wege können nicht nur neue Normen geschaffen, sondern auch Normen aufgehoben **(desuetudo)** oder abgeändert werden. **214**

215 In einigen Fällen stellt sich das Verhalten des Staates, das eine neue Praxis einleitet, ob es sich nun von vornherein auf eine Rechtsbehauptung stützt oder nicht, **zunächst** als **Völkerrechtsverletzung** dar, da es (noch) einer allgemein anerkannten *lex lata* widerspricht. In der Folge kommt es ganz auf die *Reaktion* der *übrigen Staaten* an. Halten sie an der alten Übung und Rechtsüberzeugung fest, dann bleibt das widersprechende Verhalten ein Bruch des VR. Schließen sie sich jedoch dieser neuen Praxis an, und ändert sich ihre *opinio iuris* entsprechend, so ist nunmehr die neue Übung als Recht anerkannt (Rz 74). Die neu entstandene Norm des VGR kann je nach ihrem persönlichen Geltungsbereich universell, allgemein oder partikulär sein.

216 In dem Stadium, in dem die Geltung der alten Norm erschüttert erscheint, die neue sich aber noch nicht gefestigt hat, ist die Rechtsanwendung äußerst schwierig; als Beispiel sei erneut die Bemessung der Entschädigung bei Nationalisierung ausländischen Vermögens (Rz 1319 ff) genannt. Allerdings kann die neue Praxis auch den Interessen der übrigen Staaten an einer Rechtsänderung so weitgehend entgegenkommen, dass der Widerspruch der neuen Rechtsbehauptung zum alten Recht gar keine praktische Rolle mehr spielt, weil sich die allgemeine Rechtsauffassung so rasch im Sinne der neuen ändert. Die Entwicklung der *Festlandsockeldoktrin* (Rz 2263 ff) seit der *Truman-Proklamation 1945* (D 9) oder der *ausschließlichen Wirtschaftszone* (Rz 2275 ff) bietet hierfür ein anschauliches Beispiel (vgl ferner Rz 1053; D 133).

217 In anderen Fällen kann der Anstoß für eine Praxisänderung in einem zu weiten Geltungsbereich der auf der früheren Übung beruhenden Norm liegen. Als Beispiel lässt sich die Beschränkung der zunächst umfassenden staatlichen Immunität auf Hoheits- und nicht Privatwirtschaftsakte anführen (Rz 866 ff).

218 *Bleibt* hingegen die allgemeine *Rechtsüberzeugung* bestehen, dann vermag eine ihr *widersprechende Praxis weder geltendes Gewohnheitsrecht aufzuheben noch neues VGR* zu *schaffen.* So konnten weder die völkerrechtswidrigen *Flächenbombardements* im II. WK den Grundsatz des Kriegsrechts, der eine direkte Beschießung nur von militärischen Objekten und legitimen Kombattanten (Rz 2932 ff) zulässt, noch der *unbeschränkte U-Boot-Krieg* die einschlägigen Grundsätze des Seekriegsrechts aufheben (Rz 2962 ff). Denn weder die Krieg Führenden noch die Neutralen stellten neue Rechtsbehauptungen auf, die Ansatzpunkte neuen vgr *iuris in bello* (Rz 2871; vgl auch Rz 68) hätten bilden können. Aus denselben Gründen haben auch die wiederholten *Verletzungen* des zwischenstaatlichen *Gewaltverbotes* der SVN (Rz 1813 ff) keine neue Norm des VGR hervorgebracht (*Nicaragua-Fall* – D 245 b). Diese Beispiele zeigen, wie wichtig es ist, an der *opinio iuris* für die Bildung des VGR festzuhalten.

E. Die Kodifikation von Gewohnheitsrecht

1. Begriff

219 Unter Kodifikation des VGR versteht man seine **Umgießung in Schriftform.** Das ungeschriebene VR soll dadurch systematisch formuliert, präzisiert und auf eine sicherere Grundlage gestellt werden. In der Praxis ist damit immer auch eine Ergänzung und Weiterentwicklung der vgr Normen, also Rechtsschöpfung, verbunden.

2. Entwicklung, Organisation und Methoden

Bestrebungen, das VR durch Kodifikation fortzuentwickeln, finden sich auf privater wie staatlicher Ebene seit dem Beginn des 19. Jhdt. Unter den privaten Kodifikationsbemühungen verdienen die Arbeiten des *Institut de Droit International* (IDI) und der *International Law Association* (ILA – beide 1873 gegründet) besondere Beachtung (Rz 533, 1239). **220**

Auf zwischenstaatlicher Ebene sind als wichtigste Schritte zunächst die Regelungen auf dem **Wiener Kongress 1814/15** zu nennen (Rz 86). Die **Pariser Seerechtsdeklaration 1856,** die **Genfer Rotkreuz-Konventionen 1864** und **1906** und insbes die **Haager Übereinkommen 1899** und **1907** bildeten das Kriegs- und Neutralitätsrecht weiter (Rz 2877, 3194; D 217, 352, 353, 388). Ebenfalls auf den Haager Konferenzen kam der erste multilaterale Vertrag über die friedliche Erledigung internationaler Streitfälle zu Stande (D 259). **221**

Unter den Kodifikationsbestrebungen der Zeit des VB ist die *Haager Konferenz 1930* erwähnenswert. Sie befasste sich mit dem Recht der Staatsangehörigkeit (Rz 684 ff), der Territorialgewässer (Rz 2229, 2246) und der Verantwortlichkeit für Verletzungen des vr Fremdenrechts (Rz 1289 ff), führte aber nur in der erstgenannten Materie zu Teilergebnissen. **222**

Von großer Bedeutung waren die beiden **Genfer Abkommen 1929** über die Verbesserung des Loses der Verwundeten und Kranken der Heere im Felde sowie über die Behandlung der Kriegsgefangenen; sie wurden nach dem II. WK durch **vier Genfer Abkommen 1949** über den **Schutz** der **Kriegsopfer** ausgebaut (Rz 2881 ff; D 354–356). Diese Abkommen wurden durch **zwei Zusatzprotokolle 1977** an das geänderte Konfliktbild angepasst (Rz 2881, 2896 f; D 357, 363). **223**

Im Rahmen der VN sind die GV und der WSR mit ihren Hilfsorganen (zB ILC – Rz 225; Menschenrechtskommission mit Unterausschüssen – Rz 1381, 1424 ff; juristischer Unterausschuss des Weltraumausschusses – Rz 2337; *United Nations Commission on International Trade Law* [UNCITRAL] – Rz 2500) sowie zahlreiche Ad-hoc-Gremien mit der Kodifikation und Weiterbildung des VR betraut. **224**

Bei der Kodifikation des VGR spielt von diesen Hilfsorganen die **International Law Commission** (ILC) die wichtigste Rolle. Diese 1947 geschaffene Kommission besteht aus 34 von der GV gewählten, aber nicht weisungsgebundenen Experten. Sie hat die GV bei deren Aufgabe zu unterstützen, die fortschreitende Entwicklung des VR und dessen Kodifikation zu begünstigen (Art 13 Abs 1 lit a SVN). Die ILC kommt ihrem Auftrag va durch die Ausarbeitung von Konventionsentwürfen nach. Diese werden dann von der GV entweder diplomatischen Staatenkonferenzen zur abschließenden Behandlung übermittelt oder von ihr selbst angenommen. **225**

Von den so zu Stande gekommenen Kodifikationsverträgen seien als die wichtigsten die **Genfer Übereinkommen über das Küstenmeer, die Hohe See, die Fischerei und den Festlandsockel 1958** (Rz 2229), das **Wiener Übereinkommen über diplomatische Beziehungen 1961** (D 205), das **Wiener Übereinkommen über konsularische Beziehungen 1963** (D 209), die **Wiener Vertragsrechtskonvention 1969** (D 10), die **Wiener Konvention über die Vertretung von Staaten in ihren Beziehungen mit IO universellen Charak-** **226**

ters 1975 (Rz 1674), die **Wiener Konvention über die Staatennachfolge in vr Verträge 1978** (Rz 814), die **Wiener Konvention über die Staatennachfolge in Staatsvermögen, -archive und -schulden 1983** (Rz 814) sowie die **Wiener Konvention über das Vertragsrecht der IO 1986** (Rz 250) genannt. **Das Seerechtsübereinkommen 1982** (Rz 2233; D 284) wurde nicht von der ILC, sondern in verschiedenen UN-Gremien vorbereitet und von einer sich über elf Sessionen (1973–1982) erstreckenden diplomatischen Konferenz ausgearbeitet.

227 Zwischen der Annahme durch eine Staatenkonferenz oder durch die GV und dem vr In-Kraft-Treten der Kodifikationsverträge vergeht allerdings eine meist beträchtliche Zeitspanne. Weiters bleibt der Ratifikationsstand der Mehrzahl dieser Verträge unbefriedigend. Allerdings beeinflussen auch noch nicht förmlich geltende Kodifikationskonventionen Staatenpraxis und Wissenschaft beträchtlich.

228 Art 15 ILC-Statut versteht unter **„fortschreitender Entwicklung"** *(progressive development)* des VR die Vorbereitung von Konventionsentwürfen auf Sachgebieten, die noch nicht vr geregelt sind, oder bezüglich derer das VR durch die Staatenpraxis noch nicht hinreichend entwickelt ist, und unterscheidet davon die **„Kodifikation"** (ieS) als die präzisere Formulierung und Systematisierung der vr Normen auf jenen Gebieten, auf denen es bereits eine ausgiebigere Staatenpraxis, Judikatur und wissenschaftliche Behandlung gibt. Diese *Zweiteilung* hat sich seit jeher als *impraktikabel* erwiesen, weil bereits der Prozess der ordnenden Erkenntnis von VGR ohne rechtsschöpferische Ergänzung unmöglich ist. Bei der Arbeit der ILC geht es aber immer über eine solche *Restatement*-Funktion hinaus auch bewusst um die Konsolidierung des bisher ungeschriebenen VR durch dessen inhaltliche Anpassung an die geänderten Bedürfnisse der heutigen universell gewordenen Staatengemeinschaft (Rz 534).

3. Vor- und Nachteile der Kodifikation

229 Die Kodifikation des VGR bringt rechtspolitisch nicht nur Vorteile. Seine Festschreibung in Vertragsform kann die Dynamik der weiteren **Rechtsentwicklung hemmen.** Dieser Gesichtspunkt gewinnt noch an negativem Gewicht, wenn die Kodifikation dem **kleinsten gemeinsamen Nenner** der dabei vertretenen Rechtsauffassungen folgt, um einen möglichst universellen Kreis von Vertragsstaaten zu gewinnen. Unüberwindliche Interessengegensätze führen zu **dilatorischen Formelkompromissen** oder später zu schwer wiegenden **Vorbehalten** (Rz 294 ff), durch welche die Einheit des Kodifikationsvertrags durch ein Bündel bilateraler Rechtsbeziehungen verschiedenen Inhalts ersetzt wird. Insbes missglückte Kodifikationsversuche und lang andauerndes Zögern zahlreicher und wichtiger Staaten mit der Ratifikation der Kodifikationsverträge können die **Rechtssicherheit** dadurch **erschüttern,** dass sie eine bisher als allgemein erscheinende *opinio iuris* aufweichen.

230 Diese und weitere Argumente mahnen zur Vorsicht, können aber die grundsätzliche Erwünschtheit, ja Notwendigkeit von Kodifikation, va aber fortschreitender Entwicklung des VGR, nicht widerlegen. Wegen der Erweiterung des Kreises der VRS und der Intensivierung der iBez bereitet die Ermittlung vgr Normen immer größere Mühe; ganz zu schweigen von den Schwierigkeiten der Feststellung und Inhaltsbestimmung des VGR auf kontroversen und im Fluss befindlichen Gebieten.

Dazu kommt, dass beim gegenwärtigen technologischen Entwicklungs- **231**
stand sowohl die Weitergeltung mancher traditioneller Regeln des VGR (zB der Freiheit der Meere – Rz 2285 ff) als auch die Bildung neuen VGR (zB der Festlandsockeldoktrin – Rz 2263 ff) überwiegend individualistischen staatlichen Interessen entgegenkommt, während eine **Normierung** im **Gemeinschaftsinteresse nur auf dem Vertragsweg** erfolgen kann.

Folgende Überlegung tritt noch hinzu: Die Ausweitung der ursprüng- **232**
lich europäisch-amerikanischen zu einer universellen Völkerrechtsgemeinschaft wie auch die Zunahme der Interdependenz in ihr sind Hand in Hand mit einem schweren Verlust an gemeinsamem Wertbewusstsein dieser Gemeinschaft gegangen (Rz 25 ff). Wegen der dadurch verursachten Meinungsverschiedenheiten auch über Legitimität und Funktion des VR wird allein die Rechtssatzform des vr Vertrages heute allgemein und vorbehaltlos anerkannt. Daraus ergibt sich die rechtspolitische Forderung nach möglichst weitgehender **Außerstreitstellung des ungeschriebenen VR durch seine Kodifikation** unter Berücksichtigung der fortschreitenden Entwicklung. Dazu kommt bei den Kodifikationsbestrebungen der VN eine bedeutsame **Legitimationswirkung,** weil die Staaten der „Dritten Welt" dabei an der Neuformulierung immer weiterer Bereiche des westlich geprägten VR in voller Gleichberechtigung mit den „alten" Staaten teilnehmen können.

F. Das Völkergewohnheitsrecht im System der österreichischen Rechtsordnung (Art 9 Abs 1 B-VG)

Das VR sorgt in der Regel nicht selbst für die Vollziehung seiner Nor- **233**
men, sondern überträgt seine Durchführung den verpflichteten Staaten, die es durch ihre Organe anzuwenden haben. Dabei bleibt den Staaten die Entscheidung überlassen, auf welche Weise sie die Erfüllung ihrer vr Pflichten bewerkstelligen wollen. Bezweckt eine vr Norm nun Rechtswirkungen im innerstaatlichen Bereich, so muss ihr Inhalt *in die innerstaatliche Rechtsordnung* eingeführt **(„inkorporiert")** werden, um durch die staatlichen Organe erfüllt werden zu können (Rz 568 ff). Damit etwa ein österreichisches Gericht entscheiden kann, ob ein ausländischer Staat für ein bestimmtes Handeln nach VGR Immunität von der österreichischen Gerichtsbarkeit genießt oder nicht, muss dem Gericht durch die Verfassung die Beachtung des einschlägigen VGR aufgetragen werden.

Dies geschieht durch **Art 9 Abs 1 B-VG** (D 49), wonach die **allgemein** **234**
anerkannten Regeln des VR als **Bestandteile des Bundesrechtes** gelten. Unter diesen allgemein anerkannten Regeln des VR, denen das B-VG in Bausch und Bogen den Weg in die österreichische Rechtsordnung freigibt, ist jedenfalls das VGR zu verstehen.

Der Begriff der „allgemein anerkannten Regeln" umfasst nicht nur das **235**
universelle bzw allgemeine VGR, sondern nach herrschender Auffassung auch das partikuläre/regionale VGR. In dem Wort „allgemein" ist also ein

Hinweis auf den zur Entstehung aller Arten von VGR geforderten Teilnehmerkreis zu sehen (Rz 184ff). Das Wort „anerkannt" verweist auf das subjektive Element der Gewohnheitsrechtsbildung, nämlich die Anerkennung einer allgemeinen Staatenpraxis als Recht (Rz 191).

236 Art 9 Abs 1 rezipiert die allgemein anerkannten Regeln des VGR innerstaatlich als Bundesrecht. Sein Wortlaut weist ihnen jedoch **keinen bestimmten Rang im Stufenbau** der österreichischen Rechtsordnung zu. Zu der sich daraus ergebenden Frage sind **mehrere Thesen** entwickelt worden: *Gleichrangigkeit mit Bundesgesetzen* (D 156b) *oder mit Bundesverfassungsrecht, Vorordnung vor jedes innerstaatliche Recht, Rang zwischen Verfassungs- und einfachem Gesetzesrecht („Mezzanintheorie").* Aus praktischen Gründen verdient jene Auffassung den Vorzug, nach der die rezipierten Regeln nach ihrem Inhalt mit den entsprechenden Rechtssatzformen des Bundesrechts koordiniert werden, also **jeweils den Rang** einnehmen, **den** eine **bundesrechtliche Norm** mit dem Inhalt der allgemeinen Regel des VR nach dem B-VG **innehaben müsste.**

237 Art 9 Abs 1 B-VG übernimmt das VGR fortlaufend, mit seinem *jeweiligen Inhalt* in das österreichische Recht (sog **dynamische Rezeption** – *Hoffmann g Dralle-Fall* – D 89). In der – spärlichen – Judikatur hat Art 9 Abs 1 seine bestimmungsgemäße Rolle zu erfüllen vermocht. Ein echter Kollisionsfall, der die Rangfrage einmal praktisch aufgeworfen hätte, war (noch) nie zu entscheiden.

G. Die Theorie des Völkergewohnheitsrechts in der Krise

238 Die bisherigen Ausführungen haben die heute herrschende Lehre zum VGR wiedergegeben. Die **Überzeugungskraft** dieser **Lehre** ist in jüngster Zeit jedoch stark **erschüttert** worden, weil sie in Sachen **„Staatenpraxis" Worte,** dh Res von IO, (noch) nicht in Kraft getretene Verträge usw, **als Taten** zu **akzeptieren bereit** ist. Dadurch *verändert sich die Methode des Nachweises* von VGR vom *Empirisch-Induktiven zur Auslegung* derartiger *mit bestimmter Autorität ausgestatteter Texte;* auf eine rigorose Überprüfung des „Stammbaums" solcher Normen wird nicht selten verzichtet. So *verschmelzen* das *objektive* und das *subjektive Element* des Gewohnheitsrechts; man nähert sich einer Auffassung, für die es letztlich nur darauf ankommt, ob aus *solchen Manifestationen staatlichen Willens* auch immer ein *Konsens über vr gesolltes Verhalten* erkennbar wird. Ob die Völkerrechtslehre die Bedingungen für die Herausbildung von VGR auf derartige Weise lockern sollte, um neuartige Prozesse der Herausbildung (auch) vr Regeln und Prinzipien unter diese althergebrachte Quelle subsumieren zu können, ist sehr umstritten. Jedenfalls macht diese Auseinandersetzung die **Grenzen** eines **positivistischen Völkerrechtsverständnisses** deutlich, das am Dogma des Staatswillens als alleinigem Erzeugungsgrund des VR festhält. Staatswille und -konsens stellen ohne Zweifel grundlegende Elemente der Erzeugung von VR dar. Die Entwicklung solchen quellentheoretischen „Rohstoffs" in konkrete Rechtssätze des VR vollzieht sich aber in hermeneutischen Prozessen, die der immer noch herrschende Rechtspositivismus viel zu wenig zur Kenntnis nimmt (vgl dazu *Ulrich Fastenrath*).

2. Kapitel
Das Völkervertragsrecht
Karl Zemanek

Umfassende Literatur: *Lord McNair,* The Law of Treaties (1961); *Verosta,* Die Vertragsrechts-Konferenz der Vereinten Nationen 1968/69 und die Wiener Konvention über das Recht der Verträge, ZaöRV 29 (1969) 654; *Neuhold,* Die Wiener Vertragsrechtskonvention 1969, ArchVR 15 (1971) 1; *Blix & Emerson,* The Treaty Maker's Handbook (1973); *Öhlinger,* Der völkerrechtliche Vertrag im staatlichen Recht (1973); *Sinclair,* The Vienna Convention on the Law of Treaties (2. Aufl, 1984); *Vierdag,* The ICJ and the Law od Treaties, FS *Jennings* (1996) 145; *Aust,* Modern Treaty Law and Practice (2000).

A. Allgemeines

Literatur: *Bot,* Non-Recognition and Treaty Relations (1968); *Rotter,* Die Abgrenzung zwischen völkerrechtlichem Vertrag und außerrechtlicher zwischenstaatlicher Abmachung, FS *Verdross* (1971) 413; *Simma,* Das Reziprozitätselement im Zustandekommen völkerrechtlicher Verträge (1972); *Lang,* Les règles d'interprétation codifiées par la Convention de Vienne sur le Droit des Traités et les divers types de traités, ÖZöRV 24 (1973) 113; *Schachter,* The Twilight Existence of Nonbinding International Agreements, AJIL 71 (1977) 296; *Di Marzo,* The Legal Status of Agreements Concluded by Component Units of Federal States with Foreign Entities, CYIL 16 (1978) 197; *Jennings,* Treaties as „Legislation", Jus et Societas (1979) 159; *Widdows,* What Is an Agreement in International Law? BYIL 50 (1979) 117; *Berchtold,* Zur völkerrechtlichen Vertragsschlußkompetenz der Länder, ÖZöRV 40 (1989) 217; *Hammer,* Länderstaatsverträge (1992).

Das Vertragsrecht, dh die Rechtsnormen über Abschluss und Geltung **239** vr Verträge, gehört zu den am besten entwickelten Teilen des VR. Das ist darauf zurückzuführen, dass **jeder Staat** den grundsätzlichen **Interessengegensatz im Vertragsrecht in sich vereint:** In einer Situation mag er Interesse an der Vertragserfüllung durch die Partner und damit an der Erhaltung des Vertragsbandes haben; in einer anderen kann sein Interesse auf die Beendigung eines Vertragsbandes gerichtet sein. Den für ein faires Vertragsrecht notwendigen Interessenausgleich zwischen diesen beiden Positionen (Rz 370) vollzieht daher jeder Staat für sich selbst.

Erfahrungsgemäß ist eine derart ausgeglichene Interessenlage im VR **240** meist nur bei Verkehrs- und Verfahrensvorschriften gegeben, die sich daher auch am ehesten kodifizieren lassen (zB das Diplomatenrecht – Rz 1687 ff). So sind auch die Völkerrechtsnormen, die auf die Verträge zwischen Staaten Anwendung finden, fast vollständig in dem **1969** angenommenen **Wiener Übereinkommen über das Recht der Verträge** (Wiener Vertragsrechtskonvention – D 10) kodifiziert. Die WVK ist seit 1980 in Kraft und hat im Jahre 2004 98 Vertragsparteien. Österreich ist ihr 1978 beigetreten. Artikelverweise in diesem Kapitel, die nicht weiter bezeichnet sind, beziehen sich auf diese Konvention.

1. Die Funktion des Vertrages in der Völkerrechtsordnung

241 *Zahlenmäßig* stellen vr Verträge *das umfangreichste Korpus* dokumentierbaren VR dar. Global gibt es mehrere zehntausend bilaterale und multilaterale Verträge. Österreich ist Partei von einigen 100 multilateralen und nahezu 2.000 bilateralen Verträgen.

242 Das ist darauf zurückzuführen, dass der Vertrag in der Völkerrechtsordnung eine vielfältigere Funktion als im innerstaatlichen Recht hat. Er dient nicht nur der **Verfügung über individuelle Rechtspositionen,** sondern auch der **Erzeugung künftiger Verhaltensnormen,** und zwar sowohl im bilateralen (zB Abkommen zur Vermeidung von Doppelbesteuerung – Rz 2643 ff) als auch im multilateralen Verkehr. In letzterer Erscheinungsform kann er Quelle universellen oder partikulären VR sein.

243 Die Völkerrechtstheorie unterscheidet deshalb im Anschluss an *Heinrich Triepel* (Völkerrecht und Landesrecht [1899]) zwischen *rechtsgeschäftlichen* und *rechtsetzenden* Verträgen (Vereinbarungen). Obwohl diese Unterscheidung terminologisch anfechtbar ist, weil alle Verträge Rechtsnormen, wenn auch solche unterschiedlicher Qualität, schaffen, ist sie zum Verständnis der Funktion der Verträge im VR unentbehrlich. So versucht eine neuere Theorie insbes den universellen multilateralen rechtsetzenden Vertrag als **objektiven Vertrag** zu erklären, da bei ihm die Geltung von der Erzeugung weitgehend abgekoppelt ist. Er kommt nicht durch die Einigung verschiedengerichteter Willen zu Stande, sondern wird durch gleichgerichtete Willen in einem *quasi-parlamentarischen Verfahren* (internationale Konferenz, Versammlung einer IO – Rz 53) objektiv Bestandteil der Völkerrechtsordnung, zunächst allerdings ohne konkreten persönlichen Geltungsbereich. Erst *Ratifikationen* und *Beitritte* stellen dann *einseitige Anwendungsakte* dar, durch die die persönliche Geltung bestimmt wird (vgl Rz 503 f). Diese theoretische Erklärung findet ua in den Bestimmungen der WVK über Vorbehalte (Rz 294 ff) und Interpretation (Rz 328 ff) sowie über das Verhältnis multilateraler Verträge untereinander (Rz 412 ff) eine Stütze.

244 **Multilaterale Verträge** können **reziproke Rechte und Pflichten** zwischen den Vertragsparteien schaffen, wodurch in einer konkreten Situation subjektive Rechte entstehen, also einem Anspruchsberechtigten ein bestimmter Anspruchsverpflichteter gegenübersteht (zB Wiener Diplomatenrechtskonvention [WDK] – D 205). **Zunehmend** werden aber, bes zum Schutz von Menschenrechten oder der Umwelt, *mehrseitige Verträge* geschlossen, die zur **Einhaltung bestimmter Standards** *im innerstaatlichen Bereich* verpflichten, nicht aber subjektive vr Rechte anderer Vertragsparteien begründen (Rz 421). Die Verpflichtung zur Einhaltung solcher objektiver Rechte besteht vielmehr *gegenüber allen übrigen Vertragsparteien,* also **erga omnes.** Dieses Konzept fand zuletzt auch im Entwurf der ILC über Staatenverantwortlichkeit seinen Niederschlag (Rz 2678, 2792 ff).

245 Multilaterale rechtssetzende Verträge können der formellen Kodifikation geltenden VGR (Rz 219 ff; kodifikatorische Verträge) oder der Erzeugung von Rechtsvorschriften in Bereichen, die vr bisher nicht oder nicht universell geregelt waren, dienen. Im Zuge der Kodifikation kommt es außerdem meist zur Anpassung des bisherigen VGR an die geänderten Ver-

hältnisse und gelegentlich auch zu dessen Ergänzung (fortschreitende Entwicklung – Rz 225 ff).

Durch die Kodifikation in einem Vertrag wird einerseits die Weitergeltung des VGR als solches nicht berührt (vgl Art 43), andererseits kann der kodifikatorische Vertrag trotz der Bestimmungen der WVK über Verträge und Drittstaaten (Rz 404 ff) zum Ausgangspunkt neuen Gewohnheitsrechts werden (Art 38; Rz 204). **246**

2. Der Anwendungsbereich der Wiener Vertragsrechtskonvention

Die WVK findet **nur** auf **schriftliche Verträge** zwischen **Staaten** Anwendung (Art 1, Art 2 Abs 1 lit a). Weiters ist Voraussetzung ihrer Anwendung auf einen Vertrag, dass er geschlossen wurde, nachdem die WVK für die daran beteiligten Staaten in Kraft getreten war (Art 4). Die Geltung des in der WVK kodifizierten VGR für Verträge, auf die die WVK keine Anwendung findet (zB mündliche Verträge – Rz 2978), wird dadurch nicht berührt (Art 3, Art 4). **247**

Es ist aber festzuhalten, dass *wichtige Bereiche* des vr *Vertragsrechts* bei der *Kodifikation* in der WVK *fortschreitend entwickelt* wurden (Rz 245). Beispiele dafür sind die Bedeutung der *Verletzung innerstaatlichen Rechts* beim *Vertragsabschluss* für die Geltung eines Vertrages (Rz 354 ff), die *Vorbehaltsregelung* (Rz 304) *und einige Gründe* für die *Anfechtung* von Verträgen (Rz 353 ff). **248**

Umgekehrt sind einige gewohnheitsrechtliche Regelungen, die Verträge betreffen, nicht in die WVK aufgenommen worden. Dazu gehören insbes die Staatennachfolge in Verträge (Art 73; Rz 815 ff), über die 1978 eine eigene Wiener Konvention angenommen wurde (Rz 814), die Folgen des Eintritts von Staatenverantwortlichkeit (Rz 2740 ff) sowie die Wirkung eines Krieges auf die Verträge zwischen den Kriegsparteien oder zwischen ihnen und Neutralen (Rz 383). **249**

1986 wurde das **Wiener Übereinkommen über das Recht der Verträge zwischen Staaten und IO oder zwischen IO** angenommen. Es folgt grundsätzlich wörtlich der WVK (auch gleiche Artikelnummern) und enthält nur dort abweichende Bestimmungen, wo die von den Staaten verschiedene Struktur IO es verlangt (zB für die Zustimmung, durch den Vertrag gebunden zu sein, oder für die Bestimmung des „innerstaatlichen" Rechts einer IO). Diese Bestimmungen werden in einem anderen Zusammenhang behandelt (Rz 924). Auf die Gründungsverträge von IO sowie auf Verträge, die im Rahmen einer IO angenommen werden, findet die WVK Anwendung, soweit innerhalb der Organisation keine Sondervorschriften (Regeln der Organisation) bestehen (Art 5). **250**

3. Treaty-making power

Gem Art 6 besitzt **jeder Staat** die Fähigkeit, Verträge zu schließen **(treaty-making power).** Staat bedeutet dabei „Staat im Sinne des VR", also souveräner Staat. Im *Entwurf* der *ILC* war noch vorgesehen gewesen, dass auch *Gliedstaaten* eines Bundesstaates, denen die Verfassung des Bundes **251** eine solche Kompetenz einräumt, im vorgesehenen Umfang Verträge schließen können. Auf der *Wiener Vertragsrechtskonferenz* wurde dieser Vorschlag auf Betreiben von Bundesstaaten mit großer Mehrheit *abgelehnt.* Grund war die Befürchtung einiger Bundesstaaten, eine vr Regelung würde ihre Gliedstaaten im Verlangen nach außenpolitischen Kompetenzen ermutigen. Solche Kompetenzen sahen insbes Kanada und Nigeria aber als mögliche Vorstufe einer Sezession an. Trotz des Fehlens einer diesbezüglichen Bestimmung in der WVK können in einigen Bundesstaaten (zB Deutschland, Schweiz; bezüglich Österreichs siehe Rz 253) die Gliedstaaten vr Verträge abschließen, die allerdings nicht der WVK, *gegebenenfalls* aber ihrer *analogen Anwendung* unterliegen.

252 Verträge beziehen sich mangels abweichender Bestimmungen dementsprechend auf das *ganze Hoheitsgebiet* der vertragsschließenden Staaten (Art 29). Beispiel einer abweichenden Regelung ist das in Ausführung des *Gruber-De Gasperi-Abkommens* (Rz 3287; D 393) geschlossene Abkommen zwischen der Republik Österreich und der Republik Italien über die Regelung des erleichterten Warenaustausches zwischen den österreichischen Bundesländern Tirol und Vorarlberg und der italienischen Region Trentino-Alto Adige 1949 (*„Accordino“* – Rz 3300).

253 In **Österreich** ist nach Art 10 Abs 1 Ziff 2 B-VG (D 49) der **Abschluss von Staatsverträgen grundsätzlich Bundessache,** doch haben seit der **B-VG-Novelle 1988** daneben die **Länder** die **Zuständigkeit,** in **Angelegenheiten,** die in ihren **selbständigen Wirkungsbereich** fallen, **Staatsverträge** mit an Österreich **angrenzenden Staaten oder** deren **Teilstaaten** abzuschließen (Art 16 Abs 1 B-VG). Da der **Abschluss** solcher Verträge aber dem **Bundespräsidenten** obliegt (Art 16 Abs 2 iVm Art 65 B-VG), also einem Organ des VRS „Republik Österreich“, ist es *zweifelhaft,* ob eine *partielle Völkerrechtssubjektivität* der *Bundesländer* vorliegt (Rz 768). Insbes unter dem Gesichtspunkt allfälliger Staatenverantwortlichkeit wegen Nichterfüllung ist es *wahrscheinlicher***,** dass es sich um *Verträge der Republik Österreich* mit einem begrenzten territorialen Anwendungsbereich (Rz 252) handelt, für die *innerstaatlich* den *Ländern* die *Initiative zum Abschluss* zusteht.

254 Es kann aber *auch* der *Bund Staatsverträge* abschließen, die den *selbständigen Wirkungsbereich* der *Bundesländer* betreffen. In diesem Fall ist vor Abschluss den *Ländern Gelegenheit* zur *Stellungnahme* zu geben (Art 10 Abs 3 B-VG) und zum Abschluss die *Zustimmung* des *Bundesrates* erforderlich (Art 50 Abs 1 B-VG). Gem Art 16 Abs 4 B-VG sind die Länder verpflichtet, die in ihrem selbständigen Wirkungsbereich zur Durchführung von Staatsverträgen notwendigen Maßnahmen zu treffen; sonst geht die Zuständigkeit dazu bis zur Erlassung eigener Maßnahmen auf den Bund über (Rz 769).

255 Weiters bestimmt *Art 17 B-VG,* dass durch die Kompetenzregelung der Art 10 bis 15 B-VG die Tätigkeit der *Länder* als *Privatwirtschaftsträger nicht berührt* wird. Die Länder haben vor der B-VG-Novelle 1988 auf Grund dieser Bestimmung Arbeitsgemeinschaften mit Nachbarländern oder -provinzen im Zuge der grenzüberschreitenden regionalen Zusammenarbeit geschaffen (zB die Arbeitsgemeinschaft Alpenländer [ARGE ALP] – Rz 768; vgl Rz 624).

Für den Abschluss eines **bilateralen Vertrages** ist die **gegenseitige Anerkennung** als VRS **Voraussetzung** oder wird durch den Vertragsabschluss impliziert (Rz 789 ff). Für die Ratifikation oder den Beitritt zu einem **multilateralen** Vertrag reicht die **Anerkennung durch eine Vertragspartei.** Allerdings ist die Frage, ob dadurch Vertragsbeziehungen zu den nicht anerkennenden Vertragsparteien entstehen, in der Literatur umstritten, weil die Staatenpraxis dazu, oft auch die ein und desselben Staates, widersprüchlich ist. 256

Die Fähigkeit von VRS, potentiell Träger durch Vertrag geschaffener Rechte und Pflichten zu sein (Rechtsfähigkeit), kann hinsichtlich der tatsächlichen Verwirklichung (Handlungs-, Geschäftsfähigkeit) im Umfang grundsätzlich beschränkt sein (zB bei IO – Rz 918 ff) oder durch Selbstverpflichtung beschränkt werden (zB bei den Mitgliedern der EU). Seit Österreichs Beitritt zur EU werden vr Verträge mit dritten Staaten oder IO im Zuständigkeitsbereich des Vertrags zur Gründung der EWG (EWGV; nunmehr Vertrag zur Gründung der EG – EGV; D 137) von der EG („erste Säule“) abgeschlossen (Rz 1156 f). Die Kompetenz ist in diesem Vertrag von den Mitgliedstaaten neu geschaffen und nicht von ihnen übertragen worden. Die Mitgliedstaaten sind bloß verpflichtet, die ihnen verbliebene korrespondierende Kompetenz nicht auszuüben. 257

Hingegen ist das Bestehen *diplomatischer* oder *konsularischer Beziehungen* zwischen den künftigen Vertragsparteien *keine Bedingung* für den Abschluss vr Verträge; daher hat auch ihr Abbruch keinen Einfluss auf bestehende Verträge (Art 74). 258

4. Wann liegt ein Vertrag vor?

Damit von einem vr Vertrag gesprochen werden kann, müssen gewisse Bedingungen erfüllt sein: Die **Zustimmung** zum Vertrag muss von einem dafür **zuständigen Organ** eines vr Rechtsträgers erklärt worden sein (Rz 261 ff), und aus dem Inhalt muss sich der **Wille** zur Herbeiführung einer **Rechtsfolge** ergeben. Aufklärung darüber kann nur eine Inhaltsanalyse liefern. Denn die bloße Form eines internationalen Instruments ist nicht ausschlaggebend, wenn es beispielsweise nur Absichtserklärungen enthält (zB *Schlussakte* der *Konferenz über Sicherheit und Zusammenarbeit in Europa [KSZE] von Helsinki 1975* – Rz 542, 1794; D 215 –, die sich selbst als nach Art 102 SVN [Rz 288] nicht registrierbar bezeichnet). 259

Ebenso wenig ist der von an sich zuständigen Organen ausgedrückte Verpflichtungswille entscheidend, wenn er nicht für den Rechtsträger, sondern für die Organe selbst erklärt wird, indem diese ein bestimmtes Verhalten versprechen (zB *Moskauer Memorandum* 1955 – Rz 543, 3111 ff; D 379). 260

B. Das Zustandekommen völkerrechtlicher Verträge

Literatur: *United Nations,* Laws and Practices Concerning the Conclusion of Treaties, ST/LEG/SER B/3 (1952); *Weinstein,* Exchange of Notes, BYIL 29 (1952) 205; *Bernhardt,* Der Abschluß völkerrechtlicher Verträge im Bundesstaat (1957);

Chayet, Les accords en forme simplifiée, AFDI 3 (1957) 3; *Bernhardt,* Völkerrechtliche Bindungen in den Vorstadien des Vertragsabschlusses, ZaöRV 18 (1957/58) 652; *Blix,* Treaty-Making Power (1960); *Geck,* Die Registrierung und Veröffentlichung völkerrechtlicher Verträge, ZaöRV 22 (1962) 113; *ders,* Die völkerrechtliche Wirkung verfassungswidriger Verträge (1963); *Morvay,* The Obligation of a State Not to Frustrate the Object of a Treaty Prior to its Entry into Force, ZaöRV 27 (1967) 451; *Rosenne,* The Depositary of International Treaties, AJIL 61 (1967) 923; *Köck,* Der Beitritt zu völkerrechtlichen Verträgen, ÖZöRV 20 (1970) 217.

1. Die zuständigen Organe

a) Nach der Wiener Vertragsrechtskonvention

261 Die WVK stellt in Art 7 Abs 2 die vr **Vermutung** auf, dass **Staatsoberhäupter, Regierungschefs** und **Außenminister** kraft Amtes als Vertreter ihres Staates zur Vornahme **aller Vertragshandlungen** zuständig sind und daher keiner Vollmacht bedürfen. Bei **Chefs** von **diplomatischen Vertretungen bei Staaten** wird die Zuständigkeit zur **Annahme** des Textes eines Vertrages mit dem Empfangsstaat **vermutet,** ebenso bei Chefs von **selbständigen Vertretungen bei IO** und bei **Chefs** von **Delegationen** zu **internationalen Konferenzen** zur **Annahme** eines Vertragstextes in der IO oder auf der Konferenz (Rz 278). Diese *Vermutungen* sind, wenn die Bedingungen des Art 46 erfüllt sind (Rz 354), durch entgegenstehendes innerstaatliches Recht *widerlegbar.* Anderenfalls gilt Art 27 (Rz 311).

262 **Alle anderen Staatsorgane** müssen gem Art 7 Abs 1 bei der Vornahme von Vertragshandlungen eine **Vollmacht** vorlegen, wenn die Parteien nicht davon absehen (Rz 1682). Hinsichtlich der vr Zuständigkeit zur Ausstellung der Vollmachten gelten die Vorschriften des Art 7 Abs 2 lit a.

263 Eine durch ein vr unzuständiges Organ (Fehlen der Vollmacht bei Nichtanwendbarkeit der Vermutung) vorgenommene Vertragshandlung kann aber durch nachfolgende Bestätigung des betreffenden Staates saniert werden (Art 8).

b) Nach österreichischem Recht

264 Gem *Art 65 Abs 1 B-VG* (D 49) ist der **Bundespräsident** zum **Abschluss** von **„Staatsverträgen"** (historischer Ausdruck, der nach gegenwärtigem Verständnis auch vr Verträge mit anderen VRS umfasst) zuständig, doch darf er nach *Art 50 Abs 1 B-VG* **politische, gesetzändernde** und **gesetzesergänzende Verträge** (bezieht sich auch auf Verfassungsgesetze) nur mit **Genehmigung** des **Nationalrates** abschließen. Sofern *Staatsverträge* den *selbständigen Wirkungsbereich* der *Bundesländer* regeln, ist *auch* die *Zustimmung* des *Bundesrates* erforderlich (Rz 314).

265 Zum Abschluss bestimmter Kategorien von Staatsverträgen, die weder unter Art 16 Abs 1 B-VG noch unter Art 50 Abs 1 B-VG fallen, kann der *Bundespräsident* gem Art 66 Abs 2 B-VG die *Bundesregierung* oder deren *zuständige Mitglieder ermächtigen.* Diese Ermächtigung hat der Bundespräsident in einer **Entschließung vom 31. 12. 1920** zum Abschluss von **Regierungs-, Ressort-** und **Verwaltungsübereinkommen** vorgenommen (Rz 636; D 11).

Da diese Abkommen nicht gesetzändernd oder gesetzesergänzend sein dürfen, somit nur auf Verordnungsstufe stehen können, **bedürfen** sie gem **Art 18 Abs 2 B-VG** einer **gesetzlichen Grundlage,** wenn sie innerstaatlich angewendet werden sollen. Ob zur Regelung einer bestimmten Situation ein Regierungs- oder ein Ressortübereinkommen in Frage kommt, bestimmt sich daher nach der Ermächtigung in dem einschlägigen Gesetz oder nach dessen Vollzugsklausel. Verwaltungsübereinkommen richten sich bloß an die betroffene Verwaltungsbehörde und entsprechen Verwaltungsverordnungen. **266**

Bundesminister, die durch jene Entschließung innerstaatlich zum Abschluss bestimmter Arten vr Verträge ermächtigt sind, bedürfen, soweit sie nicht durch die Vermutung des Art 7 Abs 2 B-VG gedeckt sind, vr dennoch einer Vollmacht. Das Problem ist aber von geringer praktischer Bedeutung, weil bei Ressort- oder Verwaltungsübereinkommen üblicherweise von Vollmachten abgesehen wird. **267**

Innerstaatlich ist zur Ausstellung von *Vollmachten* gem Art 65 Abs 1 B-VG *grundsätzlich* der *Bundespräsident* zuständig. Nach österreichischer Praxis wird die Ausstellung von Vollmachten aber *analog* der *innerstaatlichen Zuständigkeit* zum *Vertragsabschluss* behandelt. Sollte für Ressort- oder Verwaltungsübereinkommen, sofern die Parteien nicht davon absehen (Rz 262), eine Vollmacht durch den zuständigen Bundesminister ausgestellt werden, so stünde das, sofern es sich nicht um den Bundeskanzler oder den Außenminister handelt, im Widerspruch zu Art 7 WVK. Denn ein solcher Bundesminister ist durch die Vermutung des Art 7 Abs 2 lit a nicht gedeckt, und derjenige, der selbst eine Vollmacht benötigt, darf keine ausstellen. **268**

Gem *Art 66 Abs 3 B-VG* kann der *Bundespräsident* eine *Landesregierung* zum *Abschluss von Verträgen nach Art 16 Abs 1 B-VG* (Rz 253) *ermächtigen,* wenn sie weder gesetzändernd noch gesetzesergänzend sind. **269**

2. Der Abschluss

a) Die Willensbildung in Verhandlungen

Bilaterale Verträge werden heute meist nicht durch die residenziellen (dh ständigen) diplomatischen Vertretungen (Rz 1693 ff) verhandelt, sondern von ihnen höchstens vorbereitet. Die Verhandlungen werden von den *zuständigen Fachbeamten* der *Zentralbehörden* (Ministerien) abwechselnd in den Hauptstädten der Verhandlungsstaaten geführt. Die Verhandlungen enden mit der Annahme des Textes (Rz 276 ff). **270**

Multilaterale Abkommen werden gegenwärtig **fast ausschließlich in IO oder** in von diesen einberufenen **Konferenzen** vorbereitet und **verhandelt.** Die Initiative einzelner Staaten ist selten geworden und hat nur mehr bei Abkommen zum Schutze der Kriegsopfer einige Bedeutung; die Konferenzen zu deren Annahme werden traditionell von der Schweiz einberufen. Jedoch werden die Vorarbeiten weitgehend von einer nichtstaatlichen IO (Rz 894), dem IKRK (Rz 1204 ff), geleistet. In letzter Zeit ist aber selbst in diesem Bereich die Initiative auf die VN übergegangen (Übereinkommen über das Verbot oder die Beschränkung des Einsatzes bestimmter konventioneller Waffen 1980 – Rz 2884). **271**

272 Bevor die Texte das letzte Verhandlungsstadium erreichen, werden sie entweder in einer *Kommission unabhängiger Experten* (zB ILC – Rz 225) oder in einem *engeren Komitee* von *Staatenvertretern vorbereitet.* Nichtbeteiligte Staaten können die Textgestaltung nur durch schriftliche Stellungnahmen zu den Entwürfen oder in der Debatte der Berichte dieser Organe im Plenarorgan der IO, das sie eingesetzt hat, zu beeinflussen suchen.

273 Wenn der Textentwurf dann den Schlussverhandlungen im Plenarorgan einer IO oder in einer Staatenkonferenz vorliegt, ist er weitgehend festgeschrieben, da Änderungsanträge *(amendments)* erfahrungsgemäß nur geringe Erfolgsaussichten haben. Nur politisch umstrittene Einzelfragen werden echt verhandelt, jedoch nicht öffentlich, sondern in privaten oder halboffiziellen Verhandlungsgruppen.

274 Weichen die Verhandlungspositionen stark voneinander ab, so müssen sie durch Kompromisse auf einen Nenner gebracht werden, wenn dem Text die Chance einer möglichst großen Zahl von Ratifikationen und Beitritten gegeben werden soll. *Unklarheiten* des Textes oder andere juristische Stilfehler sind dann *oft* nicht das Ergebnis von Unfähigkeit, sondern bewusst und *gewollt:* Sie ermöglichen es allen Beteiligten, ihre Auffassung beizubehalten und dennoch dem Text zuzustimmen. Die Meinungsverschiedenheiten bleiben dadurch allerdings ungelöst und werden in den Anwendungs- und Interpretationsprozess verschoben.

275 Die *öffentlichen Verhandlungen,* in denen artikelweise vorgegangen wird, bestehen üblicherweise aus *drei Etappen:* Zuerst wird jeder Art in einem *Plenarausschuss* beraten und mit *einfacher Mehrheit* beschlossen. Danach wird er von einem *Redaktionsausschus*s überprüft und hernach an das *Plenum* weitergeleitet, das ihn zuerst wieder Art für Art und danach insgesamt mit *Zweidrittelmehrheit* annehmen muss. *Neuerdings* werden die Abstimmungen manchmal durch ein **Konsensus-Verfahren** ersetzt, dh es wird so lange verhandelt, bis **keine aktive Ablehnung des Textes** mehr besteht (Rz 278, 1059 ff, 1793, 1848, 1923, 1946, 2562, 2593; D 135). Die Verhandlungsphase schließt mit der Annahme des Textes als Ganzes.

b) Die formellen Abschlussverfahren

276 Im formellen Verfahren zum Abschluss eines vr Vertrages sind drei Schritte zu unterscheiden: die Annahme des Textes, seine Beurkundung und die Erklärung der Zustimmung, durch den Vertrag gebunden zu sein.

277 Die **Annahme** des Textes legt diesen endgültig fest und beendet die Vertragsverhandlungen. Sie erfolgt bei bilateralen Verträgen oder bei multilateralen Verträgen mit wenigen Vertragsparteien durch die *Zustimmung aller Verhandlungspartner* (Art 9 Abs 1). Der angenommene Text wird durch **Paraphierung** *beurkundet* (authentifiziert), wenn der endgültige Abschluss durch Unterzeichnung erfolgen soll, durch **Unterzeichnung,** wenn eine Ratifikation vorgesehen ist (Art 10 lit b). Selbst in letzterem Fall erfolgt die Beurkundung der Textannahme gelegentlich durch Paraphierung. Dies ist dann der Fall, wenn die Unterzeichnung, der dann allerdings keine selbständige Wirkung zukommt, in feierlicher Form, etwa anlässlich eines Staatsbesuches, vorgenommen werden soll.

Der Text universeller oder regionaler *multilateraler Verträge* wird entweder auf internationalen Konferenzen oder in Plenarorganen von IO angenommen. Für die Annahme auf *internationalen Konferenzen* verlangt Art 9 Abs 2 eine *Zweidrittelmehrheit* der anwesenden und abstimmenden Staaten. Die *Beurkundung* erfolgt in einer **Schlussakte,** die unterzeichnet wird. Erfahrungsgemäß unterzeichnen nur wenige Staaten zu diesem Zeitpunkt auch den Vertragstext. Für die Annahme in IO gelten deren Verfahrensvorschriften. Die vorgesehenen Mehrheiten entsprechen jedoch üblicherweise den in der WVK geforderten. In jüngster Zeit erfolgt die Annahme oft durch *Konsensus* (Rz 275, 1059 ff, 1793, 1848, 1923, 1946, 2562, 2593). **278**

Die **Zustimmung** eines Staates, durch einen **Vertrag gebunden** zu sein, kann auf verschiedene Weise ausgedrückt werden (Art 11). Das Verfahren wird von den Verhandlungspartnern gewählt, die dabei vom Gegenstand des Vertrages und der innerstaatlichen Rechtslage geleitet werden. Dementsprechend wird die Zustimmung bei Verträgen, die innerstaatlich nicht der parlamentarischen Genehmigung bedürfen, meist durch **Unterzeichnung** (Art 12), anderenfalls durch **Ratifikation** seitens des **Staatsoberhauptes** (Art 14) ausgedrückt. **279**

Der **Beitritt** zu einem multilateralen Vertrag (Art 15) tritt an die Stelle der Ratifikation, wenn der beitretende Staat an den Vertragsverhandlungen nicht teilgenommen oder die Frist zur Unterzeichnung versäumt hat. Allerdings ist ein Beitritt nur zulässig, wenn die Vertragsparteien ihn vorgesehen haben (zum Rechtscharakter dieser Vertragshandlungen Rz 503 ff). Ein *Beitritt* kann *auch vor dem objektiven In-Kraft-Treten* eines multilateralen Vertrages (Rz 285) vorgenommen werden. In Österreich erfolgt die Kundmachung im BGBl, in diesem Fall aber erst nach dem objektiven In-Kraft-Treten (vgl Rz 318 f). **280**

Vr wirksam werden: die Unterzeichnung mit *Anbringung* der *Unterschriften;* die Ratifikation von bilateralen Verträgen durch *Austausch* der *Ratifikationsurkunden;* die Ratifikation von multilateralen Verträgen oder der Beitritt dazu durch *Hinterlegung* der entsprechenden Urkunde beim *Depositär* (Rz 287). Austausch und Hinterlegung können durch *Notifikationen* ersetzt werden, wenn die Parteien dies vereinbaren (Art 12). **281**

Davon zu unterscheiden ist der **Notenaustausch (Notenwechsel),** der ein selbständiges Vertragsabschlussverfahren ist (Art 13). Im Gegensatz zum gewöhnlichen Vertragsabschlussverfahren gibt es dabei nicht eine, sondern zwei Vertragsurkunden, eben die ausgetauschten Noten. Im Notenaustausch werden va die laufenden Geschäfte auf diplomatischer Ebene erledigt. Nach österreichischem Recht handelt es sich je nach dem Inhalt um Ressort- oder Verwaltungsübereinkommen. **282**

In *Österreich* werden Staatsverträge, die dem Verfahren nach *Art 16 Abs 1 B-VG* oder nach *Art 50 B-VG* unterliegen, nach Abschluss dieses Verfahrens vom *Bundespräsidenten* (Rz 1676 f) *ratifiziert* (D 12), oder es erfolgt ein *Beitritt.* Wenn beim Vertragspartner aus innerstaatlichen Gründen eine Ratifikation notwendig ist, werden auch nicht genehmigungspflichtige Staatsverträge aus Reziprozitätsgründen ratifiziert (vgl auch Rz 317). Die Zustimmung zu *Regierungs-, Ressort-* und *Verwaltungsübereinkommen* bzw zu *Abkommen gem Art 66 Abs 3 B-VG* (Rz 269) wird durch *Unterzeichnung,* allenfalls durch *Notenaustausch,* ausgedrückt. **283**

3. Das In-Kraft-Treten

a) Verfahren

284 Gewöhnlich **bestimmen** vr **Verträge selbst** über ihr **In-Kraft-Treten. Fehlt** eine solche Bestimmung, so tritt ein Vertrag mit *Vorliegen* der **Zustimmungserklärung aller Verhandlungsstaaten** in Kraft (Art 24 Abs 1 und 2). Zwischen Unterzeichnung und Ratifikation dürfen die Staaten Ziel und Zweck des Vertrages (Rz 292) nicht vereiteln **(Frustrationsverbot).** Diese Verpflichtung erlischt, wenn ein Staat klar zu erkennen gegeben hat, dass er nicht Vertragspartei werden will (Art 18 lit a).

285 **Multilaterale Verträge benennen** üblicherweise die **Zahl** der **Zustimmungserklärungen,** die zu ihrem **In-Kraft-Treten notwendig** sind (zB die WVK in Art 84; vgl auch Rz 1383f). Eine vor In-Kraft-Treten abgegebene Zustimmungserklärung ist für den betreffenden Staat vr verbindlich (dh unwiderruflich), aber noch nicht wirksam. Der Staat hat sich aber aller Handlungen zu enthalten, die Ziel und Zweck des Vertrages vereiteln würden (Art 18 lit b). Gibt ein Staat seine Zustimmungserklärung nach In-Kraft-Treten des Vertrages ab, so tritt dieser für ihn erst mit deren Wirksamwerden in Kraft (Art 24 Abs 3). **Zitiert** werden **Verträge** aber nach dem **Zeitpunkt** der **Unterzeichnung.**

286 Nur die Schlussbestimmungen eines Vertrages (zB die Bestimmungen über authentische Texte, über die Zustimmungserklärungen, über das In-Kraft-Treten, über den Depositär) gelten von der Annahme des Textes an (Art 24 Abs 4).

b) Depositär

287 Alle einen multilateralen Vertrag betreffenden Vertragshandlungen und Mitteilungen (Hinterlegung von Ratifikations- oder Beitrittsurkunden, Vorbehalte und Einsprüche dagegen, Kündigungen etc) sind an den im Vertrag benannten Depositär zu richten, bei dem die Vertragsurkunde hinterlegt wird (Art 78). Dieser, heute meist der leitende Verwaltungsbeamte einer IO (Generalsekretär [GS], Generaldirektor), seltener ein Staat, hat vorwiegend **notarielle Aufgaben,** die *unparteiisch* wahrzunehmen sind (Art 76 Abs 2, Art 77): Er prüft die gehörige Form der ihm übergebenen Urkunden und benachrichtigt die übrigen Vertragsparteien von der Übergabe. Er darf die Urkunde aber nicht selbst rechtlich werten. Dazu sind nur die anderen Vertragsparteien berechtigt.

c) Registrierung

288 Wie schon früher Art 18 Völkerbundsatzung (VBS) verpflichtet Art 102 Abs 1 SVN die Mitglieder, die von ihnen abgeschlossenen vr Verträge beim **Sekretariat** der **VN** zum Zweck der Veröffentlichung in der **United Nations Treaty Series** (UNTS) zu *registrieren.* Art 80 WVK wiederholt diese Pflicht (und dehnt sie dadurch auf Parteien der WVK, die nicht Mitglieder der VN sind, aus – heute allerdings eine in der Praxis kaum relevante Bestimmung – Rz 896) und ermächtigt die Depositäre multilateraler Verträge, die Registrierung vorzunehmen. Die Parteien eines nicht registrierten Vertrages können sich auf ihn vor Organen der VN nicht berufen.

Der ursprüngliche politische Zweck dieser Bestimmung, die nach der Absicht Präsident *Wilsons* („14 Punkte") *Geheimverträge verhindern* sollte, ist heute weitgehend in den Hintergrund getreten. Einerseits erscheint es wenig wahrscheinlich, dass Parteien eines Geheimvertrages sich auf diesen vor einem Organ der VN (etwa dem SR oder dem IGH) berufen wollen. Andererseits ist die Zahl der Verträge weltweit so angestiegen, dass das Sekretariat der VN mit ihrer Veröffentlichung nicht nachkommt. Entgegen dem Wortlaut der Satzung und der WVK wird daher die Registrierung technisch-administrativer Abkommen von kurzer Laufzeit, die wahrscheinlich erst nach ihrem Außer-Kraft-Treten veröffentlicht würden, meist unterlassen. Die UNTS ist heute va eine Referenzsammlung der wichtigsten internationalen Verträge für Außenministerien und die Wissenschaft. 289

C. Einheitlichkeit der Vertragspflichten oder größtmögliche Zahl von Vertragsparteien?

Literatur: *Bowett,* Reservations to Non-Restricted Multilateral Treaties, BYIL 48 (1976/77) 67; *McRae,* The Legal Effect of Interpretative Declarations, BYIL 49 (1978) 155; *Kühner,* Vorbehalte zu multilateralen völkerrechtlichen Verträgen (1986); *Horn,* Reservations and Interpretative Declarations to Multilateral Treaties (1988); *Redgwell,* Universality or Integrity? Some Reflections on Reservations to General Multilateral Treaties, BYIL 64 (1993) 245; *Lijnzaad,* Reservations to UN-Human Rights Treaties: Ratify and Ruin? (1995); *Klabbers,* Accepting the Unacceptable? A New Nordic Approach to Reservations to Multilateral Treaties, NorJIL 69 (2000) 179.

Damit durch multilateralen vr Vertrag universelles VR erzeugt werden kann, muss die Beteiligung möglichst aller Staaten am Vertrag angestrebt werden. Da bis zum Ende der *Völkerbundzeit* Staatenkonferenzen in der Regel einstimmige Beschlüsse fassten, war entweder die allgemeine Zustimmung gesichert, oder es wurde kein Vertragstext angenommen. *Vorbehalte* wurden dementsprechend *nur* zugelassen, *wenn alle anderen Vertragsparteien zustimmten,* da es sich funktionell – wenn auch nicht rechtlich – um die Neueröffnung der Vertragsverhandlungen handelte. Diese Regelung ist auch nach der WVK für multilaterale Verträge aufrecht, bei denen aus der begrenzten Zahl der Verhandlungsstaaten sowie aus Ziel und Zweck hervorgeht, dass die Anwendung des gesamten Vertrages durch alle Parteien Voraussetzung für die Zustimmung jeder einzelnen ist (Art 20 Abs 2). Beispiele dafür sind Verträge im Rahmen engerer regionaler Zusammenschlüsse. 290

Mit der allgemeinen Einführung des *Mehrheitsprinzips* in IO und auf internationalen Konferenzen nach dem II. WK änderte sich auch das Regime der Vorbehalte: Den bei Abstimmungen über einzelne Art multilateraler Konventionen in der Minderheit gebliebenen Staaten musste im Interesse einer *möglichst weiten Beteiligung* die Möglichkeit geboten werden, die betreffende Bestimmung aus ihrer Zustimmungserklärung auszuschließen. 291

Richtungweisend für diese Änderung war das **Gutachten** über **Vorbehalte zur Konvention über die Verhütung und Bestrafung des Verbrechens des Völkermordes** (D 13; Rz 1401), in dem der *IGH* **1951** nur jene Vorbehalte grundsätzlich für unzulässig erklärte, die **Ziel** und **Zweck (object and** 292

purpose – Rz 339) eines Vertrages widersprechen. An eine in der *interamerikanischen Praxis* entstandene Regelung anknüpfend befand der IGH weiter, dass *Vorbehalte* von *jeder Vertragspartei selbständig zu beurteilen* seien und dementsprechend zu den ausdrücklich oder stillschweigend zustimmenden anderen Vertragsparteien Vertragsbeziehungen entstünden. In dieser Konstruktion wurde die bisherige Einheit des Vertrages zu Gunsten eines *Bündels bilateraler Beziehungen* aufgegeben. Das war der Stand des VGR vor der WVK. Diese ist davon abgewichen und hat die Konstruktion noch weiter, in Richtung „objektiver" Vertrag (Rz 243), entwickelt (Rz 304).

293 Eine andere Lösung des Problems, die insbes bei *Konventionen* des *Europarats* (Rz 1433 ff) verwendet wird, zerlegt den *Vertragstext* von vornherein in mehrere *Teilbereiche,* die von den Vertragsparteien separat angenommen oder ausgeschlossen werden können (D 192). Diese Lösung setzt voraus, dass die Materie des Vertrages sich zu einer solchen Aufteilung eignet, und ist daher nicht allgemein brauchbar.

1. Vorbehalte

a) Völkerrechtliche Regelung

294 Vorbehalt heißt eine der Zustimmungserklärung zu einem *multilateralen Vertrag* beigefügte **einseitige schriftliche Erklärung,** durch die der Staat die *Rechtswirkung einzelner Vertragsbestimmungen* in der Anwendung auf sich **ausschließen** oder **ändern** will (Art 2 Abs 1 lit d – D 181, 358).

295 Vom Vorbehalt zu unterscheiden ist die **interpretative Erklärung,** die eine von mehreren zulässigen Textinterpretationen für die Anwendung einer Vertragsbestimmung auf den betreffenden Staat als allein verbindlich erklärt (D 14). Sie ist bei (stillschweigender) Zustimmung der anderen Vertragsparteien Teil des für die Vertragsinterpretation maßgebenden Zusammenhangs (Art 31 Abs 2 lit b – Rz 332 f).

296 Gem Art 19 WVK ist die Anbringung eines Vorbehaltes **nicht statthaft,** wenn entweder

a) der **Vertrag,** auf den sich der Vorbehalt bezieht, ihn **verbietet;** oder

b) der betreffende **Vertrag nur bestimmte Vorbehalte zulässt** und der Vorbehalt nicht zu diesen gehört; oder

c) der Vorbehalt mit **Ziel und Zweck** des Vertrages **unvereinbar** ist.

Andere Vorbehalte sind zulässig.

297 Bringt ein Staat einen Vorbehalt an, sind **zwei Reaktionen** der anderen Vertragsparteien möglich:

298 1) Sie können den **Vorbehalt annehmen.** Das kann entweder *ausdrücklich* in Schriftform geschehen (Art 23 Abs 1) oder *stillschweigend,* durch Unterlassen des Einspruchs binnen 12 Monaten nach der Notifikation des Vorbehaltes (Art 20 Abs 5). In beiden Fällen tritt der Vertrag zwischen den beiden betroffenen Staaten mit dem um den Vorbehalt verminderten oder veränderten Inhalt (Art 21 Abs 1) in Kraft (Art 20 Abs 4 lit a). Für den Zeitpunkt des In-Kraft-Tretens ist Art 20 Abs 4 lit c maßgebend.

299 2) Sie können gegen den Vorbehalt innerhalb von *12 Monaten* nach Notifikation (Art 20 Abs 5) **schriftlich Einspruch** erheben (Art 23 Abs 1). Außer in den seltenen Fällen der Verletzung einer ausdrücklichen Bestimmung über Vorbehalte im betreffenden Vertrag kann ein solcher Einspruch die Unvereinbarkeit des Vorbehaltes mit Ziel und Zweck des Vertrages behaupten oder ohne Begründung erhoben werden.

Erklärt der den Vorbehalt **beeinspruchende Staat nicht ausdrücklich** das **Gegenteil,** so **tritt** der **Vertrag** zwischen ihm und dem den Vorbehalt anbringenden Staat trotz des Einspruches **in Kraft** (Art 20 Abs 4 lit b). Allerdings finden die **Bestimmungen,** auf die sich der **Vorbehalt** bezieht, in dem im Vorbehalt vorgesehenen Ausmaß im Verhältnis der **beiden Staaten** zueinander **keine Anwendung** (Art 21 Abs 3). Dafür kommt in diesem Bereich allenfalls bestehendes VGR zwischen ihnen wieder zum Tragen. Im Verhältnis des den Vorbehalt beeinspruchenden Staates zu den anderen Vertragsparteien und zwischen diesen ändert der Vorbehalt die Vertragsbestimmungen nicht (Art 21 Abs 2). **300**

Widerspricht ein *Staat* einem *Vorbehalt* mit der *Begründung,* dieser *frustriere Ziel und Zweck* des betreffenden Vertrages und sei daher unzulässig (Rz 296), so entsteht ein nach der *WVK nicht lösbarer Konflikt,* weil der Tatbestand von Art 65 Abs 1 (Rz 384 ff) nicht erfasst und auch kein anderes Verfahren vorgesehen ist. Neueste Untersuchungen (Rz 339) haben gezeigt, dass Ziel und Zweck eines Vertrages nur über ein Streitbeilegungsverfahren objektiv ermittelbar sind. Es kommen dafür eine allfällige Streitbeilegungsvorschrift im betreffenden Vertrag selbst oder andere zwischen den Streitparteien vereinbarte oder noch zu vereinbarende Streitbeilegungsverfahren (Rz 1953 ff) in Frage, und zwar entweder zur Lösung des Konflikts über die Zulässigkeit oder zur Entscheidung eines Streites, der aus der Nichterfüllung der vorbehaltenen Verpflichtung entsteht. Kommt es zu keinem Streitbeilegungsverfahren, so bleibt die Frage der Rechtmäßigkeit des Vorbehalts bzw des Widerspruchs unentschieden, da jede Seite auf ihrem Standpunkt beharren wird. **301**

Dieser Frage kommt *neuerdings große Bedeutung* zu. Einige Staaten haben gegenüber *Menschenrechtskonventionen* (zB Konvention zur Beseitigung jeder Form von Diskriminierung der Frau – Rz 1405) *generelle Vorbehalte* entweder des jeweiligen *innerstaatlichen Rechts* oder der *Scharia,* des islamischen religiösen Rechts (Rz 1359), gemacht, denen von *anderen Staaten wegen Unzulässigkeit widersprochen* wurde (D 15). In Theorie und Praxis bestehen *widersprechende Meinungen* darüber, ob ein *unzulässiger Vorbehalt* die entsprechende *Zustimmungserklärung als ganze nichtig* mache *oder* bloß *selber nichtig* sei und den *Rest der Zustimmungserklärung unberührt* lasse. In letzterem Fall wäre der betreffende Staat an den Vertrag ohne Einschränkung gebunden. Die ILC ist gegenwärtig beauftragt, einen Lösungsvorschlag zu erarbeiten. **302**

Von Menschenrechtskonventionen eingesetzte und mit der Überwachung ihrer Durchführung betraute Organe (Europäischer Gerichtshof für Menschenrechte – Rz 1436; Menschenrechtsausschuss der VN – Rz 1391) haben im Sinn einer uneingeschränkten Bindung entschieden (der Menschenrechtsausschuss allerdings ohne bindende Wirkung). Wo solche Organe nicht bestehen, entscheidet nach der WVK aber jeder Staat selbst über die Zulässigkeit von Vorbehalten anderer, was zur erwähnten Unsicherheit führt. **303**

304 Die Bestimmungen zeigen, dass die Wiener Vertragsrechtskonferenz die Vorbehaltsregelung des vor ihr bestehenden VGR entsprechend der **sowjetischen Vorbehaltsdoktrin** modifiziert hat: Während der Vorbehalt früher erst durch die Annahme wirksam wurde (quasi-kontraktuelle Natur), ist er jetzt eindeutig ein **einseitiges Rechtsgeschäft** (Rz 505). Die WVK stützt aber auch die Theorie vom *objektiven multilateralen Vertrag* (Rz 243), weil dadurch die Zustimmungserklärung (Ratifikation, Beitritt) als einseitiger Akt, der den objektiv bestehenden Vertrag auf den erklärenden Staat anwendbar macht, charakterisiert wird.

b) Innerstaatliche Behandlung in Österreich

305 Von Österreich in Aussicht genommene **Vorbehalte** sind **innerstaatlich** so zu **behandeln wie** der **Vertrag, den sie betreffen.** Bezieht sich ein Vorbehalt beispielsweise auf einen Vertrag, dessen Abschluss gem Art 50 B-VG vom Nationalrat genehmigt werden muss, so unterliegt auch der Vorbehalt dem Genehmigungsverfahren. Dabei kann der Nationalrat die Genehmigung eines Vorbehaltes verweigern. Zweifelhaft ist, ob er den Text eines vorgelegten Vorbehaltes ändern oder einen neuen Vorbehalt formulieren darf; er nimmt diese Zuständigkeit aber in Anspruch (D 14). Die Annahme eines fremden Vorbehaltes unterliegt nicht der parlamentarischen Genehmigung. Eigene und fremde (D 12) Vorbehalte werden im *BGBl kundgemacht.*

306 *Interpretative Erklärungen* werden *meist* so behandelt *wie Vorbehalte.* Es gibt aber einige von Österreich anlässlich der Unterzeichnung ratifizierungsbedürftiger Staatsverträge abgegebene einseitige Erklärungen interpretativen Charakters, die nicht dem Genehmigungsverfahren unterzogen, sondern nur in den Erläuternden Bemerkungen zur Regierungsvorlage des betreffenden Vertrages angeführt wurden. Sie sind vr relevant, ihre innerstaatliche Wirksamkeit (für die anwendenden Organe) ist mangels Kundmachung aber zweifelhaft.

2. Beschränkung der Zustimmungserklärung auf einen Teil des Vertragstextes

307 Art 17 sieht die **teilweise Bindung** durch einen Vertrag vor, **wenn** der **Vertrag** dies **zulässt oder** die **anderen Vertragsstaaten** dem **zustimmen.** Regelmäßig kommt wohl nur der erste Fall vor.

308 Die gewählten Techniken sind verschieden: Entweder können positiv Teile für die Zustimmungserklärung gewählt **(opting-in),** oder es können bestimmte Teile von ihr ausgeschlossen werden **(opting-out,** auch **contracting-out;** über die Verwendung dieses Verfahrens der teilweisen Annahme in IO Rz 474; D 31); dies kommt dem System festgelegter Vorbehalte recht nahe.

309 Ein Beispiel des ersten Typs ist die **Europäische Sozialcharta 1961** (Rz 1570 ff), die in Art 20 zur Annahme einer Anzahl von Art aus einer vorgegebenen Reihe verpflichtet (Rz 1573; D 192). Ein solches des zweiten Typs ist das **Europäische Streitbeilegungsabkommen 1957** (Rz 3293), dessen Art 34 Abs 1 den Ausschluss des Kap III über Schiedsgerichtsbarkeit oder

den Ausschluss der Kap II und III über Vergleich und Schiedsgerichtsbarkeit erlaubt.

D. Die Durchführung völkerrechtlicher Verträge

Literatur: *Bernhardt,* Die Auslegung völkerrechtlicher Verträge insbes in der Rechtsprechung internationaler Gerichte (1963); *Schreuer,* The Interpretation of Treaties by Domestic Courts, BYIL 45 (1971) 255; *Hilf,* Die Auslegung mehrsprachiger Verträge (1973); *Zuleeg,* Die innerstaatliche Anwendbarkeit völkerrechtlicher Verträge am Beispiel des GATT und der Europäischen Sozialcharta, ZaöRV 35 (1975) 341; *Köck,* Vertragsinterpretation und Vertragsrechtskonvention (1976); *Munday,* The Uniform Interpretation of International Conventions, ICLQ 27 (1978) 450; *Schreuer,* Wechselwirkungen zwischen Völkerrecht und Verfassung bei der Auslegung völkerrechtlicher Verträge, BerDGVR 23 (1981) 61; *Rosenne,* The Meaning of „Authentic Text" in Modern Treaty Law, FS *Mosler* (1983) 759; *Buffard / Zemanek,* The „Object and Purpose" of a Treaty: An Enigma? ARIEL 3 (1998) 311.

1. Erfüllung/Anwendung

a) Völkerrechtliche Pflichten

Gem Art 26 hat eine Vertragspartei einen für sie in Kraft stehenden Vertrag nach **Treu und Glauben** (Rz 2087) zu *erfüllen.* Das Prinzip von Treu und Glauben bedeutet in diesem Zusammenhang einmal, dass bloß formale innerstaatliche Anwendbarkeit, etwa durch Übernahme in die innerstaatliche Rechtsordnung, die vr Pflicht zur Erfüllung nicht erschöpft, sondern dass eine *wirksame Durchführung* (Rz 69 ff), die allenfalls auch politische, wirtschaftliche und soziale Tätigkeiten einschließt, gefordert ist. Es bedeutet aber auch, dass die aus dem Vertrag zustehenden Rechte nicht entgegen Ziel und Zweck des Vertrages (Rz 339) zur Schädigung der Vertragspartner ausgeübt werden dürfen (*Verbot des Rechtsmissbrauches* – Rz 445). 310

Entgegenstehendes innerstaatliches Recht ist **kein Rechtfertigungsgrund** für die **Nichterfüllung** eines Vertrages (Art 27). Ein Erkenntnis des VfGH nach Art 140 a B-VG (D 49), das die (innerstaatliche) Rechtswidrigkeit eines Staatsvertrages feststellt, würde daher die vr Pflicht zu dessen Erfüllung nicht berühren. Kann weder der innerstaatliche Mangel saniert noch der vr Vertrag beendet werden, so tritt Staatenverantwortlichkeit (Rz 2737) der Republik Österreich ein. 311

Gem Art 29 WVK gelten Staatsverträge mangels gegenteiliger Regelung für das **gesamte Hoheitsgebiet** eines Vertragsstaates (Rz 252). Daraus erklärt sich die Regelung des Art 16 Abs 4 und 5 B-VG (Rz 254): Denn in einem Fall, in dem die Durchführung eines von der Republik Österreich abgeschlossenen vr Vertrages nach den Kompetenztatbeständen des B-VG den Ländern obliegt, entstünde durch deren Säumigkeit infolge Art 27 und 29 WVK Staatenverantwortlichkeit der Republik Österreich (Rz 2718 ff). 312

b) Durchführung in Österreich

Das Verhältnis von VR und innerstaatlichem Recht, insbes in Österreich, wird grundsätzlich in Rz 552 ff behandelt. Hier wird nur auf die vertragsspezifischen Probleme eingegangen. Für die **innerstaatliche Behandlung** 313 von **Staatsverträgen** ist der zu ihrer wirksamen Durchführung notwendige **Rang** ihrer Bestimmungen im **Stufenbau** der österreichischen Rechtsordnung **maßgebend.**

314 *Staatsverträge,* die *innerstaatlich* auf der Ebene von **verfassungsgesetzlichen** oder **einfachgesetzlichen Normen zu vollziehen** sind, aber auch *politische Staatsverträge* sind vom **Bundespräsidenten** zu **ratifizieren.** Die Ratifikation ist gem **Art 50 Abs 1 B-VG** vom **Nationalrat,** wenn der **Vertrag Angelegenheiten** des **selbständigen Wirkungsbereiches** der **Länder** regelt, **auch** vom **Bundesrat** zu **genehmigen.** Dabei sind *verfassungsändernde Bestimmungen* ausdrücklich als solche zu *kennzeichnen* (Art 50 Abs 3). Die Bestimmungen über Gesetzesbeschlüsse sind sinngemäß anzuwenden (Art 50 Abs 3).

315 Da die Kennzeichnungspflicht erst durch die B-VG-Novelle 1964 eingeführt wurde und verfassungsändernde Staatsverträge oder Staatsvertragsbestimmungen vorher nicht ausdrücklich als solche gekennzeichnet worden waren, wurden einige frühere Verträge, die einen solchen Rang beanspruchen, in Art II dieses BVG (BGBl 1964/59) angeführt (ua bestimmte Art Staatsvertrag 1955 – D 380 – und die EMRK – Rz 1553; D 174).

316 *Staatsverträge,* die *innerstaatlich* auf der Ebene von *VO vollzogen* werden sollen oder sich ihrem *Inhalt* nach *ausschließlich* an *Verwaltungsbehörden* wenden, können entweder vom *Bundespräsidenten ratifiziert oder* von der *delegierten Bundesregierung* bzw von *delegierten Bundesministern geschlossen* werden (Rz 265). Für Verträge gem Art 16 Abs 1 B-VG ist eine Delegation der Landesregierung möglich (Rz 269). Als Verträge auf der Stufe von VO bedürfen sie gem Art 18 Abs 2 B-VG zur innerstaatlichen Durchführung einer materiellen gesetzlichen Grundlage (zB 106a).

317 Wenn auf Seiten des Vertragspartners die Regierung zum Vertragsabschluss zuständig ist, ein Regierungsübereinkommen wegen fehlender gesetzlicher Grundlage in Österreich aber nicht möglich ist, dann kommt es aus Reziprozitätsgründen manchmal zu **scheinbaren Regierungsübereinkommen** (vgl Rz 283), die in Wahrheit Staatsverträge sind und dem Nationalrat zur Genehmigung vorgelegt werden. Sie sind an ihren Schlussbestimmungen und an ihrer *intitulatio* erkennbar, die statt der österreichischen Bundesregierung (wie im gewöhnlichen Regierungsübereinkommen) die Regierung der Republik Österreich als vertragsschließendes Organ nennt. Gerechtfertigt wird diese Praxis mit dem Hinweis auf den vr Regierungsbegriff (Rz 1678), der das Staatsoberhaupt einschließt. Daher könne man den Vertrag als vom Bundespräsidenten abgeschlossen (wenn auch nicht ratifiziert) ansehen.

318 Grundsätzlich werden **Staatsverträge** im **Gesetzesrang** gem Art 49 Abs 1 B-VG **im BGBl kundgemacht** (D 12). Gem dem BG über das BGBl (D 50) gilt das auch für Staatsverträge auf Verordnungsstufe sowie für alle mit Staatsverträgen im Zusammenhang stehenden vr Akte (beispielsweise Beitritt, In-Kraft-Treten, Kündigung, Außer-Kraft-Treten etc). *Ausnahmsweise* können aber Staatsverträge oder Teile davon auch in anderer zweckentsprechender Weise kundgemacht werden (Art 49 Abs 2 B-VG und § 2 Abs 6 BG über das BGBl – D 50).

319 Wenn nicht anderes verfügt ist (Rz 322), werden **Staatsverträge mit** ihrer **Kundmachung innerstaatlich geltend** und **wirksam.** Daher wird die Kundmachung multilateraler Staatsverträge meist bis zu ihrem In-Kraft-Tre-

ten aufgeschoben; erfolgt sie früher, beginnt ihre Wirksamkeit mit der Kundmachung ihres In-Kraft-Tretens.

Die Staatsverträge *bleiben* aber *Völkerrechtsakte* mit innerstaatlicher Wirksamkeit und erhalten **keinen selbständigen innerstaatlichen Geltungsgrund:** Ihre innerstaatliche Geltung hängt von ihrer vr ab (Adoption, Vollzugsbefehl; irreführend, aber gebräuchlich: generelle Transformation – Rz 572ff). **320**

Deshalb ist auch die **deutsche Übersetzung,** die einem nicht in deutscher Sprache abgefassten multilateralen Vertrag (und das sind alle universellen Konventionen und Europarats-Abkommen) bei der Kundmachung im BGBl beigegeben wird, **weder authentischer Text noch** der für die österreichischen Vollzugsorgane **maßgebende Text.** Letzteres ist schon durch die in jedem solchen Vertrag enthaltene Bestimmung über die authentischen Texte ausgeschlossen. Das *Vollzugsorgan* hat daher bei der *Interpretation* im Zweifel auf die *authentischen Texte* zurückzugreifen (D 17). Allerdings hat sich seit längerem aus praktischen Erwägungen die Übung eingebürgert, bei mehrsprachigen multilateralen Verträgen dem Nationalrat neben der deutschen Übersetzung nur den englischen und den französischen Text zuzuleiten und auch nur diese im BGBl kundzumachen. Das dürfte auch den Sprachkenntnissen der rechtsanwendenden Organe entsprechen. **321**

Bei Staatsverträgen, die gem Art 50 Abs 1 B-VG genehmigungspflichtig sind, *kann* der *Nationalrat* beschließen (Art 50 Abs 2 B-VG) – bei anderen Staatsverträgen kann das zu seinem Abschluss *zuständige Organ* dies anordnen (Art 65 Abs 1, Art 66 Abs 2 und 3 B-VG) –, dass sie durch *Erlassung* von *Gesetzen* bzw von *VO* zu erfüllen (**Erfüllungsvorbehalt** – D 12, 18) sind. Solche Staatsverträge werden zusammen mit dem betreffenden Beschluss bzw der betreffenden Anordnung im BGBl kundgemacht; sie gelten innerstaatlich, sind aber nicht wirksam. Aus ihnen können unmittelbar keine Ansprüche geltend gemacht werden; ihre innerstaatliche Wirksamkeit hängt demzufolge vom Erlass des Gesetzes bzw der VO ab (spezielle Transformation – D 16). **322**

Gelegentlich wird der Erlass des Erfüllungsgesetzes bzw der Erfüllungsverordnung aber unterlassen, weil das zuständige Organ der Meinung ist, dass sämtliche Tatbestände des Übereinkommens innerstaatlich in Gesetzen und anderen Rechtsvorschriften bereits geregelt seien *(Parallel-Abkommen).* **323**

Die Wahl zwischen der unmittelbaren Anwendung eines Staatsvertrages oder seiner Durchführung durch innerstaatliche Rechtsvorschriften durch die in Rz 322 genannten Organe wird praktisch von zwei Überlegungen bestimmt: Die erste betrifft den sog *Self-executing-Charakter* der Vertragsbestimmungen. **Self-executing** ist eine Vertragsbestimmung dann, wenn der *Normadressat* (Anspruchsberechtigte) so bezeichnet und der *Norminhalt* (Anspruch) so formuliert sind, dass die *innerstaatlichen Vollzugsorgane* die Bestimmung *ohne weiteres anwenden* können (Rz 578). Diese Eigenschaft kann ein Vertrag insgesamt haben, ebenso aber auch nur einzelne seiner Bestimmungen. Fehlt diese Eigenschaft, so kann die Norm innerstaatlich nur im Wege der Durchführung durch innerstaatliche Vorschriften angewendet werden (D 18). **324**

325 Die zweite Überlegung bezieht sich auf die Struktur der innerstaatlichen Rechtsordnung. Wenn ein zur innerstaatlichen Anwendung bestimmter, generelle Vorschriften enthaltender Vertrag für einen Sachbereich geschlossen wird, in dem innerstaatliches Recht und/oder innerstaatlich anwendbare vr Verträge schon in großer Dichte bestehen, legt die unmittelbare Anwendung den Vollzugsorganen eine große Bürde auf, weil sie uU komplexe Derogationsprobleme zu lösen haben. In einem solchen Fall ist der Erfüllungsvorbehalt selbst bei Verträgen, deren Vorschriften *self-executing* sind, zweckmäßig, weil er eine einheitliche Anwendungspraxis sichert und somit der Rechtssicherheit dient.

2. Interpretation

326 Aufgabe der Interpretation einer Vertragsbestimmung ist die **Ermittlung** jenes **Sinnes,** der dem **Willen** der **Vertragsparteien** entspricht. Bis zur WVK gab es in der wissenschaftlichen Lehre und, von ihr beeinflusst, in der Staatenpraxis zwei grundsätzliche Auffassungen darüber, woraus sich dieser Sinn ermitteln lässt. Nach der einen Ansicht **(„objektive" Theorie)** drücken die Parteien ihren **Willen im Vertragstext** aus, sodass die Aufgabe der Interpretation in erster Linie in der Ermittlung des Sinngehaltes des Wortlauts der Vertragsbestimmungen besteht.

327 Nach der anderen Auffassung **(„subjektive" Theorie)** ist der wahre Wille der Parteien nicht notwendigerweise im Text ausgedrückt, weil die bei Vertragsabschluss bestehenden politischen oder wirtschaftlichen Umstände oder die Ungeschicklichkeit der Unterhändler und vieles andere mehr dies verhindern können. Der Ausleger muss daher va die **Umstände beim Vertragsabschluss** untersuchen und daraus den Willen der Parteien erkennen.

328 Die **WVK** hat die Kontroverse zwischen diesen beiden Standpunkten nicht beseitigt. Sie hat sie aber insoweit beendet, als sie eine **pragmatisch modifizierte Form** der **„objektiven" Theorie** als Auslegungsregel enthält. Die pragmatische Modifikation besteht darin, dass der Zusammenhang des Textes (Kontext) über das übliche Wortverständnis hinaus durch Elemente, die der zweiten Ansicht entstammen, erweitert wurde (Rz 332f).

329 Die Wahl dieser Lösung ist auf zwei *Schwächen* der *„subjektiven" Theorie* zurückzuführen. Zum einen ist dieses Auslegungsverfahren, obgleich es möglicherweise bei bilateralen Verträgen zu brauchbaren Ergebnissen führt, bei *multilateralen Verträgen unzweckmäßig:* Denn abgesehen von der theoretischen Frage, ob sie sich infolge ihres objektiven Charakters (Rz 243) für diese Art von Interpretation eignen, muss bei ihnen berücksichtigt werden, dass viele *Staaten* ihnen *beitreten, ohne* an der *Textausarbeitung* und *-annahme mitgewirkt* zu haben. Diesen Staaten steht zur Entscheidung über ihren Beitritt nur der Text im Zusammenhang zur Verfügung und nicht das auf die ursprünglichen Verhandlungspartner beschränkte Wissen über die Umstände beim Vertragsabschluss, die für sie auch gar nicht maßgebend sein können.

330 Zum anderen gibt das zweite Interpretationsverfahren dem *Ausleger,* indem es ihn von der Bindung an den Text befreit, fast unbeschränkte *gestalterische Freiheit.* Es verstärkt dadurch in einem Streitentscheidungsverfahren

(Rz 1969 ff) das aleatorische Element, wodurch den Parteien eine einigermaßen sichere Entscheidungserwartung unmöglich wird (Rz 1971 ff). Das muss wiederum negativ auf ihre Bereitschaft, sich einem solchen Verfahren zu unterziehen, wirken.

a) Völkerrechtliches Verfahren

Die WVK regelt in erster Linie den Interpretationsvorgang und enthält nur wenige dabei zu beachtende materielle Vorschriften. **331**

Ausgangspunkt der Auslegung ist die **gewöhnliche Bedeutung** der Bestimmungen (zur speziellen Bedeutung von Ausdrücken Art 31 Abs 4) in ihrem **Zusammenhang** (Art 31 Abs 1 – D 19). **332**

Zu diesem Zusammenhang gehören nach Art 31 Abs 2 nicht nur der gesamte Text samt Präambel, sondern auch Übereinkünfte bei Vertragsabschluss oder einseitige Erklärungen einer Vertragspartei, die von den anderen angenommen wurden (zB interpretative Erklärungen – Rz 295; D 14). Zusätzlich zu diesem Zusammenhang sind spätere Übereinkünfte zwischen den Vertragsparteien, Übungen bei der Anwendung des Vertrages (Rz 539) und alle einschlägigen Völkerrechtsnormen zu berücksichtigen (Art 31 Abs 3). **333**

Die **vorbereitenden Arbeiten (travaux préparatoires:** Vertragsentwürfe, Verhandlungsprotokolle) und die Umstände beim Vertragsabschluss sind in erster Linie zur **Bestätigung** der **Textauslegung** heranzuziehen. Nur wenn diese die Bedeutung **mehrdeutig** oder **dunkel** lässt oder zu einem **offensichtlich sinnwidrigen** oder **unvernünftigen Ergebnis** führt, dürfen sie *direkt* der *Bedeutungsbestimmung* dienen (ergänzende Auslegungsmittel; Art 32). **334**

Ein besonderes Problem ergibt sich bei der Interpretation multilateraler Verträge, die in **mehreren Sprachen** *gleicherweise* **authentisch** sind. Das trifft auf alle universellen Verträge zu, die unter den Auspizien der VN oder einer Spezialorganisation (Rz 989) ausgearbeitet werden. Vertragssprachen sind dabei üblicherweise: Arabisch, Chinesisch, Englisch, Französisch, Russisch und Spanisch. Bei den Konventionen des Europarats sind der englische und französische Text authentisch. Zwar wird *vermutet,* dass die Ausdrücke in jedem authentischen Text *dieselbe Bedeutung* haben (Art 33 Abs 3). Tatsächlich ist das aber manchmal nicht der Fall, weil beispielsweise die juristischen Begriffe in den Staaten, die den Sprachen zuzuordnen sind, zu verschieden sind. **335**

Lässt sich ein Bedeutungsunterschied durch die Textinterpretation und die ergänzenden Auslegungsmittel nicht beseitigen, so ist in einem Gestaltungsakt jene Bedeutung anzunehmen, die *im Lichte* von *Ziel* und *Zweck* des Vertrages (Rz 339) die *verschiedenen Bedeutungen* am besten miteinander in *Einklang* bringt. **336**

b) Materielle völkerrechtliche Regeln

Die WVK nennt nur zwei materielle Regeln, die bei der Vertragsinterpretation zu beachten sind: Treu und Glauben sowie Ziel und Zweck des auszulegenden Vertrages (Art 31 Abs 1). **337**

338 Dass ein Vertrag nach **Treu** und **Glauben** zu erfüllen (Rz 310) und daher auch auszulegen ist, entspricht einem ARG (Rz 445) und den Grundsätzen der SVN, wie sie in der „*Friendly-Relations*-Deklaration“ der GV der VN 1970 und der Schlussakte der KSZE 1975 näher umschrieben wurden (Rz 2087; D 214, 215).

339 Der Bezug auf **Ziel** und **Zweck** des auszulegenden Vertrages verweist auf die **teleologische Komponente** des Interpretationsprozesses (D 13, 19). Gemeint ist damit allerdings nicht, dass der Ausleger, von Ziel und Zweck des Vertrages ausgehend, die Vertragsbestimmungen frei gestalten darf. Er hat nur die Bestimmungen des Vertrages von dessen Funktion her zu begreifen. Ziel und Zweck eines Vertrages ergeben sich üblicherweise aus dessen Präambel, manchmal auch aus programmatischen Artikeln. Jüngste Untersuchungen haben allerdings ergeben, dass diese Interpretation bei vielen multilateralen Verträgen kein verwertbares Ergebnis liefert. Auch die dann heranzuziehenden ergänzenden Auslegungsmittel (Rz 334) helfen meist nicht weiter. Es ist daher zweifelhaft, ob der Verweis auf Ziel und Zweck in zwischenstaatlichen Streitigkeiten eine tatsächlich objektivierbare Schranke der Teleologie abgibt (Rz 301).

340 Dieses Verständnis von Ziel und Zweck wird bestätigt durch zwei damit zusammenhängende, von der internationalen Rechtsprechung entwickelte und ins VGR eingegangene materielle Auslegungsgrundsätze: Der eine Grundsatz, bekannt unter mehreren Bezeichnungen, wie **favor contractus, effet utile** oder **„ut res magis valeat quam pereat“,** besagt, dass in Zweifelsfällen Vertragsbestimmungen so auszulegen sind, dass der Vertragszweck erreicht wird (Effektivität – Rz 69 ff; D 20 a); allerdings nur so weit, als dadurch nicht andere Vertragsbestimmungen verletzt werden (D 20 b).

341 Der andere Grundsatz, der von der Souveränität der Staaten ausgeht, wird in der Literatur oft missverständlich in dem Satz formuliert, dass Beschränkungen der staatlichen Freiheit restriktiv auszulegen seien. Das gilt aber nur im Zweifel (D 20 c) und bedeutet nicht, dass klare Vertragspflichten restriktiv aufzufassen sind (D 20 d). **Nur** im **Zweifel** dürfen Verpflichtungen, dh eben **Beschränkungen** der **staatlichen Freiheit, nicht vermutet** werden („*Lotus-Prinzip*“ – D 3 a). Selbst dann ist das Prinzip aber mit großer Zurückhaltung und nur nach Ergebnislosigkeit aller Interpretationsversuche zur Beseitigung des Zweifels anzuwenden. Im Bereich des *Menschenrechtsschutzes* zeigt sich auch, dass *internationale Überwachungsorgane* eher zu einer *extensiven Interpretation* neigen (Rz 1388 ff, 1436 ff, 1619 ff).

342 *Keine Anwendung findet* der Grundsatz bei der Auslegung von **Satzungen von IO,** die **erweiternd ausgelegt** werden (Rz 930). Nach dem **Gutachten** des **IGH** über **Entschädigung für im Dienste der VN erlittene Schäden 1949** (sog *Bernadotte-Fall* – D 103) wurden dazu ursprünglich die angeführten Kompetenzen durch **„vermutete“ Kompetenzen (implied powers)** ergänzt. Seit dem **Gutachten** des **IGH** über **Bestimmte Ausgaben der VN 1962** (D 136) werden die allgemeiner formulierten **Aufgaben** der **Organisation (functions)** als Ansatzpunkt für die erweiternde Interpretation benützt, weshalb man von **funktioneller Interpretation** spricht. Der nächste Schritt wäre die an dem am allgemeinsten formulierten **Zweck der Organisation** anknüp-

fende **teleologische Interpretation,** deren Anwendung auf IO von den *Staaten* aber wegen der aus ihr folgenden großen Handlungsfreiheit der IO *abgelehnt* wird.

c) Innerstaatliche Interpretation völkerrechtlicher Verträge

Da Verträge bei unmittelbarer innerstaatlicher Anwendung (Rz 320; siehe aber Ausnahme: Gesetze, die gem Art 50 Abs 2 B-VG, und VO, die gem Art 65 Abs 1 B-VG erlassen werden – Rz 322) VR bleiben, haben somit auch die **innerstaatlichen Rechtsanwendungsorgane** bei ihrer Interpretation die **vr Regeln** anzuwenden, die in der Form der Normen der WVK als Vertragsbestimmungen, sonst als VGR innerstaatlich geltend und wirksam sind. Schwierigkeiten können sich bei einem Widerspruch zwischen innerstaatlichen Interpretationsregeln (mit denen das Vollzugsorgan vertraut ist) und den vr ergeben. Weitere Probleme können bei der Interpretation multilateraler Verträge wegen des nicht authentischen deutschen Textes (Rz 321) und der Mehrsprachigkeit entstehen. **343**

So sehr also die *Interpretation und Anwendung vr Verträge durch innerstaatliche Organe,* va Gerichte, in Rechtsstaaten eine zusätzliche Garantie ihrer Erfüllung bietet, so sehr steht sie andererseits einer *einheitlichen Interpretation und Anwendung entgegen.* Dies ist insbes bei standardsetzenden multilateralen Verträgen (Rz 244) problematisch. **344**

E. Die Änderung völkerrechtlicher Verträge

Literatur: *Hoyt,* The Unanimity Rule in the Revision of Treaties (1959); *Leca,* Les techniques de révision des conventions internationales (1961); *Adede,* Amendment Procedures for Conventions with Technical Annexes: The IMCO Experience, VirgJIL 17 (1977) 201; *Karl,* Vertrag und spätere Praxis im Völkerrecht (1983).

Eine Änderung *(Revision)* bestehender vr Verträge ist gem Art 39 durch eine **Übereinkunft** zwischen den *Vertragsparteien,* auf die die Bestimmungen über den Vertragsabschluss (Rz 276 ff) anzuwenden sind, möglich. Außerdem besteht die Möglichkeit einer zuerst faktischen, dann in VGR übergehenden Änderung durch die **übereinstimmende Anwendungspraxis** der Vertragsparteien (Rz 214, 538). **345**

Wenn bei der Änderung multilateraler Verträge nicht alle Vertragsparteien der ersten Konvention auch Vertragsparteien der Revisionskonvention werden, so ist die Situation nach den Vorschriften des Art 30 über die Anwendung aufeinander folgender Verträge über denselben Gegenstand (Rz 418 f) zu behandeln (Art 40 Abs 4). **346**

Ausnahmsweise gilt aber ein Staat, der nur Vertragspartei der Revisionskonvention wird, ohne der ersten Konvention angehört zu haben, gegenüber den Vertragsparteien dieser ersten Konvention, die nicht auch Vertragsparteien der Revisionskonvention werden, als Vertragspartei des ursprünglichen Vertrages (Art 40 Abs 5 lit b). Diese Bestimmung ist insbes für technische Konventionen, die in regelmäßigen Abständen revidiert werden (zB Weltpostvertrag – Rz 2201 ff), wichtig. **347**

348 Das Recht stellt ein statisches Element im dynamischen gesellschaftlichen Prozess dar und muss daher in Bereichen, in denen starke *gesellschaftliche* oder *technische Veränderungen* stattfinden, an diese angepasst werden. Deshalb *sehen multilaterale Konventionen,* die solche Bereiche regeln, die Möglichkeit ihrer *Revision* meist *selbst,* manchmal sogar *periodisch, vor.*

349 Das ist bei manchen Satzungen von IO (zB Art 109 SVN – D 1), bei vielen technisch-administrativen Konventionen, in zunehmendem Maße aber auch bei politisch bedeutsamen multilateralen Verträgen der Fall, auf deren Abschluss die Großmächte drängten (zB Art VIII Nonproliferationsvertrag 1968 – Rz 1821). Eben wegen des Interesses der Großmächte wollten sich die anderen Staaten eine Überprüfung des Vertrages im Lichte seiner Anwendungspraxis sichern.

350 Innerstaatliche Probleme können in Österreich dann entstehen, wenn der Revisionsvertrag den ersten Vertrag nicht für alle Vertragsparteien ersetzt (Rz 346, 413). Die Lösung des Art 40 Abs 5 lit b ist in Österreich nicht nachvollziehbar, weil hinsichtlich des ersten Vertrages weder Bindungswille noch (allenfalls notwendige) parlamentarische Genehmigung noch Kundmachung im BGBl vorliegen.

F. Die Endigung völkerrechtlicher Verträge

Literatur: *Scheuner,* Conflict of Treaty Provisions with a Peremptory Norm of General International Law and its Consequences, ZaöRV 27 (1967) 520; *Capotorti,* L'extinction et la suspension des traités, RdC 134 (1971) 419; *Cahier,* Les caractéristiques de la nullité en droit international et tout particulièrement dans la Convention de Vienne de 1969 sur le Droit des Traités, RGDIP 76 (1972) 645; *Ténékides,* Les effets de la contrainte sur les traités à la lumière de la Convention de Vienne du 23 mai 1969, AFDI 20 (1974) 79; *Simma,* Zum Rücktrittsrecht wegen Vertragsverletzung nach der Wiener Konvention von 1969, FS *von der Heydte* (1977) 615; *Melichar,* Zur Wirkung der Suspension eines Staatsvertrages auf seine innerstaatliche Anwendbarkeit in Österreich, FS *Baltl* (1978) 349; *Simma,* Termination and Suspension of Treaties: Two Recent Austrian Cases, CYIL 21 (1978) 74; *de Jong,* Coercion in the Conclusion of Treaties, NYIL 15 (1984) 209; *Rosenne,* Breach of Treaty (1985); *Pott,* Clausula rebus sic stantibus (1992).

351 *Verträge,* die auf *unbestimmte* Zeit geschlossen worden sind, können, abgesehen von einer Einigung der Parteien darüber, auf zweierlei Art beendet werden: durch eine *Anfechtung,* in der *behauptet* wird, dass der *Vertrag nicht gültig* zu Stande gekommen sei; oder durch die *Auflösung* (bzw *Kündigung* oder *Suspendierung*) des *gültig* zu Stande gekommenen und *aufrechten Vertrages.* Obwohl beide Begehren auf Beseitigung des Vertrages gerichtet sind, haben sie verschiedene Wirkungen und verschiedene Folgen, insbes für die bis zur Endigung erbrachten oder zu erbringenden Vertragsleistungen (Rz 397 ff).

352 Die *Obsoleterklärung* eines Vertrages oder einzelner Vertragsbestimmungen (Rz 3169) gehört nicht in diesen Zusammenhang, weil es sich dabei bloß um die Feststellung *(deklaratorischer Akt)* eines durch die Anwendungspraxis (Nichtanwendung, *desuetudo*) bereits eingetretenen Zustandes (Rz 345) handelt.

1. Die Anfechtung

Bei der Anfechtung wird ein **Fehler** im **Vertragsband** behauptet. Ein solcher kann durch einen Willensmangel hervorgerufen werden oder – und das ist eine Neueinführung der WVK – durch die Verletzung von *ius cogens.* 353

a) Wegen eines formellen Willensmangels

Wurde der Vertragswille eines Staates unter **offenkundiger Verletzung** einer **grundlegenden Bestimmung** seines **innerstaatlichen Rechts** über die **Zuständigkeit** zum **Abschluss** von Verträgen ausgedrückt, so ist der Vertrag ungültig und kann angefochten werden (Art 46 Abs 1; Ausnahme: Rz 385). **Offenkundig** ist die Verletzung dann, wenn sie für jeden Staat, der sich hierbei im *Einklang mit* der *allgemeinen Übung* und *nach Treu und Glauben* verhält, **objektiv erkennbar** ist (Legaldefinition – Art 46 Abs 2). Ein österreichisches Beispiel wäre etwa die Ratifikation eines das B-VG ändernden Staatsvertrages (zB über die Mitgliedschaft bei der NATO) durch den Bundespräsidenten ohne vorherige Genehmigung durch den Nationalrat (und Bundesrat). 354

Durch *diese Bestimmung* wird eine *lange wissenschaftliche Kontroverse* darüber *beendet,* ob *subjektives Wissen* um die Verletzung *oder objektive Erkennbarkeit ausschlaggebend* für die Möglichkeit zur Anfechtung seien. Obwohl nach westeuropäischem Rechtsverständnis dem subjektiven Wissen oder Wissenmüssen der Vorzug zu geben wäre, war für die Wahl der Lösung in der WVK vermutlich das schwach ausgebildete vr Streitbeilegungsverfahren ausschlaggebend. Subjektives Wissen kann in einem Streit nur durch ein Beweisverfahren geklärt werden, das im Rahmen der vr Streitbeilegungsverfahren gegenwärtig nicht möglich ist (zB Vernehmung am Vertragsabschlussverfahren beteiligter Beamter des Streitgegners als Zeugen unter Wahrheitspflicht; Pflicht des Streitgegners zur Vorlage seiner im Zuge der Vertragsvorbereitung angelegten Akten etc). Da diese Schwäche in näherer Zeit auch nicht behebbar erscheint, lag die Wahl eines objektiven Jedermann-Kriteriums nahe. Dieser Weg wird auch bei der Kodifikation anderer Bereiche des VR, zB der Staatenverantwortlichkeit (Rz 2709), beschritten und ist im innerstaatlichen Recht bei der Beurteilung von Sorgfaltspflichten üblich. 355

Nach dem Wortlaut des Art 46 Abs 1 wird in erster Linie die Verletzung von verfassungsrechtlichen Zuständigkeitsvorschriften als Anfechtungsgrund in Frage kommen. Mittelbar kann aber auch die Verletzung materieller Vorschriften relevant sein, dann nämlich, wenn der Widerspruch einer Bestimmung des abzuschließenden Vertrages zu bestehendem innerstaatlichen Recht eine andere Zuständigkeit zum Vertragsabschluss verlangt hätte (zB Ratifikation mit Genehmigung des Parlaments statt Unterzeichnung). Gerade in diesem Zusammenhang wird die Bedeutung des Maßstabes der Offenkundigkeit augenfällig: Rechtsauffassungen, die auch in der Rechtswissenschaft des betreffenden Staates umstritten sind, können nicht als offenkundig gelten. 356

Eine weitere Anfechtungsmöglichkeit wegen des Vorliegens eines formellen Willensmangels besteht nach Art 47 in dem *seltenen* Fall, in dem die *Ermächtigung* zur Erklärung der *Zustimmung* zum Vertrag einer *Beschrän-* 357 *kung* unterworfen war, die den anderen Verhandlungsstaaten vor Vertragsabschluss *notifiziert* worden war, dann aber *nicht eingehalten* wurde. Dasselbe wird wohl zu gelten haben, wenn eine derartige Beschränkung in der Vollmacht des Vertreters enthalten ist. Vr unerheblich ist hingegen eine Verletzung des (inneren) Verhandlungsauftrages (der Instruktionen), weil dieser den übrigen Verhandlungspartnern nicht offiziell bekannt gegeben wird.

b) Wegen materieller Willensmängel

358 Von den in dieser Rechtsfigur vorkommenden Tatbeständen sind mehrere dem Grunde nach aus dem Zivilrecht bekannt. Jedoch braucht ihr vr Inhalt nicht unbedingt mit dem eines innerstaatlichen Rechts, insbes dem des österreichischen, übereinzustimmen.

359 Ein **Irrtum** ist rechtserheblich, wenn er eine **Tatsache oder Lage** betrifft, deren Bestehen ein Staat im Zeitpunkt seiner Zustimmung, durch den Vertrag gebunden zu sein, annimmt und die eine **wesentliche Grundlage** für seine **Zustimmung** bildet (Art 48 Abs 1), **es sei denn,** er hat **selbst zu** dem **Irrtum beigetragen** oder er **musste** mit der **Möglichkeit** eines **Irrtums rechnen** (Art 48 Abs 2).

360 **Betrug** bzw betrügerisches Verhalten werden in Art 49 WVK nicht definiert. Es muss zur Inhaltsbestimmung daher auf ARG (Rz 427 ff) zurückgegriffen werden.

361 **Zwang gegen** einen **Staat** ist dann ein Anfechtungsgrund, wenn ein Vertragsabschluss durch Drohung mit oder Anwendung von Gewalt *(force)* unter Verletzung der in der SVN niedergelegten Prinzipien des VR (Rz 1813, 1938 ff) herbeigeführt wird (Art 52). Nicht als Zwang im Sinne dieser Bestimmung sind daher ua anzusehen: das Machtpotenzial einer Großmacht, das beim Verhandlungspartner Furcht erweckt, obwohl die Großmacht nicht mit Gewalt droht; die Drohung mit der Nichtgewährung von Entwicklungshilfe; die nachdrückliche Vorsprache eines diplomatischen Vertreters des Vertragspartners.

362 Nachdem sich eine Ausweitung des Zwangsbegriffes im Text der WVK selbst als unmöglich erwiesen hatte, beschloss die *Wiener Vertragsrechtskonferenz* aber eine *Deklaration.* Darin *verurteilte* sie *jede Form* von Drohung mit oder Anwendung von *Druck (pressure)* zur Herbeiführung eines Vertragsabschlusses, also auch politischen oder wirtschaftlichen Druck, als Verletzung der Grundsätze der souveränen Gleichheit (Rz 2086) und der Zustimmungsfreiheit.

363 *Neuerungen* gegenüber dem „klassischen" VR sind die Anfechtungsmöglichkeiten wegen **Bestechung** eines **Staatenvertreters** (Art 50) oder wegen **Zwang** gegen diesen (Art 51). Denn hier wird die traditionelle Schranke der Abstraktion „Staat" durchbrochen und ein staatliches Organ unmittelbar zum Gegenstand einer vr Regelung gemacht.

c) Wegen Verletzung von ius cogens

364 Die theoretische Notwendigkeit des Bestehens von *ius cogens* im VR wurde va von *Verdross* (*Forbidden Treaties in International Law,* AJIL 31

[1937] 571 – Rz 161) nachgewiesen. Es gab und gibt aber beachtliche Teile der Völkerrechtslehre, die dieses Konzept wegen des Mangels eines spezifischen Verfahrens zur Erzeugung von *ius cogens* ablehnen. Dieser Einwand ist berechtigt. Jedoch übersehen die Kritiker, dass zwingendes VR, auch wenn es keine besondere formale Qualität aufweist, **Ausdruck** der **grundlegenden** und **unabdingbaren Werte** ist, die hinter der Völkerrechtsordnung stehen (Rz 30f). Die Tatsache, dass infolge des Wertpluralismus in der internationalen Gesellschaft eine allgemeine Wertübereinstimmung nur punktuell besteht (Rz 27ff, 2762ff), ist zwar beklagenswert, jedoch kein zureichender Grund, das Bestehen von zwingendem Recht grundsätzlich zu leugnen.

Der Meinungsstreit ist durch die WVK insofern beendet worden, als **365** die in sie aufgenommenen Bestimmungen Zeugnis für die grundsätzliche Übereinstimmung in der Staatengesellschaft über das Bestehen von *ius cogens* ablegen. Die theoretische Frage wird deshalb hier nicht weiter behandelt.

Für die Zwecke der Konvention enthält *Art 53* eine – allerdings *unbe-* **366** *friedigende – Definition* von *ius cogens.* Abgesehen von ihrem tautologischen Charakter ist die Definition deshalb unbefriedigend, weil sie zu stark auf praktisch unerfüllbare formale Kriterien und zu wenig auf den Wertinhalt abstellt.

Die **„Annahme** und **Anerkennung** durch die **Staatengemeinschaft** in **367** ihrer **Gesamtheit“** ist, wenn darunter die Annahme und Anerkennung durch „alle“ Staaten verstanden wird, praktisch *kaum nachweisbar.* Sind darunter aber nicht „alle“ Staaten (im Sinne jedes einzelnen) gemeint, sondern die „Allgemeinheit“ der Staaten (Konsensus – Rz 1059ff), dann unterscheidet sich dieses Verfahren nicht von dem zur Erzeugung sonstigen universellen VR. Im Rahmen dieses Verfahrens fehlt aber die Möglichkeit, den „zwingenden“ Charakter einer Norm förmlich auszudrücken: Er ergibt sich nur aus der besonderen Qualität der Rechtsüberzeugung der VRS, die wiederum auf ihren Wertvorstellungen beruht, aber nicht Gegenstand des äußerlich erkennbaren Verhaltens ist. Ihr Ursprung in den von der „Allgemeinheit“ der Staaten gemeinsam geteilten, grundlegenden und unabdingbaren Werten lässt sich nur in einer Untersuchung nachweisen, nicht aber an der Norm selbst ablesen. Die Wiener Vertragsrechtskonferenz konnte sich deshalb auch nicht auf einen Katalog des bestehenden zwingenden VR einigen. Die Übereinstimmung ging über das grundsätzliche Bestehen von *ius cogens* nicht hinaus (vgl Rz 30f).

Widerspricht ein **Vertrag** im Zeitpunkt seines Abschlusses einer **zwin-** **368** **genden Norm** des universellen VR, so ist er **nichtig** und kann *von jeder Vertragspartei* – nicht jedoch von irgendeinem anderen Staat – *angefochten* werden (Art 53).

Atypisch ist die Möglichkeit zur Anfechtung eines Vertrages wegen **ius** **369** **cogens superveniens:** Entsteht nämlich eine neue zwingende vr Norm, so wird jede ihr widersprechende Vertragsbestimmung (bzw der ganze Vertrag) nichtig und erlischt (Art 64). Obwohl es sich bei der Geltendmachung dieses Grundes formell um eine Anfechtung handelt, gleicht der Fall in den Folgen der Auflösung (Rz 397ff).

2. Kündigung/Auflösung (oder Suspendierung)

370 Die Endigung vr Verträge, die auf unbestimmte Zeit geschlossen wurden und keine Kündigungsklausel enthalten, ist das vielleicht problematischste Kapitel des Vertragsrechtes: Es muss nämlich ein **Ausgleich** (Rz 239) gefunden werden zwischen dem grundsätzlichen Interesse an der Einhaltung von Verpflichtungen **(„pacta sunt servanda")** und der gesellschaftlichen Dynamik, die diese Einhaltung unzumutbar machen kann **(rebus sic stantibus – peaceful change).** Gelegentlich wird aus dem Grundsatz pacta sunt servanda auch das Prinzip der annähernden Vertragsanwendung abgeleitet (vergleiche D 23c). Danach müsse ein Vertrag, wenn er auf Grund des Verhaltens einer Partei nicht wortgetreu angewendet werden könne, so angewendet werden, dass er seinem Hauptziel am nächsten komme. Allerdings gibt es dafür keine Belege in der Praxis.

371 Die *WVK* erweckt zwar sprachlich den Eindruck des **favor contractus,** indem sie die Bestimmungen über die Kündigung (Art 56) und über die grundlegende Änderung der Umstände (Art 62 Abs 1 – Rz 382) – Kernstück der Auflösungsgründe – negativ formuliert („kann nicht . . . geltend gemacht werden, es sei denn . . ."). Sie hat aber in Wahrheit eine eher gegenteilige Tendenz, wie folgendes Beispiel zeigt:

372 In der anglo-amerikanischen Theorie wurde vielfach die grundlegende Änderung der Umstände als Auflösungsgrund bestritten, dafür aber die Kündbarkeit jedes Vertrages behauptet. Die europäische Theorie verteidigte *rebus sic stantibus,* lehnte aber die Kündbarkeit ohne Kündigungsklausel ab. Die Wiener Vertragsrechtskonferenz nahm als Kompromiss beide Möglichkeiten in die WVK auf!

a) Die Kündigung (bzw der Rücktritt)

373 Von **Kündigung** spricht man beim **zweiseitigen,** von **Rücktritt** beim **mehrseitigen Vertrag.** Gem Art 56 Abs 1 ist die Kündigung (bzw der Rücktritt) **auch** beim **Fehlen** einer diesbezüglichen **Vertragsbestimmung** zulässig, **wenn** feststeht, dass die **Vertragsparteien** sie **zulassen wollten oder** sich das **Recht** dazu **aus** der **Natur** des **Vertrages** herleiten lässt.

374 *Beide Kriterien* sind *unpräzise.* Ob die Parteien eine Kündigung zulassen wollten, wird sich, wenn sie es nicht im Vertrag festgelegt haben oder es eindeutig aus den vorbereitenden Arbeiten hervorgeht, als strittige Frage erweisen. Eine Einigung darüber unter den Vertragsparteien wird daher praktisch der einvernehmlichen Auflösung des Art 54 lit b (Rz 377ff) gleichkommen.

375 Die „Natur des Vertrages", an sich kein glücklich gewählter Ausdruck, wird nur in extremen Fällen, zB bei Bündnisverträgen, eine klare Antwort liefern, sonst aber bloß Zweifel. Gemeint sind vermutlich Verträge über bestimmte Angelegenheiten, wie Handel oder Niederlassung, die üblicherweise eine Kündigungsklausel enthalten und daher auch dann kündbar sein sollen, wenn eine solche einmal fehlt. Aber diese Argumentation stellt auf den Vertragsgegenstand ab, nicht auf die Natur des Vertrages, was immer das sein mag.

Die Kündigung (bzw der Rücktritt) wird nach zwölf Monaten wirksam (Art 56 Abs 2; hinsichtlich der innerstaatlichen Zuständigkeit in Österreich siehe Rz 391). **376**

b) Die Auflösung oder die Suspendierung

Auflösung ist die **endgültige Beseitigung** des **Vertragsbandes** (Art 70), **Suspendierung** die **zeitweilige Aussetzung** der **Vertragsleistungen** (Art 72). Beide sind, abgesehen von einer allfälligen Regelung im Vertrag, auch im Einvernehmen der Vertragsparteien möglich (Art 54, 57). Die Bestimmungen der WVK über die Auflösungsgründe sehen immer die Möglichkeit der Suspendierung an Stelle der Auflösung (D 21) vor; manchmal ist nur die Suspendierung erlaubt (Rz 380). **377**

Auflösungsgründe sind: **378**

1) Die **Vertragsverletzung** durch eine andere Partei (Art 60 – Rz 2744f, 2831ff), wenn sie **erheblich** ist. Nach Art 60 Abs 3 gelten als erhebliche Verletzungen **(material breach)** eine allgemeine Erfüllungsverweigerung aus Gründen, die in der WVK nicht vorgesehen sind, oder die Verletzung einer Bestimmung, die zur Erreichung von Ziel und Zweck des Vertrages (Rz 339) wesentlich ist (D 21). Nur die Verletzung von Verträgen humanitärer Art gibt keinen Anspruch auf Auflösung (Art 60 Abs 5).

Bei **bilateralen Verträgen berechtigt** erhebliche Vertragsverletzung einer Partei die andere, die Verletzung als Grund für die **Beendigung oder Suspendierung** des Vertrags geltend zu machen (Art 60 Abs 1, D 23c). **379**

Bei **multilateralen Verträgen** ist die Situation **komplex** (Art 60 Abs 2). Eine erhebliche Vertragsverletzung durch eine Partei berechtigt **380**

- *alle anderen Vertragsparteien,* den Vertrag *einvernehmlich* entweder gegenüber dem vertragsbrüchigen Staat oder überhaupt, zur Gänze oder in Teilen, zu *suspendieren* oder zu *beenden* (lit a);
- eine *unmittelbar geschädigte Partei,* die Verletzung im Verhältnis *zum vertragsbrüchigen Staat* als Grund für die *Suspendierung* geltend zu machen (lit b);
- *jede Partei* (außer dem Verletzer), die Verletzung für sich als Grund für die *Suspendierung im Verhältnis zu allen anderen Vertragsparteien* geltend zu machen, wenn die Verletzung die Lage jeder Vertragspartei hinsichtlich der weiteren Erfüllung ihrer Vertragspflichten grundlegend ändert (lit c; *„integrale“ Verträge,* wie Abrüstungs- oder Rüstungskontrollverträge – Rz 1816ff).

2) Die **nachträgliche Unmöglichkeit** der **Erfüllung** (Art 61), die durch das endgültige Verschwinden oder durch die Vernichtung eines zur Ausführung des Vertrages unerlässlichen Gegenstandes entsteht und von der den Anspruch erhebenden Vertragspartei nicht selbst durch die Verletzung einer Vertragsverpflichtung oder einer sonstigen vr Verpflichtung gegenüber irgendeiner Vertragspartei herbeigeführt wurde. **381**

3) Die **grundlegende Änderung** der beim Vertragsabschluss gegebenen **Umstände** (Art 62, D 24, 23e), sofern **382**

- das Vorhandensein dieser Umstände eine **wesentliche Grundlage für** die **Zustimmung** der Parteien, durch den Vertrag gebunden zu sein, war;

- die Vertragsparteien die Änderung **nicht vorhersahen;** da der Ausdruck die „Parteien" als *„alle Parteien"* zu verstehen ist, werden, außer möglicherweise bei bilateralen Verträgen, diese Nachweise allerdings nicht leicht zu erbringen sein;
- die Änderung das Ausmaß der auf Grund des Vertrages **noch zu erfüllenden Verpflichtungen tief greifend umgestalten** würde (Abs 1);
- **und** die den Anspruch erhebende **Vertragspartei nicht selbst** durch die **Verletzung** einer **Vertragsverpflichtung** oder einer **sonstigen vr Verpflichtung gegenüber irgendeiner Vertragspartei** die Änderung **herbeigeführt hat** (Abs 2 lit b).

383 Bei *Verträgen,* die eine *Grenze* (Rz 718 ff) festlegen, kann die grundlegende *Änderung* der Umstände *nicht* geltend gemacht werden (Art 62 Abs 2 lit a). Hier ist die allgemeine Furcht vor einer Lawine daraus folgender Gebietsstreitigkeiten zu groß. Ungeregelt lässt die WVK die Folgen einer sich aus dem Ausbruch von Feindseligkeiten zwischen Staaten ergebenden Änderung der Umstände (Art 73 – Rz 249). Nach VGR ruhen während eines Krieges aber alle friedlichen Beziehungen und damit auch die bisherigen Vertragsbeziehungen mit Ausnahme der für diesen Fall geschlossenen Verträge (Kriegs- und Humanitätsrecht – Rz 2877 ff).

3. Das Verfahren

384 Anfechtungen und Auflösungen (bzw Suspendierungen) aus in der WVK angeführten Gründen dürfen nur in Anwendung des in der WVK vorgesehenen Verfahrens durchgeführt werden (Art 42). Davon ausgenommen sind Auflösungen (oder Suspendierungen), die in dem aufzulösenden Vertrag selbst vorgesehen sind oder die aus nicht in der WVK, sondern im VGR normierten Gründen erfolgen. So kann nach VGR der Neutrale Verträge mit Krieg Führenden, deren Erfüllung den Neutralitätspflichten widerspräche (zB einen Handelsvertrag, der keine Kontrolle des Kriegsmaterialexportes zulässt), für die Dauer des Krieges suspendieren (Art 73 – Rz 249, 3196 ff). Dennoch wird auch in diesen Fällen vom Verfahren der WVK, soweit es auf die anderen Umstände passt, eine gewisse Modellwirkung ausgehen (D 21).

385 *Anfechtungen* wegen Verletzung von innerstaatlichen Bestimmungen über die Zuständigkeit zum Abschluss von Verträgen (Art 46), wegen Überschreitung einer besonderen Beschränkung der Ermächtigung zur Erklärung der Zustimmung zum Vertrag (Art 47), wegen Irrtums (Art 48), wegen Betruges (Art 49) oder wegen Bestechung eines Staatenvertreters (Art 50) und ein Auflösungs-(bzw Suspensions-)Begehren wegen Vertragsverletzung (Art 60) oder wegen grundlegender Änderung der Umstände (Art 62) sind *nicht zulässig,* wenn der betreffende *Staat, nachdem* ihm der *Sachverhalt bekannt geworden* ist, ausdrücklich oder durch sein Verhalten *zu erkennen gegeben* hat, dass er den *Vertrag weiter anwenden will* (Art 45).

386 Kündigungen können überhaupt nur, Anfechtungen und Auflösungen grundsätzlich nur hinsichtlich des gesamten Vertrages geltend gemacht werden (Art 44 Abs 1 und 2).

In den beiden letztgenannten Fällen kann der *Antrag auch* nur auf *einzelne Bestimmungen* zielen: **387**

- wenn die Trennung möglich ist;
- wenn die betroffene Bestimmung nicht wesentliche Grundlage für die Zustimmung der anderen Vertragspartei(en), durch den Vertrag gebunden zu sein, war;
- und wenn die Weiteranwendung der übrigen Vertragsbestimmungen nicht unbillig ist (Art 44 Abs 3).

In den Fällen der Art 51 (Zwang gegen einen Staatenvertreter), 52 **388** (Zwang gegen einen Staat) und 53 (Verstoß gegen *ius cogens*) ist eine Trennung unzulässig (Art 44 Abs 5). Sie ist jedoch zulässig im Falle des Art 64 *(ius cogens superveniens),* da hier kein Verschulden der Vertragsparteien bei Vertragsabschluss vorliegt, das eine pönale Folge rechtfertigte (Rz 369).

Anfechtungen oder **Auflösungs-(**bzw **Suspensions-)Begehren** sind der **389** oder den **anderen Vertragsparteien** zu **notifizieren** (Art 65 Abs 1). Die Notifikation bedarf der **Schriftform** (Art 67 Abs 1).

Erhebt innerhalb der in der Notifikation bezeichneten Frist, die, außer **390** in bes dringenden Fällen, nicht weniger als drei Monate betragen darf, keine Vertragspartei Einspruch, so kann die angekündigte Maßnahme durchgeführt werden (Art 65 Abs 2). Dies geschieht durch eine den anderen Vertragsparteien übermittelte Urkunde, auf deren Ausstellung die Vorschriften des Art 7 Anwendung finden (Art 67 Abs 2).

In *Österreich* richtet sich die Zuständigkeit zur Notifikation gem Art 65 **391** Abs 1, zur Ausstellung der Urkunde gem Art 67 Abs 2 (D 22), aber auch zur Kündigung nach der *innerstaatlichen Zuständigkeit* zum *Vertragsabschluss* (Rz 264ff; D 21). *Begründet* wird das mit einem *Größenschluss:* Wer zum Abschluss zuständig sei, sei es auch für alle anderen mit dem Vertrag zusammenhängenden Handlungen. Wurde der Abschluss durch den Nationalrat genehmigt, so werden diesem, mit Ausnahme von Suspendierungen, auch die Urkunden gem Art 67 Abs 2 bzw die Kündigungen zur Genehmigung vorgelegt. Hinsichtlich der Ausstellung von Urkunden durch Bundesminister gelten wegen des Wortlauts von Art 67 Abs 2 die in Rz 268 behandelten Bedenken.

Vr problematisch ist in diesem Zusammenhang die Zuständigkeit des **392** VfGH nach *Art 140a Abs 1 B-VG,* über die (innerstaatliche) Rechtswidrigkeit von Staatsverträgen zu erkennen: Die in einem solchen Verfahren anzuwendenden verfassungsrechtlichen Maßstäbe decken sich nicht mit den vr Anfechtungs- bzw Auflösungsgründen und können daher zur Staatenverantwortlichkeit führen (Rz 311).

Erhebt eine **andere Vertragspartei Einspruch** gegen die Notifikation, so **393** ist der so entstandene internationale **Streit von** den **Parteien** mit **Mitteln ihrer Wahl** bzw mit Mitteln, zu denen sie sich in besonderen Streitbeilegungsvorschriften (zB Streitbeilegungsvorschrift im umstrittenen Vertrag; bi- oder multilaterales Streitbeilegungsabkommen) verpflichtet haben, **beizulegen** (Art 65 Abs 3 und 4 – Rz 1953ff). Es ist zu bezweifeln, ob das in Art 7 des Vertrages über die Europäische Union (EUV) vorgesehene Verfahren gegen einen Mitgliedstaat, das den übrigen Vertragsparteien das alleinige Entscheidungsrecht zuweist, mit dieser Bestimmung vereinbar ist (Rz 1100, 1106, 1601 f, 3355 ff).

394 Wird mit diesen Mitteln **innerhalb von zwölf Monaten** nach Erhebung des Einspruchs **keine Lösung** erzielt – wobei es zweifelhaft ist, ob ein anhängiges, aber noch nicht abgeschlossenes institutionelles Streitbeilegungsverfahren als Lösung anzusehen ist –, so können:

395 • Streitigkeiten über die Verletzung von **ius cogens** durch einen Vertrag (Art 53 und 64) von jeder Partei ohne weiteres (dh ohne Vorliegen eines anderen zuständigkeitsbegründenden Aktes) dem **IGH** (Rz 1989 ff) zur Entscheidung vorgelegt werden, **sofern** die **Parteien nicht** ein **Schiedsverfahren** (Rz 1979 ff) **vereinbaren** (Art 66 lit a). Allerdings haben sich mehrere wichtige Staaten (zB die damaligen sozialistischen) diese Bestimmung bei der Ratifikation oder beim Beitritt zur WVK vorbehalten. Daher ist ihre praktische Bedeutung, die in der einheitlichen Rechtsprechung zu *ius cogens* besteht, beeinträchtigt (vgl Rz 529).

396 • Streitigkeiten über das Vorliegen **anderer Anfechtungs-** oder **Auflösungsgründe** von jeder Partei durch einen Antrag an den GS der VN einer **Vergleichskommission** (**Conciliation Commission** – Rz 1967) vorgelegt werden, deren Zusammensetzung und Verfahren in einem Anhang zur WVK geregelt sind (Art 66 lit b).

4. Die Folgen

397 Wird eine **Anfechtung** *rechtswirksam,* so ist der **Vertrag nichtig** (Art 69 Abs 1).

398 Im Falle des Art 48 *(Irrtum)* wirkt die Nichtigkeit **ex nunc:** Vertragshandlungen, die vor der Geltendmachung der Anfechtung in gutem Glauben vorgenommen wurden, werden durch sie nicht rechtswidrig. Es kann aber jede Vertragspartei von der oder den anderen verlangen, den *Status quo ante* in ihren Beziehungen so weit wie möglich wiederherzustellen (Art 69 Abs 2).

399 In den Fällen der Art 49 *(Betrug),* 50 *(Bestechung),* 51 *(Zwang gegen Staatenvertreter)* und 52 *(Zwang gegen den Staat)* gilt für die geschädigten Staaten dasselbe. Für den **Staat, dem** die **Rechtsverletzung zuzurechnen** ist, wirkt die Nichtigkeit aber **ex tunc;** ihm stehen die Optionen des Art 69 Abs 2 nicht zu (Art 69 Abs 3).

400 Die *Nichtigkeit* wegen *Verletzung* von **ius cogens** nach Art 53 wirkt **ex tunc** und verpflichtet im Rahmen des Möglichen zur Wiederherstellung des früheren Zustandes in den mit dem zwingenden Recht in Widerspruch stehenden Bereichen (Art 71 Abs 1).

401 Die Nichtigkeit wegen *ius cogens superveniens* (Art 64) wirkt hingegen *ex nunc* und verbietet nur die Aufrechterhaltung jener vor Beendigung des Vertrages begründeten Rechte und Pflichten und der dadurch geschaffenen Rechtslage, die der neuen zwingenden Norm des VR widersprechen (Art 71 Abs 2).

402 Eine *rechtswirksame* **Auflösung beendet** den **Vertrag** und *befreit* die Vertragsparteien von seiner *weiteren Erfüllung, berührt* aber die *vor Beendigung* des Vertrages in seiner Durchführung begründeten Rechte und

Pflichten der Vertragsparteien und ihre dadurch geschaffene *Rechtslage nicht* (Art 70 Abs 1). Für *Kündigung* oder *Rücktritt* vom Vertrag gilt *dasselbe* (Art 70 Abs 2).

Eine rechtswirksame **Suspendierung befreit** die Vertragsparteien **während** ihrer **Dauer** von der **Anwendung des Vertrages,** *berührt* aber die schon *vorher* in seiner Anwendung begründeten *Rechtsbeziehungen nicht* (Art 72 Abs 1). Außerdem dürfen die Parteien während der Suspendierung die Wiederanwendung des Vertrages nicht vereiteln (Art 72 Abs 2 – Rz 284). 403

G. Verträge als Ordnungsinstrument

Literatur: *Aufricht,* Supersession of Treaties in International Law, Cornell Law Quarterly 37 (1952) 655; *Jenks,* The Conflict of Law-Making Treaties, BYIL 30 (1953) 401; *Cahier,* Le problème des effets des traités à l'égard des états tiers, RdC 143 (1974) 589; *Klein,* Statusverträge im Völkerrecht (1980); *Neuhold,* Völkerrechtlicher Vertrag und „Drittstaaten", BerDGVR 28 (1987) 51.

1. Verträge und dritte Staaten

In einem **Vertrag** können für einen an ihm **nicht beteiligten Staat ohne** dessen **Zustimmung weder Rechte noch Pflichten** begründet werden (Art 34). Dieser Grundsatz schließt aber nicht aus, dass eine Vertragsbestimmung durch allgemeine Übung zum Gewohnheitsrecht und als solches für einen Drittstaat verbindlich wird (Art 38). Letzteres ist ein bei kodifikatorischen oder anderen rechtsetzenden multilateralen Verträgen (Rz 245 f) manchmal vorkommender Fall. 404

Sieht ein **Vertrag** für einen **Drittstaat Pflichten** vor, so werden sie für diesen nur verbindlich, wenn er sie **ausdrücklich** und **schriftlich annimmt** (Art 35). 405

Räumt ein Vertrag bestimmten Drittstaaten oder allen anderen Staaten **Rechte** ein und bestimmt nicht selbst über deren Annahme, so wird die **Zustimmung** der **Drittstaaten vermutet,** solange nicht das Gegenteil erkennbar wird (Art 36 Abs 1). Solche Rechte sind im Einklang mit den Vertragsbestimmungen auszuüben (Art 36 Abs 2). Diese Situation ist häufig in den Ordnungsverträgen des Verkehrsrechts zu finden (meist Statut genannt, zB Meerengen-, Kanal- oder Flussstatute – Rz 2257 ff, 2136 ff, 2106 ff). 406

Pflichten, die Drittstaaten gültig auferlegt wurden, dürfen *nur* mit deren und der Vertragsstaaten *Zustimmung aufgehoben* oder *geändert* werden (Art 37 Abs 1). 407

Rechte, die Drittstaaten erwachsen sind, können von den *Vertragsstaaten* dann *nicht aufgehoben* oder *geändert* werden, *„wenn* feststeht, dass *beabsichtigt* war, dass das Recht *nur mit Zustimmung* des *Drittstaats* aufgehoben oder geändert werden kann" (Art 37 Abs 2). Bei Fehlen einer Vertragsbestimmung dieses Inhalts, die nur ausnahmsweise vorkommen wird, wird die geforderte Absicht nur schwer nachzuweisen sein und nur gelegentlich aus der Funktion des Vertrages (Rz 243 – zB als Ordnungsinstrument für einen bestimmten Verkehrsweg) erschlossen werden können. Die Regelung führt also nur zu einem beschränkten Schutz wohlerworbener vr Rechte. 408

2. Verträge untereinander

409 Das Verhältnis mehrerer zeitlich aufeinander folgender vr Verträge über denselben Gegenstand unterscheidet sich in einer Beziehung grundlegend von der gleichen Situation bei Gesetzen: Während Gesetze regelmäßig denselben allgemeinen persönlichen Geltungsbereich haben (sich an alle, an jedermann wenden), haben vr Verträge immer einen *bestimmten persönlichen Geltungsbereich* (die Vertragsparteien), der bei *zwei Verträgen* über *denselben Gegenstand* nur *ausnahmsweise* oder *zufällig identisch* sein wird. Das Problem der Aufeinanderfolge kann im VR also **nicht generell** über die Regel **„lex posterior derogat legi priori"** (Rz 174) gelöst werden, sondern bedarf einer differenzierteren Regelung.

a) Bilaterale Verträge

410 Die Konkurrenz bilateraler Verträge über denselben Gegenstand kann nur auf einen bestimmten Staat bezogen betrachtet werden. Dabei kommt die *lex-posterior-Regel teilweise* zur Anwendung. Schließt dieser Staat nämlich mit demselben anderen Staat zeitlich aufeinander folgende bilaterale Verträge über denselben Gegenstand, die einander wenigstens teilweise widersprechen, so derogiert, wenn die Vertragsparteien nicht den Vorrang eines der beiden Verträge ausdrücklich vereinbaren (Art 30 Abs 2), der spätere Vertrag den widersprechenden Bestimmungen des früheren (Art 30 Abs 3). Die Vertragsparteien können auch die Aufhebung des früheren Vertrages vereinbaren. Er gilt aber selbst ohne eine solche Vereinbarung als beendet, wenn seine Unvereinbarkeit mit dem späteren Vertrag so weit geht, dass er praktisch nicht mehr angewendet werden kann (Art 59 Abs 1).

411 *Komplex* ist die Situation, wenn ein *Staat* mit *verschiedenen* anderen *Staaten bilaterale Verträge* über *denselben Gegenstand* abschließt, die *nicht gleichzeitig erfüllt* werden können, weil die Anwendung (Rz 310 ff) des einen die des anderen ganz oder teilweise ausschließt. Das Verhältnis dieser Verträge zueinander ist, mangels desselben persönlichen Geltungsbereiches, im Rahmen des vr Vertragsrechts nicht lösbar (in der innerstaatlichen Anwendung – Rz 313 ff – möglicherweise über die Derogationsregel). Es tritt vielmehr gegenüber einem Vertragspartner *Staatenverantwortlichkeit* (Rz 2682 ff) ein (Art 30 Abs 5). Eine Regel darüber, welcher der einander widersprechenden bilateralen Verträge zu erfüllen ist, gibt es nicht.

b) Multilaterale Verträge

412 Bei multilateralen Verträgen ist außer dem Parteienbezug auch die Funktion als Ordnungsinstrument (objektiver Vertrag – Rz 243) zu berücksichtigen.

413 1) Im **technisch-administrativen Bereich** kommt es **häufig** zu einer **Aufeinanderfolge** von **Verträgen** über **denselben Gegenstand,** die *denselben persönlichen Geltungsbereich* haben oder anstreben, insbes dann, wenn eine IO (zB Weltpostverein [WPV], *International Telecommunication Union* [ITU]) mit der **periodischen Revision** der ihren Aufgabenbereich regelnden Verträge beauftragt ist (Rz 2201 ff, 2183 ff).

Um den daraus entstehenden Problemen (Rz 346 f) zu entgehen, wurde beispielsweise in der *International Civil Aviation Organization* (ICAO – Rz 2169 ff) für diesen Fall ein Rechtserzeugungsverfahren gewählt, das die *Verbindlichkeit* der *Revision* für *alle Vertragsparteien* sicherstellt (D 25). Seltener ist eine Aufeinanderfolge bei großen Kodifikationskonventionen, obwohl auch dafür die Beispiele der Rotkreuz-Konventionen (humanitäres VR – Rz 2877 ff; D 354–357) oder des Seerechts (Konventionen 1958 – Rz 2229; UN-Seerechtsübereinkommen 1982 – Rz 2233; D 284) genannt werden können. **414**

Ein ähnlicher Fall liegt vor, wenn schon bilaterale oder regionale multilaterale Verträge bestehen und nachher eine weltweite Konvention abgeschlossen wird (Beispiel: EMRK 1950 – Menschenrechtspakte der VN 1966 – Rz 1436 ff, 1383 ff; D 174, 166). **415**

Wird im ersten Fall (Rz 413) die Identität der Vertragsparteien tatsächlich erreicht, oder werden im zweiten (Rz 415) alle Vertragsstaaten eines engeren Vertrages auch Parteien des universellen, so finden die bei den bilateralen Verträgen beschriebenen Vorschriften in Art 30 Abs 2 und 3 sowie Art 59 Abs 1 Anwendung (Rz 410). In der *Praxis* wird aber gerade im Bereich der *Menschenrechte* von dieser Regel zu Gunsten der EMRK *abgewichen, um* eine *Maximierung* der *Rechte* zu Gewähr leisten. **416**

Im *multilateralen Bereich* gibt es auch eine Reihe von Beispielen für **Vorrangsvereinbarungen** iSd Art 30 Abs 2: Art 25 Genfer Übereinkommen über das Küstenmeer und die Anschlusszone 1958; Art 30 Genfer Übereinkommen über die Hohe See 1958; Art 73 Abs 1 Wiener Übereinkommen über konsularische Beziehungen 1963 (D 209). **417**

Wird die *Identität* oder Deckung der *Vertragsparteien* aber *nicht* erreicht, so **418**

- finden zwischen den Staaten, die *Vertragsparteien beider Verträge* sind, die oben beschriebenen Bestimmungen des *Art 30 Abs 3* Anwendung;
- haben *diese Staaten* gegenüber *jenen,* die *nur einem Vertrag* angehören, den *Vertrag* zu erfüllen, dem *beide angehören* (Art 30 Abs 4).

Zwischen den Staaten, die nur dem ersten, und solchen, die nur dem zweiten Vertrag angehören, bestehen keine Vertragsbeziehungen über diesen Gegenstand, ausgenommen im Fall des Art 40 Abs 5 lit b (Rz 347). **419**

Die Regelung des Art 30 Abs 4 ist den *traditionellen* vr *Beziehungen angemessen.* Denn *Leistungen* aus einem Vertrag, die zwischen Staaten zu erbringen sind, sind *individualisierbar,* sodass gegenüber verschiedenen Staaten verschiedene Leistungen erbracht werden können (zB können die Konsuln des Staates A im Staat C andere Funktionen ausüben dürfen als die des Staates B). **420**

Diese Möglichkeit besteht aber dann *nicht,* wenn der Vertrag einen *internationalen Standard* zum Gegenstand hat, der innerstaatlich auf die *Gesamtheit* der *Normadressaten* (Personen) Anwendung finden soll (zB Menschenrechtskonventionen). In diesem Fall ist eine Individualisierung der Leistungen weder mit Ziel und Zweck des Vertrages (Rz 339) vereinbar noch nach der Formulierung seiner Bestimmungen (gesetzähnliche Jedermann-Formulierung) möglich. Eine brauchbare, allgemein gültige Regelung **421** dieses Problems gibt es bisher weder vr noch innerstaatlich (siehe jedoch Rz 416). So entstanden Schwierigkeiten bei der Einordnung der UN-Menschenrechtspakte in die österreichische Rechtsordnung, nachdem die EMRK bereits (im Verfassungsrang) adoptiert worden war (Rz 1552f).

422 2) Eine Aufeinanderfolge multilateraler Verträge über denselben Gegenstand kann durch die **Modifikation** eines **mehrseitigen Vertrages** mittels **Übereinkunft** zwischen **mehreren Vertragsparteien,** etwa durch den späteren Abschluss eines von einer universellen Konvention abweichenden regionalen Übereinkommens, herbeigeführt werden. Eine solche Modifikation ist zulässig, wenn sie der frühere Vertrag nicht verbietet (Art 41 Abs 1 lit b); dieser kann die Möglichkeit seiner Modifikation auch regeln (Art 41 Abs 1 lit a).

423 Ist die Modifikation im Vertrag weder verboten noch geregelt, dann ist sie unter der Bedingung erlaubt, dass

- die Rechte und Pflichten der übrigen Vertragsparteien des früheren universellen Vertrages aus diesem dadurch nicht berührt werden;
- und die Verwirklichung von Ziel und Zweck des früheren universellen Vertrages nicht beeinträchtigt wird (Art 41 Abs 1 lit b).

424 Um den *übrigen Vertragsparteien* eine *Kontrollmöglichkeit* zu geben, sind ihnen die *Absicht* zur Modifikation *und* der *Text* des modifizierenden Vertrages zu *notifizieren* (Art 41 Abs 2).

425 Unter den gleichen Bedingungen können einzelne Vertragsparteien statt der Modifikation auch eine Suspendierung bestimmter Vertragsbestimmungen eines multilateralen Vertrages unter sich vereinbaren (Art 58).

426 Das Wiener Übereinkommen über konsularische Beziehungen 1963 (D 209) enthält in Art 73 Abs 2 das Beispiel einer vertraglichen Regelung gem Art 41 Abs 1 lit a WVK.

3. Kapitel
Die allgemeinen Rechtsgrundsätze

Manfred Rotter

Literatur: *Permanent Court of International Justice,* Procès-Verbaux of the Proceedings of the Advisory Committee of Jurists (1920); *Schlesinger,* Research on the General Principles of Law Recognized by Civilized Nations, AJIL 51 (1957) 734; *Cheng,* General Principles of Law as Applied by International Courts and Tribunals (1963); *Friedmann,* The Uses of „General Principles“ in the Development of International Law, AJIL 57 (1963) 279; *Verdross,* Die Quellen des universellen Völkerrechts (1973); *Bothe,* Die Bedeutung der Rechtsvergleichung in der Praxis internationaler Gerichte, ZaöRV 36 (1976) 280; *F. Münch,* Die Martens'sche Klausel und die Grundlagen des Völkerrechts, ZaöRV 36 (1976) 347; *Hailbronner,* Ziele und Methoden völkerrechtlich relevanter Rechtsvergleichung, ebd 190; *Hanessian,* General Principles of Law in the Iran-U.S. Claims Tribunal, Columbia Journal of Transnational Law 27 (1989) 309; *Ress / Ukrow,* Neue Aspekte des Grundrechtsschutzes in der Europäischen Gemeinschaft, EuZW 1 (1990) 499; *Fastenrath,* Lücken im Völkerrecht (1991); *Degan,* General Principles of Law, The Finnish Yearbook of International Law 3 (1992) 1; *Schmitz,* Allgemeine Rechtsgrundsätze in der Rechtsprechung des Iran-United States Claims Tribunal (1992); *Rengeling,* Grundrechtsschutz in der Europäischen Gemeinschaft (1993); *Mosler,* General Principles of Law, EPIL II (1995) 511; *Bleckmann,* Europarecht (6. Aufl, 1997); *Jacoby,* Allgemeine Rechtsgrundsätze (1997); *Luhmann,* Das Recht der Gesellschaft (2. Aufl, 1997); *Hummer,* Grundrechte in der Europäischen Union, in: *Karl / Brandl* (Hrsg), Völker- und Europarecht (2000) 289; *Schilling,* Bestand und allgemeine Lehren der bürgerschützenden allgemeinen Rechtsgrundsätze des Gemeinschaftsrechts, EuGRZ 27 (2000) 3.

A. Einleitung

Es ist die **gesellschaftliche Funktion** jeder **Rechtsordnung,** den Normadressaten möglichst konkrete und va stabile Erwartungen in das Verhalten der anderen Normadressaten bzw der Gesellschaft als Ganzes zu ermöglichen. Sie erzeugt **Sicherheit,** indem sie das **Verhalten** der Akteure in ihrem sachlichen Geltungsbereich **vorhersehbar** macht (vgl Rz 2548). Dabei leuchtet ein, dass dies nur in Form generell-abstrakter Verhaltensvorschriften möglich ist, die jeweils im Einzelfall zu konkretisieren sind. Deshalb kann die Vielfalt der in den einzelnen Tatbeständen abstrakt umschriebenen Sachverhalte niemals der Vielfalt möglicher Sachverhalte in der gesellschaftlichen Wirklichkeit entsprechen. Es besteht ein **Komplexitätsgefälle** zwischen **Rechtssystem** und **Gesellschaftssystem.** 427

Die nahe liegende Lösung der daraus entstehenden Probleme ist die Erhöhung des Komplexitätsgrades der Rechtsordnung, was sich beispielsweise in Österreich in einem explosionsartigen Anwachsen des Volumens der Jahresbände des BGBl zeigt. In Rechtsordnungen, in denen dies nicht möglich ist (va in älteren), hat man sich damit beholfen, die Lösung im Einzelfall den rechtsanwendenden Organen zu überlassen. So wird ihnen beispielsweise die Kompetenz eingeräumt, so zu entscheiden, als wären sie selbst Gesetz- 428 geber (D 26), oder man verweist sie auf Normen jenseits positivierter Rechtsordnungen wie die „natürlichen Rechtsgrundsätze" (D 27). Dieses Problem stellt sich bereits in relativ vielfältig ausgestalteten sowie vertikal angelegten staatlichen Rechtssystemen mit einem übergeordneten Normsetzer. Es wirkt sich noch gravierender in einem horizontal strukturierten Rechtssystem aus, in dem, wie im VR, der Normsetzungsprozess infolge der Gleichordnung der Rechtssubjekte erheblich erschwert ist (Rz 52ff).

B. Die Entstehung des Art 38 Abs 1 lit c IGH-Statut

429 In Erkenntnis dieser Schwierigkeiten, die in der Lehre unter der Bezeichnung „Lücken im VR" *(non liquet)* behandelt werden, beschloss der vom VB mit dem *Entwurf* des *Statuts* des *StIG* (Rz 1988) betraute *Juristenausschuss* die Aufnahme der ARG in die Liste der vom StIG anzuwendenden Rechtssatzformen (Rechtsquellen). Es war das einhellige Bestreben der Komiteemitglieder, dem Gericht **zusätzliche Normen** für den Fall an die Hand zu geben, dass die vr Beurteilung eines gegebenen Sachverhaltes am Mangel entsprechender Tatbestände in vr Verträgen bzw im VGR scheitert. Dabei konnte auf die **Praxis von Schiedsgerichten** insbes des 19. und frühen 20. Jhdt zurückgegriffen werden (Rz 1981ff). Diese belegte in steigendem Maße die Zulässigkeit des Rückgriffes auf Rechtsprinzipien, die nicht Bestandteil vr Verträge oder des VGR waren. Als eines unter vielen Beispielen sei die *cause célèbre* der damaligen Epoche, der **Russische Entschädigungen-Fall 1912** (D 28), erwähnt.

C. Die Auslegung des Art 38 Abs 1 lit c IGH-Statut

430 Die Worte „die von den **zivilisierten Staaten anerkannten** allgemeinen Rechtsgrundsätze" drängen vorerst die Frage auf, was unter einem zivilisierten bzw nicht zivilisierten Staat zu verstehen ist (Rz 84). Ohne Polemik kann heute festgestellt werden, dass dieses Fossil der Ära des VB seine diskriminierende Bedeutung verloren hat. Nach überwiegender Ansicht der Autoren sind darunter **heute alle Staaten** iSd VR zu verstehen. Ob der neuerdings geprägte Begriff „Schurkenstaaten" (Rz 1885, 748) wieder zu einer Verengung dieser Vorstellung führt, bleibt abzuwarten.

431 Bezüglich der *Art der Anerkennung* geht aus den *travaux préparatoires* (Rz 334) eindeutig hervor, dass darunter die **Anerkennung in nationalen Rechtsordnungen,** und zwar ohne Rücksicht darauf, ob im öffentlichen oder privaten Recht, zu verstehen ist. Demnach sind die ARG im Sinne des Art 38 Abs 1 lit c deutlich von jenen Grundsätzen des VR zu unterscheiden, die sich aus den verschiedenen vr Normen selbst ableiten lassen. Diese sind ja bereits Bestandteil des VR und vom IGH gem Art 38 Abs 1, erster Satz, anzuwenden, ohne dass es dazu der besonderen Ermächtigung durch lit c bedarf. Dazu gehören neben den sog Grundrechten der Staaten (Rz 1791ff) zB die leider immer noch aktuelle Martenssche Klausel (Rz 549, 2878) in der Formulierung des Art 1 Abs 2 1. Genfer Zusatzprotokoll 1977 (D 357) und die Präambel des UN-Seerechtsübereinkommens 1982 (letzter Satz) (Rz 2233f; D 284).

Gelegentlich wird auch die These vertreten, dass unter Art 38 Abs 1 lit c auch jene Rechtsgrundsätze fallen, die auf internationalen Konferenzen oder in Plenarorganen von IO (Rz 1011 ff) die einhellige oder überwiegende Zustimmung von Staatenvertretern gefunden haben. Nach der hier vertretenen Ansicht ist dieser These aber mit der Mehrheit der Autoren nicht zu folgen. Das Abstimmungsverhalten bei solchen Konferenzen wird nämlich keineswegs immer vom Rechtsfolgewillen der Staatenvertreter, sondern sehr oft von politischen Überlegungen bestimmt. **432**

Schließlich ist noch hervorzuheben, dass es sich um Rechts**grundsätze** und *nicht* bloß um *übereinstimmende Detailnormierungen* zu handeln hat. Die Abgrenzung wird im Einzelfall freilich nicht immer leicht sein. **433**

Neuerdings beschäftigt sich die Literatur zunehmend mit der Frage, ob die ARG nicht va jene Prinzipien sind, die dem Phänomen Recht an sich immanent sind, und ohne die eine Rechtsordnung nicht denkbar ist. Dieser Ansatz birgt die Gefahr der Rückkehr zu naturrechtlichen Denksystemen in sich, deren Einzelheiten rationalem Nachvollzug entgleiten und so den Bezug zum gesellschaftlich legitimierten Rechtsnormerzeuger verlieren. **434**

D. Die allgemeinen Rechtsgrundsätze als Rechtssatzform (Rechtsquelle) des Völkerrechts

In Art 38 IGH-Statut werden die Normen des VR – unvollständig (Rz 8, 169) – zu Kategorien mit gemeinsamer formaler Struktur zusammengefasst. Sie werden als Rechtssatzformen (veraltet: Rechtsquellen) des VR bezeichnet. Eine davon sind die ARG, die sich als Rechtssatzformen des VR deutlich von den „Hilfsmitteln zur Feststellung der Rechtsnormen" in lit d (Rz 523 ff) unterscheiden. Obgleich Art 38 keine Hierachie der Rechtssatzformen des VR vorsieht (Rz 174), kommt den ARG im Verhältnis zu den anderen Rechtssatzformen des VR **subsidiäre Bedeutung** in dem Sinne zu, dass **Verträge** und **Gewohnheitsrecht** nach der **Lex-specialis-Regel** einen **Anwendungsvorrang** genießen. **435**

Freilich muss an dieser Stelle gefragt werden, ob sich die aus der römisch-rechtlichen Tradition entwickelte *lex-specialis*-Regel problemlos auf das Verhältnis zwischen Rechtssatzformen des VR, insbes ARG und VGR, anwenden lässt. Denn hier braucht kein zwingender Unterschied im Grad der Abstraktheit des normierten Tatbestandes gegeben zu sein. ZB kann der ARG, wonach Verzugszinsen erst ab dem Zeitpunkt einer ordnungsgemäßen Mahnung fällig sind (*Russische Entschädigungen-Fall* – D 28 a), kaum in der Rechtssatzform des VGR, ja selbst in einem vr Vertrag konkreter formuliert werden. In der Regel wird freilich ein Spezialitätsgefälle in der Richtung des Art 38 Abs 1 lit a–c bestehen. **436**

Die reizvolle Frage, wie weit die *lex-specialis*-Regel oder überhaupt allgemeine Regeln für den Umgang mit Rechtsnormen als ARG aufzufassen sind, sei erwähnt, kann an dieser Stelle aber nicht behandelt werden (vgl zB indirekte Beweisführung – Rz 443). **437**

Nach der hier vertretenen Ansicht ist wohl eher auf den Unterschied in der Erzeugung von vr Verträgen und VGR auf der einen und der ARG auf der anderen Seite abzustellen. Im Gegensatz zu den anderen Rechtssatzfor- **438** men werden die ARG von den Staaten nicht mit Rechtsfolgewillen für das VR und nicht auf der Ebene des VR erzeugt. Sie werden im Grunde genommen überhaupt *nicht erzeugt,* sondern **aus** den **abgeschlossenen innerstaatlichen Rechtsetzungsakten abgeleitet.** Art 38 Abs 1 lit c bzw VGR stellen lediglich Verweisnormen dar, die den vr Geltungsgrund schaffen.

439 Im Gegensatz dazu sind der vr Vertrag und das VGR vom Normsetzungswillen der Staaten, der von vielen als Inhalt der vr Grundnorm verstanden wird (vgl Rz 158), wenn auch in einem unterschiedlichen Grad der Direktheit, getragen. Daraus ergibt sich notwendigerweise der Anwendungsvorrang.

440 Dennoch sind ARG auch eine taugliche Rechtssatzform für *ius cogens.* Die Legaldefinition des Art 53 WVK schließt dies keineswegs aus (Rz 366f).

441 Der *Rang* der ARG im *österreichischen Rechtssystem* richtet sich nach *Art 9 Abs 1 B-VG.* Die tatsächliche Bedeutung dieser Bestimmung für die österreichische Rechtsordnung ist freilich strittig. Ja es stellt sich die Frage, ob sie überhaupt mehr ist als ein Programmsatz (Rz 234, 585; D 49).

E. Der Nachweis der allgemein anerkannten Rechtsgrundsätze

442 Der Nachweis der ARG erfolgt im Wege der **Rechtsvergleichung** (vgl aber Rz 109). Bedenkt man jedoch die große Zahl von Staaten mit vielfach unterschiedlichen nationalen Rechtssystemen, wird deutlich, dass es sich dabei um keine leichte Aufgabe handelt. Rechtsabteilungen von Außenministerien, ja selbst internationale Gerichte und Schiedsgerichte sind dabei oft vor schier unlösbare Probleme gestellt. In der Regel wird man sich auf die **wichtigsten Rechtskreise** beschränken und Lehrbücher als Hilfsmittel heranziehen (D 28c). Auf dieser Linie liegt auch Art 9 IGH-Statut, der bei der Zusammensetzung des Richterkollegiums des IGH eine Vertretung der Hauptformen der Zivilisation und der hauptsächlichen Rechtssysteme der Welt verlangt (Rz 1997; D 261).

443 In der *vr Rechtsprechung* wird allerdings das Vorliegen eines ARG in der Regel ohne weitere Begründung *schlicht behauptet.* So begründete zB der IGH im *Korfu-Kanal-Fall* die *Zulässigkeit indirekter Beweisführung* ohne jeden Beleg damit, dass dies von allen Rechtssystemen anerkannt sei (D 330a). Lediglich in *separate* beziehungsweise *dissenting opinions* (Rz 2011) verwenden einzelne Richter mehr Sorgfalt auf den Nachweis von ARG.

444 Im *Teheraner Geisel-Fall* stellte der IGH – soweit ersichtlich – erstmals zusätzlich einen interessanten Bezug zu den Bedürfnissen des internationalen Verkehrs her (D 346).

F. Beispiele in der Praxis

445 Die Aufstellung eines Kataloges der ARG fällt schwer, weil ihre Abgrenzung gegenüber VGR meist schwierig ist. Auch sind viele mittlerweile Gegenstand vr Verträge geworden, zB der Grundsatz der *bona fides* (Art 2 Abs 2 SVN – Rz 2087; Art 26, 31 WVK – Rz 310, 338). Mit dieser Einschränkung können als ARG auch heute noch ua die **Verjährung von Forderungen, estoppel** (Verbot des *venire contra factum proprium* – Rz 208), die **Verpflichtung zu Schadenersatz** (Rz 2760 f; *Chorzów-Fall* – D 329), das **Verbot der ungerechtfertigten Bereicherung** sowie das **Verbot des Rechtsmissbrauches** (Rz 310) genannt werden.

Es sei noch eine besondere Gruppe von Rechtsgrundsätzen erwähnt, **446**
die sich von den bisher beschriebenen dadurch abheben, dass sie nicht eigentlich aus den einzelnen Rechtsordnungen der Staaten abgeleitet werden. Es sind dies *Grundsätze* der *Menschlichkeit* (Rz 549, 2887), die von allen Staaten anerkannt werden (vgl *Korfu-Kanal-Fall* – D 330 b; *Nicaragua-Fall* – D 245 d). Nach der hier vertretenen Ansicht sind sie nicht den ARG im Sinne des Art 38 Abs 1 lit c zuzurechnen, sondern als Rechtssatzform *sui generis* anzusehen.

Manchmal ergibt sich die *Notwendigkeit,* bestehende *vertragliche Rege-* **447**
lungen als Kodifikation von ARG zu qualifizieren. So berief sich die Europäische Kommission für Menschenrechte (Rz 1439 ff) bei der Anwendung der Art 31–33 WVK (D 10) darauf, dass diese ARG und somit auch von ihr anzuwenden sind, obgleich der Europarat nicht Vertragspartei der WVK ist (*Golder-Fall* – D 19).

G. Allgemeine Rechtsgrundsätze in der Handelsschiedsgerichtsbarkeit

Geradezu eine Renaissance erleben die ARG in der internationalen **448**
Handelsschiedsgerichtsbarkeit , und zwar ausgehend von der umfangreichen Spruchpraxis des *Iran-US Claims Tribunals.* Dabei handelt es sich um eine Schiedsinstanz, die im Zuge der Bewältigung des *Teheraner Geisel-Falles* (D 346) unter Vermittlung der algerischen Regierung als Bestandteil des Einigungspaketes zwischen dem Iran und den USA zur Lösung der dabei entstandenen wirtschaftsrechtlichen Probleme geschaffen wurde. Da die US-Regierung nicht direkt mit der iranischen Regierung in Verbindung stand, sondern die Kontakte über die algerische Regierung liefen, hat diese Schiedsvereinbarung die äußere Form einer Deklaration der algerischen Regierung (Rz 1965). In Art V wurde dem Tribunal freigestellt, *„principles of commercial and international law"* anzuwenden.

Aus der Fülle der Judikatur des so geschaffenen Tribunals wird deut- **449**
lich, dass ARG dazu herangezogen wurden, um sowohl US-amerikanischem als auch iranischem Recht als Rechtsgrundlage selbst dann auszuweichen, wenn das anzuwendende Recht in den strittigen Kontrakten vereinbart war.

Genau hier liegt die vielleicht zukunftsweisende gestalterische Kapazi- **450**
tät der ARG in einer Welt immer stärkerer Verflechtung des internationalen Wirtschaftsverkehrs. Immer mehr Staaten der „Dritten Welt" vermeiden die Übernahme rechtlicher Strukturen der Industriestaaten in ihre Rechtsordnungen. Dies kann starke Komplexitätsgefälle zwischen den Rechtsordnungen von Handelspartnern nach sich ziehen. Die Einigung auf ARG kann sich hier als wichtiger Ausweg erweisen.

H. Allgemeine Rechtsgrundsätze im Recht der Europäischen Union und ihrer Gemeinschaften

451 Auch das vergleichsweise komplex differenzierte **Recht** der **EU** und ihrer Gemeinschaften bedarf der **Ergänzung durch ARG** im Bereich des **Grundrechtsschutzes.** Die vom Europäischen Rat im Jahr 2000 proklamierte Grundrechte-Charta der Union (Rz 1107, 1605, 1666) hat nur deklaratorische Bedeutung.

452 Die unmittelbare Wirksamkeit generell abstrakter und individuell konkreter Normen des Gemeinschaftsrechtes gegenüber physischen und juristischen Personen in den Mitgliedstaaten ohne einzelstaatlichen Umsetzungsakt sowie der Anwendungsvorrang des Gemeinschaftsrechtes vor dem einzelstaatlichen Recht (Supranationalität – Rz 905) führten zu Kollisionen mit den bestehenden Grundrechtsordnungen der Mitgliedstaaten sowie der EMRK.

453 Dem wurde durch die Judikatur des Europäischen Gerichtshofes (EuGH – Rz 1138 ff) abgeholfen. Der EuGH stellte fest, dass die in den einzelnen Verfassungen der Mitgliedstaaten in Übereinstimmung mit der EMRK (D 174) verankerten Grundrechte zu den ARG gehörten, die er zu wahren habe. Deshalb wird Rechtsakten von Organen der Gemeinschaften, die den Grundrechtsordnungen der Mitgliedstaaten widersprechen, die Rechtmäßigkeit abgesprochen (D 193, 194).

454 In Art 6 Abs 2 EUV (Rz 1095; D 138) wurde diese ständige Judikatur des EuGH nahezu wörtlich in eine Norm des Primärrechtes (Rz 597) umgegossen. Gemäß Art 46 lit d EUV ist der EuGH bei der Prüfung der Rechtmäßigkeit von Rechtsakten der Gemeinschaftsorgane nunmehr primärrechtlich an seine eigene Grundrechtsjudikatur als Prüfungsmaßstab gebunden. Versuche, diese aufwändige Rechtsfigur durch einen Beitritt der EG zur EMRK Geschichte werden zu lassen, hat der EuGH in einem Gutachten (D 196) unter Bekräftigung seiner bisherigen Judikatur durch den Hinweis darauf im Keim erstickt, dass es im EGV dafür keine Kompetenz gebe (Rz 943, 1107, 1603 f). Bedenkt man freilich die aus einer Bindung der EG an die EMRK erwachsenden Abgrenzungsprobleme zwischen den Grundrechtskompetenzen der Gerichte der Mitgliedstaaten, des Europäischen Gerichtshofes für Menschenrechte und eben nicht zuletzt jener des EuGH, so erscheint der Umweg über die ARG immer noch die einfachere Lösung zu sein.

455 Ausdrücklich werden die ARG weiters in **Art 288 EGV** (D 137) erwähnt. Danach ist die **außervertragliche Haftung** der **Gemeinschaft für** ihre **Organe** und **Bediensteten** nach den ARG, die den Rechtsordnungen der Mitgliedstaaten gemeinsam sind, zu bestimmen (Rz 947).

I. Zusammenfassung

456 Die neueste Entwicklung der Völkerrechtsordnung enthüllt eine deutliche Erweiterung des Anwendungsspektrums der ARG. Drei Modelle sind zu erkennen:

1) *„Lückenschließer"* im allgemeinen Völkerrecht (Art 38 1 c IGH Statut);

2) *Katalysator* für die Integration der Grundrechtsordnungen der *EU-Staaten* zu einer *gemeinschaftlichen Grundrechtsordnung* (Art 6 Abs 2 EUV);

3) Gestaltungsmedium bei der Schaffung und Umsetzung von Schiedsvereinbarungen zur Überbrückung starker *Strukturunterschiede* betroffener *Rechtsordnungen* im *internationalen Wirtschaftsverkehr.*

Gemeinsam ist allen drei Modellen das methodische Konzept einer induktiven Ableitung der ARG aus verschiedenen Regelungsbereichen. Unterschiede ergeben sich jedoch aus deren divergierenden Abgrenzungen.

4. Kapitel

Die Beschlüsse Internationaler Organisationen

Christoph Schreuer

Literatur: *Higgins,* The Development of International Law by the Political Organs of the United Nations (1963); *Golsong / Ermacora,* Das Problem der Rechtsetzung durch internationale Organisationen, BerDGVR 10 (1971); *Higgins,* The Advisory Opinion on Namibia: Which UN Resolutions are Binding under Art 25 of the Charter? ICLQ 21 (1972) 270; *Alexandrowicz,* The Law-Making Functions of the Specialised Agencies of the United Nations (1973); *Hanreich,* Die Beschlüsse internationaler Wirtschaftsorganisationen im österreichischen Rechtsquellensystem, ÖZöRV (1975) 173; *Schreuer,* Die Behandlung internationaler Organakte durch staatliche Gerichte (1977); *ders,* Beschlüsse internationaler Organe im österreichischen Staatsrecht, ZaöRV 37 (1977) 468; *Miehsler,* Zur Autorität von Beschlüssen internationaler Institutionen, in: *Schreuer* (Hrsg), Autorität und internationale Ordnung (1979) 35; *Schreuer,* Der neue Art 9 Abs 2 der österreichischen Bundesverfassung, ZaöRV 42 (1982) 93; *Griller,* Die Übertragung von Hoheitsrechten auf zwischenstaatliche Einrichtungen (1989); *Schachter / Joyner* (Hrsg), United Nations Legal Order (2 Bde, 1995); *Blokker,* Decisions of international organizations: the case of the European Union, NYIL 30 (1999) 3.

A. Allgemeines

457 Beschlüsse von IO sind eine **verhältnismäßig neue Rechtsquelle.** Ihre Existenz als eigenständige Quelle ist keineswegs unbestritten. **Art 38 IGH-Statut** (D 261) enthält **keinen Hinweis** auf sie. Daher haben manche Autoren sich bemüht, diese Beschlüsse in der traditionellen Typologie der Quellen des VR unterzubringen. So wurde etwa versucht, diese Beschlüsse als neue Form des internationalen Vertragsrechts zu sehen. Aber auch das VGR und die ARG wurden bemüht, um va die rechtlichen Wirkungen von Empfehlungen (Rz 462 ff) zu erklären.

458 Die realistischere Lösung besteht sicher darin, diese Beschlüsse als eine **eigenständige Form** der **Fortbildung** des **VR** zu akzeptieren. Der IGH selbst, für den Art 38 ja gilt, stützt sich immer wieder und in zunehmendem Maß (Rz 198) auch auf Beschlüsse von IO.

459 Allerdings sollte die Erweiterung der Völkerrechtsquellen um den Typus der Beschlüsse von IO nicht zu der irrigen Annahme führen, es handle sich hier um eine homogene und in sich geschlossene neue Rechtsquelle. Diese Beschlüsse sind sehr **vielfältig** und, nicht nur was ihre **Form,** sondern auch was ihre rechtlichen und tatsächlichen **Wirkungen** betrifft, höchst **unterschiedlich.**

460 Die Diskussion über die Einreihung der Beschlüsse von IO in die Rechtsquellen des VR ist auch von praktischer Bedeutung. Die *meisten* staatlichen *Verfassungen* enthalten nur Bestimmungen über die Durchführung der klassischen Formen des VR, insbes des Vertragsrechts und des VGR (Rz 313 ff, 234 ff). Bestimmungen über die *innerstaatliche Anwendung* der

Beschlüsse von IO *fehlen* meist. Dieser Umstand hat, va auch in Österreich, zu erheblichen *verfassungsrechtlichen Schwierigkeiten* geführt (Rz 483 ff).

B. Die verschiedenen Arten von Beschlüssen Internationaler Organisationen

Eine Einteilung der Beschlüsse von IO nach der für das Staatsrecht traditionellen Dreiteilung der Gewalten in rechtsetzende, rechtsprechende und verwaltende Beschlüsse ist nicht sinnvoll. Die Tätigkeit von IO beruht auf anderen strukturellen Grundlagen und politischen Faktoren als staatliche Verfassungen (Rz 1032). Das hat bisweilen zu *rechtsstaatlichen Bedenken* geführt, wenn etwa aus Regierungsvertretern statt aus gewählten Volksvertretern zusammengesetzte internationale Organe rechtsetzende Funktionen ausüben. **461**

1. Empfehlungen

Organen von IO ist oft die Befugnis eingeräumt, *Empfehlungen (recommendations)* zu erlassen. Solche Empfehlungen werden zB von der GV der VN, der Parlamentarischen Versammlung (früher Beratenden Versammlung) des Europarats (Rz 1034) oder der Allgemeinen Konferenz der *International Labour Organisation* (ILO – Rz 1040) beschlossen. *Äußerlich ähnelt* der Vorgang stark der Beschlussfassung in einem *legislativen Organ. Juristisch* liegt jedoch *keine Gesetzgebung* im herkömmlichen Sinne vor. **462**

Der **Inhalt** solcher Empfehlungen ist sehr **unterschiedlich.** Er reicht von konkreten tagespolitischen Fragen bis zu weit reichenden Grundsatzerklärungen. In den VN werden *grundsätzliche Res allgemeinen Inhalts* oft als **Deklarationen** bezeichnet (zB D 2, 164, 214, 266, 307), was aber an ihrer Rechtsnatur nichts ändert. Sie enthalten generelle Standards für das Verhalten der Mitgliedstaaten. **463**

Der Gebrauch des Wortes „Empfehlung" gibt keine eindeutige Auskunft über die rechtliche Bedeutung eines solchen Beschlusses. Eine Empfehlung **kann** durchaus **konkrete juristische Folgen** haben. Gem den Satzungen der **ILO** (Art 19) und der *United Nations Educational, Scientific and Cultural Organization* **(UNESCO)** (Art IV – D 29) sind die *Mitglieder* etwa *verpflichtet, Empfehlungen* innerhalb einer bestimmten Frist den *innerstaatlich* zur Entscheidung berufenen *Stellen zur Setzung weiterer Maßnahmen* zu *unterbreiten.* **464**

In einer Reihe von Bestimmungen der SVN ist vorgesehen, dass die GV Beschlüsse auf Empfehlung des SR fasst. Der IGH hat festgestellt, dass in diesem Falle eine positive Empfehlung unabdingbare Voraussetzung für den Beschluss ist (Rz 970 f; *Verfahren der Aufnahme in die VN-Fall* – D 120). **465**

Andererseits ist klar, dass eine Empfehlung nicht die gleichen Rechtsfolgen wie ein Vertrag oder ein bindender Beschluss (Rz 471 ff) einer IO hat. Die Empfehlung ist typischer Ausdruck der eigenartigen Struktur der heutigen internationalen Gesellschaft. Sie ist ein *Kompromiss* zwischen der *Notwendigkeit zur Zusammenarbeit* bei der Schaffung neuer Standards für das Verhalten im internationalen Bereich einerseits und dem *Bedürfnis* der *Staaten,* ihren *Handlungsspielraum* zu bewahren (Rz 892), andererseits. Die Kommunikation rechtlicher Erwartungen erfolgt hier nicht in der dem Juris- **466** ten vertrauten Form des verbindlichen Rechtssatzes, sondern in vorläufiger Form in der Hoffnung auf allgemeine Anerkennung.

467 Die **praktische Bedeutung** dieser Empfehlungen ist **beträchtlich.** Die Berufung auf sie ist eine wichtige **Argumentationshilfe** in juristischen wie politischen Auseinandersetzungen. Die Staaten scheuen sich meist, Empfehlungen offen zuwiderzuhandeln. Der IGH, ja selbst staatliche Gerichte stützen sich immer wieder auf sie (D 30, 61, 323h, 245b). Überdies *beeinflussen* Empfehlungen bisweilen die *Gesetzgebung* der Mitgliedstaaten oder sind *Ausgangspunkt* für die *Ausarbeitung von Verträgen.*

468 Va in IO mit fast universeller Mitgliedschaft ist bei der Beurteilung von Empfehlungen stets auf die **Zusammensetzung des beschlussfassenden Organs** zu achten. In den VN verfügt die „Dritte Welt" (Rz 121ff) über eine große Mehrheit. Empfehlungen, die mehrheitlich gegen den Widerstand einer anderen Staatengruppe durchgesetzt werden, sind uU nicht mehr als eine nachdrücklich vorgetragene Forderung der Mehrheit gegenüber der überstimmten Minderheit. Dies ist va in Wirtschaftsfragen im Nord-Süd-Verhältnis (Rz 134f) öfters der Fall.

469 Die **Autorität** oder rechtliche Bedeutung von Empfehlungen hängt von einer **Reihe** von **Faktoren** ab, die in jedem Fall gesondert untersucht und bewertet werden müssen (D 323g). Dazu gehört nicht nur das **Ausmaß** der **Mehrheit** bei der Abstimmung, sondern auch das **Stimmverhalten** der **einzelnen Mitglieder.** Die **Zustimmung** oder **Ablehnung** durch eine **Großmacht** oder durch einen Staat, dem für den Inhalt der Empfehlung besondere Bedeutung zukommt (Wirtschaft; Nuklearwaffenversuche – Rz 1819f; Weltraum – Rz 2334ff), kann besonderes Gewicht haben. Daneben ist auch die *Entschlossenheit* der IO, die in der *Empfehlung* ausgedrückten Vorstellungen *durchzusetzen* und zu verfolgen, von Bedeutung. Diese Entschlossenheit findet Ausdruck in der **Formulierung** der Empfehlung, insbes auch der Präambel (breiter Konsens oder Formelkompromiss), in der **wiederholten Zitierung** der ursprünglichen Empfehlung in späteren Res und allenfalls in der Schaffung **eigener Verfahren** und **Organe** für die **Überwachung** der Durchführung. Selbstverständlich hängt die Autorität einer Empfehlung auch vom **späteren Verhalten** der **Adressaten** ab.

470 Ein staatliches oder internationales Organ ist zwar nicht an Empfehlungen gebunden, darf sich aber auch nicht willkürlich über sie hinwegsetzen. Es hat die **Beachtung** der Empfehlung anhand der genannten Kriterien **gutgläubig in Erwägung zu ziehen.** Eine Entscheidung oder ein Verhalten, die in Übereinstimmung mit einer autoritativen Empfehlung einer IO stehen, genießen im Zweifel die **Vermutung der Legalität** (Rz 2504).

2. Generell-abstrakte Vorschriften

471 Neben Empfehlungen haben IO in gewissen Bereichen die Befugnis zur Erzeugung von Rechtsnormen im herkömmlichen Sinn. Diese Befugnis spielt va im **internen Organisationsrecht** (Rz 11, 948), etwa bei der Erlassung von *Geschäftsordnungen* oder des *Beamtenstatuts* (D 111), eine Rolle.

472 Darüber hinaus sind gewissen IO Rechtsetzungsbefugnisse auch jenseits des internen Organisationsbereichs eingeräumt worden. Diese **„legis-**

lativen" Befugnisse stellen ein Abrücken vom Erfordernis der ausdrücklichen formellen Unterwerfung unter geschriebenes VR als Vertragsrecht dar. Manchmal wird im Interesse des Zustandekommens einer einheitlichen Regelung auch auf das Erfordernis der *Einstimmigkeit verzichtet.* Auf globaler Ebene kann bei einer Staatenzahl von etwa 190 realistischerweise kaum mit der Annahme durch alle Staaten gerechnet werden.

Das wichtigste Beispiel für diese „internationale Gesetzgebung" sind **473** die **VO** und **Richtlinien** gem **Art 249** (ex-Art 189) **EGV** (Rz 905, 1151; D 137). Die VO (bisweilen auch die Richtlinien) *verpflichten nicht nur* die *Mitgliedstaaten,* sondern können *auch unmittelbare Rechte* und *Pflichten* für die *„Gemeinschaftsbürger"* schaffen.

In den meisten anderen IO erfolgt die Rechtsetzung aber im Hinblick **474** auf *staatliche Durchführungsmaßnahmen.* In einigen Organisationen wird den Mitgliedstaaten die Möglichkeit eines **contracting out** aus diesen Bestimmungen eröffnet, dh die Regelungen gelten für die Mitglieder, sofern sie nicht ausdrücklich mitteilen, dass sie nicht im Stande oder nicht bereit sind, sich an die Regelungen zu halten (Rz 308; D 31).

In neuerer Zeit beschloss der SR der VN bindende Res, welche legis- **475** lativen Charakter haben. Dazu gehört die Errichtung zweier **Ad-hoc-Strafgerichtshöfe** für die Verfolgung schwerer Verstöße gegen das humanitäre VR im *ehemaligen Jugoslawien* und in *Ruanda* durch Res 827 (1993) (D 349) und Res 955 (1994) (Rz 2915, 2850 ff). Den Beschlüssen ist jeweils ein detailliertes Statut für die Tätigkeit des Gerichts beigefügt. In Res 1373 vom 28. 9. 2001 verpflichtete der SR alle Staaten, bestimmte Maßnahmen zur Terrorismusbekämpfung zu setzen.

3. Konkrete Entscheidungen

Im Rahmen von IO haben politische, aber auch rechtsprechende **476** Organe eine Vielzahl konkreter Sachentscheidungen zu treffen. Ein großer Teil dieser Entscheidungen betrifft **interne Organisationsfragen,** zB Verfahrensentscheidungen in Kollegialorganen, dienstrechtliche Entscheidungen (Rz 949 ff), Aufnahme und Ausschluss von Mitgliedern (Rz 965 ff, 1001 ff), Wahlen in Organe (Rz 1019 ff), das Budget (Rz 1062 f) usw.

Ein Teil dieser konkreten Entscheidungen ist aber auch an die Mit- **477** gliedstaaten, allenfalls an die internationale Gemeinschaft überhaupt, gerichtet. Wichtigstes Beispiel für diese Art konkreter Beschlüsse sind die **Entscheidungen** des **SR** der VN. Entscheidungen des SR sind nach Art 25 SVN **für** die **Mitglieder** der **VN verbindlich.** Nicht alle Res des SR sind jedoch Entscheidungen im Sinne des Art 25. Nach der herrschenden Meinung erstreckt sich die bindende Wirkung gem Art 25 aber *nicht nur* auf die *Zwangsmaßnahmen* des Kap VII SVN (Rz 1840 ff), sondern auf alle Beschlüsse, welche der SR im Rahmen seiner Zuständigkeit fällt und bei welchen aus dem Wortlaut und den sonstigen Umständen der Beschlussfassung hervorgeht, dass eine bindende Wirkung beabsichtigt war (D 81 c).

Auch der **EGV** kennt die an **Staaten,** aber **auch Einzelpersonen** oder **478** **Unternehmen** gerichtete **Entscheidung** (Art 249 [ex-Art 189] – D 137; Rz 1151). Gegen sie ist eine direkte Klage vor dem EuGH möglich (Rz 1140).

4. Beschlüsse Internationaler Organisationen und völkerrechtliches Vertragsrecht

a) Vertragsänderungen

479 Die *Änderung der Gründungsverträge* von IO unterliegt den gleichen Regeln wie die Änderung anderer multilateraler Verträge (Rz 345 ff), sofern die Gründungsverträge keine Sonderbestimmungen enthalten. Va in IO mit fast universeller Mitgliedschaft wäre die Ratifikation einer Vertragsänderung durch alle Mitgliedstaaten nur äußerst schwierig zu Stande zu bringen. Viele IO sehen daher Vertragsänderungen durch *Mehrheitsbeschluss* vor. *Dazu* tritt *oft* noch das Erfordernis einer *Ratifikation* durch eine *Mehrheit* der *Mitglieder* (Art 108 und 109 SVN; D 1, 33, 35). *Regionale Organisationen* beharren *oft* auf dem *Einstimmigkeitsprinzip* (zB Art 48 EUV – D 138).

b) Offizielle Auslegungen

480 In einigen IO tritt neben die alltägliche informelle Auslegung von Rechtsvorschriften, va des Gründungsvertrages, eine formelle Befugnis zur Abgabe *verbindlicher Auslegungserklärungen* (D 36). Diese Befugnis spielt va in den *Finanzorganisationen* der „UN-Familie" (IWF, Weltbank, *International Finance Corporation* [IFC], *International Development Association* [IDA] – Rz 2496, 2515, 2567) eine Rolle.

c) Vertragsentwürfe

481 Die Erarbeitung von Vertragsentwürfen, welche den Mitgliedstaaten zur Ratifikation zugeleitet werden, ist für manche IO eine Hauptaufgabe. So sind etwa im Rahmen des *Europarats* (Rz 1433) bis März 2004 193 Abkommen in den verschiedensten Bereichen abgeschlossen worden. In manchen IO wie der *ILO* und der *UNESCO* besteht zwar keine Verpflichtung zur Ratifikation der im Rahmen der Organisation erarbeiteten Verträge, aber immerhin die *Verpflichtung,* die Entwürfe den innerstaatlich zur Entscheidung berufenen Stellen *vorzulegen,* das Zustimmungsverfahren also zumindest einzuleiten (Rz 464; D 29). UU können Vertragsentwürfe schon vor In-Kraft-Treten rechtliche Wirkungen entfalten (D 37; zur Arbeit der *ILC* siehe Rz 225 ff).

482 Im Rahmen der „dritten Säule" der EU (Rz 1095 ff, 1118 ff) kann der Rat Übereinkommen ausarbeiten, die er den Mitgliedstaaten zur Annahme empfiehlt (Art 34(2)(d) EUV – D 138).

C. Die Beschlüsse Internationaler Organisationen im österreichischen Staatsrecht

1. Die Lückenlosigkeitstheorie; Art 9 Abs 2 B-VG

483 Beschlüsse von IO haben in der österreichischen Rechtsordnung eine Reihe von Problemen mit sich gebracht. Zunächst ergeben sich schon aus der *Übertragung hoheitlicher Befugnisse* an nichtösterreichische Organe, hier also IO, verfassungsrechtliche Bedenken. Seit etwa 1960 wird nämlich die

sog *Lückenlosigkeitstheorie* vertreten. Danach sind die Organe, welche zur Setzung von Hoheitsakten mit Wirkung für Österreich berechtigt sind, in der Bundesverfassung erschöpfend aufgezählt (D 34, 38). Daraus folgte lange Zeit, dass jede Vertragsbestimmung, welche eine Übertragung von hoheitlichen Befugnissen, va zur Erlassung verbindlicher Beschlüsse, an IO vorsah, in *Verfassungsrang* erhoben werden musste (D 33, 36).

Die **B-VG-Novelle 1981** hat diese Schwierigkeit beseitigt. Der durch sie 484
eingefügte **Art 9 Abs 2** (D 49) sieht vor, dass die **Übertragung einzelner Hoheitsrechte des Bundes an IO** auch **durch Staatsverträge** erfolgen kann, welche nur im **Range einfacher Bundesgesetze** stehen. Da dieser Rang für Satzungen von IO üblich ist, entfällt nunmehr die schwierige Aufgabe festzustellen, welche Bestimmungen dieser Satzungen Hoheitsrechte im Sinne der österreichischen Verfassungslehre betreffen (D 38). Eine Reihe anderer europäischer Staaten weist ähnliche Verfassungsbestimmungen auf.

2. Österreichs Mitgliedschaft in der Europäischen Union

Für die **Mitgliedschaft Österreichs in der EU** *reichte der Art 9 Abs 2* 485
B-VG nicht aus. Vielmehr wurde in der Aufnahme eine **Gesamtänderung der österreichischen Bundesverfassung** gesehen, welche nach Art 44 Abs 3 B-VG einer **Volksabstimmung** bedurfte. Die Gesamtänderung ergab sich aus der Tatsache, dass *mehrere „Baugesetze" der Verfassung berührt* werden. Das *demokratische Prinzip* ist durch die Rechtsetzung in den Gemeinschaften in der Form innerstaatlich unmittelbar anwendbarer Rechtsakte betroffen. Das *rechtsstaatliche Prinzip* ist berührt, weil der EuGH für die abschließende Beurteilung und Auslegung des Gemeinschaftsrechts zuständig ist (Rz 1140 ff). Am *gewaltenteilenden Prinzip* rührt die in den Gemeinschaften anders als im innerstaatlichen Recht geregelte Aufgabenteilung zwischen den Organen. Das trifft insbes auf das Verfahren der Rechtsetzung zu (Rz 1149 ff). Das *bundesstaatliche Prinzip* wird durch die Übertragung bestimmter Länderkompetenzen in Gesetzgebung und Vollziehung an die Gemeinschaften tangiert.

Gegenstand der Volksabstimmung vom 12. 6. 1994 war nicht der Bei- 486
trittsvertrag (D 397b), sondern das BVG über den Beitritt Österreichs zur EU. In diesem **Beitritts-BVG** wurden die bundesverfassungsgesetzlich zuständigen Organe ermächtigt, den Beitrittsvertrag abzuschließen (D 39). Auf dieser Grundlage wurde der Beitrittsvertrag von Nationalrat und Bundesrat genehmigt und trat am 1. 1. 1995 in Kraft.

3. Die Durchführung von Beschlüssen Internationaler Organisationen in Österreich

Art 9 Abs 2 B-VG enthält keine Aussage über die innerstaatliche 487
Durchführung von Beschlüssen von IO. In der Praxis ist ihre **Durchführung** oder *Inkorporation* (Rz 568 ff) in Österreich sehr **unterschiedlich.** Bisweilen beschränkt sich die Durchführung auf eine **Kundmachung im BGBl** (D 239 a). Grundlage dieser Praxis ist § 2 Abs 5 Z 2 BG über das BGBl (D 50). In anderen Fällen erfolgt jedoch zum Zwecke einer besseren Ein-

ordnung in die Terminologie und Systematik der österreichischen Rechtsordnung eine **spezielle Transformation** (Rz 575) durch die **Erlassung österreichischer Rechtsvorschriften oder** die **Anpassung bestehender Rechtsvorschriften** (D 239).

488 In manchen Fällen ergehen solche Rechtsvorschriften in der Form von *Gesetzen* (D 32), in anderen Fällen lediglich in der Form von *VO* (D 241). Das *Legalitätsprinzip* des *Art 18 B-VG* verlangt jedoch eine ausreichende gesetzliche Grundlage für VO. Dabei genügt es nicht, dass ein Gesetz eine formale Verordnungsermächtigung enthält und für den Inhalt der VO auf künftige Beschlüsse einer IO verweist. Solche *Blankoermächtigungen* sind als Durchbrechung des Art 18 B-VG vielmehr *nur* durch Rechtsakte im *Verfassungsrang* zulässig.

489 Die in den **EG** gewählte Methode sieht eine **unmittelbare Geltung des Gemeinschaftsrechts in den Mitgliedstaaten** ohne das Dazwischentreten staatlicher Durchführungsmaßnahmen vor (**Durchgriffswirkung** – Rz 598ff). Diese Methode hat sich jedoch für die Beschlüsse traditioneller IO, deren Mitglied Österreich geworden ist, nicht durchsetzen können.

4. Beschlüsse Internationaler Organisationen und materielles österreichisches Recht

490 Der **Rang** der Beschlüsse von IO in der österreichischen Rechtsordnung ist **ungeklärt.** Eine Übertragung der Bestimmungen über Staatsverträge (Rz 313ff) müsste dazu führen, dass diesen Beschlüssen regelmäßig nur *Verordnungsrang* zukommt, sofern sie nicht in österreichisches Gesetzesrecht rezipiert worden sind, da eine Genehmigung durch den Nationalrat meist nicht erfolgt. Diese Lösung ist jedoch nicht überzeugend, da in vielen Fällen Beschlüsse von IO deren Satzungen abändern (Rz 479), welche ihrerseits in Österreich *Gesetzesrang* oder sogar *Verfassungsrang* haben. Die Beschlüsse müssten also zumindest gleichrangig sein. Nach einer anderen Theorie haben Beschlüsse von IO jenen Rang im Stufenbau der österreichischen Rechtsordnung, welchen sie haben müssten, wenn sie als österreichische Normen gesetzt würden.

491 Es ist fraglich, ob das Verhältnis der Beschlüsse von IO zum österreichischen Recht über die Zuweisung eines Ranges im Stufenbau der österreichischen Rechtsordnung erfolgen kann. Das Verhältnis von Rechtsnormen, welche von verschiedenen, voneinander unabhängigen Normsetzungsorganen stammen, lässt sich eher aus der Perspektive der *Abgrenzung von Kompetenzen* erfassen. Im *EG-Recht* hat sich die Auffassung durchgesetzt, dass es im Verhältnis von Gemeinschaftsrecht und staatlichem Recht zwar keine Derogation gibt, dass bei einer Kollision der Rechtsvorschriften das Gemeinschaftsrecht aber *Anwendungsvorrang* genießt (Rz 597f).

5. Kapitel
Die einseitigen Rechtsgeschäfte

Herbert Miehsler, Gerhard Hafner und Stephan Wittich

Literatur: *Suy,* Les actes juridiques unilatéraux en droit international public (1962); *Venturini,* La portée et les effets juridiques des attitudes et des actes unilatéraux des Etats, RdC 112 (1964) 363; *Dehaussy,* Les actes juridiques unilatéraux en droit international public, Clunet 92 (1965) 41; *Müller,* Vertrauensschutz im Völkerrecht (1971); *Fiedler,* Zur Verbindlichkeit einseitiger Versprechen im Völkerrecht, GYIL 19 (1976) 35; *Rubin,* The International Legal Effects of Unilateral Declarations, AJIL 71 (1977) 1; *Sicault,* Du caractère obligatoire des engagements unilatéraux en droit international public, RGDIP 83 (1979) 633; *Skubiszewski,* Unilateral Acts of States, in: *Bedjaoui* (Hrsg), International Law: Achievements and Prospects (1991) 221; *Degan,* Unilateral Acts as a Source of Particular International Law, The Finnish Yearbook of International Law 5 (1994) 149; *Breutz,* Der Protest im Völkerrecht (1997); *Zemanek,* Unilateral Legal Acts Revisited, FS *Suy* (1998) 209; *Köck / Hintersteininger,* Einseitige Rechtsgeschäfte des Völkerrechts, FS *Ginther* (1999) 85; *Fiedler,* Unilateral Acts in International Law, EPIL IV (2000) 1018.

A. Einleitung

Ein einseitiges Rechtsgeschäft (einsRG) ist eine **selbständige Rechtshandlung,** die ein VRS in der Absicht vornimmt, **vr Rechte** und **Pflichten** zu **begründen,** zu **ändern** oder zu **beenden.** Die einsRG sind von (sonstigen) einseitigen Handlungen zu unterscheiden, die nicht mit einem Rechtsfolgewillen gesetzt werden; allerdings können auch sie Rechtswirkungen nach sich ziehen (zB Handlungen, die als Übung bei der Entstehung von VGR relevant sind – Rz 179ff). Nur in den **seltensten Fällen** erklärt jedoch der betroffene Staat den **Rechtsfolgewillen explizit.** Daher bedarf der Nachweis der Absicht va zur einseitigen Selbstverpflichtung oft einer schwierigen *Interpretation des äußeren Verhaltens,* welches den *Verpflichtungswillen indiziert.* Zur Feststellung des Verpflichtungswillens sind zusätzlich meist die *gesamten Umstände des Einzelfalles* zu berücksichtigen und zu beurteilen. Auch ist stets zwischen *dem äußeren Akt* (zB der einseitigen Erklärung) einerseits und dem *Rechtsgeschäft* und *dessen Inhalt* selbst andererseits (zB dem Versprechen oder dem Protest) zu unterscheiden. **492**

Der **Geltungsgrund** des einsRG ist **umstritten.** Von den Versuchen, seine Geltung allgemein auf das VGR, auf spezifische vr Grundsätze wie Treu und Glauben bzw Vertrauensschutz (Rz 2087; *Kernwaffenversuche-Fälle* – D 40), Gegenseitigkeit (Rz 65ff), *acquiescence* (Rz 213), *estoppel* (Rz 208, 546) oder auf ARG (Rz 427ff) zurückzuführen, hat sich keine Konstruktion eindeutig durchgesetzt. Dennoch ist das einsRG als Gegebenheit des VR anerkannt, welche Rechtswirkungen hervorrufen kann, zumal nach VR die Staaten grundsätzlich über ihre Rechtspositionen verfügen können. *Inhalt* eines einsRG kann demzufolge *alles* sein, *was im VR erlaubt* ist. **EinsRG begründen** zwar keine generellen vr Normen wie etwa das VGR **493** oder Verträge (Rz 241 ff), wohl aber **konkrete Rechte und Pflichten** der **beteiligten Staaten.**

494 Obwohl die einsRG in der diplomatischen Praxis sehr häufig sind, wird ihre praktische Bedeutung meist unterschätzt. Seit 1997 arbeitet die *ILC* (Rz 225 ff) daran, die umfassende Staatenpraxis und internationale Judikatur zu untersuchen und die einsRG nach *Erscheinungsformen, Funktion* sowie *Rechtsfolgen* zu *typisieren.* Die **ILC** will einen **Katalog allgemeiner rechtlicher Regeln für einsRG** erstellen und damit ua die Rechtssicherheit in den iBez erhöhen. Als Ausgangspunkt nahm die ILC folgende **Definition** an: „eine einseitige Erklärung eines Staates, durch den dieser beabsichtigt, völkerrechtliche Verpflichtungen oder andere Rechtswirkungen entstehen zu lassen."

495 Es ist allerdings ungewiss, ob und wieweit sich die einsRG im Allgemeinen oder selbst die einseitigen Erklärungen im Besonderen vr regeln lassen; bezeichnenderweise war die Arbeit der ILC an diesem Thema bislang auch nicht sehr erfolgreich. *Unklar* ist va der *Regelungsgegenstand,* also welche einseitigen Akte überhaupt erfasst werden sollen, zumal durch die Einengung der ILC auf einseitige Erklärungen ungewiss ist, was damit gemeint ist: nur der einseitige Akt, der erst durch seine Rechtswirkung ein einsRG bildet, oder vielmehr umgekehrt das einsRG, das in Form einer einseitigen Erklärung erfolgt? Darüber hinaus erschweren die allgemeine Verwendbarkeit und der stete Wandel der Erscheinungsbilder des einsRG die Entwicklung von Typen.

496 Für die einsRG besteht grundsätzlich **Formfreiheit,** doch haben einzelne vr und staatsrechtliche Vorschriften sowie aus der Zweckmäßigkeit entstandene Gepflogenheiten des zwischenstaatlichen Verkehrs zur Bevorzugung bestimmter Formen geführt. Rechtlich gesehen gibt es zwischen diesen Formen keinen Unterschied, entscheidend ist stets der Inhalt. Die wichtigste dieser Formen ist die **diplomatische Note,** eine schriftliche Mitteilung zwischen dem Chef einer diplomatischen Mission (Rz 1696 ff) und dem Außenminister des Empfangsstaates. Die diplomatische Note wird heute nur mehr bei besonderen Anlässen verwendet.

497 Die **Verbalnote (note verbale)** ist trotz ihrer Bezeichnung eine *schriftliche Mitteilung* zwischen zwei Staaten oder zwischen einem Staat und einer IO. Sie ist *in der dritten Person* abgefasst. Ursprünglich hielt sie das Wesentliche einer mündlichen Mitteilung oder eines Gesprächs fest. Heute ist sie die übliche Form offizieller schriftlicher zwischenstaatlicher Mitteilungen. Die **Zirkularnote** ist eine Verbalnote, die vom Außenminister des Empfangsstaates an alle in diesem akkreditierten Missionen gesendet wird.

498 Das **Memorandum (aide-mémoire)** legt im Allgemeinen Tatsachen und Argumente dar oder hält das Wesentliche einer mündlichen Mitteilung oder eines Gespräches fest. Meist wird es persönlich überreicht.

499 Die **Zuständigkeit,** im Namen eines bestimmten VRS ein einsRG zu setzen, wird vom VR nur unvollkommen geregelt (*Kernwaffenversuche-Fälle; Rechtslage von Ostgrönland-Fall* – D 40, 41). Die Bestimmung der hierfür zuständigen Organe bleibt nach herrschender Lehre der **Verfassung überlassen,** doch steht bei Staaten die **Befugnis** des **Staatsoberhauptes außer Frage.** Die WVK erweitert freilich diese Zuständigkeitsvermutung für vr Verträge (Art 7 Abs 2 – D 10; Rz 261); ob diese Erweiterung auch einsRG erfasst, ist

ungeklärt. In den *Kernwaffenversuche-Fällen* maß der IGH jedenfalls nicht nur Äußerungen des französischen Staatspräsidenten, sondern auch des Außen- und des Verteidigungsministers vr Bedeutung bei (D 40; Rz 261).

Die **Empfangsbedürftigkeit** einsRG wird im Gegensatz zu ihrer Annah- **500**
mebedürftigkeit grundsätzlich bejaht. EinsRG wirken somit nur gegenüber jenen Staaten, denen sie zur Kenntnis gebracht wurden. Sollen durch ein einsRG vr Rechte oder Pflichten anderer VRS unmittelbar begründet, geändert oder beendet werden, so ist die Zustimmung oder Annahme des oder der Betroffenen zu fordern.

Hievon sieht das VR jedoch in verschiedenen Fällen ab, va bei den **501**
meisten einsRG, die mit Verträgen zusammenhängen (vgl ferner D 40) oder auch bei der Neutralitätserklärung. Durch viele einsRG wird eine Rechtsgestaltung oder ihre Verhinderung ohne unmittelbare Änderung des Rechtsverhältnisses zu anderen VRS angestrebt; mittelbar haben freilich auch diese Rechtsfolgen, va die Verhinderung einer Rechtsänderung (Rz 511 f). Auch einsRG mit solchen mittelbaren Rechtsfolgen sind empfangsbedürftig. Die angemessene Form einer Mitteilung wird jedoch je nach den Umständen des Einzelfalles unterschiedlich beurteilt (D 40).

Ähnlich **umstritten** ist die Frage nach der **Widerrufbarkeit** einsRG. Im **502**
Schrifttum werden der Vertrauensschutz, *acquiescence, estoppel* und *contrarius actus* bei der Lösung dieses Problems angeführt. *Offen* ist insbes die Frage, ob und wieweit die *Gründe* für die *Endigung vr Verträge* (Rz 351 ff) *auf einsRG anwendbar* sind. Das gilt auch für die *Anwendbarkeit* der *Regeln* für die *Vertragsauslegung* (Rz 326 ff). Bei einsRG ist jedoch jedenfalls die Absicht, dh der Bindungs- oder Rechtsfolgewille, stärker zu berücksichtigen und genauer zu prüfen als bei der Vertragsauslegung.

B. Einseitige Rechtsgeschäfte, die mit völkerrechtlichen Verträgen zusammenhängen

Die einsRG, die mit Verträgen zusammenhängen, sind vom vr *Ver-* **503**
tragsrecht, va der WVK (D 10), *beeinflusst.* Die Regelungen der WVK sind jedoch nicht erschöpfend, da sie nur die häufigsten Erscheinungsformen dieser einsRG erfassen. Daneben gibt es noch andere: solche, die im Vertrag selbst vorgesehen sind (zB Erklärungen über die Nichtgeltung bestimmter Vertragsteile – *„contracting out";* Rz 308 – oder über die Streitbeilegung); ferner solche, die zwar mit dem Vertrag zusammenhängen, deren Wirkung sich jedoch aus dem allgemeinen VR ergibt, zB die Erklärung, in einen Vertrag des Gebietsvorgängers einzutreten (Rz 815 ff) oder einen Vertrag weiter anzuwenden (Sukzessionserklärungen – Rz 810 ff). Für einsRG, deren Wirkung in der WVK nicht geregelt ist, gilt weiterhin universelles VGR, sofern der Vertrag selbst keine Regeln enthält.

1. Zustimmung, durch einen Vertrag gebunden zu sein

Unterzeichnung, Ratifikation, Annahme und *Genehmigung* sowie der **504**
Beitritt sind die wichtigsten Formen, einer vertraglichen Bindung zuzustimmen (Rz 279 f). Sie sind in der WVK ausführlich geregelt.

2. Vorbehalt

505 Da ein Vorbehalt (Rz 294) die inhaltliche Änderung eines mehrseitigen Vertrages zum Ziel hat und durch ihn einseitig in Rechtsgüter der Vertragspartner eingegriffen wird, hing seine Wirksamkeit nach früherem VR grundsätzlich von der Annahme durch die Vertragspartner ab (Rz 290). In der WVK ist der Vorbehalt ausführlich, jedoch nicht erschöpfend und zT anders als im traditionellen VGR geregelt (Rz 296 ff).

3. Endigung, Suspendierung und Ungültigkeit eines Vertrages

506 Ob ein Vertrag ungültig ist, und ob die Voraussetzungen für eine Beendigung oder Suspendierung vorliegen (Rz 351 ff), richtet sich nach den Bestimmungen des betreffenden Vertrages oder nach dem allgemeinen Vertragsrecht in der WVK (D 10), bzw VGR. Auf Grund der Koordinationsstruktur des Völkerrechts, das durch eine dezentralisierte Normenkontrolle gekennzeichnet ist, beurteilen zuerst die Staaten selbst, ob ein Grund für die Endigung, Suspendierung oder Ungültigkeit des Vertrages vorliegt. Derartige einsRG sind jedenfalls empfangsbedürftig (Rz 389).

507 Die Einführung des Einspruchsrechts und seine Verknüpfung mit einem Streiterledigungsverfahren in der WVK (Rz 393 ff) sind nur ein halbherziger Schritt zur Aufgabe des Grundsatzes der *Selbstbeurteilung.* Die Ersetzung der Selbstbeurteilung durch eine obligatorische (gerichtliche) Streitbeilegung mit bindender Entscheidung gelang wegen des Widerstands der sozialistischen Staaten und vieler Entwicklungsländer in der WVK nur bei Streitigkeiten über *ius cogens* (Rz 395).

4. Unterwerfungserklärungen

508 Staaten können einseitig erklären, die **Zuständigkeit** oder Jurisdiktion bestimmter **ständiger internationaler (quasi-)judizieller Organe** anzuerkennen. Von einer derartigen Unterwerfungserklärung hängt die Befugnis solcher internationaler Organe ab, auf Antrag von Staaten oder ausnahmsweise von Einzelpersonen Berichte zu erstatten (UN-Ausschuss für Menschenrechte – Rz 1391 ff) oder Urteile zu sprechen (IGH – Rz 1989 ff; Europäischer Gerichtshof für Menschenrechte – Rz 1436 ff). Sie ist in jenem Vertrag vorgesehen, durch den das ständige internationale Organ geschaffen und in dem seine Aufgabe umschrieben wurde. Die Unterwerfung kann unbefristet, für eine bestimmte Kategorie von Streitigkeiten, für einen bestimmten Streit (etwa durch Streiteinlassung – Rz 1972), für bestimmte Materien oder für einen bestimmten Zeitraum erklärt werden (Rz 1993 ff; D 174, 261, 262).

C. Selbständige einseitige Rechtsgeschäfte

1. Anerkennung

509 Tatsachen von internationaler Bedeutung können durch Anerkennung **außer Streit gestellt** werden. Klassische Fälle (Rz 789 ff) sind die Anerkennung von *Staaten* (D 42, 45), *Regierungen* (D 43), *Bürgerkriegsparteien* und

Befreiungsbewegungen (D 44) sowie von *Rechtsansprüchen.* Unmittelbare Rechtswirkungen entfaltet sie nur zwischen dem anerkennenden und dem betroffenen VRS. Sie ist **auch durch konkludente Handlungen,** ja sogar durch *acquiescence* (Rz 213), möglich.

Nach der *Sezession neuer Staaten von* der *UdSSR* (Russischen Föderation – Rz 855 ff) und dem Zerfall *Jugoslawiens* (Rz 858 ff) *1991* und der *Auflösung* der *Tschechoslowakei 1993* (Rz 861 f) gewann die Anerkennung neuer Staaten, die mit der Beendigung der Dekolonialisierung (Rz 122 ff) in der „Dritten Welt" ihre Aktualität verloren zu haben schien, *wieder politische und rechtliche Bedeutung* (Rz 789 ff). Die Mitgliedstaaten der **EG** beschlossen 1991 **Richtlinien** für die **Anerkennung** von **Neustaaten** in **Osteuropa** und in der ehemaligen **UdSSR** (D 82). Danach haben diese Neustaaten für die Anerkennung *neben den faktischen Staatsmerkmalen* weitere Kriterien zu erfüllen, wie die *Achtung* der *Prinzipien* der *SVN* sowie der *KSZE-Schlussakte* (Rz 1794 f, 1831, 1944, 2065; D 215) und der *Charta von Paris für ein neues Europa* (D 216), Garantien für *Minderheitenrechte,* Achtung der *Unverletzlichkeit von Grenzen, Übernahme* aller einschlägigen *Verpflichtungen* in Bezug auf *Abrüstung* und Nichtweiterverbreitung von Kernwaffen. **510**

2. Protest

Die Übereinstimmung einer Handlung oder eines Zustandes mit dem VR wird durch Protest bestritten. Dieser bewirkt, dass eine **Heilung** des **behaupteten Mangels,** zB durch *acquiescence* (Rz 213), **nicht eintreten** kann. Dauert die Völkerrechtswidrigkeit an, so kann die Wiederholung des Protests geboten sein. Ein Protest hat *ausdrücklich* zu erfolgen und muss *überzeugend* gestaltet sein (kein „Papierprotest"). Er kann auch dazu dienen, eine bestimmte Rechtsposition zu wahren (*„Qui tacet consentire videtur si loqui potuisset ac debuisset"* – D 74) und stellt damit die „Kehrseite" der Anerkennung dar. Ob er jedoch zur Wahrung eines Rechts unerlässlich ist, lässt sich abstrakt nicht sagen; dies hängt von den oft schwer zu beurteilenden Umständen des Einzelfalles sowie der Art des betreffenden Rechts und der berührten Interessen der beteiligten Staaten ab. So werden etwa andere Staaten zu ihrer Rechtswahrung gegen den Gebietanspruch eines Staates, der diesen faktisch nicht effektiv durchsetzen kann, nicht protestieren müssen. Anderseits wird von einem *„persistent objector"* (Rz 183), der sich gegen die Entstehung einer neuen Norm des VGR wehren will, ein beharrlicher Protest gefordert. Dieser Einspruch ist von Anfang an ausdrücklich zu erklären und in der Folge konsequent aufrechtzuerhalten. **511**

Selbst wenn ein Protest zur Rechtswahrung nicht notwendig erscheint, kann das nachträgliche Schweigen aber uU zum Verlust des Rechtes auf Geltendmachung der Völkerrechtswidrigkeit (vgl D 325, Art 45) oder zur Verhinderung der Durchsetzung eines Rechtes (*estoppel* – Rz 208) führen. **512**

3. Versprechen

VRS können sich durch einseitige Erklärung zu einem *bestimmten Verhalten verpflichten.* Wegen der Schwierigkeit, zwischen bloßer politischer **513**

Absicht und rechtlichem Bindungswillen zu unterscheiden, wird gerade hier das Erfordernis der **Eindeutigkeit des Verpflichtungswillens** betont (D 40); dieser ist häufig (nur) anhand der äußeren Umstände des Verhaltens zu beurteilen. Trotz dieser besonderen Erfordernisse hat sich bisher *kein Formgebot* für das vr Versprechen entwickelt.

514 Manche scheinbare Versprechen sind in Wirklichkeit mit einer Gegenleistung des Adressaten verbunden und begründen ein Vertragsverhältnis (vgl D 41).

4. Verzicht

515 VRS können *Rechte* und *Ansprüche* durch Verzicht *aufgeben.* Den einsRG wird er nur zugerechnet, wenn das aufgegebene Recht nicht auf ein anderes VRS übertragen wird. Zwar gilt auch für den Verzicht der Grundsatz der Formfreiheit. Da aber ein Verzicht einen Rechtsverlust zur Folge hat und daher nicht vermutet werden kann (D 3 a), muss auch in diesem Fall der Rechtsfolgewille genau geprüft werden.

5. Andere selbständige einseitige Rechtsgeschäfte

516 EinsRG außerhalb der Systematisierungsversuche des Schrifttums sind wenigstens beispielshalber zu erwähnen: **Kriegserklärung** (Rz 1806), **Neutralitätserklärung** (Rz 3172 ff, 3190), *Mitteilung* des *Kriegszustandes,* Verhängung einer *Blockade* (Rz 72), *Kapitulation,* Erklärung über die *Breite* des *Küstenmeers* (D 287) und über die *ausschließliche Wirtschaftszone* (Rz 2245 ff, 2275 ff).

D. Die einseitigen Rechtsgeschäfte im österreichischen Recht

Literatur: *Berchtold,* Der Bundespräsident (1969) 23, 118; *Walter,* Österreichisches Bundesverfassungsrecht (1972) 177, 187, 449; *Öhlinger,* Der völkerrechtliche Vertrag im staatlichen Recht (1973) 366; *Melichar,* Zur Wirkung der Suspension eines Staatsvertrages auf seine innerstaatliche Anwendbarkeit in Österreich, FS *Baltl* (1978) 349; *Tichy,* Die Anerkennung der PLO durch Österreich als verfassungsrechtliches Problem, ÖZöRV 33 (1982) 53.

517 Das einsRG des VR ist als **selbständige Rechtssatzform des österreichischen Rechts** allgemein anerkannt. Dies wird mit *Art 9 Abs 1 B-VG* (D 49) begründet, durch den die vgr Rechtssatzform des einsRG zu einer des österreichischen Rechts geworden sei. Auf seinen im VR strittigen Geltungsgrund (Rz 493) wurde im verfassungsrechtlichen Schrifttum bisher nicht eingegangen. Als *zentrale* staatsrechtliche **Zuständigkeitsregel** ist **Art 65 Abs 1 B-VG** anzusehen (Rz 264). Nach ihr vertritt der *Bundespräsident* die Republik nach außen, dh ihm steht es zu, alle vr Handlungen vorzunehmen, durch die internationale Rechte und Pflichten der Republik Österreich begründet, geändert oder aufgehoben werden. Zu diesen vr Handlungen gehören auch die einsRG.

518 Die Befugnis zum Abschluss bestimmter Kategorien vr Verträge, die der Bundespräsident der Bundesregierung oder den zuständigen Bundesministern gem von *Art 66 Abs 2 B-VG* übertragen hat (Rz 265), gilt jedenfalls *auch* für jene *eins RG,* die mit *solchen Verträgen zusammenhängen* (Rz 503 ff), und wohl auch für jene selbständigen einsRG, die nicht auf Gesetzesebene stehen. Die verfassungsmäßige Ausübung der Zuständigkeit hängt jedoch von der *Erfüllung verfassungsrechtlicher Voraussetzungen* ab. Gem *Art 67 Abs 1 B-VG* (D 49) darf der *Bundespräsident auch einsRG nur auf Antrag* der *Bundesregierung* oder der *zuständigen Bundesminister* tätigen. Bei einsRG, die mit einem nach *Art 50 B-VG* der *parlamentarischen Genehmigung* bedürftigen Staatsvertrag zusammenhängen, ist diese Vorschrift gleichfalls einzuhalten. Gem Art 40 Abs 2 B-VG ist für eine *Kriegserklärung* die *Bundesversammlung* zuständig.

Neben diesen Voraussetzungen sind noch weitere **Verfahrens- und** **519**
Formvorschriften zu beachten. Zur verfassungsrechtlichen Gültigkeit bedürfen die einsRG neben der *Zeichnung* durch den *Bundespräsidenten* der *Gegenzeichnung* durch den *Bundeskanzler oder* den (die) *zuständigen Bundesminister* (Art 67 Abs 2 B-VG – D 49). Die Vorschrift über Zeichnung und Gegenzeichnung setzt die **Schriftlichkeit** des Rechtsaktes voraus.

Zur innerstaatlichen Verbindlichkeit einsRG ist erforderlich, dass sie **520**
dem oder den Betroffenen bekannt gemacht werden. EinsRG generellen Inhalts müssen entweder als allgemeine Entschließungen des Bundespräsidenten (§ 2 Abs 2 Ziff 1 BG über das BGBl 1996) oder gem § 2 Abs 5 Ziff 5 BG über das BGBl (D 50) **im BGBl kundgemacht** werden. Die Bestimmung des § 2 Abs 6 BG über das BGBl über die Kundmachung von Staatsverträgen in anderer zweckentsprechender Weise (Rz 318) erstreckt sich auch auf einsRG, welche sich auf solche Staatsverträge beziehen. Im Falle des Neutralitätsgesetzes (D 385) erfolgte zuerst die Erlassung der innerstaatlichen Rechtsnorm, welche dann im Wege eines einsRG den anderen Staaten notifiziert wurde (Rz 3173 ff); dh, das einsRG „enthielt" bereits die innerstaatliche Rechtsnorm.

Die **verfassungsrechtliche Fehlerhaftigkeit** einsRG generellen Inhalts **521**
unterliegt grundsätzlich der **Prüfung** durch den **VfGH** gem *Art 139 B-VG* (D 49). Dies ist allerdings für Rechtsakte, die den Charakter einer generellen Weisung (Verwaltungsverordnung) haben, umstritten. Ein einsRG, das mit einem vr Vertrag zusammenhängt, könnte auch in einem Verfahren nach *Art 140 a B-VG* geprüft werden, wenn seine Rechtmäßigkeit eine Vorfrage für jene des Vertrages ist. EinsRG individuellen Inhalts unterliegen der verfassungsgerichtlichen Prüfung gem *Art 144 B-VG* (D 49) oder der Kontrolle durch den *VwGH.*

Die Behandlung der einsRG im **österreichischen Recht** wurde bisher **522**
noch nicht systematisch untersucht. Es lässt sich jedoch schon an Beispielen erkennen, dass sie sehr **uneinheitlich** ist und der Verfassungslage oft nicht entspricht. Ratifikationen werden vom Bundespräsidenten vorgenommen, vom Bundeskanzler gegengezeichnet und der Vertrag im BGBl kundgemacht. Hinsichtlich der Gegenzeichnung durch andere (zuständige) Mitglieder der Bundesregierung ist keine klare Linie zu erkennen. Dies trifft auch auf Vorbehalte zu (Rz 305). In seltenen Fällen unterbleibt ihre Kundmachung, ein Hinweis auf sie findet sich nur in den Erläuternden Bemerkungen zur Regierungsvorlage. *Fast völlig unklar* ist die *Lage* bei den *selbständigen*

einsRG. Da eine Kundmachung im BGBl zumeist unterbleibt, ist die Beurteilung ihrer Übereinstimmung mit der Verfassung nur in Ausnahmefällen möglich, zB bei der Anerkennung der Regierung der Volksrepublik China (D 43), der Republik Bangladesh (D 42) und der *Palestine Liberation Organization* (PLO – D 44).

6. Kapitel

Sonstige Quellen des Völkerrechts

Wolfram Karl

Literatur: *Rotter,* Die Abgrenzung zwischen völkerrechtlichem Vertrag und außerrechtlicher zwischenstaatlicher Abmachung, FS *Verdross* (1971) 413; *Schreuer,* The Authority of International Judicial Practice in Domestic Courts, ICLQ 23 (1974) 681; *Seidl-Hohenveldern,* International Economic „Soft Law", RdC 163 (1979) 165; *Baxter,* International Law in „Her Infinite Variety", ICLQ 29 (1980) 549; *Bleckmann,* Die Funktion der Lehre im Völkerrecht (1981); *Karl,* Vertrag und spätere Praxis im Völkerrecht (1983); *Wengler,* Die Wirkungen nichtrechtlicher Verträge zwischen Staaten, ArchVR 22 (1984) 306; *Villiger,* Die Billigkeit im Völkerrecht, ArchVR 25 (1987) 174; *Heusel,* „Weiches" Völkerrecht: Eine vergleichende Untersuchung typischer Erscheinungsformen (1991); *Oraison,* Réflexions sur „la doctrine des publicistes les plus qualifiés des différentes nations", RBDI 24 (1991) 507; *Riedel,* Standards and Sources. Farewell to the Exclusivity of the Sources Triad in International Law? EJIL 2 (1991) 58; *Doehring,* The Participation of International and National Courts in the Law-Creating Process, South African Yearbook of International Law 17 (1991/92) 1; *Reisman,* The Concept and Functions of Soft Law in International Politics, FS *Elias* (1992) 135; *Miyoshi,* Considerations of Equity in the Settlement of Territorial Boundary Disputes (1993); *Distefano,* La pratique subséquente des Etats parties à un traité, AFDI 40 (1994) 41; *Zemanek,* What is „State Practice" and Who Makes It? FS *Bernhardt* (1995) 289; *Franck,* Equity in International Law, FS *Lachs* (1995) 23; *Klabbers,* The Redundancy of Soft Law, Nordic JIL 65 (1996) 167; *Hillgenberg,* Soft Law im Völkerrecht, ZeuS 1 (1998) 81; *Zemanek,* Is the Term „Soft Law" Convenient? FS *Seidl-Hohenveldern* (1998) 843.

A. Allgemeines

Was „sonstige Quellen" des VR sind, hängt vom **Rechtsquellenbegriff** ab. *Art 38 IGH-Statut* (D 261), der als – freilich unvollständiger (Rz 8, 167 ff) – Katalog der vr Rechtsquellen angesehen wird, erwähnt *neben Vertrag, VGR und ARG* noch die **Judikatur** und die **Völkerrechtslehre** als **„Hilfsmittel** zur Feststellung der Rechtsnormen" (Abs 1 lit d). Lässt man auch hierfür den Begriff „Rechtsquelle" gelten, so handelt es sich in erster Linie um **Rechtserkenntnisquellen,** denen im Allgemeinen Hinweise auf das geltende Recht entnommen werden können. Sie sind aber *als solche nicht rechtsverbindlich.* 523

Freilich sind die Formen, in denen VR erzeugt wird bzw in verbindlicher Weise zu Tage tritt (man könnte von **Rechtsentstehungsquellen** sprechen), **nicht ein für alle Mal festgeschrieben** (Rz 167). Auch der *heute allgemein akzeptierte Rechtsquellenkatalog,* der neben Vertrag, VGR und ARG *auch* die *bindenden Beschlüsse von IO* sowie die *einsRG* enthält, könnte in Zukunft erweitert werden. Dies würde freilich eine allgemeine Akzeptanz solcher neuer Formen der Rechtserzeugung durch die Völkerrechtsgemeinschaft voraussetzen. 524

Den hier zu behandelnden **„sonstigen Rechtsquellen"** ist gemeinsam, dass die **Akzeptanz als verbindliche Rechtsquelle nicht** gegeben ist. Es kann 525 sich also nur um Rechtsquellen in einem bestimmten, für die rechtswissenschaftliche Betrachtung jedenfalls nicht zentralen Sinn handeln. Dies schließt nicht aus, dass diese Phänomene bei der *Bildung von VR* und anlässlich eines *rechtlichen Entscheidungsprozesses* eine *wesentliche Rolle* spielen *können.* Ihre **hauptsächliche Bedeutung** liegt allerdings im **rechtspolitischen** und im **politischen** Bereich.

526 Neben den in Art 38 IGH-Statut genannten Hilfsmitteln *Judikatur* und *Völkerrechtslehre* kommen auch noch andere Hilfsmittel der Rechtsfeststellung in Frage. Von besonderem Interesse sind dabei **Kodifikationen** des VGR (Rz 219ff), und zwar unabhängig von ihrer formellen Geltung, sowie die **vr Praxis** im Allgemeinen. Sie alle helfen aber nicht nur bei der Auffindung des VR, sondern sie können auch zur **Rechtsentwicklung** *beitragen.* Dies geschieht namentlich dadurch, dass bisher Unausgesprochenes sprachlich gefasst und konturiert, das Recht eng oder weit interpretiert wird, dogmatische Figuren entwickelt werden. Dieser Beitrag zur Rechtsentwicklung erfolgt *meist versteckt* oder *unbewusst* und lässt sich *oft* der *Bildung von VGR* zuordnen. Von „Rechtsquellen" könnte man auch hier sprechen, allerdings wiederum in einem ganz spezifischen – diesmal genetischen – Sinn.

527 Unter dem Einfluss der *soziologischen Schule,* insbes des *„New Haven Approach"* (Rz 162), entstand eine wissenschaftliche Strömung, die die herkömmliche Dichotomie zwischen Rechtsverbindlichkeit und rechtlicher Unverbindlichkeit über Bord wirft und von einer **gleitenden Rechtswertskala** (Rz 9) ausgeht. Man spricht hier von der **Präzedenzwirkung** (etwa einer Gerichtsentscheidung), von **Autorität** und von **„weichem" Recht** (**„soft law"** – Rz 9, 126, 1795, 1923, 2403, 2437, 2503f). Dabei werden vielfach auch die *„außerrechtlichen" Erklärungen und Abmachungen, „Standards", „Codes of Conduct"* und anderes in die Betrachtung einbezogen. Sicherlich ergibt sich so ein realistischeres Bild der tatsächlichen Entscheidungsvorgänge (oder mögen deren Ergebnisse gesellschaftlich verträglicher sein) als bei einer ausschließlich rechtsnormativen Betrachtungsweise. Allerdings wäre es richtiger bzw ehrlicher, *nicht* von *Rechtsquellen,* sondern von **politischen** (oder sittlichen, moralischen, gesellschaftlichen) **Normen** zu sprechen. Um „Recht" handelt es sich allenfalls *in statu nascendi* bzw *de lege ferenda.* Der Ausdruck **„weiches Recht"** wäre dann zutreffender für **Rechtsnormen** mit vergleichsweise **geringem Verpflichtungsgehalt** (*etwa Vertragsbestimmungen programmatischen Charakters* – Rz 1386) *reserviert.*

528 Schließlich soll hier auch die Frage nach dem über- bzw außerpositiven Recht, namentlich nach dem **Naturrecht** und der **Billigkeit,** gestellt werden.

B. Die Judikatur

529 Urteile des IGH sind zwar **nur inter partes** verbindlich (Art 59 IGH-Statut – D 261). Da ihnen aber Rechte und Pflichten entspringen, kann man sie insofern schon als Rechtsquelle bezeichnen. Art 38 IGH-Statut meint aber *generelle Normen,* wenn er die „gerichtlichen Entscheidungen" als *Hilfsmittel* zur Rechtsauffindung einstuft. Dabei folgt er der Beobachtung, dass sich das geltende Recht gewöhnlich in der Rechtsprechung niederschlägt. Ein bes verlässliches Hilfsmittel ist die Judikatur von *StIG* und *IGH* (einschließlich der Rechtsgutachten – Rz 1988 ff), insbes wegen der hohen fachlichen und persönlichen Qualifikation ihrer Richter. Eine große Rolle spielt auch die Spruchpraxis von *Schiedsgerichten* zu vr Fragen (Rz 1981 ff). Daneben ist die Judikatur *nationaler Gerichte* von Bedeutung, da auch diese gelegentlich nach VR zu urteilen haben. Allerdings ist darauf zu achten, ob diese Gerichte tatsächlich nach VR entschieden und nicht durch staatliches Recht oder nationale Loyalitäten beeinflusst waren.

Ein unentbehrliches *technisches Hilfsmittel* zur Verwendung der Judikatur sind **Entscheidungssammlungen.** Beispielsweise erwähnt seien die *ICJ (= International Court of Justice) Reports* (des IGH), die *Reports of International Arbitral Awards* (RIAA – für Schiedssprüche) und die *International Law Reports* (ILR), eine weltumspannende Sammlung vorwiegend nationaler Judikate zu vr Fragen. **530**

Die Judikatur ist freilich mehr als ein bloßes Hilfsmittel zur Auffindung generellerVölkerrechtsnormen; denn sie nimmt auch teil an der *Entwicklung des VR.* Zwar hat es etwa der IGH wiederholt abgelehnt, *de lege ferenda* zu entscheiden, doch schafft er in gewisser Weise auch neues Recht. Ein wichtiger Begriff ist in diesem Zusammenhang die **Präzedenzwirkung** von Entscheidungen. *Obwohl* es im VR **kein „stare decisis"** wie im angloamerikanischen Recht gibt (vgl Art 59 IGH-Statut; Rz 2012), *wirken Judikate* mit ihrer **Autorität** auf *spätere Entscheidungen* desselben (D 5 b) oder eines anderen Entscheidungsträgers (Rz 2022). Dabei liegt zwar keine Rechtsbindung vor, aber doch mehr als bloß faktisch oder soziologisch oder psychologisch Erklärbares. Man stützt sich auf *Präjudizien,* um die eigene Entscheidung zu begründen, und fühlt sich auch insoweit an sie gebunden, als man sie nicht mit besseren Gründen widerlegen kann. Eine Abweichung bedarf der Begründung (D 46). **531**

C. Die Völkerrechtslehre

Die Völkerrechtslehre (*auch* als **„Völkerrechtsdoktrin"** bezeichnet – nicht zu verwechseln mit einer bestimmten Doktrin etwa im Sinn der *Stimson-Doktrin* – Rz 59, 1812; D 221) ist ebenfalls ein wichtiges Hilfsmittel zur Rechtsauffindung (vgl Art 38 lit d IGH-Statut). Was die hervorragendsten Autoren der verschiedenen Staatengruppen übereinstimmend als VR darstellen, hat eine starke **Vermutung** der **Richtigkeit** für sich. Diese Autoren entstammen gewöhnlich dem akademischen Milieu, dem man mitunter zu Recht eine gewisse *Praxisferne* vorwirft. Doch ist das Bild überzeichnet, das der *Court of Admiralty* in *The Renard* (1778) vom Völkerrechtler entwarf (*„A pedantic man in his closet dictates the law of nations; everybody quotes, and nobody minds him")*. Denn heute herrscht rege Fluktuation der Theoretiker hin zur Praxis – zu internationalen Gerichten, Außenministerien, IO. Überdies steht die Lehre in enger Wechselbeziehung zur vr Judikatur. **532**

Der Beitrag der Lehre zur Rechtsentwicklung ist im VR größer als in jeder anderen Rechtsordnung. Im Zeichen des heute weiterhin herrschenden *politisch-ideologischen Pluralismus* ist ihre *Bedeutung* freilich *gesunken.* Nach wie vor **aber** ist ihre **beschreibende** und **systematisierende Rolle** **533**

unentbehrlich. Trotz der Spaltung in politische Lager gab und gibt es heute eine Reihe von weltumspannenden Fachzirkeln, die eine weltweite Fachpflege über die nationalen, politischen und ideologischen Grenzen hinweg ermöglichen. Zu diesen gehören die *ILC* (Rz 225), die *ILA* und das *IDI* (Rz 220). Zu erwähnen sind auch renommierte Zentren der akademischen Ausbildung wie die *Völkerrechtsakademie* in *Den Haag.* Schließlich sei auch auf die *Fachpflege durch IO* hingewiesen, wofür zB im Bereich des Menschenrechtsschutzes das *Genfer Menschenrechtszentrum der VN* oder der *Europarat* mit seiner Förderung nationaler Menschenrechtsinstitute genannt werden können.

D. Die Kodifikation

534 Kodifikationen (Rz 219 ff) sind **Hilfsmittel** der **Rechtsauffindung,** soweit sie das geltende VGR darstellen. Sie erfüllen aber auch eine weitere Aufgabe: die **(fortschreitende) Weiterbildung** des VR durch dessen Anpassung an die Bedürfnisse der Völkergesellschaft (Rz 228). Diese zweite Aufgabe ist eine legislatorische; sie bedarf der Legitimation durch Vertrag. Auch mit der Kodifikation ieS (mit der Feststellung, Systematisierung und Formulierung des VGR) ist aber ein gewisses Maß an Rechtsschöpfung verbunden. Überdies bildet sich oft erst in den Vorbereitungsarbeiten, an denen Völkerrechtsgelehrte (in der ILC) und Staatenvertreter beteiligt sind, jener allgemeine Konsens der Rechtsauffassungen, der Voraussetzung des VGR ist (zB bezüglich der ausschließlichen Wirtschaftszone – Rz 216, 2275 ff).

535 *Unabhängig* von ihrer *formellen Annahme* (bzw der Unterwerfung unter vertragliche Kodifikationen) durch die Staaten üben Kodifikationen auch eine **Legitimationswirkung** aus. Häufig werden sie zitiert und angewendet, als wären sie bereits geltendes Recht. Auf diese Weise sind sie ihrerseits wieder Kristallisationspunkt von VGR.

E. Die völkerrechtliche Praxis

536 Die vr Praxis ist **hauptsächlich Staatenpraxis,** doch kann man ihr *auch* die *Praxis der IO,* die *Judikatur internationaler Gerichte und Schiedsgerichte,* ja uU *auch* die *relevante Praxis* von *juristischen Personen* wie Unternehmen und von *Privatpersonen* zurechnen. Als Staatenpraxis kommen die relevanten **Akte aller drei Staatsgewalten,** also der Gesetzgebung, Verwaltung und nationaler Gerichte, in Frage (Rz 179 f). Die **Feststellung** der Praxis ist mangels einer entsprechenden Formulierung meist **schwierig,** doch **erleichtern** spezielle **Praxissammlungen (Digests)** die Aufgabe. Diese geben zB diplomatische Noten und Korrespondenzen, Gutachten von Rechtsberatern und nationale Gerichtsentscheide zu vr Fragen wieder (siehe die österreichische Praxis zum Völkerrecht in der ÖZöRV/AJPIL seit 1977; seit 1996 in ARIEL).

537 Die vr Praxis ist zum einen ein **Hilfsmittel** bei der **Auffindung des VR** (sofern sie auf vr Erwägungen beruht). Sie ist zum anderen ein **Faktor** der **Erzeugung** von **Gewohnheitsrecht** (Rz 179 f). Denkt man dabei gewöhnlich an eine *allgemeine* Praxis, so kann dieser die *individuelle* bzw *partikuläre*

Praxis einzelner Staaten an die Seite gestellt werden. Diese partikuläre Praxis gibt Auskunft über Willen, Meinung oder Präferenz der sie setzenden Staaten. UU enthält sie auch eine Erklärung an die Adresse anderer Rechtsgenossen. Sie wird damit – drittens – zum **Entstehungsgrund partikulären Rechts** (Rz 186; D 7) Die dogmatische Begründung kann im stillschweigenden Rechtsgeschäft, im *estoppel* (Rz 208) oder im partikulären VGR (Rz 184 ff) gefunden werden.

Ein Sonderfall partikulärer Praxis ist die **spätere Praxis** zu **vr Verträgen,** dh eine übereinstimmende Praxis der Parteien nach Vertragsabschluss. Sie vermag förmliche Verträge auf formlose Weise zu ändern, ja zu beenden (*desuetudo* – Rz 214 ff, 346), sofern ihr ein entsprechender *Konsens* der Vertragsparteien zu entnehmen ist (*Luftverkehrs-Fall, Österreichisch-Deutscher Handelsvertrags-Fall,* Art 12–16, 22 Abs 13 Österreichischer Staatsvertrag 1955 – D 47, 48, 380; Rz 3169). 538

Die *spätere Praxis* wirkt aber auch unter der Schwelle offener Rechtsänderung in gewisser Weise *rechtsfortbildend,* nämlich im Rahmen der **Vertragsauslegung** (Rz 333). Gem Art 31 Abs 3 lit b WVK (D 10) ist bei der Auslegung eines Vertrags „jede spätere Übung bei der Anwendung des Vertrags (zu berücksichtigen), aus der die Übereinstimmung der Vertragsparteien über seine Auslegung hervorgeht". Diese „Übereinstimmung" ist nicht unbedingt jene im Zeitpunkt des Vertragsabschlusses. Vielmehr kann unter diesem Titel *auch ein neues Vertragsverständnis* herangezogen werden, sofern es sich in der späteren Praxis äußerte. 539

F. „Außerrechtliche" Erklärungen und Abmachungen

Die internationale Zusammenarbeit stützt sich immer stärker auf Kommunikationsformen, die zwar in Struktur und Funktion den vr Verträgen gleichen mögen, aber keine sind. Sie unterscheiden sich von rechtsverbindlichen Verträgen durch ihr Zustandekommen (etwa wenn keine dem Staat zurechenbare Verpflichtungserklärung vorliegt) oder durch mangelnde Verpflichtungsabsicht. Man schreibt ihnen gewöhnlich nur **„politische"** oder **„moralische" Wirkung** zu. 540

Ihr Vorzug liegt – verglichen mit förmlich bindenden Verträgen – in größerer **Flexibilität** und der **Vermeidung** umständlicher innerstaatlicher **Abschlussverfahren** (womit freilich auch die Parlamente umgangen werden). Dank ihrer Vorläufigkeit sind sie sehr zur *Erprobung künftiger Verhaltensnormen* geeignet. Dennoch vermitteln sie ein gewisses Maß an Stabilität und Vorhersehbarkeit in den iBez. 541

In dieser Kategorie sind zunächst die **Schlusserklärungen** nach *Staatsbesuchen* oder *internationalen Konferenzen,* namentlich die *KSZE-Schlussakte 1975,* zu nennen (Rz 259, 1609, 1794, 1831, 1919 – D 215). Obwohl einem Vertrag in manchem ähnlich, sind sie politische Absichtserklärungen, aus denen keine Rechtspflichten folgen. 542

Dasselbe gilt für die **Gentlemen's Agreements** – persönliche Absprachen zwischen maßgebenden Politikern (Staatsmännern, Parteiführern) verschiedener Staaten in außenpolitischen Fragen. Ein Beispiel ist das *Moskauer Memorandum* vom 15. 4. **1955** (Rz 260, 3111 ff; D 379). Eng damit 543 verwandt sind die zahlreichen *informellen Arrangements* in *technischen* Belangen (in monetären, kommerziellen, administrativen usw), die von Fachministern, Beamten oder Notenbankdirektoren ohne vr Legitimation und ohne Anspruch auf Rechtsverbindlichkeit jeweils für ihre Ressorts bzw ihren Bereich eingegangen werden. Hier verfließt wieder die Grenze zu den **Codes of Conduct,** *Verhaltenskodizes empfehlender Natur,* die aber gewöhnlich Akte von IO sind (Rz 462, 1227, 2504, 2625).

544 Die interessanteste Alternative zum bindenden Vertrag sind **faktisch koordinierte Verhaltensprogramme,** die durch eine kalkulierte Abfolge von Aktionen und Reaktionen zu einem gemeinsamen Ziel führen, va auch eine gemeinsame Gefahr unter Kontrolle halten. Hier sind die *Regeln* des **crisis management** zu nennen (Begrenzung der außenpolitischen Ziele und Mittel, Suche nach einem auch für den Gegner annehmbaren Ausweg usw), die sich im „Kalten Krieg" im stillschweigenden Einvernehmen zwischen den „Supermächten" entwickelten. Ihnen ist es zu verdanken, dass eine Konflikteskalation bis zum alles vernichtenden Nuklearkrieg auch in Phasen hoher Ost-West-Spannung ausblieb. Auch der *„Operationskalender zum Südtirol-Paket"* (Rz 3291), das *1969* zwischen Österreich und Italien zur Bereinigung der Südtirol-Frage ausgearbeitet wurde, trägt diese Züge, wenngleich man darin *auch* ein *Gentlemen's Agreement* erblicken kann.

545 Die Rechtsnatur der genannten Kommunikationsformen ist von geringer praktischer Bedeutung. Ihr Schwerpunkt liegt im politischen (moralischen) Bereich, wo sie durch das Prinzip des guten Glaubens (Rz 2087), der Ehre (Wahrung des Gesichts) und durch Reziprozitätserwartungen (Rz 65 ff) getragen werden. *Nichteinhaltung* wird mit *Retorsion* beantwortet (Rz 7, 58, 2828 ff), während bei der Nichteinhaltung von Verträgen die Sanktionen der Rechtsordnung Platz greifen (Rz 378 ff, 2744 f, 2823 ff). Diese sind aber kaum wirksamer als jene, zumal auch bei rechtsverbindlichen Verträgen die gerichtliche Durchsetzbarkeit nur in Ausnahmefällen gegeben ist (Rz 1971).

546 Die *rechtliche Bedeutung* solcher Akte wird *unterschiedlich* beurteilt. Zu bedenken ist, dass die Parteien ja bewusst auf ein bindendes Rechtsgeschäft verzichtet haben. Einigkeit herrscht darüber, dass solche Akte auf längere Sicht zur Entstehung von Rechtsnormen beitragen können (*ius in statu nascendi* – Rz 205) und mitunter auch Anknüpfungspunkt eines bindenden *estoppel* (Rz 208) sind. Strittig ist hingegen, ob sie darüber hinaus auch unmittelbare rechtliche Bedeutung haben. Dies wird von den Anhängern der traditionellen Dichotomie: Rechtsverbindlichkeit/völlige (Rechts-)Unverbindlichkeit rundweg verneint, während ihnen die Vertreter einer gleitenden Rechtswertskala (Rz 9) auch gewisse Rechtswirkungen zuerkennen wollen. Jedenfalls hört auch die bloß „politisch" geregelte Frage damit auf, eine ausschließlich innerstaatliche Angelegenheit zu sein (Rz 1948). Ihre Nichtbeachtung in rechtlichen Entscheidungsvorgängen bedarf der Begründung.

G. Naturrecht und Billigkeit

547 Rechtsordnungen sind im Allgemeinen an Vorstellungen der Gerechtigkeit orientiert. Eine überwiegend ungerechte (oder allgemein als solche empfundene) Ordnung des Zusammenlebens wird sich auf die Dauer nicht halten können, sondern mit Gewalt beseitigt werden. Die Gerechtigkeit steht in engem Zusammenhang mit dem **Naturrecht** (Rz 151). Es ist eine alte rechtsphilosophische Streitfrage, ob das Naturrecht Bestandteil der Rechtsordnung, also Rechtsquelle, ist. Für die Positivisten (Rz 152) genügt und ist entscheidend, dass das Recht in bestimmten, durch die Rechtsordnung festgelegten Verfahren erzeugt wird. Die Naturrechtler stellen das Recht zusätzlich unter materiale Anforderungen, wie die *Gerechtigkeit, Evidenz, Vernünftigkeit* usw. Sie sprechen diesen Größen inhärenten und notwendigen Rechtscharakter zu, auch wenn sie nicht durch besondere Rechtserzeugungsverfahren legitimiert sind. Ist also das Naturrecht eine Völkerrechtsquelle?

Diese Frage hat eine rechtstheoretische und eine praktische Seite. Aus **548** rechtstheoretischer Sicht bestimmt eine Rechtsordnung jeweils selbst, was als Recht anzusehen ist. Rechtssätze gelten daher nicht, weil sie gerecht oder vernünftig sind, sondern weil sie nach bestimmten Rechtserzeugungsregeln entstanden oder anerkannt sind. Worin liegt aber deren Geltung, würde ein Naturrechtler fragen, womit er zutreffend auf die überpositive Grundlage des Rechts hinweist. Doch ist diese Fundierung überhaupt eine außerrechtliche. Sie beweist keineswegs, dass das Naturrecht Teil der Rechtsordnung (und in diesem Sinn eine Rechtsquelle) ist.

Aus *praktischer* Sicht ist entscheidend, dass die *Völkerrechtsordnung* **549** selbst auf *naturrechtliche Grundsätze verweist.* Eine solche „Einlasspforte" ist zB Art 38 Abs 1 lit c IGH-Statut, der „die von den zivilisierten Staaten anerkannten *allgemeinen Rechtsgrundsätze*" als Rechtsquelle anerkennt (Rz 427 ff). Eine weitere kann man in Art 31 Abs 1 WVK erblicken, wonach *Verträge* nach *Treu und Glauben auszulegen* sind (Rz 338). Im Kriegsrecht sei auf die *Martenssche Klausel* (Rz 2878; D 357) verwiesen, in der von den „Gesetzen (bzw Grundsätzen) der Menschlichkeit" und den „Forderungen des öffentlichen Gewissens" die Rede ist. Andere naturrechtliche Vorstellungen, wie die *Grundrechte* des *Menschen* (Rz 1341 ff) und die *Menschenwürde,* wurden zumindest durch die Präambel der SVN ins VR eingeführt bzw anerkannt.

Eine besondere Ausprägung hat das Problem in der sog **Billigkeit** **550** **(equity)** erfahren. Mit der **außerrechtlichen** Billigkeit ist die Befugnis (zB des IGH) gemeint, ohne Beschränkung durch die gegebene Rechtslage **ex aequo et bono,** also im Sinne eines fairen Interessenausgleichs zwischen den Parteien, zu entscheiden (Rz 1969, 2005). Allerdings verlangt Art 38 Abs 2 IGH-Statut hierfür die Zustimmung der Parteien. Bisher jedenfalls wurde von dieser Möglichkeit noch nie Gebrauch gemacht. Praktisch bedeutsamer ist die sog **innerrechtliche** Billigkeit, die im Rahmen des Rechts die **Fallgerechtigkeit** verwirklicht. Sie leitet den Interpreten bei der Auslegung des positiven Rechts, hilft ihm bei der Füllung von Rechtslücken (wozu sich der Interpret in einem gewissen Grade berechtigt fühlt, ohne freilich davon zu sprechen) und führt auf längere Sicht zu *neuen dogmatischen Figuren,* die das Recht verfeinern und weiterentwickeln (vgl etwa den *estoppel* – Rz 208).

Eine besondere Rolle spielt die innerrechtliche Billigkeit ua im Scha- **551** denersatzrecht (Rz 2748) und bei der Abgrenzung des Festlandsockels, wie die *Nordsee-Festlandsockel-Fälle* (D 5) und spätere Entscheidungen zeigen.

Zunehmend wird die Billigkeit auch in Verträgen und anderen Völkerrechtsinstrumenten angesprochen, wobei gelegentlich auch ihre Bestimmungsgründe (zB wirtschaftliche und soziale Bedürfnisse) angegeben werden.

III. Abschnitt
Völkerrecht und Landesrecht

Vorbemerkung der Herausgeber

Die **Wechselwirkungen** zwischen **VR** und **Landesrecht** (LR) sind **überaus vielfältig.** Unzählige staatliche Gesetzesbestimmungen sind durch Vertragsrecht und VGR oder durch Beschlüsse von IO geprägt oder mitbestimmt. Verwaltungsorgane und Gerichte haben immer wieder auf das VR zurückzugreifen. Umgekehrt spielt die Tätigkeit der *Staatsorgane* trotz der Existenz zahlreicher internationaler Institutionen eine wesentliche Rolle bei der *Entwicklung* und *Durchsetzung* des an eigenen Organen armen *VR.* Nicht nur die zur Führung der Auswärtigen Angelegenheiten (AA) primär berufenen Organe (Rz 1677 ff), sondern auch die allgemeine Verwaltung, der Gesetzgeber und die Gerichte tragen zur Fortbildung des VR und zu dessen effektiver Anwendung bei. Obwohl diese Staatsorgane von ihrer jeweiligen staatlichen Rechtsordnung errichtet und organisiert sind, sind sie funktionell zugleich Organe der Völkerrechtsordnung (funktionelle Verdoppelung, **dédoublement fonctionnel** – *Scelle* – Rz 1668, 156). Staatliche Verfassungsdokumente enthalten häufig Bestimmungen über die Beziehung des LR zum VR. Diese Bestimmungen legen etwa das Verfahren der Mitwirkung staatlicher Organe bei der Schaffung von VR fest, enthalten Befehle für die Anwendung von VR oder regeln Fragen des Verhältnisses zwischen VR und materiellem staatlichem Recht. 552

Eine vergleichende Betrachtung zeigt allerdings, dass diese *Verfassungsbestimmungen* das *Verhältnis* von *VR* und *LR keineswegs vollständig regeln.* Bestimmungen in einer Verfassung haben kein Gegenstück in einer anderen, ohne dass das tatsächliche Organverhalten dadurch aber wesentlich beeinflusst scheint. Schon dieser Umstand muss gegenüber einem absoluten Regelungsanspruch der staatlichen Verfassung für das Verhältnis VR – LR skeptisch stimmen. Zudem können gleiche oder ähnliche Verfassungsbestimmungen durchaus zu einer unterschiedlichen Praxis führen. 553

Die **verfassungsrechtlichen Bestimmungen** über das **Zusammentreffen** von **VR** und materiellem **staatlichem Recht** sind höchst **unterschiedlich.** Manche Verfassungen räumen dem VR oder einzelnen seiner Formen Vorrang vor staatlichem Recht ein. Andere Verfassungen enthalten keine ausdrücklichen Bestimmungen, wieder andere gliedern das VR oder einzelne seiner Formen differenziert in den Stufenbau der staatlichen Rechtsordnung ein. Auch hier ist allerdings Vorsicht vor einer Überbewertung der betreffenden Verfassungsbestimmungen am Platz. In der praktischen Rechtsanwendung wird das Zusammentreffen vr und landesrechtlicher Vorschriften verhältnismäßig selten aus dem Blickwinkel einer Kollision einander widersprechender Normen gesehen. 554

Häufig wird die Frage zu einer der *harmonisierenden Interpretation* oder der sachlich anwendbaren Rechtsnorm, ohne dass das Problem des 555

Vorrangs überhaupt auftritt. Bei der Wahl der Methode, um VR und LR in eine sinnvolle Beziehung zu bringen, hat das Staatsorgan also einen gewissen Spielraum und wird durch die anstehenden Sachfragen beeinflusst. So hängt die Neigung staatlicher Gerichte, VR heranzuziehen, nicht zuletzt davon ab, ob sich im Einzelfall Konflikte mit wichtigen politischen Interessen ihres Staates ergeben. Die Wirksamkeit der Doppelfunktion von Staatsorganen im LR und im VR findet so uU ihre Grenze an der Identifizierung mit dem eigenen Staat.

556 Eine **zusätzliche Dimension** ergibt sich für die hier skizzierten Probleme aus der **Mitgliedschaft** eines Staates **bei der EU** – und damit seit 1. 1. 1995 auch für Österreich. Seither hat Österreich eine *„Doppelverfassung“ (Peter Pernthaler).* Danach gehen Teile des Gemeinschaftsrechts nationalen Rechtsvorschriften, auch solchen im Verfassungsrang, auf Grund eines *Anwendungsvorranges* vor.

557 Eine realistische Sicht des Verhältnisses von VR und LR kann sich jedenfalls nicht in einer normativen Analyse staatlicher Rechtsvorschriften erschöpfen. Das Zusammentreffen der beiden Rechtskreise ist vielmehr ein wechselseitiger **dynamischer Vorgang,** der höchst vielschichtig und von mehreren Faktoren bestimmt ist; nur einer davon, wenn auch ein wesentlicher, sind die einschlägigen staatsrechtlichen Bestimmungen.

1. Kapitel
Völkerrecht, Recht der Europäischen Union und Landesrecht

Felix Ermacora und Waldemar Hummer

A. Abgrenzung

Das VR lässt sich grob in folgende Kategorien untergliedern: **558**

1) **primäres VR** gem dem Rechtsquellenkatalog des Art 38 IGH-Statut: vr Verträge, VGR und ARG (Rz 167ff) und

2) **sekundäres VR** (organgeschaffenes Folgerecht internationaler Organisationen auf der Basis des primären VR), das sich in

a) **intergouvernementales** (Rz 893) und

b) **supranationales Organisationsrecht** (Rz 905) unterteilen lässt.

Als Sonderfall kommt neuerdings das

3) **Recht der EU** dazu, das sich in

a) das (supranationale) (sowohl primäre als auch sekundäre) **Gemeinschaftsrecht** der drei EG in der „ersten Säule" der EU (Rz 1095) sowie

b) das (intergouvernementale) (sowohl primäre als auch sekundäre) **Unionsrecht** der „zweiten" und der „dritten" Säule der EU (Rz 988, 1095, 1113ff) untergliedern lässt.

Da das Unionsrecht – trotz unterschiedlichen Zustandekommens – im Grunde wie VR in LR inkorporiert wird, kann grundsätzlich von folgender Zweiteilung ausgegangen werden: **VR – LR** und **Gemeinschaftsrecht – LR.** **559**

Beim *Verhältnis VR – LR* geht es um die Frage, welches Recht im Kollisionsfall vorgeht. Da weder das VR noch die LR dazu einheitliche Antworten enthalten, erfolgt die Diskussion darüber auf der *theoretischen Ebene.*

Im Gegensatz dazu gilt das Verhältnis *Gemeinschaftsrecht – LR* als im Gemeinschaftsrecht selbst geregelt, sodass es va aus der *Judikatur des EuGH* zu entnehmen ist (Rz 1138ff).

B. Das Verhältnis Völkerrecht – Landesrecht

Literatur: *Tezner,* Zur Lehre von der Giltigkeit der Staatsverträge, Grünhuts Zeitschrift 20 (1893) 120; *Triepel,* Völkerrecht und Landesrecht (1899); *Verdross,* Die Einheit des rechtlichen Weltbildes auf Grundlage der Völkerrechtsverfassung (1923); *Seidl-Hohenveldern,* Transformation or Adoption of International Law into Municipal Law, ICLQ 12 (1963) 88; *Verdross,* Die normative Verknüpfung von Völkerrecht und staatlichem Recht, FS *Merkl* (1970) 425; *Rack,* Das Völkerrecht im staatlichen Recht (1979); *Wildhaber / Breitenmoser,* The Relationship between Customary International Law and Municipal Law in Western European Countries, ZaöRV 48 (1988) 163; *Fleiner-Gerster,* Völkerrecht – Landesrecht, FS *Schindler* (1989) 687; *Schweitzer,* Staatsrecht III. Staatsrecht, Völkerrecht, Europarecht (8. Aufl, 2004).

560 Die Völkerrechtsdoktrin hat für das Verhältnis VR – LR verschiedene Konzepte entwickelt, die sich in den beiden Begriffen **Dualismus – Monismus** kategorisieren lassen.

1. Dualismus

561 Die Lehre vom Dualismus im Verhältnis von VR und LR sieht die **beiden Rechtsordnungen** völlig **getrennt.** Das *VR* als *Koordinationsrecht* regelt die Beziehungen der Staaten und anderer VRS zueinander, das LR oder *staatliche Recht* als *Subordinationsrecht* ausschließlich innerstaatliche Rechtsfragen natürlicher und juristischer Personen des LR *(Tezner, Triepel).* Diese Theorie hatte eine gewisse Relevanz, solange sich das VR im Wesentlichen auf die Abgrenzung staatlicher Kompetenzen beschränkte (Rz 15). Mittlerweile hat sich der Regelungsbereich des VR jedoch auf zahlreiche Rechtsgebiete ausgeweitet, die früher zu den inneren Angelegenheiten der Staaten gehörten. Der staatliche Rechtsanwender und der einzelne Rechtsunterworfene sind immer wieder auch mit vr Fragen konfrontiert. Ein strikter Dualismus kann dieser Situation nicht mehr gerecht werden.

2. Monismus

562 Der Monismus sieht VR und LR als eine **Einheit.** Er basiert auf dem Gedanken der *„Einheit des rechtlichen Weltbildes"* (*Verdross* – Rz 161); Konflikte zwischen den beiden Rechtskreisen sind danach durch den Vorrang eines von ihnen juristisch lösbar. Allerdings existiert dieser theoretische Ansatz in verschiedenen Ausformungen.

563 1) Eine Theorie, die auf Grundlage der absoluten Souveränität (*Hegel* – Rz 38) den **Primat des staatlichen Rechts** *vor dem* VR („LR bricht VR") behauptete, verstand das VR bloß als übereinstimmendes äußeres Staatsrecht. Diese Ansicht musste zur Leugnung des VR als selbständige Rechtsordnung führen und wird heute nicht mehr vertreten.

564 2) Die Theorien, welche vom Vorrang des VR ausgehen, sind ihrerseits wieder uneinheitlich. Ein **radikaler Monismus mit Primat des VR** kommt zum Ergebnis der *Nichtigkeit von völkerrechtswidrigem staatlichem Recht.* Ein derartiger Derogationszusammenhang widerspricht aber der praktischen Erfahrung.

565 3) Der *heute auch in Österreich vorherrschende* **gemäßigte Monismus mit Primat des VR** *(Verdross)* (Rz 161) sieht daher einen Delegationszusammenhang zwischen den beiden Rechtsbereichen, dh das VR steckt den äußeren Rahmen für das staatliche Recht ab. Auch *völkerrechtswidriges LR gilt innerstaatlich;* bei seiner *Überprüfung durch ein vr Rechtsprechungsorgan* (Rz 1969 ff) setzt sich jedoch der *Vorrang des VR* durch. Widersprüche zwischen dem staatlichen Recht und dem VR werden nicht durch Nichtigkeit des LR gelöst, sondern bewirken allenfalls Staatenverantwortlichkeit (Rz 2682 ff).

3. Praktische Bedeutung

566 Bei den angeführten Theorien handelt es sich um *vereinfachende Erklärungsversuche* für Zusammenhänge, die in der Wirklichkeit überaus kom-

plex sind. Die Frage des Verhältnisses von VR und LR hat aber eine **Reihe** sehr **konkreter praktischer Auswirkungen.** Zu ihnen gehören insbes:

1) Übernahme des VR in das LR (Inkorporation – Rz 568)

2) Auswirkungen des LR auf das VR

3) Lösung von Normenkonflikten (Primat – Rz 565 f; harmonisierende Auslegung – Rz 555; Anwendungsvorrang – Rz 176, 595)

4) Anwendung von VR durch staatliche Organe

5) Anwendung von staatlichem Recht durch vr Organe

6) direkte Bindung und Verantwortlichkeit des Einzelnen nach VR etwa in Bereichen des Kriegs- und Humanitätsrechts (Rz 2914 ff)

7) unmittelbare Rechte des Einzelnen aus dem VR, zB im Bereich der Menschenrechte (Rz 1363 ff)

8) Abgrenzung der Regelungsbereiche zwischen VR und LR (Art 2 Abs 7 SVN: innere Angelegenheiten, vorbehaltener Wirkungsbereich – Rz 1948).

C. Das Verhältnis Gemeinschaftsrecht – Landesrecht

Literatur: *Holzinger,* Die Auswirkungen der österreichischen EU-Mitgliedschaft auf das österreichische Verfassungsrecht, in: JRP 1996, 160; *Pernthaler,* Die neue Doppelverfassung Österreichs, FS *Winkler* (1997) 773; *Frank,* Altes und Neues zum Vorrang des Gemeinschaftsrechts vor staatlichem Recht, ZöR 55 (2000) 1; *Griller,* Der Stufenbau der österreichischen Rechtsordnung nach dem EU-Beitritt, JRP 8 (2000) 273; *Öhlinger / Potacs,* Gemeinschaftsrecht und staatliches Recht (2. Aufl, 2001); *Streinz,* Europarecht (6. Aufl, 2003).

Obwohl auch das **Gemeinschaftsrecht iwS VR** ist, weist es doch Cha- **567** rakteristika auf, die es angezeigt sein lassen, ihm eine **eigene Rechtsnatur** zuzusprechen. Gem der heute herrschenden *„europarechtlichen Lösung"* kann das Gemeinschaftsrecht nicht mit dem VR gleichgesetzt und das Verhältnis Gemeinschaftsrecht – LR demgemäß nicht nach den oben dargestellten Theorien des Verhältnisses VR – LR geregelt werden. Das Problem muss vielmehr anhand des Gemeinschaftsrechts selbst gelöst werden. Dementsprechend ist auch von einer *„unmittelbaren Wirkung"* großer Teile (Rz 581) des Gemeinschaftsrechts und dessen *(Anwendungs-)Vorrang* auszugehen (Rz 595 ff).

D. Die Übernahme von Völkerrecht in das Landesrecht

1. Allgemeines

Um ihren vr Verpflichtungen zu entsprechen, müssen die Staaten große **568** Teile aller oben aufgezeigten Kategorien des VR (Rz 558) in das staatliche Recht übernehmen. Diesen Vorgang nennt man **Inkorporation.** Die Wahl der **Methoden** der Inkorporation bleibt den Staaten überlassen. Diese Methoden sind *von Staat zu Staat sehr* **verschieden** und hängen eng mit der jeweiligen Verfassungsgeschichte und dem jeweiligen Normenverständnis zusammen. Meist finden sich in den staatlichen Rechtsordnungen auch unterschiedliche Regelungen für verschiedene Quellen des VR.

569 Das *VGR* wird *oft* durch eine allgemein gehaltene *Verfassungsbestimmung innerstaatlich für anwendbar* erklärt. Es gibt jedoch *auch Verfassungen* (zB Schweiz, USA, Niederlande), die *keine diesbezüglichen Bestimmungen* enthalten. Dennoch wird auch in diesen Staaten das VGR innerstaatlich angewendet.

570 Bei der Inkorporation des **vr Vertragsrechts** ist *oft* eine *Mitwirkung* des *staatlichen Gesetzgebers* vorgesehen. In vielen Verfassungen wird eine Zustimmung des Parlaments zum Abschluss zumindest bestimmter Kategorien von Verträgen gefordert. Diese Zustimmung kann gleichzeitig als innerstaatlicher Normsetzungsakt verstanden werden. Auch hier sind die verfassungsrechtlichen Regelungen aber sehr unterschiedlich. Während etwa in *Deutschland* ein eigenes *Zustimmungsgesetz* erlassen wird, sieht die Verfassung der USA nur die Zustimmung eines Teils des Parlaments, nämlich des Senats, vor. In Großbritannien wiederum ist keine formelle Beteiligung des Parlaments am Vertragsabschluss vorgesehen, ein Vertrag kann aber eine Anpassung innerstaatlichen Rechts durch die Erlassung oder Novellierung von Gesetzen nötig machen. In den nordischen Rechtsordnungen wiederum muss jeder vr Vertrag in eine landesrechtliche Rechtssatzform „umgegossen“ werden.

571 Für die Inkorporation der *anderen Quellen* des VR finden sich *meist keine ausdrücklichen Verfassungsbestimmungen.* Eine Ausnahme ist Art 67 niederländische Verfassung, welcher die innerstaatliche Anwendung von Beschlüssen von IO vorsieht. Zwar enthalten eine Reihe von Verfassungen dem Art 9 Abs 2 B-VG (Rz 483 f; D 49) analoge Regelungen über die Übertragung von Hoheitsrechten an IO (zB Art 24 GG), doch können diese Bestimmungen schwerlich als Inkorporationsnormen verstanden werden.

2. Inkorporationstheorien

572 Die Inkorporationstheorien sollen die verschiedenen Methoden der Übernahme des VR in das LR erklären. Auch hier muss bedacht werden, dass es sich um *theoretische Vereinfachungen* von in der Wirklichkeit komplizierten und juristisch mehrdeutigen Vorgängen handelt. Identische Verfassungsbestimmungen können also uU im Sinne unterschiedlicher Inkorporationstheorien interpretiert werden. Eine *uneinheitliche Terminologie* hat *zusätzliche Verwirrung* verursacht.

573 Unter **Transformation** versteht man die **Umwandlung von VR in** inhaltlich entsprechendes **staatliches Recht.** Die *vr Norm verliert* damit *im staatlichen Bereich* ihren *internationalen Charakter.* Dies bedeutet zB, dass die Norm auch bei Wegfall des vr Geltungsgrundes (*desuetudo* – Rz 214 ff, 538; Endigung des Vertrags – Rz 351 ff) innerstaatlich weitergilt. Es bedeutet außerdem, dass die transformierte Norm nicht nach VR, sondern nach staatsrechtlichen Regeln zu interpretieren ist. Die Transformationstheorie liegt also *auf der Linie des Dualismus* (Rz 561).

574 Mit **genereller Transformation** wird die **pauschale Übernahme** vr Normen, etwa eines ganzen Vertrages, in die staatliche Rechtsordnung bezeichnet. Sie werden *unverändert zu staatlichem Recht „umgegossen“.*

575 Unter **spezieller Transformation** versteht man die Erlassung **staatlicher Gesetze** und **VO,** welche das staatliche Recht an die vr Verpflichtungen

anpassen sollen. Die vr Norm wird *durch eine eigene staatliche Vorschrift* in modifizierender Weise *in das LR eingefügt.*

Demgegenüber bedeutet **Adoption** einen **innerstaatlichen Anwendungsbefehl** für VR, **ohne** dass die betreffenden **Normen ihren vr Charakter verlieren.** Dementsprechend muss der adoptierten Norm aber noch ein *innerstaatlicher Vollzugsbefehl* an die Seite gestellt werden. Geltungsgrund, Anwendungsbereich und Auslegung hängen also weiterhin vom jeweiligen Stand des VR ab. Die Adoptionstheorie *entspricht* dem Konzept des *Monismus* (Rz 562ff). **576**

In der *Praxis* hat der *theoretische Gegensatz* viel von seiner *Schärfe verloren.* Va die generelle Transformation ist so stark an die Adoption angenähert worden, dass die beiden Begriffe heute vielfach synonym gebraucht werden. In Deutschland wird die früher vorherrschende Transformationstheorie heute unter der Bezeichnung „Vollzugslehre" weitgehend iSd Adoption verstanden; dh durch Zustimmungsgesetz transformierte Verträge werden wie vr Verträge und nicht wie Gesetze behandelt. Selbst im Fall einer speziellen Transformation, also der nachträglichen Erlassung von innerstaatlichen Normen, wird etwa bei der Auslegung oft auf den zu Grunde liegenden Vertrag und damit auf vr Interpretationsregeln zurückgegriffen. **577**

3. Unmittelbare Anwendbarkeit

Die Wahl zwischen genereller Transformation oder Adoption einerseits und spezieller Transformation andererseits hängt nicht zuletzt von der Beschaffenheit der vr Norm ab, die damit innerstaatliche Geltung erlangen soll. Eine **generelle Transformation** oder **Adoption** ist nämlich **nur dann** möglich, wenn die vr Norm ausreichend konkretisiert ist und ohne Dazwischentreten staatlicher Rechtsnormen **unmittelbar innerstaatlich angewendet** werden kann, also **self-executing** ist (Rz 324, 584). Die Frage der unmittelbaren Anwendbarkeit einer vr Norm gemäß dem nationalen Legalitätsprinzip ist im Zweifelsfall durch staatliche Gerichte zu klären. **578**

4. Rezente Perspektiven

Galten früher eine rigoros monistische Konzeption mit Primat des VR und die Inkorporationstechnik der Adoption als „völkerrechtsfreundlicher", so erkennt man heute immer mehr, dass bei der **speziellen Transformation** zwar der vr Geltungsgrund einer vr Norm verloren geht, sie dafür aber **im LR** durch eine spezielle staatliche Durchführungsregelung **besser und genauer anwendbar** gemacht werden kann. Damit wird durch eine spezielle Transformation eine effektivere Umsetzung und harmonischere Einordnung von VR in LR als durch Adoption erreicht. Daher kann auch diese Inkorporationstechnik als „völkerrechtsfreundlich" angesehen werden. **579**

Diese Schauweise gewinnt auch deswegen immer mehr an Bedeutung, weil das moderne VR nicht nur die Beziehungen zwischen den VRS, also deren „äußeres" Verhalten, regelt, sondern auch das „innere" Verhalten der Staaten auf der nationalen Ebene bestimmt. Wurde bisher das Verhältnis VR – LR primär vom Standpunkt des VR, allenfalls auch von dem des Ver- **580** fassungsrechts, aus betrachtet, so wird neuerdings immer deutlicher, dass zahlreiche vr Normen im LR unmittelbare verwaltungsrechtliche Wirkungen auslösen, sodass dieses Verhältnis auch aus der Sicht des Verwaltungsrechts untersucht werden sollte. In diesem Bereich kommen aber immer mehr staatsrechtliche Kriterien zum Tragen, denen nur die (spezielle) Transformation gerecht wird.

581 Eine **Sonderstellung** nimmt in diesem Zusammenhang das supranationale Organisationsrecht – zB das primäre und sekundäre **Gemeinschaftsrecht** in der **EU** – ein; denn es entfaltet zum überwiegenden Teil im LR eine **„unmittelbare Wirkung".** Dies bedeutet, dass diese Normen (VO) ohne Inkorporation mit unmittelbarer „Durchgriffswirkung" gegenüber dem staatlichen Recht bzw als sonstiges Gemeinschaftsrecht mit unmittelbarer Wirkung ausgestattet sind. Eine **Transformation** dieses Rechts ist nicht nur *entbehrlich,* sondern darüber hinaus **unzulässig.** Dementsprechend obliegt die *Auslegung* und *Gültigkeitsprüfung* des (sekundären) Gemeinschaftsrechts auch *nicht den nationalen Gerichten, sondern* ist dem *Gerichtshof der EG* im Wege eines *Vorabentscheidungsverfahrens* gem Art 234 EGV (D 137) vorbehalten (D 60). Die Missachtung der Vorlagepflicht würde eine Verletzung des Rechtes auf den gesetzlichen Richter iSd Art 83 Abs 2 B-VG (D 49) darstellen (D 59).

E. Die Übernahme von Völkerrecht in das österreichische Recht

Literatur: *Öhlinger,* Der völkerrechtliche Vertrag im staatlichen Recht (1973) 282; *Rack,* Das Völkerrecht im staatlichen Recht (1979); *Binder,* Das Völkerrecht im österreichischen Staatsrecht, ZaöRV 35 (1975) 282; *Grabenwarter,* Die Verteilung völkerrechtsbezogener Zuständigkeiten nach der österreichischen Bundesverfassung, AJPIL 48 (1995) 79; *Muzak,* Die Umsetzung von „Embargobeschlüssen" im österreichischen Recht ZfRV (1998) 10; *Brandl,* Die Umsetzung der Sanktionsresolutionen des Sicherheitsrats im österreichischen Recht, ZÖR 54 (1999) 161; *Walter / Mayer,* Grundriß des österreichischen Bundesverfassungsrechts (9. Aufl, 2000) 100; *Öhlinger,* Verfassungsrecht (5. Aufl, 2003) 70.

582 Das **B-VG** enthält mehrere *Bestimmungen* über die **Übernahme** des **VR** in das österreichische Recht, wovon **alle** in **Art 38 Abs 1 IGH-Statut** erwähnten **Rechtsquellentypen** erfasst werden. **Andere Quellen,** wie zB einseitige Rechtsgeschäfte und Beschlüsse von Staatengemeinschaftsorganen, werden hingegen **nicht erwähnt,** sodass deren Inkorporationstechnik nach wie vor strittig ist.

583 Zum *Verhältnis* der einzelnen *Quellen* des VR zum *österreichischen Recht* – und zu damit zusammenhängenden Fragen, zB zum Rang im Stufenaufbau der Rechtsordnung – enthalten die erwähnten *Inkorporationsbestimmungen grundsätzlich keine kollisionsrechtlichen Aussagen.* Diese mussten erst durch die *Judikatur der Gerichte* getroffen werden.

1. Völkergewohnheitsrecht und Allgemeine Rechtsgrundsätze

Literatur: *Rill,* Der Rang der anerkannten Regeln des Völkerrechts in der österreichischen Rechtsordnung, ÖZöR (1962/63) 1; *Köck,* Das allgemeine Völkerrecht. Die „allgemein anerkannten Regeln" des Art 9 B-VG, in: *Schambeck* (Hrsg), Das österreichische Bundes-Verfassungsgesetz und seine Entwicklung (1980) 739; *Loeben-*

stein, Die allgemein anerkannten Regeln des Völkerrechts und das staatliche Verfassungsrecht, FS *Kirchschläger* (1990) 143; *Simma,* Die Erzeugung ungeschriebenen Völkerrechts, FS *Zemanek* (1994) 95.

Art 9 Abs 1 B-VG (D 49) übernimmt die **allgemein anerkannten Regeln des VR pauschal** in das **Bundesrecht** (Rz 234ff, 441). Unter diesen Regeln sind jedenfalls das VGR und die ARG zu verstehen. Dieser Vorgang ist grundsätzlich als *Adoption* zu qualifizieren. Da gem Art 9 Abs 1 B-VG die allgemein anerkannten Regeln des VR (bloß) „als Bestandteile des Bundesrechts gelten", behalten sie ihren vr Geltungsgrund – sie gelten ja nur, „als ob" (Fiktion) sie Bundesrecht wären. Das Problem dabei besteht jedoch darin, dass sowohl den ARG als auch dem VGR in der Regel der notwendige Konkretisierungsgrad fehlt, um als *„self-executing"*-Regeln gelten zu können. Diese Konkretisierung ist aber Voraussetzung für eine Adoption in das Staatsrecht (Rz 578). Da die allgemein anerkannten Regeln des VR somit in der Regel für ihre innerstaatliche Anwendbarkeit einer *speziellen Transformation bedürfen,* wird Art 9 Abs 1 B-VG des Öfteren nicht als Norm, sondern als bloßer Programmsatz angesehen *(Rotter).* **584**

Art 9 Abs 1 B-VG ist aber auch als **dynamische Inkorporation** (Rz 237) **585** zu verstehen. Danach sind die allgemein anerkannten Regeln des VR nicht „versteinert", sondern in ihrer *jeweiligen Fassung* und im Gesamtzusammenhang des VR anzuwenden. Überdies bewirkt ihre ständige Inkorporation, dass sie *stets lex posterior* sind. Für ihren *Rang* im *Stufenbau* der *österreichischen Rechtsordnung* gibt es mehrere Theorien (Rz 236f). Der VfGH steht auf dem Standpunkt, dass sie mit einfachen Bundesgesetzen gleichrangig sind (D 156b).

2. Völkerrechtliche Verträge

Literatur: *Winkler,* Der Verfassungsrang von Staatsverträgen, ÖZöR 10 (1959/60) 514; *Öhlinger,* Der völkerrechtliche Vertrag im staatlichen Recht (1973); *Thaler,* Die Vertragsschlußkompetenz der österreichischen Bundesländer (1990); *Barfuß,* Rechtsstaat und völkerrechtlicher Vertrag, FS *Walter* (1991) 25; *Hammer,* Länderstaatsverträge (1992).

Im Bereich der Staatsverträge unterscheidet das B-VG grundsätzlich **586** zwischen *Staatsverträgen des Bundes* und *Staatsverträgen der Länder* (Rz 253, 768) sowie zwischen *Staatsverträgen* und *delegierten (Staats-)Verträgen.* Gliedstaatsverträge der Länder untereinander bzw der Länder mit dem Bund – sog horizontale und vertikale Konkordate gem Art 15a B-VG (D 49) – werden zwar ähnlich ausgehandelt, sind aber keine vr, sondern bloß staatsrechtliche Übereinkünfte.

Bei den vr **Verträgen** werden die im B-VG enthaltenen Bestimmungen **587** über den Vertragsabschluss gleichzeitig als Inkorporationsbestimmungen gedeutet (Art 16, 50, 65, 66 B-VG). Vr Verträge, die so konkret formuliert sind, dass sie *„self-executing"-Charakter* haben (Rz 324, 584), werden nach ihrer parlamentarischen Genehmigung und anschließenden Ratifikation bloß *im BGBl kundgemacht.* Sie erlangen dadurch sowohl *innerstaatliche Geltung* (**Adoption** – Rz 318ff) als auch unmittelbare Anwendbarkeit.

Durch das BG über das BGBl 1996 (D 50) wurde das BGBl dreigeteilt: Teil I enthält Gesetze, Teil II VO, während ua Staatsverträge nunmehr in Teil III des BGBl enthalten sind.

588 Sind die *vr Verträge* aber *„non self-executing"*, dann kann bzw muss der Nationalrat gem Art 50 Abs 2 beschließen bzw der Bundespräsident gem Art 65 Abs 1 (oder die von ihm ermächtigten Organe gem Art 66 Abs 2 bzw Art 66 Abs 3 B-VG) anordnen, dass derartige Verträge durch die Erlassung von Gesetzen bzw VO zu erfüllen sind (Rz 626) (**spezielle Transformation** – Rz 322).

589 Der **Rang** vr **Verträge** im **Stufenbau** der österreichischen Rechtsordnung richtet sich **nach** ihrer **Behandlung beim Vertragsabschluss.** Sofern sie vom Nationalrat gem Art 50 Abs 1 genehmigt worden sind, besitzen sie *Gesetzesrang.* Ähnliches gilt auch für Verträge der Bundesländer gem Art 16 B-VG, sofern sie gesetzändernd oder gesetzesergänzend sind. Wenn bei der Genehmigung gem Art 50 Abs 1 das Verfahren nach Art 44 Abs 1 B-VG über Verfassungsgesetze eingehalten worden ist und sie bei der Kundmachung im BGBl als verfassungsändernd bezeichnet worden sind (D 33), besitzen sie *Verfassungsrang* (Rz 314f). In allen anderen Fällen besitzen sie *Verordnungsrang* (Rz 316).

3. Einseitige Rechtsgeschäfte

590 Das B-VG enthält keine einschlägige Regelung. Da gem der allgemeinen Bestimmung des *Art 65 Abs 1 B-VG* der *Bundespräsident* zur Vertretung der Republik nach außen berufen ist, kann man annehmen, dass dieser auch das für die Setzung einseitiger Rechtsgeschäfte *zuständige Organ* ist (Rz 517). Er bedarf dazu aber gem Art 67 Abs 1 B-VG stets eines Vorschlags der Bundesregierung.

591 Mangels näherer Bestimmungen ist die Art, wie einseitige Rechtsgeschäfte im nationalen Recht Rechtswirkungen entfalten, umstritten. Ergeht dazu kein (ausführender) innerstaatlicher Rechtsakt, kann die Geltung eines einseitigen Rechtsgeschäfts in der österreichischen Rechtsordnung nur allenfalls auf die durch Art 9 Abs 1 B-VG transformierten allgemein anerkannten Regeln des VR gestützt und seinem Inhalt nach in den Stufenbau gemäß seiner derogatorischen Kraft eingeordnet werden.

4. Beschlüsse von Staatengemeinschaftsorganen

Literatur: *Schreuer,* Beschlüsse internationaler Organe im österreichischen Staatsrecht, ZaöRV 37 (1977) 468; *Griller,* Die Übertragung von Hoheitsrechten auf zwischenstaatliche Einrichtungen (1989); *Lorenz,* Die Übertragung von Hoheitsrechten auf die Europäischen Gemeinschaften (1990); *Rauser,* Die Übertragung von Hoheitsrechten auf ausländische Staaten (1991); *Chapuis,* Die Übertragung von Hoheitsrechten auf supranationale Organisationen (1993); *Flint,* Die Übertragung von Hoheitsrechten (1998).

592 Für **Beschlüsse der Organe** von **IO** bzw von **Vertragsanwendungsorganen** (das sind internationale Organe, die durch einen vr Vertrag zu seiner Anwendung eingesetzt werden) enthält das **B-VG keine eigene Inkorpora-**

tionsbestimmung (Rz 487). Diese Organbeschlüsse werden als **Rechtssatzform „sui generis"** qualifiziert, die in der Praxis **teils adoptiert** (durch bloße Kundmachung im BGBl), **teils speziell transformiert** (durch Erlass oder Adaptierung innerstaatlicher Rechtsvorschriften) werden (Rz 574 ff). Während eine neuere Lehre (*Griller,* 373) ein grundsätzliches Gebot zur speziellen Transformation von Organbeschlüssen – also zur Benützung der die Verfassung am wenigsten belastenden Transformationstechnik (vgl Rz 579) – vertritt, erachtet der VfGH auch die Adoption als zulässig. Für den VfGH werden nämlich Rechtsetzungsakte eines zwischenstaatlichen Gemeinschaftsorganes (schon) mit ihrer Kundmachung im III. Teil des BGBl (vgl Rz 587) Bestandteil der innerstaatlichen Rechtsordnung (D 50). Der Kundmachung von Organbeschlüssen im BGBl kommt demzufolge konstitutive und nicht bloß deklaratorische Bedeutung zu.

Die *Rangfrage* solcher Organbeschlüsse ist mangels besonderer verfas- **593**
sungsrechtlicher Bestimmungen weitgehend *offen,* doch sollte den inkorporierten Organbeschlüssen im Stufenbau der österreichischen Rechtsordnung jener Rang zukommen, den sie haben müssten, würden sie als innerstaatliche Rechtsnormen erlassen (Rz 490 f).

5. Kollision Völkerrecht – österreichisches Recht

Literatur: *Azizi,* Ausgewählte rechtliche und institutionelle Fragen des EWR-Abkommens unter besonderer Berücksichtigung seiner Auswirkungen auf die Länder, in: *Hummer* (Hrsg), Der Europäische Wirtschaftsraum und Österreich (1994) 40; *Hummer,* Vorrang für EWR Recht in der österreichischen Rechtsordnung? ÖBl (1995) 243; *Kucsko-Stadlmayer,* Der Vorrang des EU-Rechts vor österreichischem Recht, ecolex (1995) 338.

Eine *Kollision* zwischen *unmittelbar anwendbarem VR* und *österrei-* **594**
chischem LR ist grundsätzlich nach den Regeln des Geltungsvorranges – gem den Grundsätzen **„lex posterior derogat legi priori"** bzw **„lex specialis derogat legi generali"** – zu lösen. Voraussetzung dafür ist, dass die kollidierenden Bestimmungen denselben Rang haben. Ist dies der Fall, so derogiert das VR dem früher erlassenen bzw allgemeiner gefassten innerstaatlichen Recht. Andererseits derogiert aber späteres innerstaatliches Recht früherem VR (Rz 565). Diese Wirkungen wurden von österreichischen Höchstgerichten in jüngerer Zeit bestätigt.

Hingegen kommt (supranationalem) **Gemeinschaftsrecht** ein **Anwen-** **595**
dungsvorrang gegenüber nationalem Recht zu (Rz 597). Dieser Vorrang gilt absolut, dh dass es dabei nicht auf den Rang der „überlagerten" innerstaatlichen Norm ankommt. Dabei bleibt allerdings die vom Gemeinschaftsrecht „überschattete" österreichische Norm in Geltung; unmittelbar anwendbares VR derogiert dagegen entgegenstehendem nationalem Recht, bewirkt also dessen Wegfall. Der EuGH entschied sich aus einer Reihe von Gründen für jene Lösung: unterschiedlicher Rang der Gründungsverträge in den Rechtsordnungen der Mitgliedstaaten, einheitliche Geltung des Gemeinschaftsrechts sowie leichtere politische Akzeptanz dieser Judikatur. Im Grunde sind die rechtlichen Folgen aber die gleichen wie beim derogatorischen „Geltungs-" bzw „Brechungsvorrang" im Verhältnis VR–LR.

F. Die Übernahme des Rechts der Europäischen Union in das österreichische Recht

Literatur: *Obwexer / Niedermühlbichler,* Das EU-Recht in der österreichischen Rechtsordnung, ecolex (1995) 145; *Holzinger,* Die Auswirkungen der österreichischen EU-Mitgliedschaft auf das österreichische Verfassungsrecht, JRP 4 (1996) 160; *Hummer / Obwexer,* Die unmittelbare Wirkung von EG-Richtlinien und die Haftung des Staates für Umsetzungsmängel, in: *Griller / Rill* (Hrsg) Verfassungsrechtliche Grundfragen der EU-Mitgliedschaft (1997) 21; *Pernthaler,* Die neue Doppelverfassung Österreichs, FS *Winkler* (1997) 773; *Korinek,* Zur Relevanz von europäischem Gemeinschaftsrecht in der verfassungsrechtlichen Judikatur, FS *Tomandl* (1998) 465; *Obenaus,* Gemeinschaftsrechtliche Anforderungen an die österreichische Legistik, JRP 7 (1999), 111; *Öhlinger,* Das Zusammenspiel österreichischer und gemeinschaftsrechtlicher Rechtsquellen, in: *Öhlinger* (Hrsg), Verfassungsfragen einer Mitgliedschaft zur EU (1999) 145; *Öhlinger / Potacs,* Gemeinschaftsrecht und staatliches Recht (2. Aufl, 2001).

1. Allgemeines

596 Durch den Beitritt zur EU übernahm Österreich das gesamte Recht der EU. Dieses besteht **aus zwei** völlig **unterschiedlichen Rechtsmassen,** dem **(supranationalen) Gemeinschaftsrecht** der „ersten" und dem **(intergouvernementalen) Unionsrecht** der „zweiten" und „dritten" Säule des Giebels und des Sockels des EU-Tempels (Rz 558, 1113 ff, 1153 f).

2. Die Übernahme des Gemeinschaftsrechts

597 Nach ständiger Rechtsprechung des EuGH genießen jene **Bestimmungen** des **primären** (Gründungsverträge der EG samt Anhängen, Ergänzungen und Änderungen, Gewohnheitsrecht der EG, ARG) und **sekundären** (VO, Richtlinien, Entscheidungen) **Gemeinschaftsrechts,** die innerstaatlich gelten und unmittelbar anwendbar sind, **Anwendungsvorrang** gegenüber widersprechendem LR, selbst gegenüber Verfassungsrecht (Rz 556, 595). Mangels ausdrücklicher Regelung im „Beitritts-BVG" (D 39) wird der VfGH zu entscheiden haben, ob dieser Anwendungsvorrang absolut gilt oder – in Anlehnung an die Judikatur von Höchstgerichten anderer Mitgliedstaaten – durch „integrationsfeste" Prinzipien der Bundesverfassung (Baugesetze, Grundrechte etc) eingeschränkt wird.

598 Das *primäre Gemeinschaftsrecht* erlangte mit seinem In-Kraft-Treten für Österreich auch innerstaatliche Geltung. Sein *Rang* ist aber insofern *unklar,* als ihm zwar jedenfalls Gesetzesrang, zT aber auch Verfassungsrang zukommt (Rz 589); durch den Anwendungsvorrang wird diese Frage aber weitestgehend relativiert. Die Wirkungen des *sekundären Gemeinschaftsrechts* sind unterschiedlich: **VO gelten mit** ihrem **In-Kraft-Treten** auf **Gemeinschaftsebene** auch **in Österreich, ohne** dass es dazu eines **Inkorporationsaktes** bedarf (sog „Durchgriffswirkung"). Eine innerstaatliche Durchführung ist nur dann zulässig, wenn die VO dies selbst vorsieht. **Richtlinien** (D 57) und **Entscheidungen** bedürfen hingegen einer **innerstaatlichen Umsetzung** bzw **Durchführung;** erfolgt diese nicht zeit- oder nicht sachgerecht, so kann ihnen uU *unmittelbare Wirkung* zukommen. Die **von den EG**

abgeschlossenen **vr Abkommen** und die **Beschlüsse** der durch diese Abkommen geschaffenen **Vertragsanwendungsorgane** (Rz 1156ff) entfalten in Österreich **unmittelbare Wirkung.**

3. Die Übernahme des Unionsrechts

Das Unionsrecht ist hinsichtlich seiner Rechtsnatur und Wirkungen materiell dem VR zuzuordnen, unterscheidet sich formell aber von ihm (einheitlicher institutioneller Rahmen mit der „ersten Säule", Kohärenzgebot etc). Das sekundäre Unionsrecht ist überaus vielfältig. Im Bereich der **Gemeinsamen Außen- und Sicherheitspolitik (GASP)** (Rz 631, 1113ff, 3235, 3352) kann der Rat sowohl **Gemeinsame Standpunkte** als auch **Gemeinsame Aktionen** beschließen. In den Bereichen **Polizeiliche und Justizielle Zusammenarbeit in Strafsachen (PJZS)** können **Gemeinsame Standpunkte** und **Beschlüsse** sowie **Rahmenbeschlüsse** beschlossen, **Übereinkommen der Mitgliedstaaten** geschlossen sowie **Maßnahmen zur Durchführung** von *Beschlüssen* bzw von *mitgliedstaatlichen Übereinkommen* erlassen werden. Dazu kommen noch die **allgemeinen Leitlinien** und die **Gemeinsamen Strategien** des Europäischen Rates im Rahmen der GASP. **599**

Das *primäre Unionsrecht* wurde mit seinem In-Kraft-Treten für Österreich auch in Österreich verbindlich, sein *Rang* ist aber *unklar.* Eine Kollision zwischen (unmittelbar anwendbarem) *Unionsrecht* und ranggleichem österreichischem Recht ist nach den *„lex-posterior"*- und *„lex-specialis"-Derogationsregeln* zu lösen (Rz 174, 594); es gilt also nicht wie beim Gemeinschaftsrecht der „Anwendungsvorrang" (Rz 597). Alle (verbindlichen) *Rechtsakte des sekundären Unionsrechts* – mit Ausnahme der vr Abkommen – werden als Beschlüsse des Rates erlassen. Mit der *Beschlussfassung im Rat* wird *Österreich* zwar *unmittelbar vr verpflichtet; um innerstaatliche Wirkungen* zu entfalten, müssen diese *Ratsbeschlüsse aber noch inkorporiert* werden (D 58). Für diese Inkorporation fehlt in der österreichischen Rechtsordnung aber – anders als für die allgemein anerkannten Regeln des VR (Art 9 Abs 1 B-VG) und für die Staatsverträge (Art 50, 65 Abs 1 B-VG) – eine entsprechende verfassungsrechtliche Bestimmung, wie dies bereits für Organbeschlüsse festgestellt wurde (Rz 487, 592). Die dort aufgestellten Regeln gelten auch für die Inkorporation des Unionsrechts, mit Ausnahme der vr Übereinkommen, die zu ratifizieren sind. **600**

G. Die Mitwirkung Österreichs an der Rechtsetzung und Vollziehung in der Europäischen Union

Literatur: *Grabenwarter,* Änderungen der österreichischen Bundesverfassung aus Anlaß des Beitritts zur Europäischen Union, ZaöRV 55 (1995) 166; *Hafner,* Die gemeinsame Außen- und Sicherheitspolitik, in: *Hummer / Schweitzer* (Hrsg), Österreich und das Recht der Europäischen Union (1996) 123; *Niedermühlbichler,* Die österreichischen Länder im Rechtsschutzsystem der Europäischen Gemeinschaften, JBl 118 (1996) 549; *Schäffer,* Österreichs Beteiligung an der Willensbildung in der Europäischen Union, insbes an der europäischen Rechtsetzung, ZöR 50 (1996) 3; *Unterlechner,* Die Mitwirkung der Länder am EU-Willensbildungsprozeß (1997); *Budischowsky,* Die Umsetzung von EU-Normen in den Ländern, ÖJZ 53 (1998) 881;

Egger, Die Durchführung von EU-Recht durch die Bundesländer in Österreich, ebd 443; *Neisser,* Die Mitwirkungsbefugnisse des Nationalrates im Entscheidungsprozeß der Europäischen Union, FS *Koja* (1998) 335; *Rill,* Was ist ein Vorhaben im Rahmen der EU? ebd 391; *Pernthaler,* Auswirkungen des EU-Rechts auf die Länder (1999); *Ranacher,* Die Ersatzkompetenz des Bundes zur Durchführung von Rechtsakten im Rahmen der europäischen Integration, in: *Hummer* (Hrsg), Europarecht im Wandel (2003) 293ff.

1. Der Beitritt Österreichs

601 Da der **Beitritt Österreichs zur EU** eine **materielle Gesamtänderung** der **Bundesverfassung** darstellte, bedurfte es nicht nur eines eigenen *BVG über den Beitritt Österreichs zur EU* (*EU-Beitritts-BVG* – D 39a; Rz 486), sondern auch einer **Volksabstimmung** *gem Art 44 Abs 3 B-VG.* Durch das Referendum vom 12. 6. 1994 ermächtigte das österreichische Bundesvolk mit Zweidrittelmehrheit den Bundespräsidenten, den **„Beitrittsvertrag"** (D 397b) abzuschließen, der am 1. 1. 1995 in Kraft trat.

602 Knapp vor dem In-Kraft-Treten des Beitrittsvertrages wurde mit dem **„EU-Beitritts-Begleit-BVG"** ein neuer, sechs Art **(Art 23a – 23f)** umfassender *Abschn B („Europäische Union")* in das B-VG eingefügt (D 49). Diese neuen Bestimmungen werden in der Folge erläutert.

2. Die Mitwirkung Österreichs

a) Die Vertretung Österreichs im Europäischen Parlament

603 Art 23a B-VG regelt das aktive und passive Wahlrecht zum Europäischen Parlament, nicht nur für österreichische Staatsbürger, sondern gem Art 19 EGV auch für andere Unionsbürger mit Wohnsitz in Österreich. Für die erste Direktwahl am 13. 10. 1996 erging sowohl eine eigene *Europawahlordnung* (BGBl 1996/117) als auch ein *Europa-Wählerevidenzgesetz* (BGBl 1996/118). Bis dahin wurden die 21 österreichischen Abgeordneten zum Europäischen Parlament aus dem Kreis der Mitglieder der Bundesversammlung entsendet.

b) Die Ernennung österreichischer Vertreter in den Organen in der Union

604 Gem Art 23c Abs 1 B-VG **ernennt** die **Bundesregierung** die **österreichischen Vertreter** in den **Organen** der **EU.** Sie ist dabei aber an die **Mitwirkung anderer Organe** gebunden. Für die Mitglieder der Kommission, des EuGH, des Gerichts erster Instanz, des Rechnungshofs und des Verwaltungsrats der Europäischen Investitionsbank hat sie Einvernehmen mit dem Hauptausschuss des Nationalrats herzustellen. Bei der Beschickung des Wirtschafts- und Sozialausschusses hat sie die Vorschläge der Sozialpartner, bei der Beschickung des Ausschusses der Regionen die der Länder sowie die des Österreichischen Städte- und Gemeindebundes einzuholen.

c) Die Mitwirkung der Länder und Gemeinden

605 Aufbauend auf *zwei Konkordaten* 1992 gem Art 15a B-VG – einem *vertikalen* zwischen Bund und Ländern sowie einem *horizontalen* zwischen den Ländern (D 55a und b) – regelt Art 23d B-VG das Verfahren zur Beteiligung der Länder und der Gemeinden an der Mitwirkung Österreichs am Rechtsetzungsprozess der EU.

Gem Art 23d Abs 1 B-VG **hat** der **Bund** die **Länder** und **Gemeinden** über alle **Vorhaben** im Rahmen **der EU zu informieren,** die deren **selbständigen Wirkungsbereich** berühren oder sonst für sie von Interesse sein könnten. **606**

Länder und **Gemeinden** können zu Vorhaben, über die sie informiert wurden, **Stellungnahmen** abgeben, deren Bindungswirkung aber unterschiedlich ist. Nur *„einheitliche Stellungnahmen"* binden den Bund; diese können aber nur Länder – und auch nur in Angelegenheiten, in denen die Gesetzgebung Landessache ist – abgeben. Eine einheitliche Stellungnahme kommt gem Art 3 Abs 5 horizontales Konkordat (Rz 586; D 55b) nur dann zu Stande, wenn mindestens fünf Länder zustimmen und kein Land dagegen stimmt. Der *Bund* ist an eine solche einheitliche Stellungnahme bei Verhandlungen und Abstimmungen in der EU *gebunden* und darf davon nur ausnahmsweise aus *„zwingenden außen- und integrationspolitischen Gründen" abweichen.* Der Bund hat den Ländern seine Gründe für das Abweichen unverzüglich mitzuteilen. Länder und Gemeinden können ferner *„allgemeine Stellungnahmen"* abgeben, die vom Bund (nur) entsprechend *„zu erwägen"* sind. **607**

Gem Art 23d Abs 3 B-VG *kann* die *Bundesregierung* in *Angelegenheiten,* in denen die *Gesetzgebung Landessache* ist, einem *Ländervertreter* die *Mitwirkung im Rat der EU übertragen.* Da Vertreter im Rat gem Art 203 EGV (D 137) *„Minister"-Eigenschaft* haben müssen, erfüllen nur die Landeshauptmänner und die Landesräte dieses Kriterium. Da die Ratsmitglieder aber auch für die Regierung des Mitgliedstaates verbindlich handeln können müssen, bedarf es überdies einer entsprechenden Ermächtigung durch die Bundesregierung. **608**

Die **Verpflichtung** der **Länder** zur **Umsetzung des EU-Rechts** innerhalb ihres selbständigen Wirkungsbereiches ist in Art 23d Abs 5 B-VG enthalten. Sie entspricht ihrer Pflicht zur Durchführung von *Staatsverträgen* des Bundes gem Art 16 Abs 4 B-VG (Rz 254), wenngleich die Devolution an den Bund anders geregelt ist: Kommt ein Land dieser Umsetzungsverpflichtung nicht rechtzeitig nach, und wird dies von einem Gericht im Rahmen der EU gegenüber Österreich festgestellt, so devolviert die Zuständigkeit an den Bund. Es kommt also *erst dann* zu einem *Kompetenzübergang* vom säumigen Land an den Bund, *wenn der EuGH Österreich* in einem Vertragsverletzungsverfahren gem Art 226 EGV (D 137) *verurteilt hat.* **609**

d) Die Mitwirkung von National- und Bundesrat

Gem Art 23e Abs 1 B-VG hat die **Bundesregierung** auch **National-** und **Bundesrat** unverzüglich über alle Vorhaben der EU zu **unterrichten** und ihnen *Gelegenheit* zur *Stellungnahme* zu geben. **610**

National- und **Bundesrat** haben das Recht zu **Stellungnahmen,** an die das **zuständige Mitglied** der **Bundesregierung** bei Verhandlungen und Abstimmungen in der EU **gebunden** ist. **611**

612 Der Nationalrat kann eine bindende Stellungnahme zu allen Vorhaben abgeben, die durch ein Bundesgesetz umzusetzen oder auf die Erlassung eines Rechtsaktes hin ausgerichtet sind, der unmittelbar anwendbar ist und Angelegenheiten betrifft, die bundesgesetzlich zu regeln wären. Daneben kann der Nationalrat auch im Vorfeld von Beschlüssen im Rahmen der GASP und der PJZS (vgl Rz 1119) mit bindender Wirkung Stellung nehmen, selbst wenn diesen Beschlüssen keine Rechtsakteigenschaft zukommt (Art 23f Abs 2 B-VG – D 49). Von einer solchen *Stellungnahme* darf ein *Regierungsmitglied nur* aus *„zwingenden außen- und integrationspolitischen Gründen" abweichen.* Will ein Mitglied der Bundesregierung dies tun, dann hat es den *Nationalrat neuerlich zu befassen;* würde der Rechtsakt eine Änderung des geltenden Bundesverfassungsrechts bewirken, darf überhaupt nur dann abgewichen werden, wenn der Nationalrat der Abweichung nicht innerhalb einer angemessenen Frist widerspricht. Ein solches „imperatives Mandat" der Legislative an die Exekutive ist innerhalb der Mitgliedstaaten der EU einmalig. Organisatorisch nimmt diese Mitwirkungsrechte der *Hauptausschuss* des Nationalrats bzw der Ständige Unterausschuss in Angelegenheiten der EU wahr.

613 **Auch** dem **Bundesrat** wurde ein **Recht** zu **bindenden Stellungnahmen** zu integrationspolitischen Vorhaben eingeräumt, aber *nur* dann, *wenn* diese *zwingend durch* ein *BVG umzusetzen* sind, das gem Art 44 Abs 2 B-VG der *Zustimmung des Bundesrats bedürfte.* Ein Regierungsmitglied darf auch davon nur aus „zwingenden außen- *und* integrationspolitischen Gründen" abweichen.

e) Die Mitwirkung von Regierungsmitgliedern im Europäischen Rat und im Rat

614 An Tagungen des **Europäischen Rates** nehmen gem Art 4 Abs 2 EUV die *Staats- und Regierungschefs der Mitgliedstaaten* und der *Präsident der Europäischen Kommission* teil. Sie werden dabei von den Außenministern und einem weiteren Mitglied der Europäischen Kommission unterstützt. Im Hinblick auf die Aufgaben des Europäischen Rates wird **Österreich** in diesem Organ *nicht* vom *Bundespräsidenten,* sondern **durch den Bundeskanzler vertreten.**

615 Die Vertretung Österreichs im **Rat** obliegt dem jeweils **zuständigen Bundesminister.** In Abweichung von der allgemeinen Zuständigkeitsverteilung des Bundesministeriengesetzes (BMG – D 51) ermächtigt (ein neuer) Art 73 Abs 2 B-VG den jeweils zuständigen Bundesminister dazu, die Befugnis zur Teilnahme an Ratstagungen einem *anderen Bundesminister* oder einem *Staatssekretär* (auch eines anderen Ressorts) zu übertragen. Die Weisungsgebundenheit des Staatssekretärs gegenüber dem Bundesminister, dem er beigegeben ist, bleibt davon unberührt (zur Entsendung eines *Ländervertreters* in den Rat Rz 608). Hinsichtlich der Ministerverantwortlichkeit für Handlungen von Mitgliedern der Bundesregierung bzw von Landesregierungen im Rat wurde in Art 142 Abs 2 lit c B-VG ein neuer Tatbestand für eine eventuelle Anklage beim VfGH geschaffen (Rz 648).

f) Die Mitwirkung an der Gemeinsamen Außen- und Sicherheitspolitik (GASP)

Österreich hatte sich bereits durch eine Gemeinsame Erklärung (D 397 d) verpflichtet, den bisherigen „Besitzstand" der GASP der EU voll zu übernehmen. Nunmehr sichert **Art 23f Abs 1 B-VG** Österreichs Beteiligung an der GASP verfassungsrechtlich ab (Rz 602, 3235). Er erlaubt in seiner ursprünglichen Fassung (1994) nicht nur die *allgemeine Mitwirkung Österreichs an der GASP,* sondern auch dessen **Teilnahme an Wirtschaftssanktionen** (Embargos etc) der EG; dies gilt selbst für den Fall, dass solche Sanktionen (nur) politisch motiviert und nicht durch ein paralleles Embargo des SR der VN gedeckt sein sollten. **616**

g) Die Mitwirkung an den „Petersberg-Aufgaben" bzw an der Gemeinsamen Europäischen Sicherheits- und Verteidigungspolitik (GESVP)

Durch eine Novellierung im Jahre 1998 wurde Art 23f B-VG (D 49) dahingehend ausgedehnt, dass er Österreich auch die Teilnahme an den in Art 17 Abs 2 EUV vorgesehenen **„Petersberg-Aufgaben"** (Rz 1104, 1910) sowie allgemein an der **Gemeinsamen Europäischen Sicherheits- und Verteidigungspolitik** (GESVP – Rz 1117, 1912) ermöglicht. **617**

Art 23f B-VG ist nicht nur *lex posterior,* sondern auch *lex specialis zum Neutralitäts-BVG* 1955 (Rz 3172ff; D 385) und derogiert damit diesem im Rahmen seiner Bestimmungen. Dieser Reduktion der dauernden Neutralität Österreichs auf ihre „militärischen Kernbestimmungen" trug die Bundesregierung 2001 auch durch die Proklamation einer neuen österreichischen *Sicherheits- und Verteidigungsdoktrin* (SVD) Rechnung. Danach ist Österreich nicht mehr dauernd neutral, sondern nur mehr *„bündnisfrei"* (Rz 3222). **618**

Art 23f B-VG schließt aber auch die va im Vorfeld des Beitritts zur EU gegebene Möglichkeit der Begehung des Delikts einer *Neutralitätsgefährdung* gem § 320 StGB durch die obersten Vollzugsorgane der Republik aus (Rz 3257ff). Dieser Folge wurde 2002 durch die Novellierung des § 320 StGB (Rz 3258) Rechnung getragen. **619**

h) Die Mitwirkung der Sozialpartner

Durch eine eigene (einfachgesetzliche) Bestimmung wurde auch eine *Pflicht zur Unterrichtung* der wichtigsten *Sozialpartner* festgelegt (D 56). Danach sind der **Österreichische Gewerkschaftsbund** und die **Präsidentenkonferenz der Landwirtschaftskammern Österreichs** unverzüglich über alle europapolitischen Vorhaben zu unterrichten und es ist ihnen *Gelegenheit zur Stellungnahme* zu Entwürfen von Richtlinien, VO oder Empfehlungen zu geben. **620**

H. Die Auswärtige Gewalt

1. Auswärtige Gewalt als „vierte Gewalt"

Die Auswärtige Gewalt des Staates ist eine Voraussetzung für die iBez und als Außenpolitik auch Gegenstand der innenpolitischen Auseinander- **621** setzung. Für die Lehre eines *formalen Verwaltungsbegriffes,* wie ihn *Merkl* als Vertreter der „Wiener Schule" geprägt hat, ist die Auswärtige Gewalt eine *Funktion der Verwaltung.* Das mag der formell-organisatorischen Betrachtungsweise entsprechen. Bezieht man hingegen auch die *funktionelle und inhaltliche Seite* der Auswärtigen Gewalt mit ein, dann wird diese so komplex, dass sie zu einem **Fremdkörper** im System der **Staatsgewalten** wird, wohnt ihr doch eine starke Tendenz zur Selbständigkeit inne. Sie ist zwar Gegenstand der Gesetzgebung, Vollziehung und Rechtsprechung (Rz 632ff); dennoch weist sie **wesentliche Besonderheiten** auf, welche sie von den sonstigen staatlichen Tätigkeiten unterscheiden. Aus diesen Gründen wird die Auswärtige Gewalt vielfach als *„vierte Gewalt"* neben den drei klassischen Staatsgewalten Legislative, Exekutive und Judikative angesehen.

2. Bundesstaatliche Kompetenzlage

622 Österreich ist gem Art 2 B-VG (D 49) ein Bundesstaat. Der *Bund* hat *Kompetenz-Kompetenz,* dh er allein ist *auch* in den *„äußeren Angelegenheiten"* zuständig, die *Kompetenzverteilung* zwischen *Bund* und *Ländern* zu *ändern.* Gem **Art 10 Abs 1 Ziff 2 B-VG** gehören die **„äußeren Angelegenheiten"** (einschließlich va auch des *Abschlusses vr Verträge*) grundsätzlich in die **Zuständigkeit** des **Bundes** in **Gesetzgebung** und **Vollziehung.** Gem Art 3 Abs 2 B-VG erfordert eine Änderung des Bundesgebiets (Rz 723f) allerdings auch ein entsprechendes Verfassungsgesetz des betroffenen Landes.

623 Durch die *B-VG Novelle 1988* (Art 16; D 49) wurde den **Ländern** eine **beschränkte vr Vertragsabschlusskompetenz** eingeräumt (Rz 253). Dazu kommen noch die **Mitwirkungsrechte** der **Länder** im Rahmen der **europäischen Integration** gem *Art 23d B-VG* (Rz 605ff).

624 In der *Praxis* hatte sich schon vorher eine gewisse *auswärtige Rolle der Länder* herausgebildet: so in der Zusammenarbeit grenzüberschreitender Regionen (Rz 255, 768), in Maßnahmen *iure gestionis* und in der Minderheitenschutzpolitik (Rz 3259ff).

3. Organisatorische Gestaltung der Auswärtigen Gewalt

625 *Abgesehen* von den *Länderkompetenzen* der *Art 16* und *23d B-VG* ist die **Auswärtige Gewalt („äußere Angelegenheiten")** Teil der **Bundesverwaltung.** Sieht man die Auswärtigen Angelegenheiten als Teil der „obersten Verwaltungsgeschäfte des Bundes" (Art 69 Abs 1 B-VG – D 49) an, steht ihre *Führung* gem der Verfassung, dem BMG (Rz 615) und den sonstigen BG den Organen der obersten Bundesverwaltung zu: dem *Bundespräsidenten,* dem *Bundeskanzler (Vizekanzler)* bzw den übrigen *Bundesministern* (vgl Rz 1677ff).

626 Der **Bundespräsident** vertritt gem Art 65 B-VG (D 49) die Republik Österreich nach außen, empfängt und beglaubigt Gesandte, genehmigt die Bestellung fremder Konsuln, bestellt konsularische Vertreter Österreichs im Ausland und schließt Staatsverträge ab. Er kann zu Staatsverträgen, die nicht vom Nationalrat zu genehmigen sind (Rz 322) bzw bei Staatsverträgen gem Art 16 Abs 1, die weder gesetzesändernd noch gesetzesergänzend sind, verfügen, dass sie durch VO zu erfüllen sind, dh er kann eine spezielle Transformation anordnen (Rz 588). Der Bundespräsident ist gem Art 80 B-VG (D 49) ferner Oberbefehlshaber des Bundesheeres.

Gem dem **BMG** (D 51) (Rz 615) gibt es ein **BMaA** bzw einen entspre- **627**
chenden **Bundesminister.** Dieser besorgt gem § 15 BMG den Verkehr mit dem Ausland; sein sonstiger Wirkungsbereich ist durch die Anlage zu § 2 Abschnitt B BMG (D 51) näher bestimmt.

Daneben spielt aber auch der **Bundeskanzler** durch seine **umfassende** **628**
Koordinationszuständigkeit eine wichtige Rolle bei der Führung der AA. **Auch andere Bundesministerien,** wie jene für *Finanzen,* für *wirtschaftliche Angelegenheiten* und für *Inneres,* nehmen *internationale Kompetenzen* wahr (D 51). Die AA werden also in der **obersten Bundesverwaltung dezentralisiert** geführt. Daraus ergeben sich **unvermeidliche Reibungen.**

In die Führung der AA wirken ferner **politische Parteien** bzw ihre **629**
internationalen Verbände und Pressure-groups hinein: Die *Sozialistische Internationale* (Rz 1239), die *European Democratic Union* (Rz 1239), *Gewerkschaften,* die *Industriellenvereinigung, Amnesty International* (Rz 1250 ff) usw. Die *Diplomatie* spielt in den AA als Teil der Bürokratie eine *besondere Rolle,* da die diplomatischen Vertreter va in IO oft einen beträchtlichen Handlungsspielraum haben.

Im Bereich der EU ist die außenpolitische Bewegungsfreiheit aber gem **630**
Art 20 EUV eingeschränkt. Es besteht danach nämlich ein spezielles *Abstimmungsgebot* zwischen den diplomatischen Vertretungen, um die beschlossenen Gemeinsamen Standpunkte und Gemeinsamen Aktionen (Rz 599) effizient umzusetzen (vgl auch Rz 631).

4. Limitierung der Auswärtigen Gewalt in der Europäischen Union

Die Übernahme aller Verpflichtungen aus der *GASP* in der EU bedeu- **631**
tet *für Österreich* – neben seinen Neutralitätsverpflichtungen – eine *weitere Verengung seines außenpolitischen Spielraumes,* wenngleich die GASP grundsätzlich unter Einstimmigkeit steht. Sowohl materiell als auch formell ist ein eigenständiges Vorgehen Österreichs in außen- und sicherheitspolitischen **Fragen** von **allgemeiner Bedeutung** außerhalb der GASP kaum mehr möglich (Rz 1113 ff, 3235, 3352 ff, 3379 ff); denn gem Art 16 EUV besteht diesbezüglich die Pflicht zur gegenseitigen Unterrichtung und Abstimmung im Rat. Daher kann kein EU-Mitglied dann, wenn es sich – nach der Mehrheitsmeinung im Rat – um eine außen- und sicherheitspolitische Frage von „allgemeiner Bedeutung" handelt, eine autonome bilaterale Außenpolitik mehr betreiben.

5. Tätigkeitsbereiche

a) Allgemeines

Die AA werden als Aufgaben der Vollziehung der Gesetze, als Recht- **632**
setzung, als Rechtsprechung, als Tätigkeit in Form von Regierungsakten und durch Regierungshandlungen – ohne dass diese in bestimmte Formen gekleidet sein müssten – besorgt.

633 Dementsprechend vielfältig sind auch die einzelnen Akte der AA ausgestaltet. Sie sind materiell kaum determiniert bzw determinierbar, sodass das *Legalitätsprinzip* des Art 18 B-VG im Bereich der AA *stark relativiert* ist. Die einzige (formell) determinierende gesetzliche Norm ist das BMG (D 51), das dem einzelnen außenvertretungsbefugten obersten Vollzugsorgan genaue Zuständigkeiten verleiht. Dem Rechtsstaatlichkeitsgebot muss damit offensichtlich Genüge getan sein, weil es in Österreich – im Gegensatz zB zu Deutschland – keinen „gesetzesfreien Raum der Verwaltung" gibt.

634 Die inhaltliche Festlegung gewisser integrationspolitischer Vorhaben der Bundesregierung sowohl durch National- und Bundesrat als auch durch die Länder (Rz 605 ff) darf nicht mit der gesetzlichen Determinierung iSd Legalitätsprinzips des Art 18 B-VG verwechselt werden.

b) Vollziehungsaufgaben

635 Aufgaben der *Vollziehung* von *Gesetzen* sind zB die *konsularischen Angelegenheiten,* wobei die zuständigen Behörden in manchen Fällen das AVG anzuwenden haben (Rz 1738 ff).

c) Rechtsetzungsaufgaben

636 Der **Gesetzgeber** wirkt beim **Abschluss vr Verträge** mit, die ja zu *Rechtsquellen* in der *österreichischen Rechtsordnung* werden. In der Regel folgt der Gesetzgeber dem Vorschlag der Bundesregierung und genehmigt den Abschluss vr Verträge als gesetzändernd bzw gesetzesergänzend, hebt sie in Verfassungsrang oder setzt einen Erfüllungsvorbehalt gem Art 50 Abs 2 B-VG. *Zur Rechtsetzung* gehört *auch* die große Zahl von *Regierungs-, Ressort- und Verwaltungsübereinkommen* („delegierte Staatsverträge" gem Art 66 Abs 2 B-VG – Rz 265, 283), die grundsätzlich auf der Stufe von VO stehen.

637 Daneben nimmt der Gesetzgeber durch die **Erlassung außenpolitisch relevanter Gesetze** (zB D 385, 390) an der Auswärtigen Gewalt teil.

638 In diesem Zusammenhang ist auch die Obsoleterklärung von Bestimmungen des Staatsvertrages *1955* durch einen Regierungsakt erwähnenswert (Rz 643, 3169 ff, 3212). Der Gesetzgeber hat die Obsoleterklärung (1990) nicht mit einem gesetzgeberischen Akt begleitet, mit dem er die betreffenden obsolet erklärten Bestimmungen innerstaatlich aufgehoben hätte.

639 Ein weiteres Beispiel stellt das Recht des National- und des Bundesrates dar, Regierungsmitgliedern in Bezug auf Vorhaben im Rahmen der EU für ihr Stimmverhalten im Rat bindende Stellungnahmen mitzugeben (Rz 610 ff).

d) Rechtsprechung

640 **Auch** die **Rechtsprechung** ist an der **Auswärtigen Gewalt beteiligt.** Der *VfGH* kann in Fragen der Auswärtigen Gewalt direkt eingreifen: Nach *Art 140 a B-VG* (D 49) kann er zwar vr Verträge nicht außer Kraft setzen, jedoch die *Rechtswidrigkeit* von *Staatsverträgen feststellen* und deren *innerstaatliche Anwendbarkeit aussetzen.* Jeder Vollziehungsakt auf Grund des

Vertrages wäre dann verfassungswidrig. Die Regierung müsste Verhandlungen mit den Vertragspartnern aufnehmen, um die vom VfGH beanstandete Bestimmung zu sanieren.

Ferner enthält das B-VG in Art 145 noch eine Kompetenz des VfGH, **641**
über Verletzungen des VR zu erkennen. Mangels eines entsprechenden Ausführungsgesetzes ist diese Bestimmung aber nicht anwendbar geworden.

Darüber hinaus nehmen die *staatlichen Gerichte* durch die häufige **642**
Anwendung vr Normen an der Auswärtigen Gewalt teil, indem sie *internationale Verpflichtungen* des Staates *erfüllen,* das *VR durchsetzen,* durch ihre Praxis aber auch zu dessen *Entwicklung beitragen* (Rz 529 ff).

e) Regierungstätigkeit

Eine Reihe von Handlungen der Auswärtigen Gewalt ist als **Regie- 643**
rungsakt zu bezeichnen. Der Begriff des *Regierungsaktes* ist ein durch § 2 Abs 3 BMG (D 51) gedeckter Rechtsbegriff. Bei der Besorgung von AA können darunter Handlungen verstanden werden, die auf Grund der Bundesverfassung für den Einzelfall gesetzt werden – allerdings ohne die Form von Verwaltungsakten aufzuweisen – und die keiner richterlichen Nachprüfung unterliegen (zB eine Kriegserklärung gem Art 38 B-VG durch die Bundesversammlung sowie die dem Bundespräsidenten als Repräsentanten der Republik nach außen zukommenden Befugnisse gem Art 65 Abs 1 B-VG – Rz 626; D 49).

Von den Regierungsakten der Auswärtigen Gewalt sind **Regierungs- 644**
handlungen zu unterscheiden, die *durch Verwaltungsvorschriften nicht so genau bezeichnet sind, dass* sie zur *„Vollziehung von Verwaltungsvorschriften"* gerechnet werden können. Darunter fallen die Angelegenheiten des zwischenstaatlichen *Zeremoniells,* der *wirtschaftlichen Integration,* der *kulturellen Auslandsbeziehungen,* soweit alle diese Angelegenheiten nicht als Vollziehung der Gesetze und damit als verwaltungsbehördliche Angelegenheiten anzusehen sind. Zu den Regierungshandlungen gehören ferner die *Bestellung* von *Delegationen* bei internationalen Konferenzen und IO, die *Besuchsdiplomatie,* die *Erklärungen* von Regierungsmitgliedern oder Diplomaten zu internationalen Angelegenheiten im In- und Ausland, die *Anerkennung* von Staaten, Regierungen und Befreiungsbewegungen (Rz 789 ff; D 42–44), Maßnahmen in *Vollziehung* des *Neutralitätsgesetzes* 1955 (Rz 3172; D 385), Entscheidungen der Bundesregierung über die Reaktion auf *Sanktionsbeschlüsse* (Rz 1841 ff; D 241) oder über Ersuchen des SR der VN um Teilnahme an *friedenserhaltenden Operationen* (Rz 1852 ff; D 236, 237), *Berichte* über AA an den Nationalrat usw.

6. Die Kontrolle der Auswärtigen Gewalt

a) Maßstab und Organe der Kontrolle

Maßstab der **Kontrolle** der Auswärtigen Gewalt ist einerseits die **Völ- 645**
kerrechtskonformität, andererseits die **Verfassungs- und Gesetzmäßigkeit.** Die Kontrolle kann aber auch die **Beachtung politischer Grundsätze** überprüfen, die entweder der in der Regel von allen im Parlament vertretenen

Parteien gemeinsam getragenen Außenpolitik entsprechen oder durch Regierungsprogramme festgelegt sind. Kontrollmaßstab der Auswärtigen Gewalt kann schließlich die **„good administration“** bzw **„good governance“** sein, dh eine *missbrauchsfreie, sparsame, wirtschaftliche* und *gesetzeskonforme Verwaltung.*

646 Die Kontrolle kann *durch innerstaatliche Organe,* durch *andere Staaten,* zB Vertragspartner, oder durch *internationale Organe* ausgeübt werden.

b) Mittel der Kontrolle

647 Die innerstaatlichen Mittel der Kontrolle sind so *vielfältig* wie die Maßstäbe der Kontrolle. Dazu gehören die Rechts- und Missbrauchskontrolle, die sich auf das Verhalten von Personen bezieht; die politische Kontrolle, die institutionalisiert und nicht institutionalisiert sein kann; die Rechnungskontrolle, die der Sparsamkeit, Wirtschaftlichkeit und Zweckmäßigkeit des Handelns der Auswärtigen Gewalt gilt.

648 Die Mittel der Kontrolle sind bei der *Rechts- und Missbrauchskontrolle* die **Verfassungs-** und **Verwaltungsgerichtsbarkeit** sowie die Tätigkeit der **Volksanwaltschaft** (Art 148 B-VG; BGBl 1982/433). Insbes ist hier die Kompetenz des VfGH gem Art 142 Abs 2 lit c B-VG zu erwähnen, Regierungsmitglieder wegen rechtswidriger Handlungen im Rat der EU zur Verantwortung zu ziehen (Rz 615). Die *Rechnungskontrolle* wird durch den **Rechnungshof** wahrgenommen.

649 Im Rahmen der *politischen Kontrolle* werden Handlungen des Bundeskanzlers, der Bundesminister und der ihnen unterstellten Organe vom **Parlament** kontrolliert. Der Bundespräsident unterliegt zwar auch dieser Verantwortlichkeit, doch ist seine Regierungstätigkeit vom parlamentarischen Alltag praktisch ausgeklammert.

650 Die Führung der Auswärtigen Gewalt unterliegt der Kontrolle des Parlaments mit den in *Art 50* und *52 B-VG vorgesehenen Mitteln.* Über die vorgeschriebene Genehmigung bestimmter Kategorien von Staatsverträgen (Art 50 B-VG) wirkt das Parlament am Abschluss dieser Verträge mit. Das Parlament nimmt manchmal aber auch (unzulässigerweise) Einfluss auf Vorbehalte und interpretative Erklärungen zu einem Vertrag (Rz 305 f; D 14).

651 Der **Nationalrat** wirkt ferner an der politischen Kontrolle der AA durch seine **Debatten** mit, die regelmäßig während der alljährlichen **Budgetdebatte** über das „Kapitel Äußeres“ und anlässlich der parlamentarischen Vorlage des **Außenpolitischen Berichtes** des BMaA durch die Regierung stattfinden. Dabei wird die Außenpolitik der Regierung im Allgemeinen und zu einzelnen Fragen behandelt. Bisweilen werden zur Führung der AA auch *Entschließungsanträge* eingebracht.

652 Ein anderes Kontrollmittel des Parlaments ist die **Behandlung** von **Berichten,** die der Außenminister auf Grund spezieller Bestimmungen dem Parlament vorlegen muss. Hier ist va der Bericht über die *Entsendung* von *Einheiten der österreichischen Exekutive* in das Ausland auf Ersuchen IO (Rz 1852 ff; D 236) zu erwähnen.

653 Als weiteres Mittel politischer Kontrolle ist das in Art 52 B-VG und den §§ 94–97 des *BG* über die *Geschäftsordnung* des *Nationalrates* näher geregelte **Interpellationsrecht** der Mitglieder des Nationalrates (bzw Bundesrates; letzteres ist in dessen Geschäftsordnung geregelt) zu nennen. Die Abgeordneten können jederzeit während der Tagungsperiode *schriftliche Anfragen* an den Außenminister oder an die sonst mit der Führung AA befassten Regierungsmitglieder einbringen. Daneben hat der Außenminister in einer mündlichen Fragestunde (Art 52 Abs 2 B-VG) kurze *mündliche Anfragen* zu beantworten.

7. Der Nationale Sicherheitsrat

1976 wurde erstmals ein besonderes *außenpolitisches Kontroll- und Kooperationsorgan,* der *Rat für Auswärtige Angelegenheiten* (RAA) (BGBl 1976/330), beim Bundeskanzleramt (BKA) eingerichtet. In der Folge kam es auch zur Errichtung des *Landesverteidigungsrates* (BGBl 1991/251). Unter dem Eindruck der Terroranschläge in den USA vom 11. 9. 2001 (Rz 1889) sowie der Ausweitung der GASP zur GESVP in der EU (Rz 1117, 1912) wurden im November 2001 diese beiden Räte durch einen **Nationalen Sicherheitsrat** (NSR) ersetzt (D 52). Ihm obliegen Empfehlungen für Maßnahmen in Angelegenheiten der Außen-, Sicherheits- und Verteidigungspolitik. Der NSR ist ebenfalls beim BKA eingerichtet und berät die Bundesregierung und einzelne BM in allen grundsätzlichen Angelegenheiten der Außen-, Sicherheits- und Verteidigungspolitik. In einer Reihe wichtiger Angelegenheiten ist der NSR verpflichtend anzuhören (§ 2 Abs 2 – D 52). **654**

Dem NSR gehören (als Stimmführer) an: der *Bundeskanzler* als *Vorsitzender;* der Vizekanzler; die Bundesminister für auswärtige Angelegenheiten, Landesverteidigung, Inneres und Justiz; Vertreter der im Hauptausschuss des Nationalrats vertretenen politischen Parteien (jede im Hauptausschuss des Nationalrats vertretene politische Partei entsendet einen Vertreter; darüber hinaus sind weitere sieben Mitglieder des Nationalrats zu entsenden, die nach dem Stärkeverhältnis der Parteien zu bestimmen sind; für alle Abgeordneten sind auch Ersatzmitglieder namhaft zu machen). Dem NSR gehören weiters (mit beratender Stimme) an: ein Beamter der Präsidentschaftskanzlei; ein Vertreter des Vorsitzenden der Landeshauptleutekonferenz; der Generalsekretär für auswärtige Angelegenheiten; der Generaltruppeninspektor; der Generaldirektor für die öffentliche Sicherheit; je ein weiterer vom Bundeskanzler, vom Vizekanzler, vom Außenminister und vom Verteidigungsminister zu bestimmender Ressortangehöriger. Den Beratungen sind die jeweils sachlich beteiligten Bundesminister und Staatssekretäre zuzuziehen, ebenso wie auch betroffene Landeshauptmänner. Die Beratungen des NSR sind grundsätzlich vertraulich. Der *Rat* gibt *Empfehlungen* in Form von Beschlüssen ab. 2002 bekam der NSR eine eigene GO (BGBl II 2002/98). **655**

8. Der Rat für Fragen der österreichischen Integrations- und Außenpolitik

Im Zuge der österreichischen Entscheidung, einen Antrag auf Aufnahme in die EG zu stellen (D 396; Rz 3349 ff), wurde 1989 beim BKA ein *Rat für Fragen der österreichischen Integrationspolitik* (BGBl 1989/368) zur **656**

Beratung der Bundesregierung eingesetzt. Er stand unter dem Vorsitz des Bundeskanzlers.

657 2001 wurde dieser Rat durch den **Rat für Fragen der österreichischen Integrations- und Außenpolitik** (RFIAP) (D 53) ersetzt. Er ist beim BMaA eingerichtet und steht unter dem *Vorsitz* des *Bundesministers für auswärtige Angelegenheiten.* Der RFIAP ist in allen Angelegenheiten der österreichischen Integrations- und Außenpolitik und ihrer Auswirkungen *zu hören,* soweit diese von grundsätzlicher Bedeutung und nicht im NSR (Rz 654) zu beraten sind.

658 Dem RFIAP gehören an: (a) der Bundesminister für auswärtige Angelegenheiten und je ein Vertreter des Bundeskanzlers, des Vizekanzlers und des Bundesministers für Landesverteidigung; (b) jede im Hauptausschuss des Nationalrats vertretene politische Partei entsendet einen Vertreter; darüber hinaus sind sieben weitere Abgeordnete des Nationalrats gem dem Stärkeverhältnis der politischen Parteien zu entsenden; (c) je zwei Vertreter der Landeshauptmännerkonferenz und der Landtage (Landtagspräsidenten); (d) je ein Vertreter der Wirtschaftskammer Österreich, des Österreichischen Arbeiterkammertages, der Präsidentenkonferenz der Landwirtschaftskammern sowie des Gewerkschaftsbundes sowie (e) je ein Vertreter des österreichischen Städte- und Gemeindebundes.

659 Beschlüsse fasst der RFIAP in Verfahrensfragen mit einfacher Mehrheit, ansonsten mit Zweidrittelmehrheit der abgegebenen Stimmen (§ 5 Abs 2).

9. Die Arbeitsgruppe für Integrationsfragen

660 Daneben besteht beim BKA eine seit 1987 eingerichtete (interministerielle) *Arbeitsgruppe für Integrationsfragen* (BGBl 1989/574), die der *innerösterreichischen Koordination* in Angelegenheiten der europäischen Integration dient. Diese Koordination hat in ständigem Kontakt ua mit den Ländern und Gemeinden sowie den Sozialpartnern zu erfolgen. Damit hat die Arbeitsgruppe andere Aufgaben zu besorgen als der frühere Rat für Fragen der österreichischen Integrationspolitik (Rz 656). Dennoch kam es immer wieder zu Überschneidungen innerhalb der Querschnittsmaterie Integrationspolitik, da diese ja neben einer inneren auch eine äußere Komponente hat.

10. Der Beirat für außenwirtschaftspolitische Angelegenheiten

661 Beim Bundesministerium für wirtschaftliche Angelegenheiten wurde 1994 ein eigener *Beirat für außenwirtschaftspolitische Angelegenheiten* eingerichtet (D 54), der der *Beratung* in Fragen der Außenwirtschaftspolitik dient. Bei seiner Beratungstätigkeit hat sich der Beirat va auf die Länderberichte der Außenhandelsstellen der Wirtschaftskammer Österreich (Rz 1742) zu stützen.

IV. Abschnitt
Die Völkerrechtssubjekte

Vorbemerkung der Herausgeber

Nicht nur die *Zahl,* sondern auch die *Verschiedenartigkeit* der *Akteure,* 662
die in den iBez eine bedeutsame Rolle spielen, hat va seit 1945 beträchtlich *zugenommen.* Allerdings werden nicht alle diese internationalen Akteure vom Raster des VR als VRS, dh als Träger vr Rechte und Pflichten, erfasst.

Die **Staaten** haben trotz ihrer wachsenden Unfähigkeit, ihre Aufgaben 663
gem den Erwartungen ihrer Bürger innerhalb ihrer Grenzen allein zu erfüllen, ihre *Vorrangstellung* bewahrt. Eine Reihe von VRS lässt sich im Übrigen in einer *Randzone* der *Staatlichkeit* einordnen. So besaßen der *Heilige Stuhl* und die *Ritterorden* ursprünglich ähnlich den Staaten eine (nicht bloß symbolische) territoriale Grundlage. *Aufständische* streben nach der Übernahme der Regierung in ihrem Staat oder nach Errichtung eines neuen Staates auf einem Teilgebiet des alten (vgl Rz 3190). Dies gilt in der Regel auch für *Völker* im Streben nach Selbstbestimmung. Das Selbstbestimmungsrecht der Völker wird aus systematischen Gründen allerdings erst im VI. Abschn dargestellt (Rz 2054ff).

Zur Bewältigung im einzelstaatlichen Rahmen nicht befriedigend lös- 664
barer Probleme haben Staaten seit dem 19. Jhdt **zwischenstaatliche IO** errichtet, deren Völkerrechtssubjektivität mittlerweile außer Streit steht. Sie sind jedoch Instrumente der Staaten unter deren Kontrolle geblieben und haben diese entgegen manchen Erwartungen nicht verdrängt. Eine **Sonderstellung** unter den IO nimmt die **EU** ein, deren „erste Säule“, die **EG, supranationale Merkmale** aufweist.

Unübersehbare Bedeutung in den iBez haben die sog **transnationalen** 665
Akteure, va Wirtschaftskonzerne, die über die Staatsgrenzen hinweg nach einer einheitlichen Strategie und zentral gesteuert tätig werden, sowie **Internationale nichtstaatliche Organisationen** erlangt. Aus rechtlicher Sicht sind sie als juristische Personen des innerstaatlichen Rechts zu qualifizieren. Obwohl diese Akteure zT mächtiger als zahlreiche Klein- und Kleinststaaten sind, zögern die Regierungen weiterhin, ihnen auch nur beschränkte Völkerrechtssubjektivität zuzuerkennen und sie damit als grundsätzlich gleichrangige Partner zu akzeptieren.

Eine weitere Neuerung von grundlegender Tragweite stellt das Auf- 666
treten des **Individuums,** das nach „klassischem“ VR (Rz 3, 15, 26, 75ff) durch seinen Heimatstaat mediatisiert war, als Träger von *Menschenrechten* und damit als *VRS* dar. Hinsichtlich der letztlich entscheidenden Durchsetzung dieser seiner vr Rechte durch den Einzelnen sind die Staaten im weltweiten Rahmen freilich bisher nicht zur Schaffung wirklich wirksamer Verfahren bereit gewesen. Im regionalen Rahmen, va jenem der EMRK, ist der Schutz der Menschenrechte hingegen zT effektiver gestaltet worden. Trotz aller Verstöße und Rückschläge in diesem Bereich gewinnt jedenfalls

die Auffassung an Boden, dass der *Staat* seine Rechtfertigung durch die Gewährleistung eines menschenwürdigen Daseins für seine einzelnen Angehörigen zu erbringen hat und *nicht Selbstzweck* ist. In jüngster Zeit wurde die Ausstattung des Einzelmenschen mit vr Rechten durch die *individuelle strafrechtliche Verantwortlichkeit* für bes verabscheuungswürdige Delikte im humanitären Bereich ergänzt (dazu Abschn IX Kap 2).

1. Kapitel

Die Staaten

Ignaz Seidl-Hohenveldern und Waldemar Hummer

Literatur: *Frowein,* Das de facto-Regime im Völkerrecht (1968); *Verdross,* Die völkerrechtliche und politische Souveränität der Staaten, FS *von der Heydte* (1978) 703; *Seidl-Hohenveldern,* Landkarten im Völkerrecht (1989); *Crawford,* The Creation of States in International Law (1990); *Thürer / Herdegen / Hohloch,* Der Wegfall effektiver Staatsgewalt: „The failed state", BerDGVR 34 (1996); *Doehring,* Die allgemeine Staatslehre aus der Sicht des Völkerrechts (1997); *Hummer,* Mostar – Ein Beispiel internationaler Stadtverwaltung durch die Europäische Union, FS *Ginther* (1999) 377; *Korhonen,* International Governance in Post-Conflict Situations, LJIL 14 (2001) 495; *Wilde,* From Danzig to East Timor and Beyond: The Role of International Territorial Administration, AJIL 95 (2001) 583; *Kreijen* (Hrsg), State, Sovereignty, and International Governance (2002).

A. Definition des Staates

Das VR (Rz 6) bedarf der Existenz einer Mehrzahl souveräner Staaten (Rz 34 ff), weil sonst ein „Weltverfassungsrecht" entstünde (Rz 21). Bei der Entstehung der Staaten haben mehrere Faktoren eine Rolle gespielt, va das naturgegebene Zusammengehörigkeitsgefühl der Menschen als soziale Wesen und ihr Bedürfnis nach erhöhtem Schutz innerhalb einer Gruppe sowie die Unterwerfung von Menschengruppen durch andere. **667**

Während bis zum 19. Jhdt der *Hauptzweck* der Staaten in der Gewährleistung von *Sicherheit* und *Ordnung* bestand, kamen mit der Entwicklung des modernen *Wohlfahrtsstaates* neue Aufgaben der *Daseinsvorsorge* dazu. **668**

In der Staatslehre wird seit *Georg Jellinek* der *Staat* unter zwei Aspekten definiert, nämlich im *juristischen Sinne* als „die mit ursprünglicher Herrschermacht ausgestattete Gebietskörperschaft eines sesshaften Volkes" sowie *in soziologischer Hinsicht* als Verbandseinheit sesshafter Menschen". **669**

Die **klassische vr Definition** stellt auf das Vorhandensein von drei konstitutiven Elementen ab, nämlich eines **Volkes,** eines **Gebietes** und einer **souveränen Regierung.** **670**

Diese „Drei-Elemente-Lehre" kann aber zB folgende Sonderformen nicht exakt erfassen: **671**

- *„Mikrostaaten",* deren wirtschaftliche Lebensfähigkeit, politische Unabhängigkeit und damit Souveränität zweifelhaft sind (Rz 131, 742);
- *Krieg führende Aufständische,* die wesentliche Teile eines Staatsgebiets effektiv beherrschen;
- noch *nicht* (oder nicht mehr) *anerkannte De-facto-Regierungen,* die wesentliche Teile eines Staatsgebiets effektiv beherrschen.

Für die letztgenannten Sonderfälle wurde der Begriff des **„De-facto-Regimes"** entwickelt *(Frowein).* Es besitzt auch ohne Anerkennung als Staat **672** eine *Vielzahl vr Rechte* und *Pflichten,* va bezüglich des Gewaltverbots (Rz 1798 ff) und der Vertrags- und Deliktsfähigkeit (Rz 251, 2721).

673 Die **Zahl** der **Staaten stieg** im letzten Jhdt **rasant** an: von 63 im Jahre 1938 auf 100 1960, 127 1970 und 173 1989. Der Zerfall des ehemaligen Ostblocks nach der „Wende“ ab 1989 ließ die Gesamtzahl der Staaten 1994 auf 193 ansteigen. Damit hat sich die Zahl der Staaten in den 50 Jahren nach dem II. WK mehr als verdreifacht. 2004 existierten 193 Staaten, von denen 191 Mitglieder der VN sind. Nicht-Mitglieder der VN sind heute nur mehr der Staat der Vatikanstadt und Taiwan.

1. Volk

a) Gegenseitiges Treueverhältnis zwischen Staat und Bürgern

674 Als Bevölkerung bzw Einwohner eines Staates bezeichnet man die Summe der Menschen, die auf seinem Gebiet wohnhaft sind. Dieses mehr oder weniger zufällige Beisammensein ist vr meist unerheblich. Das VR stellt auf das **„Volk“** als jene Menschen ab, die zu einem **bestimmten Staat** in einem gegenseitigen **Treueverhältnis** stehen.

675 Ein Zusammengehörigkeitsgefühl zwischen Menschen kann aber auch auf anderen Integrationsfaktoren beruhen, zB der Zugehörigkeit zu einem bestimmten **Sprach- und Kulturkreis.** Auch insoweit spricht man von Zugehörigkeit zu einem Volk oder einer **Nation.**

676 Bes im 19. Jhdt bestand die Tendenz, die Angehörigen einer bestimmten Sprach- und Kulturnation in einem einzigen Staat zusammenzufassen (Rz 87, 2057). Dies war das Ideal der Einigung Deutschlands und Italiens im 19. Jhdt. Man stellte den solcherart geschaffenen *Nationalstaaten* die *Nationalitätenstaaten* wie Österreich-Ungarn gegenüber.

677 Reine Nationalstaaten, die sämtliche Angehörige einer Sprach- und Kulturnation erfassen, aber auch nur diese, gibt es kaum. In der Regel umfassen Nationalstaaten auch Angehörige anderer Sprach- und Kulturnationen als **Minderheiten** (Rz 1639 ff, 3259 ff), denen gegenüber sich die *Mehrheit* als *„Staatsvolk“* bezeichnet. Diese Bezeichnung deckt sich aber nicht mit dem Volk im Sinne des einen der drei Staatselemente.

678 Verstand man früher im deutschen Sprachraum die Begriffe Volk und Nation weitgehend im Sinne der Sprach- und Kulturnation, gilt heute als das wesentliche Merkmal der zu einer *Nation* Gehörigen, dass sie sich als *Angehörige* eines *bestimmten Staates empfinden.* So war auch die deutsche (Wieder-)Vereinigung (Rz 848 ff) vom Wunsch beider Volksteile getragen, das „deutsche Volk“ in den innerhalb der ehemaligen alliierten Besatzungszonen entstandenen Staaten, der BRD und der Deutschen Demokratischen Republik (DDR), zusammenzufassen. Die seit 3. 10. 1990 territorial *erweiterte BRD* umfasst aber *nicht* den *gesamten deutschen Sprachraum* und erhebt diesen Anspruch auch nicht.

679 Entsprechend dem Willen der österreichischen bzw schweizerischen Bevölkerung spricht man auch von einem *Schweizer Volk* und einer *österreichischen Nation* (zum Volksbegriff der „Dritten Welt“ Rz 2069).

Mit Volk im Sinne der Lehre von den Staatselementen werden also alle Menschen bezeichnet, die sich zu dem betreffenden Staat bekennen, nicht aber die Ausländer und Staatenlosen, die sich auf dessen Gebiet aufhalten. **680**

Das **gegenseitige Treueband** umfasst ein **Aufenthalts-** bzw **Rückkehrrecht** in das Staatsgebiet (D 61) und das **Recht,** an der **politischen Willensbildung** im Staat teilzunehmen, also auf eines der anderen Staatselemente, die Regierung, Einfluss zu nehmen. Diesen Rechten entspricht die **Wehr-** oder **Dienstpflicht** der Staatsbürger. Aus dem Treueverhältnis leitet der **Heimatstaat** sein **Recht** zur Gewährung **diplomatischen Schutzes** der Staatsbürger ab (Rz 701, 2797 ff). **681**

Es bestehen heute gewisse Tendenzen, nicht mehr auf dieses gegenseitige Treueverhältnis abzustellen, sondern alle Menschen rechtlich zu integrieren, die sich im Gebiet des betreffenden Staates aufhalten. So wird häufig für Ausländer zumindest das Wahlrecht bei Gemeindewahlen gefordert, so zogen Einwanderungsländer wie die USA auch ausländische Einbürgerungswerber vor deren Einbürgerung zum Wehrdienst heran. **682**

Die mit dem **EUV** geschaffene **Unionsbürgerschaft** gewährt ua grundsätzlich *allen Unionsbürgern* das Recht, sich *in allen EU-Staaten frei zu bewegen* und *aufzuhalten.* Diese haben im Lande ihres Wohnsitzes innerhalb der EU das **aktive und passive Wahlrecht bei Kommunalwahlen** (Art 117 Abs 2 B-VG – D 49). Sie genießen in *Drittstaaten,* in denen *ihr Heimatstaat nicht vertreten* ist, den **konsularischen** und **diplomatischen Schutz jedes anderen EU-Staates** (Rz 1180 ff). **683**

b) Erwerb der Staatsbürgerschaft

Aus dem gegenseitigen Treueverhältnis könnte die völlige Freiheit jedes souveränen Staates gefolgert werden, sich seine Staatsbürger auszusuchen, zumindest soweit diese damit einverstanden sind. Eine **Einbürgerung** auf **Antrag** des Einbürgerungswerbers wird durch die Zustimmung des betreffenden Staates als Ausfluss seiner Souveränität vr wirksam. **684**

Der **IGH** hat im **Nottebohm-Fall** (D 62) sinnlos und systemwidrig (vgl aber Rz 71) für die vr Wirksamkeit einer solchen *Einbürgerung* eine echte Bindung **(genuine link)** zwischen Einbürgerungswerber und Staat gefordert – ein Kriterium, das bei Doppelstaatsbürgern seinen guten Sinn hat (Rz 712). Der *IGH* hat dieses Erfordernis inzwischen bei der Bestimmung der Staatsangehörigkeit von *Schiffen (Zusammensetzung des Schiffssicherheitsausschusses der Inter-Governmental Maritime Consultative Organization [IMCO]-Fall* – D 63 – vgl aber Rz 704, 2286 ff) und von *Gesellschaften* (*Barcelona Traction-Fall* – D 64 mit Recht *fallen gelassen.* **685**

Innerstaatliche Gesetze binden die Einbürgerung manchmal an den *Nachweis* der *Entlassung* aus dem *früheren Staatsverband.* Eine solche Bestimmung vermeidet zwar die Entstehung grundsätzlich unerwünschter Doppelstaatsbürgerschaften (Rz 698). Als Völkerrechtsregel würde sie aber das souveräne Einbürgerungsrecht des einbürgernden Staates ungebührlich einschränken. Eine solche Norm würde insbes quasi-staatenlose Flüchtlinge (Rz 1266 ff) schwer belasten, die dann auf die Zustimmung des Staates, aus dem sie geflüchtet sind, angewiesen wären. **686**

687 Eine Staatsbürgerschaft wird aber nicht nur auf Antrag verliehen. Trotz der grundsätzlichen Souveränität der Staaten bei der Auswahl ihrer Staatsbürger muss das VR dennoch gewisse Grundregeln für den **automatischen Erwerb** der **Staatsangehörigkeit,** also ohne besonderes Zutun der betreffenden Person, festlegen. Es würde sonst zu unerträglichen Konflikten kommen, wenn ein Staat zB aus ideologischen Gründen als „Heimatstaat aller Werktätigen" oder als „Heimatstaat aller Menschen der nordischen Rasse" zahlreiche Staatsbürger anderer Staaten für sich beanspruchen wollte.

688 Wegen des Interessengegensatzes zwischen Auswanderungs- und Einwanderungsländern sind aber nach VR für die Verleihung der Staatsbürgerschaft kraft Geburt zwei verschiedene Anknüpfungspunkte zulässig.

689 Klassische **Auswanderungsländer,** zu denen die Österreichisch-Ungarische Monarchie und ihre Nachfolgestaaten sowie das Deutsche Reich zählten, wollen, dass die Auswanderer durch ihre Staatsbürgerschaft weiter ihrem *Ursprungsland verbunden* bleiben und dieses Zeichen ihrer Verbundenheit auch an ihre Kinder und Kindeskinder weitergeben können. Die Staatsbürgerschaftsgesetze dieser Staaten beruhen daher auf dem Grundsatz des **ius sanguinis,** dem zufolge das eheliche Kind bei Geburt die Staatsbürgerschaft eines Elternteils, das nicht eheliche diejenige seiner Mutter erwirbt.

690 Klassische **Einwanderungsländer** (USA, Lateinamerika) verleihen dagegen ihre Staatsbürgerschaft allen auf ihrem Gebiet geborenen Personen ohne Rücksicht auf die Staatsbürgerschaft der Eltern **(ius soli).** Damit wird wenigstens die *zweite Generation* von Einwanderern im Einwanderungsland *integriert.* Der zunehmende Zuzug von Fremden macht dieses Modell auch für europäische Länder anziehender.

691 Das VR gestattet Staaten auch, aus Gründen der *Familieneinheit* die **Eheschließung** mit einem Ausländer zum Grund des Verlustes der ursprünglichen Staatsbürgerschaft der Frau und des Erwerbs der Staatsbürgerschaft des Ehemannes zu machen. Durch die Emanzipation der Frau führt die Eheschließung mit einem Ausländer heute nicht mehr zum Verlust der Staatsbürgerschaft. Der Familieneinheit wird nun durch Erleichterung des Erwerbs der Staatsbürgerschaft durch den ausländischen Ehepartner Rechnung getragen.

692 In manchen Fällen von *Staatennachfolge* (Rz 839f) wurde das *Fortbestehen* einer gegenseitigen *Treuepflicht* zum *ursprünglichen Heimatstaat* generell fingiert. So gelten die Bürger der Republik Irland in Großbritannien weiterhin als Inländer. Nach 1945 stellte die österreichische Bundesregierung mit den *Südtiroler-Erlässen* (D 65) nach Österreich ausgewanderte Südtiroler italienischer Staatsangehörigkeit administrativ den Inländern gleich. Irland und Italien haben diese für die betreffenden Personen vorteilhaften Regelungen geduldet.

693 Als Ausfluss dieser Treuepflicht konnte man auch das nach dem Bonner Grundgesetz (GG) 1949 für die BRD bis zum 3. 10. 1990 bestehende und dann verwirklichte „Wiedervereinigungsgebot" als Pflicht aller Staatsorgane ua gegenüber der Bevölkerung der damaligen DDR betrachten.

694 Die einseitige Rechtsbehauptung eines Staates vom generellen Weiterbestand einer früheren Staatsangehörigkeit kann zu **Treuekonflikten** führen.

Für dritte Staaten stellt sich die Frage, welcher der beiden „Heimat"-Staaten zur Ausübung des Schutzrechtes berechtigt ist.

Die Lösung des Konflikts liegt beim einzelnen Bürger. Nimmt er den Schutz des Staates in Anspruch, dessen Staatsangehörigkeit er *prima facie* nicht genießt, kann ein dritter Staat diesen Schutzantrag und die darauf folgende Inschutznahme in eine „Blitzeinbürgerung" in den betreffenden Staat umdeuten, die ohne Zustimmung des anderen Heimatstaates möglich ist (Rz 684 ff). **695**

Zur Vermeidung von Treuekonflikten *verbietet* Art 45 LKO, die *Bevölkerung* eines *besetzten Gebietes* in den *Treueid* zu nehmen (Rz 2993), dh ihr die Staatsangehörigkeit des Besetzers zu verleihen. Das Deutsche Reich verletzte diese Norm zwischen 1938 und 1945 zum schweren Nachteil der Betroffenen, zB der Elsässer. **696**

Das *Band* gegenseitiger *Treue* zwischen Staat und Einzelpersonen kann auch *abgeschwächt* bestehen. So unterscheidet Großbritannien zwischen Personen, die als britische Staatsangehörige in früheren britischen Kolonien bei deren Unabhängigwerden die britische Staatsbürgerschaft beibehalten haben, und den in Großbritannien geborenen *Patrials*. Nur *Patrials* genießen alle mit der britischen Staatsbürgerschaft verbundenen Rechte. Das VR gestattet solche Abschwächungen des Treuebandes; auch für solche minderberechtigte „Schutzbefohlene" kann der schutzberechtigte Staat diplomatischen Schutz ausüben. **697**

c) Verlust der Staatsbürgerschaft

Da nach VR Doppelstaatsbürgerschaften generell unerwünscht sind, sah auch schon vor dem diesbezüglichen Abkommen des Europarats (BGBl 1975/471) das österreichische Staatsbürgerschaftsgesetz bei **Verzicht** und beim **freiwilligen Erwerb** einer **ausländischen Staatsbürgerschaft** den Verlust der österreichischen Staatsbürgerschaft vor. Auch der **Eintritt** in den **Militärdienst** eines **ausländischen Staates** hat diese Wirkung. **698**

Bei *unfreiwilligem Erwerb* der ausländischen Staatsbürgerschaft, insbes wegen des Widerspruchs zwischen dem *Ius-soli-* und *Ius-sanguinis*-Prinzip (Rz 689 f), bleibt die *österreichische Staatsbürgerschaft* hingegen *erhalten*. **699**

Die **Ausbürgerung** einer Person als *Strafe* galt zumindest bis zum Inkraft-Treten des Art 12 Abs 4 UN-Pakt über bürgerliche und politische Rechte 1966 (Unzulässigkeit des Verbots der Rückkehr in den Heimatstaat – Rz 1383 ff; D 166) als zulässig. So bürgerten etwa die UdSSR nach der Oktoberrevolution 1917 ins Ausland geflüchtete Russen und Österreich die Angehörigen der aus österreichischen Nationalsozialisten im Deutschen Reich aufgestellten Österreichischen Legion nach 1933 aus. Praktisch führt eine solche Ausbürgerung meist nicht zu Staatenlosigkeit, sondern zum Erwerb der Staatsbürgerschaft eines Staates, der mit dem Ausgebürgerten sympathisiert. Nach VR dürfen aber Personen nicht strafweise ausgebürgert und dann als Nicht-mehr-Staatsbürger auf das Gebiet eines anderen Staates „abgeladen" werden, wie das § 1 Abs 2 Staatsbürgerschafts-Überleitungsgesetz (StGBl 1945/59) für „illegale" Nationalsozialisten vorgesehen hatte. **700**

d) Diplomatischer Schutz der Staatsbürger (physischer und juristischer Personen)

da) Grundlagen

701 Mit der gegenseitigen *Treuepflicht* hängt auch das **diplomatische Schutzrecht** zusammen, auf Grund dessen ein Staat Rechte und Interessen seiner Staatsbürger gegenüber anderen Staaten schützen kann. *Früher* wurden diese Schutzrechte damit begründet, dass die eigene *Ehre* eines *Staates gekränkt* sei, wenn solche Rechte und Interessen seiner Staatsbürger durch einen anderen Staat missachtet würden. Nach einer *modernen Auffassung* liegt hingegen die Rechtfertigung dieses Schutzes in der Beeinträchtigung der *Interessen* des *Heimatstaates* bzw der *gemeinsamen Außenpolitik* der *EU* (Rz 1113f). Ein Eingriff in Rechte und Interessen seiner Staatsbürger verringert das Nationalvermögen des Heimatstaates, da er insbes in Notzeiten durch Devisenbewirtschaftung auch auf solches Auslandsvermögen zurückgreifen könnte (D 64d, 66).

702 Ein Staat kann diplomatische Schutzrechte auch zu Gunsten von juristischen Personen seiner Staatszugehörigkeit sowie zu Gunsten von Schiffen und Flugzeugen ausüben.

703 Für die Bestimmung der **Staatszugehörigkeit juristischer Personen** (Gesellschaften) bestehen im VR verschiedene Anknüpfungspunkte. Die einschlägigen innerstaatlichen Gesetze können zulässigerweise entweder auf das **Gründungsrecht** der juristischen Person oder auf deren **Sitz** bzw **Tätigkeitsschwerpunkt** abstellen (**Barcelona Traction-Fall** – D 64). Insbes im Wirtschaftskrieg ist auch die Bestimmung der Staatszugehörigkeit einer juristischen Person nach der **Kontrolltheorie** zulässig, dh nach der Staatsangehörigkeit der sie beherrschenden Personen. Das *Problem* der *Zurechnung* verschiedener Aktivitäten besteht va bei den selbständig registrierten *ausländischen Tochtergesellschaften transnationaler Wirtschaftsunternehmen* (Rz 1222, 1233).

704 **Schiffe** und **Flugzeuge** haben die **Staatszugehörigkeit** jenes **Staates,** in dessen Schiffs- oder Luftfahrtregister sie **registriert** sind (D 63); *Österreich fordert* hierfür ein *genuine link* (Rz 685, 2171, 2286ff; D 67). Schiffe führen die Flagge jenes Staates, Flugzeuge tragen dessen Kennzeichen.

db) Voraussetzungen für die Inanspruchnahme diplomatischen Schutzes

705 Da das diplomatische Schutzrecht in allen diesen Fällen ein **eigenes Recht** des **schutzausübenden Staates** ist, kann der *Einzelne* rechtsgültig auch in der sog **Calvo-Klausel** *nicht* auf die Ausübung dieses Schutzrechtes *verzichten* (Rz 1293, 2800; D 155).

706 Diesem Schutzrecht des Staates entspricht **kein vr Anspruch** des einzelnen **Staatsbürgers** auf Wahrnehmung dieses Rechtes. Entscheidungen über Schutzgewährung sind nach innerstaatlichem Recht zwar keine „gerichtsfreien“ Hoheitsakte, welche die Verwaltungsgerichtsbarkeit nicht kontrollieren dürfte. Aber auch Autoren, die im innerstaatlichen Recht grundsätzlich den Anspruch des Einzelnen auf diplomatischen Schutz bejahen, müssen den entscheidenden Staatsstellen einen nahezu unbegrenzten

Ermessensspielraum für die am besten geeignete Art der Schutzausübung einräumen.

Unhaltbar ist aber die Begründung des österreichischen OGH für die Verweigerung jedes diplomatischen Schutzes für eine Österreicherin in Ägypten damit, dass dies eine vom VR verbotene Intervention in ägyptische Angelegenheiten wäre (D 68). Die Ausübung des diplomatischen Schutzes stellt eine zulässige *Ausnahme* vom *vr Interventionsverbot* dar (Rz 1935 ff). **707**

Der Einzelne wird praktisch nur den diplomatischen Schutz seines Heimatstaates genießen, wenn, solange und insoweit dieser Staat den Schutzanspruch zu seinem eigenen machen will **(espousal of claim).** Nach herrschender Lehre steht dem *Einzelnen* auch *kein Anspruch* auf *Entschädigung* durch seinen Heimatstaat zu, wenn im Interesse des Staatsganzen seine Ansprüche aufgegeben (D 69) oder unter dem wahren Wert verglichen werden (Rz 1328 ff; D 70, 162). **708**

Bevor ein *Staat sein Schutzrecht ausübt, muss der Betroffene* zunächst den *Rechtsweg ausgeschöpft* haben, den die Rechtsordnung des angeblich völkerrechtswidrig handelnden Staates gegen die betreffende Maßnahme gewährt **(exhaustion of local remedies).** Schon durch die erfolgreiche Inanspruchnahme dieses Rechtsweges könnte ja der Streit gegenstandslos werden. Jedoch ist der innerstaatliche Rechtsweg nicht zu erschöpfen, wenn dadurch keine Beseitigung der Völkerrechtswidrigkeit zu erwarten ist (vgl Rz 2365). **709**

Aus den Grundgedanken der gegenseitigen Schutz- und Treuepflicht ergibt sich, dass ein Staat nur Rechte und Interessen solcher Schutzwerber schützen darf, die im **Zeitpunkt der Entstehung** des völkerrechtswidrigen **Schadens seine Staatsbürger** waren. Österreich ist also nicht zum Schutze sudetendeutscher oder jugoslawischer Flüchtlinge bezüglich von Schäden berechtigt, die diese vor ihrer nach 1945 erfolgten Einbürgerung in Österreich in ihren damaligen Heimatstaaten erlitten haben (Rz 3155 ff, 3161 ff). **710**

Nach den erwähnten Grundsätzen würde das Schutzrecht des schutzberechtigten Staates auch dann weiter bestehen, wenn der Geschädigte nach Eintritt des schädigenden Ereignisses die Staatsbürgerschaft des schutzberechtigten Staates verliert. In der Praxis wird dieser Staat in solchen Fällen aber kein Interesse an der Weiterverfolgung der Angelegenheit zeigen. Man spricht im VR jedoch überdies vom Erfordernis der **continuity of claims,** dh einem Staat kommt das Schutzrecht nur zu, wenn der Betroffene sowohl im Zeitpunkt des schädigenden Ereignisses als auch *noch* im *Zeitpunkt* der *Ausübung* des *Schutzrechtes* ununterbrochen dessen Staatsbürgerschaft besessen hat und besitzt. **711**

Schutzrechtskonflikte bei **Doppelstaatsbürgern** lösen sich dadurch, dass in dritten Staaten demjenigen der beiden Heimatstaaten das Schutzrecht zusteht, zu dem der Betreffende engere Beziehungen hat **(effektive Staatsbürgerschaft).** Das Kriterium des *genuine link* ist hier am Platz (Rz 685). Nach herrschender Lehre darf aber kein Heimatstaat zu Gunsten eines Doppelstaatsbürgers ein Schutzrecht gegenüber dem anderen Heimatstaat dieser Person ausüben (D 71). Vorzuziehen ist aber die Auffassung einiger Schiedsgerichte, die auch hier auf die effektive Staatsbürgerschaft abgestellt haben (D 72). **712**

dc) Entbehrlichkeit des diplomatischen Schutzes in Sonderfällen

713 Der einzelne Staatsbürger kann gegen an ihm begangene Völkerrechtsverletzungen letztlich nur Abhilfe erreichen, wenn sein Heimatstaat ihm diplomatischen Schutz gewähren will. Einige *Verträge* beseitigen die sich daraus ergebende Unsicherheit über den Schutz der Rechte des Einzelnen dadurch, dass sie ihm *direkten Zugang* zu *vr Vergleichs-* oder *Schiedsinstanzen* – ohne Dazwischenschaltung seines Heimatstaates – ermöglichen.

714 Einen solchen direkten Zugang sehen manche *Minderheitenschutzverträge* nach dem I. WK ebenso vor wie *Regelungen* in den *Menschenrechtskonventionen* des Europarats und der VN (Rz 1436 ff, 1383 ff; D 174, 168). Das von der *Weltbank* eingerichtete *Internationale Zentrum für Investitionsstreitigkeiten* ist für Klagen privater Investoren gegen einen ausländischen Gastgeberstaat zuständig (ICSID – Rz 2670; D 321).

715 Diese Rechte werden den Einzelnen aber durch Verträge zwischen ihren Heimatstaaten eingeräumt. Diese Staaten können daher diese Rechte durch Kündigung solcher Verträge auch ohne Zustimmung der dadurch Begünstigten wieder aufheben.

2. Gebiet

a) Begriff des Staatsgebietes

716 Ein *Staat* übt seine *Herrschaft* aber nicht nur über Menschen, sondern auch über den Raum aus, auf dem diese sich befinden, also über einen Teil der **Erdoberfläche,** den **Untergrund** und den **Luftraum** über der Erde (Rz 2157). Die Praxis sieht das Vorhandensein eines Gebietes als eines der drei notwendigen Staatselemente (Rz 670) bereits dann als gegeben an, wenn ein Staat lediglich über ein Kerngebiet tatsächlich die Herrschaft ausübt, obwohl seine Grenzen noch nicht genau festgelegt sind (D 73).

717 Ein räumlicher Zusammenhang des gesamten Staatsgebietes ist nicht erforderlich (vgl etwa Alaska – Rest der USA). Ist ein Teil eines Staatsgebietes ganz vom Gebiet eines anderen Staates umgeben, besteht aus dessen Sicht eine *Enklave.* Eine Enklave wird aus Zweckmäßigkeitsgründen oft vertraglich dem Währungs- und Zollrecht des umschließenden Staates unterworfen. Sonst gilt in der Enklave aber die Rechtsordnung des Staates, zu dessen Gebiet sie gehört. Die *Zollausschlussgebiete* des *Kleinen Walsertales (Mittelberg)* und *Jungholz* sind vom Rest Österreichs durch einen unwegsamen Gebirgskamm abgetrennt. Auch vor dem Beitritt Österreichs zur EU galt in diesen Zollausschlussgebieten deutsches bzw EG-Zollrecht.

b) Grenzen

Literatur: *Sánchez Rodríguez,* L'uti possidetis et les effectivités dans les contentieux territoriaux et frontaliers, RdC 263 (1997) 149; *Simmler,* Das uti possidetis-Prinzip (1999).

ba) Grundsätze für Grenzziehungen

718 Während heute Grenzen meist in allen Einzelheiten ihres Verlaufes genau beschrieben sind, legten die Kolonialmächte die Grenzen manchmal

nur für den wirtschaftlich interessanten Küstenstreifen ihrer Kolonien genau fest und grenzten im sog Hinterland lediglich ihre Interessensphären ab („*Hinterland*"-Prinzip).

Die Staatsgrenzen sind insbes in Europa das Ergebnis einer langen historischen Entwicklung, bei der zwei Prinzipien miteinander in *Widerspruch* stehen: einerseits die *Grenzen* einer *Sprach-* und/oder *Kulturnation* auch zu den Grenzen eines Nationalstaates zu machen (Rz 675 ff), andererseits aber *natürliche Grenzen* anzustreben. **719**

In *Lateinamerika* und nun auch in *Afrika* war für die Grenzziehung der Wille der betreffenden Neustaaten maßgeblich, zur Vermeidung von Grenzstreitigkeiten die Grenzen so beizubehalten, wie sie die Kolonialherren seinerzeit festgelegt hatten **(Uti-possidetis-Prinzip),** selbst wenn diese oft mit dem Lineal gezogenen Grenzen einheitliche Siedlungsgebiete eines Volkes oder Wirtschaftseinheiten zerschnitten (Rz 2069). Auch bei der *Auflösung* der *Sowjetunion, Jugoslawiens* und der *Tschechoslowakei* nach der „Wende" 1989/90 wurden bestehende *innerstaatliche Grenzen übernommen* (Rz 2070). **720**

Neuerdings sind aber großteils nach dem „*Uti-possidetis-Prinzip*" gezogene Grenzen wieder strittig, wie zahlreiche beim *IGH* anhängige bzw bereits entschiedene Konflikte über Land- und Seegrenzen belegen: In den Fällen *Botswana vs Namibia* (1999), *Quatar vs Bahrain* (2001) und *Kamerun vs Nigeria* (2002) sind bereits Urteile ergangen, die Fälle *Nicaragua vs Honduras* (1999), *Nicaragua vs Kolumbien* (2001), *Benin vs Niger* (2002) und *Malaysia vs Singapore* (2003) sind noch anhängig. Auch *internationale Schiedsgerichte* wurden mit rezenten Grenzstreitigkeiten, va in Lateinamerika, befasst, zB zwischen *Guatemala* und *Belize, Peru* und *Chile, Costa Rica* und *Nicaragua, Venezuela* und *Guayana* sowie *Argentinien* und *Chile.* **721**

Bei der Wahl **natürlicher Grenzen** ist im Zweifel der Grenzziehung entlang eines Gebirgskammes der Vorrang vor einem Wasserlauf zu geben (D 74), da dessen Funktion als Verkehrsweg ihn als Grenzlinie weniger geeignet erscheinen lässt. **722**

Wie viele andere Staaten hat auch Österreich mit seinen Nachbarn **Grenzverträge** abgeschlossen, die nicht nur den Grenzverlauf genau festlegen, sondern auch nachbarliche Zusammenarbeit vorsehen. Insbes der Europarat fördert solche grenzüberschreitende regionale Zusammenarbeit (zur Zentraleuropäischen Initiative Rz 3332). **723**

Grenzverträge sehen manchmal auch *Grenzberichtigungen* vor; zB wurde die österreichische Grenze gegenüber der damaligen ČSSR an der March entlang den neuen zur Begradigung dieses Flusses vorgenommenen Durchstichen festgesetzt. Die hiezu notwendigen Gebietsabtretungen bedürfen in *Österreich paktierter Verfassungsgesetze* des Bundes und des betreffenden Bundeslandes (Art 3 Abs 2 B-VG – D 49). **724**

bb) Grenzen zu Lande

Gleichgültig, ob trockene Grenzen zu Lande natürlichen Merkmalen folgen oder nicht, in der Praxis legen Grenzsteine die Grenze im Gelände fest (*Vermarkung* – D 75, Art 11). **725**

726 Die Herrschaft eines Staates über sein Gebiet erstreckt sich unter der Erdoberfläche senkrecht in die **„ewige Tiefe“** (D 75, Art 9).

727 Wenn die Grenze einem **Fluss** folgt, ändert sich bei kleinen Änderungen des Flusslaufs auch der Verlauf der Grenze. Diese ist also *beweglich.* Entsteht allerdings nach einer Überschwemmung ein neues Flussbett kilometerweit vom alten entfernt, so folgt die Grenze weiterhin dem alten Flussbett (D 75, Art 13). So bildet die österreichisch-schweizerische Grenze bei Lustenau nicht der heutige Rheinlauf, sondern der Alte Rhein.

728 Bei **nichtschiffbaren Flüssen** verläuft die Grenze, wenn vertraglich nicht etwas anderes festgelegt ist, auf der **Mittellinie** (D 75, Art 4).

729 Die Verkehrsfunktion eines Flusses (Rz 2110) findet ihren Niederschlag in der Regel, dass bei **schiffbaren Flüssen** die Grenze dem sog **Talweg** folgt, dh der Verbindungslinie zwischen den jeweils tiefsten Stellen des Flussbettes und somit praktisch der Schifffahrtsrinne (D 75, Art 5).

730 **Seen** werden von den *Uferstaaten meist real geteilt,* obwohl insbes vom Standpunkt des Umweltschutzes aus (Rz 2396 ff) jeder See eine Einheit bildet. Insoweit wird die alte *österreichische Ansicht,* der *Bodensee* sei *Gemeingut* (*Kondominium* – Rz 737) der Uferstaaten, von Umweltschutzüberlegungen unterstützt. *Deutschland* und die *Schweiz* sind aber heute der Auffassung, der *Bodensee* sei *real zwischen den Uferstaaten geteilt.* Österreich hat nunmehr die sog *Halden-Theorie* ins Spiel gebracht, die den flachen Teil vor dem Ufer jedes Staates dessen Hoheit unterstellt und nur die tieferen Seeteile als Gemeingut auffasst (Analogie zum Festlandsockel im Meer – Rz 2263 ff).

bc) Grenzen zur See und im Luft- und Weltraum

731 Probleme der Grenzziehung in der Antarktis, zur See, in der Luft und im Weltraum betreffen nicht nur die Abgrenzung gegenüber Anrainerstaaten, sondern auch gegenüber nicht aneigenbaren bzw zum gemeinsamen Erbe der Menschheit gehörenden Räumen (Rz 2217 ff, 2245 ff, 2334 ff).

c) Territoriale Souveränität und Gebietshoheit

732 Über sein Staatsgebiet besitzt ein Staat **territoriale Souveränität,** dh die **endgültige Verfügungsgewalt,** also zB das Recht, Teile dieses Staatsgebietes abzutreten (zur personellen Souveränität Rz 750).

733 In der Regel hat ein Staat über ein Gebiet auch die volle **Gebietshoheit,** dh das Recht, in diesem Gebiet **tatsächlich Befehlsgewalt** auszuüben. Die beiden Begriffe entsprechen ungefähr dem Begriffspaar *Eigentum : Besitz.*

734 In *Sonderfällen* können aber territoriale Souveränität und Gebietshoheit bzw Teile davon von *verschiedenen Staaten* ausgeübt werden, zB kraft vertraglicher Vereinbarung in einem *Grenzbahnhof* oder *vorgeschobenen Grenzzollamt* (vgl Art 9 Abs 2, 2. Halbsatz B-VG – D 49, D 76) auf dem Gebiet eines benachbarten Staates, oder wenn ein Staat als *Besatzungsmacht* fremdes Gebiet besetzt hält (D 378; Rz 787, 2992 ff).

735 Bei der **Abtretung** eines Gebietes geht mit dem In-Kraft-Treten des betreffenden Vertrages die territoriale Souveränität auf den Gebietsnach-

folger über. Hat der Gebietsvorgänger aber das Gebiet bis zu diesem Zeitpunkt noch nicht geräumt, bleibt ihm bis dahin noch die Gebietshoheit.

Die bloße Ausübung der Gebietshoheit über *Bosnien* und *Herzegowina* durch 30 Jahre (1878–1908) konnte Österreich-Ungarn aber nicht etwa kraft einer Analogie mit der Ersitzung die territoriale Souveränität über diese zum Türkischen Reich gehörenden Gebiete verschaffen (Rz 74, 807 ff). Als Lösung der *Annexionskrise 1908* trat die Türkei ihr *nudum ius,* also ihre territoriale Souveränität über diese Gebiete, an Österreich-Ungarn gegen Zahlung von 54 Mio Goldkronen ab. **736**

Gebietshoheit und/oder territoriale Souveränität über ein Gebiet können auch mehrere Staaten gemeinsam ausüben (**Koimperium** bzw **Kondominium**). Die Vier-Mächte-Verwaltung in *Deutschland nach 1945* war ein solches *Koimperium,* da die Vier Mächte ihre territoriale Souveränität nicht auf Deutschland erstrecken wollten (Rz 844). Die *Neuen Hebriden* waren *bis 1980* ein *französisch-britisches Kondominium.* Beide Staaten konnten nur gemeinsam unter Verzicht auf ihre bis dahin gemeinsam ausgeübte territoriale Souveränität die Inselgruppe als *Vanuatu* in die *Unabhängigkeit* entlassen. Nach dem Vorbild von *Andorra,* das auch nach seiner neuen Verfassung aus 1993 (es wurde durch diese zu einer parlamentarischen Demokratie) ein Kondominium zwischen dem französischen Staatsoberhaupt und dem spanischen Bischof von Seo de Urgel darstellt, wird zurzeit auch eine kondominiale Lösung für Gibraltar zwischen Großbritannien und Spanien diskutiert. **737**

Die Gebietshoheit eines Staates kann durch **Servituten** eingeschränkt werden (vgl die Durchfahrtsrechte der Raab-Ödenburg-Ebenfurter Eisenbahn [BGBl 1979/307] – Rz 815 – oder die Zollfreiheit für Warenkontingente zwischen Tirol und Vorarlberg einerseits und der Region Trentino-Alto Adige andererseits – *„Accordino"* – Rz 252, 3300; ferner Rz 815). **738**

3. Souveräne Staatsgewalt

a) Begriffe

Die souveräne Staatsgewalt umfasst die Gebiets- und die Personalhoheit. Darunter versteht man das Recht zur Ausübung der **höchsten, völkerrechtsunmittelbaren** (Rz 34 ff) **Gewalt** über **Menschen** und **Sachen**. **739**

Die Souveränität der Staaten ist dadurch *begrenzt,* dass in der modernen arbeitsteiligen Welt letztlich alle Staaten in mancher Hinsicht voneinander abhängig sind (*Interdependenz* – Rz 39). Das VR stellt nicht zuletzt deshalb auf eine formelle Gleichheit aller souveränen Staaten ab. **740**

Nur bei extremer Abhängigkeit wird ein formell unabhängiger Staat nicht als Staat im Sinne des VR anerkannt. Solche **„Marionettenstaaten"** (vgl auch Rz 1873) waren zB das im II. WK von der deutschen und italienischen Besatzungsmacht in Jugoslawien geschaffene *Königreich Kroatien* oder das von der japanischen Besatzungsmacht in China 1934 errichtete Kaiserreich *Mandschukuo* (Rz 1812; D 221). Als rezenteres Beispiel sei die 1974 nach einer türkischen Militärintervention errichtete *„Türkische Republik Nordzypern"* (TRNZ) genannt, die bis auf die Türkei von keinem einzigen anderen Staat anerkannt wurde. Auch der Gerichtshof der Europäischen **741**

Gemeinschaften (EuGH) verwarf in einem Judikat die Eigenstaatlichkeit der TRNZ, indem er ein von ihr ausgestelltes Ursprungszeugnis als „nichtstaatlich" qualifizierte.

742 Die VN beruhen auf der souveränen Gleichheit aller ihrer Mitgliedstaaten. In der Bevölkerungszahl reicht dabei die Spanne von der Volksrepublik China mit über 1,2 Md Einwohnern bis zu Nauru mit nur 11.000 Einwohnern, das 1999 in die VN aufgenommen wurde. Da nach dem *Uti-possidetis*-Prinzip (Rz 720) jede in die Unabhängigkeit entlassene Kolonie innerhalb ihrer kolonialen Grenzen ein eigener Staat werden kann, solche Kolonien oft aber kleine Gebiete mit geringer Bevölkerungszahl umfassten, entstand das Problem der **„Zwerg-"** oder **„Mikrostaaten".** Bei diesen ist es zweifelhaft, ob sie den Anforderungen der VN an ihre Mitgliedstaaten entsprechend einen Beitrag zur Erfüllung der Aufgaben der VN leisten können. In der Praxis wurden auch „Mikrostaaten" in die VN aufgenommen (Rz 977, 2071). Diesbezüglich sind diese großzügiger als der VB, der die Aufnahme des Fürstentums Liechtenstein noch „mangels Masse" abgelehnt hatte. Nicht zuletzt auf dieser Aufnahme von Kleinstaaten beruht die zahlenmäßige Überlegenheit der Staaten der „Dritten Welt" in den VN.

743 Die europäischen „Mikrostaaten" Andorra, Liechtenstein, Monaco und San Marino haben in jüngster Zeit ihre internationalen Aktivitäten va in IO verstärkt und in wirtschaftlichen Nischen (zB Steuervorteile in Liechtenstein, dazu Glücksspiel in Monaco) beachtlichen Wohlstand erlangt.

744 Dem Grundsatz der souveränen Gleichheit aller Mitglieder der VN, nicht aber den tatsächlichen Gegebenheiten widerspricht das *Verlangen* der *Entwicklungsländer* der „Dritten Welt" nach rechtlicher Vorzugsbehandlung *(ausgleichende Ungleichheit)* wegen der Ausbeutung durch die ohnehin reicheren Staaten und zur Behebung ihrer wirtschaftlichen Benachteiligung sowie nach materieller Entwicklungshilfe (Rz 134 f, 2484 ff).

745 Wirtschaftlich unterscheiden sich die **„Schwellenländer"** (zB *Südkorea*), die *newly industrialized countries,* vom Rest der „Dritten Welt" ebenso wie die am meisten benachteiligten Staaten *(„Vierte Welt").* Die „Schwellenländer" dürften ihre Benachteiligung bald überwinden. Die rohstoffarmen Staaten der „Vierten Welt" dürften dagegen dauernde Hilfe brauchen (Rz 123). Trotz ihrer wirtschaftlichen Lage sind alle diese Staaten souverän.

746 In jüngster Zeit wurden zwei weitere Begriffe von Staatstypen geprägt. Ein **„failed State"** ist durch den Wegfall der effektiven Staatsgewalt gekennzeichnet. „Gescheiterte Staaten" waren schon früher zu beobachten (China, Kambodscha, Libanon); ihre Zahl hat aber um die Jahrtausendwende beträchtlich zugenommen (Albanien, Bosnien-Herzegowina, Haiti, Liberia, Ruanda, Somalia). In solchen Staaten ist einerseits der Kern der Staatlichkeit, das staatliche Gewaltmonopol, zusammengebrochen; andererseits kommt es zu bes brutaler allgemeiner Gewaltanwendung. Ein *„failed State"* ist also zwar noch rechts-, aber kaum mehr handlungsfähig.

747 Trotz der totalen Auflösung der inneren Ordnung ist anderen Staaten ein Eingreifen durch das Verbot der Intervention in innere Angelegenheiten untersagt. Ein Einschreiten der organisierten Staatengemeinschaft mit Ermächtigung des SR der VN muss auch den Wiederaufbau funktionierender staatlicher Strukturen einbeziehen.

In einem va von den USA so genannten **„rogue State"** ist dagegen die Staatsgewalt bes ausgeprägt. Diktatorisch regierte „Schurkenstaaten" setzen sich, unter Berufung auf extreme religiöse oder politische Doktrinen, über die Grundwerte und vr Grundregeln der Staatengemeinschaft hinweg. Sie stehen zT auch mit dem internationalen Terrorismus in Verbindung. Die USA setzten insbes den Irak, Iran und Nordkorea auf eine *„axis of evil"* und fühlen sich zur auch einseitigen Gewaltanwendung gegen die Staaten auf der „Achse des Bösen" befugt. **748**

Die über das Staatsterritorium ausgeübte Staatsgewalt, also die **Gebietshoheit** (Rz 733), erstreckt sich auf **alle im Staatsgebiet** befindlichen **Menschen** und **Sachen,** *soweit* sie *nicht* an *zwischenstaatliche Einrichtungen übertragen* ist oder ihr die *Immunität ausländischer Staaten* (Rz 864 ff) und die *Privilegien* und *Immunitäten* der *Diplomaten* und *Konsuln* (Rz 1758 ff) entgegenstehen. **749**

Auf Grund des gegenseitigen Treueverhältnisses (Rz 674) hat ein Staat auch **Personalhoheit über** seine **eigenen Staatsbürger.** Diese Personen unterstehen seiner personellen Souveränität. Er darf ihnen auch Vorschriften für ihr *Verhalten* im *Ausland* machen *(aktives Personalitätsprinzip),* deren Einhaltung er allerdings dort nicht direkt erzwingen kann. Nur wenige Staaten, wie Deutschland, kennen auch das *passive Personalitätsprinzip,* dh sie beanspruchen das Recht, einen *Ausländer* für *Taten* im *Ausland* zu *bestrafen,* wenn das *Opfer* ein *Inländer* gewesen ist. **750**

Die *USA* versuchen, ihren *Kartell-, Embargo- und Auskunftspflichtvorschriften* dadurch *extraterritoriale Wirkung* zu geben, dass sie auf die US-Mutterbetriebe Druck ausüben (durch einschlägige Gesetzgebung). Die US-Mutterfirmen sollen ihrerseits ihre ausländischen Tochterbetriebe zur Einhaltung dieser Vorschriften verhalten. Die ausländischen Staaten halten diese Versuche, ihre Gebietshoheit einzuschränken, für völkerrechtswidrig und haben sie zT verboten *(blocking statutes).* **751**

b) Abgrenzung gegenüber der Staatsgewalt anderer Staaten

ba) Im Allgemeinen

Die Staatsgewalt der einzelnen Staaten ist von jener der anderen Staaten auf Grund innerstaatlicher Vorschriften abgegrenzt. Das VR fordert aber eine vernünftige Nahebeziehung **(Binnenbeziehung)** zwischen einem Sachverhalt und dem auf Grund dieser innerstaatlichen Regeln für anwendbar erklärten Recht, ohne jedoch diese Regeln näher zu umschreiben (D 77). **752**

Daher sind *Konflikte* zwischen dem Recht eines Staates, der einen Sachverhalt auf Grund seiner *Gebietshoheit* seinem eigenen Recht unterstellen will, und dem Recht eines anderen Staates denkbar, der sich zB auf Grund der von ihm beanspruchten *Personalhoheit* über seine Staatsbürger ebenfalls zur Regelung dieses Sachverhalts berechtigt hält. Solche Konflikte lösen das **internationale Strafrecht, Internationale Privatrecht** (IPR) und **internationale Verwaltungsrecht** (Rz 12). **753**

bb) Internationales Strafrecht

Das internationale Strafrecht regelt die Binnenbeziehung meist eingehender. Es beruht auf dem **Territorialitätsprinzip** und dem **Personalitäts-** **754**

prinzip (Rz 2842) als Ausfluss der Gebietshoheit und Personalhoheit der Staaten (Rz 749 f). Der Gerichtsstaat bestraft Taten, die sich im Inland auswirken, selbst dann, wenn der Täter vom Ausland aus in das Inland hineinwirkt (zB Schuss über die Grenze und die Ansprüche insbes der USA und der EG zur Abwehr ausländischer Kartelle – Auswirkungs- oder erweitertes Territorialitätsprinzip, Rz 1223). Beim Personalitätsprinzip wird zwischen aktivem und passivem Personalitätsprinzip unterschieden (Rz 750).

755 Nach dem **Schutzprinzip** darf ein Staat gewisse auch im *Ausland von Ausländern begangene Taten* unter Strafe stellen, die sich, wie zB Geldfälschung, bes nachteilig für ihn auswirken können.

756 Vr Verträge verpflichten Staaten, gewisse *allgemein für strafwürdig angesehene Delikte* in ihren Strafgesetzen strafbar zu machen (zB Fälschung von ausländischer Währung, Frauenhandel, Rauschgifthandel). Man spricht hier von **Delikten wider das Völkerrecht** *(delicta iuris gentium).*

757 Schließlich darf ein Staat auch gewisse Straftaten, die ein Ausländer im Ausland begangen hat, bestrafen, wenn der Täter im Inland verhaftet wird, dieser Gewahrsamsstaat aber nicht bereit ist, einem Auslieferungsbegehren des Staates nachzukommen, in dem die Tat begangen worden ist (**Universalitäts- oder Weltstrafrechtsprinzip** Rz 2842–D 78). Ein Staat braucht – ohne entsprechenden Vertrag – Auslieferungsbegehren fremder Staaten nicht stattzugeben (Rz 203). Er tut dies in der Regel nicht, wenn der Auszuliefernde dadurch politischer Verfolgung ausgesetzt würde (Rz 1283).

758 Eine besondere Ausprägung erhielt das Universalitätsprinzip va durch Belgien. Dieser Staat erlaubte die strafrechtliche Verfolgung von Personen, die schwerer Verbrechen – wo immer sie begangen worden sind – beschuldigt wurden, auch in Abwesenheit des Beschuldigten. Nicht zuletzt aufgund der Verurteilung Belgiens durch den IGH im *Haftbefehl-Fall* (D 207) beschränkte Belgien die Ausübung der Jurisdiktion auf Fälle, in denen Belgien entweder auf Grund eines internationalen Vertrages dazu verpflichtet ist oder das Verbrechensopfer belgischer Staatsbürger ist oder zumindest drei Jahre in Belgien wohnhaft war (vgl Rz 1765).

bc) Internationales Privatrecht und internationales Verwaltungsrecht

759 Ebenso wie im internationalen Strafrecht grenzt jeder Staat seine Staatsgewalt auch auf dem Gebiet des Privatrechts und Verwaltungsrechts durch eigene Vorschriften (*seines* IPR bzw internationalen Verwaltungsrechts) ab. Auch hier fordert das VR eine *angemessene Binnenbeziehung.*

B. Typologie staatsähnlicher Völkerrechtssubjekte

Vom allgemeinen Typus des Staates weichen folgende Gebilde zT ab:

1. Staatenzusammenschlüsse

760 Das VR kennt *Verbindungen souveräner Staaten,* die ihrerseits wieder *Völkerrechtspersönlichkeit* genießen können. Es sind dies die **zwischenstaatlichen IO,** zu denen *auch* die *supranationalen Gemeinschaften* gehören (Rz 905, 1111).

Das *deutsche Bundesverfassungsgericht* bezeichnete in seinem „Maastricht-Erkenntnis“ 1993 die durch den EUV geschaffene **EU** als vr **Staatenverbund.** Die Mitglieder sind darin enger verbunden als in einer supranationalen Gemeinschaft. Der **„Europäische Konvent“** der EU arbeitete 2003 sogar einen **„Verfassungsvertrag“** für die **EU** aus. Im Falle der Annahme dieses Textes durch die Regierungskonferenz 2004 zur Novellierung des EUV würde die EU als vr Staatenverbindung zwar in die Nähe einer *staatsrechtlichen,* bundesstaatlichen Organisationsform rücken, ohne damit aber schon zu einem Bundesstaat zu werden. **761**

Staaten können sich auch zu einem **Staatenbund** zusammenschließen. **762** In diesem verfügt jeder beteiligte Staat in einigen Teilbereichen über volle Souveränität, während der Rest der gemeinsamen Beziehungen sowohl vom Staatsrecht als auch vom VR bestimmt wird. Die **„Gemeinschaft Unabhängiger Staaten“ (GUS)** liefert dafür ein aktuelles Beispiel (Rz 856).

Ein weiteres Beispiel stellt die Umwandlung der Bundesrepublik Jugoslawien (Serbien/Montenegro) (BRJ) in einen Staatenbund mit der Bezeichnung **„Serbien und Montenegro“** dar. Damit sollten eine Sezession samt Neustaatsgründung Montenegros und eine weitere Zersplitterung der ehemaligen Sozialistischen Föderativen Republik Jugoslawien (SFRJ) verhindert werden. Ende 2002 einigte sich eine serbisch-montenegrinische Kommission auf einen Verfassungsentwurf für die neue Föderation, in der nur wenige Materien, va die Außenpolitik und die Verteidigung, „gemeinsam“ geregelt sind. **763**

2003 wurden sowohl die Verfassung für die neue Union als auch ein Ausführungsgesetz zur Liquidierung der seit 1992 bestehenden BRJ angenommen. Die Union Serbien und Montenegro ist ein loser Staatenbund, der ein eigenes VRS darstellt und dementsprechend auch in IO Sitz hat. Obwohl die früheren Verträge der BRJ von der Union übernommen werden, können die beiden Mitgliedstaaten Serbien und Montenegro eigenständig vr Verträge schließen und diplomatische Vertretungen im Ausland eröffnen. Nach drei Jahren können beide Republiken nach einem Referendum einseitig als unabhängige Staaten aus der Föderation ausscheiden. Bei einem solchen Zerfall der Föderation würden alle auf die BRJ lautenden vr Rechte auf Serbien übergehen. **764**

Vom Staatenbund unterscheidet sich die **Personalunion** dadurch, dass hier zwei völlig souveräne Staaten nur durch die Person *desselben Herrschers verbunden* sind (zB *Großbritannien* und *Hannover* zwischen der Thronbesteigung *Georgs I.* und jener der Königin *Victoria*). Das (britische) *Commonwealth* war ursprünglich auch durch den gemeinsamen Herrscher verbunden; heute ist es ein loser Zusammenschluss von Gebieten des ehemaligen britischen Empire. **765**

2. Staaten mit begrenzter Völkerrechtssubjektivität

a) Gliedstaaten als partielle Völkerrechtssubjekte

Nicht jedes sich als Staat bezeichnende Gebilde, das über Bürger, Gebiet und eigene Regierung verfügt, ist ein Staat im Sinne des VR. ZB ist der *„Freistaat Bayern“* kein solcher Staat, weil seine Regierung eben *nicht souverän, Bayern* nur ein *Gliedstaat Deutschlands* ist. **766**

767 **Gliedstaaten** *können,* müssen aber nicht VRS sein; wenn überhaupt, sind sie nur **partielle Völkerrechtssubjekte.** Sie können vr nur insoweit handeln, als die Verfassung des Gesamtstaates ihnen ein unabhängiges Handeln gestattet. Die Grenzen dieses Handlungsspielraumes kann der Gesamtstaat mit gesamtstaatlichen Mitteln (Verfassungsänderung) aber auch verändern. Gerade diese Möglichkeit zeigt, dass Gliedstaaten keine Souveränität und keine volle Völkerrechtssubjektivität genießen.

768 Der *Umfang* des Handlungsspielraumes der Gliedstaaten hängt vom Grad des *Föderalismus* ab, den die Verfassung des betreffenden Bundesstaates verwirklichen will. Die deutschen Bundesländer können mit Zustimmung des Bundes Verträge mit ausländischen Staaten über Angelegenheiten ihres ausschließlichen Gesetzgebungsbereiches schließen und (Landes-)Hoheitsrechte auf grenznachbarschaftliche Einrichtungen übertragen. Den **österreichischen Bundesländern** steht ein **Vertragsabschlussrecht** gegenüber *Nachbarstaaten* oder deren *Teilstaaten* zu. Ob sie dadurch partielle VRS geworden sind, wird jedoch bezweifelt (Rz 253; Art 16 B-VG – D 49). Die österreichischen *Bundesländer* können *ferner* als *Träger von Privatrechten* mit *anderen Staaten* in *Verbindung* treten (zB die ARGE ALP – Rz 255, 624).

769 In Bundesstaaten stellt sich ferner das Problem, ob und wieweit der Gesamtstaat vr Pflichten in innerstaatliches Recht umsetzen kann, wenn hiezu Akte nötig sind, die in den selbständigen Wirkungsbereich der Gliedstaaten fallen. In *Österreich* geht bei *Säumigkeit* der *Länder* gem *Art 16 Abs 4 B-VG* (D 49) das Recht zur Setzung der zur *Durchführung* von *Staatsverträgen* erforderlichen *Maßnahmen,* insbes auch zur Gesetzgebung, *auf den Bund* über (Rz 254). Eine solche Maßnahme des Bundes tritt außer Kraft, sobald das betreffende Bundesland die erforderliche Maßnahme getroffen hat.

770 Eine andere Säumnisfolge sieht *Art 23d Abs 5 B-VG* für den Fall vor, dass die Länder keine Maßnahmen treffen, die in ihrem selbständigen Wirkungsbereich zur *Durchführung* von *Rechtsakten* im Rahmen der *europäischen Integration* erforderlich sind. In diesem Falle devolviert die Kompetenz aber nur dann an den Bund, wenn die Säumigkeit von einem *Gericht im Rahmen der EU* festgestellt wird, dh die Republik Österreich wegen einer – an sich durch das Land verschuldeten – Vertragsverletzung verurteilt worden ist. Eine solche Maßnahme des Bundes tritt gleichfalls außer Kraft, sobald das betreffende Bundesland die erforderliche Maßnahme getroffen hat.

771 In Österreich kann der Bund Verträge, die den selbständigen Wirkungsbereich der Bundesländer betreffen, nur nach deren Anhörung schließen (Art 10 Abs 3 B-VG; Rz 254; D 49). Die Zustimmung der österreichischen Vertreter zu Vorhaben der EU ist insoweit an eine einheitliche Stellungnahme der Länder gebunden. Der Bund kann hievon nur aus zwingenden außen- und integrationspolitischen Gründen abweichen (Art 23d B-VG – D 49; Rz 605ff). In Deutschland muss der Bund seit den von ihm mit den Bundesländern getroffenen Lindauer Beschlüssen 1957 (ZaöRV 20 [1959] 116) im Innenverhältnis die Zustimmung der Bundesländer eingeholt haben, bevor er sich im Bereich der Länderkompetenzen gegenüber einem

ausländischen Staat vr verpflichten kann. Ähnliches gilt für die Stimmabgabe deutscher Vertreter in der EU.

b) Anwärter auf Staatlichkeit als partikuläre Völkerrechtssubjekte

Insbes beim Auseinanderfallen von territorialer Souveränität und Gebietshoheit sehen manche Staaten ein Gebilde schon als Staat an, andere hingegen nicht. Insoweit Staaten aber einen solchen *Anwärter auf Staatlichkeit* anerkennen, stellt ein solches Gebilde ein **partikuläres VRS** (nur) gegenüber den anerkennenden Staaten, dar. Dies gilt zB heute für die Demokratische Arabische Republik Sahara (Westsahara), als deren Vertreterin einige Staaten die Befreiungsbewegung *Frente Popular de Liberación de Seguía el Hamra y Río de Oro* ([F]**POLISARIO**) anerkannt haben. **772**

Eine ähnliche Stellung nimmt die „Befreiungsorganisation für Palästina" (*Palestine Liberation Organization* – **PLO**) ein. Nachdem Jordanien auf den von Israel besetzten Teil Palästinas zu Gunsten der PLO verzichtet hatte, rief diese am 15. 11. 1988 die Gründung eines eigenen Palästinensischen Staates aus. Obwohl mehr als zwei Drittel der Staaten der Erde diesen „Palästinenserstaat" anerkannt haben, liegt dabei eine „vorzeitige Anerkennung" vor. Denn die PLO übt nicht die vr erforderliche effektive Herrschaftsgewalt aus. **773**

Auch die mit Israel 1995 und 1997 abgeschlossenen Autonomieabkommen sowie der 1998 durch die GV-Res 52/250 Palästina in der *GV* der VN eingeräumte *Status* eines *„teilnehmenden Mitglieds"* (mit *Rede-*, aber *ohne Stimmrecht;* die PLO hatte bereits 1974 durch die GV-Res 237 (XXVIII) Beobachterstatus erhalten) können nicht als staatliche Anerkennungsakte gewertet werden. Durch diese Interimsabkommen übertrug Israel nur begrenzte Hoheitsbefugnisse auf die Palästinensische Selbstverwaltung, nicht aber die freie Gestaltung der auswärtigen Beziehungen oder die Verantwortung für die äußere Sicherheit. **774**

Eine vorzeitige Anerkennung erfolgte 1980 auch durch Österreich. Es handelte sich dabei aus österreichischer Sicht um eine neue Form „diplomatischer Anerkennung": Damit würden ein Volk ohne Staat und Land und das Recht dieses Volkes auf einen eigenen Staat anerkannt. **775**

3. Staaten mit begrenzter Handlungsfähigkeit

Nicht nur die Rechtsfähigkeit eines Staates kann beschränkt sein (partielles VRS – Rz 767), sondern freiwillig oder unfreiwillig auch dessen Handlungsfähigkeit. **776**

a) Auferlegte Beschränkungen

aa) Protektorate

Ist ein **Staat vertraglich** verpflichtet, va seine **Außen- und Verteidigungspolitik von einem anderen führen** zu lassen, liegt ein **Protektorat** vor. **777**

Die Errichtung eines Protektorates war im 19. und 20. Jhdt ein beliebtes Mittel zur notdürftigen Tarnung von oft kolonialen Abhängigkeitsverhältnissen (Tunesien, Marokko). Loser war die Abhängigkeit der Staaten, **778** die eine Großmacht als zu ihrer **Interessensphäre** gehörig bezeichnete. Im Geheimen Zusatzprotokoll zum *Molotow-Ribbentrop-Abkommen 1939* räumten sich die UdSSR und das Deutsche Reich solche Interessensphären in Osteuropa ein (Rz 863). Das Verlangen der Russischen Föderation nach besonderem Einfluss im *„nahen Ausland"* beruht auf ähnlichen Gedanken.

779 Ein *Staat* kann mit einem anderen seine *Vertretung nach außen vertraglich* aber auch so gestalten, dass er jederzeit *Herr des Geschäftes* bleibt, ja den Vertreter wechseln kann. So betraute *Liechtenstein* bis 1919 Österreich-Ungarn und nach 1919 die Schweiz mit der Wahrnehmung seiner Interessen im Ausland. In einem solchen Fall besteht *kein Protektorat* (vgl Rz 977). Mittlerweile führt Liechtenstein seine Außenpolitik zunehmend selbst und wurde ua 1990 in die VN und 1991 in die EFTA aufgenommen. Hingegen sprachen sich 1986 in einem Referendum 75,7% der Schweizer gegen eine VN-Mitgliedschaft aus. Ähnlich getrennte Wege gingen die Schweiz und Liechtenstein bezüglich des Europäischen Wirtschaftsraums (EWR). Liechtenstein trat diesem 1995 bei, während die Schweizer 1992 einen Beitritt in einem weiteren Referendum verworfen hatten (Rz 1163). Mit ihrer erfolgreichen Bewerbung um Aufnahme in die VN 2002 zog die Schweiz aber die Konsequenz aus einer heute nur mehr schwer aufrechtzuerhaltenden Außenseiterposition in der Staatengemeinschaft.

ab) Renaissance der „UN-Treuhandgebiete" oder neue Formen „Internationaler Verwaltung"?

780 Gebiete mit beschränkter Handlungsfähigkeit waren ferner die **Treuhandgebiete,** die die VN jeweils einer Treuhandmacht übertrugen. Diese sollte Gebietshoheit über ein solches Gebiet mit dem Ziel ausüben, die Interessen der Bevölkerung wahrzunehmen und diese zur Selbstregierung zu führen. Mittlerweile haben aber alle Treuhandgebiete die Unabhängigkeit erlangt (Rz 1026).

781 Zu ähnlichen Zwecken hatte der VB ehemals türkische Gebiete und deutsche Kolonien einer Siegermacht des I. WK als **Mandate** anvertraut (Rz 2058). Mit Ausnahme Palästinas und Deutsch-Südwestafrikas (D 79–81) wurden diese Gebiete entweder schon vor dem II. WK unabhängig oder waren zunächst Treuhandgebiete (Rz 1026). *1990* erlangte das *ehemalige Deutsch-Südwestafrika als Namibia* schließlich seine *Unabhängigkeit.* Dabei leistete eine friedenserhaltende Operation der VN (Rz 1852 ff) nützliche Dienste.

782 Neuerdings werden wieder internationale (Verwaltungs-)Regime mit ähnlichen Strukturen wie die ehemalige Mandatsverwaltung eingerichtet. Zur Veranschaulichung dieser Regime sollen va die **internationale Verwaltung Bosnien-Herzegowinas** und die **„UN Interim Administration Mission in Kosovo" (UNMIK)** erwähnt werden.

783 In Umsetzung des Friedensabkommens von Dayton/Paris vom Dezember 1995 [35 ILM 75 (1996)] wurde durch die SR-Res 1035 (1995) die *United Nations Mission in Bosnia and Herzegovina* (UNMIBH) eingesetzt, die nach erfolgreicher Beendigung ihres Mandats des Wiederaufbaus rechtsstaatlicher Strukturen Ende Dezember 2002 auslief.

Parallel dazu wurde durch das Dayton-Abkommen der Posten eines *Hohen Repräsentanten* der Staatengemeinschaft in Bosnien-Herzegowina eingerichtet, der zunächst vom Schweden *Carl Bildt* und dann vom Spanier *Carlos Westendorp* eingenommen wurde. Danach kamen der Österreicher *Wolfgang Petritsch* und der Brite *Paddy Ashdown.* Der Hohe Repräsentant kann Gesetze gegen den Willen der gewählten Legislative erlassen oder ändern und Politiker entlassen, die gegen das Dayton-Abkommen verstoßen. Von beiden Rechten hat *Petritsch* ausreichend Gebrauch gemacht: In 146 Fällen oktroyierte er Gesetze oder änderte diese ab und erzwang in 70 Fällen den Rücktritt unbotmäßiger Politiker. Ferner wurde **Mostar,** die frühere Hauptstadt der Herzegowina, 1994 unter eine interimistische Verwaltung der EU mit Unterstützung durch ein Polizeikontingent der Westeuropäischen Union (WEU – Rz 1898, 1911) gestellt. Diese Lösung vermochte die Gegensätze zwischen den bosnischen Moslems und den Kroaten in der geteilten Stadt nicht zu beseitigen. 1996 wurde die Verantwortlichkeit über Mostar auf den „Hohen Repräsentanten" für Bosnien-Herzegowina, *Westendorp,* übertragen. **784**

Der **Kosovo** wurde durch die SR-Res 1244 (1999) unter die vorläufige Verwaltung der VN gestellt. In der ersten Phase von *UNMIK* war der Sonderbeauftragte des GS der VN, *Hans Haekkerup,* mit beinahe unbeschränkten legislativen, judikativen und exekutiven Kompetenzen ausgestattet. Das von ihm 2001 promulgierte *Constitutional Framework for Provisional Self-Government in Kosovo* soll den Grundstein für die Selbstverwaltung des Kosovo legen. Ob die albanische Mehrheit im Kosovo ihre Forderung nach einem eigenen Staat durchsetzen wird, bleibt offen. **785**

1999 sprachen sich in der ehemaligen portugiesischen Kolonie Osttimor, die Indonesien 1976 annektiert hatte, 78,5% der Teilnehmer in einem Referendum für die Unabhängigkeit aus. Daraufhin kam es zu massiven Gewalttaten der indonesischen Seite. Schließlich errichtete der SR der VN mit Zustimmung Indonesiens mit der Res 1272 (1999) die **United Nations Temporary Administration in East Timor (UNTAET).** Sie wurde mit sämtlichen legislativen und exekutiven Kompetenzen wie auch der Justizverwaltung betraut. Nach Entlassung Osttimors (nunmehr Timor-Leste) in die Unabhängigkeit 2002 beschloss der SR mit der Res 1410 (2002) die Nachfolgemission, die **UN Mission of Support in East Timor (UNMISET),** um die Sicherheit und Stabilität des neuen Staates zu gewährleisten (vgl ferner Rz 1864). **786**

ac) Besetzte Gebiete

Auch ein von einer Besatzungsmacht besetzter Staat ist durch diese Tatsache in seiner Handlungsfähigkeit beschränkt (Rz 734, 2992ff). **787**

b) Freiwillig übernommene Beschränkungen

Ein Staat kann sich aber auch selbst eine mehr oder weniger weit reichende Selbstbeschränkung seiner Handlungsfähigkeit auferlegen. So besteht der Staatszweck des *Vatikanstaates* (Rz 1188) nur in der Sicherung der Unabhängigkeit der Katholischen Kirche. So verzichten *dauernd neutrale Staaten* (Rz 3176ff) insbes auf die Beteiligung an militärischen Bündnissen. **788**

C. Entstehung eines Staates

Literatur: *Hillgruber,* Die Aufnahme neuer Staaten in die Völkerrechtsgemeinschaft (1998); *Talmon,* Recognition of Governments in International Law (1998); *Grant,* The Recognition of States (1999).

1. Anerkennung von Staaten

789 Staaten entstehen, sobald die *drei Staatselemente* – Staatsvolk, Staatsgebiet und souveräne Staatsgewalt – vorliegen (Rz 670). Die Praxis hat zT im Entstehen begriffenen „embryonalen" Gebilden auch eine gewisse Rechts- und Handlungsfähigkeit zuerkannt, ua durch Anerkennung ihrer Vertreter, zB des tschechoslowakischen Nationalkomitees 1917, der PLO (Rz 986), des VN-Rats für Namibia (Rz 781) oder der (F)POLISARIO (Rz 772).

790 Sind die drei Staatselemente tatsächlich vorhanden, ist ein neuer Staat im Sinne des VR entstanden. Entgegen einer früher verbreiteten Ansicht hat das einseitige Rechtsgeschäft der **Anerkennung** (Rz 509 ff) des neuen Staates durch andere bloß **deklaratorische Wirkung.** Diese Auffassung vertrat auch das deutsche Bundesverfassungsgericht, als es feststellte, dass die DDR ein Staat iSd VR und als solcher VRS sei. Dies gelte unabhängig von einer vr Anerkennung der DDR durch die BRD. Auch das nicht anerkannte *De-facto-Regime* besitzt *zahlreiche* vr *Rechte* und *Pflichten* (Rz 672). *Konstitutive* Kraft kommt der Anerkennung nur insoweit zu, als darin auch das *Angebot* zur gegenseitigen Aufnahme *diplomatischer Beziehungen* liegt, auf die ein neuer Staat genauso wenig wie ein schon bestehender einen Rechtsanspruch hat (Rz 1706).

791 Die **EG** machte jedoch 1991 in ihren **Richtlinien** für die **Anerkennung neuer Staaten** in **Osteuropa** und in der **Sowjetunion** (D 82) sowie die angefügte Erklärung zu **Jugoslawien** die Anerkennung der betreffenden (Nachfolge-)Staaten von der Erfüllung **weiterer Bedingungen** iSd Beachtung der gemeinsamen europäischen **Werteplattform** – va auch von der Einräumung von *Minderheitenrechten* – abhängig (Rz 510, 859 f; D 82). Die Entscheidung darüber, ob die neuen Staaten diese Kriterien erfüllten, wurde von einer Schiedskommission (nach ihrem Vorsitzenden *[Robert] Badinter-Kommission* genannt – Rz 860, 2070) getroffen. Sie befürwortete die Anerkennung Sloweniens, hegte hingegen bezüglich Kroatiens zunächst Zweifel. *Bosnien-Herzegowina* wurde erst *nach* einer *Volksabstimmung über die Unabhängigkeit,* die der serbische Bevölkerungsteil aber boykottierte, *anerkannt.* Die *Anerkennung Mazedoniens* durch die EG/EU-Staaten stieß wegen des umstrittenen Staatsnamens auf den *Widerstand* des Nachbarstaates *Griechenland* (Rz 859).

792 Die Internationalisierung der Konflikte im ehemaligen Jugoslawien durch die bei manchen der früheren Teilrepubliken vorgenommene (vorzeitige) Anerkennung als Staaten vermochte blutige Kämpfe und massive Menschenrechtsverletzungen nicht zu verhindern.

793 Die **Anerkennung** ist ferner **politisch bedeutsam.** Verbreitete Nichtanerkennung ist Ausdruck der Missbilligung, isoliert ihr Objekt und erschwert va auch dessen Wirtschaftsbeziehungen.

Insbes in Großbritannien fühlen sich die Gerichte an eine Erklärung des Außenministers gebunden, ob und ab wann ein bestimmtes Gebilde als souveräner Staat anzusehen ist (*Carl Zeiss-Fall* – D 83). In Österreich und in der BRD entscheiden darüber die Gerichte selbst. **794**

Sofern eine Sezessionsbewegung die Gründung eines neuen Staates auf einem Teilgebiet eines bestehenden anstrebt, stellt die **vorzeitige Anerkennung** vor dem tatsächlichen Vorhandensein der drei Staatselemente des neuen Staates eine vr **verbotene Intervention** (Rz 1935 ff) in das innerstaatliche Recht des Staates dar, von dem die Loslösung begehrt wird. Dagegen brauchen dritte Staaten mit ihrer Anerkennung nicht zu warten, bis der Staat, von dem sich ein neuer losgerissen hat, seinerseits zur Anerkennung des Neustaates bereit ist. So anerkannten die Großmächte Belgien 1830, obwohl das Königreich der Niederlande sich erst 1840 mit der Loslösung Belgiens abfand. Auch die Anerkennung der PLO durch Österreich (Rz 775) ist hier zu erwähnen. **795**

Die Anerkennung wirkt grundsätzlich bis zu dem Zeitpunkt zurück, zu dem sich eine effektive Regierung gebildet hat. Manche Staaten bringen in ihrer Anerkennungserklärung zum Ausdruck, ab wann ihrer Ansicht nach der neue Staat bzw die neue Regierung anerkannt worden ist. Bis zu diesem Zeitpunkt wird die frühere Regierung dann zB für verfügungsberechtigt über Vermögenswerte gehalten, die sich auf dem Gebiet des Staates befinden, der eine solche Erklärung abgegeben hat. **796**

2. Anerkennung von Regierungen

Eine *Anerkennung* von *Regierungen* ist **vr** nach traditioneller Auffassung **überflüssig,** da die vr Identität des VRS Staat auch von einem verfassungswidrigen (häufig gewaltsamen) Wechsel seiner Regierung unberührt bleibt (Rz 810). So entschied der IGH 1980, die Gerichtsbarkeit über die Islamische Republik Iran auf Grund der Unterwerfung unter diese Gerichtsbarkeit durch die Regierung des Schah ausüben zu können (*Teheraner Geisel-Fall* – D 346). Ferner wurde die „fundamentalistische" *Taliban*-Regierung (nur) von drei Staaten anerkannt, ohne die Völkerrechtssubjektivität Afghanistans zu ändern. **797**

Eine Anerkennung von Regierungen kann **politisch bedeutsam,** aber **auch politisch bedenklich** sein. ZB machten die US-Präsidenten *Woodrow Wilson, John F. Kennedy* und *Jimmy Carter* die Anerkennung lateinamerikanischer Regierungen davon abhängig, dass diese in Übereinstimmung mit dem in freien Wahlen ausgedrückten *Volkswillen* an die Macht gekommen waren bzw bestätigt wurden **(Tobar-Doktrin).** Lateinamerikanische Staaten sahen aber darin eine unzulässige *Einmischung* in ihre innerstaatlichen Angelegenheiten (**Estrada-Doktrin** – vgl Rz 1939). **798**

Will ein Staat den diplomatischen Verkehr mit einem anderen aufrechterhalten, erkennt er indirekt (Rz 801) eine Regierung dieses Staates an. Hält er sich dabei an die tatsächlichen Machthaber, kommt er um deren Anerkennung als Rechtsträger kaum herum. **799**

Ein Staat kann allerdings auch die vertriebene legitime Regierung eines anderen weiterhin als **Exilregierung** anerkennen und mit den VN militäri- **800** schen Druck auf ihre Wiedereinsetzung ausüben (die USA gegenüber Haiti 1994). Bei einer Vertreibung im Zuge eines Krieges wird eine Exilregierung zumeist anerkannt, solange noch Verbündete für das gemeinsame Kriegsziel kämpfen. Auch nach diesem Zeitpunkt haben jedoch manche Staaten als politische Demonstration Exilregierungen weiter anerkannt und keine diplomatischen Beziehungen zu den neuen Machthabern des betreffenden Staates aufgenommen (vgl aber Rz 69ff).

3. Indirekte Anerkennung von Staaten oder Regierungen

801 Die **Anerkennung** von Staaten oder Regierungen kann nicht nur **ausdrücklich,** sondern **auch** durch **konkludente Handlungen** erfolgen. Der wichtigste Fall einer solchen stillschweigenden Anerkennung ist die *Aufnahme* bzw *Aufrechterhaltung* des *diplomatischen Verkehrs* (Rz 1706). Nach heutiger Praxis gilt dagegen die Aufnahme bzw Aufrechterhaltung des konsularischen Verkehrs nicht in jedem Fall als konkludente Anerkennungshandlung. Konsuln verkehren ja lediglich mit örtlichen Behörden, die zwar im Rahmen der Gebietshoheit handeln, nicht aber über die territoriale Souveränität verfügen können (Rz 1730ff). Deshalb brach die BRD zur Zeit der *Hallstein-Doktrin* ihre diplomatischen Beziehungen mit allen Staaten ab, die mit der DDR diplomatischen Verkehr, nicht aber mit jenen, die nur konsularischen Verkehr aufnahmen.

802 Eine weitere Form indirekter Anerkennung ist der *Abschluss* eines *bilateralen vr Vertrages.* Dieser Umstand erschwerte die vertragliche Regelung des Vietnam-Problems, da die USA Nordvietnam nicht als Staat anerkennen wollten. Bei *multilateralen Verträgen* kommt es darauf an, ob die betreffende Partei mit dem Vertragsabschluss eine *Anerkennungsabsicht* verbindet oder nicht (Rz 256).

803 In der Staatenpraxis wird zwischen der als leichter widerrufbar angesehenen **Anerkennung de facto** „auf Bewährung" und der Anerkennung **de iure** unterschieden. Da auch diese widerrufen werden kann, sind beide Formen der Anerkennung im Wesentlichen rechtlich *gleichwertig.*

D. Gebietserwerb

1. Originärer Erwerb

804 Ein Zugewinn an territorialer Souveränität kann originär oder abgeleitet sein. **Originär** wird territoriale Souveränität zB durch *Anschwemmung* eines Flusses erworben bzw verloren (Rz 727; D 75, Art 4, 5).

805 Ein weiterer originärer Erwerbstitel ist die **Okkupation** staatenloser Gebiete **(terra nullius).** Zwar sind auf der Erde keine neuen staatenlosen Gebiete mehr zu entdecken; durch die Ableitung der eigenen territorialen Souveränität von jener der Vorgänger können diese Regeln aber auch heute noch vr Bedeutung haben. Bloße Entdeckung und Namensgebung begründen noch nicht territoriale Souveränität. Es müssen hiezu noch deren ausdrückliche *Beanspruchung* und ein sachgerechtes Ausmaß von *Verwaltung* kommen. Dabei *variiert* die geforderte *Effektivität* (Rz 69ff) allerdings nach

der Lage, der Dichte der Besiedlung usw (*Rechtslage von Ostgrönland-Fall* – D 41; *Palmas-Fall* – D 84). Als eine österreichische Nordpolexpedition das *Franz-Josephs-Land* entdeckte, *verzichtete Österreich-Ungarn* auf eine solche Erwerbserklärung, um Konflikte mit Russland zu vermeiden. Verwaltungshandlungen ohne Billigung des potenziellen Rivalen um die territoriale Souveränität verleihen keinen unbestreitbaren Titel.

Im Zeitalter des Kolonialismus wurden die eben angeführten Regeln **806**
auch für den Erwerb bewohnter Gebiete angewendet. Die Praxis folgte hier nicht *de Vitoria* (Rz 147), der die Souveränität eingeborener Herrscher gleich der europäischer Herrscher achten wollte.

Territoriale Souveränität konnte auch durch Eroberung erworben wer- **807**
den. Man sprach hier von **Annexion.** Wurde das gesamte Staatsgebiet eines völlig niedergerungenen Gegners dem eigenen Staatsgebiet einverleibt, nannte man dies **debellatio** (zB die Burenrepubliken 1901). Es ist strittig, ob die Annexion heute generell verboten ist oder einem besiegten Aggressor als Strafe auferlegt werden kann (zur *Stimson-Doktrin* D 221; Rz 1812).

2. Abgeleiteter Erwerb

Es kann dahingestellt bleiben, ob bei solchen Annexionen aus Tatsa- **808**
chen Recht entstehen kann (Rz 74). In der Praxis wird nämlich eine derartige Gebietsabtrennung letzten Endes durch einen *Friedensvertrag* gebilligt. Der Besiegte überträgt darin dem Sieger die territoriale Souveränität über das betreffende Gebiet. Dieser erwirbt dadurch also keinen originären, sondern einen *abgeleiteten Rechtstitel.*

Durch einen solchen Vertrag wird uU zu einer schon bestehenden **809**
Gebietshoheit die territoriale Souveränität als *nudum ius* hinzugewonnen (Rz 736). Eine vertragliche Übertragung der territorialen Souveränität kann aber auch durch einen anderen als einen Friedensvertrag erfolgen (zB Kauf Alaskas 1867 durch die USA von Russland um 7,2 Mio Dollar).

E. Staatennachfolge (Staatensukzession)

Literatur: *Zemanek,* State Succession after Decolonization, RdC 116 (1965) 187; *Hafner / Kornfeind,* The recent Austrian practice of state succession: Does the clean slate rule still exist? ARIEL 1 (1996) 1; *Klabbers / Koskenniemi / Ribbelink / Zimmermann* (Hrsg), State Practice Regarding State Succession and Issues of Recognition (1999); *Mrak* (Hrsg), Succession of States (1999).

Staatennachfolge tritt bei einer **Änderung** der **territorialen Souveräni-** **810**
tät und **Gebietshoheit** ein. *Keine Staatennachfolge* bewirken hingegen selbst radikale *Änderungen im Regierungssystem* ein und desselben Staates (Rz 797). Dementsprechend ist **Staatensukzession** das Ersetzen eines Staates durch einen anderen hinsichtlich der Verantwortlichkeit für die internationalen Beziehungen eines bestimmten Gebietes. Die Staatennachfolge kann in mehreren Varianten eintreten:

- **Zession:** Verschiebung der Grenze zwischen zwei fortbestehenden Staaten;

- **Sezession:** Abspaltung eines Gebietsteils von einem fortbestehenden Staat unter Gründung eines neuen Staates im abgespaltenen Gebietsteil; eine einvernehmliche Abspaltung wird auch als **Separation** bezeichnet;
- **Dismembration:** Zerfall eines Staates in zwei oder mehr Staaten, wobei der Vorgängerstaat zu existieren aufhört (zB UdSSR, SFRJ, ČSSR – Rz 855 ff);
- **Fusion:** Zusammenschluss von zwei oder mehreren Staaten zu einem neuen Staat unter Beendigung der Staatlichkeit der nunmehr vereinigten Staaten (zB Tanganyika und Zanzibar zu Tanzania);
- **Inkorporation:** Eingliederung eines Staates in einen anderen, fortbestehenden Staat unter Verlust seiner staatlichen Existenz (DDR in BRD – Rz 848 ff). Der aufnehmende Staat hat alle Rechte und Pflichten des inkorporierten Staates zu übernehmen, außer diejenigen, die strukturell nicht übernehmbar sind (zB doppelte Bündnisverpflichtung Deutschlands in NATO und WVO).

811 Da die *Rechtsfolgen* einer *Separation/Sezession* und einer *Dismembration verschieden* sind, sind beide Vorgänge auseinander zu halten. In der Praxis erweist sich die Zuordnung aber oft als schwierig. Eines der wichtigsten Kriterien zur Qualifikation eines Staatszerfalls ist, neben einer eventuellen Übereinkunft der betroffenen Staaten, der *Zeitfaktor:* Eine *Dismembration* besteht in der Regel in einem einzigen, zeitlich geschlossenen, Vorgang; dagegen können sich Teilgebiete (auch) in zeitlich aufeinander folgenden Phasen *separieren bzw sezedieren.*

812 Da im Falle der Zergliederung der SFRJ zwischen der ersten (Slowenien) und der letzten Neustaatsentstehung (Mazedonien) mehr als zweieinhalb Jahre vergingen (Rz 859), wären eher fortgesetzte Sezessionen als eine Dismembration vorgelegen. Eine solche Qualifikation hätte es der BRJ unter Präsident *Slobodan Milošević* aber ermöglicht, alle Rechte der SFRJ, va auch in den VN, fortzuführen (Rz 822, 859, 975 f). Die Staatengemeinschaft ging jedoch von einer Dismembration aus und zwang damit den Neustaat BRJ, ein Aufnahmegesuch nach Art 4 SVN zu stellen.

813 Neben dem Sonderfall der **Identität** (kein echter Fall der Staatensukzession, da das VRS weiterbesteht) kann die Staatensukzession entweder in Form einer **Kontinuität** oder **Diskontinuität** vor sich gehen. Im ersteren Fall übernimmt einer der Neustaaten alle vr Rechte und Pflichten des untergegangenen Altstaates, im letzteren Fall tut dies keiner. Allerdings ist die Wahl des jeweiligen Modells nicht ausschließlich von objektiven Fakten bestimmt. Vielmehr haben die Staaten ein erhebliches Ermessen bei der Wahl der Variante und damit der Rechtsfolgen der Staatensukzession. Meist geben die unmittelbar betroffenen Nachfolgestaaten zu erkennen, ob sie die Identität des Gebietsvorgängers weiterführen wollen oder nicht. Diese Lösung wird von anderen Staaten meist akzeptiert (Rz 855), manchmal aber auch zurückgewiesen (Rz 859). Selbst in Fällen, in denen die Neustaaten die Identität ihrer Gebietsvorgänger nicht fortsetzen, kommt es aber durch vertragliche Übergangsregelungen zu einem hohen Maß an Kontinuität. Insgesamt ist die **Praxis** durch beträchtliche **Flexibilität** und wenig starre Regeln gekennzeichnet.

Der Versuch, dieses Rechtsgebiet in zwei multilateralen Verträgen zu kodifizieren, ist nicht geglückt. Die **Wiener Konvention über die Staatennachfolge in Verträge 1978** und die **Wiener Konvention über die Staatennachfolge in Staatsvermögen, -archive und -schulden 1983** decken die Probleme nur teilweise ab. Erstere ist 1996 nach Erreichung der erforderlichen Zahl von 15 Zustimmungserklärungen in Kraft getreten, letztere noch nicht. Beide Verträge begünstigen die im Zuge der Dekolonisation entstandenen *„newly independent States"*. Die neuere Staatenpraxis folgt ihnen aber kaum. 814

1. Verträge

Literatur: *Zemanek,* Die Wiener Konvention über die Staatennachfolge in Verträge, FS *Verdross* (1980) 719; *Papenfuß,* Das Schicksal der völkerrechtlichen Verträge der DDR im Zuge der Herstellung der Einheit Deutschlands, VRÜ 30 (1997), 287; *Zimmermann,* Staatennachfolge in völkerrechtliche Verträge (2000); *Seidl-Hohenveldern,* Staatennachfolge in Vermögen, Archive und Schulden des früheren Jugoslawien, in *Briner* (Hrsg), Law of international business and dispute settlement in the 21st century (2001) 727.

Bei der **Abtretung** eines Gebietes zwischen zwei bestehenden Staaten gilt der Grundsatz der **beweglichen Vertragsgrenzen,** dh der Geltungsbereich von Verträgen, die ein Drittstaat mit dem abtretenden Staat abgeschlossen hat, erstreckt sich nicht mehr auf das abgetretene Gebiet. Die Verträge des Gebietserwerbers umfassen dagegen automatisch nunmehr auch das erworbene Gebiet. Auf dem Gebiet vertraglich ruhende *Servituten* (Rz 738) muss der Gebietsnachfolger *übernehmen.* 815

Während bei *Entstehung* eines **Neustaates** (durch Sezession) auf dem **Teilgebiet** eines **Staates oder** bei dessen **Dismembration** nach *verbreiteter Auffassung* der/die **Nachfolger** an Verträge des Vorgängers **gebunden** bleiben sollten, beanspruchten die im Verlauf der Dekolonisation nach 1945 entstandenen Neustaaten meist die Freiheit von allen früheren Vertragsbindungen. Sie wollten mit einem **„clean slate"** (iSe *tabula rasa*-Situation) beginnen oder selbst bestimmen, welche früheren Verträge aufrecht bleiben sollten **(„pick and choose").** Diese Regelung für *„newly independent States"* findet sich auch in der Wiener Konvention 1978. 816

Bei *bilateralen Verträgen* hat *auch* der *andere Vertragspartner* dieses *Wahlrecht.* 817

Kolonialmächte suchten manchmal ihre eigenen und die Rechte dritter Staaten in **Devolutionsabkommen** mit dem neu zu gründenden Staat durch Vereinbarungen darüber zu sichern, welche Verträge aus der Kolonialzeit dieser übernehmen sollte. Für die Rechtsgültigkeit dieser Devolutionsabkommen war oft verhängnisvoll, dass die Legitimation der Partner der Kolonialmacht, für die Bevölkerung der bisherigen Kolonie zu sprechen, zweifelhaft sein konnte. Überdies wollten dritte Staaten mit dem Neustaat einen Vertrag aus der Kolonialzeit uU gar nicht fortsetzen. 818

In den neueren Fällen der Staatennachfolge in Europa seit 1990 vereinbarten die Nachfolgestaaten oft die Weitergeltung bestimmter bilateraler Verträge des Gebietsvorgängers mit dem Vertragspartner (D 85). Bei mul- 819 tilateralen Verträgen wurde entweder die Weitergeltung des Vertrages vom Nachfolgestaat erklärt oder der Vertrag neu ratifiziert.

820 Im Zuge der Dismembration der ČSSR (1993) hatte die Tschechische Republik bereits vor ihrer Unabhängigkeit in einer Erklärung des tschechischen Nationalrates deutlich gemacht, dass sie in die von der ČSSR abgeschlossenen Abkommen – mit Ausnahme der in der Slowakischen Republik radizierten Verträge – sukzediere. Die Slowakische Republik verhielt sich ähnlich. Österreich, das zunächst die *„Clean-slate"*-Regel vertreten hatte, ging 1997 in einem Notenwechsel mit beiden Nachfolgestaaten nunmehr von einer Nachfolge dieser in die Altverträge der ČSSR aus.

821 Nach dem Zerfall der *UdSSR* notifizierte die Russische Föderation 1992 allen Staaten, mit denen sie diplomatische Beziehungen unterhielt, als Nachfolgestaat die Weiteranwendung aller Verträge der UdSSR. Österreich sah jedoch im Gegensatz zu den meisten Staaten auch die Russische Föderation nur als einen der zwölf Nachfolgestaaten der untergegangenen UdSSR an. Damit sollte die Russische Föderation als Partei des österreichischen Staatsvertrags ausscheiden (Rz 3119).

822 Die Nachfolgestaaten der dismembrierten *SFRJ* traten in deren Verträge ein, soweit sie sich auf ihr früheres Gebiet als Teilrepublik bezogen (radizierte Verträge). Nur die BRJ betrachtete sich mit der SFRJ stets als ident und behauptete die grundsätzliche Fortgeltung aller Verträge der SFRJ ipso facto für sich. Österreich ging den Nachfolgestaaten der SFRJ gegenüber – für nicht-radizierte Verträge – von der *„Clean-slate"-Regel* (Rz 816) aus und vertrat die pragmatische Weiteranwendung dieser Verträge. Dementsprechend beendete es auch manchmal die De-facto-Weiteranwendung der fraglichen Verträge (zB mit Slowenien und Kroatien). Später schwenkte Österreich aber auf die automatische Rechtsnachfolge der Neustaaten in die Verträge der SFRJ ein.

823 Beim **Zusammenschluss** von Staaten zu einem **Neustaat** ist die **Bindung** dieses **Nachfolgestaates** an die Verträge der Vorgänger **umstritten.** Die vertragsrechtlichen Probleme bei der Inkorporation der DDR in die BRD sind im Einigungsvertrag 1990 (Rz 849; D 87) geregelt. Bezüglich der Verträge der DDR sieht Art 12 eine Pflicht der BRD zu Erörterungen mit den Vertragspartnern über Fortgeltung, ja Ausdehnung auf das gesamte Gebiet der Bundesrepublik, Anpassung oder Erlöschen vor. Das vereinte Deutschland war somit nicht zur automatischen Nachfolge in die Verträge der DDR, sondern bloß zu Verhandlungen mit den Vertragspartnern der DDR bereit. Gem Art 11 Einigungsvertrag sollen die von der *BRD* abgeschlossenen Verträge nunmehr in ganz Deutschland gelten (Prinzip der *beweglichen Vertragsgrenzen* – Rz 815).

824 Nach verbreiteter Ansicht und Praxis bleiben nicht nur **Grenzverträge** (vgl auch Art 62 Abs 2 lit a WVK – Rz 383; D 10), sondern auch andere *territoriale Regime* (zB Transitrechte oder Demilitarisierung – **radizierte Verträge**) von der Staatensukzession **unberührt.** Von dieser Regelung *nimmt* die *Wiener Konvention 1978* Verträge über *Militärstützpunkte aus.*

825 Besonderen Regeln unterliegt die Rechtsnachfolge in **Verträge** über **Menschenrechte** wie die beiden UN-Pakte (Rz 1388 ff; D 165, 166). Sie werden auf jeden Fall als fortgeltend angesehen und wurden sogar bei Gebietszessionen, zB der Rückübertragung der Souveränität über Hongkong 1997 und Macao 1999 an China, mitübernommen.

Keine automatische Staatennachfolge tritt in **Gründungsverträge von IO,** also in die Mitgliedschaft in diesen, ein: Der Nachfolgestaat bedarf vielmehr der Aufnahme in die Organisation (zu Jugoslawien Rz 975 f). Nach dem Zerfall der UdSSR setzte allerdings die Russische Föderation die Mitgliedschaft in den VN, insbes die ständige Mitgliedschaft im SR, fort. Die neuen GUS-Staaten – mit Ausnahme der bisherigen VN-Mitglieder Ukraine und Weißrussland – wurden dagegen als neue Mitglieder in die VN aufgenommen (Rz 855 ff). **826**

2. Aktivvermögen

Das Aktivvermögen des Gebietsvorgängers im abgetretenen Gebiet geht **827**
auf den *Gebietsnachfolger* meist *entschädigungslos* über, soweit es sich um **Verwaltungsvermögen** (zB Amtshäuser) handelt. Dagegen wird **Fiskalvermögen** (zB Staatsforste) uU *abgelöst oder mit Reparationsleistungen verrechnet.*

Nach der umstrittenen Wiener Konvention 1983 (Rz 814) wird allerdings nicht (mehr) nach diesen beiden Kategorien *differenziert. Vielmehr geht das gesamte Vermögen des Vorgängers auf dem Gebiet des Nachfolgers,* falls nicht anders vereinbart, entschädigungslos, auf diesen über (Rz 834). Größere Vermögenswerte wie die sowjetische Schwarzmeerflotte werden allerdings häufig in einem billigen Verhältnis *(„equitable proportion")* vertraglich aufgeteilt. **828**

Vermögen auf dem *nicht abgetretenen Gebiet,* das mit dem *abgetretenen Gebiet* in *engem Zusammenhang* steht, insbes **Archive** und **Kulturgüter,** sind dem *Nachfolgestaat auszufolgen.* Staatsarchive, die für die Verwaltung des betreffenden Gebietes notwendig sind, gehen unabhängig von der Art und Weise des Gebietswechsels auf den Nachfolgestaat über (*„Betreffprinzip"*). Die UNESCO bemüht sich auch um die Rückgabe von Gegenständen, die für das abgetretene Gebiet kulturell und historisch von Bedeutung sind. Gegen dieses Bestreben spricht aber, dass über lange Zeiträume gewachsene zentrale Sammlungen ihrerseits einen Kulturwert darstellen, der nicht leichtfertig zerschlagen werden sollte. **829**

3. Schulden

Wegen der unübersichtlichen Rechtslage und der Wichtigkeit der Materie wurde der Übergang von **Schulden** im Zuge der Staatensukzession **häufig** durch **Verträge** geregelt. Bei **Dismembration** übernehmen in der Regel die *Nachfolgestaaten* **Staatsschulden** gegenüber Drittstaaten **anteilsmäßig.** So haben die Nachfolgestaaten Österreich-Ungarns bis 1952 durch Zahlungen in eine gemeinsame Kasse *(Caisse Commune)* Schulden der Monarchie getilgt und die Obligationäre der Donau-, Save-, Adria-Eisenbahn-Aktiengesellschaft befriedigt. **830**

Für Schulden, die auf einem bestimmten Teil eines Staatsgebietes lasten bzw diesem zugute kommen **(radizierte Schulden),** hat jeweils der *Staat* aufzukommen, der die *Gebietshoheit darüber* ausübt **(res transit cum suo onere).** **831**

So bedienten das Deutsche Reich nach 1938 und Österreich nach 1945 eine Schweizer Anleihe von 1925 zur Verbesserung der Hochwasserdämme am Vorarlberger Rheinufer, obwohl das Deutsche Reich bzw Österreich sonst grundsätzlich jede Haftung für die Schulden des Vorgängerstaates ablehnten.

832 Der oder die *Gebietsnachfolger* sind allerdings *nicht* auch zur *Tilgung* von *Schulden verpflichtet,* die der Gebietsvorgänger zur Bekämpfung ihrer Unabhängigkeitsbestrebungen eingegangen ist (**„dettes odieuses“** – zB Kriegsanleihen).

833 Der Streit, ob Österreich 1938 vom Deutschen Reich lediglich okkupiert, oder ob seine Rechtspersönlichkeit durch eine rechtswirksame Annexion vernichtet wurde, hatte große praktische Bedeutung insbes deshalb, weil Österreich im letzteren Falle zur Übernahme eines Teils der Schulden des Deutschen Reiches verpflichtet erscheinen konnte (Rz 3071).

834 **Verwaltungsschulden** (zB Pensionen, aus Lieferverträgen) werden va gegenüber den Bewohnern des neu erworbenen Gebietes bestehen. Da diese aber in der Regel Staatsbürger des das Gebiet erwerbenden Staates werden, entstehen insoweit keine vr Probleme.

835 Bei der deutschen Vereinigung (Rz 848 ff) schufen die Art 23 und 24 Einigungsvertrag (D 87) ein spezielles Regime für die Übernahme der Schulden bzw die Abwicklung der Forderungen und Verbindlichkeiten der DDR durch die BRD. Die DDR-Schulden werden dabei von einem „nicht rechtsfähigen Sondervermögen“ der BRD übernommen, das vom deutschen Finanzminister verwaltet wird, und für dessen Verbindlichkeiten der Bund, dh die erweiterte BRD, haftet. Nach Ablauf dieses Schuldenverwaltungsregimes 1994 übernahmen der Bund und die Länder nach einem – im Vertrag über die Wirtschafts-, Währungs- und Sozialunion (Rz 848) festgelegten – Aufteilungsschlüssel die Gesamtverschuldung. Die Schulden der DDR wurden also in Analogie zu Art 39 Wiener Konvention 1983 (Rz 814) zur Gänze von der BRD übernommen.

836 Während die *Wiener Konvention* 1983 für die verschiedenen Fälle der Staatensukzession grundsätzlich den *(anteilsmäßigen) Übergang* von *Staatsschulden* vorsieht, soll dies bei *„newly independent* States“ *nicht* gelten.

4. Konzessionen

837 Konzessionen an *Privatunternehmen* verleiht ein Staat va an Personen, die ihm bes *vertrauenswürdig* scheinen (Rz 2483 ff, 2505, 2628). Gerade dieser Umstand wird aber den Neustaat misstrauisch gegenüber den Konzessionsinhabern stimmen. In der Praxis darf sich der *Neustaat* daher *vorzeitig,* wenn auch gegen *Entschädigung,* aus Konzessionsverträgen des Vorgängerstaates *lösen.*

5. Völkerrechtliche Verantwortlichkeit

838 **Keine Staatennachfolge** findet in die **höchstpersönlichen** *Rechte* und *Pflichten* im Bereich der **Staatenverantwortlichkeit** statt. Mit dem *Untergang* eines souveränen *Staates erlischt* daher auch dessen *vr Verantwortlichkeit* für das von ihm begangene Unrecht (Rz 2682 ff). Die USA hafteten daher zB nicht für Völkerrechtswidrigkeiten, welche die von ihnen annektierte Republik Hawaii gegenüber Großbritannien begangen hatte. Der *Nachfolger haftet* aber für *Handlungen, deren Früchte ihm zukommen,* zB für Enteignungen.

6. Staatsbürgerschaftsfragen

Die „normative Kraft des Faktischen", die die Staatennachfolge grundsätzlich beherrscht, reicht dennoch **nicht** zum **automatischen Wechsel** in der **Staatsangehörigkeit** der Bevölkerung des abgetretenen Gebietes. Nach VR darf aber der *Nachfolgestaat* den im abgetretenen Gebiet befindlichen Personen statt der Staatsangehörigkeit des Vorgängers durch Gesetz seine eigene Staatsbürgerschaft *verleihen.* **839**

Die Härte der Regel, die Bewohner des erworbenen Gebietes als Neubürger beanspruchen zu können, wird oft dadurch korrigiert, dass vertraglich oder gesetzlich eine Optionsmöglichkeit für die Beibehaltung der bisherigen Staatsbürgerschaft eröffnet wird. Die Ausübung dieses **Optionsrechtes** (vgl Rz 3286) ist aber ein zweischneidiges Schwert. Der Nachfolgestaat kann solche Optanten als lästig gewordene Ausländer ausweisen. **840**

Neuerdings widmen sich die *European Commission for Democracy through Law* (sog *Venice Commission*) in ihrer *Declaration on the Consequences of State Succession for the Nationality of Natural Persons* 1996 wie auch die von der *ILC* ausgearbeiteten und von der GV zur Kenntnis genommenen *Articles on Nationality of Natural Persons in Relation to the Succession of States* den Folgen der Staatensukzession auf die Staatsangehörigkeit. **841**

F. Ausgewählte Fälle von Staatensukzessionen

1. Der Untergang Österreich-Ungarns

Österreich ging nach dem I. WK von der **Rechtsansicht** aus, dass **Österreich-Ungarn** (eine Realunion) zur Gänze untergegangen sei (**Dismembration** – Rz 810). Die Republik Österreich sei ebenso ein *neu* entstandener *Nachfolgestaat* wie etwa die Tschechoslowakei oder Polen. Nach Ansicht der Siegermächte galten dagegen Österreich und Ungarn als Rechtsnachfolger der beiden Reichshälften Österreich-Ungarns in Teilkontinuität – wenn auch verkleinert – als dasselbe VRS. Ungarn teilte diesen Standpunkt (Rz 3024 ff). **842**

Die *Nachfolgeregelung* wurde im *Staatsvertrag* von *St-Germain-en-Laye* getroffen (Rz 3033 ff). Darin übernahmen die Neustaaten die Rechte und Pflichten Österreich-Ungarns anteilig. Die Aufteilung der Schulden der Monarchie erfolgte nach der Finanzkraft der Nachfolgestaaten: Österreich 36,8%, Tschechoslowakei 41,7%, Polen 13,7%, Italien 4,1%, Jugoslawien 2,0%, Rumänien 1,6%. **843**

2. Deutschland nach dem Zweiten Weltkrieg

Literatur: *Stern* (Hrsg), Deutsche Wiedervereinigung (1992); *Thum,* Kontinuitätsfrage im völkerrechtlichen Rahmen der Einigung Deutschlands (1993).

Das *Deutsche Reich ging weder* mit der *Kapitulation* im Mai *1945 noch* anlässlich der *Verhaftung* der *Regierung Dönitz* durch die Siegermächte kraft **844** *debellatio* (Rz 3069) *unter.* Dagegen sprach va der *Wille der Siegermächte* selbst, sich das Gebiet des Deutschen Reiches nicht zur Gänze einzuverleiben, aber auch die Tatsache, dass auf untergeordneter Ebene deutsche Behörden weiter funktionierten, und dass die Besatzungsmächte im Alliierten Kontrollrat gemeinsam Regierungsgewalt für Deutschland als Ganzes ausübten (*Koimperium* – Rz 737).

845 Der Zerfall des Alliierten Kontrollrates und die Gründung der BRD und der DDR 1949 bewirkten nach einer Lehrmeinung den Untergang des Deutschen Staates. Dagegen sprachen einerseits das ständige Beharren der vier Siegermächte auf ihrer Verantwortung für „Deutschland als Ganzes" und andererseits der von der BRD bes betonte Wille zur Zugehörigkeit zu einer deutschen Nation (Rz 678), der der Bevölkerung der beiden deutschen Staaten gemeinsam sein sollte. Aus ihm leitete die BRD den Wunsch auf friedliche Wiedervereinigung der beiden deutschen Staaten ab.

846 Durch den *Grundlagenvertrag 1972* mit der DDR hatte die *BRD* die *DDR als Staat,* aber nicht vr, dh *nicht* als *ausländischen* Staat, *anerkannt.* Nach dem Urteil des Bundesverfassungsgerichts 1973 zum Grundlagenvertrag war die Bundesrepublik mit dem bis 1945 als Deutsches Reich bezeichneten Staat teilidentisch. Aber auch die DDR gehöre zu Deutschland und stelle daher für die Bundesrepublik kein Ausland dar.

847 Auf dieser Ansicht beruhte auch das EWG-Protokoll über den innerdeutschen Handel. Es wurde 1957 parallel zum EWGV abgeschlossen und in Art 239 des Vertrags zu dessen integralem Bestandteil erklärt. Danach bestand zwischen den beiden deutschen Staaten keine Zollbinnengrenze, obwohl die DDR für die E(W)G ein Nichtmitglied blieb.

848 *Nach* der Schaffung einer *Währungs-, Wirtschafts- und Sozialunion* zwischen den beiden deutschen Staaten durch den Bonner Vertrag vom 18. 5. 1990 beschloss die Volkskammer der DDR am 23. 8. 1990 den **Beitritt** der **DDR** zum Geltungsbereich des **GG** der BRD, den sie mit Wirkung vom 3. 10. 1990 terminisierte. Mit dem Wirksamwerden dieses Beschlusses wurde die DDR staatsrechtlich Teil der BRD; der territoriale Geltungsbereich des GG wurde gem dessen Art 23 auf das Gebiet der DDR ausgedehnt. Allerdings trat nicht die DDR als Staat, sondern die neu gegründeten Länder *Brandenburg, Mecklenburg-Vorpommern, Sachsen, Sachsen-Anhalt und Thüringen* dem GG der BRD bei (Art 1 Einigungsvertrag). Diese Länder auf dem Gebiet der (ehemaligen) DDR wurden damit (neue) *Bundesländer* der *Bundesrepublik.* Die *23 Bezirke von Berlin* bilden nunmehr das *Bundesland Berlin* (Art 1). Damit erfolgte die **Eingliederung** der **DDR** in die **BRD** aber nicht durch vr Vertrag, sondern durch **staatsrechtliche Option.**

849 Der bilaterale Vertrag über die Herstellung der Einheit Deutschlands (**Einigungsvertrag** – D 87) vom 31. 8. 1990 war für die staatsrechtliche Inkorporation der ehemaligen Länder der DDR in die BRD gem Art 23 GG (der mangels weiteren Regelungsbedarfs durch Art 4 Abs 2 Einigungsvertrag aufgehoben wurde) nicht nötig. Er wurde va zur Würdigung der friedlichen Revolution in der DDR geschlossen.

850 Die deutsche Einigung war also keine Fusion zweier Staaten zu einem Neustaat, sondern die **BRD** bestand nach dem Aufgehen der DDR in ihr als **identes VRS** weiter.

Die bilaterale staatsrechtliche bzw vr deutsche Einigung wurde in einen multilateralen Vertrag zwischen den beiden (noch bestehenden) deutschen Staaten und den vier Hauptsiegermächten des II. WK, den **Moskauer „2+4-Vertrag"** *über die abschließende Regelung in Bezug auf Deutschland* vom 12. 9. 1990, eingebettet (D 88). Darin *gaben die vier Mächte* ihre *Rechte* und *Verantwortlichkeiten* in Bezug auf *Berlin* und *Deutschland* als Ganzes *auf; das* **vereinte Deutschland** erlangte dadurch seine **volle Souveränität** über seine *inneren und äußeren Angelegenheiten* (Art 7). Dass diese *Regelung „abschließend"* ist, bedeutet den **Verzicht** auf die Geltendmachung jedweder staatlichen Forderung nach **Reparationen** aus dem II. WK. **851**

Die *deutsche Seite verzichtete* ihrerseits auf *Gebietsansprüche* gegen andere Staaten (Art 1 Abs 3). Sie *bekräftigte* ferner ihren *Verzicht* auf *atomare, biologische und chemische Waffen* und wies auf ihre Erklärung über den *Abbau* der *deutschen Streitkräfte* auf eine Stärke von *370.000* Mann innerhalb von drei bis vier Jahren hin (Art 3). Ferner verpflichtete sie sich, auf dem Gebiet der *(ehemaligen) DDR keine ausländischen Truppen* und *Atomwaffen* zu stationieren (Art 5 Abs 3). Dafür **blieb** die **erweiterte Bundesrepublik** entgegen den ursprünglichen sowjetischen Forderungen **Mitglied der NATO** (vgl Art 6). **852**

Im deutsch-polnischen Vertrag über die Bestätigung der zwischen ihnen bestehenden Grenzen vom 14. 11. 1990 wurde die Oder-Neisse-Linie als endgültige Grenze festgelegt. Ferner wurde 1991 ein *Nachbarschaftsvertrag* mit Polen geschlossen, der ua Minderheitenrechte der deutschsprachigen Bevölkerung Polens enthält. **853**

Im Bereich der **EG** bzw **EU** bewirkte die deutsche Einigung gem dem *Grundsatz der beweglichen Vertragsgrenzen* (Rz 815) die **Einbeziehung** des Gebietes der **ehemaligen DDR** in den Mitgliedstaat BRD und damit die EG sowie die Erstreckung des Geltungsbereichs des Primärrechts der EG, aber auch gem Art 189 iVm 227 EWGV des Sekundärrechts auf die „erweiterte" BRD. Auch die von den EG mit Dritten abgeschlossenen Verträge gelten als Teile der gemeinschaftlichen Rechtsordnung auch für das Gebiet der ehemaligen DDR. **854**

3. Sowjetunion

Literatur: *Schweisfurth,* Ausgewählte Fragen der Staatensukzession im Kontext der Auflösung der UdSSR, ArchVR 32 (1994) 99; *Reinisch / Hafner,* Staatensukzession und Schuldenübernahme beim „Zerfall der Sowjetunion" (1995).

Nachdem zunächst 1990 die drei baltischen Staaten Estland, Lettland und Litauen von der UdSSR sezedierten, fassten die übrigen zwölf Unionsrepubliken 1990/91 *„Souveränitätsbeschlüsse"*. Durch diese wollten sie nicht aus der UdSSR austreten, sondern einen neuen Unionsvertrag ausarbeiten. Dieser sollte die Teilrepubliken in einer Zwischenform von Föderation und Konföderation zusammenhalten. Erst der gescheiterte Putschversuch vom August 1991 verstärkte die zentrifugalen Tendenzen. Er führte im Dezember 1991 zum völligen Zerfall der UdSSR durch Dismembration und zu *Unabhängigkeitserklärungen* der *Unionsrepubliken.* **855**

856 Am 8. 12. 1991 unterzeichneten die Russische Föderation, die Ukraine und Weissrussland (Belarus) in Minsk das **Abkommen zur Gründung der Gemeinschaft Unabhängiger Staaten** (**GUS** – Rz 762). Nach Art 13 stand das Abkommen allen Republiken der ehemaligen UdSSR zum Beitritt offen. Dies führte zur Erweiterung der GUS um die verbliebenen neun Unionsrepubliken durch das Protokoll von Alma Ata vom 21. 12. 1991. Erst jetzt konnte der Unionsvertrag der UdSSR vom 30. 12. 1922 durch *contrarius actus* mittels der *Deklaration von Alma Ata* aufgehoben werden, was das Ende der UdSSR als VRS bedeutete. In dieser Deklaration lehnten die zwölf Mitglieder die Eigenstaatlichkeit der GUS ab. In ihr sei bloß eine koordinierende Zusammenarbeit souveräner Staaten auf der Grundlage der Gleichberechtigung vorgesehen.

857 Die Sonderrolle der größten und wichtigsten Unionsrepublik der UdSSR, der **Russischen Sozialistischen Föderativen Sowjetrepublik,** fand in dem bald evident gewordenen Anspruch, als **Russische Föderation „Fortführerstaat"** der **UdSSR** zu sein, Ausdruck. Insbes führte sie die Verträge und die Mitgliedschaft der Sowjetunion in den VN (samt ständigem Sitz im Sicherheitsrat) fort. Diese Rechtsauffassung wurde von der Staatengemeinschaft akzeptiert. *Österreich* schlug die *Fortführung* seiner *diplomatischen Beziehungen* mit der Russischen Föderation vor, die es – ebenso wie die beiden VN-Mitglieder Ukraine und Belarus – als unabhängiges und souveränes Mitglied der Staatengemeinschaft *begrüßte* (D 86). Die *übrigen früheren Sowjetrepubliken* wurden als *neue Staaten anerkannt* (Rz 974; D 86), übernahmen aber bestimmte Rechte und Pflichten der Sowjetunion als deren Rechtsnachfolger. Der unterschiedliche Sukzessionsstatus der Staaten auf dem Gebiet der ehemaligen UdSSR fand also auch im Bereich der Anerkennung seinen Niederschlag.

4. Jugoslawien

Literatur: *Hummer,* Probleme der Staatennachfolge am Beispiel Jugoslawien, SZIER 3 (1993) 425; *Hummer / Mayr-Singer,* Die Bundesrepublik Jugoslawien. Identitätsanspruch und Sukzessionsfragen im universellen, regionalen und nationalen Kontext, ArchVR 38 (2000) 298.

858 Der Zerfall der SFRJ verlief zunächst ähnlich wie jener der UdSSR, entwickelte sich aber in der Folge völlig anders. Während alle Unionsrepubliken sich darüber einig waren, die UdSSR aufzulösen und die GUS zu gründen, hielten Serbien und Montenegro am Fortbestand des gemeinsamen Staates Jugoslawiens fest, während die anderen vier Republiken den Weg der Trennung einschlugen. Sie widersetzten sich der Unitarisierung Jugoslawiens durch Serbien unter *Milošević* durch eine Revision der Bundesverfassung 1988.

859 **Slowenien** und **Kroatien** erklärten **1991** ihre **Unabhängigkeit. Bosnien-Herzegowina** folgte **1992. Mazedonien** *(Former Yugoslav Republic of Macedonia – FYROM)* hatte sich bereits **1991** für unabhängig erklärt. Es wurde aber erst 1993 wegen eines Streits über den Namen des Staates mit Griechenland, das mazedonische Gebietsansprüche befürchtete, in die VN auf-

genommen. Der **Reststaat,** bestehend aus Serbien und Montenegro, benannte sich **1992** in **Bundesrepublik Jugoslawien** (BRJ; nunmehr *Serbien und Montenegro* – Rz 763 f) um und *strebte* die *Fortführung* der *rechtlichen Identität* der früheren *SFRJ* an (Rz 763). Diese Kontinuitätsbehauptung stieß in der Staatengemeinschaft aber auf Widerstand und wurde ua auch von den VN abgelehnt (Rz 975 f; D 121).

Die *Anerkennungspolitik* der *EG-Mitgliedstaaten* wurde von der *Badinter-Kommission* (Rz 791, 2070) bestimmt. Nach Ansicht der Kommission hörte die SFRJ zu bestehen auf; die BRJ sei ein neuer Staat, der nicht als Alleinnachfolger der SFRJ angesehen werden könne. **860**

5. Tschechoslowakei

In Art 1 Verfassungsgesetz der ČSSR vom 25. 11. 1992 wird das Bestehen der ČSSR für beendet erklärt; als deren Nachfolgestaaten ab 1. 1. 1993 werden die Tschechische Republik und Slowakische Republik bezeichnet. **861**

Anders als die meisten anderen Staaten hielt *Österreich* bis Ende 1996 bezüglich der Dismembration der ČSSR an der *„Clean-slate"-Regel* (Rz 816) fest, akzeptierte aber dann gegenüber den beiden Nachfolgestaaten grundsätzlich eine Sukzession in die Verträge des Vorgängerstaates. **862**

6. „Scheintote" Staaten

Wird die territoriale Souveränität eines Staates nur für relativ kurze Zeit unterbrochen, hat die Praxis darüber hinweggesehen. Die Dauer des Faktums der Unterbrechung erschien zu kurz, um aus ihm normative Folgen, nämlich den Untergang des Staates, abzuleiten. Man spricht plastisch von „scheintoten" Staaten. *1938 – 1945* waren daher *Österreich* (Rz 3078) und die *Tschechoslowakei* nicht untergegangen, sondern nur „scheintot". Die *Teilung* Polens durch das *Molotow-Ribbentrop-Abkommen 1939* (Rz 778) konnte die Existenz eines polnischen Staates nicht beenden, weil die Verbündeten Polens weiterhin für dessen Weiterbestand kämpften (Rz 800). Nach dem Wiedererstehen der *drei baltischen* Staaten (Estland, Litauen, Lettland) 1991 wurde im Hinblick auf deren Unabhängigkeit bis 1940 davon ausgegangen, dass sie *trotz 50-jähriger Okkupation* durch die Sowjetunion *weiter existiert* hätten. **863**

G. Immunität

1. Absolute Immunität

Als Ausdruck der gegenseitigen Achtung der Souveränität entwickelte sich schon im Mittelalter der Gedanke, dass die Gerichte eines Staates über einen anderen Staat nicht zu Gericht sitzen sollten **(par in parem non habet imperium).** Allerdings gab es schon immer *Ausnahmen* von diesem Grundsatz. Zu ihnen gehörte ein *ausdrücklicher Verzicht* auf die Immunität durch den beklagten Staat. Andere Ausnahmen gelten für *Widerklagen* sowie für Klagen betreffend *Liegenschaften im Gerichtsstaat.* **864**

865 Bis zum Ende des 19. Jhdt war **jede Staatstätigkeit** so *eng* mit den **hoheitlichen Aufgaben** des Staates *verbunden,* dass kein Grund gesehen wurde, von dieser Regel abzuweichen. Auch heute noch vertritt eine Reihe von Staaten diesen Standpunkt. Zu ihnen gehören die verbleibenden sozialistischen Staaten, die auch wirtschaftliche Betätigung als primären Staatszweck betrachten, sowie andere Staaten der „Dritten Welt", die Staatshandel betreiben und eine Verstrickung in kostspielige Zivilprozesse in anderen Ländern fürchten.

2. Relative Immunität

866 Als sich **Staaten immer mehr** auch **wirtschaftlich betätigten,** erwies sich der ursprüngliche Grundsatz als unhaltbar. So setzte sich seit der Wende zum 20. Jhdt der Gedanke durch, dass der Handel treibende Staat gegenüber privaten Händlern nicht bevorzugt sein sollte. Ausländischen Staaten wurde **nur** mehr **Immunität** für **hoheitliches Handeln** *(acta iure imperii),* **nicht** jedoch **für privates Handeln** *(acta iure gestionis)* eingeräumt. Die relative Immunität geht also von der grundsätzlichen Gleichbehandlung aller Händler, der privaten ebenso wie der staatlichen, im Gerichtsstaat aus.

867 Während die kontinentaleuropäischen Gerichte ihre Praxis nach und nach an diesen neuen Grundsatz anpassten (in Österreich 1950–D 89), beharrten die Gerichte der *Common-Law-Länder,* insbes der USA und Großbritanniens, *wesentlich länger* auf den alten Präzedenzfällen und damit auf der *absoluten Immunität.* In diesen Staaten bewirkte erst eine Reihe von eher rezenten Gesetzen den Umschwung (USA: *Foreign Sovereign Immunities Act 1976;* Großbritannien: *State Immunity Act 1978;* ähnliche Gesetze wurden auch in Kanada, Australien, Indien, Pakistan, Südafrika und Singapur erlassen).

868 Auch auf *internationaler Ebene* wurde eine Lösung des Problems versucht. Die *Konvention über die Immunität der Staatsschiffe 1926* samt *Zusatzprotokoll 1934* unterwarf Staatshandelsschiffe den gleichen Regelungen wie private Schiffe. Die *Europäische Konvention über die Staatenimmunität 1972* (BGBl 1976/432) folgt ebenfalls dem Grundsatz der *relativen Immunität,* hat aber va wegen der geringen Anzahl von Vertragsparteien und der Praxisänderung in Großbritannien nur *geringe praktische Bedeutung* erlangt. Nach langjährigen Vorarbeiten wurde im März 2004 durch ein von der GV der VN eingesetztes Ad-Hoc-Komitee der Text der „Draft United Nations Convention on Jurisdictional Immunities of States and Their Property" angenommen und der GV der VN zur Annahme empfohlen. Auch *ILA* und *IDI* (Rz 220) beschäftigen sich mit dieser Frage.

3. Abgrenzungsprobleme

869 Das *schwierigste Problem* bei der *relativen Immunität* ist die *Abgrenzung hoheitlicher* von *nicht hoheitlichen Staatsakten.* Nach einem umfassenden Verständnis des hoheitlichen Zwecks staatlichen Handelns lässt sich letztlich jede wirtschaftliche Tätigkeit als hoheitlich qualifizieren. Es braucht nur behauptet zu werden, der Gewinn werde wieder hoheitlichen Zwecken,

etwa der Armee, zugeführt. Deshalb hat sich der Grundsatz durchgesetzt, dass es bei der Abgrenzung **nicht** auf den **Zweck** des staatlichen Handelns, sondern vorwiegend auf seine **Natur** ankommt. **Entscheidend** ist dann, **ob** ein **Privater** eine **gleichartige Handlung** hätte setzen können (D 90). Ein Kaufvertrag zum Erwerb von Ausrüstungsgegenständen für die Armee oder ein Werkvertrag zur Reparatur eines Botschaftsgebäudes dienen hoheitlichen Zwecken. Dennoch sind sie bei alleiniger Geltung des Kriteriums der Natur des Aktes nach nicht hoheitlich und bringen den beteiligten Staat daher nicht in den Genuss der Immunität.

Schwierige Grenzfälle treten bei staatlicher Betätigung in Bereichen **870** wie Post, Eisenbahn, öffentliche Straßen, kulturelle und Bildungseinrichtungen und Energie- und Rohstoffbewirtschaftung auf. Die *Gerichte* neigen dann *oft* dazu, die *Maßstäbe* der *eigenen Rechtsordnung* für die Abgrenzung von hoheitlicher zu privater Tätigkeit auch *auf* die *ausländischen Staaten anzuwenden.* Diese Tendenz birgt aber die *Gefahr* einer *weiteren Zersplitterung* der Praxis in sich (D 91).

Die neueren Kodifikationsversuche auf nationaler und internationaler **871** Ebene (Rz 867 f) gehen beim Entzug der Immunität in manchen Punkten über die herkömmliche Unterscheidung zwischen Hoheitsakten und kommerzieller Betätigung hinaus. So wird vielfach **keine Immunität** für **deliktisches Handeln** im Gerichtsstaat gewährt, selbst wenn es sich dabei um hoheitliche Tätigkeit handelt (zB politischer Mord durch einen ausländischen Geheimdienst). Auch für eine *völkerrechtswidrige Enteignung* durch den beklagten Staat wird zB in den *USA keine Immunität* gewährt, obwohl die hoheitliche Natur der Handlung klar ist. *Manche befürworten* sogar den *generellen Entzug* der Staatenimmunität bei *Menschenrechtsverletzungen.* Nach einer Änderung des *Foreign Sovereign Immunities Act* der USA 1997 (Rz 867) können fremde Staaten wegen terroristischer Akte auch im hoheitlichen Bereich vor US-Gerichten geklagt werden.

4. Staatliche Einrichtungen und Unternehmen

Staaten handeln oft durch mehr oder weniger selbständige Einrichtun- **872** gen oder Staatsunternehmen, die meist eigene Rechtspersönlichkeit besitzen. Beispiele sind etwa Nationalbanken oder staatliche Wirtschaftsbetriebe und Außenhandelsgesellschaften. Die **traditionelle Praxis** stellte für die Frage der Immunität solcher Einrichtungen stets auf ihre **organisatorische Struktur,** dh auf ihre juristische und wirtschaftliche *Abhängigkeit vom Staat* selbst, ab. Die **neuere Praxis** betrachtet die Frage jedoch meist **funktionell,** dh *entscheidend* ist, ob die staatliche Einrichtung im besonderen Falle auch *tatsächlich hoheitlich gehandelt* hat (D 89), zB ob eine Nationalbank im Anlassfall ein Bankgeschäft abgewickelt hat oder als Devisenbehörde aufgetreten ist. Im zweiten Fall genießt sie demnach Immunität, im ersten nicht.

Manchmal treten staatliche Einrichtungen als Wirtschaftsunternehmen **873** auf, doch wird ihnen die Erfüllung ihrer zivilrechtlichen Verpflichtungen durch hoheitliches Handeln des eigenen Staates unmöglich gemacht (zB Exportverbot). Sie berufen sich dann gegenüber ihren Vertragspartnern auf *Höhere Gewalt* (Rz 2732 f). Das Gericht, vor dem ein solches ausländisches

Staatsunternehmen geklagt wird, steht nunmehr vor der schwierigen Frage, ob das Eingreifen des Staates einen einsichtigen hoheitlichen Zweck verfolgte oder das Staatsunternehmen nur von einer lästigen geschäftlichen Verpflichtung befreien sollte.

5. Immunität im Vollstreckungsverfahren

874 Die **Gerichte** sind bei der **Vollstreckung** gegen ausländische Staaten viel **zurückhaltender** als bei der Gerichtsbarkeit vorgegangen. Die *Exekution* wurde als ein *schwerer wiegender Eingriff* in die Souveränität angesehen *als* das bloße *Erkenntnisverfahren.* Für den zunächst erfolgreichen privaten Kläger bedeutet dies uU nur einen kostspieligen Prozess mit einem undurchsetzbaren Urteil.

875 Die **neuere Praxis** gestattet aber regelmäßig **auch Exekutionsmaßnahmen** gegen ausländische Staaten, sofern es sich bei dem Vollstreckungsobjekt um **nicht hoheitliches Vermögen** handelt. Ob ein bestimmter Vermögenswert dem hoheitlichen Vermögen zuzuzählen ist oder nicht, hängt, anders als die Abgrenzung der Gerichtsbarkeit (Rz 869), nicht von der Art der Innehabung, sondern von der **Zweckbestimmung** des Vermögens ab. Es ist also nicht schon eine Zwangsvollstreckung in jedes Bankguthaben eines ausländischen Staates deshalb zulässig, weil auch Private Bankguthaben besitzen können.

876 Während die hoheitliche Zweckbestimmung bei gewissen Vermögensobjekten wie Kriegsschiffen oder Botschaftsgebäuden klar ist, gibt es in anderen Fällen Schwierigkeiten. Die bloße Behauptung des Staates, ein Bankguthaben diene einem hoheitlichen Zweck, genügt nicht. Bei *Botschaftskonten* sind die Höchstgerichte Deutschlands, Großbritanniens und Österreichs (D 92) aber sehr zurückhaltend vorgegangen. Sie haben bei der Verweigerung der Vollstreckung nicht einmal Nachforschungen zugelassen, ob das Geld tatsächlich hoheitlichen Zwecken dient.

H. Fremde Hoheitsakte

1. Das Territorialitätsprinzip

877 Das Territorialitätsprinzip erlaubt **staatliche Hoheitsakte** auf **fremdem Staatsgebiet** grundsätzlich **nur** mit **ausdrücklicher Zustimmung oder Duldung** des **betroffenen Staates.** Dieser Grundsatz wird meist streng gehandhabt und gestattet nicht einmal eine Tätigkeit, die keine unmittelbare Auswirkung im Territorialstaat hat, zB polizeiliche Erhebungen oder amtliche Vorladungen (D 93). Hoheitliche Tätigkeit, die nicht mit Zwangsgewalt verbunden ist, wird aber manchmal für zulässig gehalten (D 94).

878 Das Verbot hoheitlicher Tätigkeit im Ausland gilt nicht für bestimmte **gewohnheitsrechtliche Ausnahmen.** Zu ihnen gehören die nunmehr in der Diplomatenrechtskonvention (D 205) und in der Konsularrechtskonvention (D 209) geregelte *Tätigkeit* von *Diplomaten* und *Konsuln* sowie die Setzung gewisser Akte durch *fremde Staatsoberhäupter,* wie die Unterzeichnung offizieller Dokumente, Ernennungen und Ordensverleihungen. Beispiele für die

vertragliche Zustimmung des Territorialstaates zur Tätigkeit ausländischer Hoheitsträger sind die Stationierung friedenserhaltender Truppen der VN (D 237) und vorgeschobene Grenzzollämter (D 76). Im Bereich des Außenwirtschaftsrechts gibt es immer wieder strittige Grenzfälle, etwa wenn Exportkontrollgesetze auf die Tätigkeit von im Ausland ansässigen Gesellschaften angewendet werden (Rz 1223; D 149), oder wenn staatliches Kartellrecht an im Ausland gesetzte Handlungen anknüpft (Rz 1223).

2. Anerkennung fremder Hoheitsakte

Hoheitsakte eines Staates auf seinem **eigenen Staatsgebiet** werden grundsätzlich **anerkannt, Versuche** eines Staates, seinen **Regelungsanspruch** auf das **Gebiet anderer Staaten** auszudehnen, **zurückgewiesen.** Daher wird zB eine Enteignung von Vermögen, welches sich zum Zeitpunkt der Enteignung im enteignenden Staat befindet, in anderen Staaten grundsätzlich anerkannt (D 95). Befindet sich das Vermögen zum fraglichen Zeitpunkt dagegen im Ausland, wird die Enteignung nicht anerkannt, selbst wenn Staatsbürger des enteignenden Staates betroffen sind (D 96, 97). **879**

Allerdings haben Gerichte wiederholt auch auf dem **Gebiet** des **handelnden Staates** gesetzte **Hoheitsakte nicht anerkannt,** wenn ihrer Ansicht nach diese Hoheitsakte dem **ordre public,** also den *grundsätzlichen Wertvorstellungen* der *Rechtsordnung* des *Gerichtsstaates,* **widersprachen.** Dies ist insbes bei Konfiskationsgesetzen (Rz 1303 ff) häufig der Fall. Die Frage wird aktuell, wenn Teile des enteigneten Vermögens, etwa durch Weiterveräußerung, in den Gerichtsstaat gelangen. Es besteht jedoch keine vr Verpflichtung, derartigen fremden Hoheitsakten die Anerkennung zu versagen. Eine jahrelange Praxis vieler Staaten anerkennt daher auch durch völkerrechtswidrige Enteignung erlangte Titel im Interesse der geringstmöglichen Kontrolle des Handelsverkehrs. Dem früheren Eigentümer verbleibt dann nur ein allenfalls gewährter diplomatischer Schutz (Rz 701 ff, 2797 ff), um eine Entschädigung zu erlangen. **880**

Andererseits gibt es Anzeichen dafür, dass die Gerichte den *ordre public* gegen völkerrechtswidrige ausländische Hoheitsakte nur dort einzusetzen bereit sind, wo eine Nahebeziehung des Falles zum Gerichtsstaat vorhanden ist (D 98). Es wäre aber zu nationalistisch, dieses Erfordernis einer *Inlandsbeziehung* so auszulegen, dass bei einer Konfiskation nur das Eigentum von Inländern geschützt wird. **881**

3. Die Act-of-State-Doktrin

Literatur: *Böckstiegel* (Hrsg), Acts of state and arbitration (1997); *Holstein,* Act of state im U.S.-amerikanischen Recht: eine Doktrin vor dem Zerfall? (1998).

Nach der va von den *Gerichten der USA* entwickelten *Act-of-State-*Doktrin dürfen die Gerichte die Rechtmäßigkeit des hoheitlichen Handelns ausländischer Staaten auf deren eigenem Territorium nicht überprüfen. Der Unterschied zur Staatenimmunität besteht darin, dass die *Act-of-State*-Doktrin **auch** dann anwendbar ist, **wenn** der **ausländische Staat nicht** selbst **882**

Beklagter ist, sondern die *Rechtmäßigkeit seines Handelns* nur **Vorfrage** in einem **Streit** zwischen **Privatpersonen** ist. Auch bei der *Act-of-State*-Doktrin ist der *häufigste Anwendungsfall* die *völkerrechtswidrige Enteignung* durch fremde Staaten. Zur *Begründung* für diese „richterliche Zurückhaltung" wird auf die *Gewaltenteilung* verwiesen, welche die Führung der Außenpolitik, einschließlich der Geltendmachung allfälliger Völkerrechtswidrigkeiten, dem hiezu berufenen Außenministerium überlässt.

883 Die *Act-of-State*-Doktrin wurde in den *USA* allerdings mehrfach *eingeschränkt*. 1966 wurde ein Gesetz erlassen, welches den US-Gerichten ausdrücklich verbietet, ausländische Konfiskationen anzuerkennen, sofern der Präsident nicht im Einzelfall feststellt, dass die Anwendung der *Act-of-State*-Doktrin den außenpolitischen Interessen der USA entspricht. Eine andere Ausnahme wurde im Zusammenhang mit nationalsozialistischen Enteignungsmaßnahmen von den Gerichten selbst entwickelt. Nach ihr wird die *Act-of-State*-Doktrin nicht angewandt, wenn das Außenministerium mitgeteilt hat, dass die Regierung die Gültigkeit eines bestimmten ausländischen Hoheitsaktes bestreitet.

884 Das Territorialitätsprinzip und die *Act-of-State*-Doktrin gehen zwar von unterschiedlichen theoretischen Ansatzpunkten aus. Die Ergebnisse in der Praxis sind einander jedoch sehr ähnlich.

2. Kapitel
Die Internationalen Organisationen

Christoph Schreuer

Literatur: *Sohn* (Hrsg), International Organisation and Integration (1986); *Wolfrum* (Hrsg), Handbuch Vereinte Nationen (2. Aufl, 1991); *Kirgis,* International Organizations in Their Legal Setting (2. Aufl, 1993); *Bowett,* The Law of International Institutions (5. Aufl, 1995); *Schermers / Blokker,* International Institutional Law (3. Aufl, 1995); *Amerasinghe,* Principles of the Institutional Law of International Organizations (1996); *Köck / Fischer,* Das Recht der Internationalen Organisationen (3. Aufl, 1997); *Cede / Sucharipa-Behrmann,* Die Vereinten Nationen. Recht und Praxis (1999); *Seidl-Hohenveldern / Loibl,* Das Recht der Internationalen Organisationen einschließlich der Supranationalen Gemeinschaften (7. Aufl, 2000); *Simma* (Hrsg), The Charter of the United Nations: A Commentary (2. Aufl, 2002).

A. Einleitung

1. Geschichte

Der zwischenstaatliche Verkehr früherer Jhdt wurde in aller Regel durch bilaterale Kontakte abgewickelt. Eine Ausnahme bildeten *Konferenzen,* oft zum Abschluss von Friedensverträgen nach größeren Kriegen. **Seit dem Wiener Kongress** 1814/15 etablierte sich ein System der periodischen Konsultation, das **„Europäische Konzert“,** das aber auf einige Großmächte beschränkt war und noch keinen institutionellen Rahmen hatte (Rz 86). Die beiden Haager Friedenskonferenzen 1899 und 1907 zeigten eine Tendenz der Öffnung des Konferenzsystems auch für nichteuropäische Staaten. 1899 nahmen 26 Staaten teil, 1907 bereits 44 (Rz 92). **885**

Parallel zur Entwicklung der Konferenzdiplomatie gab es im 19. Jhdt auch die ersten organisierten Zusammenschlüsse zur Lösung gemeinsamer technischer und administrativer Probleme. **886**

Diese **Verwaltungsunionen** wurden jeweils für **begrenzte Problembereiche** gegründet. Beispiele (mit Gründungsjahr) sind: *Welttelegraphenunion* (1865 – Rz 2183), *Weltpostverein* (WPV – 1874 – Rz 2201), *Internationales Gesundheitsbüro* (1903). *Manche* von ihnen leben *heute noch* als *Spezialorganisationen* der VN fort (Rz 989). Die Verwaltungsunionen waren dauernde Einrichtungen, welche auf multilateralen Verträgen beruhten. An Organen hatten sie meist ein *Büro* sowie eine *Delegiertenkonferenz* oder *Versammlung.* **887**

Der **VB,** gegründet 1919 im Rahmen der Friedenskonferenzen von Paris nach dem I. WK, war der erste Versuch einer allgemein-politischen IO. Sein Hauptziel war es, die Wiederholung der Katastrophe von 1914 (Ausbruch des I. WK) zu verhindern. Dabei ging man von der These aus, der I. WK sei im Wesentlichen ein „diplomatischer Unfall“ gewesen. Unter der Annahme der grundsätzlichen Kooperationsbereitschaft der Mitglieder wurde noch kein generelles Kriegs- oder Gewaltverbot (Rz 1809) geschaf- **888** fen, sondern ein System der Streitbeilegung, welches zunächst durchlaufen werden musste, bevor die Mitglieder zum Kriege schreiten durften.

889 Der VB war nie universell. Er umfasste 59 überwiegend europäische Mitglieder. Die USA wurden nie Mitglied. 16 Staaten traten im Laufe der Zeit aus (das Deutsche Reich 1933). Die Sowjetunion wurde 1939 nach dem Angriff auf Finnland ausgeschlossen.

890 Der VB hatte ein Plenarorgan (die Versammlung), ein Organ mit beschränkter Mitgliederzahl (den Rat) sowie ein Sekretariat. Der Rat hatte ständige und gewählte Mitglieder. Er trug somit noch Züge des „Konzerts der Großen". Andererseits findet sich hier auch schon die Grundidee der Zusammensetzung des SR der VN. Für die Willensbildung im VB galt der Grundsatz der Einstimmigkeit, wenngleich es davon gewisse Ausnahmen gab (D 132).

891 Die Zeit seit dem Ende des II. WK und der Gründung der **VN** 1945 (Rz 910) brachte eine sprunghafte Vermehrung zwischenstaatlicher IO. Derzeit existieren wesentlich mehr IO als Staaten. Hinter dieser Ausweitung organisierter internationaler Zusammenarbeit steht einerseits die Einsicht, dass viele Probleme heute nur durch enge und institutionalisierte internationale Zusammenarbeit gelöst werden können. Andererseits stellt die Gründung von IO oft auch eine Flucht vor Sachproblemen dar, deren man durch immer neue Institutionen Herr zu werden hofft.

892 Die Haltung der Mitgliedstaaten gegenüber IO und damit auch deren Recht ist durch zwei gegenläufige Tendenzen gekennzeichnet: einerseits die Einsicht in die Notwendigkeit organisierter Zusammenarbeit und andererseits das Bestreben nach Erhaltung einzelstaatlicher Handlungsfreiheit. Dieses **Spannungsverhältnis** von **Integration** und **Souveränität** zieht sich wie ein roter Faden durch so gut wie alle Bereiche des Rechts der IO.

2. Der Begriff der Internationalen Organisation

893 IO werden hier im Sinne von *zwischenstaatlichen oder öffentlichen Internationalen Organisationen* **(Intergovernmental Organizations – IGO)** verstanden. Sie beruhen regelmäßig auf einem **vr Vertrag** (Rz 909, vgl aber 907), besitzen ein Minimum an institutionalisierten Einrichtungen (**Organen** – Rz 1011 ff) und eine gewisse **Dauerhaftigkeit** (nicht bloß Ad-hoc-Konferenzen).

894 Neben den hier behandelten zwischenstaatlichen IO gibt es eine noch viel größere Zahl nicht-zwischenstaatlicher IO, die sog **International Non-Governmental Organizations** ([I]NGO, beide Abkürzungen werden in diesem Zusammenhang verwendet – Rz 1209). Von ihnen gibt es mehrere Tausend. Es sind dies **grenzüberschreitende Vereinigungen des Privatrechts** mit nichtstaatlichen Aufgaben (Rz 1234 ff).

895 **Multinationale** oder **transnationale Unternehmen** (Rz 1212 ff, 2499, 2519, 2569, 2625) beruhen auf **staatlichem Gesellschaftsrecht** (vgl Rz 1218, 1222). Diese Wirtschaftsunternehmen operieren in mehreren Staaten meist durch Tochtergesellschaften. Auch dabei gibt es Grenzfälle, wenn etwa Staaten sich an multinationalen Unternehmen beteiligen oder gemeinsam kommerziell ausgerichtete Unternehmen betreiben (zB INTELSAT – Rz 2346, 2375).

3. Arten Internationaler Organisationen

a) Nach dem Mitgliederkreis

Manche IO streben nach möglichst breiter Mitgliedschaft und stehen grundsätzlich allen Staaten offen. Sie werden meist als **universelle** Organisationen bezeichnet. Allerdings gibt es keine wirklich universelle IO, der alle Staaten der Welt angehören. Immerhin kommt die „UN-Familie" (die VN und ihre Spezialorganisationen – Rz 989) dem Ideal der Universalität sehr nahe. Das Fernbleiben einiger Staaten hat seinen Grund in neutralitätspolitischen Erwägungen (die Schweiz war bis 2002 nicht Mitglied der VN, wohl aber einiger Spezialorganisationen – Rz 972), der besonderen politischen Situation (Taiwan – Rz 1009) oder der geringen Größe der Staaten (Rz 742, 977). 2004 waren lediglich der Heilige Stuhl, die Demokratische Arabische Republik Sahara (Westsahara) und Taiwan nicht Mitglieder der VN. **896**

Während Universalität grundsätzlich erstrebenswert ist, bringt sie auch gewisse Schwierigkeiten mit sich. Die Verschiedenartigkeit der Mitglieder im politischen System oder in der wirtschaftlichen Entwicklung erschwert oft eine wirksame Zusammenarbeit. **897**

IO, welche nur bestimmten Staaten offen stehen, werden meist als **Regionalorganisationen** bezeichnet. Das Kriterium für die Mitgliedschaft liegt nicht nur in der geografischen Lage, sondern auch in politischen und wirtschaftlichen Gemeinsamkeiten. Ein Teil dieser IO erstreckt sich tatsächlich auf eine klar definierbare Region: *Europarat, Organization of American States* (OAS) oder AU. Bei anderen stehen politische (NATO) oder wirtschaftliche (*Organization for Economic Cooperation and Development* [OECD]) Gesichtspunkte stärker im Vordergrund. Bei der Mitgliedschaft in solchen IO kommt es auch zu Überschneidungen. So haben beispielsweise die EG/EU, der Europarat und die NATO einen teils identischen und teils unterschiedlichen Mitgliederkreis. **898**

Die größere Homogenität in Regionalorganisationen fördert meist die Integration und die wirksame Verfolgung der Ziele. So ist zB der internationale Menschenrechtsschutz im Rahmen des Europarats (Rz 1433 ff) erheblich effektiver als in den VN. Die wirtschaftliche Zusammenarbeit in der EG (Rz 1111 ff) ist um vieles enger als etwa in der *World Trade Organization* (WTO – Rz 2553). **899**

b) Nach Zielsetzung und Aufgaben

Der Aufgabenbereich der IO ist sehr breit und umfasst heute schon fast alle Bereiche staatlicher Tätigkeit. Allerdings sind diese Bereiche höchst unterschiedlich aufgeteilt. Man kann dabei IO mit **allgemein-politischer Zielsetzung** von solchen mit **technisch-funktionellem Aufgabenbereich** unterscheiden. Die IO mit allgemein-politischer Zielsetzung besitzen ein großes Betätigungsfeld, dem kaum Grenzen gesetzt sind, wobei friedliche Streitbeilegung und Friedenserhaltung meist im Vordergrund stehen. Beispiele dafür sind die VN und der Europarat. Beim Europarat sind Fragen der nationalen Verteidigung allerdings ausdrücklich ausgeschlossen. **900**

901 Die Grenze zwischen allgemein-politischen und technisch-funktionellen IO ist nicht immer scharf. Die VN und der Europarat befassen sich vielfach auch mit konkreten technischen Fragen. In den VN übt der WSR (Rz 1025) eine wichtige Koordinationsaufgabe zwischen den verschiedenen Organen und Spezialorganisationen aus.

902 IO mit technisch-funktionellem Aufgabenbereich haben eine fest umrissene Zielsetzung. Dabei spielt auch der Gedanke eine Rolle, diese funktionellen IO aus politischen Alltagskonflikten herauszuhalten, um ihre Arbeit zu erleichtern. Allerdings hat sich va in den Spezialorganisationen der VN (Rz 989) die Tendenz gezeigt, auch allgemein-politische Fragen in den Vordergrund zu stellen. Dies hat vielfach zu einem Klima der Konfrontation geführt und die Arbeit behindert.

903 Andererseits hat die Erfahrung gerade in Westeuropa seit dem II. WK bewiesen, dass die wirtschaftlich-technische Integration uU mehr zur Friedenserhaltung beitragen kann als allgemein-politische Einrichtungen der Streitbeilegung.

904 Der Aufgabenbereich von IO ist so breit, dass selbst eine sehr allgemein gehaltene Aufzählung ihrer Funktionen mehrere Seiten füllen würde. Eine tabellarische Übersicht (D 99) kann immerhin einen groben Überblick vermitteln.

c) Nach dem Grad der Integration

905 Den IO im traditionellen Sinne werden manchmal **supranationale Organisationen** gegenübergestellt. Meist wird dieser Begriff nur für die drei *Europäischen Gemeinschaften EG, EGKS* und *EAG* (Rz 1087 ff), verwendet. Der Begriff der Supranationalität ist keineswegs klar definiert, sondern beschreibt lediglich einen **höheren Grad der Integration.** Typische Merkmale der Supranationalität sind:

- *Befugnis* der Organisation, für die *Mitgliedstaaten bindende Beschlüsse* zu fassen;
- Fassung dieser *Beschlüsse auch gegen* den *Willen einzelner Mitglieder;*
- *unmittelbare Geltung* dieser *Beschlüsse* in den *Mitgliedstaaten* ohne staatliche Durchführungsmaßnahmen;
- *Anwendungsvorrang* des *Rechts* der *IO* gegenüber dem staatlichen Recht der Mitgliedstaaten;
- Möglichkeit der *effektiven Durchsetzung* dieser Beschlüsse, zB durch Vollstreckungsmaßnahmen (Art 256 [ex-Art 192] EGV);
- *weisungsunabhängige (quasi-)parlamentarische Organe* (Rz 1032 ff, 1123 ff);
- *gerichtliches Organ* mit *obligatorischer Gerichtsbarkeit* (Rz 1140);
- *andere Finanzquellen als Mitgliedsbeiträge* (Rz 1144).

Selbst die drei Gemeinschaften verfügen aber nicht voll über alle diese Merkmale (vgl zB Rz 1061, 1127).

d) Nach dem Grad der Organisation

906 Neben den üblichen IO mit einer fest gefügten Struktur und einem typischen organisatorischen Aufbau (Rz 1011 ff) gibt es wenig strukturierte

oder formlose Zusammenschlüsse von Staaten. Das GATT (Rz 2516 f) etwa hatte ursprünglich nur ein Entscheidungsforum, welches der Gründungsvertrag als *CONTRACTING PARTIES* bezeichnete. Die besondere Schreibweise sollte anzeigen, dass es sich dabei funktionell nicht bloß um die Mitgliedstaaten als solche handelte. In der Folge wurden weitere Organe im GATT geschaffen. *Seit 1995* existiert das *frühere GATT* auf Grund eines vr Vertrages unter der Bezeichnung *WTO unzweifelhaft* als *IO*.

Der *institutionalisierte multilaterale diplomatische KSZE-Prozess,* der **907** auch auf keinem vr Vertrag beruhte, war keine IO. Auf der *Pariser Gipfelkonferenz 1990* wurden jedoch die *ersten ständigen KSZE-Institutionen* beschlossen und in der Folge ausgebaut (Rz 1796). Auf Beschluss der KSZE-Gipfelkonferenz in Budapest 1994 wurde die KSZE *ab 1995* in *Organisation für Sicherheit und Zusammenarbeit in Europa (OSZE)* umbenannt (Rz 1932). Eine *Veränderung des rechtlichen Status* trat dadurch aber *nicht* ein.

Schließlich gibt es formlose Gruppierungen von Staaten, welche ein- **908** deutig nicht mehr als IO bezeichnet werden können. Sie treten häufig als Stimmblöcke innerhalb von IO oder bei Konferenzen auf. Hierher gehören zB die *Blockfreien* oder die *„Gruppe der 77"* (Rz 125 ff).

B. Entstehung und Ende Internationaler Organisationen

1. Gründung

IO beruhen regelmäßig auf einem multilateralen **vr Vertrag.** Dieser **909** Vertrag, die Satzung oder „Verfassung" der IO, enthält, ähnlich wie staatliche Verfassungen, organisatorische Bestimmungen und materielle Verpflichtungen für die Mitglieder und die Organisation. Solche Gründungsverträge werden meist auf eigenen Gründungskonferenzen ausgearbeitet. Für das In-Kraft-Treten ist regelmäßig eine bestimmte Zahl von Ratifikationen erforderlich (Rz 285). Da die rechtliche Entstehung der Organisation bis zum Vorliegen der erforderlichen Ratifikationen längere Zeit in Anspruch nehmen kann, werden *manchmal vorbereitende Organe* eingesetzt.

Die Pläne für die Gründung der **VN** gehen bis 1941 (*Atlantic Charter* – **910** Rz 1379) zurück. Detaillierte Entwürfe wurden auf der *Konferenz* von *Dumbarton Oaks* (USA) 1944 von China, Großbritannien, der UdSSR und den USA ausgearbeitet. Auf der *Konferenz* von *Jalta* im Februar 1945 klärten *Churchill, Roosevelt* und *Stalin* noch eine Reihe strittiger Fragen, insbes die Abstimmungsformel im SR in Art 27 SVN (Rz 1053 f). Die eigentliche **Gründungskonferenz** von **San Francisco** fand von April bis Juni 1945 unter Beteiligung von insgesamt 50 Staaten statt. Die wichtigsten Grundsatzentscheidungen waren jedoch schon zuvor von den Großmächten gefällt worden. Die erforderlichen Ratifikationen (Art 110 SVN) lagen bereits am 24. 10. 1945 vor. Mit diesem Tage begannen die VN rechtlich zu bestehen.

Die Schaffung einer IO anders als durch vr Vertrag ist selten. Eine **911** Gründung durch den Beschluss einer anderen, schon bestehenden IO ist aber möglich.

2. Auflösung

912 Die **Satzungen** der **meisten Organisationen** enthalten **keine Bestimmungen** über deren **Auflösung.** Derartige Bestimmungen werden va aus politischen Gründen *nicht* für *opportun* gehalten. Die Satzungen der *Finanzorganisationen* (Weltbank, IWF, IDA, IFC und regionaler Entwicklungsbanken) dagegen regeln nicht nur ihre mögliche Auflösung, sondern auch detailliert die Liquidierung ihres Vermögens (zB Art 6 Abschnitt 5 Weltbank-Satzung). *Manche IO* werden nur für *bestimmte Zeit* gegründet (zB Art 97 EGKS-Vertrag [EGKSV]: 50 Jahre; Rohstoffabkommen [trotz ihrer Bezeichnung IO – Rz 1057, 2532 ff]: meist fünf Jahre). Ihre Auflösung erfolgt durch Zeitablauf, sofern keine einvernehmliche Verlängerung stattfindet.

913 IO, deren Satzungen keine Bestimmungen über die Auflösung enthalten, können durch **contrarius actus,** also durch Vertrag aller Mitglieder, aufgelöst werden. In der **Praxis** wurde meist **formloser** vorgegangen. Der VB etwa wurde am 18. 4. 1946 durch eine einstimmige Res seiner Versammlung aufgelöst. Es verblieb nur eine Liquidierungskommission. Mehrere Mitglieder waren bei dieser Entscheidung allerdings nicht vertreten. Österreich, Mitglied des VB bis 1938, war nur als Beobachter zugelassen (Rz 3082). Die juristisch einwandfreie Vorgangsweise in einem solchen Fall wäre wohl die Einhaltung des Verfahrens zur Satzungsänderung (Rz 479), das allerdings langwierig und umständlich ist.

3. Rechtsnachfolge

914 Die Aufgaben von IO sind bei ihrer Auflösung selten ganz erfüllt. Überdies verbleiben meist noch Vermögenswerte oder finanzielle Verpflichtungen. Es ergibt sich also die Frage, inwieweit andere IO in die Rechtsverhältnisse einer aufgelösten IO eintreten können.

915 Die **VN** haben es **abgelehnt, Universalsukzessor** des **VB** zu sein. Die politischen Funktionen des VB sollten vielmehr durch andere, wie man hoffte, bessere Methoden ersetzt werden. Allerdings haben die VN eine Reihe technischer und administrativer Aufgaben vom VB übernommen, wie etwa Registrierung, Kundmachung und Depositärfunktionen (Rz 287) bei Verträgen (Res der GV 24 [I]). Das bewegliche und unbewegliche Vermögen des VB wurde durch Vertrag zwischen den beiden Organisationen auf die VN übertragen (1 UNTS 109). Das Mandatsystem des VB, eine typisch politische Funktion, sollte durch das Treuhandsystem der VN ersetzt werden (Rz 780 f).

916 **1961** wurde die *Organization for European Economic Cooperation* **(OEEC)** aufgelöst und mit erweiterter Mitgliedschaft und etwas veränderter Zielsetzung **durch** die **OECD ersetzt.** Dabei wurde eine **volle Rechtsnachfolge** gewählt (Art 15 OECD-Satzung). Die Rechtspersönlichkeit, einschließlich aller Rechte und Pflichten der früheren IO, ging auf die neue IO über. Die Beschlüsse der OEEC blieben jedoch nur wirksam, soweit sie der OECD-Rat genehmigte.

917 In Lateinamerika gab es mehrere Versuche, wenig erfolgreiche IO durch Rechtsnachfolger mit geänderter Struktur zu ersetzen (Rz 2524).

C. Die Rechtsstellung Internationaler Organisationen

1. Rechts- und Handlungsfähigkeit im Völkerrecht

IO bedürfen zur wirksamen Verfolgung ihrer Ziele der Fähigkeit, Rechte und Pflichten zu haben, also der **Rechtspersönlichkeit.** Dies bedeutet nicht notwendigerweise die gleiche Rechtsstellung wie die der klassischen VRS, der Staaten. Die Gründerstaaten sind nur bereit, einer IO jenes Ausmaß an Rechtspersönlichkeit einzuräumen, welches für die Erfüllung der besonderen Aufgaben der IO erforderlich ist. IO, einschließlich der VN, sind also keineswegs „Superstaaten" (D 103). Ihre Funktionen sind beschränkt und ergeben sich aus ihren Satzungen sowie aus ihrer Praxis. Eine **ausdrückliche** Feststellung der **internationalen Rechtspersönlichkeit** einer IO im **Gründungsvertrag** ist eher **selten** (siehe aber Art 281 [ex-Art 210] EGV – D 137; Art 6 EGKSV). 918

Ein wichtiger Aspekt der Rechtspersönlichkeit ist die **Vertragsfähigkeit** *(treaty-making power)*. Der Abschluss *gewisser Verträge* ist in den *Gründungsverträgen* mancher IO *ausdrücklich* vorgesehen. Dazu gehören bei den VN die Sonderabkommen über Streitkräfte nach Art 43 SVN (welche aber bisher nicht abgeschlossen wurden), die früheren Treuhandschaftsabkommen gem Kap XII (Rz 780, 1026) sowie die Abkommen über die Beziehungen zu den Spezialorganisationen gem Art 57 und 63 SVN (Rz 989). Der EGV enthält Vorschriften über Zoll- und Handelsabkommen sowie Assoziierungsabkommen mit Nichtmitgliedern und Nichtmitgliedergruppen (Rz 1159 ff). 919

Ein Blick auf die **Praxis** zeigt, dass IO zahlreiche **Verträge** abgeschlossen haben, welche in ihren **Satzungen nicht vorgesehen** sind. Ausschlaggebend für die Vertragsfähigkeit von IO ist nicht eine ausdrückliche Ermächtigung, sondern ob der Vertragsinhalt in den Aufgabenbereich der IO fällt. Vertragsfähigkeit an sich bedeutet also noch nicht, dass jeglicher Vertrag abgeschlossen werden darf. So nahmen etwa IO an den großen Kodifikationsverträgen (Rz 226) nicht als Vertragsparteien teil. 920

Allerdings hat sich die EG auf der Grundlage von eigens auf regionale Wirtschaftsorganisationen zugeschnittenen Teilnahmeklauseln an einer Reihe zwischenstaatlicher Verträge beteiligt, deren Materie in ihren Zuständigkeitsbereich fällt. Zu diesen Verträgen gehört auch das UN-Seerechtsübereinkommen 1982 (Rz 2233; D 284). 921

Die wichtigsten Typen von Verträgen, die von IO abgeschlossen werden, sind: 922

- Verträge über Status und Vorrechte der IO, zB Amtssitzabkommen (Rz 934), Truppenstationierungsabkommen (Rz 1753 ff);
- Verträge über Koordinierung mit anderen IO, zB gem Art 57 und 63 SVN;
- Verträge mit Staaten über die Tätigkeit der Organisationen, zB Darlehensverträge der Weltbank, Handelsabkommen der EG, Bereitstellungs- und Überwachungsabkommen der *International Atomic Energy Agency* (IAEA).

Die Befugnisse und Verfahren zum Vertragsabschluss ergeben sich in erster Linie aus dem Recht der IO, va der Satzung. Die umfangreiche Vertragspraxis hat mittlerweile zu einem **eigenen Vertragsrecht** der **IO** geführt. 923

924 Diese Materie wurde nach Vorbereitung durch die ILC im **Wiener Übereinkommen über das Recht der Verträge zwischen Staaten und IO oder zwischen IO 1986** (WVK II) kodifiziert. Die WVK II war nötig, weil die WVK 1969 (D 10) auf Verträge zwischen Staaten beschränkt ist (Rz 247). Allerdings folgt die **neue Konvention weitestgehend** dem **Wortlaut** der **WVK** (Rz 250). Manche Abweichungen sind eher terminologisch, wie der Ausdruck *„formeller Bestätigungsakt"* bei IO *statt „Ratifikation"* etc bei Staaten. Die Konvention steht Staaten und IO als Parteien offen; allerdings zählen nur die Ratifikationen der Staaten für das In-Kraft-Treten (Rz 284 f). Mangels des Vorliegens der erforderlichen Zahl von 35 Ratifikationen ist die WVK II noch nicht in Kraft.

925 Die **Vertragsfähigkeit** von IO wurde in der Präambel der WVK II als gegeben **vorausgesetzt,** sofern diese Fähigkeit für die Ausübung der Funktionen und die Erfüllung der Zwecke der IO erforderlich ist. Der Umfang der Vertragsfähigkeit ergibt sich aus den Regeln der jeweiligen IO (Art 6), dh dem Gründungsvertrag, den danach beschlossenen Entscheidungen und Res sowie der etablierten Praxis der IO (Art 2 Abs 1 lit j).

926 **Abweichungen** zwischen den beiden Konventionen existieren bei den **Verträgen zu Gunsten Dritter,** bei denen die **Zustimmung** der *begünstigten Staaten vermutet* wird, jene der **begünstigten Organisation** aber **ausdrücklich erklärt** werden muss (jeweils Art 36 der beiden Konventionen).

927 Materielle **Unterschiede** zwischen beiden Konventionen bestehen auch bei der **Beilegung** von **Streitigkeiten** über **ius cogens** (jeweils Art 66 und Anhang der Konventionen). Während die WVK ein streitiges Verfahren vor dem IGH vorsieht, sofern die Parteien nicht ein Schiedsverfahren vereinbaren (Rz 395), musste in der WVK II ein anderes Verfahren gefunden werden, weil IO nicht Parteien im streitigen Verfahren vor dem IGH sein können (Rz 2000). Die Lösung besteht in der Einholung eines **Rechtsgutachtens** des **IGH** (Rz 2001 f), das **vorweg** als **bindend akzeptiert** wird, **oder** in der Unterwerfung unter ein **Schiedsverfahren.**

928 Die **Deliktsfähigkeit** ist ein weiterer Aspekt der Rechtsfähigkeit der IO. Ihre *Satzungen* enthalten *meist keine Bestimmungen* über die Verantwortlichkeit für deliktisches Handeln. Immerhin sieht das Europarecht eine Haftung der Organisationen für rechtswidriges Handeln und eine Entscheidungskompetenz des EuGH (Rz 1140) in diesen Fragen vor (Art 288 [ex Art 215] EGV – D 137). Für andere IO ist die Frage nicht völlig geklärt. Die VN haben im Zusammenhang mit gewissen Übergriffen der friedenserhaltenden Truppen im Kongo (Rz 1853; D 101) eine Verantwortlichkeit grundsätzlich anerkannt und Globalentschädigungsabkommen mit mehreren Staaten abgeschlossen (D 101). Neben der Haftung der IO wird man subsidiär auch eine Haftung der Mitgliedstaaten annehmen müssen (siehe jedoch D 102).

929 Auch die Kompetenz, Ansprüche gegen Staaten zu verfolgen, ist in den Satzungen der IO regelmäßig nicht ausdrücklich vorgesehen, hat sich jedoch in der Praxis durchsetzen können (*Bernadotte-Fall* – D 103).

930 Für den Umfang der Rechts- und Handlungsfähigkeit von IO ist die **Implied-powers-Lehre** entscheidend. Danach besitzt eine IO die Kompetenz zu jenen Handlungen, die sich aus ihren Funktionen ergeben, dh die nötig

sind, um ihre Aufgaben effektiv zu erfüllen, auch wenn diese Kompetenzen nicht ausdrücklich im Gründungsvertrag verankert sind (vgl Rz 342). Neben dem oben angeführten Fall der selbständigen Verfolgung von Ansprüchen spielt die *Implied-powers*-Lehre etwa auch bei der Ausgestaltung des Dienstrechts, insbes der Schaffung eines Verwaltungsgerichts (Rz 955 ff; D 113), sowie für friedenserhaltende Operationen (Rz 1854; vgl auch *Bestimmte Ausgaben der VN-Fall* – D 136) eine wichtige Rolle.

2. Rechts- und Handlungsfähigkeit im staatlichen Recht

Zum Unterschied von der Rechts- und Handlungsfähigkeit im VR ist die *Rechts-* und *Handlungsfähigkeit* von *IO* **im staatlichen Recht häufig ausdrücklich vorgesehen.** Solche Bestimmungen finden sich in den Gründungsverträgen der betreffenden Organisation (Art 104 SVN, Art 282 [ex-Art 211]), in multilateralen Verträgen über Vorrechte und Befreiungen (D 104 a), in Amtssitzabkommen (D 105) sowie in staatlichen Rechtsvorschriften (D 106). Manchmal sind diese Bestimmungen ganz allgemein gehalten und verweisen, wie Art 104 SVN, auf die Rechtsstellung, die erforderlich ist, um die Funktionen der IO auszuüben und ihre Ziele zu verwirklichen. In anderen Fällen sind die Fähigkeit, Verträge abzuschließen sowie bewegliches und unbewegliches Vermögen zu erwerben, und die Parteistellung vor Gerichten konkret genannt. 931

In der Praxis hat die Anerkennung der privatrechtlichen Rechtspersönlichkeit von IO keine Schwierigkeiten bereitet (D 107). Selbst wo keine ausdrückliche Bestimmung über die Rechtspersönlichkeit existierte, haben Gerichte die Privatrechtsfähigkeit von IO regelmäßig anerkannt. In Nichtmitgliedstaaten haben IO jedoch bisweilen Schwierigkeiten bei der Anerkennung ihrer Rechtspersönlichkeit. 932

3. Vorrechte und Befreiungen Internationaler Organisationen

IO genießen im **Bereich** des **staatlichen Rechtes weit gehende Vorrechte** und **Befreiungen,** welche ihnen **im Vergleich** zu **anderen juristischen Personen** eine erheblich **privilegierte Stellung** einräumen, um die im öffentlichen Interesse gelegene Tätigkeit der IO möglichst zu erleichtern und zu fördern. Neben dieser **funktionellen Begründung** spielt aber auch ein historischer Gesichtspunkt eine wesentliche Rolle: Die traditionell privilegierte Stellung ausländischer Staaten (Rz 864 ff) und deren Vertreter (Rz 1758 ff) wurde bis zu einem gewissen Grade auch auf Staatenverbindungen übertragen. Die den IO traditionellerweise eingeräumten Vorrechte und Befreiungen entsprechen freilich nicht immer einem zwingenden funktionellen Erfordernis. Dies zeigt die Tatsache, dass die Privilegien einiger der neuen und stärker integrierten IO, zB der EG, vergleichsweise weniger ausgeprägt sind. 933

Bestimmungen über Vorrechte und Befreiungen finden sich in vier Typen von Rechtsquellen: 934

1) in den *Satzungen* der betreffenden IO; diese Bestimmungen sind allerdings meist sehr allgemein (zB Art 105 Abs 1 SVN, Art 40 [a] Satzung des Europarats);

2) in *multilateralen Abkommen* über *Vorrechte* und *Befreiungen* der *Organisation* (zB Übereinkommen über die Privilegien und Immunitäten der VN – D 104b, c; Übereinkommen über die Privilegien und Immunitäten der Spezialorganisationen [BGBl 1950/248]; Allgemeines Abkommen über die Privilegien und Immunitäten des Europarats [BGBl 1957/127, 1959/13, 1962/88]; Protokoll über die Vorrechte und Befreiungen der EG [Amtsblatt – ABl – 1967 Nr 152, 13]);

3) in den *Amtssitzabkommen,* das sind bilaterale Verträge zwischen den IO und den Staaten, in welchen sich ihre Amtssitze befinden (Rz 1765; D 105);

4) in *staatlichen Rechtsvorschriften* (D 106).

Die wichtigsten der in diesen Bestimmungen vorgesehenen Rechte und Pflichten sind:

a) Befreiung von der staatlichen Gerichtsbarkeit

935 Die **Immunität** von IO und ihres Vermögens **von zivilrechtlichen Klagen** ist regelmäßig in den einschlägigen Dokumenten vorgesehen (D 104b). Damit soll die IO **vor Eingriffen und Einflussnahmen durch** die **Organe** einzelner **Staaten geschützt** werden. Dazu kommt noch die Abschirmung vor missbräuchlichen Klagen. Sofern eine ausdrückliche Vertragsbestimmung über die Immunität fehlt, wird bisweilen eine Norm des VGR dieses Inhalts behauptet. Manchmal griffen die Gerichte in Ermangelung einer positivrechtlichen Immunitätsregel auch auf die Staatenimmunität (Rz 864ff) zurück und erklärten die IO aus der Perspektive eines Zusammenschlusses souveräner Staaten für immun.

936 Die Immunität stellt **bloß** eine **verfahrensrechtliche Schranke** für die **Rechtsdurchsetzung** dar, ändert jedoch nichts an der **Geltung** des **materiellen Rechts.** Im besonderen Fall ist ein Verzicht auf die Immunität durch den administrativen Leiter der IO (zB GS) möglich.

937 Die Immunität der IO von der staatlichen Gerichtsbarkeit ist zwar für die möglichst unbehinderte Tätigkeit der Organisationen wünschenswert, bringt aber für ihre potentiellen **Prozessgegner** schwere **Nachteile.** Ein berechtigter Anspruch kann mangels Durchsetzungsmöglichkeit zum Scheitern verurteilt sein. Manche IO, zB die EG, genießen daher keinen generellen Schutz vor den staatlichen Gerichten (Rz 1122). Die Weltbank (International Bank for Reconstruction and Development – IBRD, Rz 2515) genießt nur eine eingeschränkte Immunität vor staatlichen Gerichten. Dadurch soll die Kreditwürdigkeit der Weltbank gestärkt werden.

938 Ein gewisses Gegengewicht zur Immunität stellt für manche Streitfälle die Errichtung **alternativer Fora** dar. Für dienstrechtliche Streitigkeiten existiert bei den meisten IO ein *Verwaltungsgericht* oder eine ähnliche Einrichtung (Rz 955ff). Das Verwaltungsgericht der ILO kann darüber hinaus einvernehmlich auch zur Beilegung von Streitigkeiten aus privatrechtlichen Verträgen der ILO zuständig gemacht werden. Der EuGH ist nicht nur für deliktische Ansprüche gegen die Gemeinschaften zuständig, sondern kann durch eine Schiedsklausel auch für vertragliche Rechtsbeziehungen der EG zuständig erklärt werden (Art 238 [ex-Art 181] EGV). In anderen Fällen wird die schiedsgerichtliche Beilegung privatrechtlicher Streitigkeiten von IO vereinbart. Diese alternativen Fora dürfen aber nicht darüber hinwegtäuschen, dass der Rechtsschutz für die Streitgegner von IO in vielen Fällen unbefriedigend ist (D 108). Eine kritische Überprüfung der weit reichenden Immunitäten vieler IO auf ihre funktionelle Notwendigkeit wäre daher durchaus angebracht.

b) Fiskalbefreiungen

Regelmäßig sind IO auch **von Abgaben** und **Gebühren befreit.** Der Zweck dieser Befreiung ist nicht nur die **finanzielle Besserstellung** der Organisation, sondern va auch die **Vermeidung** einer **einseitigen Begünstigung** des **Sitzstaates** auf Kosten aller Mitglieder. So sind IO regelmäßig von *direkten Steuern* (zB Einkommensteuer, Vermögenssteuer) befreit (D 104c, 105b, 106c, 109). Für *indirekte Steuern* (zB Mehrwertsteuer) werden aber bisweilen ein Verzicht bei größeren Ankäufen oder eine pauschalierte Rückerstattung vereinbart. 939

Auch **Zollbefreiungen** für **Gegenstände** des **dienstlichen Gebrauchs** sowie für **Publikationen** werden in der Regel eingeräumt. Solcherart eingeführte Gegenstände unterliegen allerdings dann regelmäßig **Veräußerungsbeschränkungen.** Auch **Devisenbeschränkungen** sind auf Transaktionen von IO in aller Regel **nicht anwendbar.** Diese Bestimmung ist va für die Finanzorganisationen wichtig. 940

c) Sonstige Befreiungen

Das **Vermögen,** die **Archive** und die **Gebäude** von IO unterliegen nach den einschlägigen Bestimmungen gewöhnlich keiner Durchsuchung, Beschlagnahme, Enteignung oder sonstigen Beeinträchtigungen durch die Behörden des Sitzstaates. Auch der **Nachrichtenverkehr** per Post, Telegramm, Telefon, Kurier und mit anderen Mitteln unterliegt keiner Zensur oder sonstigen Beschränkungen. 941

4. Anwendbares Recht

IO haben also Rechtsfähigkeit sowohl im VR als auch im staatlichen Recht. Es ergibt sich somit die Frage, welche von mehreren möglichen Rechtsordnungen im Einzelfall auf eine bestimmte Rechtsbeziehung anzuwenden ist. Es kommen dafür das **VR,** eine **staatliche Rechtsordnung** sowie das **interne Recht der IO** in Frage. 942

Ohne Zweifel *binden* das *VGR* und die *ARG auch IO. Auch* die *von IO abgeschlossenen vr Verträge* sind im Verhältnis zu den Vertragspartnern (Staaten oder anderen IO) klar *anwendbar. Schwieriger* ist die Frage der *Anwendbarkeit zwischenstaatlicher Verträge,* welche sachlich im Tätigkeitsbereich von IO eine Rolle spielen. Meist können nur Staaten Parteien solcher Verträge sein. Im Recht der *EG* hat sich die *Frage des Grundrechtsschutzes* auf die *EMRK* (Rz 1436ff, 1594ff; D 174) konzentriert. Zwar sind alle EG-Mitglieder auch Parteien der EMRK, die EG selbst ist aber formell nicht an die EMRK gebunden. Das ist wichtig, weil Beschlüsse der EG auch unmittelbar in Individualrechte eingreifen können. Die Organe der EG sehen die EMRK als Bestandteil der im EG-Bereich geltenden ARG an. Ihr 943

Inhalt bindet daher auch die EG selbst (Rz 453; Art 6 [ex Art F] Abs 2 EUV – D 138, 193–196; zur Grundrechte-Charta Rz 1107 ff, 1605 ff; D 197).

944 Ähnliche Probleme haben sich für die *Anwendbarkeit* des *materiellen Kriegs-* und *Humanitätsrechts,* insbes der Genfer Konventionen zum Schutz der Kriegsopfer 1949 (Rz 2880 ff; D 354–356), auf *Militäreinsätze* der *VN* (Rz 1852 ff) ergeben. Die VN schließen einen förmlichen Beitritt der Organisation zu diesen Verträgen aus. Die Verpflichtung zur Beachtung der humanitären Grundsätze der Genfer Konventionen ist allerdings jeweils in den Rekrutierungsabkommen und in den Dienstanweisungen an die Truppenangehörigen enthalten. Die Frage, ob der SR der VN bei der Verhängung von Sanktionen menschenrechtliche bzw humanitätsrechtliche Grundsätze einzuhalten hat, hat zu kritischen Reaktionen geführt (vgl Rz 2894 f).

945 Bezüglich des GATT hat der EuGH 1972 festgestellt, dass die EWG an die Stelle ihrer Mitglieder getreten sei und sie nunmehr den Verpflichtungen aus diesem Vertrag nachzukommen habe. Seit 1995 ist die *EG Mitglied* der *WTO,* der Nachfolgerin des GATT (Rz 906, 2553), und damit unzweifelhaft an deren Regelungen gebunden.

946 Die Bindung an Beschlüsse anderer IO (Rz 457 ff) wird analog zu beurteilen sein. Sofern eine Bindung an einen solchen Beschluss nicht schon auf Grund einer vertraglichen Beziehung zwischen den Organisationen besteht, ist ein die Mitglieder einer IO bindender Beschluss auch von einer anderen Organisation, die von einigen oder allen dieser Mitglieder gebildet wird, zu beachten (zB Bindung der EG an Sanktionsbeschlüsse des SR der VN).

947 Ein **erheblicher Teil** der **Rechtsbeziehungen von IO** unterliegt **nicht dem VR.** Dazu gehören va die alltäglichen **zivilrechtlichen Transaktionen** der IO. Solche zivilrechtlichen Transaktionen können auch mit anderen VRS stattfinden (zB Kaufvertrag mit dem Sitzstaat). Welches **staatliche Recht** im besonderen Falle **anwendbar ist,** bestimmen **kollisionsrechtliche** (IPR-)**Gesichtspunkte.** Beim Abschluss zivilrechtlicher Verträge mit IO ist daher eine *Rechtswahlklausel* ratsam. Die VN stehen auf dem Standpunkt, dass auf die von ihnen abgeschlossenen privatrechtlichen Verträge sowohl kollisionsrechtliche als auch materiellrechtliche ARG anwendbar sind. Für die deliktische Haftung der EG verweist Art 288 [ex-Art 215] Abs 2 EGV (D 137) auf die ARG, die den Rechtsordnungen der Mitgliedstaaten gemeinsam sind (Rz 455, 928).

948 Der dritte für die Rechtsbeziehungen von IO bedeutsame Rechtskreis ist das **interne,** von der **Organisation** selbst **geschaffene Recht.** Es handelt sich dabei um *verfahrens-, finanz-, dienstrechtliche* und *andere Regelungen.* Va im Arbeits- und Sozialrecht haben IO eine eigenständige legislative Tätigkeit entwickelt. Diese Normen sind zwar internationalen Ursprungs, da sie letztlich auf den Gründungsverträgen beruhen (Rz 11). Inhaltlich ähneln sie jedoch stark dem entsprechenden staatlichen Recht.

D. Das Personal Internationaler Organisationen

1. Rechtsstellung und Dienstrecht

949 Der Verwaltungsapparat von IO ist meist **monokratisch** organisiert und untersteht einem GS oder Generaldirektor (Rz 1028 ff). Die Zahl der Beamten von IO ist heute beträchtlich (mehr als 50.000 in den VN und Spezialorganisationen und etwa 21.000 in den EG – Rz 1131). Diese Beamten dürfen nicht mit den Vertretern der Mitgliedstaaten bei den IO (Rz 1005 ff) verwechselt werden.

Bei der Aufnahme von Bediensteten soll in erster Linie die **fachliche** 950 **Qualifikation** der Kandidaten entscheiden. Allerdings ist gleichzeitig auch eine **geografische Verteilung** auf die Mitglieder vorgesehen (Art 101 Abs 3 SVN). Zwischen diesen beiden Kriterien besteht ein Spannungsverhältnis, va wenn aus bestimmten Ländern oder Regionen nicht genügend qualifizierte Bewerber zur Verfügung stehen. Häufig werden Quoten für die Staatsangehörigkeit von Bediensteten auch in Beziehung zur Beitragsleistung der betreffenden Staaten gebracht.

Obwohl der administrative Leiter der IO (zB GS) bei der Aufnahme 951 von Bediensteten grundsätzlich frei ist, spielt die Unterstützung durch die Regierungen der Heimatstaaten doch eine erhebliche Rolle. Insbes *hohe* und höchste *Beamtenposten* werden *oft* nach **politischen Gesichtspunkten** besetzt. Bei manchen IO wird zumindest ein Teil der Bediensteten aus den nationalen Verwaltungen abgestellt, dh den Organisationen von den Mitgliedstaaten vorübergehend zur Verfügung gestellt (sog **secondment**). Für das Hilfspersonal gelten andere Kriterien. Es wird meist örtlich rekrutiert.

Ein wichtiger Grundsatz für das Personal ist seine **Unabhängigkeit** von 952 staatlicher Einflussnahme. Die Einholung oder Erteilung staatlicher Weisungen ist untersagt (Art 100 SVN). Das *Problem gespaltener Loyalitäten* bleibt jedoch bestehen. Der Loyalitätspflicht des Personals gegenüber der IO entspricht ein Schutzrecht der Organisation für ihre Beamten (D 103, 110).

Das Dienstverhältnis zur IO unterliegt regelmäßig nicht dem örtlichen 953 staatlichen Arbeits- und Sozialrecht. Die meisten Organisationen haben sich ein **eigenes Dienstrecht** mit detaillierten Bestimmungen über Arbeitsrecht, Besoldung, Pensionskassen und andere sozialrechtliche Aspekte geschaffen. Bei den VN unterscheidet man zwischen den von der GV erlassenen *Staff Regulations* (D 111) und den auf ihrer Grundlage vom GS erlassenen *Staff Rules* (D 112). Die verschiedenen IO, insbes im Bereich der „UN-Familie", suchen ihr Dienstrecht untereinander anzugleichen. Dies soll die soziale Gerechtigkeit, aber auch die Mobilität des Personals zwischen den IO fördern.

Auch die Beilegung von Streitigkeiten aus dem Dienstverhältnis unter- 954 liegt nicht der staatlichen Gerichtsbarkeit (Rz 935 ff). Zunächst existieren meist von Arbeitgeber- und Arbeitnehmervertretern beschickte beratende **Schlichtungsorgane,** wie der *Joint Appeals Board* der VN. Ihre Empfehlungen binden den GS nicht.

Zur Entscheidung von Streitigkeiten sind regelmäßig **eigene Verwal-** 955 **tungsgerichte** oder ähnliche Einrichtungen zuständig. Die wichtigsten dieser Organe sind das Verwaltungsgericht der VN, das Verwaltungsgericht der ILO, das Verwaltungsgericht der Weltbank und der *Appeals Board* des Europarats. Eine Reihe anderer universeller, aber auch regionaler IO haben va das Verwaltungsgericht der ILO als für sich zuständig erklärt. In den EG ist die Entscheidung über Dienstrechtsstreitigkeiten eine der Aufgaben des

Gerichts erster Instanz beim EuGH (mit einem Rechtsmittel an den EuGH – Art 225, 236 [ex-Art 168a, 179] EGV – D 137; Rz 1140, 1142).

956 In den VN wurde das Verwaltungsgericht durch einen Beschluss der GV errichtet. Dennoch hat der IGH in einem Gutachten festgestellt, dass die Organisation, einschließlich der GV, an die Urteile des Verwaltungsgerichts gebunden ist (*Verwaltungsgericht der VN-Fall* – D 113).

957 Die Urteile des Verwaltungsgerichts der VN konnten bis 1995 durch den IGH überprüft werden. Ein politisches Organ konnte bei Vorliegen bestimmter Umstände ein Rechtsgutachten des IGH über die Rechtmäßigkeit eines Urteils des Verwaltungsgerichts anfordern. Ein derartiges Rechtsgutachten war bindend (Rz 2001f). Dieses Verfahren wurde durch Res der GV 50/54 1996 aufgehoben.

2. Vorrechte und Befreiungen

958 **Bediensteten** von IO stehen im **Bereich** des **staatlichen Rechtes** gewisse **Vorrechte** und **Befreiungen** zu. Die Rechtsquellen sind die gleichen wie für die Vorrechte und Befreiungen der Organisationen selbst (Rz 934). Der **Zweck** dieser bevorrechteten Stellung ist nicht die Schaffung einer privilegierten Klasse von Personen, sondern die **Unabhängigkeit** der **Bediensteten** und damit die Förderung der Funktionsfähigkeit der IO. Deshalb sind die entsprechenden Vorrechte und Befreiungen regelmäßig **sachlich beschränkter als** bei **Diplomaten** (Rz 1758ff). Allerdings gelten sie für internationale Beamte, zum Unterschied von den Diplomaten, **auch gegen** den jeweiligen **Heimatstaat.** Die wichtigsten dieser Vorrechte und Befreiungen sind:

a) Befreiung von der staatlichen Gerichtsbarkeit

959 Sie wird im Allgemeinen **nur** für **dienstliche Handlungen,** nicht jedoch für Privatakte gewährt (D 104d, 105c, 114, 115). Lediglich die *höchsten Beamten* (bei den VN der GS und seine unmittelbaren Stellvertreter) genießen in der Regel die *gleiche Immunität* wie *Diplomaten.* Die Immunität darf nur im Interesse der Organisation beansprucht werden und unterliegt einem Verzicht durch den GS.

b) Steuerfreiheit

960 Die Bediensteten sind regelmäßig für ihre **Bezüge von der Organisation** von der **staatlichen Besteuerung freigestellt.** Ihre *sonstigen Einkünfte* unterliegen allerdings der *Steuer.* Die VN fordern, dass die staatlichen Finanzbehörden bei der Berechnung der Steuern auf Privateinkünfte, insbes für den anwendbaren Steuersatz, das von der Organisation bezogene Einkommen überhaupt nicht berücksichtigen (D 104d, 105c, 116, 117).

961 Der Zweck dieser Steuerbefreiung ist zweifach: Sie soll zunächst gleiche Nettoeinkünfte für gleichartige Dienstverhältnisse sicherstellen. Überdies würde eine Besteuerung eine einseitige Bereicherung des Sitzstaates der IO bedeuten, in welchem die Beamten ja regelmäßig ihren Wohnsitz haben.

962 Einige Staaten, so die USA, verweigern eigenen Staatsbürgern die Steuerfreiheit. Gegen die soziale Benachteiligung dieser Personen haben die

VN den *Staff-Assessment-Plan* eingeführt. Danach wird von den Bruttobezügen aller Bediensteten eine Abgabe einbehalten. Jene Bediensteten, welche der staatlichen Steuer unterliegen, erhalten einen entsprechenden Ausgleich. Das Ergebnis sind *gleiche Nettolöhne.* Die Einkünfte der VN aus dieser Abgabe werden den Mitgliedern entsprechend ihrer Beitragshöhe gutgeschrieben. Die Beträge, welche Staaten an Einkommensteuer zufließen, werden ihnen von diesen Gutschriften jedoch abgezogen.

c) Sonstige Vorrechte und Befreiungen

Freiheit der **Ein-** und **Ausreise, Ein-** und **Ausfuhrbefreiungen** einschließlich **Zollfreiheit** für **Gegenstände** des **persönlichen Gebrauchs** sowie **Befreiung** von **Devisenbeschränkungen** sind einige weitere Vorrechte der Bediensteten von IO. 963

d) Schutz vor Übergriffen

Beamte von IO, insbes der VN, sind bei ihrer Arbeit in Krisengebieten oft Gewaltakten, Verfolgungen und anderen Gefahren ausgesetzt. Das Übereinkommen über die Privilegien und Immunitäten der VN (D 104d) sieht bereits einen gewissen Schutz vor Übergriffen vor. 1994 wurde von der GV der VN eine *Konvention über die Sicherheit des UN-Personals* angenommen (Res 49/59 – ILM 34 [1995] 482). 964

E. Die Teilnahme an der Tätigkeit Internationaler Organisationen

1. Die Mitgliedschaft

Mitglieder der hier behandelten IO sind *regelmäßig* **Staaten** (jedoch Rz 978f), die *durch ihre Delegierten vertreten* werden (Rz 1005). Staaten, welche an der Errichtung der IO mitgewirkt und den Gründungsvertrag ratifiziert haben, sind **Gründungsmitglieder.** Später hinzukommende Mitglieder unterliegen regelmäßig einem Aufnahmeverfahren und werden als **aufgenommene Mitglieder** bezeichnet. 965

Die Aufnahme unterliegt unterschiedlichen Bedingungen und Verfahrensvorschriften. Häufige Bedingung ist, dass der Aufnahmewerber ein Staat ist, was im Einzelfall umstritten sein kann und bei der Aufnahme zu klären ist (Rz 977). Bei regionalen IO (Rz 898) wird die Zugehörigkeit zu einer geografischen oder sonstigen Staatengruppe gefordert. Manche IO fordern die Mitgliedschaft in einer anderen IO als Bedingung für die Aufnahme (zB Art 2 Weltbank-Satzung bezüglich des IWF). Andererseits gibt die Mitgliedschaft in gewissen IO ein Recht auf Mitgliedschaft in bestimmten anderen. Dies gilt etwa für Mitglieder der VN bezüglich einer Reihe von Spezialorganisationen. Auch andere Staaten können jedoch durch Aufnahme Mitglieder werden. 966

Die **Aufnahme** unterliegt **unterschiedlichen Mehrheitserfordernissen** und **Verfahrensvorschriften** (D 118). ZB erfordert die Aufnahme in die EU nicht nur einen einstimmigen Beschluss des Rats und die mehrheitliche Zustimmung des Europäischen Parlaments (Art 49 [ex Art O] EUV – D 138; 967

Rz 1155), sondern auch einen vr Vertrag zwischen dem Aufnahmebewerber und sämtlichen bisherigen Mitgliedern. Der in der EU übliche Ausdruck *„Beitritt"* ist *irreführend,* weil die *Aufnahme* neuer Mitglieder *nicht nur* von *einem einseitigen Willensakt* der *Aufnahmebewerber* abhängt (vgl Art 15 WVK – D 10; Rz 280).

968 Andere IO sehen lediglich einen mit Zweidrittelmehrheit oder mit einfacher Mehrheit (zB Art 6 *World-Health-Organization*[WHO]-Satzung) gefassten Beschluss des Plenarorgans vor. Bisweilen ist die Mitwirkung eines zweiten Organs erforderlich. Der Europarat fordert als Vorbedingung für die Aufnahme die Verwirklichung der Grundsätze der Rechtsstaatlichkeit und des Schutzes der Menschenrechte (Art 3, 4 – Rz 1433 ff).

969 Will ein Staat unter einem Vorbehalt Mitglied der IO werden, so bedarf der Vorbehalt der Annahme durch das zuständige Organ der IO, sofern der Gründungsvertrag nicht anderes vorsieht (Art 20 Abs 3 WVK – D 10).

970 Die *SVN* unterscheidet zwischen ursprünglichen (Art 3, Art 110 Abs 4) und aufgenommenen Mitgliedern. Art 4 sieht die Aufnahme *friedliebender Staaten* vor, welche die Verpflichtungen aus der Charta übernehmen und nach dem Urteil der Organisation fähig und gewillt sind, diese Verpflichtungen zu erfüllen. Die Aufnahme erfordert eine *Empfehlung* des *SR und* einen mit *Zweidrittelmehrheit (Art 18) angenommenen Beschluss* der *GV.*

971 Schon bald nach der Gründung der VN ergab sich die **Streitfrage,** ob die in der **SVN** genannten **Bedingungen taxativ** seien, oder ob die Mitglieder bei der Beschlussfassung auch andere Bedingungen, insbes die gleichzeitige Aufnahme anderer Staaten, stellen dürften. Der IGH vertrat in einem Rechtsgutachten 1948 (*Bedingungen für die Aufnahme in die VN-Fall* – D 119) die Auffassung, dass die in *Art 4 SVN* genannten *Bedingungen taxativ* seien und daher eine Junktimierung mit der Aufnahme anderer Staaten unzulässig sei. In einem weiteren Gutachten 1950 (*Verfahren der Aufnahme in die VN-Fall* – D 120) erklärte der IGH, dass eine positive Empfehlung des SR Voraussetzung für die Entscheidung der GV über die Aufnahme sei. Diese Ansicht über das Zusammenwirken der beiden Organe hat sich in allen Fällen durchgesetzt, in denen die GV auf Empfehlung des SR zu beschließen hat. Der restriktiven Auffassung des IGH von den Aufnahmebedingungen wurde in der Praxis jedoch nicht gefolgt. Immer wieder wurden über Art 4 SVN hinausgehende politische Gesichtspunkte berücksichtigt; gelegentlich wurde die Aufnahme einzelner Bewerber durch ständige Mitglieder im SR vorübergehend blockiert (Rz 1053 f).

972 Dennoch sind die VN ihrem Ziel der Universalität sehr nahe gekommen. Heute sind so gut wie alle Staaten Mitglieder der VN. Die Schweiz zögerte bis zum positiven Ausgang einer Volksabstimmung im Jahre 2002 mit ihrem Aufnahmeantrag. Neue Staaten betrachten die Aufnahme in die VN als vorrangiges Ziel zur Bestätigung ihrer Eigenstaatlichkeit. Dies war etwa im Zuge der Entkolonialisierung in der „Dritten Welt" und nach dem Zerfall der Sowjetunion 1991 und Jugoslawiens 1991/92 der Fall (Rz 855 ff).

973 Die **Veränderung** der **staatlichen Identität** (vgl Rz 810 ff) von Mitgliedern warf gewisse Probleme auf. Bei der Vereinigung zweier früherer Mitglieder (zB Ägyptens und Syriens zur Vereinigten Arabischen Republik 1958) führte der neu geschaffene Staat die frühere Mitgliedschaft ohne eigenes Aufnahmeverfahren fort. Beim Zerfall dieser Union (1961) wurde vom Wiederaufleben der getrennten Mitgliedschaft ebenfalls ohne Aufnahmeverfahren ausgegangen (vgl aber Rz 826). Bei der Sezession neuer Staaten von Mitgliedern (zB Pakistans von Indien 1947, Bangladeschs von Pakistan 1971) wurde die Fortdauer der Mitgliedschaft des ursprünglichen Staates akzeptiert, während der neue unabhängige Staat jeweils aufgenommen wurde (zur Mitgliedschaft Österreichs bei IO nach dem „Anschluss" siehe Rz 913, 3081). Nach der Einigung Deutschlands 1990 (Rz 848; D 87, 88) bestand die Mitgliedschaft der BRD in den VN und in anderen IO weiter. Die Mitgliedschaft der früheren DDR erlosch (zur Problematik der deutschen Einigung zB bezüglich der EG-Mitgliedschaft Rz 854).

Schon vor dem Zerfall der Sowjetunion im Dezember 1991 hatten sich **974** die drei baltischen Republiken (Estland, Lettland und Litauen) für unabhängig erklärt und waren in die VN aufgenommen worden. Seit dem *Ende der Sowjetunion* (Rz 855 ff) *führt Russland* die *frühere sowjetische Mitgliedschaft,* einschließlich des ständigen Sitzes im SR, *weiter.* Die übrigen früheren Unionsrepubliken wurden als neue Mitglieder aufgenommen. Ausgenommen sind Belarus und Ukraine, welche schon seit 1945 Mitglieder der VN waren (siehe Rz 978).

Nach dem Zerfall Jugoslawiens 1991/92 wurden die neu unabhängig **975** gewordenen Staaten Slowenien, Kroatien, Bosnien-Herzegowina und Mazedonien (unter dem Namen *„The Former Yugoslav Republic of Macedonia" – FYROM*) als neue Mitglieder in die VN aufgenommen (Rz 858 ff).

Der Reststaat, bestehend aus Serbien und Montenegro, versuchte unter **976** der Bezeichnung „Bundesrepublik Jugoslawien" die Rechtspersönlichkeit des früheren Jugoslawien, einschließlich der Mitgliedschaft in den VN, fortzusetzen (Rz 858 ff). Der SR der VN beschloss jedoch in Res 777 (1992), dass die BRJ diese Mitgliedschaft nicht automatisch weiterführen könne, sondern um Aufnahme in die VN ansuchen müsse. Die GV der VN bestätigte diese Auffassung in Res 47/1 (1992) und stellte fest, dass Jugoslawien nicht an der Arbeit der GV teilnehmen könne (D 121). Schließlich wurde Jugoslawien 2000 als neues Mitglied aufgenommen. Nach der Auflösung der Tschechoslowakei 1993 wurden die beiden Nachfolgestaaten Tschechische Republik und die Slowakei als neue Mitglieder in die VN und andere IO aufgenommen.

Die *Staatsqualität* von Aufnahmewerbern hat *manchmal* zu *Schwierig-* **977** *keiten* geführt. **„Zwergstaaten"** wurden in die meisten IO zunächst nicht aufgenommen. Die Zahl dieser „Zwergstaaten" ist beträchtlich (Rz 742, 2071). Es gibt fast 50 Staaten und Territorien mit einer Einwohnerzahl von weniger als 100.000 oder mit einer Fläche von weniger als 1.000 km^2. In IO und Organen, welche gleiches Stimmrecht für alle Mitglieder vorsehen, kann der Einfluss solcher Staaten in ein krasses Missverhältnis zur von ihnen repräsentierten Bevölkerung und ihrem wirtschaftlichen und sonstigen Potential geraten (Rz 1055). Im Laufe der Zeit sind immer kleinere Länder in die VN aufgenommen worden. 15 Mitglieder der VN haben eine Fläche von weniger als 1.000 km^2 und weniger als 150.000 Einwohner. Seit 1990 wurden auch die europäischen „Zwergstaaten" Liechtenstein, San Marino, Andorra und Monaco in die VN aufgenommen.

978 *Gliedstaaten* steht die Mitgliedschaft in IO im Allgemeinen nicht offen. Die Mitgliedschaft der Belorussischen SSR und der Ukrainischen SSR in den VN und mehreren Spezialorganisationen 1945–1991 ist auf historische Umstände sowjetischer Großmachtinteressen bei der Gründung der VN zurückzuführen.

979 Einige Spezialorganisationen (WPV, *World Meteorological Organization* [WMO], ITU bis 1975 – Rz 2183) sowie gewisse andere technisch-funktionelle IO nehmen auch vr *nicht selbständige Territorien* als Mitglieder auf. Entscheidend ist hier nicht die politische Unabhängigkeit, sondern die eigenständige Ausübung der betreffenden Funktion. In der WMO ist das Stimmrecht dieser Territorien aber auf meteorologische, nichtpolitische Fragen beschränkt. Taiwan, welches als Provinz Chinas gilt, aber faktisch unabhängig ist, wurde 2002 als gesondertes Zollgebiet in die WTO aufgenommen.

2. Andere Formen der Teilnahme

980 Viele IO kennen eine Teilnahme an ihrer Tätigkeit ohne die vollen Rechte eines Mitglieds. Man spricht hier oft auch von **assoziierten Mitgliedern.** ZB kann nach Art 5 Satzung des Europarats ein europäisches Land unter besonderen Umständen ein assoziiertes Mitglied werden.

981 In der EG sind einerseits Abkommen über eine Assoziierung mit Nichtmitgliedern oder IO vorgesehen (Art 310 [ex-Art 238]), andererseits die Assoziierung „außereuropäischer Länder und Hoheitsgebiete" (Art 182 [ex-Art 131]). Mit der Unabhängigkeit der meisten dieser Gebiete ist letztere Bestimmung allerdings weitgehend bedeutungslos geworden. Für zahlreiche Staaten Afrikas, der Karibik und des Pazifiks (AKP-Staaten) wurde später durch die seit 1975 in Fünfjahresabständen, seit 1990 in Zehnjahresabständen abgeschlossenen Abkommen von Lomé und Cotonou eine neue Form der Assoziierung mit der EG geschaffen, die auf Art 310 [ex-Art 238] EGV (D 137) basiert (Rz 128, 1159 ff).

982 *Assoziationsabkommen,* welche von IO abgeschlossen werden, sind in ihrer *Ausgestaltung überaus vielfältig.* Einen juristisch klar definierbaren Begriff der Assoziation gibt es daher nicht.

983 Manche IO kennen eine **Teilmitgliedschaft in bestimmten Organen.** ZB war die Schweiz bis 2002, ohne Mitglied der VN zu sein, Mitglied der *Economic Commission for Europe* (ECE), des *United Nations (International) Children's (Emergency) Fund* (UNICEF) sowie Partei des IGH-Statuts (Rz 1990).

984 Der **Beobachterstatus** ist eine noch informellere Form der Teilnahme an der Tätigkeit von IO. Nichtmitglieder mit Beobachterstatus haben *meist Zutritt* zu den Beratungen *ohne Stimmrecht.* Die Zulassung als Beobachter und die damit verbundenen Rechte sind regelmäßig der politischen Beurteilung des betreffenden Organs überlassen. Vom Beobachterstatus zu unterscheiden ist die Beiziehung von Mitgliedstaaten in Organen, in denen sie zurzeit nicht vertreten sind (zB Art 31 SVN).

985 Die *EG* unterhält *diplomatische Beziehungen* mit einer großen Anzahl von *Nichtmitgliedstaaten.* Diese diplomatischen Missionen haben *ähnliche Funktionen wie Beobachtermissionen* (Rz 1158).

In manchen IO einschließlich der VN erhielten auch *nationale Befreiungsbewegungen,* insbes afrikanische sowie die PLO, Beobachterstatus (D 122). **986**

3. Das Verhältnis Internationaler Organisationen zueinander

Oft werden verschiedene IO in gleichen oder verwandten Bereichen tätig. Dann ist ihre Zusammenarbeit von größter Wichtigkeit für die Koordinierung und Harmonisierung ihrer Tätigkeiten. Diese Zusammenarbeit erfolgt in den unterschiedlichsten Formen. **987**

Die engste institutionelle Verknüpfung liegt vor, wenn mehrere IO nicht nur den *gleichen Mitgliederkreis,* sondern auch **gemeinsame Organe** haben. Dies war bei den drei **Europäischen Gemeinschaften** (*EGKS, EG* und *EAG*) der Fall. Während der Gerichtshof (EuGH) und die Versammlung (Rz 1034) den drei Gemeinschaften von Anfang an gemeinsam waren, wurden der gemeinsame Rat und die gemeinsame Kommission erst durch den Fusionsvertrag 1965 geschaffen (Rz 1123 ff). Dennoch handelte es sich juristisch nach wie vor um drei IO mit drei zT voneinander abweichenden „Verfassungen". Die **EWG** wurde durch den **Unionsvertrag 1992 in Europäische Gemeinschaft (EG) umbenannt.** Dies *änderte* aber *nichts* an der *rechtlichen Selbständigkeit der drei Europäischen Gemeinschaften.* Der **EGKS-Vertrag** ist **2002 ausgelaufen.** Die **EU** umfasst **nunmehr** die **zwei verbleibenden Gemeinschaften („erste Säule"),** die **GASP („zweite Säule")** sowie die **PJZS („dritte Säule")** (Rz 1095, 1104 ff). Eine ähnlich enge organisatorische Verklammerung besteht zwischen der Weltbank, der IFC und der IDA (Rz 2515, 2567). **988**

Im Bereich der VN besteht eine vertraglich geregelte Zusammenarbeit mit den **Spezialorganisationen.** Diese sind universelle IO mit technisch-funktioneller Zielsetzung (Rz 902), welche durch ein vom WSR der VN abgeschlossenes Abkommen **(Relationship Agreement)** in ein **organisatorisches Naheverhältnis zu** den **VN** gebracht werden (Art 57, 58, 63, 70 SVN). Die Abkommen sehen ua die gegenseitige Teilnahme an den Sitzungen, ein Vorschlagsrecht von GV und SR der VN an die Spezialorganisationen, den Austausch von Dokumenten und Informationen, Zusammenarbeit im Budgetwesen sowie Koordination der Tätigkeit vor. Die Aufgabe der Koordination fällt dem WSR der VN zu (D 130). **989**

Auch über den Rahmen der „UN-Familie" hinaus findet eine regelmäßige Zusammenarbeit zwischen IO durch die Entsendung von Beobachtern (D 123), den Austausch von Informationen usw statt. **990**

Eine *neue Entwicklung* stellt die **Mitgliedschaft** einer **regionalen Organisation in** einer **universellen Organisation** dar. Dies ist *sinnvoll,* wenn die *regionale Organisation* die *Aufgaben* ihrer *Mitgliedstaaten* im *Tätigkeitsbereich* der *universellen Organisation* ganz oder teilweise *übernommen* hat. So ist die *EG* seit 1991 *Mitglied* der *Food and Agriculture Organization (FAO).* Diese Mitgliedschaft beruht auf einer eigens durchgeführten Änderung der Satzung der FAO, welche nunmehr die Aufnahme regionaler Wirtschaftsorganisationen vorsieht (D 124). Das Übereinkommen zur Errichtung der *WTO* (Art XI Abs 1 – D 311) ermöglicht ebenfalls eine *Mitgliedschaft* der **991**

EG (Rz 945; D 311). In ähnlicher Weise sehen auch Art 305 Abs 1 lit f und Annex IX UN-Seerechtsübereinkommen (Rz 2233; D 284) die Teilnahme von IO, einschließlich der Mitwirkung in seinen Entscheidungsorganen, vor (Rz 921). In all diesen Fällen besteht die *Mitgliedschaft* der *Regionalorganisationen parallel* zu der der einzelnen *Mitgliedstaaten*. Wenn die EG an Abstimmungen in der universellen Organisation teilnimmt, entspricht ihre Stimmenzahl der ihrer Mitgliedstaaten, welche auch Mitglied der universellen Organisation sind.

992 Auch **nicht-zwischenstaatliche IO** (Rz 894, 1234 ff) werden zur Arbeit zwischenstaatlicher Organisationen herangezogen. Der WSR der VN hat vielen solcher INGO **Konsultativstatus** verliehen, wobei je nach der Breite ihrer Tätigkeit verschiedene Kategorien gebildet wurden (Rz 1248).

4. Die Suspension von Mitgliedschaftsrechten

993 Die Satzungen vieler IO regeln die vollständige oder teilweise Aufhebung von Mitgliedschaftsrechten ohne Beendigung der Mitgliedschaft als **Sanktion** gegen **rechtswidriges Verhalten** der Mitglieder (zB Art 5 SVN).

994 Insbes sehen viele Satzungen die *Suspension des Stimmrechts* von Mitgliedern vor, welche ihre *Mitgliedsbeiträge nicht bezahlt* haben. Nach Art 19 SVN ist ein Mitglied, welches in der Höhe der letzten zwei Jahresbeiträge im Rückstand ist, vom Stimmrecht in der GV *ipso iure* suspendiert (D 125). Die GV kann die Suspendierung aufheben, wenn sie zur Überzeugung gelangt, der Zahlungsverzug sei vom Mitglied nicht verschuldet. Bei anderen IO ist die Suspension des Stimmrechts der Beschlussfassung der Organisation vorbehalten (Art 7 WHO-Satzung).

995 IO, die Leistungen (insbes finanzielle) an die Mitglieder erbringen, können durch die Aussetzung dieser Leistungen bes wirksamen Druck ausüben. Dies ist etwa beim IWF der Fall.

5. Der Austritt

996 Die Frage des Austrittsrechts der Mitglieder aus IO veranschaulicht das Spannungsverhältnis zwischen der Notwendigkeit organisierter Zusammenarbeit und dem Bestreben nach Erhaltung einzelstaatlicher Handlungsfreiheit bes deutlich. Dieses Spannungsverhältnis zeigt sich bereits in der **Uneinheitlichkeit** der einschlägigen Bestimmungen in den **Satzungen.**

997 Die Satzungen mehrerer IO enthalten *ausdrückliche Bestimmungen* über den Austritt. Diese sehen meist eine Kündigungsfrist vor, welche einerseits der Organisation die Anpassung an die Forderungen des austretenden Mitglieds und andererseits dem Mitglied die Rücknahme der Austrittserklärung ermöglichen soll (zB Art 1 Abs 5 ILO-Satzung – D 118 c). 1975 erklärten die USA ihren Austritt aus der ILO, der nach zwei Jahren, also 1977, wirksam wurde. 1980 wurden die USA wieder Mitglied der ILO. 1985 traten die USA, Großbritannien und Singapur aus der UNESCO aus. 1995 erklärten die USA mit Wirkung ab 1997 ihren Austritt aus der UNIDO. Die zahlreichen Austritte aus dem VB waren mit einer der Hauptgründe für dessen Scheitern.

Eine andere Gruppe von IO sieht daher in ihren *„Verfassungen" keinen Austritt* vor. Allerdings kann aktive Mitarbeit auch bei Fehlen einer Austrittsklausel nicht erzwungen werden (D 126). Dennoch hielten es zB die USA für nötig, beim Beitritt zur WHO durch einen Vorbehalt das Recht zum Austritt ausdrücklich sicherzustellen. **998**

In der Praxis traten auch aus IO ohne Austrittsbestimmung in der Satzung Mitglieder aus. 1965 erklärte Indonesien seinen Austritt aus den VN (D 127). Zumeist nahmen die betreffenden Staaten ihre Tätigkeit in den IO später aber wieder auf. Aufnahmeverfahren wurden dabei nicht durchgeführt. Für die Zeit der Abwesenheit der betreffenden Mitglieder wurde die teilweise Nachzahlung der Mitgliedsbeiträge vereinbart. **999**

Der **Austritt** oder die Drohung mit dem Austritt wurde wiederholt als **Druckmittel** eingesetzt, um als notwendig erachtete **Reformen durchzusetzen.** Dies ist va seitens wichtiger Beitragszahler wie der USA (Rz 1064 ff) wirksam. **1000**

6. Der Ausschluss

Der Ausschluss soll va als **Sanktion** gegen Mitglieder dienen, welche den **politischen Vorstellungen** der IO **nicht** mehr **entsprechen.** Allerdings ist er von **zweifelhaftem** politischen **Wert.** Die **Organisation verliert** nach dem spektakulären Akt des Ausschlusses jede allenfalls noch vorhandene **Kontrolle** über das frühere Mitglied. Dessen Isolation kann die Tendenz zum Außenseiterverhalten noch verstärken. Der Ausschluss wird so uU zu einer Demonstration der Schwäche. **1001**

Einige IO sehen den Ausschluss in ihren *Satzungen ausdrücklich* vor. Nach Art 6 SVN ist der Ausschluss für den Fall vorgesehen, dass ein Mitglied die Grundsätze der Satzung beharrlich verletzt. Ein Mitglied des Europarats kann ausgeschlossen werden, wenn es den Grundsatz der Vorherrschaft des Rechts und die Menschenrechte schwer verletzt. **1002**

Ein Versuch, Südafrika aus den VN auszuschließen, scheiterte 1974 an einem dreifachen „Veto" im SR (D 129 c). 1969 kam das diktatorische Militärregime in Griechenland einem drohenden Ausschluss aus dem Europarat durch einen Austritt zuvor. Nach der Wiederherstellung der Demokratie wurde Griechenland 1974 wieder aufgenommen. Die Feststellung von SR und GV der VN im Jahre 1992, dass die BRJ (Serbien und Montenegro) die Mitgliedschaft des früheren Jugoslawien nicht fortsetzen könne (Rz 976; D 121), ähnelte einem Ausschluss. **1003**

Das Fehlen ausdrücklicher Bestimmungen hat in einigen IO zu heftigen Diskussionen über die Möglichkeit eines Ausschlusses geführt. Manche IO (ILO, WHO) beschlossen nachträgliche Verfassungsänderungen über den Ausschluss. Der Ausschluss Südafrikas aus dem WPV ohne eine einschlägige Bestimmung wurde vielfach als rechtswidrig empfunden. In der OAS wurde Kuba 1962 ohne förmlichen Ausschluss „von der Teilnahme ausgenommen". Eine ähnliche Wirkung lässt sich durch die Suspension (Rz 993 ff) und die Nichtanerkennung von Beglaubigungsschreiben (Rz 1010) erzielen. **1004**

7. Vertretung/Vollmacht

1005 Staaten werden bei IO durch **Delegierte,** also natürliche Personen, vertreten. Diese Delegierten sind **oft Diplomaten** (Rz 1687 ff). In **Organe,** welche sich mit **technischen Fragen** befassen, die besondere Sachkenntnisse erfordern, werden meist **Spezialisten** aus den betreffenden Zweigen der staatlichen Verwaltung entsandt. Dies ist etwa bei der Weltbank der Fall. Der Rang der Delegierten hängt va von der Wichtigkeit der anstehenden Entscheidungen ab. Für manche Organe mit weit reichenden Entscheidungsbefugnissen (zB Rat der EG) ist der Rang eines Ministers erforderlich (vgl aber Rz 1125).

1006 Vielfach unterhalten Mitgliedstaaten bei IO auch **Ständige Vertretungen** (Rz 1717 ff). Diese sind von diplomatischen Vertretern der Nichtmitgliedstaaten zu unterscheiden (Rz 984).

1007 Die *Wiener Konvention über die Vertretung von Staaten in ihren Beziehungen mit IO universellen Charakters 1975* (Rz 1674) regelt den Fragenkomplex der Vertretung in IO, einschließlich der Vorrechte und Immunitäten. Allerdings dürfte die praktische Bedeutung der Konvention auch nach deren In-Kraft-Treten beschränkt bleiben, da die wichtigsten Sitzstaaten keine Neigung zeigen, sie zu ratifizieren. 2003 hatten 30 Staaten die Konvention ratifiziert. Darunter befand sich jedoch kein wichtiger Sitzstaat einer IO.

1008 In IO mit größerer Mitgliederzahl haben *Delegierte* der *Mitgliedstaaten* **Beglaubigungsschreiben** vorzuweisen, welche von den zuständigen Stellen (meist Staatsoberhaupt oder Regierung) ausgestellt sind. Für die **Überprüfung** der Beglaubigungsschreiben ist ein eigener **Beglaubigungsausschuss** zuständig. Meist ist diese Überprüfung ein reiner Formalakt. Wenn die Rechtmäßigkeit der entsendenden Regierung umstritten ist, kann die Frage der Vertretung des betreffenden Mitgliedstaates aber große politische Bedeutung erlangen.

1009 Der bekannteste *Streit* um die *Vertretung* eines Staates in den VN betraf *China* 1950–1971. Seit der Machtübernahme durch die kommunistische Regierung auf dem chinesischen Festland und dem Rückzug der nationalistischen Regierung auf die Insel Taiwan beanspruchen beide Regierungen die Vertretung Chinas. Mehr als 20 Jahre lang wurde China durch die nationalistische Regierung vertreten. Erst 1971 wurde sie durch die Vertreter der kommunistischen Regierung in Peking ersetzt (D 128). Durch den Übergang dieses ständigen Sitzes im SR an ein kommunistisches Regime, welches mit den Anliegen der „Dritten Welt" sympathisiert, veränderte sich die politische Zusammensetzung des SR.

1010 Die **Zurückweisung** der **Beglaubigungsschreiben** einer Delegation kann auch Ausdruck der nachdrücklichen **Missbilligung** einer **Regierung** sein. So wurden die *Beglaubigungsschreiben* der Delegation *Südafrikas* in der GV der VN mit der Begründung *zurückgewiesen,* die ausstellende Regierung sei für die Bevölkerung des Landes nicht repräsentativ. 1974–1994 wurde der südafrikanischen Delegation auf Grund dieses Beschlusses die Teilnahme an den Sitzungen der GV verwehrt (D 129). Diese Maßnahme kam im Ergebnis einer Suspension gleich, ohne den satzungsgemäßen Voraussetzungen und Verfahren für die Suspension zu folgen. Es ist *fraglich,* ob mit einer *straf-*

weisen Zurückweisung der *Beglaubigung* den *Zielen* der *Organisation gedient* ist. Der Verlust an Universalität der Teilnehmerschaft ist bes problematisch, wenn das betroffene Mitglied auch von Diskussionen ausgeschlossen wird, welche es unmittelbar betreffen.

F. Die Organe Internationaler Organisationen

1. Plenarorgane der Staatenvertreter

Alle IO haben **mindestens ein Organ,** in dem **alle Mitgliedstaaten** vertreten sind. Die *Bezeichnung* für diesen Typ von Organ ist *uneinheitlich.* In den VN etwa heißt es GV, im Europarat Ministerkomitee, in der EG Rat. **1011**

Der **Vorteil** eines Plenarorgans liegt in der **Beteiligung aller Staaten,** deren Einfluss auf seine Tätigkeit gewahrt bleibt. Sein **Nachteil,** va in universellen IO mit großer Mitgliederzahl, liegt in der **Ineffizienz** eines sehr *großen Kollegialorgans,* dessen Arbeit sehr langwierig werden kann. Va aus diesem Grunde werden viele Agenden spezialisierten Organen zugewiesen. Das Plenarorgan ist meist das wichtigste Organ der Beschlussfassung, oft mit einer Generalkompetenz und der Befugnis, andere Organe zu überwachen. **1012**

In den VN kann die GV alle Fragen, die in den Rahmen der Satzung fallen, erörtern (Art 10), also auch die Wahrung des Weltfriedens und der internationalen Sicherheit (vgl Rz 1846f). In diesen Fragen genießt der SR zwar Vorrang, doch bleibt der GV eine subsidiäre Zuständigkeit (Art 11, 12; Rz 1846f; D 231). Zu den wichtigsten Aufgaben der GV zählt auch die Beschlussfassung über das Budget (Rz 1072f). **1013**

Plenarorgane können auf **unterschiedlicher Ebene besetzt** sein. Die höchste Ebene ist die der Staatsoberhäupter oder Regierungschefs. Eine weitere Ebene ist die der Außen- oder Fachminister. Eine dritte Ebene ist die der Beamten. Ein auf unterer Ebene besetztes Plenarorgan ist oft nur zT zur Beschlussfassung befugt und hat bisweilen nur beratende Funktion. **1014**

So ist in der *EG* der (Minister-)*Rat* als beschlussfassendes Organ auf Ministerebene vorgesehen (Rz 1125). Seine Beschlüsse werden vom *Ausschuss der ständigen Vertreter* auf Botschafterebene vorbereitet. Die *Staats- bzw Regierungschefs* sowie der *Präsident der Kommission* tagen mindestens zwei Mal jährlich unter der Bezeichnung *Europäischer Rat* (Rz 1128). **1015**

Plenarorgane treten **meist** in **periodischen Sessionen** zusammen. Die GV der VN etwa tagt einmal jährlich in ordentlicher Session. Daneben gibt es auch *Sondersessionen,* welche sich zeitlich bisweilen mit ordentlichen Sessionen überschneiden. Zur Überbrückung der Zeit zwischen den Sessionen dienen *Interimskomitees,* welche die Sessionen vorbereiten und allenfalls dringende Angelegenheiten behandeln. **1016**

Der Umfang und die Verschiedenartigkeit der anstehenden Probleme haben selbst bei **Plenarorganen** zur **Spezialisierung** geführt. In manchen IO (zB ITU – Rz 2183) gibt es mehrere Plenarorgane für verschiedene Angelegenheiten nebeneinander. In anderen tagen die Plenarorgane je nach Tagesordnung in unterschiedlicher Besetzung. Der Rat der EG etwa wird je nach dem behandelten Thema mit den jeweils kompetenten Ressortministern beschickt, sodass er gleichzeitig in verschiedenen Besetzungen und in **1017** verschiedenen Räumen arbeiten kann (Rz 1125). Die GV der VN hält manchmal Sondersessionen über besondere Fragen wie Entwicklung (Rz 2520 f) oder Abrüstung (Rz 1816) ab.

1018 Manche Plenarorgane bedienen sich auch **plenarer Hilfsorgane.** Die GV der VN hat sechs permanente Hauptausschüsse für verschiedene Bereiche, die viele wichtige Entscheidungen vorbereiten und politisch ausloten, bevor sie in die eigentliche GV gelangen (D 131).

2. Nicht-Plenarorgane der Staatenvertreter

1019 Va für IO mit großer Mitgliederzahl bieten **Organe,** in denen **nicht alle Mitglieder vertreten** sind, wichtige Vorteile. Derartige Organe arbeiten erfahrungsgemäß rascher und daher auch **effizienter.** Dabei können jene Mitgliedstaaten, welche von den anstehenden Fragen stärker betroffen oder für die Durchführung von Entscheidungen bes wichtig sind, bei der Zusammensetzung des Organs berücksichtigt werden. Bisweilen erhalten gewisse Staaten einen ständigen Sitz in einem derartigen Organ. Der wichtigste *Nachteil* eines nicht-plenaren Organs besteht darin, dass in ihm *nicht vertretene Mitgliedstaaten* auf Mitwirkung und damit auch *auf Mitbestimmung verzichten* müssen.

1020 Fast alle globalen und viele regionale IO haben nicht-plenare Organe, manche, wie die VN, sogar mehrere. Der Name für diesen Typ von Organ ist unterschiedlich, zB Rat oder Exekutivkomitee.

1021 Bei den Zuständigkeiten und der Unabhängigkeit dieser Organe gibt es wesentliche Unterschiede. Während manche dem Plenarorgan unterstellt sind, üben andere Kompetenzen selbständig aus.

1022 Die SVN kennt drei derartige Hauptorgane mit beschränkter Mitgliederzahl: den SR, den WSR und den Treuhandschaftsrat.

1023 Der **SR** besteht aus 15 Mitgliedern. **Fünf Mitglieder** haben einen **ständigen Sitz:** China, Frankreich, Großbritannien, UdSSR (seit 1992 die Russische Föderation), USA (Art 23 SVN). Diese Durchbrechung des Grundsatzes der souveränen Gleichheit beruht auf der Einsicht, dass diese Staaten für die Erhaltung des Weltfriedens (Rz 1841 f) derart wichtig sind, dass ihre ständige Mitgliedschaft in diesem Organ unverzichtbar ist. Aus dem gleichen Grunde genießen sie auch bei der **Abstimmung** besondere **Vorrechte** (Rz 1053). Die **zehn nichtständigen Mitglieder** des SR werden von der GV gewählt. Dabei werden jährlich fünf Staaten auf jeweils zwei Jahre gewählt. Bei der Wahl wird eine angemessene geografische und politische Verteilung der Sitze angestrebt (D 35). Der SR ist so organisiert, dass er **jederzeit zusammentreten** kann, und ist daher an keine Sessionen gebunden. Seine Aufgabe ist die Aufrechterhaltung des Weltfriedens. Er kann **bindende Beschlüsse** fassen (Art 25 SVN – Rz 477).

1024 Seit der Reaktivierung des SR in den frühen 1990er Jahren ist die **Debatte** über die **Neuordnung** seiner **Zusammensetzung** wieder in Gang geraten. Dabei spielen mehrere Gesichtspunkte eine Rolle: Zunächst bestehen *Pläne,* die *Anzahl* der *ständigen Sitze* im *SR* zu *erhöhen.* Kandidaten dafür sind va Japan und Deutschland, welche bei den finanziellen Beitragsleistungen an zweiter und dritter Stelle stehen. Daneben gibt es aber auch

Vorschläge, *geografische Regionen* wie Afrika, Asien und Lateinamerika bei der Vergabe neuer ständiger Sitze zu berücksichtigen. Auch die Möglichkeit einer *ständigen Mitgliedschaft ohne „Veto"* (Rz 1053) wird diskutiert. Darüber hinaus wird eine *generelle Vergrößerung des SR* ins Auge gefasst. Auch bei der Verteilung neuer nichtständiger Sitze sollen die Entwicklungsländer stärker berücksichtigt werden. Allerdings sind die *Erfolgsaussichten* dieser Vorschläge *ungewiss.* Eine Erweiterung des SR erfordert nämlich eine Satzungsänderung, welche nur mit der Zustimmung aller bisherigen ständigen Mitglieder möglich ist (Art 108 SVN).

Der **WSR** besteht aus 54 Mitgliedern, von denen jährlich 18 von der GV auf drei Jahre gewählt werden (Art 61 SVN). Es gibt keine ständigen Sitze; die ständigen Mitglieder des SR werden in der Praxis jedoch immer gewählt. Auch in diesem Organ wird auf eine angemessene geografische und politische Verteilung der Sitze geachtet. Der sehr weite Aufgabenbereich des WSR umfasst die Bereiche Wirtschaft einschließlich Entwicklung, Sozialwesen, Kultur, Erziehung, Gesundheit und Menschenrechte (R 1381 ff, 2047). Er schließt Abkommen mit den Spezialorganisationen ab und koordiniert deren Tätigkeit (Rz 989). Er hält jährlich zwei Sessionen ab. **1025**

Der **Treuhandschaftsrat** überwachte das Treuhandschaftssystem (Art 75–85 SVN – Rz 780). Dieses Organ hat *keine praktische Bedeutung* mehr, seitdem das *letzte Treuhandgebiet 1994* unter dem Namen *Palau* in die *Unabhängigkeit entlassen* worden ist. **1026**

3. Sekretariate

Die **Sekretariate** oder **Büros** erfüllen wichtige **Verwaltungs-** und **Exekutivaufgaben** für IO. Daher kann keine Organisation auf sie verzichten. In den meisten IO sind sie eigens als Hauptorgane eingerichtet (zB Art 7, 97–101 SVN). In den EG gibt es kein eigenes Sekretariat als selbständiges Organ: Jedes der Organe verfügt über seinen eigenen Verwaltungsapparat. **1027**

Sekretariate sind regelmäßig **monokratisch** organisiert, dh mit einer verantwortlichen Person an der Spitze. Der *GS* der *VN* wird von der GV mit einfacher Mehrheit auf Empfehlung des SR (welche dem „Veto" unterliegt) gewählt (Art 97). Der GS wird jeweils für fünf Jahre bestellt. Eine Wiederwahl durch die GV ist möglich. **1028**

Der Leiter des Sekretariats vertritt die IO nach außen: ZB spricht er für sie, schließt in ihrem Namen privatrechtliche und vr Verträge (zB Amtssitzabkommen – Rz 934) ab und vertritt sie in Gerichtsverfahren. In den meisten IO ist der GS nicht primär Entscheidungsorgan, sondern Ausführungsorgan und handelt dabei oft im Auftrag anderer Organe. Dennoch bleibt ihm im Rahmen seiner Ermächtigungen und Kompetenzen ein erheblicher Einflussbereich, der bisweilen groß genug ist, um die Missbilligung mancher Mitgliedstaaten zu erregen. Der GS der VN nimmt auch jene Aufgaben wahr, welche zwar in den Kompetenzbereich der VN fallen, aber keinem anderen Organ ausdrücklich zugewiesen sind (**„Lückenschließertheorie"** – Rz 2038 f). **1029**

Bei den Funktionen des GS der VN lassen sich Verwaltungsaufgaben und politische Aufgaben unterscheiden. Zu den **Verwaltungsaufgaben** gehö- **1030** ren die *technische Vorbereitung* und *Abwicklung* von *Sitzungen,* die *Vorbereitung* und *Verwaltung* des von der GV beschlossenen *Budgets* (Rz 1072f), die Sammlung und Verbreitung von *Informationen* (Jahresbericht) sowie die *Koordination* der Tätigkeit der *anderen Organe.* Viele Verträge übertragen dem GS *Depositärfunktionen* (Rz 287). Die Verträge, welche nach Art 102 SVN beim Sekretariat zu registrieren sind, werden in der UNTS veröffentlicht (Rz 288f).

1031 Zu den **politischen Aufgaben** des GS zählt das **Initiativrecht** in Kollegialorganen (zB Art 99 SVN – Rz 2038f). Er beeinflusst die Tagesordnung der Kollegialorgane, kann vor ihnen Stellungnahmen abgeben und Resolutionsentwürfe einbringen. Die Vermittlungstätigkeit **(„quiet diplomacy")** va des GS der VN wird von den Mitgliedstaaten geschätzt und häufig in Anspruch genommen.

4. Quasi-parlamentarische Organe

1032 Demokratien ist eine ausgewogene Verteilung hoheitlicher Gewalt auf verschiedene Staatsorgane eigen. Zu den wichtigsten Funktionen staatlicher Parlamente gehören die Gesetzgebung, die Kontrolle der Exekutive sowie die Budgethoheit. Durch die fortschreitende internationale Integration werden wichtige Bereiche staatlicher Tätigkeit in IO verlagert. Dieser Prozess ist va in der EG (Rz 1111 ff) weit fortgeschritten. Die Zustimmung zu wichtigen Verträgen, so auch den Satzungen von IO, ist nach den meisten staatlichen Verfassungen zwar den Parlamenten vorbehalten. Sobald die IO aber einmal ihre Tätigkeit aufgenommen haben, entzieht sich diese Tätigkeit der Einflussnahme der staatlichen Parlamente. Die wichtigen Entscheidungsorgane der IO sind fast durchwegs mit Regierungsvertretern besetzt. Nur ausnahmsweise sind Parlamentarier Mitglieder staatlicher Delegationen. Die parlamentarische Verantwortlichkeit der Regierung für die Handlungen der jeweiligen Delegationen ist kein taugliches Mittel zur parlamentarischen Kontrolle.

1033 **Gegen** diesen **Mangel** an **parlamentarischer Demokratie** in fast allen IO wurden in einigen, meist europäischen Organisationen **eigene parlamentarische Organe** geschaffen. Allerdings bleibt die Macht dieser Organe hinter der staatlicher Parlamente zurück. Ihre **Befugnisse** sind **überwiegend beratend.** Sie besitzen **keine eigenständigen gesetzgebenden Funktionen.** Die Möglichkeiten politischer Kontrolle über die anderen Organe sind beschränkt. Eine Budgethoheit gibt es nur bei den EG (Rz 1136, 1147). Eine der wichtigsten Funktionen solcher Organe ist die Pflege der Beziehungen zu den staatlichen Parlamenten, die eine gegenseitige Einflussnahme zur Folge hat.

1034 Die wichtigsten Beispiele für parlamentarische Organe in IO finden sich im Europarat und in der EU. Die *Beratende Versammlung* des *Europarats* hat sich selbst den Namen **Parlamentarische Versammlung** gegeben. Die *Versammlung* der *EU* wird nunmehr als **Europäisches Parlament** bezeichnet. Bei der Zusammensetzung beider Organe wird auf die *Proportionalität* bei der Vertretung der *Bevölkerung* der *Mitgliedstaaten,* aber auch der *politischen Parteien* geachtet. Dabei ist allerdings die *Bevölkerung* der *kleineren Staaten stärker repräsentiert* (D 134b). In beiden Organen zeigt sich eine deutliche Tendenz zu transnationalen politischen Fraktionen und nicht zu staatlichen Gruppen (Rz 1137).

Die Mitglieder internationaler parlamentarischer Organe werden meist von den staatlichen Parlamenten entsandt. Seit 1979 werden aber die Mitglieder des Europäischen Parlaments direkt durch die Bevölkerung gewählt (Rz 1132). 1035

Die **politische Einflussnahme** selbst des **Europäischen Parlaments** ist auf **Beratung** und **Kontrolle** konzentriert. Die **Teilnahme** an der **Rechtsetzung** ist für verschiedene Bereiche unterschiedlich geregelt und insgesamt **beschränkt.** *Allerdings* wurde die *Mitwirkung* des Europäischen Parlaments *an der Rechtsetzung* im Laufe der Zeit immer wieder *erweitert* (Rz 1133ff). 1036

5. Expertenorgane und Interessenvertretungen

Einige IO verfügen über **Kollegialorgane,** die nicht aus Vertretern der staatlichen Exekutive oder aus Parlamentariern, sondern aus **Individuen** zusammengesetzt sind, die wegen **persönlicher Sachkenntnisse** oder als **Vertreter** gewisser **Interessengruppen** ernannt werden. Solche Organe sind Ausdruck eines stärkeren Integrationswillens, weil bei ihrer Willensbildung Sachargumente stärker im Vordergrund stehen als der Ausgleich nationaler politischer Interessen. Allerdings kann die Durchsetzung der Beschlüsse solcher Organe schwieriger sein als die zwischenstaatlicher Organe, da sie nicht notwendigerweise vom politischen Willen der Mitgliedstaaten getragen sind. Aus diesem Grunde besitzen solche Organe auch kaum weit reichende Befugnisse zur Beschlussfassung (zur Zusammensetzung und Tätigkeit der *ILC* siehe Rz 225). 1037

Wichtigstes Expertenorgan der **EG** ist die **Kommission** (Rz 1129ff). Ihre **unabhängigen Mitglieder** werden von den *Regierungen der Mitgliedstaaten* im *gegenseitigen Einvernehmen ernannt.* Die Kommission hat wichtige Funktionen bei der **Überwachung** der **Einhaltung** der **Verträge** sowie bei der **Vorbereitung** der **Entscheidungen** des **Rats,** welcher das Hauptorgan der Willensbildung ist. 1038

Ein typisches Organ zur Vertretung von Interessengruppen ist der **Wirtschafts- und Sozialausschuss** von **EG** und **EAG.** Seine *Mitglieder* werden *vom Rat ernannt.* Er besteht aus *Vertretern* der *verschiedenen Gruppen* des *wirtschaftlichen* und *sozialen Lebens,* insbes der Erzeuger, der Landwirte, der Verkehrsunternehmer, der Arbeitnehmer, der Kaufleute und Handwerker, der freien Berufe und der Allgemeinheit. Der Wirtschafts- und Sozialausschuss hat beratende Aufgaben beim Rat und bei der Kommission. 1039

Die **Allgemeine Konferenz** der **ILO** ist ein gemischtes Organ. Von den vier Delegierten aus jedem Mitgliedstaat sind *zwei Regierungsvertreter* sowie *je einer Vertreter* der *Arbeitgeber* und der *Arbeitnehmer.* Die Allgemeine Konferenz ist also gleichzeitig auch Plenarorgan der Staatenvertreter (Rz 1011). Sie ist das wichtigste Entscheidungsorgan der ILO. Ihre Zusammensetzung führte allerdings zu erheblichen praktischen Schwierigkeiten: In manchen Staaten gibt es keine unabhängigen Arbeitgeber oder freien Gewerkschaften. Die entsprechenden Delegierten wurden daher oft mit Recht als eine bloße Erweiterung der Regierungsdelegation bezeichnet. 1040

1041 Insbes im Bereich des **Menschenrechtsschutzes** wurden verschiedene **unabhängige Kommissionen** bzw **Ausschüsse** eingesetzt (Rz 1389, 1391, 1439 f, 1566, 1616, 1629).

6. Internationale Gerichte

1042 Internationale Gerichte sind oft, aber nicht immer Organe von IO. So ist der **IGH** eines der Hauptorgane der VN (Art 7, 92–96 SVN), sein Statut (D 261) ist Bestandteil der SVN (Art 92 – Rz 1989 ff). Der **Europäische Gerichtshof für Menschenrechte** wurde durch die EMRK errichtet, besitzt aber eine enge institutionelle Verbindung zum Europarat (Rz 1511 ff). Der **EuGH** ist das gemeinsame Organ der Rechtsprechung von EG, EAG und EGKS (Rz 1138 ff). Der **Internationale Seegerichtshof** wurde durch das Seerechtsübereinkommen 1982 geschaffen (Rz 2233 f, 2320). Der **Internationale Strafgerichtshof** wurde durch ein eigenes Statut errichtet, welches 1998 in Rom angenommen wurde und 2002 in Kraft trat (Rz 2854).

G. Die Willensbildung in Internationalen Organisationen

1043 Die Formen der Willensbildung in IO spiegeln erneut anschaulich das *Spannungsverhältnis* zwischen *Integrationswillen* und dem Streben nach *Erhaltung einzelstaatlicher Handlungsfreiheit* wider. Die Bereitschaft zur Majorisierung ist Ausdruck eines, wenn auch beschränkten Souveränitätsverzichts zu Gunsten einer leichteren Entscheidungsfindung. Das Erfordernis der Einstimmigkeit, aber auch die Privilegien bestimmter Staaten bei der Willensbildung tragen der Forderung aller oder gewisser Staaten Rechnung, die Kontrolle über die Beschlüsse von IO zu behalten. Bei der Beurteilung der entsprechenden Bestimmungen in den Satzungen von IO sind aber auch deren Mitgliederzahl sowie die rechtliche und praktische Bedeutung der anstehenden Entscheidungen zu berücksichtigen. In einer Regionalorganisation mit verhältnismäßig wenigen Mitgliedern kann das Erfordernis der Einstimmigkeit, va für bindende und wichtige Entscheidungen, durchaus sinnvoll sein. Im Plenarorgan einer globalen IO mit mehr als 190 Mitgliedern ist ein einstimmiger Beschluss wenig wahrscheinlich. Die Konzession der Mehrstimmigkeit wird dann oft mit einer verminderten rechtlichen Wirkung der Beschlüsse (Rz 462 ff) erkauft.

1. Einstimmigkeit

1044 Historisch spielte das Erfordernis der Einstimmigkeit eine größere Rolle als heute (D 132). Im VB war, abgesehen von Verfahrensfragen, selbst im Plenarorgan, der Versammlung, Einstimmigkeit erforderlich. Obwohl dieses Erfordernis in der Praxis etwas gemildert wurde, trug diese Vorschrift sicherlich auch zum Scheitern des VB bei.

1045 **Heute** fordern **meist** die Satzungen **regionaler Organisationen** mit begrenzter Mitgliederzahl **einstimmige Beschlüsse,** zB *OECD, EFTA, Europarat* und *EG* (Rz 1126 f). Selbst in diesen IO wird Einstimmigkeit jedoch nicht für alle Beschlüsse verlangt, sondern entweder als grundsätzliche Regel, von der Ausnahmen bestehen, oder nur für bes wichtige Beschlüsse. Häufig wird das Einstimmigkeitsprinzip dadurch abgeschwächt, dass Stimmenthaltung oder Abwesenheit einzelner Mitglieder das Zustandekommen eines Beschlusses nicht verhindern (Rz 1053).

2. Mehrstimmigkeit

Die **meisten Vorschriften** über die Willensbildung in **Kollegialorganen** von IO sehen heute die **Mehrstimmigkeit** vor. In der „UN-Familie" wäre eine andere Regelung auch kaum sinnvoll. Auch bei der Mehrstimmigkeit gibt es **Variationsmöglichkeiten.** **1046**

In manchen IO ist die **genaue Zahl** der **erforderlichen Stimmen** festgelegt, zB im SR der VN mit neun der 15 Stimmen (Art 27 SVN), im Rat der EG beträgt die qualifizierte Mehrheit ab 1. November 2004 232 von 321 Stimmen, wobei auf Antrag überprüft wird, ob sie 62% der Gesamtbevölkerung repräsentiert (vgl Art 205 [ex-Art 148] EGV – D 137). **1047**

Häufiger ist jedoch die Festsetzung eines bestimmten **Stimmenanteils,** va **einfacher Mehrheit oder Zweidrittelmehrheit.** Viele Satzungen, die grundsätzlich die einfache Mehrheit vorsehen, fordern für bestimmte Abstimmungen eine qualifizierte Mehrheit (Art 18 SVN). **1048**

Für die Feststellung einer Mehrheit werden regelmäßig **nur** die **anwesenden und abstimmenden Mitglieder** berücksichtigt (Art 18 SVN). Für das Zustandekommen eines Mehrheitsbeschlusses können daher die Stimmen einer Minderheit der Mitglieder ausreichen. Entscheidend ist, dass die Anzahl der positiven Stimmen größer ist als die der negativen Stimmen. In manchen Fällen ist jedoch ausdrücklich eine andere Form der Stimmenzählung vorgesehen (Art 108 und 109 SVN). Eine Mehrzahl aller Mitglieder wird oft als absolute Mehrheit bezeichnet (zB Art 10 und 12 IGH-Statut – D 261; Art 49 [ex-Art O] EUV – D 138. **1049**

Für *qualifizierte Mehrheiten* gibt es neben der am häufigsten verwendeten Zweidrittelmehrheit auch *noch andere Möglichkeiten.* ZB sieht die IWF-Satzung für Satzungsänderungen eine Dreifünftelmehrheit der Mitglieder vor, welche über 85% der Stimmen verfügen müssen (Rz 1056). **1050**

3. Vorrechte bei der Willensbildung

Die **formale Gleichheit aller Mitglieder** von IO (Rz 1055) führt bei der Beschlussfassung **oft** zu **unbefriedigenden Ergebnissen.** Die *Unterschiede* in der *tatsächlichen wirtschaftlichen* und *militärischen Macht,* etwa zwischen einer Großmacht und einem Entwicklungsland mit weniger als 100.000 Einwohnern, sind enorm. Es gibt verschiedene Methoden, um diese Unterschiede bei der Willensbildung wenigstens zT zu berücksichtigen. **1051**

In Nichtplenarorganen können durch die **bevorzugte Zuweisung** von **Sitzen** an **bestimmte Mitglieder** *Vorrechte* bei der Willensbildung geschaffen werden. Dies kann durch die in der Satzung vorgesehene Wahl jener Mitglieder geschehen, die *bestimmte Eigenschaften* aufweisen (Art 7 ILO: „Mitglieder, denen wirtschaftlich die größte Bedeutung zukommt"; Art VI IAEA-Satzung: **1052**

„Mitglieder, die in der Technik der Atomenergie am weitesten fortgeschritten sind"; vgl ferner D 63), oder durch *De-facto-Wahl* der für die anstehenden Sachfragen *wichtigsten Mitglieder.* In *manchen Fällen* werden *namentlich genannten Mitgliedern ständige Sitze* zugewiesen (Art 23 SVN – Rz 1023).

1053 Neben Vorrechten bei der Beteiligung gibt es auch **Vorrechte bei** der **Stimmabgabe.** Gem **Art 27 Abs 3 SVN** muss im SR in allen **anderen als Verfahrensfragen** die erforderliche Zustimmung von neun Mitgliedern **alle fünf ständigen Mitglieder** umfassen. Der zu Grunde liegende Gedanke ist, dass diese Staaten für die Friedenserhaltung in der Welt eine derart entscheidende Rolle spielen, dass Beschlüsse ohne ihre Zustimmung nicht sinnvoll sind (Rz 1841 ff). Art 27 Abs 3 SVN stellt also den Versuch einer Synthese der Prinzipien der Mehrstimmigkeit und der Einstimmigkeit dar. Diese Bestimmung wurde aber in der Praxis des SR durch VGR geändert: Danach **verhindert** die **Abwesenheit** oder **Stimmenthaltung ständiger Mitglieder** das **Zustandekommen** eines **Beschlusses nicht.** Um einen Beschluss über eine Nichtverfahrensfrage zu verhindern, muss ein ständiges Mitglied eine Gegenstimme, ein *„Veto",* abgeben (D 133, 81 a). Die *Vorfrage,* ob eine zur Abstimmung anstehende Frage eine *Verfahrensfrage* ist, kann strittig sein. Diese Vorfrage wird als Nichtverfahrensfrage betrachtet und unterliegt daher selbst dem „Veto" (sog **doppeltes Veto** – D 133 c).

1054 Das „Veto" wurde in der Geschichte der VN häufig eingesetzt, va wenn Großmachtinteressen auf dem Spiel standen. Seit 1990 wird davon nur mehr selten Gebrauch gemacht. Allerdings gelangen Resolutionsentwürfe, die auf den entschiedenen Widerstand eines ständigen Mitglieds stoßen, meist gar nicht zur Abstimmung.

1055 Die differenzierteste Form der Berücksichtigung faktischer Ungleichheiten ist die **Stimmwägung,** also die Zuweisung unterschiedlicher Stimmgewichte an die Mitglieder. Abgesehen vom formalen Argument der souveränen Gleichheit liegt das *Hauptproblem* dabei im *Bewertungsmaßstab.* Dies ist auch der Hauptgrund dafür, dass die Stimmwägung verhältnismäßig selten vereinbart wird. Der nächstliegende Maßstab, die Bevölkerungszahl, würde gerade in universellen IO zu merkwürdigen Ergebnissen führen. ZB hätte dann Indien mehr Stimmen als die USA, die Russische Föderation, Japan, Deutschland, Großbritannien und Frankreich zusammen. Am einfachsten ist die Stimmwägung in IO mit sachlich begrenzten Funktionen, welche einen klaren Bewertungsmaßstab bieten.

1056 In den **Finanzorganisationen** (Weltbank, IWF, regionale Entwicklungsbanken) richtet sich die **Stimmenverteilung nach** den **Einlagen,** dh der Beteiligung am Grundkapital. Das Gleichheitselement wird durch die Zuweisung eines Grundstocks an Stimmen an jedes Mitglied gewahrt (D 134 a). Der Vorteil dieses Systems ist mehrfach: Den Staaten, welche die Hauptlast der Finanzierung tragen, kommt auch ein besonderes Gewicht bei der Willensbildung zu. Dies fördert wiederum die Bereitschaft der wichtigsten Geldgeber zur Bereitstellung weiterer Mittel. Überdies erlaubt dieses System eine elastische Anpassung an sich ändernde Umstände.

1057 In manchen *Rohstoffabkommen* (Rz 912, 2530 ff) wird eine *gleich große Anzahl* von *Stimmen* an die Gruppe der *exportierenden Staaten* und an die der *importierenden Staaten* vergeben. Innerhalb der Gruppen werden die Stimmen auf die einzelnen Mitglieder unter Berücksichtigung der *Export-* oder *Importanteile* am Welthandel des entsprechenden Rohstoffes aufgeteilt.

In **europäischen Regionalorganisationen** ist eine **gewichtete Beteiligung** 1058
an bestimmten Organen vorgesehen (D 134b, c). In der **Parlamentarischen Versammlung** des Europarats (Rz 1034) variiert die Zahl der Stimmen der Mitglieder **zwischen zwei** und **18.** Im **Europäischen Parlament** ist die Zahl der in den einzelnen Mitgliedstaaten gewählten Parlamentarier ebenfalls unterschiedlich (Rz 1132). Auch im Rat der EG werden die Stimmen der Mitglieder bei Beschlüssen, die eine qualifizierte Mehrheit erfordern, gewogen (Art 205 [ex-Art 148] EGV – D 137).

4. Konsensus

Die Methode des Konsensus zur Willensbildung wird in IO und bei 1059
diplomatischen Konferenzen immer häufiger gebraucht (Rz 275, 278, 1793, 1848, 1923, 1946, 2562, 2593). Sie beruht auf der Erkenntnis, dass eine Beschlussfassung durch **Mehrheitsvotum** oft **nicht zielführend** ist, bes wenn eine für den Gegenstand des Beschlusses wichtige Staatengruppe überstimmt wird. In den meisten Plenarorganen globaler IO verfügt die „Gruppe der 77“ (Rz 126) über zwei Drittel oder mehr aller Stimmen. Gerade in Weltwirtschaftsfragen wäre es aber nicht sinnvoll, va die Gruppe der westlichen Industriestaaten zu überstimmen, auf deren Mitwirkung es bei der Durchführung des Beschlusses ankommt.

Die Willensbildung durch Konsensus besteht in der Fortsetzung der 1060
Diskussion bis zu einer Lösung, welche im Großen und Ganzen die **Zustimmung** oder wenigstens **Duldung aller Gruppen** findet. Dies bedeutet nicht Einstimmigkeit. Es kommt zu **keiner formellen Abstimmung.** Einzelne Mitglieder beschränken sich darauf, ihre vom angenommenen Text abweichenden Ansichten durch entsprechende Erklärungen oder Vorbehalte anzumerken (D 135). Dieses Verfahren ist oft **langwierig** und führt nicht selten zur Einigung auf ein **Minimum** an **Substanz** oder/und zu **vagen Kompromissformeln.** Dennoch entspricht es den Zwängen der internationalen Willensbildung oft mehr als ein erzwungener Mehrheitsbeschluss.

In den **EG** wurde durch die **Luxemburger Vereinbarung 1966** (D 140) 1061
entgegen dem Wortlaut des Art 205 [ex-Art 148] EGV ein ähnliches Verfahren eingeführt. Sofern *sehr wichtige Interessen einzelner Mitglieder* betroffen sind, soll nur im *gegenseitigen Einvernehmen* vorgegangen werden (Rz 1127). Von diesem Verfahren wurde jedoch mehrfach wieder abgewichen. Die Rechtsverbindlichkeit der Vereinbarung ist zweifelhaft.

H. Die Finanzierung Internationaler Organisationen

Die Finanzierung ist eine der Schlüsselfragen für Tätigkeit und Bestand 1062
von IO. Bei der Diskussion über die Berechtigung des finanziellen Aufwandes für IO sollte stets berücksichtigt werden, dass das Finanzaufkommen sämtlicher IO nur einen winzigen Bruchteil der globalen Rüstungsausgaben ausmacht.

1. Einkünfte Internationaler Organisationen

a) Mitgliedsbeiträge

1063 In den **meisten IO** sind die **Beiträge** der **Mitgliedstaaten** die **Haupteinnahmequelle.** Diese Mitgliedsbeiträge sind **unterschiedlich** und richten sich **meist nach** der **Wirtschaftskraft** der einzelnen Mitglieder. Ein Festhalten an der souveränen Gleichheit bei der Finanzierung kommt nicht in Frage. Die früher oft praktizierte Selbsteinschätzung der Mitglieder nach Beitragsklassen existiert nur mehr in wenigen Spezialorganisationen.

1064 Die VN und die meisten Spezialorganisationen bedienen sich eines **Beitragsschlüssels,** welcher das Beitragsaufkommen in Prozenten auf die Mitglieder aufteilt. Dabei ergeben sich enorme Unterschiede in der Höhe der Beiträge zwischen 0,001% und 22%. Der Beitragsschlüssel für das Jahr 2003 sieht folgende Anteile am Budget für die größten Beitragszahler vor: USA 22%, Japan 19,51575%, Deutschland 9,769%. Auf diese Staaten entfällt also mehr als die Hälfte. Österreichs Anteil beträgt 0,947%, das sind in absoluten Zahlen etwas über 15 Mio US-Dollar. Das gesamte ordentliche Budget der VN für 2003 beläuft sich auf etwa 1.409 Mio US-Dollar. Das Budget für friedenserhaltende Maßnahmen (Rz 1852 ff), welches größer als das ordentliche Budget ist, wird getrennt beschlossen und – zu Lasten der ständigen Mitglieder des SR – etwas anders berechnet.

1065 Um den wichtigsten Beitragszahlern mehr Einfluss zu verschaffen, wurde 1986 durch die Res der GV 41/213 ein Verfahren eingeführt, wonach dem Budgetbeschluss der GV ein Beschluss des Programm- und Koordinierungsausschusses vorgeschaltet wird. In diesem Ausschuss, der mit Konsensus (Rz 1059 f) entscheidet, sind auch die Hauptbeitragszahler vertreten.

1066 Die Pflicht zur Beitragsleistung ergibt sich nach Art 17 Abs 2 SVN unmittelbar aus dem Budgetbeschluss, unabhängig davon, ob das betreffende Mitglied diesem zugestimmt hat, ob es bestimmte Ausgaben billigt oder nicht, und ob es sich um gewöhnliche oder außerordentliche Ausgaben der Organisation handelt (*Bestimmte Ausgaben der VN-Fall* – D 136). *Bei Nichtbezahlung* sind *Sanktionen,* zB Verlust des Stimmrechts, vorgesehen (Rz 994).

1067 Dennoch wurde die *Verweigerung* der *Finanzierung* wiederholt als politisches *Druckmittel* angewandt. Oft genügt die Drohung mit der Zahlungsverweigerung durch einen Staat wie die USA, welcher die Hauptlast der Finanzierung trägt, um eine Entscheidung zu beeinflussen. Der Austritt eines solchen Staates kann eine IO in eine finanzielle Krise stürzen (Rz 997 ff).

1068 Große Beitragsrückstände vieler Mitgliedstaaten (vgl Rz 994), va des Hauptbeitragszahlers, der USA, haben die VN in akute finanzielle Schwierigkeiten gebracht. Österreich gehört zu den pünktlichen Beitragszahlern. Trotz der schlechten Zahlungsmoral vieler Mitgliedstaaten bestehen starke Widerstände gegen die Erschließung anderer Geldquellen, etwa aus einer neuen Steuer auf internationale Finanztransaktionen oder aus privaten Mitteln. Die Mitgliedstaaten fürchten nämlich solcherart eine wichtige Form der Kontrolle über die Organisation zu verlieren.

b) Sonstige Einkünfte

Neben den Mitgliedsbeiträgen stehen IO auch andere Finanzierungsmöglichkeiten offen. Manche IO beziehen erhebliche **Einkünfte aus ihrer Tätigkeit.** *Weltbank* und *IWF* erwirtschaften sogar *beträchtliche Nettoeinkünfte.* Fast alle IO nehmen relativ geringe Beträge aus dem **Verkauf** von **Publikationen** ein. Das Kinderhilfswerk der VN *(UNICEF)* erzielt einen wesentlichen Teil seiner Einkünfte aus dem *Verkauf* von *Grußkarten.* Nur **wenige IO** können sich aus **öffentlichen Abgaben,** wie Steuern usw, finanzieren. Dies gilt insbes für die EG (Rz 1144). 1069

Gewisse Programme von IO werden ganz oder überwiegend aus **freiwilligen Beiträgen** bezahlt, va wenn keine Einigung über die Finanzierung dieser Programme möglich ist (zB von friedenserhaltenden Operationen der VN – Rz 1852 ff – und gewissen Entwicklungsprogrammen). 1070

Bisweilen sind IO auch gezwungen, **Anleihen** aufzunehmen. Diese können auch zur Zwischenfinanzierung der laufenden Budgets bei Beitragsrückständen der Mitglieder dienen. 1071

2. Das Ausgabenwesen Internationaler Organisationen

Das Ausgabenwesen von IO wird ähnlich wie bei Staaten in periodischen **Budgets** geplant. Das Budget beruht regelmäßig auf Entwürfen des Sekretariats und wird nach allfälligen Beratungen in speziellen Organen vom Plenarorgan der Staatenvertreter (zB GV der VN) beschlossen. In den EG wird das Budget von Rat und Europäischem Parlament gemeinsam beschlossen (Rz 1147). Der **Budgetbeschluss** ist eine **verbindliche Entscheidung,** selbst wenn das beschlussfassende Organ normalerweise nur Empfehlungen abgeben kann. UU kann eine IO verpflichtet sein, ein Budget für gewisse Aufgaben zur Verfügung zu stellen. So hat die GV der VN die Mittel zur Erfüllung der Urteile des Verwaltungsgerichts (Rz 956; D 113) bereitzustellen. Ähnliches gilt für vertragliche oder deliktische Verpflichtungen von IO. 1072

Die Ausgaben von IO bestehen aus *Verwaltungsausgaben* sowie den Kosten für *besondere Programme.* Bei den meisten IO machen den größeren Teil des Budgets die Verwaltungsausgaben aus, davon wiederum den größten Teil die Personalkosten. In manchen IO wie der FAO und der WHO entfallen allerdings große Teile der Ausgaben auf konkrete Maßnahmenprogramme. In den VN machen die Ausgaben für friedenserhaltende Maßnahmen den größten Anteil an den Kosten aus. In der EG fließt etwa die Hälfte des Finanzaufkommens in das Agrarbudget (Rz 1145, 1170 f). 1073

I. Die Bedeutung Internationaler Organisationen in den internationalen Beziehungen

Die Entstehung und Entwicklung von IO im Laufe des 20. Jhdt haben die iBez und das VR revolutioniert. Die **Sachzwänge internationaler Zusammenarbeit** haben die Teilnahme fast aller Staaten an zahlreichen IO selbstverständlich gemacht. Die Intensivierung der Kontakte im institutionellen 1074

Rahmen von IO haben den **Kommunikationsprozess,** welcher die Grundlage des VR darstellt (Rz 23), tief greifend verändert.

1075 So wichtig, ja unerlässlich IO für die heutigen iBez sind, sollte doch ihre Tauglichkeit zur Lösung internationaler Probleme nicht zu optimistisch beurteilt werden. IO sind an sich **weder gut noch schlecht.** Ein zur Beilegung politischer Konflikte geschaffenes Forum kann auch zur Arena der Konfrontation werden und an der Aufschaukelung internationaler Konflikte mitwirken. Eine Organisation zur kollektiven Selbstverteidigung (Rz 1879) kann von potenziellen Gegnern als Bedrohung empfunden werden und zum Wettrüsten beitragen. IO zur Förderung der wirtschaftlichen oder technischen Zusammenarbeit können zu hypertrophen Bürokratien werden, deren unüberschaubare Kompetenzen und Tätigkeiten ihrerseits der Koordination bedürfen. IO sind **nicht Selbstzweck.** Ihr Wert muss jeweils an der tatsächlichen Fähigkeit, internationale Probleme zu lösen, gemessen werden.

1076 Auch sollten die **politischen Möglichkeiten** von IO **nicht überschätzt** werden. Oft sind Kritik und Enttäuschung die Folge übertriebener Erwartungen und unrealistischer Hoffnungen. IO sind **keine Regierungen.** Ihre Fähigkeit, die Mitglieder ihrem Willen zu unterwerfen, ist gering. Das **entscheidende Kriterium** für die Wirksamkeit von IO ist nicht ihre Macht über Staaten, sondern ihre **Nützlichkeit für** die **Staaten.**

1077 Die politischen Grenzen von IO äußern sich deutlich bei ihrer **Abhängigkeit** von der **Mitarbeit** der **Staaten.** Trotz der Delegation wichtiger Entscheidungsbefugnisse an IO sind die wichtigsten Zentren politischer Macht auch heute noch die staatlichen Regierungen. Selbst bei den am stärksten integrierten IO, den EG (Rz 1111 ff), ist der *„point of no return“,* also das Entwicklungsstadium, in welchem der Integrationsgrad einen Rückzug aus der Organisation praktisch unmöglich macht, wohl noch nicht erreicht.

1078 Im Wesentlichen sind also die heutigen IO nicht so sehr als Akteure in den iBez zu sehen, sondern mehr als institutioneller Rahmen für die Beziehungen der Staaten. In diesem Rahmen entwickelt sich nicht selten ein gewisses politisches Eigenleben. Letztlich bleiben aber die wichtigsten Organe von IO ein Spiegelbild der Beziehungen der in ihnen vertretenen Staaten.

J. Die Bedeutung Internationaler Organisationen im heutigen Völkerrecht

1079 IO sind zu wichtigen Zentren in den iBez geworden. Dementsprechend groß ist auch ihr direkter und indirekter Einfluss auf das VR. Es gibt kaum einen Bereich des modernen VR, mit dem sich Organe von IO oder von ihnen einberufene Konferenzen nicht beschäftigen. Dieser Einfluss erschöpft sich nicht in der Rechtswirkung formeller Beschlüsse von IO (Rz 457 ff); die Tätigkeit von IO steht vielmehr in ständiger Wechselwirkung mit sämtlichen Quellen des VR.

1080 Die **Sammlung** und **Bereitstellung** von **Informationen** über vr relevantes Material ist zu einer wichtigen Aufgabe von IO geworden. Zu ihnen gehören va Publikationen des Vertragsrechts, wie etwa die UNTS, Entscheidungssammlungen, wie die *ICJ Reports* oder die RIAA (Rz 530), und zahlreiche andere Veröffentlichungen. Auch das Fachwissen des Personals von IO spielt insbes für kleinere und ärmere Mitgliedstaaten eine wichtige Rolle. Alle diese Informationsquellen beeinflussen die Anwendung des VR und damit auch die internationale Praxis.

Die **Vorbereitung juristischer Dokumente** zählt zu den wichtigsten rechtsgestaltenden Aufgaben von IO. Diese Arbeiten sind oft, aber nicht immer auf die Ausarbeitung von Vertragsrecht gerichtet. In neuerer Zeit ist die Initiative zur Vorbereitung vieler wichtiger multilateraler Verträge weitgehend auf IO übergegangen (Rz 271 ff, 481 f). Häufig wird diese Arbeit von speziellen permanenten Organen, zB der ILC (Rz 225), dem Rechtsausschuss der GV der VN (Rz 1018), der Menschenrechtskommission der VN (Rz 1381), dem UN-Weltraumausschuss (Rz 2337 ff) oder von Ad-hoc-Organen zur Erarbeitung einzelner Dokumente, wie der „*Friendly-Relations*-Deklaration" (D 214) und der Aggressionsdefinition (D 232), geleistet. Auch Spezialorganisationen (zB ILO, FAO, WHO, UNESCO) und Regionalorganisationen (zB der Europarat) bereiten wichtige Verträge und sonstige juristische Dokumente vor. Das Ergebnis vorbereitender Arbeiten wird bisweilen schon vor In-Kraft-Treten des ausgearbeiteten Vertrages in die Staatenpraxis übernommen, wie zB die ausschließliche Wirtschaftszone (Rz 2275 ff; D 284; vgl auch D 37). 1081

Empfehlungen von IO haben trotz ihrer beschränkten unmittelbaren juristischen Wirkung (Rz 462 ff) einen **weit reichenden indirekten Einfluss auf** das **VR.** Zunächst dienen manche von ihnen als *Vorstufe zu späterem Vertragsrecht.* So war etwa die Allgemeine Erklärung der Menschenrechte (D 164) Ausgangspunkt für eine Anzahl späterer Verträge (zB D 165, 166, 174, 192, 199, 200). Ähnliches gilt für die Weltraumdeklaration (Rz 2338 f; D 292, 294). Manche Empfehlungen werden als *autoritative Interpretation* der SVN betrachtet (zB „*Friendly-Relations*-Deklaration" – D 214; Aggressionsdefinition – D 232). Andere Empfehlungen legen gewisse *programmatische Grundsätze* fest, auf welchen die weitere Rechtsentwicklung aufbaut (zB Antikolonialismusdeklaration – D 266; Deklaration über die permanente Souveränität über Naturschätze – D 158). 1082

IO bilden durch ihre Zusammensetzung und Tätigkeit ein **ständiges Forum** für die **Auseinandersetzung** zwischen den **Staaten** auch über **vr Fragen.** Daraus ergibt sich ein ständiger Prozess von Äußerungen und Forderungen, welche ihrerseits Gegen- und Parallelforderungen oder Zustimmung hervorrufen. Der dabei zu Tage tretende zwischenstaatliche Interessenausgleich ist für die Klärung und Entwicklung des VR wichtig. Dieser Kommunikations- und Willensbildungsprozess von Staaten in IO findet seinen Niederschlag in Res, Verträgen oder im VGR (Rz 213). In diesen Auseinandersetzungen haben sich Gruppen von Staaten gebildet, die gewisse Ähnlichkeiten mit politischen Parteien aufweisen. Zu ihnen gehören die westlichen Industriestaaten, die „Gruppe der 77" (Rz 126) und die Blockfreien (Rz 125 ff; früher bildeten die sozialistischen Staaten einen bes geschlossenen Block). 1083

Auch die **Entscheidungspraxis von IO** hat **Einfluss auf das VR.** Sie ähnelt der Staatenpraxis (Rz 179 ff, 536 ff), ist aber doch verschieden von ihr. Sowohl im organisatorischen Bereich als auch im materiellen VR fällen IO 1084 bzw ihre Organe immer wieder Entscheidungen zu konkreten Sachfragen (D 79, 113, 120, 135, 240), welche bei der späteren Beurteilung der betreffenden Rechtsfrage wichtig sind. Bei den VN zählen ua so zentrale Fragen wie Gewaltverbot, friedliche Streitbeilegung, Selbstbestimmungsrecht der Völker und Menschenrechte zu Gebieten, auf denen die IO Entscheidungen fällt.

1085 Schließlich hat auch die **Überwachung** von **vr Verpflichtungen durch IO** einen Einfluss auf die Effektivität jener vr Normen. Zu dieser Überwachung gehört zB die Tätigkeit internationaler Organe im Bereich der Menschenrechte (Rz 1388 ff, 1416 ff, 1510 ff, 1614 ff, 1627 ff), der Friedenserhaltung (Rz 1852 ff) und der Nichtweiterverbreitung von Kernwaffen (D 223).

1086 Trotz der starken Ausweitung der Befugnisse von IO in den iBez **bleibt** die **Kontrolle** über die **Rechtsfortbildung** im VR auch heute in den Händen der **Staaten.** Die IO sind in den meisten Bereichen noch weit davon entfernt, die Rolle eines internationalen Gesetzgebers zu übernehmen.

3. Kapitel

Die Europäische Union

August Reinisch

Literatur: *Grabitz / Hilf* (Hrsg), Das Recht der Europäischen Union (Loseblattsammlung); *Hummer,* Die Europäische Union und Österreich (1994); *Hummer / Obwexer,* Österreich in der Europäischen Union (1995); *Röttinger / Weyringer* (Hrsg), Handbuch der europäischen Integration (2. Aufl, 1996); *Schweitzer / Hummer,* Europarecht (5. Aufl, 1996); *von der Groeben / Thiesing / Ehlermann* (Hrsg), Kommentar zum EU-/EG-Vertrag (5. Aufl, 1997); *Hummer* (Hrsg), Die Europäische Union nach dem Vertrag von Amsterdam (1998); *Hummer / Obwexer* (Hrsg), EU-Recht (1998); *Hummer / Simma / Vedder,* Europarecht in Fällen (3. Aufl, 1999); *Schweitzer / Hummer,* Europarecht. Nachtrag 1999 (1999); *Griller / Droutsas / Falkner / Forgó / Nentwich,* The Treaty of Amsterdam (2000); *Hummer / Obwexer,* Der Vertrag von Nizza (2001); *Neisser / Verschraegen,* Die Europäische Union. Anspruch und Wirklichkeit (2001); *Fischer / Köck / Karollus,* Europarecht (4. Aufl, 2002); *Streinz,* Europarecht (6. Aufl, 2003); *Thun-Hohenstein / Cede / Hafner,* Europarecht (4. Aufl, 2003).

A. Allgemeines

EGKS, EAG und **EG** entsprechen dem Typ einer durch multilateralen Vertrag geschaffenen IO (Rz 893). Dennoch unterscheiden sie sich in zahlreichen Punkten sowohl organisatorisch als auch materiellrechtlich von herkömmlichen IO. Besonderes Merkmal der drei Gemeinschaften ist ihr fast vollständig verwirklichter **supranationaler** Charakter (Rz 905). Daher hat sich auch das **Gemeinschaftsrecht** im Laufe der Jahre als eine **eigenständige Disziplin** weitgehend vom allgemeinen VR bzw dem Recht der IO abgekoppelt. Wegen ihrer entscheidenden Bedeutung für die Zukunft Europas werden wichtige Besonderheiten der drei Gemeinschaften und der **EU** hier gesondert zusammengefasst. **1087**

B. Geschichte

Nach dem II. WK erhielt die schon in der Zwischenkriegszeit populäre Paneuropäische Idee (vgl *Richard Coudenhove-Kalergi,* Das Paneuropäische Manifest, [1923]) neuen Auftrieb. Zentrum der Hoffnungen war zunächst der 1949 gegründete *Europarat,* eine traditionell aufgebaute IO. Eine kleinere Gruppe von Staaten strebte aber nach engerer Zusammenarbeit, wenn auch zunächst auf sektoriell beschränktem Gebiet. So wurde **1951** auf der Grundlage des nach dem damaligen französischen Außenminister benannten *Schuman-Plans* durch den **Pariser Vertrag** die **EGKS (Montanunion)** zwischen Belgien, der BRD, Frankreich, Italien, Luxemburg und den Niederlanden gegründet. Ziel des auf 50 Jahre abgeschlossenen Vertrages war die *völlige Integration* der Volkswirtschaften im Bereich der *Schwerindustrie* unter der *Aufsicht supranationaler Organe,* va um einen Krieg zwischen Deutschland und Frankreich in Zukunft undurchführbar zu machen. Der **1088**

Vertrag lief im Juli 2002 aus. Seither finden die Bestimmungen des EGV auch auf die Sektoren Kohle und Stahl Anwendung. Das gesamte Vermögen und alle Verbindlichkeiten der EGKS sind auf die EG übergegangen.

1089 Ambitionierte Pläne zur Gründung einer *Europäischen Verteidigungsgemeinschaft* und einer *Europäischen Politischen Gemeinschaft* scheiterten in den darauf folgenden Jahren. **1957** gründeten die sechs Gründungsstaaten der EGKS mit den **Römischen Verträgen** weitere Gemeinschaften, die **EWG (Gemeinsamer Markt** – Rz 2522; D 137) und die **EAG (EURATOM).** Obwohl *juristisch drei Gemeinschaften nebeneinander* bestanden, sind sie nicht nur durch die Identität der Mitglieder, sondern seit 1967 (**Fusionsvertrag 1965** – Rz 988) auch durch **gemeinsame Organe** miteinander verbunden. Gegenüber der umfassend angelegten EWG (seit In-Kraft-Treten des Maastricht-Vertrages 1993 EG) beschränken sich die beiden anderen Gemeinschaften auf spezielle Bereiche der Volkswirtschaft.

1090 Auch inhaltlich existieren Unterschiede zwischen den drei Verträgen. Für EGKS und EAG enthalten bereits die Gründungsverträge wesentliche materielle Regelungen. Dagegen ist der *EWGV* (seit 1993 EGV) nur ein *Rahmenvertrag,* der den *Organen* die *Erlassung* der *wichtigsten Vorschriften* in der Form von *sekundärem Gemeinschaftsrecht* (Rz 1149) überlässt. Wegen der dominierenden Rolle der EG beschränken sich die folgenden Ausführungen weitgehend auf diese.

1091 Die **Erweiterung** der EG auf derzeit 15 Mitglieder fand in **mehreren Schritten** statt. *1973* wurden *Dänemark, Großbritannien* und *Irland* Mitglieder, *1981 Griechenland, 1986 Portugal* und *Spanien.* Die ehemalige DDR wurde 1990 durch die deutsche Einigung ohne Aufnahmeverfahren als Teil der BRD EG-Gebiet (Rz 854). *1995* erfolgte die *Aufnahme Österreichs, Schwedens* und *Finnlands.* Die Mitgliedschaft Norwegens scheiterte in zwei Volksabstimmungen. Eine EU-Mitgliedschaft der Schweiz ist nach dem negativen Ausgang des Referendums über einen Beitritt zum EWR (Rz 1163) derzeit unwahrscheinlich.

1092 Die **Osterweiterung** der EU um die **Mittel- und Osteuropäischen Länder (MOEL)** sowie Malta und Zypern gehört zu den zentralen politischen und wirtschaftlichen, aber auch technischen und institutionellen Herausforderungen der Union seit der „Wende“ 1989 (vgl zum Aufnahmeverfahren allgemein Rz 1155). Auf dem Gipfeltreffen des Europäischen Rates (Rz 1097, 1128) in **Kopenhagen 1993** wurden allgemein verbindliche Beitrittskriterien formuliert. Dazu gehören **politische** (stabile Institutionen, Demokratie, Rechtsstaatlichkeit, Menschenrechte und der Schutz von Minderheiten) und **wirtschaftliche** (funktionierende Marktwirtschaft und Fähigkeit, dem Wettbewerbsdruck und den Marktkräften innerhalb der EU standzuhalten) **Beitrittskriterien** sowie die administrative Kapazität, den **acquis communautaire** (Rz 1155) umzusetzen. Außerdem muss bei den Neuaufnahmen das Integrationstempo der EU erhalten bleiben. Zur Vorbereitung auf eine spätere Mitgliedschaft wurden mit den einzelnen MOEL zwischen 1991 und 1996 spezielle Assoziierungsabkommen (Rz 1159) geschlossen **(„Europa-Abkommen“).** 1997 wies die Kommission in der „Agenda 2000“ im Zusammenhang mit der Osterweiterung ua auf die Notwendigkeit einer Änderung der Zusammensetzung und Funktionsweise der

Institutionen, einer Reform der Gemeinsamen Agrarpolitik (Rz 1170 f) sowie der Sicherstellung entsprechender Finanzmittel hin.

Nach der Zustimmung des Europäischen Rates in Amsterdam 1997 wurden im März 1998 die offiziellen Beitrittsverhandlungen mit *Estland, Ungarn, Polen,* der *Tschechischen Republik, Slowenien und Zypern,* im Frühjahr 2000 mit *Malta, Rumänien,* der *Slowakei, Lettland, Litauen,* und *Bulgarien* eröffnet. Auf der **Regierungskonferenz von Nizza** im Dezember 2000 (Rz 1105 ff) wurden erforderliche institutionelle Anpassungen beschlossen. Im Februar 2003 wurden die Beitrittsverträge mit *Estland, Lettland, Litauen, Malta, Polen,* der *Tschechischen Republik,* der *Slowakei, Slowenien, Ungarn* und *Zypern* unterzeichnet, die im Mai 2004 in Kraft getreten sind. Die Beitrittsverhandlungen mit *Bulgarien* und *Rumänien* sind noch nicht abgeschlossen. Über die Aufnahme von Verhandlungen über den Beitrittsantrag der Türkei (1987) wird der Europäische Rat im Dezember 2004 auf der Grundlage einer Bewertung durch die Kommission entscheiden. **1093**

Mit dem In-Kraft-Treten der **Einheitlichen Europäischen Akte (EEA) 1987** wurden die drei Verträge in wichtigen Punkten sowohl materiell (zB Einbeziehung der Politikbereiche Umwelt, Forschung und Entwicklung, wirtschaftlicher und sozialer Zusammenhalt, sowie der **Europäischen Politischen Zusammenarbeit** [**EPZ** – Rz 1112]) als auch im Verfahrensbereich (zB im Rechtsetzungsbereich die Einführung des *Verfahrens der Zusammenarbeit* [Rz 1153] sowie die Ausdehnung des Erfordernisses der *qualifizierten Mehrheit* [Rz 1126] im Rat auf eine Reihe von Materien, die früher Einstimmigkeit erforderten) abgeändert. Wichtigstes Ziel der **EAA** war die **Vollendung** des **Binnenmarktes** (Rz 1164 ff). **1094**

Der **EUV** von **Maastricht 1992** (D 138) trat nach teilweise heftigen und grundsätzlichen Debatten in verschiedenen Mitgliedstaaten (zwei Volksabstimmungen in Dänemark, Entscheidung des deutschen Bundesverfassungsgerichts über die Vereinbarkeit des EUV mit dem Bonner Grundgesetz) 1993 in Kraft. Er enthält nicht nur wesentliche Veränderungen der bisherigen Verträge über die drei Gemeinschaften, sondern auch *zwei neue Politiken* und Formen der *intergouvernementalen Zusammenarbeit.* Die durch den Maastricht-Vertrag gegründete **EU** besteht aus den **drei supranationalen Gemeinschaften** (EG, EGKS und EAG – „erste Säule") sowie aus den beiden **vr Regimen zwischenstaatlicher Zusammenarbeit,** der **Gemeinsamen Außen- und Sicherheitspolitik (GASP** – „zweite Säule") und der **Zusammenarbeit in den Bereichen Justiz und Inneres (ZBJI** – „dritte Säule"), nunmehr **Polizeiliche und Justizielle Zusammenarbeit in Strafsachen (PJZS).** **1095**

Ziel des EUV ist die Verwirklichung einer **Politischen Union** sowie einer **Wirtschafts- und Währungsunion (WWU)** (Rz 1177). **1096**

Die Organe der EG dienen den Mitgliedstaaten auch im Rahmen der GASP und der PJZS („Organeinheit" bzw „Institutionenleihe"). Der *Europäische Rat* (Rz 1128) ist eine Institution der EU, kann aber für die in allen *drei Säulen* tätigen Organe *allgemeine politische Zielvorstellungen* festlegen. **1097**

Im Bereich des Gemeinschaftsrechts („erste Säule") wurde durch den Vertrag von Maastricht eine Reihe institutioneller und materieller Änderungen verankert: ua die Einführung einer **Unionsbürgerschaft** (Rz 1180 ff), **1098** eines parlamentarischen **Bürgerbeauftragten** sowie des Rechtsetzungsverfahrens der **Mitentscheidung** (Rz 1133, 1153).

1099 Bereits der Vertrag von Maastricht sah für 1996 eine Regierungskonferenz zur Vertragsrevision im Hinblick auf den weiteren Ausbau der EU vor. Diese führte **1997** zur Unterzeichnung des **Amsterdamer Vertrages,** der 1999 in Kraft trat. Die geplante umfangreiche institutionelle Reform, um die Ost- und Süderweiterung (Rz 1093) bewältigen zu können, erfolgte jedoch nicht. Sichtbarstes Zeichen der Vertragsrevision ist die *Neunummerierung* der *Art* von *EUV* und *EGV.* (In der Folge wird der Empfehlung des EuGH gefolgt, den neuen Artikelnummern die alten mit dem Zusatz „ex-Art" in Klammer hinzuzufügen.)

1100 Allerdings wurde in Amsterdam auch eine Reihe wichtiger Neuerungen vereinbart: Ein neu eingefügter Art 7 EUV sieht die Möglichkeit der **Suspendierung** von **Mitgliedschaftsrechten** bei **schweren** und **andauernden Verstößen** gegen die in Art 6 EUV enthaltenen **rechtsstaatlichen, menschenrechtlichen** und **demokratischen Prinzipien** vor.

1101 Große Teile der „dritten Säule" wurden unter dem Titel **„Visa, Asyl, Einwanderung und andere Politiken betreffend den freien Personenverkehr"** in den EGV eingegliedert. Durch diese weit gehende **„Vergemeinschaftung"** der in der *ZBJI* zusammengefassten Politikbereiche wurde diese zur **PJZS** (Rz 1119).

1102 Der neue Art 11 EGV sieht die Möglichkeit einer **„verstärkten Zusammenarbeit" (Flexibilität)** einzelner Mitgliedstaaten vor.

1103 Im Bereich der Rechtsetzungsverfahren wurde das Verfahren der **Mitentscheidung** (Rz 1133) auf weitere Materien *ausgedehnt.*

1104 Im Bereich der **GASP** wurden die einzelnen Handlungsformen **Gemeinsamer Standpunkt, Gemeinsame Aktion** und **Gemeinsame Strategie** (Rz 1113f) näher präzisiert; der GS des Rates wurde **„Hoher Vertreter für die GASP"** *(„Mister GASP");* ein neuer Art 24 EUV gibt dem **Rat** die Befugnis, **vr Verträge** zur Durchführung der GASP zu schließen; die **„Petersberg-Aufgaben"** (Rz 1910ff) wurden in die **Gemeinsame Verteidigungspolitik** als Teil der *GASP* (Art 17 Abs 2 EUV) integriert.

1105 Va wegen der ungelösten Fragen der **Institutionenreform** wurde bereits im Jahr *2000* eine *weitere Regierungskonferenz* einberufen. Der im Dezember **2000** unterzeichnete, im Februar *2003 in Kraft* getretene **Vertrag von Nizza** enthält ua folgende institutionelle Änderungen (D 139): **Neugewichtung** der **Stimmen** im **Rat** (Rz 1126), **Verzicht** der **großen Mitgliedstaaten** auf ein **zweites Mitglied** in der **Kommission** (Rz 1129ff), **Neuregelung** der **Mitgliederzahl** für das **Europäische Parlament** sowie für die beratenden Organe (**Ausschuss der Regionen** und **Wirtschafts- und Sozialausschuss**).

1106 Weiters sieht der Vertrag von Nizza vor: Auf Grund der Erfahrungen mit den „**Sanktionen** der **EU-14**" gegen die österreichische Regierung im Jahre 2000 (Rz 3355ff) **Verfahrensbestimmungen** für Sanktionen nach Art 7 EUV sowie **Empfehlungen** bei Gefahr von Verstößen gegen Art 6 EUV (Rz 1100, 1601f, 3355ff), Änderungen bei der **„verstärkten Zusammenarbeit"**, die Errichtung einer **Europäischen Stelle für justizielle Zusammenarbeit** (EUROJUST) und zahlreiche Änderungen in einzelnen Politikbereichen des EGV.

Nicht formell in den EUV integriert, sondern anlässlich des Europäischen Rates in Nizza bloß *feierlich proklamiert* wurde die **„Charta der Grundrechte der Europäischen Union"** (Rz 1605 ff) durch die Präsidenten des Europäischen Parlaments, des Rates und der Kommission. Trotz der daraus folgenden **mangelnden rechtlichen Bindungswirkung** der Grundrechte-Charta hat sie als **Auslegungsmaßstab** für die bereits verbindlichen Grundrechtsverpflichtungen der Union in der Rechtsprechung der europäischen Gerichte bereits Relevanz erhalten. Eine solche Bindung der Gemeinschafts- und Unionsorgane an Grund- und Menschenrechte hat der *EuGH* durch seine *Judikatur* seit Ende der 1960er Jahre entwickelt, indem er die in der *EMRK* (Rz 1436 ff) und in den *Verfassungen der Mitgliedstaaten* enthaltenen *Grundrechte* als *ARG* (Rz 427 ff) interpretiert, die auch die internationale Organisation EG/EU bindet (Rz 1095). Die Kernidee dieser Rechtsprechung ist seit dem Vertrag von Maastricht in Art 6 Abs 2 (ex-Art F Abs 2) EUV (D 138) kodifiziert. **1107**

Ausgearbeitet wurde der Text der Grundrechte-Charta, die neben den in der EMRK enthaltenen auch weiter gehende soziale und wirtschaftliche Rechte enthält, von einem eigens zu diesem Zweck errichteten **„Konvent"** von insgesamt 62 Mitgliedern, der sich aus Beauftragten der Staats- und Regierungschefs und des Präsidenten der Kommission sowie Mitgliedern des Europäischen Parlaments und der nationalen Parlamente zusammensetzte. **1108**

Neben der Frage des rechtlichen Status der Grundrechte-Charta sind die vertikale Zuständigkeitsaufteilung zwischen EU und Mitgliedstaaten (**„Subsidiaritätsprinzip"** – Rz 1150) sowie die Rolle der nationalen Parlamente im Gesamtrahmen der EU **(„Demokratiedefizit")** ebenso ungelöste Probleme wie das Ziel einer Vereinfachung der Verträge. Dabei handelt es sich nicht nur um die „leftovers" der Regierungskonferenz 2000, sondern um wesentliche Fragen einer **„Konstitutionalisierung"** der EU, die nach dem Beschluss des Europäischen Rates in Laeken/Brüssel vom Dezember 2001 von einem in ähnlicher Weise wie der Grundrechte-Konvent (Rz 1108) zusammengesetzten **„Verfassungskonvent"** unter dem Vorsitz des ehemaligen französischen Staatspräsidenten Valéry Giscard d'Estaing diskutiert wurden. **1109**

Im Juni 2003 hat der **Verfassungskonvent** einen Entwurf für eine **Verfassung der EU** vorgelegt, der an Stelle der EG, EAG und EU eine einzige **EU** mit **eigener Rechtspersönlichkeit** vorsieht. Der Entwurf beinhaltet ua: die Integration der EU-Grundrechte-Charta in das Primärrecht; ausdrücklich festgelegte Kompetenzen der EU (ausschließliche, geteilte und unterstützende); neue Rechtsakte (europäisches Gesetz und europäisches Rahmengesetz statt VO und Richtlinie); Ausbau des Mitentscheidungsverfahrens (Rz 1133), das in Zukunft nur mehr „Gesetzgebungsverfahren" heißen soll; ein ausdrückliches Austrittsrecht der EU-Mitgliedstaaten. Nachdem im Dezember 2003 beim Europäischen Rat in Brüssel keine Einigung über den endgültigen Verfassungstext erzielt wurde, werden die Verhandlungen unter irischer Präsidentschaft 2004 fortgesetzt. **1110**

C. Ziele und Besonderheiten

Die Ziele der EG gehen weit über die einer herkömmlichen IO hinaus. **1111**
Sie soll durch die **Errichtung** eines **Gemeinsamen Marktes** und einer **WWU**

eine harmonische, ausgewogene und nachhaltige Entwicklung des Wirtschaftslebens, ein hohes Beschäftigungsniveau, sozialen Schutz, die Gleichstellung von Männern und Frauen, ein beständiges, nicht-inflationäres Wachstum, einen hohen Grad von Wettbewerbsfähigkeit und Konvergenz der Wirtschaftsleistungen, ein hohes Maß an Umweltschutz und Verbesserung der Umweltqualität, die Hebung von Lebensstandard und Lebensqualität sowie den wirtschaftlichen und sozialen Zusammenhalt und die Solidarität zwischen den Mitgliedstaaten fördern (Art 2 EGV). Zu diesem Zweck sieht Art 3 EGV ua folgende Tätigkeitsbereiche vor:

1) Schaffung einer *Zollunion,*
2) eine *gemeinsame Handelspolitik,*
3) *freier Personen-, Dienstleistungs- und Kapitalverkehr,*
4) *Einreise* und *Personenverkehr im Binnenmarkt,*
5) *gemeinsame Landwirtschaftspolitik,*
6) *gemeinsame Verkehrspolitik,*
7) Schaffung eines *Europäischen Wettbewerbsrechts,*
8) *Angleichung* des *innerstaatlichen Rechts* der *Mitgliedstaaten, soweit* dies für das *Funktionieren* des *Gemeinsamen Marktes erforderlich* ist,
9) *gemeinsame Sozialpolitik,*
10) *gemeinsame Umweltpolitik,*
11) *gemeinsame Forschungs- und Technologiepolitik,*
12) *gemeinsame Bildungs- und Kulturpolitik,*
13) *gemeinsame Entwicklungspolitik,*
14) *Verbesserung* des *Verbraucherschutzes.*

1112 Seit 1970 bemühten sich die Mitglieder im Rahmen der vr und nicht gemeinschaftsrechtlich konzipierten **EPZ** durch regelmäßige *Konsultationen* um eine *Angleichung* ihrer *Außenpolitik* mit dem *Fernziel* einer *Politischen Union.* Mit der **EEA** erhielt die schon vorher praktizierte EPZ eine vertragliche und institutionelle Basis.

1113 Die durch den Vertrag von Maastricht eingeführte **GASP** entwickelt diese Zusammenarbeit weiter. Sie bezieht sich auf außen- und iwS sicherheitspolitische, aber auch auf verteidigungspolitische Ziele. Die GASP erfolgt durch **Koordination** der mitgliedstaatlichen Politik va durch gegenseitige Unterrichtung und Abstimmung, durch **Gemeinsame Standpunkte,** welche die Haltung der EU zu *geografischen* und *thematischen Fragen* festlegen, und durch **Gemeinsame Aktionen,** die spezifische Situationen betreffen, in denen eine *operative Aktion* der EU für notwendig erachtet wird.

1114 Diese vom **Rat** angenommenen GASP-Rechtsakte fußen ihrerseits auf den **Grundsätzen** und **allgemeinen Leitlinien** der GASP sowie den **Gemeinsamen Strategien,** die vom **Europäischen Rat** beschlossen werden.

1115 Zur grundsätzlichen Koordination gehört auch die gegenseitige Unterrichtung und Abstimmung in IO und auf internationalen Konferenzen. Die Mitgliedstaaten, die ständige Mitglieder des SR der VN sind (also Frankreich und Großbritannien), haben sich im SR für die Standpunkte und Interessen der EU einzusetzen.

1116 Die Ausarbeitung und Durchführung von **Entscheidungen** und **Aktionen** der Union, die **verteidigungspolitische Bezüge** haben, oblag auf Ersuchen der EU der **WEU** (Rz 1898, 1911 ff). Die Mitgliedschaft von EU und

WEU ist nur teilweise identisch. Die GASP berührt nicht den bes Charakter der Sicherheits- und Verteidigungspolitik bestimmter Mitgliedstaaten, bes der NATO- und WEU-Mitglieder, aber auch der Neutralen. Eine **gemeinsame Verteidigungspolitik** und eine **gemeinsame Verteidigung** sind nur als **Zukunftsoptionen** ins Auge gefasst (Art 17 Abs 1 [ex-Art J.7 Abs 1] EUV – D 138).

Der **Vertrag von Amsterdam** hat allerdings die 1992 von der WEU beschlossenen, sog **Petersberg-Aufgaben** (Rz 1911 ff) in Art 17 Abs 2 EUV (D 138) aufgenommen; seit dem Europäischen Rat von Helsinki 1999 ist die Initiative zur Schaffung einer **Gemeinsamen Europäischen Sicherheits- und Verteidigungspolitik (GESVP)** verstärkt worden (Rz 1912 ff). 1117

Die **ZBJI** des Vertrags von Maastricht war eine Reaktion auf den Abbau der Binnengrenzen im Binnenmarkt. Sie hatte aber bereits gewisse *Vorläufer,* va die **Schengener Abkommen** *1985* und *1990* über den schrittweisen Abbau der Kontrollen an den gemeinsamen Grenzen. Die ZBJI sollte der Verwirklichung der Ziele der Union, insbes der Freizügigkeit, durch Maßnahmen auf folgenden Gebieten dienen: *Asylpolitik, Kontrolle* der *Außengrenzen, Einwanderungs-* und *Fremdenpolitik, Bekämpfung* des *Drogenhandels, Bekämpfung* von *Betrügereien* im internationalen Maßstab, *Zusammenarbeit* der Justiz in *Zivil-* und *Strafsachen,* Zusammenarbeit im *Zollwesen, polizeiliche Zusammenarbeit* in den Bereichen der Bekämpfung von *Terrorismus, Drogenhandel* und *sonstigen schweren Formen* der *internationalen Kriminalität* in Verbindung mit dem Aufbau eines EU-weiten Informationssystems durch ein *Europäisches Polizeiamt (EUROPOL).* 1118

Die Übernahme weiter Bereiche der „dritten Säule" in den EGV durch den **Amsterdamer Vertrag** (Rz 1099 ff) führte dazu, dass die verbliebenen Regelungsbereiche nunmehr unter dem Titel **PJZS** dem Ziel dienen, den Bürgern in einem **Raum der Freiheit, der Sicherheit und des Rechts** ein *hohes Maß an Sicherheit* zu bieten. Dieses Ziel soll durch die Verbrechensverhütung und -bekämpfung (insbes in den Bereichen des Terrorismus, des Menschenhandels und der Straftaten gegenüber Kindern, des illegalen Drogen- und Waffenhandels, der Bestechung und Bestechlichkeit sowie des Betrugs) im Wege der *engeren Zusammenarbeit* der *Polizei-, Zoll-, Justiz-* und *anderer zuständiger Behörden* der Mitgliedstaaten (ua durch *Europol*) sowie durch die *Harmonisierung* der nationalen *strafrechtlichen Vorschriften* erfolgen. 1119

Im Vergleich zur ersten, der supranationalen „Säule" sind in der **intergouvernementalen GASP** und **PJZS** die **Kompetenzen** der **Kommission** und des **Europäischen Parlaments beschränkt,** die Zuständigkeit des **EuGH** ist **reduziert** (vgl aber die Fakultativklausel für die Vorabentscheidungskompetenz des EuGH in Fragen der PJZS in Art 35 [ex-Art K.7] EUV – D 138). Bei der Beschlussfassung im zentralen Organ, dem **Rat,** gilt weitgehend das **Einstimmigkeitsprinzip.** Dieses wird jedoch etwa im Bereich der **GASP** durch die Möglichkeit der sog **konstruktiven Enthaltung** und durch **qualifizierte Mehrheitsentscheidungen** bei **Durchführungsmaßnahmen** durchbrochen (Art 23 EUV – D 138). 1120

Die Gründung der EU durch den Vertrag von Maastricht berührte nicht den Weiterbestand der drei Gemeinschaften. Auch die dabei erfolgte 1121

Umbenennung der EWG in EG ließ deren Rechtsnatur unverändert. Der **EU** wurde **keine ausdrückliche Rechtsfähigkeit** verliehen. Seit dem Amsterdamer Vertrag sieht jedoch Art 24 (ex-Art J. 14) EUV (D 138) den **Abschluss vr Verträge** zur Durchführung der **GASP** vor. Ob damit eine eigene **Vertragsfähigkeit** (Rz 257, 919 ff) und damit wohl implizit Rechtspersönlichkeit der EU verankert wurde, ist **umstritten.** Allerdings wird die **EU** – im Unterschied zu EG, EGKS und EAG – überwiegend **nicht** als **IO** angesehen.

1122 Anders als die meisten IO (Rz 935 ff) genießen die Gemeinschaften **keine Immunität** von der staatlichen Gerichtsbarkeit im **Erkenntnisverfahren.** Allerdings ist die Zuständigkeit der mitgliedstaatlichen Gerichte durch die ausschließliche Gerichtsbarkeit des EuGH nach dem EGV für Nichtigkeits-, Schadenersatz-, Beamtenklagen und Streitigkeiten, die auf Grund von Schiedsklauseln seiner Zuständigkeit unterfallen, ganz wesentlich beschränkt (Art 240 [ex-Art 183] EGV). Weiters darf das *Vermögen* der *Gemeinschaft* nur nach *Ermächtigung* des *EuGH* Gegenstand von *Zwangsmaßnahmen* nationaler Verwaltungsbehörden oder Gerichte sein (Art 1 Protokoll über Vorrechte und Befreiungen der EG).

D. Organisatorischer Aufbau

1123 Die **Organe** der Gemeinschaften sind das *Europäische Parlament,* der *Rat,* die *Kommission,* der *Gerichtshof* und der *Rechnungshof.* Analogien zur Gewaltenteilung und deren Organen im innerstaatlichen Bereich sind dabei eher irreführend als hilfreich (vgl Rz 461). *Rat* und *Kommission* (im Bereich der EGKS früher als *„Hohe Behörde“* bezeichnet) bestanden *ursprünglich getrennt* für jede der drei Gemeinschaften. Seit dem *Fusionsvertrag 1965* sind auch diese Organe *gemeinsam.* Sitze der Organe sind *Brüssel, Luxemburg* und *Straßburg.*

1124 Die EG arbeitet derzeit in **11 Amtssprachen** (Dänisch, Deutsch, Englisch, Finnisch, Französisch, Griechisch, Italienisch, Niederländisch, Portugiesisch, Schwedisch, Spanisch), zu denen nach dem Beitritt im Mai 2004 (Rz 1093) die Sprachen der Beitrittsländer hinzukommen. Alle im Amtsblatt (ABl) abgedruckten Rechtsakte und Urteile des EuGH werden in sämtlichen Amtssprachen veröffentlicht. Dies ist im Hinblick auf die direkte Wirkung des Gemeinschaftsrechts in den Mitgliedstaaten notwendig (Rz 597 ff, 905). In allen Verfahren vor dem EuGH kann der Einschreiter eine der Amtssprachen sowie Irisch (Gälisch), das zwar authentische Sprache der Gründungsverträge, nicht aber Amtssprache ist, wählen.

1125 Der **Rat,** der sich durch eigenen Beschluss von 1993 **„Rat der EU“** nennt und *nicht* mit dem *„Europäischen Rat“* (Rz 1128) des EUV *verwechselt* werden darf, setzt sich aus **je einem Vertreter** der **Mitgliedstaaten** auf **Ministerebene** zusammen. Je nach den zu behandelnden Angelegenheiten sind dies *Minister verschiedener Ressorts* (Rz 1017). Ein Mitgliedstaat führt jeweils für sechs Monate den Vorsitz. Der Rat ist das **wichtigste Entscheidungsorgan** auch für Akte der Rechtsetzung. Der **Ausschuss der Ständigen Vertreter** auf **Botschafterebene** (**AStV** bzw *„Comité des Représentants Permanents“* – **COREPER**) bereitet die Arbeit des (Minister-)Rats vor.

Die **Willensbildung** im Rat erfolgt für verschiedene Angelegenheiten **in verschiedenen Formen:** *Einstimmigkeit, einfache Mehrheit* oder *qualifizierte Mehrheit* (Art 205 [ex-Art 148] EGV, vgl insbes Rz 1047). Bei der häufigsten Beschlussform, Abstimmung mit qualifizierter Mehrheit, gilt Stimmwägung (Rz 1055 ff – D 137). Durch den Vertrag von Nizza wird eine neue Stimmgewichtung vorgenommen (D 139). 1126

Die verschiedenen Formen der Mehrheitsbeschlüsse wurden durch die **Luxemburger Vereinbarung 1966** (D 140; Rz 1061) im Bereich „sehr wichtiger" Interessen überlagert, wodurch es zu einer De-facto-Verschiebung von Mehrheits- auf Einstimmigkeitsentscheidungen kam. In weniger wichtigen Fragen lassen sich Mitglieder aber häufig überstimmen. Die Möglichkeit von Mehrheitsentscheidungen auch gegen den Willen einzelner Mitglieder wurde in der Praxis mehrfach bestätigt. Wenn vitale Interessen eines Mitglieds auf dem Spiel stehen, wird davon allerdings nicht Gebrauch gemacht. Eine der Luxemburger Vereinbarung verwandte Regelung wurde **1994** im **„Kompromiss von Ioannina"** beschlossen, der allerdings nicht zu Einstimmigkeit, sondern bloß zu einem erhöhten Stimmerfordernis führt (D 141). 1127

Seit 1974 tritt der Rat mehrmals jährlich auf der Ebene der **Staats-** und **Regierungschefs** (dazu kommt der **Präsident der Kommission**) als **Europäischer Rat** zusammen, um Fragen von grundsätzlicher politischer Bedeutung zu beraten (Rz 1014 f). In Art 2 EEA wurde diese Institution formell im Gemeinschaftsrecht verankert. Gem Art 4 (ex-Art D) EUV gibt der Europäische Rat der Union die *für ihre Entwicklung erforderlichen Impulse* und legt *allgemeine politische Zielvorstellungen* fest. In der GASP beschließt er va auch Gemeinsame Strategien (Art 13 EUV). 1128

Die **Kommission** besteht derzeit aus **20 unabhängigen Personen,** welche von den Regierungen der Mitgliedstaaten im gegenseitigen Einvernehmen ernannt und vom Europäischen Parlament bestätigt werden (Rz 1038). Das Recht der fünf „großen" Mitgliedstaaten, je zwei Kommissionsmitglieder zu nominieren, wird mit der Institutionenreform im Zuge der Erweiterung (Rz 1091 ff) wegfallen. Die Mitglieder der Kommission sind weisungsfrei und nur dem Wohle der EG verpflichtet. 1129

Die wichtigsten Aufgaben der Kommission sind die **Initiative** für die **meisten Rechtsakte** des **Rates,** als „Hüterin der Verträge" die **Kontrolle** der **Einhaltung** des **Gemeinschaftsrechts** va gegenüber Mitgliedstaaten (Art 226 [ex-Art 169] EGV), manchmal aber auch direkt gegen Einzelne und Unternehmen wie zB im Wettbewerbsrecht. In *einigen Fällen* kommt ihr eine **Rechtsetzungsbefugnis** bzw eine **Vollziehungsbefugnis zu.** Sie **vertritt** – *zusammen mit dem Rat* – die **EG** in den **Außenbeziehungen,** insbes bei Vertragsverhandlungen und in den *diplomatischen Beziehungen* (aktives und passives Gesandtschaftsrecht – Rz 1158). 1130

Zur administrativen Bewältigung der Arbeit der Kommission gibt es eine **Ressortaufteilung.** Die Tätigkeit der Kommission wird durch ein Generalsekretariat, den Juristischen Dienst, über 30 Generaldirektionen und sonstige Dienststellen administrativ unterstützt. In der Verwaltung der Kommission arbeiten etwa 20.000 Personen (bei den Gemeinschaften insgesamt 30.000 – Rz 949). Die Kommission kann – unter Wahrung ihrer kollegialen 1131

Verantwortlichkeit – einzelne Kommissionsmitglieder ermächtigen, in ihrem Namen tätig zu werden. Die **Beschlussfassung** selbst erfolgt jedoch **kollegial,** dh durch die gesamte Kommission mit **absoluter Mehrheit.**

1132 Das **Europäische Parlament** wurde bis 1979 von den Parlamenten der Mitgliedstaaten beschickt; seither werden seine nunmehr **626 Mitglieder** von der **Bevölkerung** dieser Staaten **direkt gewählt.** Die *Anzahl* der Abgeordneten ist je *nach Mitgliedstaat unterschiedlich.* Dabei wird *kein linearer Maßstab* an die *Bevölkerungszahlen* angelegt. Luxemburg ist mit sechs Abgeordneten relativ viel stärker vertreten als Deutschland mit 99. Österreich stellt 21 Abgeordnete. Der Vertrag von Nizza sieht hier komplizierte Anpassungen vor: Zunächst soll die Zahl der Abgeordneten für die meisten Mitgliedstaaten reduziert werden (zB für Österreich auf 17), um nach einer Aufnahme der Beitrittskandidaten insgesamt nicht mehr als 732 zu erreichen. Die **Beschlussfassung** im Parlament erfolgt in der Regel mit **einfacher Stimmenmehrheit.**

1133 Die **Funktionen** des Parlaments sind *beschränkter* als die eines *staatlichen Parlaments.* Das Parlament wird **zu allen wesentlichen Rechtsakten konsultiert.** Das in der EEA eingeführte **Verfahren** der **Zusammenarbeit** (Art 252 [ex-Art 189c] EGV) und das durch den EUV eingeführte und durch den Amsterdamer Vertrag sowie durch den Vertrag von Nizza auf zahlreiche Sachbereiche ausgedehnte **Mitentscheidungsverfahren** (Art 251 [ex-Art 189b] EGV), das dem Europäischen Parlament de facto ein Vetorecht gegen Rechtsakte einräumt, erweitern den Einfluss des Parlaments im Rechtsetzungsverfahren (Rz 1153).

1134 Die **Kontrollbefugnisse** des Parlaments konzentrieren sich auf die **Kommission.** Die *Ernennung* der *Kommission* unterliegt der *Zustimmung* des *Parlaments* (Art 214 [ex-Art 158] EGV). Überdies *kann* das *Parlament* die gesamte *Kommission durch* ein *Misstrauensvotum* zur Amtsniederlegung zwingen (Art 201 [ex-Art 144] EGV). Eine gewisse Kontrolle des Rats ermöglichen **parlamentarische Anfragen,** zu deren **Beantwortung** sich der **Rat verpflichtet** hat.

1135 Das Parlament bedient sich bei der Kontrolle auch eines **Bürgerbeauftragten,** der Beschwerden von Unionsbürgern über Missstände bei den Institutionen (ausgenommen beim EuGH) entgegennehmen kann (Art 21 [ex-Art 8d], Art 195 [ex-Art 138e] EGV).

1136 Bei der Beschlussfassung über den Bereich **nicht-obligatorischer Ausgaben** des **Budgets** (vgl Rz 1072f) hat das Parlament ein **volles Mitspracherecht.** Das Parlament ist neben dem Rat und der Kommission an der **Ausarbeitung** des **Budgets beteiligt** und **kann** es **verwerfen** (Rz 1147). Außerdem bedürfen die **Aufnahme neuer Mitgliedstaaten** und **Assoziierungsabkommen** der **Zustimmung** des Parlaments (Rz 1155, 1159ff).

1137 Die *Organisation* und *Geschäftsordnung* des Parlaments (Fraktionen, Sitzordnung, Rederecht usw) sind nach übernationalen parteipolitischen Gesichtspunkten und nicht nach Mitgliedstaaten ausgerichtet.

1138 Der **Gerichtshof (EuGH)** besteht aus **15 unabhängigen Richtern,** die von den Regierungen im gegenseitigen Einvernehmen für jeweils sechs Jahre ernannt werden. Der EuGH tagt grundsätzlich im Plenum. Er hat jedoch auch von der in Art 221 (ex-Art 165) EGV vorgesehenen Möglichkeit Gebrauch gemacht, Kammern von drei, fünf oder sieben Richtern zu bilden. *Entscheidungen* werden durch *einfache Mehrheit* gefällt. Im Gegensatz zu zahlreichen anderen internationalen Streitentscheidungsorganen ist die Abgabe von *Sondervoten* (vgl zur Praxis der IGH – Rz 2010) *nicht* vorgesehen.

Der EuGH wird von **acht Generalanwälten** unterstützt. Sie stellen nach 1139
der Verhandlung ausführliche, begründete *Schlussanträge,* an die das Gericht zwar nicht gebunden ist, denen aber in der Praxis meist gefolgt wird und die für das Verständnis der Urteile von hohem Wert sind. Es handelt sich dabei um eine *aus dem französischen Recht übernommene Institution.*

Die **Zuständigkeit** des EuGH ist im *Bereich* des **Europäischen Gemein-** 1140
schaftsrechts zwingend. Sie erfordert also keine gesonderte Unterwerfungserklärung der Mitgliedstaaten (Rz 1971 ff). Außergewöhnlich ist auch die **Bandbreite** der **Kompetenzen** dieses Gerichts. Zu ihnen gehört va die Zuständigkeit für folgende Rechtssachen:

- Klage der *Kommission gegen* einen *Mitgliedstaat* wegen *Verletzung* eines *Gründungsvertrages* (Art 226 [ex-Art 169] EGV) und
- *Klage* eines *Mitgliedstaates gegen einen anderen Mitgliedstaat* wegen *Verletzung* eines *Gründungsvertrages* (Art 227 [ex-Art 170] EGV) (in beiden Fällen ist ein Verfahren vor der Kommission vorgeschaltet);
- *Nichtigkeitsklage gegen* den *Rat,* die *Kommission,* die *EZB* und das *Europäische Parlament durch* einen *Mitgliedstaat,* das *Europäische Parlament,* den *Rat,* die *Kommission* oder eine *unmittelbar* und *individuell betroffene* natürliche oder juristische *Person* (Art 230 [ex-Art 173] EGV);
- *Vorabentscheidungen* über *gemeinschaftsrechtliche Vorfragen,* die *vor* einem *staatlichen Gericht* eines *Mitgliedstaates anhängig* sind (Art 234 [ex-Art 177] EGV);
- Ansprüche auf *Schadenersatz gegen* die *Gemeinschaften (Amtshaftungsklagen)* (Art 235 [ex-Art 178] EGV);
- *dienstrechtliche Streitigkeiten* zwischen den *Gemeinschaften* und deren *Bediensteten* (Art 236 [ex-Art 179] EGV) (Rz 955).

In der Praxis *bes wichtig* ist das **Vorabentscheidungsverfahren.** In die- 1141
sem legt ein staatliches Gericht, vor dem ein Verfahren anhängig ist, eine dabei auftretende Vorfrage des Gemeinschaftsrechts, insbes über die *Auslegung* des *EGV* sowie über die *Gültigkeit* oder *Auslegung* von *Sekundärrecht* (Rz 1149), dem **EuGH** vor. Dessen Vorabentscheidung ist **für das staatliche Gericht bindend.** Von diesem Verfahren wird *häufig Gebrauch* gemacht. Es sichert die einheitliche Anwendung des Gemeinschaftsrechts in allen Mitgliedstaaten.

1988 wurde beim EuGH ein **Gericht erster Instanz** eingerichtet. Es 1142
besteht aus *15 Richtern,* die in der Regel in Kammern tagen. Es ist für *Klagen natürlicher* und *juristischer Personen,* insbes für *Dienstrechtsstreitigkeiten* und *Wettbewerbsfragen,* zuständig. Gegen Entscheidungen des Gerichts kann in Rechtsfragen *beim EuGH* ein *Rechtsmittel* eingebracht werden.

Die **Bedeutung** des **EuGH** für die **Fortentwicklung** des **Gemeinschafts-** 1143
rechts ist **sehr groß.** Zu fast allen grundsätzlichen Fragen des Gemeinschafts-

rechts nahm er entscheidende Weichenstellungen vor. Er wird daher mit Recht als **„Motor des Gemeinschaftsrechts“** bezeichnet. Bis Ende 2002 wurden beim EuGH mehr als 12.000 Fälle anhängig gemacht, von welchen fast 6.000 zu einer Entscheidung führten.

E. Haushaltsrecht

1144 Die Finanzierung der EG erfolgte ursprünglich wie bei traditionellen IO durch Beiträge der Mitgliedstaaten (Rz 1063 ff). Die EGKS hatte von Anfang an Eigenmittel in Form einer *Montanumlage* auf die Erzeugung von Kohle und Stahl. *Seit 1980* fließen auch EG und EAG **eigene Mittel** zu. Sie bestehen aus **Zöllen** und **Agrarabschöpfungen** (Rz 1170) auf Einfuhren aus Nichtmitgliedsländern sowie einem **Anteil** aller drei Gemeinschaften an der **staatlichen Mehrwertsteuer.** Diese Quelle macht allein etwa 50% der Einnahmen der EG aus. Seit 1988 besteht als weitere Einnahmequelle ein **Beitrag** der **Mitgliedstaaten** *entsprechend* ihrem *Bruttosozialprodukt.* Die *Einhebung* der Eigenmittel erfolgt weiterhin *durch* die *Organe* der *Mitgliedstaaten.* Die *Kommission* kann aber *auch* durch **Anleihen** Mittel beschaffen.

1145 Der **größte Anteil** der **Ausgaben** ging 2003 an die **Landwirtschaft** (etwa die Hälfte des Gesamtbudgets). Der Anteil für Verwaltungsausgaben lag bei rund 5%, jener für so genannte außenpolitische Ausgaben (vor allem Unterstützung von Entwicklungsländern und Beitrittskandidaten) bei knapp 5%. Das Gesamtbudget 2003 betrug ca 97,5 Milliarden Euro.

1146 Die Verwaltungsausgaben und grundsätzlich auch die operativen Ausgaben für GASP und PJZS gehen zu Lasten des Haushalts der drei Gemeinschaften. Bezüglich der operativen Ausgaben für GASP und PJZS kann der Rat einstimmig beschließen, dass auch sie entweder vom Haushalt der drei Gemeinschaften oder von den Mitgliedstaaten der EU zu tragen sind.

1147 Für die drei Gemeinschaften wird ein **einheitlicher Gesamthaushaltsplan** erstellt. Der *Entwurf* wird von der *Kommission* dem *Rat vorgelegt,* der ihn nach Beschlussfassung an das *Parlament weiterleitet.* Dieses kann Änderungen vorschlagen. Über Ausgaben, die nicht durch die Gründungsverträge oder sekundäres Gemeinschaftsrecht (Rz 1149) bindend vorgeschrieben sind **(nicht-obligatorische Ausgaben),** hat das **Parlament** das **letzte Wort,** bei den **obligatorischen** der **Rat.** Das Parlament kann den Entwurf aus wichtigen Gründen auch zur Gänze ablehnen und einen neuen verlangen. Von diesem Recht machte es schon mehrfach Gebrauch.

1148 Der Haushaltsplan wird durch die Kommission durchgeführt. Die *Haushaltskontrolle* erfolgt durch den **Europäischen Rechnungshof** sowie durch das *Europäische Parlament.*

F. Rechtsetzung

1149 Das Gemeinschaftsrecht basiert auf dem Grundsatz der **begrenzten Einzelermächtigungen:** Die Gemeinschaftsorgane können nur tätig werden, wenn der betreffende Vertrag entsprechende Handlungskompetenzen vorsieht (Art 5 EUV [ex-Art E] sowie Art 5 Abs 1 [ex-Art 3 b] und Art 7 [ex-Art 4] Abs 1 EGV). Die Rechtsetzungsbefugnisse sind punktuell und über die Gründungsverträge verstreut, meist im Anschluss an die materiellen Grundsatzbestimmungen. Allerdings wird dieser Grundsatz vom *EuGH extensiv interpretiert.* So hat der EuGH schon früh die Anwendung der *„Implied-powers"-Doktrin* (Rz 342, 930) im Gemeinschaftsrecht bejaht. Überdies hat die *Gemeinschaft* eine generelle *Kompetenz* zur *Schließung* von *Vertragslücken* (Art 308 [ex-Art 235] EGV). Das durch die **Organe** der EG **geschaffene Recht** wird als **sekundäres Gemeinschaftsrecht** bezeichnet.

Für die Tätigkeit der drei Gemeinschaften (sowie für GASP und PJZS) 1150
gilt das **Subsidiaritätsprinzip.** Danach werden *EG, EGKS* und *EAG* in den *Bereichen,* für die sie *nicht ausschließlich zuständig* sind, nur *so weit* tätig, wie die *Ziele* auf Ebene der *Mitgliedstaaten nicht ausreichend erreicht* werden können (Art 5 Abs 2 [ex-Art 3b] EGV sowie Art 2 [ex-Art B] EUV).

Art 249 (ex-Art 189) EGV zählt die Arten der Rechtshandlungen von 1151
Rat und Kommission auf (vgl Rz 461 ff). Dabei handelt es sich aber lediglich um eine beschreibende Übersicht der Rechtssatzformen und nicht um eine generelle Ermächtigung zur Rechtsetzung. Die einzelnen Typen sind:

1) **VO,** also **verbindliche, generell-abstrakte Normen,** welche **in den Mitgliedstaaten unmittelbar gelten.**

2) **Richtlinien** sind für die Mitgliedstaaten, an die sie gerichtet sind, hinsichtlich des **zu erreichenden Zieles verbindlich, überlassen** jedoch **Form** und **Mittel** der Durchführung den **innerstaatlichen Stellen.** In der Praxis des EuGH hat sich jedoch der Grundsatz durchgesetzt, dass auch Richtlinien nach Ablauf der Umsetzungsfrist unter bestimmten Voraussetzungen unmittelbare Wirkungen in den Mitgliedstaaten haben können (Rz 598). In diesen Fällen kann sich der Einzelne also auch ohne entsprechende staatliche Durchführung unmittelbar auf die Richtlinie berufen.

3) **Entscheidungen** haben **individuelle Geltung** für ihre **Adressaten,** welche die Mitgliedstaaten, juristische oder natürliche Personen sein können. Bei an Mitgliedstaaten gerichteten Entscheidungen kann, ähnlich wie bei Richtlinien, eine unmittelbare Wirkung für Einzelne eintreten, wenn die mitgliedstaatliche Verpflichtung klar und eindeutig ist und von keiner Bedingung abhängt, dh dem Mitgliedstaat kein Ermessen zusteht.

4) **Empfehlungen** und **Stellungnahmen** sind zwar **unverbindlich, können aber** durchaus **rechtliche Wirkungen** haben. So kann eine Empfehlung oder Stellungnahme eines Organs die zwingend vorgeschriebene Voraussetzung für das Handeln eines anderen Organs darstellen (zB Art 226 [ex-Art 169], Art 227 [ex-Art 170] EGV).

Ursprünglich war der *Regelfall* der Rechtsetzung die Erlassung von *VO* 1152
und *Richtlinien* durch den *Rat auf Vorschlag* der *Kommission* und – je nach Verfahren – bloß nach *Anhörung* des *Parlaments.*

Mit dem Amsterdamer Vertrag – verstärkt durch die Änderungen des 1153
Vertrags von Nizza – wurde das Verfahren der **Mitentscheidung** von **Rat** und **Parlament** (Art 251 [ex-Art 189b] EGV), bei dem gegen den Willen des Parlaments kein Rechtsakt gesetzt werden kann, zum **wichtigsten Rechtsetzungsverfahren** der EG. In **einigen Fällen** va im Bereich der Wirtschafts- und Währungspolitik kommt noch das Verfahren der **Zusammenarbeit** des **Rates** mit dem **Parlament** (Art 252 [ex-Art 189c] EGV) zur Anwendung, bei dem Rechtsakte gegen den Willen des Parlaments nur bei Einstimmigkeit im

Rat gesetzt werden können. VO, Richtlinien und Entscheidungen müssen begründet werden und werden im **ABl** der EG **veröffentlicht.**

1154 Für die Zusammenarbeit der Mitgliedstaaten im Rahmen der *„zweiten"* und *„dritten Säule"* (Rz 1113 ff) stehen dem Rat eigene Rechtshandlungsformen (*Gemeinsame Aktion* bzw *Maßnahme, Gemeinsamer Standpunkt, Rahmenbeschluss*) zur Verfügung (D 58; zum Verhältnis des primären und sekundären Gemeinschaftsrechts und des Unionsrechts zum Recht der Mitgliedstaaten Rz 596 ff, zum Grundrechtsschutz in den Gemeinschaften Rz 1594 ff).

G. Aufnahme neuer Mitglieder

1155 Die **Aufnahme** in die EU kann **jeder europäische Staat,** der die in Art 6 Abs 1 EUV genannten Grundsätze der **Freiheit, Demokratie, Menschenrechte** und **Rechtsstaatlichkeit** achtet, **beantragen** (Art 49 [ex-Art O] EUV). Es besteht *jedoch kein Rechtsanspruch* darauf.

1) Nach einer **vorläufigen Stellungnahme** der **Kommission** *(„avis")* können auf **Beschluss** des **Rates Verhandlungen** aufgenommen werden. Diese führen, sofern sie erfolgreich sind, zu einem Vertragsentwurf über die Aufnahmebedingungen und die erforderlichen Anpassungen des primären und sekundären Gemeinschaftsrechts.

2) Nach **endgültiger Stellungnahme der Kommission** muss das **Europäische Parlament** der Aufnahme mit **absoluter Mehrheit seiner Mitglieder** (nicht bloß der anwesenden und abstimmenden) zustimmen.

3) Sodann **beschließt** der **Rat einstimmig.**

4) Schließlich muss der ausgehandelte Vertrag vom **Aufnahmewerber** sowie von **sämtlichen** bisherigen **Mitgliedstaaten ratifiziert** werden.

Mit der Aufnahme verpflichtet sich das neue Mitglied, den **„acquis communautaire",** dh den gesamten Rechtsbestand aus primärem und sekundärem Gemeinschaftsrecht zum Zeitpunkt des Beginns der Mitgliedschaft, großteils sofort, teilweise aber auch nach Ablauf etwaiger Übergangsfristen, zu übernehmen.

H. Außenbeziehungen

1156 Die Gemeinschaften unterhalten vielfältige Beziehungen mit Mitgliedstaaten, Nichtmitgliedstaaten und IO. Der EGV enthält zwar nur einige konkrete Befugnisse zum Abschluss vr Verträge, doch hat sich der Grundsatz der **Parallelität** von **Innen-** und **Außenkompetenzen** durchgesetzt: Überall dort, wo eine innere Zuständigkeit besteht, kann auch die zu ihrer Wahrung erforderliche äußere Zuständigkeit des betreffenden Organs angenommen werden (vgl Rz 930).

1157 **Vr Verträge verhandelt** zunächst die **Kommission,** während der **Rat** sie **abschließt** (Art 300 [ex-Art 228] EGV). Wenn Verträge in verbliebene Kompetenzen der Mitgliedstaaten eingreifen, kommt es zu *„gemischten Verträgen"*, dh sie werden *neben* der *EG auch* von den einzelnen *Mitgliedstaaten geschlossen.* Dies trifft etwa auf das UN-Seerechtsübereinkommen 1982 (Rz 2233 f; D 284), die Abkommen von Jaunde, Lomé und Cotonou (Rz 1160) oder das EWR-Abkommen 1992 (Rz 1163) zu.

Die Gemeinschaften haben mit vielen **Nichtmitgliedstaaten diplomatische Beziehungen** aufgenommen, wobei allerdings wesentlich mehr Missionen bei den Gemeinschaften akkreditiert sind, als diese selbst Vertretungen errichtet haben (Rz 985, 1719). Auch mit zahlreichen IO gibt es ständige Beziehungen (zB D 123). **1158**

Eine engere institutionalisierte Zusammenarbeit stellt die **Assoziierung** (Art 310 [ex-Art 238] EGV) dar. Sowohl ihre organisatorische Ausgestaltung als auch ihr materieller Inhalt variieren stark (zB die Abkommen mit den AKP-Staaten [Rz 981, 1160], die Europa-Abkommen mit den MOEL [Rz 1092] und das Assoziierungsabkommen mit der Türkei). **1159**

Daneben gibt es die Assoziierung der überseeischen Länder und Hoheitsgebiete der Mitgliedstaaten (Art 182 [ex-Art 131] EGV), welche va der wirtschaftlichen Entwicklung dieser Gebiete dienen soll. Nach der Erlangung der Unabhängigkeit durch die meisten dieser Länder wurde diese Frage in den *Abkommen von Lomé (früher Jaunde)* neu gelöst. Die früher alle fünf Jahre abgeschlossenen Verträge wurden mit dem 1990 in Kraft getretenen Lomé IV-Abkommen auf eine Zehnjahresbasis (also bis 2000) gestellt und mittlerweile durch das **Cotonou-Abkommen** aus 2000, das allerdings erst mit April 2003 in Kraft trat, abgelöst. **1160**

Diese multilateralen Abkommen mit mehr als 80 **AKP-Staaten** waren ursprünglich typische Entwicklungshilfeverträge, wonach Waren aus diesen Staaten wesentliche **Vergünstigungen** beim **Import in** die **EG,** dh praktisch Zollfreiheit, erhielten und für die Ausfuhren der AKP-Staaten in Landwirtschaft und Bergbau eine **garantierte Stabilisierung** der **Exporterlöse** mit der Bezeichnung *STABEX (SYSMIN)* geschaffen wurde. Auf Grund der Unvereinbarkeit dieser einseitigen Begünstigungen mit den WTO-Bestimmungen und der keineswegs nur positiven Erfahrungen mit den Exportpreisstabilisierungen sollen sie gem Cotonou-Abkommen *bis spätestens 2008* beseitigt werden. Aufrecht bleiben umfangreiche **Finanzhilfe** sowie **technische** und **industrielle Zusammenarbeit.** **1161**

Über die Reform der wirtschaftlichen und finanziellen Zusammenarbeit hinausgehend sieht das Cotonou-Abkommen eine EU/AKP-Zusammenarbeit ua in den folgenden „Säulen" vor: politischer Dialog (Menschenrechte, Demokratie und *„good governance"; „good governance"* bedeutet insbes den verantwortungsvollen Umgang des Staates mit politischer Macht und öffentlichen Ressourcen), intensivierte Armutsbekämpfung, Einbeziehung nichtstaatlicher Akteure (NGOs, Unternehmen). **1162**

Mit den Staaten der EFTA, darunter auch Österreich, existierten zunächst seit 1973 Freihandelsabkommen für industrielle und gewerbliche Produkte. Nach langwierigen Verhandlungen trat Anfang 1994 der Vertrag über den **EWR** zwischen der EG und den EFTA-Staaten in Kraft. Er besteht im Wesentlichen aus einer Freihandelszone (Rz 2522) sowie den übrigen Freiheiten des EGV (Rz 1164 ff) zuzüglich des Wettbewerbsrechts und einiger „flankierender Politiken". Die Landwirtschaft ist ausgenommen. Auf Grund der Ablehnung der Mitgliedschaft im EWR in einer Volksabstimmung 2002 blieb die Schweiz diesem fern. Nach der Aufnahme der früheren EFTA-Staaten Österreich, Schweden und Finnland in die EU ab 1995 verbleiben auf EFTA-Seite nur mehr *Norwegen, Island* und *Liechtenstein* im EWR. **1163**

I. Tätigkeitsbereiche der Gemeinschaften

1164 Die Errichtung einer voll integrierten Wirtschaftsgemeinschaft im Sinne eines geschlossenen Binnenmarktes erfordert ein Tätigwerden der EG auf zahlreichen Gebieten (vgl Rz 1111). Neben einem umfangreichen Rechtsetzungsprogramm hat va die Rechtsprechung des EuGH Entscheidendes zur Präzisierung der vier Grundfreiheiten *(freier Warenverkehr, Freizügigkeit der Arbeitnehmer, Niederlassungs- und Dienstleistungsfreiheit* sowie *freier Kapital- und Zahlungsverkehr)* des Binnenmarktes beigetragen.

1165 **Die Warenverkehrsfreiheit** wurde durch die Errichtung einer Zollunion (Rz 2522), insbes durch die *Abschaffung der Binnenzölle* und die Einführung eines *gemeinsamen Zolltarifs nach außen* (Rz 2642, vgl aber 2575), bis zum Ablauf der Übergangsperiode (1969) etabliert. Neben Zöllen waren auch Abgaben gleicher Wirkung wie Zölle zu beseitigen (Art 25 [ex-Art 12] EGV). Ergänzend dazu *untersagt* der EGV *alle mengenmäßigen Ein-* und *Ausfuhrbeschränkungen* sowie *Maßnahmen gleicher Wirkung* wie *mengenmäßige Beschränkungen* (Art 28, 29 [ex-Art 30, 34] EGV), dh alle Bestimmungen, die den freien Warenverkehr zwischen den Mitgliedstaaten in diskriminierender Weise verhindern oder erschweren. Dies bedeutet etwa die Überprüfung staatlicher Sicherheitsvorschriften oder technischer Industrienormen auf ihre diskriminierende Wirkung gegenüber Waren aus anderen EG-Ländern.

1166 In seiner sehr umfangreichen Judikatur dazu hat der EuGH den Begriff *„Maßnahmen gleicher Wirkung"* weit interpretiert (*Dassonville-Formel* – D 142). Er hat darüber hinaus die Ausnahmebestimmungen, wie sie sich aus Art 30 (ex-Art 36) EGV (D 137) sowie seiner eigenen *Cassis-de-Dijon-* und *Keck-Rechtsprechung* (D 143, 144) ergeben, präzisiert.

1167 Die **Freizügigkeit der Arbeitnehmer** (Art 39 [ex-Art 48] EGV) gibt unselbständig tätigen Staatsangehörigen der Mitgliedstaaten das Recht, sich im Zusammenhang mit ihrer Berufstätigkeit in der gesamten Gemeinschaft frei zu bewegen und aufzuhalten. Sie bedeutet ferner **Inländergleichbehandlung** in **allen** mit den **Arbeitsbedingungen** zusammenhängenden Bereichen, auch bei der Entlohnung, Sozialversicherung etc. Allerdings gilt dieser Grundsatz *nicht* für die Beschäftigung in der *öffentlichen Verwaltung*.

1168 Die **Niederlassungsfreiheit** (Art 43 [ex-Art 52] EGV) und die **Freiheit des Dienstleistungsverkehrs** (Art 49 [ex-Art 59] EGV) betreffen die selbständige Erwerbstätigkeit von Staatsangehörigen der Mitgliedstaaten. Sie gestatten die Errichtung und Leitung von Unternehmen oder die Erbringung einzelner grenzüberschreitender Dienstleistungen im gesamten EG-Raum ohne Diskriminierung. Dies bedarf zahlreicher Anpassungen, ua im Bereich des Berufszulassungs- und -ausübungsrechts, va bei der Anerkennung beruflicher Qualifikationen. Dabei wurde vom Versuch der Vereinheitlichung der Regelungen ab- und weitgehend zum *Prinzip* der *gegenseitigen Anerkennung* übergegangen. Einschlägige Richtlinien existieren zB für Rechtsanwälte, Architekten, medizinische Berufe, Banken und Versicherungen. Die gegenseitige Anerkennung von Hochschuldiplomen ist in einer Richtlinie aus 1988 geregelt. Eine besondere Schwierigkeit stellen die Unterschiede im staatlichen Gesellschaftsrecht dar. Einerseits sollen die nationalen Rechtsordnungen angeglichen werden, andererseits wurde jüngst mit der *„Societas Europea"* ein eigenes europäisches Gesellschaftsrecht geschaffen (Rz 1218).

Die **Freiheit des Kapital- und Zahlungsverkehrs** sowohl innerhalb der EG als auch mit dritten Staaten (Art 56 [ex-Art 73b] EGV) ist zur Ergänzung der übrigen Freiheiten unerlässlich. Va die Niederlassungsfreiheit erfordert auch die volle Mobilität des Produktionsfaktors Kapital. Ungehinderte Warenlieferungen, Arbeit und Dienstleistungen im ganzen EG-Raum sind nur bei freiem Transfer der damit in Zusammenhang stehenden Zahlungen möglich. **1169**

Die **Landwirtschaft** ist der **problematischste** und **kostspieligste Tätigkeitsbereich** der Gemeinschaft. Die Sonderregelungen für die Landwirtschaft haben zu einer gegenüber dem sonstigen Warenverkehr wesentlich **protektionistischeren Struktur** geführt. Für die meisten landwirtschaftlichen Produkte wurden durch VO *„Gemeinsame Marktorganisationen"* mit planwirtschaftlichen Lenkungsmitteln geschaffen. Zu ihnen gehören Preisfestsetzungen, Interventionen, dh Aufkauf durch staatliche Stellen, Beihilfen, va Subventionen für Exporte in Drittländer (sog Erstattungen), sowie Abschöpfungen, dh Einfuhrabgaben für Importe aus Drittländern. **1170**

Durch diese Maßnahmen konnten einige der Ziele der **Gemeinsamen Agrarpolitik** (Art 33 [ex-Art 39] EGV) wie *Produktivitätssteigerung, höhere Einkommen* der *Landwirte* und *Sicherung* der *Versorgung* erreicht werden. *Nachteile* dieser Politik sind chronische *Überproduktion,* der *Export massiv subventionierter Produkte* in Nichtmitgliedstaaten sowie die *extrem hohen Kosten* der Landwirtschaftspolitik. Diese Politik hat heftige Kritik der Nichtmitglieder ausgelöst, va wegen der Konkurrenz für andere Exportländer landwirtschaftlicher Produkte (zB USA), aber auch wegen der Gefährdung eigenständiger landwirtschaftlicher Strukturen in Entwicklungsländern. **1171**

Im Rahmen der **Fischereipolitik** besteht eine *gemeinsame 200 Seemeilen-Fischereizone* (vgl Rz 2275ff), die allen Mitgliedstaaten offen steht **(„EG-Meer").** Die *Küstenstaaten* genießen aber weiterhin eine vr *Vorzugszone* von *12 Seemeilen.* **1172**

Das **europäische Wettbewerbsrecht** soll die marktwirtschaftliche Struktur der EG va gegen wettbewerbsbeschränkende Maßnahmen der Wirtschaftstreibenden selbst schützen. Art 81 [ex-Art 85] EGV (D 137) enthält ein detailliertes **europäisches Kartellverbot** zum Schutz des Handels zwischen den Mitgliedstaaten vor Verfälschungen, von welchem die Kommission durch Einzel- oder Gruppenfreistellungen Ausnahmen gewähren kann. Verboten ist auch die Beeinträchtigung des Wettbewerbs im Handel zwischen den Mitgliedern durch die missbräuchliche Nutzung einer marktbeherrschenden Stellung (Art 82 [ex-Art 86] EGV). Ebenfalls *verboten* sind *staatliche Beihilfen,* die den *Wettbewerb verfälschen,* so weit sie den Handel zwischen den Mitgliedstaaten beeinträchtigen (Art 87 [ex-Art 92] EGV). *Auch öffentliche Unternehmen* unterliegen grundsätzlich den *Wettbewerbsbestimmungen* (Art 86 [ex-Art 90] EGV). **1173**

Auf der Grundlage der Ratsverordnung Nr 17 aus dem Jahr 1962 hat die Kommission das europäische Wettbewerbsrecht zu überwachen und durch Geldstrafen durchzusetzen. Sie ist auch für die Genehmigung von **1174**

Unternehmenszusammenschlüssen *(„Fusionskontrolle")* mit europäischer Dimension zuständig.

1175 Im Zuge der Reform des europäischen Wettbewerbsrechts wurde 2002 die VO Nr 17 durch eine neue VO ersetzt, die eine stärkere Dezentralisierung des Wettbewerbsverfahrens zu Gunsten der Mitgliedstaaten vorsieht.

1176 Die Pläne zur Schaffung einer Währungsunion führten zunächst seit 1979 zur Einführung des **Europäischen Währungssystems (EWS).** Es bestand im Wesentlichen aus zwei Elementen: Einer *Rechnungseinheit,* dem *ECU (European Currency Unit),* welche aus einem gewichteten Korb der teilnehmenden Währungen berechnet wurde, sowie einem *Europäischen Wechselkursmechanismus.* Dieser sollte sicherstellen, dass die Wechselkurse der teilnehmenden *Währungen* nur *innerhalb bestimmter beschränkter Bandbreiten* gegeneinander *schwankten.*

1177 Die **Währungsunion** wurde durch einen im Vertrag von Maastricht (Rz 1095) genau festgelegten Drei-Stufen-Plan mit der Schaffung eigener Organe (Rz 1179) verwirklicht. Nach der völligen Liberalisierung des Kapitalverkehrs sowie der Finanzdienstleistungen setzten sich die (derzeit 12) an der **„Eurozone"** teilnehmenden Mitgliedstaaten (nicht beteiligt sind Schweden, Dänemark und Großbritannien, die sich jedoch ein *opting-in* [Rz 308] vorbehalten haben) in der zweiten Stufe (1994–1998) das Ziel der **Konvergenzkriterien** nach Art 121 (ex-Art 109j) EGV (ua Begrenzung der Staatsverschuldung bei 60% und des Haushaltsdefizits bei 3% des BIP, hohe Preisstabilität und geringe Inflationsrate).

1178 Am 1. 1. 1999 wurden sodann die Wechselkurse ihrer Währungen sowie die Umrechnungskurse in **Euro** unwiderruflich festgelegt. Damit ging auch die Zuständigkeit für Währungspolitik von den Mitgliedstaaten auf die Gemeinschaft über. Die Ausgabe von Bargeld in der gemeinsamen Währung *(Euro)* erfolgte ab 1. 1. 2002.

1179 Mit der *Vorbereitung* der *Währungsunion* war das *Europäische Währungsinstitut (EWI)* betraut. Es ging nach Errichtung der Währungsunion in der **Europäischen Zentralbank (EZB)** auf, die bei der Erfüllung der Zentralbankaufgaben mit den weiter bestehenden staatlichen Zentralbanken in einem **Europäischen System der Zentralbanken (ESZB)** zusammenarbeitet.

J. Unionsbürgerschaft

1180 Bestimmungen über eine **Unionsbürgerschaft** wurden durch den Vertrag von Maastricht in den EGV (Art 17–22 [ex-Art 8–8e]) eingefügt. Danach besteht ein **Freizügigkeits-** und **Aufenthaltsrecht** *für alle Unionsbürger in der gesamten Gemeinschaft.* Ob dies auch unabhängig von einer Erwerbstätigkeit gilt, ist jedoch strittig, da Art 18 (ex-Art 8a) EGV ausdrücklich auf die im EGV enthaltenen Beschränkungen und Bedingungen verweist. Unionsbürger genießen in dem *Mitgliedstaat,* in welchem sie ihren *Wohnsitz* haben, das **aktive** und **passive Wahlrecht** bei **Kommunal-(Gemeinde-)Wahlen** sowie bei **Wahlen** zum **Europäischen Parlament.**

1181 Unionsbürger, deren Heimatstaat in einem Drittstaat nicht vertreten ist, können dort den **diplomatischen** und **konsularischen Schutz** (Rz 683) eines **anderen EU-Mitgliedstaates** in Anspruch nehmen.

Dazu kommt das *Petitionsrecht* beim *Europäischen Parlament* und die Möglichkeit einer *Beschwerde* an den *Bürgerbeauftragten* dieses Parlaments (Rz 1135). 1182

K. Wertung

Die mitunter als *„wirtschaftlicher Riese, aber politischer Zwerg"* bezeichnete EU ist zweifellos weit über die begrenzten Ziele der sektoriellen Integration einzelner Wirtschaftsbereiche (EGKS – Rz 1088 ff) hinaus gewachsen und hat eine qualitativ neue Stufe der zwischenstaatlichen Zusammenarbeit in Rahmen einer IO erreicht. Die gegenwärtige Verfassungsdiskussion (Rz 1109 f) zeigt allerdings, dass hier bereits die Schwelle zu einer quasi-staatlichen, föderalen politischen Struktur erreicht wurde. Ob der Schritt zu einem eigenen staatlichen Gebilde angesichts des dazu erforderlichen weiteren Souveränitätsverzichts der Mitgliedstaaten politisch durchführbar sein wird, lässt sich heute schwer abschätzen. 1183

Fest steht jedoch, dass ein ganz wesentliches, nicht-wirtschaftliches Ziel des ursprünglichen Integrationsgedankens, die Friedenssicherung und damit politische und militärische Stabilisierung Europas nach dem II. WK (Rz 1088) – zumindest zwischen den Mitgliedstaaten – in hoffentlich unumstößlicher Weise erreicht wurde. 1184

4. Kapitel
Sonstige Völkerrechtssubjekte
Heribert Franz Köck

Literatur: *von Starck,* Internationale und nationale Rechtsstellung des Roten Kreuzes, JIR 13 (1967) 210; *Prantner,* Malteserorden und Völkergemeinschaft (1974); *Köck,* Die völkerrechtliche Stellung des Heiligen Stuhls (1975); *Cardinale,* The Holy See and the International Order (1976); *Köck,* Die multilaterale Diplomatie des Heiligen Stuhls, Arch KirchR 32 (1981) 204; *Merle / de Montclos / Blet,* Histoire de la représentation diplomatique du Saint-Siège (1982); *Köck,* Rechtliche und politische Aspekte von Konkordaten (1983); *Merle / de Montclos,* L'Eglise catholique et les relations internationales (1988); *D'Onoria* (Hrsg), Le Saint-Siège dans les relations internationales (1989); *Köck,* Concordats, EPIL I (1992) 729; *ders,* Der Konkordatsgedanke im Völkerrecht, in: *Paarhammer / Pototschnig / Rinnerthaler* (Hrsg), 60 Jahre Österreichisches Konkordat (1994) 35; *ders,* Gesandtschaften beim Heiligen Stuhl, LThK 4 (3. Aufl, 1995) 543; *ders,* Holy See, EPIL I (1995) 866; *Walf / Scholz,* Gesandtschaftswesen, kirchliches, LThK 4 (3. Aufl, 1995) 545; *Köck,* Lateran Treaty, EPIL III (1997) 134; *Cremona,* Malta, Order of, EPIL II (1997) 278; *Listl,* Konkordat, LThK 6 (1997) 263; *Köck,* Der Souveräne Malteser-Ritter-Orden in Österreich, in: *Steeb / Strimitzer,* Der Souveräne Malteser-Ritter-Orden in Österreich (1999) 282; *Bindschedler-Robert / Gasser,* Red Cross, EPIL IV (2000) 56.

A. Begriffe und Arten

1185 Unter einem sonstigen VRS versteht man ganz allgemein eine **nichtstaatliche** bzw **nicht-zwischenstaatliche Handlungseinheit,** die **Träger vr Rechte** und **Pflichten** ist, ohne dass sie in jeder Hinsicht dem VR unmittelbar unterworfen sein muss. Bei den sonstigen VRS handelt es sich um **Personengemeinschaften,** die Träger bestimmter vr Rechte und Pflichten sind, für die die ausschließliche Herrschaft über ein bestimmtes *Gebiet* **(territoriale Souveränität) nicht begriffswesentlich** ist, und die eine spezifische **religiöse** oder **humanitäre Zielsetzung** haben. Dazu werden traditionellerweise der Heilige (Hl) Stuhl, die Ritterorden und das IKRK gezählt.

B. Die sonstigen Völkerrechtssubjekte im Einzelnen

1. Der Heilige Stuhl

1186 Der Hl Stuhl ist ein VRS, in dem die **Katholische Kirche** (Rz 788, 1239) **personifiziert** ist und international auftritt. Da aber der **Hl Stuhl kein Staat** ist, muss das zwischenstaatliche VR zum *Zwischenmächterecht* erweitert werden. In diesem ist freilich das zwischenstaatliche Recht mutatis mutandis anzuwenden, so weit das VR nicht ohnedies gerade auch durch die Praxis des Hl Stuhls entwickelt wurde.

a) Wesen und Terminologie

1187 Unter Hl oder Apostolischem Stuhl versteht man das **oberste Organ** der **Katholischen Kirche,** den **römischen Papst,** und zwar entweder allein oder zusammen mit jenen römischen **Kurialbehörden,** durch die er die *Leitung* der *Gesamtkirche* ausübt. Da die oberste Kirchengewalt im Papst konzentriert ist, liegt hier ein Fall echter **Organsouveränität** vor. Deshalb ist nicht nur die *Katholische Kirche* als solche, sondern auch der *Papst souverän* und damit *VRS.* Es handelt sich dabei um eine **geistliche Souveränität,** weil die Sorge um das ewige Heil der Menschen Zuständigkeit der Kirche ist. Dagegen kommt dem Staat wegen seiner Zuständigkeit für das zeitliche Wohl die weltliche Souveränität (Rz 34 ff) zu. Da die Kompetenzen von Kirche und Staat wechselseitig unvertretbar sind und damit jede der beiden Gewalten von der anderen unabhängig ist, ist der Hl Stuhl nach traditioneller Auffassung ein *originäres Völkerrechtssubjekt.*

Mit dem Ausdruck *„Vatikan"* ist entweder der *Hl Stuhl gemeint,* weil **1188** der Papst und die wichtigsten Kurialbehörden ihren Sitz in Rom im Vatikanischen Palast haben, *oder* es handelt sich um den **Staat der Vatikanstadt.** Dies ist ein 0,44 km^2 großes Gebiet um St Peter und den Vatikanischen Palast, über das der Hl Stuhl seit 1929 die Souveränität ausübt, und das die faktische *Unabhängigkeit* des *Papstes garantieren* soll (vgl Rz 788).

b) Geschichtlicher Überblick

Dass die geistliche Souveränität des Hl Stuhls in vr Formen zum Aus- **1189** druck kommt, entspricht einerseits dem Grundsatz institutioneller Ökonomie, ist aber andererseits historisch gewachsen. Seit dem frühen Mittelalter wurde der Papst neben dem Kaiser als Spitze des *corpus christianum universale* angesehen; er verkehrte daher mit den Regierenden auf (zumindest) gleicher Ebene und in den gleichen Formen wie jene untereinander. Diese Position änderte sich auch durch die Reformation nicht, zumal der Papst gleichzeitig auch Souverän des Kirchenstaates war. Die Unabhängigkeit seiner Völkerrechtssubjektivität vom Besitz jeglichen Territoriums zeigte die Zeit von 1870 (als Italien den Kirchenstaatsrest annektierte) bis **1929** (als durch die **Lateranverträge** in der römischen Frage ein Ausgleich gefunden und ua der Staat der Vatikanstadt geschaffen wurde – D 145).

Seither hat der Hl Stuhl seine internationalen Kontakte ständig ausge- **1190** baut und unterhält derzeit *mit mehr als 150 Staaten* und dem *Souveränen Malteser-Ritter-Orden diplomatische Beziehungen.* Daneben beteiligt er sich an IO und internationalen Konferenzen.

c) Gesandtschafts- und Vertragswesen

Der Hl Stuhl empfängt und entsendet diplomatische Vertreter im bila- **1191** teralen und multilateralen Verkehr in gleicher Weise wie die Staaten (Rz 1687 ff). Wo seinem Vertreter der den Anciennitätsgrundsatz (Rz 1696 ff) durchbrechende *absolute Vorrang nicht gewährt* wurde, entsandte der Hl Stuhl statt eines **Nuntius** erst nur einen **Internuntius** (im Gesandtenrang), später nur einen **Pro-Nuntius,** der allerdings ebenfalls Botschafterrang besaß (Rz 1700 f).

Diese Praxis konnte den Eindruck erwecken, dass der Hl Stuhl den **1192** absoluten Vorrang seines Vertreters erzwingen wollte. Sie musste für jene Staaten, die diesen Vorrang – aus welchen Gründen immer – nicht gewährten, irritierend sein und wurde mittlerweile aufgegeben; daher entsendet der Hl Stuhl in der ersten Rangklasse nunmehr ausschließlich **Nuntien** (Rz 1700f).

1193 Verträge, die der Hl Stuhl mit den Staaten über Angelegenheiten der Kirche (va auf dem Gebiet des Vertragspartners) abschließt, werden **Konkordate** genannt (D 146). Für diese gilt die WVK 1969 zwar nicht unmittelbar, wohl aber mittelbar, so weit ihre Bestimmungen schon bisher geltendes VGR enthalten und ihrer Natur nach auf Konkordate anwendbar sind.

1194 Außer Konkordaten schließt der Hl Stuhl – sei es für sich, sei es für die Vatikanstadt – auch Verträge ohne unmittelbaren Bezug auf kirchliche Angelegenheiten (D 147), sondern mit allgemein-politischem (zB Beitritt zum Nonproliferationsvertrag 1968 – Rz 1821; D 223) oder technischem Inhalt (zB Visaabkommen – Rz 1280) ab.

d) Der Heilige Stuhl und die Internationalen Organisationen

1195 Der Hl Stuhl ist Gründungsmitglied der IAEA und nimmt an der Arbeit der *VN* und deren *Spezialorganisationen* durch *Beobachter* (Rz 984ff; D 148) teil, soweit die Vatikanstadt nicht ihrerseits Mitglied (zB beim WPV – Rz 2201ff) ist. Auch bei verschiedenen Regionalorganisationen (Europarat, OAS – Rz 898) ist der Hl Stuhl durch Beobachter vertreten. Mit der EU (Rz 1156ff) unterhält er diplomatische Beziehungen auf Botschafterebene. Am KSZE-Prozess (Rz 1794ff) nahm der Hl Stuhl von Anfang an teil und setzte sich va für die Religionsfreiheit ein; der Hl Stuhl ist nunmehr auch Teilnehmer der OSZE.

e) Die spezifische Mission des Heiligen Stuhls in der internationalen Gesellschaft

1196 Das *religiöse Hauptziel* des internationalen Auftretens des Hl Stuhls ist die Förderung der **Seelsorge.** Da aber dafür eine gesunde internationale Gesellschaft nach Auffassung des Hl Stuhls die beste Voraussetzung darstellt, fördert er das **internationale Gemeinwohl,** also eine gerechte internationale Friedensordnung. Diese ist aber heute für ihn untrennbar mit einer integralen Entwicklung der „Dritten Welt" verknüpft. Diese **spezifische Friedens- und Entwicklungsmission** des Hl Stuhls wird ihm durch seine streng unparteiliche Haltung erleichtert, die auch in der *dauernden Neutralität* (Rz 3187ff, 3207) der *Vatikanstadt* zum Ausdruck kommt. Überdies beschränkt sich der Hl Stuhl laut Lateranvertrag in weltlichen Streitigkeiten, soweit die Parteien ihn nicht selbst anrufen, auf die Geltendmachung seines moralischen und geistlichen Gewichts.

f) Andere Religionsgemeinschaften als Völkerrechtssubjekte?

1197 Ob auch **andere Religionsgemeinschaften** eine zumindest potenzielle **Völkerrechtssubjektivität** besitzen, hängt va von ihrem Selbstverständnis ab. Sie kann **nicht grundsätzlich ausgeschlossen** werden, weil der weltanschaulich pluralistische Charakter der Gesellschaft im Staat und der Gemeinschaft der Staaten diesbezüglich keinen Ausschließlichkeitsanspruch zulässt. Tatsächlich reklamierte die Lehre die Völkerrechtssubjektivität aller Religionsgemeinschaften bzw ihrer obersten Repräsentanten, zB des Dalai Lama.

Eine Völkerrechtssubjektivität aktualisiert zu haben scheinen aber nur 1198
bestimmte **Evangelische Landeskirchen** in Deutschland. Sie schlossen mit den für Kultusfragen zuständigen Ländern sog *Kirchenverträge* in Analogie zu den Konkordaten mit dem Hl Stuhl.

2. Die Ritterorden

a) Historische Entwicklung

Während der **Kreuzzüge** entstanden **religiöse Bruderschaften,** die sich 1199
dem Dienst (insbes der Krankenpflege) an den Pilgern im Heiligen Land widmeten (daher auch *Hospitaliter*). Bald übernahmen sie auch den militärischen Schutz der Pilger und christlichen Einrichtungen und wandelten sich zu Ritterorden. Diese Ritterorden mit zahlreichen Niederlassungen in Europa unterstanden zwar als religiöse Orden dem Papst, konnten aber gegenüber den Fürsten eine weit gehende weltliche Unabhängigkeit erlangen, die durch den Erwerb von Territorien noch untermauert wurde.

Hier sind ua der **Deutsche Orden,** der 1230–1525 Herr des Ordens- 1200
staates (des späteren Preußen) war, und der **Johanniter-Orden** zu nennen, der nach der Vertreibung aus dem Heiligen Land und von Zypern 1310–1522 auf Rhodos und danach 1530–1798 auf Malta herrschte (daher auch **Malteser-Orden**). Auch nach dem *Verlust* ihrer *Territorien behielten* diese Ritterorden die Attribute *vr Souveränität.* Insbes der Malteser-Orden übte auch weiter das aktive und passive Gesandtschafts- sowie das Vertragsschließungsrecht aus. Seine Souveränität wurde auch von seinem gegenwärtigen Sitzstaat, Italien, sowie vom Hl Stuhl mehrfach anerkannt.

b) Wesen und Zielsetzung heute

Nach dem Wegfall der militärischen Aufgaben haben die Ritterorden 1201
zwar noch die militärische Organisationsform mehr oder weniger bewahrt, sind aber ganz auf **humanitäre** und **karitative Tätigkeiten** ausgerichtet. Gleichzeitig wird ihr Charakter als kirchliche Gemeinschaft stärker betont. Dabei sind der *Malteser-Orden,* der *Deutsche Orden* und der *Orden der Grabesritter* Vereinigungen päpstlichen Rechts; der *Lazarus-Orden* ist in Österreich seit 1978 eine (auch staatlich anerkannte) Vereinigung bischöflichen Rechts, während er weltweit den Griechisch-Katholischen Patriarchen von Antiochien zum Protektor hat. Der besondere Charakter eines völkerrechtsunmittelbaren Akteurs ist derzeit aber nur beim *Malteser-Orden* ausgeprägt, weshalb er auch das offizielle Prädikat *„souverän"* führt.

c) Die spezifische Mission und die partielle Völkerrechtssubjektivität des Souveränen Malteser-Ritter-Ordens

Als eine religiöse Vereinigung ist der Malteser-Orden im kanonischen 1202
Recht verankert. Infolge seiner jahrhundertelangen militärischen Funktion und seiner territorialen Besitzungen verkehrte er aber mit den Staaten als

gleichrangiger Partner und wurde und wird als souveränes Mitglied der internationalen Gesellschaft anerkannt. Der Malteser-Orden unterhält heute mit etwa 50 Staaten **diplomatische Beziehungen** und ist bei der *WHO* sowie am Amtssitz der IO in Wien als *Beobachter* vertreten. Er hat zahlreiche **Verträge** nicht nur über Hilfeleistungen va auch an Entwicklungsländer (durch die Errichtung von Spitälern und andere humanitär-karitative Einrichtungen), sondern auch über rein technische Fragen (zB Postverträge mit Malta, Italien und Österreich) abgeschlossen. Im System der **Genfer Konventionen** (Rz 2881 f, 2885; D 354–356) kommt dem Orden die Funktion einer humanitären Institution zu, die auch als **Schutzmacht** (Rz 2923 ff) tätig sein kann.

3. Das Rote Kreuz

a) Wesen und Zielsetzung

1203 Als „Rotes Kreuz" fasst man ein System verschiedener **Einrichtungen** zur **humanitären Hilfeleistung,** insbes an *Kriegsopfern,* zusammen: das **IKRK,** die **Liga** der (nationalen) **Rotkreuz-Gesellschaften** und die **Internationale Rotkreuz-Konferenz.** Bei dieser sind die nationalen Gesellschaften, deren Liga, das IKRK und alle Vertragsstaaten der Genfer Konventionen vertreten. Wiewohl diese Konferenz das oberste beratende Organ im Rotkreuz-System ist, kommt darin die *Hauptrolle* doch dem *IKRK* zu. Deshalb wird nach herrschender Lehre dieses, nicht das gesamte System als **(partielles) Völkerrechtssubjekt** (vgl Rz 253, 766 ff) angesehen.

b) Das Internationale Komitee vom Roten Kreuz

1204 Diese **nach Schweizer Recht** organisierte, aus **35 Schweizer Bürgern** zusammengesetzte, sich selbst durch Kooptierung ergänzende **private Vereinigung** geht auf die *Initiative* **Henri Dunants** zurück. Seine nach der *Schlacht* von *Solferino 1859* gewonnenen Eindrücke veranlassten ihn, mit Gleichgesinnten 1863 ein Komitee zur Hilfe für Verwundete zu gründen, das seinen gegenwärtigen Namen 1880 annahm.

1205 Hauptsächliche *Aufgaben* des IKRK sind die praktische *Hilfeleistung* in Kriegen, Bürgerkriegen und Naturkatastrophen sowie die *Kontrolle* der Einhaltung und die Vorbereitung der *Fortbildung* des *humanitären Kriegsrechtes* (Rz 2877 ff). Das IKRK kann hiezu jedoch lediglich Vorschläge machen und – ebenso wie die Rotkreuz-Konferenz – Empfehlungen abgeben; diese in positives VR umzugießen bedarf eines vr Vertrages.

1206 Eine (partielle) *Völkerrechtssubjektivität* besitzt das IKRK dadurch, dass ihm die *Genfer Konventionen* (zuletzt 1949, mit zwei Zusatzprotokollen 1977 - Rz 2881, 2897; D 354–357, 363) gewisse Rechte (zB Kriegsgefangenenlager zu besuchen) einräumen. Sie gipfeln im Auftreten als **Schutzmacht** (Rz 2923 ff) an Stelle eines neutralen Staates. Den *Delegierten des IKRK* kommt jedoch *kein diplomatischer Status* zu.

1207 Das *Emblem* des Roten Kreuzes (in den islamischen Staaten der Rote Halbmond, in Israel der Rote Davidsstern) wird allgemein zur Kenntlichmachung von humanitären Einrichtungen (wie Lazaretten, Kranken- und Verwundetentransporten – vgl Rz 2948) verwendet.

5. Kapitel

Internationale und transnationale Akteure an oder unter der Schwelle der Völkerrechtssubjektivität

Waldemar Hummer

Literatur: *Jessup,* Transnational Law (1951); *Lang,* Regimes and Organizations in the Labyrinth of International Institutions, FS *Zemanek* (1994) 275; *Thürer,* The Emergence of Non-Governmental Organizations and Transnational Enterprises in International Law and the Changing Role of the State, in: *Hofmann* (Hrsg), Non-State-Actors as New Subjects of International Law (1999) 37; *Hummer,* Internationale nichtstaatliche Organisationen im Zeitalter der Globalisierung, BerDGVR 39 (2000) 45.

A. Einführung und Abgrenzung

Im Zeitalter der Globalisierung (Rz 51, 165, 1208) gewinnen in den iBez neben den hoheitlichen, zwischenstaatlichen Aktivitäten von VRS grenzüberschreitende Tätigkeiten von Privatrechtssubjekten zunehmend an Bedeutung. Es handelt sich dabei um **nicht-hoheitliche Interaktionen über Staatsgrenzen** hinweg, an denen **weder** ein **Organ eines staatlichen Hoheitsträgers noch** eine **IGO** (Rz 893f) beteiligt ist, und die auf der vr bzw privatrechtlichen Ebene stattfinden. Diese können entweder a) *international* oder b) *transnational* ausgestaltet sein. 1208

a) **International** sind nicht-hoheitliche Aktivitäten von Privatrechtssubjekten **zwischen** verschiedenen **Staaten.** Sind diese in einer eigenen Organisation gebündelt, so spricht man von **Internationalen nichtstaatlichen Organisationen** *(International Non-Governmental Organizations* **– INGOs***).* Von diesen INGOs, als ständige internationale „Dachorganisationen" juristischer Personen des innerstaatlichen Privatrechts, sind die bloß **nationalen Verbände** (*Non-Governmental Organizations* **– NGOs;** dieser Ausdruck wird allerdings häufig auch für die INGOs verwendet – Rz 894) zu unterscheiden, die als Vereine nur in der Rechtsordnung eines einzigen Staates registriert sind (Rz 1234ff, 1371). 1209

b) **Transnationale** nicht-hoheitliche Aktivitäten von Privatrechtssubjekten wirken hingegen grenzüberschreitend **aus** der **Rechtsordnung eines Staates** heraus **in die eines anderen Staates** hinein. Der Prototyp solcher transnationaler Akteure ist das **trans-** (*Transnational Corporation* – **TNC**) bzw **multinationale Unternehmen** *(„Multi")*. Es wird nicht international – dh auf zwischenstaatlicher Ebene – tätig, sondern wirkt zB als Mutterunternehmen auf sein ausländisches Tochterunternehmen bloß grenzüberschreitend ein. Transnationale Beziehungen *(Jessup)* stellen sich diesbezüglich als Fälle einer extraterritorialen Geltungserstreckung der eigenen Rechtsordnung in die eines Drittstaates dar. 1210

Manche INGOs, va aber TNCs, üben beträchtlichen politischen und wirtschaftlichen Einfluss aus und fordern auf Grund ihrer Ressourcenaus- 1211 stattung – va im Wirtschaftsbereich – sogar den dominanten „klassischen" internationalen Akteur, den Staat, heraus. Die Zahl der TNCs stieg von ca 3.500 im Jahre 1950 auf über 60.000 mit über 800.000 Auslandsniederlassungen, die 2000 etwa zwei Drittel des Welthandels bestritten.

B. Transnationale Wirtschaftsunternehmen (TNCs, Multis)

Literatur: *Wildhaber,* Multinationale Unternehmen und Völkerrecht, BerDGVR 18 (1978) 7; *Seidl-Hohenveldern,* Gemeinsame zwischenstaatliche Unternehmen, FS *Aubin* (1979) 193; *ders,* International Economic Law, RdC 198 (1986) 35; *Hofer,* Der Wandel des Verhältnisses zwischen Staat und multinationaler Gesellschaft, Außenwirtschaft 42 (4/1987) 403; *Routledge* (Hrsg), Transnational Corporation and World Development (1996); *von Behr,* Multinationale Unternehmen und Exportkontrollen (1996); *Schmalenbach,* Multinationale Unternehmen und Menschenrechte, ArchVR 39 (2001) 57.

1. Allgemeines

1212 Die **transnationalen Unternehmen** („Multis", TNCs) können in den **verschiedensten Rechtsformen** *organisiert* sein (Rz 1217). Sie schließen mit Staaten Investitions- oder Konzessionsverträge (D 322) auf der Grundlage der Gleichberechtigung ab und lassen sich in diesen Immunitäten und Meistbegünstigungsbehandlung zusichern. Sie treten den Staaten in Schiedsgerichtsverfahren (Rz 1969 ff) gegenüber, ergreifen Sanktionen (zB Boykotte) gegen Staaten und setzen Akte der „wirtschaftlichen Aggression" sowie der Einmischung in innere Angelegenheiten von Staaten etc (Rz 1935 ff).

2. Entstehung, Bedeutung und Charakteristika

1213 Die *explosionsartige Ausbreitung* transnationaler Akteure (Rz 1211) geht zum einen auf die globale Expansion der USA nach dem II. WK und zum anderen auf die stürmische technologische Entwicklung in dieser Epoche zurück. Unter den gegenwärtig 25 nach ihrem Jahresumsatz größten TNC dominieren US-amerikanische (10), japanische (7) und deutsche (4) Unternehmen. Die größte österreichische TNC, die OMV, scheint nicht unter den 500 größten TNC auf.

1214 Was die Aktivitäten der TNC betrifft, stehen einer Reihe von Vorteilen für die Gastgeberstaaten – bes für Entwicklungsländer – zahlreiche Nachteile gegenüber. An **Vorteilen** können ua angeführt werden: Transfer von Technologie, Kapital und organisatorischem Know-how; Industrialisierung und Verbesserung der Infrastruktur; weltweites Vertriebs- und Servicenetz; Schaffung von Arbeitsplätzen; höherer Lebensstandard.

1215 Dagegen werden folgende **Nachteile** betont: monopolistische bzw oligopolistische Praktiken; Unterlaufen nationaler Wirtschaftsplanung und Konjunkturpolitik; Verlegung von Produktionsstätten zur Vermeidung von Lohnforderungen und Streiks; willkürliche Transferpreise; Abführung von Gewinnen in „Steueroasen" oder Repatriierung von Profiten ohne Reinvestition im Gastgeberstaat; Korruption lokaler Behörden; Umweltschädigung etc.

3. Definition und Organisationsform

Um eine einvernehmliche *Definition* der TNC ist eine Reihe IO (VN, OECD, UNCTAD, UNIDO, Europarat, EG) – bisher allerdings erfolglos – bemüht. Entscheidend ist das Vorhandensein **mehrerer betrieblicher Einheiten** in **verschiedenen Staaten,** wobei diese Einheiten durch eine **zentralisierte Kontrolle** und **einheitliche Konzernstrategie** einander zugeordnet werden. Eine TNC ist ferner ein Unternehmen erst ab einer bestimmten **Mindestgröße:** Obwohl es auch „Mini-TNC" gibt, treten bei TNC erst ab einer gewissen Größe (mehr als 100 Mio US-$ Jahresumsatz) Probleme einer *„funktionellen Staatlichkeit"* (Rz 1232) auf. 1216

Die **Organisationsform** der TNC ist sehr **variabel.** Größtenteils ist es die **Mutter-Tochter-Gesellschaft;** dabei übt die Muttergesellschaft in der Regel einen beherrschenden Einfluss auf die Tochterbetriebe aus. Es kann sich aber auch um eine **Holding-Gesellschaft** handeln, die den *Dachverband* für die von ihr durch Beteiligungen *verwalteten* und *kontrollierten Gesellschaften* bildet. Bei einem **Konzern** sind *Unternehmen,* die *rechtlich selbständig* bleiben, unter *einheitlicher Leitung* zusammengeschlossen. Ebenso kommt auch der Typ des **integrierten internationalen Unternehmens** vor. Dieses hat *keine Muttergesellschaft* und dementsprechend auch kein „Vaterland" mehr, in dem es beheimatet ist. **In der Regel** liegt aber eine **Anzahl nationaler Gesellschaften** vor, an deren **Spitze** eine **Muttergesellschaft** steht. Diese *besitzt* oder *kontrolliert* – durch Aktienbesitz, *Joint Ventures,* Lizenz-, Management- oder Beratungsverträge etc – **ausländische Niederlassungen** mit **eigener Nationalität;** die Anknüpfungskriterien für die Nationalität (Inkorporationsstatut, Sitz der Gesellschaftsleitung, Ort der Betriebsstätte, Nationalität der Aktionäre etc [Rz 703]) können aber von Staat zu Staat variieren. 1217

Die **EG** strebt seit geraumer Zeit neue, vom jetzigen Gesellschaftsrecht unabhängige **europäische Gesellschaftsformen** an. Ein erster Schritt dahin war die bereits 1985 vom Rat beschlossene VO über die **Europäische wirtschaftliche Interessenvereinigung (EWIV),** die 1989 in Kraft trat. Sie gestattet mindestens zwei aus verschiedenen Mitgliedstaaten stammenden Unternehmen gemeinsame Tätigkeiten, ohne dass sie sich zusammenschließen oder eine Tochtergesellschaft gründen müssen. 2001 wurde eine VO über das Statut einer **Europäischen Aktiengesellschaft („Societas europea")** sowie eine begleitende Richtlinie über die *Beteiligung der Arbeitnehmer* beschlossen (ABl 2001 L 294 S 1, 22). 1218

4. Völkerrechtliche Probleme

Die *Ökonomisierung* der *internationalen Politik* und die gleichzeitige *Politisierung* der *internationalen Wirtschaft* haben den außenpolitischen Entscheidungsspielraum der Staaten begrenzt. Diese sind gezwungen, das Phänomen der TNC verstärkt zu beachten. Von den mannigfachen rechtlichen Problemen, die dabei auf der ausschließlich *nationalen,* der *IPR*- und der *vr* Ebene entstehen, sollen in der Folge nur die wichtigsten vr Fragenkomplexe dargestellt werden. 1219

a) Völkerrechtliche Verantwortlichkeit des Heimatstaates

1220 Da die TNC weder politisch wirksam kontrolliert noch demokratisch legitimiert sind, können sie eine aggressive Wirtschaftsstrategie ohne Rücksicht auf die Souveränität des Gastgeberstaates entfalten, die des Öfteren in (in)direkter politischer Pression gipfelt (zB *United Fruit Co* gegenüber der Regierung *Arbenz* in Guatemala 1954, *ITT* gegen die Regierung *Allende* in Chile 1972/73). Grundsätzlich sind diese *Übergriffe* von *TNC landesrechtliche* Probleme des *Gastgeberstaates;* der **Heimatstaat** kann **nur** dann dafür **verantwortlich** gemacht werden, wenn er selbst die **TNC** zur Durchführung **hoheitlicher Aufgaben** verwendet (Rz 2718) oder nachweisbar mit der TNC in einem solchen Ausmaß zusammengearbeitet hat, dass er nach Treu und Glauben (Rz 2087) wegen *Anstiftung* oder *Teilnahme* an unerlaubter *Intervention* verantwortlich wird.

1221 Einen *Sonderfall* stellt **Österreichs Verstaatlichte Industrie** dar: Die Republik Österreich hat zwar einen Konzern mit mehreren Gesellschaften organisiert, die **Österreichische Industrieholding AG (ÖIAG)** (BGBl 1986/204, 1993 novelliert); sie ist aber nur (Mehrheits-)Eigentümerin des (Aktien-)Kapitals. Gesellschaftsrechtlich hat sie keine direkte Weisungsbefugnis. Daher sind die Exportgeschäfte der Verstaatlichten Industrie auch nicht der Republik Österreich, sondern den einzelnen Unternehmen selbst zuzurechnen – was für Österreich va neutralitätsrechtlich von Bedeutung war (Rz 3131, 3258). Durch das *ÖIAG-Gesetz 2000* ist die ÖIAG nunmehr ua mit der gänzlichen oder teilweisen *Privatisierung* jener Unternehmen betraut, deren Anteile ihr übertragen sind.

1222 Einen wichtigen Detailaspekt stellt die *Kontrolle* der TNC durch ihre *Heimatstaaten* dar. Probleme entstehen insbes dann, wenn diese das Verhalten der ihre Nationalität besitzenden Muttergesellschaft im Ausland, aber auch der von dieser kontrollierten Tochtergesellschaft, dadurch zu regeln versuchen, dass sie ihrem **Feindhandels-** oder **Wirtschaftslenkungsrecht extraterritoriale Wirkung** verleihen. Hier ist va auf die Gesetzgebung der USA (*Trading with the Enemy Act, Arms Export Control Act, Export Administration Act* usw) zu verweisen, in der – mit extraterritorialer Wirkung – Export-, Technologietransfer-, Know-how- und Lizenzvergabeverbote etc verhängt wurden. Die *Gastgeberstaaten* setzen zwar ihrerseits Abwehrmaßnahmen gegen diese Eingriffe in ihre Wirtschaftspolitik *(blocking statutes);* die Möglichkeiten wirtschaftsrechtlichen Drucks auf die Muttergesellschaft durch den Heimatstaat sind jedoch sehr groß (D 149).

1223 Diese vr Problematik lässt sich zB an der umstrittenen Frage der *extraterritorialen Wirkung nationalen Kartellrechts* aufzeigen: Sind die Staaten zuständig, ein Verhalten zu regeln, das zwar im Ausland gesetzt wird, im Inland aber eine Wirkung hervorruft? Ist bei Kartellabsprachen von „Multis" das Territorialitäts- oder das Wirkungsprinzip maßgeblich? Nach dem *Auswirkungsprinzip* ist bei beträchtlichen und unmittelbaren Inlandswirkungen das Inland zum Erlass kartellrechtlicher Hoheitsakte zuständig, obwohl die Kartellabsprache im Ausland getroffen wurde (vgl Rz 2496, 2519, 2531, 2538, 2604). Die *EG-Kommission* geht vom *Auswirkungsprinzip* aus: Unabhängig vom Sitz eines Unternehmens sind die gemeinschaftsrechtlichen

Wettbewerbsregeln anzuwenden, wenn sich die Beschränkungen innerhalb der EU auswirken (D 150).

b) Kontrolle der transnationalen Unternehmen durch den Gastgeberstaat

Der Gastgeberstaat kann im Rahmen der vr Schranken – Handels-, Niederlassungs-, Investitionsschutzverträge (Rz 1314; D 324) etc – die Tätigkeit von TNC *reglementieren* und *kontrollieren* (Investitionskontrollen oder -verbote). Dabei ergeben sich wesentliche *Gegensätze* im *Nord-Süd-Verhältnis.* **1224**

In der Praxis schließen allerdings die TNC vor größeren Auslandsinvestitionen mit dem Gastgeberstaat Verträge ab, in denen sie regelmäßig Ausnahmen von den bestehenden Kontrollbestimmungen eingeräumt bekommen. Am anderen Ende der Skala der Bewegungsfreiheit einer TNC im Gastgeberstaat droht aber die Nationalisierung ihrer Investition (Rz 1303 ff, 2649 ff). **1225**

c) Internationale oder supranationale Kontrolle der transnationalen Unternehmen

Neben der Kontrolle durch ihren Heimat- sowie durch den Gastgeberstaat kann eine TNC auch durch vr Verträge bzw durch IO kontrolliert werden. **1226**

ca) Kontrolle durch multilaterale Verträge bzw Deklarationen

Die internationalen Tätigkeiten der TNC führten zu Versuchen vr Kontrolle. Über den Inhalt eines **Verhaltenskodex** *(Code of Conduct)* für TNC und dessen *Verbindlichkeit* sowie *formale Fassung* (Vertrag oder Deklaration) bestehen aber nach wie vor *Meinungsverschiedenheiten* (Rz 2504, 2625). **1227**

cb) Kontrolle durch zwischenstaatliche und supranationale Organisationen

Die Regelung der wirtschaftlichen Aktivitäten von „Multis" ist auch Anliegen vieler IO, von IGOs wie INGOs (ILA, IDI – Rz 220; Internationale Handelskammer, gegründet 1920, Sitz in Paris). Unter den IGOs (VN, UNCTAD, UNIDO, ILO, OAS, OECD, Europarat) verdienen va die Arbeiten der **VN** sowie der **OECD** gesonderte Erwähnung (Rz 2619, 2625). **1228**

Die VN haben 1974 ein Zentrum und eine Kommission für TNC errichtet, das mittlerweile in die UNCTAD (Rz 126, 2503, 2537) eingegliedert wurde. **1229**

Erfolgreicher war die **OECD** mit der Annahme der **Declaration on International Investment and Multinational Enterprises 1976** durch die Mitgliedstaaten. In der OECD wurde in den 1990er Jahren auch der Entwurf des **Multilateral Agreement on Investment (MAI)** über einen umfassenden Investitionsschutz ausgearbeitet. 1998 scheiterte das MAI-Projekt am Widerstand einiger INGOs, die va Frankreich dazu brachten, sich aus den Verhandlungen zurückzuziehen (Rz 1249, 2605, 2619). **1230**

d) Verträge zwischen Gastgeberstaat und transnationalen Unternehmen

1231 Die Rechtsnatur der zwischen Gastgeberstaaten und den TNC abgeschlossenen „gemischten" Investitions-, Konzessions- oder Entwicklungsabkommen etc gibt der Völkerrechtsdogmatik Probleme auf, stehen sich dabei doch als *Vertragsparteien* ein *Staat* und ein *privates Unternehmen* gegenüber (Rz 2629 ff).

1232 Da diese Verträge mit dem Gastgeberstaat Angelegenheiten **„funktioneller Staatlichkeit"** (Übernahme hoheitlicher Funktionen, Ausnahmen von gesetzlichen Normen, Immunitäten und Privilegien ähnlich jener der Diplomaten etc) betreffen, wird die **TNC** Trägerin (gewisser) vr Rechte (und Pflichten). Ihre **Völkerrechtssubjektivität** ist also gegeben, aber **funktionell beschränkt** (D 323 d).

e) Diplomatischer Schutz für transnationale Unternehmen

1233 Gegen Verletzungen der fremdenrechtlichen Rechte der TNC durch den Gastgeberstaat kann der *Heimatstaat* die *TNC* diplomatisch *schützen* (Rz 701 ff, 2797 ff). Dabei wirft aber va die Aktivlegitimation zur Ausübung des diplomatischen Schutzrechtes Probleme auf, da sie je nach Anknüpfungskriterium für die Feststellung der **Nationalität** einer TNC (Rz 1217) **variiert:** ZB wird nach der **Inkorporations-** oder **Sitztheorie** (Rz 703) dann, wenn die TNC im Ausland nicht im eigenen Namen auftritt, ihr ausländisches Tochterunternehmen als mit der Nationalität des Gastgeberstaates ausgestattet angesehen. Damit wird – bei weiterer Ablehnung der Kontrolltheorie – der diplomatische Schutz durch den eigentlichen Heimatstaat verworfen werden müssen. Die *internationale Judikatur* (vgl *Barcelona Traction-Fall* – D 64) ist in dieser Frage *uneinheitlich.*

C. Internationale nichtstaatliche Organisationen (INGOs)

Literatur: *Hüfner,* Non-Governmental Organizations (NGOs) im System der Vereinten Nationen, Die Friedenswarte 71 (1996) 119; *Rechenberg,* Non-Governmental Organizations, EPIL III (1997) 612; *Hobe,* Der Rechtsstatus der Nichtregierungsorganisationen nach gegenwärtigem Völkerrecht, ArchVR 37 (1999) 152; *Keppler-Schlesinger,* Nichtstaatliche Organisationen (NGOs) und die Vereinten Nationen, in: *Cede / Sucharipa-Behrmann* (Hrsg), Die Vereinten Nationen (1999), 253; *Hummer,* Internationale nichtstaatliche Organisationen im Zeitalter der Globalisierung, BerDGVR 39 (2000) 45.

1. INGOs als internationale Akteure

1234 Anders als Regierungen können INGOs – als Formen der organisierten „Zivilgesellschaft" (*civil society* – Rz 1635) – keine hoheitlichen Machtmittel, sondern nur „weiche" Instrumente einsetzen, wie Sachkompetenz, hohe Motivation und moralische Integrität. Ferner setzen INGOs auch auf nicht direkte (physische) Aktionen – wie etwa Massendemonstrationen und ziviler Ungehorsam – auf indirekte Aktionen, va auf die Mobilisierung der Öffentlichkeit, zB durch Lobbying, Medienkampagnen oder Internet-Foren.

2. Erscheinungsformen

(I)NGOs können auf drei Ebenen tätig werden: der nationalen, internationalen und transnationalen Ebene.

1) **Nationale** nichtstaatliche Organisationen **(NGOs)** sind entweder Personengesellschaften oder juristische Personen, die nach den jeweiligen vereinsrechtlichen Bestimmungen als Rechtssubjekte staatlicher Privatrechtsordnungen gegründet werden und nur in diesen agieren (zB Österreichischer Skiverband – ÖSV). **1235**

2) **Internationale** nichtstaatliche Organisationen **(INGOs)** sind die (international tätigen) **„Dachverbände"** nationaler NGOs (zB Fédération Internationale de Ski – FIS). Sie sind meist in einer staatlichen Privatrechtsordnung verankert, können aber auch *„apatrid"* sein, dh sich keiner nationalen Rechtsordnung unterworfen haben. In diesem Falle fehlt ihnen die Rechtspersönlichkeit; bei Streitigkeiten tritt bloß die persönliche Verantwortlichkeit/Haftung ihrer Funktionäre ein. **1236**

3) **Transnationale** nichtstaatliche Organisationen bündeln ihre grenzüberschreitenden Aktivitäten in keinem Dachverband, der für sie als INGO international tätig wird. Sie vernetzen sich vielmehr mit NGOs aus anderen nationalen Rechtsordnungen. Solche **„Netzwerke"** können **vertikal** – als Verbindung verschiedener Themen- und Arbeitsschwerpunkte unterschiedlicher NGOs – oder **horizontal** – dh zwischen NGOs mit den gleichen Tätigkeitsbereichen – ausgestaltet sein. Netzwerke können ferner **dauerhaft** und institutionalisiert (zB Vereinigung für eine Besteuerung von Finanztransaktionen zum Wohle der BürgerInnen – ATTAC) oder **ad hoc** zB in einer Kampagne zusammenarbeiten. **1237**

3. Definitionen

Auf Grund der Vielfalt ihrer Erscheinungsformen hat sich bisher keine allgemein anerkannte Definition einer INGO durchgesetzt. Folgende Merkmale sind aber in der Literatur mehr oder weniger unbestritten: **1238**

1) **nicht-hoheitliche Aufgaben;**

2) **Errichtung durch** Initiative von **Privatpersonen** und daher **privatrechtlicher** und nicht vr **Gründungsvertrag;**

3) **Mindestmaß** an **institutioneller Struktur;**

4) **eigener Sitz** (Hauptquartier);

5) **grenzüberschreitende Tätigkeit.**

Daneben gibt es *umstrittene Merkmale,* zu denen die Lehre mehrheitlich folgende Ansichten vertritt: **1239**

- *nicht auf Gewinn gerichtetes* Ziel; daher sind gewinnorientierte Organisationen eher TNCs;
- *illegale Organisationen* – wie zB internationale Terrorgruppen, die Mafia, Drogenkartelle – zählen auf Grund ihres rechtswidrigen Ziels *nicht zu den INGOs;*
- Organisationen, die *keinen freiwilligen Ein-* und *Austritt* gestatten, zB gewisse Sekten, gelten *nicht* als *INGOs;*

- *rein spirituelle* bzw *religiöse Vereinigungen* werden ebenfalls *nicht* als *INGOs* angesehen (zur Katholischen Kirche bzw zum Hl Stuhl Rz 1186ff);
- *rein politisch tätige Verbände,* zB internationale Parteienverbände (SI, EDU, IDU etc), gelten überwiegend *nicht* als *INGOs;*
- *sozialpartnerschaftlich organisierte Arbeitgeber-* und *Arbeitnehmerverbände,* zB Gewerkschaften, werden ebenfalls *nicht immer* als *INGOs* angesehen;
- *rein wissenschaftlich(-juristisch)* tätige Vereinigungen, zB die ILA und das IDI (Rz 220, 533), werden ebenfalls *nur zT* als *INGOs* anerkannt.

4. Klassifikations- und Standardisierungsversuche

1240 Neben diesen theoretischen Abgrenzungsversuchen hat man sich in der Praxis auch bemüht – sowohl im nationalen als auch im internationalen Bereich – geeignete Klassifikations- und Standardisierungsmerkmale für INGOs zu entwickeln.

1241 Da in den einzelnen Staaten die unterschiedlichsten Systeme für die Verleihung der Rechtspersönlichkeit an NGOs bestehen, lässt sich **paralleles Landesrecht nicht feststellen.** Einige Staaten trafen aber Immunitätsregelungen für ausgewählte NGOs, zB Österreich im *BG über die Einräumung von Privilegien an nichtstaatliche internationale Organisationen* (BGBl 174/1992).

1242 Trotz langjähriger internationaler Bemühungen ua in der ILA, IDI, EG/EU ist bis heute in **keiner vr Vereinbarung** die **Rechtspersönlichkeit** *von* **(I)NGOs** im Sinne eines *internationalen Personalstatuts* anerkannt.

1243 Hingegen gelang 1986 der Abschluss einer *Konvention* des *Europarats* über die *gegenseitige Anerkennung der Rechtspersönlichkeit von INGOs* (BGBl 1992/404).

1244 Die Satzungen mehrerer *IGOs* sehen eine *Klassifikation* nichtstaatlicher Organisationen vor: ZB differenziert *Art 71 SVN* zwischen „internationalen" *(INGOs)* und „nationalen" *(NGOs)* nichtstaatlichen Organisationen (Rz 1248); Res des WSR statuieren weitere Voraussetzungen für eine (I)NGO.

5. Die (I)NGO als Verein

1245 Sowohl einzelne NGOs als auch ihr internationaler „Dachverband" (INGO) werden meist nach staatlichem Vereinsrecht gegründet. In **Österreich** ergibt sich die Rechtsstellung der internationalen Vereine aus **§ 26 ABGB** sowie dem **Vereinsgesetz** (BGBl 1951/233 idF I 2002/66).

1246 *Manchmal* kommt es aber gar *nicht* zur Bildung eines *Vereins,* sondern es bilden sich nur (betroffene) Personengruppen, zB von Angehörigen von Opfern von Menschenrechtsverletzungen, wie die *„Madres de la Plaza de Mayo"* in Buenos Aires unter der Militärjunta 1976–1983, die sich erst nachträglich institutionell verfestigten.

6. Betrauung von INGOs mit völkerrechtlichen Handlungsbefugnissen

Für die juristische Qualifikation von INGOs ist der Nachweis vr Handlungsbefugnisse entscheidend. Denn wegen der dahinter stehenden Rechtsfähigkeit kann daraus die (zumindest teilweise) vr Rechtspersönlichkeit abgeleitet werden. Auf Grund der Vielfalt der „Beleihungsfälle" hat sich aber bis heute noch *kein* diesbezügliches *allgemeines VR* herausgebildet – eine eventuelle partielle Völkerrechtssubjektivität einer INGO ist daher stets von Fall zu Fall neu zu untersuchen. 1247

Folgende Hauptformen der **„Beleihung"** von **INGOs** mit **vr Handlungsbefugnissen** – sowohl durch Staaten als auch IGOs oder (bloße) internationale Organe – kommen dafür in Betracht: 1248

1) Die Mitwirkung von INGOs in IGOs kann in einem **Konsultativ-** bzw **Beobachterstatus** institutionalisiert sein. So kann gem *Art 71 SVN* der *WSR* „geeignete Abmachungen zwecks Konsultationen" mit (I)NGOs treffen. Zurzeit sind über 2.200 INGOs beim WSR akkreditiert, die in folgende drei Gruppen eingeteilt sind: *„Allgemeiner Konsultativstatus", „Spezieller Konsultativstatus"* und *„Roster-Status"*. Diesen Gruppen von INGOs stehen jeweils abgestufte Mitwirkungsrechte an den Tätigkeiten des WSR zu. Ohne Rechtsgrundlage in der SVN gewähren auch die *GV*, der *SR* und das *Sekretariat* der *VN* INGOs spezielle Mitwirkungsmöglichkeiten an ihren Aktivitäten. Auch die Satzungen der *meisten Spezialorganisationen* der VN sehen eine *Beteiligung* von *INGOs* vor. INGOs wirken aber auch an der Arbeit *regionaler IGOs,* zB der *OECD,* des *Europarats* und der *EG/EU,* mit.

2) An der **internationalen Rechtsprechung** können INGOs zB als *Parteien,* als *Nebenintervenienten* oder als *„amici curiae"* beteiligt sein. Im Gegensatz zum streitigen Verfahren vor dem IGH können (I)NGOs mit eigener Rechtspersönlichkeit sowohl beim *EuGH* (Art 230 Abs 4 EGV) (D 137) klagen als auch beim *Europäischen Gerichtshof für Menschenrechte* Schriftsätze einbringen und Nebenintervenienten sein (Art 36 EMRK bzw Regel 61 Verfahrensordnung GH der EMRK – Rz 1637).

3) Bei der **internationalen Rechtsetzung** durch vr Verträge können INGOs a) die Ausarbeitung von vr Verträgen anregen bzw danach an deren *„drafting"* mitwirken *(„agenda setting");* b) auch eigene Standards und Normen ausarbeiten, die von Staaten oder IGOs ihrer eigenen Rechtsetzung zu Grunde gelegt werden *(„standard setting")* und c) an der Kontrolle der Durchführung vr Verträge beteiligt sein *(„monitoring").*

4) INGOs können aber nicht nur das Zustandekommen **vr Verträge** fördern, sondern auch **verhindern** (zB das *MAI* wegen der von INGOs darin bemängelten ausbeuterischen und inhumanen Arbeitspraktiken – Rz 1230, 2605, 2619). 1249

7. Ausgewählte Beispiele

a) Amnesty International (ai)

Die 1961 vom britischen Anwalt *Peter Benenson,* der einen Aufruf zu Gunsten der *„vergessenen Gefangenen"* veröffentlichte, gegründete *weltweite Hilfsorganisation* für **politische Gefangene, Amnesty International (ai),** zählt 1250 derzeit mehr als 1,3 Million Mitglieder, Förderer und Abonnenten ihrer Publikationen in mehr als 170 Staaten und rund 8.000 örtliche Freiwilligengruppen in über 100 Staaten. Als nationale Vereine, dh als Sektionen zur Koordinierung der örtlichen Gruppen, sind ai-NGOs gegenwärtig in 56 Staaten organisiert.

1251 Die *österreichische Sektion* von ai wurde 1970 gegründet. Sie umfasst derzeit etwa 1.500 aktive Mitglieder, die in 86 lokalen Gruppen *„Gewissensgefangene" („prisoners of conscience")* betreuen. Insgesamt hat ai in Österreich 16.000 Mitglieder.

1252 ai besteht aus einem *Internationalen Rat* (oberstes Organ), einem von diesem gewählten neunköpfigen *Internationalen Exekutivkomitee* (geschäftsführendes Organ), dem *Internationalen Sekretariat* mit Sitz in London und einem *GS* an der Spitze. Das Sekretariat führt Recherchen über Menschenrechtsverletzungen durch, initiiert Kampagnen dagegen und entwickelt präventive Strategien. Die „Hauptwaffe" von ai besteht im von den Medien verstärkten Druck auf Regierungen und IGOs.

1253 ai will die Einhaltung der Allgemeinen Erklärung der Menschenrechte 1948 auf der ganzen Welt erreichen (D 164; Rz 1381 f). Den einzelnen (Adoptions-)Gruppen werden von den internationalen Leitungsgremien „Gewissensgefangene" aus anderen Ländern zur Betreuung zugewiesen (zB durch Briefe und Petitionen an die zuständigen Staatsorgane und Veröffentlichung von Dokumentationen).

1254 Ein Eckpfeiler der Arbeit ist auch die *Information der Öffentlichkeit* durch zahlreiche Publikationen, va durch den *Jahresbericht.* ai wird *ausschließlich* von *Mitgliedern* und *Spendern finanziert* und darf statutengemäß keine Gelder von Regierungen entgegennehmen.

1255 1977 erhielt ai den Friedensnobelpreis, 1978 den Menschenrechtspreis der VN für außerordentliche Leistungen auf dem Gebiet der Menschenrechte. Eine Reihe von Menschenrechtsschutz-Konventionen gehen auf Initiativen von ai zurück (Rz 1402 f).

b) Greenpeace

1256 Die wohl populärste **Umweltschutzorganisation Greenpeace** wurde 1970 in Kanada zur Verhinderung von Atombombentests der USA nahe Alaska gegründet. Inspiriert wurde sie von nordamerikanischen Indianern, deren ausgewogener Umgang mit der Natur die Gründer beeindruckte. Schwerpunkt der Greenpeace-Arbeit ist die Durchführung internationaler Kampagnen zum Schutz der Umwelt (Rz 2386 ff).

1257 *Greenpeace* hat weltweit mehr als vier Mio Mitglieder und ständige Förderer. Die *hierarchisch* und *straff strukturierte* Organisation hat mittlerweile Filialen (Büros) in 39 Staaten, ua auch in Österreich. Finanziert wird *Greenpeace* durch *private Spenden* und durch den *Verkauf* von *Umweltschutzprodukten.*

1258 1982 wurden in Österreich die beiden Vereine „Freunde von Greenpeace" und „Global 2000", 1983 wurde die NGO *„Greenpeace Österreich"* als gemeinnütziger Verein mit Sitz in Wien gegründet.

Greenpeace besitzt folgende Organe: den *Aufsichtsrat* als Dachverband, einen *internationalen Vorstand (Board)* und eine *internationale Geschäftsführung* mit Verwaltungssitz in Amsterdam. Neben seinem Konsultativstatus beim WSR der VN (Rz 1025) besitzt Greenpeace offiziellen Beobachterstatus bei zahlreichen IGOs und im Rahmen von Verträgen, zB bei der UNEP (Rz 2404), der Internationalen Walfangkommission oder der Klima- und der Biodiversitäts-Konvention (Rz 2400; D 298 a). 1259

Greenpeace führt **internationale Kampagnen** zu **globalen Themen** durch, die durch **gewaltfreie Aktionen** (vgl aber Rz 1261) unterstützt werden. Arbeitsgebiete sind insbes die Bereiche *Atomenergie* (ua gegen französische Kernwaffentests im Pazifik 1995 – Rz 2029, 2697, 2774, 2780, 2783; D 326), *Artenschutz, Chemie, Gentechnik, Klimaschutz, Luft, Meeresökologie* und *Regenwald.* 1260

8. Kontrolle und Transparenz der Aktivitäten

Auf Grund ihrer weit reichenden und des Öfteren grenzüberschreitenden Aktivitäten bedürfen (I)NGOs einer besonderen **rechtlichen** und **politischen, nationalen** wie **internationalen Kontrolle.** Dies wurde durch rezente unliebsame Vorfälle deutlich, in die INGOs verwickelt waren: 1261

- *finanzielle Gebarungsprobleme* (World Vision Austria),
- *Bestechungs-* und *Korruptionsfälle* (zB von Funktionären des Internationalen Olympischen Komitees – IOC, *Fédération Internationale de Football Association* [FIFA], *Union Européenne de Football Association* [UEFA]),
- das *Ausspielen von Marktmacht* (IOC, UEFA),
- das *„Unterlaufen"* der ordentlichen, *nationalen Straf-* bzw *Zivilgerichtsbarkeit* durch eigene verbandliche INGO-Regulative (ÖFB – „Strafsenat", IOC – „Antidoping-Agentur") sowie
- das *„überschießende"* bzw *rechtswidrige* Vorgehen von *INGO-Aktivisten* (zB durch das Eindringen in Industrieanlagen und das Entern von Schiffen und Bohrtürmen);
- im Rahmen ihrer Kampagnen werden INGOs aber auch selbst geschädigt (Greenpeace – *„Rainbow Warrior"* – Rz 2029, 2697, 2774, 2780, 2783; D 326).

Ist schon die (internationale) Überwachung und Kontrolle der Aktivitäten von INGOs schwierig, so ist deren **Transparenz** *noch problematischer.* Dies gilt va für die Offenlegung der finanziellen Gebarung von INGOs. *Umstritten* ist ferner die *demokratische* **Legitimation** von INGOs. 1262

6. Kapitel

Einzelmenschen

A. Das Fremdenrecht

Ignaz Seidl-Hohenveldern)*

Literatur: *Shihata* (Hrsg), Legal Treatment of Foreign Investment (1993); *Schütz,* Solidarität im Wirtschaftsvölkerrecht (1994); *Seidl-Hohenveldern,* Vermögensvertrag zwischen Österreich und der Deutschen Demokratischen Republik, FS *Schambeck* (1994) 603; *Mouri,* International Law of Expropriation (1995); *Wälde,* Requiem for the New International Economic Order, in: *Al-Nauimi / Meese* (Hrsg), Legal Issues Arising under the United Nations Decade of International Law (1995) 1301; *Hailbronner* (Hrsg), Die allgemeinen Regeln des völkerrechtlichen Fremdenrechts (2000); *Muzak / Taucher / Pinter / Lobner,* Fremden- und Asylrecht (3. Aufl, 2003).

1. Staatsbürger und Fremde

a) Allgemeines

1263 Aus dem gegenseitigen Treueverhältnis zwischen einem Staat und dessen Bürgern folgt, dass Bürger Rechte (zB Wahlrecht) und Pflichten (zB Wehrpflicht) haben, die für Fremde, dh die sonstigen Bewohner des Staatsgebietes, nicht bestehen (Rz 681). Diese Fremden können Ausländer, Flüchtlinge oder Staatenlose sein.

b) Ausländer

1264 Ein Fremder gilt als Ausländer, wenn er **Staatsbürger** eines **fremden Staates** und dessen **diplomatischen Schutz** (Rz 701 ff, 2797 ff) **anzunehmen bereit** ist. *Als Staatsbürger seines Staates* untersteht er *auch im Ausland* dessen *Personalhoheit* (Rz 750). Sein Heimatstaat kann ihm also Vorschriften für sein Verhalten im Aufenthaltsstaat machen, deren Einhaltung der Heimatstaat aber nur im Falle der Rückkehr oder durch Maßnahmen gegen in diesem Staat befindliches Vermögen erzwingen kann.

1265 Derartige Vorschriften können ein Verhalten fordern, das nach dem Recht des Aufenthaltsstaates, dem der Ausländer kraft dessen Gebietshoheit (Rz 733, 749) ebenfalls untersteht, rechtswidrig ist (vgl das Verlangen der USA 1982, dass Filialen von US-Firmen im Ausland vertragsbrüchig werden, um für alle US-Staatsangehörigen geltende Embargovorschriften gegen die UdSSR zu befolgen; vgl Rz 1222 f). Dieses Verhalten des Heimatstaates ist nur insoweit zulässig, als vr Normen, beispielsweise das Interventionsverbot (Rz 1935 ff), ihm nicht entgegenstehen.

*) Emer. o. Univ.-Prof. Dr. *Ignaz Seidl-Hohenveldern* verstarb 2001; das Kapitel wurde von *Waldemar Hummer* unter Mitarbeit von *Ursula Kriebaum* aktualisiert.

c) Flüchtlinge

Literatur: *Hathaway,* The Law of Refugee Status (1991); *Türk,* Das Flüchtlingshochkommissariat der Vereinten Nationen (UNHCR) (1992); *Goodwin-Gill,* The Refugee in International Law (2. Aufl, 1996); *Davy,* Asyl und internationales Flüchtlingsrecht (1996); *Wiederin* (Hrsg), Neue Perspektiven im Ausländerrecht (1996); *Maaßen,* Die Rechtsstellung des Asylbewerbers im Völkerrecht (1997); *Hailbronner,* Die Neuregelung der Bereiche Freier Personenverkehr, Asylrecht und Einwanderung, in: *Hummer* (Hrsg), Die Europäische Union nach dem Vertrag von Amsterdam (1998), 179; *Sitaropoulos,* Judicial Interpretation of Refugee Status (1999); *van Eck,* De-facto-Flüchtlinge (1999); *Rohrböck,* Das Bundesgesetz über die Gewährung von Asyl (1999), *Bayefsky / Fitzpatrick* (Hrsg), Human Rights and Forced Displacement (2000); *Aleinikoff,* International Legal Norms and Migration (2002); *Feller* (Hrsg), Refugee protection in international law (2003); http://www.iom.int; http://www.unhcr.at; http://www.asylum-online.at.

Flüchtlinge sind Ausländer besonderer Art. Sie sahen sich durch die **1266** Situation (zB Verfolgung, Bürgerkrieg, Verlust der materiellen Lebensgrundlage) in ihrem Heimatstaat gezwungen, diesen zu verlassen. Der Begriff „Flüchtling" im technischen Sinn ist gem Art 1 Genfer Flüchtlingskonvention (GFK – Rz 1268) auf jene Personen beschränkt, die aus wohlbegründeter Furcht vor Verfolgung wegen ihrer Rasse, Religion, Nationalität, Zugehörigkeit zu einer bestimmten sozialen Gruppe oder wegen ihrer politischen Überzeugung sich außerhalb des Landes befinden, dessen Staatsangehörigkeit sie besitzen, und den Schutz dieses Landes nicht in Anspruch nehmen können oder wegen dieser Befürchtung nicht in Anspruch nehmen wollen. Für sie wurden seit dem I. WK internationale organisatorische und rechtliche Schutzvorkehrungen geschaffen.

1950 wurde das Amt des **Hohen Kommissars der VN für das Flücht-** **1267** **lingswesen** (*United Nations High Commissioner for Refugees* – **UNHCR**) als Hilfsorgan der GV der VN mit Sitz in Genf geschaffen. Heute umfasst das Aufgabengebiet von UNHCR neben Flüchtlingen auch Asylsuchende, zurückgekehrte Flüchtlinge und intern Vertriebene. UNHCR ist mit 277 Büros in 120 Staaten vertreten.

Die *Rechtsstellung* der *Flüchtlinge* ist durch die **Genfer Flüchtlingskon-** **1268** **vention 1951** mit den Änderungen und Ergänzungen des **Genfer Flüchtlingsprotokolls 1967** (D 151) vr geregelt. *Parteien* dieser *„Magna Charta der Flüchtlinge"* und des *Protokolls* sind heute *mehr als 140 Staaten.*

Schon vor diesen Verträgen bestimmte Art 14 Ziff 1 *Allgemeine Erklä-* **1269** *rung der Menschenrechte* (D 164), dass jedermann das Recht zusteht, in anderen Ländern Asyl vor Verfolgung zu suchen und zu genießen. Dieses Recht wurde von der GV der VN in der *Deklaration über territoriales Asyl 1967* (Res 2312 [XXII]) bekräftigt und fand auch Eingang in Art 22 Ziff 7 *Amerikanische Menschenrechtskonvention 1969* (D 199). In Afrika sind die *Afrikanische Flüchtlingskonvention* 1969 sowie Art 12 Ziff 3 *Afrikanische Charta der Menschenrechte und der Rechte der Völker 1981* (D 200) zu nennen.

Der persönliche Geltungsbereich der Genfer Flüchtlingskonvention **1270** knüpft an einen **einzelfallbezogenen Flüchtlingsbegriff** an. Als Motivation zur Flucht wird einer der oben genannten Gründe gefordert. Gem Art 1 (F) ist die GFK nicht anzuwenden, wenn schwer wiegende Gründe die

Annahme rechtfertigen, eine Person habe ein Verbrechen gegen den Frieden, ein Kriegsverbrechen oder ein Verbrechen gegen die Menschlichkeit begangen (lit a); sie habe ein schweres nichtpolitisches Verbrechen vor der Einreise begangen (lit b); oder sie habe sich Handlungen zu Schulden kommen lassen, die den Zielen und Grundsätzen der VN zuwiderlaufen (lit c).

1271 Das Vorliegen der Flüchtlingseigenschaft muss in jedem einzelnen Fall entweder in einem Gerichtsverfahren oder in einem Verwaltungsverfahren überprüft werden. Dabei entscheidet in den Staaten der EU in zweiter Instanz meist ein Gericht oder ein Tribunal (zB Österreich – D 152). Der *UNHCR* ist dabei in unterschiedlichem Maße *beteiligt* (in Österreich Beteiligtenstellung).

1272 Diese Verfahren sind jedoch für Massenfluchtbewegungen nicht geeignet. Im Falle eines Massenzustroms von Vertriebenen wird daher eine *Aufnahme größerer Gruppen ohne Einzelprüfungen* durchgeführt (zB Österreich: aus Staaten der ehemaligen SFRJ in den 1990er Jahren). Es wird in diesem Fall nur vorübergehender Schutz gewährt, und die Personen erlangen keinen Flüchtlingsstatus. **Asylanträge** werden heute *in vielen* Staaten als unzulässig **zurückgewiesen,** wenn die Person Schutz in einem **„sicheren" Drittstaat** finden könnte, in dem sie weder Verfolgung noch Rücksendung in den Verfolgerstaat zu befürchten hat.

1273 Eine Rücksendung in den Verfolgerstaat verstößt gegen Menschenrechte, insbes das **Non-Refoulement-Prinzip** (zB Art 3 EMRK – D 174; Art 7 UN-Pakt über bürgerliche und politische Rechte – D 166; Art 3 UN-Antifolterkonvention – Rz 1402; Art 33 Ziff 1 Genfer Flüchtlingskonvention – D 151, 153). Gem diesem Prinzip darf keine Person in ein Gebiet aus- oder zurückgewiesen werden, wo ihr Leben oder ihre Freiheit aus Gründen ihrer Rasse, ihrer Religion, ihrer Nationalität, ihrer Zugehörigkeit zu einer bestimmten sozialen Gruppe oder ihrer politischen Ansichten bedroht wäre oder stichhaltige Gründe für die Annahme bestehen, dass sie Folter, unmenschlicher oder erniedrigender Behandlung oder Bestrafung ausgesetzt wäre.

1274 Den Flüchtlingen, die Aufnahme und Anerkennung in einem Konventionsstaat gefunden haben, garantiert die *GFK* einen **rechtlichen Mindeststandard,** insbes in *aufenthalts-, arbeits- und sozialrechtlicher Hinsicht,* sowie die Ausstattung mit *Personal- und Reisedokumenten. Flüchtlingen,* die *bloß Abschiebungsschutz,* aber *keine Anerkennung als Konventionsflüchtlinge* finden, gewähren einige staatliche Rechtsordnungen einen Rechtsstatus minderer Güte. Andere Staaten legalisieren den Aufenthalt durch bloße Duldung unter den für sonstige Ausländer geltenden Bestimmungen. Wiederum andere Staaten nehmen die Anwesenheit von Flüchtlingen auch in großem Umfang einfach in Kauf.

1275 Die weitaus *größere Zahl* der gegenwärtig weltweit über 20 Mio Flüchtlinge befindet sich jedoch auf der *Flucht vor Bürgerkriegen, Hungersnöten,* schwer wiegenden *Wirtschaftskrisen* und *anderen Katastrophen.* Soweit diese Personen nicht unter den Flüchtlingsbegriff der GFK fallen und nicht vom Anwendungsbereich des *non-refoulement* oder von EU-Regelungen zum vorübergehenden Schutz (vgl Rz 1277) erfasst sind, unterliegt ihre Behandlung dem jeweiligen nationalen Recht.

Die *OAU-Flüchtlingskonvention 1969,* die 1974 in Kraft getreten ist (Rz 1633), hat einen *weiteren Flüchtlingsbegriff als* die *GFK.* Sie erfasst als Flüchtlinge auch alle jene Personen, die auf Grund äußerer Aggression, Okkupation, Fremdherrschaft oder von Ereignissen, die die öffentliche Ordnung ernstlich stören, Zuflucht in einem fremden Staat suchen. Diese Konvention versteht sich als regionale Ergänzung der GFK in Afrika. 45 Mitgliedstaaten der AU sind Parteien der Konvention. **1276**

Durch den Vertrag von Amsterdam (Rz 1099 ff) bzw das Überführungsprotokoll des Schengener Besitzstandes in den **EGV** wurden die flüchtlings- und asylrechtlichen Kompetenzen aus dem vr bzw unionsrechtlichen Bereich des Schengen-Regimes (Rz 1118) und der „dritten Säule" der EU in den gemeinschaftsrechtlichen Bereich der „ersten Säule" überführt (Titel IV, Art 61 ff). Gem Art 63 EGV beschließt der Rat Maßnahmen in folgenden Bereichen: **1277**

- Kriterien und Verfahren zur Bestimmung des Mitgliedstaats, der für die Prüfung eines Asylantrags zuständig ist, den ein Staatsangehöriger eines dritten Landes in einem Mitgliedstaat gestellt hat (Art 63 Nr 1 lit a);
- Mindestnormen für die Aufnahme von Asylbewerbern in den Mitgliedstaaten (Art 63 Nr 1 lit b);
- Mindestnormen für die Anerkennung von Staatsangehörigen dritter Länder als Flüchtlinge (Art 63 Nr 1 lit c);
- Mindestnormen für die Verfahren in den Mitgliedstaaten zur Zuerkennung oder Aberkennung der Flüchtlingseigenschaft (Art 63 Nr 1 lit d);
- Mindestnormen für den vorübergehenden Schutz von vertriebenen Personen aus dritten Ländern, die nicht in ihr Herkunftsland zurückkehren können, und von Personen, die anderweitig internationalen Schutz benötigen (Art 63 Nr 2 lit a).

Das *Dubliner Erstasyl-Abkommen 1990* wurde zu **„Dublin II"** umgestaltet und 2003 nach dem Verfahren des Art 67 EGV in die „erste Säule" der EU übergeführt. Damit wurde ein vr Abkommen in eine **supranationale VO** (VO der EG 343/2003 über die Festlegung der Kriterien und Verfahren zur Bestimmung des Erstasyl-Staates) umgewandelt. **1278**

d) Staatenlose

Freiwilliger Verzicht auf die Staatsbürgerschaft, *Konflikt nationaler Staatsbürgerschaftsgesetze,* der im Falle von Aus- und Einwanderungen relevant wird, *Regelungsdefizite* bei Territoriumsverschiebungen im Falle einer *Staatensukzession* (Rz 810 ff) und *Ausbürgerung* sind die *hauptsächlichen Ursachen* der Staatenlosigkeit. **Staatenlose** werden in der Regel vom nationalen Recht – so auch in Österreich – **Ausländern gleichgestellt.** Für die Parteien des UN-Abkommens vom 28. 9. 1954 gilt dies hinsichtlich einiger wirtschaftlicher und sozialer Rechte als völkervertragliche Mindestpflicht. Zwei UN-Abkommen 1961 und 1973 sollen das Entstehen neuer Fälle von Staatenlosigkeit einschränken bzw den Rechtsstatus von Staatenlosen regeln (vgl Rz 1414). **1279**

2. Zulassung, Ausweisung und Auslieferung von Ausländern

Literatur: *Barwig / Brinkmann / Huber / Lörcher / Schumacher* (Hrsg), Ausweisung im demokratischen Rechtsstaat (1996); *Hailbronner,* Rückübernahme eigener und fremder Staatsangehöriger (1996); *Plachta,* The Lockerbie Case, EJIL 12 (2001) 125; *Zeder,* Der Europäische Haftbefehl, AnwBl 65 (2003) 376.

1280 **Voraussetzung** für die **rechtmäßige Einreise** eines Ausländers in das Territorium eines Staates ist entsprechend dem Recht des Einreisestaates in aller Regel der Besitz eines vom Heimatstaat ausgestellten und *gültigen* **Reisedokumentes,** das Vorliegen eines zumeist von einer zuständigen Vertretungsbehörde des Einreisestaates im Ausland ausgestellten *Sichtvermerkes* (**Visum** – Rz 1744) und die *Benutzung* einer vom Einreisestaat mit seinem jeweiligen Nachbarstaat *vereinbarten Grenzübertrittsstelle.*

1281 Im Verhältnis von Staaten, zwischen denen harmonische Beziehungen bestehen, wird häufig in bilateralen Abkommen gegenseitig auf das Einreiseerfordernis des Sichtvermerkes verzichtet. Dieser Verzicht gilt aber in der Regel nur für die Einreise zu bestimmten Zwecken (zB Tourismus). Für die Einreise zur Begründung eines dauernden Aufenthaltes oder einer längerfristigen Arbeitsaufnahme im Einreisestaat bleibt die Sichtvermerkspflicht außer zwischen EU-Staaten manchmal aufrecht.

1282 Die nationalen Rechtsordnungen nehmen **Ausländer** durchwegs in eine gegenüber eigenen Staatsbürgern **erhöhte Wohlverhaltenspflicht** und sehen als **Sanktion** für die Verletzung dieser Pflicht **Ausweisung** (Wegweisung, Aufenthaltsverbot) und **Abschiebung** vor. Die *Ausweisung eigener Staatsbürger* sowie die *Massenausweisung* von *Ausländern* gilt als *vr unzulässig,* wird aber dennoch vereinzelt praktiziert (zB von Israel aus Sicherheitsgründen gegenüber israelischen Staatsangehörigen palästinensischer Herkunft). Im Geltungsbereich des IV. und VII. Zusatzprotokolls zur EMRK (D 176, 178) und des Art 13 UN-Pakt über bürgerliche und politische Rechte (D 166) bedarf die Ausweisung eines Fremden einer besonderen Begründung durch die Behörden des Aufenthaltsstaates und eines eigenen Rechtsschutzes.

1283 Hat sich ein *Ausländer vor seiner Einreise* in den nunmehrigen Aufenthaltsstaat eines *Strafdeliktes schuldig* gemacht, so droht ihm die **Auslieferung,** dh die Überstellung in die Strafgewalt eines anderen Staates zum Zweck der Strafverfolgung oder -vollstreckung, in der Regel *an den Staat, in dem* er *straffällig* geworden ist. Dies gilt insbes dann, wenn es sich bei dem um die Auslieferung ersuchenden Staat um den Heimatstaat des Täters handelt und zwischen dem Heimat- und dem Aufenthaltsstaat ein Auslieferungsabkommen besteht.

1284 Die bilateralen und in einigen Regionen dieser Erde multilateralen Auslieferungsabkommen (zB Europäisches Auslieferungsübereinkommen 1957, Auslieferungsübereinkommen von Montevideo 1933) sehen Auslieferung zumeist nur wegen bestimmter nichtpolitischer Kriminaldelikte vor, die *in beiden Staaten strafbar* und *verfolgbar* sind. Vorausgesetzt werden regelmäßig *Auslieferungsersuchen* und *Gegenseitigkeit.* Entsprechend dem Grundsatz der *Spezialität* darf eine ausgelieferte Person nur wegen jener Straftaten bestraft werden, derentwegen die Auslieferung erfolgt ist. Österreich und andere Staaten, welche die Todesstrafe abgeschafft haben, machen ferner zur Bedingung, dass eine allenfalls für die Tat drohende oder verhängte Todesstrafe nicht ausgesprochen bzw vollstreckt wird (D 154, 182).

Verweigert der *Zufluchtsstaat* eine nach den Merkmalen der Tat an und **1285** für sich zulässige *Auslieferung,* hat er den *Täter* vor *seine Gerichte* zu stellen – aber des *einen Terrorist* ist *des anderen Freiheitsheld.* Eine Auslieferung *eigener Staatsangehöriger,* ohne dazu durch einen Auslieferungsvertrag verpflichtet zu sein, ist extrem selten. Bei Staaten mit aktivem Personalitätsprinzip – wonach jede Straftat eines eigenen Staatsangehörigen die Gerichtsbarkeit des Heimatstaates begründet (Rz 2842) – ist eine Auslieferung eigener Staatsangehöriger in der Regel ausgeschlossen.

Nach dem Attentat auf den Pan Am Flug 103 über Lockerbie in Schott- **1286** land 1988 durch libysche Terroristen forderte (auch) der SR der VN von Libyen die Auslieferung der beiden mutmaßlichen Attentäter, die dem libyschen Geheimdienst angehörten. Sie sollten vor ein schottisches Gericht gestellt werden. Libyen akzeptierte aber nur einen dritten Staat, nämlich die Niederlande, als Forum. Es wurde daher in Den Haag ein Gericht eingerichtet, das nach schottischem Recht zu judizieren hatte und an das Libyen 1999 die beiden Agenten auslieferte. Im *Lockerbie trial* (*HMA v. Megrahi and Fhimah,* Case 1475/99) wurde ein Agent verurteilt, der andere freigesprochen.

In der EU soll der **Europäische Haftbefehl** die bisherigen Auslieferungsverfahren ersetzen **1287** und dadurch die Zusammenarbeit zwischen den Justizbehörden der Mitgliedstaaten auf Grundlage der *gegenseitigen Anerkennung gerichtlicher Entscheidungen* in Strafsachen stärken. Das Verfahren soll beschleunigt und vereinfacht werden, indem sich alle nationalen Justizbehörden verpflichten, das Ersuchen einer Justizbehörde eines anderen EU-Mitgliedstaates auf Übergabe einer Person ipso facto und mit einem Minimum an Kontrollen anzuerkennen. Der *Rahmenbeschluss des Rates über den Europäischen Haftbefehl und die Übergabeverfahren zwischen den Mitgliedstaaten 2002* (Art 34 Abs 2 lit b EUV) trat am 1. 1. 2004 an die Stelle folgender Regelungen:

- Europäisches Auslieferungsübereinkommen 1957 (Rz 1284) samt Zusatzprotokollen und Europäisches Übereinkommen zur Bekämpfung des Terrorismus 1977, soweit es sich auf die Auslieferung bezieht;
- Übereinkommen über die vereinfachte Auslieferung 1995;
- Übereinkommen über die Auslieferung 1996;
- diesbezügliche Bestimmungen des Schengener Durchführungsübereinkommens 1990.

Dazu wurde in Österreich das *BG über die justizielle Zusammenarbeit in* **1288** *Strafsachen mit den Mitgliedstaaten der Europäischen Union* (BGBl I 2004/36) erlassen.

3. Rechte der Fremden

a) Grundsatzfragen

Da ein Staat die Zulassung und den Aufenthalt von Fremden nahezu **1289** nach Gutdünken regeln kann, müsste er eigentlich auch beliebige Bedingungen für ihren Aufenthalt vorschreiben dürfen. Schranken setzt aber das Recht des Heimatstaates eines Ausländers, diesem diplomatischen Schutz zu gewähren und entsprechende Maßnahmen gegen auf seinem Gebiet befindliche Bürger des Aufenthaltsstaates zu ergreifen.

1290 Nach vielen *Handels-* und *Niederlassungsverträgen* sind die Staatsangehörigen des einen Vertragsstaates im anderen hinsichtlich ihrer wirtschaftlichen Betätigung und manchmal auch sozialrechtlich dessen eigenen Staatsangehörigen gleichgestellt (D 48). Dieser Grundsatz der **Inländergleichbehandlung** wirft Probleme auf, wenn ein Staat seine Bürger in einer Art und Weise behandelt, die der fremde Staat für seine eigenen Bürger auch dann unerträglich findet, wenn sich diese im so handelnden Staat aufhalten, wenn sie dort zB aus rassischen Gründen misshandelt werden.

1291 Zur Vermeidung solcher Wirkungen der Inländergleichbehandlung wird oft behauptet, dass sowohl eine Vertragsbestimmung als auch möglicherweise bestehendes VGR auf solche Gleichbehandlung unter der Voraussetzung stehen, dass die Behandlung der Inländer nicht unter einen **vr Mindeststandard** absinkt. Der nach dem II. WK begründete vr Anspruch auf Schutz von **Menschenrechten** für **Ausländer** (Rz 1341 ff) ebenso wie für Inländer entschärfte dieses Problem nur teilweise, nämlich insbes für die in Rz 1298 ff genannten Rechte (vgl aber auch Rz 1302).

1292 Va für **lateinamerikanische Staaten** ist die **Inländergleichbehandlung** – wie auch immer ihr materieller Inhalt beschaffen sein mag – das **Maximum** an Rechten, das Fremden gewährt werden kann. In der jüngeren Vergangenheit ist diese Lehre über den lateinamerikanischen Bereich hinaus von vielen Staaten der „Dritten Welt“, aber auch von einigen bisher sozialistischen Staaten mit dem Argument vertreten worden, dass die Lehre vom Mindeststandard geeignet sei, die privilegierte Stellung der Angehörigen der ehemaligen Kolonialländer zu perpetuieren.

1293 Eine Bevorzugung von Aus- gegenüber Inländern verstoße gegen den in der *Verfassung* des *Aufenthaltsstaates* verankerten *Gleichheitsgrundsatz.* Eine solche Bevorzugung liege auch in der Möglichkeit, diplomatischen Schutz zu erhalten. Manche Staaten verlangten daher in einer sog **Calvo-Klausel** von jedem Ausländer als Bedingung für dessen Niederlassung den *Verzicht* auf den *diplomatischen Schutz* seines *Heimatstaates.* Da das diplomatische Schutzrecht aber ein Recht des Staates, nicht jedoch seiner Bürger ist, sind solche Erklärungen *unbeachtlich* (Rz 2800; D 155).

b) Diskriminierungsverbot

1294 *Auch bei Inländergleichbehandlung* kommen **politische Rechte** und **Pflichten nur** den **Staatsbürgern** des **Aufenthaltsstaates** zu (Rz 1287). Aber *auch andere Rechte* kann ein *Staat seinen Staatsbürgern vorbehalten* (zB Grunderwerb – D 48). Laut *Art 7 Abs 1 B-VG* (D 49) sind *nur „alle Bundesbürger vor dem Gesetz gleich“* (D 156). Inländergleichbehandlung für Ausländer gewährt Österreich nur Unionsbürgern (Art 17 EGV) gem dem allgemeinen Diskriminierungsverbot des Art 12 EGV und beim Schutz von Leben und Freiheit (Art 63 Staatsvertrag von St-Germain) sowie im Rahmen der EMRK 1950 und der UN-Menschenrechtspakte 1966 (Rz 1383, 1436; D 174, 165, 166).

Auch eine **Unterscheidung** zwischen **Ausländern verschiedener Staatsangehörigkeit** ist zulässig, sofern sie nicht dem Internationalen Übereinkommen über die Beseitigung aller Formen rassischer Diskriminierung widerspricht. Eine Bevorzugung der Staatsangehörigen eines Staates über die Rechte hinaus, die Staatsbürger anderer Staaten genießen, ist sowohl auf Grundlage der Gegenseitigkeit (Rz 65 ff) als auch im Hinblick auf ein besonderes Verhalten dieses Staates in Vergangenheit oder Zukunft zulässig (D 157). Sonst wäre es ja sinnlos, dass ein Staat sich durch eine **Meistbegünstigungsklausel** vertraglich verpflichtet, die beste von ihm gegenwärtig und zukünftig einem dritten Staat eingeräumte Vorzugsbehandlung auch dem nunmehrigen Vertragspartner zu gewähren (Rz 2571, 2642). 1295

Auch eine Schlechterstellung der Bürger eines bestimmten ausländischen Staates nur wegen deren Staatsangehörigkeit wäre zulässig, soweit sie nicht unter den vr Mindeststandard absinkt. Dessen Verletzung verstieße als solche schon gegen das VR. Das Unrecht kann durch eine solche Diskriminierung aber verstärkt werden. 1296

Eine Maßnahme, zB die Verstaatlichung von Bergwerken ab einer bestimmten Größe, mag praktisch nur Ausländer treffen, falls alle in Betracht kommenden Bergwerke Ausländern gehören. Um den Vorwurf der Diskriminierung zu vermeiden, muss der Staat nun nicht etwa alle Bergwerke einschließlich selbst der Zwergbetriebe verstaatlichen. Völkerrechtswidrig wäre es allerdings, wenn eigens zum Zweck der Einbeziehung aller ausländischen Bergwerke bis dahin bestehende Abgrenzungen umgestoßen würden. 1297

c) Rechtsfähigkeit

Natürliche und *juristische* **Personen,** die **in ihrem Heimatstaat Rechtsfähigkeit** genießen, sind **auch im Ausland rechtsfähig.** Insoweit solche Personen auf Grund von Wirtschaftskriegsgesetzen („*Alien-enemy*"-Gesetzgebung) ihre Rechte in einem fremden Staat nicht wahrnehmen können, bestellt dieser hiezu einen Feindvermögensverwalter. 1298

d) Unverletzlichkeit der Person

Das Recht der Ausländer auf Unverletzlichkeit ihrer Person kann Verbrechen gegen sie zwar nicht ausschließen. Der Aufenthaltsstaat muss aber solche Taten zumindest **ebenso streng strafen, wie wenn** die **Opfer Inländer** wären. Ferner hat er voraussichtlich **ausreichende Schutzmaßnahmen** zu treffen, wenn mit ausländerfeindlichen Ausschreitungen zu rechnen ist. 1299

e) Gerichtsschutz und faires Verfahren

Ausländer haben wie Inländer ein Menschenrecht auf Gerichtsschutz und faires Verfahren vor den Gerichten und Behörden des Aufenthaltsstaates. Die Verweigerung dieses Schutzes stellt das vr **Delikt** des **denial of justice** (*déni de justice,* Rechtsverweigerung – Rz 2811 f) dar. Ein solcher *denial* 1300 liegt vor, wenn zB dem *Ausländer* wegen seiner Ausländereigenschaft der *Zugang* zu den Gerichten ungebührlich *erschwert* oder das *Strafmaß anders* als bei *Inländern* festgesetzt würde. Auch eine *geringere Bestrafung* eines *Inländers* wegen der Ausländereigenschaft des Opfers ist ein *denial of justice.*

1301 Der *Zugang* eines Ausländers *als Kläger* vor Gericht *kann* aber von der Leistung einer *Prozesskostensicherstellung* abhängig gemacht werden, welche die Einbringung der Gerichtskosten im Fall der *Erfolglosigkeit der Klage* ermöglicht.

f) Beteiligung am Wirtschaftsleben

1302 Solange ein Staat einem anderen Staat nicht Inländergleichbehandlung oder Meistbegünstigung hinsichtlich der Beteiligung seiner Staatsbürger am Wirtschaftsleben zugestanden hat, kann er die **Beteiligung** von **Ausländern** am **Wirtschaftsleben frei regeln** (aber *nicht* im Rahmen der nicht-diskriminierend zu handhabenden Marktfreiheiten des *Binnenmarktes* der *EU* – Rz 1168ff; D 137). Ein Staat wird insbes *Berufe,* die ein besonderes *Vertrauensverhältnis* zum Staat fordern, seinen *eigenen Bürgern* vorbehalten (Notar, Rechtsanwalt). Auch *Subventionen* gewährt ein Staat in der Regel *nur inländischen Unternehmen,* an denen Ausländer nicht beteiligt sind. Dies gilt auch für *öffentliche Ausschreibungen.*

g) Enteignung von Fremden

Literatur: *Seidl-Hohenveldern,* Wandlungen der Entschädigungsregel für Staatseingriffe in ausländisches Privateigentum, in: *Hummer* (Hrsg), Paradigmenwechsel im Völkerrecht zur Jahrtausendwende (2002) 253.

ga) Zulässigkeit

1303 Aus der *territorialen Souveränität* (Rz 732) jedes Staates ergibt sich, dass das rechtliche Schicksal aller auf seinem Gebiet befindlichen Werte von seinem Recht bestimmt wird. Auf Grund dieses Rechtes darf ein Staat in das Eigentum von Fremden genauso eingreifen wie in das seiner Bürger.

1304 **Art 17 Allgemeine Erklärung der Menschenrechte** 1948 (Rz 1381f; D 164) **schützt** das **Eigentum** von In- und Ausländern **nur** vor **willkürlichen Eingriffen.** Das Recht, Eigentum allein oder gemeinsam mit anderen zu benützen, bezieht sich möglicherweise nur auf privatrechtliche Eigentümergemeinschaften. Die früheren sozialistischen Staaten legten Art 17 aber dahin aus, dass auch ihre Verstaatlichungsmaßnahmen mit dem Menschenrecht auf Eigentum vereinbar waren.

1305 Die **Menschenrechtspakte** der **VN** 1966 (D 165, 166) zählen das **Recht** auf **Eigentum nicht mehr** zu den **Menschenrechten.** Dagegen bekräftigen sie in dem den beiden Pakten gemeinsamen Art 1 das Recht aller Völker, für ihre eigenen Zwecke frei über ihre natürlichen Reichtümer *(natural wealth and resources)* zu verfügen, dh auf *jederzeitige* Durchführung von *Verstaatlichungen.*

Art 1 I. Zusatzprotokoll zur **EMRK** (Rz 1446, 1503 ff; D 175) gewährt ein Recht auf **Eigentumsschutz** und lässt Eigentumseingriffe nur unter bestimmten Bedingungen zu. Insbes muss der Eingriff rechtmäßig erfolgen und verhältnismäßig sein. Trotz einer Bezugnahme auf das VR leitet die Praxis aus dieser Bestimmung *auch* einen *Schutz* für die *eigenen* Bürger des Eingriffsstaates ab. **1306**

Art 1 Abs 2 grenzt den Entzug von Eigentum gegenüber Maßnahmen ab, die dessen *Benutzung nur beschränken,* zB durch ein Verbot, auf einem bisher als Wiese genutzten Grundstück einen neuen Weinberg anzulegen. **1307**

Die Grenze ist umso schwieriger zu ziehen, als das VR andererseits Maßnahmen, die formell nicht in das Eigentum eingreifen, dem Eigentümer aber dessen wirtschaftliche Nutzung unmöglich machen, als Eingriffe in das Eigentum ansieht (*De-facto-Enteignung, „constructive nationalization", „creeping nationalization"* – D 188, 194). **1308**

Wenn ein Staat in einem Kontrakt mit einem Fremden (zB in einem zeitlich befristeten *Konzessionsvertrag* – Rz 2628, 2666) direkt oder indirekt verspricht, von einer Enteignung des betreffenden Unternehmens Abstand zu nehmen (zB den Kontrakt durch eine **Stabilisierungsklausel** [Rz 2629] von jeder künftigen Gesetzesänderung, welche die Rechtsstellung des Investors verschlechtern würde, ausnimmt – D 323 c), kann sich der Staat als Gesetzgeber dennoch durch eine Änderung seines Rechtes von der Bindung als Partner des Kontraktes befreien, vorausgesetzt, der Vertrag ist seinem Recht unterstellt. **1309**

Ausländische Kontraktpartner eines Staates versuchen daher, ihren mit den höchsten Staatsstellen geschlossenen Kontrakt dem Recht eines anderen Staates oder den ARG bzw dem VR zu unterstellen und für Streitfälle die Unterwerfung unter ein vr Schiedsgericht zu vereinbaren (**„internationalisierte Verträge"** – Rz 2629). Es ist zwar in der Doktrin umstritten, ob ein Privater dergestalt auf VR zurückgreifen kann; es gibt aber zahlreiche solche Kontrakte (D 323 d). Die Vertragsparteien können aber auch vereinbaren, dass weder nationales Recht noch VR auf den (Konzessions-)Vertrag Anwendung finden, sondern dieser selbst quasi seine „eigene Rechtsordnung" darstellen soll **(„lex contractus").** **1310**

Ausländische Investoren leiten aus der Berufung auf das VR ab, dass der Kontrakt nur dem Grundsatz *„pacta sunt servanda"* unterliege bzw dass der Staat durch *estoppel* (Rz 208) an Zusagen zB der Steuerbefreiung gebunden sei, die er in *Investitionsförderungsgesetzen* gemacht hat. **1311**

Diese Investoren übersehen aber, dass zum VR auch die *clausula rebus sic stantibus* (Rz 370 ff, 382) gehört, und dass nach einem ARG ein **Staat** als **Hoheitsträger** sich aus **Gründen** des **öffentlichen Wohls** über **Versprechen hinwegsetzen** darf, die er **Privaten** im Rahmen der **Wirtschaftsverwaltung gegeben** hat. Dies ist ein althergebrachter Grundsatz des Verwaltungsrechts auch marktwirtschaftlich organisierter Staaten, der allerdings den Betroffenen ein Recht auf Entschädigung gewährt (Rz 1319 ff). **1312**

Es wäre *illusorisch,* diese *Entschädigung* auf der *Basis* der *heute erzielten Gewinne* zu berechnen. *Entschädigt* werden *nur „legitime Erwartungen".* Es ist aber zu erwarten, dass ein langfristiger Kontrakt einvernehmlich den sich ändernden Gegebenheiten angepasst wird *(renegotiation).* **1313**

1314 Die Bedenken der Doktrin (Rz 1310) entfallen, wenn der Staat in einem **Investitionsschutzabkommen,** also in einem *zwischenstaatlichen Vertrag,* dem Heimatstaat des Investors die Einhaltung der Zusagen an den Investor verspricht (Rz 2608 ff; D 324). Ein Bruch eines solchen Versprechens wäre ohne Zweifel ein vr Delikt. Dennoch bieten auch diese Abkommen ausländischem Eigentum keinen absoluten Schutz, da auch sie der *clausula rebus sic stantibus* unterliegen.

1315 Eine **völlige Freistellung** der **Ausländer** von **Eingriffen** in ihr **Eigentum** gehört **nicht** zum vr **Mindeststandard.** Dies ergibt sich insbes aus der **Resolution on Permanent Sovereignty over Natural Resources** (Res der GV der VN 1803 [XVII] – D 158). Sie bejaht einerseits das Recht auf *„permanent sovereignty over natural wealth and resources",* knüpft dieses andererseits aber an einschränkende Bedingungen, nämlich **„appropriate compensation in accordance ... with international law"** (Abs 4) und an die Einhaltung von Kontrakten zwischen einem Staat und einem Privaten nach Treu und Glauben (Abs 8). Diese ausgewogene und von allen Mächtegruppen der VN gebilligte Res sehen nationale Gerichte und internationale Schiedsgerichte (D 323 h) als Ausdruck **bestehenden VGR** an.

1316 **Dies** gilt aber **nicht** für **Art 2 Abs 2 lit c** der *gegen* die Stimmen wichtiger *marktwirtschaftlich* orientierten *Staaten* angenommenen Res der GV 3281 (XXIX), der sog **Charta der wirtschaftlichen Rechte und Pflichten der Staaten.** Sie enthält diese Schranken nicht mehr (D 308).

gb) Verfahren

1317 Voraussetzung dafür, dass ein Staat in das Eigentum von Ausländern eingreifen darf, ist, dass dies zum **öffentlichen Wohl** geschieht. Aus dem erwähnten Recht des Ausländers auf Gerichtsschutz und faires Verfahren (Rz 1300 f, 1479 ff) ergibt sich, dass ihm eine **Möglichkeit** zu geben ist, die Notwendigkeit und Gesetzmäßigkeit des Eingriffs in Gerichts- oder Verwaltungsverfahren **überprüfen** zu lassen.

1318 Ordnet der Gesetzgeber den Eingriff an, halten sich die Gerichte mancher Staaten nicht für befugt, dessen Vorstellungen über das Erfordernis des öffentlichen Wohles an ihren eigenen zu messen (Rz 879 ff; anders aber der VfGH – VfSlg 1809/1949). Auch internationale Rechtsprechungsinstanzen dürften hier Hemmungen haben; immerhin sah aber ein Schiedsgericht eine Enteignung zwecks Vergrößerung eines Vergnügungsparks nicht als für das öffentliche Wohl erforderlich an (D 159).

gc) Entschädigung

1319 Der *Kernpunkt des Streites* zwischen *kapitalexportierenden* und *-importierenden* Staaten ist aber nicht so sehr die Zulässigkeit von Eigentumseingriffen als vielmehr die Frage, ob und in welcher Höhe Ausländern dafür **Entschädigung** zu gewähren ist.

1320 Grundsätzlich halten die *kapitalexportierenden Länder* hier am **vr Mindeststandard** der **vollen, prompten** und **effektiven,** dh frei transferierbaren, Entschädigung fest (D 160). Zum Prinzip der **unverzüglichen, gerechten** und **wirksamen Entschädigung** bekannten sich nach der Abkehr der osteuropäischen Staaten von der sozialistischen Planwirtschaft **alle Teilnehmer** am **KSZE-Prozess** (Rz 1609 ff, 1796, 1919 ff) im Dokument der *Bonner KSZE-Konferenz über wirtschaftliche Zusammenarbeit in Europa* **1990** (D 161). Darin finden sich *auch andere Grundsätze* der *Marktwirtschaft* auf der Grundlage der pluralistischen Demokratie.

Viele *kapitalimportierende Länder* beharrten hingegen auf der **Inländergleichbehandlung.** Die Ausländer müssten sich hier genauso wie die Inländer uU mit einer geringeren als einer vollen Entschädigung zufrieden geben. **1321**

Die *kapitalexportierenden Staaten* wenden gegen diese Berufung auf den Gleichheitsgrundsatz ein, dass die Lage der Ausländer hier jener der Inländer nicht entspreche. Das *Treueband* zwischen Staat und Bürgern berechtige den Staat, von diesen zB im Verteidigungsfall sogar *mehr als* nur *Geldopfer* für ihr Vaterland zu fordern. Auch kämen Gewinne aus Verstaatlichungsmaßnahmen letztlich wieder den Bürgern des Staates zugute, der die Eingriffe vornimmt. Schließlich hätten die *Ausländer kein Mitspracherecht* bei der politischen Entscheidung über solche Reformen gehabt (Rz 1336). **1322**

Die **Res** der **GV** der **VN 1803 (XVII)** spricht nicht mehr von voller, prompter und effektiver, sondern nur von einer **angemessenen** *(appropriate)* **Entschädigung** (Rz 1315; D 158). Kapitalexportierende Staaten legten diesen Begriff auf Grund seiner Wiedergabe in der ebenfalls authentischen französischen Fassung mit *„adéquate“* im Sinn von „gleichwertig“ aus. Gegen diese Auslegung spricht die Ablehnung eines Antrags auf Festschreibung eines Rechtes auf volle, prompte und effektive Entschädigung durch die GV. **1323**

In *Investitionsschutzabkommen* (Rz 2615 ff) haben sich aber kapitalexportierende Staaten bestätigen lassen, dass Eigentumseingriffe nur gegen prompte, angemessene und tatsächlich verwertbare Entschädigung zulässig sind. Die Entschädigung muss also dem *tatsächlichen Wert* der *enteigneten Investition* entsprechen (vgl Art 4 Investitionsschutzabkommen zwischen Österreich und Bangladesch – D 324). **1324**

Aus **Art 2 Abs 2 lit c** ihrer **„Charta“** (D 308; Rz 1316) leiteten die **Entwicklungsländer** aus ihrem nunmehr nicht nur auf *„natural wealth and resources“*, sondern auf *„all economic activities“* für anwendbar erklärten souveränen **Recht** auf **Verstaatlichung** ab, dass sie bei Eingriffen in ausländisches Eigentum zwar **„appropriate (adéquate)“ Entschädigung** leisten müssen, aber **nur insoweit, wie** ihr **nationales Recht** dies vorsieht. Ferner sollen grundsätzlich nur ihre **nationalen Gerichte Streitigkeiten** über die Höhe der Entschädigung entscheiden. Bei der **Festsetzung** der **Entschädigung** seien **„all circumstances that the State considers pertinent“** zu berücksichtigen. Darunter wurde zB die Anrechnung übermäßiger Gewinne *(excessive profits)* in der Vergangenheit auf die Entschädigungssumme verstanden. **1325**

Die *„Charta“* gerät jedoch mit sich selbst in *Widerspruch,* wenn sie so einseitig nur die Souveränität der kapitalimportierenden Staaten schützt. Zu den *„economic activities“* eines kapitalexportierenden Landes gehört auch der *Kapitalexport* seiner Investoren. Ein Eingriff in deren Rechte verletzt also die souveränen Rechte dieses Staates, der in Notzeiten zB durch Devi- **1326** senbewirtschaftungsmaßnahmen auch das Auslandseigentum seiner Bürger für sich nutzbar machen kann. Darauf beruht ja sein Recht zur Gewährung diplomatischen Schutzes (Rz 701).

1327 Hier stehen also souveränen Rechten des kapitalimportierenden *ebenso souveräne Rechte* des *kapitalexportierenden Staates* gegenüber. Es ist nicht einzusehen, warum die einen den anderen vorgehen sollen. Beim ersten Test in der Praxis, der Regelung der finanziellen Probleme im Konflikt zwischen Iran und den USA im Abkommen von Algier 1981, setzte sich die klassische Regelung gegenüber der „Charta" durch.

1328 Bei *größeren Verstaatlichungsmaßnahmen* schlossen viele Staaten, so auch Österreich, **Globalentschädigungsabkommen** (D 162; Rz 2777). Der verstaatlichende Staat zahlt – oft in mehreren Raten – eine **pauschale Entschädigung,** die der Empfängerstaat unter seinen von der Verstaatlichung betroffenen Bürgern verteilt. Eine solche Entschädigung ist jedenfalls effektiv, da sie in transferierbarer Währung geleistet wird. Sie könnte selbst dann „prompt" sein, wenn die Globalsumme in Raten überwiesen wird, da sie ja eine Verzinsung enthalten könnte.

1329 Sie ist aber nach Ansicht der Betroffenen gewiss **nicht voll** und wird es oft auch dann nicht sein, wenn man alle Wertminderungen, die durch Krieg, Revolution oder Dekolonialisierung auch ohne die Verstaatlichung eingetreten wären, gebührend berücksichtigt. Es handelt sich für beide Staaten also um einen *Kompromiss.* Der Ausländer erhält eine Entschädigung, die jedenfalls über der des Inländers liegt, der oft leer ausgeht. Der Heimatstaat des Ausländers findet sich aber mit einer weniger als vollen Entschädigung ab.

gd) Wirkungen im Ausland

1330 Aus dem **Territorialitätsprinzip** ergibt sich, dass grundsätzlich (vgl Rz 877 ff) ein *in einem anderen Staat* durch Eingriffe dieses Staates in ausländisches Eigentum geschaffener *Titel* im Gerichtsstaat auch dann *anerkannt* wird, wenn die *Sache später in den Gerichtsstaat* gelangt.

1331 Aus dem *Territorialitätsprinzip* folgt aber auch genauso grundsätzlich, dass *nur* der *Staat, in dem* sich eine *Sache* oder ein *Recht* befindet, *berechtigt ist, darauf* zu *greifen.* Hierbei kommt es bei Rechten nicht auf die fiktiven Lokalisierungen des IPR an. Die Rechte der Aktionäre einer Gesellschaft sind also nicht am Sitz der Gesellschaft gelegen, sondern anteilsmäßig überall dort, wo die Gesellschaft Vermögen besitzt (*Spaltungstheorie, Communio-incidens-Theorie* – D 96, 97).

1332 Im Globalentschädigungsabkommen mit der ČSSR 1974 (D 162) hat Österreich, ebenso wie zB die USA im *Roosevelt-Litwinow-Abkommen* mit der UdSSR 1933, zugelassen, dass der Vertragspartner als Teil der Entschädigungssumme Werte einbringt, die seinen Staatsangehörigen in dem die Globalsumme empfangenden Staat gehören. Dabei bleibt es diesem überlassen, diese Werte tatsächlich einzuziehen.

ge) Rezente Entwicklungen und internationaler Investitionsschutz

1333 Die geänderten politischen und wirtschaftlichen Rahmenbedingungen, va der Investitionsbedarf der Entwicklungsländer, haben die Enteignungsproblematik in den Hintergrund treten lassen. Sie haben auch zu einem Ausbau des rechtlichen Investitionsschutzes geführt (Rz 2608 ff).

4. Pflichten der Fremden

Ein *Fremder* bleibt seinem **Heimatstaat** durch das **Treueband** verpflichtet, auch wenn er sich außerhalb der Grenzen dieses Staates aufhält. Der *Aufenthaltsstaat* darf dem Fremden die Erfüllung seiner *staatsbürgerlichen Pflichten* gegenüber seinem Heimatstaat *nicht unmöglich* machen, ihn also zB nicht in Friedenszeiten durch ein Ausreiseverbot an der Erfüllung seiner Militärdienstpflicht hindern. **1334**

Zwischen einem *Fremden* und dem *Aufenthaltsstaat* besteht *kein Treueband.* Der Fremde hat aber die **Gesetze** des **Aufenthaltsstaates** zu **beachten.** Dieser kann deren Einhaltung kraft seiner Territorialhoheit (Rz 749) erzwingen. **1335**

5. Politische Betätigung von Fremden

Strittig ist, ob *Fremde* sich am **politischen Leben** im *Aufenthaltsstaat* innerhalb des Rahmens der dort geltenden Gesetze betätigen (zB Parteispenden machen) dürfen. Die Annahme eines Verbots solcher Betätigung ist einer der Rechtfertigungsgründe für das Beharren auf dem vr Mindeststandard einer vollen Entschädigung (Rz 1322) im Falle einer Verstaatlichung. **1336**

Die **Vereins**- und die **Versammlungsfreiheit** von Ausländern bzw ausländischen Vereinen sind zB in Österreich unterschiedlich ausgestaltet. **1337**

Da die **Vereinigungsfreiheit** nicht nur ein *Bürger-,* sondern ein *Menschenrecht* gem EMRK ist, genießen auch Ausländer – nach den Kriterien des Art 11 EMRK – Vereinigungsfreiheit in Österreich. Die Vereinigungsfreiheit als Menschenrecht garantiert aber nicht nur Ausländern die Bildung von Vereinen in Österreich, sondern erlaubt auch die Betätigung von im Ausland errichteten Vereinen im Inland. **1338**

Gem Art 16 EMRK darf allerdings Art 11 EMRK nicht so ausgelegt werden, dass er den EMRK-Parteien die Beschränkung der politischen Tätigkeit von Ausländern verbietet. Dies gilt auch für die politische Betätigung von Ausländern in Vereinen. Gem Art 15 GFK (Rz 1268) bezieht sich die Meistbegünstigung von Flüchtlingen gegenüber Fremden (nur) auf Vereine, die nicht politischen und nicht Erwerbszwecken dienen, sowie auf Berufsverbände. Mangels ausdrücklicher Verbote für politische Vereine von Ausländern, einschließlich Flüchtlingen, genießen diese Personengruppen daher in Österreich Vereinsfreiheit. Ferner ist auf Grund der speziellen Regelung der *Europarats-Konvention Nr 124 über die Anerkennung der Rechtspersönlichkeit internationaler nichtstaatlicher Organisationen 1986* (Rz 1243) ein im Ausland gebildeter Verein zwischen den Konventionsstaaten *ipso iure* anerkannt. **1339**

Hingegen sieht das **Versammlungsgesetz** 1953 für *öffentliche Versammlungen* von *Ausländern Beschränkungen* vor. Gem § 8 dürfen Ausländer weder als Veranstalter noch als Ordner oder Leiter einer Versammlung zur Verhandlung öffentlicher Angelegenheiten auftreten. **1340**

B. Der internationale Menschenrechtsschutz: Entwicklung und Grundlagen

*Waldemar Hummer**)

Literatur: *Cotler / Eliadis* (Hrsg), International Human Rights: Theory and Practice (1992); *Ermacora / Nowak / Tretter* (Hrsg), International Human Rights: Documents and Introductory Notes (1993); *Dinstein,* The Implementation of International Human Rights, FS *Bernhardt* (1995) 331; *Loucaides,* Essays on the Developing Law of Human Rights (1995); *Lawson* (Hrsg), Encyclopedia of Human Rights (2. Aufl, 1996); *Simma / Fastenrath,* Menschenrechte – ihr internationaler Schutz (4. Aufl, 1998); *Bernhardt,* Schutz der Menschenrechte durch internationale Organe, in: *Karl* (Hrsg), In memoriam Herbert Miehsler (1998) 97; *Simma,* Der internationale Schutz der Menschenrechte, ebd 33; *Watson,* Theorie & Reality in the International Protection of Human Rights (1999); *Steiner / Alston,* International Human Rights in Context (2. Aufl, 2000); *Eide / Krause / Rosas* (Hrsg), Economic, Social and Cultural Rights (2. Aufl, 2001); *Nowak,* Einführung in das internationale Menschenrechtssystem (2002).

1. Ideengeschichtliche Grundlage der Menschenrechte

Literatur: *Partsch,* Das Recht auf „Internationale Solidarität", EuGRZ 7 (1980) 511; *Tomuschat,* Human Rights in a World-Wide Framework, ZaöRV 45 (1985) 547; *Kühnhardt,* Die Universalität der Menschenrechte (1987); *Kiwanuka,* Developing Rights: The UN Declaration on the Right to Development, NILR 3 (1988) 257; *Nowak,* Politische Grundrechte (1988); *Riedel,* Menschenrechte der dritten Dimension, EuGRZ 16 (1989) 9; *Risse,* Die Menschenrechte im klassischen europäischen Völkerrecht, FS *Partsch* (1989) 343; *Müller,* Islam und Menschenrechte (1996); *Tibi,* Im Schatten Allahs. Der Islam und die Menschenrechte (1996); *Amnesty International* (Hrsg), Menschenrechte im Umbruch (1998); *Bielefeldt,* Philosophie der Menschenrechte (1998); *An-Naim,* Human rights in the Arab world: a regional perspective, Human rights quarterly 23 (2001) 701; *Franck,* Are human rights universal? FA 80 (2001) 191; *Hummer,* Menschenrechte und Französische Revolution, in: *Reinalter* (Hrsg), Die Französische Revolution und das Projekt der Moderne (2002) 199.

1341 Der Begriff **„Menschenrechte"** (MR) stammt aus der aufgeklärten Naturrechtslehre des 18. Jhdt. Frühere *Ansätze* im *Altertum* (Schulen der Stoa und der Sophisten) und im frühen *Mittelalter* (Scholastik) blieben als philosophische Idealvorstellungen *ohne praktischen Einfluss.* Auch die ständischen Freiheiten des späteren territorialen Ständestaates stellten nur beschränkte Privilegien bestimmter Gruppen (Adel, Klerus, Bürger, freie Bauern) dar.

1342 Erst die **Aufklärung** mit der Lehre vom *Gesellschaftsvertrag (Jean-Jacques Rousseau)* begründete – im Verbund mit dem **humanistischen Naturrecht** – die MR im modernen Sinn. Bei der Wandlung des ständischen zum absoluten Staat der Neuzeit und dessen endgültiger Säkularisierung wurde der *singularistische* Menschenrechtsbegriff (aus der Menschenwürde abgeleitete abstrakte Gesamtheit aller MR) in einen *pluralistischen* (einzelne, inhaltlich differenzierte MR) aufgegliedert. Zugleich wurde er auch

*) Unter Mitarbeit von *Ursula Kriebaum.*

„profanisiert“, dh seiner rein naturrechtlichen Grundlage entkleidet. Diese pluralistischen MR wurden anschließend in die neu entstandenen Revolutionsverfassungen sowie einfachgesetzlichen Kodifikationen (zB Preußisches Allgemeines Landrecht 1794, ABGB 1811) aufgenommen und begründeten damit erstmals eine bindende Verpflichtung für den Staat zur Gewährleistung der MR als kodifizierte staatliche Grundrechte (Rz 1344). Die bisherige Idee der MR wurde im 18. Jhdt aber auch *staatsrechtliche Wirklichkeit,* und zwar durch ihre Einbindung in zwei revolutionäre Prozesse, die in den britischen Kolonien in Amerika und in Frankreich – beinahe zeitgleich – abliefen. Auf dem kolonialen Boden Neuenglands wurde nach dem Unabhängigkeitskrieg erstmals in der **„Virginia Bill of Rights“ 1776** eine Menschenrechtserklärung mit 16 Einzelrechten (staatsrechtlich) verankert. Nur 13 Jahre später nahm die *französische Nationalversammlung* **1789** die **„Erklärung der Menschen- und Bürgerrechte“** (D 163) an, in der 17 MR verbürgt wurden. Sie sollte den zentralen Programmpunkt für die kurz danach ausbrechende *Französische Revolution* darstellen.

Im späten 19. Jhdt setzte sich auch die weitere Erkenntnis durch, dass **1343** die bloße Verankerung der MR in den einzelnen staatlichen Rechtsordnungen ohne entsprechendes **Rechtsdurchsetzungsverfahren** für den Einzelnen nicht genüge, sondern dass sie das Individuum auch in einem rechtlichen Verfahren gegen den Staat durchsetzen können müsse *(„subjektive öffentliche Rechte“).*

Gesatzte, dh in den nationalen Verfassungen *positivierte* und mit einem **1344** *effektiven Rechtsdurchsetzungsverfahren* versehene *MR* werden als **Grundrechte** (GrR) bezeichnet. **Bürgerrechte** wiederum sind jene Grundrechte, die **nur** den **eigenen Staatsbürgern** eines Staates – und nicht auch Fremden (Rz 1263) – zustehen.

2. Inhalt der Menschenrechte

Der **Inhalt** der MR **hängt** von der **jeweiligen Ideologie** und der **gesell- 1345** **schaftlichen** und **politischen Ordnung** des **Staates ab.** Waren noch im feudalen Lehensstaat des frühen Mittelalters die „klassischen“ Freiheiten der Person, des Lebens und des Eigentums Gegenstand des Kampfes, so haben den modernen Grundrechtsbestand der absolute und der liberale Staat sowie der moderne Leistungsstaat hervorgebracht. Der *absolute Staat,* va des 18. Jhdt, ging zwar von einem Wohlfahrtszweck aus, degenerierte aber bald zu einem Polizeistaat, gegen dessen obrigkeitliche Eingriffe sich die GrR als Abwehrrechte („negative“ GrR) zur **Sicherung** des **individuellen Freiraumes** ausbildeten. Dazu kamen später die **politischen Rechte** der Teilnahme der Individuen an der Staatswillensbildung („aktive GrR“).

Der *liberale Wirtschafts-* und *bürgerliche Rechtsstaat* des 19. und begin- **1346** nenden 20. Jhdt beschränkte sich auf eine bloße Überwachungs-, nicht aber Interventions- oder Ordnungsfunktion **(„Nachtwächterstaat“).**

Im Gefolge der *mexikanischen* (1910) und der *russischen Revolution* **1347** (1917) setzte sich die Erkenntnis durch, dass neben den bloßen Freiheitsrechten **auch soziale Rechte** zur Sicherung eines Minimums an materiellem Wohlstand als GrR zu garantieren seien. Der **Staat** soll also **zu** einem **Tun** zum Schutz und zur Förderung des Individuums **verpflichtet** sein („positive" GrR). Diese Forderung führte zur schrittweisen Entstehung des **Sozialstaates,** der als *Leistungs-* und *Daseinsvorsorgestaat* das materielle Wohlergehen des Staatsbürgers zu gewährleisten hat.

1348 Gewöhnlich werden die GrR in zwei große Kategorien unterteilt: 1) **bürgerliche** und **politische Rechte** *(„MR der ersten Generation");* 2) **wirtschaftliche, soziale** und **kulturelle Rechte** *(„MR der zweiten Generation").* Differenziert man inhaltlich weiter, so erhält man folgende Klassifikation:

1349 1) **zivile Rechte** (Grundfreiheiten): „klassische" Individualrechte, wie zB Recht auf Leben, persönliche Freiheit, Gleichheit vor dem Gesetz, prozessuale Garantien, Unverletzlichkeit der Wohnung, Schutz des Briefgeheimnisses sowie Freiheiten der Religionsausübung, Meinungsfreiheit, Versammlungs- und Vereinigungsfreiheit etc;

1350 2) **politische** und **bürgerliche Rechte:** Recht auf Staatsangehörigkeit, Recht auf Teilnahme an der Staatswillensbildung (Wahlen, Volksabstimmung und -begehren etc), Recht auf Zugang zu den öffentlichen Ämtern etc;

1351 3) **wirtschaftliche Rechte:** Recht auf Arbeit, Recht auf angemessenes und gleiches Arbeitsentgelt bei gleicher Leistung, Recht auf angemessenen Lebensstandard etc;

1352 4) **soziale Rechte:** Recht auf Sozialversicherung, Recht auf ärztliche Versorgung, Mutter- und Kinderschutz etc;

1353 5) **kulturelle Rechte:** Recht auf Erziehung, Recht auf Bildung, Recht auf Teilnahme am kulturellen Leben der Gesellschaft etc.

1354 Neben jenen beiden großen Kategorien hat sich in den letzten Jahren eine neue, die der **„MR** der **dritten Generation",** herausgebildet. Zu diesen Rechten, deren Verwirklichung insbes die Entwicklungsländer fordern, zählen ua das Recht auf *Entwicklung* (Rz 137 ff; D 2), auf *Verfügung* über die eigenen *natürlichen Ressourcen,* auf eine *lebenswerte Umwelt,* auf Teilhabe am *gemeinsamen Erbe* der *Menschheit* sowie auf *Frieden, Solidarität* und *Abrüstung.* Träger dieser Rechte sollen sowohl Individuen und Gruppen als auch Staaten sein.

1355 Die Rechtsnatur dieser „MR der dritten Generation" ist umstritten und muss für die einzelnen Rechte gesondert beurteilt werden. Allen liegt die Vorstellung von einem **Recht** auf **internationale Solidarität** zu Grunde, das als generelles Postulat eher der politischen Moral als den positiven MR zuzuordnen ist. Trotz dieses eher politisch-ethischen Charakters wurden aber einzelne dieser Rechte bereits vr verankert. Dies gilt insbes für das gemeinsame Erbe der Menschheit (Rz 2305 ff, 2384; D 294), das bereits einen hohen Grad an rechtlicher Verdichtung erreicht hat. Auch das Recht auf internationale Solidarität ist schon zT rechtlich verwirklicht (zB Rettung von Schiffbrüchigen, Astronauten – Rz 2340, 2356 f; Aufnahme von Flüchtlingen – Rz 1266 ff).

1356 Auf der II. Menschenrechtskonferenz der VN in Wien 1993 – die I. hatte 1968 in Teheran stattgefunden – bildete sich als weitere Tendenz der *(erweiterte) Schutz bes gefährdeter* bzw *diskriminierter Personengruppen,* zB Minderheiten, Ureinwohner, Frauen, Kinder, Behinderte, alte Menschen, Gastarbeiter, für die es zT internationalen Schutz gibt, heraus (Rz 1404 ff, 1639 ff, 3369).

3. Ausprägung der Menschenrechte

Aus der aufgezeigten eurozentrierten Entstehungsgeschichte der MR darf aber nicht geschlossen werden, dass mit der ersten Verkündung der bürgerlich-politischen Rechte (Rz 1342) das Ziel der Freiheit für jeden Menschen in jeder Sozial- und Kulturordnung gleichförmig erreicht war. **1357**

Es stellte sich das Problem der Gewährung/Garantie von MR im *West-Ost-* und *Nord-Süd-Verhältnis* jeweils unter *anderen Vorzeichen.* Dem **individualistischen Menschenbild** des **Westens** stand – jedenfalls bis vor kurzem – ein klassenspezifisches, **kollektivistisches Menschenbild** im **sozialistischen Lager** gegenüber (der Einzelne hat danach in erster Linie zum Wohl des Kollektivs beizutragen). Beide Konzepte **kontrastieren** mit dem **Menschenbild** in **Entwicklungsländern,** in denen der Einzelne in andere sozioökonomische und politische Strukturen eingebettet ist (Rz 136ff). **1358**

Für religiös geprägte fundamentalistische Bewegungen kann der Individualrechtsschutz in seiner säkularisierten Ausprägung als Erbe der rationalistischen Aufklärung nur für die westlichen Staaten Gültigkeit beanspruchen. So verweist zB die **Menschenrechtsdeklaration des Rates des Islam für Europa 1981** (vgl Rz 1634) darauf, dass *alles irdische Recht (Scharia)* vom *Willen Gottes* abhänge, wie er im Koran und in der Sunna unabänderlich verankert sei (vgl Rz 32, 120, 302). **1359**

Der *Osten war – bis zur „Wende"– nicht bereit,* die *liberalen Abwehrrechte* gegen den Staat zu gewähren, während konservativ, aber auch sozialdemokratisch regierte westliche Staaten soziale GrR nur zögernd akzeptieren. Der *Zusammenbruch* der *kommunistischen Regime* führte zur *Übernahme westlicher Werte.* Sie fand in der Aufnahme der Reformstaaten in den Europarat und deren Beitritt zur EMRK ihren Niederschlag (Rz 1437). 1993 wurde die Menschenrechtskommission der GUS-Staaten eingerichtet. *1995* wurde zwischen den *GUS-Staaten* (Rz 762, 856) *eine Konvention über MR und Grundfreiheiten* unterzeichnet, die allerdings *noch nicht in Kraft* getreten ist. **1360**

Der *Norden* spricht sich *gegen* ein *MR* auf *Entwicklung* zu Gunsten der „Dritten Welt" – wegen der wirtschaftlichen Folgen zu Lasten der Industriestaaten – aus (Rz 137, vgl aber 1632; D 2). **1361**

In den regionalen Vorbereitungstreffen für die II. Menschenrechtskonferenz der VN 1993 in Wien (Rz 1356; vgl auch Rz 3369) – in Tunis für Afrika, in Bangkok für Asien und in San José für Lateinamerika – bestand unter dem Gesichtspunkt der unterschiedlichen kulturellen, religiösen und historischen Entwicklung jedes Volkes eine Tendenz einer *Relativierung* des *universellen Menschenrechtsschutzes.* Im Schlussdokument der II. Menschenrechtskonferenz 1993, der *„Wiener Erklärung"* und dem darin enthaltenen *Aktionsprogramm,* konnte aber die **Universalität, Unteilbarkeit** und **Interdependenz aller MR** erneut verankert werden. **1362**

4. Internationalisierung des Menschenrechtsschutzes

Literatur: *Karl / Miehsler,* Die Internationalisierung des Menschenrechtsschutzes, in: *Rack* (Hrsg), Grundrechtsreform (1985) 39; *Capotorti,* Human Rights: The Hard Road Toward Universality, in: *Macdonald / Johnston* (Hrsg), The Structure and Process of International Law (1986) 977; *Rodley,* Human Rights and Humanitarian

Intervention, ICLQ 38 (1989) 321; *Bailey,* The UN Security Council and Human Rights (1994); *Lillich,* Towards the Harmonization of International Human Rights Law, FS *Bernhardt* (1995) 453; *Gading,* Der Schutz grundlegender Menschenrechte durch militärische Maßnahmen des Sicherheitsrates (1996); *Lawson* (Hrsg), Encyclopedia of Human Rights (2. Aufl, 1996).

1363 Mit der Verankerung der MR in den einzelnen nationalen Rechtsordnungen als GrR wurden die MR staatliches Recht. Dem Staat oblagen und obliegen daher primär die Gewährleistung und der Schutz der MR. Diese Ansicht, dass die Gewährleistung der MR wesensmäßig eine innere Angelegenheit der einzelnen Staaten (Art 2 Abs 7 SVN – vgl Rz 1948) darstelle, herrschte grundsätzlich bis in die Zeit nach dem II. WK vor.

1364 Es bedurfte der Erfahrungen mit den Diktaturen der Zwischenkriegszeit und den Gräueln des II. WK, um zu erkennen, dass der Schutz der Menschen nicht allein als Ausfluss der Personalhoheit (Rz 750) dem Staat als Hauptverursacher von Menschenrechtsverletzungen übertragen werden kann. Vielmehr muss dafür die gesamte Staatengemeinschaft sorgen.

1365 Die **Internationalisierung** der MR geriet in *Gegensatz* zum Prinzip der **Nichtintervention** in die inneren Angelegenheiten der Staaten (Rz 1935 ff): Vorwürfe, die Staaten oder IO wegen behaupteter Verletzungen der MR an bestimmte Staaten richteten, beantworteten diese gewöhnlich mit dem Gegenvorwurf der unerlaubten Einmischung in ihre inneren Angelegenheiten.

1366 Die **Abgrenzung** zwischen der Achtung der **Souveränität** einerseits und dem diesen Grundsatz allenfalls durchbrechenden **internationalen Menschenrechtsschutz** ist **differenziert** zu betrachten. Maßgeblich für die Zulässigkeit/Unzulässigkeit des Durchgriffs durch den „Schutzmantel“ der Souveränität zum Schutz der MR sind der **Grad** der behaupteten **Menschenrechtsverletzungen** und die **Bedeutung** der **verletzten Norm.**

1367 Die von *Parteien vr Menschenrechtsverträge* erhobene *Forderung* nach *Erfüllung* der *Vertragspflichten* stellt *keinen Verstoß* gegen das *vr Interventionsverbot* dar. Auch ohne spezifische vertragsrechtliche Verpflichtungen sind vom SR im Falle der *Bedrohung* des *Weltfriedens* (Rz 1841 f) durch massive Verletzungen der MR gem Kap VII SVN angeordnete *Zwangsmaßnahmen zulässig.* Gleiches gilt für die Verhängung vr Unrechtsfolgen durch Nichtvertragsparteien bei *systematischen, schweren* und *häufigen Verletzungen* der MR (Rz 1424 ff). Ob von Dritten weniger schwere oder bloß vereinzelte Verletzungen ebenfalls gerügt werden dürfen, ist umstritten. Eine bloße Aufforderung zur Einhaltung der MR stellt, weil die Staaten gem Art 56 SVN zur Zusammenarbeit in diesem Bereich generell verpflichtet sind, keinen Eingriff in den vorbehaltenen Wirkungsbereich der Staaten dar.

1368 Ferner wird einem nicht eindeutig abgegrenzten *„harten Kern“* der wichtigsten MR (zB Verbot des Völkermordes – Rz 1401; D 171) verschiedentlich der Charakter von *ius cogens* (Rz 31, 364 ff, 2784 ff) und die Wirkung *erga omnes* (Rz 2792) zugesprochen.

1369 Über das heute vorherrschende Gemeinschaftsinteresse an der weltweiten Achtung der MR und deren Internationalisierung durch vr Schutzverfahren dürfen aber zwei grundsätzliche Aspekte nicht aus den Augen verloren werden: 1) Die *Hauptverantwortlichkeit* für den Schutz der MR obliegt nach wie vor den *Staaten;* und 2) der *internationale Schutz* der MR ist nur *ergänzend* und kann nur nach Ausschöpfung des innerstaatlichen Rechtsweges zur Abstellung der Verletzung der MR (*exhaustion of local remedies* – vgl Rz 2810f) (subsidiär) in Anspruch genommen werden.

5. Schutz der Menschenrechte durch das Völkerrecht

a) Arten der Gewährleistung der Menschenrechte im Völkerrecht

1370 MR können im VR – neben den Fällen *gewohnheitsrechtlicher Schutznormen* – grundsätzlich in zweierlei Weise gewährleistet werden: 1) durch **multilaterale Verträge,** in denen sich entweder die Vertragspartner untereinander zur Beachtung gewisser MR verpflichten oder den Individuen sogar ein Beschwerde- oder Klagerecht vor internationalen Organen einräumen; 2) durch **universelle** oder **regionale IO,** die entweder durch ihre Satzung selbst (VN, ILO, Europarat etc), durch Beschlüsse ihrer Organe (zB Res 1503 [XLVIII] des WSR der VN 1970 – Rz 1424ff, 1428f; D 172b) oder sogar durch die Judikatur ihres Rechtsprechungsorgans (zB EuGH – Rz 943, 1595) MR durchzusetzen versuchen.

1371 Daneben leisten auch **INGO** bzw **NGO** einen wichtigen Beitrag zum Schutz der MR (Rz 1209, 1234ff). Zu ersteren zählen zB *ai* (Rz 1250ff), *International League for Human Rights, International Helsinki Federation for Human Rights* und *Human Rights Watch,* zu den NGO zB „Selbsthilfegruppen" wie die *„Madres y Abuelas de la Plaza de Mayo"* in Argentinien. Ihre Aktivitäten reichen von der Dokumentation von Verletzungen der MR bis zur rechtsfreundlichen Vertretung der Betroffenen und der Teilnahme an der Arbeit von IO und an internationalen Konferenzen über MR.

b) Typisierung der völkerrechtlichen Menschenrechtsschutzverfahren

1372 Die *Formen* der *internationalen Kontrolle* des Schutzes der MR sind *vielfältig* und nach ihrer Eingriffstiefe abgestuft. Folgende vertragliche Sicherungsverfahren sind festzustellen:

1373 1) **politische Schutzsysteme:** Das befasste Organ ist nicht unabhängig, das Verfahren nicht genau festgelegt und das Organ hat keine Kompetenz zur definitiven Entscheidung (zB UN-Pakt I über wirtschaftliche, soziale und kulturelle Rechte vor 1985 – Rz 1389; D 165);

1374 2) **quasi-gerichtliche Schutzsysteme:** Das Organ ist relativ unabhängig, das Verfahren generell geregelt und das Organ kann eine – per se juristisch unverbindliche – das Verfahren abschließende Äußerung abgeben (zB UN-Pakt II über bürgerliche und politische Rechte – Rz 1394f; D 166);

1375 3) **gerichtliche Schutzsysteme:** Das Organ ist völlig unabhängig und gerichtsförmig organisiert, das Verfahren präzise geregelt und es kann eine juristisch bindende, abschließende Entscheidung ergehen (zB EMRK – Rz 1436ff, 1510ff; D 174).

Diese drei Systeme von Sicherungsverfahren können wiederum in zweierlei Arten ausgestaltet werden:

1376 a) **genereller Rechtsschutz:** Das Verfahren kann *unabhängig* von einem *konkreten Anlassfall* (dh ohne Antrag oder Klage des Betroffenen) ausgelöst werden, sei es durch Verstreichen eines periodischen (Kontroll-) Zyklus, sei es durch Tätigwerden des Rechtsschutzorgans selbst;

1377 b) **individueller Rechtsschutz:** Das Verfahren wird *anlässlich* eines *konkreten Falles* entweder durch einen Antrag oder eine Klage eines Vertragsstaates oder einer betroffenen einzelnen Person oder durch das Rechtsschutzorgan selbst – von Amts wegen – eingeleitet (Staatenbeschwerden bzw Individualbeschwerden – Rz 1393 ff, 1517 ff).

1378 Die einzelnen Sicherungsverfahren können für sich allein oder in Kombination miteinander angewendet werden.

C. Der universelle Menschenrechtsschutz im Rahmen der Vereinten Nationen

Literatur: *Tardu,* Human rights complaint procedures of the United Nations, FS *Partsch* (1989) 287; *Wolfrum,* The progressive development of human rights, ebd 67; *Alston* (Hrsg), The United Nations and Human Rights (1992); *UN Centre for Human Rights* (Hrsg), United Nations Action in the Field of Human Rights (1994); *Baehr / Flinterman / Senders* (Hrsg), Innovation and Inspiration: Fifty Years of the Universal Declaration of Human Rights (1999).

1. Entwicklung

a) Die Anfänge des universellen Menschenrechtsschutzes

1379 Der II. WK und die aufkommende Forderung nach Verankerung grundsätzlicher MR im neuen Fundament für die internationale Ordnung ließen Präsident **F.D. Roosevelt** am 6. 1. 1941 in seiner Botschaft an den US-Kongress die berühmten **„Vier Freiheiten"** verkünden: 1) **Rede- und Meinungsfreiheit,** 2) **Glaubensfreiheit,** 3) **Freiheit von Mangel** und **Not** sowie 4) **Freiheit von Furcht.** Die **Atlantic Charter** vom 14. 8. 1941 ergänzte diesen Katalog noch durch weitere Prinzipien, va das Selbstbestimmungsrecht der Völker (Rz 910, 2059).

1380 Diese als Friedensziele der Alliierten verkündeten Postulate fanden schließlich ihren Niederschlag in der **SVN** (D 1), die an *sieben Stellen* auf sie Bezug nimmt (Präambel; Art 1 Abs 3; Art 13 Abs 1 lit b; Art 55 lit c; Art 62 Abs 2; Art 68; Art 76 lit c). Wenngleich diese Bestimmungen nur Ziele und Aufgaben der VN und nicht konkrete Pflichten ihrer Mitglieder begründeten, lösten sie eine weltweite Entwicklung aus, die auf die Allgemeinheit (Universalität) und feste internationale Verankerung (Institutionalisierung) der MR abzielte.

b) Die Allgemeine Erklärung der Menschenrechte der Vereinten Nationen

1381 Die vom WSR 1946 eingesetzte **Menschenrechtskommission** (*Commission on Human Rights* – MRK) der VN *(53 Staatenvertreter)* richtete bereits 1947 eine *Unterkommission zur Verhütung von Diskriminierung und für den Schutz von Minderheiten* (Rz 1425, 1428, 1653) ein, die 1999 in *Unterkommission für die Förderung und den Schutz von Menschenrechten* umbenannt wurde, und erstellte im Dezember 1947 den Entwurf einer Erklärung zum

Schutz der MR. Die **Allgemeine Erklärung der MR 1948** (D 164) stellte allerdings als Res der GV nur eine **programmatische Absichtserklärung** ohne vr Bindungswirkung dar (Rz 462 ff).

Ihre große *Bedeutung* liegt aber darin, dass in ihr erstmals die MR *international definiert* wurden, und dass sie *inhaltlich* – trotz des „Kalten Krieges" – nicht ein Minimalprogramm, sondern ein *Paket* aus zivilen, bürgerlichen, wirtschaftlichen, sozialen und kulturellen MR (Rz 1345 ff) darstellte. Die Deklaration wurde in der späteren Praxis immer wieder zitiert. Ein Teil der Lehre zieht daraus den Schluss, dass die Grundsätze der Allgemeinen Erklärung 1948 vgr Anerkennung gefunden haben (Rz 179 ff). **1382**

c) Entstehung und Ausformung der Menschenrechtspakte der Vereinten Nationen

Literatur: *Ermacora,* Die UN-Menschenrechtspakte. Bestandteil der österreichischen Rechtsordnung? JBl 41 (1979) 191; *Henkin* (Hrsg), The International Bill of Rights: The Covenant on Civil and Political Rights (1981); *de Zayas / Möller / Opsahl,* Application of the International Covenant on Civil and Political Rights under the Optional Protocol by the Human Rights Committee, GYIL 28 (1985) 9; *Nowak,* UNO-Pakt über bürgerliche und politische Rechte und Fakultativprotokoll (1989); *Simma / Benningsen,* Wirtschaftliche, soziale und kulturelle Rechte im Völkerrecht. Der Internationale Pakt von 1966 und sein Kontrollverfahren, FS *Steindorff* (1990) 1477; *Nowak,* Die Durchsetzung der UNO-Menschenrechte in Österreich (1991) 703; *Herndl,* Zur Frage des rechtlichen Status der Entscheidungen eines Staatengemeinschaftsorgans: die „views" des Menschenrechtsausschusses, FS *Zemanek* (1994) 203; *Simma,* Die internationale Kontrolle des VN-Paktes über wirtschaftliche, soziale und kulturelle Rechte, FS *Bernhardt* (1995) 579; *Tomuschat,* Making Individual Communications an Effective Tool for the Protection of Human Rights, ebd 615; *Harland,* The status of the International Covenant on Civil and Political Rights (ICCPR), HRQ 22 (2000) 187.

Parallel zur Allgemeinen Erklärung entwarf die MRK 1947 als zweiten Schritt eine Konvention zum Schutz der MR, die zunächst nur **bürgerliche** und **politische Rechte** enthielt. 1950 bezog die GV auch **wirtschaftliche, soziale und kulturelle Rechte** ein. Kurz darauf wies sie aber den WSR an, zwei getrennte Konventionen auszuarbeiten. Beide **Konventionsentwürfe** wurden von der MRK 1954 fertig gestellt. Die politischen und ideologischen Gegensätze zwischen den Mitgliedstaaten der VN erschwerten die Beratungen sehr. Die GV nahm die beiden Pakte samt Fakultativprotokoll erst am 16. 12. 1966 an (Res 2200 A [XXI]) und legte sie am 19. 12. **1966** zur **Unterzeichnung** auf. **1383**

Die für das **In-Kraft-Treten** der beiden Pakte nötigen **35 Ratifikationen** bzw **Beitritte** (Rz 284 ff) wurden erst **zehn Jahre später** erreicht: Der Internationale Pakt über wirtschaftliche, soziale und kulturelle Rechte (Pakt I – D 165), der Internationale Pakt über bürgerliche und politische Rechte (Pakt II – D 166) sowie das I. Fakultativprotokoll dazu (zehn Zustimmungserklärungen nötig – D 168) traten 1976 in Kraft. **1384**

Österreich unterzeichnete beide Pakte 1973, *ratifizierte* sie *1978* und stellte sie unter Erfüllungsvorbehalt (Rz 322). Das *I. Fakultativprotokoll* zu Pakt II trat für *Österreich* hingegen erst 1988 in Kraft. Zu *Pakt II* erklärte **1385**

Österreich *sechs Vorbehalte* (D 167), zum *I. Fakultativprotokoll einen Vorbehalt* (D 169).

1386 Gegenüber der Allgemeinen Erklärung 1948 stellen die beiden **UN-Pakte** in mehrfacher Hinsicht einen **Fortschritt** dar:

1) Ihre **vr Verbindlichkeit als Verträge** ist eindeutig, und ihre *Formulierungen* der MR sind **präziser** und **weitgehender,** obwohl *Pakt I* bloß *programmatischen Charakter* hat (Art 2).

2) Ihr materieller Gehalt wird durch **verfahrensrechtliche Garantien** ergänzt, wobei gerade die verschiedenartigen Rechtsschutzsysteme die Trennung der Pakte voneinander – trotz ihrer inneren Einheit – (mit)bedingt haben.

1387 Das **Zweite Fakultativprotokoll zum Internationalen Pakt über bürgerliche und politische Rechte zur Abschaffung der Todesstrafe 1989** trat 1991 in Kraft und wurde von Österreich 1993 ratifiziert (BGBl 1993/333). Die Vertragsstaaten verpflichten sich, alle erforderlichen Maßnahmen zu ergreifen, um die Todesstrafe in ihrem jeweiligen Hoheitsbereich abzuschaffen (vgl Rz 1467).

2. Rechtsschutzsysteme der Menschenrechtspakte der Vereinten Nationen

a) Der Pakt über wirtschaftliche, soziale und kulturelle Rechte

1388 **Pakt I** enthält kein direktes Durchsetzungsverfahren, sondern bloß ein **Berichtssystem.** Die Vertragsstaaten haben nur gem einem vom WSR entworfenen Programm dem GS der VN Berichte über ihre Schritte zur Verwirklichung der Paktziele zu übermitteln. Dieser hat die Berichte an den WSR sowie uU an die einschlägigen Spezialorganisationen (ILO, UNESCO etc) weiterzuleiten (Art 16).

1389 Zur **Prüfung** dieser **Berichte** der **Vertragsstaaten** schuf der WSR 1985 einen aus **18 unabhängigen Experten** bestehenden **Ausschuss für wirtschaftliche, soziale und kulturelle Rechte** *(Committee on Economic, Social and Cultural Rights – CESCR)* als **Hilfsorgan** gem Art 68 SVN. Auf der Grundlage der **Empfehlungen** dieses **Ausschusses** erstattet der **WSR** der GV der VN *periodische* **Berichte,** denen **Empfehlungen allgemeiner Art** beigefügt werden können (Art 21 Pakt I). Der WSR kann die Berichte aber auch der MRK übermitteln, die wiederum nur allgemeine Empfehlungen beschließen kann (Art 19). Die Kontrolle des Paktes I obliegt somit va dem WSR, also einem politischen Hauptorgan der VN (politisches Schutzsystem – Rz 1373). Seit Jahren wird über ein Fakultativprotokoll, das Beschwerdeverfahren vorsieht, verhandelt.

b) Der Pakt über bürgerliche und politische Rechte

1390 **Pakt II** (**einschließlich** seines **Fakultativprotokolls**) – inhaltlich der EMRK (Rz 1436ff; D 174) ähnlich – enthält ein wesentlich *ausgebildeteres Rechtsschutzsystem* aus *drei Verfahrensarten:*

1) ein periodisches, obligatorisches Berichtssystem
2) eine fakultative Staatenbeschwerde
3) eine fakultative Individualbeschwerde.

Pakt II (Art 28ff) richtet als Organ zur Überwachung der Einhaltung der Vertragspflichten einen **Menschenrechtsausschuss** (MRA; *Human Rights Committee*) ein. Dieser ist kein Organ der VN, sondern ein **Konventionsorgan,** wird aber vom Sekretariat der VN (konkret der Menschenrechtsabteilung der VN in Genf) unterstützt. Der 1976 gegründete MRA besteht aus **18 Mitgliedern,** die – im Gegensatz zu jenen der MRK (Rz 1381) – **weisungsfrei** sind. 1391

1) **Berichtssystem:** Es ist das **einzige obligatorische Verfahren.** Die Vertragsparteien haben ihre Berichte über ihre Umsetzung dieses Paktes dem GS der VN zu übermitteln, der sie dem **MRA** zuleitet. Der MRA kann dazu **allgemeine Bemerkungen** machen, die auch an den WSR weitergeleitet werden können. Diese allgemeinen Bemerkungen stellen zwar einen weniger starken Kontrollmechanismus als die allgemeinen Empfehlungen nach Pakt I dar, dafür kann der **MRA** aber **Vertragsstaaten** zusätzlich **auffordern, spezielle Berichte** zu erstatten. 1392

2) **Staatenbeschwerde:** Sie ist **fakultativ** und bedarf der **Gegenseitigkeit.** Bisher hat noch kein Vertragsstaat eine Staatenbeschwerde eingebracht. 1393

3) **Individualbeschwerde:** Sie wird durch das **Fakultativprotokoll** zu Pakt II eingeräumt (D 168). **Einzelpersonen** können nach *Erschöpfung* des *innerstaatlichen Rechtsweges* den **MRA** wegen einer Vertragsverletzung durch eine **schriftliche „Mitteilung"** anrufen (Art 1). 1394

Der MRA entscheidet in einem ersten Verfahrensabschnitt über die Zulässigkeit und danach über die inhaltliche Begründetheit der Individualbeschwerde. Diese wird im Falle der Zulassung dem belangten Staat zugeleitet, der sich innerhalb von sechs Monaten zu äußern hat. Nach einer *nicht öffentlichen Sitzung – ohne Zuziehung* der *Parteien* und *ohne Schlichtungsversuch* – übermittelt der MRA schließlich beiden Parteien seine **Auffassungen („views"),** in denen **auch** eine **Feststellung** einer **Verletzung** des **Paktes II** enthalten sein darf. Diese **„views"** des MRA sind zwar rechtlich **nicht verbindlich, müssen** vom belangten Staat **aber** *bona fide* akzeptiert und **in ihrem Kern durchgeführt** werden. Staaten, die bisher den *„views"* des MRA entsprachen, bestritten nie den autoritativen Charakter der Feststellung einer Paktverletzung. Sie betonten allerdings mehrheitlich immer wieder, dass die geleistete *Wiedergutmachung* nur *„ex gratia"* erfolgt sei (D 170). 1395

Bei diesem Individualbeschwerdeverfahren handelt es sich in der *Praxis* um *eines* der *bedeutendsten Instrumente* des *internationalen Menschenrechtsschutzes,* wie die Zahl von mehr als 1.200 bis 2004 behandelten Individualbeschwerden beweist (*quasi-gerichtliches Verfahren* – Rz 1374). 1396

c) Würdigung der Sicherungsverfahren der beiden Pakte

Die auf eine breite Zustimmung ausgerichteten UN-Pakte – im März 2004 war Pakt I von 148, Pakt II von 151 und das Fakultativprotokoll (Individualbeschwerde) von 104 Staaten ratifiziert worden, 45 Staaten hatten die Staatenbeschwerde akzeptiert – enthalten nur *schwache Kontrollmechanismen,* die im Grunde *sanktionslos* sind. Dies ist die Folge des fehlenden generellen politischen Konsenses infolge politischer und ideologischer Gegensätze zwischen den Staaten (Rz 1345ff). 1397

3. Sonstige Abkommen und Resolutionen zum Schutz von Menschenrechten im Rahmen der Vereinten Nationen

1398 Die Allgemeine Erklärung 1948 und die beiden Pakte 1966 wurden durch eine Reihe von vr Verträgen und Res va der GV der VN zu Einzelproblemen ergänzt. Dazu kommen noch Konventionen, die von Spezialorganisationen der VN, va der ILO, ausgearbeitet wurden.

a) Internationale Abkommen gegen Sklaverei und Zwangsarbeit

Literatur: *Tretter,* Entwicklung und gegenwärtige Bedeutung der internationalen Sklavereiverbote, FS *Ermacora* (1988) 527.

1399 Nach ersten Anfängen auf dem Wiener Kongress (1815 – Rz 86) wurde *1926* eine *Konvention zur Abschaffung der Sklaverei* (BGBl 1928/17; geändert 1953 – 82 UNTS 51) unterzeichnet, die durch das Übereinkommen Nr 29 der ILO 1930 ergänzt wurde. *1956* wurde ein *Zusatzübereinkommen über die Abschaffung der Sklaverei, des Sklavenhandels und sklavereiähnlicher Einrichtungen und Praktiken* unterzeichnet (BGBl 1964/66).

1400 Im Rahmen der *ILO* sind ua das erwähnte *Abkommen Nr 29 über Zwangs- oder Pflichtarbeit 1930* (BGBl 1959/86) sowie das *Abkommen Nr 105 über die Abschaffung der Zwangsarbeit 1957* (BGBl 1958/81) zu nennen. Das *Abkommen über das Verbot des Menschenhandels und der Ausbeutung von Prostituierten 1950* (96 UNTS 271) novellierte einschlägige frühere Abkommen.

b) Internationale Konvention über die Verhütung und Bestrafung des Völkermordes (Genocide-Konvention)

Literatur: *Schabas,* Genocide in international law (2000); *Verdirame,* The genocide definition in the jurisprudence of the ad hoc Tribunals, ICLQ 49 (2000) 578.

1401 Sie wurde 1948 von der GV der VN angenommen und trat 1951 in Kraft (D 171). Die gänzliche oder teilweise Zerstörung von nationalen, ethnischen, rassischen oder religiösen Gruppen ist danach ein Verbrechen wider das VR (*delictum iuris gentium* – Rz 756, 2784; vgl auch D 13).

c) Folterverbot

Literatur: *Nowak,* Die UNO-Konvention gegen die Folter vom 10. Dezember 1984, EuGRZ 12 (1985) 109; *Burgers / Danelius,* The United Nations Convention against Torture (1988); *Raess,* Der Schutz vor Folter im Völkerrecht (1989); *Cassese* (Hrsg), The International Fight Against Torture (1991); *Alleweldt,* Schutz vor Abschiebung bei drohender Folter oder unmenschlicher oder erniedrigender Behandlung oder Strafe (1996); *Barrett,* The prohibition of torture under international law, International Journal of Human Rights 5 (2001) 1.

1402 Auf dem politisch brisanten Gebiet der Folter nahm die *GV* der *VN 1975* eine *Deklaration* über den Schutz aller Personen vor Folter und anderer grausamer, unmenschlicher oder erniedrigender Behandlung oder Strafe an (Res 3452 [XXX]), die frühere Folterverbote (Art 5 Allgemeine Erklärung

1948; Art 7 UN-Pakt II) näher ausführte. 1977 forderte die GV die MRK auf, einen Konventionsentwurf auszuarbeiten. Nach dessen Vorlage nahm die GV **1984** das **Übereinkommen gegen Folter und andere grausame, unmenschliche oder erniedrigende Behandlung oder Strafe** an, das 1987 in Kraft trat. Österreich ratifizierte dieses Übereinkommen 1987 (BGBl 1987/492).

Der inhaltliche Schwerpunkt liegt auf der Verpflichtung zu **innerstaatlichen Maßnahmen** zur *Abschaffung* der *Folter,* zB durch strafrechtliche Verfolgung mutmaßlicher Folterer, sowie auf der Verpflichtung zur **zwischenstaatlichen Zusammenarbeit** bei der *Strafverfolgung* von *Folterern* (zB Auslieferung, Rechtshilfe, Achtung des Weltstrafrechtsprinzips – Rz 757, 2842). **1403**

d) Abkommen und Resolutionen gegen Diskriminierungen

Literatur: *Cook* (Hrsg), Human Rights of Women (1994); *Symonides,* The struggle against discrimination: a collection of international instruments adopted by the United Nations system (1996); *Wolfrum,* International Convention on the Elimination of All Forms of Racial Discrimination in: *Klein* (Hrsg), The monitoring system of human rights treaty obligations (1998) 49; *Sucharipa-Behrmann,* An optional protocol to CEDAW, FS *Seidl-Hohenveldern* (1998) 683; *Marschik,* Die UN-Rassendiskriminierungskonvention im österreichischen Recht (1999); *Symonides / Volodin,* Human Rights of Women: A Collection of International and Regional Normative Instruments (1999); *UN Division for the Advancement of Women,* The Convention on the Elimination of All Forms of Discrimination against Women – The Optional Protocol (2000); *B. Neuhold / Pirstner / Ulrich,* Menschenrechte – Frauenrechte (2003).

1) **Rassische** Diskriminierung: Res der GV der VN 1904 (XVIII) 1963, 2106 (XX) 1965; *Internationales Übereinkommen über die Beseitigung aller Formen rassischer Diskriminierung 1966,* in Kraft seit 1969 (BGBl 1972/377); *Internationales Übereinkommen über die Bekämpfung und Ahndung des Verbrechens der Apartheid 1973,* in Kraft seit 1976 (ILM 13 [1974] 50; Apartheid = Verbrechen gegen die Menschlichkeit); *Internationales Übereinkommen gegen Apartheid im Sport 1985,* in Kraft seit 1988. **1404**

2) Diskriminierung der **Frau:** *Übereinkommen über die politischen Rechte der Frau 1953,* in Kraft seit 1954 (BGBl 1969/256); Res der GV der VN 2263 (XXII) 1967; *Konvention zur Beseitigung jeder Form von Diskriminierung der Frau,* von der GV der VN *1979* angenommen und 1981 in Kraft getreten (BGBl 1982/443); **1405**

3) Diskriminierung von **Behinderten:** Res der GV der VN 3447 (XXX) 1975 über die Rechte der Behinderten; **1406**

4) **Religiöse** Diskriminierung: Res der GV der VN 36/55 1981; **1407**

5) Diskriminierung im **Unterricht:** *UNESCO-Übereinkommen gegen die Diskriminierung im Unterrichtswesen 1960* (429 UNTS 93) samt Protokoll 1968 (651 UNTS 363). **1408**

e) Schutz des Kindes

Literatur: *Dorsch,* Die Konvention der Vereinten Nationen über die Rechte des Kindes (1992); *Verschraegen,* Die Kinderrechtekonvention (1996); *Karunatilleke,* The international protection of children in the framework of human rights, Hague yearbook of international law, 10 (1997) 113; *Sax / Hainzl,* Die verfassungsrechtliche Umsetzung der UN-Kinderrechtskonvention in Österreich (1999); *Tomuschat,* Mehr Schutz für die Schutzlosen, VN 50 (2002) 89.

1409 Mit der Annahme des *Übereinkommens über die Rechte des Kindes* durch die GV der VN 1989 wurde der Menschenrechtsschutz auf eine weitere schutzbedürftige Personenkategorie ausgedehnt. Österreich ratifizierte das Übereinkommen 1992 (BGBl 1993/7). 2002 traten ein *Fakultativprotokoll betreffend die Beteiligung von Kindern an bewaffneten Konflikten* (BGBl III 2002/92) und im Jänner 2002 eines *gegen Kinderhandel, Kinderprostitution und Kinderpornographie* in Kraft. Österreich ratifizierte Ersteres 2002 ebenso wie das *ILO-Übereinkommen* Nr 182 *über das Verbot und unverzügliche Maßnahmen zur Beseitigung der schlimmsten Formen der Kinderarbeit* (BGBl III 2002/41).

f) Internationaler Arbeiterschutz

1410 Vom Internationalen Arbeitsamt, dem Sekretariat der ILO, wurden zB ausgearbeitet: *Übereinkommen Nr 87 über die Vereinigungsfreiheit und den Schutz des Vereinigungsrechts 1948* (BGBl 1950/228); *Übereinkommen Nr 98 über die Anwendung der Grundsätze des Vereinigungsrechts und des Rechts zu Kollektivverhandlungen 1949* (BGBl 1952/20); *Übereinkommen Nr 111 über die Diskriminierung in Beschäftigung und Beruf 1958* (BGBl 1973/111).

1411 Die *Kontrolle* der Einhaltung der einzelnen ILO-Konventionen beruht auf Art 19, 22 und 23 ILO-Satzung, nach denen die *Mitgliedstaaten periodische Rechenschaftsberichte* zu erstatten haben. Organe dieser *permanenten Kontrolle* sind der 1926 eingesetzte *Sachverständigenausschuss* (aus 20 unabhängigen Experten) und der *Konferenzausschuss.* Die sog *okkasionelle Kontrolle* wird in formellen (Beschwerde [Art 24] und Klage [Art 26–34]) und in „diskreten" Verfahren („direkte Kontakte") wahrgenommen. Bisher wurden nur wenige Klagen eingebracht, während hunderte „direkter Kontakte" stattfanden.

1412 *1990* wurde von der GV der VN in Res 45/158 die *Konvention über die Rechte der Wanderarbeiter und ihrer Familienangehörigen* angenommen, die 2003 in Kraft trat.

g) Internationale Abkommen zum Schutz der Menschenrechte im Krieg

1413 *Genfer Konventionen 1864, 1906, 1929, 1949, Zusatzprotokolle 1977* (Rz 2877 ff; D 354–358).

h) Internationaler Schutz von Flüchtlingen und Staatenlosen

1414 *Konvention über die Rechtsstellung der Flüchtlinge 1951* samt *Zusatzprotokoll 1967* (D 151); *Übereinkommen über die Rechtsstellung Staatenloser 1954; Übereinkommen zur Verminderung der Staatenlosigkeit 1961* und *1973* (Rz 1279). Diese Problematik wird in einem anderen Zusammenhang behandelt (Rz 1266 ff, 1279).

i) Internationaler Minderheitenschutz

1415 Diese Problematik wird in einem anderen Zusammenhang behandelt (Rz 1639 ff).

4. Spezielle Verfahren des Menschenrechtsschutzes innerhalb und außerhalb der Vereinten Nationen

Literatur: *Hannum* (Hrsg), Guide to International Human Rights Practice: International Reporting Procedures (2. Aufl, 1992); *Karl,* Besonderheiten der internationalen Kontrollverfahren zum Schutz der Menschenrechte, BerDGVR 33 (1993) 83; *Meron,* Human Rights in International Law: Legal and Policy Issues (1994); *Castermans-Holleman,* The Protection of Economic, Social and Cultural Rights within the UN Framework, NILR 42 (1995) 353; *O'Flaherty,* Human Rights and the UN: Practice before the Treaty Bodies (1996); *Heffernan,* A comparative view of individual petition procedures under the European Convention on Human Rights and the International Covenant on Civil and Political Rights, HRQ 19 (1997) 78; *Kriebaum,* Prevention of human rights violations, ARIEL 2 (1997) 155; *Klein* (Hrsg), The monitoring system of human rights treaty obligations (1998); *Craven,* The International Covenant on Economic, Social and Cultural Rights, in: *Hanski / Suksi* (Hrsg), An Introduction to the International Protection of Human Rights (2. Aufl, 1999) 101.

Außerhalb der Pakte I und II (Rz 1388 ff) sind in manchen der unter e) **1416** dargestellten universellen Menschenrechtsschutzverträge eigene Beschwerdeverfahren *(„treaty-based systems")* verankert worden. Daneben sind in den VN aber auch durch Organbeschluss eigene Schutzverfahren *(„charter-based systems")* entwickelt worden. Damit sollen Staaten, die sich keinem Abkommen zum Schutz der MR unterwerfen wollen oder dazu weit reichende Vorbehalte angebracht haben, nicht unkontrolliert bleiben und zumindest für schwere und systematische Menschenrechtsverletzungen zur Rechenschaft gezogen werden können.

Unter den derzeit *sieben* speziellen **„treaty-based systems"** des univer- **1417** sellen Menschenrechtsschutzes sind va die Überwachungsmechanismen folgender Konventionen exemplarisch:

1) *Internationales Übereinkommen über die Beseitigung aller Formen* **1418** *rassischer Diskriminierung* 1966 (Rz 1404); 2) *Konvention zur Beseitigung jeder Form von Diskriminierung der Frau* 1979 (Rz 1405); 3) *Übereinkommen gegen Folter und andere grausame, unmenschliche oder erniedrigende Behandlung oder Strafe* 1984 (Rz 1402 ff); 4) *Übereinkommen über die Rechte des Kindes* 1989 (Rz 1409). Die Kontrolle erfolgt durch Ausschüsse, die sich aus unabhängigen Experten zusammensetzen. Dabei bestehen vier unterschiedliche Verfahren: Berichtssystem, Staatenbeschwerde, Individualbeschwerde und vertrauliche Untersuchung.

ad 1) Dem aus *18 unabhängigen Mitgliedern* bestehenden **Ausschuss für** **1419** **die Beseitigung aller Formen rassischer Diskriminierung** stehen drei verschiedene Überwachungsmechanismen – Berichtssystem, Staatenbeschwerde und Individualbeschwerde – zur Verfügung. Die *obligatorischen periodischen Staatenberichte* werden in Gegenwart von Vertretern des jeweiligen Staates diskutiert und danach in einem *jährlichen Tätigkeitsbericht* ausgewertet. Dieser enthält allerdings *nie* eine eindeutige *Feststellung eines Vertragsbruches* durch eine Partei. Die *Staatenbeschwerde* löst bloß ein institutionalisiertes *Vergleichsverfahren* aus (Rz 1966 ff). Die Zulässigkeit einer *Individualbeschwerde* setzt eine *ausdrückliche Unterwerfungserklärung durch den belangten Staat* voraus. Österreich hat sich diesem Mechanismus 2002 (BGBl III 2002/40) unterworfen.

1420 ad 2) Ein aus *23 unabhängigen Experten* bestehender **Ausschuss zur Beseitigung jeder Form von Diskriminierung der Frau** überprüft die Berichte der Vertragsparteien und gibt *„Allgemeine Bemerkungen"* dazu ab. Diese werden dem WSR, der GV und der *Commission on the Status of Women* übermittelt. Die „Allgemeinen Bemerkungen" dürfen *keine Aussage* darüber enthalten, dass ein *Vertragsstaat* die *Konvention verletzt hat;* nur der WSR und die GV könnten derartige Res beschließen. Ein *Zusatzprotokoll* aus dem Jahre *1999* sieht *Individualbeschwerden* vor. Diese werden vom *Ausschuss* behandelt, der anschließend seine *„Auffassungen"* dem betroffenen Vertragsstaat und der Einzelperson mitteilt. Diese „Auffassungen" *(„views")* sind zwar rechtlich *nicht verbindlich,* stellen aber eine *autoritative Rechtsfeststellung* dar (vgl Rz 1395f, 1421). *Vertrauliche Untersuchungen* nach dem Modell des „1503-Verfahrens" (Rz 1428f) können bei Hinweisen auf systematische und massive Verletzungen in einem Vertragsstaat eingeleitet werden. Es gibt eine *„Opting-out"-Möglichkeit.*

1421 ad 3) Ein aus *zehn unabhängigen Experten* zusammengesetzter **Ausschuss gegen Folter und andere grausame, unmenschliche oder erniedrigende Behandlung oder Strafe** verfügt über vier verschiedene Überwachungsmechanismen: Berichtssystem (obligatorisch), Staatenbeschwerde (fakultativ), Individualbeschwerde (fakultativ) und vertrauliche Untersuchung (*„Opting-out"*-Möglichkeit). Die alle vier Jahre zu erstattenden *Staatenberichte* können mit „Allgemeinen Bemerkungen" versehen werden. Die *Individualbeschwerde* wird vom Ausschuss behandelt, der anschließend seine *„Auffassungen"* dem betroffenen Vertragsstaat und der Einzelperson mitteilt. Diese „Auffassungen" *(„views")* sind zwar rechtlich *nicht verbindlich,* stellen aber eine *autoritative Rechtsfeststellung* dar (vgl Rz 1420). Die vertrauliche *Untersuchung* nach dem Modell des „1503-Verfahrens" (Rz 1428f) kann bei Hinweisen auf systematische und massive Folterungen in einem Vertragsstaat eingeleitet werden. Die *„Opting-out"*-Möglichkeit hat in der Praxis keine Rolle gespielt. Der Ausschuss nahm die Ergebnisse der bisherigen Ermittlungsverfahren in seine Jahresberichte auf.

1422 Ein von der GV *2002* angenommenes *Zusatzprotokoll* sieht einen der Europäischen Konvention zur Verhütung von Folter (Rz 1565ff) ähnlichen *Untersuchungsmechanismus* durch ein internationales (Unterausschuss des UN-Ausschusses gegen Folter) und nationale Untersuchungsorgane vor.

1423 ad 4) Einem **Ausschuss zum Schutze der Rechte der Kinder** aus *zehn unabhängigen Experten* haben die *Vertragsstaaten periodisch Berichte* vorzulegen. Der Ausschuss kann diese an UNICEF oder einschlägige INGO (Rz 1234ff) zu Stellungnahmen weiterleiten. Als einzige Sanktion kann der Ausschussbericht der GV der VN vorgelegt werden. Neuerdings werden auch ein internationaler Ombudsman und ein Zusatzprotokoll zur Einführung einer Individualbeschwerde diskutiert.

1424 An speziellen **„charter-based systems"** bestehen 1) das **öffentliche „1235-Verfahren"** und 2) das **vertrauliche „1503-Verfahren",** mittels derer die **MRK** der **VN** (Rz 1381) **schwere** und **systematische Menschenrechtsverletzungen auch** durch **Nichtvertragsparteien untersuchen** kann.

1425 ad 1) Durch die 1967 vom WSR angenommene **Res 1235 (XLII)** (D 172a) wurde die **MRK** bzw deren **Unterkommission für die Förderung**

und den Schutz von MR (*26* Mitglieder als *unabhängige Experten*) ermächtigt, Informationen über schwere Verletzungen von MR und Grundfreiheiten – damals zB die Apartheidpolitik Südafrikas, die Rassendiskriminierung in Südrhodesien und die Situation in den portugiesischen Kolonien – in einem **öffentlichen Verfahren** zu prüfen. Mit Zustimmung des WSR kann die MRK auch Sonderberichterstatter – **„country rapporteurs"** oder **„thematic rapporteurs"** (derzeit 37) – einsetzen.

Der *Länderberichterstatter* (ab 1975) sammelt in dem betreffenden Staat alle Informationen, die auf schwere und systematische Menschenrechtsverletzungen hinweisen, und erstellt anschließend einen Bericht. Da Länderberichterstatter *nur* mit *Zustimmung* des *betroffenen Staates einreisen* und die Situation vor Ort untersuchen können, versagt dieses Instrument dann, wenn sich dieser Staat widersetzt, wie zB 1975 Chile unter Präsident *Augusto Pinochet.* **1426**

Daher wurde für diese Fälle von der MRK der *„thematische Mechanismus"* (ab 1980) entwickelt, der nicht die Situation in einem einzigen Land, sondern *weltweit* ein *spezielles Thema* – zB das Problem des „Verschwindenlassens" oder der summarischen und willkürlichen Hinrichtungen – erfasst. Da sich thematische Rapporteure nicht gezielt mit Menschenrechtsverletzungen in einem einzigen Staat beschäftigen, können sie leichter ernannt werden. Der länderübergreifende thematische Ansatz lässt vielfach bestimmte Phänomene erst richtig erkennen. **1427**

ad 2) Gem der 1970 vom **WSR** beschlossenen **Res 1503 (XLVIII)** (D 172b) kann die **MRK** bzw deren **Unterkommission für die Förderung und den Schutz von Menschenrechten** (Rz 1381) Informationen über schwere Menschenrechtsverletzungen in einem **vertraulichen Verfahren** überprüfen. Die nach Erschöpfung des innerstaatlichen Rechtsweges beim GS der VN eingegangenen Beschwerden („Mitteilungen") werden den betroffenen Staaten zur Stellungnahme zugeleitet. Danach überprüft eine *fünfköpfige Arbeitsgruppe (für Mitteilungen) der Unterkommission,* ob in dem beschuldigten Staat ein *„Regelbeispiel schwerer und zuverlässig bezeugter Menschenrechtsverletzungen"* erkennbar ist. Sie weist mit Mehrheitsbeschluss einen solchen Fall der fünfköpfigen *Arbeitsgruppe über Situationen* zu, die ihn wiederum – mit Mehrheitsbeschluss – an die MRK *weiterleiten kann.* **1428**

Sieht die *MRK* die Beschwerde in der Folge *als begründet* an, *kann sie* damit den *WSR* befassen. Dies geschieht allerdings in der Praxis nur äußerst selten. Der WSR kann dann als *Sanktion* die *Vertraulichkeit aufheben* und eine *(unverbindliche) Empfehlung* an den belangten Staat richten. Es kann aber auch eine Überleitung in das Kontrollverfahren nach der Res 1235 erfolgen. *Zuletzt* kann sich dann noch die *GV* mit dem Bericht des WSR beschäftigen. **1429**

5. Der Hochkommissar der Vereinten Nationen für Menschenrechte

Literatur: *Clapham,* Creating the High Comissioner for Human Rights, EJIL 5 (1994) 556; *Kedzia,* The United Nations High Commissioner for Human Rights, FS *Bernhardt* (1995) 435; *Klein* (Hrsg), The Institution of a Commissioner for Human

Rights and Minorities and the Prevention of Human Rights Violations (1995); *Howland,* Mirage, magic, or mixed bag? the United Nations High Commissioner for Human Rights' field operation in Rwanda, HRQ 21 (1999) 1.

1430 Die von ai und anderen INGO vorgeschlagene Einsetzung eines **UN-Hochkommissars für MR** wurde im *Aktionsprogramm der II. UN-Weltkonferenz über MR in Wien 1993* (Rz 1362) als *Empfehlung* an die *GV der VN* formuliert. Diese richtete 1993 in *Res 48/141* das Amt des Hochkommissars der VN für MR – im Rang eines Unter-GS der VN, mit einer vierjährigen Amtsdauer und Sitz in Genf – ein (D 173). 1997 folgte die ehemalige Präsidentin Irlands *Mary Robinson* dem ekuadorianischen Diplomaten *Ayala Lasso* nach, der dieses Amt seit 1994 innegehabt hatte. 2002 übernahm der Brasilianer *Sergio Vieira de Mello* diese Position. Nach dessen Tod bei einem Bombenattentat in Bagdad wurde 2004 die ehemalige Chefanklägerin des Internationalen Strafgerichtshofs für das ehemalige Jugoslawien (Rz 2850), die kanadische Juristin *Louise Arbour,* zu seiner Nachfolgerin bestellt.

1431 Das Mandat des Hochkommissars umfasst va – unter der Oberaufsicht der GV – die umfassende Aufsicht über das UN-Menschenrechtszentrum, ein Hilfsorgan des Generalsekretariats der VN in Genf, sowie die Koordinierung und gegenseitige Angleichung der unterschiedlichen UN-Menschenrechtsschutzverfahren. Als hauptverantwortliches Organ der VN für die Aktivitäten der VN zum Menschenrechtsschutz versucht der Hochkommissar Prioritäten im humanitären Krisenmanagement, bei der präventiven Diplomatie und Errichtung eines „Frühwarnsystems", der Hilfe beim Übergang zur Rechtsstaatlichkeit und der Förderung des Rechts auf Entwicklung zu setzen.

D. Der europäische Menschenrechtsschutz

Wolfram Karl

Literatur: *Bloed / Leicht / Nowak / Rosas* (Hrsg), Monitoring Human Rights in Europe (1993); *Nowak* (Hrsg), Europarat und Menschenrechte (1994); *Heffernan* (Hrsg), Human Rights: A European Perspective (1994); *Karl,* Besonderheiten der internationalen Kontrollverfahren zum Schutz der Menschenrechte, BerDGVR 33 (1994) 83; *Gomien / Harris / Zwaak,* Law and practice of the European Convention on Human Rights and the European Social Charter (1996); *Hanski / Suksi,* An Introduction to the International Protection of Human Rights (2. Aufl, 1999); *Strasser,* 45 Jahre Menschenrechtsinstitutionen des Europarats, in: *Holtz* (Hrsg), 50 Jahre Europarat (2000) 121; *Karl,* Aktuelle Entwicklungen im internationalen Menschenrechtsschutz, in: *Hummer* (Hrsg), Paradigmenwechsel im Völkerrecht zur Jahrtausendwende (2002) 275.

1. Überblick

1432 Europa, genauer das *Westeuropa* der *Nachkriegszeit,* war die erste *Weltregion,* in der die *Allgemeine Erklärung der Menschenrechte 1948* (D 164) *in bindendes Völkervertragsrecht* umgesetzt wurde. Dies mag sich daraus erklären, dass die europäischen Gesellschaften gerade erst die *traumatische Erfahrung entsetzlicher Menschenrechtsverletzungen* gemacht hatten und eine neue, auf Demokratie und Menschenrechten basierende Ordnung suchten. Dabei erwies es sich auch, dass ein *internationales Kontrollsystem* auf *regionaler Ebene* – mit einer kleinen Zahl relativ homogener Staaten – *leichter* einzuführen und *effizienter* zu handhaben ist als in weltweitem Rahmen (Rz 899, 1436 ff).

Der 1949 errichtete **Europarat** mit Sitz in **Straßburg** ist eine *politische Regionalorganisation,* die sich in ihrer Satzung zu Freiheit, Demokratie, Rechtsstaatlichkeit und Menschenrechten bekennt (Rz 898 ff, 968). Er schuf in erstaunlich kurzer Zeit die **EMRK** *(1950),* die weltweit bis heute als Inbegriff eines effizienten Kontrollsystems angesehen wird (vgl Rz 899, 1436 ff). **1433**

Erst *1961* gelang hierauf mit der **Europäischen Sozialcharta** (ESC) die Schaffung eines Kodex der sozialen Grundrechte für Europa (Rz 1570 ff). Inhaltlich wie auch mit ihrer thematischen Aufteilung entsprechen diese beiden Instrumente den später entstandenen UN-Menschenrechtspakten (Rz 1383 ff). Die EMRK und die ESC wurden in der Folge immer wieder durch Protokolle ergänzt und in ihrem Verfahren verändert. *1987* wurde überdies ein gelungenes Experiment begonnen, indem das Folterverbot des Art 3 EMRK durch ein *präventives Besuchssystem für Gefängnisse* ergänzt wurde (zum **Anti-Folterkomitee,** Rz 1565 ff). Daneben gibt es im Rahmen des Europarats noch eine Reihe anderer Einrichtungen zur Förderung und zum Schutz der Menschenrechte; beispielsweise genannt seien der **Kommissar für Menschenrechte** (Rz 1590 f) und die **Europäische Kommission gegen Rassismus und Intoleranz** (Rz 1592 f). **1434**

Der *Menschenrechtsschutz* in der **EU** kann hier nicht im Detail dargestellt werden, doch soll zumindest ein kurzer Überblick gegeben werden (Rz 1594 ff). In einer Darstellung des europäischen Menschenrechtsschutzes darf auch der stark durch die Diplomatie geprägte *„Prozess“* im Rahmen der **OSZE** nicht fehlen (Rz 1609 ff). **1435**

2. Die Europäische Menschenrechtskonvention (EMRK)

Literatur: *Karl* (Hrsg, vormals *Golsong ua*), Internationaler Kommentar zur Europäischen Menschenrechtskonvention (Loseblatt, ab 1986); *Macdonald / Matscher / Petzold* (Hrsg), The European System for the Protection of Human Rights (1993); *Polakiewicz,* Die Verpflichtungen der Staaten aus den Urteilen des Europäischen Gerichtshofs für Menschenrechte (1993); *Dannemann,* Schadenersatz bei Verletzung der Europäischen Menschenrechtskonvention (1994); *Ress,* Wirkung und Beachtung der Urteile und Entscheidungen der Straßburger Konventionsorgane, EuGRZ 23 (1996) 350; *Frowein / Peukert,* Europäische Menschenrechtskonvention. EMRK-Kommentar (2. Aufl, 1996); *Lawson / Schermers,* Leading Cases of the European Court of Human Rights (1997); *Matscher,* Quarante ans d'activités de la Cour européenne des droits de l'homme, RdC 270 (1997) 237 ; *van Dijk / van Hoof,* Theory and Practice of the European Convention on Human Rights (3. Aufl, 1998); FS *Nørgaard* (1998); *Grabenwarter / Thienel* (Hrsg), Kontinuität und Wandel der EMRK (1998); *Berka,* Die Grundrechte, Grundfreiheiten und Menschenrechte in Österreich (1999); *Matscher,* Kurzinformation über die Beschwerdeführung in Straßburg, Newsletter Öst Inst MR 1999 (Sonderheft); *Villiger,* Handbuch der Europäischen Menschenrechtskonvention – EMRK (2. Aufl, 1999); *Lambert,* Les effets des arrêts de la Cour européenne des droits de l'homme (1999); *Janis / Kay / Bradley,* European Human Rights Law (2. Aufl, 2000); FS *Ryssdal* (2000); *Siess-Scherz,* Bestandsaufnahme: Der EGMR nach der Erweiterung des Europarats, EuGRZ 2003, 100; *Grabenwarter,* Europäische Menschenrechtskonvention (2003); *Peters,* Einführung in die Europäische Menschenrechtskonvention (2003).

a) Abschluss der Konvention und ihre Entwicklung

1436 Die *Europäische Konvention zum Schutz der Menschenrechte und Grundfreiheiten* (EMRK – D 174) wurde am 4. 11. 1950 in Rom unterzeichnet und trat am 3. 9. 1953 in Kraft. Das auf ihrer Grundlage eingerichtete internationale Menschenrechtsschutzsystem mit dem **Europäischen Gerichtshof für Menschenrechte** (EGMR) in Straßburg umfasst derzeit mehr als 40 Mitgliedstaaten (fast alle europäischen Staaten) und ist die *Hauptleistung* des *Europarats.*

1437 An der Entwicklung des Parteienkreises der Konvention lässt sich die politische Entwicklung im Nachkriegseuropa ablesen. *Zunächst* umfasste die EMRK *nur westeuropäische Staaten,* und zwar nur jene, die sich zu *Freiheit, Demokratie und Rechtsstaatlichkeit* (und natürlich zu den *Menschenrechten*) bekannten und Mitglieder des Europarats geworden waren. Österreich wurde 1958 in diese IO aufgenommen, nachdem es als souveräner Staat wieder erstanden war (Rz 3119 ff). Portugal und Spanien mussten sich erst von autoritären Regimen befreien, bevor sie in den späten 1970er Jahren Aufnahme fanden. *Nach der „Wende"* 1989/90 (vgl Rz 30, 114, 1925) wurden auch die *mittel- und osteuropäischen Staaten* nach und nach Mitglieder des Europarates und traten der Konvention bei. 1998 wurde Russland aufgenommen.

1438 Auch *inhaltlich* wurde die EMRK in dem halben Jahrhundert ihrer Existenz weiter entwickelt. Zwar blieb das Grundkonzept – nämlich die Erfüllung staatlicher Pflichten zur Achtung der Menschenrechte mittels Beschwerdeverfahren vor internationalen Instanzen zu gewährleisten – erhalten, doch gab es wiederholt Änderungen im Verfahren (durch Protokolle zur EMRK – D 175–180). *Ursprünglich* standen **Staatenbeschwerden** im *Vordergrund,* während für die Zulassung von **Individualbeschwerden** *freiwillige Unterwerfungserklärungen* der *Staaten erforderlich* waren. Aber auch die Idee einer übergeordneten Gerichtsinstanz, die in Menschenrechtssachen für Staaten bindende Urteile fällen würde, war noch nicht allgemein akzeptiert; auch dafür war daher zunächst eine *freiwillige Unterwerfung unter* die *Gerichtsbarkeit* des *EGMR* durch meist periodisch erneuerte Unterwerfungserklärungen vorgesehen.

1439 Der *Normalfall* war ein Verfahren vor der **Europäischen Menschenrechtskommission,** das vor einem politischen Organ, dem **Ministerkomitee des Europarats** (MK), fortgesetzt wurde. Dabei erstellte die Kommission einen vorläufigen Bericht über behauptete Konventionsverletzungen, auf dessen Grundlage das MK den belangten Staat mit einer Zweidrittelmehrheit verurteilen konnte. Hatte ein Staat aber die Gerichtsbarkeit des EGMR anerkannt, so konnte die Beschwerde von der Kommission an den Gerichtshof gehen und wurde nach neuerlicher Prüfung mit Urteil entschieden.

1440 Die Unterwerfungserklärungen wurden im Laufe der Zeit zur Selbstverständlichkeit. *Die Zahl der Beschwerden nahm daher unaufhörlich zu,* ihre Erledigung dauerte immer länger, sodass das System am eigenen Erfolg zu ersticken drohte. Daher entschlossen sich die Vertragsstaaten 1994, das Beschwerdeverfahren von Grund auf zu reformieren: Die Doppelgleisigkeit wurde beseitigt und die Menschenrechtskommission als Vorprüfungsinstanz abgeschafft. Es blieb der **EGMR** als **einzige Entscheidungsinstanz,** die nun als ständiger Gerichtshof mit **hauptamtlichen Richtern** besetzt ist. Das MK wurde auf die Überwachung der Durchführung von Urteilen beschränkt. (Die Reform erfolgte mit *Protokoll [Prot] 11,* das am 1. 11. 1998 in Kraft trat.)

Neben den Änderungen im Bereich der Organe und des Verfahrens kam es im Laufe der Zeit auch wiederholt zu einer **Ausweitung der geschützten Rechte.** Auch dies geschah durch (Zusatz-)Protokolle. Diese wurden aber von den Staaten unterschiedlich ratifiziert, sodass die darin stipulierten Rechte nicht in allen Mitgliedstaaten des Europarats gelten. Bei diesen *Protokollen meritorischen Inhalts* handelt es sich um die *Prot 1, 4, 6, 7, 12* und *13* (D 175–180). Die übrigen Protokolle betrafen prozedurale Aspekte; sie wurden in die Konvention integriert – insbes Prot 11 – und ansonsten gegenstandslos. **1441**

b) Die Rechte der EMRK und ihrer Protokolle

Die **EMRK** und ihre Protokolle enthalten im Wesentlichen die **klassisch-liberalen Freiheitsrechte,** während die **sozialen Grundrechte** prinzipiell in der **ESC** zu suchen sind (Rz 1570 ff). Allerdings wurde die Auswahl der Rechte für die EMRK nicht nach theoretischen, sondern nach praktisch-politischen Gesichtspunkten getroffen: In die EMRK aufgenommen wurden im Großen und Ganzen die für die demokratische Grundordnung, die Menschenwürde und die Freiheit wesentlichen Rechte des Individuums. Diese sind auch sinnvoll in einem gerichtlichen Verfahren geltend zu machen, dh *justiziabel.* **1442**

Dazu gehört jedoch auch das eine oder andere wirtschaftliche oder kulturelle Recht (zB Schutz des Eigentums oder Recht auf Bildung – Art 1 und 2 Prot 1). Vermutlich würde sich bei neuerlicher Prüfung heute auch manches (nicht in die Konvention aufgenommene) soziale Grundrecht als justiziabel und konventionstauglich herausstellen. In der Regel handelt es sich bei den *sozialen Grundrechten* aber um *programmatische Verpflichtungen,* die der Staat je nach seinen Ressourcen durch schrittweise Verwirklichung einer entsprechenden Sozial- und Wirtschaftspolitik einlöst. **1443**

Die Konventionsrechte sind aber *nicht nur* **Abwehrrechte** gegenüber dem Staat (also im Sinne der *Jellinekschen Statuslehre* dem *status negativus* zuzurechnen), sondern vielfach auch **Gewährleistungen,** die den Staat zu einem positiven Tun verpflichten *(status positivus).* Dies zeigt sich zB beim *Recht auf Leben* (Art 2), das vom Staat auch gesetzlich geschützt werden muss, oder beim *Recht auf ein faires Gerichtsverfahren* (Art 6), welches auch impliziert, dass der Staat über ein funktionierendes Gerichtswesen verfügt. *Außerdem* garantiert die Konvention auch **politische Grundrechte** wie das aktive und passive Wahlrecht (Prot 1 Art 3) oder die Versammlungs- und Vereinigungsfreiheit (Art 11); dadurch wird die Teilnahme am politischen Willensbildungsprozess ermöglicht *(status activus).* **1444**

1445 Die **besondere Ausprägung** der Grundrechte geht zT auf die **Spruchpraxis** der **Konventionsorgane** zurück. ZB wurde aus einem Abwehrrecht die Pflicht des Staates abgeleitet, den Einzelnen gegenüber privaten Bedrohungen (etwa durch mächtige Verbände) zu schützen *(indirekte Drittwirkung)*. In der *EMRK* ist hingegen *keine echte Drittwirkung* zu Grunde gelegt. Diese äußert sich ja als horizontale Rechtsbeziehung zwischen Einzelnen; Beschwerden in Straßburg können aber immer nur gegen Staaten eingebracht werden.

1446 Die **Rechte** der **EMRK** sind in den **Art 2 bis 14** aufgelistet. Dieser Katalog wird durch (Zusatz-)**Protokolle** ergänzt (Rz 1548, 1306ff). Im Laufe der Zeit und nicht zuletzt infolge der rasanten technischen und gesellschaftlichen Entwicklungen treten immer wieder neue Bedrohungen des Individuums zu Tage, sodass die Formulierung konkreter Menschenrechte wie auch deren Schutz wohl nie abgeschlossen sein wird. Wichtig ist auch, dass die Konvention sich als **europäischer Mindeststandard** begreift. Dieser kann durchaus durch staatliche Schutzvorschriften oder andere internationale Übereinkünfte überboten werden und derogiert diesen nicht (**Günstigkeitsprinzip** – Art 53). Allgemein wird die EMRK auch als **europäischer ordre public,** gewissermaßen als europäische Verfassungsgrundlage, angesehen.

1447 Ohne strenge Kategorisierung kann man die Konventionsrechte zu folgenden Gruppen zusammenfassen:

1) **Körperliche Integrität**
- Recht auf Leben – Art 2, Prot 6 und Prot 13
- Verbot der Folter und unmenschlicher oder erniedrigender Behandlung oder Strafe – Art 3

2) **Persönliche Freiheit**
- Schutz vor willkürlicher Verhaftung und sonstiger Freiheitsbeschränkung – Art 5
- Verbot der Sklaverei und der Zwangsarbeit – Art 4
- Recht auf Freizügigkeit – Art 2 Prot 4

3) **Geistige Freiheit**
- Gedanken-, Gewissens- und Religionsfreiheit – Art 9
- Meinungs- bzw Kommunikationsfreiheit (Meinungsäußerungs-, Informations- und Medienfreiheit) – Art 10
- Recht auf Bildung – Art 2 Prot 1

4) **Achtung der Privatsphäre**
- Recht auf Achtung von Privat- und Familienleben, Wohnung und Briefverkehr – Art 8
- Recht auf Eheschließung und Familiengründung – Art 12
- Schutz des Eigentums – Art 1 Prot 1

5) **Politische Rechte**
- Versammlungs- und Vereinigungsfreiheit – Art 11
- Recht auf freie Wahlen – Art 3 Prot 1
- Meinungs- bzw Kommunikationsfreiheit – Art 10 (vgl auch 3)

6) **Gleichheit**
- Verbot der Diskriminierung im Bereich der konventionsgeschützten Rechte – Art 14
- Allgemeines Diskriminierungsverbot – Prot 12

7) **Verfahrensgarantien**
- Recht auf wirksame Beschwerde im Bereich der konventionsgeschützten Rechte – Art 13
- Recht auf ein faires Gerichtsverfahren – Art 6
- Keine Strafe ohne Gesetz – Art 7
- Verbot der Doppelbestrafung – Art 4 Prot 7

Diese Darstellung ist allerdings weder erschöpfend was die Rechte, **1448**
noch eindeutig was deren Zuordnung betrifft. Die doppelte Erfassung der Meinungs- bzw Kommunikationsfreiheit macht deutlich, dass Rechte in diesem Schema auch mehrfache Funktionen haben können.

c) Fragen der Anwendung und Auslegung der EMRK

Die Konvention unterliegt *Beschränkungen* und *Einflüssen,* die sich aus **1449**
ihrer Natur als annahmebedürftigem, *vr Vertrag,* aus ihren eigenen *Anwendungs-* und *Auslegungsbestimmungen* sowie aus ihrem Wesen als menschenrechtlichem *Schutzinstrument* mit einem *zentralen, supranationalen Kontrollsystem* ergeben.

ca) Die Geltungsbereiche der EMRK

Zunächst stellt sich die Frage nach dem **räumlichen Geltungsbereich.** In **1450**
Art 1 sichern die Vertragsparteien die Konventionsrechte allen ihrer Hoheitsgewalt *(jurisdiction)* unterstehenden Personen zu. Wie der EGMR im Fall *Bankovic ua gegen Belgien ua* (im Zusammenhang mit den NATO-Luftbombardements gegen Jugoslawien während der Kosovo-Krise 1999 – Rz 1866f) klarstellte, deckt sich der Geltungsbereich der Konvention im Großen und Ganzen mit dem *Hoheitsgebiet* der *Mitgliedstaaten* (EGMR, Entsch 12. 12. 2001, ÖIM-Newsletter 2002, 48). Es gibt darüber hinaus nur *wenige Fälle,* in denen die EMRK *extraterritoriale Akte* erfasst (zB bei effektiver Kontrolle über fremdes Staatsgebiet und nicht schon bei bloßen Kampfhandlungen daselbst. Außerdem können die Staaten gem Art 56 erklären, dass die Konvention auch auf Gebiete anzuwenden ist, für deren iBez sie zuständig sind *(Territorialerklärungen für abhängige Gebiete).*

Hinsichtlich des **persönlichen Geltungsbereichs** *(geschützte Personen)* **1451**
stellt die Konvention weder auf die Staatsangehörigkeit noch auf den Wohnsitz ab, sondern nur darauf, ob die *Personen* zur fraglichen Zeit der *Hoheitsgewalt eines Konventionsstaates unterstanden.* Auch Angehörige von Nichtmitgliedstaaten sind also beschwerdeberechtigt, sofern sie sich im Hoheitsgebiet eines Konventionsstaates aufhielten. Eine *Staatenbeschwerde* kann allerdings *nur von einer Konventionspartei* und nicht von einem Drittstaat eingebracht werden. In einer zweiten Variante versteht man unter dem persönlichen Geltungsbereich der Konvention ihre Verbindlichkeit für jene Staaten, die sie ratifiziert haben. Wenn der Gerichtshof daher eine Beschwerde *ratione personae* für unzulässig erklärt, kann sich diese Feststellung entweder auf den Beschwerdeführer oder auf den belangten Staat beziehen.

Der **zeitliche Geltungsbereich** beginnt mit dem In-Kraft-Treten der **1452**
Konvention. *Vor dem Beitritt begangene Menschenrechtsverletzungen* sind

daher *nicht beschwerdefähig,* sofern sie beim Beitritt bereits abgeschlossen waren. *Fortdauernde Menschenrechtsverletzungen* (zB illegale Freiheitsberaubung) werden jedoch von der Konvention und dem Beschwerderecht *erfasst.* Die *EMRK* kann frühestens fünf Jahre nach dem Beitritt und unter Einhaltung einer sechsmonatigen Frist *gekündigt* werden. Die Kündigung befreit jedoch nicht von der Verantwortlichkeit für begangene Konventionsverletzungen. Das Ausscheiden aus dem Europarat zieht auch das Ausscheiden aus der Konvention nach sich. (Dies geschah erst einmal, im Falle Griechenlands 1969/70 als Folge eines Militärputsches.)

cb) Vorbehalte zur EMRK

1453 Die Staaten haben nicht gerade sparsam von der Möglichkeit Gebrauch gemacht, anlässlich des Beitritts zur EMRK Vorbehalte anzubringen (Rz 294 ff). Die spezielle *Vorbehaltsregel* der EMRK (Art 57) lässt *Vorbehalte nur* zu, soweit eine *Konventionsbestimmung* einem bereits in Kraft stehenden *Gesetz widerspricht.* Außerdem dürfen Vorbehalte nur zu einzelnen Konventionsbestimmungen angebracht werden und *nicht allgemeiner Art* sein. Schließlich muss jeder solche Vorbehalt mit einer kurzen Darstellung des konventionswidrigen Gesetzes verbunden sein, für das eine Ausnahme beansprucht wird.

1454 Die Praxis der Straßburger Organe gegenüber Vorbehalten war zunächst nachsichtig, änderte sich jedoch im Laufe der Zeit. Im Fall *Belilos gegen die Schweiz* erklärte der EGMR einen Schweizer Vorbehalt (der als interpretative Erklärung deklariert war – Rz 295) für ungültig, weil die für Vorbehalte verlangte Inhaltsangabe kantonaler Gesetze fehlte (EGMR, U 29. 4. 1988, A132). Diese geänderte Haltung bekam später auch Österreich zu spüren (Rz 1551). Da Vorbehalte zu Menschenrechtsverträgen eigentlich dazu dienen sollten, den Parteien Zeit für die Anpassung ihrer Rechtsordnung zu geben, sind die meisten Vorbehalte zur EMRK heute (oft Jahrzehnte nach dem Beitritt der betreffenden Staaten) fragwürdig geworden.

cc) Gerechtfertigte Eingriffe in Konventionsrechte und die Suspendierung von Rechten im Notstandsfall

1455 Nur wenige Konventionsrechte gelten absolut in dem Sinn, dass sie nicht unter bestimmten Voraussetzungen eingeschränkt werden können. *Art 8–11* enthalten jeweils in ihrem Abs 2 sog **Gesetzesvorbehalte,** auf deren Grundlage *gesetzlich vorgesehene* und *in einer demokratischen Gesellschaft notwendige Eingriffe* in die betreffenden Rechte zulässig sind (Eingriffsvorbehalt). Als *Rechtfertigungsgründe* neben der erforderlichen gesetzlichen Grundlage (daher „materielle“ Gesetzesvorbehalte zum Unterschied von „formellen“) werden ua genannt: *die nationale und die öffentliche Sicherheit, das wirtschaftliche Wohl des Landes, die Aufrechterhaltung der Ordnung, der Schutz der Gesundheit und der Moral sowie die Rechte und Freiheiten anderer.* (Man spricht hier von einem „legitimen Ziel“.)

1456 **„Notwendig“** bedeutet laut Judikatur, dass für einen solchen Eingriff ein *dringendes gesellschaftliches Bedürfnis* bestehen muss; außerdem muss der Eingriff **verhältnismäßig** sein, dh grundsätzlich ein taugliches Mittel darstellen und mit seiner Belastung für den Einzelnen in einem vernünftigen Verhältnis zum gesellschaftlichen Ziel stehen. Für die oft schwierige Einschätzung im konkreten Fall räumt der Gerichthof den **staatlichen Behörden** einen **Ermessensspielraum** ein. (Der Gesetzesvorbehalt darf weder mit dem vr Vorbehalt [Rz 294 ff] noch mit dem Erfüllungsvorbehalt iSd Art 50 Abs 2 B-VG [Rz 322] verwechselt werden.)

Wie andere Menschenrechtsverträge auch enthält die EMRK in Art 15 **1457**
eine **Derogationsklausel.** Demnach ist eine zeitweilige Aussetzung von Konventionsrechten in Situationen eines **öffentlichen Notstandes** (einschließlich des Krieges) zulässig. Dies bedeutet, dass der Einzelne in Situationen, *in denen das Leben der Nation bedroht ist,* Beschränkungen seiner Grundrechte hinnehmen muss, die über das in Normalzeiten zulässige Maß hinausgehen. Da nur ein funktionierendes Gemeinwesen die Menschenrechte zu garantieren vermag, liegt deren vorübergehende Beschränkung zur Herstellung normaler Verhältnisse letztlich auch im Interesse der betreffenden Personen.

Voraussetzung für die Notstandsmaßnahmen ist deren *unbedingte Not-* **1458**
wendigkeit im Lichte der jeweiligen Situation („soweit es die Lage unbedingt erfordert"). Der Eingriff muss demnach das einzige Mittel sein, um mit der Notstandssituation fertig zu werden bzw das gelindeste verfügbare Mittel darstellen **(Verhältnismäßigkeitsprinzip).** Die Entwicklung der Notstandssituation ist ständig im Auge zu behalten; die Maßnahmen sind zu lockern oder aufzuheben, sobald dies möglich erscheint. Weitere Bedingungen für Notstandsmaßnahmen sind,

1) dass diese mit *anderweitigen vr Verpflichtungen* des Staates *vereinbar* sind (wobei insbes an das humanitäre VR zu denken ist – Rz 2877 ff), und

2) eine *Notifikation* der Notstandsmaßnahmen an den Generalsekretär des Europarats zwecks Publizität und Kontrolle.

Art 15 Abs 2 nennt auch Konventionsbestimmungen, von denen in kei- **1459**
nem Fall abgewichen werden darf. Solche **notstandsfesten Rechte** sind das *Recht auf Leben* (mit Ausnahme von Tötungen infolge rechtmäßiger Kriegshandlungen), weiters das *Verbot der Folter* (Art 3), der *Sklaverei und Leibeigenschaft* (Art 4 Abs 1; „bloße" Zwangs- oder Pflichtarbeit darf allerdings in Notstandssituationen auferlegt werden). Notstandsfest ist schließlich auch der Grundsatz *„Keine Strafe ohne Gesetz"* (Art 7).

Ob ein *Notstand zu Recht* ausgerufen wurde und Konventionsrechte **1460**
zulässigerweise suspendiert wurden, *beurteilt* der *EGMR erst anlässlich von Menschenrechtsbeschwerden.* Da Notstandsmaßnahmen in kritischen Situationen meist rasch ergriffen werden müssen, ist der Gerichtshof bereit, den Staaten hierfür einen beträchtlichen **Ermessensspielraum** einzuräumen. Die bisherigen Entscheidungen betrafen va die Situationen in Nordirland, in Griechenland (nach dem Militärputsch 1967), in Zypern (ab 1974) und in der Türkei und gaben Gelegenheit zur Konkretisierung der Notstandsbestimmung.

Vereinzelt enthält die EMRK auch **Interpretationsklauseln,** durch wel- **1461**
che die Tragweite von Konventionsbestimmungen von vorneherein eingeschränkt wird. So regelt zB Art 4 Abs 3, welche Arbeiten und Dienstleistungen nicht als (verbotene) Zwangs- oder Pflichtarbeit gelten.

cd) Die Auslegung der EMRK

1462 Wie der Gerichtshof in *Golder gegen das Vereinigte Königreich* (U 21. 2. 1975, A18 § 29) hervorhob, ist die **EMRK** *als vr Vertrag* nach den **Auslegungsregeln** der **WVK** auszulegen (Rz 326ff). Diese sind zwar sehr detailliert, überlassen aber die Entscheidung, welche Gesichtspunkte letztlich den Ausschlag geben, dem Interpreten. Die *Straßburger Organe* (insbes die seinerzeitige Kommission und der Gerichtshof) verstehen die Konvention als *„living instrument"*. Dieses schreibt den seinerzeitigen Vertragswillen der (wenigen) ursprünglichen Parteien nicht unverrückbar fest, sondern muss jeweils im Lichte der aktuellen Bedingungen interpretiert werden. Diese **teleologische und evolutive Auslegung** der EMRK gestattet es bis zu einem gewissen Grad, neuen Entwicklungen, neuen Gefährdungen der Menschenrechte und auch neuen Überzeugungen Rechnung zu tragen.

1463 Ziel und Zweck der Konvention verlangen auch, dass die Schutzvorschriften der EMRK im Sinne ihrer **Effektivität** interpretiert werden, also praktisch ausübbar und wirksam sind. Demgemäß wurden aus scheinbar bloßen Abwehrrechten bzw „Freiheiten" positive Verpflichtungen des Staates zur Sicherstellung von Rechten abgeleitet (Rz 1444).

1464 Selbstverständlich spielt auch der **Wortlaut** der Konvention eine wichtige Rolle. Die Straßburger Organe beanspruchen für diesen ein **autonomes Begriffsverständnis,** das also nicht an jenes der Vertragsparteien gebunden ist (*„civil rights"* in Art 6 Abs 1 EMRK darf daher nicht mit „Zivilrecht" gleichgesetzt werden – D 183–185, 191). Da die **authentischen Konventionssprachen Englisch und Französisch** sind, kommt bei unauflösbaren Textdivergenzen (gem Art 33 WVK) dem Zweck der EMRK (als menschenrechtlichem Schutzinstrument) die ausschlaggebende Bedeutung zu (Rz 336). Die deutschen Übersetzungen in den verschiedenen Bundesgesetz- und Amtsblättern der deutschsprachigen Länder haben lediglich praktische Bedeutung, da Deutsch keine authentische Konventionssprache ist.

1465 Die *EMRK* wird im Allgemeinen auch direkt von *staatlichen Gerichten,* insbes Verfassungsgerichten, *angewendet und ausgelegt.* Da dabei nicht selten auch nationale Interpretationsmaximen Verwendung finden bzw ein „verfassungskonformes" Ergebnis angestrebt wird, kommt es beinahe zwangsläufig zu *Divergenzen in der Judikatur.* Dies gilt sowohl im Vergleich der Staaten untereinander als auch zwischen staatlichen Gerichten und dem EGMR. *Der Gerichtshof* hat aber das *letzte Wort* und vermag über das Instrument der bei ihm eingereichten Menschenrechtsbeschwerden seine eigene Interpretation der Konvention durchzusetzen. Dies geschieht sowohl durch seine Urteile, die die Staaten im Einzelfall binden (Art 46 Abs 1, siehe jedoch Rz 1542f), als auch kraft der Autorität seiner Entscheidungen im Ganzen, die erfahrungsgemäß letztlich doch immer anerkannt wird (Rz 531).

d) Einzelne Konventionsrechte

da) Das Recht auf Leben (Art 2 EMRK, Prot 6 und 13)

1466 Art 2 enthält einen grundsätzlichen Schutz des menschlichen Lebens, indem er zum einen die **Verpflichtung** statuiert, das menschliche **Leben**

durch staatliche Gesetze zu schützen, und zum anderen eine **absichtliche Tötung durch den Staat** und seine Organe **verbietet.** *Ausnahmen* bestehen für die Vollstreckung eines gesetzlich vorgesehenen und gerichtlich verhängten *Todesurteils* sowie für *Tötungen* im Zuge *unbedingt notwendiger Gewaltanwendung* für *legitime Zwecke* (zB zur Befreiung von Geiseln oder zur Niederschlagung eines Aufruhrs oder Aufstandes). Gem Art 15 Abs 2 sind auch Tötungen im Zuge *rechtmäßiger Kriegshandlungen* zulässig; *ansonsten* ist das Recht auf Leben aber ein *notstandsfestes Recht.*

Während also die „Stammkonvention“ 1950 die **Todesstrafe** noch als **1467** zulässige Einschränkung des Lebensrechts anerkennt, wird diese durch **Prot 6** (1983) für *Friedenszeiten* und durch **Prot 13** (2002) *ohne Ausnahme,* also auch für Kriegszeiten, **abgeschafft.** Freilich ist die Geltung dieser Protokolle von der Ratifikation durch die Mitgliedstaaten abhängig. Aus der Ratifikation von Prot 6 durch beinahe alle Mitgliedstaaten und aus der lückenlosen Praxis der Nichtvollstreckung der Todesstrafe ist jedoch die Tendenz zu ihrer europaweiten Ächtung ablesbar.

Geschützt ist das menschliche *Leben* jedenfalls *zwischen Geburt* und **1468** *Tod.* In der Straßburger Judikatur ist aber bisher *offen* geblieben, ob sich der Schutz von Art 2 auch auf das werdende menschliche Leben vor der Geburt erstreckt, also die **Abtreibungsproblematik** erfasst. (In seinem „Fristenlösungserkenntnis“ vom 11. 10. 1974, Slg 7400/1975, vertrat der VfGH die Auffassung, dass Art 2 keimendes Leben nicht schütze.) Ein *Recht zu sterben* oder auf *aktive Sterbehilfe* lehnte der *EGMR* im Fall *Pretty gegen Vereinigtes Königreich* (U 29. 4. 2002, Reports 2000-III) ab.

In einer Reihe von Urteilen (vorwiegend gegen die Türkei) wurde eine **1469** Verletzung des Rechts auf Leben beim *„Verschwinden“* des in staatliche Gewahrsam genommenen Opfers oder bei gewaltsamen Todesfällen im staatlichen Nahebereich angenommen, wenn staatliche Nachforschungen, zu welchen Art 2 indirekt auch verpflichtet, unterblieben waren.

db) Das Verbot der Folter (Art 3)

Art 3 verbietet lapidar die **Folter** und **unmenschliche** oder **erniedrigende** **1470** **Strafe** oder **Behandlung** und duldet keinerlei Einschränkung, ist daher auch *notstandsfest* (Art 15 Abs 2). Eine gewisse *Schwere des Eingriffs* ist in jedem Fall erforderlich. Jedoch ist die Folter ihrerseits von „bloß“ unmenschlicher Behandlung zu unterscheiden, wiewohl die Grenze im Einzelfall schwer zu ziehen sein mag: In *Irland gegen Vereinigtes Königreich,* U 18. 1. 1978, A 25, wurden fünf ominöse Vernehmungspraktiken, die gegen Personen, die mit Straftaten der *Irish Republican Army (IRA)* in Zusammenhang gebracht worden waren, von der Kommission als Folter, vom EGMR aber nur als unmenschliche Behandlung qualifiziert. Fälle unmenschlicher Behandlung sind etwa Schläge durch Exekutivorgane. Die auf der Isle of Man praktizierte ritualisierte Prügelstrafe für Minderjährige wurde als erniedrigende Behandlung beurteilt (EGMR, Fall *Tyrer gegen Vereinigtes Königreich,* U 25. 4. 1978, A26). Befand sich das *Opfer von Misshandlungen* in *staatlichem Gewahrsam,* so besteht mitunter *Beweisnotstand.* In solchen Fällen kann eine Umkehr der Beweislast vorgenommen werden.

1471 Nach der Judikatur des EGMR wird Art 3 auch dann verletzt, wenn jemand in einen Staat ausgewiesen oder an einen Staat ausgeliefert wird, in welchem ihm Folter oder unmenschliche Behandlung drohen (gewissermaßen wegen Beihilfe des Staates zu den Menschenrechtsverletzungen eines anderen Staates). Dies war im Fall *Soering gegen Vereinigtes Königreich* entscheidend, weil dem an die USA Auszuliefernden dort ein jahrelanger und menschenunwürdiger Aufenthalt in Todeszellen drohte (D 182); der drohende Vollzug der Todesstrafe selbst war konventionsrechtlich freilich kein Thema. In der Praxis entwickelt sich *Art 3* immer mehr zu einem *Ersatzasylrecht.*

1472 Im Zusammenhang mit Art 3 ist auch auf die Tätigkeit des Europäischen Komitees gegen die Folter hinzuweisen (Rz 1434, 1565 ff).

dc) Das Recht auf Freiheit und Sicherheit (Art 5)

1473 *Die EMRK schützt vor* **willkürlicher Freiheitsentziehung** durch den Staat; ein eigenständiges *Recht auf Sicherheit* besteht daneben *nicht. Ausnahmen* vom Recht auf Freiheit gibt es nur in *taxativ aufgezählten Fällen* und wenn das *gesetzlich vorgeschriebene (innerstaatliche) Verfahren* eingehalten wird.

1474 Die Fälle des **zulässigen Freiheitsentzugs** sind in Abs 1 lit a–f normiert. Der praktisch wichtigste Fall ist der rechtmäßige Freiheitsentzug nach **Verurteilung durch** ein **zuständiges Gericht** (lit a). Dies setzt nicht nur ein Verfahren vor einem unabhängigen Gericht, sondern auch einen straf- oder disziplinarrechtlichen Tatbestand sowie die Feststellung einer Schuld voraus.

1475 Ein weiterer Fall ist die **Verwahrungs-** bzw **Untersuchungshaft,** die der Vorführung vor das zuständige Gericht dient. Sie setzt einen *hinreichenden Tatverdacht* oder *Ausführungs- bzw Fluchtgefahr* voraus, um konventionskonform verhängt werden zu können (lit c). Gem Abs 3 muss ein *Untersuchungshäftling unverzüglich* dem *Haftrichter bzw richterlichen Beamten vorgeführt* werden. Die Untersuchungshaft darf eine *angemessene Frist* nicht überschreiten, die von den konkreten Umständen des Falles abhängt. (In Österreich darf eine U-Haft laut § 194 StPO nicht länger als sechs Monate dauern, es sei denn, die Sache ist bes schwierig und erfordert eine bes umfangreiche Untersuchung.)

1476 Weitere Fälle rechtmäßigen Freiheitsentzugs sind: die **Anhaltung von Minderjährigen** zum Zweck überwachter Erziehung (Jugendfürsorge, Jugendstrafrecht – lit d) sowie die **zwangsweise Unterbringung** von **Personen** mit **ansteckenden Krankheiten,** von **Geisteskranken, Alkoholikern** und **Rauschgiftsüchtigen.** Dabei kommt der *ärztlichen Feststellung große Bedeutung* zu. Oft gilt es dabei, das Interesse des Einzelnen an seiner Freiheit und die Erfordernisse der öffentlichen Sicherheit gegeneinander abzuwägen. Zulässig ist auch der Freiheitsentzug bei **Landstreichern,** dh bei Personen ohne festen Wohnsitz und Unterhalt, die keinem Beruf nachgehen (alles lit e). Gem lit f ist eine Anhaltung auch zulässig, um eine **unerlaubte Einreise** (zB von Asylwerbern) zu **verhindern** (etwa an Grenzübergängen oder in Transitzonen auf Flughäfen); ausdrücklich erlaubt sind auch **Schub- und Auslieferungshaft.**

Insgesamt ist der erlaubte Freiheitsentzug aber nur unter der Bedingung zulässig, dass die **Freiheit „nur auf die gesetzlich vorgeschriebene Weise"** (Abs 1) **entzogen** wird. Es muss also ein gesetzliches Verfahren bestehen (das selbstverständlich EMRK-konform zu sein hat) und auch korrekt eingehalten worden sein, damit von einem „rechtmäßigen Freiheitsentzug" im Sinne von Art 5 gesprochen werden kann. Gegenüber **Festgenommenen** besteht eine **Pflicht zur Information** (in möglichst kurzer Frist, in einer ihnen verständlichen Sprache, über die Gründe der Festnahme und Beschuldigungen – Abs 2). Außerdem hat jeder **Festgenommene Anspruch** auf **Haftprüfung** durch ein **Gericht,** sofern die Haft nicht ohnehin durch ein Gericht verhängt wurde (Abs 4). Jedem, der rechtswidrig, dh entgegen den Garantien des Art 5, festgehalten wurde, gebührt **Schadenersatz** (Abs 5), und zwar sowohl für den erlittenen *materiellen* als auch den *immateriellen* Schaden. 1477

Österreich hat zu Art 5 einen *Vorbehalt* erklärt, wonach die Verhängung von Freiheitsstrafen durch Verwaltungsbehörden nach den Verwaltungsverfahrensgesetzen zulässig bleiben sollte (D 181 a). Dieser Vorbehalt hat heute seine Bedeutung weitgehend verloren (Rz 1549 f, 1559). 1478

dd) Das Recht auf ein faires Verfahren (Art 6)

Art 6 garantiert für bestimmte, für den Einzelnen wichtige Rechtsangelegenheiten den **Zugang zu einem unabhängigen Gericht** sowie ein **faires Verfahren,** wobei der Grundsatz der **Öffentlichkeit** bes hervorgehoben wird. Die Bedeutung dieses Rechts ist groß; dies lässt sich daran ablesen, dass es den *weitaus meisten Beschwerden* in Straßburg zu Grunde liegt. Es stellt eine Bastion gegen staatlichen Machtmissbrauch dar und ist eine Säule des Rechtsstaates. Auch sein *instrumenteller Charakter* zur *Sicherung anderer Menschenrechte* sei betont: Durch faire Verfahren lassen sich nämlich Menschenrechtsverletzungen zT verhindern oder schon auf staatlicher Ebene korrigieren. Insofern erfüllt *Art 6 dieselbe Aufgabe* wie *Art 13,* der bei *Konventionsverletzungen* ein *Recht auf wirksame Beschwerde* bei einer *nationalen Instanz* einräumt. Die Einhaltung dieser verfahrensrechtlichen Schutzbestimmungen entlastet daher das internationale Kontrollsystem nicht nur direkt, sondern auch indirekt. 1479

Der **sachliche Geltungsbereich** von Art 6 bereitete wegen seiner *Unbestimmtheit* besondere Schwierigkeiten. Die Bestimmung scheint sich nämlich nur auf zivil- und strafrechtliche Verfahren zu beziehen, für welche dann der Zugang zu einem Gericht und die Einhaltung gewisser Verfahrensstandards garantiert wird. Die Begriffe **„zivilrechtliche Ansprüche und Verpflichtungen"**, **„strafrechtliche Anklage"** und **„Gericht"** sind aber weiter zu verstehen, als es die nationale Begriffswelt suggeriert – sie werden in Straßburg **autonom interpretiert** (Rz 1464, 1482 f, 1549). Demnach müssen auch viele Bereiche des herkömmlichen Verwaltungsrechts, die „zivilrechtliche Ansprüche" betreffen, vor unabhängigen Gerichten und nach richterlichen Grundsätzen verhandelt werden. Leitfälle dafür sind die Fälle *Ringeisen* (D 183) und *Sramek* (D 185), wo es um Grundverkehrssachen ging, oder der Fall *König* (D 184) betreffend den Entzug der Betreiberlizenz für eine ärztliche Klinik. 1480

1481 *Voraussetzung* ist das Vorliegen einer **Streitigkeit,** die im betreffenden Verfahren zu entscheiden ist, wobei diese sowohl zwischen zwei Privatpersonen als auch einer Privatperson und einer Verwaltungsbehörde bestehen kann. Jeder vermögenswerte Gegenstand kommt dafür in Frage (Fall *Editions Périscope gegen Frankreich,* U 26. 3. 1992, A 234-B § 35ff). Dies kann nach der Judikatur des EGMR bis ins Beamten-, Pensions- und Sozialversicherungsrecht reichen.

1482 Autonom interpretiert wird auch der Begriff „strafrechtliche Anklage". Er kann danach auch Verwaltungsstraf- und bestimmte Disziplinarverfahren erfassen, die folglich den Grundsätzen eines fairen Verfahrens entsprechen müssen (Fall *Engel gegen Niederlande,* U 23. 11. 1976, A 22).

1483 Allerdings wird auch der **Gerichtsbegriff** autonom interpretiert. Demnach kommt es nicht auf die Bezeichnung, sondern auf bestimmte Eigenschaften der Institution und ihres Verfahrens an, ob von einem „Gericht" iSd Art 6 gesprochen werden kann. Wesentlich für ein Gericht ist eine **gesetzliche Grundlage,** seine **Unabhängigkeit** (bestimmt durch Art und Weise der Ernennung und Dauer der Amtszeit der Richter sowie Garantien gegen äußere Beeinflussung nach der Maxime *„Justice must not only be done: it must also be seen to be done",* vgl Fall *Campbell und Fell gegen Vereinigtes Königreich,* U 28. 6. 1984, A 80, § 81) sowie seine **Unparteilichkeit.** Daher kommen nicht nur ordentliche Gerichte in Frage, sondern zB auch Kollegialbehörden mit richterlichem Einschlag (Art 133 Ziff 4 B-VG) und vermutlich auch die Unabhängigen Verwaltungssenate (UVS). Vorausgesetzt ist auch eine **umfassende Kognition** durch das Gericht, dh seine Überprüfungskompetenz sowohl hinsichtlich des Sachverhalts als auch der Rechtsfragen. Wird eine „Streitigkeit" zunächst von einer Verwaltungsbehörde entschieden, so muss zumindest eine umfassende nachprüfende Kontrolle durch ein Gericht möglich sein.

1484 Das **faire Verfahren** ist in Abs 1 angesprochen und wurde durch die Straßburger Judikatur näher definiert. Wichtig sind die **„Waffengleichheit" zwischen** den **Parteien** (bzw zwischen Anklagebehörde und Verteidigung), die **Öffentlichkeit** des **Verfahrens und** der **Urteilsverkündung** (mit gewissen Ausnahmen) und die **angemessene Verfahrensdauer.** Diese hängt freilich auch von der Komplexität des Falls und dem Prozessverhalten des Beschwerdeführers ab. Art 6 Abs 3 enthält zusätzlich **Garantien zu Gunsten des Angeklagten,** insbes Rechte der Verteidigung. Die **Unschuldsvermutung** ist in Abs 2 festgehalten.

1485 Im Zusammenhang mit Strafverfahren sei auch erwähnt, dass Art 7 ein **Verbot rückwirkender Strafgesetze** enthält *(nulla poena sine lege praevia).* Allerdings wird damit die Verfolgung von Verbrechen gegen das VR, also auf Grund ungeschriebenen VR, nicht ausgeschlossen (verdeutlicht in Abs 2).

de) Das Recht auf Achtung des Privat- und Familienlebens (Art 8)

1486 Art 8 Abs 1 EMRK beinhaltet einen umfassenden Schutz der Privatsphäre. Neben dem **Schutz des Privatlebens** und des **Familienlebens** werden auch die **Unverletzlichkeit** der **Wohnung** und die **Achtung** des **freien Brief-**

verkehrs gewährleistet. Der Schutz dieser Rechtsgüter unterliegt allerdings Beschränkungen im Sinne eines Eingriffsvorbehalts (Rz 1455f).

Die Konventionsorgane haben den Begriffen *Privatleben* und *Familienleben* durch ihre *autonome Auslegungspraxis* (vgl Rz 1462ff, 1480) einen sehr **weiten Bedeutungsinhalt** verliehen und in reichhaltiger Spruchpraxis die zulässigen Beeinträchtigungen näher bestimmt. Ausgehend von der Vorstellung, dass der Schutz der *Privatsphäre* eines Individuums maßgeblich für dessen Persönlichkeitsentfaltung ist, bezeichneten sie ua die *Beschlagnahme* eines *unveröffentlichten Buchmanuskripts,* das *Verbot homosexueller Betätigung* unter *Erwachsenen,* die *zwangsweise Blutabnahme* oder die *Preisgabe* eines *Strafaktes an die Öffentlichkeit* als Verletzung der Privatsphäre. Nicht als Verstoß wurde hingegen die *Pflicht zum Anlegen von Sicherheitsgurten* gewertet. **1487**

Anspruch auf Achtung ihres *Familienlebens* haben nicht nur Personen, die in einer ehelichen Gemeinschaft zusammenleben, sondern *auch „natürliche" Familien* (zB Beziehung von Mutter oder Vater zu einem unehelichen Kind) und *„Scheidungsfamilien".* Für ein Familienleben können neben der Blutsverwandtschaft auch das faktische Zusammenleben oder die Gewährung von Unterhalt maßgeblich sein. Als *Eingriffe* in das Familienleben sahen die Konventionsorgane die *Ungleichbehandlung unehelicher Kinder gegenüber ehelichen* sowie auch die *fremdenpolizeiliche Ausweisung* und ein *Einreise- und Aufenthaltsverbot für Familienangehörige* an. Da zwischen einer Mutter, ihrem Kind und dessen (unehelichem) Vater eine Beziehung besteht, die als „Familienleben" den Schutz des Art 8 genießt, stellt die Zulässigkeit der Freigabe eines solchen Kindes zur Adoption ohne Zustimmung des unehelichen Vaters eine Konventionsverletzung dar. **1488**

Art 8 schützt nur bereits vereinte Familien und begründet zumindest *kein generelles Recht auf Nachzug von Familienangehörigen* aus dem Ausland; jedenfalls haben die Staaten bei der Gestaltung ihres Fremdenrechts einen relativ großen Gestaltungsspielraum. **1489**

Die **Achtung** der **Wohnung** sowie des **Briefverkehrs**, worunter die Konventionsorgane *auch andere Kommunikationsformen* wie Telefongespräche subsumieren, unterliegt in den Mitgliedstaaten im Interesse der nationalen Sicherheit sowie der Verhinderung bzw Aufklärung von Straftaten **weit gehenden Einschränkungen**. Wie sich die *Judikatur* zu Art 8 Abs 2 in Bezug auf *neue Fahndungsmethoden* (zB „Rasterfahndung" und „großer Lauschangriff") entwickeln wird, *bleibt abzuwarten.* **1490**

Der Schutz der **Privatsphäre** umfasst **auch berufliche** oder **geschäftliche Aktivitäten**. Daher fallen Geschäftsräumlichkeiten und Anwaltskanzleien gleichfalls in den Schutzbereich „Wohnung". Außerdem bietet dieser Schutz den Ansatzpunkt für eine *staatliche Pflicht, Umweltschädigungen* und *Immissionen abzustellen.* In solchen Fällen ist allerdings ein angemessener Ausgleich zwischen Individual- und Gesellschaftsinteresse (etwa dem wirtschaftlichen Wohl des Landes) herzustellen. **1491**

df) Die Meinungs-(Kommunikations-)Freiheit (Art 10)

Diese gehört zu den wichtigsten Menschenrechten, dient sie doch der Verteidigung der anderen Menschenrechte. Außerdem ist sie ein Grund- **1492** pfeiler der demokratischen Gesellschaft und Voraussetzung für deren Fortschritt wie auch für die persönliche Entwicklung des Einzelnen. In der Überschrift zu Art 10 ist ausdrücklich nur von der „Freiheit der Meinungsäußerung" die Rede; doch ist nicht nur die (aktive) **Rede-** und **Äußerungsfreiheit,** sondern auch die korrespondierende Freiheit zum Empfang von Nachrichten oder Ideen, also die (passive) **Informationsfreiheit** geschützt.

1493 Die Freiheit erstreckt sich sowohl auf *Tatsachenaussagen* als auch auf *subjektive Werturteile,* die *ohne behördliche Eingriffe* und *ohne Rücksicht* auf *Staatsgrenzen* geäußert und empfangen werden dürfen. Auch unangenehme Inhalte, die provozieren, schockieren oder stören *(„offend, shock or disturb"),* sind zulässig. Dies ergibt sich aus den Erfordernissen des Pluralismus, der Toleranz und der Großzügigkeit, ohne die eine demokratische Gesellschaft nicht bestehen kann (D 186, § 41, in Anlehnung an das Urteil im Fall *Handyside gegen Vereinigtes Königreich,* U 7. 12. 1976 A/24).

1494 Da aber die Ausübung dieser Freiheit mit Pflichten und Verantwortung verbunden ist, sind *staatliche Eingriffe* nach dem bekannten Schema *zulässig* (Rz 1455). Dabei sind in Art 10 Abs 2 sachbedingt die legitimen Ziele des *Schutzes* des *guten Rufes anderer,* des *Schutzes vertraulicher Informationen* und der *Wahrung* der *Autorität* und *Unparteilichkeit* der *Rechtsprechung* bes hervorgehoben.

1495 Obwohl dies nicht ausdrücklich erwähnt wird, umfasst Art 10 auch die **Freiheit der Wissenschaft** und die **Freiheit der Kunst.** Einschränkungen sind vom Straßburger Gerichtshof auf ihre Rechtfertigung hin zu überprüfen. Jedoch obliegt es ihm *nicht,* den *künstlerischen Wert* einer Produktion selbst zu beurteilen. Auch wäre das Gericht überfordert, wenn es bei der Überprüfung staatlicher Eingriffe, die dem *Schutz* der *Moral* dienen sollen, einheitliche europäische Moralvorstellungen definieren müsste. Hier wird den *Konventionsstaaten* ein *weiter Ermessensspielraum* (Rz 1455 f) zugestanden.

1496 Die Meinungsfreiheit ist ein *umfassendes Recht,* das allerdings sachbedingt auch ganz *spezifische Ausprägungen* erfuhr. So stellt sich die *individuelle* Meinungsfreiheit etwas anders dar als jene im Bereich der *Massenmedien.* Eine besondere Rolle spielt in diesem Zusammenhang die **Presse.** Sie hat ja die Aufgabe, die Öffentlichkeit über Ereignisse und Ideen in Angelegenheiten öffentlichen Interesses zu informieren, und fungiert als *„public watchdog".* Veröffentlichungsverbote und Zensur stellen dabei bes kritisch zu betrachtende Einschränkungen der Pressefreiheit dar.

1497 Obwohl auch **Politiker** im Prinzip einen Anspruch auf Schutz ihres guten Rufs und ihrer Privatsphäre haben, sind doch die *Grenzen zulässiger Kritik* bei diesen *Personen des öffentlichen Lebens* (gewissermaßen selbstverschuldet) *weiter gezogen* als bei Privatpersonen (D 186).

1498 Aus der Pressefreiheit lässt sich auch ein **Zeugnisverweigerungsrecht** für **Journalisten** ableiten. Dieses findet seine *Grenze* allerdings darin, dass die *Aufdeckung* der *Informationsquellen* überwiegend im *öffentlichen Interesse* liegt.

1499 Schließlich sind als Teil der Medienfreiheit auch die **Freiheit von Radio** und **Fernsehen** zu nennen. Dabei wird weder nach dem *Inhalt der Sendungen* noch nach der *Art der Übermittlung* (Äther, Kabel, Satellit) unterschieden und ein *freier internationaler Informationsfluss* garantiert. Abs 1 3. Satz erlaubt die Einrichtung eines Genehmigungsverfahrens für Rundfunk- und Fernsehunternehmen.

Rundfunkmonopole waren in der Frühzeit der Konvention in Europa **1500**
durchaus üblich. Auf Grund der technischen Entwicklung seither *schwand* aber das *„dringende soziale Bedürfnis"* für Monopole. In *Österreich* wurde das *Rundfunkmonopol* durch den Fall *Informationsverein Lentia aufgebrochen* (vgl D 187; Rz 1560).

dg) Das Diskriminierungsverbot (Art 14 EMRK und Prot 12)

Die **EMRK** enthält selbst noch **kein allgemeines Diskriminierungsverbot,** sondern schützt **akzessorisch** zu anderen Konventions- (und Protokoll-) Rechten. *(„Der Genuss der in dieser Konvention anerkannten Rechte und Freiheiten ist ohne Diskriminierung insbesondere wegen des Geschlechts, ... zu gewährleisten.")* Dies bedeutet allerdings nicht, dass Art 14 nur dann als verletzt angesehen wird, wenn auch eine gesonderte Verletzung eines anderen Konventionsrechts vorliegt. Vielmehr kann sich ein staatliches Verhalten, das für sich genommen konventionskonform wäre, im Ganzen als diskriminierend erweisen und daher iVm Art 14 konventionswidrig sein. So verpflichtet zB Art 2 Prot 1 (Recht auf Bildung) den Staat nicht, bestimmte Bildungseinrichtungen zu schaffen bzw zugänglich zu machen. Wenn solche aber bestehen, darf der Zugang zu diesen nicht diskriminierend geregelt sein (so die ständige Judikatur seit dem *Belgischen Sprachenfall,* U 23. 7. 1968, A/6 I § 9). **1501**

Mit dem neuen **Prot 12** (D 179, noch nicht in Kraft) wird ein **umfassendes Diskriminierungsverbot,** also die Gleichheit vor dem Gesetz, eingeführt. **1502**

dh) Der Schutz des Eigentums (Art 1 Prot 1)

Gem **Art 1 Abs 1 Prot 1** hat jede natürliche oder juristische Person ein Recht auf **Achtung ihres Eigentums.** Unter „Eigentum" fällt *nicht nur bewegliches* oder *unbewegliches Eigentum;* der Begriff schließt *auch sonstige wohlerworbene, vermögenswerte Rechte,* also auch geistiges Eigentum (zB Urheber- oder Patentrechte), ein Recht am eingerichteten Gewerbebetrieb, uU auch eine Lizenz oder Konzession und sogar öffentlich-rechtliche Vermögenspositionen wie Pensionsansprüche (sofern durch Beitragszahlungen begründet) mit ein. **1503**

Art 1 Prot 1 statuiert das Prinzip der *Achtung des Eigentums* (Abs 1, 1. Satz) und bestimmt die Voraussetzungen staatlicher Eingriffe in dieses. Dabei ist zwischen der Eigentumsentziehung (Abs 1, 2. Satz) und der Nutzungsbeschränkung (Abs 2) zu unterscheiden. Eine **Eigentumsentziehung** (zB Enteignung oder Verstaatlichung) ist nur zulässig, wenn sie im *öffentlichen Interesse* unter den *durch Gesetz* und *die allgemeinen Grundsätze des VR vorgesehenen Bedingungen* erfolgt (Rz 1303 ff). Der *Verweis* auf das *VR* bedeutet hier insbes, dass *Ausländer* Anspruch auf *gerechte Entschädigung* haben (Rz 1319 ff, 2649 ff). Eine *Pflicht* zur *Entschädigung von Inländern* ergibt sich *nicht* schon aus der Verweisung auf das *VR,* doch *folgt sie aus* dem auch hier maßgeblichen *Verhältnismäßigkeitsprinzip* (Fälle *James ua* **1504** *gegen Vereinigtes Königreich,* U 21. 2. 1986, A98; *Lithgow ua gegen Vereinigtes Königreich,* U 8. 7. 1986 A102). *Nicht immer* ist allerdings *volle Entschädigung* geboten; vielmehr kann bei umfangreichen sozialpolitischen Maßnahmen im Eigentumssektor auch ein geringerer Wert angemessen sein.

1505 **Nutzungsbeschränkungen** (zB mietrechtliche Beschränkungen, auch Höchstmietzinse, Flächenwidmungspläne, Bauverbote) *bedürfen* ebenfalls einer *gesetzlichen Grundlage* und müssen im Einklang mit dem *Allgemeininteresse* stehen. Eine *Entschädigung* ist *nicht vorgesehen, doch* gilt *auch hier* das *Verhältnismäßigkeitsprinzip.* Bei einem auffallenden Missverhältnis zwischen dem Nutzen für die Allgemeinheit und der Belastung des Eigentümers ist also eine Konventionsverletzung anzunehmen. Eingriffe in Form einer Nutzungsbeschränkung können freilich auch faktische Enteignungen darstellen und sind dann als solche zu behandeln (D 188).

1506 Der Eigentumsschutz ist *ratione temporis* auf Vorgänge beschränkt, die sich *nach dem In-Kraft-Treten* von Prot 1 für den jeweiligen Staat ereigneten. Konfiskationen von Privateigentum durch kommunistische Regierungen in Mittel- und Osteuropa vor der „Wende" (Rz 114) sind daher in Straßburg nicht beschwerdefähig.

di) Einige Rechte aus Prot 7

1507 *Art 6 EMRK* gewährt zwar den Zugang zu einem Gericht, sieht aber *nicht verpflichtend* eine *Berufungsinstanz* vor. Mit Art 2 Prot 7 wird diese Lücke teilweise geschlossen und für Strafsachen (außer wegen Bagatelldelikten) die **Nachprüfbarkeit von Strafurteilen** durch ein *übergeordnetes Gericht* normiert.

1508 Art 3 Prot 7 sieht ein **Recht auf Entschädigung nach einem Fehlurteil** vor, sofern die Haftstrafe zumindest teilweise bereits verbüßt wurde und der Umstand, dass ein Fehlurteil vorliegt, durch eine neue oder neu bekannt gewordene Tatsache schlüssig bewiesen ist.

1509 Art 4 Prot 7 enthält das **Verbot der Doppelverfolgung** bzw **-verurteilung** nach dem Grundsatz **„ne bis in idem".** Ausgeschlossen ist auch eine Bestrafung durch ein Gericht einerseits und eine Verwaltungsbehörde andererseits wegen desselben Sachverhaltselements (zB wegen fahrlässiger Tötung durch das Gericht und wegen Lenkens eines PKW in alkoholisiertem Zustand durch eine Verwaltungsbehörde – D 189; Rz 1446, 1549, 1551).

e) Das Straßburger Beschwerdeverfahren

ea) Vorbemerkung

1510 Der quantitativ größere Teil der EMRK ist dem Beschwerdeverfahren und dessen zentraler Institution, dem EGMR, gewidmet (Art 19–51). Damit wird ein effizientes Entscheidungsverfahren vor einem supranationalen Gerichtshof (Rz 905) eingeführt. Vor diesem stehen einander der **beschwerdeführende Einzelne** und der **belangte Staat prozedural gleichberechtigt** gegenüber. Eine *grundlegende Reform* der Institutionen und des Verfahrens wurde durch **Prot 11** 1994 herbeigeführt, das 1998 in Kraft trat. Aber auch schon zuvor galt das Straßburger System im Vergleich internationaler Kontrollverfahren als effizient und vorbildlich; es stand auch Modell für andere regionale Menschenrechtsschutzsysteme (Rz 1614ff, 1627).

eb) Der Europäische Gerichtshof für Menschenrechte

Dieser ist ein **hauptamtlicher, ständiger Gerichtshof** mit Sitz in *Straßburg.* Er ist jeweils mit **so vielen Richtern** besetzt, **wie** die **EMRK Vertragsparteien** aufweist (derzeit 45). Seine Richter werden von der *Parlamentarischen Versammlung des Europarats* jeweils aus einem *Dreiervorschlag* der *vorschlagsberechtigten Regierung gewählt,* und zwar für eine *Amtszeit von sechs Jahren.* Die Ergänzung des Gerichtshofs erfolgt nach dem Rotationsprinzip (alle drei Jahre wird die Hälfte der Richter nachbestellt). **1511**

Der Gerichtshof arbeitet in **Kammern.** Das **Plenum** versieht nur *Verwaltungsagenden* (wie die Wahl des bzw der Präsidenten) und beschließt die *Verfahrungsordnung* des Gerichts. Unterstützt wird der Gerichtshof durch die *Kanzlei,* der ein Kanzler *(Registrar, Greffier)* vorsteht. Die Kanzlei besteht aus ca 200 Beamten der verschiedensten Kategorien und weiteren temporären Angestellten. **1512**

Der Gerichtshof ist in *vier Sektionen* von jeweils *ca zehn Richtern* gegliedert, aus denen für die einzelnen Fälle **Kammern** von **sieben Richtern** zusammengestellt werden. Die Zusammensetzung der Sektionen soll in geografischer und geschlechtsmäßiger Hinsicht ausgewogen sein und den unterschiedlichen Rechtssystemen in Europa Rechnung tragen. Im Allgemeinen werden Beschwerden gegen einen Staat jener Sektion (Kammer) zugewiesen, der sein „nationaler Richter" angehört. Die Einrichtung des *nationalen* oder *Ad-hoc-Richters* ist von anderen internationalen Gerichtshöfen, insbes dem IGH, bekannt. Sie wird damit gerechtfertigt, dass der betreffende Richter über die Rechtsordnung und Interna des belangten Staates bes gut informiert ist und das Gericht mit seinem Wissen unterstützt (Rz 1979, 1998f). **1513**

Jede Sektion verfügt weiters über einen **Drei-Richter-Ausschuss** zur *Beurteilung* der **Zulässigkeit** von **Beschwerden.** **1514**

Neben den vier Kammern gibt es eine **Große Kammer** mit **17 Richtern,** an die *bes schwierige* oder *heikle Beschwerdefälle* abgetreten werden können. Die Große Kammer fungiert außerdem *auch* als **Rechtsmittelinstanz,** allerdings nur in außergewöhnlichen Fällen, über deren Vorliegen ein **„Filterausschuss"** von **fünf Richtern** entscheidet. **1515**

ec) Die Beschwerde

Beschwerden richten sich *gegen Konventionsverletzungen durch* die *Vertragsparteien* und werden direkt beim Gerichtshof in Straßburg eingebracht. Je nach Beschwerdeführer wird zwischen der Staatenbeschwerde und der Individualbeschwerde unterschieden. **1516**

Die **Staatenbeschwerde** (gem Art 33) spielt in der *Praxis* freilich nur eine *untergeordnete Rolle. Beschwerdeberechtigt* ist *jeder Konventionsstaat, auch wenn seine unmittelbaren Interessen* (etwa in der Person eines Staatsangehörigen) *nicht betroffen* sind. Dahinter steht die Idee der gemeinsamen Verantwortung für die Menschenrechte in Europa, woraus **jeder Vertragsstaat** für sich eine **Wächterrolle** ableiten kann. Manche der ohnehin seltenen **1517**

Staatenbeschwerden (bisher zwölf, wenn man verbundene Rechtssachen als jeweils eine rechnet) sind aber eher vor dem Hintergrund politischer Spannungen zwischen zwei oder mehreren Staaten zu verstehen.

1518 Zwei frühe Staatenbeschwerden brachte Griechenland gegen das Vereinigte Königreich wegen Vorgängen auf Zypern ein (1956, 1957); die Beschwerde Österreichs gegen Italien (1960) betraf die Behandlung von Südtiroler Burschen durch italienische Gerichte in einem Mordprozess, in dem es um den Tod eines italienischen Zöllners ging *(Pfunders-Fall,* Rz 3289*)*. Andere Beschwerden betrafen die problematische Situation in Griechenland nach dem Obristenputsch (1967) oder die Terroristenbekämpfung durch Großbritannien in Nordirland (Beschwerden Irlands 1971, 1972), weiters Vorgänge in Nordzypern (Zypern gegen die Türkei 1974, 1975, 1977, 1994) und in der Türkei (wegen Folter, eingebracht von einigen west- und nordeuropäischen Staaten 1982, 1997).

1519 Die Ergebnisse dieser Staatenbeschwerden waren oft unbefriedigend; wiederholt sprach das zur Abschlussentscheidung berufene Ministerkomitee keine Verurteilung aus, sondern setzte mit beschränktem Erfolg auf eine Streitbeilegung mit diplomatischen Mitteln.

1520 Die **Individualbeschwerde** (gem Art 34) ist mit derzeit *jährlich über 30.000 neu registrierten Beschwerden* die weitaus *häufigste Beschwerdeform.* **Beschwerdeberechtigt** sind **natürliche Personen, nichtstaatliche Organisationen** und **Personengruppen** (nicht unbedingt juristische Personen), die durch einen Konventionsstaat in einem Konventionsrecht verletzt zu sein behaupten. Der *Gerichtshof* übt dabei eine **individuell-konkrete Normenkontrolle** aus; er überprüft also nicht etwa die Übereinstimmung staatlicher Gesetze mit der EMRK, sondern stellt lediglich fest, ob die Rechte des Beschwerdeführers durch das konkrete staatliche Verhalten verletzt worden sind. Umso weniger ist der Gerichtshof dazu ermächtigt, konventionswidrige staatliche Gesetze aufzuheben. Dies obliegt allein den betroffenen Staaten.

1521 *Wichtigste* und für das System charakteristischste *Voraussetzung* einer Beschwerde in Straßburg ist wohl, dass zuvor der *innerstaatliche Rechtsweg erschöpft* sein muss (**exhaustion of local remedies** – Rz 709, 2810f). Darin kommt die *Subsidiarität* des *internationalen Kontrollverfahrens* gegenüber den staatlichen Schutzmechanismen klar zum Ausdruck. Konkret bedeutet das, dass alle innerstaatlich verfügbaren Rechtsmittel iwS ergriffen wurden, *sofern* sie *nicht aussichtslos* waren. Im Allgemeinen hat der belangte Staat aufzuzeigen, dass erfolgversprechende Rechtsmittel bestanden, aber nicht ergriffen wurden; in diesem Fall würde die Beschwerde als unzulässig zurückgewiesen.

1522 Auf *Österreich* bezogen bedeutet dieses Erfordernis oft, dass nach Ausschöpfung der ordentlichen Rechtsmittel *auch noch außerordentliche Rechtsmittel* angestrengt werden müssen, also etwa die *Bescheidbeschwerde beim VfGH* und allenfalls eine *Amtshaftungsklage.* Letztinstanzliche Entscheidungen von Zivil- und Strafgerichten können in Österreich (anders als in Deutschland) nicht beim VfGH angefochten werden und öffnen daher bereits den Beschwerdeweg nach Straßburg. Zu ergreifen sind *alle Verfahrensmittel, auf deren Erledigung* ein *Rechtsanspruch* besteht, nicht also zB Dienstaufsichtsbeschwerden, Vorsprachen beim Volksanwalt oder die Anregung einer Vorlage beim EuGH.

ed) Der Gang des Beschwerdeverfahrens **1523**

Das Verfahren wird durch die Beschwerde an den EGMR eingeleitet und endet idealerweise mit dessen Urteil (D 190). Nach korrekter Einbringung einer Beschwerde erfolgt zunächst die Prüfung der Zulässigkeit durch einen Dreierausschuss und, bejahendenfalls, die Prüfung der Beschwerde auf ihre Begründetheit durch eine Kammer. (Die Zulässigkeitsfrage kann freilich im späteren Stadium wieder aufgenommen werden.)

1) Einbringung der Beschwerde

Das erste Stadium der **Beschwerdeeinbringung** ist **formlos.** Es genügt **1524**
zunächst ein Schreiben an die Gerichtskanzlei, in dem das Anliegen ungefähr zum Ausdruck kommt. Damit ist die Beschwerdefrist normalerweise gewahrt. Die *Gerichtskanzlei übersendet* ein *auszufüllendes* **Beschwerdeformular.** Wurde das *Beschwerdevorbringen ausreichend substanziiert,* kann die *Beschwerde registriert* werden.

2) Prüfung der Zulässigkeit

Die *registrierte Individualbeschwerde – nicht* aber die *Staatenbe-* **1525**
schwerde – wird nach einer **Vorbegutachtung** durch den richterlichen **Berichterstatter** im Allgemeinen von einem **Drei-Richter-Ausschuss** auf ihre **Zulässigkeit geprüft.** Gelangen die *Richter* zur **einstimmigen Auffassung,** dass die Beschwerde **unzulässig** sei, ist die Entscheidung **endgültig** und das Verfahren in diesem frühen Stadium beendet (Art 28 – weitaus die meisten Beschwerden enden bereits in dieser Phase). **Andernfalls** – bei *Staatenbeschwerden immer* – **entscheidet** die zuständige **Kammer** über die **Zulässigkeit** (Art 29).

Folgende Zulässigkeitsvoraussetzungen (Art 35, teilweise auch Art 34) **1526**
müssen erfüllt sein:

- Die Beschwerde ist **nicht anonym.**
- Die behauptete Konventionsverletzung ist **einem staatlichen Organ zurechenbar** und wird einem **Konventionsstaat unterstellt** (und nicht irgendeinem anderen Staat).
- Der behauptete **Sachverhalt** liegt zeitlich **nach** dem **In-Kraft-Treten** der **EMRK** für den **betreffenden Staat** bzw dauerte nach diesem Zeitpunkt noch an (Rz 1452).
- Die **Beschwerde** bezieht sich auf ein **Konventionsrecht,** an das sich der belangte Staat gebunden hat (einschließlich der Rechte aus Protokollen, aber ohne Bestimmungen, zu denen ein Vorbehalt gemacht wurde – Rz 1447, 1453).
- Der **Beschwerdeführer** ist **selbst „Opfer"** der Konventionsverletzung (und diese wurde noch nicht, etwa durch Schadenersatz, bereinigt). *Popularklagen* oder *Beschwerden* durch *interessierte NGOs* sind *unzulässig, sofern* diese *nicht selbst* die *Opfereigenschaft* besitzen. *Nahe Angehörige* dürfen aber eine *Beschwerde einbringen, wenn* das *Opfer* selbst dazu *nicht in der Lage* ist (zB Hinterbliebene).
- **Erschöpfung des innerstaatlichen Rechtsweges** (Rz 709, 1521, 2810f).
- Einhaltung einer **Sechsmonats-Frist** *seit der letzten innerstaatlichen Entscheidung.* Die Frist beginnt mit der Zustellung der ausgefertigten letztinstanzlichen Entscheidung zu laufen, sofern das innerstaatliche Recht

eine solche Zustellung vorsieht, ansonsten mit deren mündlicher Verkündung.

- Die *Beschwerde* wurde **nicht schon einmal vom Gerichtshof geprüft oder** einer **anderen internationalen Untersuchungs-** oder **Vergleichsinstanz unterbreitet** (zB dem UN-Menschenrechtsausschuss, obwohl dieser nicht bindend entscheidet – Rz 1395), es sei denn, sie enthält neue Tatsachen.
- Die *Beschwerde* ist **nicht offensichtlich unbegründet.** Die Zurückweisung nach dieser *„global formula"* erfolgt allerdings nach einer (nicht bloß oberflächlichen) materiellen Prüfung; prozessökonomische Gründe sprechen für diese Art expeditiver Erledigung.
- Es liegt **kein Missbrauch des Beschwerderechts** vor (zB unflätige Äußerungen in der Beschwerdeschrift).

1527 Im Rahmen der **Zulässigkeitsprüfung** *kann* die *Beschwerde* dem *belangten Staat* (mit Fristsetzung) *zur Stellungnahme* übermittelt werden. *Zu dessen Stellungnahme* kann *sich* wiederum der *Beschwerdeführer äußern.* Selten wird in diesem Stadium bereits eine Sitzung mit den Parteien anberaumt; ist dies der Fall, müssen die Parteien zur Begründetheit der Beschwerde Stellung nehmen. Die *Entscheidung* auf *Unzulässigkeit* der Beschwerde ist *endgültig.* Eine *Entscheidung* auf *Zulässigkeit* kann hingegen in jedem Stadium des Verfahrens *wieder in Frage gestellt* werden.

3) Gütliche Einigung (Vergleichsverfahren)

1528 Wurde eine Beschwerde für zulässig erklärt, besteht eine gewisse Wahrscheinlichkeit, dass sie auch begründet ist. Der **Gerichtshof** (Kammersekretär) hält sich nunmehr zur Verfügung der Parteien mit dem Ziel, eine **gütliche Einigung auf** der **Grundlage** der **Achtung der Menschenrechte** zu erreichen (Art 38 Abs 1 lit b). Dieses Verfahren ist **vertraulich;** es endet mit einem **Urteil,** das den Sachverhalt und die erreichte Lösung kurz anführt. Die Rechtssache wird hierauf aus dem Register gestrichen, könnte aber bei Nichterfüllung des Vergleichs (Rz 1966ff) wieder aufgenommen werden. In der Praxis kann eine gütliche Einigung in jedem Stadium des Beschwerdeverfahrens erfolgen.

4) Meritorisches Verfahren

1529 *Mangels gütlicher Einigung* **entscheidet** der **Gerichtshof** nun über die **Begründetheit** der Beschwerde. Nach einem *Austausch* von *Schriftsätzen* und *Gegenäußerungen* findet (eher selten) eine **öffentliche mündliche Verhandlung** statt. In dieser tragen beide Seiten ihre Standpunkte vor; zur Klärung des Sachverhalts werden Fragen an die Parteien, Zeugen und Sachverständigen gestellt. *Beweise* können auch außerhalb der Verhandlung durch einen beauftragten Richter aufgenommen werden. Es gelten *keine strikten Beweisregeln.* Nach Ende der Verhandlung berät die Kammer und fällt ihr *Urteil;* dieses bleibt freilich bis zu drei Monaten in Schwebe (vgl Rz 1530f, 1538).

5) Große Kammer („Abgabe" und „Verweisung")

1530 Die **Große Kammer** kann auf zwei Arten mit einer Rechtssache befasst werden, wobei es sich jeweils um **seltene Ausnahmefälle** handeln soll. Im einen Fall wirft eine Rechtssache *schwer wiegende Fragen* der *Auslegung* der Konvention auf oder ist eine *Abweichung von einem früheren Urteil* des Gerichtshofs ins Auge gefasst. Dann kann die Kammer die *Abgabe an die Große Kammer* beschließen, sofern beide Parteien damit einverstanden sind (Art 30).

Im anderen Fall liegt das Urteil der Kammer bereits vor, es handelt sich also eigentlich um eine *Berufung*. Innerhalb von drei Monaten nach Urteilsspruch kann nun jede Partei eine *Verweisung an die Große Kammer* beantragen. Dem Antrag wird von einem fünfköpfigen *„Filterausschuss“* jedoch nur stattgegeben, wenn es sich um eine *schwer wiegende Frage* der *Auslegung* oder Anwendung der Konvention oder um eine *Frage* von *allgemeiner Bedeutung* handelt (Art 43). **1531**

ee) Die Arbeitsweise des Gerichtshofs und einzelne Fragen

Der **EGMR** tagt seit der Reform in **Permanenz** (ausgenommen in den Gerichtsferien). Sein Verfahren zeichnet sich durch **Transparenz** aus. Die *mündlichen Verhandlungen* sind *öffentlich*. Hingegen sind die *Beratungen* und *Abstimmungen vertraulich*. Der *Kammerpräsident* kann jedoch die *Öffentlichkeit* in *begründeten Fällen ausschließen*. Alle der Gerichtskanzlei vorgelegten *Dokumente* sind *öffentlich zugänglich*, sofern der Präsident des Gerichtshofs nicht anders entscheidet (Art 40). **1532**

Gerichtssprachen sind **Englisch** und **Französisch;** jedoch *können Beschwerden* auch in einer der *zahlreichen Amtssprachen* der *Vertragsstaaten eingebracht* werden. Der Gebrauch dieser Sprachen (und die notwendige Übersetzung) kann *auch* für die *mündliche Verhandlung* bewilligt werden. *Entscheidungen* und *Urteile* ergehen aber *nur in einer* der *Gerichtssprachen*. Dies stößt bei den Beschwerdeführern oft auf Unverständnis. **1533**

Eine **Beteiligung Dritter** *(Intervention)* am Verfahren ist durch *schriftliche Stellungnahme* und *Teilnahme* an der *Verhandlung* vorgesehen: Zum einen hat der *Heimatstaat des Beschwerdeführers* das Recht dazu, *wenn* die *Beschwerde nicht gegen ihn* gerichtet ist. Zum andern *kann* der *Präsident* der *Kammer jeder anderen Konventionspartei,* aber auch *jeder anderen betroffenen Person* die Erlaubnis dazu erteilen. Von dieser Möglichkeit, als *amicus curiae* (Rz 1635, 1637) gehört zu werden, machen *NGOs* in wichtigen Fällen Gebrauch. **1534**

Vorläufige Maßnahmen können in *dringenden Fällen* von der Kammer oder deren Präsidenten *„angezeigt“* werden (Art 39 Verfahrensordnung); sie können nach neuester Judikatur *verbindlich* sein (vgl Rz 2008). Häufig betreffen solche Fälle die Abschiebung oder Auslieferung des Beschwerdeführers in einen Drittstaat, wo ihm unmenschliche Behandlung im Sinn von Art 3 EMRK droht. Würde er abgeschoben oder ausgeliefert, könnte er sein Beschwerderecht wohl kaum wirksam ausüben; dies könnte indirekt doch für die Verbindlichkeit solcher Maßnahmen sprechen. **1535**

Anwaltszwang besteht für das Beschwerdeverfahren *nicht von Anfang an,* sondern erst **ab der Zustellung der Beschwerde an die belangte Regierung,** sofern nicht Dispens gewährt wurde. Allerdings ist die frühzeitige Beiziehung eines Rechtsanwalts empfehlenswert, hat er doch oft schon den Fall **1536**

bereits im innerstaatlichen Verfahrensgang begleitet. *Vertretungszwang* besteht jedenfalls für die *mündlichen Verhandlungen.* Vertretungsbefugt ist jeder in einem Konventionsstaat niedergelassene Rechtsanwalt.

1537 **Gerichts- und Verfahrenskosten sind vom Beschwerdeführer nicht zu entrichten.** War er *erfolgreich,* können ihm als Teil einer *„angemessenen Entschädigung" Kosten zugesprochen* werden, die der belangte Staat zu tragen hat. *Bedürftigen Beschwerdeführern kann* auf Antrag **Verfahrenshilfe** durch einen *Rechtsbeistand* gewährt werden.

ef) Das Urteil und seine Wirkungen

1538 Das **Urteil** wird mit **Stimmenmehrheit** beschlossen und ist *zu begründen.* **Überstimmte Richter** können ein **Sondervotum** (*separate opinion,* wenn sie nur in der Begründung, *dissenting opinion,* wenn sie auch im Ergebnis anderer Meinung sind als die Mehrheit – Rz 2010f) abgeben, das ebenso *veröffentlicht* wird wie das Urteil selbst. Das **Urteil der Kammer** wird erst **nach drei Monaten endgültig,** sofern die Rechtssache nicht an die Große Kammer verwiesen wurde (Rz 1530f). Haben beide Parteien auf eine Verweisung verzichtet oder wurde ein Verweisungsantrag vom „Filterausschuss" abschlägig entschieden, so wird das Urteil ebenfalls endgültig. **Urteile** der **Großen Kammer** sind immer **endgültig** (Art 44). Bei endgültigen Urteilen bestehen allerdings noch die Möglichkeiten einer *Urteilsinterpretation,* einer *Wiederaufnahme* oder einer *Urteilsberichtigung* (Art 79–81 Verfahrensordnung), die freilich nur selten in Anspruch genommen werden.

1539 Das Urteil ist ein **Feststellungsurteil,** dh der *Gerichtshof* kann den betreffenden *konventionswidrigen* Akt des Beschwerdeführers *nicht aufheben.* Festgestellt wird (gegebenenfalls), dass der belangte Staat die EMRK gegenüber dem Beschwerdeführer verletzt hat (sofern es sich um eine Individualbeschwerde handelt). Dieses Urteil ist *verbindlich,* und es obliegt dem *verurteilten* Staat, die daraus folgenden *Konsequenzen* zu *ziehen.* Dies bedeutet konkret eine **Beendigung der Konventionsverletzung** und volle **Wiedergutmachung.** UU kann der belangte Staat durch das Urteil auch gehindert sein, eine Abschiebung oder Auslieferung vorzunehmen (wenn der Gerichtshof feststellte, dass im Destinationsstaat unmenschliche Behandlung oder Folter droht – Art 3 – oder durch die Entfernung des Beschwerdeführers sein Recht auf Familienleben beeinträchtigt wäre – Art 8).

1540 Wenn das *innerstaatliche Recht* des *belangten Staates keine* oder nur eine *unvollkommene Wiedergutmachung* gestattet, kann der EGMR dem Beschwerdeführer gem Art 41 eine **„gerechte Entschädigung"** zusprechen. Diese umfasst sowohl den *materiellen* Schaden (*damnum emergens* und *lucrum cessans*) als auch den *immateriellen Schaden* (etwa Schmerzengeld) sowie *Kostenersatz.* (Insofern ist das Urteil also nicht nur ein Feststellungs-, sondern auch ein Leistungsurteil.)

1541 Liegt die *Konventionsverletzung* in der *Missachtung einer Verfahrensgarantie,* so kann ein Schaden (dh die Ursächlichkeit der Verletzung für den Ausgang des Verfahrens) meist nicht nachgewiesen werden. Der Gerichtshof beschränkt sich in solchen Fällen auf die Aussage, seine *Feststellung* der

Konventionsverletzung stelle *für sich* eine *angemessene Entschädigung* bzw *Genugtuung* für den Beschwerdeführer dar. *Immaterieller Schaden* wird gewöhnlich nach billigem *Ermessen des Gerichtshofs bewertet.* Die *Kosten* des Beschwerdeführers umfassen auch angemessene *Anwaltskosten, Reisespesen* und zT auch die *Kosten* der *innerstaatlichen Verfahren.* Die *Ansprüche auf gerechte Entschädigung* müssen normalerweise *spätestens zwei Monate nach der Zulässigkeitsentscheidung* in substanziierter Form geltend gemacht werden. Die Schadenersatzzahlung ist drei Monate nach dem Datum des Urteils fällig. Gesetzliche *Verzugszinsen* werden zuerkannt; sie orientieren sich am verurteilten Staat. Das Urteil des EGMR stellt in Österreich *keinen Exekutionstitel* dar; die Ansprüche müssen gegenüber der Republik erst geltend gemacht und uU eingeklagt werden. Normalerweise zahlt die Republik allerdings anstandslos.

Die Konventionsstaaten haben sich verpflichtet, die Urteile des **1542** Gerichtshofs in allen Rechtssachen, in denen sie Partei sind, zu befolgen. Die **Durchführung** wird (wie auch schon vor der Reform) vom **MK überwacht** (Art 46). Worin die Befolgung besteht, ergibt sich aus der festgestellten Konventionsverletzung. Welche konkreten Maßnahmen der verurteilte Staat aber ergreift, ist zumindest zT ihm überlassen bzw oft von seiner eigenen Gesetzeslage abhängig. So ist zB in Österreich gemäß § 363 a StPO eine Erneuerung des Strafverfahrens möglich, falls der Gerichtshof feststellte, dass Österreich die Verfahrensgarantien des Art 6 EMRK verletzte (Rz 1447, 1479 ff, 1558).

Die **Wirkungen** des **Urteils** gehen nach einer verbreiteten Auffassung **1543** **über** die **konkrete Rechtssache hinaus.** Der *betroffene Staat* ist nämlich im Prinzip auch *verpflichtet, gleichartigen Konventionsverletzungen vorzubeugen.* Es kann ja nicht Sinn des Beschwerdesystems sein, immer wieder die gleichen Beschwerden gegen denselben Staat behandeln zu müssen. Befolgung eines Urteils kann zB bedeuten, dass konventionswidrige Gesetze und VO geändert oder aufgehoben werden, dass entsprechende Erlässe ergehen, dass etwa die Gerichte und die Verwaltungsbehörden nachdrücklich auf die Judikatur des EGMR hingewiesen werden, dass Behörden intern umorganisiert werden und dergleichen mehr.

Die **Judikatur** des **EGMR** (wie vormals auch jene der Europäischen **1544** Menschenrechtskommission) übt auch unabhängig von einzelnen Rechtssachen und deren Parteien ganz allgemein **kraft** ihrer **Autorität prägende Wirkung** aus (Rz 531, 1465). Unter dem Einfluss der Straßburger Organe und nun namentlich des Gerichtshofs wurden die zT sehr allgemein formulierten Rechte der EMRK konkretisiert. Sie wurden damit zu Richtlinien staatlichen Handelns, die von den Staaten gewöhnlich auch befolgt werden, und sei es auch nur, um künftigen Beschwerden und Verurteilungen zu entgehen.

Die Urteile und Entscheidungen des EGMR werden vollständig *im* **1545** *Internet veröffentlicht* (http://www.echr.coe.int/hudoc.htm); ausgewählte Urteile und Entscheidungen erscheinen in der von der Gerichtskanzlei beim Carl Heymanns Verlag jahrgangsweise herausgegebenen Judikatursammlung *European Court of Human Rights: Reports of Judgments and Decisions / Cour Européenne des Droits de l'Homme: Recueil des arrêts et décisions.* (Die frühere *„Serie A"* wurde mit Bd. 338 aus 1996 eingestellt).

eg) Statistik und Reformbemühungen

1546 In Straßburg wurden zB im Jahre 2003 über 38.440 Beschwerden registriert; 2002 waren es über 34.500. Etwa 27.000 Beschwerden wurden 2003 einem Entscheidungsorgan zugeführt, in etwa 18.000 Fällen wurde über die Zulässigkeit entschieden, doch wurden davon nur etwa 750 Beschwerden für zulässig erklärt und damit der meritorischen Prüfung durch eine Kammer zugeführt. Im selben Zeitraum wurde in ca 700 Fällen (die gewöhnlich aus einem der Vorjahre stammen) das Urteil gesprochen, davon 12 in der Großen Kammer. (Vor dem Wirksamwerden der Großen Reform von 1998 waren es maximal 177 Urteile pro Jahr gewesen – so zB noch 1999.) Obwohl sich ein Teil der Zunahme seither auch aus einer geänderten Registrierungspraxis ergab, zeigt sich in den Beschwerdezahlen der letzten Jahre eine immer noch stark steigende Tendenz. Da die Zahl der Erledigungen zuletzt nicht mehr anstieg, muss auf einen sich ständig vergrößernden Rückstau an Beschwerden geschlossen werden. Das wird durch die immer öfter zu hörenden Klagen über die lange Verfahrensdauer in Straßburg bestätigt. Sollte sich dieser Trend fortsetzen, stünde das Straßburger Beschwerdesystem vor dem Zusammenbruch wie schon einmal vor der großen Reform.

Am 13. 5. 2004 wurde **Prot 14** zur Unterzeichnung aufgelegt, womit **kleinere Korrekturen** am Verfahren und an den Institutionen vorgenommen werden. Man verspricht sich von diesem (Änderungs-)Protokoll, das voraussichtlich 2006 (nach der Ratifikation durch alle Mitgliedstaaten der EMRK) in Kraft treten wird, eine **wesentlich bessere Bewältigung des Beschwerdeanfalls,** obwohl die Hauptgrundsätze des Straßburger Kontrollsystems – Recht auf Individualbeschwerde und Erledigung durch ein Gericht – gesichert bleiben. Die **Zulässigkeitsprüfung** soll in Zukunft von einem **Einzelrichter** (statt von einem Dreierausschuss) vorgenommen werden, wobei als neue (problematische!) Bedingung eingeführt wird, dass der Beschwerdeführer durch die Konventionsverletzung **einen wesentlichen Nachteil** erlitten haben muss. (Für den Ausschluss von Bagatellfällen gedacht, könnte dieses Instrument jedoch eine Aushöhlung von Konventionsrechten bewirken oder würde – bei sorgfältiger Handhabung – wohl nur eine geringe Arbeitsersparnis bringen.) Dem Problem der **Wiederholungsfälle** *(repetitive cases),* die meist auf strukturellen Gegebenheiten im belangten Staat beruhen, versucht man mit **vereinfachten und summarischen Verfahren** auf den Leib zu rücken, indem man bei gefestigter Judikatur *(well-established case-law of the Court)* **Dreierausschüsse** statt der Siebenerkammer entscheiden lässt. Auch wird die Verpflichtung der Staaten zur Beachtung von Urteilen dadurch verstärkt, dass dem zur Überwachung der Urteilserfüllung berufenen **Ministerkomitee** ein **Klagerecht** gegen säumige Staaten eingeräumt wird. Neu ist auch, dass die Richter für eine **Amtszeit von 9 Jahren** bestellt werden, dafür aber ohne Möglichkeit einer Verlängerung. Schließlich wird der **Europäischen Union** ausdrücklich ein **Beitrittsrecht zur EMRK** eingeräumt.

1547 Die **Ursachen** für die stete **Zunahme** der Zahl der **Beschwerden** sind *nicht* etwa darin zu suchen, dass sich die *Menschenrechtssituation* in *Europa* in den letzten Jahren so *dramatisch verschlechtert* hätte. Diese Zunahme beruht vielmehr zum einen auf der beträchtlichen **Erweiterung** des **Kreises** der **Konventionsstaaten** und zum anderen vermutlich auf dem steigenden **Bekanntheitsgrad** der **Konvention** (auch in den alten Vertragstaaten), verbunden mit größerer Sensibilität der Bevölkerung in Menschenrechtsfragen. **Eine neuerliche Reform** des Verfahrens scheint so beinahe **unausweichlich,** und es mangelt auch nicht an Vorschlägen dafür.

f) Die EMRK und Österreich

fa) Der Beitritt zur EMRK und ihren Zusatzprotokollen, Österreichs Vorbehalte und Erklärungen

Österreich ist der **EMRK** am 3. 9. **1958** (nach Wiedererlangung seiner Unabhängigkeit 1955 und Aufnahme in den Europarat 1956 – Rz 3097 ff) **beigetreten.** Die materielle **Verpflichtungslage Österreichs** wurde mit dem Beitritt zu **Zusatzprotokollen** beträchtlich **erweitert.** Dem Prot 1 (1952) trat Österreich gleichzeitig mit der Stammkonvention bei, Prot 4 (1963) wurde 1969 ratifiziert, Prot 6 (1983 Abschaffung der Todesstrafe) 1984 und Prot 7 (1984) 1986. Prot 12 (2000) wurde von Österreich noch nicht ratifiziert („Gleichheit vor dem Gesetz"), wohl aber Prot 13 (2002) mit seinem absoluten Verbot der Todesstrafe (2004). **1548**

Eingeschränkt wurde der Umfang der materiellen Verpflichtungen Österreichs jedoch durch **Vorbehalte** zur Stammkonvention und zu einigen Protokollen (D 181). Mit seinem *Vorbehalt* zu *Art 5 EMRK* sicherte Österreich sein System des **Verwaltungsstrafrechts** gegenüber der Konventionsverpflichtung ab, wonach Freiheitsstrafen nur durch ein Gericht bzw „Tribunal" verhängt werden dürfen; mit einem *Vorbehalt* zu *Art 6 EMRK* sollte das Recht auf ein **öffentliches Gerichtsverfahren** weiterhin dem Ermessen des Gesetzgebers anheim gestellt werden; ein *Vorbehalt* zu *Art 1 Prot 1* sollte **vermögensrechtliche** Regelungen des **Staatsvertrags von Wien 1955** (Rz 3119 ff) im Bereich der Eigentumsrechte absichern; das Verbot der Ausweisung eigener Staatsangehöriger in *Art 3 Prot 4* wurde durch *Vorbehalt* mit einer Ausnahme iSd **Landesverweisung** der Angehörigen des Hauses **Habsburg** versehen; mit einer *„Erklärung"* zu *Art 3* und *4 Prot 7* wollte Österreich ua sicherstellen, dass die Pflicht zur **Entschädigung** bei **Fehlurteilen nur Strafurteile** betrifft und das **Verbot** der **Doppelbestrafung nur** doppelte **Strafprozesse** ausschließt (D 181). **1549**

Wie im Allgemeinen, so übten die *Straßburger Organe auch gegenüber österreichischen Vorbehalten zunächst Nachsicht.* Der österreichische Vorbehalt zu Art 5 wurde im Sinne einer „Fernwirkung" auch auf Art 6 bezogen: Wenn dank des Vorbehalts zu Art 5 die Verhängung von Freiheitsstrafen weiterhin durch Verwaltungsbehörden zulässig war, dann war logischerweise auch der in Art 6 garantierte Zugang zum Gericht insofern eingeschränkt. Dass aber solche Strafverfahren auch ohne die Garantien eines fairen Verfahrens (Art 6) durchgeführt würden, war keinesfalls schlüssig und wurde schließlich auch nicht mehr hingenommen. **1550**

In einer Reihe von Fällen wurde auch ein Vorbehalt deshalb nicht anerkannt, weil das konventionswidrige Gesetz erst nach dem Beitritt Österreichs zur EMRK erlassen worden war. Schließlich schlug sich die *Belilos*-Judikatur des EGMR auch in österreichischen Fällen nieder: Im Fall *Gra-* **1551** *dinger* (D 189) verweigerte der Gerichtshof der österreichischen „Erklärung" zum Verbot der Doppelbestrafung (Art 4 Prot 7 – D 181 c) die Anerkennung als Vorbehalt mit der Begründung, es fehle eine kurze Inhaltsangabe des betreffenden Gesetzes. Im Fall *Eisenstecken* (EGMR, U 3. 10. 2000, Reports 2000-X) ging es um die fehlende Öffentlichkeit in einem Grundverkehrsverfahren und den österreichischen Vorbehalt zu Art 6 (D 181 a). Der EGMR erklärte den Vorbehalt für ungültig; denn er hätte es Österreich ermöglicht, durch Gesetz die Öffentlichkeit in Zivil- und Strafverfahren auszuschließen, ohne dass die Grenzen für diese Befugnis klar erkennbar gewesen wären.

fb) Die Stellung der EMRK in der österreichischen Rechtsordnung

1552 Die EMRK ist ein vr Vertrag, der die Republik Österreich kraft ihres Beitritts bindet. Ihre innerstaatliche Stellung ist durch drei Gegebenheiten bestimmt, nämlich ihre *Inkorporation* ins österreichische Recht, ihren *Verfassungsrang* und ihre *unmittelbare Anwendbarkeit.*

1553 **Inkorporiert** wurde die EMRK als Vertrag gem Art 50 B-VG mit Genehmigung des Nationalrats (Rz 264), und zwar (anders als mancher später abgeschlossene Menschenrechtsvertrag) **ohne Erfüllungsvorbehalt,** sodass die Frage ihrer unmittelbaren Anwendbarkeit zunächst noch offen blieb. (Der Erfüllungsvorbehalt wurde ja erst später eingeführt – Rz 322.) Von Anfang an sollte die Konvention auch **Verfassungsrang** besitzen; da sie jedoch *nicht als Verfassungsrecht gekennzeichnet* war, weigerte sich der VfGH, sie als solches anzuerkennen. Folglich war es zunächst auch nicht möglich, Verfassungsbeschwerden auf sie zu stützen. Mit einem BVG wurde die EMRK jedoch 1964 rückwirkend in Verfassungsrang gehoben (Rz 314 f, 589); auch die Protokolle zur EMRK stehen auf dieser Stufe. Zunächst war auch die **unmittelbare Anwendbarkeit** der EMRK umstritten. Man attestierte ihr lediglich programmatischen Charakter, wozu ihr hoher Abstraktionsgrad und ihre teilweise als fremdartig empfundene Terminologie verleiteten. Als ihr Verfassungsrang dann aber gesichert war, wurde ihr nach und nach dieselbe Stellung zuteil wie den Grundrechtsnormen österreichischer Provenienz. Nun steht es außer Zweifel, dass die EMRK *verfassungsgesetzlich gewährleistete Rechte* erzeugt, auf die sich der Einzelne vor den Verwaltungsbehörden, den Gerichten und insbes (mittels Beschwerde) vor dem VfGH berufen kann. Sie ist damit eine tragende Säule des innerstaatlichen Grundrechtssystems. (In anderen Staaten wie etwa Deutschland genießt die EMRK nur einfachen Gesetzesrang.)

fc) Die EMRK als österreichisches Grundrechtsdokument

1554 Die EMRK ist nur eines der in Österreich maßgeblichen Grundrechtsdokumente, wobei man zwischen deren *innerstaatlicher* und *internationaler Herkunft* unterscheidet. Insgesamt ist die **Grundrechtssituation** in **Österreich** durch **Unübersichtlichkeit** und **Zersplitterung** gekennzeichnet, da es zum Unterschied von anderen Staaten (etwa Tschechien) **keinen umfassenden Grundrechtskatalog** gibt. Zwar enthält das immer noch wichtige *Staatsgrundgesetz über die allgemeinen Rechte der Staatsbürger 1867* (RGBl 142) eine Reihe von Grundrechten, doch finden sich solche auch vereinzelt im *B-VG* oder verstreut als Verfassungsbestimmungen in verschiedenen *einfachen Gesetzen.* Einzelne Grundrechtsbestimmungen sind aber auch in *Staatsverträgen* enthalten, wo man sie nicht vermuten würde, wie in jenem von *St-Germain 1919* (Rz 3033; D 369) und *Wien 1955* (Rz 3119 ff; D 380).

Die EMRK samt ihren Protokollen stellt nun in diesem Bereich ein relativ umfassendes Menschenrechtsdokument dar und übernimmt teilweise die Rolle eines sonst fehlenden Grundrechtskatalogs. Sie nimmt auch gegenüber anderen internationalen Menschenrechtsinstrumenten eine Sonderstellung ein. Diese stehen nämlich in Österreich gewöhnlich auf der Stufe einfacher Gesetze und wurden meist auch mit Erfüllungsvorbehalt versehen. Sie bilden daher keine Grundlage für subjektive Rechte ab. Demgegenüber ist die EMRK samt ihren Protokollen unmittelbar anwendbar und genießt Verfassungsrang (Rz 578, 588). **1555**

Besondere Bedeutung kommt der EMRK auch insofern zu, als sie die Staaten dazu zwingt, gewisse Entwicklungen im europäischen Grundrechtsschutz mitzumachen. Die Straßburger Organe legten sie nämlich als *„living instrument"* nicht statisch, sondern evolutiv aus (Rz 1462) und stießen dabei gelegentlich auch auf Widerstand in den Konventionsstaaten (D 191). **1556**

fd) Der Einfluss der EMRK und der Straßburger Judikatur auf die österreichische Rechtsordnung

Entgegen den beim Beitritt Österreichs gehegten Erwartungen, wonach die österreichische Rechtsordnung im Wesentlichen der EMRK entsprechen würde, waren in der Folge **zahlreiche Anpassungen** an diese und an die dazu entwickelte **Straßburger Judikatur erforderlich.** Den Anlass dazu gab oft ein konkretes Beschwerdeverfahren gegen Österreich, doch folgte man mitunter auch der Judikatur der Straßburger Organe in Beschwerdefällen gegen andere Staaten. Auch die österreichischen Höchstgerichte, namentlich der VfGH, trugen dazu bei, die österreichische Rechtsordnung konventionskonform zu gestalten. Die bisherigen Anpassungen erfolgten vorwiegend im Strafprozessrecht, im Verwaltungsverfahrensrecht (insbes durch die Einrichtung der UVS), im Disziplinarrecht und im Rundfunkrecht. **1557**

Besonders **großen Einfluss** hatte die **Straßburger Judikatur** auf die Gestaltung der **Strafrechtspflege.** Nach mehreren Menschenrechtsbeschwerden gegen Österreich stellte die *Strafprozessnovelle 1962* (BGBl 229) die Waffengleichheit im Berufungsverfahren her. Ein *Strafrechtliches Entschädigungsgesetz 1969* (BGBl 270) stellte die Zahlung von Haftentschädigung auf eine gesetzliche Grundlage. Mit dem bes wichtigen *Strafrechtsänderungsgesetz 1971* (BGBl 273) wurde die zulässige Dauer der Untersuchungshaft beschränkt. Das *Verfahrenshilfegesetz 1973* (BGBl 569) geht auf die Beschwerde eines Anwalts betreffend die Pflicht zur Armenverteidigung zurück (Zwangs- oder Pflichtarbeit – Art 4 – Rz 1447, 1459, 1461). Mit dem *Strafprozessanpassungsgesetz 1974* (BGBl 423) wurden neue Bestimmungen insbes für die Parteiöffentlichkeit von Vernehmungen vor dem Untersuchungsrichter und die Telefonüberwachung geschaffen. Mit dem *Strafverfahrensänderungsgesetz 1983* (BGBl 168) wurde (erneut nach 1962) die persön- **1558** liche Anwesenheit des Angeklagten in der Berufungsverhandlung geregelt. Die Anomalie, dass in Lebensmittel-Strafverfahren der Direktor der Lebensmitteluntersuchungsanstalt als Amtssachverständiger vernommen werden konnte, nachdem er selbst das „Anzeigegutachten" erstattet hatte, wurde durch die Aufhebung einer Bestimmung des *Lebensmittelgesetzes 1975* durch den VfGH (Slg 10701/1985) beseitigt. Das *Strafrechtsänderungsgesetz 1987* (BGBl 605) erweiterte die Sprecherlaubnis des Verhafteten mit seinem Verteidiger und verstärkte den Schutz der Privatsphäre insbes von Zeugen. Das *Strafprozessänderungsgesetz 1993* (BGBl 526) brachte eine ganze Reihe von Verbesserungen; nunmehr wird in den Nichtigkeitsgründen der StPO (§§ 281 Abs 1 Ziff 4 und 345 Abs 1 Ziff 5) Art 6 EMRK sogar ausdrücklich genannt. Das *Strafrechtsänderungsgesetz 1996* (BGBl 762) führte schließlich die *Erneuerung des Strafverfahrens* für den Fall ein, dass der EGMR eine Konventionsverletzung durch ein Strafgericht feststellt (§ 363a StPO).

1559 Weitere Anpassungen an die EMRK stellten das *BVG über den Schutz der persönlichen Freiheit* (BGBl 1988/684) und die *Einrichtung der UVS* durch die Einfügung von Art 129a ins B-VG (BGBl 1988/685) dar. Beide Maßnahmen sollten die Zurücknahme des österreichischen Vorbehalts zu Art 5 EMRK vorbereiten, wozu es jedoch bisher noch nicht gekommen ist. Ein gutes Beispiel dafür, dass Österreich auch die Straßburger Judikatur zu anderen Staaten zum Anlass nimmt, seine eigene Rechtslage zu verbessern, ist (nach dem Urteil des EGMR im Fall *Engel gegen die Niederlande,* U 8. 6. 1976, A/22-A) das *Heeresdisziplinargesetz 1985* (BGBl 294), womit dem Art 6 Abs 1 EMRK Genüge getan wurde.

1560 Bes eindrucksvoll, wenn auch mühsam, war der Anpassungsprozess im Bereich des Rundfunkrechts, nachdem der EGMR im Fall *Informationsverein Lentia* (D 187; Rz 1500) die konkrete Ausgestaltung des öffentlich-rechtlichen Rundfunkmonopols in Österreich als Art 10-widrig qualifiziert hatte. Auf dieses Urteil ging zunächst das *Regionalradiogesetz* (BGBl 1993/506) und das *Kabel- und Satelliten-Rundfunkgesetz* (BGBl I 1997/42) zurück, bevor – auch unter entscheidender Mitwirkung des VfGH – mit dem *Privatradiogesetz* (BGBl I 2001/20) und dem *Privatfernsehgesetz* (BGBl I 2001/84) der Rundfunkbereich vollständig liberalisiert wurde.

1561 Statt weiterer positiver Beispiele sei abschließend auf einen schwelenden Konflikt hingewiesen, dessen Beseitigung eine weit gehende Umgestaltung des Staatsorganisationsrechts erforderte. Er betrifft die extensive Auslegung des Zivilrechtsbegriffs *(civil rights)* in Art 6 durch den EGMR (Rz 1464; D 183 und 185), welcher der VfGH in seinem Erkenntnis VfSlg 11.500/1987 (zur Verwaltungsmaterie Baurecht – D 191) entgegentrat. Immerhin scheint eine gewisse Entschärfung durch das *Verwaltungsreformgesetz 2001* (BGBl I 2002/65) eingetreten zu sein, da dieses für die UVS eine beträchtliche Funktionsausweitung bewirkt. Dass freilich die UVS in jedem Fall dem Gerichtsbegriff *(„tribunal")* entsprechen, ist noch nicht zweifelsfrei festgestellt.

fe) Österreich als belangter Staat

1562 Von den knapp über 27.000 im Jahre **2003** weiterbehandelten **Beschwerden** betrafen 324 **Österreich,** was dem **Durchschnitt der Konven-**

tionsparteien entspricht. (Lange Zeit war die Zahl der gegen Österreich gerichteten Beschwerden freilich überproportional; dies wurde ua mit dem vergleichsweise höheren Bekanntheitsgrad der EMRK in Österreich zu erklären versucht.) 19 Beschwerden wurden 2003 für zulässig erklärt, also meritorisch. 19 Urteile wurden in diesem Jahr gefällt; davon enthielten zwei eine gütliche Einigung, in einem Fall wurde keine Verletzung eines Konventionsrechts festgestellt.

Die verbleibenden 16 Verurteilungen Österreichs betrafen ganz über- **1563**
wiegend (nämlich acht) Verletzungen von Art 6, also Verfahrensrechte. Dies zeigt den besonderen *Schwachpunkt* auf, den *Österreich* derzeit im *Verfahrensrecht* noch aufweist.

Von den restlichen acht Verurteilungen galten fünf der Achtung des **1564**
Privat- und Familienlebens (Art 8 – davon drei in Verbindung mit dem Diskriminierungsverbot des Art 14), sowie drei der Meinungsfreiheit im Verhältnis zum Ehrenschutz (Art 10).

3. Das Europäische Übereinkommen zur Verhütung von Folter und unmenschlicher oder erniedrigender Behandlung oder Strafe

Literatur: *Evans / Morgan,* Preventing Torture: A Study of the European Convention for the Prevention of Torture and Inhuman or Degrading Treatment or Punishment (1998); *Kicker,* The European Committee for the Prevention of Torture (CPT), FS *Ginther* (1999) 595; *Kriebaum,* Folterprävention in Europa (2000); *Morgan / Evans,* Combating Torture in Europe (2001).

Diese Konvention wurde 1987 zur Stärkung des bereits in Art 3 EMRK **1565**
verankerten Folterverbotes (Rz 1434, 1447, 1459, 1470 ff) zur Unterzeichnung aufgelegt. Sie trat 1989 in Kraft und umfasst beinahe alle Staaten des Europarats. Österreich ratifizierte 1989 (BGBl 1989/74). Das *Prot 1* 1993 (in Kraft seit 2002) öffnet das Übereinkommen auch für Nichtmitgliedstaaten des Europarats; dabei ist an den Beitritt benachbarter Staaten gedacht.

Der zentrale Inhalt des Übereinkommens ist ein **präventives Besuchs-** **1566**
system, das Häftlinge wirksam vor Folter schützen soll. Diese Besuche erfolgen durch das **Europäische Komitee zum Schutz vor Folter oder anderer unmenschlicher oder erniedrigender Behandlung oder Strafe** *(Antifolterkomitee; Committee for the Prevention of Torture – CPT).* Die *unabhängigen Mitglieder* dieses Ausschusses, deren *Zahl jener* der *Vertragsparteien* entspricht, werden vom *MK* des *Europarats* auf *4 Jahre gewählt.*

Der Ausschuss hat die Regierungen der Vertragsparteien zwar allge- **1567**
mein von seiner Besuchsabsicht in Kenntnis zu setzen, kann dann aber **jederzeit** und **ohne vorherige Ankündigung** alle **Orte,** an denen **Personen** durch *Behörden* ihre **Freiheit entzogen** wird (zB Straf- und Haftanstalten, Polizeireviere, psychiatrische Kliniken), besuchen. Allerdings können diese Besuche bei Vorliegen außergewöhnlicher Umstände (Gefährdung der öffentlichen Sicherheit, Gefängnismeuterei) eingeschränkt werden.

Nach jedem Besuch verfasst das Komitee einen *Bericht.* Dieser wird **1568**
dem betroffenen Vertragsstaat zugeleitet und enthält *Empfehlungen* zum besseren Schutz inhaftierter Personen. Die Berichte sollten ursprünglich vertraulich sein, doch werden sie heute im Allgemeinen mit Zustimmung des

untersuchten Staates *veröffentlicht.* Dieser kann eine eigene Stellungnahme anschließen.

1569 Kooperiert eine Vertragspartei nicht mit dem Ausschuss oder kommt sie dessen Empfehlungen nicht nach, kann das Komitee als (einzige) Sanktion mit Zweidrittelmehrheit eine öffentliche Erklärung abgeben.

4. Die Europäische Sozialcharta

Literatur: *Harris,* The European Social Charter (1984); *Öhlinger,* Die Europäische Sozialcharta und der Schutz wirtschaftlicher und sozialer Rechte durch den Europarat, in: *Nowak* (Hrsg), Europarat und Menschenrechte (1994) 119; *Samuel,* Fundamental Social Rights: Case Law of the European Social Charter (1997); *Harris,* The Council of Europe (II): The European Social Charter, in: *Hanski / Suksi* (Hrsg), An Introduction to the International Protection of Human Rights (1999) 307; *Oberleitner,* Developing Social Rights in Europe Further, FS *Ginther* (1999) 637; *Casey,* The European Social Charter and Revised Social Charter, in: *Costello* (Hrsg), Fundamental Social Rights: Current European Legal Protection & the Challenge of the EU Charter on Fundamental Rights (2001) 55; *Grillberger,* Die Kollektivbeschwerde nach der Europäischen Sozialcharta, FS *Cerny* (2001) 79.

1570 Die ESC ist das Gegenstück zur EMRK im Bereich der sozialen und wirtschaftlichen Rechte. Allerdings ist sie weniger bekannt; ihr ist auch *kein gerichtsförmiges Verfahren* zur Durchsetzung ihrer – vr ebenso verbindlichen – Bestimmungen beigefügt. Immerhin wurde das Berichtssystem der ESC vor einigen Jahren reformiert und durch ein Beschwerdeverfahren ergänzt (Rz 1585 ff). Die *Stammkonvention* wurde am 18. 10. *1961* in *Turin* von elf Mitgliedern des Europarats *unterzeichnet* und trat *1965 in Kraft* (D 192). Von Österreich wurde sie 1969 ratifiziert, jedoch mit einem Erfüllungsvorbehalt versehen, sodass aus ihr innerstaatlich kein subjektives Recht abgeleitet werden kann. Außerdem besitzt sie (zum Unterschied von der EMRK) *nur einfachgesetzlichen Rang.*

1571 Die Stammkonvention aus 1961 wurde durch *drei Zusatzprotokolle* ergänzt und noch einmal in einer *revidierten Fassung* (von *1996*) aufgelegt. Zurzeit zählt die Charta – in der einen oder anderen Fassung – etwa drei Viertel aller Europaratsstaaten zu ihren Vertragsparteien.

a) Grundstruktur der ESC

1572 Die ESC ist in fünf Teile gegliedert. Teil I enthält als Vorschau eine Liste von 19 Rechten und Grundsätzen, zu deren Verwirklichung sich die Vertragsstaaten als Zielvorstellung bekennen. Teil II führt in 19 Art diese Rechte und Grundsätze als detaillierte Völkerrechtsnormen aus, wobei diese in 72 Unterbestimmungen gegliedert werden. Teil III sieht hierauf die verpflichtende Annahme von fünf Art aus einer Liste von sieben Kern-Art vor (Art 1, 5, 6, 12, 13, 16 und 19).

1573 Insgesamt müssen aus der *Gesamtliste* von *19 Art* entweder *zehn Art oder 45 Abs ausgewählt* werden. Die Staaten können sich ihr **„Sozialrechtsmenü“** gewissermaßen **„à la carte“** aussuchen, doch sind sie dann an ihre Wahl gebunden. Auch besteht die Erwartung einer allmählichen Erweiterung der Pflichtenliste durch die Vertragsparteien.

Teil IV enthält das internationale Kontrollverfahren, das dem Typus des **Berichtssystems** entspricht (Rz 1392). Teil V besteht aus Rahmenbestimmungen; daran schließt sich ein Anhang mit interpretativen Klarstellungen an. 1574

Die *Revidierte ESC 1996* ist in gleicher Weise aufgebaut. Jedoch wurden in sie weitere Rechte aus einem Zusatzprotokoll aufgenommen; ferner ist die Subskriptionspflicht etwas höher. 1575

b) Einzelne Rechte

Das **Recht auf Arbeit** (Art 1) bedeutet nicht etwa, dass ein Vertragsstaat dem Einzelnen einen angemessenen Arbeitsplatz zur Verfügung stellen muss, sondern die Führung einer Vollbeschäftigungspolitik durch den Staat (Abs 1). Gem Abs 2 haben die Chartaparteien das Recht des Arbeitnehmers, seinen Lebensunterhalt durch eine frei übernommene Tätigkeit zu verdienen, wirksam zu schützen. Abs 3 verpflichtet die Vertragstaaten schließlich auch, unentgeltliche (staatliche oder private) Arbeitsvermittlung bereitzustellen. 1576

Das **Recht** der **Arbeitnehmer** und **Arbeitgeber, Interessenvertretungen** zu gründen oder solchen beizutreten, wird in Art 5 garantiert. Erhebliche administrative Hindernisse für die Gründung von Gewerkschaften wären also ein Verstoß dagegen. Das *Vereinigungsrecht* darf allerdings für *Streitkräfte* und *Polizei eingeschränkt* werden. Die Staaten sind durch Art 6 auch verpflichtet, freiwillige Verhandlungen und Schiedsverfahren zur Beilegung von Arbeitskonflikten zu fördern **(Recht auf Kollektivverhandlungen).** Ausdrücklich anerkannt wird ferner das *Recht* der *Arbeitnehmer* und *Arbeitgeber,* im Fall von *Interessenkonflikten kollektive Maßnahmen* zu ergreifen, einschließlich von **Streiks.** 1577

Großes Gewicht wird auch dem **Recht auf soziale Sicherheit** beigemessen; ein entsprechendes System ist einzuführen bzw beizubehalten (Art 12). Ein *Recht auf Fürsorge* (Art 13) verpflichtet die Vertragsparteien sicherzustellen, dass alle Personen, die ihren Lebensunterhalt nicht selbst bestreiten können, einen individuellen (einklagbaren) Anspruch auf Sozialhilfe und Krankenfürsorge haben. 1578

Besonders geschützt werden auch einzelne *Kategorien von Personen,* wie Kinder und Jugendliche (Art 7), Arbeitnehmerinnen (Art 8), die Familie (die als *„fundamental unit of society"* bezeichnet wird, die wirtschaftlich, rechtlich und sozial zu unterstützen ist – Art 16) oder die Wanderarbeitnehmer. Für sie ist in Art 19 eine Art Mini-Kodex ihrer Rechte enthalten. 1579

c) Ausgestaltung der Rechte

Die *Rechte der ESC* sind *zT sehr weit* und *unbestimmt* formuliert; dabei bleibt es dem Vertragsstaat überlassen, durch „geeignete Maßnahmen" oder „soweit als möglich" Ziele zu erreichen oder anzustreben (eine Bemühenspflicht). In *anderen Fällen* sind *hingegen die staatlichen Pflichten sehr konkret* (zB für angemessene Kündigungsfristen zu sorgen, die Gewerkschaftsfreiheit und das Streikrecht zu garantieren oder ein Recht auf Sozialhilfe vorzusehen). Viele der Sozialrechte verlangen **staatliche Leistungen,** die aber nur nach **Maßgabe** der **wirtschaftlichen Leistungsfähigkeit** des betreffenden 1580

Staates zu erbringen sind. Vielfach bedürfen solche Rechte auch der Durchführung durch staatlichen Gesetzgebungsakt. Trotzdem ist es unrichtig bzw überzogen, allen sozialen Rechten von vornherein die Justiziabilität (die Durchsetzbarkeit in einem Gerichtsverfahren) abzusprechen. Dies gilt für die staatliche wie auch die internationale Ebene.

1581 Allerdings könnte man *bezweifeln,* dass es sich bei den Rechten der Charta um *eigentliche Menschenrechte* handelt: Die Rechte der Charta stehen nämlich kraft einer ausdrücklichen Bestimmung im Anhang Ausländern nur in dem Maße zu, wie diese Angehörige eines Vertragstaates sind und sich rechtmäßig wie auch zu regulärer Arbeit im Hoheitsgebiet eines Chartastaates aufhalten. (Eine solche Gegenseitigkeitsbedingung ist den Menschenrechten an sich fremd. Sie stellt einen wesentlichen Unterschied zu den Rechten der EMRK dar, die mit geringfügigen Ausnahmen allen Menschen zustehen, die sich im Hoheitsgebiet von Vertragsstaaten aufhalten.)

d) Das allgemeine Kontrollverfahren

1582 Dieses entspricht dem **Berichtsystem.** In der Praxis unterbreiten die Staaten alle vier Jahre (bzw alle zwei Jahre für die Kern-Art) einen Bericht. Aus diesem soll ersichtlich sein, ob sie die übernommenen Verpflichtungen eingehalten bzw aus welchem Grund sie Verpflichtungen noch nicht übernommen haben. Der *Bericht* wird (eventuell versehen mit den Stellungnahmen berechtigter einschlägiger Organisationen) *vom neunköpfigen* **Europäischen Sozialrechtsausschuss** (*European Committee of Social Rights – ECSR,* in der Charta noch als *Committee of Experts* bezeichnet) *geprüft.* Dabei wird jedoch die tatsächliche Sachlage bzw Praxis der Staaten und nicht etwa nur die abstrakte Gesetzeslage untersucht. Die Beurteilung durch das Komitee *(Conclusions)* wird vom Europarat veröffentlicht.

1583 In einer zweiten Stufe wird ein **Regierungskomitee** *(Governmental Committee)* tätig, das sich aus Beamten der Mitgliedstaaten sowie Vertretern von Arbeitgeber- und Arbeitnehmerorganisationen zusammensetzt. Das *Regierungskomitee befasst sich mit negativen Beurteilungen* und *entscheidet* über allfällige *Konsequenzen,* insbes ob dem **MK** eine Empfehlung an den verletzenden Staat vorgeschlagen werden soll.

1584 Das MK entscheidet mit zwei Dritteln der Stimmen der Vertragsstaaten über die Empfehlung *(recommendation),* zB zur Verbesserung der Lage Sozialgesetze zu erlassen. Solche *Empfehlungen* haben lediglich *politischen Charakter;* ihr Erfolg ist unterschiedlich. Nicht *unerheblich* ist der *Einfluss* dieses Kontrollverfahrens auf das *österreichische Sozialrecht* gewesen. Die vom Ausschuss festgestellten Mängel führten zu einigen gesetzgeberischen Maßnahmen (zB Nachtschicht-Schwerarbeitsgesetz – BGBl 1981/354, Gleichbehandlungsgesetz – BGBl 1979/108 und Ausländerbeschäftigungsgesetz – BGBl 1975/218).

e) Die Kollektivbeschwerde

1585 1998 ist für eine Reihe von Staaten (nicht für Österreich) das 3. Zusatzprotokoll zur ESC (1995) in Kraft getreten. Darin wurde die Möglichkeit einer Kollektivbeschwerde (Verbandsklage) geschaffen. *Beschwerdelegiti-*

miert sind zunächst einige wenige *internationale Verbände* von *Arbeitgebern* und *Gewerkschaften,* die bereits im Rahmen des Berichtsverfahrens Mitwirkungsrechte besitzen. Hinzu kommen noch gewisse *NGOs* mit Konsultativstatus beim Europarat sowie repräsentative nationale Arbeitgeber- und Arbeitnehmerorganisationen und schließlich vom Vertragsstaat zu bezeichnende NGOs; diese brauchen zwar nicht Arbeitgeber- oder Arbeitnehmerinteressen zu vertreten, müssen aber über besondere Sachkompetenz verfügen.

Das Verfahren läuft vor dem **Europäischen Sozialrechtsausschuss** ab, **1586** der zunächst eine *Zulässigkeitsentscheidung* fällt. (Es darf sich nicht um einen Einzelfall, sondern es muss sich um eine *generelle Situation* handeln, die Anlass zur Kritik gibt.) Hierauf prüft der Ausschuss die Beschwerde in der Sache und stellt in seinem *Bericht* fest, ob die Charta seiner Meinung nach verletzt wurde.

Dieser *Bericht* wird in der Regel direkt dem *MK unterbreitet.* Dieses **1587** kann mit *Zweidrittelmehrheit* (der Charta-Staaten) entscheiden, dass eine *Charta-Verletzung* vorliegt, und eine entsprechende *Empfehlung auf Abhilfe* aussprechen. (Ausnahmsweise kann dem MK noch das erwähnte Regierungskomitee vorgeschaltet sein.)

Die erste Kollektivbeschwerde (No 1/1998) betraf die Kinderarbeit in **1588** Portugal (Art 7 Abs 1 ESC) und wurde mit Erfolg von der Internationalen Juristen-Kommission eingebracht. Dabei ging es um eine Ausnahme zu Gunsten „leichter Kinderarbeit" für Personen unter 15 Jahren, wozu es nähere innerstaatliche Regelungen gab. Diese wurden jedoch praktisch nicht durchgesetzt, sodass der Ausschuss und später auch das MK eine Charta-Verletzung durch Portugal feststellten. Bisher wurden mehr als 10 Kollektivbeschwerden eingebracht, wovon mehrere die Vereinigungsfreiheit von Angehörigen der Streitkräfte betrafen (Art 5) und sich mehrere mit dem unzureichenden Verbot von Körperstrafen an Kindern befassten.

Jedenfalls stellt die *Kollektivbeschwerde* einen *wesentlichen Fortschritt* **1589** im internationalen System des Schutzes sozialer Rechte dar. Sie kann einen wesentlichen Beitrag zu größerer Rechtsklarheit leisten.

5. Weitere Schutzeinrichtungen im Rahmen des Europarats

a) Der Europarats-Kommissar für Menschenrechte

Diese Einrichtung wurde durch Res des MK (99) 50 im Jahre 1999 in **1590** Budapest geschaffen. Die Aufgaben des Kommissars bestehen in der Förderung der Menschenrechtserziehung, in der Kritik von Schwachpunkten in Recht und Praxis der Mitgliedstaaten und im Bemühen um die effektive Einhaltung der Menschenrechte gem den verschiedenen Europaratsinstrumenten.

Es handelt sich dabei um eine **nichtrichterliche Einrichtung** und **kei-** **1591** **nesfalls** um eine **Beschwerdeinstanz.** Dennoch kann und wird der Menschenrechtskommissar sich durch die Kenntnis auch individuell an ihn herangetragener Beschwerden leiten lassen. In diesem Sinn können Regierungen, Parlamente, Ombudsman-Büros, Organisationen und Individuen Informationen liefern, die der Kommissar in seinen direkten Kontakten mit Regierungen nützt oder in Empfehlungen, Berichte, Meinungen usw einfließen lässt. Darüber hinaus kann er vom MK mit speziellen Aufgaben auf dem

Menschenrechtssektor betraut werden. Dies betraf bisher va Staaten im nördlichen Kaukasus.

b) Die Europäische Kommission gegen Rassismus und Intoleranz

1592 Die Europäische Kommission gegen Rassismus und Intoleranz *(European Commission against Racism and Intolerance – ECRI)* ist eine Einrichtung zur Beobachtung und Bekämpfung von Rassismus, Fremdenfeindlichkeit, Antisemitismus und Intoleranz in den Staaten des Europarats. Sie wird aus *Experten* (je einem pro Mitgliedstaat) gebildet, die zwar von den Regierungen ernannt werden, aber *unabhängig* sind. Die Kommission untersucht bzw verfolgt in einem Vierjahreszyklus die Situation in jedem Mitgliedsland *(country-by-country approach)*. Die *Länder-Berichte* werden vor ihrer Fertigstellung mit Regierungsvertretern besprochen und schließlich im Wege des MK der jeweiligen Regierung zugestellt. Die Berichte werden auch veröffentlicht, sofern sich eine Regierung nicht ausdrücklich dagegen verwahrt.

1593 Neben dem *„country-by-country approach"* wird die ECRI mit allgemeinen Aktivitäten tätig, nämlich durch allgemeine Politik-Empfehlungen, die Sammlung und Verbreitung von Beispielen „guter Praxis" *(„good practices")* oder die Bekämpfung von Missständen wie der Verbreitung rassistischer Aussagen über das Internet.

6. Der Menschenrechtsschutz in der EU

Literatur: *Chwolik-Lanfermann,* Grundrechtsschutz in der Europäischen Union (1994); *Karl,* Der Beitritt der Europäischen Gemeinschaft zur Europäischen Menschenrechtskonvention aus der Sicht der EMRK, in: *Hummer / Schweitzer* (Hrsg), Österreich und das Recht der Europäischen Union (1996) 91; *Obwexer,* Status quo des Grundrechtsschutzes in der Europäischen Union, ebd 53; *Potacs,* Der Beitritt der Europäischen Gemeinschaft zur Europäischen Menschenrechtskonvention aus gemeinschaftsrechtlicher Sicht, ebd 81; *Baumgartner,* EU-Mitgliedschaft und Grundrechtsschutz (1997); *Betten / Grief,* EU Law and Human Rights (1998) 53; *Hoffmeister,* Menschenrechts- und Demokratieklauseln in den vertraglichen Außenbeziehungen der Europäischen Gemeinschaft (1998); *S. Winkler,* Der Beitritt der Europäischen Gemeinschaften zur Europäischen Menschenrechtskonvention (1999); *Alston* (Hrsg), The EU and Human Rights (1999); *Alber / Widmaier,* Die EU-Charta der Grundrechte und ihre Auswirkungen auf die Rechtsprechung, EuGRZ 27 (2000) 497; *Hummer,* Grundrechte in der Europäischen Union, in: *Karl / Brandl* (Hrsg), Völker- und Europarecht (2000) 289; *Krüger / Polakiewicz,* Vorschläge für ein kohärentes System des Menschenrechtsschutzes in Europa, EuGRZ 28 (2001) 92.

1594 Die *EG* wurden als *Wirtschaftsgemeinschaften* gegründet. Ein eigentlicher Grundrechtschutz war in den Gründungsverträgen ursprünglich nicht vorgesehen. (Die sog Grundfreiheiten der EG sind nämlich *Marktfreiheiten,* die mit Grund- und Freiheitsrechten nichts oder wenig zu tun haben; außerdem stehen sie nicht dem Menschen als solchem, sondern nur dem Marktbürger zu.) Bald schon wurde allerdings deutlich, dass es bei der Ausübung der in den Gründungsverträgen verankerten Hoheitsrechte durch die Gemeinschaftsorgane auch zu Eingriffen in die Grund- und Freiheitsrechte kommen kann, und dass der Einzelne hier desselben Schutzes bedarf wie im staatlichen Rechtsbetrieb.

Mangels anderer Rechtsgrundlagen entwickelte der **EuGH** (Rz 1138ff) aus den **ARG** der Rechtsordnungen der **Mitgliedstaaten** (Rz 453ff) **Rechtsstaatsprinzipen** und **eigentliche Rechte,** die die Gemeinschaftsorgane binden (D 193, 194). Dabei stützte er sich auf die *gemeinsamen Verfassungsüberlieferungen* der *Mitgliedstaaten* und den *gemeinsamen Grundbestand an internationalen Verträgen* zum Schutz der *Menschenrechte,* allen voran die *EMRK.* Auf diese Weise fanden nicht nur das *Verhältnismäßigkeitsprinzip* und der *Vertrauensschutz* sowie das Gebot der *Rechtssicherheit* Eingang ins Gemeinschaftsrecht, sondern auch materielle Grundrechte wie die *Achtung der Privatsphäre,* der *Gleichheitsgrundsatz,* die *Religionsfreiheit,* das *Recht auf Eigentum* usw. 1595

In verfahrensmäßiger Hinsicht erfolgt der **Grundrechtsschutz gegenüber Gemeinschaftsrechtsakten** durch den **EuGH.** Bei der *unmittelbaren Vollziehung* des Gemeinschaftsrechts (durch Gemeinschaftsorgane) steht dem *Einzelnen* der *Rechtsweg* zum *EuGH* offen; nicht so im Allgemeinen bei *der mittelbaren Vollziehung* (durch staatliche Organe), doch können derartige Fälle durch ein nationales Gericht im Wege des *Vorabentscheidungsverfahrens an den EuGH* herangetragen werden (Art 234 EGV). 1596

Die *Frage,* ob *Gemeinschaftsrechtsakte* auch *von nationalen Gerichten auf ihre Menschenrechtskonformität überprüft* werden können, ist nach Gemeinschaftsrecht eindeutig *negativ* zu beantworten. Demgegenüber beanspruchen jedoch die Höchstgerichte mancher Mitgliedstaaten eine Residualzuständigkeit für den Fall, dass der Grundrechtschutz der Gemeinschaft regelmäßig hinter den nationalen Grundrechtsgarantien zurückbleiben würde. Dies stellte das deutsche Bundesverfassungsgericht in seinem *„Solange II"-Beschluss 1986* fest. Gem dieser Entscheidung übt das Bundesverfassungsgericht, solange die Rechtsprechung des EuGH den Grundrechtschutz ausreichend sichert, die ihm zustehende Kompetenz zur Kontrolle von Gemeinschaftsrecht am Maßstab der deutschen Grundrechte nicht aus – (2 BvR 197/83; EuGRZ 14 [1987] 386). 1597

Allerdings **beansprucht** auch der **EGMR** in Straßburg zumindest im Prinzip die **Gerichtsbarkeit** über **Gemeinschaftsrecht,** und zwar gleichgültig, ob es sich um Gemeinschaftsrechtsakte oder um die Ausführung von Gemeinschaftsrecht durch Organe der Mitgliedstaaten handelt. Zwar kann die EG nicht selbst beim EGMR belangt werden, da sie nicht Vertragspartner der EMRK geworden ist; jedoch haften im Prinzip die EG-Mitgliedstaaten sowohl für die konventionswidrigen Akte von Gemeinschaftsorganen als auch für eigene Durchführungsakte. Der EGMR vertritt nämlich die Auffassung, dass sich die Konventionsstaaten den einmal übernommenen Verpflichtungen aus der EMRK nicht dadurch entziehen können, dass sie die Kompetenz an ein übernationales Organ abtreten. 1598

Wenn entsprechende Beschwerden (gegen die EG-Staaten) vom EGMR dennoch nicht als zulässig behandelt werden, so deshalb, weil er die Meinung des deutschen Bundesverfassungsgerichts (im *Solange II-Beschluss* – Rz 1597) teilt, wonach die Menschenrechte in der Gemeinschaft derzeit ausreichend geschützt seien. Dass hier dennoch Systemkonflikte auftreten können, zeigt der Fall *Matthews gegen Vereinigtes Königreich* (D 195). 1599

1600 Immer wieder haben sich auch die Gemeinschaftsorgane – einzeln und gemeinsam – zu den Menschenrechten bekannt, wie zB in einer **Gemeinsamen Grundrechtserklärung** von **Versammlung** (nun *Europäisches Parlament*), **Rat und Kommission** der **EG 1977.** Schließlich wurde ein **Bekenntnis** zu den **Menschenrechten** auch in den **Vertrag von Maastricht 1992** aufgenommen und scheint in **Art 6 EUV idF von Amsterdam 1997** auf (D 138).

1601 Darüber hinaus ist in **Art 7 EUV** für den Fall einer **schwer wiegenden und anhaltenden Verletzung** der in Art 6 Abs 1 genannten Grundsätze durch einen Mitgliedstaat ein **Sanktionsverfahren** verankert. Es sieht zwar nicht den Ausschluss des Staates aus der Union, aber Maßnahmen bis hin zum Entzug des Stimmrechts im Rat vor. Voraussetzung eines solchen Sanktionsverfahrens (das bisher noch nie durchgeführt wurde) ist der begründete Vorschlag eines Drittels der Mitgliedstaaten oder der Kommission und die Zustimmung des Europäischen Parlaments mit Zweidrittelmehrheit. Hierauf kann der Rat auf höchster Ebene einstimmig (aber natürlich ohne die Stimme des betroffenen Staates) feststellen, dass eine schwer wiegende und anhaltende Verletzung der genannten Grundsätze vorliegt – allerdings erst, nachdem er die Regierung des betroffenen Mitgliedstaates zu einer Stellungnahme aufgefordert hat. Die konkreten Zwangsmaßnahmen können im Rat mit qualifizierter Mehrheit (unter Nichtberücksichtigung der Stimmen des betroffenen Staates) beschlossen werden.

1602 Um auch für die Fälle einer **bloßen Gefährdung** der **Menschenrechte** gerüstet zu sein, wird Art 7 EUV durch den **Vertrag von Nizza** 2001 durch einen neuen Abs 1 ergänzt (D 138). Danach kann der *Rat* auf begründeten Vorschlag der oben genannten Antragsteller mit vier Fünfteln seiner Stimmen und nach Zustimmung des Parlaments *feststellen,* dass die eindeutige Gefahr einer schwer wiegenden Verletzung der genannten Grundsätze durch einen Mitgliedstaat besteht, und an diesen Mitgliedstaat geeignete *Empfehlungen* richten. Zuvor ist jedoch der betroffene Staat zu hören. Außerdem kann der Rat unabhängige Persönlichkeiten ersuchen, einen Bericht über die Lage (einen *„Weisenbericht“*) vorzulegen.

1603 Zur Stärkung der Grundrechte in der Gemeinschaft und zur Vermeidung von Friktionen mit dem Straßburger System des Menschenrechtsschutzes *schlug* die *EG-Kommission* bereits *1979* den **Beitritt der EG zur EMRK** *vor.* Damit würde die Gemeinschaft den Konventionsstaaten gleichgestellt, die sich ja auch einer externen Kontrolle stellen müssen. Ferner würde die Entwicklung zweier unterschiedlicher Menschenrechtsschutzsysteme in Europa vermieden. Diese Gefahr besteht dann durchaus, wenn die Union ihren Grundrechtsschutz autonom weiter ausbaut. Der Europarat würde einen Beitritt der Gemeinschaft begrüßen, wobei seiner Ansicht nach Detailfragen in einem speziellen Beitrittsprotokoll zur EMRK geregelt werden könnten.

1604 Auch auf Seite der Union wurde ein Beitritt ernstlich überlegt, doch ist es darum still geworden, nachdem der *EuGH* in seinem Gutachten 2/94 vom 28. 3. 1996 *feststellte,* dass dafür in den bestehenden *Gründungsverträgen keine ausreichende Kompetenzgrundlage* vorhanden ist (D 196). Für einen Beitritt zur EMRK wäre also eine vorherige Änderung der Gründungsverträge erforderlich – auch dieses Hindernis scheint aber nicht unüberwindbar.

Mehr Erfolg hatte bisher das Projekt eines gemeinschaftsrechtlichen Grundrechtekatalogs, das in die **Europäische Grundrechte-Charta 2000** mündete (D 197). Das aus 54 operativen Artikeln bestehende Dokument ist inhaltlich beinahe allumfassend. Es vereinigt erstmals seit der Allgemeinen Erklärung der MR 1948 (D 164) wieder bürgerliche und politische sowie wirtschaftliche und soziale Rechte. In Gestalt des *Umweltschutzes* scheint sogar ein kollektives Menschenrecht auf. Daneben werden auch moderne Problemfelder nicht nur implizit erfasst, sondern ausdrücklich angesprochen, wie das *Verbot des reproduktiven Klonens von Menschen* und andere Grundsätze der *Bioethik* (Art 3). 1605

Allerdings ist die Grundrechte-Charta **kein vr Vertrag,** sondern nur eine **feierliche Proklamation** des Europäischem Parlaments, des Rates und der Kommission, die durch deren Präsidenten beurkundet ist. Obwohl ihre eigene „Rechtswertigkeit" somit sehr beschränkt ist, bezieht sie sich zumindest teilweise auf bereits geltendes Recht. Welcher Platz der Charta einmal von der Praxis (insbes der Gemeinschaftsorgane) bzw vom verfassunggebenden *Europakonvent* zugewiesen wird, kann derzeit noch nicht gesagt werden. 1606

Die Europäische Grundrechte-Charta enthält vorwiegend **Menschenrechte,** doch formuliert sie auch **Unionsbürgerrechte,** die den Angehörigen von Mitgliedstaaten vorbehalten sind. Konkret sind dies die Rechte der Freizügigkeit, Wahlrechte, ein Recht auf diplomatischen und konsularischen Schutz in Drittstaaten, ein Recht auf eine gute Verwaltung und auf Zugang zu Dokumenten und schließlich auch Petitions- und Beschwerderechte (vgl Art 17–22 EGV). 1607

Angemerkt sei schließlich, dass die *Menschenrechte auch* in den *Außenwirtschaftsbeziehungen der EU* zunehmend eine Rolle spielen. Ihre *„Konditionalität"* für Handelsvorteile und Entwicklungshilfe ist bereits fest etabliert. Nachdem die (beidseitige) Verpflichtung zur Einhaltung der Menschenrechte bereits in den späteren Lomé-Abkommen (Rz 981, 1157, 1160) enthalten waren (insbes in *Lomé IV* 1989 und 1995), finden sich entsprechende Klauseln nun sowohl in bilateralen Verträgen mit Drittstaaten als auch in dem neuen *AKP-EG-Partnerschaftsabkommen von Cotonou* 2000. Massive Verletzungen der MR durch einen Vertragspartner berechtigen demnach dazu, die Wirtschaftsbeziehungen zu suspendieren. 1608

7. Der Menschenrechtsschutz im Rahmen der Organisation für Sicherheit und Zusammenarbeit in Europa (OSZE)

Literatur: *Buergenthal,* The CSCE Rights System, George Washington Journal of International Law and Economics 25 (1991) 333; *Pöllinger,* Der KSZE-, OSZE-Prozess (1998) 86; *Simma / Fastenrath* (Hrsg), Menschenrechte – ihr internationaler Schutz (4. Aufl, 1998); *Martín Estébanez,* The OSCE and Human Rights, in: *Hanski / Suksi* (Hrsg), An Introduction to the International Protection of Human Rights (2. Aufl, 1999) 329.

Die OSZE (und ihre Vorgängerin, die *Konferenz über Sicherheit und Zusammenarbeit in Europa – [KSZE];* Rz 1919 ff) geht auf die Zeit des Ost- 1609

West-Konflikts zurück, den sie zu mildern und schließlich auch zu beseitigen half. Die Menschenrechte waren ein vorrangiger Verhandlungsgegenstand der Konferenz und fanden Eingang in die **Schlussakte von Helsinki** 1975 (Rz 1661, 1794, 1831, 1874, 1919ff, 1944, 2051, 2065, 2073, 2078). Zum einen wurde die Achtung der Menschenrechte im *Grundsatz VII* der **Prinzipienerklärung** festgehalten (D 215), zum anderen wurden auf Betreiben der westlichen und neutralen Staaten Vereinbarungen über die *Zusammenarbeit in humanitären und anderen Bereichen* (im sog **Korb III**) getroffen; sie betrafen ua konkrete Maßnahmen auf den Gebieten der *„menschlichen Kontakte"*, der *Informationsfreiheit,* der *Kultur* und der Bildung. Ziel war die gegenseitige Öffnung und eine Liberalisierung im Osten, wofür dieser sich die Wahrung der territorialen Besitzstände im Nachkriegseuropa (Korb I) sowie wirtschaftliche und technologische Zusammenarbeit mit dem Westen (Korb II) erwartete. Die *Schlussakte von Helsinki* ist kein vr verbindlicher Vertrag, sondern eine *politische Absichtserklärung* in vertragsähnlicher Form (Rz 259, 542).

1610 Die menschenrechtlichen Standards wurden auf dem *Treffen der Konferenz über die Menschliche Dimension der KSZE in Kopenhagen* 1990 erweitert (D 198) und in der **Charta von Paris für ein neues Europa 1990** insgesamt bekräftigt (D 216). Außerdem wurde das *Büro für freie Wahlen* in Warschau gegründet, das später in *„Büro für Demokratische Institutionen und Menschenrechte"* (BDIMR; *Office for Democratic Institutions and Human Rights – ODIHR*) umbenannt wurde. Es beobachtet heute demokratische Wahlen in Europa bzw hilft diese zu organisieren und unterstützt überhaupt rechtsstaatliche und demokratische Reformen in Ost- und Südosteuropa.

1611 In verfahrensmäßiger Hinsicht verdient der **„Mechanismus der Menschlichen Dimension"** Beachtung (Rz 1926, 1929). Dieser wurde 1989 auf dem *Folgetreffen* in Wien geschaffen und stellte zunächst nur ein *Informations- und Konsultationsverfahren* für den Fall dar, dass ein Teilnehmerstaat Menschenrechtsverletzungen durch einen anderen vermutete. Der weiter entwickelte *„Moskauer Mechanismus"* (seit 1991 – Rz 1926) sieht die Entsendung von *Expertenmissionen* mit Zustimmung bzw auf Einladung des betreffenden Staates vor. Ihre Hauptaufgabe liegt in der Beratung, Sammlung von Informationen und in Vermittlerdiensten. Als weiterer Schritt kann – auch gegen den Willen des betreffenden Staates – eine *Berichterstattermission* entsendet werden, welche Tatsachen ermittelt sowie Lösungsvorschläge erarbeitet und diese dem *Hohen* oder dem *Ständigen Rat* der OSZE (Rz 1930) zuleitet. Auch *Dringlichkeitsmissionen* sind möglich. Etwaige Sanktionen sind politischer Natur und können auch zur Suspendierung der Mitgliedschaft eines Staates wie im Fall Jugoslawiens 1992 führen (*Konsensus-minus-eins-Verfahren* – Rz 1929).

1612 Seit 1992 gibt es in der OSZE auch einen *Hohen Kommissar für nationale Minderheiten* (zur Beobachtung, Vermittlung, Frühwarnung; vgl Rz 1663, D 204), seit 1997 einen *Beauftragten für Medienfreiheit* (Rz 1931; zu den Missionen der OSZE Rz 1928).

E. Der regionale Menschenrechtsschutz außerhalb Europas

*Waldemar Hummer**)

Der charakteristische Unterschied zwischen dem universellen und dem regionalen Schutz der MR besteht darin, dass nicht nur in Europa die *kleinere Anzahl* und die *größere Homogenität* von *Staaten* innerhalb regionaler Gruppierungen einen **effektiveren Schutz** der MR als auf weltweiter Ebene erlauben (Rz 899). **1613**

1. Der regionale Menschenrechtsschutz in Amerika

Literatur: *Kokott,* Das interamerikanische System zum Schutz der Menschenrechte (1986); *Henkel / Madlener / Mols / Nowak / Thun,* Menschenrechtsprobleme in Lateinamerika (1991); *Buergenthal / Shelton,* Protecting Human Rights in the Americas (4. Aufl, 1995); *Harris / Livingstone* (Hrsg), The inter-American system of human rights (1998); Buergenthal, The advisory practice of the Inter-American Human Rights Court, in: La Corte Interamericana de Derechos Humanos (1999) 27; *Rensmann,* Menschenrechtsschutz im Inter-Amerikanischen System: Modell für Europa? VRÜ 33 (2000) 137.

Den ersten Markstein des internationalen Schutzes der MR auf dem amerikanischen Kontinent bildete die *Amerikanische Deklaration der Rechte und Pflichten des Menschen 1948,* eine zunächst unverbindliche Erklärung der OAS, deren Gedankengut aber sofort als eine der Zielsetzungen der OAS (Rz 898) übernommen wurde. **1614**

Parallel dazu wurde eine verbindliche *Inter-Amerikanische Charta sozialer Garantien* 1948 – allerdings bloß zum Schutz der Arbeitnehmer – angenommen. **1615**

Einen weiteren wichtigen Schritt stellte die Einsetzung der **Inter-Amerikanischen Kommission für MR 1960** dar. Bei der Novellierung der OAS-Charta durch das Protokoll von Buenos Aires 1967 (in Kraft seit 1970) wurde diese zu einem Hauptorgan der OAS. **1616**

Meritorisch gelang der Durchbruch mit der Unterzeichnung der **Amerikanischen Konvention für MR** in *San José (Costa Rica) 1969* durch 12 Mitgliedstaaten der OAS (D 199). Die Konvention trat 1978 in Kraft und wurde bis Oktober 2003 von 24 Mitgliedern der OAS ratifiziert. **1617**

Die *Konvention garantiert* in Teil 1 Kap II (Art 3–25) *bürgerliche und politische Rechte,* während sie in Kap III (Art 26) den Staaten die *fortschreitende Ausgestaltung* der *wirtschaftlichen, sozialen und kulturellen Rechte* bloß *empfiehlt.* Diesem Bereich wurde aber mit einem *Zusatzprotokoll über die wirtschaftlichen, sozialen und kulturellen Rechte* 1988 (ILM 28 [1989] 156) verstärkt Rechnung getragen. Das *Zusatzprotokoll* ist inhaltlich nach dem Vorbild der Europäischen Sozialcharta (Rz 1570 ff; D 192) gestaltet. Art 19 verpflichtet die Parteien zur periodischen Berichterstattung an den GS der OAS. **1618**

Im Teil 2 der Amerikanischen Konvention für MR (Art 33 ff) werden zwei Organe mit der **Überwachung** der Einhaltung der **Konvention** betraut: **1619**

- die **Inter-Amerikanische Kommission für MR** mit *sieben Mitgliedern;*
- der **Inter-Amerikanische Gerichtshof für MR** mit *sieben Richtern.*

---

*) Unter Mitarbeit von *Ursula Kriebaum.*

1620 Wegen ihrer Doppelfunktion – zum einen Hauptorgan der OAS, zum anderen Organ der Konvention – hat die Kommission einen „allgemeinen" Schutz der MR durch alle OAS-Mitglieder, einen „speziellen" bloß durch die Parteien der Konvention zu überwachen.

1621 Zu den Aufgaben der **Kommission** zählt va die Behandlung von Individual- und Staatenbeschwerden. Das **Individualbeschwerdeverfahren** ist **obligatorisch,** das **Staatenbeschwerdeverfahren** nur **fakultativ.**

1622 Im Unterschied zur EMRK können *Individualbeschwerden expressis verbis auch* von *Personen* bzw *Personengruppen* erhoben werden, die *nicht persönlich Opfer* einer *Konventionsverletzung* sind (Rz 1526). Gelingt der Kommission eine gütliche Einigung zwischen den Parteien, wird das Beschwerdeverfahren mit der Veröffentlichung eines Berichts beendet. Anderenfalls kann die Kommission den Fall entweder dem Gerichtshof vorlegen oder ihre Auffassung in einem Schlussbericht darlegen.

1623 Der **Gerichtshof** mit **Kompetenzen** zur **Streitentscheidung** und zur Erstellung von **Gutachten** wurde 1979 mit Sitz in San José errichtet. **Nur** die **Vertragsstaaten** oder die **Kommission** können einen **Fall vor** den **Gerichtshof bringen,** aber **nur** bei **Unterwerfung** des **belangten Staates** unter die Jurisdiktion des Gerichts. *Größere Bedeutung* als der *Streitentscheidung* kommt der *Gutachtertätigkeit* des Gerichtshofs zu. Der Gerichtshof kann nicht nur von den Vertragsparteien der Konvention, sondern von allen Mitgliedstaaten sowie von den Organen der OAS um die Auslegung der Konvention und um die Überprüfung der Übereinstimmung der innerstaatlichen Rechtslage mit von amerikanischen Staaten angenommenen Menschenrechtsschutzinstrumenten ersucht werden.

1624 Bis 2004 haben sich 21 Staaten der Gerichtsbarkeit des Gerichtshofs und neun der Staatenbeschwerde unterworfen; vom Gerichtshof wurden bis dahin 104 Urteile gefällt und 18 Gutachten erstellt.

1625 Weiters sind noch das *Protokoll über die Abschaffung der Todesstrafe* sowie die *Interamerikanische Konvention über die Verhinderung und Bestrafung von Folter 1985* (in Kraft seit 1987), über *Verschwundene 1994* (in Kraft seit 1996), *über die Verhinderung, Bestrafung und Ausrottung von Gewalt gegen Frauen 1994* (in Kraft seit 1995), *über die Beseitigung aller Formen von Diskriminierung von Behinderten* (angenommen 1999, seit 2001 in Kraft) sowie die *Interamerikanische Erklärung über die Rechte indigener Völker 1995* erwähnenswert.

1626 Die (supranationale) Anden-Gemeinschaft proklamierte 2002 die *Andinen Menschenrechts- und Grundrechtsschutz-Charta,* die (ansatzweise) der EU-Grundrechte-Charta (Rz 1605ff) nachgebildet wurde.

2. Der regionale Menschenrechtsschutz in Afrika und im arabischen Raum

Literatur: *Bello,* The African Charter on Human and Peoples' Rights, RdC 194 (1985) 9; *Hamalengwa / Flintermann / Dankwa,* The International Law of Human Rights in Africa (1988); *Oberleitner,* Reporting Obligations under Regional Human Rights Conventions: The African and European Human Rights System in a Comparative Perspective, AJPIL 49 (1995) 291; *Umozurike,* Six Years of the African Commission on Human and Peoples' Rights, FS *Bernhardt* (1995) 635; *Krisch,* The establishment of an African Court on Human and Peoples' Rights, ZaöRV 58 (1998) 713; *Mutua,* The African Human Rights Court, HRQ 21 (1999) 342.

Nach Einigung der Mitgliedstaaten der *OAU* 1980 in *Banjul* (Gambia) über den Entwurf einer **Afrikanischen Charta der MR und der Rechte der Völker** (68 Art) wurde dieser 1981 von der XVIII. Konferenz der OAU in Nairobi angenommen (D 200). Dieser Vertrag trat 1986 in Kraft. **1627**

In Teil I werden die **materiellen Rechte** verbürgt, und zwar nicht nur **individuelle MR,** sondern auch **kollektive Rechte der Völker** (zB Recht auf Entwicklung, Frieden, Solidarität und intakte Umwelt – Rz 136 ff, 1345). Diesen Rechten werden die **Pflichten** des **Einzelnen gegenüber** der **Gemeinschaft** entgegengestellt. **1628**

Teil II enthält verfahrensrechtliche Garantien. Aufgaben der elfköpfigen **Afrikanischen Kommission der MR und der Rechte der Völker** mit Sitz in Banjul sind insbes **Untersuchungen** und die Behandlung von **Mitteilungen,** die von *Staaten* an die Kommission gerichtet werden. Auf der Grundlage von Art 55 können an sie aber auch Mitteilungen von *Individuen* oder *öffentlichen* und *privaten Institutionen* herangetragen werden. Sie müssen aber *nur dann entgegengenommen* werden, *wenn* dies die *Mehrheit* der *Kommissionsmitglieder beschließt.* Im Gegensatz zur EMRK verlangt die Banjul-Charta dabei *nicht* die *„Opfereigenschaft"* (Rz 1526, 1622) des Beschwerdeführers. Die Effizienz des Verfahrens leidet aber stark darunter, dass ua auch die **Veröffentlichung** von **Untersuchungsergebnissen** der **Zustimmung** der **Versammlung** der **Staats- und Regierungschefs** der **(O)AU bedarf** und damit *politischer Einflussnahme* unterliegt. **1629**

Neben diesen Schutzmaßnahmen hat die Kommission – im Gegensatz zur Kommission der EMRK – auch *Maßnahmen* zur *Förderung* der *MR* zu setzen. Dazu soll jedes der Kommissionsmitglieder in zwei bis fünf Mitgliedstaaten diesbezüglich tätig werden. **1630**

Zur Verbesserung des Schutzes der Konventionsrechte wurde 1998 ein Zusatzprotokoll zur Errichtung eines *Afrikanischen Gerichtshofs für MR und Rechte der Völker* angenommen, das 2004 in Kraft getreten ist. Ursprünglich war von der Errichtung eines Gerichtshofs deswegen abgesehen worden, weil man glaubte, in Afrika seien politische Vergleichsverfahren gerichtsförmigen Verfahren vorzuziehen. **1631**

Das besondere Verdienst der Banjul-Charta liegt in der vr Umsetzung der Erkenntnis, dass Entwicklung und MR sich wechselseitig bedingen, was zur Anerkennung ua eines eigenen Rechts auf Entwicklung (Art 22 – Rz 137; D 2) geführt hat. Sie verzichtet auch auf den unrealistischen Versuch, das europäische Rechtsschutzsystem für MR in der EMRK einfach zu kopieren. **1632**

Besonderes Augenmerk wird in Afrika der Flüchtlingsfrage geschenkt. Die **OAU-Konvention über spezifische Aspekte des Flüchtlingsproblems in Afrika 1969** trat 1974 in Kraft. Sie geht als regionale Ergänzung der universellen Genfer Flüchtlingskonvention (Rz 1266 ff; D 151) va bei der Definition des Flüchtlings sowie der Asylgewährung über diese hinaus. So reichen etwa nach der Afrikanischen im Gegensatz zur Genfer Konvention objektive Kriterien, wie die Flucht vor Krieg, Bürgerkrieg oder Fremdherr- **1633** schaft, bereits zur Begründung der Flüchtlingseigenschaft aus. 1990 wurde eine *Afrikanische Charta über die Rechte und das Wohlergehen von Kindern* unterzeichnet. 1990 wurde ferner von über 500 afrikanischen NGOs die *Afrikanische Charter for Popular Participation in Development and Transformation* (Charta von Arusha) angenommen.

1634 Die Ausarbeitung einer Konvention über MR im Rahmen der *Arabischen Liga* sowie im überregionalen Rahmen der *Islamischen Weltkonferenz scheiterte lange Zeit* an beträchtlichen *Meinungsverschiedenheiten,* bedingt va durch den islamischen Fundamentalismus (Rz 32, 139). Die Islamische Weltkonferenz nahm 1990 in Kairo eine **Islamische Menschenrechtsdeklaration** an (zur *Menschenrechsdeklaration des Rates des Islam für Europa* 1981 Rz 1359). Der Rat der Liga Arabischer Staaten nahm 1994 eine **Arabische Charta der MR** an, die jedoch bisher nicht in Kraft getreten ist.

F. Der informelle Menschenrechtsschutz durch INGOs

1635 Sowohl als *Grassroot*-Organisationen iSv Selbsthilfegruppen von Angehörigen von Opfern von Verletzungen der MR als auch in Form komplexer organisierter INGOs (*ai, Human Rights Watch, Internationale Juristenkommission* etc – Rz 1234 ff, 1250 ff) wirken diese Organisationsformen der *civil society* in vielfältiger Weise am Schutz der MR mit, und zwar in folgenden Formen: 1) Mitwirkung an der internationalen politischen Diskussion **(agenda setting)** bzw an der internationalen Rechtssetzung **(standard setting);** 2) Mitwirkung an der Kontrolle der Einhaltung von Standards **(monitoring)** und 3) Mitwirkung an der internationalen Judikatur (als **amicus curiae** etc – Rz 1248, 1534) im Bereich der MR.

1636 ad 1) INGOs besetzen immer öfter ein Thema im Bereich der MR, formulieren es und machen es so überhaupt erst zu einem „Problem". Dies geschieht in der Regel durch sog *Kampagnen,* wie zB im Fall der Antifolter-Konvention 1984/1987 (Rz 1273, 1402), der Kinderrechts-Konvention 1989 (Rz 1409, 1418), der Antipersonenminen-Konvention 1997 (Rz 1829) und des Statuts des Internationalen Strafgerichtshofes 1998 (Rz 2854 ff). Danach schalten sie sich auch in den vr Rechtsetzungsprozess durch die Ausarbeitung von *Vertragsentwürfen* oder die *Teilnahme* an Konferenzen (zB im Verband einer staatlichen Delegation) ein.

1637 ad 2) INGOs wirken aber auch an den *vertraglichen Schutzverfahren* (Rz 1389, 1392) maßgeblich mit, indem sie den jeweiligen Ausschüssen der einzelnen UN-Konventionen ihre Erfahrung zur Verfügung stellen. Va spielen INGOs auf den Tagungen der MRK eine wichtige Rolle, da sie durch spezifische „Mitteilungen", die sie an dieses Gremium richten, Verfahren nach den ECOSOC-Res 1235 (XLII) und 1503 (XLVIII) auslösen können (Rz 1424 ff). Bes wichtig ist ihre Mitwirkung auch an der EMRK, bezüglich derer Art 36 Abs 2 INGOs eine Möglichkeit zur Nebenintervention bei einem Verfahren vor dem EGMR eröffnet.

1638 ad 3) Je nach Ausgestaltung der Verfahrensordnung der einzelnen vr (Schieds-) Gerichte können INGOs in internationalen Schutzverfahren als Partei, Nebenintervenient, *amicus curiae,* Sachverständiger oder Zeuge auftreten.

G. Der internationale Minderheitenschutz

Waldemar Hummer

Literatur: *Blumenwitz,* Volksgruppen und Minderheiten (1995); *Heintze* (Hrsg), Moderner Minderheitenschutz (1998); *Rautz,* Die Sprachenrechte der Minderheiten (1999); *Wolfrum,* The Protection of Indigenous Peoples in International Law, ZaöRV 59 (1999) 369; *Henrard,* Devising an Adequate System of Minority Protection (2000); *Hilpold,* Modernes Minderheitenrecht (2001); *Manssen / Banaszak,* Minderheitenschutz in Mittel- und Osteuropa (2001); *Pöllinger,* Minderheitenprobleme und Minderheitenschutz (2001); *Pritchard,* Der völkerrechtliche Minderheitenschutz (2001); *Kraas / Stadelbauer* (Hrsg), Nationalitäten und Minderheiten in Mittel- und Osteuropa (2002).

1. Entwicklung des internationalen Minderheitenschutzes

Der Grundsatz des Augsburger Religionsfriedens **„cuius regio, eius religio"** stellte den Landesherrn vor das Problem, wie er mit den Untertanen verfahren sollte, die sein Bekenntnis ablehnten. Um den in der Folge entstehenden territorialen Flächenstaat (Rz 80) als nach innen wirkende Friedensordnung nicht zu gefährden, wurde den **Andersgläubigen** eine **Ausreiseoption** gewährt. Diese bildeten dann im Aufnahmestaat eine ethnische und uU religiöse Minderheit. **1639**

Erstmals wurde **1815** in **Art 1 Wiener Kongressakte** (Rz 86) der *polnischen Minderheit* in Preußen, Österreich und Russland ein besonderer vertraglicher Schutz zugesichert. Das erste *System eines Minderheitenschutzes* wurde hingegen erst in den **Pariser Friedensverträgen nach** dem **I. WK** 1919 verankert. Der VB sollte dabei die Durchführung dieses Systems – etwa durch Entgegennahme von Petitionen – überwachen und auf weitere Staaten ausdehnen. Die verpflichteten besiegten und neuen Staaten lehnten dieses *diskriminatorische Minderheitenschutzregime* aber weitgehend ab. Der Minderheitenschutzgedanke galt daher in der Zwischenkriegszeit als gescheitert. **1640**

Nach dem II. WK wurde die Ansicht vertreten, die *Minderheitenprobleme* hätten sich durch die Vertreibungen und Umsiedlungen im Gefolge dieses Krieges weitgehend *von selbst erledigt.* Ferner trage der beginnende *Ausbau* des **Menschenrechtsschutzes** *auch* den **Minderheiten** *Rechnung,* sodass deren spezieller Schutz nicht mehr erforderlich sei. In Wahrheit bestanden aber nach wie vor gravierende Minderheitenprobleme (Kurden, Sikhs, Tamilen, Basken etc). Diese konnte der internationale Menschenrechtsschutz zwar mildern, aber nicht lösen. **1641**

2. Strukturelle Unterschiede zwischen Menschenrechtsschutz und Minderheitenschutz

Hinsichtlich des **Schutzgutes** des internationalen **Minderheitenschutzes** stehen sich *unterschiedliche Werthaltungen* gegenüber: die Würde jedes einzelnen Menschen, die kulturelle Identität einer Gruppe oder das Leitbild einer multikulturellen Gesellschaft. Je nach Prämisse ergibt sich dabei eher ein **individualistischer** *oder* **kollektivistischer Ansatz.** Aber selbst nach dem **1642** *heute vorherrschenden individualistischen* Konzept – nicht die Minderheit als Gruppe ist geschützt, sondern der Einzelne aktiviert das ihm als Gruppenangehörigen zustehende individuelle Recht, **unterscheidet** sich der **Minderheitenschutz begrifflich** vom **Menschenrechtsschutz,** in dessen weiteren Rahmen er allgemein eingeordnet wird. Den Angehörigen einer Minderheit werden nämlich Sonderrechte gewährt *(förderndes Minderheitenrecht),* die den anderen Staatsangehörigen nicht zustehen. Diese Besserstellung *verletzt* aber *nicht den verfassungsrechtlichen Gleichheitssatz.* Denn dieser erlaubt *sachlich gerechtfertigte Differenzierungen,* die bei *„affirmative actions"* zu Gunsten der Minderheitsangehörigen ja gerade vorliegen.

3. Selbstbestimmungsrecht der Völker und Minderheitenrechte

1643 Der Minderheitenschutz überschneidet sich außerdem auch mit dem **Selbstbestimmungsrecht** der Völker, bei dem zwischen *äußerer* und *innerer* Selbstbestimmung zu unterscheiden ist (Rz 2071 ff).

1644 Von den 132 **Staaten** der Welt mit einer Bevölkerung von mehr als 1 Mio Menschen sind nur **12** (!) **„ethnisch homogen",** dh dass ihr Staatsvolk aus einem einzigen *„Ethnos"* („Volk") besteht, in das keine anderen ethnischen Völker bzw (Volks-)Gruppen („Minderheiten") eingesprengt sind. In **Europa** weist – bei über 250 nationalen bzw ethnischen Minderheiten mit rund 100 Mio Angehörigen – nur **Portugal** ein ethnisch geschlossenes Staatsvolk ohne andere (Volks-)Gruppen auf.

1645 Diese Zahlen zeigen eindrucksvoll auf, dass der **Nationalstaat** (Rz 86 ff, 676, 2057) keineswegs den Regelfall, sondern die große **Ausnahme** darstellt. **Weltweit** existieren über 3.000 Sprachgruppen und ca **5.000 nationale Minderheiten,** deren Vielfalt auch *kein allgemein anerkanntes Minderheitenschutzrecht* entstehen ließ. Würde jedem Volk bzw jeder Volksgruppe gem der äußeren Selbstbestimmung ein eigener Staat zustehen, entstünde eine Vielzahl großteils wirtschaftlich nicht lebensfähiger „Nationalstaaten", die zum Zusammenbruch des Systems der iBez führen würden.

4. Definitions- und Abgrenzungsprobleme

1646 Neben diesen *Abgrenzungsschwierigkeiten* bereiten va die *„neuen" Minderheiten* und der *Minderheitenschutz* für *indigene Völker* Probleme. Dementsprechend hat sich auch noch **keine allgemein akzeptierte Definition** einer **Minderheit** durchgesetzt.

a) Traditionelle, „alte" Minderheiten

1647 Mit **Minderheit** wird meist eine Gruppe von Personen bezeichnet, die zwar in ein Mehrheitsstaatsvolk „eingesprengt" ist, sich von diesem aber va durch folgende Merkmale unterscheidet: **zahlenmäßige Unterlegenheit, nicht-herrschende politische Stellung, ethnische, sprachliche, kulturelle, religiöse** oder **sonstige Besonderheiten** sowie der gemeinsame **Wunsch nach deren Bewahrung.** Neben *objektiven* Kriterien muss daher auch das *subjektive* Kriterium einer Gruppenidentität, eines kollektiven *„Wir-Gefühls",* vorliegen. Damit tritt neben objektive Kriterien wie das **Abstammungsprinzip** auch das (subjektive) **Optionsprinzip** der Zugehörigkeit zur Minderheit, das durch Minderheitenfeststellungen erhoben wird.

Eine **Minderheit** wird dann als „**nationale**" verstanden, wenn sie aus der Geschichte mit einer eigenen Identität hervorgegangen, im Hoheitsgebiet des betreffenden Staates lange ansässig gewesen und mit dessen Staatsangehörigkeit ausgestattet ist. Solche „alte" Minderheiten verfügen immer über die Kriterien der **Alteingesessenheit** sowie der **Staatsangehörigkeit** des *Territorialstaates,* in dem sie *siedeln,* wie dies zB auch das *österreichische Volksgruppengesetz 1976* (Rz 3269) verlangt. **1648**

b) „Neue" Minderheiten

Von diesen „alten" Minderheiten sind aber Gastarbeiter bzw Wanderarbeitnehmer, Flüchtlinge, Immigranten, Fremde bzw Besucher (Rz 1412, 1656) usw nicht erfasst. Gerade diese Personengruppen stellen aber – im Zuge wachsender regionaler Wirtschaftsräume und globaler Migrationsbewegungen – als **„neue"** bzw **(Einwanderungs-)Minderheiten** heute das demografische Hauptproblem dar. Grundsätzlich besitzen diese Gruppen aber **keinen** eigenen **Minderheitenstatus**, sondern unterliegen partikulären **fremden**- und **asylrechtlichen** (sowie in der EU auch *gemeinschaftsrechtlichen*) **Regimen,** wie der Genfer Flüchtlingskonvention 1951 (Rz 1266 ff; D 151), der Europaratskonvention Nr 93 über die Rechtsstellung der Wanderarbeitnehmer 1977, den Freizügigkeitsbestimmungen unselbständig Erwerbstätiger der Art 39 ff EGV (Rz 1167) etc. **1649**

c) Urvölker (autochthone, indigene Völker)

Weltweit gehören ca 300 Mio Personen – 4 bis 5% der Weltbevölkerung – in ca 40 Staaten Gruppen an, die als **Ureinwohner** (**autochthone** bzw **indigene Völker**) bezeichnet werden, zB die australischen Aborigines, die amerikanischen Indianer, die lateinamerikanischen Indios, die Inuit (Eskimos), die Maoris, die Sami (Lappen) etc. Auf Grund ihres Entwicklungsstandes und ihrer Lebensweise können sie **weder** mit dem vr Instrumentarium des **Minderheitenschutzes** noch dem des **Menschenrechtsschutzes** geschützt werden. **1650**

Zu den wenigen vr Instrumenten zum Schutz indigener Völker zählt die ILO-Konvention Nr 107 (1957) mit dem Ziel der Assimilierung und Integration der Urbevölkerung sowie die modernere ILO-Konvention Nr 169 (1989), die nicht mehr von einem assimilatorischen Ansatz ausgeht. In den *VN* wurde auf Drängen von INGOs 1982 innerhalb der damaligen Unterkommission zur Verhütung von Diskriminierung und für Minderheitenschutz (Rz 1381, 1653 ff) eine *Arbeitsgruppe für indigene Völker* eingesetzt. 2001 kam es zur Einsetzung eines Sonderberichterstatters für MR und Grundfreiheiten von indigenen Völkern. **1651**

Auch beim *Minderheitenschutz* ist zwischen *universellen* und *regionalen Bemühungen zu unterscheiden,* obwohl Letztere nicht so stark entwickelt sind wie beim regionalen Menschenrechtsschutz (Rz 1432 ff, 1510, 1613 ff). Die für Österreich bedeutsamen Minderheitenregime in *Südtirol* (Rz 3259 ff) **1652** und der *slowenischen* und *kroatischen Volksgruppen* in *Österreich* (Rz 3263 ff) werden an anderer Stelle dargestellt.

5. Universeller Minderheitenschutz in den Vereinten Nationen

1653 Das menschenrechtliche *Diskriminierungsverbot* in *Art 1 Abs 3* und *Art 55 lit c SVN* galt anfangs als ausreichender Minderheitenschutz. In der *Allgemeinen Erklärung der Menschenrechte 1948* (Rz 1381 f; D 164) ist der *Minderheitenschutz nicht erwähnt;* in der begleitenden Res der GV 217 C (III) heißt es aber, dass den VN das Schicksal der Minderheiten nicht gleichgültig sei. 1947 wurde eine eigene *Unterkommission der MRK für den Schutz vor Diskriminierung und für den Schutz von Minderheiten* eingesetzt (Rz 1425, 1651), die 1999 in **Unterkommission für die Förderung und den Schutz von MR** umbenannt wurde (Rz 1381). Eine ihrer sechs Arbeitsgruppen befasst sich mit Minderheiten (Rz 1651).

1654 Die ersten minderheitenrechtlichen Bestimmungen der VN finden sich im *Internationalen Übereinkommen über die Beseitigung aller Formen rassischer Diskriminierung* 1966 (Rz 1404) und in **Art 26** (allgemeines Diskriminierungsverbot) und in der zentralen Norm des **Art 27** (individualrechtliche Behandlung von Angehörigen von Minderheiten) **UN-Pakt II 1966** (Rz 1383, 1390 ff; D 166). Auch das *Fakultativprotokoll* zum UN-Pakt II (Rz 1394 f) wurde von Angehörigen indigener Völker mehrfach angerufen.

1655 1971 gab die erwähnte Unterkommission der MRK ein Gutachten über die Rechte von Angehörigen ethnischer, religiöser und sprachlicher Minderheiten in Auftrag. Erst **1992** nahm jedoch die **GV** die **Erklärung über die Rechte von Personen, die nationalen oder ethnischen, religiösen und sprachlichen Minderheiten angehören** (D 201), mit Konsensus an. Die Deklaration enthält keine Definition von Minderheiten und versteht Minderheitenschutz als Teil des Menschenrechtsschutzes (vgl Rz 1641 f).

1656 Der *MRA* gestaltete *1994 Art 27 UN-Pakt II* durch *Kommentierung* näher aus. Er ging dabei *atypisch weit* und bezog sogar Wanderarbeitnehmer und Besucher (Rz 1649) in den Minderheitenbegriff mit ein. Minderheitenfragen werden aber auch durch *Berichterstattermissionen* im Rahmen der Menschenrechtspolitik der VN erörtert (Rz 1425 ff).

6. Regionaler Minderheitenschutz in Europa

a) Minderheitenschutz im Europarat

1657 *Im Gegensatz* zum *hohen Standard* des *Menschenrechtsschutzes* fällt die **Bilanz** des **Europarats** beim **Minderheitenschutz weniger eindrucksvoll** aus. Zunächst nahm die vom Europarat eingesetzte **European Commission for Democracy through Law** (sog *Venice Commission*) 1991 einen Entwurf einer eigenständigen *European Convention for the Protection of Minorities* an, da man die EMRK nicht auch noch mit Minderheitenfragen belasten wollte. *Art 14 EMRK* schützt ja nicht Minderheitenrechte, sondern sieht nur ausdrücklich vor, dass (auch) Angehörige nationaler Minderheiten in den Genuss der Konventionsrechte kommen (Rz 1447, 1501).

Die vom MK 1992 angenommene und 1998 in Kraft getretene **Europäische Charta der Regional- oder Minderheitensprachen** (D 202) enthält zwar weit reichende Bestimmungen zum Schutz und zur Förderung von Minderheitensprachen, unterliegt aber dem Verfahren der teilweisen Annahme (Art 2 – vgl Rz 308f, 1573). Ferner kann jeder Staat gem Art 3 Abs 1 entscheiden, auf welche Minderheitensprachen er die Charta anwendet. Die Kontrolle der Einhaltung der Charta beruht auf einem *Berichtssystem,* in dessen Mittelpunkt ein *Sachverständigenausschuss* steht (Art 17). 1658

Die Charta trat für Österreich 2001 in Kraft. *Minderheitensprachen* in *Österreich* sind das *Burgenlandkroatische,* das *Slowenische,* das *Ungarische,* das *Tschechische,* das *Slowakische* und das *Romanes* der österreichischen Volksgruppe der Roma. 1659

Das **Rahmenübereinkommen zum Schutz nationaler Minderheiten** 1995 (D 203) trat 1998 in Kraft. Es stellt den weltweit ersten rechtlich verbindlichen multilateralen Vertrag zum Schutz nationaler Minderheiten (Rz 1645) – die es aber nicht definiert – sowie deren Angehöriger dar. Der Vertrag begründet *keine Kollektivrechte* und ordnet den Minderheiten- in den Menschenrechtsschutz ein (vgl Rz 1655, 1642). Er legt auch bloß *Grundsätze* fest, welche die *Vertragsparteien* mit *Mitteln ihrer Wahl umzusetzen* haben. Österreich wendet das Rahmenübereinkommen auf die Minderheiten an, die vom *Volksgruppengesetz* 1976 (D 392) erfasst sind. 1660

b) Minderheitenschutz in der Konferenz über Organisation für Sicherheit und Zusammenarbeit in Europa

Die KSZE/OSZE trieb bisher den Minderheitenschutz weiter voran als der an sich homogenere Europarat. Bereits das **VII. Prinzip** des *„Dekalogs"* der **Schlussakte von Helsinki 1975** enthielt Bestimmungen über Angehörige nationaler Minderheiten (Rz 1919; D 215). 1661

Nach weiteren *Fortschritten im Wiener Abschlussdokument 1989* gelang ein Durchbruch auf dem zweiten Treffen der **Konferenz über die Menschliche Dimension 1990** in **Kopenhagen,** in dessen Schlussdokument (D 198) ein umfangreicher Katalog von Rechten der Angehörigen nationaler Minderheiten verankert wurde. Auch in der **Charta von Paris für ein neues Europa 1990** (D 216) finden sich Minderheitenschutzbestimmungen. 1662

1992 beschlossen die KSZE-Staats- und Regierungschefs auf ihrem Gipfeltreffen in Helsinki nicht nur die Einsetzung eines **Hohen Kommissars für nationale Minderheiten** (D 204) mit Sitz in Den Haag, sondern auch Missionen zur Früherkennung und Verhütung von Minderheitenkonflikten. Der erste Hohe Kommissar, der ehemalige niederländische Außenminister *Max van der Stoel,* war 1993 bis 2001 im Amt. Er wurde vom schwedischen Diplomaten *Rolf Ekéus* abgelöst. Das Mandat des Hohen Kommissars ist im Wesentlichen auf ein *Frühwarnverfahren* bei Minderheitenproblemen beschränkt. 1663

Nach diesem Vorbild wurde 1994 durch den **Rat der Ostseestaaten** ein *Kommissar für demokratische Institutionen und Menschenrechte einschließlich der Rechte von Personen, die Minderheiten angehören,* eingesetzt. Er ist sogar befugt, individuelle Beschwerden entgegenzunehmen. 1664

c) Minderheitenschutz in den Europäischen Gemeinschaften

1665 In der EU existieren **minderheitenrechtliche Bestimmungen** sowohl im **Inneren** als auch in den **Außenbeziehungen.**

1666 1) Indirekt ist der Minderheitenschutz von der *„gemeinsamen Werteplattform"* des *Art 6 Abs* 1 EUV erfasst. **Art 13 EGV** verleiht dem Rat die Kompetenz zu geeigneten Vorkehrungen gegen Diskriminierungen ua aus Gründen der Rasse, der ethnischen Herkunft und der Religion oder der Weltanschauung. Dazu erließ der Rat 2000 zwei *Richtlinien* sowie ein *Aktionsprogramm* zur Bekämpfung von Diskriminierungen. Zu diesen sekundärrechtlichen Normen kommen die **Judikatur** des **EuGH** sowie Bestimmungen (Art 21 und 22) der (nicht-verbindlichen) **EU-Grundrechte-Charta** (Rz 1107 ff, 1605 ff).

1667 2) Die EG-Mitgliedstaaten beschlossen 1991 *Richtlinien für die Anerkennung neuer Staaten in Osteuropa und in der Sowjetunion* (Rz 791, 860, 2070; D 82) samt einer eigenen *Erklärung zu Jugoslawien,* in denen die Anerkennung dieser Neustaaten va auch von Minderheitenschutzregelungen abhängig gemacht wurde (Rz 791, 860, 2070; D 82). Auch die **„Kopenhagener Kriterien"** (D 383) des Europäischen Rates vom Juni 1993 für den Beitritt der MOEL zur EU enthielten dieses Erfordernis.

V. Abschnitt

Die Organe des völkerrechtlichen Verkehrs

Vorbemerkung der Herausgeber

Die Vielfalt der VRS schlägt sich auch in den Organen nieder, welche für sie in den gegenseitigen Beziehungen handeln. Infolge der *dezentralisierten Struktur* der *Völkerrechtsordnung* nehmen die Organe der einzelnen VRS gleichzeitig auch vr Aufgaben wahr, sodass bei ihrer Tätigkeit von **„funktioneller Verdoppelung"** (*„dédoublement fonctionnel"* – *Scelle* – Rz 156, 552) gesprochen werden kann. **1668**

Das VR enthält selbst Regeln darüber, welche Organe für ein VRS in welchem Umfang tätig werden können. Dabei knüpft es zwar grundsätzlich an dessen **innere Rechtsordnung** an, stellt aber gleichzeitig **Rechtsvermutungen** auf; diese sind teils **unwiderleglich** (zB Regierung im Völkerrechtssinn sind jene Personen, die tatsächlich die oberste Macht in einem Staat ausüben; Grundsatz der *Effektivität* – Rz 69 ff, 340, 2992), teils **widerleglich** (zB Vertragsabschlusskompetenz – Rz 261). **1669**

Obwohl eine Vielzahl von Organen, insbes der Staaten, aber auch der IO, vr relevante Akte setzen kann, treten in Routinebeziehungen auf internationaler Ebene **typische Außenvertretungsorgane** auf. Eine diesbezügliche Standardisierung ist va auch im Interesse der *Rechtssicherheit* wünschenswert. **1670**

Üblicherweise wird bei den *staatlichen Organen* zwischen den obersten **zentralen** (der *Regierung* iwS) und den **dezentralisierten Organen,** dh den **diplomatischen** und **konsularischen Vertretern,** unterschieden. Angehörige der ihnen nachgeordneten Behörden werden aber gleichfalls in den iBez tätig; auch ihre Stellung ist durch vr Normen geregelt. **1671**

Die **internationalen Organe** (etwa der IO) sind sehr **unterschiedlich ausgestaltet.** Ihre Rechtsstellung wird in erster Linie durch den vr Vertrag bestimmt, durch den sie errichtet sind. **1672**

Diese Organe genießen oft eine bevorzugte Rechtsstellung, insbes in der Form von Immunitäten. Bei der Entwicklung und Beachtung solcher Vorrechte der staatlichen Außenvertretungsorgane wird die Wirkung der **Reziprozität** (Rz 65 ff) im VR bes deutlich. **1673**

1. Kapitel
Die Organe des völkerrechtlichen Verkehrs

Heribert Franz Köck

Literatur: *Hammarskjöld,* The International Civil Servant in Law and in Fact (1961); *Ruzie,* Les fonctionnaires internationaux (1970); *Virally ua* (Hrsg), Les missions permanentes auprès des organisations internationales (4 Bde, 1971); *Zeileissen,* Die abgabenrechtlichen Privilegien in den diplomatischen und konsularischen Beziehungen (1971); *Bloom / Fitzgerald,* Crimes Against Internationally Protected Persons: Prevention and Punishment (1975); *Balekjian,* Der Rechtsstatus permanenter Missionen von Nichtmitgliedstaaten bei Internationalen Organisationen, ÖZöRV 27 (1976) 67; *Köck,* Multinational Diplomacy and Progressive Development of International Law. The Vienna Convention of 14 March 1975, ÖZöRV 28 (1977) 51; *Lang,* Das Wiener Übereinkommen über die Vertretung von Staaten in ihren Beziehungen zu internationalen Organisationen, ZaöRV 37 (1977) 43; *do Nascimento e Silva,* Privileges and Immunities of Permanent Missions to International Organizations, GYIL 21 (1978) 9; *Lord Gore-Booth / Pakenham* (Hrsg), *Satow's* Guide to Diplomatic Practice (5. Aufl, 1979); *Bowett,* Military Forces Abroad, EPIL 3 (1982) 266; *Hecker,* Handbuch der konsularischen Praxis (1982); *Blum,* Diplomatic Agents and Missions, EPIL 9 (1986) 89; *Blomeyer-Bartenstein,* Diplomatic Relations, Establishment and Severance, ebd 99; *F. Münch,* Vienna Convention on Diplomatic Relations, ebd 393; *Barberis,* Representatives of States in International Relations, EPIL 10 (1987) 353; *Economidès,* Consular Relations, EPIL I (1992) 765; *ders,* Consular Treaties, ebd 768; *ders,* Consuls, ebd 770; *F. Münch,* Consular Jurisdiction, ebd 763; *do Nascimento e Silva,* Diplomacy, ebd 1024; *Denza,* Diplomatic Agents and Missions, Privileges and Immunities, ebd 1040; *Schermers,* International Organizations, Observer Status, EPIL II (1995), 1324; *Szasz,* International Organizations, Privileges and Immunities, ebd 1325; *Bowett,* Military Forces Abroad, EPIL III (1997) 388; *Aznar-Gomez,* À propos de l' affaire relative à la Convention de Vienne sur les relations consulaires (Paraguay c. États-Unies d'Amérique), RGDIP 102 (1998) 915; *Paust,* Breard and Treaty-Based Rights under the Consular Convention, AJIL 92 (1998) 691; *Rumpf,* Military Bases on Foreign Territory, ebd 381; *Barberis,* Representatives of States in International Relations, EPIL IV (2000) 195; *Herdegen,* Special Missions, ebd 574; *Sommereyns / Bothe,* United Nations Forces, ebd 1106; *Kussbach / Kadelbach,* Vienna Convention on Consular Relations, ebd 1289; *do Nascimento e Silva / Matz,* Vienna Convention on Diplomatic Relations, ebd 1295; *El-Erian / Lentz,* Vienna Convention on the Representation of States in Their Relations with International Organizations of a Universal Character, ebd 1317.

A. Rechtsgrundlagen

1674 Die einschlägigen Normen sind teils **gewohnheitsrechtlicher,** teils **vertraglicher** Natur. Die Privilegien und Immunitäten der *zentralen Organe* sind in erster Linie durch VGR, ergänzt durch die **Konvention über die Ad-hoc-Gesandtschaft 1969** (*Special Missions Convention 1969* – ILM 9 [1970] 127), geregelt, jene der *dezentralisierten Organe* durch die **Wiener Diplomatenrechtskonvention 1961** (WDK – D 205) und die **Wiener Konsularrechtskonvention 1963** (WKK – D 209) sowie, neben ergänzendem VGR, auch durch zahlreiche bilaterale Freundschafts-, Handels-, Schifffahrts- und Konsularverträge. Für Angehörige zentraler Behörden im Ausland gilt ebenfalls primär die *Special Missions Convention 1969.* Der Status der Mitglieder diplomatischer und konsularischer Vertretungen ist in den beiden genannten Wiener Konventionen 1961 und 1963 geregelt. Für alle erwähnten Kategorien tritt noch das **Übereinkommen über die Verhütung und Bestrafung von Straftaten gegen vr geschützte Personen einschließlich Diplomaten** (Dipl) **1973** (BGBl 1977/488; etwas zu eng auch *Diplomatenschutzkonvention* genannt) hinzu. Für die Mitglieder von im Ausland stationierten Streitkräften gelten die zwischen den beteiligten Staaten abgeschlossenen Verträge, subsidiär VGR. Für die bei IO akkreditierten Staatenvertreter setzt die **Wiener Konvention über die Vertretung von Staaten in ihren Beziehungen mit IO universellen Charakters 1975** (*„Wiener multilaterale Diplomatenrecht-Konvention"* – WmDK – AJIL 69 [1975] 730; Rz 1007) den internationalen Standard fest, obwohl sie noch nicht in Kraft getreten ist. Daneben sind die jeweiligen **Amtssitzabkommen,** gelegentlich auch **besondere Abkommen,** die die *Privilegien* und *Immunitäten* einer bestimmten *IO* und der *bei ihr akkredierten dipl Vertreter* regeln (so bei den VN und der EU bzw EG), von Bedeutung.

Das VR erschöpft sich jedoch nicht in der Regelung von Privilegien **1675**
und Immunitäten der Organe des vr Verkehrs. Vielmehr bestimmt es auch, wer nach VR für einen Staat zu handeln berufen ist und wessen Akte dem Staat als Organhandeln zugerechnet werden. Dieser **vr Organbegriff,** der auf die **effektive Ausübung von Hoheitsgewalt** abstellt und auch im Bereich der **Staatenverantwortlichkeit** von Bedeutung ist (*Teheraner Geisel-Fall* – Rz 2723 ff; D 346), geht **über** den **innerstaatlichen** Organbegriff, wie er sich va aus der verfassungsrechtlich verankerten Organisationsstruktur des Staates ergibt, **hinaus.** Überdies stellt das VR auch (widerlegbare) *Vermutungen* darüber auf, in welchem Ausmaß das betreffende Organ zu *verbindlichen Erklärungen* für seinen Staat berechtigt ist (*Ihlen-Deklaration* – D 41; Art 7 WVK – Rz 261; D 10). Im Folgenden wird aber hauptsächlich der *Status* der Organe des vr Verkehrs behandelt.

B. Zentrale Organe

Von den zentralen Organen kommt dem **Staatsoberhaupt,** dem **Regie-** **1676**
rungschef und dem **Außenminister** insoweit eine besondere Stellung zu, als die **vr Vermutung** besteht, dass sie ihren Staat nach außen **umfassend vertreten,** ihn daher insbes auch **verpflichten** können. Nach innerstaatlichem Recht bestehende Beschränkungen der Vertretungsmacht müssen, um nachträglich wirksam geltend gemacht werden zu können, für die andere Seite erkennbar sein (Art 46 WVK – Rz 261, 354, 385; D 10).

1. Das Staatsoberhaupt

Der Begriff des „Staatsoberhauptes" stammt aus der Zeit der *patrimo-* **1677**
nialen Staatsauffassung, nach der der Fürst gleichsam als Familienoberhaupt seines Volkes galt. Im *Absolutismus* wurde der Begriff zwar seines quasi-familienrechtlichen Sinnes entleert, gleichzeitig aber der *Fürst* als der eigent-

liche *Träger* der *Souveränität* angesehen, auf den alle Staatsakte nach innen und nach außen rückführbar waren. Der *Konstitutionalismus* band später den Fürsten zwar innerstaatlich an die *Mitwirkung anderer Organe;* vr blieben ihm jedoch gewisse Akte weiterhin vorbehalten, zB grundsätzlich die Ratifikation eines Vertrages (Rz 279). Diese für monarchische Staatsspitzen typische Stellung wurde analog auf jene Organe nicht-monarchischer Staaten übertragen, deren Funktionen jenen am nächsten kamen (Präsidenten von Republiken).

2. Der Regierungschef

1678 Unter Regierungschef versteht man den *Vorsitzenden* der *Regierung. Regierung iwS* ist jene staatliche Institution, welche die *im Staat rechtsverbindlichen Anordnungen* trifft **(vr Regierungsbegriff).** In Staaten mit Einparteienherrschaft fallen auch Parteiorgane unter den Begriff der Regierung iwS, soweit sie für den Staat auftreten (zB früher der GS der KPdSU). *Regierung ieS* ist das *oberste,* nicht mehr weiter weisungsgebundene, seinerseits an die untergeordneten Stellen der staatlichen Verwaltung weisungsberechtigte *Verwaltungsorgan* **(innerstaatlicher Regierungsbegriff).** Unter Regierungschef versteht man den Vorsitzenden dieses Organs (der Regierung).

1679 Die Regierung als Exekutive kann mit der Legislative zusammenfallen, wenn die Regierungsdekrete gleichzeitig auch die oberste Rechtsquelle im Staat sind. In Staaten mit Gewaltentrennung trifft dies jedoch nicht zu. Ferner kann der Regierungschef gleichzeitig Staatsoberhaupt sein (zB in den USA); dies ist jedoch selten der Fall.

1680 Historisch geht die besondere Stellung des Regierungschefs darauf zurück, dass er in der Zeit des *Absolutismus* als *Erster Minister* seines *Fürsten* und damit als dessen *alter ego* fungierte. Seine Position legitimierte ihn auch zum Agieren auf internationaler Ebene. Der Monarch hatte ursprünglich die Akte seines von ihm selbst eingesetzten Ministers zu ratifizieren, dh als verbindlich zu bestätigen (im Gegensatz dazu besteht heute va keine Pflicht der Legislative, die Genehmigung zur Ratifikation von durch die Exekutive ausgehandelten Verträgen zu erteilen – Rz 279).

3. Der Außenminister

1681 Der Erste Minister erledigte früher grundsätzlich auch die Auswärtigen Angelegenheiten. Erst seine immer stärkere Inanspruchnahme durch innenpolitische Angelegenheiten führte dazu, dass ein eigener Minister das Außenressort übernahm, ohne aber das Staatsoberhaupt oder den Regierungschef von der Außenpolitik auszuschließen. Insofern ist daher (vr gesehen) eine *Kompetenzparallelität* gegeben.

4. Sonstige Ressortminister

1682 *Für andere zentrale Organe* besteht nach VR *keine Präsumtion vr Vertretungsmacht.* Treten daher sonstige Ressortminister im Ausland als Vertreter ihres Staates, etwa als Leiter einer Delegation, auf, so können sie für diesen Staat nur soweit tätig werden, als sich dies aus einer ausdrücklichen oder stillschweigenden *Vollmacht* (Rz 262) ergibt. Dabei sind auf sie die Normen der *Special Missions Convention 1969* anzuwenden.

C. Dezentralisierte Organe

1. Allgemeines

Dezentralisierte Organe sind die **Chefs diplomatischer** (dipl) **Missionen** 1683
und **Delegationen** und die **Leiter konsularischer** (kons) **Vertretungen.** Überdies sind in diesem Rahmen auch die **Befehlshaber** von **im Ausland stationierten Streitkräften** zu nennen.

Gelegentlich wird in diesem Zusammenhang auch von Dipl, Konsuln 1684
(Kons) und Mitgliedern der Streitkräfte im Ausland schlechthin gesprochen. Tatsächlich haben diese, auch wenn sie keine Leitungsfunktion innehaben, einen besonderen, vom VR geregelten Status. **Im Namen des Staates handeln** können jedoch **nur** die jeweiligen **Chefs,** weshalb auch nur ihnen eine Organstellung im hier gemeinten Sinn zukommt. Freilich bedienen sie sich bei der *Ausübung ihrer Funktionen* regelmäßig auch ihrer *weisungsgebundenen Untergebenen.*

Wie bei den nach außen tätig werdenden zentralen Organen *verlangt* 1685
die *Sicherheit des zwischenstaatlichen Verkehrs* auch nach *vr Zuständigkeitsvermutungen* bei den *dezentralisierten Organen.* Soweit ihre Kompetenzen nicht ausdrücklich durch eine Vollmacht umschrieben sind, wird ihre **Befugnis** zu allen **Geschäften vermutet,** die ihre **Tätigkeit normalerweise** mit sich bringt. Dass diese Befugnis nicht so weit reicht wie bei den zentralen Organen, zeigt schon Art 7 WVK (D 10). Entsprechendes gilt auch für die übrigen Bereiche ihrer Tätigkeit.

Analog hiezu dürfen *militärische Befehlshaber* für die ihnen unterstell- 1686
ten Streitkräfte *Waffenruhe* vereinbaren, *nicht* aber ohne Vollmacht der politischen Führung einen allgemeinen *Waffenstillstand* oder gar einen *Friedensvertrag* abschließen (Rz 2977 f).

2. Diplomatische Vertreter

Das vr Institut des **dipl Vertreters** bzw der **dipl Vertretung** hat sich in 1687
erster Linie im **bilateralen Verkehr** herausgebildet; daneben nimmt aber die Bedeutung des **multilateralen Verkehrs** (Rz 1717 ff) ständig zu.

Dipl Vertreter im bilateralen Verkehr ist, wer **von** einem **Staat** als sol- 1688
cher **entsandt** und von einem anderen als solcher **angenommen** ist. Wo Entsendung und Empfang einer Person als dipl Vertreter **ausdrücklich** geschehen, kann über die Qualität des Betreffenden kein Zweifel entstehen. Dies trifft im Allgemeinen im Bereich der **Ständigen Vertreter** zu; in der **Ad-hoc-Diplomatie** ist die **Abgrenzung** aber weit **schwieriger.**

Reist zB eine österreichische Beamtendelegation, der *nicht bloß Ange-* 1689
hörige des *Außenministeriums,* sondern auch *anderer Ministerien* angehören, zu Verhandlungen ins Ausland, so erhebt sich die *Frage,* ob auch *Letztere,* die zu solchen Auslandsreisen im Allgemeinen *nur Dienst- und keine Diplo-*

matenpässe mit sich führen, als *diplomatische Vertreter* anzusehen sind. Freilich handelt es sich hier *letztlich* um ein *Scheinproblem.* Denn es kommt nicht auf die Einstufung der betreffenden Person in eine bestimmte Kategorie, sondern auf die Folgen dieser Einstufung an. Nun ist wohl *kein Staat bereit,* für seine Delegationsmitglieder im Ausland auf die *funktionelle Immunität* (Rz 1768 ff) zu *verzichten,* während gerade *freiheitlich-demokratische Staaten* untereinander in solchen Fällen die *absolute Immunität* (Rz 1765 ff) heute weitgehend *nicht beanspruchen.* Die Ausstattung von Delegationsmitgliedern mit bloßen Dienstpässen kann dann als Verzicht auf eine absolute Immunität gewertet werden. Der Betreffende bleibt jedoch Vertreter seines Staates. Dass er nicht „Dipl" ist, bedeutet nicht mehr als den – durch das Nachstehende nochmals relativierten – Verzicht auf weiter gehende Immunität.

1690 Hält man an der klassischen Zweiteilung von Vertretern in Dipl und Kons fest und lehnt man die Einführung einer neuen Kategorie (Vertreter ohne vollen dipl Status) ab, so sind auch die genannten Delegationsmitglieder vr als Dipl mit allen einem Dipl im Empfangsstaat (EmpfSt) zustehenden Rechten zu betrachten, soweit der (Ent-)Sendestaat (SendSt) auf diese nicht ausdrücklich oder stillschweigend verzichtet hat. Für diese Auffassung spricht auch die Entscheidung im *Tabatabai-Fall* (D 208), wonach eine *Vereinbarung* der *beteiligten Staaten* über eine von *bestimmten Personen* zu erfüllende *bestimmte Aufgabe* diese als *Ad-hoc-Mission* konstituiert.

1691 Man kann daher von einem **vr Diplomatenbegriff** sprechen, der jeden erfasst, der im Ausland mit Zustimmung des EmpfSt über Auftrag des SendSt als dessen Vertreter tätig wird. **Im Zweifel** stehen ihm daher – zumeist wohl nach der *Special Missions Convention* 1969 – auch die **vollen dipl Rechte** zu (Rz 1758 ff).

1692 Die dipl Vertreter können in zwei große Gruppen eingeteilt werden: in die Ständigen Vertreter und in die Ad-hoc-Gesandten.

a) Ständige Vertreter

1693 Während es **ursprünglich nur Ad-hoc-Gesandte** für einen bestimmten Anlass gab, wurden gegen **Ende** des **Mittelalters** solche Vertreter **auch für längere Zeit** im EmpfSt belassen. Aus diesen Gesandten auf unbestimmte Zeit entwickelte sich im 16. Jhdt das Institut der Ständigen Vertretung, wobei der *Hl Stuhl* (Rz 1186 ff) mit seinen Nuntiaturen sowie die *italienischen Stadtrepubliken bahnbrechend* waren. Diese Ständigen Vertretungen im *bilateralen Verkehr* wurden nach dem Westfälischen Frieden 1648 (Rz 80) rasch zu einer allgemeinen Einrichtung, die sich bis heute erhalten hat.

1694 Daneben wurden nach der Gründung des VB an dessen Sitz und später auch am **Sitz** anderer **IO Ständige Vertretungen** errichtet. Ihre Mitglieder haben die *doppelte Aufgabe,* den *SendSt innerhalb der IO* in jenen Organen, die aus Staatenvertretern gebildet sind, *zu vertreten* und gleichzeitig den *Geschäftsverkehr zwischen der IO und dem SendSt* analog zu Missionen im bilateralen Verkehr abzuwickeln. Weil bei einer IO eine Vielzahl von Vertretungen besteht, spricht man von *multilateralem Verkehr* oder multilateraler Diplomatie, und, weil die Arbeit in den Organen der IO jener parlamentarischer Gremien ähnlich ist, auch von *„parlamentarischer Diplomatie"* (Rz 53, 189).

Heute bestimmt sich die Qualifikation eines Vertreters als „Ständiger" nicht mehr – wie bis zum Beginn der Neuzeit – danach, ob er auf bestimmte oder unbestimmte Zeit entsandt ist, sondern danach, ob zwischen SendSt und EmpfSt bzw IO die Errichtung einer Ständigen Vertretung vereinbart wurde. **Ständiger Vertreter** ist demnach der **Leiter** einer **Ständigen Vertretung.** **1695**

b) Ständige Vertreter im bilateralen Verkehr

ba) Allgemeines

Bezeichnung und Rang der Ständigen Vertreter im bilateralen Verkehr waren ursprünglich nicht fest geregelt. Daraus entstanden zahllose protokollarische Streitigkeiten mit negativen Auswirkungen auf die iBez. Zu ihrer Bereinigung erfolgte **1815** auf dem **Wiener Kongress** eine **Kodifikation** des einschlägigen Teils des **Diplomatenrechts** durch das sog **Wiener Règlement** (Rz 86). Darin wurde die grundsätzliche *Gleichheit aller souveränen Staaten* anerkannt. Diese sollten ferner bei *Konferenzen* etc nicht mehr nach dem Titel ihres Staatsoberhauptes (Papst, Kaiser, König etc), sondern in *alphabetischer Reihe* erscheinen. Dabei war mangels anderer Vereinbarung der Name des Staates in der Sprache des EmpfSt ausschlaggebend. Gleichzeitig wurde für die Ständigen Vertreter innerhalb von **drei Rangklassen** das **Anciennitätsprinzip** festgelegt, dh die *Reihung* nach dem *Dienstalter* im EmpfSt. **1696**

Als *erste Rangklasse* wurde jene der **Botschafter** bestimmt. Diese sind wie die Vertreter der *zweiten Rangklasse,* die **Gesandten,** beim Staatsoberhaupt akkreditiert. Jedoch kommt den Botschaftern noch der Vorzug zu, höchstpersönliche Vertreter ihres eigenen Staatsoberhauptes zu sein. Die *dritte Rangklasse* wird von den **Ständigen Geschäftsträgern** gebildet, die bloß beim Außenminister akkreditiert sind. Der *Kongress* von *Aachen* fügte *1818* noch eine weitere Rangklasse zwischen den Gesandten und den Ständigen Geschäftsträgern, die sog **Ministerresidenten,** ein. So konnten zwischen den Staaten die Einschätzung des politischen Gewichts und sonstige Wertungen durch eine Vielfalt von protokollarischen Möglichkeiten zum Ausdruck gebracht werden. Im Übrigen entsandten bis in die Zwischenkriegszeit grundsätzlich nur Großmächte bzw königliche Häuser Botschafter, die kleineren Staaten bloß Gesandte. **1697**

Erst nach dem II. WK kam auf Grund der Betonung der souveränen Gleichheit (Rz 2086 ff), gerade durch neue Staaten, die allgemeine Übung des Botschafteraustausches auf und damit die (zweite) Rangklasse der Gesandten praktisch außer Gebrauch. Auf der Wiener Diplomatenrechtskonferenz 1961 wurde daher auch beantragt, sie ebenso wie die Klasse der Ministerresidenten abzuschaffen. Aus Traditionsgründen wurde die Rangklasse der Gesandten aber beibehalten. Dritte Rangklasse sind nun wieder die Ständigen Geschäftsträger, von denen aber auch nur in Ausnahmefällen Gebrauch gemacht wird. **1698**

Diese für die Leiter dipl Vertretungen vr festgelegten Bezeichnungen dürfen nicht mit den innerstaatlichen Amtstiteln und Verwendungsbezeich- **1699** nungen für den Auswärtigen Dienst verwechselt werden, die teilweise ähnlich lauten. Sie sind in *Österreich* durch die *Verwendungsbezeichnungsverordnung* geregelt.

1700 Von alters her hatte der **Vertreter des Hl Stuhls** den **Vorrang vor** allen **Vertretern weltlicher Mächte** beansprucht und erhalten (Rz 1191 f). Mit der Reformation und der Bildung protestantischer Staaten, später mit der Entstehung von Staaten mit kirchen- oder religionsfeindlicher Ideologie (liberalistisch-freimaurerische Regime, sozialistische Staaten) wurde dieses Privileg zunehmend bedroht. Auf dem *Wiener Kongress* (Rz 86) wurde vereinbart, an der für den Vertreter des Hl Stuhls gebräuchlichen Übung nichts zu ändern. Art 16 Abs 3 WDK (D 205) sieht überdies ausdrücklich vor, dass Staaten, die bisher den Ehrenvorrang des päpstlichen Vertreters noch nicht anerkannt haben, dies nun tun können. Dies haben zahlreiche Staaten, auch solche ohne überwiegend christliche Bevölkerung, und ungeachtet des in den Staaten mit christlich-abendländischer Tradition innerhalb und außerhalb Europas heute bestehenden weltanschaulichen Pluralismus, getan.

1701 Umgekehrt stand der Hl Stuhl vor dem Dilemma zwischen dem Anspruch auf den Ehrenvorrang für seinen Vertreter und seinem Interesse, die Beziehungen zu Staaten, die diesen Vorrang nicht gewähren, nicht durch die bloße Entsendung eines Internuntius im Rang eines Gesandten zu belasten. Er löste es Mitte der 1960er Jahre dadurch, dass er in der Folge *zwei Arten* von *Vertretern im Botschafterrang* entsandte: den *Apostolischen Nuntius* in jene Staaten, wo der Ehrenvorrang eingeräumt, und den *Apostolischen Pro-Nuntius* in jene, wo er abgelehnt wurde. Damit konnten sich auch die betreffenden Staaten nunmehr beim Hl Stuhl durch einen Botschafter vertreten lassen. Da aber diese (immer noch diskriminierende) Praxis bei den betroffenen Staaten Irritationen hervorrufen und als Pression zur Gewährung des Ehrenvorranges gedeutet werden konnte, hat sie der **Hl Stuhl** Anfang der 1990er Jahre aufgegeben und entsendet **nur** mehr **Apostolische Nuntien,** unabhängig vom Ehrenvorrang.

bb) Funktion

1702 Die verschiedenen Aufgaben der Ständigen Vertreter lassen sich in zwei Funktionen zusammenfassen: die Vertretungsfunktion gegenüber dem EmpfSt und die Berichtsfunktion gegenüber dem SendSt.

1703 Die **Vertretungsfunktion** umfasst alle jene Bereiche, in denen der Vertreter für seinen Staat tätig wird: neben der *protokollarischen Präsenz* die Abgabe und Entgegennahme von *Erklärungen* sowie die Führung von *Verhandlungen,* darunter solcher zur Annahme von Verträgen (Rz 277 f).

1704 Zur **Berichtsfunktion** gehört es, dass der Ständige Vertreter sich über die politischen, wirtschaftlichen, kulturellen und sonstigen Vorgänge im EmpfSt (in erlaubter Weise; Spionage – vgl Rz 2937 – ist vr verboten!) informiert und darüber an den SendSt berichtet.

1705 Alle übrigen in der Literatur noch genannten Funktionen des Ständigen Vertreters lassen sich unter die zwei genannten Funktionen subsumieren; so kann zB der Schutz der Angehörigen des SendSt im EmpfSt **(Schutzfunktion)** nur im Rahmen der Vertretungsfunktion wahrgenommen werden.

bc) Die Aufnahme diplomatischer Beziehungen und die Akkreditierung des Ständigen Vertreters

Wenngleich der Austausch Ständiger Vertreter heute allgemein üblich ist und normalerweise mit der Anerkennung eines Staates oder einer Regierung Hand in Hand geht, besteht doch **kein Recht** eines Staates darauf, dass ein anderer mit ihm **dipl Beziehungen** aufnimmt. Daher bedarf es zur Errichtung einer Ständigen Vertretung des SendSt im EmpfSt dessen Zustimmung. **1706**

Für dipl Beziehungen gilt der Grundsatz strenger **Reziprozität** (Rz 65), der nur in Ausnahmefällen durchbrochen wird. So war Großbritannien schon seit dem I. WK beim Hl Stuhl durch eine dipl Mission vertreten, während die Nuntiatur in London erst 1982 errichtet werden konnte; umgekehrt war der Hl Stuhl seit 1920 in Bern durch einen Nuntius vertreten (auch um die Tätigkeit des VB aus größerer Nähe zu beobachten), während die Schweiz erst 1992 eine Vertretung beim Hl Stuhl (wieder-)errichtete. Diese Reziprozität gilt in der Regel **auch für** die **Einstufung** der **dipl Missionen** und den **Rang** des jeweiligen **Missionschefs.** Es ist daher als Entgegenkommen Österreichs zu werten, dass es auf die Abberufung des israelischen Botschafters (vgl Rz 1716) und die jahrelange Leitung der Mission durch einen Geschäftsträger im Gefolge der Waldheim-Wahl 1986 und der Bildung einer ÖVP-FPÖ-Regierung Anfang 2000 nicht mit einer entsprechenden Maßnahme geantwortet hat. **1707**

Ebenso wie der Errichtung der Vertretung muss der EmpfSt auch der Person des Ständigen Vertreters zustimmen. Diese Zustimmung **(Agrément)** wird schon vor der Ernennung eingeholt und kann vom EmpfSt ohne Angabe von Gründen verweigert werden (Art 4 WDK). **1708**

Da der dipl Vertreter die Interessen des SendSt gegenüber dem EmpfSt wahrnimmt, ist die Ausübung dieser Funktion durch einen Angehörigen des EmpfSt *(agent diplomatique régnicole)* stets als *Ausnahme* betrachtet worden. Auch heute sollen die Mitglieder des dipl Personals einer Mission grundsätzlich Angehörige des SendSt sein, um allfällige Pflichtenkollisionen zu vermeiden. Angehörige des EmpfSt bedürfen dessen – jederzeit widerruflicher – Zustimmung (Art 8 WDK). **1709**

Das mit dem *Agrément* zum Ausdruck gebrachte Vertrauen kann aber auch später verloren gehen. Formell wird der Betroffene dann zur **persona non grata** erklärt, worauf er seine Tätigkeit ehestmöglich zu beenden und den EmpfSt zu verlassen hat (Art 9 WDK). **1710**

Für das übrige Botschaftspersonal *(dipl Personal, Verwaltungs- und technisches Personal, dienstliches Hauspersonal)* werden keine so formellen Schritte wie beim Missionschef gefordert. Doch darf auch hier der EmpfSt jederzeit eine ihm nicht genehme Person für unerwünscht erklären und sie bei der Einreise zurück- bzw später ausweisen. **1711**

Was die *Größe* des *Personalstandes* einer Mission anlangt, so *entscheidet* mangels ausdrücklicher Vereinbarung der *EmpfSt* darüber, ob die Grenze dessen, was unter den gegebenen Verhältnissen als angemessen und normal anzusehen ist, überschritten wird. **1712** bd) Die Beendigung diplomatischer Beziehungen

1713 Der einvernehmlichen Aufnahme dipl Beziehungen entspricht deren einvernehmliche Aufhebung. Diese ist nicht zu verwechseln mit der bloßen Schließung der Vertretung vor Ort. Eine solche ist bei fortdauernd guten Beziehungen zwar ungewöhnlich, aber nicht undenkbar (zB aus Einsparungsgründen). In diesem Fall wird üblicherweise die Mission in einem Drittstaat im bisherigen EmpfSt mitakkreditiert, was die dipl Beziehungen als solche nicht beendet.

1714 Überdies kann – da die **dipl Beziehungen** nur auf Grund beiderseitiger Zustimmung bestehen – **jede Seite** diese ohne Angabe besonderer Gründe **jederzeit abbrechen.** Ein solcher Abbruch ist jedoch grundsätzlich **schärfster Ausdruck politischer Missbilligung** und war früher nicht selten Vorstufe zur Kriegserklärung.

1715 Der **Kriegsausbruch beendet** die **dipl Beziehungen** automatisch, weil der Krieg definitionsgemäß ein Zustand – jedenfalls potenzieller – zwischenstaatlicher Gewaltanwendung unter *Abbruch aller friedlichen Beziehungen* ist (Rz 1803, 2888 ff). *Im Zweifelsfall* – solange die zwischenstaatlichen Gewaltakte von keiner Seite als „Krieg“ qualifiziert werden – tritt *jedoch keine automatische Beendigung ein.* Ein solcher Fall war der „Golfkrieg“ zwischen Irak und Iran, in dem diese Staaten ihre dipl Beziehungen erst Jahre nach Beginn der Kampfhandlungen abbrachen und die Türkei mit der Vertretung ihrer gegenseitigen Interessen betrauten.

1716 Vom Abbruch der dipl Beziehungen, dh der Schließung der Ständigen Vertretung überhaupt, ist die bloße **Rückberufung des Ständigen Vertreters** zur Berichterstattung (auch dies häufig Geste der *Missbilligung*) bzw dessen **Abberufung,** in beiden Fällen mit nachfolgender Vakanz seines Postens, zu unterscheiden. In diesem Fall bleibt die dipl Beziehung aufrecht und die dipl Vertretung erhalten. Sie wird – soweit die Mission noch über einen weiteren Angehörigen des dipl Personals verfügt – zwischenzeitlich von einem **chargé d'affaires ad interim,** wo dies nicht der Fall ist – und daher auf ein Mitglied des Verwaltungs- oder technischen Personals (Rz 1711) gegriffen werden muss – von einem **chargé des affaires** geleitet; beide sind vom **chargé d'affaires en pied** oder **en titre** (dem Ständigen Geschäftsträger – Rz 1697 f) zu unterscheiden.

c) Ständige Vertreter im multilateralen Verkehr

ca) Allgemeines

1717 Neben der Doppelfunktion dieser Vertreter als **Repräsentanten ihres Staates in** und **bei** einer **IO** (Rz 1005 ff) bestehen im Vergleich mit den Vertretern im bilateralen Verkehr noch weitere Besonderheiten (D 206).

1718 Die Ständigen Vertreter im multilateralen Verkehr sind **im Allgemeinen** in keine Rangklassen eingeteilt, sondern besitzen alle **denselben Rang,** nämlich eben den eines **„Ständigen Vertreters“.**

1719 Bei der **EU** bzw der **EG** sind die **Mitgliedstaaten** durch **Ständige Missionen** vertreten, deren *Leiter Botschafterrang* besitzen und *Ständige Vertreter* genannt werden. Die Missionen der **assoziierten Staaten** tragen die

Bezeichnung **Delegationen** und ihre ebenfalls im Botschafterrang stehenden Chefs den Titel *Kommissar (Commissioner).* **Nichtmitglieder** sind in der Regel durch **Botschaften,** die von einem (auch so genannten) *Botschafter* geleitet werden, vertreten. Die EU bzw die EG pflegt nämlich im Gegensatz zu anderen IO mit Nichtmitgliedern dipl Beziehungen in Analogie zum bilateralen Verkehr (Rz 985). Allerdings ist auch bei der EG hauptsächlich das passive Gesandtschaftsrecht (= Recht, Dipl zu empfangen; aktives Gesandtschaftsrecht = Recht, Dipl zu entsenden) ausgebildet; **Missionen** in **Nichtmitgliedstaaten** tragen die Bezeichnung **Delegationen.** Die von der *Kommission* in den *Mitgliedstaaten* unterhaltenen *Presse- und Informationsbüros* haben ebenso wie das zugehörige Personal *keinen dipl Charakter.* (Der dipl Charakter der EU-Vertretung in Österreich rührt von ihrem Doppelcharakter – sie ist auch bei den in Wien ansässigen IOs eingerichtet – her.)

Vertreter von **Nichtmitgliedstaaten** bei einer IO werden üblicherweise **Ständige Beobachter** genannt. Ihre Stellung ist heute (WmDK 1975; allerdings noch nicht in Kraft) jener der Ständigen Vertreter weitgehend angeglichen. **1720**

cb) Die Einrichtung Ständiger Missionen und Beobachtermissionen

Jeder Mitgliedstaat hat das **Recht, nicht** aber die **Pflicht** zur Errichtung einer **Ständigen Mission** bei einer IO (er hat lediglich Repräsentanten zu den Sessionen jener Organe zu entsenden, in denen er satzungsgemäß vertreten sein muss). Der **Organisation** kommt **kein Zustimmungsrecht** zu, weder zur Missionserrichtung noch zur Ernennung des in Aussicht genommenen Vertreters. **1721**

Das Gleiche gilt für den **Sitzstaat.** Dieser kann zwar die *Abberufung* eines *Vertreters verlangen, wenn* er *diesen als Bedrohung* für sich und seine Interessen ansieht. Verweigert der SendSt aber die Abberufung, so kommt es zu einem komplizierten Verfahren, in dem auch die Organisation ein Mitspracherecht hat. Daher besteht im multilateralen Verkehr gleichsam ein *Dreiecksverhältnis* (SendSt – Sitzstaat – IO). **1722**

Die durch die Aufnahme einer IO begründeten *Verpflichtungen des Sitzstaates* bestehen *bezüglich* der *dipl Beziehungen der IO unmittelbar gegenüber dem SendSt;* dies gilt ebenso für Ständige Vertreter und Ad-hoc-Gesandte (zu letzteren Rz 1727 ff). Dementsprechend muss der SendSt seine Rechte gegenüber dem Sitzstaat auch unmittelbar geltend machen können; wäre er dabei nämlich von der IO abhängig, so würde dieser damit indirekt jenes Zustimmungsrecht zur Entsendung dipl Vertreter seitens des SendSt (grundsätzlich oder doch hinsichtlich der konkreten Personen) zugebilligt, welches nach geltendem Recht ausdrücklich ausgeschlossen ist (Rz 1721). **1723**

Dagegen *hängt* es von der *Organisation* ab, ob *Nichtmitglieder Ständige Beobachtermissionen* errichten dürfen. Die Erlaubnis hiezu kann schon im Gründungsvertrag enthalten sein, aber auch von der Zustimmung eines Organs der IO abhängen (Rz 984). Dem *Sitzstaat* kommt auch hier *kein Mitspracherecht* zu. Für sein Verlangen nach Abberufung eines Ständigen Beobachters gilt das oben beim Ständigen Vertreter Gesagte sinngemäß. **1724** cc) Die Aufhebung Ständiger Missionen und Beobachtermissionen

1725 Da die Mitglieder von IO ein Recht auf eine *Ständige Vertretung* bei dieser haben, kann die *Aufhebung nur vom betreffenden Staat, nicht* aber von der *Organisation* ausgehen. Dagegen kann die *Organisation* jederzeit – sei es, wo notwendig, durch Satzungsänderung, sei es durch Beschluss des zuständigen Organes – die *Akkreditierung* von *Beobachtern verweigern* und damit die Schließung der Ständigen Beobachtermission veranlassen. Entsprechend dem oben (Rz 1721) Gesagten kann der *Sitzstaat weder* die *Aufhebung* einer *Ständigen (auch Beobachter-)Mission verlangen noch* gar selbst deren Schließung *veranlassen.* Darauf beriefen sich auch die VN im Zusammenhang mit der von den USA 1988 verfügten Schließung der PLO-Mission in New York.

1726 Für den Abbruch der dipl Beziehungen zwischen der EU bzw der EG und Nichtmitgliedstaaten gelten die Regelungen des bilateralen Verkehrs (Rz 985, 1158).

d) Die Ad-hoc-Gesandtschaft

1727 Der Terminus technicus **„Ad-hoc-Gesandtschaft“** oder **„special mission“** bezeichnet an sich nur Gesandtschaften im **bilateralen Verkehr** aus **besonderem Anlass,** üblicherweise aber *nicht Delegationen* zu *internationalen Konferenzen.* Dementsprechend findet sich auch die Regelung für die Ersteren in der *Special Missions Convention* 1969, für die Letzteren in der WmDK 1975. Da aber auch eine solche Delegation aus einem bestimmten Anlass entsandt wird und sich ihre Funktion mit der Erfüllung ihrer Aufgabe erledigt, kann sie iwS ebenfalls als eine *special mission* bezeichnet werden.

1728 *Ad-hoc-Gesandte* stehen einander *im Range* an sich *gleich.* Da das Anciennitätsprinzip nicht Platz greift, gilt die oben erwähnte Regelung *alphabetischer Reihenfolge.* Hat der Sondergesandte jedoch *ad personam* einen *höheren Rang* (ist er zB Staatsoberhaupt, Regierungschef, Außen- oder sonstiger Kabinettsminister), so ist er nach diesem einzustufen. Insofern gibt es auch bei den *Ad-hoc-Gesandten* verschiedene Ränge.

1729 Im *multilateralen Verkehr* kann dagegen eine Delegation *keinen besseren Sitz* für sich reklamieren, *wenn* sie durch ein *höher rangiges Organ* geleitet wird. In der Praxis wird einem solchen jedoch gelegentlich ein Vorrang in der Rednerliste eingeräumt.

3. Konsuln

a) Geschichte

1730 Im Gegensatz zu den dipl Vertretern, die stets ihren Staat (Fürst, Regierung etc) repräsentierten, haben die Kons eine andere Geschichte, eine andere Funktion und daher eine von jenen verschiedene Stellung.

1731 Kons hießen **ursprünglich** die **Mitglieder** von **Handelsgerichten** in den mittelalterlichen Städten *Südeuropas* aus dem Kreis der dort **ansässigen Kaufleute** *(consuls-marchands).* Mit der Zuerkennung der *Eigengerichtsbarkeit* an die *ausländischen Kaufleute* in *Ostrom* und den *Kreuzfahrerstaaten,* aber auch in *Nord- und Osteuropa* wurde diese Einrichtung dorthin verpflanzt *(consuls d'outre-mer). Gleichzeitig* übernahmen sie *auch* eine **Schutzfunktion** für diese Kaufleute und sonstige Landsleute.

Während die *Bedeutung* der Kons mit dem Aufkommen der Ständigen **1732**
dipl Vertretungen im *Abendland* zu *Beginn der Neuzeit sank,* stieg sie in den Staaten des *Nahen* und *Fernen Ostens* wegen des dort herrschenden, vom europäischen stark verschiedenen Rechtssystems. Gleichzeitig erhielten Kons dort dipl Stellung. Ihren umfangreichen Gerichts- und Verwaltungstätigkeiten unterstanden schließlich nicht nur die Angehörigen ihres Heimatstaates, sondern bei gegebener Anknüpfung auch Angehörige dritter Staaten und selbst solche des EmpfSt, va wenn sie sich zum Konsulat in einem Angestellten- oder auch nur Gelegenheitsarbeitsverhältnis befanden.

Rechtsgrundlage dafür waren die **Kapitulationsverträge,** die von den **1733**
christlich-abendländischen Staaten mit dem Ottomanischen Reich, später auch mit Persien, China, Japan etc abgeschlossen wurden. Eine darin oft enthaltene diesbezügliche *Meistbegünstigungsklausel* (vgl Rz 2571), aber auch die Verankerung der so entwickelten Grundsätze im VGR trugen zur weiteren Verbreitung der sog **Jurisdiktionskonsuln** bzw zum Ausbau ihrer Stellung bei.

In der *zweiten Hälfte des 19. Jhdt* begann dann eine *Gegenbewegung*. In **1734**
jenen Gebieten, die durch die imperialistische Expansion unter die Herrschaft europäischer Mächte kamen, verlor die Einrichtung ihre *raison d'être.* Die unabhängig gebliebenen orientalischen Staaten begannen unter dem Einfluss modernen Souveränitätsdenkens die Jurisdiktionskonsuln mangels Reziprozität als eine ihre *Würde verletzende Ungleichheit* zu betrachten. Japan konnte sich von diesem Regime bereits 1899 befreien. Das Ottomanische Reich erklärte es während des I. WK einseitig für erloschen. Immerhin hielt sich die Konsulargerichtsbarkeit in China bis 1947, in Marokko bis 1956 und in den Scheichtümern am Persischen Golf bis in die 1960er Jahre.

Dagegen gewann das Institut des Kons in den Staaten des **europäischen** **1735**
Rechtskreises im **19. Jhdt erneut Bedeutung,** als sich internationaler Handel und Verkehr im Gefolge der *industriellen Revolution* (Rz 91) intensivierten und der damals vorherrschende *Liberalismus* den notwendigen wirksamen *Rechtsschutz* mit möglichst *wenig direktem staatlichen Einfluss* verbinden wollte. Hiefür kam der dipl Vertreter aus mehreren Gründen nicht in Betracht. Einerseits war er als Vertreter seiner Regierung mit politischen Geschäften befasst und verkehrte zu diesem Zweck mit den obersten Staatsorganen des EmpfSt. Andererseits konnte sich die dipl Vertretung am Regierungssitz des EmpfSt va in größeren Staaten nur schwer um die Angelegenheiten ihrer Staatsangehörigen an anderen Orten kümmern. Denn dies machte oft den Verkehr mit den Lokalbehörden notwendig.

Diese Funktion übernahm nun der Kons neuen Typs, der – unbean- **1736**
sprucht durch politische Aufgaben – in einem übersichtlichen Sprengel für *seine Landsleute* ein Institut der *Rechtshilfe, nicht* aber der *Beaufsichtigung* wurde. In dieser Ausgestaltung und nur mit der an die kons Funktion gebundenen Immunität von der Jurisdiktion des EmpfSt hat sich das Institut des Kons schließlich allgemein durchgesetzt; diese allgemeine Praxis fand dann ihren Niederschlag in der WKK 1963 (D 209).

b) Klassen und Rang

1737 Die **Leiter** kons Vertretungen sind in *drei Klassen* eingeteilt, nämlich in **Generalkonsuln, Konsuln** und **Vizekonsuln.** Innerhalb jeder Klasse richtet sich die *Rangfolge* wie bei den dipl Vertretern nach der *Anciennität.* Schließlich gibt es noch die Klasse der **Konsularagenten,** der Leiter von Konsularagenturen. Da diese aber nicht als volle kons Vertretungen gelten, ist der Konsularagent im strengen Sinn auch kein Leiter einer kons Vertretung.

c) Funktionen

1738 Die im Vergleich zum dipl Vertreter *vielfältigen Aufgaben* des Kons lassen sich in drei Gruppen zusammenfassen: in die **Schutzfunktion,** die **Förderungsfunktion** und die **Behördenfunktion.**

1739 Objekt des vom Kons ausgeübten **Schutzes** sind die **Interessen** des **SendSt** und dessen **Angehörigen** im EmpfSt. Der Schutz auch der Ersteren verdeutlicht den Charakter des Kons als Staatenvertreter. Da die Wahrnehmung der politischen Interessen aber der dipl Vertretung zukommt, liegt das **Schwergewicht** hier auf **wirtschaftlichem** und **kulturellem** Gebiet. Den **Staatsangehörigen** des SendSt leistet er va auch **Beistand.** Soweit die Rechtsordnung des EmpfSt dies zulässt, **vertritt** er sie **vor** dessen **Behörden** oder sorgt für eine angemessene *Vertretung.*

1740 Damit der Kons diese Funktion auch tatsächlich ausüben kann, steht es ihm und den Angehörigen des SendSt frei, miteinander zu *verkehren* und sich wechselseitig *aufzusuchen.* Zu diesem Zweck haben die Behörden des EmpfSt die kons Vertretung auf Verlangen des Betroffenen unverzüglich davon zu unterrichten, dass in deren Konsularbezirk ein Angehöriger des SendSt (aus welchem Grund immer) festgenommen worden ist, und alle Mitteilungen des Inhaftierten an das Konsulat weiterzuleiten (*LaGrand-Fall* – D 210a). Es steht allerdings jedermann frei, den Schutz durch seinen Kons und den Verkehr mit diesem abzulehnen. Dadurch soll Druck auf Personen, die sich aus politischen oder sonstigen Gründen von ihrem Heimatstaat losgesagt haben, durch dessen Behörden im Ausland verhindert werden.

1741 Zum zweitgenannten Aufgabenkreis des Kons zählt die **Intensivierung** der **Beziehungen** zwischen dem SendSt und dem EmpfSt va im **ökonomischen** und **kulturellen Bereich.** Dazu muss sich der Kons über die wirtschaftliche, kulturelle und soziale Situation des EmpfSt **informiert** halten, darüber der Regierung des SendSt **berichten** und Interessenten unter den Angehörigen seines Staates **Auskünfte** erteilen. Überdies kann er durch die Anbahnung von **wirtschaftlichen, kulturellen** und **wissenschaftlichen Kontakten** eine über die bloße Information hinausgehende **Förderungsfunktion** ausüben. Seine Aufgaben überschneiden sich in diesem Bereich mit jenen von Kultur- und Handelsattachés an dipl Vertretungen.

1742 **Österreich** hat zur Förderung seines Außenhandels die besondere Einrichtung der **Außenhandelsdelegierten** geschaffen. Sie hängen organisatorisch von der **Wirtschaftskammer Österreich** ab. Die Zusammenarbeit zwischen dem Außenministerium und den österreichischen Vertretungsbehörden im Ausland mit der Wirtschaftskammer und deren Außenhandelsstellen regeln vom BMaA und der damaligen Bundeskammer *1975* ausgearbeitete *Instruktionen* (vgl Rz 661).

In Ländern, in denen rechtsstaatliche Standards ausreichend garantiert sind, bestehen die Außenhandelsdelegationen unabhängig von den dipl oder kons Vertretungen, während sie sonst zu ihrem Schutz formell der zuständigen Botschaft eingegliedert und so mit dipl Charakter ausgestattet sind. **1743**

Schließlich kommt dem Kons – als Erbe einer langen Tradition – auch eine umfangreiche **Behördenfunktion** zu, allerdings nur im Rahmen der Gesetze des EmpfSt. Im Allgemeinen nimmt der Kons **notarielle, standesamtliche** und **sonstige Verwaltungsaufgaben** (zB das Ausstellen von **Pässen** an die Angehörigen des SendSt und von **Visa** an Personen, die sich in diesen begeben wollen – Rz 1280) wahr. Er vertritt in *Nachlasssachen* im EmpfSt die Interessen der Angehörigen des SendSt, *stellt* gerichtliche und außergerichtliche *Urkunden zu* und führt *Rechtshilfeersuchen* gem den geltenden internationalen Abkommen durch. Überdies hat er die *Aufsicht* über die *See-* und *Binnenschiffe* sowie über *Luftfahrzeuge,* die im SendSt registriert sind (Rz 704, 2286 ff), und deren Besatzungen. Er kann ihnen Hilfe leisten, Ermittlungen über Vorfälle während der Reise anstellen und Streitigkeiten unter Besatzungsmitgliedern beilegen. **1744**

Die umfassende Tätigkeit des Kons lässt sich jedoch nicht erschöpfend beschreiben. Deshalb stellt die WKK 1963 klar, dass ihre Aufzählung kons Funktionen nicht taxativ ist. **1745**

d) Die Aufnahme konsularischer Beziehungen und die Bestellung von Konsuln

Es gibt auch kein Recht auf Aufnahme kons Beziehungen (vgl Rz 1706); diese kann vielmehr nur **einvernehmlich** erfolgen. Jedoch schließt die Zustimmung zur Aufnahme dipl Beziehungen ohne ausdrückliche anders lautende Erklärung auch die Zustimmung zu kons Beziehungen in sich. Überdies dürfen die kons Funktionen auch durch dipl Missionen wahrgenommen werden. **1746**

Neben der allgemeinen Zustimmung zur Aufnahme kons Beziehungen bedürfen auch die konkrete Einrichtung einer kons Vertretung, deren Sitz, Einstufung und Konsularbezirk sowie die Eröffnung einer abhängigen Außenstelle (eines Vizekonsulats, einer Konsularagentur oder eines bloßen Büros) durch ein Generalkonsulat oder Konsulat der Zustimmung des EmpfSt. **1747**

Die Leiter kons Vertretungen werden vom SendSt bestellt und vom EmpfSt zur Wahrnehmung ihrer Aufgaben zugelassen. Zu diesem Zweck stellt der SendSt für den in Aussicht genommenen Kons eine (zumeist so genannte) **Bestallungsurkunde** aus und übermittelt sie auf dipl Weg dem EmpfSt. Erklärt dieser die darin genannte Person für nicht genehm, so hat der SendSt die Bestellung rückgängig zu machen. Anderenfalls wird dem neuen Kons auf Grund seiner Bestallungsurkunde, die seine Eigenschaft als Leiter der kons Vertretung bescheinigt und seine Klasse, den Konsularbezirk und den Sitz der konsularischen Vertretung angibt, das **Exequatur** erteilt, dh die Ermächtigung seitens des EmpfSt, die kons Funktionen auszuüben. **1748**

1749 Die Ablehnung der Person oder der Erteilung des Exequaturs braucht der EmpfSt nicht zu begründen. Überdies kann er seine **Zustimmung** zur **Person** des Kons und das **Exequatur jederzeit zurückziehen.** Auch die übrigen Mitglieder einer kons Vertretung kann der EmpfSt jederzeit für nicht (mehr) genehm erklären. Der EmpfSt entscheidet auch darüber, ob die Größe des Personalstandes einer kons Vertretung sich in den Grenzen des Angemessenen und Normalen hält (vgl Rz 1712).

1750 Auch nach der WKK können **Angehörige** des **EmpfSt nur mit dessen** – jederzeit widerruflichen – **Zustimmung** zu Kons in diesem Staat ernannt werden (vgl Rz 1709). Jedoch ist das Institut solcher **Wahl- und Honorarkonsuln** auch heute noch so weithin gebräuchlich, dass die WKK ihm ein eigenes Kap widmet.

e) Die Beendigung konsularischer Beziehungen

1751 Neben der **einvernehmlichen Beendigung** der kons Beziehungen gibt es deren **einseitigen Abbruch.** Die bloße Aufhebung der eigenen kons Vertretung reicht hiezu jedoch nicht aus. Vielmehr muss auch die Schließung der Vertretung des anderen Staates begehrt werden. Übrigens bewirkt der Abbruch der dipl (Rz 1713 ff) nicht ohne weiteres auch jenen der kons Beziehungen. Dieser muss vielmehr bes zum Ausdruck gebracht werden.

1752 Der **Kriegsausbruch beendet** die kons (wie die dipl) Beziehungen hingegen **automatisch** (Rz 1715).

4. Streitkräfte im Ausland

1753 Die Befehlshaber von Truppenkörpern im Ausland sind staatliche Organe. Soweit sich ihre und ihrer Truppen Stellung nach VR bestimmt, unterscheidet sie sich danach, ob sich die Streitkräfte mit oder ohne Zustimmung des betreffenden fremden Staates auf dessen Territorium befinden. Kein Staat braucht fremde Truppen innerhalb seiner Grenzen zu dulden. Sind sie ohne seine Zustimmung eingedrungen, so kann er sie entwaffnen und internieren und im Falle des Widerstandes auch mit militärischen Mitteln vertreiben. Näheres bestimmen dazu die Normen des Kriegs- und Neutralitätsrechtes (Rz 2877 ff, 3194 f).

1754 In gewissen Fällen können sich ausländische Streitkräfte aber auch auf Grund eines besonderen Rechtstitels – zB infolge einer **Nachkriegsregelung** (Besatzungsarmee) – oder mit frei gegebener **Zustimmung** eines **Staates auf seinem Territorium** aufhalten. Dies kann auf Grund eines **Bündnisvertrages** der Fall sein, der die Stationierung von Truppen der Bündnispartner auf dem Gebiet eines oder mehrerer von ihnen vorsieht, wie dies insbes im Rahmen der NATO der Fall ist. Wenn derartige *Staatsservituten* (Rz 738) auf Grund älterer Verträge so ausgestaltet sind, dass sie bestimmten Staaten einseitig militärische Stützpunkte und Flottenbasen einräumen, werden sie heute von manchen als imperialistische Überbleibsel bekämpft (zB der US-Stützpunkt Guantánamo auf Kuba).

1755 Auch die **friedenserhaltenden Operationen** der VN sind ein Fall der Entsendung von Truppen ins Ausland. Hier schließen die VN Verträge mit jenen Staaten, die Kontingente stellen, ab. Überdies ist für ihren Durchmarsch und ihre Stationierung die Zustimmung der betroffenen Staaten notwendig. Inwieweit neben der *Zustimmung des Staates, auf dessen Territorium* die *„Friedenstruppen"* tätig werden sollen (Rz 1852 ff; D 237), *auch* die *Zustimmung allfälliger Bürgerkriegsparteien* erforderlich ist, erscheint *eher* als Frage *politischer Machbarkeit* denn rechtlicher Notwendigkeit.

Dem Status der Truppen im Ausland Entsprechendes gilt auch für die eine Brücke zwischen den friedenserhaltenden Operationen und den Maßnahmen der kollektiven Sicherheit darstellenden **„friedensstiftenden Operationen"** (IFOR bzw SFOR in Bosnien-Herzegowina, auch *„enforcement by consent"* – Rz 1862; D 242) sowie für Aktionen, die unter **Maßnahmen kollektiver Sicherheit** (Rz 1840 ff) subsumiert werden können (internationale Streitmacht gegen den Irak zur Wiederherstellung der Souveränität Kuwaits 1991 – vgl Rz 1861; D 240 c). 1756

Die Stellung von Streitkräften im Ausland wird in erster Linie nach den zwischen den beteiligten Staaten bzw IO abgeschlossenen Verträgen bestimmt (Rz 1901; D 253 a und b). Hier genügt es, auf den *subsidiär* zur Anwendung kommenden vr Grundsatz zu verweisen, dass kein Staat der Gewalt eines anderen unterworfen ist (*„par in parem non habet imperium":* souveräne Gleichheit – Rz 864). Die daraus resultierende **Immunität** der **Staaten** gegenüber Akten der Gerichtsbarkeit und Vollziehung anderer Staaten erstreckt sich im Zweifel **auch** auf **ihre Truppenkörper im Ausland.** 1757

D. Immunitäten und Privilegien

1. Rechtliche Begründung

Die Immunitäten und Privilegien der Organe des vr Verkehrs (D 211, 212) werden mit verschiedenen Theorien begründet. Sie haben sich im Zusammenhang mit den Vorrechten der Dipl herausgebildet, sind aber allgemein gültig. Ursprünglich wurde die Immunität von Staatenvertretern durch die *Fiktion* erklärt, ihr Aufenthaltsort sei Territorium des SendSt, und damit seien auch sie selbst der Herrschaft des EmpfSt entzogen **(Exterritorialitätstheorie).** Die (jüngere) **Repräsentationstheorie** lässt den Staatenvertreter an der Immunität seines SendSt teilhaben. Die (heute herrschende) **Nezessitätstheorie** begründet die Sonderstellung des Staatenvertreters damit, dass ohne sie dessen ungefährdete und gedeihliche Arbeit nicht gewährleistet wäre. 1758

2. Umfang

Die *herkömmliche Terminologie,* die *nur teilweise* jener in den *einschlägigen Konventionen entspricht,* unterscheidet zwischen *erhöhtem Schutz, Unverletzlichkeit, Immunität* und *Privilegien.* 1759

a) Erhöhter Schutz

Der EmpfSt hat alle geeigneten Maßnahmen zu ergreifen, um jeden Angriff auf die Person eines Staatenvertreters sowie dessen Freiheit und 1760

Würde zu verhindern (Art 29 WDK – D 205; Art 40 WKK – D 209). Diese *Schutzpflicht* geht *über* jene des Staates gegenüber *jedem Fremden* – ihm nämlich jenen Schutz zu gewähren, der mit der Aufrechterhaltung von Ruhe und Ordnung und einer normalen Rechtspflege ganz allgemein verbunden ist (Rz 1300) – *hinaus.* Daher spricht man von den Staatenvertretern zu gewährendem *erhöhten Schutz.* Erhöhten Schutz genießen *auch* die *Räumlichkeiten* einer *Mission* oder *Delegation,* und zwar nicht nur gegen gewaltsame Angriffe, sondern zB auch gegen ungebührliche Lärmbelästigung (Art 22 WDK).

1761 Die einschlägigen Bestimmungen der WDK (D 205), WKK (D 209), *Special Missions Convention* und WmDK werden ergänzt durch das **1973** abgeschlossene **Übereinkommen über die Verhütung und Bestrafung von Straftaten gegen vr geschützte Personen einschließlich Dipl** (Rz 1674). Darin verpflichten sich die Parteien nicht bloß zu *präventiven Maßnahmen,* sondern auch zur *Auslieferung* oder *Aburteilung* von *Personen,* die *Straftaten* gegen vr *geschützte Personen* begangen haben.

b) Unverletzlichkeit

1762 Unter **Unverletzlichkeit** versteht man die **Exemtion** von jedem **faktischen Zugriff** des EmpfSt. Sie gilt für die *Person* des Staatenvertreters (Art 29 WDK, Art 41 Abs 1 WKK), dessen *Privatwohnung, Papiere* und *Korrespondenz* sowie *Vermögen* (Art 30 WDK) ebenso wie für die *Räumlichkeiten* der *Mission* (Art 22 Abs 3 WDK, Art 31 WKK) und deren *amtliche Korrespondenz* (Art 27 Abs 2 WDK) sowie den *Kurier* (Art 27 Abs 5). Dementsprechend qualifizierte der *IGH* im *Teheraner Geisel-Fall* die Duldung der Besetzung des Botschaftsgebäudes der USA in Teheran durch iranische *„militants“* als klare und ernste Verletzung der Pflichten Irans nach den einschlägigen Bestimmungen der WDK (D 346).

1763 Unverletzlich sind auch die *Archive* (Art 24 WDK), und zwar selbst nach Abbruch der dipl oder kons Beziehungen und sogar im Kriegsfall (Art 45 WDK). Aus der Unverletzlichkeit der Archive folgt, dass nicht nur *keine Verpflichtung* des SendSt besteht, *Schriftstücke* aus seinem *Archiv* einem *Gericht* des *EmpfSt* auf dessen Verlangen vorzulegen, sondern dass eine solche *Vorlage* – selbst mit Zustimmung oder auf Verlangen des SendSt – *unzulässig* ist. Dies wäre nämlich mit dem der Unverletzlichkeit des Archivs zu Grunde liegenden Gedanken des Schutzes der Vertraulichkeit dipl Mitteilungen – einem *Prinzip,* das *auch zu Gunsten dritter Staaten* besteht – unvereinbar.

c) Immunität

1764 Unter **Immunität** versteht man die **Exemtion** vom **rechtlichen Zugriff** des EmpfSt. Der Betreffende ist **zwar** wie jeder andere **den Gesetzen** des **Empfangs-(Sitz-)Staates unterworfen,** deren **Durchsetzung** gegen ihn ist aber **gehemmt.** In der *Immunität* der *Staatenvertreter* gibt es je nach ihrer Kategorie eine Reihe von *Abstufungen.*

1765 1) **Absolute Immunität** genießen in Ausübung ihrer Funktionen das **Staatsoberhaupt,** der **Regierungschef,** der **Außenminister** (*Haftbefehl-Fall,*

D 207) und die *sonstigen* **Ressortminister** sowie – bei Fehlen einer anders lautenden Vereinbarung – die übrigen Mitglieder von **Ad-hoc-Missionen.** Absolute Immunität genießen aber auch die **dipl Vertreter** und alle Mitglieder des **dipl Personals** einer Mission (jeweils mit ihren im gemeinsamen Haushalt lebenden **Familienangehörigen**) im bilateralen und multilateralen Verkehr (Art 31 Abs 1, Art 37 Abs 1 WDK). Dies war im letzteren Bereich allerdings auf Grund bisheriger Praxis umstritten und ist – jedenfalls bis zum In-Kraft-Treten der WmDK 1975 – nach den Amtssitzabkommen der jeweiligen IO (Rz 934; D 105) bzw nach den Abkommen über die Privilegien und Immunitäten der VN und deren Spezialorganisationen (Rz 934; D 104, 206) zu beurteilen.

Wer absolute Immunität genießt, ist von jeder **Gerichtsbarkeit,** von **1766**
jedem **Verwaltungsverfahren,** von jedem **Vollstreckungsverfahren** sowie **faktischen Amtshandlungen ausgenommen, soweit** Letztere **nicht notwendig** sind, um einen **unmittelbar drohenden strafrechtlich verpönten Erfolg** zu **verhindern** (D 346 a); dabei ist das *gelindeste wirksame Mittel anzuwenden.*

Diese Exemtion ist allerdings im Bereich der *Zivilgerichtsbarkeit* und **1767**
des *Verwaltungsverfahrens* in genau umrissenen Fällen *durchbrochen,* in denen *kein Zusammenhang* mit der *offiziellen Tätigkeit* des Staatenvertreters besteht (zB bezüglich Immobilien im EmpfSt oder bei Ausübung eines privaten Berufes – Art 31 Abs 1 WDK).

2) **Funktionelle Immunität** genießen jene nach der WDK Berechtigten, **1768**
deren dienstliche **Tätigkeit** im Empfangsstaat **beendet** ist (Art 39 Abs 2 WDK – Rz 1782). Das britische *House of Lords* entschied im Verfahren gegen den ehemaligen chilenischen Staatschef *Augusto Pinochet,* dass diese Regelung analog auf **ehemalige Staatsoberhäupter** anwendbar ist, was auch für ehemalige Regierungschefs und Außenminister gelten müsste (D 207). Funktionelle Immunität genießen ferner die **Kons** (Art 43 Abs 1 WKK) sowie die Mitglieder von **Ad-hoc-Gesandtschaften** und von **Missionen** bei **IO,** sofern auf die absolute Immunität dieser Kategorie von Vertretern irgendwie verzichtet wird oder diese traditionell nicht gegeben ist. Funktionelle Immunität kommt weiters dem Verwaltungs- und technischen Personal (mit Familienmitgliedern) und dem dienstlichen Hauspersonal einer Mission zu (Art 37 Abs 2, 3 WDK; Art 43 Abs 1 WKK). Zum **Verwaltungspersonal** zählen die mit bloßen Verwaltungsaufgaben betrauten Angehörigen einer Mission (va das Personal des Sekretariats); zum **technischen Personal** die mit der Ausübung einer Fertigkeit betrauten Personen (zB Sicherheitskräfte der Mission). **Dienstliches Hauspersonal** ist das für die Mission als solche (nicht für den Missionschef = *privates Hauspersonal*) tätige Hauspersonal (Chauffeur, Koch etc). Zu welcher Kategorie eine bestimmte Person tatsächlich gehört, bestimmt sich nach der Einstufung, die ihr der SendSt gibt und die in den jeweiligen Listen aufscheint, die der EmpfSt über die Angehörigen der dipl Mission führt.

Unter funktioneller Immunität versteht man die **Immunität** hinsichtlich **1769**
von Handlungen in **Ausübung dienstlicher Obliegenheiten.** Beim **Verwaltungs-** und **technischen Personal** einer dipl Mission im **bilateralen Verkehr** tritt die **absolute Immunität** von der **Strafgerichtsbarkeit** hinzu. Die **Kons** besitzen diese zwar *nicht,* doch dürfen sie **nur auf Grund** eines **richterlichen**

Befehls wegen **Verdachts** eines **schweren Verbrechens** oder in Ausführung einer **rechtskräftigen gerichtlichen Entscheidung festgenommen** werden. Kons, die Angehörige des EmpfSt oder ständig dort ansässig sind, genießen bloß eine auf ihre Amtshandlungen beschränkte funktionelle Immunität.

1770 3) Die Familienmitglieder des dienstlichen und privaten Hauspersonals, das Verwaltungs- und technische Personal mit seinen Familienmitgliedern und die Mitglieder des dienstlichen Hauspersonals, die Angehörige des EmpfSt sind, haben nur jene Privilegien und Immunitäten, die ihnen der EmpfSt einräumt (Art 38 Abs 2 WDK).

1771 4) Da die **Immunität** ein **Recht** ist, das *nicht dem Begünstigten,* sondern dessen **SendSt zusteht,** kann auch **nur dieser** und *nicht* der *Begünstigte* darauf **verzichten** (Art 32 Abs 1 WDK). Der Verzicht muss **ausdrücklich** erfolgen (Art 32 Abs 2 WDK). *Im Zweifel* gilt der *Verzicht* auf die *Immunität* vom *Erkenntnisverfahren nicht auch* für die Immunität von der *Vollstreckung,* sodass hierfür ein *eigener Verzicht* notwendig ist (Art 32 Abs 4 WDK, vgl Rz 874 ff). Leitet allerdings ein Diplomat oder eine nach Art 37 WDK berechtigte Person ein Gerichtsverfahren ein, so kann sie sich in Bezug auf eine Widerklage, die mit der Hauptklage in unmittelbarem Zusammenhang steht, nicht auf die Immunität von der Gerichtsbarkeit berufen (Art 32 Abs 3 WDK). Der Verzicht des Entsendestaates wird in diesem Fall vermutet. Trotz des Wortlautes der Bestimmung („Klage“) ist sie nicht auf streitige Verfahren beschränkt, sondern auch auf außerstreitige Verfahren anwendbar.

1772 *Ob* eine *Person* in *Österreich Immunität* genießt, ist vom *befassten Gericht* letztlich selbst *festzustellen;* es *kann* dazu die *Auskunft* des nach Art IX Abs 3 EGJN (D 213 b) bzw § 32 Rechtshilfeerlass 1983 zuständigen *Bundesministers für Justiz* einholen. *Strafgerichte* wenden sich *auch direkt* an die *Protokollabteilung* des *BMaA.* Das *Gericht* ist aber an die *Erklärung des Außenministeriums* wegen des Grundsatzes der *Trennung* von *Justiz und Verwaltung nicht gebunden* (vgl D 208).

d) Privilegien

da) Flaggen- und Wappenrecht

1773 Dipl und kons Vertretungen dürfen die Flagge und das Hoheitszeichen des SendSt an den *Räumlichkeiten* der *Vertretung* einschließlich der *Residenz* ihres Leiters und an dessen *Beförderungsmittel* führen (Art 20 WDK). Dasselbe Recht steht *Ad-hoc-Missionen im bilateralen* und *Delegationen im multilateralen Verkehr* zu, soweit sich aus der besonderen protokollarischen Stellung ihres Leiters nicht noch weitere Rechte ergeben.

db) Steuerprivilegien

1774 Die *ratio* besteht wie bei den Zollprivilegien im traditionellen Grundsatz *„One government should not be taxed by another government“.* Daraus hat sich jedoch keine einheitliche Regelung für alle Kategorien von Staatenvertretern entwickelt; vielmehr gibt es gerade in diesem Bereich zahlreiche **Differenzierungen.** Als Grundregel sind jedoch der *Dipl* (dem hier die

Mitglieder von *Ad-hoc-Missionen* und *Delegationen* gleichgestellt sind), seine *Familienmitglieder* und die *Mission* selbst von den **direkten Steuern** (aber mit gewissen Ausnahmen) **befreit, nicht** hingegen von den **indirekten** (Art 34, 37 Abs 1 WDK). Das *Verwaltungs-* und *technische Personal* und seine *Familienmitglieder* genießen *dieselben Privilegien* (Art 37 Abs 2 WDK). Das dienstliche und private *Hauspersonal* ist *nur* von Steuern und Abgaben *auf Dienst-* und *Arbeitsbezüge* befreit (Art 37 Abs 3, 4 WDK). Die entsprechenden Kategorien der *Mitglieder konsularischer Vertretungen* sind im Wesentlichen gleichgestellt.

dc) Zollprivilegien

Die Einfuhr von *Gegenständen* für den **amtlichen** Gebrauch der dipl **1775** oder kons **Vertretung** und für den **persönlichen Gebrauch** des Dipl oder Kons bzw von dessen Familienmitgliedern ist **zoll-** und **abgabenfrei** (Art 36 Abs 1 WDK). Auch das *persönliche Gepäck* dieser Personen ist von der *Kontrolle befreit, außer* bei *begründetem Verdacht* eines *Missbrauches.* In diesem Fall darf die Kontrolle aber *nur in Anwesenheit des Betroffenen oder dessen Vertreters* erfolgen (Art 36 Abs 2 WDK). Für *Ad-hoc-Gesandtschaften* und *Delegationen* gilt das *Entsprechende.* Dagegen genießen das *Verwaltungs-* und *technische Personal* und seine Familienmitglieder *keine Zollfreiheit* mit *Ausnahme* von Gegenständen für die *Ersteinrichtung* (Art 37 Abs 2 WDK).

dd) Sozialversicherungsabgaben

Die *Mitglieder dipl und kons Vertretungen* und ihre *Familienmitglieder* **1776** sind bezüglich ihrer Dienste für den SendSt von den im EmpfSt geltenden **Vorschriften** über **soziale Sicherheit befreit** (Art 33 Abs 1 WDK) Sie können sich aber **freiwillig** am System der *sozialen Sicherheit* des EmpfSt nach dessen Rechtsvorschriften **beteiligen.** Überdies bestehen nicht selten zwischen SendSt und EmpfSt *Sozialversicherungsabkommen* mit einschlägigen Bestimmungen; nachträgliche *Änderungen* der *Sozialgesetzgebung* des *EmpfSt* dürfen *nicht gegen* die auf Grund dieser Abkommen *wohlerworbenen Rechte verstoßen.*

Die *privaten Hausangestellten* haben hingegen die Vorschriften des **1777** EmpfSt über die *Sozialversicherung* zu *beachten,* wenn sie nicht bereits anderweitig sozialversichert und überdies im EmpfSt nicht ansässige Ausländer sind (Art 33 Abs 2 WDK).

de) Freier Verkehr

Dipl und kons Missionen, Ad-hoc-Gesandtschaften und Delegationen **1778** haben das Recht auf freien Verkehr mit ihrem SendSt, anderen Missionen sowie mit Ad-hoc-Gesandtschaften und Delegationen, wo immer sie sich befinden (Art 26, 27 Abs 1 WDK). Dabei können sie sich aller geeigneten Mittel einschließlich **dipl Kuriere** und **verschlüsselter Nachrichten** bedienen. Das Errichten und Betreiben einer *Funksendeanlage* ist jedoch nur mit *Zustimmung* des EmpfSt gestattet.

df) Kuriergepäck

1779 Dipl **Kuriergepäck,** das äußerlich als solches gekennzeichnet sein muss (Art 27 Abs 4 WDK), kann außer durch die Post entweder durch einen mit einem *amtlichen Schriftstück legitimierten Kurier* oder den *Kommandanten* eines *gewerblichen Luftfahrzeuges* befördert werden (Art 27 Abs 7 WDK). Jeder *Missbrauch* (zB Übermittlung nicht amtlicher Gegenstände) ist *verboten. Nur nach* der *WKK (nicht WDK) kann der EmpfSt* bei Vorliegen *triftiger Gründe* für die *Annahme* einer *missbräuchlichen Verwendung* des Kuriergepäcks dessen *Öffnung* durch einen *ermächtigten Vertreter* des *SendSt verlangen. Lehnt dieser* das *ab,* so kann das *Gepäck an* seinen *Ursprungsort zurückbefördert* werden.

1780 In der Absicht der besseren Bekämpfung allfälliger Missbräuche arbeitete die ILC einen Abkommensentwurf mit zwei Fakultativprotokollen 1989 über *den Status des dipl Kuriers und des von keinem dipl Kurier begleiteten Kuriergepäcks* aus.

dg) Beginn und Ende der Immunitäten und Privilegien

1781 Die Immunitäten und Privilegien **beginnen** mit der **Einreise** in den EmpfSt, bei Personen, die sich jedoch bereits dort aufhalten, mit dem Zeitpunkt, zu dem sie oder jene Person, von der sie ihre Vorrechte ableiten, ihre dienstliche Tätigkeit aufnehmen.

1782 Dementsprechend **enden** die Immunitäten und Privilegien mit der **Ausreise,** *spätestens* aber nach Ablauf einer *dafür* angemessenen *Frist.* Selbst bei Abbruch dipl Beziehungen und bei Kriegsausbruch muss der EmpfSt eine solche Frist zur Ausreise einräumen und für *freies Geleit* sorgen. Die Immunität für amtliche Handlungen bleibt in jedem Fall unbegrenzt aufrecht.

dh) Immunitäten und Privilegien in Drittstaaten

1783 Staatenvertreter, die sich in den EmpfSt bzw Sitzstaat begeben, ebenso die Mitglieder ihrer Mission, Gesandtschaft oder Delegation einschließlich des dienstlichen Hauspersonals und aller Familienmitglieder, die im EmpfSt Immunität und Privilegien besitzen, genießen bei der **Durchreise im Hoheitsgebiet** eines **dritten Staates Unverletzlichkeit** und alle sonstigen für ihre **Sicherheit erforderlichen Immunitäten.** Dies gilt auch dann, wenn sich der Berechtigte nur infolge Höherer Gewalt (vgl Rz 2732 ff) oder bereits sonst rechtmäßig im Drittstaat befindet.

E. Pflichten im bzw gegenüber Empfangs- bzw Sitzstaat

1784 Allgemein sind hier die Verpflichtung zur **Respektierung** der **Rechtsordnung** des **EmpfSt,** zur **Nichteinmischung** in dessen innere Angelegenheiten (Rz 1935 ff) und zur **völkerrechtskonformen Benutzung** der Missions- oder sonstiger **Räumlichkeiten** zu nennen. Das *allgemeine VR* kennt *kein dipl Asyl, außer* aus *humanitären Gründen* (D 4).

1785 Mitglieder bi- und multilateraler dipl und sowie kons Vertretungen dürfen überdies im Empf- bzw SitzSt **keinen freien Beruf** und **keine gewerbliche**

Tätigkeit ausüben, die auf **persönlichen Gewinn** gerichtet sind. Hievon sind nach allgemeiner Auffassung *literarische Tätigkeiten* und die Erteilung von *Unterricht nicht erfasst.*

F. Exkurs: Immunitäten und Privilegien bei internationalen Institutionen

In diesen Zusammenhang gehört der Status der Beamten von IO und **1786** von Mitgliedern internationaler Gerichte und Schiedsgerichte (zur Stellung der Staatenvertreter bzw Beobachter bei IO, die auch deren Repräsentativorgane bilden, Rz 984ff, 1005ff, 1717ff, 1764ff). Wo Organe nicht mit weisungsgebundenen Staatenvertretern, sondern mit unabhängigen Fachleuten besetzt sind, stehen diese den Staatenvertretern gleich, sofern für sie nicht ausdrücklich anderes vorgesehen ist.

Die **internationalen Beamten** besitzen grundsätzlich nur **funktionelle** **1787** **Immunitäten und Privilegien** (Rz 959), soweit nicht *bestimmten Kategorien* (zB bei den *VN* dem *GS* und seinen *Vertretern*) die üblichen *dipl Vorrechte* eingeräumt sind.

Der Status **internationaler Richter** und **Schiedsrichter** (Rz 1969ff) **1788** bestimmt sich nach dem Vertrag, mit dem das (Schieds-)Gericht errichtet wird, und/oder sonstigen Vereinbarungen der Parteien, va mit jener, auf deren Territorium das (Schieds-)Gericht seinen Sitz hat bzw seine Tätigkeit ausübt.

Die **IGH-Richter** genießen nach Art 19 IGH-Statut (D 261) „bei der **1789** Ausübung ihres Amtes“ **dipl Privilegien und Immunitäten.** Diese Formulierung, die sich mit der französischen *„dans l'exercice de leurs fonctions“* deckt, könnte auf eine Einschränkung der Immunität auf Akte der gerichtlichen Tätigkeit, also auf bloß funktionelle Immunität hindeuten; aus dem englischen Text *„when engaged in the business of the Court“* ergibt sich jedoch, dass die Vorrechte nicht sachlich, sondern zeitlich abgegrenzt sind. Dem entspricht auch die Praxis.

Ferner besteht die Immunität für Amtsakte von internationalen Beam- **1790** ten und (Schieds-)Richtern auch nach Beendigung ihrer Funktion weiter.

VI. Abschnitt

Die Grundregeln der zwischenstaatlichen Beziehungen

Vorbemerkung der Herausgeber

Selbstverständlich ist die Einhaltung aller vr Normen für das reibungslose Zusammenleben der VRS von Bedeutung. *Bestimmten Grundsätzen* des VR wird jedoch nicht nur von der Völkerrechtslehre, sondern va auch von den Regierungen *als Grundlage friedlicher Beziehungen* zwischen den Staaten ein *besonderer Stellenwert* beigemessen. Manche dieser Prinzipien wurden früher häufig als *Grundrechte* (bzw Grundpflichten) *der Staaten* bezeichnet. Die meisten wurden va auch in der SVN in allgemeiner Form verankert. **1791**

Dass im Zeitalter der *Massenvernichtungswaffen,* aber auch „konventioneller" Kampfmittel mit verheerenden Wirkungen dem Verbot der *Gewaltanwendung und -androhung höchste Bedeutung* zukommt, liegt auf der Hand. Ferner ist das *Interventionsverbot,* dh die Ächtung der Ausübung rechtswidrigen Druckes unterhalb der Schwelle der Waffengewalt, in einem durch stetig zunehmende Interdependenz gekennzeichneten globalen System wichtiger denn je. Da internationale Konflikte wegen der Interessengegensätze und unterschiedlicher Wertvorstellungen zwischen VRS (Rz 25 ff) weiterhin nicht zu vermeiden sind, bleibt der Grundsatz der *friedlichen Streitbeilegung* geboten. Die gegenseitige Abhängigkeit und die Lösung der globalen Probleme erfordern *internationale Zusammenarbeit.* Die Achtung der *Menschenrechte,* des *Selbstbestimmungsrechts der Völker* und der verschiedenen Aspekte der *staatlichen Souveränität* sowie die *Einhaltung vr Verpflichtungen* stellen entscheidende Fundamente einer auf Dauer angelegten internationalen Friedensordnung dar. **1792**

Diese Prinzipien wurden in allerdings *nicht rechtsverbindlichen Dokumenten kodifiziert.* 1970 nahm die GV der VN mit Konsensus (Rz 275, 278, 1059 ff, 1848, 1923, 1946, 2562, 2593) als Annex zur Res 2625 (XXV) die Erklärung „betreffend die freundschaftlichen Beziehungen und die Zusammenarbeit zwischen den Staaten in Übereinstimmung mit der SVN" an. In dieser **Declaration on Principles of International Law concerning Friendly Relations and Co-operation among States in accordance with the Charter of the United Nations** (*„Friendly-Relations-Deklaration"* [FRD] – D 214) sind sieben Grundsätze näher umschrieben. **1793**

Im regionalen Rahmen der 35 Teilnehmerstaaten der *KSZE* (1973–1975) wurde in den ersten Abschn („Korb") der gleichfalls von *Konsensus* getragenen **Schlussakte von Helsinki** auch eine *Erklärung* über *zehn vr Prinzipien* aufgenommen, die die Beziehungen der Teilnehmerstaaten leiten (D 215). Dieser *„Dekalog"* enthält einerseits neben den sieben Grundsätzen der FRD außerdem die Unverletzlichkeit der Grenzen und die territoriale Integrität der Staaten sowie die Achtung der Menschenrechte und Grund- **1794** freiheiten als eigene Prinzipien; diese scheinen in der FRD als Elemente des Gewaltverbotes bzw des Zusammenarbeitsgebotes auf.

1795 Zwar sind die beiden Prinzipiendeklarationen der VN und der KSZE dem *„soft law"* zuzuordnen (Rz 9, 126, 527, 1848, 1923, 2431, 2437, 2503f); als die *gemeinsamen Auffassungen* der universellen Staatengesellschaft bzw der KSZE-Teilnehmerstaaten (Rz 1919ff) über die Grundregeln der zwischenstaatlichen Beziehungen sind sie aber für das VGR bedeutsam. Der IGH maß im *Nicaragua-Fall* der FRD großes vgr Gewicht zu, stützte sich aber auch auf den „KSZE-Dekalog" (D 245b; Rz 198).

1796 Im Zuge der „Wende" unterzeichneten die Staats- und Regierungschefs der KSZE-Teilnehmerstaaten **1990** die **Charta von Paris für ein neues Europa** (D 216). Darin wurde zwar auf höchster Ebene eine gesamteuropäisch-atlantische Werteplattform mit westlicher Ausrichtung im Bereich politisch-rechtlicher und wirtschaftlicher Grundsätze formuliert. Die meisten Streitfragen, die in der FRD und im „KSZE-Dekalog" nicht gelöst worden waren, blieben jedoch weiterhin offen.

1797 Obwohl eine Aktualisierung dieser Prinzipienkataloge, uU in verbindlicher Form, im Lichte neuer Entwicklungen in den iBez und im VR lohnend wäre, erscheint sie derzeit nicht in Sicht.

1. Kapitel
Die Grundregeln der zwischenstaatlichen Beziehungen

Hanspeter Neuhold

Literatur zu allen oder mehreren hier behandelten Grundsätzen: *Arangio-Ruiz,* The Normative Role of the General Assembly of the United Nations and the Declaration of Principles of Friendly Relations, RdC 137 (1972) 431; *Sahović* (Hrsg), Principles of International Law Concerning Friendly Relations and Cooperation (1972); *Dohna,* Die Grundprinzipien des Völkerrechts über die freundschaftlichen Beziehungen und die Zusammenarbeit zwischen den Staaten (1973); *Neuhold,* Internationale Konflikte (1977); *ders,* Die Prinzipien des „KSZE-Dekalogs" und der „Friendly-Relations-Deklaration" der UNO-Generalversammlung, in: *Simma / Blenk-Knocke* (Hrsg), Zwischen Intervention und Zusammenarbeit (1979) 441.

A. Das Verbot der Gewaltanwendung und -androhung in den internationalen Beziehungen (Gewaltverbot)

Literatur: *Brownlie,* International Law and the Use of Force by States (1963); *Schachter,* The Right of States to Use Armed Force, MichLR 82 (1984) 1620; *Hufnagel,* UN-Friedensoperationen der zweiten Generation (1996); *Mayall* (Hrsg), The new interventionism 1991–1994 (1996); *Nolte,* Eingreifen auf Einladung (1999); *Simma,* NATO, the UN and the Use of Force: Legal Aspects, EJIL 10 (1999) 1; *Gray,* International Law and the Use of Force (2000); *Neuhold,* Collective Security After „Operation Allied Force", Max Planck UNYB 4 (2000) 73; *Cede / Sucharipa-Behrmann* (Hrsg), The United Nations: Law and Practice (2001); *Dinstein,* War, Aggression and Self-Defence (3. Aufl, 2001); *Krisch,* Selbstverteidigung und kollektive Sicherheit (2001); *Gowlland-Debbas,* United Nations Sanctions and International Law (2001); *Reinisch,* Developing Human Rights and Humanitarian Law Accountability of the Security Council for the Imposition of Economic Sanctions, AJIL 95 (2001) 851; *Tomuschat,* Der 11. September 2001 und seine rechtlichen Konsequenzen, EuGRZ 28 (2001) 535; *Franck,* Recourse to Force (2002); *Goldblat,* Arms Control (2. Aufl, 2002); *Neuhold,* International Security and International Law, FS *Spillmann* (2002) 233; *Glennon,* Why the Security Council Failed, FA 82 Nr 3 (May/June 2003) 16.

1. Das Grundsatzproblem

Im *dezentralisierten System des VR* kam der **Gewaltanwendung** auch **1798** eine gewisse **positive Funktion** zu. Sie konnte nämlich einerseits zur *Rechtsdurchsetzung* durch den in seinen Rechten Verletzten erfolgen. Andererseits konnte sie der *Änderung* als unbefriedigend empfundener Normen und der *Schaffung neuer Normen* dienen. Va durch die Entwicklung zunehmend mörderischer Waffen zog Gewalt aber immer schädlichere Folgen nach sich.

Daher gab es **seit** der **Antike Bestrebungen** zur Errichtung **rechtlicher** **1799** **Schranken der Gewaltanwendung.** Sie galten den im Krieg als massivster Gewaltanwendung zulässigen Mitteln, Methoden und Zielen (**ius in bello,** Kriegsrecht – Rz 2870 ff). Ferner sollten die Situationen, in denen Gewalt überhaupt zulässig ist, begrenzt werden **(ius ad bellum).** Dazu kamen drittens Bemühungen um einen Abbau oder die gänzliche Beseitigung bestimmter Waffen (**Rüstungskontrolle** und **Abrüstung** – Rz 1816 ff).

1800 Auch die Angst vor der Zerstörungskraft moderner Massenvernichtungswaffen führte freilich nicht zu internationaler Solidarität und zur Beseitigung der Konflikte in den iBez. In Europa wurden selbst nach der „Wende" va im ehemaligen Jugoslawien Streitigkeiten mit Waffengewalt und zT hohen Verlusten an Menschenleben ausgetragen. Wegen weiter bestehender Meinungsverschiedenheiten va zwischen den Großmächten kam es bisher eher nur ausnahmsweise zu wirksamen Kollektivsanktionen selbst gegen schwere Verletzungen des VR (Rz 1843 ff, 1855 f). Die Staaten verzichteten zudem nicht auf Machterweiterung mit subtileren, nichtmilitärischen Mitteln, zB durch wirtschaftlichen Druck. Sie nützten ferner die Lücken im und Ausnahmen vom heute bestehenden Gewaltverbot und suchten diese sogar zu erweitern („humanitäre Intervention" – Rz 1866). Ihre Dominanz ermöglicht den USA als einziger verbliebener Supermacht Gewaltanwendung auch in vr bedenklichen Fällen, ohne dass sie mit wirksamem Widerstand rechnen müssen.

2. Die Entwicklung des Kriegs- bzw Gewaltverbotes

1801 Im *antiken Rom* ebenso wie im *christlichen Europa des Mittelalters* galt die Doktrin von der Zulässigkeit (nur) des **gerechten Krieges.** Im *Islam* ist sie *nach wie vor relevant.* Ihr Nachteil besteht darin, dass sich Parteien mit einer (auch nur vermeintlichen) *iusta causa* zu schrankenloser Gewaltanwendung ermächtigt fühlen, um Unrecht zu beseitigen.

1802 Im christlichen Europa des Mittelalters war der Papst als Instanz zur Feststellung der gerechten Sache allgemein anerkannt. Nach dem Wegfall der päpstlichen Autorität setzte sich im europäischen Staatensystem der Neuzeit das unbegrenzte **Recht** zur **Kriegführung** als **Bestandteil** der **staatlichen Souveränität** durch. Die Gerechtigkeit von Kriegen wurde freilich aus propagandistischen Gründen weiterhin ins Treffen geführt. Wegen der *Homogenität* des Systems des *„Europäischen Gleichgewichtes"* herrschte trotz des unbeschränkten *ius ad bellum* dennoch *nicht ständig Krieg* (Rz 82 ff).

1803 Vor dem Hintergrund des durch Kampfpausen gekennzeichneten Dreißigjährigen Krieges begründete *Grotius* (Rz 148) die *„klassische" Lehre* vom Krieg. Danach löst der **animus belligerendi** einen **neuen Rechtszustand** aus: Entscheidend ist der Wille eines Staates, mit einem anderen alle friedlichen Beziehungen abzubrechen und das Friedens- durch das Kriegsvölkerrecht zu ersetzen. Nicht maßgeblich sind dagegen tatsächliche militärische Feindseligkeiten.

1804 Diese Rechtslage erwies sich jedoch als unbefriedigend. Denn ein Staat, der zur Rechtsdurchsetzung zum Kriege schritt, stand damit dem Rechtsverletzer auf derselben Ebene des Kriegsrechtes gegenüber. Bei einer Niederlage zwang der Rechtsbrecher dem im Recht befindlichen Gegner im Friedensvertrag uU noch zusätzliche Leistungen auf.

1805 Wegen der wachsenden Vernichtungskraft moderner Waffen setzten im **19. Jhdt Bemühungen** zur **Humanisierung** des **Krieges** ein (Rz 2871 ff, 2877 f).

Das **ius ad bellum** wurde im **III. Haager Übereinkommen 1907 formalisiert.** Die Vertragsparteien durften Feindseligkeiten erst nach Abgabe einer *begründeten Kriegserklärung* oder eines *Ultimatums mit bedingter Kriegserklärung* beginnen (D 352). **1806**

Das **II. Haager** (das sog *Drago-Porter-*)**Übereinkommen 1907** beinhaltete einen begrenzten **Verzicht** auf **Waffengewalt.** Dieser betraf die **Eintreibung** von **Vertragsschulden** *zu Gunsten eigener Staatsbürger* bei einer *anderen Regierung* (D 217). Dieses Gewaltverbot galt allerdings dann nicht, wenn die andere Seite ein Schiedsverfahren oder die Erfüllung eines daraus resultierenden Schiedsspruchs verweigerte. **1807**

Auf Initiative ihres *Secretary of State Bryan* schlossen die USA **1913/14** mit einer Reihe von Staaten die bilateralen **Bryan-Verträge** ab. Diese Verträge *untersagten eine Kriegserklärung* oder *Feindseligkeiten bis* zur Vorlage des *(unverbindlichen) Berichtes* einer **Vergleichskommission** (Rz 1966 ff); dieser Bericht war binnen eines Jahres zu erstatten. Das Verbot galt für den Fall, dass der Konflikt nicht mit diplomatischen Methoden (Rz 1953 ff) oder durch ein Schiedsgericht (SchG – Rz 1979 ff) beigelegt werden konnte (D 218). **1808**

Die **VBS** enthielt im Wesentlichen ebenfalls **nur prozedurale Beschränkungen** des *ius ad bellum.* Ua war vor einem gem der Satzung erlaubten Krieg gem Art 12 *ähnlich* wie nach den *Bryan-Verträgen* eine **„cooling-off period"** von drei Monaten einzuhalten (D 219). **1809**

Erst der **1928** in Paris unterzeichnete, nach seinen Hauptinitiatoren, den Außenministern Frankreichs und der USA, benannte **Briand-Kellogg-Pakt** brachte einen echten Durchbruch. Die **Vertragsparteien verzichteten** auf den **Krieg als Werkzeug staatlicher Politik.** Dies bedeutete die Wende vom *ius ad bellum* zum *ius contra bellum* (D 220). **1810**

Dieser **Vertrag,** an den 1938 fast alle damaligen Staaten (63) gebunden waren, wies aber **wesentliche Lücken** auf: **1811**

1) Er ächtete *nur* den *Krieg* im *formellen Sinn,* nicht aber die Gewaltanwendung ohne Kriegführungswillen (Rz 1803).

2) Der Pakt sah *keine wirksamen Sanktionen* vor. Der Verlust der Vorteile aus dem Vertrag als Folge eines Bruches gem der Präambel entsprach bloß ohnehin bestehendem VR (vgl Rz 378 ff, 2744 f, 2829 ff) und hatte kaum Abschreckungswirkung.

3) Es *mangelte* an einem *effektiven Streitbeilegungssystem* als Alternative zur gewaltsamen Konfliktaustragung.

4) *Großmächte* gaben *einschränkende Erklärungen* zum Pakt ab. So behielten sich die USA die Entscheidung über einen Selbstverteidigungskrieg, Großbritannien Schritte gegen Einmischungen in nicht näher bestimmten „lebenswichtigen" Gebieten vor.

Insbes die *USA zogen* aus dem *Briand-Kellogg-Pakt* im Mandschurei-Konflikt (Rz 95) **1932** *Konsequenzen.* US-Außenminister *Stimson* teilte Japan und China mit, die *USA* würden *keine Situation* und *keinen Vertrag anerkennen,* die mit dem *Briand-Kellogg-Pakt widersprechenden Mitteln* zu Stande gekommen seien (**Stimson-Doktrin** – D 221). Dies bedeutete va die **Nichtanerkennung** von **Gebietserwerb durch völkerrechtswidrige Gewalt.** Die Versammlung des VB schloss sich dieser Doktrin noch 1932 an. **1812**

1813 Seit Gründung der VN 1945 ist die Schlüsselnorm des Gewaltverbotes **Art 2 Abs 4 SVN** (D 1). Sie stellt einen **dreifachen Fortschritt** dar:

1) Sie **verbietet Gewalt** und nicht bloß Krieg. Die „Hintertür" der Leugnung des *animus belligerendi* ist damit versperrt. Dabei besteht *Einigkeit* über die *Ächtung* von *Waffengewalt. Umstritten* ist hingegen die Frage, ob Art 2 Abs 4 auch *politischen* und *wirtschaftlichen Druck* erfasst.

2) Das Verbot ist nicht auf die tatsächliche Anwendung von Gewalt beschränkt. Es schließt **auch** die va gegenüber schwächeren Staaten überaus wirksame **Gewaltandrohung** mit ein.

3) Art 2 Abs 4 gilt in den **„internationalen Beziehungen"** der Mitglieder, somit *auch gegenüber Nichtmitgliedern.* Diese sind ihrerseits nach *Art 2 Abs 6 SVN* (Bestimmung zu Lasten Dritter? – Rz 404 ff) durch die VN zur Einhaltung der Grundsätze der Charta, also auch des Gewaltverbotes, zu veranlassen.

1814 Nach der **SVN** ist somit wie in staatlichen Rechtsordnungen **internationale Gewaltanwendung entweder** als

1) **rechtswidrig** (und zwar auch zur eigenmächtigen Rechtsdurchsetzung),

2) **erlaubte Selbstverteidigung** (Rz 1879 ff) oder

3) **zulässige Sanktion** eines **zentralen Organs** (Rz 1840 ff) zu qualifizieren.

3. Bestrebungen zur Stärkung des Gewaltverbotes

1815 Gewisse Entwicklungen nach 1945 – va durch Res der GV der VN – trugen noch zum Ausbau des Gewaltverbotes bei:

1) Durch Aufnahme in Verträge von Nichtmitgliedern der VN und kraft VGR gilt das *Gewaltverbot* über die SVN hinaus heute *universell.* Da mittlerweile so gut wie alle Staaten den VN angehören, ist diese Erweiterung freilich kaum von Bedeutung (Rz 896).

2) Das *Gewaltverbot schützt nicht nur Staatsgrenzen.* Es erfasst *auch Waffenstillstands-* und *Demarkationslinien* (Rz 2977 f).

3) *Verboten* ist *nicht nur* der Einsatz *regulärer staatlicher Streitkräfte,* sondern *auch* die *„indirekte Aggression".* Darunter werden die Entsendung und die Unterstützung von *„Freiheitskämpfern"* bzw *„Guerilleros"* auf fremdem Gebiet verstanden. Diese Hilfe kann durch Bewaffnung, Ausbildung, Zufluchtsorte usw erfolgen. Diese Gewaltformen wurden ua auch in der FRD, kurz im „KSZE-Dekalog" und vom IGH im *Nicaragua-Fall* (D 245 c) für unzulässig erklärt.

4. Abrüstung und Rüstungskontrolle

1816 Die Eindämmung der Gewaltanwendung und ihrer Folgen kann auch durch Abbau der Rüstungspotenziale angestrebt werden (Rz 1799). Art 8 VBS enthielt dazu umfassende, freilich nur programmatische Bestimmungen. Hingegen sehen *Art 11 Abs 1* und *26 SVN bloß Empfehlungen* und *Pläne der GV bzw des SR* zur Abrüstung, aber keine Pflicht der Mitglieder dazu vor. In der FRD ist Abrüstung als Fernziel angeführt.

Nach dem II. WK kam es *vorerst* in erster Linie **bloß** zu Verträgen über **Rüstungskontrolle.** Diese lässt sich mit Maßnahmen zur *Bremsung* und *Steuerung* des *Rüstungswettlaufs* umschreiben. Das *Ende des Ost-West-Konflikts* ermöglichte auch Schritte hin zu echter **Abrüstung.** Sie besteht in der *Beseitigung militärisch bedeutsamer Mengen militärisch bedeutsamer Waffen(systeme)* (Rz 1825 ff). **1817**

Die *meisten Rüstungskontrollverträge* enthielten nur den auch formellen *Verzicht* auf weiteres Wettrüsten in für die Parteien *nicht* (mehr*) interessanten Bereichen.* Der Ansatz des Festschreibens von Höchstzahlen für Waffensysteme drohte für das militärische Gleichgewicht bes gefährliche *qualitative Rüstungsanstrengungen* sogar noch zu *beschleunigen.* UU sollten Rüstungskontrollabkommen auch noch den *Vorsprung* der *Kernwaffenmächte* gegenüber den nuklearen „Habenichtsen“ *verrechtlichen.* **1818**

So verbietet der **Moskauer Kernwaffenteststoppvertrag 1963** zwar Kernwaffenversuche in der Atmosphäre, im Weltraum (vgl auch Rz 2370 f) und unter Wasser. *Tests unter der Erde* sind jedoch *nicht erfasst* (D 222). Die USA, die UdSSR und Großbritannien hatten damals ihre (umweltverseuchenden) Versuchsreihen zur Erprobung immer stärkerer Nuklearsprengsätze bereits abgeschlossen. Sie verlegten sich daher auf die „Miniaturisierung“ von Sprengköpfen mit großer Treffgenauigkeit. Für diese genügten aber unterirdische Tests. **1819**

1996 wurde ein **Vertrag über das umfassende Verbot von Nuklearversuchen** angenommen. Zu seinem *In-Kraft-Treten* ist die *Ratifikation* durch *alle 44 Staaten,* die über *nukleare Technologie* verfügen, *erforderlich.* Aus unterschiedlichen Gründen sind jedoch mehrere dieser Staaten, darunter auch die Kernwaffenmächte USA, China, Indien und Pakistan, dazu nicht bereit. **1820**

Das beschränkte Kernwaffentestverbot 1963 lag ebenso auf der Linie der militärischen Diskriminierung der Nichtkernwaffenstaaten wie der **Nonproliferationsvertrag 1968.** In diesem Vertrag verzichteten die Parteien ohne Nuklearwaffen auf die Annahme der Übertragung, auf die Herstellung oder sonstige Erlangung von Kernwaffen (D 223). Mehrere „Schwellenstaaten“ mit Aussicht auf die Entwicklung eigener Kernwaffen wurden denn auch nicht Vertragsparteien. Trotz verbreiteter Unzufriedenheit wegen der *Unausgewogenheit des Vertrages* zu Lasten der Parteien ohne Kernwaffen wurde dessen Laufzeit 1995 auf unbestimmte Zeit verlängert (Überwachung der Einhaltung durch die IAEA – Rz 3361; zur vr Zulässigkeit des Einsatzes von Kernwaffen Rz 2945 f). **1821**

Durch den im Rahmen von SALT I *(Strategic Arms Limitation Talks/ Treaty)* **1972** abgeschlossenen **ABM***(anti-ballistic missile)***-Vertrag** und ein Protokoll dazu 1974 verzichteten die *USA* und die *UdSSR* mit je einer Ausnahme auf Raketenabwehrsysteme. Diese Einigung gelang va angesichts technischer Schwierigkeiten und bes hoher Kosten. Die beiden damaligen „Supermächte“ beendeten damit in einem Sektor das *qualitative Wettrüsten.* Denn durch einen Vorsprung bei ABM-Systemen hätte die betreffende Vertragspartei die Fähigkeit zu einem aussichtsreichen Erstschlag gewonnen. Sie hätte nämlich das durch ihren Angriff nicht zerstörte Vergeltungspotential des Gegners bei dessen Gegenschlag unschädlich machen können. **1822**

1823 Das von Präsident *Bush jun* beschlossene *Missile-Defense (MD)-Projekt* gegen begrenzte Raketenangriffe durch „Schurkenstaaten" (Rz 48, 748, 1885) widerspricht jedoch dem ABM-Vertrag. Deshalb *kündigten* die *USA* 2001 den *Vertrag* gem dessen Art XV (D 224).

1824 In diesem Zusammenhang sind auch die **Demilitarisierung** oder **Denuklearisierung** bestimmter Räume zu nennen. Diese Zonen dürfen nur zu friedlichen Zwecken verwendet werden, bzw es dürfen dort keine Kernwaffen stationiert werden. Erwähnung verdienen der **Antarktis-Vertrag 1959** (Rz 2218 ff; D 283), der **Weltraumvertrag 1967** (Rz 2339, 2370 ff; D 292), der **Vertrag von Tlatelolco (Mexico City) 1967** über die Errichtung einer *kernwaffenfreien Zone in* **Lateinamerika,** der **Vertrag über das Verbot der Anbringung von Kernwaffen und anderen Massenvernichtungswaffen auf dem Meeresboden und im Meeresuntergrund 1971** (Rz 2305 ff), der **Vertrag von Rarotonga** (Cook Islands) **1985** über eine *nuklearfreie Zone im* **Südpazifik,** die bilaterale **Deklaration** der beiden koreanischen Staaten über die **Denuklearisierung Koreas 1992,** der **Vertrag von Bangkok 1995** über eine *kernwaffenfreie Zone in* **Südostasien** und der **1996** in Kairo unterzeichnete **Vertrag von Pelindaba** (Südafrika) über eine *kernwaffenfreie Zone in* **Afrika.**

1825 Die „Ost-West-Entspannung" in der *Gorbatschow*-Ära ermöglichte *1987* einen Schritt echter Abrüstung. Im *Washingtoner Vertrag* zwischen den USA und der UdSSR über die **vollständige Beseitigung** der **Mittel- und Kurzstreckenraketen und landgestützten Marschflugkörper** mit einer Reichweite von *500–5.500 km* (**INF** *[Intermediate-Range Nuclear Forces]*-**Vertrag**) wurde der völlige Abbau einer Kategorie „attraktiver" Waffen vereinbart. Umfassende *Inspektionen an Ort und Stelle* stellten die Einhaltung des Vertrages sicher.

1826 Ferner unterzeichneten **1991** die beiden Hauptkernwaffenmächte den Moskauer **START** *(Strategic Arms Reduction Talks/Treaty)* **I-Vertrag** über die *Verringerung* der Zahl ihrer *strategischen Raketen* (mit einer Reichweite von mehr als 5.500 km) und *schweren Bombenflugzeuge* auf je 1.600. Die Höchstzahl der *nuklearen Sprengköpfe* wurde nach den Zählregeln des Vertrages auf je 6.000 (D 225) begrenzt. Diese *Schwelle* für Sprengköpfe wurde durch den **START II-Vertrag 1993** auf 3.000–3.500 (D 226) und durch den **START III-Vertrag 2002** auf 1.700–2.200 *gesenkt* (D 227).

1827 Dennoch *behalten* die beiden *Nuklearmächte* weiterhin ein beträchtliches Kernwaffenpotential, zumal da die Verträge der Modernisierung der Nukleararsenale keinen Riegel vorschieben. Außerdem verpflichtet der START III-Vertrag die Parteien nicht zur Vernichtung, sondern gestattet auch die bloße Lagerung der Sprengköpfe.

1828 Im Bereich der Massenvernichtungswaffen sind neben dem Nonproliferationsvertrag (Rz 1821) das *Übereinkommen* über das **Verbot von bakteriologischen (biologischen) Waffen und von Toxinwaffen 1972** (Rz 2884; D 360) sowie der Vertrag über das umfassende **Verbot von Chemiewaffen 1993** zu erwähnen.

1829 **1997** wurde ein umfassendes vertragliches **Verbot** eines bes heimtückischen Kampfmittels, der **Antipersonenminen,** angenommen (D 228).

1830 Va auch bei der Bewertung von Rüstungskontroll- und Abrüstungsverträgen ist zu überprüfen, welche Staaten, insbes welche maßgeblichen

Staaten, nicht Parteien und daher nicht daran gebunden sind – falls der Vertrag überhaupt in Kraft getreten ist (zB Rz 1820).

5. Vertrauensbildung und Abrüstung im europäischen Rahmen

Zur Vermeidung uU verhängnisvoller Missverständnisse und zur Schaffung des für Rüstungskontrolle und Abrüstung nötigen Vertrauens sah die **KSZE-Schlussakte erste bescheidene vertrauensbildende Maßnahmen** vor. Diese bestanden va in der *Vorankündigung größerer militärischer Manöver* und dem *Austausch* von *Manöverbeobachtern.* **1831**

Auf der **KSZE-Konferenz über Vertrauens- und Sicherheitsbildende Maßnahmen** *(VSBM)* **und Abrüstung in Europa (KVAE)** in *Stockholm* (1984–1986) wurden jene *Maßnahmen ausgebaut* und durch *neue ergänzt.* ZB gelang eine Einigung auf (von den Mitgliedern der WVO früher abgelehnte) *Inspektionen an Ort und Stelle* bei Zweifeln an der Einhaltung vereinbarter VSBM. **1832**

Das **Wiener Dokument 1990** brachte erneut (eher geringfügige) **Verbesserungen bestehender** sowie **neue VSBM.** Ua sah es den *jährlichen Austausch weiterer militärischer Informationen, Zusammenarbeit* bei *ungewöhnlichen militärischen Aktivitäten* und *gefährlichen militärischen Zwischenfällen* sowie *Überprüfungsbesuche* bei den Streitkräften der anderen Teilnehmerstaaten vor. In weiteren *Wiener VSBM-Dokumenten* wurden *1992, 1994 und 1999* diese Maßnahmen nochmals weiterentwickelt und verbessert. **1833**

Der *„Open Skies Treaty“* 1992 öffnet den Parteien (aus dem Kreise der Mitgliedstaaten der NATO und der ehemaligen WVO) das Gebiet der übrigen Vertragsparteien für Beobachtungsflüge (Rz 2161). Der Vertrag steht auch den übrigen OSZE-Teilnehmerstaaten zum Beitritt offen. **1834**

Ein Schritt zur Abrüstung in Europa erfolgte mit dem **Pariser Vertrag über konventionelle Streitkräfte in Europa 1990** (KSE – D 229). Das Kernstück des Vertrages bildet die **Festsetzung gemeinsamer kollektiver Höchstgrenzen** zwischen den **beiden „Gruppen von Vertragsstaaten“,** dh den damals *16 Mitgliedern der NATO und sechs der WVO.* Diese „Plafonds“ erfassen **fünf** für Offensivzwecke bes bedeutsame **Waffenkategorien** im Raum zwischen dem Atlantik und dem Ural: *Kampfpanzer* (je 20.000), *gepanzerte Kampffahrzeuge* (je 30.000), *Artilleriewaffen* (je 20.000), *Kampfflugzeuge* (je 6.800) und *Angriffshubschrauber* (je 2.000). Zudem bestehen *regionale Obergrenzen* innerhalb dieser Gesamthöchstzahlen. Jene Waffen, die wegen Überschreitung der Höchstzahlen abzubauen sind, müssen *zerstört* oder *sonst* für *militärische Angriffe unbrauchbar* gemacht werden. In einem eigenen Protokoll ist ein *detailliertes Verifikationssystem* mit dem Schwerpunkt auf **Inspektionen an Ort und Stelle** geregelt. **1835**

Ergänzt wurde der Vertrag durch eine nur politisch verbindliche **Vereinbarung 1992 über Höchstzahlen für die Personalstärke der konventionellen Streitkräfte zu Lande** der betreffenden Staaten. **1836**

1999 wurde der **KSE-Vertrag** an die neuen Gegebenheiten **angepasst.** Er führt nunmehr statt kollektiver Obergrenzen für die fünf Waffenkategorien *individuelle Höchstzahlen* auf dem Gebiet jeder einzelnen Vertragspartei ein. Ferner steht er *allen Teilnehmerstaaten der OSZE* (Rz 1919 ff) über **1837**

die Mitglieder der NATO (Rz 1899 ff) und ehemaligen WVO (Rz 97) hinaus zum *Beitritt* offen.

1838 Nach dem Ende des Ost-West-Konflikts ist die militärische Bedeutung der genannten Vereinbarungen zT gesunken.

1839 *Österreich* wurden in **Art 13 Staatsvertrag** 1955 umfangreiche *Rüstungsbeschränkungen* auferlegt (D 380). Sie bereiteten Österreich Probleme bei der Erfüllung seiner Pflicht zur effektiven Verteidigungsvorsorge, die sich aus seiner dauernden Neutralität ergibt (Rz 3129 ff, 3202 ff, 3215). *1990 erklärte Österreich diese Bestimmung* mit Ausnahme des Verbots der Massenvernichtungswaffen für *obsolet* (Rz 3169 ff).

6. Das System kollektiver Sicherheit der Vereinten Nationen

1840 Zur Absicherung des Gewaltverbotes wurde in Kap VII SVN (D 1) ein System kollektiver Sicherheit geschaffen. Es verpflichtet va zu **gemeinsamen Zwangsmaßnahmen gegen Friedensstörer aus dem Kreis der Mitglieder.** Damit steht es im Gegensatz zu einem (Defensiv-)Bündnis kollektiver Verteidigung, das gegen Angriffe von außen gerichtet ist (Rz 1879 ff).

1841 Das Funktionieren eines solchen Systems hängt von *vier Voraussetzungen* ab, die bei den VN (im Gegensatz zum VB) weitgehend erfüllt sind:

1) ein **ausreichendes Sanktionspotential:** Dadurch sollten *potentielle Gewalttäter* von der Ausführung ihrer Vorhaben von vornherein abgeschreckt werden. Ein derartiges militärisches Übergewicht ist in den VN durch die weitestgehende Universalität der Mitgliedschaft, va durch die Beteiligung der Großmächte, gewährleistet;

2) ein umfassendes **Gewaltverbot** in Art 2 Abs 4 und die eindeutige **Pflicht** zur Beteiligung an **Zwangsmaßnahmen** in Art 2 Abs 5 und 25 SVN: Diese Normen schließen die juristische Umgehung der Pflichten des Systems kollektiver Sicherheit aus;

3) ein handlungsfähiges **Sanktionsorgan:** Der SR kann mit bloß 15 Mitgliedern rasch und flexibel agieren (Rz 1023 f). Er koordiniert nicht nur die Zwangsmaßnahmen, sondern ordnet sie überdies für alle Mitgliedstaaten der VN verbindlich an.

1842 Der **SR** besitzt bei der Entscheidung über **fünf maßgebliche Fragen** ein **weit reichendes Ermessen** (vgl aber Rz 1856):

a) Der SR bestimmt, ob einer der **Anlässe** für **Sanktionen** nach Art 39 SVN vorliegt. Dazu genügt eine bloße Bedrohung des Friedens. Gem Art 2 Abs 7 ist bei Verhängung von Zwangsmaßnahmen nach Kap VII den betreffenden Staaten die Berufung auf ihren vorbehaltenen staatlichen Wirkungsbereich (Rz 1948) verwehrt.

b) Der Rat beschließt, **gegen wen**

c) **welche** – (nur) nichtmilitärische nach Art 41 oder militärische nach Art 42 – **Maßnahmen**

d) **durch alle oder** nur **bestimmte Mitglieder** (Art 48)

e) **wann** zu ergreifen sind.

Va auf die Dispensmöglichkeit in Art 48 SVN stützten österreichische Völkerrechtler die Vereinbarkeit der UN-Mitgliedschaft Österreichs mit dessen dauernder Neutralität (Rz 3313 ff; D 395).

4) Das Sicherheitssystem der VN blieb jedoch wegen des **Fehlens** des wesentlichen vierten, des *politischen Erfordernisses* bis zum Ende des Ost-West-Konflikts weitgehend unwirksam. Insbes die Großmächte hätten in echter **internationaler Solidarität** den Weltfrieden vor ihre partikulären Interessen stellen müssen. Nach Niederwerfung der gemeinsamen Gegner brachen aber nach 1945 die Gegensätze zwischen den siegreichen Alliierten wieder hervor. Dies führte zur Lähmung des SR durch das „Veto" seiner ständigen Mitglieder (Rz 1053f). 1843

Verbindliche *wirtschaftliche* und *diplomatische Sanktionen* verhängte der SR *gelegentlich* gegen rassistische Außenseiter (gegen Südrhodesien und Südafrika). 1844

In Korea schritten die USA und ihre Verbündeten 1950–1953 auf Grund einer (bloßen) Empfehlung des Rates ein, in dem die UdSSR damals kurzfristig nicht vertreten war. Ferner ermächtigte der SR UN-Mitgliedstaaten, die Südkorea Hilfe leisteten, zur Benützung der Flagge der VN (D 230). 1966 erhielt Großbritannien vom SR die Ermächtigung zur gewaltsamen Durchsetzung des Erdölembargos gegen Südrhodesien. 1845

Der Westen suchte 1950 statt des durch das „Veto" der UdSSR immer wieder blockierten SR die GV als Organ der kollektiven Sicherheit zu aktivieren. Diese Initiative war allerdings wenig erfolgreich. Gem der **„Uniting-for-Peace"-Res 377 A (V)** der GV 1950 sollte bei Lähmung des Rates durch das „Veto" eines ständigen Mitglieds in den drei in Art 39 SVN genannten Fällen die GV den Mitgliedern Kollektivmaßnahmen empfehlen. Diese sollten gegen Friedensbrüche oder Angriffshandlungen nötigenfalls die Anwendung von Waffengewalt mit einschließen (D 231). Die *Satzungskonformität* der *Res 377 A (V)* war *umstritten*. 1846

Wegen des Abbröckelns der westlichen Mehrheit in der Folge erlangte die Neuorientierung 1950 kaum praktische Bedeutung. Nur die dabei vorgesehenen *Emergency Special Sessions* der GV wurden gelegentlich einberufen. Bald lag der Schwerpunkt in Sicherheitsfragen wieder beim SR, in dem die Großmächte eine bevorzugte Stellung innehaben. 1847

Die Bemühungen um eine **Definition** der **Aggression** waren va auch als Hilfe für den SR bei der Feststellung des brisantesten Anlasses für Sanktionen nach Art 39 SVN, der Angriffshandlung, gedacht. Diese ist in der Charta nicht näher umschrieben. Nach mehreren erfolglosen Versuchen schon seit der Zeit zwischen den beiden WK erreichte die UdSSR 1967 die Einsetzung eines Sonderausschusses aus 35 Mitgliedstaaten durch die GV. Die von diesem Komitee ausgearbeitete Definition nahm die **GV 1974** mit Konsensus (Rz 275, 278, 1059ff, 1793, 1923, 1946, 2562, 2593) als Annex zu ihrer **Res 3314 (XXIX)** an (D 232). 1848

Danach ist Aggression auf *Waffengewalt* beschränkt; deren *Ersteinsatz* durch einen Staat liefert *prima facie* ein Indiz für das Vorliegen einer Aggression. Der SR ist aber daran wie auch an die demonstrative Tatbestandsaufzählung in Art 3 nicht gebunden. Er kann auch andere als die dort genannten Akte als Aggression qualifizieren. 1849

Der von manchen erhoffte Beitrag dieser Definition zur Erhöhung der Effizienz des SR fiel kaum ins Gewicht. Das liegt zT an in der Res 3314 (XXIX) nicht wirklich gelösten Fragen. Va besteht aber der Hauptgrund für 1850 das häufige Versagen des SR bei der Aufrechterhaltung von Frieden und Sicherheit kaum in der Unwissenheit seiner Mitglieder darüber, was unter Aggression zu verstehen sei.

1851 Trotz des weitgehenden Misserfolgs kollektiver Sicherheit leisteten die **VN** auch während des Ost-West-Konflikts **nützliche sicherheitspolitische Beiträge.** Sie lieferten ein *ständiges Forum für Kontakte zwischen Konfliktparteien* ohne Gesichtsverlust. Der GS wirkte durch seine *„stille Diplomatie“*. Als bes hilfreich erwiesen sich *friedenserhaltende Operationen* (*peacekeeping operations* – PKO).

7. Friedenserhaltende Operationen bis zum Ende des Ost-West-Konflikts

1852 Die **friedenserhaltenden Operationen** der VN (D 233–236) lassen sich *nach dem ursprünglichen Konzept* geradezu als das **Gegenteil von Zwangsmaßnahmen** nach Kap VII SVN bezeichnen:

1) Ihr *Ziel* besteht in der *Hilfe an sämtliche Parteien* eines Konflikts bei der Stabilisierung einer von ihnen vereinbarten Regelung. Diese Unterstützung erfolgt in erster Linie durch die Beobachtung der Einhaltung von Waffenstillstandsabkommen und die Trennung gegnerischer Streitkräfte im Rahmen einer solchen Vereinbarung. Dabei ist strikte *Unparteilichkeit* zu beachten. Hingegen sind Sanktionen kollektiver Sicherheit gegen Friedensstörer zur Unterstützung der Opfer gerichtet und damit durch extreme Parteinahme gekennzeichnet.

2) PKO bedürfen nicht nur der *Zustimmung* des *SR* (an seine Stelle trat gelegentlich die GV, deren Zuständigkeit dazu aber umstritten war), sondern *aller Konfliktparteien.*

3) Im Gegensatz zu vom SR verbindlich angeordneten Zwangsmaßnahmen ist für PKO auch das *Einverständnis* der zur *Teilnahme aufgerufenen Staaten* nötig.

4) Truppen sind im friedenserhaltenden Einsatz *nur* zu *defensivem Waffengebrauch* ermächtigt. Sie sind überdies den Streitkräften der Konfliktparteien meist zahlenmäßig und in der Ausrüstung militärisch unterlegen. Zwangsmaßnahmen mit Waffengewalt erfordern dagegen zu ihrem Erfolg ein offensives Vorgehen mit überlegenen Kräften.

5) Zur Ausklammerung der betreffenden Konflikte aus der Großmachtpolitik *nehmen* in der Regel an PKO die *ständigen Mitglieder* des *SR nicht teil.*

1853 Diese Kriterien wurden bei den *„PKO der ersten Generation“* bis zum Ende des Ost-West-Konflikts weitestgehend eingehalten. Allerdings umfasste zB das Mandat der Mission in West-Irian die Verwaltung dieses Gebietes; im Rahmen der Operation im Kongo erhielten die Truppen der VN auch offensive Aufträge; Großbritannien beteiligte sich an der Operation in Zypern.

1854 Vr Probleme ergaben sich daraus, dass derartige Operationen in der SVN nicht vorgesehen sind. Sie lassen sich jedoch aus den **implied powers** bzw den **Funktionen** der **VN** (Rz 342, 930; D 103, 136) ableiten. Mittlerweile beruhen sie zudem auf einer **vgr Grundlage.** Auch ein **argumentum a maiore ad minus** kann ins Treffen geführt werden: Da die VN militärische Zwangsmaßnahmen ergreifen dürfen, sind sie umso eher zu Einsätzen bloß kooperativer Sicherheit befugt; bei diesen ist die Zustimmung aller Beteiligten nötig (Rz 1901), und Waffengewalt bleibt auf Notwehr beschränkt.

8. Sicherheitspolitische Leistungen der VN nach der „Wende“

Durch die *Annäherung zwischen seinen ständigen Mitgliedern* **gewann** der **SR** in den 1990er Jahren an **sicherheitspolitischem Gewicht.** Er verhängte eine Reihe **verbindlicher wirtschaftlicher** und **politischer Sanktionen** nicht nur wie früher in Fällen rassischer Diskriminierung (D 239, 241). 1855

Mittlerweile wird darüber diskutiert, ob das Ermessen des SR beim Beschluss wirtschaftlicher Zwangsmaßnahmen nicht an den Menschenrechten der betroffenen Bevölkerung – zB bei Hungergefahr – an vr Grenzen stößt. Insbes hat der SR nämlich nach Art 24 Abs 2 SVN gem den Zielen und Grundsätzen der VN zu handeln. Zu diesen Zielen zählt nach Art 1 Abs 3 die Achtung der Menschenrechte; unter diesen ist das Recht auf Leben von fundamentaler Bedeutung (vgl Rz 1466 ff). 1856

Der SR ordnete jedoch weiterhin **keine verpflichtenden militärischen Sanktionen** nach Kap VII an. Noch immer sind keine Sonderabkommen nach Art 43 SVN geschlossen worden, in denen die Beiträge der Mitgliedstaaten zu solchen Zwangsmaßnahmen festgelegt werden. 1857

Hingegen wurden **„PKO der zweiten Generation“** entwickelt. Bei diesen wurden die traditionellen Kriterien vielfach aufgeweicht. 1858

1) So wurde die **Aufgabenstellung** solcher Missionen wesentlich **erweitert.** Nunmehr liegt der Schwerpunkt *nicht bloß* auf *militärischen Beiträgen. Dazu* kamen *politische, va administrative Funktionen* (zB Vorbereitung und Durchführung von Wahlen, Polizeidienste und Mitwirkung bei der Verwaltung insgesamt) sowie *humanitäre Mandate* (zB Versorgung der Bevölkerung mit Lebensmitteln und Medikamenten).

2) **Nicht immer** war dabei die **Zustimmung** und die **Bereitschaft aller Konfliktparteien zur Zusammenarbeit** gegeben. Bei schwer wiegenden Verstößen gegen die den Operationen zu Grunde liegenden Vereinbarungen erwies sich die Bewahrung der *Unparteilichkeit* als *schwierig.*

3) Ferner blieb der Einsatz von **Waffengewalt nicht** auf **Selbstverteidigung** der an PKO beteiligten Personen **beschränkt.** Der SR ermächtigte gem Kap VII überdies zur Gewaltanwendung gegen Konfliktparteien, die zB Schutzzonen *(„safe areas“)* angriffen. In diesen Fällen kann von **„PKO der dritten Generation“**, von *friedenserzwingenden Operationen,* gesprochen werden (Somalia, ehemaliges Jugoslawien – D 235 d).

4) Schließlich **nehmen ständige Mitglieder** des **SR** an solchen **Missionen teil.**

Die **Bilanz** der PKO neuen Typs ist bisher **gemischt** ausgefallen. Schwierigkeiten ergaben sich bes aus *unklaren* oder *widersprüchlichen Mandaten* des SR, *komplizierten Kommandostrukturen* sowie der *unzureichenden* Ausstattung mit *militärischen und finanziellen Mitteln.*

Im Rahmen seiner *Neutralitätspolitik* misst *Österreich* der *Mitwirkung an PKO* einen *hohen Stellenwert* bei. Es erscheint wegen seines Rufes der Unparteilichkeit dafür auch bes geeignet (Rz 3216, 3371 f; D 236). Österreich wirkt(e) daher an zahlreichen Operationen mit. 2001 zog es jedoch sein Kon- 1859 tingent aus Zypern zu Gunsten der Beteiligung an der neuen Krisenstreitmacht der EU (Rz 3371 f) zurück.

1860 Der **SR erteilte** ferner **dazu bereiten Staaten** die **Ermächtigung zur Gewaltanwendung** in internationalen, va aber auch in innerstaatlichen Konflikten (Somalia, Haiti, Ruanda). Er verlieh damit einem ansonsten uU problematischen Einschreiten Legalität und Legitimität.

1861 Das eindrucksvollste Beispiel dafür stellte die **„Operation Desert Storm"** auf der Grundlage der **Res 678 (1990)** dar. Darin ermächtigte der SR **nach** dem **irakischen Einmarsch** in **Kuwait** die dazu bereiten Mitglieder zum Einsatz aller zur **Befreiung Kuwaits** und zur *Wiederherstellung von Frieden und Sicherheit „in dem Gebiet"* erforderlichen Mittel, also auch von Waffengewalt. Ferner ersuchte er alle Staaten um geeignete Unterstützung dieser Maßnahmen (D 240c).

1862 Zur *Durchsetzung* des *Friedensabkommens* von *Dayton* bzw *Paris* zwischen den Konfliktparteien im ehemaligen Jugoslawien wurde die **Implementation Force (IFOR)** *unter Führung der NATO* nach Bosnien-Herzegowina entsandt. Sie wurde gleichfalls vom **SR** in Res 1031 (1995) gem Kap VII zu allen dazu **erforderlichen Maßnahmen ermächtigt** (D 242) und verfügte zudem über die nötige militärische Stärke. Zu ihrem Einsatz erteilten aber *auch die* **Konfliktparteien** wie bei einer PKO *ihre* **Zustimmung** (man kann daher von *„enforcement by consent"* sprechen). Auch Österreich nahm an dieser Operation teil.

1863 1996 löste eine nur etwa halb so starke **Stabilization Force** (**SFOR** – mit weiterer österreichischer Beteiligung) IFOR gem der Res des SR 1088 (1996) ab (vgl Rz 1755 ff).

1864 Zu ähnlichen Missionen ermächtigte der SR 1999 im Kosovo (**Kosovo Force – KFOR –** D 243), gleichfalls unter Mitwirkung Österreichs, und in Ost-Timor (*International Force in East Timor* – INTERFET).

1865 Darüber hinaus wurde in *Bosnien-Herzegowina,* im *Kosovo* und in *Ost-Timor* die weit gehend zusammengebrochene innere Ordnung durch die **Übernahme** von **Staatsfunktionen** durch die **internationale Gemeinschaft** unter den Auspizien des SR wiederhergestellt („neues Treuhandschaftssystem" – Rz 782 ff, 1026).

1866 Hingegen erfolgte die von *NATO-Mitgliedern 1999* durchgeführte **„Operation Allied Force"** gegen Jugoslawien **ohne Ermächtigung** durch den **SR.** Mit Luftangriffen sollte die Regierung in Belgrad an weiteren massiven Gewalttaten gegen die Albaner im Kosovo gehindert werden. Da diese **„humanitäre Intervention"** auch nicht in Ausübung des Selbstverteidigungsrechts durchgeführt wurde, ist sie trotz ihres an sich bejahenswerten Zieles und der vr Bedeutung der Achtung der Menschenrechte als **rechtswidrig** einzustufen. Wegen der Proteste zahlreicher Staaten gegen diese Militäroperation dürfte sie auch nicht zu neuem VGR führen.

1867 Die **Rechtmäßigkeit** der **„Operation Iraqi Freedom"** unter Führung der USA gegen den Irak 2003 ist ebenfalls **zweifelhaft.** Das militärische Vorgehen gegen das Regime Präsident *Saddam Husseins,* dem die Nichterfüllung seiner Abrüstungsverpflichtungen vorgeworfen wurde, wurde va mit der allgemeinen Warnung vor schwer wiegenden Folgen *(„serious consequences")* in der Res des SR 1441 (2002) (D 244) zu rechtfertigen versucht. Dieser erhebliche Verstoß (*„material breach“* – vgl Rz 378 ff) berechtige zur Suspendierung des in der Res des SR 687 (1991) verankerten Waffenstillstandes; die in Res 678 (1990) erteilte Ermächtigung (Rz 1861; D 240 c) lebe wieder auf.

Für die Kritiker dieser Argumente bedurfte es hingegen einer zusätzlichen Ermächtigung durch den SR zur Gewaltanwendung; nur der Rat sei zur Suspendierung des Waffenstillstandes befugt; die Ermächtigung in Res 678 sei durch die Befreiung Kuwaits erloschen. **1868**

Die Entschlossenheit der USA zur Nutzung ihrer Überlegenheit durch Gewaltanwendung auch ohne Zustimmung des SR hat nach der Blockierung durch den bipolaren Ost-West-Konflikt das multilateral angelegte System kollektiver Sicherheit der VN erneut geschwächt (Rz 21, 115). **1869**

9. Lücken im und Ausnahmen vom Gewaltverbot der Charta der Vereinten Nationen

a) Die Unterstützung von Bürgerkriegsparteien

Das Gewaltverbot in Art 2 Abs 4 SVN gilt für die iBez und nicht innerhalb der Staatsgrenzen. Der Bürgerkrieg spielte aber gerade angesichts der Instabilität vieler Staaten in der „Dritten Welt“ nach 1945 eine besondere Rolle. Ferner veranlasste die Gefährlichkeit einer direkten Konfrontation mit (Kern-)Waffen die Großmächte zu einer Machtpolitik mittels Einsetzung bzw Stützung befreundeter Regime im Ausland *(„Bürgerkrieg durch Stellvertreter“)*. **1870**

Auch nach dem Ende des Ost-West-Konflikts mangelt es nicht an Potenzial für interne Konflikte in instabilen Staaten mit heterogener Bevölkerung. **1871**

Auf die entscheidende **Frage** der **Erlaubtheit militärischer Hilfe** anderer Staaten **an Bürgerkriegsparteien** auf deren Ersuchen **fehlt** es bezeichnenderweise an einer **klaren Antwort** im modernen VR (vgl ferner Rz 2896 ff, 3009 ff, 3190). **1872**

1) Gem der **traditionellen Auffassung** darf **nur** die **von Aufständischen bekämpfte „legale“ Regierung unterstützt** werden. Denn sie allein vertrete ihren Staat nach außen. Die Hilfe an sie verkürze den Bürgerkrieg und verringere die Kosten dafür. Dagegen lässt sich einwenden, gerade der Bürgerkrieg zeige, dass die Regierung nicht für das ganze Staatsvolk spreche. Die Unterstützung von „Marionettenregierungen“ (vgl Rz 741) verlängere ansonsten rasch beendete innerstaatliche Konflikte. **1873**

Diese *„klassische“ Lösung* findet sich aber sowohl implizit in der auf die Erhaltung des territorialen und politischen Status quo ausgerichteten *KSZE-Schlussakte* als auch im *Urteil* des *IGH* im *Nicaragua-Fall* (D 245 c). Dem Gericht wurde jedoch vorgeworfen, dass es diesbezügliches VGR nicht wirklich nachgewiesen habe (Rz 198). **1874**

2) Va in Res der GV der VN – insbes der FRD (D 214) – und der neueren vr Literatur wird ein **absolutes Eingriffsverbot** für andere Staaten, also sowohl zu Gunsten der Aufständischen als auch der älteren Regierung, gefordert (vgl ferner Rz 2903). Ein solches Verbot entspreche dem Selbstbestimmungsrecht der Völker (Rz 2054 ff). Es vermeide zudem eine gefährliche Ausweitung des Bürgerkrieges. Diese Regelung stimmt aber nicht mit **1875**

der durch häufiges Einschreiten in Bürgerkriege gekennzeichneten Staatenpraxis überein.

1876 3) Diese lag vielmehr auf der Linie der **Unterstützung** der **Partei** mit einer **„gerechten Sache“.** Darunter verstanden freilich früher die sozialistischen Staaten die antikapitalistische und antiimperialistische, die „Dritte Welt“ die antikolonialistische (Rz 130), der Westen die antikommunistische Seite (zB im Vietnam-Konflikt, in Nicaragua oder Afghanistan).

1877 Dies bedeutete, dass andere Staaten die **Bürgerkriegspartei ihrer Wahl unterstützten.** Diese Praxis stieß aber häufig auf Proteste und widerspricht auch dem Grundsatz der freien Wahl des politischen, gesellschaftlichen und wirtschaftlichen Systems durch jeden Staat bzw jedes Volk (Rz 2075 f).

1878 Mittlerweile zeichnet sich ein Trend zum Eingreifen des Auslands bei massiven Menschenrechtsverletzungen in innerstaatlichen Konflikten auch unterhalb der Schwelle des Bürgerkriegs und mit der Legitimation durch IO, va die VN, ab. NATO-Mitglieder gingen jedoch auch ohne Ermächtigung durch den SR der VN zum Schutz der Kosovo-Albaner gegen die BRJ vor (*„humanitäre Intervention“* – Rz 1866). Auch die *„Operation Iraqi Freedom“* wurde zusätzlich (Rz 1867) mit der Beseitigung des von *Saddam Hussein* errichteten unmenschlichen Regimes zu rechtfertigen gesucht.

b) Individuelle und kollektive Selbstverteidigung

1879 Das Recht auf *individuelle* und (*auf Grund* einer *Defensivallianz* oder *ad hoc*) *kollektive Selbstverteidigung* bis zum Eingreifen des SR ist durch **Art 51 SVN** weiterhin gewährleistet (vgl *Caroline-Zwischenfall 1837* – D 246). Dies gilt jedenfalls *gegen* einen *im Gang befindlichen Angriff.* Dem SR sind Selbstverteidigungsmaßnahmen sofort zu melden.

1880 Bei diesen Maßnahmen sind die Grundsätze der **Notwendigkeit** und der **Verhältnismäßigkeit** der Verteidigungs- gegenüber den Angriffshandlungen einzuhalten. Diese beiden Grundsätze bekräftigte der IGH im *Nicaragua-Fall* 1986 (D 245 c), in seinem Gutachten zur *Rechtmäßigkeit der Drohung mit oder des Einsatzes von Kernwaffen* 1996 (D 362) und im *Ölplattformen-Fall* 2003; in diesem Streitfall verwarf der IGH die Berufung der USA auf Selbstverteidigung zur Rechtfertigung der Zerstörung iranischer Ölplattformen im Persischen Golf als Reaktion auf Raketen- und Minenangriffe auf amerikanische Schiffe 1987 und 1988 während des Golf-Konflikts zwischen Iran und Irak 1980–1988 (Rz 2018).

1881 Hingegen sind *Gegenmaßnahmen* bzw *Repressalien* (Rz 7, 58, 2824 ff) mit *Waffengewalt gegen* bereits *abgeschlossene Gewaltanwendung* durch Art 2 Abs 4 SVN *verboten.*

1882 Art 51 SVN wirft freilich eine Reihe umstrittener Fragen auf. Der Wortlaut von Art 51 (*„if an armed attack occurs“ – „ein Angriff mit Waffengewalt … erfolgt“*) untersagt **Präventivnotwehr.** Zwar ist gem Art 31 WVK in erster Linie die textuelle Auslegung maßgeblich (Rz 332). Auch eine teleologische Interpretation der SVN, deren Hauptziel in der Eindämmung der Gewaltanwendung besteht, führt zu diesem Ergebnis. Außerdem ist Art 51 als Ausnahme vom Grundsatz des Gewaltverbotes in Art 2 Abs 4 restriktiv auszulegen.

Dagegen wurde mit Blick auf das Versagen des Systems kollektiver Sicherheit in der Praxis eingewendet, das in der SVN verankerte „Naturrecht" schließe präventive Selbstverteidigung mit ein. Ferner ergebe sich aus den Vorarbeiten (Rz 334) der Charta, dass mit Art 51 regionale Verteidigungssysteme abgestützt werden sollten. 1883

Das Verbot der Präventivnotwehr begünstige zudem den Aggressor. Denn dieser könne den für ihn günstigsten Zeitpunkt und Ort für seinen Angriff aussuchen; das Opfer müsse diesen abwarten, bevor es sich wehren dürfe. 1884

Ferner wirke gegen zum Selbstmord bereite Terroristen die während des „Kalten Krieges" erfolgreiche Abschreckung nicht. Dies gelte auch für *„rogue States"* (Rz 48, 748, 1823), deren Regierungen selbst schwere Verluste unter ihrer Bevölkerung in Kauf nähmen. 1885

Meinungsverschiedenheiten bestehen ferner über die **notwehrfähigen Rechtsgüter** im VR: Ist Selbstverteidigung *nur* zur Wahrung der *territorialen Unversehrtheit* zulässig? Oder ist sie *auch* zum Schutz der *Angehörigen* und der *wirtschaftlichen Interessen* eines Staates *im Ausland* erlaubt (israelische Befreiungsaktion auf dem Flughafen von Kampala, Entebbe, 1976; gescheiterter Versuch der USA 1980, die amerikanischen Geiseln im Iran zu befreien; Einschreiten der USA in Grenada 1983 und in Panama 1989)? Bei dieser Frage gilt es, die territoriale Integrität des einen Staates gegen das Leben der Staatsbürger als personelles Substrat des anderen Staates abzuwägen. Daneben ist der Grundsatz der Proportionalität von Gewalt und Gegengewalt zu berücksichtigen. 1886

Die **„Dritte Welt"** suchte die auch vom sozialistischen Lager bejahten **nationalen Befreiungskriege** als **Selbstverteidigung gegen** die durch die Errichtung der **Kolonialherrschaft** begangene **permanente Aggression** zu rechtfertigen (Rz 130). Das Recht auf kollektive Selbstverteidigung gestatte dabei auch Waffenhilfe von außen. 1887

Nach Ansicht *westlicher Staaten* steht dagegen das *Selbstverteidigungsrecht* nach Art 51 SVN *nur* Mitgliedern der VN, also *Staaten,* zu. Die Ausdehnung dieses Rechtes auf Völker durch universelles VGR scheitere am Widerspruch des Westens. Zurzeit der Errichtung kolonialer Herrschaft sei Gewaltanwendung zulässig gewesen (Rz 1802). 1888

Nach den Terroranschlägen in New York und Washington am 11. 9. 2001 anerkannte der SR in den Präambeln zweier Res das Selbstverteidigungsrecht (D 247). Die USA und Großbritannien führten in der Folge Militärschläge gegen die Terrororganisation *Al-Kaida* und das *Taliban*-Regime in Afghanistan durch **(„Operation Enduring Freedom").** 1889

Offenbar sind terroristische Anschläge mit gekaperten Zivilflugzeugen durch nichtstaatliche Akteure angesichts ihrer Wirkung als bewaffnete Angriffe gem Art 51 SVN anzusehen. Ferner erscheint die Erlaubtheit präventiver Selbstverteidigung in neuem Licht; denn die Überfälle auf das World Trade Center und das US-Verteidigungsministerium waren vor Beginn der *„Operation Enduring Freedom"* abgeschlossen. Terrorismus lässt sich aber auch als Form des Angriffs verstehen, der nicht aus einem einzelnen militärischen Akt, sondern einer Kette von Anschlägen besteht. Ferner stellt sich die Frage, ob Selbstverteidigungshandlungen auch gegen einen 1890

Staat wie Afghanistan zulässig sind, auf dessen Gebiet sich zwar Terroristen aufhalten, die aber nicht als Organe oder im Auftrag bzw unter der effektiven Kontrolle dieses Staates handeln.

1891 Die USA nahmen in ihrer *National Security Strategy* 2002 (D 248) das Recht auf *„preemptive self-defense"* gegen die unmittelbare *(„imminent")* Gefahr eines Angriffs in Anspruch, das ihrer Ansicht nach seit Jahrhunderten bestehe (siehe aber Rz 1882). Eine Ausdehnung der Selbstverteidigung auf weniger gewisse Bedrohungen in ferner Zukunft *(„preventive self-defense")* findet im VR jedenfalls keine Deckung.

1892 Durch die jüngste Entwicklung *gewannen* ferner auch die in Kap VIII SVN nicht näher definierten **„regionalen Abkommen oder Organe"** *(„regional arrangements or agencies")* an *sicherheitspolitischer Bedeutung;* zu diesen zählen jedenfalls die OAS, die OAU bzw AU (Rz 128), die Liga Arabischer Staaten (Rz 128, 1896, 1940, 2049) sowie die OSZE (Rz 1919 ff). *Regionale Streitigkeiten* sind nach Möglichkeit *durch diese Institutionen friedlich zu regeln.* Hingegen dürfen sie *Zwangsmaßnahmen nur mit Ermächtigung des SR* ergreifen (Art 53 SVN).

10. Der Kampf gegen den internationalen Terrorismus

1893 Durch den immer leichteren Zugriff auf Massenvernichtungswaffen und seine globale Dimension ist der **internationale Terrorismus** zu einem der **sicherheitspolitischen Hauptprobleme** geworden. **Terroristen** unterscheiden sich von „gewöhnlichen" Kriminellen dadurch, dass sie **politische Ziele** (zB den Sturz einer Regierung, die Änderung des politischen Systems in einem Staat oder die Errichtung eines eigenen Staates) verfolgen; sie streben primär nicht nach materieller Bereicherung (D 249).

1894 Bei der Bekämpfung dieser Bedrohung mit rechtlichen Mitteln waren bisher nur Teilerfolge zu verzeichnen. Im weltweiten Rahmen der VN wurden seit 1963 zwölf Konventionen geschlossen. Mit diesen Verträgen **reagierte** die **Staatengemeinschaft** aber nur **auf neue Formen** und **Ziele des Terrorismus** (zunächst auf Anschläge gegen die Zivilluftfahrt – Rz 2176 ff; gegen die Seeschifffahrt – Rz 2297) oder suchte ihn von seinen Finanzquellen abzuschneiden. Dabei steht der Grundsatz *„aut dedere aut iudicare"* (Rz 2178, 2859) im Mittelpunkt.

1895 Verhandlungen über eine umfassende Antiterrorismus-Konvention scheiterten bisher va an Meinungsverschiedenheiten über die Einbeziehung von Gewaltakten staatlicher Organe („Staatsterrorismus") und eine Ausnahme zu Gunsten der Gewaltanwendung in nationalen Befreiungskriegen in Ausübung des Selbstbestimmungsrechts der Völker (Rz 2079 f).

1896 Mit einer Reihe **regionaler Verträge** (auch im Rahmen der Liga Arabischer Staaten 1998 [Rz 128, 1892, 1940, 2049] und der Islamischen Konferenz) konnte der Terrorismus bisher ebenfalls nicht entscheidend getroffen werden (vgl Rz 2180). Im Rahmen der *EU* gelang nach den Anschlägen am 11. 9. 2001 (Rz 1889) immerhin ua die Einigung auf einen *gemeinsamen Haftbefehl* (Rz 1287) und eine *Definition des Terrorismus* (D 249 a). Nach den Terrorattentaten von Madrid am 11. 3. 2004 setzte der Europäische Rat ferner einen *Koordinator für die Terrorismusbekämpfung* ein. Außerdem beschloss er die *solidarische Unterstützung* von Terroropfern unter den Mitglied- oder beitretenden Staaten; dabei kann aber jeder Staat die Mittel der Hilfeleistung selbst bestimmen.

Ein Problem des Kampfes gegen Terroristen mit rechtlichen Maßnahmen besteht darin, dass diese zu Eingriffen in Menschenrechte (zB in den Schutz der Privatsphäre) zu führen drohen. Wirklich erfolgreich wird der Kampf gegen den Terrorismus wohl erst dann sein, wenn die politischen und wirtschaftlichen Missstände, die seinen Nährboden bilden, beseitigt sind. **1897**

11. Die „europäische Sicherheitsarchitektur"

Die sicherheitspolitischen Institutionen in Europa sahen sich nach dem Ende des Ost-West-Konflikts vor neue Herausforderungen gestellt. Die NATO, EU sowie die KSZE wurden an diese angepasst, um weiterhin relevant zu bleiben. Die WEU (Rz 98, 1911) besteht mittlerweile nur mehr als „leere Hülse", während die WVO (Rz 97) überhaupt aufgelöst wurde. **1898**

a) Die NATO

Die mittlerweile auch zahlreiche ehemalige Feindstaaten umfassende NATO wurde 1949 gem Art 51 SVN auf der Grundlage gemeinsamer Werte als westliches Verteidigungsbündnis gegen die sowjetische Militärmacht gegründet (D 250). Die Atlantische Allianz ist selbst **nach** dem **Wegfall** der **Hauptbedrohung nicht funktionslos** geworden. **1899**

1) Auch gem ihrem derzeitigen *strategischen Konzept* dient die NATO nach wie vor der **Sicherheit** ihrer **Mitglieder** durch **Abschreckung** und **Verteidigung.** **1900**

2) Zudem engagierte sich die Atlantische Allianz außerhalb des Bündnisgebietes im Bereich der **kooperativen Sicherheit;** Maßnahmen in diesem Bereich bedürfen der Zustimmung aller Beteiligten, va auch aller Parteien eines allfälligen Konfliktes (Rz 1852, 1854). 1994 schlug die NATO *sämtlichen KSZE-Teilnehmerstaaten bilaterale Abkommen* ua über Zusammenarbeit bei *friedenserhaltenden, Such-* und *Rettungs-* sowie *humanitären Operationen* im Rahmen der **Partnerschaft für den Frieden** *(Partnership for Peace – PfP)* vor (D 251). *Auch Österreich* schloss sich 1995 der PfP an (D 252; zur Rechtsnatur dieses Abkommens mit der NATO Rz 3337 f) und regelte in einem weiteren Abkommen mit der NATO die Rechtsstellung ausländischer Truppen in diesem Rahmen (D 253 b). Die Partnerschaft schließt überdies *Konsultationen* mit Partnern, die sich bedroht fühlen, aber *keine Beistandszusage* mit ein. **1901**

1997 wurde die PfP zur *Enhanced Partnership for Peace* erweitert. Diese sieht zusätzlich *Peace Support Operations* vor, bei denen wohl nicht bloß defensive Gewaltanwendung ins Auge gefasst ist. Ferner wurden die Mitwirkungsmöglichkeiten der Partner ausgebaut und als neue Institution der Zusammenarbeit der *Euro-Atlantic Partnership Council* errichtet. **1902**

3) Außerdem wurde die NATO auf dem Gebiet der **kollektiven Sicherheit** (Rz 1840 ff) tätig. Sie half bei der Durchsetzung von UN-Sank- **1903**

tionen auf dem Gebiet des ehemaligen Jugoslawien, zB bei der Überwachung eines Waffenembargos.

1904 4) Ferner übernahm die NATO die Führung bei **„enforcement by consent"** in Bosnien-Herzegowina und im Kosovo (IFOR/SFOR und KFOR – Rz 1862 ff; D 242, 243).

1905 *5) Vr problematisch* war die **„Operation Allied Force"** *gegen* die *BRJ* zum *Schutz* der *albanischen Kosovaren ohne Ermächtigung* des *SR* (*„humanitäre Intervention* – Rz 1866).

1906 **Nach** den **Terroranschlägen** am **11. 9. 2001** geriet die Atlantische Allianz in eine **Krise.** Zwar wurde einen Tag später *erstmals der Bündnisfall nach Art 5* Vertrag von Washington 1949 ausgerufen. Die *USA nahmen* jedoch das *Unterstützungsangebot ihrer Verbündeten nicht an.* Sie benötigten deren Hilfe nicht; außerdem wollten sie Verzögerungen durch den multilateralen Entscheidungsprozess der NATO vermeiden.

1907 In der **Irak-Krise 2002/03** war das **Bündnis gespalten.** Mehrere Mitglieder (insbes Großbritannien, Spanien und Italien) unterstützen die harte Linie der USA. Andere (va Frankreich und Deutschland) wollten den Inspektoren der VN und der IAEA mehr Zeit für ihre Suche nach Massenvernichtungswaffen im Irak geben; sie forderten ferner für eine Militäraktion gegen das Regime von *Saddam Hussein* die Ermächtigung durch eine weitere Res des SR (Rz 1867).

1908 Die NATO soll durch die Anpassung an das neue Bedrohungsspektrum und die Aufstellung einer binnen etwa einer Woche weltweit einsatzfähigen **NATO Response Force** von ca 20.000 Mann ihre Bedeutung erhalten.

1909 Nach der Aufnahme Polens, der Tschechischen Republik und Ungarns 1999 wurden sieben weitere ehemalige sozialistische Staaten (Bulgarien, Estland, Lettland, Litauen, Slowakei, Slowenien und Rumänien) 2004 Mitglieder des Bündnisses. Die NATO verbesserte ferner ihre Beziehungen zu Russland, das va als wichtiger Partner im Kampf gegen den internationalen Terrorismus (Rz 1893 ff) angesehen wird, durch die Ersetzung des 1997 errichteten *Permanent Joint Council* 2002 durch einen *neuen Rat,* in dem die beiden Partner enger zusammenarbeiten wollen.

b) Die EU

1910 Gem Art 17 Abs 1 EUV umfasst die GASP *sämtliche* – auch die militärischen – *Fragen* der *Sicherheit* der Union. Dazu gehört auch die schrittweise Festlegung einer *gemeinsamen Verteidigungspolitik.* Diese könnte ihrerseits zu einer nicht näher bestimmten *gemeinsamen Verteidigung* führen, wenn der Europäische Rat dies beschließt (Rz 1116 f; D 138). 1997 wurden die sog **Petersberg-Aufgaben** in Art 17 Abs 2 EUV aufgenommen: **humanitäre Aufgaben** und **Rettungseinsätze, friedenserhaltende Aufgaben** sowie **Kampfeinsätze** bei der **Krisenbewältigung** einschließlich **friedensschaffender Maßnahmen** (D 138).

1911 Diese Operationen waren 1992 vom Ministerrat der **WEU** auf dem Petersberg bei Bonn beschlossen worden. Die WEU ist ein Bündnis, das 1948 gegründet wurde, und dem zehn europäische Staaten mit westlicher Orientierung im „Kalten Krieg" angehören. Die WEU war von Anfang an im Schatten der NATO gestanden. Sie hatte erst im Vertrag von Maastricht als militärischer Arm der EU eine bedeutsame Funktion erhalten.

Der Anstoß zur Aufstellung der zur Durchführung dieser Aufgaben erforderlichen *militärischen Kräfte* erfolgte auf einem *britisch-französischen Gipfeltreffen in Saint-Malo* 1998 (D 254). Die übrigen 13 Mitglieder der EU schlossen sich dieser Initiative im Rahmen der neuen **(G)ESVP** (Rz 1117) an. **1912**

Der Europäische Rat beschloss 1999 in Helsinki das diesbezügliche **„headline goal“:** Bis 2003 müssen die Mitgliedstaaten binnen 60 Tagen 50.000 bis 60.000 Personen für mindestens ein Jahr für die Petersberg-Aufgaben einsetzen können (D 255). Im Jahr 2000 sagten alle Mitglieder mit Ausnahme Dänemarks die Abstellung von Einheiten in einer Gesamtstärke von etwa 100.000 Mann sowie von 400 Flugzeugen und 100 Kriegsschiffen für die EU-Krisenstreitmacht zu und verbesserten 2001 diese Zusagen. **1913**

2000 wurde ferner die *Übertragung der materiellen Aktiva der WEU* wie des Satellitenzentrums in Torrejón (Spanien) *an die EU* beschlossen. Die WEU wurde jedoch nicht in die EU integriert, sondern blieb va als Mantel für die Bündnisverpflichtung ihrer Mitglieder bestehen. **1914**

Die Mitgliedstaaten der EU setzten nach den Terroranschlägen gegen die USA ihre im September 2001 bekundete Absicht zu einem geschlossenen Auftreten und der beschleunigten Verwirklichung der ESVP nicht in die Tat um. Noch tiefer war die **Union** in der **Irak-Krise 2002/03 gespalten** (Rz 1907). **1915**

Immerhin wurden *2003 erste konkrete Schritte* gesetzt: die Übernahme der *Polizeimission der VN in Bosnien-Herzegowina* sowie eine *Polizeimission* in *Mazedonien;* ferner löste die EU die NATO bei der *friedenserhaltenden Operation* in *Mazedonien* ab *(„Operation Concordia“)* und entsandte eine PKO in die *Demokratische Republik Kongo („Operation Artemis“).* **1916**

Positiv ist die Bereitschaft der EU-Mitglieder zu konkreten Maßnahmen in kurzer Zeit im für die staatliche Souveränität sensibelsten Bereich, der äußeren Sicherheit, zu vermerken. Die Union sollte künftig va Krisen in Europa allein bewältigen können. **1917**

Zu den noch ungelösten Problemen zählen *Mängel* beim *militärischen Gerät,* va bei Lufttransportkapazitäten und bei der Satellitenaufklärung. Diese sind wiederum auf die im Vergleich mit den USA *geringeren finanziellen Mittel* für den neuen militärischen Arm der EU zurückzuführen. Die *Union* bleibt daher bei größeren Militäreinsätzen auf *die Unterstützung der NATO angewiesen.* **1918**

c) Die OSZE

Die eigentliche **KSZE** fand *1973–1975* in drei Phasen statt. Sie wurde mit der Unterzeichnung der *Schlussakte* auf dem Gipfeltreffen der 35 Teilnehmerstaaten in *Helsinki* abgeschlossen (D 215). Aus der KSZE entwickelte sich ein **multilateraler diplomatischer Prozess:** Neben sog *Folgetreffen* über sämtliche KSZE-Bereiche fanden *Expertentagungen* zu Einzelthemen statt. **1919**

Wegen grundlegender Gegensätze va zwischen den USA und der UdSSR gelang beim ersten Folgetreffen in *Belgrad (1977/78)* keine Einigung **1920** über ein substanzielles Schlussdokument; auf dem zweiten Treffen in *Madrid (1980–1983)* wurden bescheidene Fortschritte erzielt. Die neue Ost-West-Entspannung fand im inhaltsreichen Dokument des dritten Folgetreffens in *Wien (1986–1989)* bes auf dem Gebiet der Menschenrechte ihren Niederschlag.

1921 Während des *Ost-West-Konflikts* diente der KSZE-Prozess als **gesamteuropäisches Forum** (dem auch die USA und Kanada angehörten) einerseits der **Zusammenarbeit** und andererseits der gewaltlosen **politisch-ideologischen Auseinandersetzung.**

1922 Die in ihren Ergebnissen beschränkte Ost-West-Kooperation umfasste mehrere Gebiete: *Sicherheitsfragen* im *„I. Korb"*, der neben dem „Dekalog" (Rz 1794; D 215) V(S)BM (Rz 1831 ff) enthielt; im *„II. Korb"* die Zusammenarbeit in der *Wirtschaft*, der *Wissenschaft* und der *Technik* sowie der *Umwelt*, im *„III. Korb"* jene in *humanitären* und *anderen Bereichen.*

1923 Der KSZE-Prozess erzeugte **„soft law"** (Rz 9, 126, 527, 1795, 2437, 2503 f) auf Grundlage des **Konsensus** (Rz 275, 278, 1059 ff, 1793, 1848, 1946, 2562, 2593).

1924 *Österreich* suchte *gemeinsam* mit den anderen (dauernd) *neutralen* und *blockfreien Teilnehmern* im KSZE-Prozess einerseits zwischen Ost und West *vermittelnd* zu wirken, andererseits *eigene Anliegen durchzusetzen.*

1925 **Nach der „Wende" 1989/90** verlagerte sich der *Tätigkeitsschwerpunkt* der KSZE/OSZE auf **kooperative Sicherheit** (Rz 1854, 1901), auf **Konfliktverhütung, Krisenmanagement, friedliche Streitbeilegung** und **Beseitigung von Konfliktfolgen** *(„post-conflict rehabilitation"*, insbes durch den Aufbau demokratischer Strukturen).

1926 Dazu wurden **„Mechanismen"** ua im Bereich der *„Menschlichen Dimension"* (Rz 1611), für *ungewöhnliche militärische Aktivitäten* (sowie ein Verfahren bei *gefährlichen Zwischenfällen militärischer Art* – Rz 1833) und *in dringlichen Situationen* mit einer typischen *Stufenkonstruktion* geschaffen. Bei Erfolglosigkeit bilateraler Bemühungen der Konfliktparteien wird das Problem im Kreise aller Teilnehmerstaaten behandelt. Das Konsensus-Erfordernis besteht zwar nicht für die Einleitung, wohl aber für den erfolgreichen Abschluss des Verfahrens. Neben diesen *„Soft-law-Mechanismen"* trat 1994 auch ein „echter" vr verbindlicher *Vertrag über friedliche Streitbeilegung* im Rahmen der OSZE in Kraft (Rz 2028). Die praktische Bedeutung dieser Verfahren blieb allerdings gering.

1927 Die KSZE beschloss 1992 in Helsinki ferner *Grundsätze für PKO* (Rz 1852 ff) unter ihrer Ägide (D 238).

1928 Als nützlich erwiesen sich die **OSZE-Missionen** präventiver Diplomatie und des Krisenmanagements auf dem Gebiet des früheren Jugoslawien und der ehemaligen Sowjetunion.

1929 *Dürftig* sind die *Sanktionsmöglichkeiten* der OSZE. Nur bei einer *eindeutigen, groben und nicht behobenen Verletzung* von *Verpflichtungen* im Bereich der *„Menschlichen Dimension"* können *gegen den Verletzerstaat auch ohne dessen Zustimmung Maßnahmen* ergriffen werden *(„Konsensus minus eins")*. Diese sind jedoch auf politische Erklärungen oder andere politische Schritte außerhalb des Gebietes des betreffenden Teilnehmerstaates beschränkt (D 256; vgl Art 6 und 7 EUV – Rz 1106, 3359).

Auf dem Pariser Gipfel 1990 wurde eine **institutionelle KSZE-Struktur** einschließlich ständiger Einrichtungen geschaffen und in der Folge va auf den Gipfelkonferenzen von Helsinki 1992 und Budapest 1994 weiterentwickelt. Neben Treffen der *Staats- und Regierungschefs* weist die OSZE als zentrales beschlussfassendes und lenkendes Gremium den *Ministerrat* auf Außenministerebene auf. Dazu kommen der *Hohe Rat* auf der Stufe der Politischen Direktoren der Außenministerien und der *Ständige Rat.* Dieser (mit Sitz in Wien) besteht aus den ständigen Vertretern der Teilnehmerstaaten und erledigt die laufenden Angelegenheiten. Die OSZE besitzt auch eine *Parlamentarische Versammlung.* **1930**

Außerdem bestehen als ständige Einrichtungen das *Sekretariat* mit dem *GS* an der Spitze und dem Hauptsitz in Wien (mit einer Außenstelle in Prag), das *Büro für Demokratische Institutionen und Menschenrechte* in Warschau, das *Forum für Sicherheitskooperation* in Wien, der *Hohe Kommissar für nationale Minderheiten* (Rz 1612; D 204) und der *Beauftragte für Medienfreiheit.* Erwähnung verdient ferner der *Vergleichs- und Schiedsgerichtshof* (Rz 1926, 2028). **1931**

Trotz der *Umbenennung* der *KSZE* in *OSZE* ab 1995 ist diese **weiterhin keine IGO;** ihren Einrichtungen und Bediensteten werden aber die den VN in Wien eingeräumten Privilegien und Immunitäten gewährt (BGBl 1993/511). **1932**

Die KSZE wurde 1992 in Helsinki zudem zu einem **„regional arrangement"** nach **Kap VIII SVN** erklärt (Rz 1892) und erhielt 1993 *Beobachterstatus* bei der *GV der VN* (Res der GV 48/5). **1933**

Im Friedensprozess im ehemaligen Jugoslawien wurden der KSZE/OSZE bedeutsame Aufgaben bei der Demokratisierung, insbes bei Wahlen, im Bereich der Menschenrechte, der VSBM sowie der Rüstungskontrolle übertragen. **1934**

B. Das Verbot der Einmischung in die inneren Angelegenheiten der Staaten (Interventionsverbot)

Literatur: *Gerlach,* Die Intervention (1967); *Simma / Blenck-Knocke* (Hrsg), Zwischen Intervention und Zusammenarbeit (1979); *Kunig,* Das völkerrechtliche Nichteinmischungsprinzip (1981); *Rumpf,* Der internationale Schutz der Menschenrechte und das Interventionsverbot (1981); *Czempiel / Link* (Hrsg), Interventionsproblematik aus politikwissenschaftlicher, völkerrechtlicher und wirtschaftswissenschaftlicher Sicht (1984); *Fisler Damrosch,* Politics Across Borders: Nonintervention and Nonforcible Influence over Domestic Affairs, AJIL 83 (1989) 1; *Trautner,* Die Einmischung in innere Angelegenheiten und die Intervention als eigenständige Verbotstatbestände im Völkerrecht (1999).

1. Das Grundsatzproblem

Die Einzelheiten des Interventionsverbotes zählen zu den umstrittensten Fragen des heutigen VR. Wenn das Prinzip als eigene Norm bestehen soll, muss unter Intervention rechtswidrige Einflussnahme **unterhalb** der Schwelle der **(Waffen-)Gewalt,** die ja bereits durch Art 2 Abs 4 SVN verboten ist, verstanden werden. **1935**

1936 Beim Einmischungsverbot geht es um einen *normativen Ausgleich* zwischen bes wichtigen *entgegengesetzten rechtspolitischen Interessen.* Einerseits gilt es, die **staatliche Souveränität** als Fundament der vr Ordnung gegen mannigfache „Erosionen" von außen **abzusichern** (Rz 39 ff). Andererseits erscheint gegenseitige **Einflussnahme** zur Verwirklichung von **Gemeinschaftsanliegen** (zB Menschenrechte oder Umweltschutz – Rz 1341 ff, 2386 ff) durchaus wünschenswert. Wegen des Verbotes von Repressalien (Gegenmaßnahmen) mit Waffengewalt (Rz 1881) spielt überdies nichtmilitärischer Druck als Sanktion gegen Rechtsbrecher eine wichtige Rolle.

1937 Das *internationale System der Gegenwart* ist bes *interventionsanfällig.* Waffengewalt ist im Zeitalter der Massenvernichtungswaffen vielfach auch für den Angreifer riskant, der seine Ziele ebenso wirksam durch subtilere nichtmilitärische Mittel erreichen kann. Dies gilt va gegenüber den zahlreichen schwachen und im Inneren instabilen Staaten. Durch die wachsende internationale Verflechtung ergeben sich immer mehr Angriffsflächen für oft schwer nachweisbare Druckausübung.

2. Die Entwicklung des Interventionsverbotes

1938 Die Herausbildung dieses Prinzips dauerte bes lange, weil dabei die Reziprozität kaum als „normativer Motor" (Rz 65 ff) wirken konnte: Im Gegensatz zu Kleinstaaten begingen in der Praxis Großmächte nämlich meist nur Interventionen, waren aber nicht auch deren Opfer. Sie zeigten daher wenig Neigung zur rechtlichen Einengung ihres Handlungsspielraums.

1939 Va die **lateinamerikanischen Staaten** trugen in ihrer Auseinandersetzung mit den USA zur Entwicklung des Interventionsverbotes bei. Dieses wurde nach dem Einschwenken Präsident *F. D. Roosevelts* auf die *„Politik guter Nachbarschaft"* in der westlichen Hemisphäre in einer Reihe von Verträgen (zB 1936 in einem Protokoll auf der Konferenz der Amerikanischen Staaten von Buenos Aires) verankert. Bes bedeutsam für spätere universelle Normierungsversuche waren **Art 15** und **16 OAS-Charta** von Bogotá *1948* (D 257).

1940 Die im Zuge der Dekolonisation nach 1945 unabhängig gewordenen Staaten der **„Dritten Welt"** betonten verständlicherweise ebenfalls das Interventionsverbot. Es fand sich zB bereits in Art 8 Gründungsvertrag der Liga Arabischer Staaten 1945 (Rz 128, 1892, 1896, 2049) ebenso wie in den **„Pansh Sheel"**, den fünf Grundsätzen der „friedlichen Koexistenz" 1954 (D 258). In der Folge hob va auch die Bewegung der **blockfreien Staaten** (Rz 125) dieses Prinzip immer wieder hervor.

1941 Die **UdSSR** bezog nach 1917 *zunächst* die typische **„einspurige" Haltung** revolutionärer Außenseiter zur Intervention: Diese sollte den kapitalistischen Staaten gegen die Sowjetunion, nicht aber den Arbeitern im Klassenkampf untersagt sein (Rz 112). Nach 1945 stellte das Einmischungsverbot einen **Eckpfeiler** sowohl des **intersozialistischen VR** (zB in der Präambel und Art 8 Warschauer Pakt) als auch des VR der **„friedlichen Koexistenz"** dar. Widersprüche ergaben sich aus dem gleichzeitig behaupteten Recht, den Sozialismus in einem Bruderstaat notfalls auch gegen dessen Willen zu verteidigen (*„Breschnew-Doktrin"* – Rz 45, 108).

Außerdem wurde im Verhältnis zum nichtsozialistischen Lager ein *striktes Interventionsverbot* auf der *Ebene* der *Staaten* und *Regierungen* gefordert; auf jener der kommunistischen Parteien *bejahten* jedoch die sozialistischen Staaten die *Unterstützung ausländischer Schwesterparteien* wie auch die *Hilfe an nationale Befreiungsbewegungen.* Das westliche Eintreten für die Menschenrechte in sozialistischen Staaten wurde dagegen als „ideologische Kriegführung" und Einmischung in innere Angelegenheiten verurteilt. **1942**

Die **westlichen Staaten** akzeptierten nur **zögernd** das Verbot der (nichtmilitärischen) Intervention. Es war in der VBS nicht enthalten und gilt gem Art 2 Abs 7 SVN nur für Eingriffe der VN gegenüber Staaten. **1943**

Einen wichtigen Schritt zur Verankerung des zwischenstaatlichen Interventionsverbots im universellen VR bildete **1965** auf sowjetische Initiative die Annahme der **Deklaration über die Unzulässigkeit der Intervention in die inneren Angelegenheiten der Staaten** in der **Res 2131 (XX)** durch die **GV** der **VN** ohne Gegenstimme bei Stimmenthaltung nur Großbritanniens. Diese Deklaration baute zT wörtlich auf dem umfassenden Interventionsverbot der OAS-Charta auf (Rz 1939; D 257). Schließlich stimmten auch die westlichen Staaten der Aufnahme des wesentlichen Inhalts der Res 2131 (XX) in die **FRD** zu. Der Text des Interventionsverbotes im Prinzipienkatalog der **KSZE-Schlussakte** folgt seinerseits im Wesentlichen der FRD. **1944**

1981 setzten die blockfreien Staaten mit Guyana an der Spitze die Annahme einer weiteren *Deklaration über die Unzulässigkeit der Intervention und Einmischung in die inneren Angelegenheiten der Staaten* durch die GV der VN im Annex zur Res 36/103 durch (mit 120 Stimmen dafür, 22 dagegen – einschließlich Österreichs – und 6 Enthaltungen). Die neue Deklaration enthielt besondere Anliegen radikaler Entwicklungsländer; ua finden sich darin die Ablehnung der Intervention durch „falsche oder verzerrte Nachrichten" und das Verbot der „Ausbeutung und verzerrten Darstellung von Menschenrechtsproblemen" zur Druckausübung auf andere Staaten. Die praktische Bedeutung dieser von maßgeblichen Staaten abgelehnten Res blieb freilich gering. **1945**

3. Offene Probleme

Mit diesen Deklarationen sollte jedenfalls das grundsätzliche Bestehen eines weiten Interventionsverbotes nach universellem VR endgültig außer Streit gestellt sein. Die allgemeinen Formulierungen in den von Konsensus (Rz 275, 278, 1059 ff, 1793, 1848, 1923, 2562, 2593) getragenen Dokumenten und die widersprüchliche Staatenpraxis lassen aber die wesentlichen Einzelheiten des Prinzips ungeklärt. Dies gilt va für die **Abgrenzung** zwischen noch **erlaubter Einflussnahme (Interzession)** und **verbotener Intervention.** **1946**

Auch die Lehre liefert *unterschiedliche* und überdies keine ausreichend konkretisierten *Tatbestandsmerkmale.* **1947**

So betonen manche Autoren die **Absicht** des Intervenienten; diese lässt sich jedoch oft nur schwer nachweisen. Andere heben das durch die Intervention verletzte **Rechtsgut,** nämlich die *Selbstbestimmung* und die *inneren* **1948**

Angelegenheiten, hervor. Das letztgenannte Kriterium bereitet zusätzliche Schwierigkeiten. Der vorbehaltene Wirkungsbereich *(domestic jurisdiction, domaine réservé)* der Staaten befindet sich nämlich infolge der Regelung immer neuer Materien durch das VR im Fluss. Dies gilt va für die Menschenrechte. Bei *massiven Menschenrechtsverletzungen* durch einen Staat sehen sich andere auch ohne vertragliche Grundlage als *nicht bloß* zu *verbalen Protesten befugt* an (Rz 1866).

1949 Als weiteres Kriterium wird die **Sozialadäquanz,** also ein verwerfliches Missverhältnis zwischen verwendetem Mittel und damit verfolgtem Zweck, herangezogen (so *Axel Gerlach*).

C. Die friedliche Beilegung internationaler Streitigkeiten

Literatur: *von Mangoldt,* Die Schiedsgerichtsbarkeit als Mittel internationaler Streitschlichtung (1974); EPIL 1: Settlement of Disputes (1981); *Touval / Zartmann* (Hrsg), International Mediation in Theory and Practice (1985); *Fisler Damrosch* (Hrsg), The International Court at a Crossroads (1987); *United Nations Codification Division* (Hrsg), Handbook on the peaceful settlement of disputes between states (1992); *Hafner,* Das Streitbeilegungsverfahren der KSZE: Cui bono? FS *Zemanek* (1994) 115; *Jennings,* The International Court of Justice after Fifty Years, AJIL 89 (1995) 493; *Ratner,* Image and Reality in the UN's Peaceful Settlement of Disputes, EJIL 6 (1995) 493; *Merrills,* International Dispute Settlement (3. Aufl, 1998); *Collier / Lowe,* The settlement of disputes in international law (2000); *Neuhold,* The United Nations System for the Peaceful Settlement of International Disputes, in: *Cede / Sucharipa-Behrmann* (Hrsg), The United Nations: Law and Practice (2001) 59; *Buergenthal,* Proliferation of International Courts and Tribunals, LJIL 14 (2001) 267; *Wolfrum,* Konkurrierende Zuständigkeiten internationaler Streitentscheidungsinstanzen, FS *Oda* (Bd 1, 2002) 651.

1. Das Grundsatzproblem

1950 Die Handlungspflicht zur friedlichen Streitbeilegung stellt die notwendige **Ergänzung** der Unterlassungspflicht zum **Verzicht** auf **Gewalt** und **Intervention** dar. Denn die Ächtung der Gewalt und Intervention beseitigt ja nicht auch die Konflikte, bei deren Austragung Waffengewalt und sonstiger Druck zulässig waren. Beilegung bedeutet nicht unbedingt nur die völlige Beseitigung der Streitursachen; sie kann auch bloß als Verzicht der Parteien auf weitere Verfolgung ihrer Ansprüche auf dem Konfliktweg verstanden werden.

1951 Schwierigkeiten bei der rechtskonformen Streitbeilegung zwischen souveränen VRS ergeben sich va daraus, dass jedes Verfahren der **Einwilligung aller Betroffenen** dazu bedarf. Außerdem führen die meisten Streitregelungsmethoden zu keinem die Parteien bindenden Ergebnis. Aber auch bei Streitentscheidungsverfahren mit rechtsverbindlichem Ausgang *fehlen* häufig *wirksame Durchsetzungsmechanismen.* Daher bleiben zahlreiche internationale Streitigkeiten ungelöst.

1952 In der Folge werden die wichtigsten Streitbeilegungsmethoden mit ihren wesentlichen Vor- und Nachteilen vorgestellt. Einteilungskriterium ist dabei der Einfluss Dritter auf den Streitausgang bzw der Verlust der Kontrolle der Parteien darüber.

2. Verhandlungen (der „diplomatische Weg")

Direkte Verhandlungen zwischen den Parteien ohne Einschaltung eines Außenstehenden weisen den Vorzug der **Einfachheit,** *geringer Kosten* und der **Vertraulichkeit** auf. Va bedarf die **echte Bereinigung** eines Konfliktes **freiwilliger Einsicht** und der **Zustimmung aller Streitenden.** Diese Einigung lässt sich am ehesten durch gegenseitige Zugeständnisse im Verhandlungsweg erzielen. **1953**

Ungünstig wirken sich oft bei Verhandlungen, dh in der nicht durch Dritte gemilderten direkten Auseinandersetzung zwischen den Parteien, die **Machtverhältnisse** zwischen diesen aus. Dies ist va bei hohen Streiteinsätzen der Fall. Einerseits ist bei *Machtgleichheit* zwischen den Konfliktparteien zu befürchten, dass die Verhandlungen bald einen *toten Punkt* erreichen. Bei einem wesentlichen *Machtunterschied* besteht andererseits für die *stärkere Seite* die Versuchung, der *schwächeren* eine für diese *nachteilige Lösung aufzuzwingen.* Die Berufung auf die Nichtigkeit einer derart erzwungenen Einigung (Rz 361 f) durch die weniger mächtige Partei ist meist nicht aussichtsreich. Für diese hat die daraus entstehende Fortsetzung des Konflikts uU sogar weitere nachteilige Folgen. **1954**

Nicht nur zahlreiche internationale, sondern auch viele innerstaatliche Streitfälle werden aber durch Verhandlungen geregelt. Diese spielen überdies auch bei den anderen Streitbeilegungsverfahren eine zumindest ergänzende Rolle (vgl auch Rz 2434 f). **1955**

3. Die guten Dienste

Bei diesem Verfahren begnügt sich der Außenstehende mit Versuchen, die Konfliktparteien zu Verhandlungen zu bewegen (D 259). Die *Drittpartei* stellt den Streitenden **Kommunikationskanäle** oder **Konferenzeinrichtungen** zur Verfügung. Sie *beteiligt* sich jedoch *nicht* am eigentlichen *Lösungsprozess.* **1956**

Solche Dienste sind va dann nicht zu unterschätzen, wenn zwischen den Streitparteien keine offiziellen Beziehungen bestehen. Jede von ihnen mag überdies befürchten, ihre Initiative zu einer friedlichen Regelung könnte als Zeichen der Schwäche erscheinen. (Dauernd) neutrale Staaten sind für gute Dienste bes geeignet, weil bei der Einigung auf sie keiner Konfliktpartei ein Gesichtsverlust droht. Dies gilt auch für *„institutionalisierte gute Dienste"* als *Sitzstaat von IO* (Rz 3361 ff). **1957**

4. Die Untersuchung

Bei einem Untersuchungsverfahren geht es um die **Klärung** von zwischen den Parteien **umstrittenen Tatsachen.** Die Untersuchung schließt hingegen *nicht* die *rechtliche Beurteilung* des festgestellten Sachverhalts mit ein. Ferner bleibt es den Streitenden überlassen, welche Konsequenzen sie aus dem Untersuchungsergebnis ziehen. **1958**

Eine Untersuchung stellt häufig nur einen Schritt auf dem langen Weg zur Streitbeilegung dar. Die meisten internationalen Konflikte beruhen nämlich nicht nur auf Meinungsverschiedenheiten über Tatsachen. **1959**

5. Die Vermittlung

1960 Im Gegensatz zur Leistung guter Dienste greift ein **Vermittler** in die Verhandlungen der Streitparteien ein. Er **kommentiert** die **Positionen** der Parteien oder/und unterbreitet ihnen **eigene Lösungsvorschläge.**

1961 Aus *traditioneller rechtlicher Sicht* liegen die *Hauptmängel* der Vermittlung darin, dass diese *Vorschläge nicht rechtsverbindlich* sind und vom zwischen den Streitenden geltenden *VR abweichen* können. Hervorgehoben werden die formellen Aspekte: Konfliktparteien dürfen das Angebot guter Dienste und der Vermittlung nicht als unfreundlichen Akt betrachten (D 259). Es besteht weder eine Pflicht zu einem solchen Angebot noch zu dessen Annahme. Als Vermittler können Staaten, (Organe von) IO oder angesehene Privatpersonen auftreten.

1962 Ein *Vorteil* der Vermittlung besteht darin, dass der gleiche Vorschlag für eine Streitpartei aus *Prestigegründen* eher annehmbar ist, wenn ihn ein Vermittler unterbreitet, als wenn er von der Gegenseite stammt. Dazu kommt das *Misstrauen* gegenüber Initiativen des Gegners, selbst wenn diese an sich akzeptabel erscheinen. Ferner können Vermittler auf *Lösungen* kommen, welche die *Parteien* in der „Hitze" des Streites *übersehen.* Die Präsenz eines Unbeteiligten wirkt außerdem *mäßigend* auf die Streitenden.

1963 Die rechtliche Unverbindlichkeit der Vermittlungsvorschläge kann durch *Macht* und *Ansehen* des *Vermittlers* mehr als wettgemacht werden. Ein mächtiger Vermittler kann durch das Angebot von *Vergünstigungen* an, aber auch durch *Druck* auf die Parteien seinen Vorstellungen Nachdruck verleihen.

1964 Die Anregung des Vermittlers zu einer *Rechtsänderung* kann zu Regelungen führen, die für *alle am Konflikt Beteiligten befriedigend* sind.

1965 Mit Erfolg wirkten als Vermittler zB die UdSSR zwischen Indien und Pakistan 1966 und Algerien im Geiselkonflikt zwischen dem Iran und den USA 1980/81 (Rz 448, 2016, 2038; zur Rolle des IGH D 346). Die USA vermittelten erfolgreich (mit sowjetischer Unterstützung) im Namibia-Streit zwischen Angola, Kuba und Südafrika 1988, (allein) mehrmals in den Konflikten Israels mit seinen arabischen Nachbarstaaten bzw den Palästinensern sowie im ehemaligen Jugoslawien. Dabei erlitt aber selbst die Supermacht USA als Vermittlerin auch Rückschläge.

6. Vergleich, Ausgleich, Schlichtung

1966 Dieses Verfahren besteht aus einer **Verbindung** von **Untersuchung** und (schwacher) **Vermittlung.** Es zeichnet sich durch eine gewisse *Förmlichkeit* und oft durch **Institutionalisierung** aus. Deshalb hat es sich verhältnismäßig spät, erst auf einer höheren Stufe internationaler Integration, herausgebildet. Meilensteine auf diesem Weg bildeten die *Bryan-Verträge* 1913/14 (Rz 1808; D 218).

1967 Vergleichskommissionen, deren Mitglieder zT von den Streitparteien bestellt werden, können – im Gegensatz zu vielen Vermittlern – kaum Macht einsetzen. Daher beruht die Wirksamkeit ihrer Vorschläge va darauf, dass die Streitenden diese als vernünftig und zweckmäßig ansehen.

Aktuelle Beispiele für Vergleichsverfahren wurden im Rahmen der *EMRK* (Rz 1528), der *WVK* (Rz 396), der *OSZE* (Rz 1926, 2028) sowie des *ICSID* entwickelt (Rz 2674). 1990 empfahl die GV der VN den Staaten die Anwendung von durch sie ausgearbeiteten *„draft rules"* für Vergleichsverfahren (ILM 30 [1991] 229). **1968**

7. Die Verfahren der Rechtsprechung: internationale Schiedsgerichte und Gerichtshöfe

a) Allgemeines

Die „rechtlichen" Streitbeilegungsverfahren der internationalen Schiedsgerichtsbarkeit und Gerichtsbarkeit unterscheiden sich von den bisher angeführten „diplomatischen" Methoden in zweierlei Hinsicht: Schiedssprüche und Gerichtsurteile ergehen **1969**

1) **auf Grundlage** des zwischen den Streitparteien geltenden **VR** (außer bei Ermächtigung durch die Parteien zur Entscheidung gem anderen Grundsätzen, zB *ex aequo et bono* – Rz 550f, 2005)

2) und sind für diese **rechtsverbindlich.**

Diese beiden Merkmale stellen allerdings nicht unbedingt entscheidende Vorzüge dar. Einerseits mag nämlich wenigstens ein Streitteil das anzuwendende VR als unbillig und die Entscheidung danach als ungerecht empfinden. Andererseits bedeutet im VR Verbindlichkeit nicht ohne weiteres Durchsetzbarkeit (vgl Rz 2015). **1970**

Auch die **Zuständigkeit** internationaler Rechtsprechungsorgane bedarf der **Zustimmung aller** (souveränen) **Streitparteien** (Rz 1951). Nach den beiden *Kriterien* der *Kenntnis* des *Streiteinsatzes* und der *Erfolgsaussichten* lassen sich drei verschieden weite Haupttypen der Zuständigkeitsübertragung unterscheiden: **1971**

1) *Zuständigkeitsbegründung für einen bestimmten Streitfall*

Mit einem **Kompromiss (Schiedsvergleich)** vereinbaren die Beteiligten **nach Ausbruch** eines **konkreten Streites** dessen Entscheidung durch eine Rechtsprechungsinstanz. Dieselbe Wirkung hat die konkludente Streiteinlassung, dh die Teilnahme am Verfahren ohne Einrede der Unzuständigkeit. Die Parteien können in dieser Situation meist den Wert des Streitgegenstands und ihre Chancen auf eine für sie günstige Entscheidung ziemlich genau beurteilen. **1972**

Sofern die Rechtslage nicht unklar ist, nimmt somit bei einem Kompromiss eine Partei von vornherein eine Niederlage in Kauf. Der Grund dafür mag zB im Wunsch nach Beseitigung eines Hindernisses für die künftige vorteilhafte Zusammenarbeit mit dem Gegner liegen. Es kann ferner ein positiver Präzedenzfall zur Stärkung der internationalen (Schieds-) Gerichtsbarkeit angestrebt werden. UU mag es um den Nachweis gegenüber Gruppen im eigenen Land gehen, alles zur Durchsetzung ihrer Ansprüche gegen einen anderen Staat zu tun. **1973**

2) *Zuständigkeitsbegründung für künftige Streitfälle aus einem Vertrag*

Durch eine **kompromissarische Klausel** in einem Vertrag begründen die Parteien die Kompetenz eines Streitentscheidungsorgans für **alle künftigen Streitfälle** über **Anwendung** und **Auslegung** (nur) dieses **Vertrages.** **1974**

1975 Durch den Inhalt des Vertrages ist der Streitgegenstand abgegrenzt (D 323a). Unbekannt sind hingegen den Vertragspartnern ihre künftige Position (Kläger oder Beklagter) sowie ihre Erfolgsaussichten (vgl Art 35 Staatsvertrag 1955 – D 380). Bei einem multilateralen Vertrag stammen künftige Gegner zwar aus dem Kreis der Vertragsparteien; ihre genaue Identität in einem konkreten künftigen Streitfall steht aber bei Vereinbarung der kompromissarischen Klausel nicht fest. Die Zuständigkeitsvereinbarung kann sich nur auf bestimmte Teile des Vertrages beziehen (vgl Art 66 WVK – Rz 395; D 10).

1976 Diesem Typ entspricht auch die **Zuständigkeit** eines Gerichtes, die sich für **Mitglieder** einer **IO** bereits **aus dem Gründungsvertrag** ergibt, ohne dass es einer zusätzlichen Unterwerfungserklärung der Mitgliedstaaten bedarf. Dies ist zB beim *EuGH* der Fall (Rz 1140).

3) *Allgemeine Zuständigkeitsbegründung für künftige Streitfälle*

1977 In einem **Schieds(gerichts)vertrag** werden **bestimmte Kategorien von oder alle künftigen Rechtsstreitigkeiten** zwischen den Parteien einem SchG zur Entscheidung übertragen. Die Parteien kennen zum Zeitpunkt der Unterwerfung weder das Streitthema noch die Wahrscheinlichkeit, im Verfahren zu obsiegen.

1978 Ein solcher „Blankoscheck" wird insbes durch eine Erklärung nach der sog *Fakultativklausel* in *Art 36 Abs 2 IGH-Statut* ausgestellt (Rz 1992; D 261). Derartige umfassende Zuständigkeitsvereinbarungen werden allerdings häufig durch die Ausklammerung bestimmter (Typen von) Streitigkeiten eingeengt (Rz 1993 ff). Das zur Identität der konkreten Streitgegner bei der kompromissarischen Klausel Gesagte gilt auch für diese weiteste Form der Zuständigkeitsbegründung.

b) Der Unterschied zwischen internationaler Schiedsgerichtsbarkeit und Gerichtsbarkeit

1979 Folgende **Unterschiede** werden zwischen Verfahren vor internationalen SchG und Gerichtshöfen (GH) angeführt, *verschwimmen* aber manchmal *in der Praxis:*

1) Die **Streitparteien** haben **mehr Einfluss** auf die **Zusammensetzung** von **SchG** als von GH. Jedoch wirken zB auch beim IGH die Mitglieder der VN nicht nur an der Wahl der Richter mit; es besteht überdies das Recht auf Ernennung eines *iudex ad hoc* (Rz 1998 f).

2) **SchG** werden **ad hoc, GH auf Dauer** errichtet (vgl allerdings das bereits seit 1981 tätige *Iran-US-Claims Tribunal* – Rz 2821).

3) Einem internationalen **SchG** (wie im *Alabama-Fall* – Rz 1983; D 260) können die Parteien für einen bestimmten Streit die **Entscheidungsgrundlage vorgeben.** Dies ist allerdings bei Gerichten ebenfalls möglich.

4) Das Verfahren vor einem **SchG** zeichnet sich zumeist durch größere **Einfachheit, kürzere Dauer** sowie **größere Vertraulichkeit** aus (vgl aber Rz 1996).

5) Die **Kosten** eines **SchG** müssen von den **Streitparteien** getragen werden; jene ständiger **GH** werden aus dem **laufenden Budget** bestritten, zu dem nicht nur die Parteien eines konkreten Streitfalles Beiträge leisten.

Entscheidend für die Wahl eines der beiden Streitentscheidungsverfahren ist die verbreitete Auffassung der Staaten, vor einem SchG das Verfahren stärker beeinflussen zu können als vor einem Gericht. 1980

c) Die Entwicklung der internationalen Schiedsgerichtsbarkeit

SchG spielten ua bereits im griechischen Stadtstaatensystem der *Antike* und im *Mittelalter* in Europa eine bedeutsame Rolle. 1981

Eine wichtige Etappe der neueren Entwicklung waren die SchG, die durch den **Jay-Vertrag 1794** nach dem amerikanischen Unabhängigkeitskrieg (1776–1783) zwischen Großbritannien und den USA errichtet wurden. Sie hatten die Grenze zwischen den USA und den britischen Besitzungen in Nordamerika festzusetzen. Ferner entschieden sie Ansprüche britischer bzw US-Staatsangehöriger gegen den jeweils anderen Staat. 1982

Einen weiteren Meilenstein bildete das Schiedsverfahren im **Alabama-Fall 1871/72** zwischen diesen beiden Staaten (D 260; Rz 1979). 1983

Der auf die I. Haager Übereinkommen 1899 bzw 1907 zurückgehende **„Ständige Schiedshof"** ist hingegen kein SchG. Er bietet bloß Streitparteien zur Wahl von Schiedsrichtern eine *Liste;* in diese können die *Vertragsstaaten* maximal vier *qualifizierte Kandidaten* eintragen lassen. Ferner stehen ihnen die Einrichtungen seines *Internationalen Büros* zur Verfügung. Dieser *„Cour Permanente d'Arbitrage"* kam nach Schaffung des StIG immer weniger praktische Bedeutung zu. 1984

Ansonsten hat sich aber die internationale Schiedsgerichtsbarkeit auch nach Errichtung von GH weiterhin behauptet. Sie wurde außerdem auf Streitigkeiten zwischen Staaten und ausländischen Privatpersonen, va über Investitionsfragen (zB D 323; *ICSID* – Rz 1333, 2670ff; D 321), ausgedehnt. 1985

d) Die ersten internationalen Gerichtshöfe

Die internationale Gerichtsbarkeit entwickelte sich erst ab einem gewissen Integrationsgrad der Staatengesellschaft. Noch *1907 scheiterte* der Versuch der Errichtung eines *„Permanent Court of Arbitral Justice"* auf der Haager Friedenskonferenz. 1986

Der von Costa Rica, El Salvador, Guatemala, Honduras und Nicaragua geschaffene **Zentralamerikanische Gerichtshof** war hingegen das erste echte internationale Gericht. Seine praktische Bedeutung während der zehn Jahre seines Bestehens 1908–1918 war allerdings gering. 1987

Das Gericht im System des VB, der **StIG,** dessen Statut gem Art 14 VBS 1920 ein Juristenausschuss ausarbeitete, entfaltete insbes in den 20er Jahren des vergangenen Jhdt eine rege Tätigkeit. Die 32 Urteile und 27 Rechtsgutachten des StIG betrafen zT auch wichtige politische Fragen, va im Zusammenhang mit den Friedensverträgen nach dem I. WK (zB *Chorzów-Fall, Deutsche Interessen in Polnisch-Oberschlesien-Fall* – D 329, 333, 337). 1988

e) Der Internationale Gerichtshof

Der **IGH, eines** der sechs **Hauptorgane** der **VN,** ist funktionell – insbes auch in der Übernahme der Spruchpraxis –, nicht aber juristisch der Nach- 1989 folger des StIG. Ferner wurden an ihn die bestehenden Unterwerfungserklärungen bezüglich der Zuständigkeit des StIG übertragen (Art 36 Abs 5 und Art 37 IGH-Statut). Der IGH hat seinen *Sitz* in *Den Haag.* Die Statute des StIG und des IGH, welche Organisation, Zuständigkeit und Verfahren der Gerichte regeln, sind fast völlig identisch (D 261).

1990 Ein wesentlicher Unterschied besteht jedoch darin, dass das **IGH-Statut** gem Art 92 SVN einen **integrierenden Bestandteil** der **Satzung** bildet; auf Grund von Art 93 Abs 1 nehmen alle UN-Mitglieder dieses Statut ipso facto an. Das StIG-Statut musste dagegen auch durch die Mitglieder des VB eigens ratifiziert werden.

1991 Die **Zuständigkeit** des IGH **bedarf** aber ebenfalls einer **gesonderten Anerkennung** durch die Streitparteien in den erwähnten, verschieden umfangreichen Formen (Rz 1971 ff).

1992 So begründen derzeit etwa 300 bi- und multilaterale Verträge die Zuständigkeit des IGH. Die umfassendste Befugnis wird dem Gericht durch eine Erklärung gem der **„Fakultativklausel"** in Art 36 Abs 2 IGH-Statut eingeräumt: Durch eine einseitige Erklärung unterwirft sich ein Staat der Zuständigkeit (Jurisdiktion) des IGH zur Entscheidung **aller** seiner **Rechtsstreitigkeiten mit jedem anderen Staat,** der die **gleiche Verpflichtung** übernimmt. 2004 lagen 64 solche Erklärungen (darunter seit 1971 auch jene Österreichs – D 262, 263) vor.

1993 Art 36 Abs 3 IGH-Statut sieht nur *zwei Beschränkungen der Unterwerfung* nach der „Fakultativklausel" vor: die Bedingung einer *entsprechenden Verpflichtung mehrerer oder bestimmter Staaten* und die Abgabe der Erklärung *für eine bestimmte Frist.*

1994 Staaten haben jedoch auch andere, *weiter reichende Einschränkungen* vorgenommen. Diese sind nach der Judikatur des GH gleichfalls zulässig. Sie betreffen zB den Ausschluss von Streitigkeiten über bestimmte, für die betreffenden Staaten meist bes wichtige bzw unangenehme Materien oder mit bestimmten Gegnern. Häufig beschränken Staaten die Zuständigkeit auch auf Streitfälle, die erst nach In-Kraft-Treten ihrer Unterwerfungserklärung entstehen.

1995 Am umfassendsten war das (nach einem Senator aus Texas benannte) **„Connally-Amendment"** der USA bezüglich aller rechtlichen Streitfälle, die nach *Auffassung* der *USA* in deren *innerstaatliche Zuständigkeit* fallen (D 264). Ob ein derartig weit reichender Vorbehalt mit dem Statut (insbes Art 36 Abs 6) vereinbar ist, ist strittig. Im Verlaufe des Verfahrens im *Nicaragua-Fall* vor dem IGH zogen die USA 1985 auch ihre beschränkte Unterwerfungserklärung zurück (D 265). Einschränkende Erklärungen iSd *„Connally-Amendments"* gaben *auch andere Staaten* ab.

1996 Der IGH setzt sich aus **15 unabhängigen Richtern** zusammen, von denen nur je einer Angehöriger desselben Staates sein darf. Sie müssen neben höchstem moralischen Ansehen die Voraussetzungen für die höchsten richterlichen Ämter in ihrem Land aufweisen oder anerkannte Völkerrechtsgelehrte sein. Das einigermaßen komplizierte Verfahren ihrer *Wahl durch GV und SR* (ohne „Vetorecht" der ständigen Mitglieder – Rz 1053 f) mit jeweils einfacher Mehrheit ist in Art 4–12 Statut geregelt (D 261). Das Gericht kann *auch* in *Kammern* mit beschränkter Richterzahl entscheiden (Art 26 Statut).

Bei der Wahl ist auch darauf zu achten, dass auf der Richterbank die *Hauptformen der Zivilisation* und die *wichtigsten Rechtssysteme der Welt vertreten* sind. Die IGH-Richter werden für neun Jahre bestellt und sind wieder wählbar. Zur Wahrung der Kontinuität stehen alle drei Jahre je fünf Sitze zur Wahl. 1997

Eine Verbindung zur Schiedsgerichtsbarkeit bildet der **iudex ad hoc:** Besitzt keiner der IGH-Richter die Staatsangehörigkeit einer Streitpartei, kann dieser Staat für den konkreten Streitfall die Bank um einen (gleichfalls unabhängigen) Richter seiner Wahl erweitern. 1998

Gem den Begründungen aus den *travaux préparatoires* (Rz 334) des StIG-Statuts soll der Ad-hoc-Richter den Standpunkt des Staates, der ihn ernannt hat, seinen Kollegen im GH erklären. Er soll ferner bei einem Urteil gegen „seinen" Staat für eine diesen möglichst schonende Formulierung sorgen. Das mit dem *iudex ad hoc* wohl verfolgte Ziel, die Staaten eher zur Anerkennung der Zuständigkeit des IGH zu bewegen, wurde freilich kaum erreicht. 1999

Die staatsorientierte Ausrichtung des traditionellen VR und des auf ihm basierenden IGH zeigt sich in Art 34 Abs 1 Statut. Dieser öffnet den Zugang zum GH der VN im **streitigen Verfahren nur Staaten.** IGO können bloß zu Auskünften aufgefordert werden oder solche aus eigener Initiative erteilen, nicht aber als Parteien auftreten. 2000

Die **Rechtsgutachten** des IGH sind rechtlich **nicht verbindlich.** Sie können nach Art 96 SVN **nur** von der **GV** und vom **SR** sowie *von durch die GV dazu ermächtigten* **anderen Organen** der **VN** und **Spezialorganisationen** (Rz 989) beantragt werden. Die GV hat dieses Recht großzügig erteilt. Im Gutachtenverfahren sind soweit wie möglich die Vorschriften über das streitige Verfahren anzuwenden. Hier sind es die Staaten, deren Mitwirkung gem Art 66 IGH-Statut auf das Recht auf Information und auf schriftliche oder mündliche Stellungnahme beschränkt ist. 2001

Das *Gutachtenverfahren* bietet auch eine *„Hintertür"* für die Entscheidung von *Streitfällen* zwischen *Staaten* und *IO*. Die *Parteien* können nämlich – vorausgesetzt, die IO ist dazu befugt – ein von dieser eingeholtes *Rechtsgutachten* des IGH vorher als *verbindlich anerkennen* (zB im Übereinkommen über die Privilegien und Immunitäten der VN – D 104e; Rz 927; ebenso Art 66 WVK II). 2002

Die **Zuständigkeit** des IGH ist auf **Rechtsstreitigkeiten beschränkt,** deren Gegenstände in Art 36 Abs 2 Statut näher umschrieben sind. Diese *justiziablen Streitfälle* betreffen die *Anwendung* und *Auslegung* des **zwischen** den **Parteien geltenden VR**. Hingegen wird bei *„politischen"* oder *„Interessenstreitigkeiten"* eine *neue Norm begehrt* oder die *Rechtsfrage* gar *nicht gestellt.* 2003

Diese Unterscheidung stößt auf verbreitete Kritik. Denn es hängt danach von der Anspruchsformulierung durch die Parteien ab, ob ein Konflikt als „rechtlicher" oder „politischer" Streit ausgetragen wird. Zudem weist auch ein Rechtsstreit politische Aspekte auf, und es stehen dabei Interessen auf dem Spiel. Der IGH hat wiederholt erklärt, dass die politischen Aspekte eines Streitfalls ihn nicht daran hindern, diesen auf Grundlage des VR zu entscheiden (*Teheraner Geisel-Fall, Nicaragua-Fall* – D 346, 245). 2004

2005 **Entscheidungsgrundlage** ist gem Art 38 Statut der **„klassische" Quellenkatalog** des VR, der freilich unvollständig ist (Rz 8, 167 ff). *Mit Zustimmung* der *Parteien* kann der IGH *auch ex aequo et bono* entscheiden; er hat dies aber noch nie getan (Rz 550 f, 1969; vgl auch D 5).

2006 Das Verfahren vor dem IGH ist durch das Statut sowie eine vom GH beschlossene Verfahrensordnung geregelt. Die *amtlichen Sprachen* sind das *Französische* und das *Englische* (Art 39 Statut).

2007 *Häufig* werden **prozesshindernde Einreden** *(„preliminary objections")* – zB wegen Unzuständigkeit des IGH oder Unzulässigkeit der Klage wegen Nichterschöpfung des innerstaatlichen Rechtsweges (Rz 709, 2810 ff) – erhoben. Der IGH neigt dazu, die oft komplexen Fragen seiner Zuständigkeit in einem eigenen Verfahrensabschnitt von der meritorischen Beurteilung des Falles getrennt zu entscheiden. Ist die Beurteilung der Völkerrechtskonformität des Verhaltens eines Staates, der sich nicht der Zuständigkeit des IGH unterworfen hat, eine Vorfrage für die Beurteilung der Hauptfrage, ist der IGH unzuständig und weist das Klagebegehren zurück (D 268).

2008 Der IGH ist befugt, **vorsorgliche Maßnahmen** zum Schutz der Rechte der Parteien „zu bezeichnen" (Art 41 Statut; zB im *Teheraner Geisel-* und im *Nicaragua-Fall* – D 346, 245). Im *LaGrand-Fall* (Rz 1740; D 210 c) stellte der IGH klar, dass seine Beschlüsse über derartige Maßnahmen für die Streitparteien verbindlich sind (wie es das Statut des Internationalen Seegerichtshofs ausdrücklich vorsieht – Rz 2320).

2009 Das *Verfahren* besteht aus einem *schriftlichen und* einem *mündlichen Abschnitt.* Die *Verhandlungen* vor dem IGH sind grundsätzlich *öffentlich;* seine *Beratungen* sind *geheim.* Das **Verfahren** kann **auch in Abwesenheit einer Partei** durchgeführt werden (Art 53 Statut). So *boykottierten der Iran* im *Teheraner Geisel-* und die *USA* (in der materiellen Phase) im *Nicaragua-Fall* den IGH. In einem solchen Fall kann zwar der IGH ein Urteil iSd Klagebegehrens fällen, muss dabei aber von Amts wegen sowohl seine Zuständigkeit als auch die faktische und rechtliche Begründetheit der Klage prüfen. Gegenklagen sind zulässig, sofern sie im konkreten Fall in die Zuständigkeit des IGH fallen und in direktem Zusammenhang mit der Hauptklage stehen.

2010 **Entscheidungen** werden mit **Stimmenmehrheit** der anwesenden Richter getroffen. Bei Stimmengleichheit entscheidet das Votum des Präsidenten oder des ihn vertretenden Richters (D 79 b, 362). Jeder Richter (mittlerweile gehört auch eine Richterin dem IGH an) kann seine persönliche Meinung darlegen (Art 57 Statut).

2011 Solche Sondervoten heißen **separate opinion,** wenn sie *im Ergebnis, nicht* aber in der *Begründung* mit der Ansicht der *Mehrheit übereinstimmen.* Mit einer **dissenting opinion** weichen Richter auch *vom Ergebnis ab.* Auch diese *Sondervoten* werden zusammen mit den Urteilen und Rechtsgutachten, die von der Mehrheit der Richter getragen werden, in den *ICJ Reports veröffentlicht* (Rz 530). Sie machen die Auffassungsunterschiede und die Gewichtung der Argumente unter den Richtern transparent.

2012 Ein *Urteil* des IGH ist *nur für die Parteien* und für den *entschiedenen Fall verbindlich* (Art 59 Statut – **kein „stare decisis"** – Rz 531).

Es ist ferner **endgültig** und **ohne Rechtsmittel.** Hingegen besteht die *Möglichkeit* der *Auslegung* einer Entscheidung des GH *auf Antrag* einer *Partei* (Art 60 Statut). Zudem kann bei Hervorkommen einer wesentlichen, dem Gericht und der betreffenden Partei ohne ihr Verschulden unbekannten Tatsache eine *Revision* beantragt werden (Art 61 Statut). **2013**

Staaten mit einem rechtlichen Interesse, das durch eine Entscheidung eines Streitfalls berührt werden könnte, können auf Antrag vom IGH zur **Nebenintervention** ermächtigt werden (Art 62 Statut). Bei Auslegung eines Vertrages durch den IGH haben auch alle anderen als die am Verfahren beteiligten Vertragsparteien ein Recht auf Nebenintervention. Machen sie davon Gebrauch, ist für sie die Vertragsauslegung durch den IGH verbindlich (Art 63 Abs 2 Statut). **2014**

Bei **Nichterfüllung** eines Urteils des IGH durch eine Partei kann sich die andere nach Art 94 Abs 2 SVN an den **SR** wenden. Dieser *kann* mit Empfehlungen oder (Zwangs-)Maßnahmen für die *Durchsetzung* sorgen. Diese Durchbrechung des „primitiven" Selbsthilfesystems im VR unterliegt aber gleichfalls dem „Veto" (Rz 1053f) und ist bisher noch nicht in die Praxis umgesetzt worden. **2015**

Bis Februar 2004 fällte der IGH 78 Urteile und erstattete 24 Rechtsgutachten. Zunächst wurde er in der Regel nicht mit Streitfällen von großer politischer Tragweite befasst. War dies ausnahmsweise der Fall, kam es wie im *Korfu-Kanal-* (D 330), *Teheraner Geisel-* (D 346) und *Nicaragua-Fall* (D 245) vor, dass die unterlegene Partei zumindest zunächst das Urteil ignorierte. Neben der grundsätzlichen Ablehnung durch die sozialistischen Staaten (Rz 111, 2044) geriet der IGH va nach seiner Entscheidung im *Südwestafrika-Fall 1966* (D 79b) längere Zeit in besonderen *Misskredit* in der *„Dritten Welt"* (vgl Rz 143, 1631). **2016**

Gegen und nach dem Ende des Ost-West-Konflikts legten ihm aber immer mehr Staaten, auch aus der „Dritten Welt", ihre Streitigkeiten, meist wegen umstrittener maritimer oder terrestrischer Grenzziehungen, zur Entscheidung vor. **2017**

Darüber hinaus wurde und wird der IGH jedoch auch zunehmend mit zT politisch brisanten Fragen im Rahmen der Golf-Konflikte (*Ölplattformen-Fall* – Rz 1880) und der Balkan-Konflikte (zwischen den Nachfolgestaaten der SFRJ wegen Völkermordes, Klagen der BRJ gegen NATO-Staaten wegen der *„Operation Allied Force"* – Rz 1866) befasst. **2018**

Ferner setzte sich der GH mit grundlegenden Problemen der Staatenverantwortlichkeit und des Umweltrechts *(Gabčíkovo-Nagymaros-Fall* – Rz 2119, 2419, 2462; D 23) sowie des Konsularrechts (*LaGrand-Fall* – Rz 1740, 2008; D 210a, b) auseinander. **2019**

Um die Attraktivität des Gerichts zu erhöhen, wurde ein mit freiwilligen Beiträgen gespeister Fonds für die Unterstützung der Entwicklungsländer bei Verfahren vor dem IGH gegründet. **2020**

Trotz ihrer Unverbindlichkeit kommt den **Gutachten** des **IGH** als Rechtsauffassung des Gerichts der VN **beträchtliche Autorität** zu. **2021**

Obwohl auch seine Urteile nur die Parteien im Einzelfall binden (Rz 531, 2012), hat der **IGH** zur **Klärung** und **Entwicklung** des **VR** beachtlich beigetragen. Als Beispiele seien die Einführung des Kriteriums der Ver- **2022** einbarkeit mit *Ziel und Zweck* des Vertrages bei der Zulässigkeit von Vorbehalten oder die Anerkennung der *geraden Basislinien* bei der Abgrenzung des Küstenmeeres (Rz 292, 2238; D 13, 6) genannt.

f) Regionale Gerichte für bestimmte Sachgebiete

2023 Neben universell angelegten Gerichten bestehen regionale GH für bestimmte Materien. Hervorzuheben sind der *Europäische Gerichtshof für Menschenrechte* (Rz 1511 f), der *EuGH* (Rz 1138 ff) oder der durch die 1978 in Kraft getretene Amerikanische Konvention für Menschenrechte geschaffene *Inter-Amerikanische Gerichtshof für Menschenrechte* (Rz 1619, 1623).

2024 Wegen des **höheren Integrationsgrades regionaler Gemeinschaften** können solche GH eine **stärkere Stellung** einnehmen. Dies gilt sowohl für den *Zugang,* der *nicht bloß Staaten* offen steht, als auch für ihre *obligatorische Gerichtsbarkeit.* Die diesbezüglichen Kompetenzen des *EuGH* werden als Merkmal der *Supranationalität* der *EG* angesehen (Rz 905, 1140 ff).

g) Verwaltungsgerichte und sonstige Gerichte für bestimmte Materien

2025 Viele IO besitzen sog Verwaltungsgerichte zur Entscheidung von Streitigkeiten zwischen der Organisation und deren Beamten (Rz 955 ff).

2026 Besondere Erwähnung verdient ferner der *Internationale Seegerichtshof* (Rz 2320 f).

8. Die Kombination von Streitbeilegungsmethoden

2027 Die hier dargestellten Verfahren der friedlichen Streitregelung werden manchmal miteinander verbunden. So schrieb der deutsch-schweizerische Schiedsvertrag 1921 bei Nichteinigung auf „diplomatischem Weg" in angemessener Frist für politische Streitfälle ein Vergleichs- und für rechtliche ein Verfahren vor einem SchG vor. Dieser Vertrag diente als Vorbild für eine Reihe bilateraler Streitbeilegungsabkommen.

2028 Das **Streitbeilegungsübereinkommen** der **OSZE 1992** (Rz 1926) verbindet dagegen ein zwar *subsidiäres,* aber *obligatorisches Vergleichs-* mit einem gleichfalls subsidiären *Schiedsverfahren.* Die Zuständigkeit des SchG bedarf jedoch einer *zusätzlichen Unterwerfung* – entweder *ad hoc* oder *pro futuro* – durch die Streitparteien.

2029 Bes bedeutsam auch in der Praxis sind das **„Zweistufenverfahren"** der **EMRK** (Rz 1528 ff) und das originelle **Streitbeilegungsverfahren** der **WTO** (Rz 2589 ff; D 315, 316). Ein weiteres Beispiel für die Kombination von Streitbeilegungsmethoden ist das Verfahren, welches der GS der VN im *Rainbow Warrior-Fall* (D 326 a) anwandte; es stellt eine Verbindung aus Vermittlung und Schiedsverfahren dar.

9. Das Streitbeilegungssystem der VN

2030 Bereits unter den Zielen und Grundsätzen der VN ist in **Art 1 Abs 1** und **Art 2 Abs 3 SVN** der **Grundsatz** der **friedlichen Streitbeilegung** verankert. Wie schon in der Präambel ist der Hinweis auf die Einhaltung des VR bzw die Wahrung des Weltfriedens und der internationalen Sicherheit dabei durch die Erwähnung der *Gerechtigkeit* ergänzt. Diese Erweiterung geht auf einen Zusatzantrag kleiner und schwacher Staaten auf der Gründungskonferenz der VN in San Francisco (Rz 910) zurück. Gerade ihnen musste an gewaltloser Konfliktregelung gelegen sein – aber eben nicht um den Preis einer für sie unzumutbaren, ungerechten Lösung.

Einzelheiten des Streitbeilegungssystems der VN sind in **Kap VI SVN** 2031
geregelt. Es zeichnet sich durch **Flexibilität** aus. Die **Beilegung** auch von Konflikten, die den Weltfrieden und die internationale Sicherheit gefährden können, bleibt **zunächst** den **Parteien** überlassen. Diese haben nach Art 33 vorerst mit den darin (mit Ausnahme der guten Dienste) angeführten „klassischen" Beilegungsmethoden (Rz 1953 ff) oder anderen Mitteln ihrer Wahl selbst eine Lösung zu suchen.

Keinem Verfahren kommt dabei von vornherein *Priorität* zu. Die Kon- 2032
fliktparteien brauchen auch nicht alle erwähnten Mittel anzuwenden. Sie müssen nur ernsthaft eine Regelung mit den Methoden versuchen, die am ehesten zielführend erscheinen.

Auf der **zweiten Stufe** des Systems fungiert der **SR** als **ständige Unter-** 2033
suchungs-, Vergleichs- und (häufig nur schwache) **Vermittlungsinstanz.** Nicht nur in einen Streit verwickelte UN-Mitgliedstaaten können sich an ihn wenden. Nach Art 35 SVN kann der *SR von jedem Mitglied* der *VN* und *sogar von Nichtmitgliedern angerufen* werden. Diese müssen aber Parteien des Streitfalles sein und sich für diesen Konflikt den Streitbeilegungspflichten der Charta unterwerfen.

Unterhalb der Schwelle verbindlicher Sanktionen (Rz 1840 ff) kann der 2034
SR seinen **Einfluss** auf die Streitenden vielfach **abstufen:**

1) Die bloße **Aufnahme** eines Streites **auf** die **Tagesordnung** des SR bewirkt, dass die *Weltöffentlichkeit* dem Konflikt *vermehrte Beachtung* schenkt.

2) Erhalten dann die **Parteien** Gelegenheit zu **Stellungnahmen,** mag dies zum Abreagieren aufgestauter Feindseligkeit beitragen. Sie können zudem die Unterstützung ihres Standpunktes durch andere feststellen. Da jedoch öffentliche Erklärungen aus Prestigegründen die Fronten oft verhärten, wird hierauf im SR häufig eine Lösung in vertraulichen Konsultationen gesucht.

3) Durch eine **Untersuchung** kann der SR einer Partei das Festhalten an ihrer dadurch widerlegten Position erschweren (Rz 1958 f).

4) In **Res** kann der Rat überdies die Streitenden mehr oder weniger nachdrücklich *zu einer friedlichen Lösung hinlenken.* Die Annahme dieser Beschlüsse unterliegt dem „Veto" der ständigen Mitglieder des SR (Rz 1053 f). Der Ausdruck der Besorgnis und die Aufforderung zur weiteren Information des SR sollen die mächtigere Seite hindern, der schwächeren eine unbillige Lösung aufzuzwingen. Der Rat kann allgemein auf die Mittel in Art 33 SVN hinweisen. Er kann den Parteien aber auch ein *bestimmtes Beilegungsverfahren* einschließlich der Anrufung des IGH (Art 36 Abs 3) vorschlagen. Er kann ihnen darüber hinaus sogar den *Inhalt der Regelung* empfehlen.

Der *SR* erteilt ferner bei seiner Tätigkeit nach Kap VI dem *GS der VN* 2035
Aufträge oder *setzt Hilfsorgane* (zB Vermittler) ein. Er kann ferner *peacekeeping forces* entsenden (Rz 1852 ff, 1858 f).

2036 Da nicht alle größeren internationalen Konflikte seit 1945 friedlich beigelegt wurden, hat der SR seine Aufgabe nach Kap VI nicht voll erfüllt. Der Grund dafür liegt in der Uneinigkeit seiner ständigen Mitglieder, nicht aber in der (an sich positiven) Flexibilität des Systems oder in der Unverbindlichkeit der Res des SR nach Kap VI. Der SR könnte nämlich die Nichtbefolgung einer Res als Friedensbedrohung gem Art 39 SVN einstufen und Sanktionen anordnen. Ein ständiges Mitglied mag jedoch zwar bereit sein, einer gegen einen befreundeten Staat gerichteten Empfehlung zuzustimmen, nicht jedoch nachfolgenden Zwangsmaßnahmen gegen diesen nach Kap VII. Unter diesen Umständen vermag sich eine Konfliktpartei va gegenüber einem schwächeren Gegner einer Streitregelung und der Abstellung einer Völkerrechtsverletzung auf Dauer zu entziehen.

2037 Auch die **GV** der VN wirkt auf Grund ihrer allgemeinen Kompetenzen gem Art 10–14 SVN bei der friedlichen Streitbeilegung mit. Sie bedient sich dabei der *gleichen Mittel wie der SR nach Kap VI.* Dabei genießt der SR gem Art 12 SVN Vorrang. Da die Großmächte die GV nicht durch ihr „Veto" blockieren können, kann sie schärfer Stellung beziehen als der SR. Staaten, die mit der Sympathie der Mehrheit rechnen, ziehen deshalb oft das universelle Forum der GV zur Darlegung ihrer Auffassung vor. Allerdings ist die GV nicht zur Verhängung verbindlicher Sanktionen befugt (Rz 1846f).

2038 Die *Kompetenz des* **GS** der VN, die *Aufmerksamkeit* des *SR auf Friedensbedrohungen* zu lenken (Art 99 SVN), erwies sich als praktisch *kaum bedeutsam.* Er bediente sich dieser „Alarmglocke" 1960 in der Kongo-Krise und 1979 nach der Geiselnahme diplomatischen und konsularischen Personals der USA im Iran (Rz 1965, 2016; D 346).

2039 Hingegen entfaltet der GS bei der Streitbeilegung auf Grund von Aufträgen des SR und der GV oder aus eigener Initiative eine oft umfangreiche Tätigkeit. Diese kann von guten Diensten (Rz 1956f) bis zur Organisation friedenserhaltender Operationen (Rz 1852ff, 1858ff, 2035) reichen. Von Anfang an sahen sich die GS nicht bloß als Verwaltungsbeamte (Rz 1028ff). Va GS *Hammarskjöld* fasste sein Mandat politisch auf. Beim Versuch, die Lücken im Friedenssicherungssystem der VN zu schließen, bedarf der GS allerdings eines Mindestmaßes an Unterstützung durch die ständigen Mitglieder des SR.

2040 Schließlich kann auch der **WSR** (Rz 1025) bei der Sicherung des *„positiven" Friedens,* also der Beseitigung der eigentlichen sozioökonomischen Konfliktursachen durch internationale Zusammenarbeit (Rz 2047ff), mithelfen. Seine diesbezüglichen *Leistungen* waren aber bislang *dürftig.*

2041 Ebenso spielte der *IGH* bisher bei der friedlichen Streitbeilegung in den iBez insgesamt *keine zentrale Rolle* (Rz 2016ff).

10. Die „Große Debatte" über die Streitbeilegungsverfahren

2042 Die Diskussion über das optimale Streitbeilegungsverfahren erfolgte sowohl auf der zwischenstaatlichen Ebene als auch in der Völkerrechtswissenschaft. Dabei forderten Vertreter **westlicher Staaten,** einschließlich Österreichs, meistens eine Stärkung der internationalen **(Schieds-)Gerichtsbarkeit,** va auch die allgemeine obligatorische Zuständigkeit des IGH.

Gegen diese sprachen sich früher die sozialistischen und viele Staaten der „Dritten Welt“ aus.

Ein Hauptstreitpunkt betraf die Frage, ob va Staaten, die an der Entwicklung des „alten“ VR nicht beteiligt waren, vor diesem Recht und damit vor einem SchG oder GH, welche dieses Recht anzuwenden haben, wirklich gleich sind. Außerdem wurde die Objektivität von (Schieds-) Richtern angesichts der Prägung durch das politische und rechtliche System ihrer Heimatstaaten bezweifelt. Manche Kritiker lehnten ferner die Unterwerfung unter die Zuständigkeit eines GH oder SchG als mit der staatlichen Souveränität unvereinbar ab. 2043

Die *sozialistischen Staaten* gaben bis zur „Wende“ (Rz 111) *Verhandlungen* den *Vorzug.* Die Position der Staaten der *„Dritten Welt“* war nicht einheitlich. Die meisten unter ihnen traten für die *freie Vereinbarung* der *Beilegungsmethode in jedem konkreten Streit* ein (vgl Rz 143, 2016f). Fernöstliche Religionen, Philosophien und Ideologien verwerfen ein Verfahren, in dem wie vor einem SchG oder GH der Gewinner typischerweise alles, der Verlierer nichts erhält. Sie bevorzugen einen Interessenausgleich, der alle Parteien befriedigt. Dabei kann ein Unbeteiligter als Vermittler mäßigend wirken und neue Lösungsperspektiven eröffnen. 2044

Heute ist ein **Trend** zum **Ausbau** der **internationalen Gerichtsbarkeit** festzustellen. Die *Zunahme* der *Zahl internationaler Gerichte* geht Hand in Hand mit *wachsender Spezialisierung* und Unterschieden in der Zuständigkeit. Die GH entscheiden nicht mehr nur zwischenstaatliche Streitigkeiten, sondern *auch Streitfälle zwischen unterschiedlichen Streitparteien,* auch solche zwischen Einzelpersonen und Staaten. Damit emanzipiert sich das Individuum weiter vom Staat. In diese Tendenz fallen auch die internationalen Strafgerichte (Rz 2841 ff). 2045

Diese Diversifizierung trägt dem unterschiedlichen Charakter der Streitfälle Rechnung. Soweit diese Entwicklung den Rechtsgedanken stärkt und zum Konfliktabbau beiträgt, ist sie positiv zu bewerten. Sie birgt aber auch die Gefahr *divergierender Rechtsauslegung* in sich und kann damit zu einer weiteren *Zersplitterung des VR* führen. Abhilfe dagegen vermag eine verstärkte Kommunikation zwischen den betreffenden Rechtsprechungsinstanzen und die gegenseitige Berücksichtigung der Judikatur zu schaffen. 2046

D. Die Pflicht zur Zusammenarbeit zwischen den Staaten (Kooperationsgebot)

Literatur: *Delbrück* (Hrsg), International Law of Cooperation and State Sovereignty (2002).

Der Schwerpunkt des traditionellen, individualistischen VR (Rz 19) wie auch der SVN liegt auf dem „negativen“ Frieden, dh der Nichtanwendung von (Waffen-)Gewalt. Der *„positive“ Friede,* die Beseitigung der Konfliktursachen durch *weltweite soziale Gerechtigkeit,* kommt demgegenüber zu kurz. So enthält Kap IX SVN ein bloß skizzenhaftes Programm für internationale wirtschaftliche und soziale Zusammenarbeit. Der **WSR** (Rz 1025, 2040) besitzt im Vergleich va zum SR bloß **bescheidene Kompetenzen.** 2047

2048 Die **Entwicklungsländer** behaupteten insbes im Rahmen einer NIWO (Rz 106, 125, 134, 2477, 2518 ff) eine **generelle Zusammenarbeitspflicht** der Staaten. Diese sollte nach universellem VR ohne spezielle vertragliche Zusagen bestehen. Die Industriestaaten hätten danach einseitige Leistungen an arme Länder, va Entwicklungshilfe ohne Bedingungen, zu erbringen. Auch das sozialistische Lager verlangte gem den Grundsätzen der „friedlichen Koexistenz" wirtschaftliche und technische Kooperation mit nichtsozialistischen Staaten (Rz 109).

2049 Das Zusammenarbeitsprinzip wurde aus Art 1, 11, 13, 55 und 56 SVN sowie der Rechtsentwicklung nach 1945, va durch Res der GV der VN, regionale Verträge (Satzungen der Liga Arabischer Staaten, OAS, OAU) und Erklärungen der blockfreien Staaten (Rz 125) abgeleitet.

2050 **Westliche Staaten** wendeten **dagegen** ein, die *allgemeinen Bestimmungen der SVN* müssten *durch zusätzliche Normen konkretisiert* werden. Art 56 verpflichte die Mitglieder nur zur Zusammenarbeit mit den VN (und nicht untereinander). Die für die Entstehung universellen VR seit 1945 als Beweis angeführten Dokumente seien unverbindlich oder/und *res inter alios acta.*

2051 Dass die *FRD* und die *Schlussakte von Helsinki* den Zusammenarbeitsgrundsatz auf eine Stufe mit „klassischen" Prinzipien des VR stellen, ist bedeutsam. *„Weiche" Formulierungen* (*„sollen"* bzw *„werden sich bemühen"*, *„werden Schritte zur Förderung von Bedingungen unternehmen"*) klären aber die entscheidende Streitfrage einer Rechtspflicht insbes zu universeller Wirtschaftskooperation nicht. Humanitäre Erwägungen bzw Einsichten in langfristige Sachzwänge auf Grund der Begrenztheit der Ressourcen haben für eine globale *opinio iuris sive necessitatis* (Rz 191 ff) noch nicht ausgereicht.

2052 Es bleibt abzuwarten, ob nach dem Ende des Ost-West-Konflikts und va angesichts wachsender internationaler Interdependenz alle Staaten verstärkt bei der Lösung der globalen Probleme zusammenarbeiten werden. Diese Herausforderungen reichen von der Bevölkerungsexplosion und Massenarmut bis zur Umweltzerstörung und Bedrohungen der Sicherheit, zB durch den internationalen Terrorismus (Rz 1893 ff). Nationalismus, Wirtschaftsliberalismus und der Abbau des Wohlfahrtsstaates in Industrieländern weisen freilich in die Gegenrichtung.

2053 Österreich plädiert zwar für Konzessionen an die „Dritte Welt", lag und liegt aber in seiner tatsächlichen Entwicklungshilfe unter den am wenigsten gebefreudigen OECD-Staaten.

E. Gleichberechtigung und Selbstbestimmung der Völker

Literatur: *Emerson,* Self-Determination, AJIL 65 (1971) 459; *Sinha,* Has Self-Determination Become a Principle of International Law Today? IJIL 14 (1974) 332; *Thürer,* Das Selbstbestimmungsrecht der Völker (1976); *Oeter,* Selbstbestimmungsrecht im Wandel, ZaöRV 52 (1992) 741; *Tomuschat* (Hrsg), Modern Law of Self-Determination (1993); *Cassese,* Self-determination of peoples: A legal reappraisal (1995); *Clark / Williamson* (Hrsg), Self-Determination: International Perspectives (1996); *Reiter* (Hrsg), Grenzen des Selbstbestimmungsrechts (1996); *Thürer,* Das Selbstbestimmungsrecht der Völker und die Anerkennung neuer Staaten, in: *Neuhold / Simma* (Hrsg), Neues europäisches Völkerrecht nach dem Ende des Ost-West-Konfliktes? (1996) 43; *Danspeckgruber / Watts* (Hrsg), Self-Determination and Self-

Administration (1997); *Heintze* (Hrsg), Selbstbestimmungsrecht der Völker – Herausforderung der Staatenwelt (1997); *MacCorquodale* (Hrsg), Self-determination in international law (2000).

1. Das Grundproblem

Die Erlangung der Souveränität durch zahlreiche abhängige Gebiete in der „Dritten Welt" nach der Schwächung der Kolonialmächte im II. WK stellte eine der einschneidendsten Veränderungen in den iBez nach 1945 dar (Rz 99). Die vr Grundlage für diese *Dekolonisationswelle* bildete das Selbstbestimmungsrecht der Völker. **2054**

Dieser Grundsatz stand auch bei der *deutschen Einigung* (Rz 848 ff) sowie der *Auflösung der SFRJ,* der *UdSSR* und der *Tschechoslowakei* nach der „Wende" Pate (Rz 855 ff). **2055**

Meinungsverschiedenheiten und praktische Schwierigkeiten warfen die Definition des zur Selbstbestimmung berechtigten Volkes sowie der Inhalt dieses Rechtes auf. Zudem erwies sich das Verhältnis dieses Grundsatzes zu anderen Prinzipien des VR, insbes zum Gewaltverbot, zur territorialen Integrität der Staaten sowie zur Achtung der Menschenrechte, als problematisch. **2056**

2. Geschichtlicher Rückblick

Konkrete politische Bedeutung erlangte der Selbstbestimmungsgrundsatz auf dem Boden des Gedankengutes der Aufklärung im 18. Jhdt in der **Amerikanischen** und **Französischen Revolution.** Im 19. Jhdt lieferte er die Ideologie zur Zerschlagung der durch den Wiener Kongress restaurierten europäischen Ordnung durch die Bildung von Nationalstaaten (Rz 86 f, 676). Im Zuge des I. WK forderten nicht nur Präsident *Wilson* und der britische Premierminister *Lloyd George,* sondern auch *Papst Benedikt XV.* und *Lenin* die Selbstbestimmung der Völker. **2057**

In dem durch die *Pariser Vororteverträge* nach dem I. WK errichteten internationalen System, das im Übrigen nur die besiegten und die neuen Staaten belastete, wurde einerseits der *Minderheitenschutz* betont (Rz 1639 ff, 3259 ff). Andererseits lag der Schwerpunkt auf dem *Mandatssystem* des VB (Rz 781). Dieses stellte eine Mittellösung zwischen kolonialer Annexion und auf Selbstbestimmung beruhender Unabhängigkeit dar. **2058**

Die **Neuordnung** im Rahmen der **VN** nach dem II. WK wurde hingegen einerseits auf dem unmittelbaren Schutz des Individuums durch die Zuerkennung von **Menschenrechten** aufgebaut (Rz 1379 ff). Andererseits wurde das **Selbstbestimmungsrecht** der **Völker** in der SVN verankert. Bereits die *Atlantic Charter 1941* (Rz 910, 1379) forderte für Gebietsveränderungen die Zustimmung der betroffenen Bevölkerung und räumte Völkern die Wahl ihrer Regierungsform ein. **2059**

Das Selbstbestimmungsrecht der Völker findet sich in allgemeiner Form in **Art 1 Abs 2** und **Art 55 SVN.** Die Charta enthält überdies auf dieser Linie in Kap XI eine *Erklärung über Gebiete ohne Selbstregierung* und regelt in den Kap XII und XIII das *Treuhandschaftssystem* (Rz 780, 1026). **2060**

2061 Der Grundsatz der Selbstbestimmung wurde in zahlreichen **Res** der **GV** der **VN präzisiert.** Als Meilenstein ist die **Deklaration über die Gewährung der Unabhängigkeit an koloniale Länder und Völker 1960** (Res 1514 [XV]; 89 Pro-, keine Gegenstimme, 9 Enthaltungen – D 266) hervorzuheben.

2062 1965 rief die GV – allerdings nicht einstimmig – in der Res 2105 (XX) alle Staaten va auch zu materieller und moralischer Hilfe an nationale Befreiungsbewegungen auf (D 267).

2063 Auch die beiden **UN-Menschenrechtspakte 1966** (Rz 1383ff) enthalten in ihren *gleich lautenden* **Art 1** das Selbstbestimmungsrecht der Völker einschließlich dessen wirtschaftlicher Komponente, der freien Verfügung über die natürlichen Reichtümer (D 165, 166). Dahinter steckt offenbar die Überlegung, der Genuss der individuellen Menschenrechte setze die vorherige Ausübung des Kollektivrechts auf Selbstbestimmung voraus.

2064 Den Schlusspunkt dieser Entwicklung bildete die detaillierte Formulierung dieses Grundsatzes in der **FRD.** Dass das Selbstbestimmungsrecht im *regionalen Rahmen* der OAS und OAU sowie der Bewegung *blockfreier Staaten* (Rz 125) betont wurde, liegt auf der Hand.

2065 Von praktischer Bedeutung sollte sich ebenfalls seine Aufnahme in den Prinzipienkatalog der **KSZE-Schlussakte von Helsinki,** also seine Anerkennung auch für Europa und Nordamerika (Rz 2078), erweisen.

3. Politisches Postulat oder Norm des Völkerrechts?

2066 *Westliche Regierungen und Völkerrechtler* sahen das Selbstbestimmungsrecht der Völker zunächst *nur als politische Maxime* an. Sie wiesen auf dessen bloß allgemeine Formulierung in der SVN und Weiterentwicklung durch nicht bindende Res (Rz 462ff) der GV der VN hin.

2067 Seit dem In-Kraft-Treten der beiden UN-Menschenrechtspakte im Jahre 1976 lässt sich die normative Relevanz des Grundsatzes nicht mehr leugnen. Va für Vertreter der *„Dritten Welt"* und *sozialistischer* Staaten hatte sich das Prinzip zu einer Norm des *ius cogens* (Rz 31, 364ff, 2784ff, 2836f) entwickelt. Für manche stellte es sogar eine allen anderen übergeordnete „Grundnorm" des modernen VR dar. Der *IGH* sprach 1995 dem Selbstbestimmungsrecht der Völker im *Ost-Timor-Fall Erga-omnes-Charakter* zu (D 268).

4. Meinungsverschiedenheiten über die Träger des Selbstbestimmungsrechtes

2068 Nach traditioneller, *westlicher* Ansicht zeichnet sich ein Volk durch **ethnische und kulturelle Gemeinsamkeiten,** va auch gemeinsame Sprache, aus.

2069 Gem der in der *„Dritten Welt"* vorherrschenden Ansicht sind hingegen darunter die **Menschen** zu verstehen, die **innerhalb** eines bestimmten (früheren) **Kolonialgebietes** leben, mögen dessen Grenzen auch noch so willkürlich gezogen worden sein (**„uti possidetis"** – Rz 720f). Va viele afrikanische Staaten lehnen die westlichen Volkskriterien ab; denn deren Anwendung würde zur politischen Neuaufteilung und weiteren Zersplitterung ihres Kontinents führen.

Die **Volksdefinition** nach dem **Kriterium früherer innerstaatlicher Grenzen** setzte sich aber **auch in Osteuropa** durch (Rz 855 ff). Dazu trug va auch die *Badinter-Kommission* bei (Rz 791, 860; D 269). Diese war mit rechtlichen Fragen des Zerfalls Jugoslawiens nach der „Wende“ befasst. Als negative *Folge* entstand auf den Gebieten der *ehemaligen SFRJ* und der *früheren Sowjetunion* das explosive Problem *neuer Minderheiten.* **2070**

5. Der Inhalt des Selbstbestimmungsrechtes

a) Äußere Selbstbestimmung

Für die *radikalen Verfechter* der *Dekolonisation,* die sich in der Praxis weitgehend durchsetzten, bestand äußere Selbstbestimmung *nur* in der **Errichtung** eines **eigenen Staates.** Dadurch entstanden zahlreiche *Klein-* und *Kleinststaaten,* deren Souveränität und wirtschaftliche Lebensfähigkeit zweifelhaft waren (Rz 40, 742 f, 977). **2071**

Die westlichen Staaten erreichten gem einem Antrag der USA in der FRD immerhin die Anerkennung auch anderer Formen äußerer Selbstbestimmung: der *freien Assoziation* oder *Integration* mit einem bestehenden Staat oder eines *sonst frei bestimmten politischen Status.* **2072**

Va afrikanische Staaten fordern aus Angst vor der „Balkanisierung“ ihres Kontinents, dass erneute *Selbstbestimmung nur „nach oben“,* dh durch den Zusammenschluss zu größeren staatlichen Einheiten (zB Tanzania aus Tanganyika und Zanzibar – Rz 810), zulässig sein soll. So wird in der FRD, aber auch der KSZE-Schlussakte die **territoriale Integrität** der (bestehenden) Staaten hervorgehoben. **2073**

In der Tat lehnten die übrigen, auch die meisten westlichen Staaten die Unabhängigkeitsbestrebungen in Osteuropa zu Beginn der 1990er Jahre zunächst ab. In der Folge lieferte die neue gemeinsame *europäische Werteplattform* die *Richtschnur* für die ausnahmsweise *Unterstützung* von *Sezessionsbewegungen.* Diese müssen *demokratisch* – insbes nach Möglichkeit durch eine Volksabstimmung – *legitimiert* sein; ferner müssen sie die Einhaltung der Grundsätze der SVN und der wichtigsten KSZE/OSZE-Dokumente, va der *Menschen-* und *Minderheitenrechte, zusagen.* Diese Regeln wandten die EG bzw ihre Mitgliedstaaten in ihrer Anerkennungspolitik an (Rz 791; D 82). **2074**

b) Innere Selbstbestimmung

Die weniger als die äußere umstrittene innere Selbstbestimmung besteht in der **freien Wahl** der **politischen, wirtschaftlichen, gesellschaftlichen** und **kulturellen Ordnung** durch ein Volk ohne Einmischung von außen. **2075**

Die Verfechter der Repräsentativdemokratie unter Führung der USA setzten in der FRD einen Hinweis auf die Verwirklichung des Prinzips durch Einsetzung einer Regierung durch, welche die Gesamtbevölkerung eines Gebietes ohne Unterschied der Rasse, des Bekenntnisses oder der Hautfarbe vertritt. Nach der „Wende“ wird in Europa ferner die Verwirklichung der erwähnten gemeinsamen politischen Werte, darunter auch der pluralistischen Demokratie, gefordert. **2076**

6. Räumliche Beschränkung des Selbstbestimmungsrechtes?

2077 Präsident *Wilson* hatte im Zuge des I. WK die Stoßrichtung des an sich universell verkündeten Selbstbestimmungsprinzips gegen die feindlichen Vielvölkerreiche in Europa eingeengt (Rz 2057). Nach 1945 wollten die *„Dritte Welt"* und die *sozialistischen Staaten* die Geltung des Grundsatzes auf **Kolonialgebiete begrenzen.**

2078 Aus **westlicher Sicht** ist er dagegen **weltweit** anwendbar. Seine Verankerung in der FRD ohne geografische Beschränkung („alle Völker") sowie in der KSZE-Schlussakte erwies sich im Lichte der jüngsten Entwicklungen in Europa nicht bloß als die Wahrung einer abstrakten Grundsatzposition.

7. Gewaltsame Ausübung des Selbstbestimmungsrechtes?

2079 Besondere Schwierigkeiten bereitete das Verhältnis zwischen Selbstbestimmungsrecht und Gewaltverbot. Die *„Dritte Welt"*, die von den *sozialistischen Staaten* unterstützt wurde, hielt nicht nur den **nationalen Befreiungskrieg,** also die Ausübung des Selbstbestimmungsrechtes mit Waffengewalt, für rechtmäßig. Sie sah auch dessen *militärische Unterstützung* durch *andere Staaten* als erlaubt und sogar geboten an (Rz 130, 2062). Die Befürworter des nationalen Befreiungskrieges und der Hilfe dabei suchten diese entweder als (kollektive) Selbstverteidigung (Rz 1887 f) oder als zulässige Unterstützung einer Bürgerkriegspartei (Rz 1876) zu rechtfertigen.

2080 *Westliche Staaten* hielten hingegen *nur politischen* und allenfalls *wirtschaftlichen Beistand* für rechtmäßig. In dieser Frage erfolgte auch in der FRD keine echte Einigung. Jede Seite konnte das Recht derVölker auf Hilfe im Kampf um Selbstbestimmung „gem den Zielen und Grundsätzen der SVN" in ihrem Sinn auslegen.

F. Die Achtung der Menschenrechte und Grundfreiheiten

2081 Sowohl im weltweiten Rahmen als auch im regionalen KSZE-Prozess erfolgte während des Ost-West-Konflikts die **Konfrontation** zwischen den Anhängern des **westlichen, individualistischen** und den Verfechtern des **östlichen, kollektivistischen Menschenrechtsverständnisses** (Rz 1358). Seine *dauernde Neutralität hinderte Österreich nicht* daran, in dieser Auseinandersetzung eindeutig *im westlichen Lager* zu stehen (Rz 3214).

2082 Diese Konfrontation endete in Europa mit dem Sieg des westlichen Gesellschaftsmodells. Auch in der *„Dritten Welt"* ist die *Anziehungskraft* des Gegenkonzepts *gesunken,* obwohl dort wegen der vielfach tristen sozioökonomischen Verhältnisse *wirtschaftliche* und *soziale Rechte weiterhin bes aktuell* sind.

2083 Ferner anerkannte der Westen – va mit dem UN-Menschenrechtspakt I, der Sozialcharta des Europarats und durch die sozialpolitischen Bestimmungen im Rahmen der EG/EU (D 192, 197; Rz 1107 ff, 1570 ff, 1605 ff) – gleichfalls die Bedeutung der sozialen Dimension.

2084 Auch heute bestehen einerseits grundlegende **Meinungsverschiedenheiten** über Menschenrechte, va zwischen der **westlichen Auffassung** einerseits und **islamischen** und an **konfuzianischen Werten** orientierten **Vorstellungen** andererseits (Rz 32, 139, 1359). Bei diesen steht die *Unterordnung* unter die *Gemeinschaft* (wie auch nach sozialistischem Verständnis) und nicht die Selbstentfaltung und -verwirklichung des Individuums wie nach westlicher Auffassung im Vordergrund (Rz 120, 1357 ff).

Andererseits findet der Grundsatz des Menschenrechtsschutzes in **2085**
immer zahlreicheren Bereichen des VR seinen Niederschlag (*ius cogens* [Rz 364 ff, 2836], Staatennachfolge [Rz 839 ff], Sanktionen der VN [Rz 1856], Diskussion über „humanitäre Intervention" [Rz 1866]) und trägt zur „Konstitutionalisierung" des VR bei (Rz 165).

G. Souveräne Gleichheit der Staaten, Achtung der der Souveränität innewohnenden Rechte

Die Hauptaspekte dieses Eckpfeilers der Völkerrechtsordnung und der **2086**
damit verbundenen Probleme werden in diesem Buch an anderer Stelle behandelt. Hinzuweisen ist va auf das *Spannungsverhältnis* zwischen den juristischen Postulaten der *Souveränität* einerseits und der *faktischen Ungleichheit* und *(Inter-)Dependenz* zwischen den Staaten andererseits (Rz 39 f) sowie die *Unterordnung* staatlicher Souveränität *unter das VR* (Rz 37 f, 560 ff).

H. Die Erfüllung völkerrechtlicher Verpflichtungen nach Treu und Glauben

Bes für *Verfechter des Naturrechts* liefert das Regulativ der *bona fides* **2087**
einen *Ausweg* aus den *Strukturschwächen* der dezentralisierten Ordnung *des VR* (Rz 52 ff). Allerdings steht zu befürchten, dass im weiterhin heterogenen internationalen System gegensätzliche Wertvorstellungen und Interessen selbst bei gutgläubigem Vorgehen auch in Zukunft zu unterschiedlichen Rechtsansichten führen werden. Eine Erklärung der Befolgung des VR mit einer *„außerpolitischen Kosten-Nutzen-Analyse"* dürfte jedenfalls *realistischer* sein (Rz 57 ff).

VII. Abschnitt

Territoriale Aspekte des Völkerrechts

Vorbemerkung der Herausgeber

Im *Mittelpunkt dieses Abschn* stehen **vr Regelungen,** die der traditionellen **Grundannahme** eines **territorial abgegrenzten Staatensystems zuwiderlaufen.** Danach ist die Erde zwischen souveränen Staaten aufgeteilt, die innerhalb ihrer auch in die Höhe reichenden Grenzen eine exklusive Hoheitsgewalt ausüben und allein die wesentlichen Bedürfnisse ihrer Angehörigen befriedigen können. Ua erfordern jedoch moderner *Verkehr* und *Kommunikation* (ob auf der Schiene oder Straße, ob durch Briefe oder elektromagnetische Wellen) das Ignorieren oder doch die rasche Überschreitung der staatlichen Grenzen. Daneben gibt es ausgedehnte *Räume,* wie die Hohe See oder den Weltraum, die der *Aneignung durch* die *einzelnen Staaten entzogen* sind. Insbes machen auch *Umweltbelastungen* an den Staatsgrenzen nicht Halt und bedürfen einer vr Normierung. **2088**

Die weiterhin zunehmende Aktualität der in den zwei folgenden Kap erfassten Bereiche beruht auf mehreren Entwicklungen und **Spannungsverhältnissen.** Der technische Fortschritt schafft immer neue Kommunikations- und Verkehrsmittel (zB Satellitenfernsehen, Weltraumfahrzeuge, Internet usw) und neue Nutzungsmöglichkeiten (wie den Tiefseebergbau). Mit der **intensiveren Nutzung** verschärft sich aber gleichzeitig auch die **Knappheit** an Raum und sonstigen Ressourcen; sie führt zu verstärkter **Verteilungsproblematik** und schafft *Konfliktpotential* in den iBez. Dazu kommt der Gegensatz zwischen dem va durch technische Notwendigkeiten gebotenen **Abbau staatlicher Souveränität zu Gunsten** engerer internationaler **Zusammenarbeit** und dem **Streben** der **einzelnen Staaten,** sich **bestimmte Nutzungen** (etwa maritimer Ressourcen) **vorzubehalten.** **2089**

Bei der Suche nach vr Lösungen prallen wiederum Vorstellungen marktwirtschaftlich orientierter Industriestaaten auf jene va der Entwicklungsländer. So tritt der *Westen* für das Prinzip des Erstkommenden *(prior tempore, potior iure)* ein, das in der Praxis technologisch und finanziell überlegene Staaten begünstigt. Die *„Dritte Welt“* verficht dagegen den *Gleichheitsgrundsatz* und strebt darüber hinaus zum Abbau des Nord-Süd-Gefälles zT eine *Besserstellung* wirtschaftlich *schwacher Länder* an. **2090**

Überdies soll va auch dieser Abschn dem Leser zumindest in einem Überblick eine Vorstellung von der wachsenden *Dichte vr Regelungen* insbes in technischen Bereichen vermitteln und das Klischee des rudimentären, aus eher allgemeinen Normen bestehenden VR zu widerlegen helfen. **2091**

1. Kapitel

Räumliche Regime und Nutzungen über die und jenseits der Staatsgrenzen

Gerhard Hafner

A. Das internationale Verkehrsrecht

Literatur: *Dupuis,* Liberté des voies de communication, RdC 2 (1924) 129; *Ch. de Visscher,* Le droit international des communications (1924); *Hostie,* Examen de quelques règles du droit international dans le domaine des communications et du transit, RdC 40 (1932) 397; *Kunz,* Die Entwicklung des internationalen Verkehrsrechts seit den Friedensverträgen, ZöR 13 (1933) 412; *de Leener,* Règles générales du droit des communications internationales, RdC 55 (1936) 5; *Turegg,* Das europäische Verkehrsrecht (1955); *Bergner / Bäcker / Lange / Teuchert,* Internationales Verkehrsrecht (1969); *Alexandrowicz,* The Law of Global Communications (1971); *Hill / Evans* (Hrsg), Transport Laws of the World (1977); *Mutz,* Traffic and Transport, International Regulation, EPIL IV (2000) 889.

1. Begriff und Einteilung

2092 Das internationale Verkehrsrecht lässt sich als Gesamtheit der Regelungen des **Rechts** von **Einzelpersonen** auf **grenzüberschreitenden Verkehr** im Sinne einer **Bewegung** von **Transportmitteln** (inkl elektromagnetischer Wellen) verstehen. Es äußert sich im VR meist in der **Pflicht** der **Staaten, solchen Verkehr** durch **Ausländer zuzulassen** – Verkehrsfreiheit, Kommunikationsrecht oder Verkehrsrecht ieS. Es gehört größtenteils dem (wirtschaftlichen) Fremdenrecht an (vgl Rz 1302 ff).

2093 Innerhalb des Auslandsverkehrs ist noch das **Transitrecht** eigens hervorzuheben. Denn jeder Auslandstransport über das Gebiet von Drittstaaten hängt von diesem Recht ab; doch ist die Interessenkonstellation der beteiligten Staaten hier gegenüber jener beim übrigen grenzüberschreitenden Verkehr verschieden: Im Gegensatz zu diesem hat beim Transit der Geberstaat uU kein unmittelbares Interesse am Verkehr, da die Handelsströme der drei beteiligten Staaten jeweils in verschiedenen Richtungen verlaufen können, sodass die Reziprozität nicht ausgleichend wirken kann (Rz 65 ff). Besondere Bestrebungen gelten derzeit der Ausarbeitung von Regelungen über den Verkehr in ökologisch sensiblen Räumen wie den Alpen (Verkehrsprotokoll zur Alpenkonvention).

2094 Die vr Regelungen normieren die Zulassung zum Transit (mitunter nähere Bestimmung der Transitmittel und -wege) und die Befreiung von Einfuhrzöllen, Transit- und sonstigen Abgaben. Während das *Übereinkommen und Statut über die Freiheit des Durchgangsverkehrs, Barcelona 1921* (BGBl 1924/429) lediglich den Verkehr auf *Eisenbahnen* und *Wasserstraßen* erfasst, gewähren gem **Art V GATT 1947** (Rz 2516 f, 2551 ff; vgl D 309) die Vertragsstaaten einander *freien Transit* ohne *Beschränkung auf bestimmte*

Transportmittel (ausgenommen Flugzeuge) auf der Basis der Nichtdiskriminierung und Befreiung von Transitgebühren. Zu den Transitbestimmungen zählen auch die Regelungen der Durchfahrt durch fremde Meeresgewässer (Küstenmeer, archipelagische Gewässer, Meerengen – Rz 2251, 2244, 2259) und der Transitrechte zu Gunsten der Binnenstaaten (Rz 2325 ff) sowie Regelungen für Ex- und Enklaven (Rz 717).

Als **Verkehrsrecht** gilt aber auch die **Gesamtheit** der **Regelungen** für **2095** den **grenzüberschreitenden Verkehr.** Diese beziehen sich über das *Verkehrsrecht ieS* hinaus auf die *Ausstattung* der *Verkehrsmittel* und *-wege* sowie die Bedingungen ihrer *Benützung* (ohne wirtschaftliche Aspekte): so auf die zivilrechtlichen Belange zwischen Benützern und Betreibern der Verkehrsmittel (zB Transportkontrakte), die technische und rechtliche Gestaltung der Verkehrswege, auf die Vereinheitlichung der Vorschriften über die technische Ausstattung (auch im Interesse des Umweltschutzes – vgl zB Rz 2153) und der Arbeitsbedingungen und der Ausbildungsanforderungen an die Lenker, Piloten oder Schiffsmannschaften (im Interesse der Verkehrssicherheit) oder auf den Schutz des Verkehrs (zB gegen die Piraterie zur See, in der Luft oder im Fernmeldebereich [Rz 2176 ff, 2199, 2289] wie auch im Bereich des Internet) oder der öffentlichen Interessen der Staaten.

Die *unterschiedliche Entwicklung der Verkehrssysteme* (unterteilt nach **2096** Transportart, -weg und -gut) und deren Regelung sowie die *regionalen Unterschiede verhinderten* bislang eine *umfassende Normierung,* sodass es zahlreiche Abkommen über einzelne Bereiche gibt. Auf mehrere Verkehrssysteme beziehen sich nur die Transitregelungen wie auch die Verkehrsbestimmungen in wirtschaftlichen Integrationssystemen (zB Art 70 ff [ex-Art 74 ff] EGV – D 137), die nicht nach der Verkehrsart unterscheiden. Dem Bedarf nach die einzelnen Verkehrsarten übergreifenden Vorschriften trägt das *Übereinkommen* der *UNCTAD* über den *Internationalen Multimodalen Gütertransport, Genf 1980* (ILM 19 [1980] 938) Rechnung. Es regelt va die Frachtpapiere für einen solchen Transport und die Haftung des verantwortlichen Frachtführers und des Absenders.

2. Allgemeine Regelungen

Die Entwicklung des Verkehrsrechts verlief *diskontinuierlich, unter-* **2097** *schiedlich* auch für die einzelnen Verkehrswege: So wurde nach der relativ frühzeitigen Regelung des internationalen Seerechts als des Rechts des maritimen Verkehrs (Rz 2226) versucht, das Schifffahrtsrecht auf internationalen Flüssen als Verbindungswege zum Meer abzusichern, und eine allgemeine Transitfreiheit gefordert. Nach den Gegentendenzen des Merkantilismus maß der wirtschaftliche **Liberalismus** (Rz 2508 ff) der **Verkehrsfreiheit** wieder große Bedeutung bei. Dies äußerte sich insbes in der Forderung nach Freiheit der Flussschifffahrt am Ende des 18. Jhdt/Beginn des 19. Jhdt sowie in der späteren Artikulierung eines **Grundrechts** auf **Verkehr.**

Diesen Forderungen nach allgemeiner Verkehrsfreiheit stand aber die **2098** **Betonung** *der staatlichen* **Souveränität entgegen,** sodass sich keine allgemeine diesbezügliche Norm des VGR herausbilden konnte.

2099 Der technische Fortschritt sowie die Verdichtung des grenzüberschreitenden Verkehrs und der Kommunikation im 19. Jhdt führten jedoch zu verschiedenen *multilateralen vertraglichen Regelungen* (zB des Schifffahrtsrechts auf einigen Flüssen, zum Schutz der Unterseekabel, der Post- und Telegrafenverbindungen oder des Eisenbahnverkehrs), die teilweise in die Bildung von IO mündeten, ständig weiterentwickelt wurden und heute noch in Kraft stehen.

2100 Auf der Linie der *14 Punkte Präsident Wilsons* sowie der *Pariser Friedensverträge 1919/20* (Art 321 ff Versailler Vertrag, Art 276 ff, 284 ff, 312 ff Staatsvertrag von St.-Germain) stellte sich nach dem I. WK wieder die Frage nach der allgemeinen Etablierung der Verkehrsfreiheiten auch zu Lande (so auf Eisenbahnverbindungen und Binnenwasserstraßen).

2101 **Art 23 lit e VBS** schuf die Grundlage für die Einberufung der großen **Verkehrskonferenzen 1921** und **1923** sowie für die vertragliche Weiterentwicklung des Verkehrsrechts in der Zwischenkriegszeit (Rz 2094, 2110, 2145). Dabei gelang es zwar nicht, die Verkehrsfreiheit multilateral zu verankern, insbes nicht über den europäischen Bereich hinaus. Doch kam es damals zur *Neugestaltung* bestehender *multilateraler Regelungen,* wie zB zum Londoner Weltpostvertrag 1929, Madrider Weltnachrichtenvertrag 1932 oder Pariser Internationalen Abkommen über den Kraftfahrzeugverkehr 1926.

2102 Nach dem II. WK wurde erneut versucht, eine Grundlage für eine Liberalisierung des Welthandels zu schaffen (schon in der *Atlantic Charter 1941* – Rz 910; Ergebnis aber nur *Art V GATT 1947* – Rz 2094; D 309).

2103 Die **rechtliche Weiterentwicklung** geschieht seitdem va durch die jeweils zuständigen **Spezialorganisationen** der VN (zB IMO – Rz 2323; ITU – Rz 2183; WPV – Rz 2201; ICAO – Rz 2169), innerhalb der *VN* selbst im Rahmen des **WSR,** und hier insbes durch das der *ECE* unterstellte *Inlandtransportkomitee* (Ausarbeitung zahlreicher Abkommen betreffend unterschiedliche Verkehrsarten), wie auch in der *UNCTAD,* soweit Entwicklungsländer betroffen sind.

2104 Da die vr Verankerung einer Verkehrsfreiheit für die Entwicklungsländer zur Überwindung der jeweils auf ihre ehemalige Kolonialmacht ausgerichteten Verkehrskonzepte und Erleichterung der Kommunikation untereinander von großer Bedeutung ist, nehmen sich auch deren **Regionalorganisationen** (zB AU) dieses Problems an.

2105 In Europa wurde diese Rechtsmaterie im Rahmen der europäischen wirtschaftlichen Integration weiterentwickelt, so bereits in der Europäischen Konferenz der Verkehrsminister (*Conférence européenne des ministres des transports* – CEMT, *European Conference of Ministers of Transport* – ECMT), bes aber in Westeuropa in den **EG** mit der Erstellung einer **gemeinsamen Verkehrspolitik (Art 70–80 EGV** – D 137) bis zur Schaffung von den gesamten Binnenmarkt umfassenden *Transeuropäischen Netzen (TEN;* Art 154–156 EGV*).* Die *KSZE-Schlussakte* regte zum Zweck der Verbesserung der Verkehrsbedingungen eine Reihe von Maßnahmen an, ebenso das *Wiener KSZE-Schlussdokument 1989* (Rz 1794); Ansätze für eine zentraleuropäische Verkehrskoordinierung gibt es in der Verkehrskommission der Zentraleuropäischen Initiative (Rz 723, 3332).

3. Flüsse, Kanäle

a) Internationale Flüsse: allgemeine Fragen, Schifffahrt

Literatur: *Berber,* Rivers in International Law (1959); *Baxter,* The Law of International Waterways (1964); *Colliard,* Evolution et aspects actuels du régime juridique des fleuves internationaux, RdC 125 (1968) 337; *Zemanek,* Die Schiffahrtsfreiheit auf der Donau und das künftige Regime der Rhein-Main-Donau-Großschiffahrtsstraße (1976); *Vitányi,* The International Régime of River Navigation (1979); *Bush,* Compensation and the Utilization of International Rivers and Lakes, in: *Zacklin / Caflisch* (Hrsg), The Legal Regime of International Rivers and Lakes (1981) 309; *Fuentes,* The criteria for the equitable utilization of international rivers, BYIL 67 (1996) 337.

aa) Grundsatzprobleme

Die *zunehmende Nutzung* der grenzüberschreitenden Süßwassersysteme, deren Verwendung als natürliche Verkehrswege ins Meer, die zunehmende *Verknappung* des *Trinkwassers,* der **Übergang** von der **unbegrenzten Bedarfsdeckung** zur Notwendigkeit **multifunktioneller Nachfrageregulierung** und die daraus folgende Beschränkung der Nutzungsmöglichkeiten erfordern eine zunehmende Zusammenarbeit zwischen den Staaten zur Abstimmung und Verteilung dieser Nutzungen. Vr Regelungen der Nutzungsbeschränkungen finden sich bereits in Verträgen wie auch im VGR. Sie sind einerseits im Flussschifffahrtsrecht, andererseits im Nachbarschaftsrecht (Immissionsrecht) oder dem diesem nahe stehenden Recht des internationalen Umweltschutzes (Rz 2386 ff) sowie dem in Entwicklung befindlichen VR gemeinschaftlich genutzter Ressourcen anzusiedeln bzw haben dort ihre Wurzeln. **2106**

ab) Die Nutzungspalette

Wenngleich sich die vr Regelung zuerst auf die **Schifffahrt** bezog und dieser lange Zeit Priorität zukam, sind auf Grund der derzeitigen Nutzungsintensität auch andere Nutzungen von der vr Regelung erfasst oder *de lege ferenda* in sie einzubeziehen. Das Übereinkommen der VN über das Recht der nicht-schifffahrtsmäßigen Nutzungen der internationalen Wasserläufe 1997 (ILM 36 [1997] 700) schließt hier Schutz, Erhaltung und Management der Nutzungen der Wasserläufe und des Wassers ein (Art 1 Abs 1). Die jüngeren Regelungen betreffen immer mehr diese anderen Nutzungen und die Reinhaltung der Flüsse. **2107**

ac) Der Begriff des Flusses

Zu unterscheiden sind: **nationale** Flüsse, ausschließlich auf dem Gebiet eines Staates, und **internationale,** die von staatlichen Grenzen quer oder längs geteilt sind. Dabei kann der Begriff Fluss auch andere Oberflächengewässer wie Seen usw umfassen. Der genaue Bereich des einer vr Regelung unterworfenen Flusses ist aus dieser jeweils selbst zu bestimmen. Ursprünglich war die Regelung auf die „natürlich schiffbaren Flüsse" (Art 108 Wiener Kongressakte 1815, Barcelona-Konvention 1921) beschränkt. Sie wurde zu Beginn des 20. Jhdt durch den Begriff „Flussgebiet" bzw „-system" (Art 331 Friedensvertrag von Versailles, Art 1 Pariser Donaukonvention 1921) ersetzt. **2108**

2109 Die umfassende Regelung auch anderer Nutzungen führte zur Erweiterung auf **international watercourse system** (internationales Wasserlaufsystem – Übereinkommen über nicht-schifffahrtsmäßige Nutzungen – Rz 1938; ECE-Übereinkommen über den Schutz und die Nutzung internationaler Wasserläufe und internationaler Seen 1992 – BGBl 1996/578), in manchen Verträgen auf **drainage basin** (Entwässerungsbereich; zB Vertrag über das Niger-Bassin 1963), die beide auch das zusammengehörende Oberflächengewässer sowie das dazugehörende unterirdische Gewässer mit einbeziehen (D 272).

ad) Die Schifffahrt

2110 Nach **wechselhaftem Schicksal** der Idee der **Schifffahrtsfreiheit** auf **internationalen Flüssen** (*Grotius* [Rz 148]: Seine Betonung des freien Handels blieb ohne rechtliche Folgen; *Thomas Jefferson* 1792: Die friedliche Schifffahrt auf einem internationalen Fluss ist ein natürliches Recht der Anrainer; ähnlich der Provisorische Exekutivrat der Französischen Republik 1792) erging die erste generelle Regelung in den Art 108–115 **Wiener Kongressakte 1815** (D 270). Dadurch wurde noch keine unmittelbar anwendbare Schifffahrtsfreiheit, sondern ein *pactum de contrahendo* begründet. Umstritten war, ob die Uferstaaten auch anderen Staaten Schifffahrtsrechte einzuräumen hatten.

2111 Im Verlauf des 19. Jhdt wurden **verschiedene Flüsse** (*Rhein* – Rz 2121 ff, *Donau* – Rz 2116 ff) einem **Vertragsregime** unterworfen. Ein weiterer Ansatz zu einer umfassenden Schifffahrtsfreiheit folgte nach den *Friedensverträgen* nach dem I. WK (Rz 2100) im **Übereinkommen** und **Statut über das Regime von schiffbaren Wasserwegen von internationaler Bedeutung (Verkehrskonferenz** von **Barcelona 1921** – BGBl 1924/429). Die (wenigen) Vertragsstaaten gewähren einander **Schifffahrtsfreiheit** auf der Basis der **Gleichbehandlung,** verpflichten sich zur Freihaltung der Schifffahrtswege und verzichten auf die Einhebung von Abgaben (vgl *Oscar Chinn-Fall* – D 271).

2112 Nach der bestehenden Rechtslage lassen sich folgende vr Flussregime unterscheiden:

1) die keinem vertraglichen Regime unterstellten internationalen Flüsse;

2) die einem solchen Regime unterstellten Flüsse **(konventionelle Flüsse)** mit **Schifffahrtsfreiheit** für die *Ufer-, Teilnehmer- oder sogar Drittstaaten;*

3) die einem solchen Regime unterstellten Flüsse mit einem **zwischenstaatlichen Verwaltungsorgan** (Flusskommission; **internationalisierte Flüsse**), wobei heute zwischen der *Internationalisierung zweiten Grades* (auch Nichtuferstaaten sind Vertragsparteien, zB Rhein 1868, 1979) und der *ersten Grades* (nur Uferstaaten als Vertragsparteien, zB Donau 1948) unterschieden werden kann.

2113 Nach VGR haben die Uferstaaten als Interessengemeinschaft einander das Schifffahrtsrecht vertraglich einzuräumen. Dabei bleibt dem **einzelnen Staat** jedenfalls die **Kabotage** (Transport innerhalb seines Gebietes) und auch die sonstige **Gebietshoheit vorbehalten.** Deshalb fallen Schiffe, mit ihnen transportierte Personen und Güter unter die Gebietshoheit jenes Staates, auf dessen Gebiet sie sich befinden. Folglich hat der Gebietsstaat jeweils das Recht und die Pflicht, Ordnung und Sicherheit auf dem Fluss aufrechtzuerhalten, die Schifffahrtsvorschriften (Ausnahme: Europäische Donaukommission – Rz 2116) inkl seiner Zoll-, Gesundheits-, Ausbildungs- und Ausrüstungsvorschriften durchzuführen und die Schifffahrtswege in Stand zu halten.

Ähnlich den anderen Verkehrssystemen bestehen Abkommen über die rechtlichen Bedingungen der Flussschifffahrt, zB über die Vereinheitlichung einzelner Regeln bei Zusammenstößen von Binnenschiffen 1960 (BGBl 1966/204), die Ausrüstung der Schifffahrtseinrichtungen und den Transport gefährlicher Güter (*European Agreement Concerning the International Carriage of Dangerous Goods by Inland Waterway* (ADN), 2000 – ECE/TRANS/ADN/CONF/2000/CRP10). Umfassende Regelungen bestehen derzeit in der EG. **2114**

Als international bedeutendste Flüsse (gem den VN gibt es 214 *continental international river basins*) unterstehen die folgenden einem vr Regime betreffend unterschiedliche Nutzungen: Europa: Rhein, Donau, Mosel (1956), Elbe (1990) und Oder (1964); Afrika: Nil (1960), Gambia (1978), Kagera (1978), Senegal (1972), Niger (1963); Asien: Mekong (1995), Indus (1960), Ganges (1977); Amerika: St-Lorenz-Strom (1909), La Plata Basin (1969), Río de la Plata (1973), Parana (1979). **2115**

b) Die Donau

Literatur: *Seidl-Hohenveldern,* Die Belgrader Donaukonvention von 1948, ArchVR 7 (1958) 253; *Pichler,* Die Donaukommission und die Donaustaaten (1973); *Costa,* Les effets de la guerre sur les traités du Danube, in: *Zacklin / Caflisch* (Hrsg), The Legal Regime of International Rivers and Lakes (1981) 203; *Zehetner,* Völkerrechtliche Aspekte des Donauausbaus, ÖZöRV 38 (1988) 237; *Barrisch,* The Danube dam dispute under international law, AJPIL 46 (1994) 231.

1856: Donauordnung *(Art 16 und 17 Pariser Friedensvertrag):* Bildung der **Europäischen Donaukommission** für die *untere Donau* mit supranationalen Elementen (Recht zur *Erlassung* von für *die Einzelmenschen unmittelbar verbindlichen Regelungen,* eigene Polizeigewalt, Abgabenhoheit; manchmal als *Internationalisierung dritten Grades* bezeichnet) und **Uferstaatenkommission.** **2116**

1921: Gem den Friedensverträgen nach dem I. WK (Schifffahrtsfreiheit auf der Donau von *Ulm abwärts*) erging die von einigen Parteien – mit Änderungen 1938 – noch als gültig betrachtete, von den übrigen 1940 aufgehobene **Pariser Donaukonvention** (BGBl 1922/706). Sie bestätigte die Europäische Donaukommission für den Bereich Braila – Mündung und gründete für die Strecke Ulm – Braila die **Internationale Kommission** mit **Beteiligung** der **Nichtuferstaaten** *Großbritannien, Frankreich und Italien.* **2117**

1948: Belgrader Donaukonvention (D 273): Zunächst waren nur die sozialistischen Donaustaaten inkl Jugoslawiens Parteien. Nach Erlangung seiner Souveränität 1955 (Rz 3120) wurde Österreich Partei (D 274), wäh- **2118**

rend Deutschland Beobachterstellung innehatte. Danach steht die **Schifffahrtsfreiheit allen Staaten** (vgl Art 31 Staatsvertrag 1955–D 380) auf der Grundlage der Gleichheit bezüglich Hafen- und Schifffahrtsgebühren und der Bedingungen für die Handelsschifffahrt (unter Vorbehalt der Kabotage) für den Abschn *Ulm* (effektiv erst ab Passau) – *Schwarzes Meer* offen. Auf Grund des Zusatzprotokolls 1998 (BGBl III 1999/188) sind nunmehr Vertragsparteien: Bulgarien, Deutschland, Kroatien, Moldawien, Österreich, Rumänien, Russische Föderation, Serbien-Montenegro, Slowakische Republik, Ukraine und Ungarn; gleichzeitig wurde Deutsch neben Französisch und Russisch als authentische Sprache bestimmt.

2119 Gemeinsame Verwaltungsinstitution der Vertragsstaaten ist die **Donaukommission** (Sitz: Budapest). Ihr kommt weitgehend nur *koordinierende* und *beratende Funktion* zu. Die Anwendung und Durchführung der einzelnen Bestimmungen erfolgen durch die Vertragsstaaten selbst (zB Zoll-, Sanitäts- und Stromüberwachung), denen auch die Instandhaltung ihrer jeweiligen Stromabschnitte obliegt. *Sonderstromverwaltungen* gem eigenen Abkommen bestehen für die *untere Donau* (ab Braila) sowie das *Eiserne Tor.* Der dabei mit grundsätzlichen vr Fragen befasste IGH verpflichtete im Fall des Kraftwerkes Gabčíkovo – Nagymaros, das an der gemeinsamen Grenzstrecke Ungarn/Slowakei liegt, die Streitparteien Slowakei und Ungarn zu Verhandlungen über die Weiterführung des Projektes, das Ungarn aus ökologischen Gründen abbrechen wollte (D 23; Rz 2419, 2462).

2120 In Fortsetzung der *Bukarester Deklaration 1985* (ÖZöRV 37 [1987] 430) wurde 1994 das **Übereinkommen über die wasserwirtschaftliche Zusammenarbeit zum Schutz der Donau** (Donauschutzübereinkommen, BGBl 1998/139) abgeschlossen; es sieht die Zusammenarbeit der Vertragsstaaten gem den Zielen einer ökologisch verträglichen, vernünftigen und gerechten Wasserwirtschaft, einschließlich der Erhaltung und rationellen Nutzung der Donau und ihrer Gewässer, in ihrem Einzugsgebiet vor. Die zur Verwaltung dieses Übereinkommens geschaffene *Kommission* hat ihren *Sitz* in *Wien.* Der EuGH stellte bereits fest, dass der Schwerpunkt dieses Übereinkommens im Bereich des Umweltschutzes und nicht des Wassermanagements liege (Rs C-36/98).

c) Der Rhein

Literatur: *Hostie,* Le statut international du Rhin, RdC 28 (1929) 109; *Schluckebier,* Internationales Rheinschiffahrtsrecht (1965); *Kippels,* Der völkerrechtliche Status des zukünftigen Europakanals und seine Auswirkungen auf das Rhein- und Donauregime (1978); *Schlochauer,* Rechtsfragen grenzüberschreitender Wasserstraßen, am Beispiel des Rhein-Main-Donau-Schiffahrtsweges, FS *Mosler* (1983) 839; *Nollkaemper,* The River Rhine: from equal apportionment to ecosystem protection, Review of European Community & international environmental law 5 (1996) 152; *Schulz,* Neues Übereinkommen zum Schutz des Rheins, Zeitschrift für Wasserrecht 38 (1999) 318.

2121 Für den Rhein gelten die (der Mainzer Rheinschifffahrtsakte 1831 nachfolgende) **Mannheimer** revidierte **Rheinschifffahrtsakte 1868** idF des

Übereinkommens zu ihrer Revision 1963 (D 275) sowie die späteren Rechtsakte (Rz 2124). Diese Akte behielt die von den Uferstaaten auf Grund der Wiener Kongressakte 1815 gebildete **Zentralkommission** bei. Die Schweiz und einige Nichtuferstaaten wurden erst gem dem Friedensvertrag von Versailles 1919 Mitglieder der Kommission. Das **Revisionsabkommen 1963** sanierte den inzwischen bestehenden und unbefriedigenden Rechtszustand der unterschiedlichen Beteiligung an der Akte und der Kommission, sodass heute die Schweiz und die EU-Staaten Belgien, Deutschland, Frankreich, Großbritannien und Niederlande beiden angehören. 1998 wurde ein Übereinkommen über den Schutz des Rheins abgeschlossen, das die früheren diesbezüglichen Abkommen ersetzt; eine Kommission mit Entscheidungsbefugnis befasst sich mit der Durchführung des Übereinkommens.

Gem Mannheimer Akte steht die **Schifffahrt** von *Basel* bis zur *Mündung* **allen Staaten** (Art 1), der **Transport** von **Waren** und **Personen allen Uferstaaten** (gem Friedensvertrag von Versailles: allen Staaten; auf Grund des Zeichnungsprotokolls 1979: den Mitgliedstaaten der EU) offen (Art 2; Kabotagevorbehalt strittig). Die Parteien sind zur *Gleichbehandlung* der *Schiffe* und *Ladungen* verpflichtet. Die Einhebung von *Schifffahrtsabgaben* ist *verboten.* **2122**

Die *Zentralkommission* übt *verwaltende Aufgaben* aus (gemeinsam erlassene VO). Sie nimmt ferner *Beschwerden* und *Klagen* von Staaten wie auch Einzelpersonen entgegen und ist als *Berufungsgericht* für Fälle vor den nationalen Rheinschifffahrtsgerichten zuständig. **2123**

Besondere Probleme ergeben sich aus der Zuständigkeit der EG (Art 80 EGV) für diesen Verkehrsbereich und deren Wirkung auf Nicht-EG-Staaten wie die Schweiz. Änderungen zu Art 2 Mannheimer Akte erfolgten durch das Zusatzprotokoll Nr 2 1979 und das Zeichnungsprotokoll 1979. **2124**

Für den Rhein *oberhalb Basels* gilt bis *Neuhausen* der den Rheinschifffahrtsakten nachgebildete *Schifffahrtsvertrag* zwischen *Baden* und der *Schweiz 1879.* Die Schifffahrt *Schaffhausen – Untersee* (Bodensee) sowie auf dem *Alten Rhein* von der Mündung in den Bodensee bis Rheineck-Gaissau (Schweiz–Österreich) wurde anlässlich der Neugestaltung des Schifffahrtsrechts auf dem Bodensee *1972* in zwei Abkommen *neu geregelt.* Danach ist die *Schifffahrt* für *jedermann* frei, doch bedürfen die Fahrzeuge der *Zulassung* (Bewilligung) durch den jeweiligen *Vertragsstaat.* Eine (bloß) *koordinierende* und *beratende Funktion* steht der auch für die Bereiche dieser beiden Abkommen zuständigen *internationalen Schifffahrtskommission für den Bodensee* zu. **2125**

Das Rheinregime gilt nur in beschränktem Umfang für die Nebenflüsse, somit auch für den Main. Der *Rhein-Main-Donau-Kanal* zwischen Bamberg und Kelheim ist rechtlich einem nationalen Regime unterstellt. **2126**

d) Andere Nutzungen der Flüsse

Literatur: *Wolfrom,* L'utilisation à des fins autres que la navigation des eaux des fleuves, lacs, et canaux internationaux (1964); *Garretson ua,* The Law of International Drainage Basins (1967); *Yakemtchouk,* Le régime international des voies d'eau africaines, RBDI 2 (1969) 480; *Grabmayr / Rossmann,* Das österreichische Wasserrecht (1978) 939; *Bruhács,* The Law of non-navigational uses of international watercourses (1993); *Fitzmaurice,* Convention on the Law of the Non-Navigational Uses of International Watercourses, 10 LJIL (1997) 501.

2127 Die vr Regelung der anderen Nutzungen internationaler Flüsse muss einen **Ausgleich** zwischen dem **Recht** jedes **Staates** auf die **Nutzung** seiner **natürlichen Ressourcen** (dauernde Souveränität über Naturschätze – Rz 1315; D 158) und dem Prinzip der **guten Nachbarschaft** sowie dem Grundsatz **„sic utere tuo ut alienum non laedas“** treffen.

2128 Zu dieser Problematik wurden verschiedene Theorien vertreten. Jede von ihnen fand jedoch nur teilweise und beschränkt Anwendung.

2129 1) **Harmon-Doktrin:** Nach dieser Theorie hat *jeder Staat* kraft seiner Gebietshoheit *uneingeschränkte Verfügungsgewalt* über die *Gewässer auf seinem Gebiet.* Diese Doktrin konnte sich auf vr Ebene kaum durchsetzen.

2130 2) **Integritätsdoktrin:** Nach dieser Theorie haben *alle* am Gewässer *beteiligten Staaten* ein *Zustimmungsrecht* zu *jeglicher Änderung* des *Wasserbestandes.* Diese Doktrin wurde aber im *Lac Lanoux-Fall* (D 276) verworfen.

2131 3) **Solidaritätsdoktrin:** Diese *heute vorherrschende Doktrin* beruht auf dem Prinzip der **Interessengemeinschaft** der beteiligten Staaten (Systemstaaten), dem Recht zum **vernünftigen** und **angemessenen Gebrauch,** dem Prinzip der **equity** (Billigkeit, Interessenabwägung – Rz 550f) bei der **Aufteilung** der **Nutzungsrechte** und der **Konsultationspflicht** bei **übermäßigem Gebrauch.** Dieses Distributionsmodell liegt auch weitgehend den von der ILA ausgearbeiteten *Helsinki Rules* (Art IV und V – D 272) sowie dem Übereinkommen über die nicht-schifffahrtsmäßige Nutzungen (D 277; Rz 2107) zu Grunde.

2132 Das solcherart umschriebene Recht eines Systemstaates auf Nutzung ist mit der Pflicht zu Verhandlungen bei Nutzungskonkurrenz verbunden. Darüber hinaus besteht die Pflicht zur Informationssammlung und -übermittlung.

2133 Derzeit bestehen zahlreiche *bi-* oder *beschränkt multilaterale Abkommen* für bestimmte Flusssysteme (D 273, 275; systematische Sammlungen durch die VN – Doc A/5409 und A/CN 4/274; vgl den Vertrag Österreich – BRD und EWG über die wasserwirtschaftliche Zusammenarbeit auf der Donau, Regensburg 1987 – BGBl 1991/17; ECE-Übereinkommen – Rz 2109). *Generelle Regeln* sind ua in den **Helsinki Rules 1966** der **ILA** (D 272) sowie im Übereinkommen über die nicht-schifffahrtsmäßigen Nutzungen (D 277; Rz 2107) enthalten (ferner in Art 3 Charta der wirtschaftlichen Rechte und Pflichten der Staaten – D 308).

2134 Österreich schloss mit seinen Nachbarstaaten eine Reihe von Abkommen über die Nutzung grenzüberschreitender Gewässer. Diese Abkommen betreffen oft auch den Gewässerschutz. Abgesehen von den Vertragspartnern lassen sich diese Verträge in folgender Weise typisieren:

1) Vertragsgegenstand sind generell die Grenzgewässer (zB mit Ungarn über Gewässer innerhalb 6 km von der Grenze 1956 – BGBl 1959/225);

2) Vertragsgegenstand sind bestimmte Wassersysteme (zB Regierungsübereinkommen mit Jugoslawien über die Drau 1954-227 UNTS 112; als radizierter Vertrag – Rz 824 – mit Slowenien weiter gültig);
3) Der Vertrag bezieht sich auf bestimmte Nutzungen (zB Übereinkommen zur Regelung der Wasserentnahme aus dem Bodensee zwischen Österreich, der BRD und der Schweiz 1966 – BGBl 1967/396).

Diese Abkommen errichten fast immer gemeinsame Kommissionen mit sachlich verschiedenen Kompetenzbereichen zur Beratung und Koordinierung. Die Nutzungsregelung sieht oft den Schutz bestehender Wasserrechte vor (zB Abkommen mit Ungarn). **2135**

e) Kanäle

Literatur: *Obieta,* The International Status of the Suez Canal (1970); *Wehser,* Die Durchfahrt durch die interozeanischen Kanäle, BerDGVR 15 (1975) 55; *Grubmayr,* Die immerwährende Neutralität und der Panama-Kanal, ÖZAP 21 (1981) 198; *Lampe,* Die völkerrechtliche Situation des Kieler Kanals gestern und heute (1985); *Major,* Prize Possession: the United States and the Panama Canal, 1903–1979 (1993); *Zieck,* The Panamanian assumption of full control of the administration and operation of the Panama Canal, in: LJIL 13 (2000) 695.

ea) Allgemeines

Ausgenommen die zur Verbesserung der natürlichen Schifffahrtsrinne errichteten Seitenkanäle, die meist die Rechtsstellung des Hauptstroms teilen (Art 1 Statut von Barcelona 1921 – Rz 2111), besteht für künstliche Wasserstraßen (Kanäle) **keine allgemeine vr Regelung.** Für den europäischen Bereich arbeitete jedoch die ECE (Rz 2103) das *European Agreement on Main Inland Waterways of International Importance* (AGN) 1996 (ECE/TRANS/120) aus, das die internationalen Wasserwege definiert. **2136**

Der auf dem Gebiet eines Staates gelegene Binnenkanal (auch der zwei Meeresteile verbindende interozeanische Kanal) untersteht, falls vr nicht anders geregelt, dessen ausschließlicher Gebietshoheit und somit dessen Recht, Gebühren zu erheben, Beschränkungen zu erlassen oder die Zulassung zu genehmigen (siehe Rhein-Main-Donau-Kanal – Rz 2126). **2137**

eb) Der Suez-Kanal

Der Suez-Kanal zwischen Port Said und Suez (Länge: 166 km; Breite: 91 m; Tiefe: 12 m; eröffnet 1869, auf ägyptischem Gebiet gelegen) verbindet das Rote Meer mit dem Mittelmeer. Er verkürzt beträchtlich den Wasserweg zwischen Asien und Europa (Unpassierbarkeit des Kanals 1967–1975 auf Grund der Nahost-Konflikte). **2138**

Die **Konvention** von **Konstantinopel 1888** zwischen der Türkei und europäischen Staaten (heute noch in Geltung) garantiert **allen Staaten** die **Freiheit** der **Schifffahrt** für **Handels-** und **Kriegsschiffe** in **Friedens-** und **Kriegszeiten.** Sie **„neutralisiert“** (Rz 3193) den Kanal, indem sie permanente *Befestigungen* und jegliche *Feindseligkeiten im Kanal verbietet,* ihn dem Blockaderecht entzieht, den Aufenthalt der Kriegsschiffe von Krieg Führenden beschränkt (24-Stunden-Regel im Hafen). Der Kanalbetrieb (einschließlich **2139**

Gebühreneinhebung) erfolgte durch die Suezkanal-AG, deren Aktien sich in ausländischer Hand befanden.

2140 Nach der Verstaatlichung der Kanalgesellschaft durch Ägypten und dem Ausbruch des ägyptisch-israelischen Konfliktes 1956 griffen Frankreich und Großbritannien militärisch in der Kanalzone ein, zogen sich aber unter dem Druck der USA und UdSSR sowie der VN zurück. Ägypten erklärte jedoch 1957 einseitig, es werde die Konvention von Konstantinopel weiter einhalten; die Schiffsrechte Israels sind insbes im *israelisch-ägyptischen Friedensvertrag 1979* verankert.

ec) Der Panama-Kanal

2141 Die ursprüngliche Regelung des Panama-Kanals (1914 eröffnet, verbindet den Atlantik mit dem Pazifik, liegt auf panamesischem Territorium) erfolgte durch zwei Verträge: den *Hay-Varilla-Vertrag 1903* (USA-Panama) – mit der Übertragung der Gebietshoheit entlang des Kanals an die USA – und den *Hay-Pauncefote-Vertrag 1901* (USA-Großbritannien). Dieser öffnete allen Staaten die Schifffahrt durch den Kanal und „neutralisierte" diesen.

2142 **1977** unterzeichneten die **USA** und **Panama** ein Vertragswerk zur *Neuregelung* dieser Fragen. Es besteht hauptsächlich aus dem **Panama-Kanal-Vertrag** (*gültig* bis *1999*), der die Gebietshoheit der USA in der Kanalzone beendete, und dem **Vertrag** über die **Neutralität** und den **Betrieb** des **Kanals** mit unbeschränkter Dauer. Der zweitgenannte Vertrag erklärt den Kanal als *„dauernd neutral"* (Rz 2139). Er unterstellt den Kanal der *Garantie Panamas und der USA* zur Aufrechterhaltung der **friedlichen Durchfahrt** der **Handels- und Kriegsschiffe aller Staaten** in **Friedens-** und **Kriegszeiten** auf der Basis der Gleichberechtigung sowie zur Vermeidung der Verwendung als Repressalienobjekt (Rz 2834 ff). Durch Beitritt zu einem Zusatzprotokoll können alle Staaten die „dauernde Neutralität" (Rz 3187; vgl aber Rz 3192 f) des Kanals anerkennen.

ed) Der Nord-Ostsee-Kanal (Kieler Kanal)

2143 Gem *Friedensvertrag von Versailles* 1919 galt in diesem 1895 eröffneten Kanal, der durch deutsches Gebiet die Nordsee mit der Ostsee verbindet, die *Freiheit* der *Schifffahrt* für die Handels- und Kriegsschiffe *aller* mit *Deutschland* in *Frieden befindlichen Staaten* auf der Basis der Gleichberechtigung (Art 380 ff; vgl Urteil des StIG im *Wimbledon-Fall;* PCIJ Series A, Nr 1 [1923]).

2144 *1936 löste* sich *Deutschland einseitig* von diesen Verpflichtungen. Das Ausbleiben von effektiven Protesten der anderen Vertragspartner gilt als deren schweigende Zustimmung (*acquiescence* – Rz 213).

4. Eisenbahnverkehr

Literatur: *Haustein,* Das internationale öffentliche Eisenbahnrecht (1953); *Haustein / Pschirrer,* Internationales Eisenbahnrecht (Quellensammlung; 1956); *Mutz*, Vers un nouveau droit de transport international ferroviaire, Uniform law review 1

(1996) 442; laufend: *Bulletin des Transports Internationaux par Chemins de Fer; Mutz,* Railway Transport, International Regulation, EPIL IV (2000) 14.

Wenngleich bereits vor dem I. WK Teilaspekte dieser Verkehrsart vr geregelt waren, gelang erst dem VB eine umfassende Regelung durch das **Übereinkommen** und **Statut über die internationale Rechtsordnung der Eisenbahnen** auf der *Verkehrskonferenz* von **Genf 1923** (BGBl 1927/53). Nach dem II. WK wurde das vr Eisenbahnrecht im Rahmen der ECE weiterentwickelt und in jüngerer Zeit umstrukturiert. Die sozialistischen Staaten trafen eigene, ihrem Wirtschaftssystem angepasste Regelungen. **2145**

Das *Statut* von *1923* verpflichtet die Parteien zur Herstellung und zum Ausbau der internationalen Eisenbahnverbindungen und eines durchgehenden Dienstes, zur diesbezüglichen Kooperation, Gleichbehandlung und Einrichtung eines für den internationalen Verkehr günstigen Betriebes, zur Förderung der gegenseitigen Nutzung des rollenden Materials. Es regelt ferner die Gestaltung von Beförderungsverträgen und die Pflicht zu angemessenen Tarifen. **2146**

Der **Beschleunigung** der **Grenzabfertigung** dienen die beiden *Genfer Abkommen* zur *Erleichterung* des *Grenzüberganges* im Eisenbahn-Güter- bzw Eisenbahn-Personen- und -Gepäckverkehr *1952* (BGBl 1956/188). Sie sind zT durch bilaterale Abkommen über die gemeinsame Grenzabfertigung ausgeführt, zB durch das Abkommen zwischen Österreich und der BRD (BGBl 1957/239). Es gestattet ua Hoheitshandlungen auf fremdem Gebiet (vr Verwaltungsservitut – Rz 734). *Bilateral* ist auch die *Durchfahrt über fremdes Territorium in geschlossenen Zügen* geregelt (vgl Abkommen Österreich–BRD – BGBl 1974/331). Dem Ausbau des internationalen Netzes des kombinierten Verkehrs ist das Europäische Übereinkommen über wichtige internationale Strecken des kombinierten Verkehrs und damit verbundene Einrichtungen samt Anhängen 1991 (BGBl 1993/672) gewidmet. **2147**

Der **Vereinheitlichung** der **Ausrüstung** der **Eisenbahnen** dient das zu den ältesten Eisenbahnabkommen zählende *Abkommen über die Technische Einheit im Eisenbahnwesen 1886 (RGBl 1887/8).* **2148**

Die Beförderung durch die Eisenbahn ist im Übereinkommen über den internationalen Eisenbahnverkehr (*Convention relative aux transports internationaux ferroviaires* – **COTIF** – 1980 – BGBl 1985/225) geregelt. Mit diesem wurde die *Zwischenstaatliche Organisation für den internationalen Eisenbahnverkehr (Organisation intergouvernementale pour les transports internationaux ferroviaires – OTIF)* mit Sitz in Bern gegründet; in seinen Anhängen sind die Einheitlichen Rechtsvorschriften für den Vertrag über die internationale Eisenbahnbeförderung von Personen und Gepäck (*Convention internationale concernant le transport des voyageurs et des bagages par chemins de fer* – **CIV**) sowie über die internationale Eisenbahnbeförderung von Gütern (*Convention internationale concernant le transport des marchandises par chemins de fer* – **CIM**) enthalten. **2149**

Dieses Übereinkommen verankert die **Verpflichtung** zur **Beförderung** von Reisenden, Gepäck und Gütern, den *Tarifzwang* und die Veröffentlichungspflicht für Tarife der internationalen Beförderung. Es regelt zudem Form und Bedingungen des *Frachtvertrages* (Frachtbrief, Vorschreibung der **2150**

Beförderungswege, Lieferfristen, Verpackung usw) und dessen Durchführung (Verladung, Zollabfertigung, Ablieferung, Kostenbegleichung) sowie die **Haftung** (Haftungsgemeinschaft der Eisenbahnen außer bei Personenschäden, beschränkte Gefährdungshaftung, Schadenersatzregelung).

2151 Die konkrete Abwicklung des internationalen Verkehrs (zB Fahrplankoordinierung, Tariffestlegungen) erfolgt durch Vereinigungen der Eisenbahnverwaltungen selbst. Sie sind hauptsächlich im Internationalen Eisenbahnverband (**Union Internationale des Chemins de fer** – UIC) organisiert. Österreich ist außerdem am Kooperationsabkommen über das Transeuropäische Eisenbahn Projekt (*Trans European Railway* [TER] - BGBl 1995/776) beteiligt, das für den zentral- und osteuropäischen Raum gilt.

5. Straßenverkehr

Literatur: *Vergnaud,* Les Transports Routiers Internationaux (1960); *Viscontini,* Les Autoroutes Européennes et la Coopération Internationale (1972); *Loewe,* La CMR a 40 ans, Uniform law review 1 (1996) 429.

Dieser Rechtsbereich gliedert sich in:

2152 1) *Regeln* über die **Ein-, Durch-** und **Ausfuhr** von **Kfz** inkl des Beförderungsrechts. Trotz verschiedener Ansätze einer Liberalisierung im Rahmen der ECE (für Warenbeförderungen oder zu touristischen Zwecken 1947) besteht **keine allgemeine grenzüberschreitende Straßenverkehrsfreiheit.** Es liegt vielmehr prinzipiell im Ermessen der Staaten, den Grenzübertritt von Kfz zu beschränken (zB für bestimmte Zeiten, Nachtfahrverbot). Ausnahmen können aus einer vertraglich gewährten Transitfreiheit (Rz 2093) resultieren (möglicher Konflikt mit ökologischen Interessen; vgl ferner das System der „Öko-Punkte" für den Alpentransit). Jedoch begründet auch diese keine Pflicht zur Anlegung und Erhaltung bestimmter Straßen (ausgenommen „Europastraßen" – Rz 2154). Va die grenzüberschreitende *gewerbliche Beförderung* von Personen und Gütern wird weitgehend durch *bilaterale Abkommen* geregelt, teilweise mit Beschränkung auf Kontingente. Mehrere Abkommen regeln die Besteuerung und Zollbehandlung.

2153 2) **Regeln** über die **technische Ausrüstung** von **Verkehrswegen** und **-mitteln** inkl gemeinsamer Verkehrsregeln enthalten va die **Wiener Übereinkommen über den Straßenverkehr** (BGBl 1982/289) bzw über die **Straßenverkehrszeichen 1968** (BGBl 1982/291). Sie vereinheitlichen die Verkehrsvorschriften, Verkehrszeichen, Regelungen über Zulassung, technische Ausrüstung und Abmessung von Kfz und Anforderungen an die Lenker (zB Führerschein), wodurch der Grenzübertritt wesentlich erleichtert wird.

2154 Das *Europäische Übereinkommen über die Hauptstraßen des internationalen Verkehrs 1975* bezeichnet die **„Europastraßen"** (zB E 59: Prag – Wien – Graz – Split) und legt deren Abmessungen (zB Kurvenradius) und sonstige Ausstattung fest (1302 UNTS 92). Daneben bestehen noch weitere spezielle Abkommen.

2155 3) **Regelungen** des **zivilrechtlichen Verhältnisses** zwischen **Beförderungsunternehmern** und **Benützern** sind hinsichtlich der Güterbeförderung im **Genfer Übereinkommen über den internationalen Beförderungsvertrag**

im Straßengüterverkehr 1956 (*Convention relative au contrat de transport international de marchandises par route* – CMR – BGBl 1961/138) enthalten. Es regelt den Frachtbrief, dessen Gestaltung und Rechtskraft, das Verfügungsrecht über die Ablieferung des Gutes und die Haftung.

4) **In organisatorischer Hinsicht** besteht lediglich eine Vereinigung der **2156** Organisationen des grenzüberschreitenden Güter- und Personenverkehrs **(International Road Transport Union – IRU),** die sich ua der Weiterentwicklung des Transportrechts widmet.

6. Luftverkehr

Literatur: *Wright,* Legal Aspects of the U-2 Incident, AJIL 54 (1960) 836; *Cheng,* The Law of International Air Transport (1962); *Hailbronner,* Der Schutz der Luftgrenzen im Frieden (1972); *Philipp,* Internationale Maßnahmen zur Bekämpfung von Handlungen gegen die Sicherheit der Zivilluftfahrt (1977); *Schwenk,* Problems of Airports in the Vicinity of Foreign States, Annals of Air and Space Law 3 (1978) 255; *Schreuer,* Eurocontrol: Wechselwirkungen staatlicher und internationaler Jurisdiktion, FS *Hellbling* (1981) 371; *Bentzien,* Der unerlaubte Einflug von Luftfahrzeugen in fremdes Staatsgebiet in Friedenszeiten und seine Rechtsfolgen (1982); *McWhinney,* The Illegal Diversion of Aircraft and International Law (1987); *Balfour,* European Community air law (1995); *Diederiks-Verschoor,* An introduction to air law (1997); *Giemulla/Schmid,* Council Regulation (EC) No. 2027/97 on Air Carrier Liability in the Event of Accidents and ist Implications for Air Carriers, Air and Space Law 23 (1998) 98; *Staudacher,* Die Luftverkehrspolitik Österreichs vor und nach dem Beitritt Österreichs zur Europäischen Union und deren Auswirkungen auf die österreichische Luftverkehrswirtschaft aus der Sicht der Praxis (1999); *Bollweg,* Das Montrealer Übereinkommen, ZLW 49 (2000) 439; *Whalen,* The new Warsaw Convention: The Montreal Convention, Air and Space Law 25 (2000) 12.

a) Grundsatzprobleme des Luftraums

Der vor dem I. WK (*Pariser Konferenz 1910* über *Luftschifffahrt*) aus **2157** militärischen Gründen erhobenen Forderung, den Luftraum der *Souveränität* und *Gebietshoheit* des *darunter liegenden Staates* zu unterstellen, liefen unmittelbar nach dem I. WK die *Interessen* der aufkommenden *zivilen Luftfahrt zuwider.* Gem dem damals herrschenden Liberalismus wurde eine Einschränkung der ausschließlichen und sachlich unbegrenzten Lufthoheit der Staaten verlangt.

Die **Pariser Luftfahrtskonvention 1919** verankerte aber die Ausdeh- **2158** nung der staatlichen **Souveränität** auf den **Luftraum** und schränkte sie nur durch ein dem Seerecht angeglichenes **Recht** des **friedlichen Durchflugs** (Rz 2251) ein, das aber *nicht* für *gewerblichen Lufttransport* galt.

Gegen Ende des II. WK wurde ein neues Abkommensgeflecht vorbe- **2159** reitet. Es sollte noch mehr den Entwicklungen in der Luftfahrt Rechnung tragen, gleichzeitig aber auch den Gemeinbezug durch die Errichtung einer IO, der **ICAO** (Rz 2169), fördern. Ihr wurden gewisse Überwachungsrechte und insbes die Aufgabe übertragen, das Recht dem Fortschritt der Zivilluftfahrt anzupassen.

Derzeit ergibt sich eine **funktionelle Teilung** des Luft(fahrts)rechts **2160** insofern, als die Normen über den *Zivilluftverkehr* im Rahmen der ICAO, aber auch regionaler IO sowie in hohem Maße bilateraler Luftfahrtsabkommen weitgehend *gemeinschaftlichen* Ursprungs sind. Dagegen fallen die *übrigen Regelungen* über den Luftraum in den einzelnen *Staaten* vorbehaltenen *Regelungsbereich.*

b) Ausschließlicher Regelungsbereich

2161 Das **Chicagoer Abkommenswerk 1944** (Rz 2165) hält an der ausschließlichen **Souveränität** eines Staates über dessen **Luftraum** fest (Art 1, 2–D 278). Daher bedürfen sämtliche Ausnahmen davon eines klaren vr Nachweises (vgl zB Luftbeobachtung auf Grund des „Vertrags über den offenen Himmel" 1992 – Rz 1834).

2162 Angesichts der Notwendigkeit einer grenzüberschreitenden **Kontrolle** der höheren Lufträume und zur Erhöhung der **Sicherheit** wurde 1960 in Brüssel die **European Organization for the Safety of Air Navigation** *(Eurocontrol)* gegründet (Abkommen Österreich–Eurocontrol über bestimmte Bereiche der Zusammenarbeit – BGBl 1972/56 idF 1973/504). *Besondere Probleme* bereiten die *grenznahen Flughäfen* wie zB Salzburg (3,75 km von der deutschen Grenze) oder Altenrhein (10 km von der österreichischen Grenze; vgl den Vertrag zwischen der Republik Österreich und der Schweizerischen Eidgenossenschaft über die Auswirkungen des Betriebs bestehender grenznaher Flugplätze auf das Hoheitsgebiet des anderen Vertragsstaates – BGBl 1992/171). Ihr ungestörter Betrieb bedarf einer Vereinbarung mit dem Nachbarstaat (Sicherheit des An- und Abfluges, grenzüberschreitende Lärmbelästigung).

2163 Der **Gebietsstaat** darf wegen der Verhältnismäßigkeit der Mittel (Rz 1886, 2836) zur Abwehr einer Rechtsverletzung sowie wegen der Beistandspflicht für „in seinem Hoheitsgebiet in Not geratene Luftfahrzeuge" (Art 25 Zivilluftfahrtsabkommen – Rz 2165) **gegen unerlaubt einfliegende Flugzeuge nicht ohne weiteres Gewalt** anwenden. Demgemäß handelte zB Bulgarien 1955 gegenüber einem israelischen Zivilluftfahrzeug rechtswidrig, das auf dem Flug von London nach Lod über bulgarisches Territorium geriet und von bulgarischen Militärmaschinen abgeschossen wurde. Nach dem Abschuss eines vom Kurs abgewichenen südkoreanischen Passagierflugzeuges über sowjetischem Territorium durch ein Militärflugzeug der UdSSR 1983 wurde das Abkommen über die Zivilluftfahrt durch Art 3 bis ergänzt (D 278).

2164 **Anderes** gilt bei (vorsätzlich) rechtswidrigen Flügen von **Militärflugzeugen** zu **Spionagezwecken** (Rz 2937), wie der amerikanischen U-2, die 1960 über sowjetischem Gebiet abgeschossen wurde: Die USA protestierten weder nachhaltig gegen den Abschuss, noch bestritten sie die Rechtmäßigkeit der Anwendung sowjetischen Strafrechts.

c) Die völkerrechtliche Regelung des Luftverkehrs

ca) Rechtsgrundlagen

2165 Die vr Regelung des Luftverkehrs beruht generell auf dem **Vertragswerk** von **Chicago 1944,** welches insbes aus dem **Abkommen über die Internationale Zivilluftfahrt** (mit Satzung der ICAO – D 278, 31, 32) und der

Vereinbarung über den Durchflug im internationalen Fluglinienverkehr (BGBl 1959/46) besteht.

Die darin verankerten Rechte gelten jedoch **nur** für **Zivilflugzeuge,** *nicht* aber für *Staatsluftfahrzeuge.* Zu diesen zählen auch die im Militär-, Zoll- und Polizeidienst verwendeten Flugzeuge. Die Flugrechte der Staatsluftfahrzeuge fallen somit weiterhin in den kaum beschränkten *Regelungsbereich* des *Gebietsstaates* (Rz 2161). 2166

In der Zivilluftfahrt unterscheidet dieses System in erster Linie zwischen dem **planmäßigen Linienverkehr** und der **sonstigen Zivilluftfahrt;** innerhalb dieser wieder zwischen solcher, die Personen, Güter oder Post *ohne* Entgelt, und jener, die *gegen Entgelt* befördert (zB Charterflugzeuge, Taxiflüge). *Charterflüge* regelt das multilaterale *Pariser Abkommen über die kommerziellen Rechte im nichtplanmäßigen Luftverkehr in Europa 1956* (BGBl 1957/163). 2167

Dieses Luftrechtssystem basiert auf der herkömmlichen Unterscheidung von fünf (sechs, bei manchen sogar acht) **„Luftfreiheiten"** (D 279). Es behält aber den *Staaten* das *Recht, Routen vorzuschreiben* oder zu *sperren,* sowie zur *Kabotage* (Rz 2113) vor. 2168

Das Abkommen über die Internationale Zivilluftfahrt bildet das Gründungsinstrument für die **ICAO.** Sie wurde zur Spezialorganisation der VN mit Sitz in Montreal. Ihre Organe umfassen: die Versammlung aller Mitgliedstaaten und den Rat mit 27 von der Versammlung gewählten Mitgliedern. Der **Rat** ist mit **rechtsetzender Befugnis** für die internationalen Standards und (mit Einschränkungen in ihrer bindenden Wirkung) Empfehlungen, mit **Überwachungsaufgaben** sowie **rechtsprechenden** Funktionen ausgestattet. Außerdem besitzt die ICAO eine Reihe *technischer Organe* (ua *Air Navigation Commission, Air Transport Committee, Legal Committee, Financial Committee)* und ein *Sekretariat.* 2169

Trotz weitgehender **Beschränkung** auf den **Nicht-Linienverkehr** trägt dieses Abkommen zur Weiterentwicklung der Luftfahrt in allen ihren Aspekten bei (vgl Rz 2163). Denn es enthält Vorschriften über deren *Erleichterung* und bietet die Grundlage für die *Harmonisierung* der entsprechenden nationalen Vorschriften und für die Annahme internationaler Richtlinien, Empfehlungen und Verfahren (mit *Contracting-out*-Möglichkeit – Rz 474) hinsichtlich der Sicherheit des Flugverkehrs und dessen Einrichtungen durch die entsprechenden Organe der ICAO. 2170

cb) Der Rechtsstatus der Flugzeuge

Gem Zivilluftfahrtsabkommen haben die Flugzeuge die **Staatsangehörigkeit** jenes **Staates,** in dem sie **eingetragen** sind (in Österreich gem Luftverkehrsgesetz [BGBl 1957/253] in das Luftfahrzeugregister – Rz 704), und haben die entsprechenden *Kennzeichen* zu führen. Eintragungen in mehreren Staaten sind unzulässig. Der ausschließlichen Jurisdiktion des Heimatstaates unterliegt das Flugzeug in dessen Gebiet oder außerhalb der Gebietshoheit anderer Staaten (Antarktis, Hohe See – Rz 2220, 2285; D 280, 283, 31, 284), während es sonst auch der Jurisdiktion des Gebietsstaates unterliegt. 2171

2172 Grundlegend für das (im Zeitalter der Großraumjets und des Flugtourismus bes bedeutsame) **Haftungsrecht,** das aus dem Gegensatz zwischen dem Wunsch des Geschädigten nach möglichst umfassender Schadensdeckung und dem des Luftfrachtführers nach Beschränkung der Haftungssummen (auch im Interesse des Luftverkehrs) resultiert, ist das **Warschauer Abkommen zur Vereinheitlichung von Regeln über die Beförderung im internationalen Luftverkehr 1929** (BGBl 1961/286 idF BGBl 1971/161). Es legt **Verschuldenshaftung** mit **umgekehrter Beweislast** verbunden mit **Haftungshöchstgrenzen** fest und regelt die *Beförderungsbedingungen;* seine zahlreichen *Änderungen* zielen auf *vermehrte Erfolgs- oder Gefährdungshaftung* (vgl Rz 2360 ff) ab. 1999 wurde dieses System in Montreal überarbeitet, wobei die Haftungshöchstgrenzen hinaufgesetzt wurden.

cc) Die Regelung des Linienverkehrs

2173 Trotz des gewaltigen Ausmaßes des internationalen Linienflugverkehrs beruht dieser noch immer auf einem heute sehr dichten Geflecht **bilateraler Abkommen** (vgl D 47).

2174 Die *Verteilung* des Flugverkehrs auf die *Fluggesellschaften* der Vertragsparteien (Marktaufteilung) erfolgt zT nach dem Modell des zwischen den **USA** und **Großbritannien 1946** auf Bermuda abgeschlossenen Abkommens **(Bermuda-Abkommen I).** Jüngere Entwicklungen (so im *Bermuda-Abkommen* II 1977) tendieren zum Abbau staatlicher Einflussnahme (Deregulierung) zu Gunsten stärkeren Wettbewerbs und flexiblerer Routenwahl sowie zur Lockerung der Preisgestaltung (vgl Abkommen Österreich – USA idF BGBl 1995/497).

2175 Eine **multilaterale Vereinbarung** über die Linienluftfahrt besteht zwar *nicht* für die *Staaten,* jedoch zwischen den **Fluggesellschaften** in der **Internationalen Air Transport Association (IATA).** Sie ist als *Kartell* des Luftverkehrs für die *Preisgestaltung* und die *Vereinheitlichung* der *Beförderungsbedingungen* von Bedeutung.

cd) Der Schutz des Luftverkehrs

2176 Die zahlreichen Flugzeugentführungen **(hijacking)** oder sonst gegen die Sicherheit der Luftfahrt gerichteten und meist mit politischen Motiven verknüpften Straftaten riefen nach multilateralen Regelungen der Strafbarkeit, der Zuständigkeit und der Verpflichtung, die Strafjurisdiktion auszuüben.

2177 Abgesehen von der auch *auf Luftfahrzeuge ausgedehnten Seeräuberei* **(Piraterie)** gem dem internationalen Seerecht (Rz 2289) ist die erste diesbezügliche Regelung das **Abkommen über strafbare und bestimmte andere an Bord von Luftfahrzeugen begangene Handlungen, Tokio 1963** (BGBl 1974/247). Es gilt für Verstöße gegen die Strafgesetze und sonstige gegen die Sicherheit an Bord gerichtete Handlungen und *verpflichtet* den *Registerstaat,* seine strafrechtliche *Jurisdiktion* darüber zu erstrecken.

2178 Das **Haager Übereinkommen zur Bekämpfung der widerrechtlichen Inbesitznahme von Luftfahrzeugen 1970** (BGBl 1974/249) geht über das Abkommen von Tokio hinaus. Es *normiert* selbst die *Straftatbestände* solcher Inbesitznahme und *verpflichtet* gem Art 4 die Vertragsstaaten, solche Handlungen *mit schweren Strafen zu ahnden* sowie ihre Gerichtsbarkeit darüber zu begründen, *wenn* die *Handlung an Bord eines in ihnen registrierten Flugzeugs* begangen worden ist, das betreffende *Flugzeug auf ihrem Gebiet landet,* der *Flugzeugmieter* seinen *ständigen Aufenthalt auf ihrem Gebiet* hat oder der *Verdächtige* sich *dort* aufhält (vgl D 280, 281). Damit wurde eine fast universelle Zuständigkeit begründet. Sie wird noch dadurch ergänzt, dass *bei Nichtauslieferung* (etwa mangels eines Auslieferungsvertrages oder zur Wahrung des Asylrechts – vgl Rz 1283ff) der betreffende *nicht ausliefernde Staat* die *Strafverfolgung selbst* vornehmen muss.

Das **Übereinkommen zur Bekämpfung widerrechtlicher Handlungen gegen die Sicherheit der Zivilluftfahrt, Montreal 1971** (BGBl 1974/248), geht seinerseits in der Tatbestandsnormierung über das Haager Übereinkommen hinaus. Es erfasst nämlich auch sonstige, *nicht nur* auf die *Flugzeugentführung* gerichtete *Handlungen* (zB Zerstörung von Flugzeugen, von Flugnavigationseinrichtungen etc); das *Protokoll 1988* schließt auch den *Schutz von Flughäfen* ein (ILM 27 [1988] 627). **2179**

Um das Vorbringen von Opportunitätsgesichtspunkten auszuschließen, lässt das *Europäische Übereinkommen zur Bekämpfung des Terrorismus, Straßburg 1977* (BGBl 1978/446 – Rz 1896), die *Qualifizierung* jener Handlungen, die (neben anderen) unter die im Haager und Montrealer Übereinkommen normierten Tatbestände fallen, als solche *politischer* Natur *nicht* mehr zu. Nach dem Flugzeugabsturz von Lockerbie wurde die *Convention on the Marking of Plastic Explosives for the Purpose of Detection 1991* (ILM 30 [1991] 721) ausgearbeitet. **2180**

7. Der internationale Fernmeldeverkehr

Literatur: *Leive,* International Telecommunications and International Law: The Regulation of the Radio Spectrum (1970); *Frowein / Simma,* Das Problem des grenzüberschreitenden Informationsflusses und des „domaine réservé", BerDGVR 19 (1979) 1, 39; *Nordenstreng / Schiller* (Hrsg), National Sovereignty and International Communication (1979); *Robinson,* Regulating International Airways: The 1979 WARC, VirgJIL 21 (1980) 1; *Arno / Dissanayake* (Hrsg), The News Media in National and International Conflict (1984); *Fischer,* Das internationale Fernmelderecht und die Rolle der internationalen Institutionen im Telekommunikationsbereich, in: *Korinek / Stampfl-Blaha* (Hrsg), Beiträge zum Telekommunikationsrecht (1989) 249; *Wallenstein,* Setting Global Telecommunication Standards (1990); *Heilbock,* Neueste Entwicklungen im internationalen Telekommunikationsrecht, Multimedia und Recht 1 (1998) 129; *Kleinwächter,* ICANN als United Nations der Informationsgesellschaft? Multimedia und Recht 2 (1999) 452; *Noll,* The International Telecommunication Union (ITU), ebd 465; *ders,* „Telecom", ebd 597; *ders,* ITU Constitutional and Conventional Amendments, Multimedia und Recht 3 (2000) 270.

Der grenzüberschreitenden Informationsübermittlung dient neben den Postverbindungen va der Fernmeldeverkehr. Das internationale Fernmelderecht umfasst die Regelung des sog **Ätherraumes** (dh der Gesamtheit des elektromagnetischen Wellenspektrums), die in das Medienrecht (betreffend Radio und Fernsehen – Rz 2191) und Weltraumrecht (Rz 2334ff) übergreift, sowie des internationalen **Telefon-** und **Telegrafenverkehrs.** Damit wird eine breite Palette von Kommunikationsmitteln erfasst, die von *Telegramm,* **2181**

Fernschreiber und Mitteln der *Datenfernübertragung* (DFÜ; inkl Telefax) bis zum *Fernsehen* reichen. Dieser Rechtsbereich regelt somit individuelle, an bestimmte Personen gerichtete bis hin zu den für die Allgemeinheit bestimmten Äußerungen.

2182 Die derzeit gültige Regelung dieses Rechtsbereiches ist im **Internationalen Fernmeldevertrag, Nairobi 1982** (BGBl 1989/593), enthalten, der auch die Vollzugsordnungen für die einzelnen Materien: Telegrafen-, Telefon- und Funkdienst samt Zusatz-Vollzugsordnungen einschließt. Er wurde jedoch 1992 grundsätzlich überarbeitet und 1994 in Kyoto abgeändert (BGBl III 1998/17). Dabei wurde auch der wachsende private Sektor verstärkt in die Organisationstätigkeit einbezogen.

2183 Seit 1865 (mit dem österreichisch-deutschen Telegraphendienst seit 1850 als Vorläufer) bildete sich allmählich jene organisatorische Struktur heraus, die derzeit die **ITU** (Internationale Fernmeldeunion), eine Spezialorganisation der VN (Sitz: Genf), prägt. Sie besteht aus der *Konferenz der Regierungsbevollmächtigten,* die als oberstes Organ die Grundsätze der ITU festlegt, sowie den drei Bereichen: *Radiocommunication Sector* mit dem mit der Verwaltung der Frequenzzuteilungen betrauten *Radio Regulation Board,* dem *Telecommunication Standardization Sector* sowie dem *Development Sector.* Weiters bestehen die weltweiten oder regionalen *Verwaltungskonferenzen* (zuständig zur Behandlung besonderer Fragen des Fernmeldewesens, die weltweiten auch zur Revision der Vollzugsordnungen), der *Verwaltungsrat* als ständiges Exekutivorgan sowie das *Generalsekretariat.*

2184 Neben dieser universellen IO bestehen regionale IO für die zwischenstaatliche Zusammenarbeit in diesem Bereich (zB für *Commonwealth,* Afrika etc).

2185 Im Gegensatz zu den Ansichten, die den Ätherraum dem Luftraum gleichstellten, gilt grundsätzlich die **Ätherfreiheit,** das jedermann zustehende Recht, auch mittels grenzüberschreitender Emissionen Informationen auszutauschen.

2186 Die für den allgemeinen Fernmeldebetrieb wichtigsten Regelungen, die erst einen geordneten grenzüberschreitenden Betrieb ermöglichen, finden sich in den allgemeinen Bestimmungen des Vertrages 1982 (Art 18–38): Die Parteien erkennen **jedermann** das **Recht** zu, ihre **Einrichtungen** zum **internationalen Nachrichtenaustausch** zu **benützen.** Sie verpflichten sich gleichzeitig zur Errichtung, zum Betrieb und zum Schutz der entsprechenden Fernmeldeübertragungswege und -einrichtungen, ohne die jenes Recht kaum effektiv wäre. Suspendierungen des Dienstes dieser Einrichtungen sind zwar zulässig, müssen den anderen Vertragsstaaten aber mitgeteilt werden. Privattelegramme und private Fernmeldeverbindungen dürfen bei Verstoß gegen die Sicherheit des Staates oder dessen Gesetze angehalten bzw unterbrochen werden. Erst diese **Pflicht** zum **Betrieb** entsprechender **Installationen** sowie das Verbot der Behinderung **(Transitpflicht)** schaffen ein für diesen Kommunikationsbereich gemeinsames Gebiet der Vertragsparteien.

2187 Weiters sind die Vertragsstaaten zur **Geheimhaltung** verpflichtet. *Bestimmte Meldungen* (zB solche betreffend die Sicherheit des menschlichen Lebens, Staatstelegramme) genießen *Vorrang* (Durchbrechung der sonst bestehenden **Gleichbehandlungspflicht**).

Die Verrechnungen sind vereinheitlicht. Für den Funkdienst besteht nicht nur das *Recht* auf, sondern auch die *Pflicht* zum *Austausch* von *Funknachrichten,* ausgenommen lediglich faktische Unmöglichkeit oder Verteidigungsbelange. **2188**

Die *Ätherfreiheit* findet ihre **Schranken** sowohl im **Inhalt** der übermittelten **Information** als auch an der **Verfügbarkeit** des **Transportmediums,** der **Frequenzen.** Die Schranken der ersten Art treten bei der Übermittlung automatisierter personenbezogener Daten hervor. Hier greift das auch schon auf internationaler Ebene in Ansätzen bestehende, im Spannungsfeld zwischen Schutz der Privatsphäre des Einzelnen und Informationsfreiheit bzw Recht auf freien Datenverkehr, angesiedelte **Datenschutzrecht** ein (zB Konvention des Europarats zum Schutz des Menschen bei der automatischen Verarbeitung personenbezogener Daten, Straßburg 1981 – BGBl 1988/317; vgl auch Richtlinie 95/46 der EG). Die Ausweitung des Datenverkehrs *(„Datenhighways", Internet, e-mail)* wirft zusätzliche Probleme auf, wie zB die Frage des anwendbaren Rechts, Beschränkung aus öffentlichem Interesse, Urheberrechte und Patentschutz (vgl *OECD Guideline Governing the Protection of Privacy and Transborder Flows of Personal Data* – ILM 20 [1981] 422). Das Internet wird derzeit durch die *Internet Corporation for the Assigned Numbers and Names (ICANN),* einer nach kalifornischem Recht gebildeten Gesellschaft, harmonisiert und koordiniert. **2189**

Einschränkungen werden va für die öffentlichen Informationssendungen gefordert. Dies bezieht sich auf die vom Fernmeldevertrag als „Rundfunkdienst" verstandene Tätigkeit („der Funkdienst, dessen Aussendungen zum unmittelbaren Empfang durch die Allgemeinheit bestimmt sind"), worunter va Ton- und Fernsehsendungen fallen. Weiters entsteht auch im Bereich des Internet ein vermehrter Schutzbedarf gegen strafrechtlich verfolgbare Informationsübermittlung. **2190**

Bei Grenzüberschreitung wird das sich entwickelnde vr **Medienrecht** wirksam. Es ist durch das **Spannungsverhältnis: Meinungsfreiheit – Einmischungsverbot** (Rz 1935 ff) bestimmt. Dabei ergeben sich aus der meist nichtstaatlichen Natur der Informationsträger (zB der größten westlichen Nachrichtenagenturen) und der Schwierigkeit des Eingriffs in die Informationsübertragung besondere Akzente. Aus der Meinungsfreiheit (vgl Rz 1447), die sich in die *aktive* und *passive Informationsfreiheit* (Freiheit, Informationen zu verbreiten bzw zu empfangen) gliedert, wird die grenzüberschreitende *Sendefreiheit (westliche Staaten* – vgl Erklärung des Europarats über die Meinungs- und Informationsfreiheit 1982 – ILM 21 [1982] 667), aus dem Einmischungsverbot das *Zustimmungserfordernis* des *bestrahlten Staates („Dritte Welt")* abgeleitet. **2191**

Das Recht, durch Störsender den Empfang ausländischer Sendungen zu verhindern *(jamming),* besteht zumindest soweit, wie es durch die Einschränkungen der Meinungsfreiheit in den Menschenrechtskonventionen (D 166, 174) gedeckt ist (Zusammenhang mit Errichtung einer internationalen Medienordnung durch die *Mediendeklaration* der *UNESCO 1978*). Das *Europäische Übereinkommen über grenzüberschreitendes Fernsehen, Straßburg 1989,* verpflichtet bei derartigen Sendungen zur Achtung der **2192**

Menschenwürde, Einräumung des Entgegnungsrechts, kulturellen Zielsetzung sowie Begrenzung der Werbung und regelt hierbei entstehende Urheberrechtsfragen.

2193 Wegen der **begrenzten Verfügbarkeit** der **Frequenzen** (verstanden bereits als begrenzte natürliche Ressource; Art 33 Fernmeldevertrag 1982), der zunehmenden Dichte des Funkverkehrs und der stärkeren gegenseitigen Störungsanfälligkeit gewinnt die darauf bezogene **Verteilungsregelung** immer größere Bedeutung. Das Frequenzspektrum ist grundsätzlich auf die einzelnen Nutzungsarten (zB Funktelegrafie, Schiffsfunk, Flugfunkverkehr etc) sowie drei Regionen aufgeteilt.

2194 Verschiedene außerhalb des Küstenmeeres auf Schiffen eingerichtete, nicht autorisierte private Sender **(„Piratensender")** führten zum im Rahmen des Europarats abgeschlossenen *Europäischen Abkommen über die Unterbindung von Radiosendungen, die von Stationen außerhalb nationaler Territorien durchgeführt werden* (*Straßburg 1965* – ILM 4 [1965] 115). Es verpflichtet die Vertragsstaaten, derartige Tätigkeiten unter Strafe zu stellen. Bestimmungen darüber enthält auch das *Seerechtsübereinkommen 1982* (SRÜ – Rz 2290) in Art 109.

8. Kabel und Rohrleitungen (Pipelines)

Literatur: *Heller,* Das internationale Seekabelrecht in Friedenszeiten und seine Wandlungen durch die neue völkerrechtliche Entwicklung (1965); *Büchlmann,* Die europäischen Pipelines, ihre Bedeutung und die gefährdete Transitfreiheit, Verkehrsannalen 4 (1978) 1; *Roelandt,* La condition juridique des pipelines dans le droit de la mer (1990); *Lagoni,* Pipelines, EPIL III (1997) 1033.

2195 Das Recht zur Errichtung unterseeischer Kabel und Rohrleitungen ist Bestandteil der **Meeresfreiheit** auf Hoher See und in der ausschließlichen Wirtschaftszone (aWZ – Rz 2280, 2295) sowie auch auf fremdem Festlandsockel (FS – Rz 2263 ff) gegeben, während die Verlegung auf dem Festland vr generell nicht geregelt ist.

2196 Bereits bald nach der ersten Installation jener Kabel wurde ihr Schutz vr verankert, so in der *Konvention zum Schutz von unterseeischen Kabeln 1884* (RGBl 1888/40). Dieser Schutz wurde unter Ausweitung auf die *Rohrleitungen* in den Art 27–29 *Genfer Übereinkommen über die Hohe See 1958* (Rz 2229) und Art 113–115 SRÜ beibehalten. Danach stellt jeder Vertragsstaat das vorsätzliche oder fahrlässige Beschädigen eines Kabels oder einer Rohrleitung unter Strafe und sieht eine privatrechtliche Ersatzpflicht für Schäden an Kabeln und Rohrleitungen wie auch für jene Nachteile vor, die aus der Vermeidung solcher Schäden entstehen.

2197 Die meist von nationalen juristischen Personen betriebenen, auch für die Energieversorgung eines Staates wichtigen grenzüberschreitenden *Pipelines* (Gas und Erdöl) werden jeweils nach dem *nationalen Recht* des *Gebietsstaates errichtet* und *betrieben* (Rohrleitungsgesetz – BGBl 1975/411). Dafür sind meist Genehmigungen und Konzessionen erforderlich. Im Gegensatz zur Errichtung fällt der *Transport* durch bestehende Pipelines unter eine allenfalls geltende *Transitfreiheit* (Rz 2093 f).

9. Sonderregelungen für Güter

Das vr Verkehrsrecht unterwirft den Transport von bestimmten Gütern Sonderregelungen. Dabei lassen sich mehrere Kategorien unterscheiden (bezüglich öffentlicher Informationen siehe Rz 2190). **2198**

a) Gefährliche Güter

Literatur: *Bettauer,* The Convention on the Physical Protection of Nuclear Material, AJIL 74 (1980) 205; *Goldenman,* Transboundary transfers of dangerous goods, in: *Winter* (Hrsg), European environmental law (1996) 341; *Kummer,* International management of hazardous wastes: the Basel Convention and related legal rules (1999).

Eigene vr Regelungen bestehen für den Transport bestimmter Güter wegen deren Besonderheit, va deren Gefährlichkeit: so für die internationale Beförderung gefährlicher Güter auf der Straße (*European Agreement concerning the International Carriage of Dangerous Goods by Road* [ADR], *Genf 1957* – BGBl 1973/522, mit Revisionen und Ergänzungen; ein ähnliches Abkommen wurde 2000 auch für den Binnenwassertransport ausgearbeitet – Rz 2114) oder das im Rahmen der IAEA ausgearbeitete *Übereinkommen über den physischen Schutz von Kernmaterial* (*Wien 1979* – BGBl 1989/53). Die Parteien dieses Vertrages stellen bestimmte Delikte (wie Diebstahl solchen Materials usw) unter Strafe und verlangen Schutzmaßnahmen für den Transport von Kernmaterial. Den Transport gefährlichen Abfalls regelt das *Basler Übereinkommen über die Kontrolle der grenzüberschreitenden Verbringung gefährlicher Abfälle und ihrer Entsorgung 1989* (BGBl 1993/229 – Rz 2433). **2199**

b) Post

Literatur: *Boisson,* L'Union Postale Universelle, AFDI 5 (1959) 591; *Sasse,* Der Weltpostverein (1959); *Codding,* The Universal Postal Union (1964); *Österreichische Post- und Telegraphenverwaltung,* Satzung, Vertrag und Abkommen des Weltpostvereins (1981); *Weber,* Postal Communications, International Regulation, EPIL III (1997) 1080.

Zum Unterschied vom Fernmeldeverkehr bezieht sich das Postwesen auf das *Transportgut selbst.* Ursprünglich von Privatgesellschaften (*Thurn und Taxis* – Rz 2507) betrieben, wurde das internationale Postwesen Mitte des 19. Jhdt va durch zahlreiche bilaterale vr Abkommen geregelt. **2200**

Diese wurden *1874* durch den *multilateralen Allgemeinen Postvereinsvertrag* und schließlich den *Pariser Weltpostvertrag 1878* ersetzt, die den **WPV** als IO errichteten. **2201**

Derzeitige Grundlage des WPV (Sitz: Bern), einer Spezialorganisation der VN (Hauptorgane: der *Kongress* und die *Verwaltungskonferenzen* mit Vertretern aller Mitglieder, der *Vollzugsrat* mit 39 Mitgliedern als Exekutivorgan und das *Internationale Büro*), ist die **Wiener Satzung des Weltpostvereins 1964** (BGBl 1965/350 samt sechs Zusatzprotokollen – BGBl 1971/399, 1976/470, 1987/453, 1992/63; seitdem mehrfach geändert – vgl BGBl III 1999/26 – zuletzt 1999 in Beijing). **2202**

2203 Das *materielle Recht* des internationalen Postverkehrs ist zusätzlich in einem umfangreichen Vertragswerk geregelt (**Vertragswerk** von **Hamburg** unter Einschluss des Weltpostvertrages **1984** – BGBl 1987/453).

2204 Die Mitgliedstaaten des WPV bilden ein **gemeinsames Postgebiet:** Sie sind gegenseitig verpflichtet, Post aus einem anderen Vertragsstaat auf schnellstem Wege und ohne Diskriminierung zu befördern **(Beförderungspflicht)** und **Transitfreiheit** für diese Zwecke für das gesamte Gebiet zu gewähren (Ausnahme bei außergewöhnlichen Umständen). Die Verletzung dieser Transitfreiheit berechtigt die anderen Postverwaltungen, ihren Postverkehr mit dem Verletzer zu unterbrechen.

2205 Die Post unterliegt *keiner Kontrolle* oder *Anhaltung.* Jedoch besteht ein *Beförderungsverbot* für *gefährliche Güter* usw. Außer kraft gesetzlicher Vorschriften behält der Absender das Verfügungsrecht über das Poststück bis zur Abgabe an den Empfänger.

2206 Neben den äußeren Formen der Postsendung usw sind auch die *Gebühren* gemeinsam *vertraglich* festgelegt. Die Haftung der Postverwaltungen für die Poststücke ist abhängig von der Postart (Briefpost, Einschreibpost etc) geregelt.

B. Staatengemeinschaftsgebiete

Literatur: *Ydit,* Internationalised Territories (1961); *Klein,* Statusverträge im Völkerrecht (1980); *Wolfrum,* Die Internationalisierung staatsfreier Räume (1984).

1. Allgemeines

2207 Territorien, die nicht einem einzelnen Staat (oder nur wenigen Staaten wie im Fall von Kondominien – Rz 737), sondern der **Verwaltung** durch die mehr oder weniger organisierte **Staatengemeinschaft** unterstellt sind, lassen sich als Staatengemeinschaftsgebiete bezeichnen, zB Antarktis (Rz 2217 ff), Hohe See (Rz 2285 ff), Weltraum (Rz 2334 ff), Tiefseeboden (TSB – Rz 2305 ff). Ihre *Regelungen* sind sehr *unterschiedlich;* gemeinsam sind ihnen nur das *vr vertragliche Regime,* dessen Anwendung auf einen räumlich bestimmten Bereich und die beschränkte oder unbeschränkte Verwaltung (inkl Wahrnehmung von Nutzungsrechten) durch die Staatengemeinschaft in organisierter oder nicht organisierter Form. Dabei ist auch die Schaffung eines VRS nicht ausgeschlossen (zB Mandatsgebiete – Rz 781).

2208 Viele dieser Regime waren nicht von Dauer. Selbst heute erweist sich die Dauerhaftigkeit solcher gebietsbezogener Regelungen wegen der stärkeren (va ressourcenbezogenen) Betonung der einzelstaatlichen Souveränität als brüchig (vgl die einzelstaatlichen Ansprüche auf weite Teile des Meeres – Rz 2247; D 287).

2209 Beispiele außer den genannten mit verschiedenem Umfang der Gemeinschaftszuständigkeit waren bzw sind: *Krakau 1815–1846* (mit gewissen Überwachungsrechten der Großmächte); die internationale Zone *Tanger 1923–1957;* Gebiete auf Grund der *Friedensverträge 1919* (*Memel,* Freie Stadt *Danzig,* in bestimmtem Umfang *Saarland* usw); die *Mandatsgebiete* unter dem VB; die *Treuhandgebiete* unter dem Regime der VN (Rz 780, 1026); Freies Territorium *Triest 1945–1954.*

2. Polargebiete

Literatur: *Fleischer,* Spitzbergen and the Law of the Sea, Revue iranienne des relations internationales 11/12 (1978) 245; *Mouton,* The Legal Status of the Arctic Regions, RdC 155 (1979) 59; *Joyner,* Antarctica and the law of the sea (1992); *Watts,* International Law and the Antarctic Treaty System (1992); *Kämmerer,* Die Antarktis in der Raum- und Umweltschutzordnung des Völkerrechts (1994); *Francioni,* International law for Antarctica (1996); *Scott,* Universalism and title to territory in Antarctica, Nordic Journal of international law 66 (1997) 33; *Bederman,* Theory on ice: Antarctica in international law and relations, VirgJIL 29 (1998) 125; *Joyner,* Governing the frozen commons: the Arctic regime and environmental protection (1998); *Bloom,* Current Developments: Establishment of the Arctic Council, AJIL 93 (1999) 712; *Rothwell,* Polar environmental protection and international law: the 1991 Antarctic Protocol, EJIL 11 (2000) 591; *Vidas,* Emerging law of the sea issues in the Antarctic maritime area, Ocean development and international law 31 (2000) 197; *Vigni,* The interaction between the Antarctic Treaty System and the other relevant Conventions applicable to the Antarctic area, Max Planck UNYB 4 (2000) 481.

a) Allgemeines

Einer besonderen vr Regelung unterliegen die Gebiete in der Nähe der **2210**
beiden Pole (Arktis, Antarktis, aber auch Spitzbergen). Dort kommen ursprünglich wegen der Unzugänglichkeit, derzeit aber auch wegen besonderer *gemeinsamer wirtschaftlicher* oder *strategischer Interessen* der *Staaten* Elemente der Staatengemeinschaftsgebiete in verschiedenem Umfang zur Anwendung. Gleichzeitig verlangen die *besonderen klimatischen* oder sonstigen *geophysikalischen Verhältnisse* (große Eismassen, ökologische Sensibilität) Sondernormen.

b) Arktis

Da die Arktis weithin aus von Inseln durchsetztem Meer besteht, das **2211**
größtenteils von zT durchbrochenem, sich in ständiger Drift befindlichem Eis (Packeis) bedeckt ist, wird ihr Rechtsstatus in erster Linie vom **internationalen Seerecht** bestimmt. Soweit sie nicht dem Regime anderer Meereszonen unterliegt, ist sie als Hohe See (Rz 2285 ff) bzw ihr Untergrund als Teil des TSB (Rz 2305 ff) zu qualifizieren. Deshalb konnte auch das Hissen nationaler Flaggen auf dem Nordpol keine Souveränität begründen. Die Geltung der *Meeresfreiheiten* (Rz 2295) in diesem Raum bestätigt sich dadurch, dass militärische Unterseeboote unter der Polareiskappe durchtauchen, ohne auf Proteste anderer Staaten zu stoßen, durch die Inanspruchnahme dieser Freiheiten durch Forschungsexpeditionen verschiedener Staaten und va durch den gewerblichen Luftverkehr über die Polarroute (trotz der ADIZ – Rz 2294 – nördlich Kanadas). Die arktischen Meerengen (NW- und NO-Passage) unterstehen nicht dem internationalen Meerengenregime, da sie nicht „von der internationalen Schifffahrt benützt" (Rz 2259) werden. Wegen der großen Umweltrisken in diesem ökologisch bes sensiblen Gebiet arbeiten die acht Polarstaaten (Dänemark, Finnland, Island, Kanada, Norwegen, Russische Föderation, Schweden, USA) seit 1989 auf der Basis der *„Arctic Environmental Strategy"* (ILM 30 [1991] 1624), *später der Arctic Environmental Protection Strategy* (AEPS), derzeit des **Arctic Monitoring and Assessment Programme** (AMAP) zum Schutz dieses Gebietes zusammen.

2212 Zur Abwehr von Gebietsansprüchen auch von Nichtanrainerstaaten am Ende des 19. und Anfang des 20. Jhdt (unter Berufung auf den Titel der Entdeckung – vgl aber Rz 805) proklamierten *Kanada* (1925; ähnlicher Anspruch Großbritanniens bereits 1880) und die *UdSSR* (1926; russische Erklärung bereits 1916) die **Sektorentheorie.** Diese Staaten erklärten die in einem durch Längengrade (ausgehend von den Staatsgrenzen an der Nordküste) abgegrenzten, von der kanadischen bzw sowjetischen Nordküste bis zum Nordpol reichenden Sektor befindlichen, entdeckten oder noch nicht entdeckten Inseln zu kanadischem bzw sowjetischem Territorium. Kanada machte Hoheitsrechte auch über maritime Bereiche geltend.

2213 Diese Ansprüche konnten sich *weder* auf *effektive Herrschaft* (selbst nach den für diese dünn oder gar nicht besiedelten Bereiche geltenden erleichterten Bedingungen gem dem Urteil des StIG im *Rechtslage von Ostgrönland-Fall* – D 41) *noch* auf die *Entdeckung* allein stützen, sondern nur auf eine Abwandlung des **Kontiguitätsprinzips,** wonach Rechte aus der räumlichen Nähe abgeleitet werden.

2214 Die insbes von *Norwegen* und den *USA bestrittene Sektorentheorie* fand auch sonst *keine allgemeine Anerkennung.* Die Berufung auf sie durch die BRD in den *Nordsee-Festlandsockel-Fällen* vor dem IGH (Rz 2265; D 5) blieb ohne Erfolg. Ebenso werden gegenwärtig die den nördlichen Küsten vorgelagerten maritimen Zonen (Rz 2273) seitlich jeweils durch bilaterale Abkommen abgegrenzt, die nicht immer der Sektorenlinie folgen.

c) Spitzbergen

2215 Der **Vertrag über Spitzbergen, Paris 1920** (BGBl 1930/117), räumt *Norwegen* die volle *Souveränität* über diesen 320 bis 645 km nördlich von Norwegen gelegenen Archipel, den *Angehörigen* der *übrigen Vertragsstaaten* ua aber *gleiche Zugangs-, Aufenthalts-, Gewerbe-, Fischerei-, Jagd- und Bergrechte* wie Norwegen ein und *verbietet* die Errichtung von *militärischen Anlagen.*

2216 Die Bedeutung Spitzbergens ergibt sich heute aus seinem – va durch die Russische Föderation – bereits in Ausbeutung befindlichen *Kohlenreichtum,* aus seiner *Erdgas-* und *Erdölhöffigkeit* sowie aus seiner *strategischen Lage* am nördlichen Zugang zum atlantischen Bereich der NATO. Deshalb ist die Frage nach der Anwendbarkeit des Spitzbergen-Vertrages auf eine aWZ (Rz 2276 ff) um diese Inselgruppe sowie auf den FS (Rz 2263 ff) relevant.

d) Antarktis

2217 Zum Unterschied zur Arktis besteht die Antarktis aus **eigenem Festland.** Dieses ist jedoch schwer zugänglich und fast zur Gänze ständig mit einer Eiskappe überzogen. Mit der Erweiterung der Möglichkeit zur Nutzung dieses Gebiets beanspruchten einige Staaten territoriale Souveränität. Diese auf die *Sektorentheorie* (Kreissegment bis zum Südpol – Rz 2212), die ihr nahe stehende *Kontiguitätsdoktrin* oder auf *Entdeckung* gestützten Ansprüche führten jedoch wegen Überschneidungen zu *Konflikten* (D 282).

2218 Unter dem Eindruck der zahlreichen Expeditionen zur Erforschung der Antarktis während des Internationalen Geophysikalischen Jahres 1957/58 beriefen die USA eine Konferenz der zwölf Staaten mit substanziellem Interesse an diesem Gebiet ein, die den **Antarktis-Vertrag, Washington 1959** (D 283), ausarbeiteten. Dieser Vertrag, mit Anwendungsbereich südlich des 60. Breitengrades, verbietet jegliche militärische Maßnahme **(Demilitarisierung),** va auch nukleare Explosionen und die Ablagerung von Nuklearmaterial (*Denuklearisierung* – Rz 1824).

Er sichert „im Interesse der gesamten Menschheit" die **Freiheit** der **wissenschaftlichen Forschung** (Bestimmung zu Gunsten Dritter – Rz 406), den Austausch von Forschungsergebnissen und sonstige enge wissenschaftliche Zusammenarbeit. **2219**

Alle bestehenden **Gebietsansprüche** werden mit Stand des In-Kraft-Tretens des Vertrages **„eingefroren"** (Art IV – D 283). **2220**

Den Parteien steht ein **gegenseitiges Inspektions-** und **Zugangsrecht** zu allen Installationen zu Lande wie auch aus der Luft zu. Das wissenschaftliche Personal und die Beobachter unterstehen der Jurisdiktion ihres Heimatstaates. **2221**

Die nähere Durchführung des Vertrags erfolgt durch *regelmäßige Versammlungen* der *ursprünglichen Vertragsparteien* und jener anderen Vertragsstaaten, die sich erheblich an der Forschung beteiligen *(Konsultativparteien).* **2222**

Weitere *Verträge* regeln die *Nutzung und den Schutz antarktischer Robben* (London 1972 – ILM 11 [1972] 252) sowie von *marinen lebenden Ressourcen* (Canberra 1980 – ILM 19 [1980] 841). Jedoch trat das *Übereinkommen über die Nutzung mineralischer Ressourcen* (Wellington 1988 – ILM 27 [1988] 868) nicht in Kraft; aus Gründen des Umweltschutzes wurde die Ausbeutung dieser Ressourcen durch das *Protokoll zum Antarktis-Vertrag über den Umweltschutz* (Madrid 1991 – ILM 30 [1991] 1455) untersagt; die Vertragsstaaten wurden zur *Umweltverträglichkeitsprüfung* verpflichtet; ein *Inspektionssystem* mit einem Komitee für den Umweltschutz sichert die Anwendung des Protokolls. **2223**

Bislang hat noch kein Vertragsstaat des Antarktis-Vertrages dessen Revision initiiert, obwohl ihnen dieses Recht seit 1991 (30 Jahre nach In-Kraft-Treten des Vertrages) zusteht (womit möglicherweise auch der argentinisch-britische Konflikt um die Falklandinseln 1982 zusammenhing). **2224**

3. Das internationale Seerecht

Literatur: *Fulton,* The Sovereignty of the Sea (1911); *Gidel,* Le droit international public de la mer (1932); *McDougal / Burke,* The Public Order of the Oceans (1962); *Colombos,* The International Law of the Sea (1967); *Graf Vitzthum,* Terranisierung des Meeres, EA 31 (1976) 129; *ders* (Hrsg), Die Plünderung der Meere (1981); *Lévy,* La Conférence des Nations Unies sur le droit de la mer (1983); *O'Connell,* The International Law of the Sea, Bd 1 (1982), Bd 2 (1984); *Hafner,* Die seerechtliche Verteilung von Nutzungsrechten (1987); *Luccini / Voelckel,* Droit de la mer (Bd 1 1990); *Dupuy / Vignes,* A Handbook on the New Law of the Sea (1991); *Treves / Pineschi* (Hrsg), The Law of the Sea: The European Union and its Member-States (1996); *Churchill / Lowe,* The Law of the Sea (1999); *Dubner,* Recent developments in the international law of the sea, The international lawyer 33 (1999) 627; *Vidas,* Order for the oceans at the turn of the century (1999); *Rothwell* (Hrsg), Navigational rights and freedoms and the new law of the sea (2000).

Materialien: United Nations, The Law of the Sea: Official Text of the United Nations Convention on the Law of the Sea with Annexes and Index (1983); *Platzöder,* Third United Nations Conference on the Law of the Sea: Documents, I – XVIII (1982–1988); *Platzöder / Grünenberg,* Internationales Seerecht (1990).

a) Grundsatzprobleme und Entwicklung des Seerechts

2225 Das Meer, verstanden als die die Erdoberfläche zu mehr als 72% bedeckende zusammenhängende Salzwassermasse, kann als **Verkehrsfläche** sowie als **Quelle lebender** und **nicht lebender Ressourcen** genutzt werden. Es dient ferner gleichzeitig als **Forschungsobjekt,** als **Abfalllagerstätte** und als Bereich **militärischer Auseinandersetzung.** Im Hinblick auf seine Nutzung gliedert es sich in den küstennahen Bereich mit ca 90% der lebenden Ressourcen sowie ca 95% der maritimen Kohlenwasserstoffe (im FS) und in den küstenfernen Bereich. Dort lagern neben Erzschlämmen auf dem TSB die an Mangan, Kupfer, Kobalt und Nickel reichen *Manganknollen* und kommen Schwefelverbindungen vor.

2226 Die Entwicklung des Seerechts (SeeR) führte vom SeeR von *Rhodos* (3. Jhdt v Chr) zu den Kodifikationen und Aufzeichnungen im Mittelalter: *Rôles d'Oléron* (12. Jhdt), *Consolato del Mare* (14. Jhdt) und *Black Book of the Admiralty* (13., 14. Jhdt). An der Wende zur Neuzeit wurde das Meer Objekt wechselnder *Behauptungen* der *Seeherrschaft* im Kampf um die Kolonien (vgl päpstliche *Bulle „Inter Caetera"* 1493 und *Vertrag* von *Tordesillas,* Spanien – Portugal, 1494). Dabei beriefen sich jene Staaten, die vom Ausschluss aus einem bestimmten Meeresbereich bedroht waren, auf die allgemeine Zugänglichkeit der Meere.

2227 Im 17. Jhdt kam es zum *„bellum librorum"* zwischen *Grotius* (Rz 148) und dem englischen Juristen *John Selden.* Im Interesse der niederländischen Ost-Indischen Handelskompanie und gegen portugiesische Ansprüche, die Niederlande unter Berufung auf die Bulle *„Inter Caetera"* vom Handel mit Indien auszuschließen, behauptete **Grotius** die **Freiheit** des **Meeres,** da dieses erstens *unerschöpflich* und zweitens der *Beherrschung nicht zugänglich* sei. Dagegen berief sich *Selden* zur Untermauerung englischer Ansprüche im Atlantik auf die bestehende Praxis, die eine Beherrschbarkeit des Meeres beweise und die *Herrschaft Englands* rechtfertige.

2228 Erst nach Abschluss der Entdeckungen und Erstarken des *Liberalismus* im 18. und zu Beginn des 19. Jhdt (Rz 2508) setzte sich das *Grotianische Konzept* der *Freiheit* der *Meere* durch, ausgenommen im relativ schmalen, vorwiegend dem Sicherheitsbedürfnis dienenden Küstenmeer (KM – Rz 2245 ff). Dieses Konzept dominierte bis in die erste Hälfte des 20. Jhdt.

2229 Nach den gescheiterten Kodifikationsversuchen des VB 1930 (Rz 222) wurde das SeeR in den vier **Genfer Übereinkommen 1958** verankert (vorbereitet durch die ILC): über das **Küstenmeer und die Anschlusszone** (516 UNTS 205), über die **Hohe See** (BGBl 1974/246), über die **Fischerei und die Erhaltung der Naturschätze der See** (599 UNTS 285) und über den **FS** (499 UNTS 311). Dazu kam noch ein Fakultativprotokoll über die obligatorische Streiterledigung (450 UNTS 169).

2230 Dieses System erwies sich jedoch bald als ungeeignet, die *Konflikte* va über die Nutzung der *Meeresressourcen* zu lösen, die aus dem steigenden

Rohstoffbedarf resultierten: Denn es begünstigte nach dem Prinzip des Erstkommenden (Rz 2090) und des freien Wettbewerbs va die maritimen Großmächte zu Lasten der schwächeren Staaten. Deshalb wurden die Nationalisierung weiter Teile der Meere, eine rechtliche Bevorzugung der Entwicklungsländer sowie die Internationalisierung jener Meeresbereiche angestrebt, die wegen des gewaltigen Kapital- und Technologiebedarfes nur wenige Staaten ausbeuten können (TSB).

Die Neugestaltung des SeeR wurde ausgelöst durch das Fehlen va von Normen über die küstenferne Abgrenzung des nationalen FS und zur Abwehr jener Ansichten, die eine Aneignung von Teilen des TSB mittels Okkupation für rechtlich zulässig hielten, sowie durch die Forderung nach einer Neuregelung va des Nutzungsbereiches. **2231**

Die Verhandlungen auf der 1973 einberufenen **Dritte Seerechtskonferenz der VN** – *Third United Nations Conference on the Law of the Sea (UNCLOS III)* – waren von der Auseinandersetzung über eine NIWO sowie dem Konflikt zwischen dem Streben nach Erweiterung des räumlichen nationalen Bereichs (va in nutzungsrechtlicher Hinsicht) und der Furcht vor einer *„creeping jurisdiction"* (Ausuferung küstenstaatlicher Kompetenzen) beherrscht. **2232**

Am 30. 4. **1982** wurde die aus 320 Art und neun Annexen bestehende **UN Convention on the Law of Sea** (SRÜ – D 284 a) durch 130 Staaten (bei 17 Enthaltungen und 4 Gegenstimmen [USA, Venezuela, Türkei und Israel]) in New York *angenommen* und am 10. 12. 1982 in Montego Bay (Jamaica) von zahlreichen Staaten unterzeichnet. Schon vor ihrer Annahme gingen bestimmte Neuerungen in die Staatenpraxis ein (zB die aWZ – Rz 2276 ff). **2233**

Nach Ergänzung durch das *Übereinkommen zur Durchführung des Teiles XI SRÜ* 1994 (vgl die österreichischen Erklärungen D 284 b, c) trat das **SRÜ** am 6. 11. **1994 in Kraft** (BGBl 1995/885). Teilweise übernahm das SRÜ Regelungen der Genfer Übereinkommen. **2234**

b) Das materielle Seerecht: Allgemeines

Das internationale SeeR, als selbständiger Begriff va durch die UNCLOS III geprägt, legt als **Statusregelung** eine **räumliche Gliederung** des **maritimen Bereiches** mit **unterschiedlicher Rechtsstellung** fest. **2235**

Als **nutzungsrechtliche Regelung** bezieht es sich auf das Recht der Nutzung (inkl der Ressourcennutzung) wie auch die Bedingungen der Vornahme solcher Nutzungen mit allen jenen für das Verkehrsrecht iwS (Rz 2092 ff) typischen Facetten, wobei jedoch die gebietsrechtlichen Aspekte dominieren *(„Terranisierung des Meeres" – Graf Vitzthum).* **2236**

c) Innere Gewässer

Literatur: *Blum,* Historic Titles in International Law (1965); *Bolte,* Rechte des Uferstaates in Seehäfen über ausländische Handelsschiffe (1969); *Bernhardt,* Rechtsfragen historischer Buchten, FS *Berber* (1974) 47; *Dubner,* The Law of Territorial Waters of Mid-Ocean Archipelagos and Archipelagic States (1976); *Momtaz,* La notion juridique d'archipel océanique, Revue iranienne des relations internationales 5/6 (1975/76) 77; *Herman,* The modern concept of the off-lying archipelago in international law, CYIL (1985) 182; *Degan,* Internal Waters, NYIL 17 (1986) 3; *Rajan,* The Legal Régime of Archipelagos, GYIL 29 (1986) 137; *Bangert,* Internal waters: customary rules of the extension of internal waters, NordJIL 61 (1992) 43; *Graf Vitzthum,* Alles fließt: Kulturgüterschutz und innere Gewässer im neuen Seerecht (1998).

2237 Die Meeresteile zwischen trockenem Land und der Basislinie inkl des Bodens und Luftraums sind als **innere Gewässer Bestandteil** des **Staatsgebietes** und der vollen **Souveränität** des betreffenden **Küstenstaates** unterstellt: Er besitzt dort die unumschränkte Regelungs- und Durchsetzungskompetenz wie über sein Landgebiet.

2238 Die **Basislinie** folgt dem natürlichen Küstenverlauf (mittlere *Niedrigwasserlinie*). Sie darf aber in *gerader Linie über Flussmündungen,* bei *zerklüfteten Küsten,* Riffen oder veränderlicher Küstenlinie gezogen werden (Art 6, 7 SRÜ; *Fischerei-Fall* – D 6; Rz 2022), bei Häfen entlang der äußersten Punkte der Hafenanlagen.

2239 Demgemäß sind die Staaten allgemein nicht verpflichtet, fremde Schiffe in ihre Häfen zuzulassen. Ein **fremdes Schiff,** das sich dort aufhält, untersteht zur Gänze der **Jurisdiktion** des **Hafenstaates.** Trotz einer verbreiteten Übung, diese Jurisdiktion über lediglich schiffsinterne Angelegenheiten nicht auszuüben, hat sich aber diesbezüglich noch kein allgemeines VGR entwickelt.

2240 Das *Statut über das internationale Regime der Seehäfen, Genf 1923* (BGBl 1927/56), verpflichtet die Hafenstaaten, *fremde Handelsschiffe* in ihren dem Außenhandel dienenden Häfen hinsichtlich des freien Zugangs und der Benützung den eigenen Schiffen nach Maßgabe der *Reziprozität* (Rz 65) *gleichzustellen.*

2241 Dem *Hafenstaat* sind *weitgehende Kompetenzen* zum *Schutz* der *Meeresumwelt* eingeräumt, so das Recht zur Verfolgung auch von auf Hoher See sogar von fremden Schiffen begangenen Verstößen gegen einschlägige internationale Regelungen und allenfalls zur Strafverfolgung (Art 218 SRÜ; Rz 2312 ff).

2242 Von einem Staat umschlossene **Buchten** zählen nur dann zu den **inneren Gewässern,** wenn der **Buchteingang nicht mehr als 24 Seemeilen** (Sm) **breit** ist (Art 10 SRÜ).

2243 Eine *Ausnahme* bilden *historische Buchten,* deren besondere Rechtsstellung allgemeine, lang andauernde Anerkennung gefunden hat (Art 10 SRÜ; zB *Fonseca-Bucht; umstritten* dagegen zB die 240 Sm breite *Große Syrte* nördlich Libyens oder der südlich Italiens gelegene *Golf von Tarent*).

2244 Die **Archipelstaaten** (zB Fidschi; überwiegend Entwicklungsländer) fordern den Schutz ihrer nationalen, politischen, wirtschaftlichen, sozialen und kulturellen *Staatseinheit.* Sie dürfen gem Art 47 SRÜ ihre **Basislinie um den Archipel** ziehen und dadurch das **intrainsulare Gewässer** ihrer **vollen Souveränität** unterstellen (maximales Verhältnis Meer zu Land innerhalb des so bestimmten Gebietes 9:1, maximale Länge einer geraden Grundlinie 125 Sm). Im Unterschied zu den inneren Gewässern besteht in dem durch diese Grundlinien eingeschlossenen archipelagischen Gewässern ein **Durchfahrts- und Überflugsrecht anderer Staaten** *auf den vom Archipelstaat bestimmten Routen* (Art 53 SRÜ).

d) Das Küstenmeer

Literatur: *Rojahn,* Die Ansprüche der lateinamerikanischen Staaten auf Fischereivorrechte jenseits der Zwölfmeilengrenze (1972); *Swarztrauber,* The Three Mile Limit of Territorial Seas (1972); *Rauschning,* Die Durchfahrt durch nationale Gewässer vor den Küsten, BerDGVR 15 (1975) 39; *Smith,* Innocent Passage as a Rule of Decision, Columbia Journal of Transnational Law 21 (1985) 49; *Anand,* Navigation through territorial sea and straits revisited, IJIL 36 (1996) 13.

Das KM erstreckt sich seewärts ab der Basislinie. Seine **Breite** bildete **2245** **lange** den **Kernpunkt** der **maritimen Auseinandersetzungen:** Die verschiedenen Lösungen reichten von der tatsächlichen *Herrschaftsausübung* (manifestiert in der Kanonenschussweite sowie in der Ableitung maritimer Rechte aus dem Küstenbesitz), der darüber hinausreichenden *Sichtweiten-Regel* (Spanien 1565, England 17., 18. Jhdt) bis zu der mit beiden Regeln verknüpften *3-Seemeilen*-Begrenzung (1 Sm = 1,852 km) ab der Mitte des 18. Jhdt, die weitestgehende Anerkennung fand.

Jedoch konnte auch sie sich nicht zu universellem VGR entwickeln, **2246** weil daneben auch noch andere Breiten (4 Sm, 6 Sm und 9 Sm) angewandt und toleriert wurden. Die Kodifikationskonferenz des VB konnte sich deshalb 1930 auf keine einheitliche Breite einigen.

In Weiterverfolgung der *Truman-Deklaration* der USA über die Aus- **2247** dehnung nationaler Fischbestandschutzmaßnahmen auch in küstennahen Bereichen der Hohen See 1945 (D 286) erklärten *1952 Chile, Ecuador* und *Peru* („CEP“) zum Schutz des Fischbestands bzw zur Abwehr fremder Fischereiflotten die Ausdehnung ihres KM auf *200 Sm* (Deklaration von Santiago – D 287).

In der Folge entstand durch analoge Erklärungen anderer Staaten **2248** sowie Proteste dagegen ein *unsicherer Rechtszustand.*

Das **SRÜ** legt *nunmehr ausdrücklich* **eine maximale** Breite von **12 Sm** **2249** fest (Art 3; Stand 2004: 134 Staaten: 12 Sm; 3 Staaten: 3 Sm; 1 Staat: 4 Sm; 3 Staaten: 6 Sm; 1 Staat: 30 Sm; 7 Staaten: 200 Sm).

Das *Küstenmeer* inkl des *Luftraums* darüber unterliegt der **vollen Sou- 2250** **veränität** des **Küstenstaates** (Art 2 SRÜ – D 284 a) und wird von manchen Staaten in das Staatsgebiet einbezogen.

Diese Souveränität ist nur durch das Recht der **friedlichen Durchfahrt** **2251** *(innocent passage)* für fremde Schiffe (inkl Kriegsschiffe; jedoch öfters bestritten) beschränkt, dh einer Durchfahrt, die weder den Frieden noch die Ordnung oder Sicherheit des Küstenstaates bedroht (Art 19–21 SRÜ – D 284 a). *Unterseeboote* haben *aufgetaucht* zu fahren und die *Flagge* zu zeigen.

Dem *Küstenstaat* sind gleichzeitig bestimmte *legislative Kompetenzen* **2252** gegenüber *fremden Schiffen* (zB zur Regelung des Seeverkehrs, zum Schutz von maritimen Einrichtungen) eingeräumt. Ausgenommen davon sind Planung, Bau, Bemannung und Ausrüstung von Schiffen. Auch darf er *Schifffahrtsrouten* vorschreiben.

Für bestimmte, dicht befahrene Bereiche, zB den Ärmelkanal, empfahl **2253** die IMO (Rz 2323 f) den betreffenden Staaten bereits solche Routen.

Die *strafrechtliche Jurisdiktion* des Küstenstaates *über fremde Schiffe* ist **2254** auf *alle Fälle beschränkt,* die sich *auf diesen Staat auswirken,* dessen Frieden und die Ordnung im KM stören; ferner dann, wenn er vom Flaggenstaat um Eingriffe ersucht wird, oder gegen den unerlaubten Handel mit Drogen oder psychotropen Substanzen. Doch stehen ihm generell keine Rechte zur Durchsetzung zivilrechtlicher Ansprüche gegen ein Schiff zu.

2255 Beschränkungen bei der Ausübung seiner Jurisdiktion sind ihm im Interesse der Schifffahrt auch beim Schutz der Meeresumwelt (Rz 2312 ff) auferlegt: Er darf fremde Schiffe nur bei Verdacht eines Zuwiderhandelns gegen seine Umweltschutzbestimmungen inspizieren und erst bei Bestätigung des Verdachts sonstige Verfahren einleiten.

2256 **Staatsschiffe** und **-flugzeuge,** die nicht im kommerziellen Gebrauch stehen, genießen **Immunität** gegenüber der Jurisdiktion fremder Staaten (so in Häfen, im KM wie auch generell hinsichtlich der Durchsetzungskompetenzen im Rahmen des Schutzes der Meeresumwelt). Sie haben jedoch bei einer Verletzung der Vorschriften des Küstenstaates das KM zu verlassen (vgl auch *Übereinkommen zur Vereinheitlichung von Regeln über die Immunität der Staatsschiffe, Brüssel 1926* – 176 LNTS 199).

e) Meerengen

Literatur: *Rojahn,* Die Durchfahrt durch internationale Meerengen, BerDGVR 15 (1975) 79; *Platzöder,* Meerengen, ZaöRV 38 (1978) 710; *Moore,* The Regime of Straits and the Third United Nations Conference on the Law of the Sea, AJIL 74 (1980) 77; *Reisman,* The Regime of Straits and National Security, AJIL 74 (1980) 48; *Koh,* Straits in International Navigation (1982); *George,* Transit passage and pollution control in straits under the 1982 Law of the Sea Convention, Ocean development and international law 33 (2002) 189.

2257 Sofern eine Meerenge, die *Teile* der *offenen See* miteinander *verbindet,* zur *Gänze* vom *KM* der Anrainerstaaten bedeckt ist, erfordert dies im Interesse der internationalen Schifffahrt eine *Sonderregelung* (vgl *Korfu-Kanal-Fall* – D 330).

2258 Die Ausweitung des KM auf 12 Sm, deren generelle Anwendung an die 120 neue derartige Meerengen schuf (zB Ärmelkanal, Gibraltar), die zunehmende Dichte des Seeverkehrs, die Größe und Beschaffenheit der Schiffe (Supertanker, nuklear betriebene Schiffe), die Bedeutung der Meerengen für die Versorgung der Staaten mit lebenswichtigen Gütern und die gleichzeitig daraus den Anrainerstaaten erwachsenen Gefahren führten zu einer zT grundlegenden Änderung der bisherigen Regelung.

2259 Das **SRÜ** räumt den Staaten in den von der internationalen Schifffahrt benützten Meerengen, die zwei Teile der Hohen See oder aWZ miteinander verbinden und keiner eigenständigen vr Regelung unterliegen, das Recht der **Transitpassage** ein, dh die *Freiheit* der *Schifffahrt* und des *Überflugs* zum Zweck des Passierens dieser Meerenge (Art 37–39; D 284 a).

2260 *Besondere Regeln* bestehen für einige Meerengen, so va für den *Bosporus* und die *Dardanellen* im *Meerengenabkommen von Montreux 1936* (173 LNTS 213). Dort besteht die *Freiheit* der *Durchfahrt* in *Kriegs- und Friedenszeiten* für alle jene *Staaten,* die sich *nicht im Kriegszustand mit der Türkei* befinden. Die Durchfahrt von Kriegsschiffen unterliegt bestimmten Beschränkungen sowie einigen Regelungsbefugnissen der Türkei.

f) Die Anschlusszone

Das Rechtsinstitut der **Anschlusszone** bildete die erste vr Konsequenz der funktionellen Aufsplitterung der küstenstaatlichen Hoheitsbefugnis gegen fremde Schiffe und deren Ausdehnung über die Zone des KM hinaus (britische *Hovering Acts 1739;* Antischmuggelgesetze der USA in den 1930er Jahren). **2261**

Inhaltlich ist sie durch das **Kontrollrecht** des **Küstenstaates** zur **Verhinderung** von **Verstößen** gegen **seine Zoll-, Finanz-, Einwanderungs-** und **Gesundheitsvorschriften** bestimmt, die auf seinem Landgebiet oder in seinem KM begangen wurden. Gem SRÜ fällt sie in den Bereich der aWZ und darf sich **bis zu 24 Sm** Entfernung *von der Basislinie* erstrecken (Stand 2004: 72 Staaten: 24 Sm; 4 Staaten: 18 Sm). **2262**

g) Der Festlandsockel

Literatur: *Mouton,* The Continental Shelf (1952); *Slouka,* International Custom and the Continental Shelf (1968); *Klemm,* Die seewärtige Grenze des Kontinentalsockels (1976); *Blecher,* Equitable Delimitation of Continental Shelf, AJIL 73 (1979) 60; *Hutchinson,* The Seaward Limit to Continental Shelf Jurisdiction in International Law, BYIL 56 (1985) 111; *McMillan,* The Extent of the Continental Shelf, Marine Policy 9 (1985) 148; *Lilje-Jensen,* The role of natural prolongation in relation to shelf delimitation beyond 200 nautical miles, NorJIL (1995) 619; *Colson,* The delimitation of the outer continental shelf between neighboring states, AJIL 97 (2003) 91.

Angesichts der großen Kohlenwasserstoffvorkommen (bis zu 40% der gesamten Weltreserven) strebten die Staaten danach, den FS unmittelbar vor ihrer Küste allein auszubeuten und andere Staaten davon auszuschließen (**Truman-Proklamation** der USA über den Festlandsockel **1945** – D 9). **2263**

Während noch 1951 trotz inzwischen erfolgter weiterer Inanspruchnahmen der *Abu-Dhabi-Schiedsspruch* ein Recht der Küstenstaaten auf den FS nicht als allgemein gesichert erklärte, verfestigte die folgende Praxis sowie das **Genfer Übereinkommen über den FS 1958** diese Regel derart, dass sie seitdem als allgemeine Regel des VGR gilt. **2264**

In den *Nordsee-Festlandsockel-Fällen 1969* erklärte der IGH den FS zur *„natural prolongation of the land territory“,* weshalb die souveränen Ausbeutungsrechte den Küstenstaaten *ipso iure* zustünden (D 5; wiederholt und verstärkt im Urteil des IGH *im Aufteilung des Festlandsockels in der Ägäis-Fall 1978* – D 288). **2265**

Im SRÜ wird zwar die Regelung des FS von der aWZ überschattet und größtenteils davon absorbiert, dennoch aber als eigenes Rechtsinstitut beibehalten. Demgemäß kommen dem **Küstenstaat** in diesem Bereich **„souveräne Rechte“** (ein unklarer Begriff) zum Zweck der **Erforschung** und **Ausbeutung** der **Ressourcen** *ipso iure* zu. Damit sind diese Tätigkeiten ausschließlich ihm vorbehalten. **2266**

Diese Rechte betreffen die nicht lebenden Ressourcen des Meeresbodens sowie die mit dem Meeresgrund verbundenen lebenden Ressourcen (Einordnung schwierig: *Hummer-Streit* zwischen *Frankreich* und *Brasilien*). **2267**

Der Küstenstaat darf jedoch die *in der Wassersäule bestehenden Rechte anderer Staaten* (zB *Schifffahrt, Kabellegen*) *nicht ungebührlich behindern.* **2268**

2269 Um die künstlichen Anlagen zur Erforschung und Ausbeutung darf er *Sicherheitszonen* mit einem Radius von 500 m erklären, die fremde Schiffe zu respektieren haben.

2270 Die Tendenz zur räumlichen Ausweitung des FS wurde durch die Verankerung des *Ausbeutbarkeitskriteriums* zur Abgrenzung im Genfer Übereinkommen 1958 noch gefördert. Dies war als Ausgleich für Staaten mit steil abfallenden FS gedacht, hatte jedoch die theoretisch mögliche Konsequenz einer Gesamtaufteilung des Meeresbodens: ein wesentliches auslösendes Moment für die UNCLOS III.

2271 Das SRÜ erstreckt den nationalen FS entsprechend dem Regime der aWZ bis zu deren seewärtiger Grenze *(200 Sm).* Darüber hinaus reicht der FS gem SRÜ (Art 76–D 284 a) aber bis zu jenem Punkt, an dem die Dicke des Sedimentgesteins mindestens 1% der kürzesten Entfernung vom Fuß des Festlandabhanges beträgt *(„irische Formel"),* oder der höchstens 60 Sm von diesem Fuß entfernt ist, **maximal** jedoch bis **350 Sm von** der **Basislinie** oder **100 Sm von** der **2.500 m-Tiefenlinie** (D 289). Durch diese Ausweitungen werden ca 40% des gesamten Meeresbodens den einzelnen Küstenstaaten zur ausschließlichen Nutzung vorbehalten. Eine eigene Kommission unterstützt die Staaten bei der Festlegung dieser Grenze (Anlage II zum SRÜ).

2272 In *Anlehnung* an das *Prinzip des gemeinsamen Erbes der Menschheit* (Rz 2305, 2384) und als Ausgleich für die Ausweitungen sind gem SRÜ jedoch die *Küstenstaaten* verpflichtet, aus der Ausbeutung des FS außerhalb einer Zone von 200 Sm von der Küste bestimmte *Beiträge an* die *ISBA* (Rz 2308; max 7% des Produktionswertes) zu leisten. Diese hat die Beiträge an die Staaten unter besonderer Berücksichtigung der Entwicklungsländer zu verteilen.

2273 Hinsichtlich der *seitlichen Abgrenzung* des FS (auch zwischen gegenüberliegenden Staaten) sah der IGH in den *Nordsee-Festlandsockel-Fällen 1969* (D 5) die *Äquidistanzlinie* (Mittellinie) nicht als universelles VR an und verwies auf *Billigkeit* (Rz 550 f) und *Proportionalität;* ähnlich der IGH im *Tunesisch-Libyschen Festlandsockel-Abgrenzungs-Fall 1982* sowie im *Jan Mayen-Fall 1993.* In den bisherigen Abgrenzungsfällen betonte der *IGH* die *Individualität* der *einzelnen Fälle,* die Berücksichtigung der geografischen Besonderheiten sowie die Einheitlichkeit der Abgrenzung des FS und der aWZ. Es stehen jedoch noch ca 100 Abgrenzungsfälle zur Regelung an.

2274 Unter Verzicht auf konkrete Kriterien verpflichtet nun das SRÜ die Staaten, zur seitlichen Abgrenzung des FS (wie auch der aWZ) *Abkommen* mit dem Ziel einer *gerechten Lösung* abzuschließen und bis dahin Abkommen rein praktischer Natur ohne Präjudizwirkung für die endgültige Lösung anzuwenden (Art 74 und 83).

h) Die ausschließliche Wirtschaftszone

Literatur: *Extavour,* The Exclusive Economic Zone (1979); *Gündling,* Die 200 Seemeilen-Wirtschaftszone (1983); *Smith,* Exclusive Economic Zone Claims (1986); *Attard,* The Exclusive Economic Zone in International Law (1987); *Kwiatowska,* The 200 Mile Economic Zone (1989); *Vicuña,* The Exclusive Economic Zone

(1989); *Kullenberg,* The Exclusive Economic Zone, Ocean and Coastal Management 42 (1999) 849.

Während die Fischereirechte im 19. Jhdt auf das KM beschränkt blieben, versuchten Staaten mit der *Zunahme* der *Fischerei* außerhalb dieses Bereichs dank va technischer Fortschritte ihre diesbezüglichen Hoheitsbefugnisse mit dem Hinweis auf notwendige Schutzmaßnahmen, die enge Verbindung mit dem FS und den unmittelbaren Nahrungsmittelbedarf (an tierischen Proteinen) für die eigene Bevölkerung wieder auszudehnen (*Truman-Proklamation* 1945 – D 286; *„Kabeljaukrieg“* Island – Großbritannien; *Isländische Fischereijurisdiktions-Fälle 1974* – D 290). 2275

Auf der UNCLOS III führte diese gesamte Entwicklung zum Konzept einer bis zu **200 Sm** von der Küste reichenden **aWZ** (vorgeschlagen von Kenia). 2276

Sie fand noch während der Konferenz weitgehend Anerkennung in der Praxis. Bis zum In-Kraft-Treten des SRÜ hatten 84 Staaten eine solche Zone und 15 eine gleich breite Fischereizone erklärt (Entstehung von VGR). 2277

Das Regime der aWZ behält dem **Küstenstaat „souveräne Rechte“** va auf **wirtschaftliche Tätigkeiten** (Art 56 SRÜ – D 284 a) im Bereich bis zu 200 Sm Entfernung von der Küste vor. 2278

Die aWZ bildet zwar **keinen Bestandteil** des **Territoriums** des **Küstenstaates** und erstreckt sich auch **nicht** auf den **Luftraum.** Sie gehört jedoch auch **nicht** zur **Hohen See.** Es handelt sich dabei um ein Bündel von **sachlich** und **geografisch** determinierten **Nutzungsrechten** und **beschränkten Hoheitsrechten** (Jurisdiktion) **des Küstenstaates,** ergänzt durch das **Verbot** der **Souveränitätsausübung** über diese Zone (D 285 e). 2279

Die **anderen Staaten** genießen in der aWZ die **Kommunikationsfreiheiten,** dh die Freiheit der *Schifffahrt* und des *Überflugs* sowie das *Recht, Kabel* und *Rohrleitungen* zu *legen* (Rz 2295). 2280

Fischereirechte in der aWZ kommen den *anderen Staaten* aus dem SRÜ nur soweit zu, als der *Fischbestand* die *Fangkapazität* des *Küstenstaates übersteigt.* Bei der Zuteilung der Fangrechte am Überschuss genießen die Binnen- und geografisch benachteiligten Staaten (Rz 2325 ff), und dabei wieder die Entwicklungsländer, gewisse Vorrechte gegenüber den traditionell in der betreffenden aWZ fischenden und anderen interessierten Staaten. 2281

Sonderregeln bestehen für *besondere Fischarten* (anadrome wie Lachs, katadrome wie Aal) sowie *Meeressäugetiere. Inseln,* die *zu klein* für eine *menschliche Besiedlung* sind, haben *weder aWZ noch FS* (Art 121 SRÜ). 2282

Die Regelungskompetenz des Küstenstaates im *Umweltschutz* (Rz 2312 ff) ist auf die Inkorporation (Rz 568, 587 ff) internationaler Standards in das innerstaatliche Recht beschränkt. Die Durchsetzungskompetenz richtet sich nach den Auswirkungen der Verschmutzung und reicht bis zum Anhalterecht bei der Gefahr großen Schadens. 2283

Die maritime **wissenschaftliche Grundlagenforschung** durch fremde Schiffe bedarf der **vorherigen Information** an den **Küstenstaat.** Dessen *Einwilligung* kann in normalen Fällen *vermutet* werden. Sonst muss sie ausdrücklich vorliegen. Dies ist ein Kompromiss zwischen den Forderungen der Industriestaaten nach Freiheit der Forschung und jenen der „Dritten Welt“ 2284 nach Zustimmung des Küstenstaates zum Schutz seiner Sicherheit und Ressourcen.

i) Die Hohe See

Literatur: *Bierzanek,* La nature juridique de la haute mer, RGDIP 65 (1961) 233; *Bos,* La liberté de la haute mer, NTIR 12 (1965) 337; *Meyers,* The Nationality of Ships (1967); *Poulantzas,* The Right of Hot Pursuit in International Law (1969); *Rudolf,* Die Freiheit der Handelsschiffahrt und ihre aktuellen Gefährdungen, BerDGVR 15 (1975) 11; *Wolfrum,* Die Fischerei auf Hoher See, ZaöRV 38 (1978) 659; *Anderson,* Jurisdiction over stateless vessels on the high seas, Journal of maritime law and commerce 13 (1982) 223; *Bettnik,* Open registry, the genuine link and the 1986 Convention on Registration Conditions for Ships, NYIL 18 (1987) 69; *Halberstam,* Terrorism on the High Seas, AJIL 82 (1988) 269; *Treves,* Intervention en haute mer et navires étrangers, AFDI 41 (1995) 651.

2285 Das *„klassische"* SeeR wurde vom Konzept der Hohen See sowie dem dort geltenden Grundsatz der **Meeresfreiheit** beherrscht. Dieser besteht aus einem negativen (statusrechtlichen) Aspekt, dem *Verbot* der *Souveränitätsausübung* gegenüber fremden Schiffen und über Teile der Hohen See, und einem positiven (nutzungsrechtlichen) Aspekt, der *Freiheit* der *Nutzung* dieses Bereiches und dessen Ressourcen. Die Hohe See wird in diesem Sinn als **res communis omnium** (vgl Rz 2219 f, 2347 ff, 2383 f) verstanden.

2286 Gem dem negativen Aspekt der Meeresfreiheit untersteht ein **Schiff** (dazu in Analogie die Flugzeuge) grundsätzlich der **ausschließlichen Jurisdiktion** seines **Flaggenstaates,** somit des Staates, in dessen Schifffahrtsregister (Rz 704; D 67) es eingetragen ist (*genuine link* – Rz 685; D 62; Rechtsgutachten des IGH im *IMCO-Fall* – D 63; *Saiga-Fall* – D 285 a, b).

2287 Die Schiffe der **„Offenen-Register"-Staaten** (Billigflaggen- oder Gefälligkeitsflaggenstaaten), die ihre Schiffe nur geringen Pflichten und Kontrollen unterwerfen und günstige Konditionen für den Flaggenerwerb bieten, gefährden durch ihre oft mangelhafte Ausrüstung Schifffahrt, Meeresumwelt und die eigene Besatzung. Deshalb fordern va die großen Schifffahrtsländer strengere Vorschriften für die Ausrüstung, Kontrolle und Instandhaltung von Schiffen. Die Entwicklungsländer wollen dagegen aus wirtschaftlichen Erwägungen die Benutzung dieser Flaggen eindämmen. Das *UNCTAD-Übereinkommen über Bedingungen für die Registrierung von Schiffen,* Genf 1986 (ILM 26 [1987] 1236), verlangt für die Registrierung entweder eine überwiegend nationale Mannschaft des Schiffes oder nationales Eigentum an ihm.

2288 Das SeeR verpflichtet den Flaggenstaat zur Ausübung seiner Hoheitsgewalt sowie Kontrolle in technischen, sozialen und Verwaltungsangelegenheiten über seine Schiffe. Das SRÜ erweitert diese Pflichten hinsichtlich der Inspektion des Schiffes und der Ausbildung der Mannschaft (Art 94; vgl *Konvention über die Minimumstandards von Handelsschiffen, Genf 1976* – ILM 15 [1976] 1288).

2289 Der negative Aspekt der Meeresfreiheit findet eine Grenze in der **„Polizeigewalt"** auf der **Hohen See.** *Kriegsschiffe* und *Militärluftfahrzeuge jedes Staates* dürfen *fremde Schiffe* bei *Verdacht* der **Seeräuberei,** dh *Gewalt-*

taten auf Hoher See gegen ein anderes Schiff oder Luftfahrzeug *zu privaten Zwecken,* aufbringen, bei Verdacht des **Sklavenhandels** (Sklaven werden *ipso facto* frei; vgl Rz 1399f, § 104 StGB), des Führens einer **falschen Flagge** sowie der tatsächlichen *Zugehörigkeit zum Heimatstaat des Kriegsschiffes* bzw *Militärluftfahrzeugs* oder einer *fehlenden Staatszugehörigkeit inspizieren.*

Das *SRÜ lässt* auch *Maßnahmen* gegen **„Piratensender“** (Rz 2194) und zur Bekämpfung von **ungesetzlichem Handel** mit **narkotischen Drogen** und **psychotropen Substanzen** *zu.* Von besonderer Relevanz ist die steigende Zahl von Verbrechen zur See wie etwa Piraterie: im Jahr 2000 wurden 469 derartiger Vorfälle gemeldet. Ein weiteres Problem stellt der Menschenschmuggel zur See dar. Der Bekämpfung dieser Verbrechen dient das *UN-Übereinkommen gegen das organisierte transnationale Verbrechen* sowie das *Protokoll gegen den Schmuggel von Personen zu Land, See und in der Luft* (beide 2000). **2290**

Gem dem Recht der **Nacheile** (*hot pursuit;* vgl D 344) darf ein Staat ein *fremdes Schiff* bei *Verdacht* eines *Verstoßes* gegen seine *Gesetze* (gem SRÜ auch auf dem FS oder in der aWZ) über die Grenzen des KM und der Anschlusszone hinaus durch ein Staatsschiff oder ein Militärluftfahrzeug verfolgen, vorausgesetzt, dass diese Verfolgung nicht unterbrochen wird. Sie ist bis zum Eintritt des verfolgten Schiffes in das KM eines anderen Staates zulässig; dabei ist die Anwendung von Gewalt nach Möglichkeit zu vermeiden. (D 285g). **2291**

Mit dem Recht des *Notstands* werden auch Gewaltmaßnahmen (zB Bombardierung) gegen fremde Schiffe gerechtfertigt, um infolge von Unfällen drohende größere Schäden für die Küste zu vermeiden (Strandung des Tankers *„Torrey Canyon“* vor der britischen Küste 1967). **2292**

Das *Internationale Übereinkommen über das Eingreifen auf Hoher See bei Ölverschmutzungen, Brüssel 1969* (ILM 9 [1970] 25; erweitert auf andere Verschmutzungsursachen 1973), berechtigt die Vertragsstaaten, jene Maßnahmen auf Hoher See zu setzen, die zur Vermeidung oder Verminderung der Gefahr der **Ölverschmutzung** ihrer Küsten notwendig sind (Ausweitung auch auf andere Verschmutzungsgefahren für die Meeresumwelt durch das diesbezügliche Londoner Abkommen 1973 – ILM 13 [1974] 605). **2293**

Sowohl die für *A-* und *H-Bombentests* (vgl Rz 1819ff; D 40) notwendigen *Sperrzonen* für den Luft- und Schiffsverkehr (vgl A-Bomben-Tests Frankreichs auf dem Muroroa-Atoll 1995) als auch die *Air Defense Identification Zones* (ADIZ) der USA und Kanadas über der Hohen See schränken die Meeresfreiheit *unzulässig* ein, soweit sie va mit einer zwangsweisen Durchsetzung gekoppelt sind (Rechtfertigungsversuch mit Verweis auf *„conditions of grave necessity“*). **2294**

Als **positiver Aspekt** der **Meeresfreiheit** lassen sich die **nutzungsrechtlichen Regelungen** verstehen. Das SRÜ zählt zu den im Genfer Übereinkommen über die Hohe See 1958 demonstrativ genannten („klassischen“) **Freiheiten** der **Schifffahrt,** des **Überflugs,** des **Legens** von unterseeischen **Rohrleitungen** und **Kabeln** und der **Fischerei** noch die der Errichtung von **künstlichen Inseln** und anderen Installationen und der **Forschung** hinzu (Art 87–D 284a). **2295**

2296 Die Grenzen dieser Freiheiten bestehen in der angemessenen Berücksichtigung der Meeresnutzung der anderen Staaten (Test der *„reasonableness“* – Gemeinverträglichkeit). Darüber hinaus gibt es aber auch bereits vertragliche Einschränkungen.

2297 Für die Schifffahrt wurden ähnliche Bereiche vr geregelt wie bei den anderen Transportarten; zB Minimalstandards für Konstruktion, Ausrüstung und Betrieb von Schiffen mit Inspektionsrechten der Hafenstaaten, Dokumentation, Schifffahrtsrouten usw (Rz 2287). Zu nennen sind hier ua das *Internationale Freibordübereinkommen, London 1966* (BGBl 1972/381), die *Übereinkommen zum Schutz des menschlichen Lebens auf See, London 1974,* samt Protokoll 1978 (BGBl 1988/435), über die *Internationalen Regeln zur Vermeidung von Zusammenstößen auf See, London 1972* (BGBl 1977/529), über die *Erleichterung des internationalen Seeverkehrs, London 1965* (BGBl 1975/592 idF 1989/71). Als Folge des *„Achille-Lauro“-Zwischenfalls* (ILM 24 [1985] 1509) wurde das *IMO-Übereinkommen zur Bekämpfung widerrechtlicher Handlungen gegen die Seeschifffahrt, Rom 1988* (ergänzt durch ein Protokoll über feste Plattformen auf dem FS), ausgearbeitet, das die Staaten zur Strafverfolgung derartiger Handlungen, aber auch zur Bekämpfung von anderen Verbrechen zur See wie etwa Piraterie verpflichtet (BGBl 1992/406).

2298 Den kommerziellen Aspekt der Schifffahrt, der zur Herausbildung der Meeresfreiheit beigetragen hatte, erfasst im Zusammenhang mit der Forderung der „Dritten Welt“ nach einer stärkeren Beteiligung am internationalen Seeverkehr die *Convention on a Code of Conduct for Liner Conferences, New York 1974* (ILM 13 [1974] 917). Dieser Vertrag teilt den Transport der Fracht zwischen dem Absender- und dem Zielstaat im Verhältnis 40:40 auf und überlässt den Rest der freien Vergabe.

2299 Mehrere Übereinkommen regeln zivil- und strafrechtliche Fragen bei **Schiffszusammenstößen** und anderen Ereignissen der Seeschifffahrt (Art 97 SRÜ; vgl *Lotus-Fall* – D 3). Gem den *diesbezüglichen Übereinkommen, Brüssel 1952* (439 UNTS 217 und 439 UNTS 233), gilt auf der Hohen See die *strafrechtliche Kompetenz* des *Flaggenstaates* des *verantwortlichen Schiffes.* Die *zivilrechtliche Zuständigkeit* liegt grundsätzlich beim *Gericht* am *Wohnsitz* des *Beklagten oder Ort* der *Registrierung* des *Schiffes.*

2300 *Haftungsfragen* regelt das *UN-Übereinkommen über den Gütertransport zur See, Hamburg 1978* („Hamburger Regeln“ – ILM 17 [1978] 603).

2301 *Gefährdungshaftung* gilt für die *Betreiber* eines *Reaktorschiffes* sowie beim *Transport* von *Nuklearmaterial* gem den *diesbezüglichen Übereinkommen, Brüssel 1962* (AJIL 57 [1963] 268) und *Brüssel 1971* (ILM 11 [1972] 277).

2302 Für die Fischerei und den Fang von Meeressäugetieren (zB *Internationales Übereinkommen zur Regelung des Walfanges, Washington 1946* – BGBl 1995/44) bestehen neben den besonderen Bestimmungen für spezielle Fischarten auch verschiedene regionenbezogene **Fischereiabkommen.** Diese beschränken den Fischfang nach verschiedenen Kriterien im Interesse der Bestanderhaltung (zB Übereinkommen über die *„straddling stocks“*, das den Küstenstaaten bestimmte Kontrollrechte über fremde Fischereischiffe auf Hoher See bezüglich gebietsübergreifender und weit wandernder Fischbestände einräumt) und teilen ihn unter den beteiligten Staaten auf. Diese Abkommen verlieren jedoch durch die Einführung von aWZ weitgehend an Bedeutung.

Die **Abfalllagerung** im Meer, darunter auch auf der Hohen See, ist va durch das *Londoner Übereinkommen über die Abfalllagerung zur See 1972* geregelt (ILM 11 [1972] 1294, geändert 1996). Es bindet diese Tätigkeit an die *Bewilligung* des *Flaggen-* oder *Küstenstaates,* verbietet die Ablagerung gewisser Stoffe (organischer Halogenverbindungen, von Quecksilber, hochaktivem Nuklearmaterial usw) und lässt andere nur beschränkt zur Ablagerung zu. **2303**

Die **militärische Nutzung** der Hohen See ist nicht nur durch die allgemeinen vr Regelungen (zB das *Gewaltverbot* – Rz 1798 ff) und nunmehr auch in *Art 88 SRÜ* (D 284 a) durch die *Beschränkung* der Nutzung der Hohen See auf *friedliche Zwecke* geregelt, sondern auch durch das Verbot der Kernwaffentests unter und über Wasser durch den *Kernwaffenteststoppvertrag 1963* (Rz 1819; D 222). *Verträge über kernwaffenfreie Zonen* beschränken Kernwaffentests und den Transport solcher Waffen in bestimmten Meeren (zB die Verträge von Rarotonga und Bangkok – Rz 1824). **2304**

j) Der Tiefseeboden

Literatur: *Graf Vitzthum,* Der Rechtsstatus des Meeresbodens (1972); *Luard,* The Control of the Sea-Bed (1974); *Anand,* The Legal Régime of the Sea-Bed and the Developing Countries (1975); *Wilberg,* Die internationale Meeresbodenbehörde (1979); *Gaster,* Der Meeresbodenbergbau unter der Hohen See (1987); *Mahmoudi,* The Law of Deep Sea-Bed Mining (1987); *Nelson,* The new Deep Sea-Bed Mining Regime, International Journal of Maritime and Coastal Law 10 (1995) 189.

Gem der Initiative Maltas 1967 sollte der TSB außerhalb der staatlichen Jurisdiktion weder eine okkupierfähige *res nullius* noch *res communis* sein, sondern dem Prinzip des **gemeinsamen Erbes der Menschheit** unterstellt werden: Demnach sollte der Nutzen der Ausbeutung des TSB der ganzen Menschheit unter besonderer Berücksichtigung der Bedürfnisse der „Dritten Welt" (Solidaritätsprinzip) zukommen. Das Regime sollte damit gleichzeitig als Modell für die Konkretisierung der allgemeinen Forderungen der NIWO (D 307) dienen. **2305**

1969 nahm die GV der VN gegen die Stimmen einiger Industriestaaten die *Moratoriums-Resolution* (Res 2574 D [XXIV]) an, die bis zur Erstellung eines entsprechenden vr Regimes die Ausbeutung verbot. **2306**

1970 wurde die sog *Prinzipiendeklaration* angenommen (Res der GV 2749 [XXV]), die die konstituierenden Elemente des Prinzips des gemeinsamen Erbes der Menschheit aufzählte. **2307**

Gem **SRÜ** verwaltet die **Internationale Meeresbodenbehörde** (*International Sea-Bed Authority* – ISBA; Sitz: Jamaica) diesen Bereich. Sowohl einzelne *Staaten* oder von ihnen befürwortete *Privatunternehmen* als auch der operative Arm der ISBA, das **Unternehmen** *(Enterprise),* haben Ansprüche auf Gewährung von *Abbaurechten* gem einem **Parallelsystem.** Der *Abbau* ist jedoch *zur Abwehr* eines möglichen *Preisverfalls der Minerale des TSB* und **2308** damit verbundener Exporterlöseinbußen einiger Förderstaaten in der „Dritten Welt" *entsprechend* dem *Bedarf beschränkt.* Ferner ist eine Art *Förderzins* an die ISBA zu zahlen. Die *Parteien* sind zudem zum *Transfer finanzieller Mittel und* von *Technologie an die ISBA verpflichtet.*

2309 Die Organe der ISBA sind: die Versammlung, in der alle Parteien des SRÜ vertreten sind; der Rat aus 36 Staaten (die nach einschlägigen Interessen sowie geografischen Kriterien zu wählen sind); die wirtschaftliche Planungskommission; die juristische und technische Kommission (jeweils mit 15 Mitgliedern) sowie das Sekretariat. Die politisch umstrittenste Kompetenz, die *Vergabe von Abbaurechten,* ist dem *Rat vorbehalten.* Das *Unternehmen* genießt *eigene Rechtspersönlichkeit.* Das Parallelsystem des SRÜ ist 15 Jahre nach Aufnahme des kommerziellen Abbaus einer Revision zu unterziehen.

2310 Die Vorbereitungskommission (zur Vorbereitung der ISBA) vergab seit 1988 bestimmte Erkundungsrechte im Bereich des TSB, zB an Indien und Unternehmen aus Frankreich, Japan und der UdSSR. Darüber hinaus schlossen die interessierten Industriestaaten (inkl der USA) Abkommen zur gegenseitigen Anerkennung national gewährter Rechte auf dem TSB ab. Wegen des Widerstandes einiger Industriestaaten va gegen die Abbaubeschränkungen des SRÜ wurde der entsprechende Teil des SRÜ durch das *Übereinkommen zur Durchführung des Teiles XI* (Rz 2234) ergänzt. Dadurch wurden der *Finanzierungsbedarf reduziert,* die *Ausbeutungsbedingungen* (Produktionsbegrenzung, Technologietransfer) *erleichtert,* das *Abstimmungsverfahren geändert,* die *Revisionsverpflichtung suspendiert* und die *Organstruktur* etwas *vereinfacht.*

2311 Beschränkungen der militärischen Nutzung bestehen im *„Meeresbodensperrvertrag" 1971* (Rz 1824).

k) Der Schutz der Meeresumwelt

Literatur: *Timagenis,* International Control of Marine Pollution (1980); *Gold,* Handbook on Marine Pollution (1985); *Brans,* Liability and compensation for natural resource damage under the international oil pollution conventions, Review of European Community & international environmental law 5 (1996) 297; *Ringbom,* Competing norms in the law of marine environmental protection (1997); *Kullenberg,* Approaches to addressing the problems of pollution of the marine environment, Ocean and Coastal Management 42 (1999) 999; *Birnie / Boyle,* International Law and the Environment (2. Aufl, 2002).

2312 Angesichts der *ökologischen Schäden,* die nicht nur die Ölverschmutzung im Meer und an den Küsten bereits verursachte, sondern auch aus Tätigkeiten im Inland resultieren, wurde ein relativ dichtes Vertragsnetz zur Verhinderung oder Minderung größerer Schäden geschaffen (vgl Rz 2386 ff). Dabei wurden va den *Flaggenstaaten* besondere *Pflichten* auferlegt.

2313 In weiterer Folge wurden auch den *Küstenstaaten* (va als Hafenstaaten – Rz 2241) bestimmte *Kompetenzen über fremde Schiffe* eingeräumt. Den Interessen der internationalen Schifffahrt an geringen Kompetenzen der Küsten- bzw Hafenstaaten stehen jene der ökologisch gefährdeten Küstenstaaten in den von der internationalen Schifffahrt bes frequentierten Zonen gegenüber. Sie beanspruchen mit einem Zonenkonzept Regelungs- und Durchsetzungskompetenzen über weite Meeresbereiche.

Die *Entwicklungsländer* räumen dagegen der *Ressourcennutzung Priorität* vor dem Schutz der Meeresumwelt ein. Allerdings sind Opfer der allgemeinen Umweltverschmutzung bes die kleinen Inselstaaten unter den Entwicklungsländern, da das Ansteigen des Meeresniveaus auf Grund der Klimaänderungen ihre Existenz bedroht. **2314**

Kennzeichnend für das geschaffene **Vertragsnetz** ist die **meist regionale Beschränkung** – zB für die Ostsee, Helsinki 1974 (ILM 13 [1974] 546), für das Mittelmeer, Barcelona 1976 (ILM 15 [1976] 290), für die Karibik, Cartagena 1983 (ILM 22 [1983] 227) – sowie die **Unterscheidung nach Verschmutzungsquellen:** vom Land aus, durch Ablagerungen im Meer (Dumping; Londoner Übereinkommen 1973, das durch das Protokoll von 1996 wesentlich verschärft wurde) oder von Schiffen, Flugzeugen oder Einrichtungen zum Meeresbergbau aus. Die erstgenannte Quelle unterliegt trotz ihres großen Anteils an der Verschmutzung nur wenigen Vertragsbestimmungen (zB im Übereinkommen für die Ostsee). **2315**

Die *meisten Verträge* betreffen die **Ölverschmutzung** durch Schiffe entweder infolge des normalen Betriebes oder von Unfällen. Inhaltlich sehen sie meist bestimmte Verbote (zB der Tankreinigung, Ölableitungen ins Meer), Ausrüstungsvorschriften (Öltagebuch, Einrichtungen an Schiffen oder Hafenanlagen zur Aufnahme des Restöls) sowie Sanktionen (Verpflichtung zur strafrechtlichen Verfolgung) vor. **2316**

Das älteste derartige *Abkommen* ist jenes zur *Verhütung der Verschmutzung der See durch Öl, London 1954* (BGBl 1975/574; mehrfach geändert). Am umfassendsten ist das *Internationale Übereinkommen über die Verhütung der Meeresverschmutzung durch Schiffe, London 1973,* samt ergänzenden Protokollen (BGBl 1988/434). Es erfasst die Verschmutzung durch Öl, andere schädliche Substanzen oder aus dem gewöhnlichen Schiffsbetrieb stammende Abfälle. **2317**

Das *SRÜ* (grundlegend Art 192, 193–D 284 a) unterscheidet in den Reinhaltungsbestimmungen grundsätzlich zwischen Regelungs- und Durchsetzungskompetenzen gem einem *funktional-zonalen Konzept.* Danach sind diese *Kompetenzen* in den einzelnen Zonen (KM, aWZ, Hohe See, bes sensible Gebiete) je nach Interessenlage und Größe des Schadens *zwischen Flaggenstaat* (dem generell und primär die Rechtsdurchsetzung obliegt), *angelaufenem Hafenstaat* und *geschädigtem Küstenstaat verteilt.* **2318**

Einzelne Konventionen regeln die zivilrechtliche Haftung auf diesem Gebiet derart, dass sie die Schiffseigentümer zum Abschluss einer Versicherung verpflichten, eine Erfolgshaftung normieren (mit bestimmten Ausnahmen) und die Haftungssumme beschränken (Ausnahme bei Vorsatz): so ua das *Internationale Übereinkommen über die zivilrechtliche Haftung für Ölschäden, Brüssel 1969* (ILM 8 [1969] 450); ergänzend dazu wurde ein internationaler Ausgleichsfonds aus Beiträgen jener Personen geschaffen, die in den Vertragsstaaten Öl auf dem Seeweg erhalten (Abkommen von Brüssel 1971 – ILM 11 [1972] 284, mit Protokoll 1992, wodurch ein neuer Fond, der *International Oil Pollution Compensation Fund,* geschaffen wurde). **2319**

l) Streitbeilegung

Literatur: *Bernhardt,* Die Streitbeilegung im Rahmen der Neuordnung des Seerechts, ZaöRV 38 (1978) 959; *Rosenne,* Settlement of Fisheries Disputes in the Exclusive Economic Zone, AJIL 73 (1979) 89; *Caflisch,* Le règlement judiciaire et arbitral des différends dans le nouveau droit international de la mer, FS *Bindschedler* (1980) 351; *Adede,* The System for Settlement of Disputes under the United Nations Convention on the Law of the Sea (1987); *Jankov,* The International Tribunal for the Law of the Sea, IJIL 37 (1997) 356; *Mensah,* The place of the International Tribunal for the Law of the Sea in the international system for the peaceful settlement of disputes, IJIL 37 (1997) 466; *ders,* The International Tribunal for the Law of the Sea, LJIL 11 (1998) 527; *Mouldi Marsit,* Le tribunal du droit de la mer (1999).

2320 Die UNCLOS III versuchte, das vr Streiterledigungssystem (Rz 1950 ff) weiterzuentwickeln und ein **obligatorisches System** im Gegensatz zu den Genfer Übereinkommen 1958 in das SRÜ einzubauen. Dieses sieht drei Streiterledigungsorgane zur *Wahl* durch die Vertragsparteien vor: einen (neu geschaffenen) **Internationalen Seegerichtshof** (*International Law of the Sea Tribunal* mit Sitz in Hamburg – ISGH), den **IGH** oder ein **Schiedsgericht** (subsidiäre Zuständigkeit). Generell besteht die obligatorische Zuständigkeit dieser Institutionen, ausgenommen für Streitigkeiten über die Ausübung souveräner Rechte.

2321 Für *Fischereifragen* in der *aWZ* ist jedoch anstatt jener Verfahren ein *obligatorisches Vergleichsverfahren* (Rz 1966 ff) vorgesehen. Fakultative Ausnahmen von der obligatorischen Gerichtsbarkeit bestehen für Abgrenzungsfragen, militärische Angelegenheiten und Maßnahmen des SR gem der SVN. Für *Streitigkeiten* über die *Ausbeutung* des *TSB* ist eine *eigene Kammer* des *ISGH* zuständig (aktive und passive *Klagslegitimation* auch für *Einzelpersonen*).

m) Organisationen

Literatur: The activities of the Inter-Governmental Maritime Consultative Organization in relation to shipping and related maritime matters, UN Doc A/CONF 62/27 (1974, rev 1976); Annotated Directory of Intergovernmental Organizations Concerned with Ocean Affairs, UN Doc A/CONF 62/L 14; *Simmonds / Zimmermann,* International Maritime Organization, EPIL II (1995) 1262.

2322 Abgesehen von der gem SRÜ zu schaffenden **ISBA** (Rz 2308 ff) befassen sich zahlreiche IO mit maritimen Angelegenheiten: bes die *FAO* durch die regionalen Fischereiorganisationen, die *UNESCO* durch die *Inter-Governmental Oceanographic Commission,* die *WMO,* die *VN* mit ihren Organen *UNCTAD* und dem *United Nations Environment Programme (UNEP),* sowie die regionalen und spezifischen Fischereiorganisationen.

2323 Für Schifffahrtsfragen wurde als Spezialorganisation der VN die **IMCO** errichtet (BGBl 1975/464). Sie wurde 1982 in **International Maritime Organization (IMO)** umbenannt. Ihre Aufgabe besteht in der Förderung der internationalen Zusammenarbeit in technischen Angelegenheiten der internationalen Schifffahrt zur Erzielung **möglichst hoher Sicherheitsstandards** einschließlich der *Kontrolle* und *Verhinderung* der *Verschmutzung,* in der *Ausarbeitung* einschlägiger *Konventionen,* im *Informationsaustausch* und in *technischer Hilfe* für die *„Dritte Welt"*.

Ihre leitenden Organe sind die Versammlung und der Rat mit 24 Mitgliedern (Vertretung der wichtigsten Schifffahrtsinteressen sowie geographische Verteilung). Unter den operativen Organen ist der *Schiffsicherheitsausschuss* hervorzuheben, der sich mit allen technischen, unmittelbar mit der Sicherheit und Leistungsfähigkeit der Schifffahrt zusammenhängenden Fragen beschäftigt (zu seiner Zusammensetzung D 63). 2324

n) Binnenstaaten

Literatur: *Glassner,* Access to the Sea for Developing Land-Locked States (1970); *Jayakumar,* The Issue of the Rights of Landlocked and Geographically Disadvantaged States to the Living Resources of the Economic Zone, VirgJIL 18 (1977) 69; *Hafner,* Die Gruppe der Binnen- und geographisch benachteiligten Staaten auf der Dritten Seerechtskonferenz der Vereinten Nationen, ZaöRV 38 (1978) 568; *Caflisch,* Landlocked States and Their Access to and from the Sea, BYIL 49 (1979) 71; *Hafner,* Die seerechtliche Verteilung von Nutzungsrechten (1987); *Vasciannie,* Landlocked and geographically disadvantaged states and the question of the outer limit of the continental shelf, BYIL 58 (1987) 271; *Glassner,* Bibliography on Land-Locked States (2001).

Durch ihre geografische Lage haben Binnenstaaten ein besonderes Problem bei den maritimen Nutzungen: Sie brauchen ein Zugangsrecht zum Meer (*Transit* – Rz 2093 ff) über fremdes Staatsgebiet und sind vom *Ausschluss* von bestehenden oder künftigen *maritimen Nutzungen bedroht.* Derzeit gibt es ca 40 Binnenstaaten (inkl Österreichs), vorwiegend Entwicklungsländer, die ihre Binnenlage als entwicklungshemmendes Element empfinden. 2325

Den **Forderungen** der **Binnenstaaten** nach **möglichst freiem Transit** vom und zum Meer steht die **Gebietshoheit** der **Transitstaaten entgegen.** Die rechtlichen Konstruktionen zur Behauptung eines Transitrechtes und Überwindung der Abhängigkeit vom Transitstaat stützen sich entweder auf naturrechtliche Überlegungen, auf eine Ableitung aus der Freiheit der Hohen See oder eine Art des Notwegerechts als vr Servitut (Rz 738). 2326

Es lässt sich jedoch im VGR kaum ein Transitrecht der Binnenstaaten nachweisen, ausgenommen das Recht bzw die *Pflicht* zu *Verhandlungen* darüber. *Das Statut über den Durchgangsverkehr 1921* und *Art V GATT* (Rz 2094; D 309) behandeln die *Binnenstaaten nicht separat.* 2327

Das *Internationale Übereinkommen über den Transithandel der Binnenstaaten, New York 1965* (ILM 4 [1965] 957), führt zwar das sehr unvollkommene Recht des Art 3 Genfer Übereinkommen über die Hohe See 1958 mit Regeln zB über die Befreiung von Zoll- und Transitabgaben, Transport- und Umlademöglichkeiten und Zollfreilager näher aus, ist jedoch nur von *wenigen Staaten ratifiziert* worden, insbes nicht von Österreich, Italien und Deutschland. 2328

Das **SRÜ** stellt diese Regeln in den seerechtlichen Kontext (Art 125 ff – D 284 a). Der **zu gewährende Transit** ist zwar **von Durchführungsabkommen abhängig.** Auch bleibt der Transitstaat berechtigt, Maßnahmen zu seinem Schutz zu treffen. Jedoch sind die *Befreiung* vom *Zoll* und von ähnlichen Abgaben, die Einrichtung von Zollfreilagern, die Zusammenarbeit im Interesse verbesserter Transportwege sowie die Ausnahme von der Meistbegünstigungsklausel *obligatorisch.* Auch ist *keine Reziprozität* gefordert. 2329

2330 *Österreich* schloss spezielle *Transitabkommen* mit *Italien* über die Benützung des Hafens *Triest* (Rom 1955, Triest 1985 – D 291). Für die übrigen Ausfuhrhäfen (wichtigster: Hamburg) bestehen jedoch keine solchen Verträge.

2331 Im **Vordergrund** der **maritimen Nutzungen** steht für den **Binnenstaat** die **Schifffahrt,** deren er va zu seiner wirtschaftlichen Versorgung in Kriegs- und Krisenzeiten bedarf. Während im 19. Jhdt das Recht der Binnenstaaten auf eine eigene Flagge bestritten wurde, anerkannten die Friedensverträge 1919/20 das Flaggenrecht auch dieser Staaten.

2332 Auf der *Verkehrskonferenz von Barcelona 1921* (Rz 2111) erging die *Erklärung über die Anerkennung des Flaggenrechts der Staaten ohne Meeresküste* (BGBl 1924/430), der zufolge der Registerhafen auf dem Gebiet des Binnenstaates liegen muss (siehe Art 90 SRÜ – D 284 a und D 67).

2333 Im Zuge des Anwachsens der maritimen Nutzungen und der Regelung nach zonalen Konzepten entstand eine neue Interessengemeinschaft von Binnenstaaten und Küstenstaaten mit nur geringem Anspruch auf maritime Bereiche (zB Singapur, BRD). Diesen *Binnen-* und *geografisch benachteiligten Staaten* stehen gem SRÜ *Vorrechte* bei der Verteilung der *Fischereirechte* (Art 69 und 70 – Rz 2281) und Beteiligungsrechte bei *Forschungen* in der *aWZ* (Art 254 – Rz 2284) zu. Sie müssen auch proportional im Rat der ISBA (Rz 2309) vertreten sein. Soweit es sich hierbei um Entwicklungsländer handelt, ist ihre benachteiligte Lage auch indirekt beim Tiefseebergbau zu berücksichtigen (Art 148).

4. Der Weltraum

Literatur: *Marcoff,* Traité de droit international public de l'espace (1973); *Bueckling,* Bemerkungen zur Deutung der Kommunklauseln des Weltraumvertrages, ZLWR 25 (1976) 94; *ders,* Rechtsprobleme des Synchronkorridors, ZLWR 27 (1978) 76; *Gorove,* The Geostationary Orbit, AJIL 73 (1979) 444; *Jasentuliyana / Lee,* Manual on Space Law (1979); *Rosenfield,* Where Air Space Ends and Outer Space Begins, Journal of Space Law 7 (1979) 137; *Haraszti,* Outer Space and Sovereignty, FS *Verosta* (1980) 127; *Kopal,* Defining Outer Space, Journal of Space Law 8 (1980) 154; *Benhöf de Graff / Reijnen,* Space Law in the United Nations (1985); *Classen,* Fernerkundung und Völkerrecht (1987); *von Welch / Platzöder,* Weltraumrecht. Law of Outer Space. Textsammlung (1987); *Böckstiegel / Benkö,* Space Law: Basic Legal Documents (1990); *Smith,* International Regulation of Satellite Communication (1990); *Hobe,* Die rechtlichen Rahmenbedingungen der wirtschaftlichen Nutzung des Weltraums (1992); *Meredith / Robinson,* Space Law (1992); *Reijnen,* The United Nations Space Treaties Analysed (1992); *Benkö / Schrogl / Peyrefitte,* Droit de l'espace (1993); Space Law at UNISPACE III, Achievements and Perspectives, ZLW 49 (2000) 74; *Hoerl,* UNISPACE III, The Space Generation Forum, ebd 98; *Koenig / Neumann,* Rechtliches und organisatorisches Umfeld der Satellitenkommunikation, Multimedia und Recht 3 (2000) 151; *Lyall,* On the privatisation of INTELSAT, Journal of Space Law 28 (2000) 101.

a) Allgemeines

2334 Jede Entwicklungsetappe der Raumfahrt schuf neue vr regelungsbedürftige Situationen: so von der Umkreisung der Erde durch unbemannte Satelliten bis zur Entwicklung von Raumstationen, zur vermehrten nichtstaatlichen Nutzung und zum Vordringen in den interstellaren Raum.

Mit der raschen Ausweitung der von Weltraumobjekten durchführbaren Aufgaben änderte sich auch die Funktion der vr Regelung. *Zunächst* lag der Schwerpunkt auf der Erstellung eines gebiets(eher: **raum)rechtlichen Regimes,** das von einem gemeinschaftlichen Interesse an solchen Tätigkeiten ausgehend den Status des Weltraums rechtlich fixierte. **2335**

Inzwischen verschob sich der *Schwerpunkt* auf die **wirtschaftlichen Nutzungen** (für Umweltschutz, Ressourcenausbeutung, Wetterbeobachtung, medizinische Nutzungen, Katastrophenschutz, Erziehung, geografische Positionierung) sowie den **Zugang** dazu, insbes zu Gunsten der Entwicklungsländer. Diese Ausrichtung wurde in der *Vienna Declaration on Space and Human Development* betont, die auf der *Third United Nations Conference on the Exploration and Peaceful Uses of Outerspace* (UNISPACE III) in Wien 1999 angenommen wurde. Die dafür erforderlichen Regelungen müssen das Problem bewältigen, dass nur wenige Staaten oder Unternehmen den Nutzen erzielen können (die Weltraummächte), alle aber davon profitieren möchten. **2336**

b) Geschichte und Rechtsquellen

Seit 1959 übt das von der GV der VN eingesetzte **Committee on the Peaceful Uses of Outer Space** (UNCOPUOS) das Mandat aus, solche Regelungen auszuarbeiten. **2337**

Das erste grundlegende Ergebnis bestand in der von der GV einstimmig angenommenen **Declaration on the Legal Principles Governing the Activities of States in the Exploration and Use of Outer Space** (Weltraumdeklaration 1963 – Res 1962 [XVIII]). **2338**

Auf dieser Res fußte der *Vertrag über die Grundsätze, welche die Tätigkeit der Staaten bei der Erforschung und Nutzung des Weltraumes, einschließlich des Mondes und anderer Himmelskörper, regeln* (**Weltraumvertrag 1967** – D 292), der zT vom Antarktis-Vertrag 1959 (Rz 2218 ff; D 283) inspiriert wurde. **2339**

Aufbauend auf dem Weltraumvertrag arbeitete das UNCOPUOS **2340**

1) das *Übereinkommen über die Rettung und die Rückführung von Raumfahrern sowie die Rückgabe von in den Weltraum gestarteten Gegenständen* (**Weltraumrückführungsvertrag 1968** – BGBl 1970/110 – Rz 2357),

2) das *Übereinkommen über die vr Haftung für Schäden durch Weltraumgegenstände* (**Weltraumhaftungsvertrag 1972** – D 293 a, Rz 2359 ff) sowie **2341**

3) das *Übereinkommen über die Registrierung von in den Weltraum gestarteten Gegenständen* (**Weltraumregistrierungsvertrag 1975** – BGBl 1980/163 – Rz 2354 f) aus. **2342**

Zu diesen kommen neben *bilateralen* auch noch *regionale Abkommen* va über die institutionalisierte Zusammenarbeit, wie jenes über die Gründung der **European Space Agency** (**ESA** – BGBl 1987/95) als Nachfolgerin der *European Organization for the Development and Construction of Space Vehicle Launchers* (ELDO) und der *European Space Research Organization* (ESRO), Paris 1975. **2343**

Regelungen der vorwiegend erdorientierten Nutzungen der Raumfahrt finden sich auch im *Internationalen Fernmeldevertrag, Nairobi* 1982 **2344**

(Rz 2182), und dem *Übereinkommen über die Verbreitung programmtragender von Satelliten übermittelter Signale, Brüssel 1974* (BGBl 1982/335).

2345 Das UNCOPUOS arbeitete zudem *das Übereinkommen über die Tätigkeiten der Staaten auf dem Mond und anderen Himmelskörpern* (**Mondvertrag 1979** – D 294) aus, während die Einigung auf einen Vertragstext über direktes Satellitenfernsehen und die Fernerkundung *(remote sensing)* noch nicht gelang.

2346 IO, die dem Informationsaustausch durch Satelliten dienen, sind ua die **International Telecommunications Satellite Organization (INTELSAT** – Washington 1971, mit mehr als 90 Mitgliedstaaten – BGBl 1973/343 – Rz 895, siehe jedoch Rz 2375), die Organisation der (west)europäischen Staaten (*European Telecommunications Satellite Organization* – **EUTELSAT,** 1977 in Paris gegründet – BGBl 1985/350) sowie der arabischen Staaten (*Arab Corporation for Space Communications – ARABSAT,* Kairo 1976); ferner die *Europäische Organisation für die Nutzung von meteorologischen Satelliten* (*EUMETSAT,* Genf 1983 – BGBl 1994/304).

c) Statusbezogene Regelungen

2347 Bereits die *Weltraumdeklaration* 1963, noch deutlicher der **Weltraumvertrag** 1967 (D 292, Art II) *weisen* die Qualifikation des Weltraumes (einschließlich des Mondes und anderer Himmelskörper) als *res nullius* und damit aneignungsfähiger Raum zurück und schließen den Erwerb territorialer Souveränität in diesem Raum aus. Somit begründen das Anbringen von staatlichen Hoheitszeichen auf dem Mond und anderen Himmelskörpern wie auch die auf längere Zeit berechnete Stationierung von Satelliten auf fixen Punkten des geostationären Orbits (Rz 2376) keine „nationale Aneignung". Dieses **Aneignungsverbot** verbietet eine solche Stationierung aber auch nicht (vgl dagegen Rz 2378).

2348 Darüber hinaus legt der Weltraumvertrag die Pflicht der *Hilfeleistung an Astronauten,* die *Verantwortlichkeit* und *Haftung* für *Weltraumaktivitäten* sowie die Pflicht zur *Zusammenarbeit* und *Information* fest.

2349 Die **Weltraumfreiheiten** (D 292, Art I) umfassen die Freiheit der **Forschung** und **Nutzung** – beschränkt durch die angemessene Berücksichtigung der Interessen der anderen Staaten sowie der gesamten Menschheit. Dadurch werden die Weltraummächte zur Bedachtnahme auf die Interessen auch anderer Staaten sowie nichtstaatlicher Interessenten, wie zB der wissenschaftlichen Gemeinschaft, verpflichtet (**Gemeinwohlprinzip;** vgl die *Declaration on International Cooperation in the Exploration and Use of Outer Space for the Benefit and in the Interest of All States, Taking into Particular Account the Needs of Developing Countries,* Res der GV der VN 51/122 mit einer Betonung des Informationsaustausches durch UNCOPUOS).

2350 Aus den Weltraumfreiheiten wird auch eine **Freiheit** des **Zugangs** zum Weltraum, *auch durch fremden Luftraum,* abgeleitet; in Analogie einerseits zur *innocent passage* im Küstenmeer (Rz 2251), andererseits zum Transitrecht der Binnenstaaten (Rz 2325 ff).

2351 Eine der noch immer umstrittensten Fragen des Weltraumrechts ist jene der **Abgrenzung** zum **Luftraum** im rechtlichen Sinn, somit zwischen territorialer Souveränität der Staaten (Rz 2158) und Freiheit des Weltraums. Abgesehen von den *verschiedenen Ansatzpunkten* für diese Abgrenzung, die oft durch den technischen Entwicklungsstand bedingt sind, sowie dem Vorschlag, die Ausdehnung des nationalen Luftraums mit 100 (110) km Höhe zu begrenzen (UdSSR im UNCOPUOS 1979), wird der *Bedarf* einer *präzisen Begrenzung auch bezweifelt.* Denn das Weltraumrecht regelt auch Tatbestände, die außerhalb des Weltraums gesetzt werden können.

Nach anderer Ansicht bildet das *niedrigste Perigäum* (erdnächster Punkt der Umlaufbahn eines Weltraumsatelliten) eine bereits durch *VGR* etablierte Grenze. **2352**

d) Die Rechtsstellung der Weltraumfahrzeuge und Astronauten

Der Weltraumvertrag behält die Hoheitsgewalt und Kontrolle über einen in den Weltraum gestarteten Gegenstand und dessen gesamte Besatzung, während sie sich im Weltraum oder auf einem Himmelskörper befinden, jenem *Staat* vor, in dem dieser Gegenstand *registriert* ist (D 292, Art VIII). **2353**

Ähnlich dem Schifffahrtsregister (Rz 2286) hat gem *Weltraumregistrierungsvertrag 1975* jeder **Startstaat** („ein Staat, der einen Weltraumgegenstand startet oder dessen Start durchführen lässt oder von dessen Hoheitsgebiet oder Anlagen ein Weltraumgegenstand gestartet wird" – Art II) ebenso wie der *GS der VN,* dem die relevanten Angaben zu übermitteln sind, ein **Register** über diese Objekte zu führen; solche, die auf einer ballistischen Kurve nur kurz in den Weltraum vordringen (zB Testraketen), sind davon nicht erfasst. Allerdings wirft die vermehrte wirtschaftliche Nutzung mit der daraus resultierenden Haftungsproblematik erneut die Frage der Definition des Startstaates auf. **2354**

Der **Registerstaat** übt die **Kontrolle** und **Jurisdiktion** über die gesamte Besatzung nicht nur an Bord des Weltraumgegenstandes, sondern auch dann aus, wenn sich diese außerhalb des Objekts im Weltraum oder auf einem Himmelskörper befindet. **2355**

Die Bezeichnung der **Astronauten** als **„Abgesandte der Menschheit im Weltraum"** (Art V Weltraumvertrag – D 292) ist va als vr Begründung für ihren besonderen Schutz sowie als Ausdruck des Gedankens zu verstehen, dass sie ihre Funktion im Interesse der gesamten Menschheit (Rz 2349) ausüben. **2356**

Der va im Interesse der Weltraummächte gelegene **Weltraumrückführungsvertrag 1968** verpflichtet die Vertragsstaaten, den in einer Notlage befindlichen Raumfahrern beizustehen und diese wie auch unbemannte Objekte dem Startstaat zurückzuführen. **2357**

Ähnlich dem Antarktis-Vertrag (Rz 2218 ff; D 283) sind gem *Weltraumvertrag* – auf Basis der **Gegenseitigkeit** – und gem *Mondvertrag* die **Vertragsstaaten** *nach vorheriger Ankündigung* zur gegenseitigen **Inspektion** aller Stationen, Einrichtungen, Geräte und Raumfahrzeuge *auf dem Mond* und *anderen Himmelskörpern* **berechtigt.** Diese Formulierung lässt somit eine Kontrolle oder Inspektion der im Weltraum selbst befindlichen Gegen- **2358** stände, zB die Erde umkreisender Satelliten, ohne Zustimmung des Registerstaates nicht zu.

2359 Die **Haftung** für in den Weltraum gestartete Gegenstände ist nicht nur ein rechtstheoretisches Problem, sondern auch für die Nichtweltraummächte von praktischer Bedeutung (D 293b). Schon gem *Weltraumvertrag haftet* der *Startstaat* für Schäden aus der Weltraumtätigkeit (D 292, Art VII).

2360 Der **Weltraumhaftungsvertrag** *1972* (D 293a) regelt insbes die Haftungsform und das Verfahren der Anspruchsgeltendmachung. Danach ist die Haftung auf den *Startstaat* kanalisiert, der für die von seinem Weltraumgegenstand verursachten *Schäden* auf der *Erdoberfläche* oder an *Luftfahrzeugen im Fluge unbedingt* haftet („absolut", **Gefährdungshaftung** – Rz 2685f, 2705; siehe jedoch oben Rz 2354).

2361 Diese Gefährdungshaftung sollte der Beweisproblematik und dem größeren Risiko Rechnung tragen, dem diese Tätigkeiten ausgesetzt sind. Eine Befreiung davon setzt den Nachweis der groben Fahrlässigkeit oder des Vorsatzes seitens des Geschädigten voraus.

2362 Für *Schäden an Weltraumgegenständen* eines anderen Staates (bzw Personen an deren Bord) *im Luft-* oder *Weltraum* haftet er aber nur bei *Verschulden.*

2363 Der Schadenersatz muss gem VR und den Grundsätzen der Gerechtigkeit und Billigkeit (Rz 550f) den Geschädigten so stellen, als sei der Schaden nicht eingetreten (Rz 2766).

2364 Sind *mehrere Staaten* gemeinsam „Startstaat", so gilt **Solidarhaftung.**

2365 Die Anspruchserhebung (durch den Heimatstaat des Geschädigten binnen zwölf Monaten ab Schadenszufügung) bedarf *nicht* der *Erschöpfung* des *innerstaatlichen Instanzenzuges* (Rz 709, 2810ff).

2366 Der Spruch einer im Fall der Nichteinigung zuständigen *„Schiedskommission"* hat nur *empfehlende* Wirkung. Die Vertragsstaaten können ihn aber gegenüber jedem sich gleichermaßen verpflichtenden Vertragsstaat als bindend anerkennen. Österreich gab diese Erklärung ab.

2367 Die zur Kosten- und Risikostreuung erfolgte Gründung von *Weltraumorganisationen* erfordert auch deren Einbeziehung in das vertraglich gestaltete Weltraumrecht (Rz 928).

2368 Der Weltraumrückführungsvertrag gilt auch für jene IO, die erklärt, die Rechte und Pflichten aus dem Vertrag anzunehmen, wenn die Mehrheit ihrer Mitglieder Partei dieses Vertrages und des Weltraumvertrages ist.

2369 Eine ähnliche Regelung findet sich auch im *Weltraumhaftungsvertrag.* Danach haften die *Organisation* und ihre *Mitglieder,* die Parteien des Haftungsübereinkommens sind, *solidarisch.* Zuerst sind aber Ansprüche gegen die IO geltend zu machen.

e) Nutzungsbezogene Regelungen

ea) Militärische Nutzungen

2370 Der *Weltraumvertrag* entzieht den Weltraum nur zT militärischen Aktivitäten. Er *verbietet, mit Kernwaffen* oder anderen *Massenvernichtungswaffen* bestückte *Weltraumobjekte* in eine *Erdumlaufbahn* zu bringen oder auf einem *Himmelskörper zu installieren* oder sonst im Weltraum zu *stationieren*

(**Denuklearisierung** – Rz 1824), *nicht* aber den *Durchflug ballistischer Raketen.* Der Kernwaffenteststoppvertrag 1963 (D 222) verbietet Nukleartests im Weltraum.

Das Gebot der **Nutzung ausschließlich** zu **friedlichen Zwecken** im Welt- **2371**
raum- und im Mondvertrag (Rz 2339, 2345; D 292, 294) gilt **lediglich** für den **Mond,** andere **Himmelskörper** sowie deren **Umlaufbahnen.** Es spart jedoch den sonstigen Weltraum (darunter auch die Erdumlaufbahnen) aus. Die von den USA und der UdSSR abgeschlossenen SALT-Abkommen (Rz 1822) und rezente Abrüstungsverträge (Rz 1825f) sehen zur Überwachung der Einhaltung indirekt den Einsatz von Fernerkundungssatelliten vor *(„national technical means of verification";* zur Kündigung des ABM-Vertrages durch die USA zur Legalisierung des *Missile-Defense-Projekts* siehe Rz 1823). Die UN-Abrüstungskonferenz diskutiert derzeit die Frage der Abrüstung im Weltraum.

eb) Andere Nutzungsmöglichkeiten

Der Bedarf einer eigenen nutzungsrechtlichen Regelung ergibt sich **2372**
schon aus der **Begrenztheit** des für die **Kommunikation** über **Satelliten** verwendbaren **Frequenzspektrums** und der **Stationierungsmöglichkeiten** von dazu einsetzbaren **Satelliten.**

Der *Internationale Fernmeldevertrag 1982* (Rz 2182), der beide Fakto- **2373**
ren als *„limited natural resources"* bezeichnet, sichert den Vertragsstaaten entsprechend ihrem *Bedarf* und den ihnen zur Verfügung stehenden *technischen Möglichkeiten* einen angemessenen *(equitable) Zugang* zu beiden.

Die *„Dritte Welt"* betont dagegen das *Gleichheitsprinzip* zu Lasten des **2374**
Prinzips des Erstkommenden (Rz 2090).

Die ersten Aufteilungen der Frequenzen erfolgten nach den verschie- **2375**
denen Funktionen der Signalübermittlung (zur wissenschaftlichen Erforschung des Weltraums, zum Weltraumfunk, für Punkt-zu-Punkt-Fernsehübertragungen und für Direktfernsehübertragungen). Derartige Aufteilungen ermöglichten erst die Gründung der zT *kommerziell* strukturierten (Stimmenverteilung gem Investitionsanteilen am Organisationsvermögen – Rz 1056) *INTELSAT* (Rz 2346). Sie sicherte auch anderen Staaten als den Weltraummächten die Nutzung der Weltraumtechnik für Informationsaustausch und streut somit Kosten, Nutzen und Risken solcher Tätigkeiten breiter. INTELSAT wurde jedoch im Jahre 2000 im Interesse einer besseren Position im wirtschaftlichen Wettbewerb in eine privatrechtliche Holdinggesellschaft, *Intelsat Ltd,* mit Sitz auf den Bermudas umgewandelt.

Die günstigste Informationsübermittlung erfolgt durch Stationierung **2376**
der Satelliten an bestimmten Punkten über der Erde (dh die Satelliten befinden sich in einer mit der Erdumkreisung synchronen Umlaufbahn – *geosynchrone Satelliten*), insbes über dem Äquatorbereich *(geostationäre Satelliten).*

Zwar findet die Behauptung der am Äquator gelegenen Entwicklungs- **2377**
länder (Erklärung von Bogotá 1976) keine Deckung im VR. Danach stellt das über dem jeweiligen Staatsgebiet befindliche Segment des geostationären Orbits einen integralen Teil des Gebietes dieser Staaten dar. Deshalb sollen die Stationierung von Satelliten dort sowie jeder Erwerb von Rechten

zur Nutzung solcher Orbitalsegmente der Zustimmung der betreffenden Staaten bedürfen.

2378 Die dauernde Besetzung eines Satellitenparkplatzes auf diesem Orbit kann aber mit dem derzeit im UNCOPUOS diskutierten Gemeinwohlprinzip des Weltraumvertrages (vgl Rz 2349) in Konflikt geraten. Gem einer im rechtlichen Unterausschuss im Jahre 2000 angenommenen Erklärung hat der Zugang zu den Orbits unter Berücksichtigung einer angemessenen Verteilung sowie entsprechend den Radio-Regelungen der ITU zu erfolgen.

2379 Die auf die **Erdfernerkundung** anwendbaren Prinzipien (Spannungsverhältnis Informationsfreiheit – staatliche Souveränität) sind in der von der GV der VN 1986 angenommenen Res 41/65 (ILM 25 [1986] 1334) enthalten. Demnach soll der erkundende Staat die Erderkundung ua unter Achtung der vollen und dauernden Souveränität der Staaten über deren Naturschätze ausführen, den davon betroffenen Staat auf dessen Verlangen konsultieren und ihm Zugang zu den Roh- und verarbeiteten Daten gewähren.

2380 Der Öffentlichkeit am bekanntesten ist das **direkte Satellitenfernsehen,** das zum Unterschied zu den bisherigen Punkt-zu-Punkt-Übertragungen die Kontrollmöglichkeiten des Staates über den Empfang eines fremden Programms stark reduziert. Eingeschlossen in das vr Medienrecht stehen hier einander wieder die Prinzipien Informationsfreiheit – vr Einmischungsverbot und Achtung der Souveränität fremder Staaten gegenüber (Rz 2191); zusätzlich ergeben sich Probleme des Urheberrechts.

2381 Eine diesbezügliche Res der UNESCO-Generalkonferenz 1972 verweist sowohl auf die Informationsfreiheit als auch auf das Erfordernis der vorherigen Zustimmung des vom Empfang betroffenen Staates. Sie fordert einen nichtpolitischen Inhalt solcher Übertragungen und bekräftigt das Recht jedes Staates zu Maßnahmen gegen unerwünschte Ausstrahlungen (zB *jamming*) unter Beachtung der Menschenrechte.

2382 Die ohne die Stimmen der Industriestaaten angenommene Res der GV der VN 37/92 über die auf diese Fernsehsendungen anzuwendenden Prinzipien 1982 erlegt dem sendenden Staat die Verantwortlichkeit für die unter seiner Jurisdiktion ausgestrahlten Sendungen auf und verpflichtet ihn zu Konsultationen mit dem von seinen Sendungen betroffenen Staat. Auf derartige Sendungen ist weiters das Übereinkommen des Europarats über grenzüberschreitendes Fernsehen (Rz 2192) anwendbar.

2383 Die **wirtschaftliche Nutzung** des **Mondes** und seiner Rohstoffe bildet den Regelungsgegenstand des *Mondvertrages* (D 294). Zur Lösung des Problems, dass *nur wenige* Staaten zu dieser *Nutzung* faktisch *im Stande* sind, diese jedoch gem dem Weltraumvertrag im Interesse aller Staaten durchzuführen ist, erklärt dieser Vertrag den Mond und die Himmelskörper zur *„province of all mankind"* und verankert ein *Aneignungsverbot* an ihnen.

2384 Neben Ausführungen der bereits aus den anderen Weltraumverträgen resultierenden Verpflichtungen (friedliche Nutzung, Information über Aktivitäten, Freiheit der wissenschaftlichen Forschung verbunden mit dem Recht der Aufnahme von Mineralienproben, Umweltschutz, Verantwortlichkeit, Recht zur Inspektion fremder Installationen, Unterstandsgewährung für fremde Astronauten) enthält dieser Vertrag in Anlehnung an das SRÜ die

Qualifizierung des Mondes und seiner natürlichen Ressourcen als **gemeinsames Erbe der Menschheit** (Rz 2305; D 294).

Die *Res der GV der VN über den Einsatz nuklearer Energiequellen im Weltraum* 1992 (D 295) erlegt den Startstaaten besondere Vorsorge- und Informationspflichten auf und sieht Gefährdungshaftung für aus dieser Nutzung resultierende Schäden vor. Derzeit erheischt va das Problem des Abfalls im Weltraum („*space debris*“, Weltraumschrott) eine Lösung, weil durch die zunehmende Nutzung immer mehr Abfall entsteht. Dieser gefährdet Weltraumfahrzeuge und verursacht bei jenen mit Nuklearmaterial besondere Gefahren. Neue Regelungsansätze sind auch angesichts der vermehrten nichtstaatlichen Nutzung des Weltraums erforderlich; dies gilt insbes für die Bestimmung des Startstaates (Rz 2354), das derzeit noch staatsorientierte Haftungsregime (Rz 2360) sowie privatrechtliche Fragen betreffend Weltraumobjekte. Diese werden im Entwurf eines Übereinkommens der UNIDROIT *(Institut international pour l'unification du droit privé)* über Beteiligungsrechte an Weltraumobjekten bereits erfasst. 2385

2. Kapitel
Internationales Umweltrecht

Gerhard Loibl

Literatur: *Bothe,* Umweltschutz als Aufgabe der Rechtswissenschaft ZaöRV 32 (1972) 483; *Fröhler / Zehetner,* Rechtsschutzprobleme bei grenzüberschreitenden Umweltbeeinträchtigungen, Bd 1–3 (1979–1981); *Wildhaber,* Rechtsfragen des internationalen Umweltschutzes (1987); *Lang,* Internationaler Umweltschutz (1989); *Wolfrum,* Purposes and Principles of International Environmental Law, GYIL 33 (1990) 308; *Palmer,* New Ways to Make International Environmental Law, AJIL 86 (1992) 259; *Bryde,* Umweltschutz durch allgemeines Völkerrecht? ArchVR 31 (1993) 1; *Sand,* International Environmental Law After Rio, EJIL 4 (1993) 377; *Beyerlin,* Rio-Konferenz 1992: Beginn einer neuen globalen Umweltrechtsordnung? ZaöRV 54 (1994) 124; *Bornheim,* Haftung für grenzüberschreitende Umweltbeeinträchtigungen im Völkerrecht und im Internationalen Privatrecht (1995); *Boyle / Freestone* (Hrsg), International Law and Sustainable Development (1999); *Churchill / Ulfstein,* Autonoumous Institutional Arrangements in Multilateral Environmental Agreements, AJIL 94 (2000) 623; *Epiney / Scheyli,* Umweltvölkerrecht – Völkerrechtliche Bezugspunkte des schweizerischen Umweltrechts (2000); *Loibl,* Environmental Protection and Sustainable Development, in: *Cede / Sucharipa-Behrmann* (Hrsg), The United Nations: Law and Practice (2001) 195; *Fitzmaurice,* International Protection of the Environment, RdC 293 (2001) 9; *Birnie / Boyle,* International Law and the Environment (2. Aufl, 2002); *Loibl,* The Cartagena Protocol on Biosafety, in: *Griller* (Hrsg), International Economic Governance and Non-Economic Concerns (2003) 389; *Sands,* Principles of International Environmental Law (2. Aufl, 2003); Yearbook of International Environmental Law (seit 1990); Website von UNEP: http://www.unep.org; Website der Rahmenkonvention über den Klimawandel der Vereinten Nationen: http://www.unfccc.org.

A. Einleitung

2386 Seit Mitte der 1960er Jahre hat die offensichtliche Notwendigkeit des Schutzes der Umwelt in vielen Staaten zu rechtlichen Regelungen geführt. Auf internationaler Ebene war die **Konferenz der VN über eine menschliche Umwelt (Stockholm 1972)** Ausgangspunkt für eine Vielzahl vr Regelungen. In der *Stockholm-Deklaration* wurden erstmals auf globaler Ebene Prinzipien für den Umweltschutz verankert (D 296). Seit 1972 wurden nicht nur viele Deklarationen und Res in IO und auf internationalen Konferenzen über Umweltfragen angenommen, sondern auch zahlreiche vr Verträge geschlossen. Obwohl bereits vor 1972 einige vr Verträge bestanden, ist der internationale Umweltschutz als vordringliches Anliegen ein relativ neuer Regelungsbereich des VR.

2387 Die **Konferenz der VN über Umwelt und Entwicklung (Rio de Janeiro 1992)** diskutierte nicht nur Umweltprobleme ieS, sondern auch deren enge Verbindung mit wirtschaftlichen Fragen. Es zeigte sich, dass ein Ausgleich zwischen Umweltschutz und wirtschaftlicher Entwicklung notwendig ist. Mit der Festlegung des Ziels der **nachhaltigen Entwicklung (sustainable development** – D 297, Prinzip 1) wurde dies deutlich unterstrichen. Ausgangspunkt dieser Diskussionen war der Bericht der *World Commission on Environment and Development* 1987 (nach der Vorsitzenden *Brundtland-Bericht genannt*) „*Our Common Future*". Darin wird nachhaltige Entwicklung definiert als „jene Entwicklung, die die Bedürfnisse der gegenwärtigen Generationen erfüllt, ohne zukünftigen Generationen die Fähigkeit zu nehmen, ihre Bedürfnisse zu decken. Sie beinhaltet zwei Schlüsselkonzepte:

- das Konzept der Bedürfnisse, insbes die grundsätzlichen Bedürfnisse der Armen der Welt, denen vorrangige Priorität zukommen soll; und
- die Idee, dass die Fähigkeit der Umwelt, die Bedürfnisse gegenwärtiger und zukünftiger Generationen zu erfüllen, begrenzt ist, und durch den technologischen Entwicklungsstand und die soziale Organisation bestimmt wird."

Umweltschutz ist also *nicht eindimensional* zu sehen (dh Schutz der Umwelt per se), sondern hat auch eine *wirtschaftliche* und *soziale Komponente.* Die *wirtschaftliche Entwicklung* und die *Bekämpfung der Armut* sind damit zu zentralen Themen in den internationalen Bemühungen zum Schutz der Umwelt geworden. Das Ziel nachhaltiger Entwicklung kann nur durch Maßnahmen in allen drei Bereichen – wie sie in der Rio-Deklaration dargelegt wurden – erreicht werden. Diese neue Zielsetzung *erweiterte* dementsprechend den Inhalt *des internationalen Umweltrechts.* **2388**

Der **Nord-Süd-Gegensatz** zwischen Industriestaaten und Entwicklungsländern dominiert in den letzten Jahrzehnten Verhandlungen über internationale Umweltregelungen. Die Entwicklungsländer sehen den *Umweltschutz* als *„Luxus"* der *„reichen" Industriestaaten* an; er behindere die wirtschaftliche Entwicklung des Südens, und die soziale Komponente werde vernachlässigt. Internationale Regelungen dürften einerseits nicht die Rechte der Entwicklungsländer auf Nutzung ihrer Umweltressourcen für ihre wirtschaftliche und soziale Entwicklung begrenzen; andererseits seien die *„historischen Verschmutzungen* der *Umwelt*" durch die Industriestaaten zu berücksichtigen: Diese hätten die Umwelt seit dem Beginn der Industrialisierung im 19. Jhdt verschmutzt, während die Entwicklungsländer erst seit dem 20. Jhdt die Umwelt belasteten. Die Industrieländer müssten daher die Vorreiterrolle bei Umweltmaßnahmen übernehmen. Erst wenn die wirtschaftlichen und sozialen Probleme der Entwicklungsländer gelöst seien, könnten auch diese Maßnahmen zum Schutz der Umwelt setzen. **2389**

Aus der Sicht der Industriestaaten müssen Umweltprobleme möglichst frühzeitig gelöst werden, und auch die Entwicklungsländer müssen ihren Beitrag dazu leisten. **2390**

Weiters darf nicht vergessen werden, dass auch die Staaten des ehemaligen Ostblocks auf Grund ihrer wirtschaftlichen Schwierigkeiten **(„Länder, die sich im Übergang zur Marktwirtschaft befinden", „countries with economies in transition")** vielfach nicht oder nicht ausreichend Maßnahmen zum Umweltschutz setzen können. Diese Interessengegensätze haben in den vergangenen Jahren zwangsläufig auch in den Rechtsinstrumenten des internationalen Umweltschutzes ihren Eingang gefunden (Rz 2399 ff). **2391**

Der **Johannesburger Weltgipfel für Nachhaltige Entwicklung 2002** *(World Summit on Sustainable Development)* bekräftigte das Ziel der nach- **2392** haltigen Entwicklung und nahm einen *Implementierungsplan* an, in dessen Mittelpunkt die Armutsbekämpfung, die Änderung von nichtnachhaltigen Produktions- und Verbrauchsweisen sowie der Schutz und die Bewirtschaftung der natürlichen Ressourcen als Basis für die wirtschaftliche und soziale Entwicklung stehen. Er konkretisierte damit einige der in der Milleniumsdeklaration der GV der VN 2000 vereinbarten Zielsetzungen.

B. Problemstellungen im internationalen Umweltschutz

2393 Der Begriff der **Umwelt** wurde im VR bisher nicht einheitlich definiert. Definitionen in Verträgen sind nur für das betreffende Abkommen relevant. Umwelt wird im internationalen Bereich *weit verstanden:* Sie umfasst *alle Umweltressourcen* wie etwa *Luft, Süßwasser, Boden,* die *Meere* (Rz 2312 ff), *Tier- und Pflanzenarten,* aber auch das *Weltklima,* die *Ozonschicht* und die *biologische Vielfalt.*

2394 Umweltbelastungen treten in unterschiedlichen Formen auf. Einerseits werden sie durch **Nutzungen** des **Menschen** (zB Wasserentnahme aus einem internationalen Wasserlauf für Bewässerungszwecke), andererseits durch **Verschmutzungen** von **Umweltressourcen** (zB Verschmutzung eines internationalen Wasserlaufes durch Abwässer und Düngemittel) verursacht. Umweltschutz und Umweltnutzung sind somit zwei Seiten desselben Regelungsproblems: Umweltschutzmaßnahmen sind Nutzungsbeschränkungen und Nutzungsbeschränkungen sind auch Umweltschutzmaßnahmen (zB die Entwicklung der Walfangkonvention, die ursprünglich nur den Walfang beschränkte, diesen heute jedoch [fast] ganz verbietet). Während die Umweltprobleme der Industriestaaten in erster Linie Folgen des Konsumverhaltens und der Produktionsmethoden sind, sind die Umweltprobleme der Entwicklungsländer häufig eng mit der Armut verbunden.

2395 Die Erkenntnis, dass Umweltressourcen generell nicht unbeschränkt nutzbar, sondern erschöpflich *(„exhaustible resource")* sind, haben zu einem *geänderten Umweltbewusstsein* geführt, das auch rechtliche Regelungen bestimmt. Nicht mehr allein der Schutz von Leben und Gesundheit des Menschen oder der Schutz bestimmter Tier- und Pflanzenarten stehen im Vordergrund (zB Washingtoner Artenschutzabkommen 1973 – BGBl 1982/188), sondern auch die Erhaltung und Bewirtschaftung der Ressourcen und Ökosysteme (zB Übereinkommen über die biologische Vielfalt 1992 – BGBl 1995/213).

2396 Die **Problemstellungen** im **internationalen Umweltbereich** lassen sich in drei Kategorien teilen:

1) *grenzüberschreitende* Umweltprobleme, die für *zwei Staaten oder regional* begrenzt von Bedeutung sind (zB Luftverschmutzung oder die Nutzung und Verschmutzung eines internationalen Wasserlaufs);

2) *globale* Umweltprobleme, die (fast) alle Staaten der Welt betreffen (zB Schutz der Ozonschicht oder Klimawandel); und

3) *Umweltprobleme,* die *primär innerstaatliche Auswirkungen* haben, aber von der Staatengemeinschaft als von internationaler Bedeutung angesehen werden (zB Schutz von Feuchtgebieten, da ihre Vernichtung regionale oder auch globale Auswirkungen auf die biologische Vielfalt haben kann. So

wirkt sich in vielen Fällen die Vernichtung eines Feuchtgebietes auch negativ auf Zugvögel aus).

Diese unterschiedlichen Problemstellungen haben zu vr Regelungen geführt, die sich einerseits in ihrer **Erfüllungsstruktur** (Rz 310ff) unterscheiden, andererseits verschiedene *zwischenstaatliche* **Kooperationsmechanismen** notwendig gemacht haben. Während etwa Feuchtgebiete durch Maßnahmen des betroffenen Staates geschützt werden können, werden Schutzmaßnahmen für die Ozonschicht oder das Weltklima nur dann erfolgreich sein, wenn sie auf globaler Ebene gesetzt werden und sich (fast) alle Staaten daran beteiligen. Dabei stellt sich das Problem der *„Trittbrettfahrer“* (dh Staaten, die sich an den Maßnahmen nicht beteiligen, aber Vorteile aus den Bemühungen der anderen Staaten ziehen). **2397**

Die materiell unterschiedlichen Umweltbelastungen, das Auftreten von Umweltproblemen zu verschiedenen Zeitpunkten und die unterschiedlichen geografischen Ausdehnungen erfordern unterschiedliche Lösungen. Dies hat zu einer Zersplitterung der vr Regelungen geführt. Das *Umweltvölkerrecht* folgt einem **sektorellen** und **nicht** einem **ganzheitlichen Ansatz („holistic approach“).** Ein ganzheitlicher Ansatz findet sich nur in einigen Verträgen, die in erster Linie Verfahrensregelungen enthalten (zB ECE-Übereinkommen [von Espoo] über die Umweltverträglichkeitsprüfung im grenzüberschreitenden Rahmen 1991 [BGBl III 1997/201] oder ECE-Übereinkommen [von Helsinki] über die grenzüberschreitenden Auswirkungen von Industrieabfällen [BGBl III 2000/119]). Vorschläge für ein umfassendes Vertragswerk, das Umweltfragen ganzheitlich regelt, sind bisher nicht verwirklicht worden. **2398**

C. Rechtsquellen des Internationalen Umweltrechts

Die *wichtigste Rechtsquelle* des internationalen Umweltrechts sind heute **vr Verträge** (**bilaterale, regionale** und in den vergangenen Jahrzehnten va auch **globale**). Eine Besonderheit ist die weite Verwendung sog **Rahmenverträge.** Diese legen die *Grundsätze* und einen *institutionellen Rahmen* für die Weiterentwicklung des VR für einen bestimmten Umweltbereich fest. In der Folge werden in diesen Institutionen *konkrete Verpflichtungen* ausgearbeitet. **2399**

Beispiele dafür sind das *UN-Rahmenübereinkommen über Klimaänderungen 1992* (D 298a – BGBl 1994/414) und das *Kyoto-Protokoll* 1997 (D 298b), das *Wiener Übereinkommen zum Schutz der Ozonschicht 1985* (D 299a) und das *Montrealer Protokoll über Stoffe, die zu einem Abbau der Ozonschicht führen 1987* (D 299b – BGBl 1989/283) oder das *Übereinkommen über die biologische Vielfalt 1992* (BGBl 1995/213) und das *Cartagena-Protokoll über biologische Sicherheit 2000* (D 300 – BGBl III 2003/94). Auch im regionalen Rahmen der ECE wurde dieses Verfahren erfolgreich angewendet (*ECE-Übereinkommen über weiträumige grenzüberschreitende Luftverunreinigung 1979* [BGBl 1983/158] und die zahlreichen Protokolle dazu). **2400**

Rahmenverträge haben aber auch noch eine andere Funktion im Umweltrecht: Sie enthalten *generelle Regelungen,* die von den Staaten auf *bilateraler* oder *regionaler Ebene weiter konkretisiert* werden können. Beispiele dafür sind das ECE-Übereinkommen von Helsinki über industrielle **2401**

Unfälle 1992 (BGBl III 2000/119), das ECE-Übereinkommen (von Helsinki) zum Schutz und zur Nutzung grenzüberschreitender Wasserläufe und internationaler Seen 1992 (BGBl 1996/578), das Übereinkommen über die frühzeitige Benachrichtigung bei nuklearen Unfällen 1986 (D 301) und das Übereinkommen über Hilfeleistung bei nuklearen Unfällen oder strahlungsbedingten Notfällen 1986 (D 302 – BGBl 1990/87). Legen diese Abkommen Standards fest, bleibt es den *Vertragsparteien unbenommen, strengere bilaterale* oder *regionale Standards* zu vereinbaren. Das Unterschreiten der Standards ist jedoch nicht zulässig (vgl hiezu Rz 2323).

2402 Die Bedeutung des **VGR** ist durch die sektorelle Regelung von Umweltfragen in Verträgen in vielen Umweltbereichen in den Hintergrund gedrängt worden. VGR war jedoch nicht nur in der Vergangenheit ein wichtiger Faktor für die Entwicklung des Umweltrechts, sondern spielt in einigen Bereichen – va im bilateralen und regionalen Bereich (zB im Zusammenhang mit *grenznahen Kernkraftwerken,* etwa Temelín) – weiterhin eine wichtige Rolle (vgl Prinzip 21 Stockholm-Deklaration [D 296] und Prinzip 2 Rio-Deklaration [D 297]). Der Nachteil des Gewohnheitsrechts besteht insbes darin, dass es in vielen Fällen sehr allgemeine Regeln festlegt und einer *Konkretisierung,* va durch *gerichtliche* und *schiedsgerichtliche* Entscheidungen, bedarf (*Trail Smelter-Fall* – D 303).

2403 Eine *wichtige Rolle* kommt dem **„soft law"** zu (vgl Rz 9, 126, 527, 1795, 1923, 2503f, 2437). Die **Beschlüsse, Res, Empfehlungen** und **Deklarationen** von **IO** (Rz 457ff) und **internationalen Konferenzen** haben einen entscheidenden Einfluss auf das Umweltrecht. *„Soft-law"*-Instrumente formulieren oft nicht rechtsverbindliche Umweltprinzipien. Die *Stockholm-Deklaration 1972* (D 296) und die *Rio-Deklaration 1992* (D 297) sind zwar nicht vr verbindlich, stellen aber dennoch Meilensteine des Umweltrechts dar. Aber auch die Deklarationen zB der GV der VN, der OECD, der OAU und der OAS sind Katalysatoren der Rechtsentwicklung.

2404 *„Soft-law"*-Instrumente sind in vielen Fällen der Motor für die Schaffung von vertraglichen Regelungen, da sie die Aufmerksamkeit der Staaten auf bestimmte Umweltprobleme richten. So wurde die Gefährdung der Umwelt durch Chemikalien in *Beschlüssen* des *Verwaltungsrates* von *UNEP* behandelt. Ein (freiwilliges) *Notifikationsverfahren* für den *Export* und *Import bestimmter* (bes) *gefährlicher Chemikalien* wurde durch *Beschlüsse* von *UNEP* und *FAO* geschaffen. Auf dieser Basis wurde das *Rotterdamer Übereinkommen über das Verfahren der vorherigen Zustimmung nach Inkenntnissetzung für bestimmte gefährliche Chemikalien sowie Pestizide im internationalen Handel 1998* ausgearbeitet (ABl L 63/27 – PIC-Convention). Die Umgießung von *„soft law"* in vr Verträge erfolgt wegen der allgemeinen Einsicht in die Dringlichkeit der Probleme oft in wenigen Jahren.

D. Grundsätze des Internationalen Umweltrechts

2405 Obwohl das internationale Umweltrecht in einer Vielzahl internationaler Instrumente niedergelegt ist, liegen ihnen einige gemeinsame Prinzipien zu Grunde. Die Rio-Deklaration formuliert diese Grundsätze (vgl auch Art 174 Abs 2 EGV, der die Prinzipien der Umweltpolitik der EG aufzählt) und ist heute als Grundlage des Umweltrechts anzusehen. Die Rechtsverbindlichkeit dieser Prinzipien ist vielfach umstritten und ist für jeden Einzelfall zu prüfen. Sie finden sich in vr Verträgen oder in Deklarationen und Res internationaler Konferenzen und Organisationen. Einige sind auch VGR geworden (vgl Prinzip 21 Stockholm-Deklaration bzw Prinzip 2 Rio-Deklaration – vgl Rz 2402).

1. Territoriale Souveränität und territoriale Integrität

Für die vr Regelung grenzüberschreitender Umweltbeeinträchtigungen sind die territoriale Souveränität und territoriale Integrität zentral. Beide Begriffe sind Ausfluss des grundlegenden Rechts der Staaten, über ihr Staatsgebiet zu verfügen. Territoriale Souveränität bedeutet, dass Staaten ihre Hoheitsgewalt auf ihrem Territorium innerhalb der durch das VR gesetzten Grenzen so ausüben, wie es ihnen zweckmäßig erscheint; territoriale Integrität schützt vor Einwirkungen, die vom Staatsgebiet anderer Staaten ausgehen oder diesen zuzurechnen sind. **2406**

In der Staatenpraxis setzte sich weder der Anspruch auf absolute territoriale Souveränität (vgl *Harmon-Doktrin* – Rz 2129) noch der Anspruch auf absolute territoriale Integrität durch. **2407**

Der Anspruch auf *absolute territoriale Souveränität* ist mit einer *Mehrzahl* aneinander *angrenzender,* ebenfalls *souveräner Staaten unvereinbar.* Absolute territoriale Souveränität schließt nämlich die territoriale Integrität, also das ebenfalls der Souveränität (als Oberbegriff) innewohnende Recht jedes Staates, allein und ausschließlich über sein Gebiet zu verfügen, gänzlich aus. **2408**

Hingegen postuliert **absolute territoriale Integrität** die Freiheit von jedweden Einwirkungen aus anderen Staaten auf das eigene Staatsgebiet: Sie *beschränkt nur* die *territoriale Souveränität, schließt* sie aber *nicht aus.* Bei Verwirklichung des Konzepts der absoluten territorialen Integrität dürften die Staaten Umweltbeeinträchtigungen nur dort zulassen, wo eine grenzüberschreitende Wirkung ausgeschlossen ist – eine beim Stand der faktischen Gegebenheiten nicht sinnvolle Forderung. ZB können Luftemissionen durch industrielle Tätigkeiten oder Verkehr nicht zur Gänze verhindert werden. **2409**

Zwischen diesen Extrempositionen eröffnen sich *verschiedene Stufen* **beschränkter territorialer Souveränität** und **Integrität.** Die Gegenüberstellung der beiden absoluten Prinzipien (absolute Souveränität schließt Integrität aus; absolute Integrität beschränkt nur Souveränität) zeigt die grundsätzliche **vr Unzulässigkeit grenzüberschreitender Umweltbeeinträchtigungen, soweit nicht** eine **Beschränkung der territorialen Integrität** des **Nachbarstaates nachgewiesen** wird (vgl D 296). **2410**

2. Konkretisierungen des Prinzips der beschränkten territorialen Souveränität und Integrität: das Prinzip des Verbots erheblicher grenzüberschreitender Umweltbeeinträchtigungen

Im Mittelpunkt des **vgr Nachbarrechts** des grenzüberschreitenden Umweltschutzes steht der Grundsatz, dass *kein Staat* auf *seinem Staatsgebiet* **2411**

Aktivitäten vornehmen, fördern oder dulden darf, die auf dem *Territorium* eines *anderen Staates* **„Schaden"** verursachen (*Prinzip 21 Stockholm-Deklaration* und *Prinzip 2 Rio-Deklaration*). Dieser Grundsatz ist vgr anerkannt. Er findet sich nicht nur in vr Verträgen (*Art 3 Übereinkommen über die biologische Vielfalt* 1992), sondern auch in Entscheidungen internationaler Gerichte und Schiedsgerichte (*Trail Smelter-Fall* – D 303; *Lac Lanoux-Fall* – D 276, *Rechtsgutachten des IGH über die Rechtmäßigkeit der Drohung mit oder des Einsatzes von Nuklearwaffen* – D 362; Rz 2946).

2412 Wie die Staatenpraxis zeigt, sind von diesem Grundsatz erhebliche und nicht übliche grenzüberschreitende Umweltbeeinträchtigungen erfasst. Unter dem Gesichtspunkt der Üblichkeit sind die bereits vorgegebenen grenzüberschreitenden Umweltbelastungen entsprechend zu berücksichtigen. Zur Beurteilung der Kriterien der *Erheblichkeit, Unüblichkeit* und – bei drohenden Beeinträchtigungen – der *Wahrscheinlichkeit* kann auch das innerstaatliche Umweltschutzrecht jenes Staates herangezogen werden, aus dem die grenzüberschreitende Umweltbeeinträchtigung stammt oder droht. Auch aus der Rechtsvergleichung ausländischen Umweltrechts lassen sich Ansätze für die Konkretisierung des Prinzips der beschränkten territorialen Souveränität und Integrität gewinnen.

2413 Dennoch *erfordern* die bereits *entstandenen Umweltbelastungen* und die *zunehmenden Qualitätsansprüche* der einzelnen VRS *an die gemeinsame Umwelt* eine Ersetzung des in der Regel zu allgemeinen Maßstabs der „erheblichen und unüblichen Schädigung" nach VGR durch **völkervertragsrechtlich präzise umschriebene Standards** grenzüberschreitender Umweltnutzungen. In der Staatenpraxis lassen sich bei den einzelnen Umweltressourcen unterschiedliche vertragliche Umweltstandards feststellen, die mit den spezifischen Emissions- und Immissionsmechanismen der einzelnen Ressourcen zusammenhängen. Ebenso sind die Beschlüsse von IO (Rz 462ff) für die Entwicklung solcher Standards von Bedeutung.

2414 Der Grundsatz des *Verbots grenzüberschreitender Umweltbeeinträchtigungen* ist nicht nur bei bereits aufgetretenen Umweltbeeinträchtigungen von Bedeutung, sondern wirkt *auch präventiv*. Dies bedeutet aber nicht, dass die Staaten etwa keine bes gefährliche Tätigkeiten auf ihrem Staatsgebiet zulassen dürfen (zB Kernkraftwerke). Sie haben vielmehr die notwendigen Vorsorgemaßnahmen zu ergreifen.

3. Handlungsprinzipien

Folgende Handlungsgrundsätze sind zu nennen:

2415

a) Vorsorgeprinzip („precautionary principle")

Nach dem Vorsorgeprinzip sind vorbeugende Handlungen zur Vermeidung künftiger Gefahren zu setzen. Prinzip 15 Rio-Deklaration verankerte es zum ersten Mal auf globaler Ebene und formulierte es wie folgt: Drohen **schwere** oder **bleibende Schäden,** so darf ein **Mangel** an **vollständiger wissenschaftlicher Gewissheit** kein Grund dafür sein, kostenwirksame Maßnahmen zur Vermeidung von Umweltschäden aufzuschieben.

Das Vorsorgeprinzip beruht auf der Erkenntnis, dass *Umweltbelastungen primär mit vorbeugenden Maßnahmen* zu begegnen ist. Staaten sollen vorausblickend entscheiden; sie sollen daher dann, wenn in der Zukunft schwere oder bleibende Schäden auftreten können, Tätigkeiten oder Substanzen Regelungen unterwerfen oder verbieten, selbst wenn keine wissenschaftliche Gewissheit über die drohenden Schäden besteht. Damit sollen va Gefahren für zukünftige Generationen vermieden werden. Der Vorsorgegrundsatz ist daher für die Erreichung des Ziels der nachhaltigen Entwicklung bedeutsam. **2416**

Das Vorsorgeprinzip ist in einigen vr Verträgen verankert. Gem *Art 5 Straddling Stocks Convention 1995* (Rz 2302) haben die Vertragsparteien das Vorsorgeprinzip bei Schutz und Management von wandernden Fischschwärmen anzuwenden. Art 6 dieses Vertrages bestimmt die Maßnahmen zur Umsetzung des Vorsorgeprinzips. *Art 4 Klimakonvention 1992* zählt das Vorsorgeprinzip zu jenen Grundsätzen, welche die Vertragsparteien bei der Anwendung der Konvention leiten. Nach dem *Cartagena-Protokoll 2000* (D 300) haben die Parteien das Vorsorgeprinzip va auch bei der Entscheidung darüber, ob ein gentechnisch modifizierter Organismus auf ihrem Territorium zugelassen wird, anzuwenden. Auch die *Stockholmer Konvention über persistente organische Schadstoffe 2001* verpflichtet die Vertragsstaaten zur Anwendung des Vorsorgegrundsatzes. **2417**

Zwar ist das **Vorsorgeprinzip** seit 1992 ins Umweltrecht eingegangen und seine Bedeutung allgemein anerkannt; seine **Anwendung** in **konkreten Fällen** ist jedoch **umstritten.** Insbes die Frage, inwieweit eine wissenschaftliche Basis für die Annahme einer Gefährdung vorliegen muss, um das Vorsorgeprinzip in einem konkreten Fall anzuwenden, gehört zu den am meisten diskutierten umweltrechtlichen Fragen. So befürchten mehrere Staaten im Rahmen der WTO einen Missbrauch des Vorsorgeprinzips, wenn keine wissenschaftlichen Beweise für die Gefährdung vorgelegt werden müssen. Aber auch bei Umweltabkommen fürchten viele Staaten auf Grund des Vorsorgeprinzips Entscheidungen ohne jegliche wissenschaftliche Grundlage. **2418**

Obwohl das Vorsorgeprinzip vor internationalen Gerichten und Schiedsgerichten ins Treffen geführt wurde, maßen ihm internationale Streitentscheidungsinstanzen bisher nur wenig Gewicht bei. So berief sich Ungarn im *Gabčíkovo-Nagymaros Fall* (D 23) vor dem IGH erfolglos auf den Vorsorgegrundsatz. In den *Southern Blue-Fin Tuna-Fällen (Australien/ Neuseeland v Japan [Provisional Measures])* verpflichtete hingegen der *Internationale Seegerichtshof* (Rz 2320 f) in Anwendung des Vorsorgeprinzips der *Straddling Stocks Convention* trotz mangelnder wissenschaftlicher Gewissheit die Streitparteien zur Aussetzung von Aktivitäten, die zu schweren Umweltschäden führen können. **2419**

Die *Anwendung* des Vorsorgeprinzips ist im konkreten Einzelfall *eng* mit der Anwendung *anderer Prinzipien,* die in der Rio-Deklaration (D 297) enthalten sind, *verbunden* (zB *Öffentlichkeitsbeteiligung* – Prinzip 10; *Umweltverträglichkeitsprüfung* – Prinzip 17; *Notifikations-* und *Informationsverpflichtung* – Prinzip 19). **2420**

b) Präventionsprinzip

2421 Das Präventionsprinzip verlangt – ebenso wie das Vorsorgeprinzip – **vorbeugende Reaktionen** auf **Umweltbeeinträchtigungen.** Allerdings besteht bei diesem Grundsatz bereits **Klarheit** über die **Gefährdung.** Als Umsetzung des Präventionsprinzips ist etwa das *ECE-Übereinkommen von Helsinki über industrielle Unfälle* zu sehen, das die Parteien zu vorbeugenden Maßnahmen bei gewissen industriellen Tätigkeiten verpflichtet. Dieses Prinzip wurde auch durch die *ILC Draft Articles on Prevention of Transboundary Harm from Hazardous Activities* (vgl Rz 2685 ff) behandelt.

c) Ursprungsprinzip

2422 Das Ursprungsprinzip regelt die Frage, **wo Umweltbelastungen** in erster Linie **zu bekämpfen** sind. Es besagt, dass Umweltbelastungen zu einem **möglichst frühen Zeitpunkt** und **nahe ihrer Quelle** bekämpft werden sollen. Obwohl es in vr Verträgen meist nicht ausdrücklich genannt wird, sind etwa Verpflichtungen zur Erreichung einer gewissen Wasserqualität in Abkommen über internationale Flussläufe als Ausformung des Ursprungsprinzips zu sehen (zB *Übereinkommen über die Zusammenarbeit zum Schutz und zur verträglichen Nutzung der Donau* 1994 – BGBl III 1998/139).

d) Verursacherprinzip („polluter-pays principle")

2423 Das Verursacherprinzip ist maßgeblich für die Frage, **wer** die **Kosten umweltpolitischer Maßnahmen** zu tragen hat. Danach muss der Verursacher der Umweltbeeinträchtigung auch für die Kosten der Wiederherstellung der Umwelt oder der Vermeidung zukünftiger Umweltbeeinträchtigungen aufkommen. Damit soll eine Internalisierung der Umweltkosten (entspricht prinzipiell der Kostentragung durch den Verursacher) erreicht werden.

2424 Obwohl das Verursacherprinzip in zahlreichen vr Instrumenten – zB *Prinzip 16 Rio-Deklaration* (D 297)– enthalten ist, bedarf es einer *Konkretisierung* in *Einzelfällen.* So ist etwa die Verpflichtung der Abwasserbehandlung als eine Umsetzung des Verursacherprinzips zu sehen. Der Verursacher wird dadurch zu den notwendigen Maßnahmen verpflichtet, um die Umweltbeeinträchtigung zu verhindern oder zu minimieren, und trägt die Kosten dafür. Auch Haftungsregelungen für bes umweltgefährdende Tätigkeiten werden als Umsetzung des Verursacherprinzips gesehen; denn derjenige, der diese Tätigkeit vornimmt, und nicht die Allgemeinheit (zB der Staat oder die Gemeinde), muss auch für etwaige Schäden aufkommen.

4. Prinzip der gemeinsamen, aber unterschiedlichen Verantwortungen („common but differentiated responsibilities")

2425 Dieses Prinzip wurde erstmals in der *Rio-Deklaration* niedergelegt (D 297, Prinzip 7). Es besagt, dass **alle Staaten** der Welt **Verantwortung** für die **Umwelt** tragen, dass aber die **Industriestaaten stärker** zu den **globalen Umweltproblemen beitragen** als die Entwicklungsländer. Außerdem besitzen die *Industriestaaten mehr finanzielle* und *technologische Kapazitäten* für

Umweltmaßnahmen. Dies ist bei der Setzung internationaler Umweltschutzmaßnahmen zu berücksichtigen.

2426 Dieser Grundsatz findet sich in fast allen Umweltabkommen der letzten Jahre. Er ist entweder in der Präambel enthalten oder findet sich unter den Prinzipien des betreffenden vr Vertrages. Zu seiner Wirksamkeit bedarf das Prinzip aber einer näheren Konkretisierung in den Vertragsbestimmungen. ZB verpflichtet das *Kyoto-Protokoll* nur die *Industrieländer, ihre Emissionen* zu *reduzieren* oder *zu limitieren* (Art 3 Abs 1 iVm Annex B–D 298b).

2427 Weiters sieht dieses Protokoll die finanzielle Unterstützung der Entwicklungsländer bei ersten Klimaschutzmaßnahmen vor, insbes durch den Aufbau von Kapazitäten **(„capacity-building")** und den Transfer von Technologie. Die Erfüllung der Verpflichtungen der Entwicklungsländer wird von der ausreichenden Unterstützung durch die Industriestaaten abhängig gemacht (Rz 2454). Solche Maßnahmen zu Gunsten der Entwicklungsländer finden sich in den meisten Umweltabkommen (zB Übereinkommen über biologische Vielfalt, Cartagena-Protokoll).

2428 In engem Zusammenhang mit diesem Prinzip stehen auch Prinzip 5 (Bekämpfung der Armut als Voraussetzung für nachhaltige Entwicklung), Prinzip 6 (Verweis auf die besondere Situation in den Entwicklungsländern) und Prinzip 11 Rio-Deklaration (Möglichkeit unterschiedlicher Umweltstandards) (D 297).

2429 Das Prinzip der gemeinsamen, aber unterschiedlichen Verantwortungen wirft eine Reihe von Fragen bei seiner Konkretisierung auf. Die Unterscheidung zwischen Industriestaaten und Entwicklungsländern ist sehr generell. Der unterschiedliche Entwicklungsstand der einzelnen Länder des Südens (zB „Tigerstaaten", die „am Sprung" zu Industrieländern stehen, und am wenigsten entwickelte Länder), aber auch unter den Industriestaaten wird kaum berücksichtigt. Eine weitere Differenzierung der Verpflichtungen wäre auf der Grundlage des Prinzips jedoch möglich, da es von „unterschiedlichen Verantwortungen" (im Plural) spricht. Weiters stellt sich die Frage nach der Rolle des Grundsatzes bei der Einhaltung der übernommenen Pflichten. Einige Entwicklungsländer fordern, nicht nur die Verpflichtungen in den Abkommen unterschiedlich auszugestalten, sondern das Prinzip auch bei den Rechtseinhaltungssystemen (Rz 2461 ff) zu berücksichtigen. Dadurch könnten aber die Rechtspflichten aus den Abkommen aufgeweicht werden.

5. Verfahrenspflichten

2430 Das vr Umweltrecht enthält zudem eine Reihe von Verfahrenspflichten. Diese bestehen einerseits bei geplanten Aktivitäten, die Auswirkungen auf die Umwelt anderer Staaten haben können, andererseits bei Katastrophenfällen. Dadurch sollen nicht nur Umweltschäden verhindert oder minimiert, sondern auch Konflikte vermieden und Kooperation zwischen den Staaten erreicht werden.

a) Informationspflicht

2431 Jeder **Staat, in dem** eine **Aktivität** stattfindet, die **potenziell grenzüberschreitende Umweltauswirkungen** hat, hat **Informationen vor Beginn** der

Aktivität an möglicherweise beeinträchtigte Staaten zu übermitteln. Damit sollen diese drohende Umweltbeeinträchtigungen beurteilen können (D 304). Bei Anlagen, die zwar im Normalbetrieb keine, im Störfall aber erhebliche Umweltbeeinträchtigungen verursachen können, ist eine Informationspflicht ebenfalls zu bejahen. Diese Übermittlung von Informationen stellt heute eine vgr Pflicht dar. Sie findet sich aber auch in vr Verträgen und „*Soft-law*"-Instrumenten (zB Prinzip 19 Rio-Deklaration – Rz 9, 126, 527, 1795, 1923, 2437, 2503f; D 297).

2432 Eine Reihe von vr Verträgen verpflichtet den Anlagestaat, *auf Stellungnahmen* der *anderen Staaten* zu *warten,* bevor über die Aufnahme der Tätigkeit endgültig entschieden wird. Jene Reaktion hat aber innerhalb angemessener Frist zu erfolgen (zB Art 11–19 UN-Konvention über die nichtschiffbare Nutzung internationaler Wasserläufe 1997). Es bleibt jedoch dem Anlagestaat überlassen, die endgültige Entscheidung zu treffen.

2433 Das *Basler Übereinkommen über die Kontrolle der grenzüberschreitenden Verbringung gefährlicher Abfälle und ihrer Entsorgung 1989* (BGBl 1993/229), das *Rotterdamer Übereinkommen* (Rz 2404) und das *Cartagena-Protokoll* (D 300) haben für den *Export und den Import bestimmter gefährlicher Güter* (gefährliche Abfälle, bestimmte Chemikalien und Pestizide sowie gentechnisch veränderte Organismen) Verfahren festgelegt, die es dem importierenden Staat erlauben, über die Einfuhr auf Grund der übermittelten Dokumente zu entscheiden *(„prior informed consent procedure [PIC]"* und *„advance informed agreement procedure [AIA]")*. Damit soll sichergestellt werden, dass keine Waren, die eine Gefährdung der Gesundheit von Menschen oder der Umwelt darstellen, ohne Wissen der Behörden des betreffenden Staates in sein Staatsgebiet gelangen.

b) Konsultationsverpflichtungen

2434 Auf Verlangen möglicherweise davon betroffener Staaten haben Konsultationen über die geplante Aktivität stattzufinden. Diese Pflichten lassen sich – vereinfachend – mit einer **Verpflichtung** zum **Dialog** der **beteiligten Staaten** umschreiben. Sie bestehen aus zusätzlichen **Informationswünschen,** darauf **reagierenden Informationen,** diesen wiederum **entsprechenden Stellungnahmen** usw. Damit sollen Meinungsverschiedenheiten zwischen den beteiligten Staaten über die Zulässigkeit grenzüberschreitender Umweltnutzungen bereinigt werden, indem zB eine Seite ihre Ansicht über die vr Unzulässigkeit des Projekts aufgibt oder die andere Seite die Planung ändert. Die Entscheidung über die geplante Tätigkeit liegt aber beim Anlagestaat (zB *Art 5 [Espoo]-Übereinkommen über die Umweltverträglichkeitsprüfung im grenzüberschreitenden Rahmen* – BGBl III 1997/201 – Rz 2398, 2437).

2435 Führen *Konsultationen zu keinem Einvernehmen* und entsteht ein Streitfall, stehen den Staaten die *Mittel* der *friedlichen Streitbeilegung* (Rz 1953ff) zur Verfügung. In der Staatenpraxis werden diese Verfahrenspflichten zT ad hoc, in zunehmendem Maße aber in institutionalisierter Form erfüllt (D 304, 301).

c) Umweltverträglichkeitsprüfung

Die Umweltverträglichkeitsprüfung ist in den letzten Jahren zu einem wichtigen Instrument der Umweltpolitik geworden. **Geplante Aktivitäten** sind vor ihrer Durchführung hinsichtlich ihrer **(grenzüberschreitenden) Auswirkungen** auf die **Umwelt** zu **prüfen.** Die **Ergebnisse** dieses Verfahrens sind von den *zuständigen Behörden* im Entscheidungsprozess materiell **zu berücksichtigen.** Aber nicht in jedem Fall einer geplanten Aktivität ist ein solches Verfahren vorgesehen: *Voraussetzung* für die Durchführung einer Umweltverträglichkeitsprüfung ist die **Wahrscheinlichkeit** einer **erheblichen Auswirkung** auf die Umwelt. **2436**

Die Umweltverträglichkeitsprüfung ist nicht nur in „*Soft-law*"-Instrumenten (zB *Prinzip 17 Rio-Deklaration* – D 297) enthalten, sondern auch in *vr Verträgen:* (zB *Art 206 SRÜ* [BGBl III 1995/885], *Art 14 Übereinkommen über die biologische Vielfalt* [BGBl 213/1995] *und im [Espoo-]Übereinkommen über die Umweltverträglichkeitsprüfung im grenzüberschreitenden Rahmen* [BGBl III 1997/201] – Rz 2398, 2434). Umweltverträglichkeitsprüfungen werden auch von der *Weltbank* und den *regionalen Entwicklungsbanken* bei der Entscheidung über die Finanzierung von Projekten durchgeführt. Diese Prüfungen stehen in engem Zusammenhang mit dem Informationszugang im grenzüberschreitenden Bereich und der Beteiligung der Öffentlichkeit an Entscheidungsprozessen. **2437**

d) Beteiligungsrechte und Rechtsschutz

Bestimmungen über *Informationszugang,* die *Beteiligung* der *Öffentlichkeit* an *Entscheidungen* und den *Zugang* zu *gerichtlichen Verfahren* in *Umweltangelegenheiten* sind in zahlreichen „*Soft-law*"-Instrumenten zu finden (zB *Prinzip 10 Rio-Deklaration* – D 297). Die grenzüberschreitende Umsetzung dieser Grundsätze wirft jedoch Probleme auf. ZB stellt sich die Frage, wie Informationen in Nachbarstaaten der Bevölkerung zugänglich zu machen sind, und unter welchen Voraussetzungen Personen, die in einem anderen Staat wohnhaft sind, Zugang zu Verwaltungsverfahren und zu Gerichten haben. Diese Probleme wurden in einigen – va bilateralen – vr Verträgen geregelt. **2438**

Im *Aarhus-Übereinkommen der ECE über den Zugang zu Informationen, die Öffentlichkeitsbeteiligung am Entscheidungsverfahren und den Zugang zu Gerichten in Umweltangelegenheiten 1998* wurden diese Grundsätze erstmals in einem vr Vertrag auf regionaler Ebene verankert. **2439**

6. Informations- und Warnpflichten bei Katastrophenfällen – grenzüberschreitendes Umwelt-Krisenmanagement

In den letzten Jahrzehnten wurden vr Regelungen für die Zusammenarbeit bei der Bewältigung von **Naturkatastrophen** (zB Erdbeben, Überschwemmungen) und **technisch-industriellen Katastrophen** entwickelt (vgl *Prinzip 18 Rio-Deklaration* – D 297). Katastrophenfälle wie in Tschernobyl sowie der Brand in den Sandoz-Werken und die Chemieunfälle in Basel **2440**

(Rz 2456) haben dazu geführt, dass neben vgr Regelungen auch vr Verträge das grenzüberschreitende Umwelt-Krisenmanagement regeln.

2441 Als Beispiel sind die *IAEA-Übereinkommen über Hilfeleistung bei nuklearen Unfällen oder strahlungsbedingten Notfällen* (D 301, 302 – BGBl 1990/87), aber auch *bilaterale Abkommen* über die Zusammenarbeit in Krisenfällen zwischen zahlreichen Nachbarstaaten und anderen Staaten zu nennen (zB *Abkommen zwischen Österreich und Deutschland über die gegenseitige Hilfeleistung bei Katastrophen oder schweren Unglücksfällen* 1992 – BGBl 1992/489 – D 305).

2442 In Katastrophenfällen ist der betreffende Staat verpflichtet, andere potenziell betroffene Staaten zu warnen und zu **informieren,** damit diese negative Auswirkungen verringern oder vermeiden können. Um in *Krisenfällen* den *Informationsfluss* zwischen den Staaten möglichst schnell und zielsicher zu gewährleisten, werden in vr Verträgen *Kommunikationskanäle („focal points")* festgelegt sowie die zu übermittelnden Informationen vereinbart.

2443 *Vr Verträge* regeln auch Rahmen und Formen der **Hilfeleistung** in Krisensituationen. Insbes enthalten sie Vereinbarungen über die *Rechtsstellung der Hilfsmannschaften* und die *Kostentragung.* Es obliegt aber dem von einer Krisensituation betroffenen Staat, im konkreten Fall Hilfe anzufordern und über ihren Umfang zu entscheiden.

E. Institutioneller Rahmen des Internationalen Umweltrechts

2444 Die wachsende Bedeutung des Umweltschutzes und die Zielsetzung der nachhaltigen Entwicklung haben dazu geführt, dass sich zahlreiche IO mit diesen Problemen befassen. Sie werden in den *VN* von der *GV* und dem *WSR* behandelt. Darüber hinaus wurden im Rahmen der VN zwei Institutionen für Umweltfragen und nachhaltige Entwicklung geschaffen: *UNEP* und die *Kommission für Nachhaltige Entwicklung (Commission for Sustainable Development – CSD).*

2445 **UNEP** wurde auf Empfehlung der Stockholmer Konferenz von der GV 1972 als Hilfsorgan errichtet. Es erörtert Umweltprobleme und entwickelt *Programme,* die in Zusammenarbeit mit anderen UN-Institutionen, regionalen Organisationen, NGOs und einzelnen Staaten umgesetzt werden. UNEP ist als *Motor* der Entwicklung des *vr Umweltrechts* zu sehen. Es hat in vielen Bereichen den Anstoß für die Schaffung vr Regelungen gegeben. Insbes die Montevideo-Programme 1982, 1992 und 2001 legen jene Bereiche fest, in denen internationale Regelungen erarbeitet werden sollen.

2446 Die **Kommission für Nachhaltige Entwicklung** wurde 1992 als Hilfsorgan des WSR auf Empfehlung der Rio-Konferenz geschaffen. Als *Programminstitution* und *politisches Leitungsgremium* setzt sie nicht konkrete Maßnahmen, sondern legt *Ziele* und *Leitlinien* für innerstaatliche, regionale und globale Maßnahmen fest.

2447 Eine wichtige Rolle für die Entwicklung des Umweltrechts spielen die **regionalen Wirtschaftskommissionen** der **VN.** Insbes die **ECE** war federführend bei der Erarbeitung vr Verträge (zB [ECE]-Übereinkommen über weiträumige grenzüberschreitende Luftverunreinigung 1979 [BGBl 1983/

158], ECE-Übereinkommen über die Umweltverträglichkeitsprüfung im grenzüberschreitenden Rahmen 1991 [BGBl 1997/201], ECE-Übereinkommen zum Schutz und zur Nutzung grenzüberschreitender Wasserläufe und internationaler Seen [BGBl 1996/578]).

Aber auch die **Spezialorganisationen** der **VN** (zB FAO, IAEA, ICAO, ILO, IMO, WHO, WMO – Rz 902) und zahlreiche andere IO (zB Europarat, [O]AU, OECD, ASEAN – Rz 898) haben bedeutende Aktivitäten im Umweltbereich entwickelt. Die *Weltbank* ist ein wichtiger Akteur im Umweltbereich, da sie Umweltprobleme zu beseitigen oder zu verhindern versucht und zur Umsetzung des vr Umweltrechts beiträgt. **2448**

Die meisten **multilateralen Umweltabkommen** schufen **eigene Institutionen** zur Umsetzung und Weiterentwicklung dieser Verträge. Es wurden sog *Vertragsstaatenkonferenzen,* meist auch *Hilfsorgane für technische Fragen* und ein eigenes *Sekretariat* errichtet. Die Stellung dieser Institutionen im VR ist umstritten, weil ihnen ausdrücklich *keine Völkerrechtssubjektivität* zuerkannt wird. Dies führt va beim Abschluss vr Verträge mit Staaten (zB Amtssitzabkommen) oder IO zu Schwierigkeiten. Um diese zu lösen, werden die Sekretariate organisationsrechtlich in bestehende IO oder Institutionen eingebunden (zB ist das Klimasekretariat organisationsrechtlich den VN zugeordnet, das Sekretariat für biologische Vielfalt UNEP). **2449**

Diese große Zahl von IO und internationalen Institutionen im Bereich des Umweltschutzes und der nachhaltigen Entwicklung hat zur Forderung nach einer besseren Koordinierung geführt, da sich ihre Tätigkeiten vielfach überschneiden. Vorschläge, eine *Internationale Umweltorganisation* nach dem *Vorbild* von *GATT/WTO* (Rz 2551 ff) zu schaffen, sind bisher aber nicht verwirklicht worden, da dies eine völlige Neustrukturierung der Institutionen im Umweltbereich zur Folge hätte. Eine solche IO wirft eine Reihe von Fragen auf, zB die unterschiedliche Parteienzahl der einzelnen Abkommen und die Umstrukturierung der bestehenden Institutionen. **2450**

F. Die Rolle nichtstaatlicher Akteure

Neben Staaten und IO sind in vielen Fällen **nichtstaatliche Akteure** (Rz 1234 ff) *Motoren* für die *Weiterentwicklung* des *internationalen Umweltrechts.* **NGOs,** die sich mit Umwelt- oder Entwicklungsfragen befassen (Rz 1256 ff), und **Industrieverbände** nehmen als Beobachter an internationalen Verhandlungsprozessen teil. Aber auch die Vertreter **indigener Völker** versuchen ihre Interessen in den Verhandlungen geltend zu machen. Manchmal nahmen nichtstaatliche Akteure auf vr Regelungen entscheidend Einfluss. So wäre der vr Schutz der Ozonschicht ohne Mitwirkung von Umweltgruppen und Industrievertretern nicht so rasch vereinbart worden. **2451**

Durch die Rio-Konferenz wurde zudem der Beitrag der Zivilgesellschaft **(„civil society“),** dh innerstaatlicher Gruppen, zur nachhaltigen Entwicklung hervorgehoben. Im Rahmen der *CSD* werden jährlich *„stakeholder dialogues“* abgehalten. Sie dienen dem Gedankenaustausch zwischen den einzelnen Interessengruppen (zB Umweltgruppen, Wirtschaft, Jugendgruppen, indigene Völker), dessen Ergebnisse im Entscheidungsprozess Berücksichtigung finden sollen. **2452**

2453 Die nichtstaatlichen Akteure nehmen aber an Entscheidungen selbst nicht teil, sondern wirken auf diese lediglich ein. Sie machen auf Umweltprobleme aufmerksam (zB durch spektakuläre Aktionen wie die Verhinderung von Walfang) und betreiben *Lobbying.*

G. Maßnahmen zur Förderung der Entwicklungsländer

2454 Da die Entwicklungsländer darauf verweisen, dass ihnen Ressourcenmangel und Unterentwicklung Umweltschutzmaßnahmen unmöglich machten, finden sich in den meisten multilateralen Umweltabkommen der letzten Jahre Bestimmungen zu diesen speziellen Problemen. Einerseits soll die Fähigkeit der Entwicklungsländer verbessert werden **(„capacity-building")**, Umweltbeeinträchtigungen zu erkennen und geeignete Maßnahmen dagegen zu ergreifen (zB durch Ausbildungsprogramme).

2455 Andererseits erhalten sie von den Industriestaaten **neue und zusätzliche Finanzmittel** *(new and additional financial resources)* zur Durchführung der im jeweiligen Abkommen vorgesehenen Maßnahmen. Bisher wurde in fast allen Umweltabkommen als finanzieller Mechanismus die **Globale Umweltfazilität** (*Global Environmental Facility – GEF*) gewählt. *GEF* wurde von der *Weltbank, UNEP* und *UNDP* geschaffen. Durch sie erhalten Entwicklungsländer und Länder mit Übergangswirtschaften Finanzmittel für Maßnahmen in *sechs Umweltbereichen* von globaler Bedeutung: *biologische Vielfalt, internationale Gewässer, Schutz der Ozonschicht und des Weltklimas.* Weiters werden auch Projekte zum *Schutz* des *Bodens* (primär gegen die Wüstenbildung und die Entwaldung) und *Maßnahmen gegen persistente organische Schadstoffe* finanziert. Bisher wurde lediglich im Rahmen des Montrealer Protokolls (D 299 b) ein eigener Fonds zur Finanzierung der Durchführungsmaßnahmen errichtet.

H. Verantwortlichkeit und Haftung

2456 Die Notwendigkeit der Regelung der Verantwortlichkeit und Haftung für grenzüberschreitende Umweltschäden wurde durch mehrere folgenschwere Umweltkatastrophen (zB Nuklearunfall im Kernkraftwerk Tschernobyl, Verschmutzung des Rheins bzw der Theiss und der Donau durch Chemikalien als Folge von Unfällen in Basel bzw in einem rumänischen Bergwerk – Rz 2440) aufgezeigt. Auch im vr Umweltrecht ist zwischen Verantwortlichkeit und Haftung zu unterscheiden (Rz 2682 ff).

2457 Verletzungen des vr Umweltrechts durch ein VRS unterliegen den vr Regeln der Staatenverantwortlichkeit (Rz 2682 ff). Spezielle Normen der Staatenverantwortlichkeit wurden für das vr Umweltrecht nicht entwickelt. *Staatenverantwortlichkeit* wird aber nur in *sehr wenigen Fällen* eintreten, da der **Staat selbst** die **vr** Regelungen nur **selten verletzt.** Die Verpflichtung des Staates selbst besteht in der Umsetzung vr Umweltregelungen durch innerstaatliche Maßnahmen. Die Frage der Staatenverantwortlichkeit stellt sich daher primär bei Handlungen von Privatpersonen, die zu grenzüberschreitenden Umweltschäden führen. *Staatenverantwortlichkeit* kann allenfalls dann eintreten, wenn die von Privatpersonen verursachten grenzüberschreitenden Umweltbeeinträchtigungen gegen vr Verpflichtungen verstoßen und dem Staat die *Verletzung* seiner *Sorgfaltspflicht* vorgeworfen werden kann (dh der Staat ist seiner Verhinderungspflicht hinsichtlich der Aktivitäten von Privatpersonen nicht nachgekommen – Rz 2698).

Wiederholt, aber bisher **erfolglos** wurde **gefordert,** für bestimmte, die Umwelt bes gefährdende Tätigkeiten **Staatenhaftung** (*state liability – Gefährdungshaftung* – Rz 2685 ff) durch vr Verträge einzuführen (zB für den Betrieb von Nuklearanlagen). Der Rückzug des Staates aus vielen Bereichen wirtschaftlicher Tätigkeit, die Auswirkungen auf die Umwelt haben (können) – zB aus der Energieproduktion oder der Abfallbehandlung – hat auch die Frage der Staatenhaftung in den letzten Jahren in den Hintergrund gedrängt. **2458**

Vielmehr wurde für bestimmte Tätigkeiten die **zivilrechtliche Haftung** des **Betreibers** der gefährlichen Tätigkeit *(„civil liability")* durch *vr Verträge* festgelegt (vgl Rz 2319). Danach haben die Vertragsstaaten staatliche Rechtsvorschriften zu erlassen, die die zivilrechtliche Haftung des Betreibers festlegen, und dafür zu sorgen, dass der Betreiber auch die Finanzmittel zur Schadensabdeckung aufbringt (zB durch Abschluss von Versicherungen). Solche vr Verträge wurden etwa für nukleare Tätigkeiten oder die grenzüberschreitende Verbringung gefährlicher Abfälle geschlossen, die die Haftung des Betreibers bis zu einer bestimmten Höchstgrenze festlegen. In manchen Übereinkommen ist daneben die Haftung des Staates bzw der Gemeinschaft der Vertragsparteien vorgesehen, wenn bestimmte Grenzwerte bei den Schäden überschritten werden (zB *Pariser* [1960] *und Brüsseler Haftungsübereinkommen* [1963] *für Nuklearunfälle* der *OECD*). Die Haftung des Betreibers ist nur für wenige Fälle ausgeschlossen, etwa für Schäden als Folge von Handlungen in bewaffneten Konflikten. **2459**

Im Rahmen der ILC wird derzeit an generellen Regelungen betreffend Gefährdungshaftung für bes gefährliche Tätigkeiten gearbeitet (Rz 2688). **2460**

I. Rechtseinhaltungsregime

Nur durch die wirksame Umsetzung und die Einhaltung vr Umweltregelungen kann der Schutz der Umweltressourcen gewährleistet werden. Daher wurden mehrere Mechanismen entwickelt, welche die Einhaltung umweltrechtlicher Verpflichtungen sichern sollen. **2461**

Die meisten Umweltverträge enthalten **Streitschlichtungsmechanismen** nach dem Vorbild von Art 33 SVN (zB *Art 27 Übereinkommen über die biologische Vielfalt* [BGBl 1995/213] und *Annex II,* der ein Schieds- und ein Vermittlungsverfahren festlegt). Bisher wurden jedoch nur wenige Umweltstreitigkeiten zwischen Staaten durch internationale Schiedsverfahren oder Gerichte beigelegt (zB *Gabčíkovo-Nagymaros-Fall* – Rz 2119; D 23). Streitbeilegungsmechanismen in Umweltverträgen wurden von den Vertragsparteien überhaupt noch nie verwendet. **2462**

Fast alle Umweltabkommen enthalten überdies **Berichtspflichten:** Die Vertragsparteien müssen in regelmäßigen Abständen über die von ihnen ergriffenen *innerstaatlichen Maßnahmen* berichten (zB *Art 26 Übereinkommen über die biologische Vielfalt* [BGBl 1995/213], *Art 12 UN-Rahmenüber-* **2463** *einkommen über Klimaänderungen* – BGBl 1994/414). Darüber hinaus sehen einige Verträge die *Übermittlung* von *statistischen Daten* vor, die die Effektivität der von den Parteien gesetzten Maßnahmen belegen. ZB haben gem *Art 7 Montrealer Protokoll 1987* (BGBl 1989/283) die Vertragsstaaten statistische Daten über die Produktion, den Export und den Import von Stoffen, die in den Anwendungsbereich des Protokolls fallen, zu übermitteln. *Art VIII (Washingtoner) Übereinkommen über den internationalen Handel mit gefährdeten Arten 1973* (BGBl 1982/188 idF BGBl 1994/442) verpflichtet die Vertragsparteien, über ihre Importe und Exporte jährlich zu berichten. Durch eine Analyse der vorgelegten statistischen Daten ist eine effektive Überwachung der Verpflichtungen möglich.

2464 Diese Berichte werden unterschiedlich behandelt: Manchmal werden sie bloß während der Vertragsparteienkonferenz verteilt, in anderen Fällen wird über die Umsetzung durch die Vertragsparteien nur allgemein diskutiert. Manche Abkommen sehen die Überprüfung der Berichte durch Experten vor (zB *UN-Rahmenübereinkommen über Klimaänderungen 1992* – BGBl 1994/414). Die Schwäche der Berichtssysteme liegt darin, dass zahlreiche Vertragsparteien ihren Pflichten nur schleppend oder gar nicht nachkommen (vgl die Berichtssysteme im Menschenrechtsbereich – Rz 1388f, 1392, 1419ff).

2465 Diese Mängel der Streitbeilegungs- und Berichtssysteme haben zur Schaffung sog **Rechtseinhaltungsmechanismen („compliance mechanisms")** geführt. Dieses neue Instrumentarium wurde erstmals durch die Vertragsstaatenkonferenz gem dem Montrealer Protokoll 1991 errichtet. Seither wurden solche Mechanismen in zahlreichen Umweltverträgen verankert. Sie sollen die Einhaltung der vr Verpflichtungen durch Beratung und Hilfestellung, aber auch durch Sanktionen sichern **(„carrots and sticks").** Mit dieser Aufgabe wird ein ständiges Komitee, das aus einer beschränkten Anzahl von Staatenvertretern besteht (dem *Implementation Committee* im Rahmen des Montrealer Protokolls [BGBl 1989/283] gehören zehn Staatenvertreter an) oder *ad personam* gewählte Personen (das *Compliance Committee* des *Kyoto-Protokoll*s umfasst 20 Personen, die *ad personam* gewählt werden) betraut. Sie behandeln Fälle tatsächlicher oder potenzieller Nichterfüllung von Verpflichtungen durch die Vertragsparteien, die entweder von den betroffenen Staaten selbst oder einer anderen Vertragspartei an das Komitee herangetragen werden. Nur in einigen Abkommen ist vorgesehen, dass auch das Sekretariat dabei eingeschaltet wird (zB im Montreal-Protokoll).

2466 Das Komitee stellt fest, ob die betreffende Vertragspartei ihre Verpflichtungen erfüllt oder nicht. Seine Befugnisse sind in den Verträgen unterschiedlich ausgestaltet: Es entscheidet entweder selbst über die zu ergreifenden Maßnahmen (zB gem dem Kyoto-Protokoll) oder gibt eine Empfehlung an die Vertragsparteienkonferenz ab, welche die Entscheidung trifft (zB im Rahmen des Montrealer Protokolls). Falls das Komitee zu dem Ergebnis kommt, die vr Pflichten seien nicht erfüllt, oder dies sei in der Zukunft zu erwarten, sehen die verschiedenen Abkommen eine Reihe von Maßnahmen vor. Sie reichen von Ratschlägen und der Veröffentlichung der Nichteinhaltung des Vertrages bis zu Sanktionen (zB Verlust von Rechten und Privilegien aus dem Vertrag). Zentrale Zielsetzung des Komitees ist es, die Vertragsparteien zur Erfüllung ihrer Verpflichtungen zu bringen. Damit liegt das Schwergewicht der Maßnahmen auf unterstützenden Maßnahmen.

Im *Kyoto-Protokoll* wurden erstmals – ergänzend zu unterstützenden **2467**
Maßnahmen – *strengere Maßnahmen* vereinbart. Diese werden aber nur gegen Staaten ergriffen werden, die ihren Reduktions- oder Limitierungsverpflichtungen in der ersten Verpflichtungsperiode (2008–2012) nicht nachkommen (Art 3 Abs 1 und Annex B–D 298 b). Sie richten sich somit *nur gegen Industriestaaten,* da nur diese solche Pflichten übernommen haben (siehe Rz 2425 ff). Die Vertragsverletzer haben einerseits einen Plan auszuarbeiten und umzusetzen, der die künftige Einhaltung ihrer Verpflichtungen gewährleisten soll; andererseits werden diesen Staaten in der zweiten Verpflichtungsperiode die nicht erreichten Reduktionsmengen mit einem Faktor 1,3 zugerechnet. Diese Weiterentwicklung des Rechtseinhaltungsregimes im Rahmen des Kyoto-Protokolls hat auch zu einer institutionellen Änderung geführt: Das *Komitee* wurde in einen *facilitative* und einen *enforcement branch* geteilt. Während jener den bisherigen Komitees folgt, entspricht das Verfahren vor dem *enforcement branch* eher einem Gerichtsverfahren.

Die Erfahrungen mit Rechtseinhaltungsverfahren sind bisher positiv. **2468**
Insbes mit dem Verfahren des Montrealer Protokolls konnte die Einhaltung der Pflichten durch die Vertragsparteien sichergestellt und damit das Ziel des Abkommens verwirklicht werden. Etliche Vertragsparteien haben vom Rechtseinhaltungsverfahren bei Schwierigkeiten bei der Vertragserfüllung Gebrauch gemacht und können nunmehr ihren Verpflichtungen nachkommen (zB Russländische Föderation, Polen oder Ukraine).

J. Verhältnis zu anderen Rechtsbereichen

Die stetig wachsende Zahl umweltrechtlicher Regelungen wirft auch **2469**
die Frage des Verhältnisses zu anderen Regelungsbereichen des VR, insbes zu den *Menschenrechten* und dem *Internationalen Wirtschaftsrecht,* auf. Aber auch die negativen Auswirkungen von *bewaffneten Konflikten* auf die Umweltressourcen haben zu umweltrelevanten Regelungen in internationalen Verträgen geführt (zB ENMOD-Konvention – Rz 2884, 2943, D 361; Vertrag über das umfassende Verbot von Chemiewaffen – Rz 1828, 2884, 2943 – BGBL III 1997/38; Art 55 1. Genfer Zusatzprotokoll, das die Zerstörung der natürlichen Umwelt verbietet – Rz 2881, 2963; D 357).

1. Umwelt und Menschenrechte

Da der Zustand der Umwelt die Gesundheit des Menschen entschei- **2470**
dend beeinflusst, wurde wiederholt ein **Menschenrecht** auf eine **„gesunde Umwelt"** gefordert. Es wurde in etlichen nationalen Rechtsordnungen, aber bisher nicht auf globaler Ebene verankert. Das Problem wurde vielmehr im Rahmen anderer Menschenrechte behandelt. So beurteilte der EGMR umweltrechtliche Fragen im Kontext von Art 8 EMRK (zB *Lopez Ostra-Fall* – D 306 a; *Hatton-Fall* – D 306 b).

2. Umwelt und Internationales Wirtschaftsrecht

2471 Das Verhältnis zwischen umwelt- und wirtschaftsrechtlichen Regelungen ist in den letzten Jahren zu einem zentralen Problem geworden. Dies zeigt sich nicht nur in der Debatte über das **Verhältnis** zwischen **Umweltabkommen** und **GATT/WTO** (Rz 2601), sondern auch in jener über **ausländische Investitionen.** So scheiterten die Verhandlungen im Rahmen der OECD über ein multilaterales Investitionsabkommen (MAI – Rz 1230, 1249, 2605, 2619) nicht zuletzt an der Frage der Senkung von Umweltstandards zu Gunsten ausländischer Investitionen (vgl dazu auch die Debatte in NAFTA – Rz 2526). Im Rahmen von GATT/WTO wird das Problem im *Komitee* für *Handel und Umwelt (Committee on Trade and Environment)* behandelt (Rz 2471).

2472 Gem **Art XX GATT** (Rz 2514 ff; D 309) dürfen die *Vertragsparteien* – unter gewissen Voraussetzungen – *Maßnahmen* zum *Schutz* des *Lebens* und der *Gesundheit* von *Menschen, Tieren* und *Pflanzen* (lit b) und Maßnahmen *zur Erhaltung erschöpflicher Naturschätze,* sofern solche Maßnahmen im Zusammenhang mit Beschränkungen der inländischen Produktion oder des inländischen Verbrauchs verwendet werden (lit g), ergreifen. Auch gem dem Übereinkommen über technische Handelshemmnisse und dem *Übereinkommen über die Anwendung sanitärer und phytosanitärer* (pflanzenschutzrechtlicher) *Maßnahmen* (BGBl 1995/1; Rz 2602) sind gewisse Einschränkungen des freien Handels aus Gründen des Umweltschutzes zulässig. Das GATS (Rz 2553) sieht gleichfalls Ausnahmen zu Gunsten des Umweltschutzes vor (Art XIV).

2473 In GATT/WTO-Streitbeilegungsverfahren (Rz 2589 ff; D 316) wurden öfters staatliche Maßnahmen zum Schutz der Umwelt erörtert. Solche Maßnahmen werden als zulässig erachtet, wenn sie nichtdiskriminierend, das gelindeste Mittel und keine versteckte Beschränkung des Handels sind (*Panel Reports* über *United States Restrictions on Imports of Tuna* 1991 und 1994; *Panel Report* und *Appelate Body Report* über *United States Import Prohibition of Certain Shrimps and Shrimp Products* 1998 (D 318 a); *Panel and Appelate Body Report* über *European Communities-Measures affecting Asbestos and Asbestos-Containing Products* 2001 – D 320).

2474 Gem **Prinzip 12 Rio-Deklaration** (D 297) sind Handel und Umwelt miteinander in Einklang zu bringen; Umweltschutzmaßnahmen dürfen zu keiner willkürlichen und ungerechtfertigten Diskriminierung ausländischer Waren führen oder eine versteckte Beschränkung des internationalen Handels darstellen. Nach Prinzip 12 sind Maßnahmen betreffend grenzüberschreitende oder globale Umweltprobleme möglichst im internationalen Konsens zu ergreifen (vgl dazu die *Appelate Body Reports* betreffend *United States Import Prohibition of Certain Shrimps and Shrimp Products* 1998 – D 318 a – und *United States Import Prohibition of Certain Shrimps and Shrimps Products – Recourse to Article 21.5 of the DSU by Malaysia* 2001 – D 318 b).

2475 **Manche Umweltabkommen** haben **Auswirkungen** auf den **internationalen Handel.** Einerseits beschränken solche Verträge den Handel unmittelbar (zB verbietet Art 4 Montrealer Protokoll den Vertragsparteien den

Handel ozonschädigender Stoffe mit Nichtvertragsparteien); andererseits enthalten Umweltabkommen Bestimmungen, die sich auf das internationale Handelssystem auswirken könnten (so verpflichtet Art 24 Cartagena-Protokoll die Parteien, auch bei grenzüberschreitendem Verbringen gentechnisch modifizierter Organismen in Nichtvertragsparteien das Ziel des Abkommens zu beachten – D 300). Diese Bestimmungen werfen die *Frage* des *hierarchischen Verhältnisses* zwischen *GATT/WTO* und *Umweltabkommen* auf. Die Umweltabkommen selbst sehen keine Hierarchie zwischen den Verträgen vor; vielmehr sind diese als sich gegenseitig unterstützend *(„mutually supportive“)* anzusehen. Widersprüche zwischen den Abkommen sind daher nach allgemeinem Vertragsrecht (Rz 409) zu lösen.

VIII. Abschnitt
Das Internationale Wirtschaftsrecht

Vorbemerkung der Herausgeber

Der Staat greift schon seit Jhdt in die Wirtschaft ein, um die Erzeugung und Verteilung von Gütern zu lenken (zB im Merkantilismus des 17. und 18. Jhdt). Dennoch ist das *nationale Wirtschaftsrecht* als Instrument planmäßiger und dauerhafter Steuerung der Wirtschaft im Wesentlichen eine Erscheinung des 20. Jhdt. Es machte noch bis in die 1930er Jahre meist *an den Grenzen* des Staates *Halt* und *überschritt* diese erst nach der Weltwirtschaftskrise, die 1929 einsetzte. Seither hat dieses *Internationale Wirtschaftsrecht* (IWR) sich in dramatischer Weise entwickelt. **2476**

Diese Entwicklung zeigte sich va nach dem II. WK. Die **liberalistischen Vorstellungen** der **westlichen Industriestaaten** fanden insbes durch eine **neue Finanz-** und **Währungsordnung** im sog **Bretton-Woods-System** sowie in der **Förderung des Freihandels** va durch das *General Agreement on Tariffs and Trade* **(GATT)** ihren Niederschlag. Die **sozialistischen Staaten,** welche von planwirtschaftlichen Vorstellungen ausgingen, gestalteten ihre gegenseitigen Wirtschaftsbeziehungen nach ihren Grundsätzen im **RGW.** Die Länder der **„Dritten Welt"** errichteten ebenfalls eigene Zusammenarbeits- und Integrationssysteme. Mit der *Forderung* der Entwicklungsländer nach einer umfassenden **Neuordnung der Weltwirtschaft** durch eine **NIWO** kam va in den 1970er Jahren eine weitere Dimension hinzu. **2477**

Die Aufsplitterung der Welt in drei große politische Lager fand damit auch im Wirtschaftsbereich ihren Niederschlag. **2478**

Nach der „Wende" 1989/90, die va auch durch die *Misserfolge* der *„Kommandowirtschaft"* in den sozialistischen Staaten ausgelöst wurde, gewannen die Grundsätze der **Marktwirtschaft** *innerstaatlich* und *international* immer weiter an Boden. Heute ist das Bemühen um eine angemessene Weltwirtschaftsordnung fast überall stark von liberalistischen, dh marktwirtschaftlichen Ideen beherrscht. Sowohl die Planwirtschaft als auch die NIWO gelten damit als überholt. **2479**

Dies zeigt sich auch in den verschiedenen Bereichen des IWR. Typische Beispiele dafür sind die Förderung des freien Handels und privater Auslandsinvestitionen durch die Schaffung eines geeigneten rechtlichen Rahmens. Diese Tendenzen haben wesentlich zur **Globalisierung** der internationalen Wirtschaft im ausgehenden 20. und frühen 21. Jhdt beigetragen. **2480**

Im vorgegebenen Rahmen dieses Buches kann kein vollständiger Überblick über alle Sektoren und Organisationsformen des IWR geboten werden. Vielmehr werden nur bes wichtige Regelungsbereiche behandelt. Es sind dies das Recht des internationalen Güteraustausches, das internationale Investitionsrecht und das internationale Rohstoffrecht. **2481**

Ferner ist darauf hinzuweisen, dass bestimmte für das IWR bedeutsame vr Problemkreise (zB transnationale Wirtschaftunternehmen, Enteignung **2482** ausländischen Eigentums, internationales Verkehrs- und Seerecht) (auch) in anderen Abschn dargestellt werden (Rz 1212 ff, 1303 ff, 2092 ff, 2225 ff).

1. Kapitel

Grundlagen und Entwicklung des Internationalen Wirtschaftsrechts

Peter Fischer

Literatur: *Preuß,* Das Völkerrecht im Dienste des Wirtschaftslebens, Volkswirthschaftliche Zeitfragen 14 (1891) 1; *Erler,* Grundprobleme des internationalen Wirtschaftsrechts (1956); *Friedmann,* The Changing Structure of International Law (1964); *Schwarzenberger,* Economic World Order (1970); *Fischer,* Das Internationale Wirtschaftsrecht, GYIL 19 (1976) 143; *Verloren van Themaat,* The Changing Structure of International Economic Law (1981); *Carreau,* Droit international économique (3. Aufl, 1990); *Seidl-Hohenveldern,* International Economic Law (2. Aufl, 1992); *Jackson,* Economic Law, International, EPIL II (1995) 20; *Sandrock,* Internationales Wirtschaftsrecht in Theorie und Praxis (1995); *Fischer,* Gestaltwandel im Internationalen Wirtschaftsrecht, in: *Hummer* (Hrsg), Paradigmenwechsel im Völkerrecht zur Jahrtausendwende (2002) 209; *Herdegen,* Internationales Wirtschaftsrecht (4. Aufl, 2003).

A. Allgemeines

Die internationale Wirtschaftsgeschichte zeigt, dass sich **internationale Wirtschaftsbeziehungen** nur auf der **Grundlage** hinreichender **Rechtssicherheit** entwickeln können. Diese Rechtssicherheit kann entweder vom nationalen Recht, etwa durch einseitige Handelskonzessionen (Rz 2505, 2628) an fremde Kaufleute, oder vom VR, etwa durch bilaterale Handelsverträge zwischen Staaten, gewährleistet werden. *„Ubi ius, ibi commercium"* ist ein Grundsatz, dessen Gültigkeit bis in die Anfänge des VR überhaupt zurückverfolgt werden kann. Manche, so *Preuß,* sehen die Wurzel des VR sogar „direkt im Wirthschaftsleben". **2483**

Mit dem Ende des Entkolonialisierungsprozesses und der Entstehung einer bisher einmaligen Vielzahl von souveränen Staaten sind auch tief greifende **ökonomische Probleme** entstanden, die Ursache des nach wie vor ungelösten **Nord-Süd-Gegensatzes** sind. Bevölkerungsexplosion und damit verbundene Arbeitslosigkeit, Mangel an Rohstoffen und/oder Industriegütern, fehlende oder inadäquate Infrastruktur, hohe Auslandsverschuldung bei gleichzeitig niedrigen Exporterlösen durch ungünstige *terms of trade,* Abhängigkeit von fremden Konzernstrategien (Rz 1215), Schädigungen der Umwelt etc sind nur einige jener Probleme, denen sich die Mehrzahl der Staaten der „Dritten Welt" gegenübersieht. **2484**

Hier soll auch das Recht, va das VR, Abhilfe schaffen und das bestehende Weltwirtschaftssystem dahingehend umgestalten, dass es nicht die wirtschaftlich überlegenen Industriestaaten begünstigt, sondern für eine **gerechte Verteilung** des **Wohlstandes** zwischen dem reichen Norden und dem armen Süden sorgt. **2485**

Mit dem Ende der planwirtschaftlichen Systeme in den sozialistischen Staaten ab 1989 (Rz 30, 1925) ergaben sich seither ähnliche Probleme für **2486** deren neue Sozial- und Wirtschaftsordnungen. Zum Zwecke ihrer wirtschaftlichen Entwicklung mussten daher auch neue rechtliche Wege beschritten werden (Rz 1092, 1159).

B. Begriff und Quellen des Internationalen Wirtschaftsrechts

Literatur: *Erler,* Wirtschaftsrecht, Internationales, WBVR III (1962) 862; *Fischer,* Das internationale Wirtschaftsrecht, GYIL 19 (1976) 143; *ders,* A Collection of International Concessions and Related Instruments Bd I – XIII und 1–7 (1976–1988); *Joerges,* Vorüberlegungen zu einer Theorie des internationalen Wirtschaftsrechts, RabelsZ 43 (1979) 6; *Seidl-Hohenveldern,* International Economic „Soft Law", RdC 163 (1979) 173; *Horn,* Die Entwicklung des internationalen Wirtschaftsrechts durch Verhaltensrichtlinien, RabelsZ 44 (1980) 423; *Jackson,* Economic Law, International, EPIL II (1995) 21; *Sandrock,* Internationales Wirtschaftsrecht in Theorie und Praxis (1995).

1. Der Begriff des Internationalen Wirtschaftsrechts (Wirtschaftsvölkerrecht, International Economic Law, droit international économique)

2487 Das **IWR** ist das Recht der internationalen Wirtschaftsbeziehungen und daher die Summe aller **Normen,** die das **Verhalten** der am **grenzüberschreitenden Wirtschaftsverkehr** beteiligten **Rechtssubjekte** regeln.

2488 Seiner Entstehungsgrundlage nach ist das IWR nicht nur VR, sondern auch – und zwar überwiegend – innerstaatliches Recht (Außenwirtschaftsrecht oder transnationales Wirtschaftsrecht). *VR und innerstaatliches Recht* bilden in der Regelung internationaler wirtschaftlicher Probleme heute einen „material und funktional nicht ohne Willkür trennbaren Zusammenhang normativer Bewältigung eines einheitlichen Lebensvorganges" *(Erler).*

2489 Die am grenzüberschreitenden Wirtschaftsverkehr beteiligten **Rechtssubjekte** sind in erster Linie die **TNC** (Rz 1212 ff, 2489). Zu ihnen gehören auch *verstaatlichte Unternehmen* bzw *Staatsbetriebe* der noch verbliebenen Länder mit planwirtschaftlichen Systemen (Volksrepublik China, Kuba etc). Die Reformländer Mittel- und Osteuropas setzen heute weitgehend auf die Privatisierung von Staatsbetrieben.

2490 Schließlich kann auch eine **IO** am internationalen Wirtschaftsverkehr beteiligt sein, wenn sie, wie die OPEC (Rz 2541 ff), durch die von ihr geschaffenen Rechtsnormen den Erdölmarkt, zB durch Festsetzung von Preisen bzw Bestimmung von Förderkontingenten, beeinflusst oder direkt, wie die Internationale Meeresbodenbehörde (Rz 2308), am Produktionsprozess teilnimmt.

2491 Entsprechend den Zielsetzungen dieses Handbuches soll va auf die vr Seite des IWR eingegangen werden. Jedoch müssen zum Gesamtverständnis auch Aspekte aus dem staatlichen Recht berücksichtigt werden.

2. Nationales, die internationale Wirtschaft bestimmendes Recht (transnationales Wirtschaftsrecht, Außenwirtschaftsrecht)

2492 Die **innerstaatliche wirtschaftsrechtliche Normerzeugung** für das IWR kann entweder einseitig-hoheitlich oder zwei- bzw mehrseitig-vertraglich erfolgen.

Beispiele für den ersten Fall sind Gesetze, VO oder andere Rechtssatzformen, die sich auf Bereiche der internationalen Wirtschaft beziehen. Dazu gehören Zoll-, Investitionsförderungs-, Steuer-, Devisenverkehrs-, Grundverkehrsgesetze oder Gesetze, die die Immunität fremder Staaten regeln, die auf dem Hoheitsgebiet des gesetzgebenden Staates wirtschaftlich tätig sind. Nationale Vorschriften über die Enteignung ausländischer Privatunternehmen oder über das Einfrieren ausländischer Bankguthaben fallen ebenfalls unter diese einseitig-hoheitliche Kategorie. **2493**

Beispiele für den zweiten Fall sind zwischen einem Staat (bzw einer staatlichen Einrichtung) und einem ausländischen Unternehmen abgeschlossene Verträge. Diese können sich etwa auf die Exploration und Gewinnung von Naturschätzen (zB Erdöl sowie fester Mineralien – Rz 2628 ff) oder seit neuestem auf die Errichtung und den Betrieb von Funktelefonnetzen („*Handy*-Netze“) beziehen. **2494**

3. Die Quellen des Internationalen Wirtschaftsrechts

Ein großer Teil des IWR beruht auf *internationaler Rechtserzeugung.* Im Vordergrund steht dabei die Normerzeugung durch vr Vertrag. Handels-, Schifffahrts-, Niederlassungs-, Konsular- und Investitionsschutzverträge sind Beispiele für **bilaterale Verträge** im wirtschaftlichen Bereich. **2495**

Daneben gibt es auch zahlreiche **multilaterale Verträge.** Zu ihnen gehören Verträge zur Gründung **Internationaler Wirtschaftsorganisationen,** wie Weltbank (Rz 2515), IWF (Rz 2515) oder in jüngster Zeit WTO (Rz 2514, 2553 ff). In manchen Fällen sind diese Organisationen befugt, bindende Beschlüsse zu fassen. *Rohstoffabkommen* (Rz 2532 ff) und *Rohstoffkartelle* (Rz 2538 ff) sind weitere Beispiele für multilaterale Verträge zur internationalen Wirtschaftslenkung. **2496**

Das gilt auch für die fast unüberschaubare Rechtsmasse des **Europäischen Gemeinschaftsrechts** – Rz 1149 ff). Für Österreich ist dieser Bereich des IWR seit der Aufnahme in die EU mit Wirkung vom 1. 1. 1995 von besonderer Bedeutung. Weite Teile des nationalen Rechts wurden durch dieses Recht verdrängt. Das Gemeinschaftsrecht genießt gegenüber dem nationalen Wirtschaftsrecht Anwendungsvorrang. Wegen seiner Besonderheiten gegenüber dem traditionellen VR sieht der EuGH das Europäische Gemeinschaftsrecht (und damit das **Europäische Wirtschaftsrecht)** sogar als eine **eigene Rechtsordnung** an. **2497**

Doch auch das **VGR** ist für das IWR von Bedeutung. Es kann uU auch vertraglichem Wirtschaftsvölkerrecht derogieren. Das VGR gilt weiterhin in jenen Bereichen, in denen eine vertragliche Regelung nicht existiert. Dies trifft zB auf bestimmte Bereiche des Fremdenrechts und der Staatenverantwortlichkeit zu. **2498**

Auch die letzte der drei „klassischen“, in Art 38 IGH-Statut genannten Rechtsquellen, die **ARG,** haben ihren Platz im IWR; allerdings nicht so sehr in den zwischenstaatlichen Beziehungen, sondern hauptsächlich zwischen Staaten und transnationalen Unternehmen. Die Rechtswahlklauseln in vielen Verträgen zwischen Staaten und ausländischen Unternehmen verweisen **2499** auf die ARG, wenn die Rechtsordnung des staatlichen Partners zur Beurteilung von Streitigkeiten nicht ausreichend erscheint (D 323b).

2500 Insbes im internationalen Handel sind seit der mittelalterlichen *lex mercatoria* auf nationalem Recht beruhende und zT durch Richterspruch weiterentwickelte übereinstimmende Praktiken festzustellen. Mit ihrer Erforschung, Kodifizierung und Weiterentwicklung ist die in Wien ansässige **UNCITRAL** (Rz 224) beauftragt.

2501 Sie hat eine Reihe von Verträgen und sonstigen Dokumenten ausgearbeitet: ua *1974* die *Konvention über die Verjährung bei internationalen Handelskäufen* (revidiert 1980; ILM 19 [1980] 696), *1976* die *UNCITRAL-Schiedsgerichtsregeln* (ILM 15 [1976] 701), *1980* die *UNCITRAL-Regeln für das Vergleichsverfahren* (ILM 20 [1981] 300). Das 1994 von der GV der VN angenommene *UNCITRAL-Modellgesetz über das öffentliche Beschaffungswesen für Waren, Bauten und Dienstleistungen* soll als Grundlage und Vorbild für die nationale Rechtsetzung auf dem Sektor der öffentlichen Aufträge dienen (ILM 34 [1995] 718).

2502 Nicht in allen Bereichen des internationalen Wirtschaftslebens ist Rechtserzeugung durch die drei klassischen Quellen des VR möglich. Insbes bei politisch umstrittenen Regelungsgegenständen (zB Rechtspflichten zur Leistung von Entwicklungshilfe oder Technologietransfer – Rz 2519ff) vermeiden die Staaten die Bindung durch einen vr Vertrag. Selbst bei grundsätzlicher Bereitschaft ist das Verfahren zum Abschluss multilateraler Verträge mühsam, kostspielig und zeitraubend oder droht bisweilen am innerstaatlichen Genehmigungsverfahren zu scheitern (Rz 270ff).

2503 Daher wird auch versucht, das IWR durch **nicht bindende Beschlüsse von IO** zu entwickeln. Zu ihnen gehören zahlreiche Res der GV der VN über die permanente Souveränität über Naturschätze (D 158) und zu anderen Fragen des IWR (D 307, 308). Derartige Beschlüsse werden auch von anderen Organen der VN sowie von Spezialorganisationen (Rz 989) und von Regionalorganisationen wie der OECD (Rz 2522) gefasst.

2504 Die Ergebnisse dieser Bemühungen werden oft als **Verhaltenskodex** *(Code of Conduct)* oder als **Richtlinien** *(Guidelines)* bezeichnet (Rz 1227, 2625). Solche Verhaltenskodizes oder Richtlinien können sich später zu VGR oder zu vertraglichem VR verdichten. In diesem Zusammenhang wird bisweilen von **„weichem" IWR (International Economic „Soft Law"** – Rz 126, 527, 1795, 1923, 2431, 2437, 2503f) gesprochen. „Weiches" IWR kann entsprechendes nationales Recht legitimieren. Überdies gilt für Handlungen, die „weichem" IWR entsprechen, die Vermutung der Rechtmäßigkeit (Rz 470).

C. Die Entwicklung des Internationalen Wirtschaftsrechts

Literatur: *Reibstein,* Das Völkerrecht der deutschen Hanse, ZaöRV 17 (1956/57) 38; *Schmölders,* Geschichte der Volkswirtschaftslehre (1964); *Verzijl,* International Law in Historical Perspective, va Bd 2 (1969); *Fischer,* A Collection of International Concessions and Related Instruments 595–1538, 14 Bde (seit 1976); *ders,* Das transnationale Unternehmen als Phänomen in der Völkerrechtsgeschichte, FS *Verosta* (1980) 345; *ders,* Concessions, EPIL I (1992) 715; *ders,* Die Ordnungsprinzipien des nordamerikanischen und europäischen Wirtschaftsraumes in rechtsvergleichender

Sicht, FS *Schwind* (1993) 251; *Grossfeld,* Europäisches Wirtschaftsrecht und europäische Integration (1993); *Herdegen,* Internationales Wirtschaftsrecht (2. Aufl, 1995); *OPEC,* Annual Report 2003 (2004).

1. Die Entwicklung bis zum Zweiten Weltkrieg

Frühe Wurzeln des IWR finden sich im System der **Handelskonzessionen** des *europäischen Mittelalters* in Byzanz und im hanseatischen Wirtschaftsraum der Nord- und Ostsee. Diese schützten fremde Kaufleute erstmals vor Rechtlosigkeit. Den Kaufleuten aus den hanseatischen und oberitalienischen Städten wurden von den lokalen Souveränen zT umfangreiche Handelsprivilegien eingeräumt. Durch zwischenstaatliche Verträge wurde diese Rechtsentwicklung weitergeführt, sodass mit diesem Netzwerk von Rechtsakten (Konzessionen und Verträgen) bereits das Fundament für das moderne Investitions- und Fremdenrecht gelegt wurde. **2505**

Bei der Kolonialisierung riesiger Gebiete in Übersee zu Beginn der Neuzeit versuchten die Entdeckerstaaten, den in Europa bereits weitgehend überwundenen fremdenrechtlichen Zustand mit dem Prinzip der **für Fremde geschlossenen Kolonien** dort wieder einzuführen. Die fremdenfeindliche Haltung auch der europäischen Kolonialmächte wurde erst langsam gegen Ende des 19. Jhdt va durch bilaterale Handelsverträge als Ergebnis der *„Offenen-Tür-Politik“* beseitigt. **2506**

Gleichzeitig mit der Entdeckung und Kolonialisierung der Neuen Welt traten in Mitteleuropa **Großunternehmen** auf, deren wirtschaftliche und politische Macht sich mit der heutiger TNC (Rz 1213) vergleichen lässt (zB die *Fugger* auf dem Kupferweltmarkt, *Thurn und Taxis* im europäischen Postwesen). **2507**

Nach der **protektionistischen** Periode des **Merkantilismus** folgte in Europa eine Zeit der **Liberalisierung** des internationalen Warenaustausches. Ihre Rechtsgrundlage bildeten bilaterale Präferenzverträge, zunächst beschränkt auf bestimmte Waren bzw Warengruppen. Mit dem britisch-portugiesischen *Methuen-Vertrag 1703* begann die zwischenstaatlich-einvernehmliche Festsetzung von Zolltarifen *(Vertragszöllen)* und die Nichtdiskriminierung von ausländischen Unternehmen (Prinzip der *Inländergleichbehandlung* – Rz 1290). **2508**

Mit den *Napoleonischen Kriegen* und deren wirtschaftlichen Sanktionen (*Kontinentalsperre* Napoleons, britische Gegenblockade etc) nahm diese *Liberalisierungswelle* ein *jähes Ende.* Wohl brachte der *Wiener Kongress* 1814/15 mit dem Grundsatz der *Schifffahrtsfreiheit* auf Flüssen (Rz 2110; D 270) liberale Gedanken ins IWR, doch blieben autonome Hochzölle zum Schutze der eigenen Industrie (va Großbritanniens und Frankreichs) vorherrschend. **2509**

Um die **Mitte des 19. Jhdt** wich der nationale Protektionismus wieder weitgehend dem **Freihandel:** Nach Abschaffung der Kornzölle und Aufhebung der Navigationsakte 1849 schloss *Großbritannien 1860* mit *Frankreich* den *Cobden-Vertrag,* durch den beide Seiten die gegenseitigen Handelshemmnisse wesentlich abbauten. Dieser Vertrag wurde in den 1860er Jahren zum Vorbild vieler bilateraler Handelsverträge. Durch die darin enthaltenen **2510**

Meistbegünstigungsklauseln wurde *de facto* in Mittel- und Westeuropa eine *Freihandelszone* (Rz 2524 ff, 2642) errichtet.

2511 Die Periode bis zum I. WK war durch die Ausdehnung des IWR auf bisher nicht vom VR erfasste Gebiete charakterisiert. Die stürmische **technologische Entwicklung** führte im Nachrichten- und Verkehrswesen zu enger *internationaler Zusammenarbeit* durch neu geschaffene IO (Welttelegraphenverein 1865 – Rz 2183; Weltpostverein 1874 – Rz 2201 f; Rhein-Zentralkommission 1831 – Rz 2121 ff; Europäische Donaukommission 1856 – Rz 2116; etc) oder organisationsähnliche Einrichtungen (zB das Abkommen über die Technische Einheit im Eisenbahnwesen 1886 – Rz 2148).

2512 In diese Zeit fallen auch die Anfänge der internationalen Zusammenarbeit zum *Schutz des geistigen Eigentums* (Pariser Verband zum Schutz des gewerblichen Eigentums 1883, Berner Verband zum Schutz von Werken der Literatur und Kunst 1886) sowie auf dem Sektor der *Rohstofflenkung* (Brüsseler Zuckerkonvention 1902) und der *Landwirtschaft* (Gründung des Internationalen Landwirtschaftsinstituts in Rom 1905).

2513 **Nach** der Katastrophe des **I. WK** erfolgte ein weltweiter Rückfall in den **Protektionismus.** Auf Grund der dabei gemachten negativen Erfahrungen *(Weltwirtschaftskrise 1929)* wurde noch vor dem Ende des II. WK der Ruf nach einer „Neuen Weltwirtschaft" laut.

2. Nach dem Zweiten Weltkrieg: Bretton Woods und General Agreement on Tariffs and Trade (GATT)

2514 Diese „Neue Weltwirtschaft" wurde durch das System von Bretton Woods 1944 und das GATT 1947 (heute: GATT/WTO 1994 – Rz 2551 ff) verwirklicht. Die wesentlichen Teile dieses Systems bestehen noch heute.

2515 Auf der 1944 in **Bretton Woods** im US-Bundesstaat *New Hampshire* abgehaltenen Währungs- und Finanzkonferenz wurden die Abkommen über den Internationalen Währungsfonds **(IWF)** und die **Weltbank** angenommen. Der **IWF** verfolgt va das Ziel der *Währungsstabilität.* Er analysiert jährlich die Wirtschaftsentwicklung und -politik der Mitgliedstaaten und begutachtet die Weltwirtschaftslage. Den Mitgliedsstaaten stehen je nach wirtschaftlicher Situation verschiedene Möglichkeiten der Kreditvereinbarung mit dem IWF offen. Die **Weltbank** (IBRD) diente zunächst va der *Kreditgewährung* zum *Wiederaufbau* der kriegszerstörten Volkswirtschaften. Zur Weltbankgruppe gehören auch die Tochterorganisationen IFC und IDA (Rz 480). Die IFC fördert private Wirtschaftstätigkeit zur wirtschaftlichen Entwicklung der „Dritten Welt", indem sie sich an privaten Investitionen in diesen Ländern ohne das Erfordernis einer Regierungsgarantie beteiligt. Die IDA gewährt Finanzhilfe an die ärmsten Entwicklungsländer durch langfristige und zinsfreie Anleihen.

2516 Das **GATT 1947** (D 309) war *ursprünglich* nur als *Übergangslösung* gedacht (Rz 2551 ff).

2517 Sowohl das Bretton-Woods-System als auch das GATT bestimmten in der Folge die Weltwirtschaft, wurden im Laufe der Zeit aber geändert und ergänzt (D 309, 310). Die bedeutendste Änderung ist dabei die durch das Abkommen von Marrakesch **1994** errichtete **WTO** (Rz 2553).

3. Die Neue Internationale Wirtschaftsordnung

Durch die Entkolonialisierung entstanden va in den 1960er und 1970er Jahren zahlreiche neue Staaten. Sie erlangten zwar ihre politische Unabhängigkeit, sahen sich aber wirtschaftlich weiterhin von den Industriestaaten und den in diesen Staaten beheimateten Unternehmen abhängig. Zur Erlangung ihrer auch wirtschaftlichen Unabhängigkeit und zur Förderung ihrer wirtschaftlichen Entwicklung erhoben sie eine Reihe von Forderungen. 2518

Zu diesen Forderungen der Entwicklungsländer zählten insbes: die Anerkennung der dauernden Souveränität über ihre Naturschätze einschließlich des Rechts auf Enteignung/Nationalisierung (Rz 1303 ff) ausländischer Unternehmen; Rohstoff-Erzeugerkartelle nach dem Muster der *Organization of Petroleum Exporting Countries* (OPEC – Rz 2541 ff); Rohstoffabkommen zur Garantie stabiler Preise für die Produzenten, verbunden mit Abnahmeverpflichtungen seitens der Verbraucherländer (Industriestaaten) sowie Indexierung (dh Koppelung der Rohstoffpreise an jene der Industriegüter zur Verhinderung einer Verschlechterung der *terms of trade*); Marktöffnung für Produkte der Entwicklungsländer zu Vorzugsbedingungen; Änderung des Weltwährungssystems; „automatisierte" Entwicklungshilfe ohne Auflagen; Industrialisierung der „Dritten Welt"; Technologietransfer; Entschuldung; Kontrolle der transnationalen Unternehmen etc. 2519

In den 1970er Jahren wurden diese von der „Dritten Welt" vorher isoliert erhobenen Einzelforderungen als NIWO zusammengefasst. Diese fand ihren formellen Ausdruck in mehreren Res der GV der VN: Auf ihrer VI. Sondersession nahm die GV der VN **1974** in den Res 3201 (S-VI) und 3202 (S-VI) die **Deklaration über die Errichtung einer NIWO** samt einem dazugehörigen entsprechenden **Aktionsprogramm** (D 307) mit Konsensus (Rz 1059 ff) an. Später im selben Jahr nahm die GV die **Charta der wirtschaftlichen Rechte und Pflichten der Staaten** (Res 3281 [XXIX] – D 308) durch einen Mehrheitsbeschluss an. 2520

Die in diesen Res enthaltenen Forderungen wurden nur zu einem geringen Teil umgesetzt. Heute werden die Ideen der NIWO vielfach als überholt angesehen. Die meisten Entwicklungsländer versuchen ihre wirtschaftliche Situation auf der Grundlage marktwirtschaftlicher Ideen durch Handelsliberalisierung und die Schaffung eines günstigen Klimas für Privatinvestitionen zu verbessern (Rz 2609). 2521

D. Regionale Wirtschaftsorganisationen

Neben weltweiten Entwicklungen ist für die Zeit seit dem II. WK auch das Bemühen um **regionale wirtschaftliche Zusammenarbeit** und **Integration** charakteristisch. Die meisten Wirtschaftsorganisationen nicht-universellen Charakters beschränken sich auf eine geografische Region. Eine Ausnahme bildet die *OECD*. Die aus der ursprünglich europäischen OEEC hervorgegangene (Rz 916) Organisation nahm auch außereuropäische Staaten auf und wurde zu einer Wirtschaftsorganisation von Industrieländern. Sie hat derzeit 30 Mitglieder in allen Teilen der Welt, darunter auch Österreich. Der *RGW* bestand als Organisation der planwirtschaftlich organisierten sozialis- 2522 tischen Länder 1949–1991. Bei der wirtschaftlichen Integration im regionalen Rahmen können verschiedene Modelle unterschieden werden:

1) In einer **Freihandelszone** (FHZ) als losester Form wirtschaftlicher Verbindung zwischen Staaten sind **interne Handelshemmnisse** (Binnenzölle und andere Handelsrestriktionen) **beseitigt;** ihre Mitglieder dürfen aber weiterhin ihre Außenzölle gegenüber Drittländern selbständig bestimmen. Beispiele sind die EFTA, der EWR oder die NAFTA (Rz 2526).

2) Die Mitgliedstaaten einer **Zollunion** vereinbaren über eine Freihandelszone hinaus **gemeinsame Außenzölle.**

3) Der **Gemeinsame Markt** weist einen noch höheren Integrationsgrad auf: Nicht nur der **Warenverkehr,** sondern auch der **Personenverkehr** (Niederlassungsfreiheit der Arbeitnehmer), der **Dienstleistungs-, Kapital-** und **Zahlungsverkehr** werden liberalisiert. Ein Beispiel ist der Ende 1992 verwirklichte Binnenmarkt der EG (Rz 1094, 1164).

4) Die **Wirtschafts- und Währungsunion** (WWU) geht noch weiter: **Zusätzliche wirtschaftspolitische Befugnisse** werden **Gemeinschaftsorganen** übertragen, **Steuergrenzen abgeschafft** und ein **gemeinsamer Währungsraum** mit eigener Währung gebildet. Dieses Modell wurde in der EU mit der Einführung des **Euro** verwirklicht (Rz 1096, 1176ff).

1. Europa

2523 Die Tendenz zur Bildung regionaler wirtschaftlicher Organisationen ist va in Europa stark ausgeprägt. Im Vergleich zu ihren Gegenstücken bzw Vorbildern in Europa sind die meisten außereuropäischen Institutionen der wirtschaftlichen Integration von geringerer praktischer Bedeutung. Zur Entwicklung und Struktur der europäischen Wirtschaftsorganisationen vgl Rz 1088ff.

2. Amerika

2524 Auf diesem Kontinent einschließlich des karibischen Raumes bestand bereits die *OAS* (1948) als älteste Regionalorganisation. Daneben gab und gibt es eine Reihe subregionaler Organisationen. Zu ihnen gehören die *Lateinamerikanische Freihandelszone* (*Latin American Free Trade Association* – LAFTA 1960), die 1980 in die *Lateinamerikanische Integrationsassoziation* (**Latin American Integration Association** – LAIA) umgewandelt wurde, die *Karibische Freihandelsassoziation* (*Caribbean Free Trade Association* – CARIFTA 1965), die 1973 in die *Caribbean Community* (CARICOM) umgewandelt wurde, die Anden-Gemeinschaft 1969 (Rz 128) und das *Lateinamerikanische Wirtschaftssystem* (*Sistema Económico Latinoamericano* – SELA 1975).

2525 Nach den (bislang wenig effizienten) Zusammenschlüssen LAFTA bzw LAIA wurde durch das 1991 zwischen Argentinien, Brasilien, Paraguay und Uruguay abgeschlossene Abkommen zur Errichtung eines Gemeinsamen Marktes **(Mercado Común del Sur oder „Mercosur")** eine neuerliche und verbesserte Form der Wirtschaftsintegration begonnen.

2526 In Nordamerika wurde als Antwort auf die europäische Wirtschaftsintegration zunächst 1988 zwischen den USA und Kanada eine *Freihandels-*

zone geschaffen. Diese wurde durch das 1992 abgeschlossene *Nordamerikanische Freihandelsabkommen* **(North American Free Trade Agreement – NAFTA)** auf Mexiko ausgedehnt (ILM 32 [1993] 289, 605).

3. Asien/Pazifik

Im *asiatisch-pazifischen* Raum hat sich seit dem II. WK ein neues Zentrum weltwirtschaftlicher Aktivität entwickelt. So wurden 1950 der *Colombo-Plan* für Gemeinsame Wirtschaftliche Entwicklung in Süd- und Südostasien und 1957 die *ASEAN* (Rz 128) geschaffen. In diesem Rahmen wurde 1992 das Abkommen über den gemeinsamen Vorzugszoll mit dem Ziel der Schaffung einer Asiatischen Freihandelszone (**Asian Free Trade Area** – AFTA) abgeschlossen. **2527**

1989 wurde auf australische Initiative der Prozess Asiatisch-Pazifischer Wirtschaftskooperation **(Asian-Pacific Economic Cooperation – APEC)** eingeleitet. APEC verfolgt ein Konzept der flexiblen Kooperation auf einzelnen Wirtschaftssektoren durch Informationstausch, Konsultationen und gegebenenfalls Koordination der nationalen Wirtschaftspolitiken und strebt eine Freihandelszone an. **2528**

4. Afrika/Arabien

In *Afrika* und im *arabischen Raum* wurden 1945 die *Liga Arabischer Staaten* und 1963 die *OAU* gegründet. Beide verfolgen neben wirtschaftlichen auch politische Ziele. Weitere Gründungen waren: 1964 die *Gemeinsame Afro-Mauritius Organisation* (**Organisation Commune Africaine et Mauricienne** [OCAM]) und die *Zentralafrikanische Zoll- und Wirtschaftsunion* (**Union Douanière et Economique de l'Afrique Centrale** – UDEAC), 1973 die *Westafrikanische Wirtschaftsgemeinschaft* (**Communauté des Etats de l'Afrique de l'Ouest** – CEAO) und 1975 die *Wirtschaftsgemeinschaft Westafrikanischer Staaten* (**Economic Community of West African States** – ECOWAS). **2529**

E. Das Internationale Rohstoffrecht

Literatur: *Khan,* The Law and Organisation of International Commodity Agreements (1982); *Chimni,* International Commodity Agreements (1987); *Pelikahn,* Internationale Rohstoffabkommen, ArchVR 26 (1988) 67; *Tomuschat,* Commodities, International Regulation of Production and Trade, EPIL I (1992) 686.

Rohstoffe *(primary commodities)* spielen in der internationalen Wirtschaft eine zentrale Rolle. Viele *Entwicklungsländer* sind in ihren Außenwirtschaftsbeziehungen überwiegend von den *Exporterlösen* aus dem Verkauf von Rohstoffen *abhängig.* Ein Produktionsausfall, ein Sinken der Nachfrage oder ein Preisverfall können für sie katastrophale Folgen haben. Oft hängt die Außenwirtschaft eines Entwicklungslandes von einem einzigen oder einigen wenigen Rohstoffen ab (Monokulturen). Die Industrieländer **2530** sind ihrerseits an einer ungestörten Versorgung mit Rohstoffen zu stabilen Preisen interessiert.

2531 Der sensible Rohstoffmarkt wird grundsätzlich durch zwei juristische Mechanismen gelenkt: Rohstoffabkommen *(Primary Commodity Agreements)* und Rohstoffkartelle *(Organizations of Primary Commodity Producers).*

1. Rohstoffabkommen

2532 **Rohstoffabkommen** sind multilaterale vr Verträge zur *Regulierung* des *Marktes* für einen bestimmten landwirtschaftlichen oder industriellen Rohstoff. Die Regulierung kann sowohl die *Angebotsseite* als auch die *Nachfrageseite* betreffen. An diesen Verträgen sind sowohl Produzenten- als auch Konsumentenländer beteiligt. Ziel dieser Abkommen ist einerseits die **Sicherstellung der Versorgung** der **Verbraucherländer** mit zumeist krisenanfälligen Rohstoffen und andererseits die **Garantie stabiler und angemessener Verkaufserlöse** für die **Erzeugerländer.**

2533 Die wichtigsten Rohstoffabkommen betreffen Kautschuk, Zinn, Jute, Tropenholz, Kaffee, Kakao, Weizen und Zucker. Für alle diese Abkommen ist ihre relativ kurze Laufzeit charakteristisch (Rz 912).

2534 In den Rohstoffabkommen werden im Wesentlichen drei Systeme eingesetzt, die auch kombiniert Verwendung finden.

1) Das *Kontingentsystem* beruht auf einer Zuteilung von Grundexportquoten an die Erzeugerländer. Dadurch soll eine Überproduktion und ein daraus resultierender Preisverfall verhindert werden.

2) Das System der *Preisregulierung* beruht auf der Festlegung eines Preisbandes. Bei Annäherung an den Höchstpreis hat der Erzeuger seine Rohstoffproduktion zu erhöhen, bei Annäherung an den Niedrigstpreis zu drosseln.

3) Beim System der Ausgleichsvorräte *(Buffer-stock-System)* wird die Preisstabilisierung durch Interventionskäufe und -verkäufe des Rohstoffs durch einen internationalen Ausgleichsvorrat erzielt.

2535 Die *Schwierigkeiten,* welche für Rohstoffabkommen mit Interventionsmechanismen auftreten können, wurden am Beispiel des *Zinnrates* deutlich, der *1985 zahlungsunfähig* wurde. Dies führte zu einer Reihe von Verfahren vor nationalen Gerichten (D 102).

2536 Nicht alle Rohstoffabkommen sehen einen Interventionsmechanismus vor. Manche Abkommen beschränken sich auf Marktbeobachtung und -analyse, Verbreitung von Informationen und Konsultationen über die Marktentwicklung sowie Entwicklungs- und Forschungsprojekte. Zur Durchführung des Abkommens wird jeweils ein *Rohstoffrat* errichtet. Darin sind alle Mitgliedstaaten vertreten, ihre *Stimmen* aber je nach *Marktanteil gewichtet* (Rz 1057).

2537 Die herkömmlichen Rohstoffabkommen beziehen sich jeweils nur auf einen Rohstoff. Eine Erweiterung dieses traditionellen Systems der Rohstoffabkommen strebte die **UNCTAD** (Rz 126ff) mit dem **Integrierten Rohstoffprogramm** an, das zehn der wichtigsten mineralischen (ohne Erdöl) und agrarischen Rohstoffe einer internationalen Regelung unterstellen sollte.

Erstes Ergebnis war der *1980* geschaffene *Common Fund.* Durch diesen wurde va das hierfür notwendige *Buffer-stock*-System (in erster Linie von den Industrieländern) finanziert.

2. Rohstoffkartelle

Rohstoffkartelle sind zwischenstaatliche *Zusammenschlüsse* von **Produzentenländern** eines bestimmten Rohstoffes. Konsumentenländer sind an diesen Organisationen nicht beteiligt. **2538**

Bereits Art 5 Charta der wirtschaftlichen Rechte und Pflichten der Staaten 1974 (D 308) sah das Recht aller Staaten vor, „sich in Organisationen von Grundstofferzeugern zusammenzuschließen". **2539**

Ein Ziel der Rohstoffkartelle ist es, statt der großen TNC den Weltmarkt für einen bestimmten Rohstoffes zu beeinflussen. Seinerzeit beherrschten zB die sog sieben Schwestern *(EXXON, TEXACO, Gulf Oil, Standard Oil of California, Mobil Oil, Shell* und *BP)* mehr als ein halbes Jhdt lang den Erdölweltmarkt. **2540**

Spätestens seit 1973 ging ein Teil dieser Funktionen, wie die Festsetzung des Rohölpreises, zumindest vorübergehend auf die *Organization of Petroleum Exporting Countries* **(OPEC)** (Rz 2490, 2519) über. Diese 1960 gegründete, in Wien ansässige Organisation der Erdöl exportierenden Länder ist das derzeit *wichtigste Rohstoffkartell.* In den 1970er Jahren kontrollierte die OPEC etwa 50% der Weltrohölproduktion. 1996 verfügten die OPEC-Mitgliedstaaten zwar über 75% der bekannten Welterdölreserven, deckten aber nur noch etwa 30% des Welterdölbedarfs. Im Jahre 2000 betrug dieser Anteil wiederum fast 40%. **2541**

Neben den fünf Gründungsmitgliedern Iran, Irak, Kuwait, Saudi-Arabien und Venezuela gehören heute der OPEC auch Algerien, Indonesien, Katar, Libyen, Nigeria und die Vereinigten Arabischen Emirate an. Ecuador und Gabun sind mittlerweile ausgetreten. **2542**

Die Ziele der OPEC konzentrieren sich va auf die *Preisstabilisierung.* Diese erfolgt nicht nur durch Preisfestsetzungen, sondern auch durch bindende Beschlüsse zur Drosselung der Rohölproduktion. Allerdings sind diese Maßnahmen nur im Einvernehmen mit Nicht-OPEC-Produzentenländern, wie Russland, Norwegen und Mexiko, zielführend. **2543**

Von der OPEC ist ihr „kleiner Bruder", die *OAPEC (Organization of Arab Petroleum Exporting Countries),* zu unterscheiden. Sie wurde 1968 von Kuwait, Libyen und Saudi-Arabien in Beirut gegründet und umfasst auch Nichtmitglieder der OPEC, wie Ägypten und Syrien. Auch für sie sind allerdings die OPEC-Beschlüsse verbindlich. 1973 löste die OAPEC (nicht die OPEC) eine Erdölkrise durch Verhängung eines Erdölembargos gegen westliche Industriestaaten aus. **2544**

Im Rahmen der OECD wurde 1974 in Paris die **Internationale Energieagentur** (*International Energy Agency* – **IEA**) als Gegenmaßnahme der Verbraucherländer gegründet. Unter dem Eindruck der Erdölkrise wurde durch den Pariser Vertrag, den auch von Österreich ratifizierte, ein Notstandssystem verbunden mit einem *wirtschaftlichem Krisenmanagement* errichtet. **2545**

2546 Die wichtigsten weiteren Rohstoffkartelle sind der *Zwischenstaatliche Rat der Kupfer exportierenden Länder* (*Conseil Intergouvernemental des Pays Exportateurs de Cuivre* [CIPEC], 1968), die *Internationale Bauxit-Assoziation* (*International Bauxite Association* [IBA], 1974) und die *Assoziation Eisenerz exportierender Länder (Association of Iron Ore Exporting Countries* [AIEC], 1975).

2. Kapitel

Das Recht des internationalen Handels

Wolfgang Benedek

Literatur: *Weiss,* The General Agreement on Trade in Services, CMLR 32 (1995) 1177; *Petersmann,* International and European Trade and Environmental Law after the Uruguay Round (1996); *Hummer / Weiss,* Vom GATT '47 zur WTO '94 (1997); *Benedek,* Handbuch zur österreichischen GATT-Praxis (1998); *ders,* Die Welthandelsorganisation (WTO) alle Texte (1998); *Jackson,* The World Trade Organization (1998); *World Trade Organization,* Guide to the Uruguay Round Agreements (1998); *Palmeter / Mavroidis,* Dispute Settlement in the World Trade Organization (1999); *World Trade Organization,* Trade and Environment (1999); *Hilpold,* Die EU im GATT/WTO-System (1999); *Jackson,* The Jurisprudence of GATT and the WTO (2000); *Senti,* System und Funktionsweise der Welthandelsordnung (2000); *Weiler* (Hrsg), The EU, the WTO and the NAFTA (2000); *Beise,* Die Welthandelsorganisation (WTO), (2001); *Lim,* Trade and Human Rights, Journal of World Trade (JWT), 35 (2001) 276; *Marceau,* WTO-Dispute Settlement and Human Rights, EJIL 13 (2002) 755; *Hilf / Benedek,* Die Konstitutionalisierung der Welthandelsordnung, in: Schriften der deutschen Gesellschaft für Völkerrecht, Bd 40 (2003) 257–283; *Weiss/Hermann,* Welthandelsrecht (2003).

Das Recht des internationalen Handels hat öffentlich-rechtliche und privatrechtliche Aspekte. Das öffentliche Recht des internationalen Handels gehört zum Wirtschaftsvölkerrecht und ist insbes im Rahmen der WTO (Rz 2555 ff) geregelt. Die nachfolgenden Ausführungen beschränken sich auf diesen Bereich. Gegenstand der Regelungen sind Waren und Dienstleistungen sowie immaterielle Güter wie zB Recht auf geistiges Eigentum. **2547**

A. Die Bedeutung der rechtlichen Regelung des internationalen Handels

Die Bedeutung der vr Regelung des internationalen Handels liegt va in der **Rechtssicherheit.** Die Vorhersehbarkeit auf Grund stabiler rechtlicher Verhältnisse stellt eine Voraussetzung für längerfristige wirtschaftliche Planungen dar (Rz 2611). Die große Leistung des **GATT** seit 1948 ist die Vereinheitlichung einer Vielzahl bilateraler Regelungen durch multilaterale Übereinkommen. Das Hauptaugenmerk lag dabei zunächst auf Zollsenkungen. In der Folge wurde auch die Beseitigung rechtlicher Handelshindernisse durch unterschiedliche Standards sowie die Vereinheitlichung des Außenhandelsrechts im Allgemeinen ein Anliegen des GATT. **2548**

Für den Handel im Bereich der Dienstleistungen (vgl **GATS** – Rz 2553; D 313) ist die *Rechtsharmonisierung* von besonderer Bedeutung. **2549**

Der Schutz von *Patent- und Urheberrechten* (vgl **TRIPS** – Rz 2553; D 314) erscheint *dem Liberalisierungsziel* insofern *entgegengesetzt,* als er exklusive Rechte gewährleistet. Dahinter steht die Auffassung, dass der **2550**

Schutz geistigen Eigentums (Rz 106) eine wichtige Voraussetzung für den Fortschritt von Wissenschaft und Technik und dessen Finanzierung darstellt.

B. Die Entwicklung der völkerrechtlichen Regelungen des internationalen Handels: GATT und WTO

2551 Während bilaterale Handelsverträge seit jeher im VR eine wichtige Rolle spielen, ist die multilaterale Regelung der internationalen Handelsbeziehungen relativ neu. Das heutige Regelwerk der WTO ist das Ergebnis einer mehr als 50-jährigen Entwicklung. Sie begann mit der Konferenz der VN für Handel und Beschäftigung, die vom WSR (Rz 1025) 1946–1948 durchgeführt wurde. Das dabei angestrebte Ziel einer Internationalen Handelsorganisation konnte nicht erreicht werden. Die damals entworfene *Havanna-Charta* erschien dem US-Kongress zu dirigistisch. Stattdessen wurde das Allgemeine Zoll- und Handelsabkommen GATT, das auf der Havanna-Charta basiert, 1948 vorläufig in Kraft gesetzt. Dieses Provisorium, das heute als **GATT 1947** bezeichnet wird, dauerte bis Ende 1995 an. Das GATT war keine IO ieS, entwickelte jedoch im Laufe der Zeit auf vgr Wege alle Funktionen einer IO.

2552 In der Folge wurden im Rahmen des GATT durch bisher *acht Verhandlungsrunden* umfangreiche Zollsenkungen sowie eine Reihe weiterer Vereinbarungen ausgehandelt. Dadurch konnten die Durchschnittszölle von ursprünglich etwa 40% auf heute ca 4% gesenkt werden. Dies war ein wesentlicher Faktor für die enorme Steigerung des Welthandels.

2553 Die 1986–1994 durchgeführte achte Verhandlungsrunde *(Uruguay-Runde)* brachte eine Einigung über die Schaffung der **Welthandelsorganisation** (**WTO** – D 311). Das Übereinkommen über die Errichtung der WTO (Rz 2517) trat 1995 in Kraft. Es enthält das **GATT 1994,** das gegenüber dem GATT 1947 durch einige interpretative Vereinbarungen und Beschlüsse ergänzt wurde, das Allgemeine Übereinkommen über den Handel mit Dienstleistungen (*General Agreement on Trade in Services* – **GATS**) und das Übereinkommen über handelsbezogene Aspekte der Rechte des geistigen Eigentums (*Agreement on Trade-Related Aspects of Intellectual Property Rights* – **TRIPS** – D 314), welche heute als die drei Säulen der WTO bezeichnet werden können.

2554 Eine vierte Säule stellt die **Vereinbarung über Regeln und Verfahren zur Beilegung von Streitigkeiten** (*Understanding on Rules and Procedures Governing the Settlement of Disputes* – D 315) dar, welche die Verfahren des GATT 1947 wesentlich weiterentwickelte.

C. Aufgaben und Organisation der WTO

1. Ziele, Aufgaben, Prinzipien

2555 Die **Ziele** der WTO sind gem der Präambel, deren Text großteils aus der Präambel des GATT übernommen wurde, die Erhöhung des Lebensstandards und des Realeinkommens, die Vollbeschäftigung sowie die Ausweitung der Produktion und des Handels mit Waren und Dienstleistungen.

Bei der Nutzung der Ressourcen ist auf die Grundsätze der nachhaltigen Entwicklung und des Umweltschutzes zu achten. Die Entwicklungsländer sollen einen angemessenen Anteil am Wachstum des internationalen Handels erhalten.

Als **Mittel** dienen die Errichtung eines multilateralen Handelssystems **2556** mit Übereinkünften zum *Abbau der Zölle und anderer Handelshemmnisse* sowie zur *Beseitigung der Diskriminierung* im internationalen Handel. Das Übereinkommen über die Errichtung der WTO stattet diese mit der zur Wahrnehmung ihrer Aufgaben erforderlichen Rechtspersönlichkeit aus.

Die wesentlichen **Aufgaben** der WTO sind: **2557**

- Verhandlungen über Handelsliberalisierung
- Gewährleistung der Rechtssicherheit *(rule of law)*
- friedliche Streitbeilegung
- Zusammenarbeit mit anderen Wirtschaftsorganisationen

Als **Prinzipien** des internationalen Handelssystems lassen sich folgende **2558** Grundsätze festhalten:

- Nichtdiskriminierung zwischen den Handelspartnern *(Meistbegünstigungsprinzip* – Rz 2571, 2642*)* und in der Behandlung fremder und eigener Produkte *(Inländergleichbehandlung)*
- Offenheit der Märkte (Marktzugang)
- Transitfreiheit
- Transparenz
- fairer Wettbewerb
- Beteiligung an allen Vereinbarungen (*single undertaking approach*)
- Berücksichtigung der Bedürfnisse der Entwicklungsländer

2. Organstruktur und Beschlussfassung

Der **Allgemeine Rat** ist das Hauptorgan der WTO. Er hält etwa zehn **2559** Treffen im Jahr ab, bei denen alle wesentlichen Agenden der WTO behandelt werden. Auf gleicher Ebene findet sich das **Streitbeilegungsgremium** (*Dispute Settlement Body* – Rz 2591 ff) und das **Handelspolitische Überprüfungsorgan.** Die Agenden der drei hauptsächlichen Abkommen im Rahmen der WTO (Rz 2553) werden durch **Räte** wahrgenommen, denen weitere Organe unterstehen. Das höchste Organ ist die **Ministerkonferenz,** die im Rhythmus von etwa zwei Jahren stattfindet. Auf dieser finden die großen Weichenstellungen der WTO statt, während alle laufenden Fragen auch vom Allgemeinen Rat behandelt werden können.

Die Mitgliedschaft in den Organen der WTO steht allen Mitgliedern **2560** der WTO offen, wird jedoch nicht von allen wahrgenommen. Versuche, kleinere Leitungsgremien zu schaffen, blieben bisher ohne Erfolg.

Das mit ca 600 Personen relativ kleine **Sekretariat** der WTO in Genf **2561** unterstützt die Organe in ihrer Arbeit. Es wird von einem **Generaldirektor** geleitet.

Die Organe der WTO fassen ihre Beschlüsse grundsätzlich mit **Konsensus** **2562** (Rz 275, 278, 1059 ff, 1848, 1793, 1923, 1946, 2593), womit die Tradition des GATT fortgesetzt wird. *In bestimmten Fällen,* wie Ausnahmegenehmigungen *(waiver),* Abkommensänderungen und der Aufnahme neuer Mitglieder, sind *jedoch bestimmte Mehrheiten* vorgesehen, die eine Abstimmung erforderlich machen können. Auf Abstimmungen muss dann zurückgegriffen werden, wenn kein Konsensus erzielbar ist. In der Praxis ist dies bisher jedoch noch nie erfolgt. Dabei hat jedes Mitglied der WTO eine Stimme; es gibt keine Gewichtung. Die EG ist Mitglied der WTO und übt das Stimmrecht für die EG Mitglieder aus, wobei ihr selbst keine eigene Stimme zukommt (Rz 1111).

3. Mitgliedschaft

2563 *Ein* **Beitritt** kann *nur zu den* **WTO-Übereinkommen** in ihrer **Gesamtheit** erfolgen (vgl jedoch Rz 2588). Der Aufnahme gehen multilaterale Verhandlungen voraus, welche viele Jahre dauern können. Dabei werden die Bedingungen der Mitgliedschaft, der „Eintrittspreis" festgelegt, der über die Marktöffnung hinaus umfangreiche Anpassungen der nationalen Handelsregime erfordern kann. Der Aufnahmebeschluss erfolgt mit Zweidrittelmehrheit.

2564 Auf Grund der **Nichtanwendungsbestimmung** des WTO-Übereinkommens (Art XIII) finden die Verpflichtungen zwischen zwei Mitgliedsstaaten keine Anwendung, wenn eines der beiden Mitglieder zu dem Zeitpunkt, zu dem eines von ihnen Mitglied wird, der Anwendung seine Zustimmung versagt. Folglich kann durch den Aufnahmebeschluss kein Mitgliedstaat gegen seinen Willen verpflichtet werden. Dies bedeutet in der Praxis, dass Aufnahmekandidaten mit den wichtigsten Handelspartnern auch **bilaterale Verhandlungen** führen müssen, wenn sie in den vollen Genuss der Vorteile aus der Mitgliedschaft kommen wollen.

2565 Die Mitgliederzahl bei der WTO ist im Laufe der Zeit stark angestiegen. Im April 2004 waren es 147 Mitglieder, einschließlich der Volksrepublik China und Taiwans. Allerdings wird dadurch der erfolgreiche Abschluss umfassender Handelsverhandlungsrunden immer schwieriger.

4. Zusammenarbeit mit anderen internationalen Organisationen und NGOs

2566 Der Vorläufer der WTO, das GATT 1947, stand auf Grund seiner Entstehungsgeschichte in einer Nahebeziehung zu den VN. Die Mitgliedstaaten der WTO beschlossen jedoch, dass diese **keine Spezialorganisation** der **VN** werden sollte.

2567 Zu den Aufgaben des Allgemeinen Rates gehört die wirksame **Zusammenarbeit mit anderen zwischenstaatlichen Organisationen,** deren Aufgaben mit jenen der WTO im Zusammenhang stehen. Die WTO unterhält va mit dem *IWF* sowie mit der *Weltbank* enge Beziehungen, um die globale Kohärenz der wirtschaftspolitischen Entscheidungen zu stärken. IO kann zu diesem Zweck ein Beobachterstatus eingeräumt werden.

2568 Die Satzung der WTO sieht auch Konsultationen und die **Zusammenarbeit mit NGOs** (Rz 1234ff) vor, die im Bereich der WTO tätig sind. Diese erhalten zwar Informationen und werden zu Ministerkonferenzen und Seminaren eingeladen; ein Beratungsstatus (Rz 1248) in Organen der WTO wurde ihnen jedoch nicht eingeräumt. Eine größere Transparenz der Arbeit der WTO für die internationale Öffentlichkeit und die interessierte Zivilgesellschaft (Rz 2452) sowie eine Mitarbeit von NGO-Vertretern in WTO-Gremien lehnen va die Entwicklungsländer ab.

Diese Haltung hat zusammen mit der fehlenden Bereitschaft zur Behandlung von Fragen wie Umwelt- und Sozialstandards im internationalen Handel zu **massiver Kritik** von **NGOs an der WTO** geführt. Die Rolle der NGOs, die zunehmend als Vertreter der Konsumenten auftreten, aber auch jene der transnationalen Unternehmungen (Rz 1212) und damit der Produzenten, findet in der WTO zunehmende Aufmerksamkeit. Durch ihre Website (www.wto.org) hat die WTO ihre äußere Transparenz stark verbessert. In einer globalen Wirtschaft kommt den wirtschaftlichen Akteuren, va den betreffenden IO, eine neue Qualität der Verantwortung für globale Probleme zu. **2569**

D. Warenhandel: GATT 1994

1. GATT 1994

Das GATT 1994 als Nachfolger des GATT 1947 enthält den Hauptteil der materiellen Regelungen der WTO. Das zentrale Ziel ist die fortschreitende Handelsliberalisierung durch die Senkung von Zöllen, die Beseitigung mengenmäßiger Handelsbeschränkungen sowie die **Reduzierung** anderer, nicht-tarifärer Handelshemmnisse, etwa durch die Harmonisierung gesundheits- oder umweltrechtlicher Standards. **2570**

Zollsenkungen werden rechtstechnisch durch die im GATT vorgesehenen *periodischen Verhandlungen* über den stufenweisen Abbau von Zöllen erreicht (Art II und XXVIII bis GATT). Die Ergebnisse dieser bilateral geführten und auf bestimmte Produkte bezogenen Verhandlungen werden in Listen zusammengefasst. Durch die *allgemeine Meistbegünstigungsklausel* (Rz 2642) des Art I GATT (D 309) verpflichten sich die WTO-Mitglieder zur zollrechtlichen Gleichbehandlung von Waren aus allen anderen Mitgliedstaaten. Dadurch werden diese Zollsenkungen multilateralisiert, dh auf alle anderen WTO-Mitglieder ausgedehnt. **2571**

Die **Beseitigung von mengenmäßigen Ein- oder Ausfuhrbeschränkungen** (Handelskontingenten) zwischen den Mitgliedern ist in Art XI vorgesehen. **2572**

Die **Reduzierung** anderer, **nicht-tarifärer Handelshemmnisse** soll ua durch die *Gleichstellung ausländischer mit inländischen Waren* auf dem Gebiet der *inneren Abgaben und Rechtsvorschriften* (Art III GATT) erreicht werden. **2573**

Weitere zentrale GATT-Vorschriften zur *Handelsliberalisierung* sind die **Transitfreiheit** des Art V, die Verpflichtung zur **Veröffentlichung staatlicher Handelsvorschriften** des Art X sowie die in Art VI und XVI verankerten Bedingungen für die Verhängung von **Antidumping- und Ausgleichsmaßnahmen,** um unfairen Billigimporten und der Einfuhr von subventionierten Produkten entgegenzuwirken. **2574**

2575 Diese Grundregeln sind durch eine Reihe allgemeiner und besonderer **Ausnahmen** durchbrochen. Dazu zählen die *allgemeine Ausnahme* zu Gunsten des Schutzes des Lebens und der Gesundheit von Menschen, Tieren und Pflanzen sowie von Maßnahmen zur Erhaltung erschöpfbarer Naturschätze und Ausnahmen zur Wahrung der Sicherheit. *Besondere Ausnahmen* bestehen zum Schutz der Zahlungsbilanz, für Zollunionen und Freihandelszonen sowie zu Gunsten der Entwicklungsländer. Im Fall unvorhergesehener Entwicklungen, die inländischen Erzeugern ernsthaften Schaden zufügen könnten, dürfen **Schutzmaßnahmen** ergriffen werden.

2. Sonderübereinkommen zum GATT 1994

2576 Durch die verschiedenen Handelsverhandlungsrunden wurde das GATT durch bisher **zwölf Sonderübereinkommen** sowie *sechs interpretative Vereinbarungen* ergänzt. Diese betreffen ua ganze Sektoren wie Landwirtschaft, Textilien und Bekleidung. Teilweise regeln sie neue Bereiche wie die Übereinkommen über technische Handelshemmnisse, über handelsbezogene Investitionsmaßnahmen (TRIMs – Rz 2620) oder über Kontrollen vor dem Versand. Andere Übereinkommen konkretisieren GATT-Bestimmungen, wie die Übereinkommen über die Anwendung gesundheitspolizeilicher und pflanzenschutzrechtlicher Maßnahmen oder über Schutzmaßnahmen sowie die Übereinkommen über Antidumping oder über Subventionen und Ausgleichsmaßnahmen.

E. Dienstleistungen: GATS

1. Gegenstand

2577 Dienstleistungen sind von wachsender Bedeutung für den Welthandel. Das 1994 im Rahmen der Uruguay-Runde angenommene Allgemeine Abkommen über den Handel mit Dienstleistungen (**General Agreement on Trade in Services – GATS;** D 313) stellt ein *Rahmenabkommen* dar, das hinsichtlich der konkreten Verpflichtungen durch *Sektorabkommen* näher auszugestalten ist.

2. Verpflichtungen

2578 Das *GATS* ist dem *GATT weitgehend nachgebildet.* Es umfasst alle Dienstleistungssektoren und statuiert allgemeine Verpflichtungen für sie. Dazu gehört die Verpflichtung zur **Meistbegünstigung,** also die Nichtdiskriminierung zwischen verschiedenen Vertragsparteien.

2579 Davon gibt es jedoch *beschränkte Ausnahmen.* Von besonderer Bedeutung ist die Verpflichtung zur **Inländerbehandlung,** die eine Diskriminierung zwischen einheimischen und ausländischen Dienstleistungserbringern verbietet (Rz 1290).

2580 Weitere Pflichten betreffen die Transparenz aller einschlägigen staatlichen Handelsvorschriften, die Anerkennung ausländischer Qualifikationen als gleichwertig sowie die Vermeidung restriktiver Geschäftspraktiken und

Handelsverzerrungen durch Subventionen. Durch Sonderbestimmungen soll eine verstärkte Beteiligung der Entwicklungsländer erreicht werden.

Die *Liberalisierung* des *Dienstleistungshandels* erfolgt durch die Übernahme spezifischer Verpflichtungen, die in *Länderlisten nach Sektoren* geordnet sind und einen integrierenden Vertragsbestandteil bilden. Eine *de-facto-Ausnahme im kulturellen Bereich* betrifft den audiovisuellen Sektor, wo die EG va auf Betreiben Frankreichs zu Gunsten der europäischen Filmindustrie auf protektionistischen Maßnahmen beharrt. Die Verpflichtungen sollen schrittweise ausgeweitet werden; Verhandlungen darüber haben 2000 als Teil des Arbeitsprogramms der WTO begonnen. **2581**

Zu den einzelnen Dienstleistungssektoren sind *Sektorübereinkommen* auszuhandeln, die die näheren Ziele und Umstände der Liberalisierung enthalten. Bisher wurden folgende Sektorübereinkommen abgeschlossen: **2582**

- Übereinkommen über Finanzdienstleistungen im Versicherungs- und Bankwesen 1995/1997,
- Übereinkommen über den grenzüberschreitenden Verkehr natürlicher Personen 1995,
- Übereinkommen über Basistelekommunikation 1997.

Bemühungen um ein Übereinkommen über Seeverkehrsdienstleistungen blieben vorerst ohne Erfolg. Über eine Reihe weiterer Dienstleistungssektoren wurden Verhandlungen vorgeschlagen. **2583**

F. Geistiges Eigentum: TRIPS

Das Übereinkommen über handelsbezogene geistige Eigentumsrechte (*Agreement on* **Trade-Related Aspects of Intellectual Property Rights – TRIPS;** D 314) ist ebenfalls ein Ergebnis der Uruguay-Runde. Es verbindet die von der Weltorganisation für geistige Eigentumsrechte (*World Intellectual Property Organization* – WIPO) verwalteten Übereinkommen, wie die *Pariser Verbandsübereinkunft zum Schutz des gewerblichen Eigentums 1883* (wiederholt revidiert – BGBl III 2000/81) und die *Berner Union über Urheberrechte 1886* (wiederholt revidiert – BGBl 1982/319), mit dem Rechtsdurchsetzungsverfahren der WTO. Dadurch werden die erfassten Regelungen im Bereich der geistigen Eigentumsrechte für alle WTO-Mitglieder verbindlich. **2584**

Zum gewerblichen Eigentum gehört neben den **Patenten** auch der **Markenschutz** *und* der **Schutz gewerblicher Muster und Modelle.** Auch der Schutz von **Geschäftsgeheimnissen**, wie etwa die Zusammensetzung des Getränks Coca Cola, fällt darunter. Für Urheberrechte besteht eine Schutzdauer von 50 Jahren, für Patente von 20 Jahren. Alle Vertragsparteien haben effektive nationale Verfahren für die Durchsetzung der erfassten geistigen Eigentumsrechte einzurichten. Die Verpflichtungen zur Inländergleichbehandlung, Meistbegünstigung und Transparenz gelten auch im Rahmen von TRIPS. **2585**

Den Parteien steht es frei, *die Patentierbarkeit* von *medizinischen Behandlungsverfahren* sowie von *Pflanzen* und *Tieren* auszuschließen. Für den Schutz von Pflanzensorten müssen sie jedoch in diesem Fall ein anderes **2586** wirksames System vorsehen. Für die Entwicklungsländer, die postsozialistischen Transformationsländer und die am wenigsten entwickelten Länder sind *Übergangsfristen* von fünf bzw elf Jahren vorgesehen.

2587 Das TRIPS-Übereinkommen geriet durch die Kritik an der Preis- und Produktionspolitik internationaler Firmen für Medikamente gegen Epidemien wie HIV/AIDS oder Malaria unter massiven Druck. Anlässlich der *WTO-Ministerkonferenz* in *Doha (Katar)* 2001 wurde eine *Erklärung über das TRIPS-Übereinkommen und die öffentliche Gesundheit* angenommen, die das Recht aller Vertragsstaaten anerkennt, im Falle von Epidemien nationale Notstandsmaßnahmen zu ergreifen. Das Recht zur Vergabe von Zwangslizenzen zur Herstellung der benötigten Medikamente wurde bejaht. Auf Grund eines Beschlusses von 2003 kann dieses Recht ausnahmsweise auch auf ausländische Hersteller angewendet werden.

G. Plurilaterale Übereinkommen

2588 Die plurilateralen Übereinkommen unterscheiden sich von den multilateralen Übereinkommen dadurch, dass sich nur eine **beschränkte Anzahl interessierter Staaten** an ihnen beteiligt. Dies trifft auf das *Übereinkommen über den Handel mit Zivilluftfahrzeugen 1979* und das *Übereinkommen über das öffentliche Beschaffungswesen 1994* zu. Diese Verträge sind rechtlich selbständig, werden aber vom WTO-Sekretariat verwaltet und sehen das Streitbeilegungsverfahren der WTO vor. Für die Zukunft könnten derartige Abkommen etwa für zusätzliche Verpflichtungen bei der Regelung des Wettbewerbs Bedeutung erlangen.

H. Die Rechtsdurchsetzung

2589 Die WTO verfügt über das derzeit **wohl effizienteste zwischenstaatliche Instrumentarium** der Rechtsdurchsetzung im **Wirtschaftsvölkerrecht.** Dieses ist das Ergebnis vgr Entwicklung im GATT 1947 und der **Vereinbarung über Regeln und Verfahren zur Beilegung von Streitigkeiten 1994** (D 315) als Ergebnis der Uruguay-Runde. Darin haben alle Mitglieder des internationalen Handelssystems erstmals auf die Anwendung einseitiger Maßnahmen ohne Autorisierung der WTO verzichtet. Dies bedeutet eine entscheidende Stärkung des Multilateralismus in der internationalen Handelsordnung. 1995–2003 wurde dieses Verfahren auf mehr als 300 Streitfälle angewendet. Dabei wurden aber auch Schwächen deutlich, die durch eine Reform beseitigt werden sollten (D 316).

2590 In erster Linie wird eine **Erledigung von Streitigkeiten auf gütlichem Wege** durch eine Einigung zwischen den Parteien angestrebt. Auch *gute Dienste, Vermittlung* und *Vergleich* (Rz 1956 f, 1960 ff) können vom *WTO-Generaldirektor* zur Verfügung gestellt werden. Das angestrebte Ergebnis ist immer die Rücknahme der umstrittenen Maßnahmen, etwa eines nicht GATT-konformen staatlichen Gesetzes.

2591 Der Kern des Streitbeilegungsverfahrens der WTO ist das sog **Panel-Verfahren.** Es wird durch die Beschwerde eines Mitgliedstaates ausgelöst. Zunächst hat ein obligatorisches **Konsultationsverfahren** stattzufinden.

Bringt dieses innerhalb von 60 Tagen keine Lösung, so ist auf Antrag des Beschwerdeführers ein **Streitschlichtungspanel** einzurichten. Dies ist eine *Expertengruppe* von **drei Personen.** Das Panel hat eine objektive Beurteilung des Sachverhaltes vorzunehmen und dessen rechtliche Vereinbarkeit mit den einschlägigen Übereinkommen zu überprüfen. Sein **Bericht** besteht aus **Feststellungen** und **Empfehlungen.** Dieser soll innerhalb von sechs Monaten erstellt werden und ergeht zur Annahme an das **Streitbeilegungsgremium,** außer wenn eine Streitpartei sich an das Berufungsgremium wendet. Das Streitbeilegungsgremium entspricht dem Allgemeinen Rat und ist für alle Beschlüsse im Zusammenhang mit dem Streitbeilegungsverfahren zuständig.

Das **Ständige Berufungsgremium** *(Standing Appellate Body)* ist eine **2592** Neuerung der Uruguay-Runde. Es besteht aus sieben auf vier Jahre bestellten Experten, die in Dreiersenaten agieren. Das Berufungsgremium hat innerhalb von 90 Tagen eine Überprüfung der rechtlichen Aspekte des Panelberichts vorzunehmen.

Sein aus **Feststellungen** und **Empfehlungen** bestehender **Bericht** wird **2593** durch **Beschluss** des **Streitbeilegungsgremiums** angenommen. Bei den Beschlüssen dieses Gremiums gilt in allen Phasen des Verfahrens das **Prinzip des negativen Konsensus** (Rz 275, 278, 1059 ff, 1793, 1848, 1923, 1946, 2562): Anträge und Berichte sind danach *angenommen, wenn nicht ein Konsensus dagegen* zu Stande kommt. Damit wurde der Obstruktion der Parteien ein Riegel vorgeschoben.

Probleme bereitet jedoch weiterhin die *Umsetzung* der Empfehlungen, **2594** die vom Streitbeilegungsgremium zu überwachen sind. Dafür ist ein angemessener Zeitraum von üblicherweise 15 Monaten vorgesehen. Kommt es zu Meinungsverschiedenheiten darüber, ob die Umsetzung ausreichend war, wird auf das ursprüngliche Panel zurückgegriffen.

Falls die *Durchführung* einer *Empfehlung unzureichend* war, kann ent- **2595** weder eine **Entschädigung** angeboten werden, oder das Streitbeilegungsgremium ermächtigt die betroffene Partei zu **Gegenmaßnahmen** (Rz 2834 ff), die va in der Aussetzung von Handelszugeständnissen (zB *Strafzölle)* bestehen. Nach dem Prinzip der *„cross-retaliation“* können Gegenmaßnahmen auch in anderen Sektoren gesetzt werden. So wurde Ecuador im *Bananen-Fall* (D 317) ermächtigt, Maßnahmen im TRIPS-Bereich gegen die EU zu ergreifen.

Im Falle eines **Streits** über den *Umfang der zulässigen* **Gegenmaßnah- 2596 men** ist ein **Schiedsverfahren** vorgesehen. Es wird durch das *ursprüngliche Panel* oder einen *Schiedsrichter* innerhalb von 60 Tagen durchgeführt.

Das Verfahren vor der WTO wird durch Vertreter der Mitgliedstaaten **2597** bzw der EG-Kommission geführt (Prinzip der **Mediatisierung** – Rz 2797 ff). Die betroffenen *Unternehmen haben keine Parteistellung.* Interessierte NGOs haben die Abgabe von *Amicus-curiae-Stellungnahmen* (Rz 1248) verlangt. Dies wurde vom Berufungsgremium in einzelnen Fällen akzeptiert.

Um den Zugang betroffener Unternehmen zur Streitbeilegung zu ver- **2598** bessern, haben sowohl die EG als auch die USA eigene interne Verfahren zur Untersuchung unerlaubter Handelspraktiken von Drittstaaten eingeführt (*Handelshemmnisverordnung* der *EG, Section 301* des *US Trade Act*).

Betroffene Industriezweige und Firmen können danach bei der EG-Kommission oder US-Administration die Einleitung eines Verfahrens beantragen.

I. Handelspolitik und Nichthandelsfragen

2599 Die WTO, wie schon zuvor das GATT, sieht ihre Aufgabe in der Regulierung der internationalen Handelspolitik. Sie hat sich anderen handelsrelevanten Themen nur zögernd geöffnet. Zu diesen gehört die Frage einer Vorzugsbehandlung der Entwicklungsländer und die Problemfelder Handel und Umwelt sowie Handel und Gesundheit. Die Berücksichtigung von **Sozialstandards** oder **Menschenrechten** in der Handelspolitik hat die *Mehrheit der WTO-Mitgliedstaaten, va Entwicklungsländer,* bisher *abgelehnt.* Dies hat zu heftiger Kritik von Umweltschützern, UN-Menschenrechtsgremien und der Antiglobalisierungsbewegung geführt.

2600 Die **Entwicklungsdimension** des internationalen Handels ist durch die Ministerkonferenz von Doha 2001 ins Zentrum der Aufmerksamkeit in der WTO gerückt. Es geht dabei um eine entwicklungsgerechtere Formulierung und Anwendung internationaler Handelsregeln, eine verstärkte Berücksichtigung der Interessen der Entwicklungsländer, etwa im Bereich Landwirtschaft und Textilien, und einen Ausbau der technischen Hilfe an sie.

2601 Auch die Thematik von **Handel und Umwelt** (Rz 2471 ff) soll erstmals Gegenstand der geplanten neunten Verhandlungsrunde werden. Dabei steht die Klärung des Verhältnisses zwischen den Verpflichtungen aus den WTO-Übereinkommen und aus internationalen Umweltverträgen im Vordergrund. Die Präambel des WTO-Übereinkommens bekennt sich zur nachhaltigen Entwicklung und zum Schutz und zur Erhaltung der Umwelt. In der Praxis haben diese Grundsätze Anlass zu Streitfällen gegeben *(Thunfisch-Fälle, Shrimp (Garnelen)-Fall* – D 318). Während des GATT waren dies vor allem die *Thunfisch-Fälle,* in denen Importverbote der USA für Thunfisch aus dem Eastern Tropical Pacific Ocean verhängt wurden, wenn die Fangmethoden zu einer höheren Tötungsrate von Delfinen führten, als die USA festgesetzt hatten. Dadurch war vor allem Mexiko, aber indirekt auch die EG betroffen, welche im Verfahren vor dem GATT obsiegten. Allerdings wurden die Panelberichte von 1991 und 1994 im GATT mangels Konsens nicht angenommen.

2602 Neuerdings sorgt auch die Problematik der **öffentlichen Gesundheit** für Kontroversen. So haben die USA und die EG völlig *unterschiedliche Auffassungen* über die Verwendung von *Hormonen* oder die *Gentechnologie.* Das rechtliche Instrumentarium des *Übereinkommens über die Anwendung sanitärer und phytosanitärer* (pflanzenschutzrechtlicher) *Maßnahmen* ((BGBl 1995/1 – Rz 2472) und des darin enthaltenen *Vorsorgeprinzips* ermöglicht keine für alle Seiten befriedigende Lösung (*Hormonfleisch-Fall* – D 319). Das Recht der Mitgliedstaaten auf Vergabe von Zwangslizenzen im Fall eines Notstands wurde bekräftigt (Rz 2587, 2735). Im *Asbest-Fall* (D 320) berücksichtigte das Berufungsgremium potentielle Gesundheitsrisiken bei der Beurteilung des französischen Importverbots für Asbestprodukte.

J. Die Weiterentwicklung der internationalen Handelsordnung

Die vierte WTO-Ministerkonferenz in *Doha* beschloss 2001 die Abhaltung einer **neunten Handelsverhandlungsrunde,** in welcher die Anliegen der Entwicklungsländer besondere Beachtung finden sollen. Durch verschiedene Maßnahmen, insbes zu Gunsten der am wenigsten entwickelten Länder, soll eine neue *Entwicklungsdimension* in die WTO eingeführt werden. **2603**

Durch die fortschreitende Globalisierung gewinnen **Fragen einer internationalen Wettbewerbsordnung** immer mehr an Bedeutung. Auf internationaler Ebene fehlen bisher Regeln für wettbewerbsbeschränkendes Verhalten, wie restriktive Geschäftspraktiken, Preisabsprachen, Marktaufteilung, Missbrauch einer marktbeherrschenden Stellung etc. Im Interesse der Konsumenten sollen daher die Handelsregeln durch internationale Regelungen für den Wettbewerb ergänzt werden. Dies erfordert die Abschaffung von nationalen Ausnahmen wie der Erlaubtheit von Exportkartellen und eine Harmonisierung des unterschiedlichen nationalen Wettbewerbsrechts. **2604**

Auch der Bereich **Handel und Investitionen** bedarf weiterer Aufmerksamkeit. Er wurde durch das Übereinkommen über TRIMs (Rz 2620) nur ansatzweise geregelt. Nach dem Scheitern des Entwurfes eines *Multilateral Agreement on Investment (MAI)* im Rahmen der OECD (Rz 2619) wird ein Abkommen über diese Problematik im Rahmen der WTO überlegt. **2605**

Andere Themen, mit denen sich die WTO zunehmend befasst, betreffen die Frage von Handelserleichterungen durch den Abbau der Bürokratie im internationalen Handel oder die Regelung des **elektronischen Handels.** Hier bestehen Probleme der Klassifizierung des Gegenstands dieser Handelsform und der allfälligen Erhebung von Zöllen oder Abgaben beim Transfer. **2606**

Die WTO wird sich außerdem der Frage der Verantwortlichkeit *(„accountability")* von IO und den Erwartungen der Konsumenten und Produzenten von Gütern *(„stake holders")* stellen müssen, um ihre Legitimität zu bewahren. Dazu werden eine Öffnung der WTO durch mehr Transparenz und Partizipationsmöglichkeiten für NGOs, aber auch für nationale oder regionale Parlamente im Sinne einer „Demokratisierung" gefordert. **2607**

3. Kapitel
Das internationale Investitionsrecht
Christoph Schreuer

Literatur: *Shihata,* Promotion of Foreign Direct Investment, ICSID Rev 6 (1991) 484; *Dolzer / Stevens,* Bilateral Investment Treaties (1995); *Pritchard* (Hrsg), Economic Development, Foreign Investment and the Law (1996); *Comeaux / Kinsella,* Protecting Foreign Investment Under International Law (1997); *Parra,* Provisions on the Settlement of Investment Disputes in Modern Investment Laws, ICSID Rev 12 (1997) 287; *Sacerdoti,* Bilateral Treaties and Multilateral Instruments on Investment Protection, RdC 269 (1997) 251; *Rindler,* Der Schutz von Auslandsinvestitionen durch die MIGA (1999); *Zagel,* Auslandsinvestitionen in Lateinamerika (1999); *Weil,* The State, the Foreign Investor, and International Law, ICSID Rev 15 (2000) 401; *Schreuer,* The ICSID Convention: A Commentary (2001); *ders,* Paradigmenwechsel im internationalen Investitionsrecht, in: *Hummer* (Hrsg) Paradigmenwechsel im Völkerrecht zur Jahrtausendwende (2002) 237.

A. Grundlagen und Entwicklung

2608 Das internationale Investitionsrecht wurde in den letzten Jahrzehnten tief greifend verändert. Noch in den *1970er Jahren* herrschte in den meisten *Entwicklungsländern* eine *skeptische bis feindselige Einstellung gegenüber ausländischen Investitionen* vor. Vielfach wurden ausländische Investitionen als eine neue Form des Kolonialismus gesehen. Als Reaktion wurden Verstaatlichungen, strenge Reglementierung und bloß beschränkter Marktzugang für ausländische Investitionen propagiert. Vr Garantien für ausländische Investoren sollten empfindlich eingeschränkt werden. Ausschlaggebend sollte das Recht des Gastgeberstaates sein. Charakteristisch für diese Einstellung waren die Forderungen nach einer **NIWO,** die va in Res der GV der VN artikuliert wurden (Rz 2518 ff).

2609 Nach dem Scheitern des Konzepts der NIWO hat sich in den 1980er und 1990er Jahren in den meisten Entwicklungsländern eine *neue Einstellung* zu ausländischen Privatinvestitionen durchgesetzt. Sie gelten heute als das wichtigste **Instrument der wirtschaftlichen Entwicklung.** Dies hat zu einer Marktöffnung für, ja sogar zu einem Wettbewerb um ausländische Investitionen geführt. Der Sieg marktwirtschaftlicher Ideen und die Privatisierung vormals staatlich geführter Unternehmen haben diese Tendenz noch verstärkt. Tatsächlich hat diese neue Strömung auch zu einem dramatischen Anstieg privater ausländischer Investitionen in Entwicklungsländern, aber auch in Industrieländern geführt.

2610 Man unterscheidet zwischen ausländischen **Direktinvestitionen** *(foreign direct investment)* und **Portfolioinvestitionen.** Bei Ersteren übt der ausländische Investor selbst die Kontrolle über die Investition aus. Dies ist oft mit seiner physischen Präsenz verbunden und führt zu einer höheren Stabilität der Investition. Bei Letzteren liegt lediglich eine Kapitalbeteiligung, etwa durch Aktienbesitz oder ein Darlehen, vor. Dies geschieht ohne physische Präsenz und kann leichter zum Abziehen der Investition führen.

Die veränderte Haltung zu ausländischen Investitionen hat zu wesentlich *verbesserten rechtlichen Rahmenbedingungen* geführt. Durch ein günstiges rechtliches Umfeld, welches von Stabilität, Transparenz und verlässlichen Streitbeilegungsmethoden gekennzeichnet ist, sollen weitere Investitionen angezogen werden (Rz 2548). **2611**

Bei Investitionen im Ausland ist das Risiko für den Investor meist wesentlich größer als beim bloßen Güteraustausch. Während beim Handel das Risiko auf einzelne Transaktionen beschränkt ist, muss der Investor meist umfangreiche Kapitalausgaben tätigen, bevor er mit Gewinnen rechnen kann. Er macht sich solcherart abhängig und hat eine viel intensivere und dauerhaftere Beziehung zum Gastgeberstaat. Daher ist ein günstiger rechtlicher Rahmen, welcher den Investor vor negativen Veränderungen schützt, ein maßgeblicher Faktor einer Investitionsentscheidung. **2612**

B. Die Quellen des internationalen Investitionsrechts

Die *Quellen* des internationalen Investitionsrechts sind *vielfältig*. Neben dem traditionellen VGR finden sich bilaterale und multilaterale Verträge. Dazu kommen nicht verbindliche Richtlinien und Verhaltenskodizes von IO (Rz 2503 f). Schließlich haben viele Staaten eigene Investitionskodizes, das sind staatliche Gesetze, erlassen. **2613**

Das für diesen Rechtsbereich relevante **VGR** stammt überwiegend aus dem vr Fremdenrecht. Es regelt va den internationalen Eigentumsschutz (Rz 1303 ff, 2649 ff). Viele der ehemals vgr Regelungen sind allerdings in neuerer Zeit in vr Verträge aufgenommen worden. Eine Reihe vgr Sekundärnormen aus den Bereichen Staatenverantwortlichkeit, friedliche Streitbeilegung, diplomatischer Schutz und Staatenimmunität ist auch für das internationale Investitionsrecht wichtig. **2614**

Die heute wichtigste Quelle des internationalen Investitionsrechts sind **bilaterale Investitionsschutzabkommen** (*bilateral investment treaty* – **BIT**). Sie gelten für die Investoren aus den betreffenden zwei Staaten gegenüber dem jeweils anderen Staat. Es gibt heute über 2000 derartige Verträge. Ursprünglich handelte es sich dabei typischerweise um Verträge zwischen einem Industrie- und einem Entwicklungsland. Mittlerweile bestehen aber viele BITs sowohl zwischen Entwicklungsländern als auch zwischen Industrieländern. Auch die ehemals sowie die verbleibenden sozialistischen Staaten schließen BITs ab. Eine Sammlung vieler BITs findet sich in der Loseblattsammlung *„Investment Treaties“* (Hrsg *ICSID/Oceana*). **2615**

Ein **BIT verbessert** die **Position des Investors** wesentlich. Durch die weitgehende Vermeidung von Streitigkeiten über den Inhalt von VGR wird Rechtssicherheit geschaffen. Streitbeilegungsklauseln, die dem Investor direkten Zugang zu internationalen Schiedsgerichten gewähren (Rz 1969 ff, 2665 ff), stärken auch die prozessuale Stellung des Investors. **2616**

Die BITs sind zwar nicht identisch, folgen aber bestimmten typischen Mustern. Zahlreiche Industriestaaten, darunter auch Österreich, haben **2617**

Modellabkommen entwickelt, welche den Vertragsverhandlungen zu Grunde gelegt werden. Die BITs sind heute fast immer auf der Grundlage der Reziprozität gestaltet (zB D 324).

2618 Die typischen Regelungsbereiche in BITs sind:

- Zulassung von Investitionen;
- Behandlung und Schutz von Investitionen;
- Geldtransfers in den und aus dem Gastgeberstaat;
- Enteignung und Entschädigung;
- Streitbeilegung zwischen Investor und Gastsgeberstaat und
- Streitbeilegung zwischen den Vertragsstaaten.

2619 1995–1998 wurde im Rahmen der OECD (Rz 916, 2522) versucht, einen umfassenden multilateralen Vertrag mit etwa denselben Regelungsbereichen wie jenen der BITs auszuarbeiten. Dieses **Multilateral Agreement on Investment (MAI) scheiterte** va am wirksamen Widerstand von NGOs (Rz 894, 1209, 1234 ff). Sie fürchteten eine Bevorzugung großer Industrieunternehmen zu Lasten der Gastgeberstaaten und negative Auswirkungen im Umweltbereich.

2620 In einzelnen Teilgebieten des Investitionsrechts existieren aber multilaterale Abkommen. Zu diesen gehört das Übereinkommen über handelsbezogene Investitionsmaßnahmen **(trade-related investment measures – TRIMs**) 1994 im Rahmen der WTO (BGBl III 1995/1 – Rz 2517, 2553). Es soll handelsverzerrende Investitionsmaßnahmen (Rz 2576, 2605) vermeiden und beseitigen.

2621 Ein weiteres multilaterales Abkommen ist das Übereinkommen zur Beilegung von Investitionsstreitigkeiten zwischen Staaten und Angehörigen anderer Staaten **(Convention on the Settlement of Investment Disputes between States and Nationals of Other States – ICSID Convention)** 1965 (D 321). Dieses im Rahmen der Weltbank abgeschlossene Übereinkommen schafft ein effektives Streitbeilegungssystem zwischen dem Investor und dem Gastgeberstaat (Rz 2670 ff).

2622 Die Konvention über die Errichtung der Internationalen Investitionsgarantie Agentur **(Convention Establishing the Multilateral Investment Guarantee Agency – MIGA)** 1985 (ILM 24 [1985] 1605) errichtet ein multilaterales Versicherungssystem für Investitionen im Rahmen der Weltbank (Rz 2515).

2623 Daneben gibt es noch mehrere regionale multilaterale Abkommen über den Schutz von Auslandsinvestitionen. Zu diesen gehört der Energiechartavertrag *(Energy Charter Treaty)* 1994 (ILM 33 [1994] 360). Er dient der Förderung und dem Schutz von Investitionen im Bereich der Energie. Parteien sind europäische Staaten, die Europäischen Gemeinschaften, nichteuropäische Nachfolgestaaten der Sowjetunion und Japan.

2624 Das *NAFTA* 1992 (Rz 2526) enthält in seinem Kap XI detaillierte Bestimmungen über den Schutz ausländischer Investitionen zwischen Kanada, Mexiko und den USA.

2625 Die **Richtlinien** und **Verhaltenskodizes** verschiedener IO (Rz 2504) sind zwar nicht verbindlich, stellen aber dennoch wichtige Standards für das

Verhalten von Investoren und Gastgeberstaaten dar. Zu ihnen gehören die Richtlinien der *Weltbank* über die Behandlung direkter Auslandsinvestitionen *(Guidelines on the Treatment of Foreign Direct Investments)* 1992 (ILM 31 [1992] 1363). Die Arbeiten im Rahmen der VN zur Ausarbeitung eines Verhaltenskodex für Transnationale Unternehmen *(Code of Conduct for Transnational Corporations)* wurden aufgegeben.

Die insbes in den 1970er Jahren angenommenen *Res der GV der VN* (Rz 462ff) waren Ausdruck der damaligen Vorstellungen von einer *NIWO* (Rz 2518ff; D 307, 308). Diese Res spielen heute nur mehr eine untergeordnete Rolle. **2626**

Viele Staaten verfügen über eine **detaillierte Gesetzgebung** zu ausländischen Investitionen. Oft ist diese Gesetzgebung in sog **Investitionskodizes** zusammengefasst. Eine Sammlung dieser Investitionskodizes findet sich in der Loseblattsammlung *„Investment Laws of the World"* (Hrsg *ICSID/ Oceana).* Diese staatlichen Gesetze regeln die einschlägigen Fragen oft viel detaillierter als die BITs. Bei ihrer Erlassung ist der staatliche Gesetzgeber an die vr Verpflichtungen, insbes aus BITs, gebunden. Häufig gehen die den ausländischen Investoren in solchen Gesetzen gebotenen Vergünstigungen über die vr Pflichten hinaus. Allerdings sollte bei der Beurteilung staatlicher Investitionsgesetze berücksichtigt werden, dass sie, im Rahmen der vr Verpflichtungen, auch abgeändert oder aufgehoben werden können. **2627**

Eine wichtige Quelle des internationalen Investitionsrechts sind auch direkte Verträge zwischen den Investoren und den Gastgeberstaaten. Sie werden oft als **Konzessionsverträge** *(concession contracts)* bezeichnet. Der Charakter dieser Verträge hat sich im Laufe der Geschichte wesentlich geändert. Früher boten sie ausländischen Investoren oft einseitige Vergünstigungen, welche bis zur weitreichenden Übertragung von Hoheitsrechten gingen. Heute sind diese Verträge viel ausgewogener. Häufig werden sie als *joint ventures* (Gemeinschaftsunternehmen), als *service contracts* (Dienstleistungsverträge), als *turnkey contracts* (Anlagenlieferungsverträge) oder als sog *BOT*-Verträge (*build, operate and transfer,* dh Bau, zeitlich begrenzter Betrieb und dann Übergabe an den Auftraggeber) abgeschlossen (D 322). **2628**

Das Vertragsverhältnis zwischen einem Staat und einem ausländischen Investor birgt eigene Probleme. Der Staat kann durch hoheitliche Maßnahmen versuchen, in die Rechte des Investors einzugreifen. Dies kann etwa durch die Änderung der staatlichen Rechtsordnung oder durch die einseitige Beendigung des Vertrags geschehen. Zudem haben ausländische Investoren oft kein Vertrauen in die Objektivität der Gerichte des Gastgeberstaates. Zur Lösung dieser Probleme werden oft Klauseln aufgenommen, welche zu einer *Internationalisierung* dieser *Verträge* führen: **Rechtswahlklauseln** in diesen Verträgen verweisen oft zusätzlich zum Recht des Gastgeberstaates auf das *VR* oder auf *ARG* (Rz 1310). Die Wahl einer anderen staatlichen Rechtsordnung als der des Gastgeberstaates ist dagegen sehr selten. Auch **Stabilisierungsklauseln** (Rz 1309) können dem Investor eine gewisse Sicherheit geben. Durch **Schiedsklauseln** können allfällige Streitigkeiten vor ein internationales Entscheidungsorgan gebracht werden (vgl Rz 1975; D 323). **2629**

C. Die Zulassung ausländischer Investitionen

2630 Nach traditionellem VR liegen die Zulassung und Modalitäten ausländischer Investitionen im **Ermessen des Gastgeberstaates.** Auch heute findet sich in den meisten einschlägigen vr Quellen keine Verpflichtung zur Zulassung ausländischer Investitionen. Insbes die BITs enthalten meistens nur Absichtserklärungen zur Förderung von Investitionen aus dem jeweiligen anderen Staat in Übereinstimmung mit innerstaatlichem Recht (D 324, Art 2). Innerhalb der *EG* öffnen die Art 43–48 (ex-Art 52–58) EGV einen fast vollständig freien Zugang von Investitionen im Rahmen der *Niederlassungsfreiheit.*

2631 Die Zulassung ausländischer Investitionen ist in den Gesetzen der Gastgeberstaaten oft detailliert geregelt. Bestimmte Bereiche der Wirtschaft können aus Gründen der nationalen Sicherheit, der öffentlichen Ordnung oder aus entwicklungspolitischen Gründen ausländischen Investoren verschlossen sein (vgl Rz 1302).

2632 Manche Staaten stellen für die Zulassung von Auslandsinvestitionen **performance requirements** auf. Diese wirtschaftlichen Bedingungen sollen einen unmittelbaren Nutzen für den Gastgeberstaat sicherstellen. Zu ihnen gehören *export requirements,* also der Export eines gewissen Anteils der Produktion, *local contents requirements,* dh die Produktion eines bestimmten Anteils aus örtlicher Zulieferung, *local employment requirements,* dh die Verpflichtung zur Anstellung örtlicher Arbeitnehmer, und *capitalisation requirements,* dh die Beschaffung einer gewissen Kapitalmenge aus dem Ausland. Manchmal sind diese *performance requirements* allerdings keine Verpflichtung, sondern lediglich Voraussetzung für die Gewährung gewisser Vergünstigungen wie Steuervorteilen.

2633 Derartige *performance requirements* haben sich als *problematisch* erwiesen. Sie führen leicht zu Konflikten, va wenn ihre Nichteinhaltung zum Anlass für die Beendigung der Investitionsbewilligung genommen wird. Sie sind auch schwierig zu kontrollieren und oft Anlass für Korruption. Aus diesem Grunde hat sich die Weltbank in ihren *Guidelines* (Rz 2625) gegen derartige *performance requirements* ausgesprochen. Die im Rahmen der WTO vereinbarten TRIMs (Rz 2620) sollen sie weitgehend zurückdrängen. Die BITs der USA und das NAFTA (Rz 2526) verbieten eine Reihe von *performance requirements.*

2634 Das **Verfahren** der Zulassung ausländischer Investitionen ist sehr **unterschiedlich** geregelt. Während sich in manchen Staaten Investoren einer Vielzahl von Behörden und Bewilligungsverfahren gegenübersehen, vereinfachen andere Staaten das Verfahren durch einen *„one-stop shop“.* Nach diesem Modell laufen alle Informationen und Bewilligungen über eine einzige Stelle.

2635 Bei der **Gesellschaftsform** ausländischer Investitionen *verlangen viele Gastgeberstaaten* eine **joint venture,** also ein Gemeinschaftsunternehmen. Dies bedeutet die Errichtung einer inländischen Gesellschaft mit ausländischer und inländischer Beteiligung. Oft wird eine inländische Beteiligung von 50% oder mehr verlangt. Dadurch soll eine bessere Kontrolle des Gastgeberstaates über die Investition erreicht werden. Die Steuervermeidung durch den Investor wird dadurch schwieriger; die Möglichkeiten für die Ausbildung inländischen Personals steigen. Die inländische Gesellschaft gilt als Staatsangehörige des Gastgeberstaates und verlöre damit den Vorteil des Schutzes ausländischer Investoren. Allerdings sehen die meisten BITs vor, dass schon die Beteiligung des ausländischen Investors an der inländischen Gesellschaft als Investition gilt (D 324, Art 1 Abs 1 lit b). Der ausländische Investor kann sich daher trotz der Errichtung einer inländischen Gesellschaft auf die vr Garantien, insbes aus den BITs, berufen.

D. Die Behandlung ausländischer Investitionen

Die Behandlung zugelassener ausländischer Investitionen ist meist relativ *detailliert geregelt* (Rz 2631). Der Grund dafür ist die Tatsache, dass der Investor nach erfolgter Investition sich meist nicht mehr ohne größere Verluste zurückziehen kann und solcherart vom Gastgeberstaat abhängig ist. Das traditionelle VGR gewährt zwar einen *international minimum standard* (Rz 1291). Dieser reicht jedoch für den Schutz ausländischer Investitionen nicht aus. **2636**

Die einschlägigen Verträge und sonstigen Dokumente (Rz 2625 ff), va die BITs (D 324, Art 3), sehen meist folgende *Standards* vor: **2637**

- gerechte und billige Behandlung;
- voller und dauerhafter Schutz und Sicherheit;
- Schutz vor unangemessenen und diskriminierenden Maßnahmen;
- Inländergleichbehandlung;
- Meistbegünstigung.

Der Standard der gerechten und billigen Behandlung **(fair and equitable treatment)** erscheint zwar vage, lässt sich aber angesichts der Vielzahl der staatlichen Eingriffsmöglichkeiten kaum präziser formulieren. In der Praxis hat sich dieser Standard durchaus bewährt. **2638**

Der Standard des vollen und dauerhaften Schutzes und der Sicherheit **(full and constant protection and security)** schützt den Investor vor physischen, insbes gewaltsamen Eingriffen. Dazu gehört auch der Schutz vor privater Gewaltanwendung im Rahmen der vr *due diligence* (Rz 2707). **2639**

Der Schutz vor unangemessenen und diskriminierenden Maßnahmen **(unreasonable and discriminatory measures)** soll den Investor vor schädlichen diskriminatorischen Eingriffen in Betrieb und Management der Investition bewahren. **2640**

Die Inländergleichbehandlung (**national treatment** – Rz 1290) garantiert dem Investor eine Behandlung, welche nicht schlechter als die der Staatsbürger des Gastgeberstaates ist. Manche BITs schließen allerdings bestimmte Wirtschaftsektoren (zB öffentliche Versorgungseinrichtungen, Bankwesen, Energie – Rz 2631) von der Inländergleichbehandlung aus. **2641**

Durch die Meistbegünstigung **(most-favoured-nation treatment)** wird dem Investor die beste Behandlung zuteil, welche auch den Angehörigen irgendeines Drittstaates eingeräumt wird (Rz 2558, 2571; D 309). Dies gilt auch für erst nach Abschluss des Vertrages den Angehörigen eines Drittstaaten gewährte Vergünstigungen. Allerdings sind Vergünstigungen auf **2642**

Grund einer Freihandelszone, einer Zollunion, eines gemeinsamen Marktes, einer Wirtschaftsgemeinschaft (Rz 2522) oder eines multilateralen Investitionsabkommens von der Meistbegünstigung regelmäßig ausgenommen. So wird die gem EGV bestehende Niederlassungsfreiheit (Rz 1168) nicht über die Meistbegünstigungsklausel auf Angehörige von Drittstaaten ausgedehnt.

2643 Manchmal sind gewisse Bereiche von diesen Standards ausgeklammert. Zu ihnen gehören Steuerfragen, welche meist in Doppelbesteuerungsabkommen gesondert geregelt sind.

2644 Nach den einschlägigen Verträgen (Rz 2615 ff), insbes den BITs, werden meistens Verluste des Investors aus *Kriegen, Bürgerkriegen* und sonstigen gewaltsamen Handlungen bei Entschädigungen gem den Grundsätzen der *Inländergleichbehandlung* und der *Meistbegünstigung* abgegolten (D 324, Art 6).

2645 **Umbrella clauses** stellen Rechte aus Verträgen zwischen dem Investor und dem Gastgeberstaat oft eigens unter den Schutz des vr Vertrags (D 324, Art 9).

E. Geldtransfers

2646 Die Bestimmungen über Geldtransfers sind für Investoren von großer Wichtigkeit. *Gastgeberstaaten* verhängen *oft* einschneidende **Transferbeschränkungen,** um ihre *Devisenbestände* zu schützen und Schwierigkeiten in der *Zahlungsbilanz* abzuwehren. Die Investoren müssen aber Geld in den und va aus dem Gastgeberstaat transferieren können, um ihre laufenden Beschaffungen zu finanzieren und allfällige Erträge zu repatriieren.

2647 Die einschlägigen *Verträge* und sonstigen Dokumente (Rz 2625 ff), va die BITs, *garantieren Zahlungen* für *bestimmte Zwecke* im Zusammenhang mit der Investition (D 324, Art 7). Dazu gehört der Transfer des Investitionskapitals, von Erträgen, von Darlehensrückzahlungen, von Lizenzgebühren, von Erlösen aus der Liquidation der Investition, von Entschädigungen für Eingriffe in die Investition und von persönlichem Einkommen von Beschäftigten aus dem Ausland, welche sich im Zusammenhang mit der Investition im Gastgeberstaat aufhalten.

2648 Die BITs garantieren regelmäßig den Transfer in einer frei konvertierbaren Währung, zum am Markt geltenden Wechselkurs und ohne Verzögerung. Für größere Zahlungen sind manchmal Wartezeiten vorgesehen.

F. Die Enteignung

2649 Die Enteignung ausländischer Investoren gehört traditionellerweise zu den umstrittensten Fragen des internationalen Investitionsrechts (Rz 1303). Nach der Dekolonisation (Rz 99 ff), also dem Erreichen der politischen Unabhängigkeit, wollten viele neue Staaten durch Enteignungen ausländischer Unternehmen auch die *wirtschaftliche Unabhängigkeit* erreichen. Diese Maßnahmen wirkten sich aber meist ungünstig auf die betreffenden Staaten aus. So sind etwa Produktionsanlagen relativ leicht zu enteignen. Ihr Betrieb erfordert aber in der Regel viel technisches Know-how und Erfahrung. Überdies bedarf die Verwertung der Produkte meist weltweiter Netzwerke für die Weiterverarbeitung, den Transport und den Vertrieb. **Willkürliche** und **entschädigungslose Enteignungen zerstören** das **Investitionsklima** in den betreffenden Staaten und schrecken von Neuinvestitionen ab.

Die grundsätzliche Zulässigkeit von Enteignungen auch ausländischen Vermögens wurde nie bestritten (Rz 1303, 1315). Traditionell wird diese *Zulässigkeit* aber von *drei Bedingungen* abhängig gemacht (D 159, 160): **2650**

1) Die Enteignung muss dem **öffentlichen Wohl** dienen;
2) Die Enteignung darf **nicht diskriminatorisch** sein;
3) Die Enteignung muss von einer **Entschädigung** begleitet sein.

In neuerer Zeit wird als vierte Voraussetzung oft auch ein nach **rechtsstaatlichen** Gesichtspunkten geführtes **Verfahren** verlangt (D 324, Art 5 Abs 1). **2651**

Va die Frage der Entschädigung hat immer wieder zu Meinungsverschiedenheiten geführt. In diesem Zusammenhang wird meist die Formel der **„prompt, adequate and effective compensation"** gebraucht (Rz 1320; D 324, Art 5 Abs 2). *„Prompt"* bedeutet ohne Verzögerung. *„Adequate"* wird meist im Sinne eines vollen Gegenwertes verstanden. *„Effective"* bedeutet Zahlung in einer konvertierbaren Währung. **2652**

Bei der **Höhe der Entschädigung** war die Bedeutung des Wortes *„adequate"* häufig umstritten (Rz 1323 ff). Wichtiger als die eher theoretische Debatte darüber, ob die Entschädigung „voll" sein muss oder auf einen Teil des Wertes beschränkt sein darf, ist die *Methode der Berechnung des Wertes* des enteigneten Vermögens. Die Entschädigung für eine Investition, welche jahrelang nachweisbar Gewinne abgeworfen hat, kann durchaus unter *Berücksichtigung* erwarteter, aber nunmehr *entgangener Gewinne* bemessen werden. Lassen sich keine Gewinne nachweisen, kann die Entschädigung nach dem *Marktwert,* dem *Wiederbeschaffungswert* oder der Höhe der *tatsächlich getätigten Auslagen* berechnet werden. **2653**

Der Versuch einer De-Internationalisierung der Entschädigungsfrage im Rahmen der NIWO (D 308) gelang nicht. Die mit dieser Frage betrauten *Schiedsgerichte* zogen klar **vr Standards** vor (D 323). Die neuere *Vertragspraxis* folgt ebenfalls den traditionellen vr Standards. Insbes die meisten modernen BITs schreiben die prompte, volle und effektive Entschädigung vor (D 324, Art 5). Bei der Bewertung wird oft auf den Marktwert des enteigneten Vermögens vor Bekanntwerden der Enteignung verwiesen. **2654**

Direkte Enteignungen sind heute sehr selten. Die damit verbundene dramatische Verschlechterung des Investitionsklimas (Rz 2609 ff) schreckt die Staaten in aller Regel vor derartigen drastischen Maßnahmen ab. Allerdings kommt es nach wie vor zu **indirekten Enteignungen** *(creeping, de facto, indirect expropriation)*. Derartige Maßnahmen hindern den Investor ohne formellen Eigentumsentzug daran, seine Tätigkeit fortzusetzen. So macht eine exorbitante Besteuerung eine wirtschaftliche Fortführung der Investition unmöglich. Andere Methoden der indirekten Enteignung bestehen im Abschneiden der Zufuhr von Energie oder Rohstoffen, dem Bruch von Abnahmeverträgen oder der zwangsweisen Einsetzung eines Geschäftsführers. Die meisten modernen Verträge schützen den Investor auch vor indirekten Enteignungen (*measures having equivalent effect* – D 324, Art 5 Abs 1). **2655**

2656 Die **Verzinsung** von Entschädigungsschulden ist in den meisten einschlägigen Verträgen nur sehr allgemein (D 324, Art 5 Abs 2 lit d) oder gar nicht geregelt, ist aber von enormer praktischer Bedeutung. Bei der Zahlung von Zinseszinsen übersteigt der Zinsenbetrag bei längeren Streitigkeiten oft die Hauptsumme.

G. Investitionsversicherung

2657 Viele Industriestaaten bieten ihren Staatsangehörigen, welche im Ausland investieren wollen, eine Investitionsversicherung an. Derartige Investitionsversicherungen werden meist von einer staatlich kontrollierten Einrichtung angeboten. In Österreich wird ein derartiges Programm von der *Österreichischen Kontrollbank* und von anderen vom Bundesminister für Finanzen hierzu ermächtigten Institutionen auf der Grundlage des Ausfuhrförderungsgesetzes (BGBl 1981/215 idF 2003/71) betreut. Das **versicherte Risiko** ist dabei nicht kommerziell, sondern **politisch.** Im Wesentlichen handelt es sich um Risken aus *Enteignung* (auch indirekt), *mangelnder Konvertibilität* der Währung des Gastgeberstaates (nicht jedoch Abwertung) und *bewaffneten Konflikten.* Die Motive für die staatliche Investitionsversicherung reichen von Entwicklungshilfe über Exportförderung bis zur Rohstoffversorgung.

2658 Für den Abschluss einer Investitionsversicherung werden in der Regel gewisse rechtliche Garantien im Gastgeberstaat der Investition verlangt. Entscheidend ist dabei meist ein BIT zwischen dem Gastgeberstaat und dem versichernden Staat. Auch die Art der Investition ist oft in den Versicherungsbedingungen umschrieben.

2659 Im Falle einer Versicherungsleistung geht die Forderung des entschädigten Investors auf den Versicherer, dh den versichernden Staat, über. Dies ist ein allgemeiner Grundsatz des Versicherungsrechts. Viele BITs sehen dieses Eintrittsrecht *(subrogation)* des versichernden Staates ausdrücklich vor (D 324, Art 8). Die Versicherungsbedingungen verpflichten den Versicherten aber meist dazu, seine Forderungen gegen den Gastgeberstaat selbst dann zu verfolgen, wenn er bereits eine Entschädigung aus der Versicherung erhalten hat. Dies ist bes dann wichtig, wenn der Versicherte, wie beim ICSID (Rz 2670 ff), Zugang zu Verfahren hat, welche dem Heimatstaat nicht offen stehen. Die meisten BITs bestimmen auch ausdrücklich, dass der schädigende Staat nicht einwenden kann, der Investor sei durch eine Versicherung entschädigt worden (D 324, Art 5).

2660 Seit 1988 existiert im Rahmen der Weltbank die **MIGA** auf Grund eines eigenen vr Vertrags (Rz 2622). Sie soll den Schutz der *nationalen Programme ergänzen.* Die MIGA schließt gewisse Lücken in den staatlichen Versicherungsprogrammen und bietet Rückversicherungen für diese. Es gibt auch kombinierte Versicherungen aus staatlichen Programmen und MIGA. Die versicherten Risken sind im Wesentlichen dieselben wie bei den staatlichen Versicherungen (Rz 2657). Überdies bietet die MIGA einen Versicherungsschutz für *Vertragsbruch* durch den Gastgeberstaat. Versichert werden Investitionen aus einem Mitgliedstaat der MIGA, welche wirtschaftlich sinnvoll sind und den gesetzlichen Bestimmungen und Entwicklungszielen des Gastgeberstaates entsprechen.

Die Versicherung durch den Heimatstaat oder eine der Weltbank nahe stehende Organisation hat eine zweifache Wirkung: Einerseits wird dem Investor ein Versicherungsschutz für ein oft hohes politisches Risiko geboten. Andererseits verringert sich auch eben dieses Risiko durch die Versicherung. Denn der Gastgeberstaat sieht sich im Versicherungsfall dem Heimatstaat des Investors oder der MIGA gegenüber, welche in die Forderung des Investors eintreten. Dies kann den Gastgeberstaat davon abhalten, in die Rechte des Investors einzugreifen. **2661**

H. Streitbeilegung

Im Falle eines Konflikts zwischen dem Gastgeberstaat und dem Investor stehen letzterem mehrere Möglichkeiten offen. Der Investor kann sich an die **Gerichte des Gastgeberstaates** wenden. Nach traditionellem VR muss er sogar vor Ergreifung internationaler Streitbeilegungsmittel zunächst den *innerstaatlichen Instanzenzug ausschöpfen* (*exhaustion of local remedies* – Rz 709, 2810 ff). Allerdings haben Investoren oft wenig Vertrauen in die Objektivität der Gerichte des Gastgeberstaates. Überdies sind diese an die Gesetze ihres Staates gebunden. Wenn also der Gastgeberstaat Gesetze erlässt, welche für die Investition schädlich sind, kann bei den örtlichen Gerichten kaum Hilfe erwartet werden. **2662**

Der *Zugang* zu den **Gerichten anderer Staaten** ist *beschränkt.* Zunächst werden sich oft Probleme der *örtlichen Zuständigkeit* ergeben. Dazu kommt die *Immunität ausländischer Staaten.* Eingriffe des Gastgeberstaates in ausländische Investitionen auf seinem Territorium sind meist als Hoheitsakte *(acta iure imperii)* zu klassifizieren, sodass Staatenimmunität Platz greift (Rz 864 ff). Allerdings enthält das Recht der USA eine Ausnahme von der Staatenimmunität bei völkerrechtswidrigen Enteignungen. Auch die *Act-of-State-Doktrin* (Rz 882 f) kann ein Hindernis für die Verfolgung eines Anspruchs aus einer Investition vor dem Gericht eines anderen Staates sein. **2663**

Die klassische Methode besteht im **diplomatischen Schutz** des Investors durch seinen Heimatstaat (Rz 701 ff). Dieser Weg hat für den Investor aber schwere Nachteile. Zunächst muss der innerstaatliche Instanzenzug ausgeschöpft werden (Rz 709, 2810 ff). Dies ist meist langwierig und kostspielig. Überdies liegt die Gewährung des diplomatischen Schutzes im *Ermessen des Heimatstaates* (Rz 705, 2797 ff). Der Investor hat also kein Recht auf diplomatischen Schutz und verliert, selbst wenn er gewährt wird, die Kontrolle über das Verfahren. Auch aus der Perspektive der beteiligten Staaten hat der diplomatische Schutz Nachteile, da er die gegenseitigen Beziehungen belastet und zu zwischenstaatlichen Streitigkeiten führen kann (Rz 1739). Die *BITs* enthalten für solche Fälle regelmäßig *Streitbeilegungsklauseln* für Verfahren *zwischen den beiden Staaten,* welche meist ein Schiedsgericht vorsehen (D 324, Art 18–24). **2664**

Die für alle Beteiligten meist *günstigste Form* der Beilegung von Investitionsstreitigkeiten ist die Vereinbarung der **internationalen Schiedsgerichtsbarkeit** zwischen dem *Investor und dem Gastgeberstaat.* Diese Form der Streitbeilegung ist meist *weniger kostspielig* als andere Formen der Streitbeilegung. Der *Investor* behält die *Kontrolle über die Verfahrensfüh-* **2665** *rung.* Das Ergebnis ist ein *bindender Schiedsspruch.* Bei der Auswahl der Schiedsrichter können Personen herangezogen werden, welche im internationalen Investitionsrecht versiert sind.

2666 Die Schiedsgerichtsbarkeit beruht stets auf einer *Vereinbarung der Parteien.* Die klassische Form der Schiedsvereinbarung ist ein unmittelbarer Vertrag zwischen dem Investor und dem Gastgeberstaat. Oft enthalten ein Konzessionsvertrag oder eine andere Vereinbarung über die Investition eine Schiedsklausel (Rz 1974f; D 323, 322). In neuerer Zeit bieten Gastgeberstaaten häufig ausländischen Investoren allgemein die schiedsgerichtliche Beilegung von Investitionsstreitigkeiten an. Ein solches Angebot kann in einem staatlichen Investitionsgesetz oder einem Vertrag mit dem Heimatstaat des Investors enthalten sein. Fast alle neueren BITs enthalten derartige Angebote an die Investoren aus dem jeweiligen Vertragspartner (D 324, Art 12, 13). Die Schiedsvereinbarung kommt durch die Annahme des Angebots durch den Investor, meist einfach durch Klagseinbringung, zu Stande.

2667 Eine einmal abgeschlossene Schiedsvereinbarung ist bindend und grundsätzlich unwiderruflich. Sie gilt selbst dann weiter, wenn der Vertrag, in welchem sie enthalten ist, vom Gastgeberstaat für beendet oder ungültig erklärt wird. Die internationale Schiedspraxis hat die Doktrin von der Abtrennbarkeit *(severability)* von Schiedsklauseln entwickelt: Diese gelten unabhängig von der Gültigkeit des sie enthaltenden Vertrags und können daher auch für Streitigkeiten über die Gültigkeit eben dieses Vertrages eingesetzt werden.

2668 Grundsätzlich müsste eine Schiedsklausel eine Vielzahl von technischen Details regeln: die genaue Umschreibung der Zuständigkeit, die Zusammensetzung des Schiedsgerichts, verschiedene Verfahrensfragen, die Kosten des Verfahrens, die Vollstreckung des Schiedsspruchs. Zur Vereinfachung existieren *vorgefertigte Verfahrensregeln.* Sie regeln alle diese Fragen und können von den Parteien einfach in ihre Schiedsvereinbarung übernommen werden. Das bekannteste Beispiel sind die *UNCITRAL Arbitration Rules* aus dem Jahre 1976 (ILM 15 [1976] 701 – Rz 224).

2669 Für die **Vollstreckung** von Schiedssprüchen ist vor allem die *New Yorker Konvention über die Anerkennung und Vollstreckung ausländischer Schiedssprüche 1958* relevant (BGBl 1961/200). Sie verpflichtet die Vertragsparteien zur Anerkennung und Vollstreckung ausländischer Schiedssprüche. Von dieser Verpflichtung gibt es nur ganz bestimmte, eng umschriebene Ausnahmen.

2670 Seit 1966 existiert im Rahmen der Weltbank eine eigene Einrichtung zur Beilegung von Investitionsstreitigkeiten: das *Internationale Zentrum zur Beilegung von Investitionsstreitigkeiten zwischen Staaten und Angehörigen anderer Staaten,* **(International Centre for Settlement of Investment Disputes between States and Nationals of Other States – ICSID).** Dieses beruht auf einem vr Vertrag (D 321). ICSID ist *nicht selbst ein Schiedsgericht,* bietet aber ein **detailliertes Verfahrensrecht** und **institutionelle Unterstützung** für die Investitionsschiedsgerichtsbarkeit an. Diese institutionelle Unterstützung besteht ua in der Führung von Schiedsrichterlisten, der Beratung, Vorprüfung und Registrierung von Klagen, der Unterstützung bei der Zusammensetzung von Schiedsgerichten, der administrativen Abwicklung und Kostenberechnung. ICSID fördert die Rechtssicherheit zu Gunsten der Investoren und dient damit der Verbesserung des Investitionsklimas in Staaten, welche sich dem Streitbeilegungsverfahren unterwerfen. Dies fördert die Privatinvestitionen, die wiederum die wirtschaftliche Entwicklung dieser Staaten begünstigen (Rz 2609 ff).

Die **Zuständigkeit von ICSID** erstreckt sich auf unmittelbar mit einer **2671**
Investition zusammenhängende *Rechtsstreitigkeiten* zwischen einem **Vertragsstaat** und einem **Angehörigen eines anderen Vertragsstaates.** Seit 1978 gibt es zusätzlich die *Additional Facility* im Rahmen von ICSID. Sie ermöglicht ua die Schiedsgerichtsbarkeit auch dann, wenn nur einer der beiden betroffenen Staaten, der Gastgeberstaat oder der Heimatstaat des Investors, Partei der ICSID-Konvention ist.

Die Streitparteien, dh der Gastgeberstaat und der Investor, müssen ihre **2672**
Unterwerfung unter die Jurisdiktion von ICSID *schriftlich erklären.* (D 321, Art 25). Zahlreiche Verträge zwischen Gastgeberstaaten und Investoren (D 322), staatliche Investitionsgesetze sowie die meisten neueren BITs enthalten die Unterwerfung unter ICSID (D 324, Art 12, 13). Die Unterwerfung unter die Jurisdiktion von ICSID gilt als *Verzicht auf andere Methoden der Streitbeilegung,* einschließlich der staatlichen Gerichte. Die *Ausschöpfung des innerstaatlichen Instanzenzuges* (Rz 709, 2810 f) vor Inanspruchnahme von ICSID ist *nicht erforderlich* (D 321, Art 26). Nach der Unterwerfung unter ICSID darf der Heimatstaat des Investors *nicht mehr diplomatischen Schutz* ausüben. Das Recht auf diplomatischen Schutz lebt erst wieder auf, falls der Gastgeberstaat einen Schiedsspruch nicht befolgt (D 321, Art 27).

Die ICSID-Schiedsgerichtsbarkeit funktioniert **unabhängig von** der **2673**
Kooperationsbereitschaft der Parteien während des Verfahrens. Falls eine Partei nicht bei der *Zusammensetzung des Schiedsgerichts* mitarbeitet, kommt es zu einer Ersatzvornahme. Wenn eine Partei nicht am Verfahren teilnimmt, kann in ihrer *Abwesenheit verhandelt und entschieden* werden (D 321, Art 45). Ein *Schiedsspruch* ist *bindend* und kann in allen Vertragsstaaten der ICSID-Konvention wie ein rechtskräftiges innerstaatliches Urteil *vollstreckt* werden. (D 321, Art 53, 54). Das Wissen um die Effektivität dieses Verfahrens genügt meist, um einen allenfalls widerstrebenden Gastgeberstaat zur Kooperation zu bewegen.

Neben der Schiedsgerichtsbarkeit bietet ICSID auch ein **Vergleichs- 2674**
verfahren *(conciliation)* an. Dieses führt zu keiner verbindlichen Entscheidung, sondern soll eine Einigung der Parteien erleichtern (Rz 1966 ff). Das Vergleichsverfahren wird in der Praxis kaum angewendet.

Die Schiedsgerichtsbarkeit im Rahmen von **ICSID** ist sehr erfolgreich **2675**
und wird insbes seit den 1990er Jahren **häufig in Anspruch** genommen. In vielen Fällen kommt es im Zuge des Schiedsverfahrens zu einer gütlichen Einigung und der Beendigung des Verfahrens.

IX. Abschnitt
Das völkerrechtliche Unrecht und seine Folgen

Vorbemerkung der Herausgeber

Die Zuordnung von Normverletzungen und die Bestimmung der Folgen von Rechtsbrüchen stellen einen Prüfstein für den Entwicklungsstand eines Rechtssystems dar. Das VR bietet diesbezüglich **kein einheitliches Bild.** Es besteht auf diesem Gebiet verhältnismäßig wenig Vertragsrecht. Die für die Bildung von VGR erforderliche Praxis ist oft nicht einheitlich. Der Rückgriff auf die allerdings nicht allzu breite gemeinsame Plattform der ARG sowie auf Judikatur und Schrifttum ist daher bes wichtig. **2676**

Das VR unterscheidet sich in diesem Bereich wesentlich vom staatlichen Deliktsrecht. So ist die grundlegende Unterscheidung zwischen Strafrecht und zivilem Schadenersatzrecht noch nicht voll ausgebildet. Auch das verfeinerte Haftungsinstrumentarium von der Haftung bei Vorsatz über verschiedene Grade der Fahrlässigkeit bis zur Verursachungshaftung ist erst in Ansätzen erkennbar. **2677**

In jüngster Zeit sind jedoch auch bemerkenswerte Fortschritte zu verzeichnen. So **schloss** die **ILC** ihre langjährige **Kodifikationsarbeit** an der zentralen Materie der **Staatenverantwortlichkeit 2001 erfolgreich ab.** Die von ihr formulierten Art (D 325) wurden zwar von der GV der VN nur zustimmend zur Kenntnis genommen. Sie werden aber, selbst wenn sie nicht als vr Vertrag Verbindlichkeit erlangen, wahrscheinlich beträchtliche Autorität erlangen und als schriftliche Fassung von VGR das Verhalten der Staaten beeinflussen. **2678**

Traditionellerweise steht die Verantwortlichkeit von Staaten im Vordergrund; aber auch andere VRS, etwa IO (Rz 928), können vr Haftungssubjekte sein. Dies gilt mittlerweile auch für die **strafrechtliche Verantwortlichkeit** von **Einzelpersonen nach VR.** Hier gelang nach der „Wende" 1989/90 durch die Errichtung von Strafgerichtshöfen zur Aburteilung von für schwere Verstöße gegen das humanitäre VR verantwortlichen Individuen ein weiterer Durchbruch. Nunmehr ist der Einzelmensch nicht bloß Träger von vr (Menschen-)Rechten, sondern kann auch auf einem vr Schlüsselgebiet zur Rechenschaft gezogen werden. **2679**

Damit ist das *unbefriedigende Prinzip* der *kollektiven Verantwortlichkeit* im VR *durchbrochen.* Danach treffen die Folgen einer Verletzung des VR das gesamte Staatsvolk und nicht speziell jene Personen, die diesen Verstoß angeordnet oder ausgeführt haben. **2680**

Trotz der etwas gesteigerten Wirksamkeit des Systems kollektiver Sicherheit der VN in letzter Zeit (Rz 1843 ff) *fehlen* in den meisten Fällen weiterhin *effektive zentralisierte Sanktionen* selbst gegen schwere Brüche des VR. Nach wie vor sind die einzelnen VRS gegen Verstöße gegen ihre vr Rechte vorwiegend auf **Selbsthilfe** angewiesen. Dieser Zustand begünstigt die Mächtigen unter ihnen, denen gegenüber die anderen das VR in der **2681**

Regel ohnehin einhalten. Va die zunehmende *Interdependenz* in den iBez bewirkt aber vielfach steigende Kosten von Völkerrechtsverletzungen (VRverl) und damit letztlich eine beachtliche *Effektivität* vr Normen (Rz 57ff).

1. Kapitel

Die völkerrechtliche Verantwortlichkeit und die Sanktionen des Völkerrechts

Karl Zemanek, Gerhard Hafner und Stephan Wittich

Literatur: *I. von Münch,* Das völkerrechtliche Delikt in der modernen Entwicklung der Völkerrechtsgemeinschaft (1963); *alle Autoren* in NYIL 16 (1985); *Spinedi / Simma* (Hrsg), United Nations Codification of State Responsibility (1987); *Annacker,* Part Two of the International Law Commission's Draft Articles on State Responsibility, GYIL 37 (1994) 206; *alle Autoren* in EJIL 10 (1999) 339–446; *Zemanek,* Responsibility of States: General Principles, EPIL 4 (2000) 219; *Crawford,* The International Law Commission's Articles on State Responsibility (2002); *Tams,* All's Well That Ends Well, ZaöRV 62 (2002) 759; *Wittich,* The ILC's Articles on the Responsibility of States for Internationally Wrongful Acts Adopted on Second Reading, LJIL 15 (2002) 891.

A. Allgemeines

Literatur: *Lang,* Haftung und Verantwortlichkeit im internationalen Umweltschutz, FS *Verdross* (1980) 517; *Zemanek,* Haftungsformen im VR (1986).

1. Völkerrechtliche Verantwortlichkeit und Haftung für völkerrechtlich erlaubtes Verhalten

Als *Verantwortlichkeit (responsibility)* im VR werden die sich *aus einer VRverl* ergebenden rechtlichen *Folgen* verstanden. Davon zu unterscheiden ist die vr Haftung für völkerrechtskonforme, aber gefährliche oder riskante Tätigkeiten. 2682

Die ILC der VN beschäftigte sich längere Zeit mit dem Bereich der Staatenverantwortlichkeit (Rz 2691 ff). Der endgültige **ILC-Text** (Rz 2678) umfasst va die **sekundären Normen,** die an die *Verletzung* der *primären Sachnormen* anknüpfen (Rz 2694 ff). Sie enthalten somit im Wesentlichen keine Primärnormen, deren Verletzung die Staatenverantwortlichkeit entstehen lässt. Allerdings ist nicht zu übersehen, dass die Qualifizierung als sekundäre Normen insoweit relativ ist, als bei einer Verletzung derartiger Normen (zB die Nichtleistung von Wiedergutmachung für eine Vertragsverletzung) diese selbst die Funktion von Primärnormen übernehmen, was wiederum zur Anwendung der Regeln der Staatenverantwortlichkeit führt. 2683

Da das VR noch nicht bis zur Verselbständigung einzelner Rechtsbereiche gediehen ist, enthält der Gesamtkomplex der Staatenverantwortlichkeit sowohl öffentlich-rechtliche als auch – in geringem Maße – strafrechtliche Aspekte (Rz 2787), doch überwiegen die zivilrechtlichen Elemente. 2684

Eine vr **Haftung** *(liability)* für **bes gefährliche Tätigkeiten (ultra-hazardous activities)** und für die daraus allenfalls entstehenden Schäden hat sich im VR erst in *neuerer Zeit* herausgebildet, vorerst in einzelnen multilateralen Verträgen. *In erster* Linie handelt es sich hierbei um die vr Regelung einer 2685 *zivilrechtlichen Haftung,* die zumeist auf den *Betreiber einer gefährlichen Anlage* hin kanalisiert ist (so zB im maritimen Bereich – Rz 2316 ff – oder für Kernkraftwerke – Rz 2688, 2458, 2414). Dem Betreiber obliegt eine Schadenersatzpflicht allein auf Grund der Schadenszufügung, ohne dass eine Rechtswidrigkeit nachgewiesen werden muss. Generell ist die Kompensationspflicht begrenzt, doch bestehen verschiedene Systeme, um einen Schadenersatz über die wirtschaftliche Fähigkeit des Betreibers hinaus zu sichern (zB durch die Bildung eines Pools der Betreiber oder die Einstandspflicht des Staates).

2686 Eine dem *Staat unmittelbar* auferlegte *Haftung* für eine gefährliche Tätigkeit ergibt sich einzig aus dem *Übereinkommen über die vr Haftung für Schäden durch Weltraumgegenstände* 1972 (Rz 2341; D 293 a).

2687 Die *Haftung unterscheidet sich von* der *Verantwortlichkeit* dadurch, dass sie *allein* durch die *Zufügung materiellen Schadens* im Zuge *erlaubter Tätigkeiten,* nicht aber durch eine VRverl *ausgelöst* wird. *Haftungsgrund* ist das *Risiko* oder die *Gefährdung,* die eine bestimmte Tätigkeit für andere Staaten darstellt. Wird dieser *Haftungsgrund mit* der *Haftungsform Erfolgshaftung* (Rz 2705 ff) *verbunden,* so spricht man *im Englischen* von *strict liability.* Im allgemeinen VGR ist eine solche Haftung noch nicht nachzuweisen.

2688 Seit 1978 sind in der *ILC* aber Vorarbeiten *zur Kodifikation,* in diesem Fall wohl besser: zur fortschreitenden Entwicklung (Rz 228) des Gesamtbereiches der *Haftung* für *vr erlaubtes Verhalten* im Gange, deren Erfolg für den grenzüberschreitenden bzw den internationalen Umweltschutz (Rz 2386 ff) von eminenter Bedeutung wäre. Dabei handelt es sich um die Haftung für riskante Tätigkeiten (zB den Betrieb von Kernkraftwerken oder von Staudämmen), während die Verletzung vr vereinbarter Umweltstandards (zB Emissionsgrenzen) in den Bereich der Staatenverantwortlichkeit gehört. Die folgende Darstellung beschränkt sich auf die Verantwortlichkeit.

2. Die Rechtsquellen der Staatenverantwortlichkeit

2689 Das **VR der Staatenverantwortlichkeit** wurde **hauptsächlich** durch die **Anwendung** von **ARG** (Rz 427 ff) in internationalen Entscheidungen, insbes bilateraler Schiedskommissionen, Gemischter Kommissionen etc, **gewohnheitsrechtlich** entwickelt.

2690 Dabei fällt auf, dass sich die *Rechtsprechung* längere Zeit *fast ausschließlich* auf den *diplomatischen Schutz* (Rz 701 f, 2797 ff) beschränkt hat, dh auf Ansprüche, die Staaten wegen VRverl, die an ihren Staatsangehörigen begangen wurden, erheben; es liegt nahe, dahinter den Einfluss kapitalexportierender Großmächte zu vermuten. Aber auch ein Teil der Völkerrechtslehre hat in der Vergangenheit die Staatenverantwortlichkeit praktisch mit dem diplomatischen Schutzrecht bzw Verstößen gegen das Fremdenrecht (Rz 1263 ff) gleichgesetzt. Das wurde noch von dem 1961 von der *Harvard Law School* (*Louis Sohn* und *Richard Baxter*) veröffentlichten privaten Entwurf einer *Convention on the International Responsibility of States for Injuries to Aliens* deutlich gemacht (AJIL 55 [1961] 545).

2691 Nachdem die **ILC** 1953 von der GV der VN mit der **Kodifikation** des Rechts der Staatenverantwortlichkeit beauftragt worden war, schlug auch der von ihr eingesetzte erste Berichterstatter *F. V. García Amador* diesen Weg ein. Er stieß mit seiner Auffassung allerdings sowohl in der ILC selbst als auch in der GV der VN auf starke Kritik, die erst mit seinem Ausscheiden aus der ILC 1961 ein Ende fand.

1963 begann die ILC die Arbeit an der Staatenverantwortlichkeit deshalb von neuem und beschloss, den Gesamtkomplex zu kodifizieren. Zum Berichterstatter wurde *Roberto Ago* bestellt, der 1969 seinen ersten Bericht vorlegte. 1973 nahm die ILC tatsächlich die Arbeit an dem Entwurf einer Konvention zum Gegenstand auf; 1996 wurde der Entwurf auf der Grundlage der Arbeiten der Berichterstatter *Ago* (1963–1979), *Willem Riphagen* (1979–1986) und *Gaetano Arangio-Ruiz* (1987–1996) in erster Lesung fertig gestellt. 1997 übernahm *James Crawford* die Funktion des Berichterstatters während der zweiten Lesung; 2001 wurde der endgültige Text in zweiter Lesung von der ILC angenommen (ILC-Text – D 325; *die Hinweise auf Art ohne nähere Angabe in diesem Kap beziehen sich auf diesen Text*), der GV unterbreitet und von ihr ohne Gegenstimme zur Kenntnis genommen (A/RES/56/83); 2004 soll darüber entschieden werden, ob daraus eine Konvention werden soll. **2692**

Schon die bisher vorliegenden *Berichte* der *ILC, umso mehr der endgültige ILC-Text* haben *systematische Klarheit* in einen bisher recht unübersichtlichen und umstrittenen Rechtsbereich gebracht. Sie weichen allerdings iSd *fortschreitenden Entwicklung* (Rz 228) in einigen Aspekten vom bisherigen VGR ab. Wenngleich es sich in diesen Bereichen nicht um geltendes, sondern bestenfalls um sich entwickelndes VR handelt, wird im Folgenden dennoch grundsätzlich der Systematik und Tendenz des ILC-Textes, erforderlichenfalls in kritischer Auseinandersetzung, gefolgt. Denn unabhängig davon, ob er einmal Gegenstand einer Konvention werden wird, übt dieser Text bereits heute einen nachhaltigen Einfluss auf die Völkerrechtslehre und -praxis aus. Es ist jedoch zu beachten, dass gem dessen Art 55 ein Sonderregime als *lex specialis* diesem generellen Regime vorgeht. **2693**

B. Der Eintritt der völkerrechtlichen Verantwortlichkeit

Literatur: *Meron,* International Responsibility of States for Unauthorized Acts of their Officers, BYIL 33 (1957) 85; *Zemanek,* Schuld- und Erfolgshaftung im Entwurf der Völkerrechtskommission über Staatenverantwortlichkeit, FS *Bindschedler* (1980) 315; *Combacau,* Obligations de résultat et obligations de comportement, FS *Reuter* (1981) 181; *Dupuy,* Le fait générateur de la responsabilité internationale des états, RdC 188 (1984) 13; *Jagota,* State Responsibility: Circumstances Precluding Wrongfulness, NYIL 16 (1985) 249; *Tanzi,* Is Damage a Distinct Condition for the Existence of an Internationally Wrongful Act? in: *Spinedi / Simma* (Hrsg), United Nations Codification of State Responsibility (1987); *Gattini,* Zufall und force majeure im System der Staatenverantwortlichkeit anhand der ILC-Kodifikationsarbeit (1991); *ders,* Smoking/No Smoking: Some Remarks on the Current Place of Fault in the ILC Draft Articles on State Responsibility, EJIL 10 (1999) 397.

1. Völkerrechtliches Unrecht

Auslösendes Moment der vr Verantwortlichkeit ist eine **vollendete VRverl,** dh die auf Handeln oder Unterlassen beruhende Verletzung eines **2694** konkreten vr Rechts (Art 1 ILC-Text), auf dessen Einhaltung oder Erfüllung das verletzte VRS einen Anspruch hat. Schadenszufügung (Rz 2702) allein ist dafür nicht ausreichend.

2695 Der **ILC-Text** (Art 14) unterscheidet **drei Arten** von aus Primärnormen resultierenden **Rechtsverletzungen:**

2696 1) Das **Dauerdelikt,** dh die Verletzung einer Verpflichtung mit andauerndem Charakter, bei dem die Rechtsverletzung so lange gegeben ist, wie der rechtswidrige Akt besteht (zB das Festhalten von Diplomaten, vgl *Teheraner Geisel-Fall* – D 346).

2697 2) Das **Nicht-Dauerdelikt,** dh die Verletzung einer Verpflichtung mit nicht andauerndem Charakter, bei dem die Rechtswidrigkeit mit der Setzung des Aktes vollendet ist, selbst wenn die Wirkung des Aktes anhält (zB völkerrechtswidrige Verhängung der Todesstrafe – *LaGrand*-Fall – D 210; vgl auch *Rainbow Warrior-Fall* – D 326 d).

2698 3) Die **Verletzung** der **Pflicht,** ein bestimmtes *Ereignis* zu **verhindern.** In diesem Fall ist nur das zu verhindernde Ereignis vr bestimmt, die *Wahl* der *Mittel* zu seiner Verhinderung aber *dem verpflichteten Staat überlassen* (Rz 2710). Beispiel ist der Schutz ausländischer Missionen oder Diplomaten (D 205, Art 22 Abs 2, 29 WDK).

2699 Die **Verletzung** einer **vr Pflicht** ist **erst mit ihrer Vollendung** gegeben, dh der das VR verletzende Zustand muss tatsächlich eingetreten sein. So ist zB bei einem völkerrechtswidrigen Gesetz zu unterscheiden, ob die VRverl unmittelbar durch das Gesetz verursacht wird (indem dieses etwa die entschädigungslose Enteignung ausländischen Eigentums verfügt), oder ob sie erst in dessen Vollziehung möglich wird (indem das Gesetz etwa eine entschädigungslose Enteignung mittels Bescheid vorsieht). Im zweiten Fall tritt die VRverl erst mit dem Vollzugsakt ein, da die vollziehenden Organe auch völkerrechtskonform vorgehen, dh die Ausländer ausnehmen können. Eine allfällige Nichterschöpfung der innerstaatlichen Rechtsbehelfe verhindert nicht die Vollendung der VR-Verletzung, sondern stellt einen Unzulässigkeitsgrund bei der Geltendmachung der Verantwortlichkeit dar (Rz 2810 ff).

2700 Die zeitliche Relativität des VR bedingt, dass ein Staat nur zu jenem Zeitpunkt vrwidrig handelt, zu dem er an die betreffende VRnorm gebunden ist (Art 13). So kann einem Staat eine VRverl nicht vorgeworfen werden, wenn er eine Handlung setzt, die erst später vrwidrig wird (zB Kolonialismus).

2701 Bestimmte vr Verpflichtungen können nur durch eine Serie von Handlungen oder Unterlassungen, die erst in ihrer Gesamtheit als völkerrechtswidrig gelten, verletzt werden. Eine derartige „zusammengesetzte" Verpflichtung *(composite obligation)* ist dann verletzt, wenn jene Handlung gesetzt ist, die ausreicht, um die VRverl tatbestandsmäßig zu vollenden (Art 15). So müssen zB bei Völkermord sämtliche Akte gesetzt sein, die als Tatbestandselemente definiert sind, wobei bereits das Tatbestandselement *Tötung* von *Mitgliedern einer* nationalen, ethnischen, rassischen oder religiösen *Gruppe* in der *Absicht,* diese Gruppe *als solche ganz oder teilweise zu zerstören,* aus mehreren zusammengesetzten Handlungen besteht (vgl D 171, Art 15).

2. Schaden

Die ältere Völkerrechtslehre verlangte in Anwendung der aus innerstaatlichem Recht gewonnenen ARG und in Anlehnung an die Rechtsprechung über das diplomatische Schutzrecht bzw über die vr Verantwortlichkeit für Verletzungen des Fremdenrechtes (Rz 2689 f) als Bedingung für den Eintritt der Staatenverantwortlichkeit, dass die VRverl einen Schaden verursacht hat. **2702**

Dieses grundsätzliche Verständnis hat dazu geführt, dass einige internationale Entscheidungen, die mangels materieller Schäden Entschädigungsansprüche abwiesen, missverstanden wurden. Der aus ihnen von manchen Theoretikern gezogene Schluss, Schaden bedeute materiellen Schaden, und nur eine einen solchen verursachende VRverl könne die Staatenverantwortlichkeit begründen, ist unzulässig. Die Zuständigkeit der betreffenden Schiedsinstanzen war nämlich in der Regel auf die Zuerkennung materieller Entschädigung beschränkt; im Übrigen wurden in vielen Fällen trotz Abweisung des Schadenersatzanspruches die Staatenverantwortlichkeit dem Grunde nach festgestellt und gegebenenfalls andere Wiedergutmachungsformen zuerkannt (zB die Aufhebung eines vrwidrigen innerstaatlichen Urteiles – Rz 2755; D 340, 326 e). Man kann diesen Entscheidungen daher nur entnehmen, dass bloß für materielle Schäden Schadenersatz in Geld zu leisten ist, nicht aber für ideelle (Rz 2774). **2703**

Im Gegensatz dazu haben der StIG und der IGH mehrfach entschieden, dass dem verletzten Staat schon durch die *Verletzung* seines *vr Anspruchs allein* ein (immaterieller) *Schaden* entstanden sei (*Chorzów-Fall* – D 329 b; *Korfu-Kanal-Fall* – D 330 d). Wenn aber die *Rechtsverletzung selbst* schon als *Schaden* verstanden wird, dann ist dieser **als selbständiges Definitionsmerkmal** der Staatenverantwortlichkeit **entbehrlich.** Der ILC-Text führt ihn daher nicht als konstitutives Element an. Das vermindert aber keineswegs seine Bedeutung als *Maßstab* für die Bewertung der *Kausalität,* der *Schwere der Rechtsverletzung* (Rz 2784 ff) und letztlich für die Bemessung der *Wiedergutmachung* (Rz 2767 ff). **2704**

3. Schuld- oder Erfolgshaftung?

Die **Schuldhaftung** knüpft an die **subjektive Bewusstseinslage des Täters** *(Vorsatz, Fahrlässigkeit)* an, die **Erfolgshaftung** an den *objektiv* ersichtlichen *Zusammenhang* zwischen *Ursache* und *Wirkung* **(Kausalität).** *Innerstaatliche Rechtsordnungen* wählen nach dem jeweiligen rechtspolitischen Ziel für verschiedene Rechtsbereiche die *eine oder die andere Haftungsform.* Die solcherart verschiedenen nationalen Lösungen verursachten im vr Bereich eine *uneinheitliche Staatenpraxis* (Rz 179 f) und verhinderten die Ausbildung eines ARG (Rz 2689). Dadurch ist die Frage auch in der wissenschaftlichen Auseinandersetzung kontrovers (vgl auch Rz 2762 ff). **2705**

Nach einer *schon* von *Grotius* („*De iure belli ac pacis*“ – Rz 148) vertretenen Ansicht begründet *nur schuldhaftes Verhalten* (einschließlich *leichter Fahrlässigkeit*) der verursachenden Organe die Staatenverantwortlichkeit. Eine andere Richtung sieht hingegen die objektive Verletzung einer vr Norm allein als hinreichend an *(Erfolgshaftung).* **2706**

2707 Die *heute* am meisten vertretene Theorie teilt letztere Meinung hinsichtlich der *Handlungsdelikte,* hält aber die Verletzung einer *Pflicht* zur *Verhinderung* eines bestimmten Ereignisses (Rz 2698) nur dann für verantwortlichkeitsbegründend, wenn das Staatsorgan die *nötige Sorgfalt (due diligence)* unterlassen hat (*Spanische Zone von Marokko-Fall* – D 331). Der Maßstab dieser Sorgfalt hängt von den Umständen des Einzelfalles, insb von der verletzten Norm und dem durch sie geschützten Rechtsgut ab.

2708 Der **ILC-Text** hat das Verschuldensprinzip vollständig aufgegeben und sich für objektive Kausalität **(Erfolgshaftung)** entschieden, die nur durch das Vorliegen bestimmter Umstände, die die Rechtswidrigkeit ausschließen (Rz 2728 ff), gemildert wird. Gem dem ILC-Text setzt das Entstehen vr Verantwortlichkeit lediglich die Zurechenbarkeit des betreffenden Aktes sowie dessen Völkerrechtswidrigkeit voraus (Art 2). Demnach ist das Verschulden des verantwortlichen Staates nur dann relevant, wenn die verletzte Verpflichtung (dh die Primärnorm – Rz 2683) selbst ein subjektives Schuldelement enthält, was insbes bei den Verhinderungspflichten (Rz 2698) regelmäßig der Fall ist.

2709 Allgemein kann man feststellen, dass für **Handlungsdelikte** der **Erfolgshaftung** tatsächlich der **Vorzug** gebührt. Dies entspricht auch dem gegenwärtigen Zustand der internationalen Gesellschaft: Schuldhaftung verlangt ein geordnetes gerichtliches Verfahren, in dem das Vorliegen oder Nichtvorliegen des subjektiven Elements bewiesen werden muss. Gerichtsverfahren gibt es im VR aber nur sporadisch (Rz 1971, 2016), Beweisverfahren sehr selten. Unter diesen Umständen ist der objektiv erkennbaren Kausalität durchaus der Vorzug zu geben. Auch im Zuge anderer Kodifikationen wurden objektive vor subjektiven Tatbestandsmerkmalen bevorzugt (Rz 355).

2710 Demgegenüber unterliegen Unterlassungen, die zur *Verletzung* einer **Verhinderungspflicht** führen, zB zur Verletzung der Pflicht, fremde Diplomaten vor Angriffen Privater zu schützen (Rz 2698), einem **internationalen Standard,** nämlich der im internationalen Durchschnitt üblichen, zur Erfüllung dieser Pflicht aufzuwendenden Sorgfalt. **Due diligence** (Sorgfalt) ist daher zwar theoretisch mit dem subjektiven Element Schuld verknüpft, in Wahrheit aber genauso objektiv feststellbar wie die Verletzung einer vr Norm selbst. Bei der Beurteilung der Folgen der vr Verantwortlichkeit, insbes bei der Feststellung der Wiedergutmachung ist ein allfälliges „Mitverschulden" des verletzten Staates zu berücksichtigen (Rz 2742).

4. Die Zurechnung zum Verletzer

2711 ISd Kausalität, also der Beziehung von Ursache und Wirkung, bedeutet Zurechnung die Feststellung, welches VRS Ausgangspunkt (Ursache) einer VRverl (Wirkung) ist. Die Modalitäten dieser Feststellung werden hier der Überschaubarkeit halber nur anhand des VRS Staat dargestellt, sie sind aber in ihren Grundzügen für alle VRS gleich (Rz 928).

2712 Der ILC-Text geht zu Recht davon aus, dass die Zurechnung eines bestimmten Verhaltens zu einem Staat *nicht allein* aus dessen *Staatsrechtsordnung* erfolgen kann, sondern sich nach dem VR selbst richtet (Art 4), da sich andernfalls jeder Staat leicht der Verantwortlichkeit entschlagen könnte. Bes im Zeitalter der verstärkten Privatisierung von Staatsaufgaben kommt dieser Überlegung zunehmende Bedeutung zu. Für diese Zwecke entwickelt das *VR,* wo es für die ihm eigentümlichen Situationen notwendig ist, allenfalls *auch eigene Regelungen* (Rz 2718 ff).

Dieser Ansatz ist schon deshalb notwendig, weil es in der internationalen Gesellschaft kein verbindliches Modell der politischen und wirtschaftlichen Organisation der Staaten, wie zentralisierter oder dezentralisierter Einheitsstaat, Bundesstaat etc, oder zentrale Verwaltungswirtschaft, gemischte Wirtschaft, Privatwirtschaft etc, gibt. Deshalb würden beim bloßen Rückgriff auf bestehende Staatsrechtsordnungen höchst unterschiedliche Resultate erzielt werden. **2713**

Für die Feststellung der Zurechenbarkeit hat die ILC den Begriff des **Staatsaktes (act of a State)** eingeführt, der alle Akte bezeichnet, die dem Staat kraft VR zugerechnet werden. Sie müssen nicht notwendigerweise Hoheitsakte im Sinne seiner eigenen Rechtsordnung sein. Einerseits müssen sie aber das dem Staat vorgeschriebene vr Verhalten betreffen, da nur in diesem Bereich vr Unrecht entstehen kann. Andererseits müssen sie letztendlich auf ein **staatliches Organ zurückführbar** sein (Rz 2720); denn es ist oberster Grundsatz der Staatenverantwortlichkeit, dass sie für einen Staat nur durch das Verhalten seiner Organe (in dem eben beschriebenen vr Sinn) begründet werden kann. **2714**

a) Zurechnung über die Organe des Rechtsverletzers

Ausgangspunkt und Kern dafür sind die vom **innerstaatlichen Recht eingesetzten Staatsorgane:** Ihr in dieser Eigenschaft gesetztes Verhalten gilt auch vr als **Staatsakt, selbst wenn** sie ihre **Zuständigkeit überschreiten, Gesetze verletzen** oder **Weisungen missachten** (Art 7; D 332). **2715**

Unerheblich für den Eintritt der Staatenverantwortlichkeit ist die in einem Staat bestehende **Gewaltentrennung,** die es der die auswärtigen Beziehungen führenden Regierung unmöglich macht, das Gesetzgebungsorgan oder die Gerichte, die eine VRverl verursachen oder verursacht haben, zu beeinflussen. Denn das verantwortliche VRS ist der Staat (*Deutsche Interessen in Polnisch-Oberschlesien-Fall* – D 333; zu den daraus bei der Wiedergutmachung entstehenden Problemen siehe Rz 2751 ff). **2716**

Ebenso **unerheblich** ist die **Stellung** eines Organs in der **hierarchischen Struktur** eines Staates. Eine VRverl kann daher ebenso gut von einem nachgeordneten wie von einem obersten Organ begangen werden (D 334). **2717**

Außerdem ist Staatsakt iSd VR das Verhalten der *Organe* von *Gebietskörperschaften* – und zwar eben unabhängig von der innerstaatlichen Konstruktion, also auch von Gliedstaaten in Bundesstaaten (Rz 251 ff; D 335) – sowie von Organen *öffentlichrechtlicher Körperschaften* oder *privatrechtlicher Gesellschaften,* denen Teile der *Staatsgewalt* (Hoheitsgewalt) *übertragen* sind, soweit sie im Rahmen dieser Befugnisse handeln (zB die Tätigkeit freiwilliger Feuerwehren oder die Ausübung von Polizeigewalt durch Angestellte eines privaten Unternehmens auf dem Werksgelände; Art 5). **2718**

Auch das Verhalten von *Organen, die von fremden Staaten* (zB militärische Ausbildner) oder *IO* (zB im Rahmen der Entwicklungshilfe) einem **2719**

Staat zur Verfügung gestellt werden, gilt, soweit sie *Anteil* an der *Staatsgewalt* haben, als Staatsakt des Staates, dem sie zur Verfügung gestellt wurden (Art 6).

2720 Schließlich gilt als Staatsakt *auch* das Verhalten *privater Personen,* wenn bewiesen werden kann, dass sie ein vr Recht eines fremden Staates im *Auftrag* oder unter *Kontrolle* von *Staatsorganen* verletzten (zB Entführung von fremdem Staatsgebiet aus – Art 8; vgl auch *Nicaragua-Fall* – D 245a) oder wenn sie, bei Ausfall der Staatsorgane, *tatsächlich* Elemente der *Staatsgewalt* ausübten (zB im Zuge einer Revolution oder eines Krieges; Art 9); dies allerdings nur dann, wenn keine offiziellen Organe tätig werden und diese Tätigkeit tatsächlich erforderlich ist.

2721 **Komplex** ist die **Zurechnung** des Verhaltens einer **aufständischen Bewegung** (Rz 663), die sich auf dem Gebiet eines Staates gebildet hat: Ihre Handlungen sind keine Staatsakte; dennoch kann *Staatenverantwortlichkeit* eintreten, *wenn* den *Territorialstaat* die *vr Pflicht* traf, die *Handlungen* der *Aufständischen* zu *verhindern* (Rz 2698, 2724). Setzt sich die aufständische Bewegung aber durch und wird *neue De-iure-Regierung* (Rz 803) des Staates, dann wird diesem *retroaktiv (ex tunc)* ihr Verhalten als *Staatsakt* zugerechnet (Art 10; D 336). Diese *Kumulation* – Verantwortlichkeit des Staates für die während des Aufstandes gesetzten Akte der früheren De-iure-Regierung und für die zur gleichen Zeit gesetzten Akte der früheren aufständischen Bewegung und nunmehrigen De-iure-Regierung – *kann* zu *Problemen* führen.

2722 Allerdings wird die Verantwortlichkeit dann nicht übernommen, wenn die Aufständischen keine eigene Regierung bilden, sondern sich an einer solchen bloß beteiligen. Richtet sich der Aufstand hingegen auf die Gründung eines *neuen* unabhängigen *Staates,* und gelingt diese, so gilt das Verhalten als *Staatsakt* des *neuen Staates.*

2723

b) Zurechnung bei so genanntem „Fremdverhalten"

Diese Zurechnung steht nicht im Gegensatz zum Grundsatz, nach dem nur Staatsorgane die vr Verantwortlichkeit eines Staates begründen können. Die Zurechnung erfolgt vielmehr wegen einer **Verletzung** von **Verhinderungspflichten** (Rz 2698), durch Unterlassen der den Staatsorganen obliegenden Pflicht, ein bestimmtes Ereignis nicht eintreten zu lassen. Die Verantwortlichkeit entsteht also durch das Verhalten (Unterlassen) der Organe, wenngleich das Verhalten anderer den Eintritt des Ereignisses bewirkt hat. Aus der älteren Lehre hat sich dafür traditionell der Ausdruck „Verantwortlichkeit für Fremdverhalten" erhalten, obwohl er unzutreffend ist.

2724 Typische Fälle sind Verletzungen der Pflicht, ausländische Staaten, Staatsorgane oder Staatsbürger auf dem eigenen Staatsgebiet vor bestimmten Handlungen privater Personen, eigener oder fremder Staatsorgane zu schützen (Rz 2710; *Korfu-Kanal-Fall* – D 330b). Weiters ist das Verhalten von Privatpersonen einem Staat zurechenbar, wenn dieser das Verhalten klar und eindeutig billigt und als sein eigenes anerkennt (Art 11).

2725 So wurde etwa Iran im *Teheraner Geisel-Fall* (D 346a) vom IGH nicht nur dafür vr verantwortlich gemacht, dass die Erstürmung des Botschaftsgebäudes der USA durch bewaffnete Demonstranten und die Geiselnahme des Personals nicht verhindert wurde, sondern auch dafür, dass diese Aktion nachträglich von führenden iranischen Politikern in der Öffentlichkeit klar und eindeutig gebilligt und gut geheißen wurde.

Von diesem Fremdverhalten sind jene Situationen zu unterscheiden, in **2726** denen mehrere Staaten in der Vollendung der VRverl zusammenwirken, entweder dadurch, dass ein Staat einen anderen hierbei unterstützt, anweist, kontrolliert oder dazu zwingt. In den ersten drei Fällen wird der unterstützende, anweisende oder kontrollierende Staat dann verantwortlich, wenn er seine Handlung in Kenntnis der Umstände des vrwidrigen Aktes setzt und der Akt vrwidrig wäre, wenn er selbst ihn setzte (Art 16 und 17). Dadurch entgeht er der Verantwortlichkeit für den vrwidrigen Akt dann, wenn er nicht der gleichen vr Verpflichtung unterliegt wie der zweite Staat (zB ein nicht neutraler Staat unterstützt einen neutralen bei einer neutralitätswidrigen Handlung). Die vr Verantwortlichkeit des unterstützten Staates bleibt aber unberührt.

Im Fall des (rechtswidrigen oder rechtmäßigen) Zwanges wird der **2727** zwingende Staat jedoch schon dann vr verantwortlich, wenn lediglich der gezwungene Staat völkerrechtwidrig handelt und der zwingende Staat die Umstände des vrwidrigen Aktes kennt (Art 18).

5. Der Ausschluss der Rechtswidrigkeit

Trotz einer auf Grund der Kausalität gerechtfertigten Zurechnung **2728** eines vr Unrechts zu einem bestimmten VRS tritt dessen vr Verantwortlichkeit dann nicht ein, wenn das Verhalten auf einen Grund zurückgeht, der die Rechtswidrigkeit ausschließt. Einige dieser Gründe sind aus dem vr Vertragsrecht als Auflösungs- und Suspendierungsgründe bekannt und sollten mit diesen verglichen werden (Rz 378 ff). Generell gilt, dass diese Rechtfertigungsgründe von der Beachtung von Verpflichtungen aus dem *ius cogens* (Rz 364 ff) nicht befreien (Art 26) – Rz 2736.

Die Rechtfertigungsgründe sind:

1) **Vr gültige Einwilligung des Verletzten** (Art 20). Streng genommen **2729** handelt es sich um den Verzicht auf ein bestimmtes Recht oder dessen Durchsetzung seitens des Verletzten und nicht um einen Rechtfertigungsgrund. Die Zustimmung ist dann vr ungültig, wenn der verletzte Staat nicht über das betreffende Recht verfügen kann (insbes *ius cogens* – Rz 364 ff). Daher bleibt beispielsweise ein gegen die politische Unabhängigkeit gerichteter militärischer Einmarsch auch mit Zustimmung des betroffenen Staates eine Aggression (Rz 1848). Auch galt die Volksabstimmung in Österreich im April 1938 nicht als gültige Zustimmung zur Okkupation durch das Deutsche Reich im März 1938 (Rz 2992, 3053, 3071 ff).

2) **Selbstverteidigung,** wenn sie in Übereinstimmung mit der SVN **2730** (Rz 1879 ff) stattfindet (Art 21).

3) **Gegenmaßnahmen** auf Grund eines **vorhergehenden vr Unrechts des** **2731** **Verletzten** gegen den nunmehrigen Verletzer (Art 22). Dieser Rechtfertigungsgrund deckt Gegenmaßnahmen (Rz 2834 ff) innerhalb der für sie geltenden Grenzen ab, während andere vr zulässige Rechtsfolgen (Rz 2829 ff) wie Vertragsauflösungen oder -suspendierungen wegen vorhergehender

Vertragsverletzung durch die Gegenseite als Schutzmaßnahmen einem eigenen Rechtsregime unterliegen (Rz 378 ff, 2829 ff). Dabei ist zu berücksichtigen, ob der Verletzte den Verletzer durch ein völkerrechtswidriges Verhalten an der Erfüllung einer Verpflichtung gehindert hat (*Chorzów-Fall* – D 337).

2732 4) **Tatsächliche Unmöglichkeit** wegen **Höherer Gewalt** (*force majeure* – Art 23). Der ILC-Text definiert diesen Rechtfertigungsgrund als „das Auftreten einer unwiderstehlichen Gewalt oder eines unvorhergesehenen Ereignisses, ... das außerhalb des Einflussbereichs des Staates liegt und die Erfüllung der Verpflichtung unter den gegebenen Umständen tatsächlich unmöglich macht" (D 325; *Russische Entschädigungen-Fall* – D 28 b; *Rainbow Warrior-Fall* – D 326 c). Die tatsächliche Unmöglichkeit kann endgültig oder bloß vorübergehend bestehen.

2733 Der Kommentar zum ILC-Text bringt eine Reihe von Beispielen, von denen zwei angeführt seien: eine atmosphärische Störung, die ein Militärluftfahrzeug (Rz 2166) in einen fremden Luftraum abdrängt; oder ein Aufstand in einem Teil des Staatsgebietes, der es dem Territorialstaat unmöglich macht, dort seiner Schutzpflicht gegenüber ausländischen Staatsorganen oder -angehörigen nachzukommen (*Spanische Zone von Marokko-Fall* – D 331, 336). Die Berufung auf diesen Rechtfertigungsgrund ist jedoch ausgeschlossen, wenn der Staat durch eigenes Verhalten das Eintreten dieser Situation bewirkt hat oder die Gefahr in Kauf genommen hat.

2734 5) **Notlage des Verursachers** (Art 24). Dieser Rechtfertigungsgrund liegt dann vor, wenn der Urheber des Verhaltens, das mit einer vr Verpflichtung dieses Staates nicht im Einklang steht, keine andere geeignete oder zumutbare *(reasonable)* Möglichkeit hat, sein eigenes Leben oder das ihm anvertrauter Personen zu retten. Auch dieser Rechtfertigungsgrund ist nur unter der Voraussetzung anwendbar, dass die Notlage nicht auf das Verhalten des Staates zurückzuführen ist, der sich auf die Notlage beruft, und dass durch seine Tat nicht eine vergleichbare oder größere Gefahr entsteht als die, die sie abwenden soll (*Rainbow Warrior-Fall* – D 326 c). Als Beispiel kann ein Militärluftfahrzeug dienen, das fremden Luftraum verletzt, um eine Kollision mit einem anderen Flugzeug zu vermeiden.

2735 6) **(Staats-)Notstand** (Art 25). Ein solcher rechtfertigt einen völkerrechtswidrigen Staatsakt dann, wenn dieser die *einzige Möglichkeit* ist, ein *wesentliches Interesse* vor einer *schweren* und *unmittelbar drohenden Gefahr* zu schützen, seinerseits aber kein wesentliches Interesse des verletzten Staates oder der gesamten internationalen Gemeinschaft beeinträchtigt (*Russische Entschädigungen-Fall* – D 28 b; *Gabčíkovo-Nagymaros-Fall* – D 23 b). Staatsnotstand kann somit nicht nur zum Schutze wesentlicher Interessen des die VRverl verursachenden Staates geltend gemacht werden, sondern auch dann, wenn zB eine gravierende Gefährdung der Umwelt vorliegt. Staatsnotstand ist aber nicht gerechtfertigt, wenn die betreffende vr Verpflichtung die Möglichkeit der Berufung auf einen Notstand ausschließt (zB Art 2 Abs 2 Übereinkommen gegen Folter und andere grausame, unmenschliche oder erniedrigende Behandlung oder Strafe – Rz 1402 f; Art 15 Abs 2 EMRK – D 174) und wenn der Staat zu der Notstandssituation beigetragen hat.

Keiner dieser Rechtfertigungsgründe befreit jedoch einen Staat davon, Verpflichtungen, die sich aus einer zwingenden Norm des allgemeinen Völkerrechts ergeben, einzuhalten (Art 26; *ius cogens* – Rz 364 ff); die Verletzung einer Norm des *ius cogens* schließt die Rechtswidrigkeit des Verhaltens nicht aus. **2736**

Wie auch im Vertragsrecht (Rz 311) ist eine bestimmte *innerstaatliche Rechtslage,* die zur VRverl führt, *kein Rechtfertigungsgrund.* Dies kommt sowohl in Art 3 zum Ausdruck, wonach die Beurteilung der Handlung eines Staates als völkerrechtswidrig sich nach dem Völkerrecht und nicht nach dem innerstaatlichen Recht bestimmt, als auch in Art 32 (s dazu Rz 2759). **2737**

Wie bereits erwähnt, können die meisten *Rechtfertigungsgründe nicht geltend gemacht* werden, wenn die Umstände, auf denen sie beruhen, vom verletzenden Staat wenigstens teilweise *selbst herbeigeführt* wurden (Art 23 Abs 2 lit a, Art 24 Abs 2 lit a, Art 25 Abs 2 lit b). **2738**

Das Vorliegen eines Rechtfertigungsgrundes befreit zwar von den restitutiven Folgen der Staatenverantwortlichkeit (Rz 2746 ff, 2779 ff), nicht aber in jedem Fall von der Pflicht zur Wiedergutmachung eines aufgetretenen materiellen Schadens (Art 27; Rz 2760 ff). So kann etwa bei Vorliegen von *force majeure* dennoch eine Pflicht zum Schadenersatz bestehen, wie dies der IGH im *Gabčíkovo-Nagymaros-Fall* (D 23) anerkannt hat. In gewisser Weise ist diese Bestimmung innerhalb der Staatenverantwortlichkeit *systemwidrig,* da sie zu *Schadenersatz ohne Rechtswidrigkeit* verpflichtet (Rz 2682–2688). **2739**

C. Die Folgen der völkerrechtlichen Verantwortlichkeit

Literatur: *Urbanek,* Die Unrechtsfolgen bei einem völkerrechtsverletzenden nationalen Urteil, ÖZöRV 11 (1961) 70; *Seidl-Hohenveldern,* Austrian Practice on Lump Sum Compensation by Treaty, AJIL 70 (1976) 763; *Mann,* The Consequences of an International Wrong in International and National Law, BYIL 48 (1976/77) 1; *Dominicé,* La satisfaction en droit des gens, FS *Perrin* (1984) 91; *Graefrath,* Responsibility and Damage Caused: Relationship between Responsibility and Damages, RdC 185 (1984); *Tomuschat,* Some Reflections on the Consequences of a Breach of an Obligation under International Law, FS *Schindler* (1989) 147; *Wittich,* Awe of the Gods and Fear of the Priests: Punitive Damages and the Law of State Responsibility, ARIEL 3 (1998) 101; *Gray,* The Choice between Restitution and Compensation, EJIL 10 (1999) 413; *Wolfrum,* Reparation for Internationally Wrongful Acts, EPIL 4 (2000) 177; *Buffard,* Was wurde aus den internationalen Verbrechen? in: *Marboe / Reinisch / Wittich* (Hrsg), Österreichischer Völkerrechtstag 2001 (2002) 144.

1. Allgemeines

Ist ein Staat iSd Teiles B für vr Unrecht verantwortlich, so erwächst ihm daraus gegenüber dem verletzten Staat die vr Pflicht, das **Unrecht wiedergutzumachen** und alle aus diesem entstandenen **Folgen** soweit wie möglich zu **beseitigen** (*Chorzów-Fall* – D 329 c). Eine Verletzung dieser neuen, selbständigen Pflicht führt zu neuem vr Unrecht. Nicht zu den sekundären Pflichten ieS aus der Verantwortlichkeit gehört die Pflicht, weiterhin die verletzte Verpflichtung zu beachten (Art 29); sie ergibt sich aus der primären Pflicht zur Einhaltung des VR. **2740**

2741 Die Folgen der Verantwortlichkeit umfassen die Pflichten zur **Beendigung andauernder VRverl** sowie, wie vom IGH im *LaGrand-Fall* (D 210 d) bestätigt, nach den Umständen des Falles die Pflicht, angemessene *Zusicherungen und Garantien der Nichtwiederholung* **(Unterlassungs-** oder **Nichtwiederholungsgarantien)** anzubieten (Art 30). So kann der Staat verpflichtet werden, legislative Maßnahmen zu treffen, um eine Wiederholung der rechtswidrigen Handlung auszuschließen. Bei der Beurteilung der Angemessenheit der Nichtwiederholungsgarantien ist auf die Art und Schwere der Verletzung, die Bedeutung des von der verletzten Verpflichtung geschützten Rechtsgutes und die „Wahrscheinlichkeit" der Wiederholung abzustellen.

2742 Die wesentlichste Folge einer VRverl ist jedoch die *Pflicht zur Wiedergutmachung* (Art 31), die wiederum durch *Wiederherstellung (restitutio in integrum), Schadenersatz* oder *Genugtuung* erfolgen kann, und zwar entweder einzeln oder in Verbindung miteinander (Art 34). Bei der Festlegung der Wiedergutmachungspflicht ist ein allfälliges *Verschulden des verletzten Staates* oder einer Person, für die Wiedergutmachung verlangt wird, *zu berücksichtigen* (Art 39).

2743 Wie schon in Rz 2684 angedeutet, sind die *Folgen vr Verantwortlichkeit komplexer* als die Haftung im *innerstaatlichen Recht.* Unterschiedliche Elemente können in einem konkreten Anspruch auf Wiedergutmachung *kumuliert* sein: Wurde zB die innerstaatliche Durchführung einer vertraglichen Verpflichtung versäumt, so ist sie in Erfüllung der primären Pflicht nachzuholen; daneben sind aber auch allenfalls Genugtuung (Rz 2779 ff) sowie Ersatz eines durch das Versäumnis entstandenen materiellen Schadens zu leisten.

2744 Besteht das vr Unrecht in der *Nichterfüllung* eines *Vertrages,* so entsteht auch die *Pflicht* des Verletzers, *Schutzmaßnahmen* des Verletzten, wie die Auflösung oder Suspendierung des Vertrages, zu *dulden* (Rz 2731, 2829 ff). Wie der IGH im *Gabčíkovo-Nagymaros-Fall* (D 23 a, s auch 326 b) bestätigt hat, bestehen diese Folgen der Vertragsverletzung – einerseits aus dem Recht der Verantwortlichkeit (etwa auf Schadenersatz), andererseits als Schutzmaßnahmen aus dem Vertragsrecht – nebeneinander.

2745 Diese Schutzmaßnahmen haben im Unterschied zur Gegenmaßnahme in erster Linie nicht den Zweck, ein völkerrechtskonformes Verhalten des Verletzers zu erzwingen, sondern schützen die Interessen des Verletzten aus dem betreffenden Vertrag, selbst unter der Voraussetzung, dass der Verletzer sein Verhalten nicht fortsetzt und somit der Grund für eine Gegenmaßnahme wegfiele (Rz 2834 ff).

2. Die Pflicht zur Wiederherstellung des rechtmäßigen Zustandes

2746 Die Pflicht zur Wiedergutmachung fordert va die Wiederherstellung des rechtmäßigen Zustandes (Art 35), dh die *Beseitigung* der *Folgen* der vorangegangenen VRverl. Es handelt sich dabei weder um die fortgesetzte Beachtung der verletzten Primärnorm noch um die Wiederaufnahme der Erfüllung dieser Norm, sondern um die Beseitigung des tatsächlichen Zustands, der durch die Verletzung entstanden ist. Die Pflicht zur Wiederherstellung kann die Freigabe von Personen und/oder Sachen oder die Aufhebung von Staatsakten zum Gegenstand haben.

a) Durch Freigabe von Personen und/oder Rückgabe von Sachen

Besteht vr Unrecht im Entzug oder in der Beeinträchtigung der materiellen Verfügungsgewalt des verletzten Staates über Personen (zB Entführung einer Person aus fremdem Staatsgebiet auf eigenes: *Eichmann-Vorfall 1960*) oder über Sachen (Konfiskation, Beschlagnahme des Eigentums eines fremden Staates oder des Eigentums seiner Staatsangehörigen) und ist die Wiederherstellung des Zustandes, der vor dem Unrecht bestanden hat, tatsächlich möglich, so hat der Verletzer die Pflicht zur **restitutio in integrum** (zu den einer solchen Restitution allenfalls entgegenstehenden Hindernissen im innerstaatlichen Recht des Verletzers siehe Rz 2751 ff). **2747**

Internationale Entscheidungen haben aber auch – allerdings aus *Billigkeitserwägungen* (*equity* – Rz 550 f), die im Kontext des aus ARG entwickelten VGR der Staatenverantwortlichkeit (Rz 2689) eine große Rolle spielen – in Fällen, in denen die *Restitution* von *Sachen* mit *unverhältnismäßigen Kosten* verbunden gewesen wäre, an deren Stelle einen *Ersatz* des *Schadens* zugesprochen (D 338). **2748**

Wegen des Ursprungs in Billigkeitserwägungen ist es aber zweifelhaft, ob diese Möglichkeit Bestandteil des VGR geworden ist und nicht nur Teil des Entscheidungsrahmens allenfalls urteilender Streitentscheidungsinstanzen. Die ILC hat sie aber übernommen und erlaubt den Schadenersatz an Stelle der Rückstellung nicht nur, wenn die Rückstellung unmöglich ist (Art 35 lit a), sondern auch, wenn die Wiederherstellung mit einer Belastung verbunden ist, die außer jedem Verhältnis zu dem Nutzen steht, der durch die Wiederherstellung an Stelle von Schadenersatz entsteht (Art 35 lit b). **2749**

Dies entspricht auch den Vorgängen bei der Verstaatlichung der österreichischen Elektrizitätswirtschaft (2. Verstaatlichungsgesetz – BGBl 1947/81). Dabei wurde nach Reklamationen gegen die entschädigungslose Enteignung an Ausländer nicht zurückgestellt, sondern nach dem 1. Verstaatlichungs-Entschädigungsgesetz (BGBl 1954 [!]/189) Entschädigung geleistet (vgl D 156; vgl aber den Schiedsspruch in *Texaco v Libyen* – D 323). **2750**

b) Durch Aufhebung von Staatsakten

Ist das vr Unrecht durch Erlass eines völkerrechtswidrigen Gesetzes oder durch ein völkerrechtsverletzendes gerichtliches Urteil oder einen solchen Verwaltungsakt entstanden, so besteht grundsätzlich die Pflicht des Verletzers, den betreffenden Staatsakt aufzuheben. **2751**

In dieser Hinsicht besteht eine gewisse Spannung zwischen Theorie und Realität, weil die Staatsrechtsordnungen oftmals nicht zur Erfüllung dieser Pflicht eingerichtet sind und die Erfüllung dieser Pflicht somit „faktisch" unmöglich ist. **2752**

Den einfachsten Fall stellen die **Gesetze** dar, die gewöhnlich ohne rechtstechnische Schwierigkeiten *erlassen, novelliert* oder *aufgehoben* und somit völkerrechtskonform gestaltet werden können. Durch die in vielen Staaten, wenn auch in unterschiedlicher Form und unter verschiedenen Bezeichnungen praktizierte *gerichtliche Normenkontrolle* sind die gesetzgebenden Körperschaften an solche Anforderungen auch schon eher gewöhnt. **2753**

2754 In Österreich stünde nach Art 145 B-VG (D 49) sogar eine besondere Kompetenz des VfGH zur Verfügung, wäre sie nicht infolge Nichterlassung des zu ihrer näheren Bestimmung geforderten einfachen Gesetzes bislang unanwendbar (Rz 641).

2755 Internationale Streitbeilegungsinstanzen erhalten nur ausnahmsweise von den Streitparteien die Zuständigkeit übertragen, einem im Zuge des Verfahrens als *völkerrechtswidrig* erkannten nationalen **Gerichtsurteil** die Wirksamkeit zu entziehen (*Martini-Fall* – D 340). Üblicherweise hat der verletzende Staat in einem solchen Fall selbst für die *Aufhebung* zu sorgen, stößt aber bei *rechtskräftig* gewordenen Urteilen meist auf *Verfahrensschwierigkeiten.* Wo *außerordentliche Rechtsbehelfe* eine solche Möglichkeit bieten (wie in Österreich zB § 42 Abs 2 JN, § 39 Abs 1 Ziff 1 EO, § 33 Abs 2 und § 292 StPO), sind sie anzuwenden.

2756 Wenn die *Aufhebung* des Urteils aber *innerstaatlich nicht möglich* ist, so müssen wenigstens seine nachteiligen *Folgen beseitigt* werden. Dies kann bei Strafurteilen durch Begnadigung und allfällige Haftentschädigung (Rz 2760) sowie Löschung aus dem Strafregister, bei Zivilurteilen durch Schadenersatz geschehen, so unbefriedigend das im Einzelfall auch sein mag, wenn beispielsweise in einem Straffall dem Betroffenen der Makel einer rechtskräftigen Verurteilung bleibt. Die Behauptung mancher Theoretiker, bei vrwidrigen Zivilurteilen sei der verletzende Staat unter allen Umständen zur Naturalrestitution verpflichtet, lässt sich aus der Staatenpraxis nicht belegen.

2757 Die *Aufhebung* rechtskräftig gewordener **Verwaltungsakte** (Bescheide) ist in der Regel *leichter.* Soweit sie bloß beschweren – und darum wird es sich in den meisten Fällen handeln –, können sie meist auch nach Erlangung der Rechtskraft aufgehoben und geändert werden (für Österreich § 68 Abs 2 AVG). Wurde ein solcher Akt schon vollstreckt, dann sind auch die Folgen rückgängig zu machen.

2758 Anders ist die Lage bei einem rechtskräftigen völkerrechtswidrigen Verwaltungsakt, aus dem einem Dritten ein subjektives Recht erwachsen ist, weil dessen Aufhebung aus diesem Grunde meist starken Beschränkungen unterliegt. Die Lage hat daher Ähnlichkeit mit einem rechtskräftigen Urteil, aber eine analoge Ausnahmeregel – Einschränkung auf die Beseitigung der Folgen ohne Beseitigung des völkerrechtswidrigen Aktes – kann aus der Staatenpraxis nicht mit Sicherheit nachgewiesen werden.

2759 Der *ILC-Text* (Art 32, Rz 2737) hält jedenfalls fest, dass sich ein *Staat unter keinen Umständen auf sein innerstaatliches Recht berufen* darf, um die *Herstellung* des *völkerrechtsgemäßen Zustandes* zu *verweigern.* Dies entspricht auch dem Gedanken des Art 27 WVK (Rz 311). Allerdings kann die entsprechende Primärnorm oder eine *lex specialis* anderes vorsehen, wie dies zB Art 41 EMRK (D 174) für den Fall tut, dass das interne Recht eines Staates nur teilweise Wiedergutmachung zulässt.

3. Die Pflicht zum Schadenersatz

2760 Ist die **Herstellung** des **rechtmäßigen Zustandes vr nicht zwingend** geboten **oder** tatsächlich **nicht möglich,** dann ist der verletzende Staat zur **Ersatzleistung** (Schadenersatz) verpflichtet (Art 36). Schadenersatz kann aber *auch neben* die *Restitution* treten, wenn durch diese der eingetretene Schaden nicht vollständig beseitigt werden kann (zB Haftentschädigung).

Das einem Staat durch die völkerrechtswidrige Behandlung eines Staatsangehörigen zugefügte Unrecht ist nicht identisch mit dem diesem Staatsangehörigen durch die völkerrechtswidrige Behandlung allenfalls entstandenen Schaden (Rz 2797f). Dennoch wird dieser Schaden als Maßstab für die Bemessung des seinem Heimatstaat entstandenen Schadens herangezogen (*Chorzów-Fall* – D 329a). **2761**

a) Für direkte und indirekte materielle Schäden

Bei der Ermittlung der **Grundsätze** für die **Bemessung** des **Schadens,** bei der Beantwortung der Frage also, welcher Schaden wie hoch zu kompensieren sei, ist es bes störend, dass die Regeln der Staatenverantwortlichkeit auf ARG beruhen, die selbst einer steten Entwicklung unterworfen sind. **2762**

Denn die Festlegung dessen, was den gutzumachenden Schaden darstellt, beruht in jeder nationalen Rechtsordnung auf einem ihr zu Grunde liegenden wirtschaftlich-sozialen Vorverständnis, dh auf der Wertordnung hinter der Rechtsordnung. In der gegenwärtigen internationalen Gesellschaft besteht aber weiterhin ein **Wertpluralismus** (Rz 25ff): Die einzelnen nationalen Rechtsordnungen bauen auf recht unterschiedlichen sozioökonomischen Wertvorstellungen auf; das führt zu unterschiedlichen, manchmal sogar widersprüchlichen Lösungen. Sollen nun aus diesen ARG ermittelt werden, lässt sich zwar ein gemeinsamer Kern, ein kleinster gemeinsamer Nenner feststellen; über diesen hinaus aber bestehen **grundlegende Meinungsverschiedenheiten.** **2763**

Bezieht man diese Feststellung auf die Grundsätze der Schadensbemessung, so ist ohne weiteres einsichtig, dass die ideologischen Meinungsverschiedenheiten zwischen bürgerlich-demokratischen Staaten mit sozialer Marktwirtschaft und jenen Staaten (heute nur mehr in der „Dritten Welt"), die eine Form sozialistischer Wirtschaftsordnung praktizieren, zB in der Frage, ob für entgangenen Gewinn (Rz 2769) zu entschädigen sei, gravierend sind. **2764**

Es sind deshalb für die Ermittlung der Grundsätze eines weltweiten, allgemeinen Rechts der Staatenverantwortlichkeit internationale Entscheidungen, die aus der Zeit homogener liberaler Vorstellungen oder später aus Konflikten zwischen Staaten mit gleicher Wertordnung stammen, mit Bedacht zu behandeln. Sicherlich werden sie zwischen Staaten, die diesen Vorstellungen weiterhin folgen, auch weiter uneingeschränkt zur Anwendung kommen. Aber Staaten anderer Weltanschauung werden sie nicht als Ausdruck von ARG anerkennen. Damit stellt sich allerdings die Frage, ob eine befriedigende Schadensbemessung auf Grund allgemein anerkannter Grundsätze heute überhaupt möglich ist. **2765**

Als *weltweit anerkannten Kern* kann man die Feststellung des StIG im *Chorzów-Fall* ansehen, wonach der **Geschädigte so zu stellen** ist, **als sei** der **Schaden nicht eingetreten;** dies entspricht auch dem überwiegend restitutiven Charakter der Grundsätze der Staatenverantwortlichkeit. **2766**

Mit Gewissheit ist daraus zu entnehmen, dass **unmittelbare (direkte) Schäden** in der **Höhe** zu ersetzen sind, die der **Naturalrestitution** entspricht. **2767**

So ist zB an Stelle einer zerstörten Fabrik jene Summe Geldes zu leisten, die zu deren Wiederaufbau und Neueinrichtung notwendig ist. Der Schadenersatz ist allerdings auf den materiellen, also in Geld bewertbaren Schaden beschränkt. Dieser umfasst einerseits den materiellen Schaden des Staates selbst (zB Zerstörung von Staatseigentum; *Korfu-Kanal-Fall* – D 339); anderseits sind sowohl materielle Schäden der Staatsangehörigen des verletzten Staates (zB im Falle der Enteignung; *Chorzów-Fall* – D 329c) als auch diesen Personen erwachsene ideelle oder immaterielle Schäden (zB psychische Leiden; *Lusitania-Fall* – D 341a) in Geld zu ersetzen.

2768 *Komplex* ist die Situation bei den **mittelbaren (indirekten) Schäden.** Darunter versteht man solche, die *nur* eine *mittelbare Folge* der *Rechtsverletzung* sind, wie der entgangene Gewinn, oder solche Schäden, die zwar im Zusammenhang mit dem Unrecht eingetreten sind, ohne aber dessen notwendige oder beweisbare Folge zu sein. Bei diesem Problem wirkt sich der erwähnte Wertepluralismus bes aus.

2769 Die **Rechtsprechung** internationaler Instanzen zum entgangenen Gewinn **(lucrum cessans)** ist **uneinheitlich.** Die *überwiegende Mehrzahl* der *Entscheidungen* gewährte *Ersatz* für den *Gewinn,* der nach dem *gewöhnlichen Lauf* der *Dinge* zu erwarten gewesen wäre (*Lusitania-Fall* – D 341b; D 293b), *nicht* aber für *spekulativen Gewinn.* Eine Entschädigung an die Angehörigen eines bei der Zerstörung der Fabrik im Beispiel Rz 2767 getöteten Arbeiters müsste also die bei durchschnittlicher Lebenserwartung nach dem gewöhnlichen Lauf der Dinge eintretende Einkommenssteigerung berücksichtigen, nicht aber eine überraschende Beförderung zum Direktor.

2770 Eine *Minderheit* von *Entscheidungen verweigerte* den Ersatz derartiger Schäden (D 342), oftmals unter Rückgriff auf unterschiedliche Kausalitätsgrundsätze.

2771 Der *ILC-Text* (Art 36 Abs 2) greift in seiner Formulierung auf den *Standard* des *Chorzów-Falles* (Rz 2767; D 329c) zurück und verlangt den *Ersatz jedes finanziell messbaren Schadens (financially assessable damage), einschließlich* des nachgewiesenen *entgangenen Gewinns (lucrum cessans).* Zinsen sind soweit zu leisten, als sie zur Abdeckung des gesamten Schadens notwendig sind (Art 38; Rz 2775f).

2772 Ansprüche auf eine Entschädigung für **Schäden,** die **nicht** eine **notwendige Folge** der **Rechtsverletzung** sind (zB der im Beispiel Rz 2769 der Pensionsversicherung durch den frühzeitigen Tod des erwähnten Arbeiters entstandene Schaden), oder für **Schäden,** bei denen die **Kausalität** eines bestimmten Ereignisses **wahrscheinlich** ist, *aber nicht zwingend bewiesen* werden kann (zB die frühzeitige Arbeitsunfähigkeit eines Arbeiters infolge eines Schocks, den er vor Jahren bei der Zerstörung der Fabrik im Beispiel Rz 2767 erlitten hat – *delayed damages*), werden in der Rechtsprechung mit der Begründung mangelnder (oder nicht nachgewiesener) Kausalität *fast ausnahmslos* **abgewiesen.**

b) Für immaterielle Schäden

2773 Wenn innerstaatliches Recht überhaupt eine Ersatzleistung für immaterielle Schäden gewährt, so sieht es dafür Schadenersatz in Geld (zB

Schmerzengeld), in manchen Staaten noch begleitet von einer Geldbuße, vor. Das VR hat als Folge vr Unrechts, das dem verletzten Staat keinen materiellen Schaden verursacht, neben der Pflicht zur Herstellung des rechtmäßigen Zustandes die **Genugtuung** als besondere Form der Wiedergutmachung entwickelt (Rz 2779 ff).

Internationale Streitentscheidungsinstanzen haben deshalb regelmäßig sowohl die Zuerkennung von **Schadenersatz** für **immaterielle Schäden** des **Staates** (*Korfu-Kanal-Fall* – D 330 d; *Saiga-Fall* – D 285 h) als auch die Auferlegung von **Geldbußen** oder **Strafzahlungen** *(punitive damages)* **abgelehnt** (*Lusitania-Fall* – D 341 c). Nur vereinzelt wurde für ideellen Schaden des Staates eine Geldleistung zugesprochen (*I'm Alone-Fall* – D 344; vgl auch *Rainbow Warrior-Fall* – D 326 g). **2774**

c) Zinsen

Nach der internationalen Rechtsprechung *müssen Zinsen* für die Kompensation materieller Schäden **ausdrücklich verlangt** werden, damit sie zuerkannt werden können *(Russische Entschädigungen-Fall* – D 28 a; *Fatovich-Fall* – D 343). *Zinsen* für *Vermögensschäden* (zB für zerstörtes Eigentum) gebühren, wenn kein entgangener Gewinn begehrt wird, *ab Schadenseintritt;* solche für *körperliche Beschädigung* erst *ab Zuerkennung* der *Entschädigung* (D 285 h). **2775**

Ein **einheitlicher Standard** für die Berechnung des **Zinsfußes** ist aus der Staatenpraxis **nicht nachweisbar.** *Zinseszinsen* werden *üblicherweise nicht* zugesprochen. Gem dem ILC-Text sind Zinsen in dem Ausmaß zu zahlen, wie sie erforderlich sind, um volle Wiedergutmachung zu erzielen (Art 38 Abs 1). Die Zinsen laufen von dem Tag, an dem der Kapitalbetrag hätte gezahlt werden sollen, bis zu dem Tag, an dem die Zahlungsverpflichtung erfüllt wird (Art 38 Abs 2). **2776**

d) Globalabkommen (lump-sum agreements)

Nach vr **Unrecht größeren Ausmaßes,** wie der *entschädigungslosen Enteignung aller ausländischen Staatsangehörigen* oder aller Staatsangehörigen einer *bestimmten Nationalität* (Konfiskation – Rz 1303 ff; zB die Verstaatlichungen in den sozialistischen Staaten nach dem II. WK), wurde der Schadenersatz aus politischen Gründen (Rz 2806) *zumeist* **global (pauschal)** in **Abkommen** zwischen dem verletzenden Staat und dem jeweiligen Heimatstaat vereinbart (Rz 1328 ff; D 162). **2777**

Schadenersatz wurde dabei regelmäßig nur **unter** der **Höhe** des **direkten Schadens** (Rz 2767) geleistet. Die Heimatstaaten übernahmen es, die erhaltene Globalsumme auf ihre betroffenen Staatsangehörigen aufzuteilen. **2778**

4. Genugtuung

Wie schon in Rz 2773 ausgeführt, sieht das VR als Folge von Unrecht, das zu **keinem materiellen Schaden** geführt hat, die Leistung von **Genugtuung** vor (Art 37). Sie tritt *neben* die Verpflichtung zur *Herstellung* des *rechtmäßigen Zustandes* oder auch *an* deren *Stelle,* wenn diese *nicht möglich* ist **2779** oder *nicht ausreicht,* um den Schaden vollständig wiedergutzumachen. Sie dient insbes der Wiedergutmachung des immateriellen oder ideellen Schadens, der oft in der bloßen Rechtsverletzung besteht. Deshalb hat sie vornehmlich *symbolischen Charakter.*

2780 Genugtuung besteht in erster Linie in einem äußeren Verhalten des verletzenden Staates gegenüber dem verletzten Staat und kann verschiedene Formen annehmen (Art 37 Abs 2). Grundlegend ist aber das **förmliche Eingeständnis** der **Völkerrechtswidrigkeit** des eigenen Verhaltens (*I'm Alone-Fall* – D 344). In Anknüpfung an frühere Schiedssprüche entschied der IGH jedoch im *Korfu-Kanal-Fall,* dass ein *Ausspruch* über die *Völkerrechtswidrigkeit* eines Verhaltens in einem internationalen Urteil bzw Schiedsspruch (also ein Feststellungsurteil) schon für sich alleine *ausreichende Genugtuung* darstelle (D 330 d). Gewöhnlich drückt der verletzende Staat aber außerdem sein **Bedauern** aus oder bittet formell um **Entschuldigung** (D 344; *Rainbow Warrior-Fall* – D 326 a; *LaGrand-Fall* – D 210 d).

2781 Dagegen sind frühere rituelle Formen, wie Sondergesandtschaften oder Flaggenehrung, wegen ihres erniedrigenden Charakters außer Übung gekommen. Daher sieht Art 37 Abs 3 auch vor, dass die Genugtuung *weder unverhältnismäßig* zum erlittenen Schaden *noch erniedrigend* sein darf.

2782 Die ebenfalls zur Genugtuung gehörige, von einem großen Teil der Lehre angenommene und in manchen internationalen Entscheidungen festgestellte Pflicht, den oder die *Begeher* einer *VRverl,* soweit sie untergeordnete Organwalter (zB Polizist, der einen Ausländer prügelt) oder Privatpersonen (zB Demonstrant, der ein Botschaftsgebäude beschädigt) sind, *angemessen* zu *bestrafen,* ist *problematisch* geworden. Denn zumindest in Rechtsstaaten kann *nur* die *Einleitung* eines *Verfahrens, nicht* aber die *Bestrafung* durch Gerichte *sichergestellt* werden.

2783 Andere Formen der Genugtuung, die sich in der Praxis entwickelt haben, sind die angemessene *Untersuchung* der Gründe für die VRverl, die Einrichtung eines *Fonds* zur Verwaltung etwaiger *(Ex-gratia-)Zahlungen* (vgl auch *Rainbow Warrior*-Fall – D 326), die Einleitung eines *Disziplinarverfahrens* gegen die für die VRverl verantwortlichen Staatsorgane oder die Leistung rein *symbolischer Geldzahlungen.*

5. Schwere Verletzungen von ius-cogens-Verpflichtungen

2784 In ihrem ersten Entwurf zur Staatenverantwortlichkeit (Rz 2691 f) hatte die ILC als schwere Form des internationalen Delikts das *internationale Verbrechen* verankert (*international crime,* zB *Aggression* – Rz 1848 f; D 232; gewaltsame Errichtung oder Aufrechterhaltung *kolonialer Herrschaft;* die *Sklaverei* – Rz 1399 f; *Völkermord* – Rz 1401; D 171; *Apartheid* – Rz 1404). Doch zu Recht wurde im endgültigen Entwurf diese Kategorie aus verschiedenen Gründen zu Gunsten der **schweren Verletzungen von ius-cogens-Verpflichtungen** aufgegeben (Art 40; Rz 31, 364, 2785).

2785 Der ILC-Text sieht nun zusätzliche, wenn auch weiterhin eher geringfügige Rechtsfolgen bei schweren, dh groben oder systematischen Verletzungen von Verpflichtungen aus *ius-cogens*-Normen vor (Art 40): Alle Staaten müssen zusammenarbeiten, um mit rechtmäßigen Maßnahmen derartige Verstöße zu beenden (Art 41 Abs 1). Dadurch ist eine **Pflicht zu kollektiven Maßnahmen** im Falle solcher schwerer Rechtsverletzungen angesprochen (diese Pflicht kann jedoch mit einer allfälligen Neutralität in Konflikt kommen, wenn die VRverl in einer Aggression besteht – Rz 1848f; D 232).

Darüber hinaus dürfen die Staaten *die durch eine derartige Rechtsverl geschaffene Situation* **nicht als rechtmäßig anerkennen** (Art 41 Abs 2). Diese Folge entwickelt das mit der *Stimson-Doktrin* (Rz 1812) initiierte und in Art 52 WVK (Rz 361; D 10) enthaltene Konzept in allgemein gültiger Weise weiter. 2786

Somit entspricht die zweite dieser besonderen Folgen zweifellos dem bestehenden VR, während die erstgenannte wohl eine fortschreitende Entwicklung darstellt. Über weiter gehende Rechtsfolgen pönalen Charakters, insbes Strafzahlungen *(punitive damages),* konnte in der ILC keine Einigung erzielt werden, weshalb der ILC-Text solche Folgen offen lässt (Art 41 Abs 3). 2787

D. Die Geltendmachung der völkerrechtlichen Verantwortlichkeit

Literatur: *Doehring,* Die Pflicht des Staates zur Gewährung diplomatischen Schutzes (1959); *Annacker,* Die Durchsetzung von erga omnes Verpflichtungen vor dem Internationalen Gerichtshof (1994); *Frowein,* Reactions by not Directly Affected States to Breaches of Public International Law, RdC 248 (1994) 353; *Wittich,* Direct Injury and the Incidence of the Local Remedies Rule, ARIEL 5 (2000) 121; *ders,* Das Konzept des verletzten Staates, in: *Marboe / Reinisch / Wittich* (Hrsg), Österreichischer Völkerrechtstag 2001 (2002) 167; *Amerasinghe,* Local Remedies in International Law (2004).

1. Die Feststellung des Anspruchsberechtigten

Entsprechend der Zurechnung zum Verletzer (Rz 2711ff) erfolgt die Feststellung des Anspruchsberechtigten durch Bestimmung der Rechtssphäre, in der die Verletzung (Wirkung) eingetreten ist. Diese Ermittlung wird von zwei für das VR charakteristischen Grundsätzen beherrscht: der Relativität der vr Rechte und Pflichten und der Mediatisierung des Menschen (Rz 42f, 2797ff). 2788

a) Die Relativität der völkerrechtlichen Rechte und Pflichten

Das traditionelle, *„klassische" VR* hat eine weitgehend *privatrechtliche Struktur.* Dementsprechend gibt es Rechte und Pflichten nur zwischen bestimmten VRS und nur auf Grund eines zwischen ihnen bestehenden konkreten Verpflichtungsbandes. Dieses kann sich va auf Vertrag oder VGR gründen, wozu im letzteren Fall die Geltung des Gewohnheitsrechtes für beide Staaten nachzuweisen ist (Rz 178ff). Bei einer Normverletzung kann daher **nur** der **unmittelbar verletzte Staat Ansprüche aus** der **Staatenverantwortlichkeit** geltend machen (*Südwestafrika-Fälle* – D 79b). 2789

Art 42 nennt drei Fälle des unmittelbar verletzten Staates:

1) ein Staat, dem gegenüber die verletzte Verpflichtung geschuldet ist (zB Verletzung eines bilateralen Vertrages); 2790

2) bei Verpflichtungen gegenüber der internationalen Gemeinschaft in ihrer Gesamtheit oder einer Gruppe von Staaten der durch die VRverl bes betroffene Staat (zB Umwelt- oder Menschenrechtsverpflichtungen);

3) bei „integralen“ Verpflichtungen, dh solchen, deren Verletzung die Rechtsposition jedes Staates, dem gegenüber die Verpflichtung geschuldet ist, wesentlich ändert, ist jeder dieser Staaten als unmittelbar verletzter Staat anzusehen (zB Abrüstungsverträge – Rz 380).

2791 Art 42 lehnt sich in seiner Struktur eng an Art 60 Abs 2 WVK (D 10) an. In jüngerer Zeit wurde jedoch der Gedanke entwickelt, dass auch andere Staaten als der verletzte Staat (oder gar IO) zumindest in begrenztem Umfang Staatenverantwortlichkeit geltend machen können. So haben schon die Errichtung von IO und insbes das System der kollektiven Sicherheit der VN (Rz 1840 ff) eine Entwicklung in Richtung einer *Verantwortung gegenüber der Staatengemeinschaft* eingeleitet. Sie ermöglicht internationalen Organen bei bestimmten, bes schweren VRverl ein Tätigwerden unabhängig vom verletzten Staat, doch ist diese Verantwortung noch weit von vr Verantwortlichkeit entfernt.

2792 Diese neue Konzeption hat sich im Zusammenhang mit Konventionen zum Schutz von *Menschenrechten* sowie in der Lehre von den **Erga-omnes-Verpflichtungen** entwickelt. Diese sind nicht gegenüber *einem bestimmten* Vertragspartner, sondern *gegenüber allen anderen Vertragsparteien zu erfüllen (erga omnes partes).* Dieses Konzept, welches der IGH im *Barcelona Traction-Fall* (D 64 a) anerkannt hat, ist auch die Grundlage der in der WVK für nicht unmittelbar betroffene Parteien multilateraler Verträge vorgesehenen Möglichkeit, auf Vertragsverletzungen mit Schutzmaßnahmen zu reagieren (Rz 380, 2831 ff).

2793 Gem dem ILC-Text (Art 48) ist jedes Mitglied einer Staatengruppe berechtigt, die Staatenverantwortlichkeit geltend zu machen, wenn die verletzte Verpflichtung ihr gegenüber geschuldet ist und den Schutz eines kollektiven Interesses bezweckt; im Fall einer Verpflichtung gegenüber der internationalen Gemeinschaft in ihrer Gesamtheit ist jeder Staat dazu berechtigt.

2794 Allerdings sind diese Staaten nach Art 48 Abs 2 nur dazu berechtigt, die *Beendigung* des *rechtswidrigen Aktes* und *Unterlassungsgarantien* (Rz 2741) zu fordern. Ferner dürfen sie *Wiedergutmachung* verlangen, aber nicht im eigenen Namen, sondern im Interesse des verletzten Staates oder des von der verletzten Verpflichtung Begünstigten. Als Begünstigte sind va Einzelpersonen zu verstehen, zu deren Gunsten eine Verpflichtung, insbes zur Einhaltung von Menschenrechten, besteht.

2795 Nicht allgemein bestimmt ist bisher die Kanalisierung der Verantwortlichkeit in den in der Gegenwart immer häufigeren Fällen, in denen *mehrere Staaten gemeinsam* eine *VRverl* verursachen. Diese Situation ist vorderhand nur in einigen Übereinkommen über die Haftung für erlaubte Tätigkeiten (Rz 2688) im Sinne einer *solidarischen Haftung* geregelt worden.

2796 Daher sieht der ILC-Text (Art 47) für den Fall einer Mehrzahl verantwortlicher Staaten vor, dass die Verantwortlichkeit jedes Einzelnen dieser Staaten geltend gemacht werden kann. Ebenso kann im Falle einer Mehrzahl verletzter Staaten jeder dieser Staaten einzeln die Verantwortlichkeit des rechtsverletzenden Staates geltend machen (Art 46).

b) Die Mediatisierung des Menschen

Da nur die Verletzung eines vr Rechtes zur Staatenverantwortlichkeit führt (Rz 2694, 2714), kann nur Unrecht, das sich gegen einen vr Rechtsträger, also ein VRS, richtet, diese Folge hervorrufen. Werden **ausländische Staatsangehörige völkerrechtswidrig behandelt,** so tritt die **Verletzung** in der Rechtssphäre **ihres Heimatstaates** ein, der auf ihre völkerrechtskonforme Behandlung einen Anspruch hat (diplomatischer Schutz – Rz 701 ff). Nur ausnahmsweise besteht daneben auch ein vr Anspruch des verletzten Staatsangehörigen, den er selbst geltend machen kann (Rz 2801 f). **2797**

Diese auf *Vattel* („*Le droit des gens*" – Rz 149) zurückgehende Konstruktion ist eine Folge der als Recht zwischen Rechtsgemeinschaften, nicht aber zwischen diesen und Einzelmenschen, dogmatisch bestimmten Struktur des VR **(Mediatisierung des Menschen).** Für die *betroffenen physischen* oder *juristischen Personen* ist sie *unbefriedigend.* Da der Staat die Verletzung seines Rechtes geltend macht *(Mavrommatis-Fall* – D 345), haben sie nur dann ein subjektives Recht auf das Tätigwerden ihres Heimatstaates, wenn ihnen dessen innerstaatliches Recht ein solches einräumt, wie etwa Art 112 Abs 2 ehemalige Weimarer Verfassung 1919. Das ist aber äußerst selten und in Österreich jedenfalls nicht der Fall (D 68). **2798**

Alle wissenschaftlichen Versuche, ein solches subjektives Recht aus dem allgemeinen Treueverhältnis zwischen Staat und Staatsbürgern (Rz 674) oder aus den Menschenrechten herzuleiten, haben in der Praxis keine Beachtung gefunden. In Deutschland wird trotz Anknüpfung an die Weimarer Verfassungstradition nur ein subjektives öffentliches Recht auf fehlerfreie Ermessensausübung bei der Entscheidung über die Gewährung des diplomatischen Schutzes, nicht aber auf die Schutzgewährung selbst zugestanden. **2799**

Umgekehrt können *Staatsangehörige* deshalb aber auch *nicht* vr wirksam auf den *diplomatischen Schutz,* also auf ein vr Recht ihres Heimatstaates, *verzichten.* Die sog **Calvo-Klausel** (Rz 705, 1293), ein gelegentlich in Verträge zwischen Staaten und Ausländern aufgenommener Verzicht dieses Inhalts, ist daher **vr unwirksam** (D 155). **2800**

Nur *ausnahmsweise* können *Individuen auf Grund* von *Staatsverträgen* vr Unrecht, durch das sie betroffen sind, selbst *vor internationalen Instanzen* bekämpfen. Das kann auf einer besonderen Abmachung zwischen verletzendem und verletztem Staat beruhen, die zB den unmittelbaren Zugang zu einer *Mixed Claims Commission* (Rz 2819 ff) eröffnet. Selbst in diesem Fall ist letztlich nur der Heimatstaat im Stande, den Schiedsspruch durchzusetzen (Rz 2823 ff). **2801**

Es gibt aber auch multilaterale Konventionen, die den direkten Zugang der betroffenen Personen zu einer internationalen Instanz vorsehen, zB im Bereich des *Investitionsschutzes* (Rz 2621; D 321) oder des *Menschenrechtsschutzes* (Rz 1394 ff, 1520 ff, 1621 f, 1629; D 168, 174). **2802**

2. Rechtsanspruch und politische Opportunität

Das auf Seiten des Verletzten durch das Unrecht entstandene Recht auf *Wiedergutmachung* wird *nicht immer geltend gemacht.* Grund dafür sind außenpolitische Opportunitätserwägungen. **2803**

2804 Die Geltendmachung vr Unrechts muss im Kontext der gesamten Beziehungen zwischen den betroffenen Staaten, in der heutigen Zeit va auch der wirtschaftlichen, gesehen werden. Ein verletzter Staat kann sie etwa aus allgemeiner *Furcht vor* der verletzenden *Großmacht* oder wegen *wirtschaftlicher Abhängigkeit* (zB von Öllieferungen) unterlassen. Er kann aber auch von der Sorge geleitet sein, die aus der Geltendmachung entstehende Verärgerung beim Verletzer könne seine *Exportaussichten verschlechtern.* Schließlich spielen auch die recht *schwachen vr Durchsetzungsmechanismen* (Rz 2827) in den Überlegungen eine Rolle: Denn wenn nur geringe Aussicht auf Erfolg besteht, dann wird die mögliche Beeinträchtigung der Beziehungen umso weniger in Kauf genommen werden.

2805 Es ist also nicht außergewöhnlich, dass ein Staat nach einer Interessenabwägung die Wahrung seines Rechtes in einem konkreten Fall unterlässt oder nur der Form nach und ohne Nachdruck betreibt.

2806 Das ist insbes im Zusammenhang mit der Geltendmachung von Unrecht, das in der völkerrechtswidrigen Behandlung von Staatsangehörigen bestanden hat, zu bedenken. Denn hier findet nicht nur eine Abwägung zwischen den verschiedenen Interessen des verletzten Staates gegenüber dem Verletzer statt, sondern zusätzlich noch eine Abwägung der Interessen des verletzten Staates mit denen seiner betroffenen Staatsangehörigen. Dass letztere dabei nicht immer den Vorrang erhalten, trägt wiederum zur unbefriedigenden Situation bei, die sich aus dem Prinzip der Mediatisierung des Individuums bzw juristischer Personen des staatlichen Rechtes ergibt (Rz 2798).

2807 Ein Staat verliert sein Recht zur Geltendmachung der Staatenverantwortlichkeit, sofern er auf diese Geltendmachung in gültiger Weise verzichtet hat oder sein Verhalten erkennen lässt, dass er mit dem Verlust einverstanden ist (Art 45). Diese Bestimmung ist Art 45 WVK nachgebildet (Rz 385; D 10) und zwingt die Staaten, abzuwägen, wieweit sie die mit der Geltendmachung verbundenen erhöhten wirtschaftlichen oder politischen Kosten gegenüber der Folge eines Verlustes dieses Rechtes in Kauf zu nehmen bereit sind.

3. Zulässigkeit

2808 Die Geltendmachung der vr Verantwortlichkeit eines anderen Staates ist an mehrere Zulässigkeitsbedingungen geknüpft.

In erster Linie hat der **verletzte Staat** dem verletzenden Staat seinen Anspruch zu **notifizieren** (Art 43; s Rz 2815).

2809 Weiters müssen – sofern der Anspruch in Ausübung des diplomatischen Schutzrechtes unterbreitet wird – die allgemeinen Voraussetzungen für die Inanspruchnahme des diplomatischen Schutzes erfüllt sein (Rz 705 ff). Insbes muss die verletzte Person zum Zeitpunkt sowohl der Schadenszufügung als auch der Geltendmachung des Anspruches die Staatsangehörigkeit des geltend machenden Staates besitzen (**„nationality of claims“** – Art 44 lit a; Rz 710 f).

2810 In engem Zusammenhang damit kann ein verletzter Staat einen Anspruch, der ihm durch die vrwidrige Behandlung eines seiner Staatsangehörigen (Rz 2797) entsteht, nur dann geltend machen, wenn die betroffene (natürliche oder juristische) Person ihre im verletzenden Staat *effektiv* zur Verfügung stehenden *Rechtsbehelfe erschöpft* hat (**„exhaustion of local remedies“** – Art 44 lit b; Rz 709). Dem verletzenden Staat soll nämlich die Gelegenheit gegeben werden, allfällige Fehler seiner Behörden unterer Instanz (Rz 2717) im eigenen Wirkungsbereich zu beseitigen.

Der *innerstaatliche Rechtsweg* braucht aber *nicht* erschöpft zu werden, **2811**
wenn er nicht geeignet ist, das vr Unrecht zu beseitigen (*Ambatielos-Fall* – D 327). Diese **Aussichtslosigkeit** kann in der Rechtsordnung des verletzenden Staates selbst begründet sein, wenn sie zwar Rechtsbehelfe zur Verfügung stellt, diese aber nicht geeignet sind, die innerstaatliche Rechtsgrundlage der VRverl zu beseitigen (zB kein Zugang zum VfGH zur Aufhebung eines völkerrechtswidrigen Gesetzes), sodass auch alle weiteren Instanzen entsprechend entscheiden müssten.

Sie kann ihren Grund aber auch im Tatsächlichen, in einer mit an **2812**
Sicherheit grenzenden Wahrscheinlichkeit zu erwartenden Rechtsverweigerung (*denial of justice, déni de justice* – Rz 1300) haben, die etwa durch politischen Druck auf die entscheidenden Behörden und Gerichte (D 328) oder durch deren notorische Fremdenfeindlichkeit hervorgerufen werden kann (vgl ferner Rz 2365).

Staaten selbst sind wegen ihrer souveränen Gleichheit (Rz 2086) nicht **2813**
verpflichtet, die Verletzung eines vr Rechtes vor den Behörden des verletzenden Staates zu bekämpfen, da das einer Unterstellung unter fremde Hoheitsgewalt gleichkäme (Rz 864 ff). Wann allerdings eine solche „direkte“ VRverl vorliegt, ist oft schwierig festzustellen, da in vielen Fällen der verletzte Staat sowohl diplomatisches Schutzrecht zu Gunsten eigener Staatsangehöriger ausübt als auch ein direktes Recht (etwa das Diplomatenrecht oder die Respektierung der territorialen Souveränität) geltend macht (*Saiga-Fall* – D 285 c). Bei solchen „gemischten“ VRverl ist auf den Schutzzweck der verletzten Norm abzustellen.

So ist etwa die Verletzung der Regeln über die diplomatische Immunität **2814**
(Rz 1758 ff) eine direkte VRverl, obwohl sie einen Staatsangehörigen (den Diplomaten) des SendSt unmittelbar betrifft; denn die Immunitäten dienen nicht den Interessen des einzelnen Diplomaten, sondern sollen primär den diplomatischen Missionen als Vertretungen von Staaten die wirksame Wahrnehmung ihrer Aufgaben ermöglichen (vgl Präambel zur WDK – D 205).

4. Rechtsbehelfe

Zur Geltendmachung der Staatenverantwortlichkeit stehen alle Ver- **2815**
fahren zur friedlichen Streitbeilegung (Rz 1953 ff) zur Verfügung. Tatsächlich spielt sich der Vorgang in den meisten Fällen so ab, dass gegen den Eintritt des vr Unrechts *Protest* (Rz 511) oder zumindest Vorstellungen erhoben und daraus abgeleitete Ansprüche dem Verletzer mit dem Verlangen notifiziert werden, darüber Verhandlungen zu führen (*„diplomatischer Weg“*). Der verletzte Staat hat insbes anzugeben, welche Wiedergutmachungsform der verletzende Staat erbringen soll (Art 43). Entstünde dem verletzten Staat aber – zB durch weitere Vertragserfüllung gegenüber einem

Vertragsverletzer – ein *nicht wiedergutzumachender Nachteil,* so dürfen *sofort Schutzmaßnahmen* ergriffen werden (Rz 2744 f, 2826).

2816 Außer in den Fällen, in denen zwischen den beiden Staaten die *Zuständigkeit* einer *internationalen Instanz* zur Beilegung anfallender Streitigkeiten im Voraus *vereinbart* wurde (zB bilaterales oder multilaterales Streitbeilegungsabkommen; reziproke Erklärungen gem Art 36 Abs 2 IGH-Statut – Rz 1992 ff; D 261–264) oder sich bei der Verletzung eines Vertrages aus diesem ergibt (Rz 1974 f), wird das Verfahren nur selten über das Stadium des „diplomatischen Weges" hinausgehen.

2817 Wird der Anspruch befriedigt, so endet damit das Verfahren. Bestreitet der Anspruchsgegner den Anspruch oder lehnt er die Befriedigung ab, so entsteht ein vr Streit, und der Staat kann zur *Selbsthilfe* (Rz 2823 ff) greifen. Das bedeutet aber gleichzeitig, dass er selbst beurteilen muss, ob ihm ein vr Unrecht geschehen ist.

2818 Denn die Tatsache, dass es im Bereich der Staatenverantwortlichkeit, gemessen am übrigen VR, *verhältnismäßig viele internationale Entscheidungen* (Rz 2689 f) gibt, darf nicht zur Annahme verleiten, in diesem Zusammenhang bestehe eine größere Bereitschaft zur institutionellen Streitbeilegung als in anderen. Die Häufigkeit hat zwei praktische Gründe.

2819 Einer liegt im Gegenstand: Bei einer *Häufung von Ansprüchen,* zB aus der völkerrechtswidrigen Behandlung fremder Staatsangehöriger im Zuge von Nationalisierungen, bei Unruhen oder in einem Krieg, empfiehlt sich deren Erledigung durch ein besonderes Organ, etwa eine *Mixed Claims Commission,* da der normale diplomatische Apparat damit wohl überfordert wäre.

2820 Die Analyse der Entscheidungen enthüllt aber auch einen anderen Grund. Die Einsetzung der meisten *Mixed Claims Commissions* erfolgte in Situationen, in denen sich die betroffenen *Staaten* tatsächlich *nicht gleichberechtigt* gegenüberstanden, sondern der Verletzer vom Verletzten in einem Krieg besiegt worden (Einsetzung im Friedensvertrag) oder von ihm politisch-wirtschaftlich abhängig war. Dafür zeugen die zahlreichen *Mixed Claims Commissions* zwischen den USA oder europäischen Mächten einerseits und mittelamerikanischen Staaten anderseits zwischen 1902 und 1933 bzw die Gemischten Kommissionen nach dem II. WK.

2821 Derartige Institutionen haben auch in jüngerer Zeit wieder erhöhte Bedeutung gewonnen. So etwa errichteten die USA und der Iran nach der Geiselaffäre (*Teheraner Geisel-Fall* – D 346) 1979/80 das *Iran-US Claims Tribunal,* das bereits mehrere hundert Fälle entschieden hat. Ein weiteres Beispiel ist die *UN Compensation Commission,* ein Hilfsorgan des SR der VN zur Geltendmachung von Ansprüchen gegen den Irak auf Grund der irakischen Invasion Kuwaits 1990 (Res des SR 687 [1991]; Rz 1861).

2822 Der ILC-Text sieht va aus zwei Gründen jedoch keine Verfahren der friedlichen Streitbeilegung vor. Zum einen handelt es sich um keinen bindenden Vertragstext, der für die Festlegung eines Verfahrens erforderlich wäre; zum anderen würde eine solche Regelung zu einem allgemein gültigen obligatorischen Streitbeilegungsverfahren führen, da fast jede internationale Streitigkeit den einen oder anderen Aspekt der Staatenverantwortlichkeit enthält. Ein solches Ergebnis würde jedoch auf unüberwindlichen Widerstand in der Staatengemeinschaft stoßen.

5. Selbsthilfe (Sanktionen)

Literatur: *Fisler Damrosch,* Retaliation or Arbitration – Or Both? AJIL 74 (1980) 785; *Dominicé,* Représailles et droit diplomatique, FS *Huber* (1981) 541; *Zoller,* Peacetime unilateral remedies (1984); *Zemanek,* The unilateral enforcement of international obligations, ZaöRV 47 (1987) 32; *Sicilianos,* The Relationship between Reprisals and Denunciation or Suspension of a Treaty, EJIL 4 (1993) 341; *Crawford,* Counter-measures as Interim Measures, EJIL 5 (1994) 65; *Hafner,* Das Recht zu Gegenmaßnahmen im Entwurf der ILC über die Staatenverantwortlichkeit, in: *Marboe / Reinisch / Wittich* (Hrsg), Österreichischer Völkerrechtstag 2001 (2002) 189.

a) Allgemeines

In einer dezentralisierten Gesellschaft wie der internationalen, in der die **„institutionelle Entlastung"** *(Schelsky,* Zur soziologischen Theorie der Institution, in: *Schelsky* [Hrsg], Zur Theorie der Institution [1970] 19) **zur Durchsetzung von Rechtsansprüchen noch nicht stattgefunden** hat, in der also keine Gemeinschaftsorgane diese Aufgabe übernommen haben, ist die **Durchsetzung dem Verletzten überlassen.** Das „klassische" VR erlaubte zu diesem Zweck die Anwendung einer Reihe von Mitteln, von der Retorsion über die Repressalie bis zum Krieg. **2823**

Durch das in der SVN ausgesprochene *Gewaltverbot* (Rz 1813) ist das letztere Mittel ausnahmslos verboten. Aber auch die Repressalie wurde, wie die Definition des Gewaltverbotes in der *„Friendly-Relations-Deklaration"* und in der *KSZE-Schlussakte* (Rz 1794f; D 214, 215) ausweist, auf Akte beschränkt, die nicht mit militärischer Gewalt erfolgen. **2824**

Die heutige Problematik der Rechtsdurchsetzung im Rahmen des internationalen Systems entsteht also letztlich dadurch, dass die Staatengesellschaft zwar bestimmte individuelle Mittel der Rechtsdurchsetzung verboten hat, aber bisher nicht im Stande war, an deren Stelle ein effektives System der Gemeinschaftsdurchsetzung zu errichten (Rz 1843). **2825**

Der Begriff der *vr Sanktionen* wird, von Ausnahmen (Rz 2833) abgesehen, (fälschlicherweise) für Maßnahmen verwendet, die *keine Strafen* sind, sondern den Urheber des Unrechts zur *Einstellung* seines *völkerrechtswidrigen Verhaltens* und zur *Wiedergutmachung* veranlassen sollen (Rechtssicherungsmittel). Somit fallen darunter sowohl die Folgen der Staatenverantwortlichkeit als auch Schutzmaßnahmen, die sich zB aus dem Vertragsrecht ergeben (Rz 377ff, 2829ff). **2826**

Da die Wirksamkeit vr Sanktionen nicht regelmäßig sichergestellt ist, weil der Verletzer trotz deren Anwendung in seinem völkerrechtswidrigen Verhalten beharren mag, haben Schutzmaßnahmen (Rz 2744f, 2815, 2829ff) den Zweck, die Interessen des verletzten Staates an dem vom Unrecht betroffenen Rechtsgut zu schützen, ihn also nicht zu einseitigen Leistungen gegenüber dem Verletzer zu zwingen. Diese beiden Aspekte sind in den verschiedenen Sanktionsmitteln in unterschiedlicher Gewichtung vertreten. **2827**

b) Die Retorsion

Die Retorsion ist ein **unfreundlicher Akt,** der sich **gegen** einen **ebensolchen Akt** eines anderen Staates richtet (vgl aber Rz 7). Unfreundlich ist **2828** ein vr nicht verbotener Akt dann, wenn er dem Zustand guter Beziehungen zwischen Staaten nicht entspricht. Ein Beispiel ist die Reduzierung diplomatischer Beziehungen im Niveau durch eine lange Abwesenheit des Missionschefs. Da Retorsionen aber im rechtsfreien Raum Platz greifen, sind sie **an sich** *keine rechtlichen Sanktionen.* Sie können diese Funktion aber übernehmen, wenn ein Staat eine VRverl bloß mit einem unfreundlichen Akt beantwortet.

c) Die Schutzmaßnahmen

2829 Schutzmaßnahmen berechtigen Staaten, ein Unrecht mit der **Verletzung einer mit dem verletzten Recht eng zusammenhängenden, reziproken Pflicht** zu beantworten. Solche Schutzmaßnahmen sind gelegentlich in Subsystemen (va der WVK) ausdrücklich vorgesehen, können sich aber auch aus dem VGR ergeben.

2830 Ihre Anwendung ist allerdings *nur sinnvoll,* wenn in der Sache *materielle Reziprozität* (Rz 65) besteht, sodass der Verletzer überhaupt getroffen wird. Verweigert also zB ein Staat unter Verletzung eines bilateralen Abkommens über die Abschaffung der Sichtvermerkspflicht Staatsangehörigen des Vertragspartners ohne Visum die Einreise, so ist die Suspension des Abkommens als Schutzmaßnahme nur wirksam, wenn der Reiseverkehr in beiden Richtungen etwa gleich dicht ist.

2831 Der Hauptzweck der Schutzmaßnahme ist der **Schutz** der **Interessen** des **Verletzten** an dem betroffenen Rechtsgut; außerdem hat sie einen gewissen *Strafcharakter.* Hierher gehören va die *Auflösung* oder *Suspendierung* eines *bilateralen* (Rz 379) oder die *Suspendierung* eines *multilateralen Vertrages* (Rz 380) durch den Verletzten (Rz 2744 ff, 2815 f).

2832 Bei der Suspendierung der Vertragsleistung (Rz 403) ist der vr Sanktionsaspekt (Rz 2826) stärker ausgeprägt: Da sie mit der Wiederaufnahme der Vertragsleistungen durch den bisherigen Verletzer wieder aufgehoben werden kann, wirkt sie auch als Mittel zur Erzwingung eines vertragskonformen Verhaltens. Das lässt sich durch die Auflösung, die das Vertragsband zerschneidet, nicht erreichen.

2833 Noch deutlicher zeigt sich der *pönale Aspekt* (Rz 2826) im Recht *aller Vertragspartner* eines *multilateralen Vertrages,* diesen *gegenüber* einem *vertragsbrüchigen Staat* zu *beenden* (Rz 380), eine Einrichtung, aus der sich auch der *Ausschluss* aus einer *IO* (Rz 1001 ff) entwickelt hat. Denn die Beendigung dient zwar dem Schutz der Interessen an dem betroffenen Rechtsgut; die Vertragsparteien haben das Vertrauen in die künftige Vertragserfüllung durch den Rechtsbrecher verloren. Sie hat aber auch einen starken Strafcharakter (der Vertragsverletzer soll aus dieser besonderen Gemeinschaft ausgeschlossen, also gebrandmarkt werden).

d) Die Gegenmaßnahmen (Repressalien)

2834 Die von der **ILC** in **Gegenmaßnahme (countermeasure) umbenannte Repressalie** (Art 49–54) gestattet als Folge eines vr Unrechts einen **Eingriff** des **Verletzten** (Rz 2789) in einzelne, **ansonsten geschützte vr Rechtsgüter** des Staates, dem das vr Unrecht zuzurechnen ist (Rz 2731). Sie ist zum Unterschied von der Schutzmaßnahme *nicht* durch die *Parallelität bzw Gegenseitigkeit der verletzten Rechtsgüter* eingeengt und ist lediglich ein Rechtssicherungsmittel. Sie darf erst angewendet werden, wenn der *verletzte Staat* den *Rechtsbrecher* zur *Beendigung* der *VRverl* und zur *Wiedergutmachung aufgefordert,* die *Gegenmaßnahme angekündigt* und *Verhandlungen angeboten* hat (Art 52 Abs 1).

Gegenmaßnahmen dürfen jedoch nicht ergriffen werden, wenn die **2835** ursprüngliche Rechtsverl beendet und der Streit vor einem Gericht anhängig ist, das für die Streitparteien verbindliche Entscheidungen fällen kann (Art 52 Abs 3).

Der Gegenmaßnahme sind zudem **Grenzen gesetzt** (Art 50): **2836**

1) Sie darf **nicht** in die Normen des **ius cogens** (Rz 31, 364 ff) eingreifen, weil diese der *Disposition* der *einzelnen Staaten entzogen* sind. Sie darf daher va **nicht** in der Anwendung von **Waffengewalt** bestehen (Rz 1879, 1881, 1936, 2824; D 214, 215), sondern muss sich auf Eingriffe in wirtschaftliche und politische Rechte beschränken. Demgemäß kann eine Gegenmaßnahme nur bei Bestehen entsprechender Beziehungen wirksam sein, weil sonst das Gegenmaßnahmenobjekt fehlt.

2) Sie darf **nicht** in **Verpflichtungen zum Schutz grundlegender Menschenrechte** sowie in **Verpflichtungen aus dem humanitären Recht eingreifen,** soweit dieses Repressalien verbietet. Positivrechtliche Belege dafür sind die *Verbote* in den *humanitätsrechtlichen Abkommen* (Rz 2931).

3) Sie darf **nicht** in **Verpflichtungen der friedlichen Streitbeilegung** sowie in bestimmte Bereiche der **diplomatischen Immunität eingreifen,** damit der Weg zur Streitbeilegung und Kommunikationskanäle immer offen bleiben.

Der IGH hat im *Teheraner Geisel-Fall* (D 346 b) die vr Normen, die die rechtliche Sonderstellung diplomatischer und konsularischer Vertreter schützen (Rz 1760), als *geschlossenes System (self-contained regime)* bezeichnet, da dieses *eigene* – und zwar *ausschließliche* – *Sanktionsvorschriften* enthalte. Es ist äußerst zweifelhaft, ob dies tatsächlich der Fall ist. Andere geschlossene Systeme sind bislang jedenfalls noch nicht bekannt.

Als Beispiel eines *offenen Systems* sei die *WVK* (D 10) genannt, die in Art 73 die Anwendung des Rechts der vr Verantwortlichkeit ausdrücklich unberührt lässt.

4) Sie muss sich gegen Rechtsgüter des verletzenden Staates richten und darf **Rechte dritter Staaten nicht beeinträchtigen.**

5) Sie muss hinsichtlich der Schwere des Eingriffs in einem **angemessenen (proportionalen) Verhältnis** zur **vorangegangenen Verletzung** stehen (Art 51; D 23 d, 347, 348). Dabei sind die Schwere der Verletzung sowie die Bedeutung des durch die verletzte Norm geschützten Rechtsgutes zu berücksichtigen. Es stellt sich allerdings die Frage, wie diesem Grundsatz entsprochen werden kann. Denn da es sich *nicht um spiegelgleiche Schutzmaßnahmen* handelt (Rz 2829), lassen sich die ursprünglich verletzten und die von der Gegenmaßnahme betroffenen Interessen kaum vergleichen (zB eine Grenzverletzung mit der darauf folgenden Suspendierung eines Handelsvertrages).

6) Da das Ziel der Gegenmaßnahme die Beendigung eines völkerrechtswidrigen Verhaltens bzw die Leistung von Wiedergutmachung ist, muss sie mit **Erreichung des** jeweiligen **Zieles eingestellt** werden (Art 53).

Die Überschreitung dieser Grenzen begründet ihrerseits Verantwortlichkeit für vr Unrecht *(Gegenmaßnahmenexzess)* mit den sich daraus ergebenden Folgen.

2837 Die Frage, ob Staaten, die von der VRverl nicht unmittelbar betroffen sind (Rz 2792 ff), ein Recht haben, Gegenmaßnahmen zu ergreifen (zB im Fall schwerer Menschenrechtsverletzungen), lässt der ILC-Text offen (Art 54). Es konnte keine einhellige Meinung der Staatengemeinschaft zu dieser Frage erzielt werden, da insbes die Frage der Durchsetzung der Menschenrechte von ideologisch und kulturell unterschiedlichen Positionen bestimmt ist.

e) Verfahren

2838 Retorsion, Schutzmaßnahme und Gegenmaßnahme (Repressalie) sind Maßnahmen eines VRS gegen ein anderes. Ihre Anordnung obliegt daher ausschließlich den für den vr Verkehr zuständigen innerstaatlichen Organen.

2839 Für das *österreichische Recht* ergibt sich die Berechtigung zur Schutzmaßnahme oder Gegenmaßnahme aus dem allgemeinen VGR, das nach Art 9 Abs 1 B-VG innerstaatlich unmittelbar geltend und wirksam ist (Rz 234; D 49), bzw aus einschlägigen vr Verträgen (zB WVK), die innerstaatlich gelten. Die *Zuständigkeit* zur Anordnung bestimmt sich nach dem *Rechtsgut,* in das *eingegriffen* werden soll (für Verträge siehe Rz 391).

2840 Es ist nicht anzunehmen, dass ein Erkenntnis des VfGH in Ausübung der gegenwärtig nicht aktualisierbaren Zuständigkeit nach Art 145 B-VG, über VRverl zu erkennen (Rz 641, 2754), ursprünglich als Voraussetzung für die Anordnung einer Schutz- oder Gegenmaßnahme gedacht war (D 49).

2. Kapitel
Die internationale Strafgerichtsbarkeit
Gerhard Hafner

Literatur: *McCormack / Simpson,* The Law of War Crimes (1997); *Bassiouni,* The Statute of the International Criminal Court (1998); *Arsanjani,* The Rome Statute of the International Criminal Court, AJIL 93 (1999) 22; *Lee,* The International Criminal Court (1999); *Triffterer* (Hrsg), Commentary on the Rome Statute of the International Criminal Court (1999); *Nisi,* The International Criminal Court (2000); *Blanke,* Der Internationale Strafgerichtshof, ArchVR 39 (2001) 142; *Charney,* International criminal law and the role of domestic courts, AJIL 95 (2001) 120; *Schäfer,* Der Internationale Strafgerichtshof (2001); *Cassese,* The International Criminal Court (2002); *Hafner,* Der Internationale Strafgerichtshof, in: *Hummer* (Hrsg), Paradigmenwechsel im Völkerrecht zur Jahrtausendwende (2002) 325.

A. Allgemeines

Der gegenwärtige Stand der internationalen Strafgerichtsbarkeit, dh der auf Einzelpersonen bezogenen Strafgerichtsbarkeit **(individuelle Verantwortlichkeit),** resultiert einerseits aus der Entwicklung der internationalen Definition der Straftatbestände, andrerseits der Institutionen zu ihrer Verfolgung. **2841**

1. Die Definition der Straftatbestände

Da die **Strafjurisdiktion** grundsätzlich den **Staaten überlassen** ist, können sie mit deren Hilfe ihre politische Wertvorstellungen durchsetzen. Hiebei können sie ihre Strafjurisdiktion auf die Handlungen erstrecken, die auf ihrem Gebiet **(Territorialitätsprinzip),** von oder gegen ihre Staatsangehörigen **(Personalitätsprinzip),** gegen bestimmte Rechtsgüter **(Schutzprinzip)** oder durch wen oder wo immer gesetzt wurden **(Universalitätsprinzip)** (Rz 757 f). **2842**

Nichtsdestotrotz haben die Staaten bereits bestimmte Straftatbestände vr definiert, wodurch sie die damit verbundenen Wertvorstellungen als allgemein gültig qualifizieren. Diese vr Festlegung der Straftatbestände erfolgt einerseits dadurch, dass bestimmte Verbrechen *unmittelbar auf VR* gestützt werden (Kriegsverbrechen – Rz 2899, 2912, 2914; Verbrechen gegen die Menschlichkeit – Rz 2915; Aggression – Rz 1815, 1848 ff, 1887, 112; D 232; Völkermord – Rz 2915, 1368, 1401; D 171, **internationale Verbrechen ieS**), andrerseits dadurch, dass bestimmte *Verbrechen* zwar *vertraglich definiert* werden, jedoch einer *Umsetzung* in der jeweiligen *nationalen Strafjurisdiktion* bedürfen (**transnationale Verbrechen;** mehr als 300 Verträge, wie die Übereinkommen zum Schutz der Diplomaten, zum Schutz des UN-Personals – Rz 1761, 1765, 1674, 964; gegen Luftpiraterie – Rz 2177 ff; zur Bekämpfung widerrechtlicher Handlungen gegen die Sicherheit der Seeschifffahrt – Rz 2297). **2843**

2. Die Institutionalisierung der Strafjurisdiktion

2844 Die **vr Absicherung** der Verfolgung bestimmter Straftaten beruht auf **unterschiedlichen Konzeptionen,** abhängig jeweils vom aktuellen System der iBez und des VR. Solange die Durchsetzung des VR ausschließlich den einzelnen Staaten zukam, blieb es jedem Staat selbst überlassen, die Verbrechen zu verfolgen. Die **erste Stufe** der **Internationalisierung** war erreicht, als sich ab dem 19. Jhdt Staaten bereit erklärten, bei der Verfolgung von in fremden Staaten begangenen Verbrechen im Wege des **Auslieferungsrechts zusammenzuarbeiten.**

2845 Soweit im **heute überwiegenden System** die Staaten die Verbrechen **in vr Verträgen** als **transnationale Verbrechen** definieren (Rz 2843), verknüpfen sie diese Tatbestände mit dem – auf *Grotius* (Rz 148) zurückgehenden – Prinzip *dedere aut iudicare* (*„indirekte Durchsetzung“,* da wiederum nur die Staaten die Strafverfolgung durchsetzen können).

2846 Diese **Abkommen** (Rz 2843) sind **einheitlich** aufgebaut: Der Tatbestandsdefinition folgt die Verpflichtung, diese Tatbestände in das innerstaatliche Rechtssystem einzubauen. Damit ist verbunden, dass diese Verbrechen nicht als politische (nicht auslieferungsfähige) Verbrechen gelten. Es folgt die Pflicht zur Begründung der strafrechtlichen Zuständigkeit und zur Verfolgung bzw Auslieferung sowie zur Zusammenarbeit. Vielfach wird eine universelle Jurisdiktion der einzelnen Staaten vorgesehen. Diese Verträge sind aber noch in das auf Reziprozität (Rz 65 ff) gestützte klassische System des VR eingebettet.

2847 Im **weitest entwickelten System** – wie derzeit beim Internationalen Strafgerichtshof (Rz 1042, 1636, 2915 ff) – ist eine vom Einfluss der einzelnen Staaten losgelöste **zentrale internationale Institution** zur Strafverfolgung zuständig. Da hier die Souveränität der Staaten am stärksten beeinträchtigt ist, bestehen gewisse Bedenken gegen dieses System.

2848 Dennoch sind die Staaten aus unterschiedlichen Gründen an ihm interessiert: zum *Schutz* fundamentaler humanitärer Grundsätze in Situationen *besonderer Grausamkeiten* (seit dem II. WK zählte man in 200 Konflikten mehr als 170 Mio Vorfälle grausamster Art, die kaum verfolgt wurden); wegen des *geringen Vertrauens* in die Ausübung der *Strafgerichtsbarkeit* durch *andere Staaten;* der *Verhinderung* der *Straflosigkeit* von bestimmten Verbrechen; des *Zusammenbruchs von Staatlichkeit* und staatlichen Systemen (*„failed States“* [Rz 746]; zB Somalia, Ruanda); der *Verlagerung der Strafrechtspflege ins Ausland* wegen zu hoher Kosten; der *Aburteilung eigener Organe* durch eine *Drittinstanz;* und einer verstärkten *Präventivwirkung.* So entwickelt sich ein **universeller ordre public,** ein *„common good“,* eines globalen Interesses an der Verfolgung eines Kerns bes verabscheuenswürdiger Verbrechen.

B. Der Internationale Strafgerichtshof

1. Die Vorgänger: Ad-hoc-Tribunale zur Verfolgung der Kriegsverbrechen im früheren Jugoslawien und Ruanda

2849 Für den seit 2002 bestehenden **Internationalen Strafgerichtshof (International Criminal Court – ICC)** gibt es nur sehr wenige Präzedenzfälle. Nach erfolglosen Ansätzen nach dem I. und vor dem II. WK wurden nach 1945 das **Nürnberger** und das **Tokioter Militärtribunal** zur Aburteilung deutscher und japanischer Kriegsverbrecher errichtet. Nach weiteren, jedoch *erfolglosen Versuchen* der Errichtung eines internationalen Strafgerichts im Rahmen der *Völkermord-Konvention 1948* (Rz 1401; D 171) und der *Apartheid-Konvention 1973* (Rz 1404) drängten die Staaten erst wegen der Zunahme terroristischer Akte, des organisierten Verbrechens und der va in Bürgerkriegen begangenen Gräuel auf die Schaffung eines solchen Gerichts.

Unter dem Eindruck der Grausamkeiten im früheren Jugoslawien und **2850**
im Bürgerkrieg in Ruanda errichtete der SR der VN 1993 und 1994 unter Berufung auf seine Kompetenz nach Kap VII SVN – ungeachtet der Problematik seiner Zuständigkeit hierfür – zwei Tribunale zur Verfolgung dieser Verbrechen: das **International Criminal Tribunal for the Former Yugoslavia (ICTY** – Res 827; D 349) und das **International Criminal Tribunal for Rwanda (ICTR** – Res 955).

Diese beiden Gerichtshöfe haben die Aufgabe, Einzelpersonen zu ver- **2851**
folgen und zu bestrafen, die Völkermord, schwere Kriegsverbrechen oder Verbrechen gegen die Menschlichkeit im früheren Jugoslawien (seit 1991) und 1994 im Bürgerkrieg in Ruanda begangen haben.

Sie können jedes Verfahren vor staatlichen Institutionen jederzeit an **2852**
sich ziehen; der Ankläger agiert unabhängig; die Staaten sind zur Zusammenarbeit mit diesen Institutionen verpflichtet. Die amtliche Stellung – einschließlich jener als Staats- und Regierungschef – stellt keinen Ausschließungs- oder Milderungsgrund dar. Daher wurde auch der ehemalige jugoslawische Staatspräsident Milošević vor das ICTY gestellt.

Die beiden Tribunale haben eine beachtliche Tätigkeit entfaltet. Sie **2853**
haben an der Schnittstelle von Völker- und Strafrecht wesentlich zur Weiterentwicklung des humanitären VR wie auch des Verbots des Völkermordes beigetragen und einen entscheidenden Impuls zur Gründung des ICC gegeben.

2. Die Einrichtung des Internationalen Strafgerichtshofs

Am 17. 7. 1998 wurde schließlich auf einer VN-Konferenz in **Rom** das **2854**
Statut eines (ständigen) **Internationalen Strafgerichtshofs** (D 350) **angenommen.** Es trat nach Hinterlegung der 60. Ratifikationsurkunde am 1. 7. 2002 in Kraft. Der ICC ist eine IO mit Sitz in Den Haag (Art 3), die in enger Verbindung mit den VN steht (Art 2).

Seine **Zuständigkeit** erstreckt sich auf der Verurteilung von Einzelper- **2855**
sonen wegen **Völkermordes** (Rz 1401; D 171), **Kriegsverbrechen, Verbrechen gegen die Menschlichkeit** und – sobald eine Definition vereinbart wird – **Aggression.** Die Tatbestände sind durch die neben dem Statut ausgearbeiteten „Verbrechenselemente“ *(elements of crime)* näher ausgeführt.

Die *Kriegsverbrechen,* basierend hauptsächlich auf den *Haager Über-* **2856**
einkommen 1907 sowie den *Genfer Übereinkommen 1949,* nur zum geringen Teil auf den *Zusatzprotokollen 1977* (Rz 2881, 2918, 2941 ff), umfassen jedenfalls auch *Verbrechen,* die in *nicht-internationalen Konflikten* begangen

wurden (vgl den gemeinsamen Art 3 Genfer Übereinkommen sowie das 2. Zusatzprotokoll 1977 – Rz 2897).

2857 Die *Verbrechen gegen die Menschlichkeit* erfassen Handlungen, die im Rahmen eines ausgedehnten oder systematischen *Angriffs gegen* die *Zivilbevölkerung* begangen wurden, wie vorsätzliche Tötung, Ausrottung, Versklavung, Vertreibung, Freiheitsentzug, Folter, Vergewaltigung, Verfolgung aus politischen, rassischen, nationalen, ethnischen, kulturellen oder religiösen Gründen, Gründen des Geschlechts, Verschwindenlassen von Personen, Apartheid oder andere unmenschliche Handlungen ähnlicher Art.

2858 Die Zuständigkeit *ratione personae* erstreckt sich auf *Einzelpersonen,* die entweder *Angehörige* einer *Vertragspartei* sind oder – unabhängig davon – *Verbrechen auf* dem *Gebiet* einer *Vertragspartei* begangen haben. Universelle Zuständigkeit besteht bei der Überweisung einer Situation durch den SR der VN an den ICC.

2859 Dem ICC kommt jedoch gem dem Prinzip der **Komplementarität** dann keine Zuständigkeit zu, wenn ein Staat ein nationales Strafverfahren über den relevanten Sachverhalt durchführt. Dieser *Vorrang des nationalen Verfahrens* ist aber dann *durchbrochen,* wenn der *Staat* ein *Verfahren nicht ordnungsgemäß* durchführt, dazu *nicht willens* oder *unfähig* ist. Weiters gilt der Grundsatz *„ne bis in idem"* (keine doppeltes Verfahren), außer das nationale Verfahren wurde nicht unparteiisch durchgeführt oder diente nur dazu, den Verdächtigen vor der internationalen Strafjurisdiktion zu schützen.

2860 Das Statut enthält ein Kap über *allgemeine Grundsätze des Strafrechts.* Darin sind Fragen der Nichtrückwirkung, individuellen Verantwortlichkeit, Unabhängigkeit von der offiziellen Position, subjektiven und objektiven Elemente des Tatbestands, begleitenden Tatbestände (zB Beteiligung, Versuch), Rechtfertigungsgründe, Verjährungsverbot, Verantwortlichkeit des Kommandanten sowie Befehlsnotstand geregelt.

2861 Die *Organe* des *ICC* sind das *Präsidium,* eine *Berufungsabteilung,* eine *Hauptverfahrensabteilung* und eine *Vorverfahrensabteilung,* die *Anklagebehörde* und die *Kanzlei.* Außerhalb des ICC selbst steht die *Versammlung* der *Vertragsparteien.* Vorbehaltlich späterer Ausweitung hat der ICC *18 Richter.*

2862 Die **Anklagebehörde** agiert **unabhängig** von den anderen Organen unter der Leitung des Anklägers.

2863 Verfahren können entweder nach **Überweisung** einer Situation durch einen Vertragsstaat oder den SR der VN an den Ankläger oder **proprio motu** durch diesen selbst eingeleitet werden. In diesem letzten Fall unterliegt der Beginn des Verfahrens allerdings der Überprüfung durch die Vorverfahrenskammer.

2864 Jedoch können Staaten den Aufschub des Verfahrens erreichen, wenn sie selbst tätig werden; der SR der VN ist berechtigt, die Unterbrechung des Verfahrens für die Dauer eines Jahres zu verlangen (siehe die SR Resolutionen S/RES/1422 [2002] und 1487 [2003]).

2865 Die **Staaten** sind zur **Zusammenarbeit** mit dem **ICC verpflichtet.** Sie müssen, falls der ICC dies fordert, diesem auch eigene Staatsangehörige überstellen.

2866 Das Verfahren zerfällt in ein Vorverfahren (Ermittlung und Strafverfolgung) und ein Hauptverfahren. Die Strafen sind **Freiheitsstrafen** (somit, im Gegensatz zu den Internationalen Militärtribunalen von Nürnberg und Tokio [Rz 2915] *keine Todesstrafe*), nur ausnahmsweise von lebenslanger Dauer. Berufung wie auch Wiederaufnahmeanträge sind möglich.

Staaten können bei Ratifikation des Statuts die Zuständigkeit des ICC **2867**
für Kriegsverbrechen für eine Dauer von sieben Jahren ausschließen.

Wie bei den beiden Ad-hoc-Tribunalen bedarf das Statut der inner- **2868**
staatlichen Durchführung. In Österreich wurde zu diesem Zweck neben dem für den ICTY und den ICTR geltenden BG über die Zusammenarbeit mit den internationalen Gerichten (BGBl 1996/263) ein eigenes BG erlassen (D 351).

Trotz der großen Zahl von Parteien (im März 2004 92), besteht eine, **2869**
hoffentlich nur vorübergehende, Schwäche des ICC darin, dass sich va auch wichtige Staaten seinem Statut nicht unterworfen haben; die USA schlossen mit einigen Staaten bilaterale Abkommen mit dem Zweck, ihre Staatsangehörigen vor dem ICC zu schützen.

X. Abschnitt
Das Kriegs- und Humanitätsrecht

Vorbemerkung der Herausgeber

Nach „klassischem“ VR stand den Staaten das Recht zum Kriege *(ius ad bellum)* zu (Rz 15, 1799); der Eintritt des Kriegszustandes beendete alle friedlichen Beziehungen zwischen den Kriegsparteien und gestattete Eingriffe in die vom Friedensvölkerrecht geschützten Güter bzw Rechte des Kriegsgegners, va auch mit Waffengewalt. Gem dem leitenden Grundsatz des **kriegerischen Schädigungsrechtes** waren zunächst im Krieg alle Mittel und Methoden zulässig, die dem Ziel der Niederringung des Feindes dienen. **2870**

Im Gegensatz dazu hat sich das **Kriegsrecht** *(ius in bello)* als Summe der Normen entwickelt, die **Kampfhandlungen** auf **militärische Ziele beschränken** und **unnötige Leiden** und **Schäden vermeiden** sollen. Ferner soll insbes als Relikt des Rittertums **perfide Kriegführung ausgeschlossen** werden. Die Einhaltung dieser Normen selbst in der Extremsituation des Krieges wird va durch die freilich nicht immer wirksame *Reziprozität* gewährleistet (Rz 65 ff). **2871**

Während für die Dauer des Krieges das Verhältnis der **Krieg Führenden** dem Kriegsrecht unterliegt, sind ihre Beziehungen **zu** den **nicht** am **Krieg beteiligten Staaten** durch das **Neutralitätsrecht** (Rz 3190 ff) geregelt. **2872**

Diese Rechtsbereiche wurden kurz vor dem I. WK – und damit gegen Ende der „klassischen“ Periode des VR (Rz 3, 15, 25 ff, 80 ff) – auf den **Haager Friedenskonferenzen 1899** und **1907 kodifiziert**. Schon **1864** hatte mit dem Übereinkommen zum Schutze der Verwundeten der Landheere **(Rotkreuz-Konvention)** auf Initiative *Henri Dunants* und gefördert durch das IKRK (Rz 1204 ff) eine parallele Rechtsentwicklung mit dem Ziel der **Verbesserung** des **Loses** der **Kriegsopfer (Humanitätsrecht)** eingesetzt. **2873**

Mit dem endgültigen *Verbot* der *zwischenstaatlichen Gewaltanwendung* in der SVN (Rz 1813) geriet dieses ganze *Rechtsgebiet* ins *Zwielicht.* Denn vielfach wurde die Ansicht vertreten, dem Aggressor dürften aus der Völkerrechtswidrigkeit seines Handelns keine Rechte erwachsen. Da das Gewaltverbot aber die Gewaltanwendung in den iBez nicht tatsächlich beseitigte, und weil die Schutzlosigkeit der Aggressorstreitkräfte dem Prinzip der Humanität widerspräche, wurde das Humanitätsrecht weiterentwickelt. **2874**

Zunächst wurden **1949** in den **vier Genfer Abkommen** vr Konsequenzen aus den Erfahrungen des II. WK gezogen. Neuen strategischen Entwicklungen trugen in der Folge va die **zwei Zusatzprotokolle 1977** Rechnung. Bedeutsam ist ferner der Durchbruch zur *individuellen Verantwortlichkeit* für Verstöße gegen zentrale Regeln des Kriegs- und Humanitätsrechts im VR in den 1990er Jahren (Rz 2850 ff). **2875**

2876 Auch die Darstellung dieser umfangreichen Rechtsmaterie kann hier nur in Grundzügen erfolgen. Um sie weiter zu entlasten, werden im Hinblick auf die Binnenlage Österreichs die besonderen Vorschriften des Seekriegs- und -humanitätsrechts außer Betracht gelassen.

1. Kapitel
Das Kriegs- und Humanitätsrecht

Karl Zemanek

Literatur: *Kimminich,* Der Schutz des Menschen in bewaffneten Konflikten (1979); *Lang,* Humanitäre Abrüstung? ÖZAP 21 (1981) 3; *Partsch / Bothe / Solf,* New Rules for Victims of Armed Conflicts: Commentary on the Two 1977 Protocols Additional to the Geneva Conventions of 1949 (1982); *Detter De Lupis,* The Law of War (1987); *McCoubrey,* International Humanitarian Law (1990); *Greenwood,* Customary Law Status of the 1977 Geneva Protocols, FS *Kalshoven* (1991) 93; *Green,* The Contemporary Law of Armed Conflict (1993); *Fleck* (Hrsg), The Handbook of Humanitarian Law in Armed Conflict (1995).

A. Allgemeines

Literatur: *Strebel,* Die strafrechtliche Sicherung humanitärer Abkommen, ZaöRV 15 (1953/54) 31; *Laitenberger,* Die Schutzmacht, JIR 21 (1978) 180; *Schindler jun,* The Different Types of Armed Conflicts According to the Geneva Conventions and Protocols, RdC 163 (1979) 117; *Oellers-Frahm,* Die Einsetzung des „Internationalen Tribunals über Kriegsverbrechen im ehemaligen Jugoslawien" durch den Sicherheitsrat, FS *Bernhardt* (1995) 733; *Meron,* The Continuing Role of Custom in the Formation of International Humanitarian Law, AJIL 90 (1996) 238; *Triffterer* (Hrsg), Commentary on the Rome Statute of the International Criminal Court (1999); *Politi / Neri,* The Rome Statute of the International Criminal Court (2001); *Schabas,* An Introduction to the International Criminal Court (2001).

1. Die gegenwärtige Rechtslage

Vor dem I. WK regelten folgende Verträge die Landkriegführung: **2877**

1) das **(IV. Haager) Übereinkommen betreffend die Gesetze und Gebräuche des Landkrieges 1907** (LKÜ) mit der **angeschlossenen Ordnung der Gesetze und Gebräuche des Landkrieges** (**LKO** – D 353);

2) das *Genfer Übereinkommen zum Schutz der Verwundeten der Landheere 1864;*

3) die *St. Petersburger Erklärung, um den Gebrauch von gewissen Wurfgeschossen in Kriegszeiten zu verbieten 1868* (in Österreich als VGR anwendbar);

4) die *(Haager) Erklärung betreffend das Verbot von Geschossen, die sich leicht im menschlichen Körper ausdehnen oder platt drücken (Dum-Dum-Geschossen) 1899* (RGBl 1913/176).

Daneben galt auch **Gewohnheitsrecht.** Va aber bestanden und bestehen **2878**
Grundsätze, auf deren Verbindlichkeit die Abkommen deklaratorisch verweisen (**Martenssche Klausel:** Präambel LKÜ; *Art 1 Abs 2* 1. Genfer Zusatzprotokoll 1977 – Rz 2881; D 357).

Für den im I. WK einsetzenden Luftkrieg entwickelte sich zuerst **2879**
Gewohnheitsrecht, dessen Kodifikation *1923 (Haager Luftkriegsregeln)*

erfolglos versucht wurde. Die modernen humanitären Konventionen unterscheiden nicht mehr zwischen Land- und Luftkrieg und finden auch auf den Luftkrieg gegen Landziele Anwendung.

2880 Die LKO steht zwar weiter in Geltung, sogar als über den Kreis der Vertragsparteien hinaus verbindliches universelles VGR. Ihr Inhalt ist aber, wie auch der anderer früher Texte, für die jeweiligen Vertragsparteien (Rz 409) weitgehend von den folgenden Abkommen überlagert:

2881 1) hinsichtlich der zur Setzung von Kampfhandlungen berechtigten Personen (Rz 2932 ff) und des Kriegsgefangenenrechts (Rz 2983 ff) durch das **III. Genfer Abkommen über die Behandlung der Kriegsgefangenen 1949** (GA III – D 355) und durch das **(1. Genfer) Zusatzprotokoll zu den Genfer Abkommen 1949 über den Schutz der Opfer internationaler bewaffneter Konflikte 1977** (Protokoll I [P I] – D 357);

2882 2) hinsichtlich der *occupatio bellica* (Rz 2992 ff) durch das **IV. Genfer Abkommen zum Schutze von Zivilpersonen in Kriegszeiten 1949** (GA IV – D 356) und durch P I;

2883 3) hinsichtlich der vor Kampfhandlungen geschützten Objekte (Rz 2962 ff) durch das unter den Auspizien der UNESCO geschlossene *(Haager) Abkommen zum Schutz von Kulturgut bei bewaffneten Konflikten 1954* (UNESCO-K; BGBl 1964/58) und durch P I;

2884 4) hinsichtlich der erlaubten Kriegsmittel (Rz 2942 ff) durch das *Genfer Protokoll betreffend das Verbot der Verwendung von erstickenden, giftigen oder ähnlichen Gasen sowie von bakteriologischen Mitteln im Krieg 1925* (D 359); durch das *Übereinkommen über das Verbot der Entwicklung, Herstellung und Lagerung bakteriologischer (biologischer) Waffen und von Toxinwaffen sowie über die Vernichtung solcher Waffen 1972* (D 360); durch das *Übereinkommen über das Verbot der militärischen oder einer sonstigen feindseligen Nutzung umweltverändernder Techniken (Environmental Modification Techniques) 1977* (ENMODKonv; D 361) und durch das *Genfer Übereinkommen über das Verbot oder die Beschränkung des Einsatzes bestimmter konventioneller Waffen, die übermäßige Leiden verursachen oder unterschiedslos wirken können,* mit drei Protokollen, *1980* (KonvWK; BGBl 1983/464); durch das *Chemiewaffenverbot 1993* (Rz 1828, 2469);

2885 5) hinsichtlich der Verwundeten und Kranken sowie des Sanitäts- und Seelsorgepersonals (Rz 2982) durch das **I. Genfer Abkommen zur Verbesserung des Loses der Verwundeten und Kranken der bewaffneten Kräfte im Felde 1949** (GA I – D 354) und durch P I.

2886 Obwohl diese Abkommen, sofern nicht anderes angegeben ist, für Österreich verbindlich sind, muss darauf hingewiesen werden, dass die Zahl der Vertragsparteien und damit der Anwendungsbereich von P I und der in Rz 2884 angeführten Abkommen zT klein ist.

2887 Allerdings geht das *Statut des Tribunals für das ehemalige Jugoslawien* (Rz 2850 ff; D 349) von einer *vgr Geltung* zumindest der *vier Genfer Abkommen 1949* aus. Es bestätigt damit die gegenwärtige **Tendenz, von** einem **zwischenstaatlichen Verständnis** des **Humanitätsrechts zu** einem **menschenrechtlichen** überzugehen. Eine gewisse Weiterentwicklung erfolgte durch das Statut des ICC (Rz 2854 ff), in dessen Jurisdiktion Kriegsverbrechen fallen.

2. Der sachliche Anwendungsbereich des Kriegs- und Humanitätsrechts

a) Internationale bewaffnete Konflikte

In der *„klassischen“ Zeit* war die *Anwendung des Kriegsrechts* an das *formelle Bestehen* des *Kriegszustandes gebunden* (Rz 1803). Ein solcher konnte nur zwischen einander anerkennenden Staaten (bzw durch die Anerkennung von Aufständischen als Krieg führende Partei – Rz 663) eintreten. **2888**

Konventionsrecht (LKO) kam überdies nur zur Anwendung, wenn alle Krieg führenden auch Vertragsparteien waren *(Allbeteiligungsklausel).* **2889**

Diese zweite Bedingung wurde durch den Übergang der LKO in VGR überholt, die erste für das aus der „klassischen“ Zeit stammende Recht aber nicht. **2890**

Im Gegensatz „zur klassischen Regelung“ verwenden die **vier Genfer Abkommen 1949** in ihrem gleich lautenden *Art 2* insofern einen **materiellen Kriegsbegriff,** als sie neben dem erklärten Krieg auch „einen anderen bewaffneten Konflikt“ als Anwendungsfall festsetzen, selbst wenn der Kriegszustand von einer der Konfliktparteien nicht anerkannt wird. Der Text lässt offen, ob eine Verpflichtung zur Anwendung des Humanitätsrechts in einem bewaffneten internationalen Konflikt besteht, den *keine* Partei als Kriegszustand anerkennt, doch ist dies nach der Rechtsprechung des Jugoslawientribunals (Rz 2850 ff, 2915) anzunehmen. **2891**

Das aufrecht gebliebene Erfordernis der Allbeteiligung wird dadurch gemildert, dass die Vertragsparteien untereinander an die Anwendung gebunden bleiben und eine Nicht-Vertragspartei durch Annahme (in Form einer Erklärung) und tatsächliche Anwendung der Bestimmungen die Bindung auch ihr gegenüber bewirken kann (zB *Art 2* GA III – D 355). **2892**

P I erweitert den *Anwendungsbereich* durch eine (für die Vertragsparteien des Protokolls) authentische Interpretation des *Art 2* der vier Genfer Abkommen auf **nationale Befreiungskriege** (*Art 1 Abs 3* und *4* – D 357; Rz 130, 1887). **2893**

Einen Sonderfall stellen jene Situationen dar, in denen unter einem Mandat des SR operierende Truppen in militärische Kampfhandlungen verwickelt werden. Es ist umstritten, ob dies als internationaler bewaffneter Konflikt qualifiziert werden kann. Gegebenenfalls sind die beteiligten nationalen Kontingente durch die Verpflichtungen der sie entsendenden Staaten gebunden; die VN selbst sind nicht Vertragspartei der einschlägigen Abkommen, haben sich aber verpflichtet, die „Prinzipien und den Geist“ des Humanitätsrechts zu achten (D 234). **2894**

Auch für „friedensschaffende“ Operationen (Rz 1904, 1862) der NATO und zukünftig der EU (Rz 1104, 1910 ff) gelten gegebenenfalls die genannten Regeln. **2895**

b) Nicht-internationale bewaffnete Konflikte

Schon der allen **vier Genfer Abkommen 1949 gemeinsame Art 3** enthält für den Fall „eines *bewaffneten Konflikts,* der *keinen internationalen Charakter* hat und auf dem Gebiet einer der hohen Vertragspar- **2896** teien entsteht", *Mindestbestimmungen humanitärer Art* (Rz 3009), ohne allerdings den nicht-internationalen bewaffneten Konflikt näher zu bestimmen.

2897 Diesem Zustand soll nun *Art 1* **(2. Genfer) Zusatzprotokoll zu den Genfer Abkommen 1949 über den Schutz der Opfer nicht internationaler bewaffneter Konflikte 1977** (Protokoll II [P II] – D 363) abhelfen. Die heiklen Abgrenzungen zu terroristischen Aktivitäten und anderen Störungen der inneren Sicherheit enthalten *Art 1* und *3* P II.

2898 Ein Beitritt der „abtrünnigen Streitkräfte oder anderer organisierter Gruppen" zu P II ist nicht vorgesehen; erforderlich ist bloß die faktische Reziprozität des *Art 1 Abs 1.*

2899 Allerdings hat schon der IGH im *Nicaragua-Fall* (D 245) festgestellt, dass der gemeinsame Art 3 als Ausdruck einer „elementaren humanitären Verpflichtung" unabhängig von seiner vertraglichen Verbindlichkeit als Gewohnheitsrecht gelte. Darüber hinaus hat das *Internationale Strafgericht für das ehemalige Jugoslawien* (Rz 2850 ff, 2915; D 349) im Berufungsverfahren *Tadic* entschieden, dass der *„wesentliche Kern"* der in *internationalen bewaffneten Konflikten* geltenden *Normen gewohnheitsrechtlich auch* auf *nicht-internationale bewaffnete Konflikte* Anwendung finde. Im Statut des ICC (Rz 2854 ff; D 350) zählen die in nicht-internationalen Konflikten begangenen Verbrechen ebenfalls zu den Kriegsverbrechen.

3. Der zeitliche Anwendungsbereich des Kriegs- und Humanitätsrechts

2900 Keines der zur Anwendung im Krieg oder internationalen bewaffneten Konflikt vorgesehenen Abkommen legt fest, welche Bedingungen vorliegen müssen, damit der vorausgesetzte Zustand als gegeben angesehen werden kann. Sie knüpfen vielmehr an das **tatsächliche Bestehen** der nicht näher bestimmten (nicht notwendigerweise oder ausschließlich militärischen) **„Feindseligkeiten"** an.

2901 Der tatsächliche Beginn von „Feindseligkeiten" begründet daher trotz einer allfälligen Verletzung der Bestimmungen des *III. Haager Übereinkommens 1907 über den Beginn der Feindseligkeiten* (Rz 1806; D 352) dann den Kriegszustand, wenn wenigstens eine Partei ihren **animus belligerendi** zumindest durch Handlungen zum Ausdruck bringt, dh tatsächlich die gesamten friedlichen Beziehungen durch kriegerische ersetzt.

2902 Beim *Fehlen* gegenseitiger *Anerkennung* (Rz 2888) oder beim Fehlen eines eindeutig dokumentierten *animus belligerendi* führt die Anwendung von *Waffengewalt* zu einem internationalen bewaffneten Konflikt, in dem das *Humanitätsrecht* (siehe Rz 2891), *nicht* aber das *Kriegsrecht* anzuwenden ist, soweit es nicht allgemeines VGR geworden ist.

2903 Auch die in nicht-internationalen Konflikten anzuwendenden Abkommen knüpfen an einen bereits tatsächlich bestehenden bewaffneten Konflikt an. Stärker noch als bei den internationalen Konflikten wird man bei der Beurteilung eines solchen Konflikts auf Äußerungen der an ihm beteiligten Parteien angewiesen sein, insbes wegen des Interventionsverbots in *Art 3 Abs 2* P II (D 363).

4. Besondere Verfahren zur Sicherung der Einhaltung des Kriegs- und Humanitätsrechts

Da das VR keine zentralen Organe zur Rechtsdurchsetzung hat (Rz 56 ff, 2823 ff) und Kriegsrepressalien (Rz 2931) in einem schon bestehenden Gewaltzustand weitgehend erfolglos sind, ist die Einhaltung des Kriegs- und Humanitätsrechts nur bei Vorliegen bestimmter Umstände zu gewährleisten. **2904**

Ein solcher Umstand ist die volle **materielle Gegenseitigkeit** (Rz 65 ff), nicht nur in den Objekten (zB jede Seite hat Kriegsgefangene gemacht), sondern auch im Interesse an den Objekten (jede Seite hat die gleiche Einstellung zu ihren kriegsgefangenen Soldaten). **2905**

Ein anderer ist der Druck der *öffentlichen Meinung,* der aber Freiheit der Informationsbeschaffung und -verbreitung voraussetzt. **2906**

Diese wenig wirksamen vr Mittel sucht das moderne Humanitätsrecht durch **Kontrollen (Schutzmacht)** und durch **(völker)strafrechtliche Mittel** zu ergänzen. Letztere führen aber zu Problemen in der Selbstdarstellung der Staaten, in der Moral der Streitkräfte und in der Befehlsstruktur. Ein neuer Versuch, die Sicherstellung der Einhaltung dieses Rechtsbereiches zu verbessern, ist der ICC (Rz 2849 ff; D 350). **2907**

a) Besondere innerstaatliche Durchführungsverpflichtungen

In dem in allen vier Genfer Abkommen 1949 gleich lautenden Art 1 und in *Art 1* P I (D 357) verpflichten sich die Vertragsparteien nicht nur zur Einhaltung des jeweiligen Vertrages, sondern auch dazu, seine Einhaltung durchzusetzen (sicherzustellen). Zu dieser allgemeinen Verpflichtung kommen noch folgende besonderen: **2908**

1) für die **Verbreitung** der **Abkommenstexte** und die **Schulung** der zu deren Anwendung berufenen Organwalter und anderen Personen schon im Frieden zu sorgen (zB *Art 144* GA IV – D 356). Diese Verpflichtung ist in Österreich durch die Kundmachung im BGBl nur formal und teilweise erfüllt; **2909**

2) ihren **Streitkräften** den Abkommen **entsprechende Vorschriften** zu geben (zB Art 1 LKÜ; *Art 80 Abs 2* P I) und sie in deren Handhabung zu *unterweisen* (zB *Art 87 Abs 2* P I). Ein *Disziplinarsystem* (im weitesten Sinn), das die Einhaltung der vr Vorschriften Gewähr leistet, ist (nach *Art 43 Abs 1* P I) konstitutives Element von „Streitkräften“; **2910**

3) **„schwere Verletzungen“** der Genfer Abkommen (Art 49 GA I, Art 129 GA III, *Art 146* GA IV) und von P I *(Art 85 Abs 1, Art 86 Abs 1)* **strafrechtlich** zu **ahnden.** Damit ist nicht nur ein Strafanspruch gegenüber Tätern fremder Staatsangehörigkeit, die in die eigene Hand fallen (zB Kriegsgefangenen), auch für im Ausland gegen Ausländer begangene Taten begründet, sondern *auch* eine *Strafpflicht* gegenüber *Tätern eigener Staatsangehörigkeit,* unabhängig davon, ob sie Angehörige der Streitkräfte oder Zivilisten sind. **2911**

Die Tatbestände der „schweren Verletzungen“ wurden schon in den vier Genfer Abkommen 1949 ausdrücklich aufgezählt (zB *Art 147* GA IV). **2912**

P I ergänzt diesen Katalog in *Art 85 Abs 3–5* und erklärt die schweren Verletzungen zu *Kriegsverbrechen.*

2913 *Besondere Strafbestimmungen* für diese schweren Verletzungen wurden in *Österreich nicht* geschaffen. Die schon bisher recht zweifelhafte Rechtfertigung, das allgemeine Strafrecht reiche dazu aus, wirkt nach P I noch weniger überzeugend: Kann die Verbindung von Tatbild und Straftatbestand nur mittels eines komplizierten Umweges über das Strafrecht hergestellt werden, so wird Nichtjuristen die Ablehnung eines Befehls zur Vermeidung individueller Verantwortlichkeit (Rz 2920 ff) fast unmöglich gemacht.

b) Individuelle Verantwortlichkeit

2914 Durch die Verletzungen des Kriegs- (Art 3 LKÜ) und Humanitätsrechts (Art 9 P I) entsteht Staatenverantwortlichkeit (Rz 2682 ff). Zusätzlich wurde aber, va durch die Rechtsprechung der *alliierten Militärgerichte* nach dem II. WK, gewohnheitsrechtlich eine **individuelle (völker)strafrechtliche Verantwortlichkeit** der Täter für die Verletzungen des Kriegsrechts (**Kriegsverbrechen,** *war crimes*) entwickelt. Dieses VGR wurde in den vier Genfer Abkommen 1949 kodifiziert und durch P I weiterentwickelt (Rz 2911).

2915 Die vom Nürnberger und Tokioter Militärgerichtshof außerdem bestraften Verbrechen gegen den Frieden *(crimes against peace)* und Verbrechen gegen die Menschlichkeit (*crimes against humanity* – Rz 2843, 2849, 2855, 2857) sind keine Kriegsverbrechen ieS. In den Statuten der vom SR eingesetzten Sonderstrafgerichte (Rz 2850 ff) sowie im Statut des ICC (ICC – Rz 2849 ff) werden aber neben den Kriegsverbrechen ieS auch Völkermord und Verbrechen gegen die Menschlichkeit (zB Mord, Versklavung, Deportation, Folter, Vergewaltigung) als Straftatbestände normiert, für die individuelle Verantwortlichkeit besteht.

2916 Grundsätzlich ist die Verfolgung der in Rz 2915 genannten Verbrechen staatlichen Gerichten überlassen. Va bei Kriegsverbrechen durch oberste Befehlshaber und Politiker ist nur im Fall der Niederlage mit strafrechtlicher Verfolgung durch die Siegerstaaten zu rechnen. Auch eine derartige unvollständige und selektive Bestrafung erscheint aber besser als ein Zustand, in dem sich Kriegsverbrecher vor Verfolgung sicher wissen.

2917 Das In-Kraft-Treten des Statuts des ICC ändert an dieser Situation auf Grund des Grundsatzes der Komplementarität nur wenig (Rz 2859).

Für die individuelle Verantwortlichkeit unter hierarchischen Verhältnissen sind folgende Situationen typisch:

ba) Die Verantwortlichkeit von Vorgesetzten für ihre Untergebenen (Art 86, 87 1. Zusatzprotokoll 1977; auch Art 28 ICC-Statut)

2918 Ein Vorgesetzter ist für Verletzungen des Kriegs- und Humanitätsrechts durch seine Untergebenen (völker)strafrechtlich verantwortlich, wenn

1) die Tat auf seinen *Befehl* oder mit seiner *Zustimmung* begangen wurde; oder

2) er von der *beabsichtigten Tat Kenntnis* hatte oder haben musste und seine *Befehlsgewalt nicht* ausübte, um die *Tat zu verhindern* oder zu *beenden* und die *Täter* zu *bestrafen;* oder

3) er von der *begangenen Tat Kenntnis* erlangte oder erlangt haben musste und seine *Befehlsgewalt nicht ausnützte,* um die *Täter* ihrer *Strafe* zuzuführen.

Ausdrückliche österreichische Vorschriften wurden dazu nicht erlassen. **2919** Die Fälle 1 und 2 können daher nur über § 12 StGB, der Fall 3 kann nur über § 84 StPO gelöst werden.

bb) Handeln auf Befehl

Gewohnheitsrechtlich (vgl auch Art 33 ICC-Statut) haben sich in inter- **2920** nationalen Verfahren die folgenden Grundsätze herausgebildet: Ein **Befehl,** dessen Befolgung eine **schwere Verletzung** des **Kriegs-** und **Humanitätsrechts** bedeuten würde (Rz 2911 ff), **darf nicht befolgt werden** (so auch § 17 Ziff 6 MilStG). Weder die Einrede des höheren Befehls (*plea of superior order;* so auch § 3 Abs 1 MilStG) noch die Tatsache, dass das Handeln innerstaatlich nicht unter Strafsanktion steht, befreien von der Verantwortlichkeit.

Als *Strafausschließungsgründe* wurden jedoch anerkannt: dass der **2921** Täter zur Tatzeit die Völkerrechtswidrigkeit des befohlenen Handelns *nicht kannte,* was infolge der Informationspflichten der Vertragsparteien und Kommandanten grundsätzlich nicht mehr möglich sein sollte; oder dass der Täter in *Notwehr* oder im *Notstand* handelte (im österreichischen Recht rechtfertigend bzw schuldausschließend).

Als *Strafmilderungsgründe* wurden anerkannt: dass der Täter sich im **2922** Notstand glaubte, die Gefahr aber nicht überwältigend war; oder dass das innerstaatliche Recht die Tat erlaubte oder sogar anordnete. Auch das sollte angesichts der Pflichten der Staaten in diesem Rechtsbereich grundsätzlich nicht mehr möglich sein.

c) Schutzmacht

Als Vorschriftenbeispiele für die folgenden Ausführungen seien *Art 9,* **2923** *11, 143* GA IV (D 356) und *Art 5* P I (D 357) angeführt. Die an einem Konflikt beteiligten Parteien betrauen mit der Wahrnehmung ihrer Interessen nach dem Kriegs- und Humanitätsrecht bei der gegnerischen Partei eine **Schutzmacht** oder eine **humanitäre Organisation.**

Kommt es unter den Konfliktparteien zu keiner Einigung über die **2924** Schutzmacht, so kann nach den vier Genfer Abkommen die Gewahrsamsmacht (Rz 2985) einen neutralen Staat oder eine humanitäre Organisation um die Übernahme dieser Funktion ersuchen. Gegen diese Bestimmung brachten die sozialistischen Staaten Vorbehalte an.

Art 5 P I regelt die Situation deshalb neu. Er macht einerseits die **2925** Bestellung der Schutzmacht von der Zustimmung des Gegners abhängig, ermächtigt aber das IKRK (Rz 1204 ff) im Falle einer Nichteinigung zu guten Diensten (Rz 1956 f). Bleiben auch diese erfolglos, so sind die **Vertragsparteien verpflichtet,** das **IKRK** auf sein Anerbieten als **Ersatzschutzmacht** zu akzeptieren. Die mit der Vertretung der diplomatischen Interessen betraute Macht (*Art 45* WDK – D 205) muss deshalb nicht mit der Schutzmacht identisch sein.

2926 Nicht im Zusammenhang mit der Schutzmachtfunktion steht die Leistung humanitärer Hilfe durch das IKRK, die Liga der Rotkreuz-Gesellschaften oder nationale Rotkreuz-Gesellschaften (Rz 1203). Die am Konflikt beteiligten Parteien haben diese Hilfe zu erleichtern (Art 9 GA I; Art 9, 125 GA III; *Art 10,* 142 GA IV; *Art 81* P I – Rz 2996).

2927 Die *Schutzmacht* oder *Ersatzschutzmacht wacht* mit ihren diplomatischen oder konsularischen Vertretern bzw Delegierten, die sie aus dem Kreis ihrer eigenen Staatsangehörigen oder Angehöriger neutraler Staaten ernennt und die von der Gewahrsamsmacht genehmigt werden, über die *Einhaltung* der *Abkommen.* Die *Delegierten* sind zu *Kontrollen* berechtigt, haben dabei aber zwingende Sicherheitsbedürfnisse des Gewahrsamsstaates zu beachten.

2928 Im Falle von Meinungsverschiedenheiten zwischen den am Konflikt beteiligten Parteien über die Anwendung der Abkommen bietet die Schutzmacht ihre guten Dienste an (zB *Art 12* GA IV).

d) Untersuchungsverfahren

2929 Nach den vier Genfer Abkommen 1949 (zB Art 149 GA IV) *können* die am Konflikt beteiligten *Parteien* eine *Untersuchung* (Rz 1958 f) behaupteter Verletzungen *vereinbaren.* Art 90 P I errichtet zu diesem Zweck eine Untersuchungskommission (*Fact-Finding Commission;* im deutschen Text unrichtig als „Ermittlungskommission" übersetzt), deren Zuständigkeit, ähnlich der des IGH (Rz 1991 ff), durch korrespondierende einseitige Erklärungen begründet wird.

5. Ausnahmen von der Bindung an das Kriegs- und Humanitätsrecht

2930 **Kriegsnotwendigkeit** kann nur dann als Ausschluss der Rechtswidrigkeit (Rz 2728 ff) geltend gemacht werden, *wenn* das die einschlägigen *Vorschriften* des Kriegs- und Humanitätsrechts *ausdrücklich* vorsehen (zB *Art 62 Abs 1* P I). In allen übrigen Fällen ist Kriegsnotwendigkeit kein Rechtfertigungsgrund für die Verletzung des Kriegs- und Humanitätsrechts, weil dieses selbst schon einen Ausgleich zwischen der militärischen Notwendigkeit und den Prinzipien der Humanität darstellt (Rz 2871 ff).

2931 **Kriegsrepressalien** (Rz 2836) haben sich in der Vergangenheit als weitgehend wirkungslos und bloß als Quelle steigender Grausamkeit erwiesen. Die vier Genfer Abkommen 1949 (Art 46 GA I; *Art 13* GA III; *Art 33* GA IV) und P I (*Art 20, 51 Abs 6* und *Art 52 Abs 1)* haben deshalb die von ihnen geschützten Personen und Objekte dem Repressalienzugriff entzogen. Va ist es auch *verboten, Geiseln* zu nehmen (Art 50 GA I; Art 130 GA III; Art 28, 34, *147* GA IV; *Art 85* P I). Es gibt daher überhaupt nur mehr wenige Rechtsgüter, auf die mit Kriegsrepressalien gegriffen werden könnte (zB Aussetzung von Waffenverboten).

B. Internationale bewaffnete Konflikte

Literatur: *Hinz,* Das Kriegsgefangenenrecht (1955); *Strebel,* Die Haager Konvention zum Schutz der Kulturgüter im Falle eines bewaffneten Konflikts, ZaöRV 16 (1955) 33; *Bindschedler,* Die Unterscheidung zwischen Zivilbevölkerung und bewaffneten Kräften, FS *Verdross* (1971) 55; *Kussbach,* Internationale Bemühungen um die Beschränkung des Einsatzes bestimmter konventioneller Waffen, ÖZöRV 28 (1977) 1; *Born,* Die offene Stadt, Schutzzonen und Guerillakämpfer (1978); *Uhler,* Der völkerrechtliche Schutz der Zivilbevölkerung in Kriegszeiten (1978); *Sassoli,* Bedeutung einer Kodifikation für das allgemeine Völkerrecht: mit besonderer Betrachtung der Regeln zum Schutze der Zivilbevölkerung vor den Auswirkungen von Feindseligkeiten (1990); *Benvenisti,* The International Law of Occupation (1993).

1. Die zur Setzung von Kampfhandlungen berechtigten Personen

a) Legitime Kombattanten

Noch *Art 4 A* GA III (D 355) unterschied vier Kategorien: 2932

1) die Mitglieder der **Streitkräfte;**

2) die Mitglieder anderer **Milizen** und **Freiwilligenkorps,** sofern sie einen der betreffenden am Konflikt beteiligten Partei *verantwortlichen Kommandanten* an der Spitze haben, ein bleibendes und von weitem erkennbares *Unterscheidungszeichen* führen, die *Waffen offen* tragen und bei ihren Kampfhandlungen das *Kriegs- und Humanitätsrecht einhalten;*

3) die Mitglieder **organisierter Widerstandsbewegungen,** die in dem vom Feind besetzten Gebiet tätig sind, falls sie die für Milizen genannten Bedingungen erfüllen;

4) die Bevölkerung eines unbesetzten Gebietes, die beim Herannahen des Feindes aus eigenem Antrieb zu den Waffen greift **(levée en masse),** ohne zur Bildung regulärer Streitkräfte Zeit gehabt zu haben. Sie muss bloß die Waffen offen tragen und das Kriegs- und Humanitätsrecht einhalten.

P I (*Art 43 Abs 1* und *Art 44 Abs 3* P I – D 357) hat mit Ausnahme der 2933 *levée en masse* alle Kategorien zu einem **einheitlichen Streitkräftebegriff** zusammengefasst und die **Kennzeichnungspflicht** wesentlich **eingeschränkt:** Sie wird zur bloßen Soll-Bestimmung, solange im militärischen Einsatz und während der Sichtbarkeit für den Gegner (mit freiem Auge? Sehgeräten?) beim Aufmarsch zum Angriff die **Waffen offen** geführt werden. **Organisation** unter verantwortlicher Führung und **internes Disziplinarsystem** (Rz 2910) sind somit die *essentiellen Kriterien* der *Streitkräfte.*

Nur diese Personen dürfen unmittelbar an Feindseligkeiten teilnehmen 2934 (*Art 43 Abs 2* P I), und nur gegen sie dürfen sich solche unmittelbar richten (*Art 48, 51 Abs 2* P I – Rz 2962).

Nach VGR dürfen **militärische Luftfahrzeuge** an Feindseligkeiten nur 2935 teilnehmen, wenn sie ein **äußeres Kennzeichen** tragen, das ihre Nationalität und ihren militärischen Charakter anzeigt. Das gilt aber **nicht** für **Landfahrzeuge** (beispielsweise Panzer).

b) Unrechtstatbestände und „riskante" Handlungen

Falls sie in die Gewalt der gegnerischen Partei fallen, haben **keinen** 2936 **Anspruch** auf die Behandlung als **Kriegsgefangene:**

1) **Söldner,** dh **Ausländer,** die *nicht Angehörige* der *Streitkräfte* sind, sondern sich aus **Gewinnsucht** an den Feindseligkeiten beteiligen; sie gelten

auch nicht als legitime Kombattanten (*Art 47* P I). 1989 nahm die GV der VN zusätzlich ein *Internationales Übereinkommen gegen Rekrutierung, Einsatz, Bezahlung und Ausbildung von Söldnern* an (ILM 29 [1990] 89).

2937 2) **Spione,** dh Personen, die unter *Vorspiegelung falscher Tatsachen* oder *bewusst heimlich Informationen von militärischem Wert* in einem von der *gegnerischen Partei kontrollierten Gebiet beschaffen oder* zu beschaffen *versuchen* (*Art 46* P I);

2938 Personen, die an Kampfhandlungen teilnehmen, ohne Kombattanten im Sinne von Rz 2933 zu sein **(Freischärler),** werden, falls sie in die Hand des Feindes fallen, zwar *nicht Kriegsgefangene,* genießen aber bis zu einer rechtskräftigen gerichtlichen Verurteilung für ihre Tat den Schutz von GA III (*Art 44 Abs 4* P I).

2939 In dem gerichtlichen Verfahren können sie die Überprüfung ihres Kriegsgefangenenstatus verlangen (*Art 45 Abs 2* P I). Kommt ihnen dieser Status nicht zu, so bleibt ihnen auch im Falle der gerichtlichen Verurteilung der Mindeststandard nach *Art 75* P I (Rz 2998 – *Art 45 Abs 3* P I).

2940 Ein **Strafanspruch** gegen Spione und Freischärler besteht aber **nur** bei Ergreifung **auf frischer Tat,** nicht jedoch nach erfolgreich abgeschlossener Tat (*Art 44 Abs 5, Art 46 Abs 3* P I). Es handelt sich daher um „riskante" Handlungen, die zwar nicht verboten, aber auch nicht geschützt sind; sie stellen aber keinen Unrechtstatbestand ieS dar.

c) Nicht mehr an den Feindseligkeiten teilnehmende Kombattanten (Art 40–42 1. Zusatzprotokoll 1977; Art 8 Abs 2 lit b [vi], [xii] und lit c [x] ICC-Statut)

2941 Folgende Kombattanten nehmen nicht mehr an den Feindseligkeiten teil und dürfen deshalb auch *nicht mehr bekämpft* werden:

1) Angehörige der Streitkräfte, die sich *ergeben* – der Befehl, keinen Pardon zu geben, oder ein gleichartiges tatsächliches Verhalten sind ausdrücklich verboten;

2) Kombattanten, die aus einem in Not geratenen Flugzeug mit dem Fallschirm abspringen *(Luftnot)* – nicht jedoch Luftlandetruppen;

3) *Verwundete, Bewusstlose, Kranke.*

2. Verbotene Kampfmittel und -methoden

a) Verbotene Kampfmittel (Art 23 LKO; Art 35, 36 1. Zusatzprotokoll 1977)

2942 Es ist **verboten, Waffen, Geschosse** und **Material** einzusetzen, die **unnötige Leiden** oder überflüssige Verletzungen verursachen.

2943 Unter diesen grundsätzlichen Gesichtspunkten sind durch vertragliche Regelung (Rz 2884; persönlichen Geltungsbereich beachten!) ua verboten: *Dum-Dum-Geschosse* (Rz 2877); *Gift* oder vergiftete Waffen; *erstickende, giftige* oder ähnliche *Gase* sowie *bakteriologische Kriegsmittel* (Genfer Protokoll 1925–D 359); *Waffen,* deren Splitter im menschlichen Körper durch Röntgenstrahlen nicht entdeckt werden können (KonvWK Protokoll I); die *nicht* auf *militärische Ziele* beschränkte Verwendung von *Minen, Sprengfallen* und anderen Vorrichtungen (KonvWK Protokoll II) sowie von *Brandwaffen* (KonvWK Protokoll III mit ausdrücklichen Ausnahmen zulässiger Kampfmittel); *Kampfmittel,* die eine *weiträumige, lange andauernde* und *schwer wiegende Schädigung* der *natürlichen Umwelt* herbeiführen sollen oder können (ENMODKonv 1977–D 361); *chemische Waffen* (Chemiewaffenverbot 1993 – Rz 1828). Das Übereinkommen über das Verbot der Entwicklung bakteriologischer Waffen usw 1972 (Rz 2884; D 360) enthält hingegen kein ausdrückliches Einsatzverbot.

Neu entwickelte bzw beschaffte Waffen sind von den Vertragsparteien auf ihre Vereinbarkeit mit den grundsätzlichen und konkreten Verboten hin zu überprüfen. 2944

IwS gehören hierher auch Waffenbeschränkungen oder -verbote, insbes für **Nuklearwaffen,** im Rahmen von Rüstungskontroll- oder Abrüstungsabkommen (Rz 1816 ff). Da Kernwaffen unterschiedslos gegen militärische und zivile Ziele wirken und unnötige Leiden verursachen, kommt im Übrigen ihr *legaler Einsatz* nach bestehendem VR, *wenn überhaupt,* so *nur als Schutz-* oder als *Gegenmaßnahme* (Rz 2829 ff) gegen andere, bes unmenschliche Kriegsrechtsverletzungen in Frage. 2945

In einem *Rechtsgutachten* kam der *IGH 1996* zu dem Ergebnis, dass die Drohung mit oder der Einsatz von *Kernwaffen* zwar *im Allgemeinen gegen* das in bewaffneten Konflikten anwendbare VR, va gegen die beiden in Rz 2945 genannten Grundsätze, verstoße; er konnte sich aber zu keiner Aussage darüber entschließen, ob dies auch in einem Extremfall der Selbstverteidigung, in dem das Überleben eines Staates auf dem Spiel steht, zutreffe (D 362; vgl auch Rz 2001 f). 2946

b) Verbotene Kampfmethoden (Art 23, 24 LKO; Art 37–39 1. Zusatzprotokoll 1977; Art 8 Abs 2 lit b [xvii], [xviii], [xix], [xx] ICC-Statut)

Verboten sind **meuchlerische** *Tötung* oder *Verwundung* sowie die **Heimtücke,** dh Handlungen, die in der Absicht, dessen Vertrauen zu missbrauchen, einen Gegner zur Annahme verleiten, dass er nach den Regeln des in bewaffneten Konflikten anwendbaren VR Anspruch auf Schutz hat oder verpflichtet ist, Schutz zu gewähren. 2947

Unter diesem Gesichtspunkt sind durch Vertragsbestimmungen (persönlichen Geltungsbereich beachten!) insbes verboten: Der Missbrauch des Rotkreuz-Zeichens (Rz 1207), von Abzeichen oder Uniformen des Feindes oder der Neutralen, der Parlamentärsflagge; das Vortäuschen der Absicht, sich zu ergeben; eines zivilen oder Nicht-Kombattantenstatus (siehe jedoch Rz 2933 und *Art 44* P I–D 357); von Kampfunfähigkeit infolge Verwundung oder Krankheit. 2948

Erlaubt sind hingegen **Kriegslisten,** dh Handlungen, die einen Gegner irreführen oder ihn zu unvorsichtigem Handeln verleiten sollen, die aber keine Regel des in bewaffneten Konflikten anwendbaren VR verletzen und nicht heimtückisch sind. Beispiele sind Tarnung, Scheinoperationen oder irreführende Informationen. 2949

3. Personen und Objekte, die nicht Gegenstand von Feindseligkeiten sein dürfen

a) Personen

2950 Einige Angehörige der Streitkräfte sind nicht zum Kampf bestimmt, aber *zu ihrer Selbstverteidigung bewaffnet* **(Nicht-Kombattanten).** Nach *Art 19,* 22, *24–26* GA I (D 354) und *Art 12 Abs 1* P I (D 357) dürfen sie *nicht unmittelbar angegriffen* werden (Rz 2934, 2962). Bei einem Verstoß gegen dieses Verbot *dürfen* sie von der *Waffe* zur eigenen und zur Verteidigung der ihnen anvertrauten Personen *Gebrauch* machen *(Notwehr, Nothilfe).*

2951 Nicht-Kombattanten sind insbes die mit dem Schutzzeichen des Roten Kreuzes gekennzeichneten Angehörigen des *militärischen Sanitäts-* und *Seelsorgepersonals.* Geschützt sind sie sowohl als Einzelpersonen als auch als Formation.

2952 P I dehnt diesen Schutz sowohl auf das *zivile Sanitätspersonal* (zB zivile Ärzte und Schwestern in einem Lazarett) als auch auf *Sanitätseinheiten neutraler Staaten,* deren Hilfsgesellschaften oder einer *unparteiischen Internationalen humanitären Organisation* (zB des IKRK) aus (Art 8 lit c und k; Art 9 Abs 2; ferner Rz 2982).

2953 **Parlamentäre,** die von einer am Konflikt beteiligten Partei bevollmächtigt sind, mit der anderen Partei zu verhandeln, und sich mit der *weißen Fahne* zeigen, sind *unverletzlich* (Art 32 LKO). Das ICC-Statut dehnt diesen Schutz auch auf Personen aus, die in friedenserhaltender Mission tätig sind (Art 8 Abs 2 lit b [iii]).

2954 Ebenfalls nicht unmittelbar Gegenstand von Kampfhandlungen sind **Personen,** die einem **Heere folgen, ohne ihm direkt anzugehören** (Art 13 LKO). Dazu zählen nach *Art 4 lit A Ziff 4* GA III (D 355) insbes *zivile Besatzungsmitglieder* von *Militärflugzeugen* und Mitglieder von *Arbeitseinheiten* oder von Diensten, die mit der *Betreuung* der *Militärpersonen* betraut sind (zB Schauspieler eines Fronttheaters). Sie dürfen sich auch ihrerseits nicht an Kampfhandlungen beteiligen, werden aber, falls sie in die Hand der gegnerischen Partei fallen, *Kriegsgefangene* (Rz 2983).

2955 *Journalisten* im Kampfgebiet gelten grundsätzlich als *Zivilpersonen.* Sind sie bei den Streitkräften akkreditiert *(Kriegsberichterstatter),* so werden sie, wenn sie in die Hand der gegnerischen Partei fallen, *Kriegsgefangene* (*Art 4 lit A Ziff 4* GA III; Art 79 P I).

2956 Obgleich sich schon aus dem vgr Grundsatz, dass militärische Kampfhandlungen nur gegen die zum Kampf bestimmten Angehörigen der Streitkräfte gerichtet werden dürfen (Rz 2934, 2950), ergibt, dass Zivilpersonen nicht direkt angegriffen werden dürfen, enthielt *GA IV* noch keine *besonderen Bestimmungen* zu ihrem Schutz vor Kampfhandlungen. **P I verbietet** jedoch ausdrücklich **Angriffe** auf die **Zivilbevölkerung** (*Art 50, 51* P I; Art 8 Abs 2 lit b [i] und lit e [i] ICC-Statut).

2957 Dieses Verbot gilt für alle Angriffe zu Lande, auch für solche aus der Luft. Zu diesem Zweck wird der Angriff einerseits ohne Bezug auf das Gebiet, auf dem er stattfindet (eigenes oder fremdes Staatsgebiet, Kampfgebiet oder Hinterland), definiert *(Art 49 Abs 1).* Andererseits werden die

Vertragsparteien zu bestimmten *Vorsichtsmaßnahmen vor* einem solchen *Angriff* verpflichtet *(Art 57).*

Zu diesem Artikel hat Österreich, wie auch viele andere Staaten, zB die Schweiz, einen Vorbehalt gemacht (D 14), der (untergeordnete) militärische Kommandanten vor einer unrealistischen Verantwortung schützen soll, indem er auf ihren tatsächlichen Informationsstand im Zeitpunkt der Entscheidung abstellt. **2958**

Gleichzeitig verpflichtet *Art 58* den *Verteidiger* zu *Vorsichtsmaßnahmen* gegen die Wirkung von Angriffen auf die Zivilbevölkerung. Auch zu dieser Bestimmung haben Österreich und die Schweiz einen Vorbehalt angebracht, um die Verteidigung eines kleinen Staates mit dichten Ballungszentren nicht unmöglich zu machen (D 358). **2959**

P I regelt zum ersten Mal auch **Zivilschutzaufgaben.** Darunter werden humanitäre Aufgaben zum Schutze der Zivilbevölkerung vor den Gefahren und zur Überwindung der unmittelbaren Auswirkungen von Feindseligkeiten sowie zur Schaffung der für das Überleben notwendigen Voraussetzungen verstanden (Art 61). Beispiele sind die Evakuierung, die Bereitstellung und Verwaltung von Schutzräumen und Notunterkünften, Notdienste zur Verpflegung oder zur Aufrechterhaltung der Ordnung. **2960**

Die Angehörigen der zur Erfüllung dieser Aufgaben von den Behörden der am Konflikt beteiligten Parteien geschaffenen oder zugelassenen *Zivilschutzorganisationen* sind an einem besonderen *Kennzeichen,* einem **gleichseitigen blauen Dreieck auf orangefarbenem Grund** (findet auch an den dem Zivilschutz dienenden Gebäuden Verwendung – Rz 2962), zu erkennen. Sie sind geschont und *geschützt* und dürfen, außer im Fall zwingender militärischer Notwendigkeit, an ihrer Tätigkeit nicht gehindert werden *(Art 62 Abs 1).* Sie dürfen *zu ihrer Selbstverteidigung bewaffnet sein.* **2961**

b) Objekte

Angriffe dürfen **nur auf militärische Ziele** gerichtet werden (Art 8 Abs 2 lit b [ii] ICC-Statut), dh entweder auf Kombattanten (Rz 2933) oder Objekte, die *Art 52 Abs 2* P I (D 357) leider nur undeutlich umschreibt. Die Vorsichtsmaßnahmen (Rz 2957 ff) sind auch in diesem Zusammenhang anzuwenden. Im Zweifel wird vermutet, dass ein üblicherweise zivilen Zwecken dienendes Objekt kein militärisches Ziel ist (*Art 52 Abs 3* P I); dazu gehören auch die zu Zivilschutzzwecken benützten Objekte (Art 62 Abs 3 P I). **2962**

Hinsichtlich bestimmter Objekte bestehen außerdem *Sonderregelungen:*

Nach Art 54–56 P I sind **verboten:**

1) die Zerstörung der für die **Zivilbevölkerung lebensnotwendigen Objekte,** wie Ernte- und Viehbestände, Trinkwasserversorgungsanlagen etc; **2963**

2) die Zerstörung der **natürlichen Umwelt** (zB Entlaubung; *Art 55;* vgl Art 8 Abs 2 lit b [iv] ICC-Statut);

3) der Angriff auf **Anlagen** und Einrichtungen, die **gefährliche Kräfte** enthalten, wie Staudämme, Deiche und Kernkraftwerke, selbst wenn sie militärische Ziele darstellen. Anlagen und Einrichtungen dieser letzten Art

können mit einem *besonderen Kennzeichen, drei in einer Linie angeordneten orangefarbenen Kreisen,* versehen werden.

2964 **Unverteidigte Orte** (*Art 25* LKO; *Art 59* P I; Art 8 Abs 2 lit b [v] ICC-Statut) dürfen grundsätzlich nicht angegriffen werden. Orte, die die in *Art 59 Abs 2* P I genannten Bedingungen erfüllen und in der Nähe oder innerhalb einer Zone, in der Streitkräfte miteinander in Berührung gekommen sind, liegen und zur Besetzung offen stehen, können von den zuständigen Behörden zum unverteidigten Objekt erklärt werden. Bei tatsächlichem Vorliegen der Bedingungen ist die gegnerische Partei an diese Erklärung gebunden.

2965 Die am Konflikt beteiligten Parteien können die Schaffung unverteidigter Objekte aber auch dann vereinbaren, wenn nicht alle Bedingungen des *Art 59 Abs 2* erfüllt sind **(offene Stadt).**

2966 Andererseits ist die Zerstörung militärischer Objekte (Rz 2962) aus der Luft auch in unverteidigten Orten erlaubt, sofern dadurch nicht unverhältnismäßige Opfer unter der Zivilbevölkerung entstehen.

2967 Tatsächlich unterläuft diese Regelung aber den Schutz der Zivilbevölkerung in zweifacher Weise: erstens definieren die Luftkrieg führenden Staaten die „militärischen Objekte" meist recht großzügig (zB Brücken, Eisenbahnen, Kraftwerke, Rundfunk- und Fernsehanlagen); und zweitens werden die durch solche Angriffe infolge menschlichen oder technischen Versagens bewirkten Zerstörungen ziviler Objekte und die Tötung von Zivilpersonen als unvermeidbare *„collateral damage"* entschuldigt (zB im NATO-Einsatz gegen Jugoslawien – Rz 1866). Die einschlägigen humanitätsrechtlichen Normen bedürften daher der Präzisierung.

2968 Durch *Vereinbarung* zwischen den am Konflikt beteiligten Parteien können außerdem errichtet werden:

1) **Sanitätszonen** und **-orte** zur Pflege von Verwundeten und Kranken (Art 23 GA I; Art 14 GA IV; Art 8 Abs 2 lit b [xxiv] ICC-Statut);

2) **neutrale Zonen** in Kampfgebieten zum Schutz von Verwundeten und Kranken sowie von Zivilpersonen, die innerhalb dieser Zonen keine militärische Arbeit verrichten (Art 15 GA IV);

3) **entmilitarisierte Zonen;** sie müssen dieselben Bedingungen wie unverteidigte Orte erfüllen, sind jedoch weiträumiger (Art 60 P I).

2969 Es ist *verboten, Kultur-* und *Kultstätten* zur Unterstützung des *militärischen Einsatzes* zu verwenden (*Art 53 lit b* P I); sie dürfen daher auch nur dann, wenn dieses Verbot übertreten wurde und aus ihnen eine unmittelbare militärische Gefahr droht, angegriffen werden (*Art 27* LKO – D 353; Art 4 Abs 2 UNESCO-K, (Art 8 Abs 2 lit b [ix] ICC-Statut).

2970 Zur Sicherung des Schutzes von **Kulturgut,** das für das Kulturerbe aller Völker von großer Bedeutung ist, werden solche Objekte nach der UNESCO-K 1954 (Rz 2883) schon im Frieden mit einem *besonderen Kennzeichen,* einem **spitzen Schild in Ultramarinblau und Weiß,** versehen (Art 16 UNESCO-K). Die Schutzpflichten nach Art 3–5 UNESCO-K entsprechen den Schutzpflichten nach *Art 53* P I.

2971 Eine begrenzte Anzahl von Bergungsorten und Denkmäler von sehr hoher Bedeutung, die in das *Internationale Register für Kulturgut unter Sonderschutz* beim Generaldirektor der UNESCO eingetragen sind, werden erhöht geschützt: Im Austausch gegen konkrete Entmilitarisierungspflichten sind sie *absolut unverletzlich* (Art 8, 9 UNESCO-K). *Kennzeichen* ist die *dreifache Wiederholung* des *Schutzzeichens* in *Dreiecksanordnung.*

Erhöhten Schutz genießen gem *Art 19,* 21, 22, 35 GA I und Art 13, 21, 24 P I auch **Sanitätseinrichtungen,** und zwar sowohl ortsfeste als auch bewegliche Einheiten, Sanitätstransporte, Sanitätsfahrzeuge und -luftfahrzeuge. Seit P I erstreckt sich dieser Schutz auf zivile Sanitätseinrichtungen, auch solche, die einer am Konflikt beteiligten Partei von einem neutralen Staat, von einer anerkannten Hilfsgesellschaft eines solchen Staates oder von einer unparteiischen Internationalen humanitären Organisation (Rz 2951) zur Verfügung gestellt werden (Art 9 Abs 2 P I). Die Kennzeichnung erfolgt durch das *Schutzzeichen* (Rz 2948, 2951) und/oder durch *Erkennungssignale* (Art 8 lit m, Art 18 Abs 5, Anhang I Kap III P I). **2972**

Wird die Einrichtung außerhalb ihrer humanitären Bestimmung zu Handlungen verwendet, die den Feind schädigen, so erlischt der Schutz. Jedoch muss vorher eine Warnung ausgesprochen werden. **2973**

4. Abkommen über die Kampfhandlungen

a) Spezielle Vereinbarungen zwischen den am Konflikt beteiligten Parteien

Sie betreffen hauptsächlich den *Sonderschutz* bestimmter *Gebiete* und können nach Beginn der Feindseligkeiten (offene Stadt – Rz 2964; neutrale Zonen) oder auch schon im Frieden (Sanitäts- und entmilitarisierte Zonen – Rz 2968) geschlossen werden. **2974**

Ein anderer typischer Inhalt ist die *Verbesserung* des Loses von *Kriegsopfern,* wie der Austausch von Verwundeten und Kranken (Art 15 GA I) oder die vorzeitige Heimschaffung von Kriegsgefangenen (Art 100 GA III). **2975**

Es handelt sich um gewöhnliche vr Verträge. Ihr Zu-Stande-Kommen kann von einer Schutzmacht (Rz 2923) oder einer unparteiischen humanitären Organisation vermittelt werden. Für einige Fälle sind den Genfer Abkommen auch Mustervereinbarungen angeschlossen. **2976**

b) Abkommen zwischen militärischen Befehlshabern im Felde

Häufigste Fälle sind: die *zeitlich begrenzte* **Waffenruhe** oder **Feuerpause** (Art 15 GA I); der *zeitlich unbegrenzte* **Waffenstillstand** (Art 36–41 LKO); die **Kapitulation** (*Art 35* LKO). Solche Abkommen werden entweder für bestimmte Einheiten und örtlich begrenzt (lokal) abgeschlossen oder für die gesamten Streitkräfte (allgemein); sie *beenden* den *vr Kriegszustand* aber *nicht.* **2977**

Die *Zuständigkeit* militärischer *Kommandanten* zu ihrem Abschluss gründet sich *zT unmittelbar auf VGR* (Rz 1686). Entgegenstehendes innerstaatliches Recht oder Befehle heben diese Zuständigkeit nicht auf. Die Abkommen binden alle der Befehlsgewalt des Abschließenden zum Zeitpunkt des Abschlusses tatsächlich unterstehenden Personen. Die Verhandlungen werden meist über *Parlamentäre* (Rz 2953; Art 32–34 LKO) geführt. Es gibt in diesem Zusammenhang auch *mündliche Verträge* und Vertragsabschlüsse durch *Zeichen* (Rz 247). **2978**

5. Die Behandlung der in der Gewalt des Feindes befindlichen Personen

a) Opfer von Kampfhandlungen und ihr Schutzpersonal

2979 *Verwundete* und *Kranke* der *Streitkräfte* (Rz 2933), die in die Hand der gegnerischen Partei fallen, werden *Kriegsgefangene* (Rz 2983). Zusätzlich bestehen aber besondere Verpflichtungen zu ihrer Bergung – auch durch die Zivilbevölkerung – und zu ihrer Behandlung und Pflege (*Art 12, 14,* 15 GA I; Art 10 P I). Art 8 lit a P I schließt in diesen Schutz auch zivile Verwundete und Kranke ein.

2980 *Gefallene* sind zu *bergen,* zu *identifizieren* und zu *begraben.* Ihre Namen sind an die Auskunftsstelle (Rz 2989) weiterzuleiten (Art 15–17 GA I). Die gleichen Pflichten gelten hinsichtlich verstorbener Kriegsgefangener (Art 120, 121 GA III) und verstorbener Zivilinternierter (Rz 3005). Art 34 P I fasst diese Verpflichtungen vereinheitlichend zusammen und dehnt sie auf weitere Personengruppen aus.

2981 Die am Konflikt beteiligten Parteien haben die *Pflicht, nach Vermissten* zu *forschen* (Art 33 P I).

2982 *Sanitäts-* und *Seelsorgepersonal* (Rz 2950 f), das in die Hand der gegnerischen Partei fällt, darf *nur* in dem zur *Betreuung* der Kriegsgefangenen notwendigen Ausmaß *zurückbehalten* werden. Es wird dadurch aber *nicht kriegsgefangen,* obwohl ihm diese Stellung als Mindeststandard zukommt. Überzähliges Personal ist zurückzuschicken. Das Personal neutraler Hilfsgesellschaften (Rz 2951) darf nicht zurückbehalten werden (Art 28, 30–32 GA I).

b) Kriegsgefangene

2983 **Anspruch** auf die **Behandlung** als **Kriegsgefangene** haben, falls sie in die Hand der gegnerischen Partei fallen: **Kombattanten** (Rz 2932 f) sowie **Personen,** die einem **Heere folgen, ohne** ihm **direkt anzugehören** (Rz 2954 f). Vorhergehende Verletzung des Humanitätsrechts verwirkt diesen Anspruch nicht (*Art 44 Abs 2* P I–D 357); ausgenommen sind nur Spione und Freischärler (Rz 2937 ff). Allfällige Zweifel an dem Anspruch auf Kriegsgefangenenstatus sind durch ein Gericht zu klären (*Art 45 Abs 1* und *2* P I – Rz 2939). Personen, die an den Feindseligkeiten teilgenommen haben und keinen Anspruch auf den Status eines Kriegsgefangenen haben, genießen dennoch einen Mindestschutz (*Art 44 Abs 4* P I – Rz 2938; *Art 45 Abs 3* P I verweist auf GA IV und *Art 75* P I – Rz 2998; vgl Art 8 Abs 2 lit a [vi] ICC-Statut – Recht auf faires Verfahren).

2984 Die Problematik der Behandlung als Kriegsgefangener wurde durch die Weigerung der USA aktuell, den im Zuge der *„Operation Enduring Freedom“* 2001 (Rz 1889 f) gefangenen *Taliban-* und *Al-Kaida*-Kämpfern diesen Status zuzuerkennen.

2985 Die Kriegsgefangenschaft beginnt mit dem Zeitpunkt, in dem der Betroffene tatsächlich in die Hand der gegnerischen Partei fällt (*Art 5* GA III – D 355). Das weitere Vorgehen regeln Art 12 – *14,* 19, 20 GA III: Der Kriegsgefangene untersteht der Gewahrsamsmacht, nicht der Gewalt der Personen oder Truppenteile, die ihn gefangen genommen haben. Erstere hat ihn ab sofort zu schützen (*Art 13, 14* GA III) und möglichst bald in ein *Lager außerhalb* der *Gefahrenzone* zu schaffen. Lassen das die Umstände nicht zu, so ist der Gefangene freizulassen (*Art 41 Abs 3* P I).

Die Übergabe an eine andere Gewahrsamsmacht ist nur erlaubt, wenn diese Vertragspartei des GA III ist und sich die übergebende Gewahrsamsmacht vergewissert hat, dass die aufnehmende Macht willens und in der Lage ist, dieses Abkommen anzuwenden. **2986**

Der Kriegsgefangene ist zur *Auskunftserteilung* über Namen, Vornamen, Dienstgrad, Geburtsdatum und Matrikelnummer verpflichtet. Ein Verschweigen des Dienstgrades bewirkt den Verlust einer allfälligen Besserstellung (Art 17 GA III). Die dem Kriegsgefangenen zu belassenden Gegenstände sind in *Art 18* GA III festgelegt. **2987**

Die Internierung der Kriegsgefangenen in Lagern, dh ihre Unterbringung und Versorgung, ihre Heranziehung zur Arbeit, ihre Beziehung zu den Behörden und zur Außenwelt sowie die auf sie anwendbaren Straf- und Disziplinarmaßnahmen (zB für Fluchtversuche) sind in Art 21–108 (va *Art 82, 87, 99*) GA III im Einzelnen geregelt. **2988**

Jede am Konflikt beteiligte Partei hat ein *Auskunftsbüro* für Kriegsgefangene einzurichten, das den Heimatstaat über die Schutzmacht (Rz 2923) und über die vom IKRK organisierte Zentralauskunftsstelle für Kriegsgefangene (Art 123 GA III) informiert. **2989**

Nach Beendigung der aktiven Feindseligkeiten sind die Kriegsgefangenen ohne Verzug freizulassen und heimzuschaffen (*Art 118* GA III). Die Durchführung dieser Bestimmung kann zu einem Widerspruch mit den Menschenrechten führen, wenn ein Kriegsgefangener gegen seinen Willen heimgeschafft wird. Andererseits begründet das Abhängigkeitsverhältnis des Kriegsgefangenen von der Gewahrsamsmacht den Verdacht, er könne zu einem Verzicht auf die Heimschaffung gezwungen werden. **2990**

Die von den USA am Ende des Korea-Konflikts zur Lösung dieses Dilemmas angewandte Methode, die Kriegsgefangenen durch eine internationale Kommission befragen zu lassen, ist angesichts der kategorischen Sprache von *Art 118* GA III problematisch; das umso mehr, als in P I trotz Offenkundigkeit des Problems die Bestimmung nicht modifiziert wurde. **2991**

c) Die Zivilbevölkerung im besetzten Gebiet (occupatio bellica)

Ein Gebiet gilt als besetzt, wenn es sich tatsächlich in der Gewalt der Streitkräfte der gegnerischen Partei befindet (*Effektivität* – Rz 72; *Art 42* LKO – D 353). In diesem Fall übt der **Okkupant** gem *Art 43–45* LKO und *Art 64–68* GA IV (D 356) eine **vom VR beschränkte,** sonst aber **allgemeine Herrschaftsgewalt** aus (Rz 734, 787, 3071 ff). **2992**

Die Bevölkerung des besetzten Gebietes und die zurückgebliebenen Organwalter sind zur Einhaltung der vom Okkupanten im Rahmen seiner Zuständigkeit erlassenen Vorschriften verpflichtet. Die Forderung eines Treueeides, der ein den staatsbürgerlichen Pflichten vergleichbares Verhältnis begründen würde, ist verboten. **2993**

Die Ausübung der öffentlichen Gewalt ist durch *Art 48, 49, 51, 53,* 55 LKO, *Art 54* GA IV und Art 63 P I geregelt: Beamte und Richter können in **2994** ihren Funktionen belassen werden, dürfen deren Ausübung aber verweigern; an ihrer Rechtsstellung darf die Besatzungsmacht nichts ändern. Zivilschutzorganisationen dürfen ihre Tätigkeit fortsetzen.

2995 *Unbewegliches Staatseigentum,* ausgenommen Schutzbauten für die Zivilbevölkerung, unterliegt dem *Nießbrauch* der Besatzungsmacht, *bewegliches* der *Beschlagnahme. Öffentliche Abgaben* können zur Deckung der Verwaltung des besetzten Gebietes *weiter eingehoben* werden; zum *Unterhalt* der *Besatzungsmacht* kann eine *zusätzliche Auflage* vorgeschrieben werden.

2996 Die **Besatzungsmacht** hat die **Versorgung** der **Zivilbevölkerung** gem *Art 55* – 61 GA IV und Art 14–16, 69 P I in folgendem Umfang **sicherzustellen:** im medizinischen und religiösen Bereich; mit Lebens- und Arzneimitteln; mit Betten, Kleidung und Notunterkünften. Hilfsaktionen zu Gunsten der Zivilbevölkerung eines besetzten Gebietes (Rz 2926) sind zu gestatten und zu erleichtern. Sie befreien aber die Besatzungsmacht nicht von ihrer Versorgungspflicht.

2997 Die Zivilbevölkerung ist gegenüber der Besatzungsmacht durch verschiedene Bestimmungen geschützt, da es für einzelne *Personengruppen* unterschiedlichen *Sonderschutz* gibt. Grundregeln sind *Art 46* LKO und *Art 47* GA IV. Zusätzliche Sonderbestimmungen gelten für Ausländer (Art 48 GA IV); Flüchtlinge und Staatenlose (Art 73 P I; vgl Rz 1266 ff); Staatsangehörige der Besatzungsmacht, die vor Ausbruch des Konfliktes im besetzten Gebiet Zuflucht gesucht haben (Art 70 GA IV); Frauen (Art 70 P I); und Kinder (Art 24, 50 GA IV; Art 77, 78 P I).

2998 Erst P I hat den bis dahin auf Staatsangehörige der Vertragsparteien von GA IV beschränkten Schutz durch einen *allgemeinen Mindestschutz (Art 75)* ergänzt.

2999 **Privateigentum** darf weder zerstört (Art 53 GA IV) noch geplündert werden (*Art 47* LKO; *Art 33* GA IV). Es kann aber **gegen Bestätigung** und **letztendliche Bezahlung requiriert** werden (*Art 52* LKO).

3000 Auch private Nachrichten- und Beförderungsmittel sowie Kriegsvorräte dürfen beschlagnahmt werden, doch müssen sie bei Friedensschluss zurückgegeben und die Entschädigung für ihren Gebrauch geregelt werden (*Art 53* LKO).

3001 Die *Besatzungsmacht* kann *Zivilpersonen* über 18 Jahre zu *Arbeiten* zwingen, die für die Bedürfnisse der Besatzungsarmee oder der Bevölkerung des besetzten Gebietes notwendig sind. Die Arbeit darf nur innerhalb des besetzten Gebietes geleistet werden und nicht zur Teilnahme an den Kampfhandlungen verpflichten (*Art 52* LKO; *Art 51,* 52 GA IV).

3002 Es ist **der Besatzungsmacht** durch *Art 31* und 32 GA IV **verboten,** gegenüber der *Zivilbevölkerung* körperlichen oder seelischen **Zwang** auszuüben oder **Grausamkeiten** zu begehen – insbes auch, an ihr medizinische Versuche vorzunehmen (Art 11 P I; Art 8 Abs 2 lit b [x] ICC-Statut). Va darf sie wegen der Tat Einzelner **keine Kollektivstrafen** verhängen (*Art 50* LKO; *Art 33* GA IV).

3003 Auch dürfen *Zivilpersonen* aus dem besetzten Gebiet *weder verschleppt noch umgesiedelt* werden (*Art 49* GA IV; Art 8 Abs 2 lit b [ix] ICC-Statut).

3004 Für Vergehen gegen die Sicherheit der Besatzungsmacht (zB Spionage – Rz 2937) dürfen die Täter – aber nur diese – von den Militärgerichten der Besatzungsmacht bestraft werden. Für das diesbezügliche Verfahren bestehen vr Mindestvorschriften (*Art 66, 68,* 69, *71* – 77, va *71–74* GA IV).

Wenn es die **Sicherheit** der **Besatzungsmacht** zwingend erfordert, können **Zivilpersonen interniert,** oder es kann ihnen ein *Zwangsaufenthalt* angewiesen werden (*Art 78* GA IV). Die Internierung kann auch als Strafe ausgesprochen werden (*Art 68* GA IV). Über die Behandlung der Internierten in Lagern bestimmen Art 79–126 GA IV, über ihre Freilassung und allfällige Heimschaffung Art 132–135 GA IV. **3005**

Bezüglich der Zivilpersonen im besetzten Gebiet und der Zivilinternierten besteht die gleiche *Auskunftspflicht* wie für Kriegsgefangene (Rz 2989 – Art 136–141 GA IV). **3006**

d) Feindliche Staatsangehörige im eigenen Gebiet (Art 35, 38, 41–43 IV. Genfer Abkommen 1949)

Soweit dies den nationalen Interessen des Aufenthaltsstaates nicht zuwiderläuft, haben sie ein **Recht** auf **Ausreise.** **3007**

Verbleiben sie im Feindstaat, so ist ein rechtlicher Mindeststandard vr gesichert. Sie dürfen aber, *wenn* es die *Sicherheit* des *Aufenthaltsstaates unbedingt erfordert,* einen **Zwangsaufenthalt** zugewiesen erhalten oder **interniert** werden; in letzterem Fall finden die Vorschriften in Rz 3005 Anwendung. Ihr **Eigentum** kann für die Dauer des Krieges **sequestriert** werden. **3008**

C. Nicht-internationale bewaffnete Konflikte

Literatur: *Castren,* Civil War (1966); *Bindschedler,* Die völkerrechtliche Regelung nicht-internationaler bewaffneter Konflikte, FS *von der Heydte* (1977) 21; *Bothe,* Conflits armés internes et droit international humanitaire, RGDIP 82 (1978) 82; *Forsythe,* Legal Management of Internal War: The 1977 Protocol on Non-International Armed Conflicts, AJIL 72 (1978) 272; *Meron,* International Criminalization of Internal Atrocities, AJIL 89 (1995) 554.

Der in allen vier *Genfer Abkommen 1949* gleich lautende *Art 3* (D 355) formuliert in einer Generalklausel einen allgemeinen *Mindestschutz* für alle nicht (mehr) an den Feindseligkeiten teilnehmenden Personen und verbietet bestimmte, beispielsweise aufgezählte Handlungen gegen sie. Nur Verwundete und Kranke sind als Personengruppen bes erwähnt. **3009**

P II erneuert den allgemeinen Schutz in Art 4 Abs 1 und 2 und verbessert ihn va hinsichtlich der Strafverfolgung (Art 6). Aber auch dieses Protokoll behandelt nur den Schutz der Opfer von Kampfhandlungen, nicht diese selbst. **3010**

In einer Grundsatzentscheidung hat das **Tribunal** für das **ehemalige Jugoslawien** (Rz 2850 ff, 2915) festgestellt, dass die wesentlichen **Grundsätze** des in **internationalen bewaffneten Konflikten geltenden VR vgr auch in nicht-internationalen** anzuwenden sind (Rz 2899), das ICC-Statut wendet diese Grundsätze ausdrücklich auch auf solche Konflikte an (Art 8 Abs 2 lit c und e). **3011**

P II ergänzt aber den allgemeinen Schutz durch *Sonderbestimmungen* für die folgenden *Personengruppen:* Kinder (Art 4 Abs 3); Personen, denen **3012** die Freiheit entzogen ist (Art 5); Verwundete und Kranke (Art 7, 8); Sanitäts- und Seelsorgepersonal (Art 9, 11, 12); Ärzte im Allgemeinen (Art 10); Zivilbevölkerung (Art 13, 17, 18 Abs 2); Hilfsgesellschaften (Art 18 Abs 1).

3013 Außerdem werden zum ersten Mal auch *Objekte geschützt,* und zwar die für die Zivilbevölkerung lebensnotwendigen Objekte (Art 14 – Rz 2963); Anlagen und Einrichtungen, die gefährliche Kräfte enthalten (Art 15 – Rz 2963); sowie Kulturgut und Kultstätten (Art 16 – Rz 2969 ff).

XI. Abschnitt

Der internationale Status Österreichs seit 1918

Vorbemerkung der Herausgeber

Bei den meisten Benützern dieses Handbuches können Kenntnisse aus dem Zeitgeschichteunterricht und der Politischen Bildung sowie der Rechtsgeschichte Österreichs vorausgesetzt werden; ein echtes Verständnis der internationalen Position Österreichs erfordert jedoch überdies die Einordnung der historischen und aktuellen Fakten in einen vr Rahmen. Daher sollen in einem gerafften Überblick der internationale Status Österreichs sowie dessen vr Aspekte seit dem Ende des I. WK bis in die Gegenwart dargestellt werden. 3014

Unter dem **internationalen Status Österreichs** soll dabei die **Stellung** dieses Staates **in der Staatengesellschaft** verstanden werden. Diese lässt sich va auch aus den von ihm abgeschlossenen bi- und multilateralen *vr Verträgen* (politischen, militärischen, wirtschaftlichen, kulturellen etc Inhalts), der *Mitgliedschaft in IO* und sonstigen *internationalen Aktivitäten* ableiten. Diese werden ihrerseits vom sozioökonomischen, militärischen, intellektuellen etc Potenzial Österreichs, verbunden mit dessen geografischer Größe, sowie von seiner geopolitischen und -strategischen Lage – va in Beziehung zu den Großmächten und Nachbarstaaten – bestimmt. Ferner wirken sich wichtige weltpolitische und europäische Entwicklungen auch auf Österreich aus. 3015

Für den internationalen Status eines Staates ist neben der Außen- auch die Innenpolitik bedeutsam, zwischen denen die Grenzen zudem immer mehr verfließen. 3016

Nach 1955 war Österreichs internationaler (Sonder-)Status durch das bipolare System der Epoche nach dem II. WK bestimmt und beruhte va auf dem **Staatsvertrag** von Wien-Belvedere und der **Neutralität;** da auch die *„immer währende" Neutralität beendbar* ist, wird sie in diesem Buch als *„dauernde"* bezeichnet. 3017

Nach dem **Ende** des **Ost-West-Konflikts** ab 1989, der **Aufnahme Österreichs in** die **EU** 1995 und der Mitwirkung in der *GASP* bzw an den *„Petersberg-Aufgaben"* und der *(G)ESVP* ist angesichts der stetig *zunehmenden Integration Europas* und der wachsenden *Globalisierung* eine **Neubestimmung** des **internationalen Status Österreichs,** va der Sinnhaftigkeit seiner Neutralität, *angebracht.* 3018

Daneben wurden jedoch auch *Probleme* der *Vergangenheit* (Zwangsarbeiter, Restitution „arisierten" Vermögens, *Beneš*-Dekrete) akut. 3019

1. Kapitel

Der internationale Status und die völkerrechtliche Stellung Österreichs seit dem Ersten Weltkrieg

Waldemar Hummer

Literatur: *Verosta,* Die internationale Stellung der Republik Österreich seit 1918, in: *Institut für Österreichkunde* (Hrsg), 1918–1968. Österreich – 50 Jahre Republik (1968) 59; *Seidl-Hohenveldern,* Die Überleitung von Herrschaftsverhältnissen am Beispiel Österreichs (1982); *Sieder / Steinert / Tálos* (Hrsg), Österreich 1945–1995 (1995); *Dachs ua,* Handbuch des politischen Systems Österreichs. (3. Aufl, 1997); *Stourzh,* Um Einheit und Freiheit (4. Aufl, 1998).

A. Untergang der österreichisch-ungarischen Monarchie und Entstehung der Ersten Republik

Literatur: *Kelsen,* Die Verfassungsgesetze der Republik Deutsch-Österreich (1919); *Hoor,* Österreich 1918–1938 (1966); *Neck* (Hrsg), Österreich im Jahre 1918 (1968); *Mayr-Harting,* Der Untergang. Österreich-Ungarn 1848–1922 (1988); *Rauchensteiner,* Der Tod des Doppeladlers. Österreich-Ungarn und der Erste Weltkrieg (1993); *Dusek / Pelinka / Weinzierl,* Zeitgeschichte im Aufriß. Österreich seit 1918 (4. Aufl, 1995); *Brauneder / Lachmayer,* Österreichische Verfassungsgeschichte (8. Aufl, 2002).

1. Der Untergang der Monarchie im Ersten Weltkrieg

3020 Die Niederlage Österreichs gegen Preußen 1866 führte zum Ausscheiden aus dem Deutschen Bund sowie zum **„Ausgleich"** *mit Ungarn* **1867.** Dadurch wurde das Kaiserreich Österreich (seit 1804) in eine *Realunion* zwischen den im Reichsrat vertretenen Königreichen und Ländern *(Cisleithanien)* einerseits und dem Königreich Ungarn *(Transleithanien)* andererseits umgewandelt.

3021 Die beiden Reichshälften dieser kuk österreichisch-ungarischen „Doppelmonarchie" waren *rechtlich voneinander unabhängig,* da es sich um eine vr und nicht um eine staatsrechtliche Verbindung handelte. Jeder der beiden Staaten hatte sein eigenes Parlament.

3022 Sie führten aber eine *gemeinsame Außenpolitik,* hatten ein *gemeinsames Heer* und unterhielten für die *gemeinsamen Angelegenheiten* auch ein eigenes *Budget.*

3023 Nach der *Ermordung* des österreichischen Thronfolgers Erzherzog *Franz Ferdinand* in Sarajevo (28. 6. 1914) erklärte Österreich-Ungarn am 28. 7. 1914 Serbien den Krieg. Der Mechanismus des europäischen Bündnissystems bewirkte, dass Österreich-Ungarn, das Deutsche Reich, Bulgarien und die Türkei in der Folge als Mittelmächte *(„Viermächtebund")* den I. WK gegen mehr als 20 europäische und außereuropäische Staaten führten. Sie mussten schließlich die Überlegenheit der *Entente*-Mächte zur Kenntnis nehmen.

2. Der Zerfall der Monarchie in souveräne Nationalstaaten

Noch während des I. WK begann sich das Kaiserreich (Cisleithanisch-) Österreich in seine wesentlichen nationalen Bestandteile aufzulösen. Der verspätete Versuch *Karls I.,* des letzten habsburgischen Kaisers, am 16. 10. 1918 die Monarchie und die Herrschaft seines Hauses durch ein *Völkermanifest* zu retten, schlug fehl. Darin versprach er den einzelnen Nationalitäten der österreichischen Reichshälfte auf der Basis des Selbstbestimmungsrechtes (Rz 2054 ff) im Rahmen eines Bundesstaates die volle Gleichberechtigung. **3024**

Die letzte kaiserliche Regierung schloss am 3. 11. 1918 einen Waffenstillstand. Am 11. 11. 1918 dankte Karl als Kaiser des nicht mehr bestehenden Kaisertums (Cisleithanisch-)Österreich, am 13. 11. 1918 als König von Ungarn ab. Dabei bestand Ungarn trotz des späteren Wechsels der Staatsform zur Republik als identes VRS in Rechtskontinuität weiter (Rz 842 f). **3025**

3. Deutschösterreich als Nachfolgestaat der Monarchie

Noch während des Krieges konstituierten sich die in den deutschsprachigen Siedlungsgebieten der Monarchie 1911 gewählten Abgeordneten zum Reichsrat in Wien als **Provisorische Nationalversammlung,** um einen eigenen Nachfolgestaat Deutschösterreich zu gründen. Am 30. 10. 1918 beschloss die Provisorische Nationalversammlung für Deutschösterreich, für den **Neustaat Deutschösterreich** eine provisorische Verfassung in Kraft zu setzen, eine *provisorische Regierung* unter dem Sozialdemokraten *Karl Renner* einzusetzen und als oberstes Organ den Deutschösterreichischen Staatsrat zu errichten (D 364). **3026**

Das *Gesetz über die Staats- und Regierungsform von Deutschösterreich* vom 12. 11. 1918 (D 365) ist das Gründungsdokument der Republik (Deutschösterreich). Die einzelnen Bundesländer gaben zugleich Beitrittserklärungen zur neu entstandenen Republik ab. **3027**

Die *„Anschluss"-Erklärung der Provisorischen Nationalversammlung* entsprang (auch) der wirtschaftlichen Not und beruhte auf der verbreiteten Ansicht von der „Lebensunfähigkeit" Deutschösterreichs. In realpolitischer Einschätzung der Lage nahm die Regierung der Deutschen Republik das „Offert" Deutschösterreichs aber nicht an. **3028**

Am 3. 4. 1919 beschloss die Konstituierende Nationalversammlung das *Gesetz* über die *Landesverweisung* und die *Übernahme des Vermögens* des *Hauses Habsburg-Lothringen* (D 366), um Restaurationstendenzen vorzubeugen (vgl Rz 700). **3029**

4. Kontinuität oder Diskontinuität zwischen Deutschösterreich und dem Kaisertum Österreich?

Über die Kontinuität bzw Diskontinuität zwischen dem Kaisertum (Cisleithanisch-)Österreich und Deutschösterreich herrschte zwischen der österreichischen Regierung und den Alliierten des I. WK eine grundlegende Meinungsverschiedenheit (Rz 842). Sie war va für die Fragen der Kriegsschuld und der Reparationen (vgl auch Rz 830) von praktischer Bedeutung. **3030**

Nach **österreichischer Auffassung** war **Deutschösterreich** staatsrechtlich gesehen revolutionär entstanden und vr ein **neuer Staat.** Der Staat (Cislei- **3031** thanisch-)Österreich sei durch Zerfall (*dismembratio* – Rz 810) als VRS untergegangen und damit die Realunion mit Ungarn beendet worden. Deutschösterreich sei nicht Kriegspartei und daher „vom ersten Augenblick seiner Existenz an neutral oder quasi-neutral" gewesen *(Kelsen)*. Diese Ablehnung einer Universalsukzession wurde auch gesetzlich verankert (D 367).

3032 Dagegen behaupteten die **Alliierten** die **vr Kontinuität** des Kaisertums Österreich mit Deutschösterreich und anerkannten es (nur) in diesem Sinne.

5. Die Unabhängigkeitsverpflichtung Österreichs im Staatsvertrag von St-Germain

3033 Der **Staatsvertrag von St-Germain** (Saint-Germain-en-Laye), der zwischen den Alliierten und Österreich am 10. 9. 1919 unterzeichnet wurde und den Kriegszustand (Rz 1803) offiziell beendete, klärte schließlich die offenen Probleme (D 369). Neben der **Festsetzung** des **Namens** (ab jetzt *„Republik Österreich"*) und der **Grenzen** (Art 27–35) des neuen Staates wurde wegen der Bedeutung eines selbständigen Österreich für das politische Gleichgewicht in Mitteleuropa in **Art 88** (D 369) eine **Unabhängigkeitsverpflichtung** Österreichs verankert. Die Unabhängigkeit Österreichs durfte nur mit Zustimmung des Völkerbundrates abgeändert werden. Obwohl diese Unabhängigkeitsverpflichtung gegenüber allen Staaten galt, wurde sie in der Praxis bloß gegenüber Deutschland relevant.

6. Die Konsolidierung des territorialen Besitzstandes der Republik Österreich

3034 Das „Diktat" von St-Germain, va Art 88, wurde in Österreich als Eingriff in das Selbstbestimmungsrecht empfunden. Die *zentrifugalen Bestrebungen* nahmen zu. So stimmte die Mehrheit der *Vorarlberger* 1919 für eine Eingliederung in die Schweiz, 1921 eine Mehrheit der *Tiroler* und *Salzburger* für die ihrer Länder in das Deutsche Reich. Zwar konnten diese Sezessionsversuche abgewehrt werden; die territoriale Integrität Österreichs war aber noch nicht konsolidiert.

3035 Am 10. 10. 1920 stimmte die Mehrheit (59%) der Bevölkerung von *Südkärnten* für den Verbleib bei Österreich.

3036 Erst 1921 wurde das Österreich zugesprochene ehemalige „Deutsch-Westungarn" als Bundesland *Burgenland* in den Staatsverband eingegliedert. Im Gegenzug fiel allerdings das Gebiet *Ödenburg (Sopron)* durch eine Volksabstimmung auf Grund des Venediger Protokolls 1921 (BGBl 1922/138) an Ungarn.

B. Österreich in der Völkerbundära bis zum „Anschluss" an das „Reich"

1. Die Absicherung der Unabhängigkeit Österreichs durch den Völkerbund und die Genfer und Lausanner Protokolle

3037 Bereits in der Mantelnote des Staatsvertrages von St-Germain 1919 wiesen die Alliierten auf besondere Bestimmungen zum Schutz kleiner Staaten im

Vertrag hin. Sie verwiesen damit auf das System kollektiver Sicherheit des VB (Rz 1840ff). Die VBS (D 219) war in allen Pariser Friedensverträgen 1919/20 enthalten. Österreich wurde im Dezember 1920 in den VB aufgenommen.

Die *Unabhängigkeit* und *territoriale Integrität Österreichs* wurden damit sowohl durch den Staatsvertrag von St-Germain (Art 88) und den Friedensvertrag von Versailles 1919 (Art 80–D 368) als auch durch die *Kollektivgarantie* des VB (Art 10, 11, 16) *gesichert.* **3038**

Eine weitere Bestätigung seines besonderen internationalen Status erhielt Österreich im Zuge der **Gewährung zweier Völkerbund-Anleihen,** die seine durch den Krieg und dessen Folgen zerrütteten Staatsfinanzen sanieren sollten. **3039**

1) **Genfer Protokolle** vom 4. 10. **1922** (BGBl 1922/842): Nachdem Österreich schon früher von einzelnen Staaten sog *Relief*-Kredite erhalten hatte, war die in den drei Genfer Protokollen vereinbarte österreichische Völkerbund-Anleihe die erste unter Aufsicht des VB gewährte Anleihe. **3040**

Die Anleihegeber Großbritannien, Frankreich, Italien und die Tschechoslowakei verpflichteten sich im I. Genfer Protokoll (D 370) zur Achtung des besonderen internationalen Status Österreichs. Österreich musste seinerseits neuerlich eine dem Art 88 Staatsvertrag von St-Germain (D 369) entsprechende Unabhängigkeitsverpflichtung eingehen, die in wirtschaftlicher Hinsicht weiter spezifiziert wurde. **3041**

2) **Lausanner Protokoll** vom 15. 7. **1932** (BGBl 1933/12): Diese zweite Völkerbund-Anleihe (300 Mio Schilling) wurde von Großbritannien, Frankreich, Italien und Belgien gewährt und enthielt sinngemäß die gleichen Unabhängigkeitsverpflichtungen wie das I. Genfer Protokoll 1922. **3042**

2. Der deutsch-österreichische Zollunionsplan

Die Pflicht Österreichs zu qualifizierter Unabhängigkeit kam sehr bald auf den vr Prüfstand. Am 19. 3. 1931 einigten sich eine deutsche und eine österreichische Regierungsdelegation auf eine Punktation *(„Wiener Protokoll")* über eine *Zollunion* (**„Schober-Curtius-Plan"** – vgl Rz 2522). **3043**

Danach sollten ein gemeinsamer Zolltarif und ein gemeinsames Zollrecht eingeführt werden, die Zollverwaltung und die handelspolitische *treaty-making power* (Rz 251) aber den beiden Staaten verbleiben. Der Zollunionsvertrag sollte nach drei Jahren kündbar sein. Ferner war ein Schiedsausschuss vorgesehen, der seine Entscheidungen mehrstimmig fällen sollte. **3044**

Auf Ersuchen des Völkerbundrates erstattete der **StIG** am 5. 9. **1931** ein **Rechtsgutachten betreffend die Ordnung des Zollwesens zwischen Deutschland und Österreich.** Darin überprüfte er die Vereinbarkeit einer Zollunionsmitgliedschaft mit den Unabhängigkeitsverpflichtungen Österreichs. **3045**

Mit 8:7 Stimmen befand der StIG, dass das deutsch-österreichische **Zollunionsprojekt** zwar *nicht gegen Art 88 Staatsvertrag von St-Germain,* wohl aber **gegen** das **I. Genfer Protokoll 1922 verstoße.** Denn abstrakt seien zwar eine Zollunionsmitgliedschaft und qualifizierte Unabhängigkeit vereinbar. Im konkreten Fall gefährdeten aber die bestehenden „Anschluss"-Tendenzen in Österreich und die Ungleichheit der Märkte die Unabhängigkeit Österreichs (D 371). **3046**

C. Der „Anschluss“ Österreichs an das nationalsozialistische Deutschland

Literatur: *Verosta,* Die internationale Stellung Österreichs 1938–1947 (1947); *Marek,* Identity and Continuity of States (Genf 1968); *Botz,* Die Eingliederung Österreichs in das Deutsche Reich (2. Aufl, 1976); *Schausberger,* Der Griff nach Österreich (1978); *Schmidl,* März 38. Der deutsche Einmarsch in Österreich (1987); *Kindermann,* Österreich gegen Hitler-Europas erste Abwehrfront 1933–1938 (2003).

1. Das faschistische Italien als Schutzmacht Österreichs gegenüber dem „Dritten Reich“

3047 Der **nach der Selbstausschaltung des Parlaments** am 4. 3. **1933** errichtete **Ständestaat** stellte vom Standpunkt des B-VG 1920/1929 einen *Kontinuitätsbruch* dar. Das *autoritäre Regime Dollfuß* regierte auf Grund des *Kriegswirtschaftlichen Ermächtigungsgesetzes* 1917 (RGBl 1917/307; aufgehoben durch BGBl 1946/143).

3048 Der **Bürgerkrieg** im **Februar 1934** zwischen Christlichsozialen (mit Heimwehr und Frontkämpfern als bewaffneten Wehrverbänden) und Sozialdemokratie (Republikanischer Schutzbund) mit mehr als 300 Toten wurde von der Regierung *Dollfuß* zu ihren Gunsten entschieden.

3049 Danach erhielt *Engelbert Dollfuß* von *Benito Mussolini* die erstrebte Bestätigung der *italienischen Schutzfunktion gegen* die Umtriebe der *Nationalsozialisten,* deren Zahl (seit dem Verbot der Partei 1933 agierten sie in der Illegalität) stark zugenommen hatte. Am 17. 3. **1934** wurden zwischen *Italien, Ungarn* und *Österreich* die **Römischen Protokolle** unterzeichnet, die die weitere **Sicherung** der **Selbständigkeit** der **Republik Österreich** dem **faschistischen Italien anvertrauten.**

3050 Das ständestaatliche Österreich geriet bald in Schwierigkeiten. Der von deutschen Stellen gebilligte *Putschversuch der Nationalsozialisten* vom 25. 7. 1934, bei dem Bundeskanzler *Dollfuß ermordet* wurde, konnte von der Exekutive und vom Bundesheer zwar rasch niedergeschlagen werden; aber erst die Mobilisierung durch Österreichs Schutzmacht Italien am Brenner hielt *Adolf Hitler* von Maßnahmen gegen Österreich ab.

3051 Als sich nach der verlustreichen italienischen Aggression gegen Abessinien *Mussolini mit Hitler arrangierte,* musste Österreich 1936 mit Deutschland ein *Übereinkommen* über *die Normalisierung der österreichisch-deutschen Beziehungen* sowie ein geheimes *„gentlemen's agreement“* (Rz 543) abschließen. Es wurde schon damals als erster Schritt zum „Anschluss“ bezeichnet, weil es die Unterwanderungsversuche der „nationalen Kräfte“ legalisierte. Im November 1937 wurde schließlich die totale Eingliederung Österreichs zum offiziellen Ziel der deutschen Politik erhoben.

2. Der „Anschluss“ Österreichs an das „Dritte Reich“

3052 Als *Hitler* den Druck auf Österreich verstärkte (*De-facto-Kapitulation* Bundeskanzler *Kurt Schuschniggs* beim Treffen mit *Hitler* auf dem Obersalzberg am 12. 2. 1938), setzte *Schuschnigg* für den 13. 3. 1938 eine Volksabstimmung an. *Hitler* kam dieser aber durch den Einmarschbefehl am 12. 3.

1938 zuvor, nachdem *Schuschnigg* durch ein Ultimatum am 11. 3. 1938 zum Rücktritt gezwungen worden war (D 372).

Der deutsche Einmarsch *(„Operation Otto")* mit 105.000 Soldaten und 16.000 Polizeikräften war eine kriegsähnliche Okkupation (*occupatio quasi-bellica* – Rz 2992), gegen die die österreichische Armee befehlsgemäß keinen Widerstand leistete. **3053**

Obwohl der Nationalsozialismus in Österreich viele Anhänger hatte, wurde Österreich damit das erste Opfer der nationalsozialistischen Expansionspolitik (Rz 3063 f; D 374), die in der Folge zum II. WK führen sollte. Diese **völkerrechtswidrige Aggression** Deutschlands erfolgte nicht nur unter Bruch des allgemeinen VR, sondern auch zahlreicher (vom Deutschen Reich geschlossener) Verträge bzw offizieller Erklärungen (ua Art 80 Friedensvertrag von Versailles; Art 88 StV von St. Germain; Genfer Protokoll 1922; *Briand-Kellogg*-Pakt 1928 [Rz 1810 ff; D 220]; Lausanner Protokoll 1932; Erklärung der deutschen Reichsregierung über die Anerkennung der Unabhängigkeit Österreichs 1935; deutsch-österreichisches Abkommen 1936), wie dies auch der Internationale Militärgerichtshof in Nürnberg 1946 feststellte (Rz 2915). **3054**

Bereits am **13. 3. 1938** verlautbarte unter dem Druck der Okkupationsmacht der nunmehrige Bundeskanzler *Arthur Seyß-Inquart* ein **BVG über die Wiedervereinigung Österreichs mit dem Deutschen Reich** („Anschlussgesetz") (BGBl 1938/75), das – als paktiertes Gesetz – mit gleichem Wortlaut von der Reichsregierung beschlossen und als Reichsgesetz ua von *Hitler* unterzeichnet wurde (D 373). **3055**

Dieses Gesetz wies jedoch schwer wiegende Mängel auf: Die rechtmäßige österreichische Regierung stimmte dem Einmarsch nach der Abschiedsrede Bundeskanzler *Schuschniggs* im Radio vom 11. 3. 1938 („Ich weiche der Gewalt. Gott schütze Österreich") wohl nur scheinbar zu; die „erbetene Intervention" wurde durch den unter deutschem Druck von Bundespräsident *Wilhelm Miklas* ernannten neuen Bundeskanzler *Seyss-Inquart* ebenfalls nicht formalisiert, da das diesbezügliche Telegramm nie abgesendet wurde. Ferner wurde das „Anschlussgesetz" nicht von allen Mitgliedern der Regierung *Seyß-Inquart* unterzeichnet und auch von *Wilhelm Miklas* nicht gegengezeichnet und beurkundet. **3056**

Trotz des euphemistischen und historisch unrichtigen Terminus *„Wiedervereinigung"* (Österreich war zuvor mit Deutschland nie vereinigt) handelte es sich beim *„Anschluss"* um einen einseitigen Gewaltakt gegen Österreich, auch wenn die Volksabstimmung vom 10. 4. 1938 mit 99,7% (!) für *Hitler* ausging. Dieses unter besonderen Umständen zu Stande gekommene Ergebnis beseitigte die Rechtswidrigkeit des „Anschlusses" nicht. **3057**

Italien stimmte dem „Anschluss" zu; Frankreich, Großbritannien und die UdSSR legten zwar verbalen Protest ein, fanden sich aber durch ihre nachfolgende Handlungsweise mit der Eingliederung Österreichs in das Deutsche Reich ab. Auch die USA (trotz der *Stimson*-Doktrin 1932 – Rz 59, 1812 ff) nahmen die Tatsache des Untergangs Österreichs als unabhängiger Staat zur Kenntnis und handelten – wie alle anderen Staaten – dementsprechend, indem sie zB die ehemals österreichischen Staatsangehörigen als deutsche Staatsbürger betrachteten. Die stillschweigende bzw konkludente **3058**

Anerkennung des „Anschlusses" durch die Staatengemeinschaft ändert aber nichts an dessen Rechtswidrigkeit.

3059 Im VB erhob Mexiko als einziges Mitglied schriftlich Protest, obwohl alle Mitgliedstaaten verpflichtet gewesen wären, die neue Situation ausdrücklich nicht anzuerkennen (Rz 3075). Das System kollektiver Sicherheit des VB (Rz 1840ff; D 219) blieb auf Grund politischer Divergenzen ineffektiv.

D. Österreich nach seiner Eingliederung in das „Dritte Reich"

1. Die staatsrechtliche Stellung Österreichs im Deutschen Reich

3060 Sofort nach dem „Anschlussgesetz" wurde die historische Struktur Österreichs zerschlagen. Das **„Ostmarkgesetz"** vom 14. 4. 1939 gliederte Österreich in **sieben Reichsgaue.** Die Reichsstatthalter an ihrer Spitze waren mit den Gauleitern der NSDAP identisch und unterstanden unmittelbar der Reichsregierung. Während der deutschen Verwaltung vom 11. 3. 1938 bis zum 27. 4. 1945 hatte Österreich keine eigene Regierung.

3061 Seine **vr Handlungsfähigkeit** war durch die deutsche Gewalt, die sie überlagert hatte, **völlig gehemmt.** Gem Art 43 LKO kamen dem Deutschen Reich als Okkupanten (Rz 2992ff; D 353) (aber) die Rechte und Pflichten eines Geschäftsführers ohne Auftrag zu. Die **Rechtsfähigkeit** blieb **Österreich** aber **erhalten** (Rz 3078).

3062 Die österreichische Bevölkerung lebte größtenteils unter materiellem österreichischen Recht weiter und behielt auch ihre österreichische Staatsbürgerschaft, obwohl sie nach dem „Anschluss" zwangsweise auch die deutsche erhielt. Bereits eineinhalb Jahre nach dem „Anschluss" wurden Österreicher als deutsche Staatsbürger zum Kriegsdienst in die Deutsche Wehrmacht einberufen.

2. Die Erklärung der Alliierten über die Wiedererrichtung Österreichs

3063 Die **Moskauer Deklaration** vom **30. 10. 1943** (der Außenminister Großbritanniens, der USA und der UdSSR) ist das Grunddokument für das Wiedererstehen eines unabhängigen Österreich. Der aufgezwungene **„Anschluss"** wird darin als **null und nichtig** betrachtet und die Befreiung Österreichs von der nationalsozialistischen Herrschaft zu einem Kriegsziel der Alliierten erklärt (D 374).

3064 Die in der Deklaration enthaltene Bezeichnung Österreichs als „das erste freie Land, das der typischen Angriffspolitik *Hitlers* zum Opfer fallen sollte", wird va als Begründung für die „Opfertheorie" (Rz 3054) herangezogen.

3. Der österreichische Widerstand

3065 Während der nationalsozialistischen Besetzung gab es in Österreich – im Gegensatz zu anderen Ländern – *vorerst* lediglich *vereinzelten, nicht organisierten Widerstand. Erst* am *18. 12. 1944* bildete sich in Wien ein *Provisorisches Österreichisches Nationalkomitee*, das die verschiedenen Widerstandsgruppen (die wichtigste Gruppe agierte unter der Chiffre „05") zusammenfassen sollte. Auch konnten sich die *Exilösterreicher* **nicht** auf eine

Exilregierung *einigen,* sodass die Alliierten Mächte die Frage der künftigen Gestaltung Österreichs unter sich aushandelten.

In der letzten Phase des II. WK setzten aber österreichische Patrioten größere Widerstandshandlungen, insbes in der Schlacht um Wien im April 1945. **3066**

E. Die Befreiung Österreichs von der nationalsozialistischen Herrschaft

1. Von der „Appeasement"-Politik der Alliierten zur Niederlage des „Dritten Reiches" im Zweiten Weltkrieg

Auch nach dem „Anschluss" Österreichs setzten die Großmächte ihre **3067**
„Appeasement"-Politik der Beschwichtigung gegenüber dem Deutschen Reich fort: So zwangen Großbritannien und Frankreich im *Münchner Abkommen 1938* die Tschechoslowakei, ihre von Deutschen besiedelten westlichen Randgebiete an Deutschland abzutreten (D 375). Deutschland annektierte 1939 Böhmen und Mähren (sog Reichsprotektorat) ohne Widerstand der anderen Großmächte. Die UdSSR schloss mit Deutschland 1939 einen Nichtangriffspakt sowie einen Handelsvertrag ab.

Erst nach dem Angriff *Hitlers* auf Polen am 1. 9. 1939 – der den II. WK **3068**
auslöste – reagierten die Westmächte auf die Aggression des *Hitler*-Regimes.

Nach fünf Kriegsjahren rückte die totale Niederlage Deutschlands **3069**
immer näher. Sowjetische Truppen überschritten am 28. 3. 1945 die österreichischen Grenzen, US-Verbände folgten am 28. 4. Am 8. 5. 1945 kapitulierte Deutschland bedingungslos (Rz 844 ff).

Mit der militärischen Niederlage (*debellatio* – vgl Rz 807) *Hitler*- **3070**
Deutschlands und der Besetzung Österreichs durch die Truppen der vier alliierten Großmächte endete die *occupatio quasi-bellica* Österreichs – Österreich befand sich ja formell mit Deutschland nicht im Krieg – nach sieben Jahren und großen Verlusten (300.000 Soldaten und Zivilopfer der Luftkriegführung sowie 100.000 in Konzentrationslagern und Gefängnissen umgekommene Österreicher, unter ihnen 60.000 Juden).

2. Österreich vom 13. 3. 1938 bis zum 27. 4. 1945: Okkupation oder Annexion?

Literatur: *Verosta,* Die internationale Stellung Österreichs 1938 bis 1947 (1947); *Merkl,* Der Anschluß Österreichs an das Deutsche Reich – eine Geschichtslegende, JBl 77 (1955) 439; *ders,* War Österreich von 1938 bis 1945 Bestandteil des Deutschen Reiches? AöR 82 (1957) 480; *Clute,* The International Legal Status of Austria 1938–1955 (1962); *Merkl,* Okkupation oder Annexion? FS *Kummer* (1965) 425; *Jakusch,* Okkupationstheorie, Annexionstheorie und das ius postliminii, ÖJZ 25 (1970) 258; *H. Winkler,* Österreich – die völkerrechtlichen Aspekte, ÖGL 45 (2001) 341.

Lange Zeit herrschte über die vr Qualifikation des „Anschlusses" eine **3071**
Kontroverse zwischen Anhängern der **Okkupationstheorie** (Österreich wurde 1938 nur okkupiert, ging als VRS nicht unter und erlangte 1945 nach seiner Befreiung bloß seine vr Handlungsfähigkeit zT zurück) und der **Annexionstheorie** (Österreich ging als Staat durch Annexion 1938 unter,

wurde ein Teil des Deutschen Reiches und entstand – in Diskontinuität – 1945 neu).

3072 Diese Frage – mit wichtigen Auswirkungen auf die Weitergeltung vr Verträge, Staatsbürgerschaft, Kriegsteilnahme, Reparationsleistungen etc (Rz 810 ff) – wurde jedenfalls in der *österreichischen Lehre* weitgehend zu Gunsten der *Okkupationstheorie* entschieden, insbes nach dem Nachweis gravierender verfassungsrechtlicher Fehler des „Anschlussgesetzes" (Rz 3055). Diese *verfassungsmäßige Nichtigkeit des „Wiedervereinigungsgesetzes"* stellte auch die Unabhängigkeitserklärung 1945 (D 376) fest.

3073 Die Streichung des Passus aus der Präambel der endgültigen Fassung des StV, dass Österreich eine „gewisse Verantwortlichkeit" wegen seiner Teilnahme am II. WK trage (Rz 3118), bekräftigte keine der beiden Theorien. Denn sowohl bei einer Okkupation als auch Annexion war die Handlungsfähigkeit Österreichs nicht (mehr) gegeben. Ohne Handlungs- besteht aber keine (aktive) Deliktsfähigkeit.

3074 Die Einstellung eines Teiles der *österreichischen Politiker* sowie die *Rechtsprechung* zur Frage, ob Österreich 1938 annektiert oder bloß okkupiert worden war, *schwankten* aber. Auch wurden die Begriffe „Okkupation" und „Annexion" sowohl in offiziellen Dokumenten (zB Präambel StV – D 380) als auch in Urteilen nationaler Gerichte sinnwidrig bzw ambivalent verwendet.

3075 Was die *vr relevante Haltung* der *anderen Staaten* zur *Annexionsabsicht Deutschlands* (Rz 3051, 3055) bis zum Kriegsbeginn 1939 betraf – ein Krieg hemmt alle Ersitzungsfristen und macht alle Anerkennungsakte, die unter der Annahme der Erhaltung des Friedens gemacht wurden, hinfällig –, so nahmen nur die *Achsenmächte* eine *de-iure-Anerkennung* vor. Dagegen *verurteilten die Alliierten* die *Okkupation Österreichs* und anerkannten die beabsichtigte Annexion niemals *de iure* (Rz 803).

3076 *De facto* musste allerdings eine Reihe von Staaten den geänderten Umständen Rechnung tragen, um den offiziellen Verkehr mit dem „Dritten Reich" aufrechterhalten zu können. So mussten zB die Gesandtschaften bei der österreichischen Regierung in Konsulate bei der deutschen Regierung für das okkupierte österreichische Gebiet umgewandelt werden.

3077 *Nach Kriegsbeginn* setzten Erklärungen der Alliierten ein, die in der *Moskauer Deklaration* 1943 gipfelten (Rz 3063 f). Mit der Nichtigerklärung des „Anschlusses" war aber *de iure* die *Annexionsabsicht* als *gescheitert* anzusehen. Es blieb lediglich die völkerrechtswidrige Okkupation Österreichs, die durch die Debellierung Deutschlands endgültig beseitigt wurde.

3078 Durch die *Okkupation* war *Österreich* aber auch *nicht „untergegangen"* bzw als überwältigter Staat „ausgelöscht", sondern *behielt* in *Rechtskontinuität* seine *vr Rechtsfähigkeit* (Österreich als *„scheintoter" Staat* – Rz 863). Sowohl die objektiven (dasselbe Volk auf demselben Staatsgebiet unter weitgehend unveränderter Rechtsordnung) als auch die subjektiven (Bekenntnis zur Identität) Kontinuitätselemente lagen eindeutig vor, sodass Österreich als VRS fortbestand. Auf Grund der *fehlenden Handlungsfähigkeit* konnten Österreich aber nicht die ihm von *Hitler*-Deutschland oktroyierten Handlungen zugerechnet werden (Teilnahme am II. WK etc).

3079 Als logische Konsequenz der Rechtsansicht, dass Österreich widerrechtlich besetzt und nicht handlungsfähig war, wurde ihm – schon in der

Moskauer Deklaration 1943 (D 374; Rz 3063f) – der Status eines *„liberated and not an enemy country“* zugesprochen.

Dementsprechend betrachteten die Vereinigten Staaten Österreich 3080
auch als einen Staat, mit dem sie sich nie im Kriegszustand befunden hatten. Daher wurde der Vertrag von Wien-Belvedere, den die vier Alliierten mit Österreich 1955 abschlossen, als *„Staatsvertrag“* bezeichnet – im Gegensatz zu den mit den Achsenmächten 1947 in Paris geschlossenen „Friedensverträgen“. Im US-Senat wurde bei der Genehmigung des Vertrages darauf hingewiesen, *„that the Treaty before the Senate is not a peace Treaty ...This Treaty is, rather, the Austrian State Treaty ...“* (*Winkler,* 347).

In **konsequenter Verfolgung** der **Okkupationstheorie** und der **Rechtskontinuität** ging die Republik **Österreich** von der *Weitergeltung* bzw Wiederanwendung der vor dem „Anschluss“ abgeschlossenen *Staatsverträge* aus. 3081

Sie versuchte auch statt einer Neuaufnahme ihre seit dem 13. 3. 1938 3082
ruhende *Mitgliedschaft* in *IO* (ILO, UPU, ITU etc) zu *reaktivieren.* Gegenüber dem *VB* (D 377) gelang Österreich dies aber nicht, da die Versammlung des VB 1938 das Erlöschen der Mitgliedschaft Österreichs feststellte und 1946 *Österreich lediglich als Beobachter* (Rz 984) zuließ. Der Liquidationsausschuss des VB führte Österreich seit der deutschen Note an den VB vom 18. 3. 1938 (D 373) nicht mehr als Mitglied (Rz 913), und dies, obwohl die letzte ordentliche Versammlung des VB in einer Res festgestellt hatte, dass Österreich wegen der Rechtswidrigkeit der *Hitlerschen* Aggression nicht untergegangen war. Daher hätte der VB Österreich weiterhin als Mitglied ansehen müssen. Ebenso kam es 1947 zu einem *Neuaufnahmeverfahren* durch die *ILO* (Rz 3306).

F. Österreich unter der Besetzung durch die Alliierten Siegermächte

Literatur: *Rauchensteiner,* Der Sonderfall. Die Besatzungszeit in Österreich 1945 bis 1955 (1979); *Bischof / Leidenfrost* (Hrsg), Die bevormundete Nation. Österreich und die Alliierten 1945–1949 (1988); *Hufschmied,* Wien im Kalkül der Alliierten 1848–1955 (2002).

1. Die Gründung der Zweiten Republik

Noch vor der endgültigen Befreiung Österreichs nahm *Renner* bereits 3083
am 5. 4. 1945 das sowjetische Angebot an, eine Konzentrationsregierung aller demokratischen und antifaschistischen Kräfte zu bilden. Am **27. 4. 1945,** dem „Geburtstag“ der II. Republik, wurden drei wichtige Schritte gesetzt:

1) Die **Proklamation über die Selbständigkeit Österreichs** durch die drei von der Sowjetunion zugelassenen politischen Parteien (ÖVP, SPÖ, KPÖ) sowie die in ihr enthaltene **Unabhängigkeitserklärung** (D 376);

2) die Bildung der **Provisorischen Regierung Renner** (zehn Sozialisten, neun ÖVP-Mitglieder, sieben Kommunisten, drei Parteilose);

3) die **Regierungserklärung** mit den Hauptzielen Wiederaufbau, Beseitigung der Reste des Nationalsozialismus sowie Gewinnung des Vertrauens der drei Westmächte.

Die Tätigkeit der Provisorischen Regierung beschränkte sich zunächst 3084
auf den von der UdSSR besetzten Teil des Bundesgebietes und konnte erst

durch Entscheidung des Alliierten Rates vom 20. 10. 1945 auf ganz Österreich ausgedehnt werden.

2. Österreich unter den Kontrollabkommen der Alliierten

a) Das Erste Kontrollabkommen

3085 Am 4. 7. **1945** unterzeichneten die vier Alliierten das **Erste Kontrollabkommen** betreffend Österreich. Dadurch wurde eine **Alliierte Kommission** eingesetzt. Sie bestand aus dem *Alliierten Rat* (oberstes Organ der Besatzungsmächte mit *Einstimmigkeitserfordernis* bei der Beschlussfassung) sowie dem *Exekutivkomitee* (zur Durchführung der Anordnungen des Alliierten Rates).

3086 Auf Grund dieses Kontrollsystems unterstand Österreich **de facto** einer **alliierten Militärregierung,** obwohl – im Gegensatz zu Deutschland (Rz 844) – der **Alliierte Rat** nur eine *oberste Kontrolle* über die österreichische Regierungstätigkeit ausübte. *Ohne seine einstimmige Genehmigung* konnte *in Österreich kein Gesetz Gültigkeit* erlangen und vollzogen werden. Die vr Stellung Österreichs unter dem Alliierten Kontrollsystem lässt sich daher als **„kollektives Quasi-Protektorat"** (Rz 844 ff) qualifizieren.

3087 Am **9. 7. 1945** wurde noch das **Abkommen betreffend die Besatzungszonen und die Verwaltung der Stadt Wien** unterzeichnet, dem zufolge die Besatzungszonen unter den Alliierten folgendermaßen aufgeteilt wurden:

3088 *Sowjetische Zone:* Niederösterreich, Burgenland, Oberösterreich nördlich der Donau (Mühlviertel); *Amerikanische Zone:* Salzburg, Oberösterreich südlich der Donau, steirisches Ausseer Land; *Britische Zone:* Kärnten, Osttirol, Steiermark (ohne Ausseer Land); *Französische Zone:* Vorarlberg, Tirol (ohne Osttirol); *Wien:* geteilt in fünf Sektoren; jede der Besatzungsmächte erhielt einen festen Sektor; die Innere Stadt (I. Bezirk) wurde monatlich abwechselnd von einem der vier Alliierten verwaltet.

3089 Am **25. 11. 1945** kam es zu den **ersten freien Nationalratswahlen** seit 1930. Da zugleich mit dem Nationalrat auch die neun Landtage neu gewählt wurden, waren damit auch die nationalsozialistischen Reichsgaue endgültig beseitigt.

3090 Die Republik Österreich konnte ihre *demokratisch-föderalistische Tradition* von 1918 fortsetzen. Bereits am 1. 5. 1945 hatte die Provisorische Staatsregierung ein Verfassungsgesetz (StGBl 1945/4) über das neuerliche Wirksamwerden des B-VG 1920 idF 1929 erlassen.

3091 Mit der **Wahl Karl Renners** zum **Bundespräsidenten** am 20. 12. 1945 und der Ernennung der **Regierung Leopold Figl** durch ihn waren die wesentlichen Organe der Republik demokratisch bestellt. Die Zeit des Provisoriums war zu Ende. Unter der Voraussetzung der obersten Autorität des Alliierten Rates anerkannten die vier Militärkommissare im Namen ihrer Regierungen schließlich am 7. 1. 1946 die Österreichische Bundesregierung *de iure.*

b) Das Zweite Kontrollabkommen

3092 Das **Zweite Kontrollabkommen** vom 28. 6. **1946** (D 378) brachte eine bedeutende **Erleichterung** des **Alliierten Kontrollsystems.** Nunmehr bedurften *nur* mehr *Verfassungsgesetze der einhelligen schriftlichen Zustimmung der Alliierten Hochkommissare im Alliierten Rat.* „Im Falle aller anderen legislativen Maßnahmen und internationalen Abkommen darf angenommen werden, dass der Alliierte Rat seine Zustimmung erteilt hat, wenn er binnen 31 Tagen . . . die österreichische Regierung nicht benachrichtigt, dass er . . . Einspruch erhebt" (Art 6 lit a).

Vr Verträge mit einer der vier Mächte mussten dem Alliierten Rat **3093** nicht zur Genehmigung vorgelegt, sondern nur gemeldet werden. Damit konnten *einfache Bundesgesetze* und *bestimmte Staatsverträge nicht mehr* durch das *Veto einer* einzigen *Besatzungsmacht verhindert* werden. Diese Regelung war umso bedeutender, als im sich herausbildenden „Kalten Krieg" die Einstimmigkeit der vier Mächte immer unwahrscheinlicher wurde.

Die Bundesregierung war in der Folge in der Durchführung nicht **3094** beeinspruchter Gesetze im Wesentlichen nur mehr in der sowjetischen Zone behindert, weil die UdSSR statt des nun nicht mehr möglichen Vetos diese Akte faktisch nicht vollziehen ließ.

Die Qualifikation der vr Handlungsfähigkeit Österreichs unter dem **3095** Zweiten Kontrollabkommen durch die Alliierten war durchaus nicht einheitlich, wie sich dies va in der Debatte um die Aufnahme Österreichs in die VN widerspiegelte (Rz 3309 ff). Die UdSSR und Frankreich sahen darin noch eine schwere, Großbritannien eine geringere Beeinträchtigung; lediglich die USA nahmen eine im Wesentlichen unbehinderte vr Handlungsfähigkeit Österreichs an.

Gem Art 7 Zweites Kontrollabkommen (D 378) konnte Österreich *mit* **3096** *allen Mitgliedern* der *VN diplomatische* und *konsularische Beziehungen* aufnehmen. Bei Nichtmitgliedern bedurfte es der Genehmigung des Alliierten Rates.

G. Der Kampf um den Staatsvertrag zur Wiederherstellung eines souveränen Österreich

Literatur: *Stearman,* Die Sowjetunion und Österreich 1945–1955 (1962); *Bader,* Austria between East and West 1945–1955 (1966); *Aichinger,* Sowjetische Österreich-Politik 1943–1945 (1977); *Csáky,* Der Weg zur Freiheit und Neutralität (1980); *Mock / Steiner / Khol* (Hrsg), Neue Fakten zu Staatsvertrag und Neutralität (1980); *Schilcher,* Österreich und die Großmächte. Dokumente zur österreichischen Außenpolitik 1945–1955 (1980); *Pelinka / Steininger* (Hrsg), Österreich und die Sieger (1986); *Wagner,* Österreich – Zweite Republik (Bd II 1987); *Schwarzer,* Friedliche Konfliktregulierung: Saarland – Österreich – Berlin (1994).

1. Staatsvertrag und Staatsvertragsverhandlungen

Da *Österreich* als befreites, nicht als besiegtes Land galt (Rz 3079 f), **3097** war es *weder* den *Siegermächten* des II. WK (zB Tschechoslowakei, Belgien, Dänemark) *noch* den *Feindstaaten* (wie Ungarn, Rumänien, Bulgarien) zuzuzählen. Österreich hatte zwar weder einen Krieg erklärt noch als Staat Krieg geführt, aber doch einen Teil Deutschlands – als Krieg führender Macht – gebildet. Österreich orientierte sich daher an der Terminologie von

1919 („Staatsvertrag" von St-Germain, da die I. Republik sich gleichfalls nicht als Krieg führend ansah) und trat für den Abschluss eines **„Staatsvertrages"** (StV) und **nicht** eines **Friedensvertrages** zur Beendigung des Besatzungsregimes ein.

3098 Die Außenminister der „Großen Vier" einigten sich in New York im Dezember 1946 darauf, auf ihrer nächsten Sitzung den Vertrag mit Österreich zu diskutieren. Sie bestellten für die deutschen und österreichischen Fragen eine Kommission von Sonderbeauftragten, ua mit der Aufgabe, bis Ende Februar 1947 einen Staatsvertragsentwurf auszuarbeiten (es sollten bis zum 9. 2. 1953 aber noch 260 Sitzungen folgen!).

3099 Am 16. 1. 1947 begannen die Verhandlungen über den *„(Staats-)Vertrag betreffend die Wiederherstellung eines unabhängigen und demokratischen Österreich"*. Mehrere brisante politische Fragen – jugoslawische Gebietsansprüche in Südkärnten, Verbot des „Anschlusses" an Deutschland, Verbot von Spezialwaffen, Rückgabe alliierter Vermögenswerte in Österreich, Entschädigungsprobleme, *„displaced persons"*, „Deutsches Eigentum" (Rz 3142 ff) – erschwerten die Verhandlungen von Anfang an.

3100 Nach der kommunistischen Machtübernahme in der Tschechoslowakei 1948 verzögerten die USA die Verhandlungen. Denn sie fürchteten, Österreich könnte nach dem Abzug der Besatzungsmächte in den sowjetischen Einflussbereich fallen.

3101 Österreich begann seinerseits mit Planungsarbeiten für bewaffnete Einheiten, die 1952 zur Aufstellung der sog *B-Gendarmerie* – der Vorläuferin des österreichischen Bundesheeres – führten.

3102 Der *„Kalte Krieg"*, der kurz nach dem Ende des II. WK einsetzte und mit dem Beginn des Koreakonflikts 1950 einen Höhepunkt erreichte, ließ auch die *Staatsvertragsverhandlungen 1950–1953 „einfrieren"*.

3103 In dieser Phase wurden die Westmächte lediglich mit einem Vorschlag an die UdSSR über einen sog *Kurzvertrag* (acht Art anstatt der bisher verhandelten 53 Art) initiativ, den diese aber als Alibihandlung zurückwies.

3104 Auch der Appell der GV der VN – auf brasilianische Initiative – 1952 (mit 48:0 Stimmen bei Abwesenheit der Staaten des Ostblocks unter Hinweis auf die „Feindstaatenklausel" des Art 107 SVN – D 1) zu Verhandlungen zur Wiedererlangung der österreichischen Souveränität blieb vorerst erfolglos.

3105 Mit *Stalins Tod 1953* setzte *„Tauwetter"* ein, das fühlbare *Erleichterungen* im *Besatzungsregime* mit sich brachte (Aufhebung der Personenkontrolle an den Demarkationslinien, Einstellung der Postzensur in der sowjetischen Zone, Verringerung der Besatzungstruppen etc) und von Österreich mit einer „Entkrampfung" seines Verhältnisses zur UdSSR beantwortet wurde.

2. Bündnisfreiheit bzw Neutralität Österreichs als politisches Offert in den Staatsvertragsverhandlungen

3106 Eine wichtige Initiative setzte Österreich, indem es sich der *guten Dienste* (Rz 1956 f) *Indiens* bediente (nach einem Besuch Außenminister *Karl Grubers* beim indischen Ministerpräsidenten *Jawaharlal Nehru* in der

Schweiz 1953) und der Sowjetunion eine Politik der Bündnisfreiheit *(non-alliance)* anbot.

Auf der **Berliner Außenministerkonferenz** wurde Österreich im Februar **1954** erstmals als gleichberechtigter Verhandlungspartner zugelassen und konnte sein Angebot eines Bündnisverzichtes und Stützpunktverbotes vorbringen. Die **UdSSR** blieb aber bei der **Verbindung** der **österreichischen** mit der **deutschen Frage.** Sie forderte den Verbleib alliierter Truppen in Österreich bis zum Abschluss eines Friedensvertrages mit Deutschland, während Österreich mit dem StV va auch den Abzug der fremden Truppen erreichen wollte. **3107**

Die UdSSR bestand ferner auf der Verankerung des Bündnisverbotes und des Verbotes ausländischer Militärstützpunkte sowie der Heranziehung ausländischer Militärberater oder -spezialisten im StV. Österreich wiederum wollte ein solches Verbot nicht als Bestimmung des StV akzeptieren, sondern erst nach Wiedererlangung seiner vollen Souveränität freiwillig eine solche Verpflichtungserklärung abgeben. **3108**

Erst im Zuge der *Aufnahme* der *BRD* in die *NATO* durch die Pariser Verträge 1954 – als Ersatz für die nicht zu Stande gekommene Europäische Verteidigungsgemeinschaft (Rz 1089) – wurden die *österreichische* und die *deutsche Frage* voneinander *abgekoppelt,* weil nun auch der Ostblock die Gründung eines (Anti-NATO-)Bündnisses – des späteren Warschauer Paktes (1955) – vorantrieb (zur endgültigen Lösung der deutschen Frage 1990 Rz 848ff). **3109**

Daher kam der UdSSR ein *„neutraler Alpenkeil"* Schweiz – Österreich zwischen „NATO-Mitte" und der Südflanke strategisch eher entgegen als die Aufrechterhaltung eines unter westalliierter Besatzung stehenden westösterreichischen Verbindungsgliedes (Vorarlberg, Tirol, Salzburg) zwischen den NATO-Verbänden in Italien und der BRD. **3110**

3. Das Moskauer Memorandum

Auf Einladung der UdSSR verhandelte eine österreichische (Regierungs-)Delegation (Bundeskanzler *Julius Raab,* Vizekanzler *Adolf Schärf,* Außenminister *Leopold Figl* und Staatssekretär *Bruno Kreisky*) vom 12. bis 15. 4. 1955 in Moskau bilateral über die wichtigsten noch offenen Fragen. **3111**

Zentraler Punkt war dabei die österreichische Bündnisfreiheits- bzw Neutralitätsverpflichtung – va ihre Verankerung sowie ihre Präzisierung. Für die **Sowjetunion** stellte eine österreichische Verpflichtungserklärung unter ausdrücklicher Verwendung des Begriffes **Neutralität** eine **conditio sine qua non** für den **Abschluss** des **StV** dar, während aus der Sicht der österreichischen Delegation der Terminus „neutral" zwei unerwünschte Folgen haben konnte: eine Beschränkung der Mitarbeit in IO (Rz 3312ff) sowie eine Verwechslung von „Neutralität" mit „Neutralismus" im Sinne ideologischer Parteilosigkeit. **3112**

Ein Ausweg wurde schließlich in der Formulierung von Absch I Pkt 1 **Moskauer Memorandum** vom 15. 4. 1955 gefunden, gem dem Österreich sich international dazu verpflichten sollte, „immerwährend eine Neutralität der Art zu üben, wie sie von der Schweiz gehandhabt wird" (D 379; Rz 3178ff). **3113**

3114 Um die **Freiwilligkeit** der Übernahme der **Neutralitätsverpflichtung** zu dokumentieren, sollte diese nicht in den StV mit den „Großen Vier" aufscheinen. Erst nach dem Abzug aller alliierten Besatzungstruppen sollte ein völlig souveränes Österreich einen entsprechenden Beschluss fassen (Rz 3172). Die österreichische Seite konnte auch einen fixen Termin für den Abzug der Besatzungstruppen durchsetzen – 90 Tage nach In-Kraft-Treten des StV, aber nicht später als am 31. 12. 1955 (vgl Art 20 Abs 3 StV – D 380) – und die noch offenen Fragen der wirtschaftlichen Bestimmungen des StV regeln.

3115 Da das *Moskauer Memorandum* als einziges offizielles Dokument die österreichische Neutralitätszusage sowie die Bedingungen der UdSSR für den Abschluss des StV enthält, kann es als *„Schlüssel zum StV"* bezeichnet werden.

3116 Das **Moskauer Memorandum** ist aber **kein vr Vertrag,** sondern lediglich eine **Verwendungszusage** (Rz 543) der österreichischen Regierungsdelegation, für die Herbeiführung der darin genannten Maßnahmen Sorge zu tragen.

3117 Die in der Literatur versuchte *„Ratificatio-tacita"*-Konstruktion des Moskauer Memorandums – es sei dem StV als Annex beigefügt (allerdings nur zur Änderung des Art 22 – Rz 3178) und damit gleichsam „mitratifiziert" – scheitert va an der fehlenden parlamentarischen Genehmigung (das Moskauer Memorandum hatte ohne Zweifel „politischen" Charakter [Rz 264]) und mangels Ratifikation durch den Bundespräsidenten bzw überhaupt am fehlenden Verpflichtungswillen des Rechtsträgers Republik Österreich (Rz 260) zum Abschluss eines vr Vertrages.

3118 Am **14. 5. 1955** erreichte Österreich schließlich in Verhandlungen mit den „Großen Vier" die **Streichung** der **Kriegsschuldklausel** und der **zahlenmäßigen Beschränkungen** seiner **Streitkräfte** aus dem Vertragsentwurf.

H. Der Staatsvertrag von Wien-Belvedere 1955

1. Die Beziehung zwischen Staatsvertrag und Neutralität

3119 Die **Neutralität** war die **politische conditio sine qua non** für den **StV.** Die Neutralitätserklärung konnte (im Gegensatz zu einer von anderen Staaten auferlegten Neutralisation) jedoch vr nur von einem unabhängigen Staat abgegeben werden. Da Österreich dafür des Abschlusses des StV bedurfte, war dieser die rechtliche Voraussetzung der Neutralität.

3120 Mit dem **StV betreffend die Wiederherstellung eines unabhängigen und demokratischen Österreich,** den im Wiener Schloss Belvedere am **15. 5. 1955** die fünf Außenminister *Wjatscheslaw Molotow, Harold Macmillan, John Foster Dulles, Antoine Pinay und Leopold Figl* unterzeichneten, erlangte **Österreich nach 17 Jahren** der Unfreiheit die **volle Souveränität wieder** (D 380).

3121 Der österreichische Nationalrat genehmigte den StV am 7. 6. 1955, der am 27. 7. 1955 in Kraft trat. Damit begann die 90-Tage-Frist für den Abzug der alliierten Streitkräfte zu laufen, der am 25. 10. 1955 abgeschlossen sein musste.

3122 Der StV stellte einen Markstein im kurzen „Tauwetter" im „Kalten Krieg" 1955/56 und ein eindrucksvolles Beispiel friedlicher Konfliktbeilegung dar. Mit dem Moskauer Memorandum, der Neutralitätserklärung und der Aufnahme Österreichs in die VN 1955 war er im *„österreichischen Paket“* sich gegenseitig bedingender und bedingte Akte – zusammen mit der vereinbarten Reihenfolge dieser Akte, einer Art „Operationskalender“ (vgl Rz 3291 f) – eine der wichtigsten iwS „vertrauensbildenden Maßnahmen“ *(Stourzh)* im Europa der Nachkriegszeit (vgl Rz 1831).

2. Darstellung ausgewählter Staatsvertragsbestimmungen

a) Politische und territoriale Bestimmungen (Art 1–11)

Unabhängigkeitsbestimmungen: Die Alliierten und Assoziierten Mächte anerkennen die Wiederherstellung Österreichs als souveräner, unabhängiger und demokratischer Staat (Art 1) und erklären, dass sie die Unabhängigkeit und territoriale Unversehrtheit Österreichs achten werden (Art 2). **3123**

Ferner verpflichten sie sich in Art 3, in einen zukünftigen deutschen Friedensvertrag Bestimmungen über die Anerkennung der Unabhängigkeit Österreichs durch Deutschland aufzunehmen. Dieser Pflicht wurde allerdings im Moskauer „2+4-Vertrag“ 1990, gleichsam dem „Ersatzfriedensvertrag“ mit Deutschland (D 88), nicht entsprochen. **3124**

Art 4 verbietet jegliche Handlungen, die geeignet wären, unmittelbar oder mittelbar eine politische oder wirtschaftliche Vereinigung mit Deutschland zu fördern oder Österreichs territoriale Unversehrtheit oder politische oder wirtschaftliche Unabhängigkeit zu beeinträchtigen (sog **Anschlussverbot**). Dieses „Anschlussverbot“ wurde va von der UdSSR den österreichischen Bemühungen um eine Annäherung an die EG immer wieder entgegengehalten (Rz 3344, 3347). **3125**

Menschenrechte und Demokratie: Die Art 6 und 8–10 verpflichten Österreich zur Gewährung der (westlich verstandenen – Rz 1345 ff, 1357 ff) Menschenrechte und eines freien, gleichen und allgemeinen Wahlrechts sowie zu einer auf geheimen Wahlen beruhenden Demokratie; nazistische und faschistische Organisationen und Aktivitäten werden in Österreich verboten. **3126**

Minderheitenbestimmungen: In **Art 7** werden die **Rechte** der **slowenischen** und **kroatischen Minderheiten** in Kärnten, im Burgenland und in der Steiermark geregelt (Rz 3263 ff). **3127**

Art 10 verpflichtet Österreich zur *Aufrechterhaltung* des *Gesetzes betreffend das Haus Habsburg-Lothringen* aus dem Jahr *1919* (Rz 3029, 1549) **3128**

b) Militärische und Luftfahrt-Bestimmungen (Art 12–19)

Literatur: *Vetschera,* Die Rüstungsbeschränkungen des österreichischen Staatsvertrages aus rechtlicher, politischer und militärischer Sicht (1985); *ders,* Das „Deutsche Kriegsmaterial“ im österreichischen Staatsvertrag, ÖMZ 27 (1989) 193.

Neben Art 12 StV (Verbot der Dienstleistung va ehemaliger Nationalsozialisten in den österreichischen Streitkräften) und Art 16 StV (Verbot des Erwerbs bzw der Erzeugung von zivilen Luftfahrzeugen – auch nur zum größeren Teil – deutscher oder japanischer Bauart; dadurch die Probleme beim Erwerb des *Airbus* durch die AUA) ist das **Verbot** von **Spezialwaffen** in **Art 13** StV bes erwähnenswert. **3129**

3130 Praktische Bedeutung erlangten die Verbote selbstgetriebener oder gelenkter Geschosse (sog **Raketenverbot**) und von Geschützen mit einer Reichweite von mehr als 30 km. Der *Ankauf* von *Defensivlenkwaffen* für das österreichische *Bundesheer 1988* wurde mit einer *teleologischen Interpretation* (Rz 339) gerechtfertigt, nach der Art 13 Österreich bloß eine *militärische Angriffsfähigkeit* verwehren soll.

3131 Die Herstellung des Geschützes GHN 45 durch die Firma *Noricum* berührte Art 13 Abs 1 lit i, weil dieses Geschütz eine *Reichweite von mehr als 30 km* besitzt (zum Export dieses Geschützes Rz 3258).

3132 Gem Art 14 Abs 4 StV darf *Österreich* ferner *kein Kriegsmaterial deutscher Erzeugung, deutschen Ursprungs* oder auch nur *deutschen Entwurfs* erwerben oder besitzen. Die Definition verbotenen Kriegsmaterials ist in Annex I StV enthalten.

3133 Alle diese Rüstungsbeschränkungen können gem Art 17 durch ein Abkommen zwischen Österreich und den Alliierten und Assoziierten Mächten oder durch ein Abkommen zwischen Österreich und dem SR der VN abgeändert werden.

3134 Finnland erreichte bereits in den frühen 1960er Jahren die britische und sowjetische Zustimmung zu einer Neuinterpretation seines „Raketenverbots" in Art 17 Friedensvertrag 1947 (der beinahe wörtlich mit Art 13 StV übereinstimmt), wonach diese Bestimmung den Besitz defensiver Raketensysteme zur Luft- und Panzerabwehr nicht (mehr) verbietet. 1990 erklärte Österreich diese Bestimmungen für obsolet (Rz 3169 ff).

c) Aus dem Zweiten Weltkrieg herrührende Ansprüche (Art 20–27)

Literatur: *Stadlmeier,* Rechtsfragen der EU-Osterweiterung, International and Comparative Law Review 4 (2002) 83; *Tomuschat,* Reckoning with the Past in the Czech Republic, FS *Ehlermann* (2002) 451.

ca) Keine Reparationszahlungen Österreichs

3135 In **Art 21 StV verzichten** die **Alliierten Siegermächte** gegenüber *Österreich* zur Gänze auf die Zahlung von **Reparationen.** Dies war die logische Konsequenz der Anerkennung Österreichs als *„liberated country"* (Rz 3079).

cb) Der Versöhnungsfonds zur Abgeltung von Forderungen ehemaliger Sklaven- und Zwangsarbeiter

Literatur: *Majer,* Die Fragen der Entschädigung für ehemalige NS-Zwangsarbeiter in völkerrechtlicher Sicht, ArchVR 29 (1991) 1; *Eichtinger,* Der Versöhnungsfonds – Österreichs Leistungen an ehemalige Sklaven- und Zwangsarbeiter des NS-Regimes, ÖJP 2000 (2001) 193; *BMaA* (Hrsg), Österreichs Maßnahmen zur Restitution und Entschädigung von Opfern des Nationalsozialismus, Sonderdruck 2001 der Außenpolitischen Dokumentation; *Goschler / Lillteicher* (Hrsg), „Arisierung" und Restitution (2002); *Sucharipa,* Zur Restitution jüdischer Vermögen in Österreich, in: *Marboe / Reinisch / Wittich* (Hrsg), Österreichischer Völkerrechtstag 2001 (2002) 28; *H. Winkler,* Entschädigung für Sklaven- und Zwangsarbeit durch Österreich, ebd 12.

3136 Die Deportation von Zivilpersonen aus den vom Deutschen Reich im II. WK besetzten Gebieten und die Verwendung dieser Menschen als

Zwangsarbeiter in der deutschen Industrie war bereits nach der LKO 1907 (Rz 2877 ff) rechtswidrig.

Fast ein halbes Jhdt später, vor dem Hintergrund privatrechtlicher Sammelklagen *(„class actions")* gegen die Republik Österreich bzw österreichische Unternehmen vor Gerichten in den USA, erfolgte eine Lösung der für Österreich damit verbundenen Probleme. Zwar standen Reparationsforderungen gegen Österreich als Staat Art 21 StV (Rz 3135) und der Verlust der Handlungsfähigkeit Österreichs 1938–1945 (Rz 3061, 3078) im Wege, sodass aus dem Titel „Zwangsarbeit" – im Gegensatz zu „Arisierung" (Rz 3147 ff) – gegen Österreich keine Reparationsforderungen erhoben werden konnten. Dennoch entschloss sich die damals neue ÖVP-FPÖ-Bundesregierung in ihrem Regierungsprogramm von 3. 2. 2000 – einen Tag vor der Verhängung der „Sanktionen der 14" (Rz 3355 ff) gegen sie – zu freiwilligen Zahlungen an ehemalige, auf österreichischem Gebiet eingesetzte Sklaven- bzw Zwangsarbeiter des NS-Regimes. Bereits am 24. 10. 2000 wurden entsprechende Verträge mit den USA, osteuropäischen Staaten und den Opfervertretern unterzeichnet. **3137**

Am 27. 11. 2000 trat das im Nationalrat einstimmig beschlossene **Versöhnungsfonds-Gesetz** (D 381) in Kraft. Dieses Gesetz sieht einmalige Zuwendungen an ehemalige „Sklavenarbeiter" in Konzentrationslagern von je 105.000 öS sowie an „Zwangsarbeiter" in der Land- und Forstwirtschaft von je 20.000 öS und in der Industrie von je 35.000 öS vor. Während der Zwangsarbeitszeit geborenen Kindern stehen 20.000–110.000 öS zu. Eine gleich lautende Regelung wurde mit Russland vereinbart. **3138**

Ein vom Staat und der Wirtschaft dotierter *Versöhnungsfonds* ermöglicht Zahlungen in der Höhe von 6 Md öS an bis zu 150.000 überlebende Sklaven- und Zwangsarbeiter. **3139**

Ein **Regierungsübereinkommen mit** den **USA** bildet die Grundlage für die **Rechtssicherheit** *(„legal closure")* in diesem Staat. Danach verpflichtet sich die US-Regierung bei allen künftigen einschlägigen Verfahren vor amerikanischen Gerichten zu einem *„statement of interest"*, dem zufolge eine Klagsabweisung im außenpolitischen Interesse der USA liegt. **3140**

Zwar ist wegen der Gewaltentrennung eine derartige Erklärung der Exekutive für die Gerichte nicht verbindlich. Dennoch ist eine Klagsabweisung wegen der *„political questions doctrine"* bzw *„foreign policy doctrine"* in den USA sehr wahrscheinlich. Nach dieser Doktrin sind (außen)politische Angelegenheiten nicht durch die Gerichte, sondern durch die Exekutive zu regeln. Am 25. 7. 2001 wurde mit der Abweisung der letzten beiden vor US-Gerichten anhängigen Zwangsarbeiterklagen diese Rechtssicherheit *(„legal closure")* erreicht. **3141**

cc) Deutsches Eigentum

Die umstrittenste Frage während der Staatsvertragsverhandlungen betraf die deutschen Vermögenswerte, das „Deutsche Eigentum". **Art 22 StV** regelt die **Übertragung deutscher öffentlicher Vermögenswerte an die Republik Österreich.** **3142**

Dafür gab es historische Vorläufer: Die *UdSSR* versprach im *Moskauer Memorandum* (D 379; Rz 3111 ff) die Übergabe der deutschen Vermögens- **3143** werte in der sowjetischen Besatzungszone an Österreich. Die *Westmächte* sagten in den beiden *Wiener Memoranden* vom 10. 5. 1955 die entschädigungslose Übertragung deutschen Vermögens in ihren Zonen an Österreich zu.

3144 Dafür musste Österreich allerdings darauf verzichten, ehemalige deutsche Vermögenswerte erneut an deutsche physische oder juristische Personen weiterzugeben. Ausgenommen von diesem **Rückübertragungsverbot** wurde nur das „kleine Deutsche Eigentum" (Privateigentum von natürlichen Personen im Wert von weniger als 260.000 öS), über das Österreich mit der BRD 1957 einen Vertrag zur Regelung vermögensrechtlicher Beziehungen („Vermögensvertrag") abschloss (BGBl 1958/119; 1975/222).

3145 Gem *Art 23 StV* war das in *Deutschland befindliche Vermögen* der *Republik Österreich* oder *österreichischer Staatsbürger* seinen Eigentümern *rückzuerstatten*, die *anschließend* einen *Forderungsverzicht gegenüber Deutschland* abgeben mussten.

3146 Im Gegensatz zur BRD entzog sich die DDR dieser Regelung. Erst 1987 wurde ein Vermögensvertrag zwischen Österreich und der DDR (BGBl 1988/188) geschlossen. Gem Art 1 zahlte die DDR an Österreich eine pauschale Abschlagssumme (Rz 1328 ff) von 136,4 Mio öS, die nach dem Verteilungsgesetz 1988 (BGBl 1988/189) aufzuteilen war.

cd) Der Allgemeine Entschädigungsfonds für arisierte Vermögenswerte

3147 Gem **Art 26 StV** hat **Österreich,** soweit dies noch nicht geschehen ist, **Rückstellungsmaßnahmen** gegenüber **Minderheitsgruppen** für *Vermögenswerte* zu setzen, die den betreffenden Personen wegen ihrer *rassischen Abstammung* oder *Religion* entzogen wurden.

3148 In Erfüllung des Art 26 Abs 1 wurde 1959 durch einen Notenwechsel zwischen Österreich und den USA (347 UNTS 3) eine Entfertigungsregelung erreicht und in der Folge *1961* ein *Fonds zur Abgeltung von Vermögensverlusten politisch Verfolgter* geschaffen. Die 12. Novelle zum Opferfürsorgegesetz sah bestimmte Leistungen auch an Opfer vor, die nicht mehr die österreichische Staatsbürgerschaft besaßen.

3149 Opfervertreter kritisierten jedoch die Erfüllung von Art 26 als mangel- und lückenhaft. Obwohl nach österreichischer Auffassung aus dieser Bestimmung keine individuellen Ansprüche ableitbar sind, zeigte sich die Bundesregierung auch in dieser Frage gesprächsbereit. Der „Sonderbotschafter für Restitutionsfragen" *Ernst Sucharipa* erzielte ebenfalls relativ rasch eine Einigung mit der US-Regierung, Opfervertretern und Anwälten. Die *Washingtoner Vereinbarung* vom 17. 1. 2001 sieht 150 Mio US-$ als Sofortentschädigung für überlebende NS-Opfer, einen mit 210 Mio US-$ dotierten Allgemeinen Entschädigungsfonds sowie ein Sozialpaket für NS-Opfer von ca 112 Mio US-$ für die nächsten zehn Jahre vor.

3150 In Umsetzung der Vereinbarung wurde von Österreich das **Entschädigungsfondsgesetz** beschlossen (D 382). Am 28. 5. 2001 nahm der **Allgemeine Entschädigungsfonds** *unter den Auspizien des Nationalfonds* seine Tätigkeit auf. Nach der Einsetzung ua der *Schiedsinstanz für die Naturalrestitution von öffentlichem Vermögen* sowie des *Antragskomitees des Allgemeinen Entschä-*

digungsfonds teilte Österreich der US-Regierung mit, dass es alle Verpflichtungen aus der Washingtoner Vereinbarung erfüllt habe.

Damit trat der Notenwechsel zwischen der österreichischen und der US- **3151**
Regierung vom 23. 1. 2001 zur Regelung von Fragen der Entschädigung und Restitution für Opfer des Nationalsozialismus (BGBl III 2001/121) in Kraft. Darin verpflichten sich die USA, wie bei den Entschädigungen für Zwangsarbeiter (Rz 3136 ff), einen „allumfassenden und andauernden Rechtsfrieden" *(„legal closure")* zu unterstützen und durch ein *„statement of interest"* auf die Abweisung anhängiger oder künftiger einschlägiger Klagen gegen Österreich oder österreichische Unternehmen vor US-Gerichten hinzuwirken.

ce) Rückstellung konfiszierter österreichischer Vermögenswerte

In *Art 27 Abs 1 StV* erklären die Alliierten und Assoziierten Mächte **3152**
ihre Absicht, österreichische Vermögenswerte in ihren Gebieten zurückzustellen oder im Fall ihrer Liquidation den Erlös dafür auszufolgen sowie darüber Vereinbarungen mit der österreichischen Bundesregierung zu schließen.

Die offizielle österreichische Lesart sowie die Judikatur österrei- **3153**
chischer Gerichte zu Art 27 StV (zB *Hoffmann g Dralle,* OGH 1950 – D 89; *Poldihütte-Fall,* VwGH 1959 – D 96) tendieren, so wie ein für das BMAA erstelltes Gutachten (*Hafner,* ÖZöR 27 [1976] 342), zu folgender Rechtsansicht: Art 27 Abs 1 StV regelt nur die Rückgabe sequestrierten österreichischen Vermögens – als Teil des deutschen „Feindvermögens" – nicht aber die Fragen, die sich aus dessen nachfolgender „Nationalisierung" ergeben.

Ohne dass Art 27 Abs 1 StV expressis verbis erwähnt wurde, wurde sei- **3154**
tens der *Tschechoslowakei* eine Teilerfüllung (nur für Altösterreicher und mit Einschränkungen bei Großvermögen) durch den österreichisch-tschechoslowakischen Vermögensvertrag 1974 (D 162; vgl Rz 1328) geleistet. Unter denselben Bedingungen schloss Österreich 1974 auch mit *Polen* einen entsprechenden Vermögensvertrag (BGBl 1974/74).Österreich schloss aber auch mit weiteren europäischen Staaten, die keine Unterzeichner des StV (also keine „Siegermächte") waren, **„Globalentschädigungsabkommen"** (*„lump-sum agreements"* – Rz 1328): mit Bulgarien, Rumänien, Finnland, Ungarn, Italien und DDR. Die vereinbarten Pauschalsummen wurden durch anschließende BG verteilt (zur Sonderregelung mit Jugoslawien Rz 3162).

cf) Die „Beneš"-Dekrete

Literatur: *Seidl-Hohenveldern,* Das Globalentschädigungsabkommen zwischen Österreich und der CSSR, FS *Bindschedler* (1980) 299; *Ermacora,* Rechtsgutachten über die Sudetendeutschen Fragen (1991); *Tomuschat,* Die Vertreibung der Sudetendeutschen, ZaöRV 56 (1996) 1; *de Zayas,* Nemesis at Potsdam. The Expulsion of the Germans from the East (10. Aufl 1998); *Fasslabend,* Die österreichischen Bemühungen um die Aufhebung der Beneš- und der AVNOJ-Dekrete, in: *Rill* (Hrsg), Gegen Völkermord und Vertreibung (München 2001) 109; *Tomuschat,* Reckoning with the Past in the Czech Republic, FS *Ehlermann* (2002) 451.

Am *Ende des II. WK* erfolgten die *Enteignung, Vertreibung* und der **3155**
Entzug der Staatsbürgerschaft der Angehörigen der *deutschen* und der *unga-*

rischen Minderheit in der *Tschechoslowakei.* Die Beschlagnahme von Vermögen steht auch im Zusammenhang mit Art 27 Abs 1 StV, weil die ČSSR 1955 dem StV beitrat. Die *Rechtsgrundlage* für alle diese Maßnahmen bildeten *Dekrete,* die der damalige *tschechoslowakische Staatspräsident Edvard Beneš* in Ausübung der ihm übertragenen vorläufigen Gesetzgebungskompetenz 1945 erließ. Bei den Aussiedelungen, die nach heutigem VR als „ethnische Säuberungen" (vgl Rz 1866) verboten sind, kam es zu Übergriffen, die vielen Vertriebenen sogar das Leben kosteten.

3156 Restitutionsregelungen durch die Tschechoslowakei 1990 und Tschechien 1994 galten nur für Personen, die ohne Unterbrechung die Staatsangehörigkeit dieser Staaten besaßen.

3157 Diese Diskriminierung wurde – bisher erfolglos – als Verletzung des Rechts auf Eigentum im I. ZP zur EMRK (Rz 1503 ff) vor den Instanzen der EMRK (Klagsabweisung ratione temporis) geltend gemacht. Der MRA qualifizierte die Regelung jedoch als Verstoß gegen das Diskriminierungsverbot des Art 26 UN-Pakt II.

3158 Umstritten ist auch das tschechoslowakische „Amnestiegesetz" 1946. Dieses schließt ua auch in „Sehnsucht nach einer gerechten Vergeltung für Taten der Okkupanten und ihrer Helfershelfer" begangene Taten von Strafverfolgung aus.

3159 Während der Verhandlungen über die Aufnahme der Tschechischen Republik in die EU (D 383) wurden va in Österreich Forderungen nach einer Aufhebung der umstrittenen *Beneš*-Dekrete laut. Diese Dekrete bilden nach tschechischer und slowakischer Ansicht zwar einen unverzichtbaren Teil der Nachkriegsrechtsordnung dieser Staaten; sie sind aber materiell mittlerweile obsolet, sodass daraus keine neuen Rechtsverhältnisse mehr entstehen können. Dies stellte auch das tschechische Abgeordnetenhaus in einer eigenen Erklärung zu den *Beneš*-Dekreten 2002 fest.

3160 Nach einem 2002 im Auftrag des Europäischen Parlaments vom deutschen Völkerrechtler *Jochen Frowein* (Rz 3358) erstellten und vom Schweden *Ulf Bernitz* und dem Briten *Lord Kingsland* ergänzten Gutachten stellten die *Beneš*-Dekrete kein Hindernis für die Mitgliedschaft Tschechiens in der Union dar. Die Gutachter fanden allerdings das „Amnestiegesetz" im Hinblick auf die Menschenrechte und alle grundlegenden Rechtsprinzipien „abstoßend" *(„repugnant").* Sie sprachen sich für eine Erklärung der Tschechischen Republik in diesem Sinn aus, die allerdings noch nicht erfolgt ist. Mit Deutschland hat die Tschechische Republik nicht nur 1992 ein Abkommen über gutnachbarschaftliche Beziehungen, sondern 1997 auch eine Versöhnungserklärung vereinbart (D 384).

cg) Die Avnoj-Dekrete

3161 „Historische Hypotheken" aus der Zeit des II. WK belasten auch die Beziehungen Österreichs zu Slowenien. 1942 wurde im von deutschen Truppen besetzten Jugoslawien der „Antifaschistische Rat für die Volksbefreiung Jugoslawiens" (*Antifašisticko veče narodnog oslobodjenja Jugoslavije – AVNOJ*) gegründet. *1944* beschloss AVNOJ, der deutschen Volksgruppe im Land *(„Volksdeutsche")* die *bürgerlichen Rechte* zu *entziehen,* sie zu *vertrei-*

ben und das *Vermögen* des Deutschen Reiches und seiner Staatsbürger sowie der Personen deutscher Volkszugehörigkeit zu *konfiszieren.*

Gem Art 27 Abs 2 StV durfte die SFRJ österreichisches Vermögen auf ihrem Gebiet in ihr Eigentum überführen (Rz 3154, 1303 ff). Österreich verpflichtete sich, seine davon betroffenen Angehörigen zu entschädigen. **3162**

Die *slowenischen* und *kroatischen Entschädigungsgesetze* 1991 bzw 1996 regeln va die Entschädigung für durch die kommunistischen Machthaber nach 1945 erlittene Vermögensverluste und nur peripher für jene durch die AVNOJ-Beschlüsse. In Slowenien sind diesbezüglich zahlreiche Fälle anhängig, darunter auch von Altösterreichern. **3163**

Nach dem kroatischen Entschädigungsgesetz waren nur jene Angehörigen der damaligen deutschsprachigen Minderheit – einschließlich der „Donauschwaben" – entschädigungsberechtigt, die als damals jugoslawische Staatsangehörige enteignet wurden. Nach einer Novellierung des Gesetzes 2002 sind nun jedoch grundsätzlich auch ausländische physische und juristische Personen restitutions- bzw entschädigungsberechtigt. **3164**

ch) Die österreichischen Entschädigungsmaßnahmen für „Volksdeutsche"

Unter den zahlreichen Flüchtlingen, Vertriebenen und *„Displaced Persons"* (Zwangsarbeiter etc), die sich unmittelbar nach dem II. WK in Österreich aufhielten (360.000 Volksdeutsche, 140.000 fremdsprachige Flüchtlinge, 51.600 Südtiroler, 51.400 Reichsdeutsche und 24.800 Juden) wurden die „Volksdeutschen" (160.000 aus Jugoslawien, 160.000 aus der Tschechoslowakei und 40.000 aus anderen Staaten) aus Osteuropa von der *United Nations Relief and Rehabilitation Administration* (UNRRA) und der *International Refugee Organisation* (IRO) als angebliche Nicht-Opfer des II. WK nicht unterstützt, sondern waren auf österreichische Hilfe angewiesen. **3165**

Die „Volksdeutschen" erwarteten aber Zahlungen nicht von Österreich als *„liberated country"* (Rz 3079), sondern von der BRD als Rechtsnachfolgerin des Deutschen Reiches. Schließlich einigten sich *Österreich* und die *BRD* im Finanz- und Ausgleichsvertrag, dem *Bad Kreuznacher Abkommen* (BGBl 1962/283), auf eine *gemeinsame Abgeltung* von Forderungen der *„Volksdeutschen" in Österreich* im Verhältnis von 63% (Österreich – 200 Mio DM) zu 37% (BRD – 125 Mio DM). **3166**

d) Die Auslegung des Staatsvertrages (Art 34, 35)

Nach Art 35 wird jede Meinungsverschiedenheit über die Auslegung oder die Durchführung des Vertrages, die nicht in diplomatischen Verhandlungen beigelegt werden kann, den in Wien akkreditierten Missionschefs der vier Hauptsiegermächte unterbreitet. Wird der Streit von diesen nicht binnen zwei Monaten beigelegt, wird er auf Ersuchen einer der Parteien einer *„Kommission"* zugewiesen. **3167**

Dieses **Schiedsgericht** besteht aus je *einem Vertreter* der *Streitparteien* und *einem von diesen einvernehmlich bestellten dritten Schiedsrichter.* Können sich beide Parteien innerhalb eines Monats nicht über dessen Bestellung einigen, so kann jede von ihnen den GS der VN ersuchen, diesen dritten **3168**

Schiedsrichter zu bestellen. Die *Entscheidung* der *Mehrheit* der Schiedsrichter ist für die Parteien *endgültig* und *bindend.*

e) Obsoleterklärung von Staatsvertragsbestimmungen

Literatur: *Ermacora,* Die Obsoleterklärung von Bestimmungen des österreichischen Staatsvertrages 1955, AJPIL 42 (1991) 319; *Hafner,* „L'obsolescence" de certaines dispositions du Traité d'Etat autrichien de 1955, AFDI 37 (1991) 239; *Hecht / Muzak,* Zur Geltung der für obsolet erklärten Bestimmungen des Staatsvertrags von Wien 1955, JBl 116 (1994) 720; *Köck,* Ist der österreichische Staatsvertrag „obsolet"? ZöR 50 (1996) 75.

3169 *1990 folgte Österreich* einem *ähnlichen Vorgehen Finnlands* bezüglich des Friedensvertrages 1947 (Rz 3134) und des Vertrages über Freundschaft, Zusammenarbeit und gegenseitigen Beistand mit der UdSSR 1948.

3170 In einer Mitteilung an die vier Signatarstaaten des StV *berief sich* die *Bundesregierung* auf *grundlegende Veränderungen* in Europa. Diese manifestierten sich in der *Anwendungspraxis* der **Art 12–16** und **Art 22 Ziff 13 StV** sowie in der im Abschluss des *Vertrages über die abschließende Regelung in Bezug auf Deutschland* (D 88; Rz 851) ausgedrückten *geänderten Rechtsüberzeugung* (Rz 191 ff) *der Signatarstaaten.* Gem der österreichischen Erklärung sind diese Bestimmungen mit *Ausnahme* des *Verbots* von *Massenvernichtungswaffen* in Art 13 deshalb **obsolet.** Die *Signatarstaaten stimmten zu* bzw erhoben *keine Einwendungen.*

3171 Mit dieser *Obsoleterklärung* wurden ein *multilaterales Vertragsänderungsverfahren* und eine entsprechende *parlamentarische Genehmigung* mit der damit verbundenen innenpolitischen Debatte *vermieden.*

I. Das Bundesverfassungsgesetz über die Neutralität Österreichs

3172 Nach dem In-Kraft-Treten des StV galt es, die Verwendungszusage des Moskauer Memorandums in eine staatsrechtlich und vr einwandfreie Neutralitätsverpflichtung umzusetzen. Am Tage, nach dem der letzte Soldat der Besatzungsmächte Österreich verlassen haben musste, dh am ersten Tag der wiedererlangten Souveränität und Freiheit Österreichs (Rz 3114), am **26. 10. 1955,** beschloss der österreichische Nationalrat das **BVG über die Neutralität Österreichs** (D 385, 386).

3173 Die *einseitig* ergangene, *staatsrechtliche Neutralitätsdeklaration* Österreichs im Neutralitätsgesetz bewirkte nur eine *innerstaatlich* relevante *Selbstbindung* Österreichs. Erst die **Notifikation** des Neutralitätsgesetzes – verbunden mit der *Bitte um Anerkennung* – gem Abschn I Pkt 3 Moskauer Memorandum am 14. 11. 1955 an alle 65 Staaten, mit denen Österreich damals diplomatische Beziehungen unterhielt, übertrug diese Selbstverpflichtung auf die **vr Ebene.**

3174 Das dadurch zu Stande gekommene *einseitige vr Rechtsgeschäft* eines **Versprechens** (Rz 513, 516) wurde durch formelle **Anerkennung** (D 387) bzw bloße **Kenntnisnahme** seitens der anderen Staaten nach verbreiteter Ansicht **vr verbindlich** (vgl aber Rz 513).

Damit beruht die österreichische Neutralität nicht auf einem Vertrag, sondern auf **aufeinander bezogenen einseitigen Rechtsgeschäften** (Versprechen/Annahme). Dadurch entstand zwischen Österreich und den (ausdrücklich oder stillschweigend) anerkennenden Staaten ein Netz bilateraler Rechtsverhältnisse. Danach ist Österreich verpflichtet, alle vr Pflichten eines dauernd neutralen Staates zu erfüllen. Die anderen Staaten haben ihrerseits diesen Status Österreichs zu respektieren, haben aber auch einen vr Anspruch auf Erfüllung der Pflichten aus der dauernden Neutralität durch Österreich (vgl aber Rz 3227 ff). 3175

J. Der völkerrechtliche Status der dauernden Neutralität Österreichs

Literatur: *Verdross,* Die immerwährende Neutralität Österreichs (1977); *Rotter,* Die dauernde Neutralität (1981); *Stadlmeier,* Dynamische Interpretation der dauernden Neutralität (1991); *Krejci / Reiter / Schneider* (Hrsg), Neutralität. Mythos und Wirklichkeit (1992); *Jenny,* Konsensformel oder Vorbild? Die Entstehung der österreichischen Neutralität und ihr Schweizer Muster (1995); *Nonhoff,* „In der Neutralität verhungern?" Österreich und die Schweiz vor der europäischen Integration (1995).

1. Explizite und implizite Pflichten aus dem österreichischen Neutralitätsgesetz – Vorbild der schweizerischen Neutralität?

Explizit begründet das Neutralitätsgesetz 1955 folgende Pflichten für Österreich: 3176

1) **„immerwährend"**, dh **in allen zukünftigen Kriegen, neutral** zu bleiben;

2) **die Neutralität mit allen zu Gebote stehenden Mitteln aufrechtzuerhalten** und zu **verteidigen;** daraus lässt sich die Pflicht ableiten, eine bewaffnete Neutralität in den Grenzen des Staatsvertrages (Art 13 – Rz 1839, 3129; D 380) und sonstiger vr militärischer Beschränkungen (Rz 1816 ff) zu üben;

3) den **Verzicht** Österreichs, sich an **militärischen Bündnissen** zu beteiligen, sowie die Verpflichtung, die Errichtung **militärischer Stützpunkte** durch **fremde Staaten** auf seinem Gebiet nicht zuzulassen.

Implizit sind aber im Neutralitätsgesetz auch noch **alle anderen Pflichten** enthalten, die aus dem vr Institut der **dauernden Neutralität** resultieren (Rz 3209 ff). 3177

Der Hinweis im *Moskauer Memorandum* (Rz 3113; D 379) auf das *Vorbild* der *schweizerischen Neutralität* (diesbezüglich dient das Memorandum als Interpretationshilfe für das Neutralitätsgesetz) wirft die Frage nach der Bedeutung der schweizerischen Neutralität für die österreichische auf. Diese Bezugnahme auf die Schweiz erfolgte, weil die Grundsätze der dauernden – im Gegensatz zu jenen der gewöhnlichen – Neutralität (Rz 3194 ff) nicht kodifiziert sind, sondern sich vorwiegend aus der vgr Praxis der Schweiz entwickelt haben. 3178

Diese Modellfunktion bezog sich allerdings nur auf die *Ausformung* des *Neutralitätsrechts, nicht* aber auch auf die *Neutralitätspolitik* der Schweiz. 3179

2. Funktionen und Bewertung der Neutralität

3180 Die Neutralität ist ein an das Bestehen eines Kriegszustands (Rz 1803) als ihre Voraussetzung gebundenes Institut des allgemeinen VR. Staaten, die in einen Krieg anderer nicht verwickelt werden wollen, haben sich „neutral" (*ne-uter* – keiner von beiden) zu verhalten.

3181 Obwohl Neutrale die Kriegshandlungen begrenzen und als Vermittler (Rz 1960 ff) oder Schutzmacht (Rz 2923 ff) den Kriegsparteien nützen können, bedurfte die *positive Einschätzung* der Neutralität erst der *Überwindung* der *Bellum-iustum-Lehre* (Rz 1801 f), nach der die Teilnahme an einem gerechten Krieg gefordert wurde.

3182 Diese positive Bewertung schlug im und nach dem I. und II. WK aber wieder in ihr Gegenteil um: Man glaubte nunmehr, der Friede könne nur dadurch gesichert werden, dass alle Staaten dem angegriffenen Staat mit allen – auch mit militärischen – Mitteln beistünden.

3183 So musste die *Schweiz* in der Zeit ihrer Mitgliedschaft im *VB* ihre bisherige *„integrale" Neutralität* in eine *„differentielle"* umdeuten, um an den (wirtschaftlichen) Sanktionen des VB gegen Italien wegen dessen militärischer Aggression gegen Abessinien (Äthiopien) teilnehmen zu können. Bei ihrer Aufnahme in die VN 2002 sah die Schweiz allerdings keine neutralitätsrechtlichen Probleme mehr.

3184 Auch Österreich sieht seine UN-Mitgliedschaft von dem *Gegensatz Neutralität versus kollektive Sicherheit* und *Solidarität* belastet (Rz 3312 ff).

3185 Die (dauernde) Neutralität steht aber nicht nur mit der kollektiven Sicherheit in einem Spannungsverhältnis, sondern sie wurde und wird auch je nach Ausprägung der iBez („Kalter Krieg", Entspannung und „friedliche Koexistenz" [Rz 3217], Überwindung der Spaltung Europas und Aufweichung der Militärblöcke, Ost-West- [Rz 3378 f], Nord-Süd-Konflikt etc) verschieden gewichtet.

3186 Schließlich ist noch zu fragen, ob es im heutigen VR überhaupt noch Neutralität geben kann: Gem dem Gewaltverbot der SVN (Art 2 Abs 4 – Rz 1813) ist der (Offensiv-)Krieg zwar völkerrechtswidrig, dadurch aber nicht aus der Welt geschafft. Es gibt zwar dagegen das Recht auf kollektive Selbstverteidigung (Rz 1879 ff); beteiligt sich ein Staat aber nicht daran, so hat er ein Recht auf Neutralität (zu Sanktionen kollektiver Sicherheit Rz 3312 ff).

3. Arten der Neutralität

3187 1) Unter **gewöhnlicher** *(temporärer)* **Neutralität** versteht man den Rechtsstatus eines Staates, der sich an einem *bestimmten* zwischen anderen Staaten *ausgebrochenen Krieg* iSd VR nicht beteiligt; hingegen ist

3188 2) auf Grund **dauernder** *(„immerwährender")* **Neutralität** ein Staat zur Neutralität *in allen künftigen Kriegen* verpflichtet. Es ist also im (künftigen) Kriegsfall das Recht der gewöhnlichen Neutralität (Rz 3194 ff) zwischen dem dauernd Neutralen und den Krieg Führenden anzuwenden.

3189 3) Die dauernde Neutralität ist von *faktischer dauernder Neutralität* als Maxime der Außenpolitik, ohne vr Verpflichtung dazu, zu unterscheiden, wie sie zB Schweden und Finnland üben, die nunmehr aber den Ausdruck „Bündnisfreiheit" vorziehen. Nach außen ähnelt das Verhalten der faktisch dauernd neutralen Staaten freilich weitgehend jenem der Staaten, die vr zu dauernder Neutralität verpflichtet sind (zur Blockfreiheit, deren Grundsätze gleichfalls vr nicht verbindlich sind, Rz 125 ff).

4. Die gewöhnliche Neutralität

a) Begründung und Ende der gewöhnlichen Neutralität

Die gewöhnliche Neutralität **beginnt** mit dem **Eintritt** des **Kriegszustands** 3190
zwischen anderen Staaten – auch ohne Neutralitätserklärung – durch faktische Nichtbeteiligung eines Staates am Krieg. In einem *Bürgerkrieg* (Rz 1870 ff, 2896 ff, 3009 ff) hat ein Staat das Neutralitätsrecht nur dann einzuhalten, wenn er die *Aufständischen* als solche bzw als Krieg Führende *anerkennt* (Rz 663).

Auch während eines Waffenstillstands (Rz 2977, 1686) gilt Neutralitäts- 3191
recht, bis entweder der Krieg durch Friedensschluss beendet wird oder beim Neutralen eine sichere Mitteilung von der tatsächlichen Beendigung des Krieges eingetroffen ist.

Die Neutralität **endet** nicht nur durch **Kriegsende,** sondern auch durch 3192
Kriegseintritt des bis dahin neutralen Staates (so traten zB im II. WK Italien auf Seite Deutschlands, auf Seite der Alliierten Brasilien, die Türkei und Argentinien in den Krieg ein). Ferner endet die Neutralität während eines Krieges, sobald das **Staatsgebiet** des **Neutralen** zum **Kriegsschauplatz** oder **gänzlich besetzt** wird, nicht aber durch andere Neutralitätsverletzungen (Durchmarsch von Truppenteilen etc).

Da nur ein souveränes VRS, also ein Staat, die Neutralitätspflichten 3193
erfüllen kann, ist die Bezeichnung bloßer Teile eines Staatsgebietes als „neutral" unrichtig (zB des Panama-Kanals – Rz 2141 ff). Gebietsteile können allenfalls demilitarisiert und von militärischen Feindseligkeiten ausgeklammert werden.

b) Rechtsquellen der gewöhnlichen Neutralität

Die wichtigsten Kodifikationen des Neutralitätsrechtes sind das **V.** und 3194
XIII. Haager Übereinkommen 1907 über die Neutralität im *Land-* bzw *Seekrieg* (HÜ; Rz 92; D 388) sowie – für die amerikanischen Staaten – die *Konvention von Havanna über die Seeneutralität 1928.*

Die *vertragliche Regelung* der Neutralität ist *nicht* auf den *Luftkrieg* 3195
ausgedehnt worden. Wegen der inzwischen eingetretenen technischen und sonstigen „Fortschritte" in der Kriegführung kommt dem *VGR* im VR der gewöhnlichen Neutralität *große Bedeutung zu.*

c) Pflichten aus der gewöhnlichen Neutralität

Literatur: *Zemanek,* The Chaotic Status of the Laws of Neutrality, FS *Schindler* (1989) 443; *Schindler jun,* Ist das Neutralitätsrecht noch Teil des universellen Völkerrechts? FS *Zemanek* (1994) 388.

ca) Unterlassungspflichten

1) **Abstinenzprinzip:** Dieses gebietet die *absolute Enthaltung* von jedem 3196
aktiven Eingreifen in das Kriegsgeschehen bzw die **Unterlassung** jeglicher

militärischer Unterstützung der **Kriegsparteien** (Verbot der Lieferung von Truppen und Munition, der Gewährung von Kriegskrediten etc). Es gilt also auch dann, wenn die Unterstützung an alle Kriegsparteien in völlig gleicher Art und identischem Umfang gewährt würde.

3197 Diese **Abstinenzpflicht** gilt **nur** für den **Staat, nicht** aber für dessen – privaten Handel treibenden – **Bürger.** Im Falle staatlicher Bewilligungserteilung für die Privatwirtschaft bzw von Exportgeschäften verstaatlichter Betriebe stellen sich dabei aber schwierige Abgrenzungsfragen.

3198 Das Abstinenzprinzip verpflichtet aber **nicht** zur **ideologischen Neutralität** und *„Äquidistanz"*. Sowohl Regierung als auch Angehörige des neutralen Staates dürfen ihre Sympathie für einen der Krieg Führenden äußern, solange sie nicht das Recht auf Achtung der Ehre und den Grundsatz der Nichteinmischung (Rz 1935 ff) verletzen.

3199 2) **Paritätsprinzip:** Der *neutrale Staat* ist *nicht verpflichtet,* den *Handel Privater* mit *Kriegsmaterial* zu *verbieten.* Erlässt er aber *Verbote* oder *Beschränkungen* dafür, so hat er diese auf alle Kriegsparteien *gleichmäßig anzuwenden* (Art 7, 9 V. HÜ – D 388).

3200 Eine darüber hinausreichende Pflicht zur Gleichbehandlung der Krieg Führenden bei anderen Handelsbeschränkungen seitens neutraler Staaten ist umstritten. Das Streben nach jedenfalls längerfristig gleichmäßigen Wirkungen solcher Maßnahmen ist aber iSd für den Bestand der Neutralität wesentlichen Glaubwürdigkeit wenigstens neutralitätspolitisch (Rz 3216 f) ratsam.

3201 So praktizierte zB die Schweiz im II. WK die Wirtschaftsbeschränkung des sog *courant normal.* Danach wird der durchschnittliche Güterverkehr mit den betreffenden Staaten in Friedenszeiten zum Maßstab des Handelsverkehrs mit den Krieg Führenden genommen. Die Schweizer Regierung betonte aber, dass es sich dabei um eine neutralitätspolitische Maßnahme und keine vr Rechtspflicht handelte.

cb) Verhinderungspflichten

3202 Der neutrale Staat hat **militärische Handlungen** der **Kriegsparteien** (zB Durchmarsch von Truppen, Überflug von Kampfflugzeugen) **auf seinem Gebiet** iwS zu **verhindern,** um der betreffenden Seite keinen militärischen Vorteil ihrem Feind gegenüber zu gewähren. *Sonst* dürfte die *benachteiligte Kriegspartei Selbsthilfemaßnahmen* ergreifen, die den neutralen Staat in einen Krieg verwickeln und damit seine Neutralität beenden können.

3203 **Erfolgreich** ist daher letztlich nur eine effektive **bewaffnete Neutralität** (Rz 3215). Eine dazu notwendige Gewaltanwendung gilt vr nicht als feindliche Handlung (Art 10 V. – D 388 und Art 26 XIII. HÜ). Auf das Gebiet des Neutralen übergetretene Truppen der Krieg Führenden sind für die Dauer des Krieges zu entwaffnen und zu internieren (Art 11 V. HÜ).

3204 Der neutrale Staat muss den ihm nach **Treu und Glauben zumutbaren Aufwand** gem dem **internationalen Standard** (Rz 2710) für seine militärische Verteidigung leisten. Die Wahl der Mittel dazu ist dem Neutralen überlassen. Eine Haftung für einen diesbezüglichen Erfolg besteht nicht *(„ultra posse nemo tenetur")*.

cc) Duldungspflichten

Va im *Seekrieg* muss der Neutrale Maßnahmen der Kriegsparteien dulden, die im Frieden nicht zulässig sind und sich insbes gegen Konterbandehandel (dh Handel mit kriegswichtigen Gütern), Blockadebruch (Rz 72) oder neutralitätswidrige Dienste richten. So dürfen neutrale Handelsschiffe angehalten, durchsucht und die Konterbandewaren sowie uU auch die Schiffe beschlagnahmt werden. **3205**

cd) Aktive Handlungsrechte

Weitere Pflichten zu einem speziellen Tun bestehen nicht, wohl aber *Rechte* der neutralen Staaten, *aktiv* tätig zu werden: als Schutzmacht, durch gute Dienste und Vermittlung etc (vgl Rz 3216). **3206**

5. Die dauernde Neutralität

a) Begründung und Ende der dauernden Neutralität

Literatur: *Neuhold,* La neutralité du Laos, ÖZöRV 19 (1969) 187; *Ronzitti,* Malta's Permanent Neutrality, IYIL 5 (1980/81) 171; *Schindler jun,* Neue Fälle dauernder Neutralität: Malta und Costa Rica, FS *Perrin* (1984) 277 ff; *Neuhold,* The „Permanent, Active and Unarmed" Neutrality of Costa Rica, in: *Maislinger* (Hrsg), Costa Rica (1985) 79; *Tinoco,* Völkerrechtliche Grundlagen dauernder Neutralität (1989).

Dauernde Neutralität kann entweder durch einen *zweiseitigen* (Staat der Vatikanstadt [1929] – Rz 1188; Malta [1981]) oder *multilateralen* (Belgien [1831 / 1839], Luxemburg [1867], Laos [1962]) *Vertrag* bzw durch *aufeinander bezogene einseitige Willenserklärungen* (Österreich [1955]) oder durch eine bloß *einseitige Proklamation* (Kambodscha [1957], Costa Rica [1983] – bestritten!) *begründet* werden. Die auf einem Verfassungsgesetz beruhende Neutralität Turkmenistans wurde 1995 durch eine Res der GV anerkannt. **3207**

Eine *besondere multilaterale Grundlage* weist die *dauernde Neutralität der Schweiz* auf. Auf dem Wiener Kongress sagten im März 1815 die Großmächte eine Anerkennung der vorher schon lange faktisch geübten schweizerischen Neutralität und eine Garantie unter bestimmten Bedingungen zu, welche die Schweiz im Mai 1815 annahm. Darauf gaben die Großmächte am 20. 11. 1815 in Paris die entsprechenden Erklärungen ab. Die Schweiz hält sich jedoch für berechtigt, ihre Neutralität einseitig aufzugeben, weil sie nie eine vr Pflicht zur dauernden Neutralität übernommen habe. **3208**

b) Pflichten aus der dauernden Neutralität

Für einen dauernd neutralen Staat bestehen (*Rechte* und) *Pflichten* schon in *Friedenszeiten.* Diesen vr *„Vorwirkungen"* im Bereich der Unterlassungspflichten liegt das Prinzip zu Grunde, dass der dauernd Neutrale schon **im Frieden nichts tun** darf, was ihm in **zukünftigen Kriegen** die **Einhaltung** der **Pflichten** der **gewöhnlichen Neutralität unmöglich** machen würde. **3209**

3210 Insbes darf der dauernd Neutrale **keine militärischen Bündnisse** (auch nicht mit anderen dauernd neutralen Staaten) schließen (zur Teilnahme an Systemen kollektiver Sicherheit siehe Rz 3312 ff).

3211 Nicht reziproke *Garantieverträge zu Gunsten* des *dauernd Neutralen* sind zwar *zulässig* (Schweiz 1815; im Moskauer Memorandum für Österreich vorgesehen, aber nicht verwirklicht – D 379). Sie sind aber wegen der möglichen Einflussnahme der Garantiemächte und der Ungewissheit der tatsächlichen Hilfe durch sie im Ernstfall ein zweischneidiges Schwert.

3212 Rein waffentechnische Zusammenarbeit mit anderen Staaten – unter jederzeitiger Beendigungsmöglichkeit – ist dem dauernd neutralen Staat gestattet. Auch darf er sein Militärpersonal bei bzw von ausländischen Streitkräften ausbilden lassen. Das ausdrückliche Verbot der Verwendung fremden Militärpersonals und des Erwerbs oder Besitzes deutschen Kriegsmaterials (Art 12 und 14 StV) durfte von Österreich 1990 unter diesem Gesichtspunkt für obsolet erklärt werden (Rz 3169 ff).

3213 In seiner (Außen-)Wirtschaftspolitik darf der dauernd neutrale Staat *keiner Zoll-* oder *Wirtschaftsunion* angehören, falls er dadurch in *faktische Abhängigkeit* bzw im Krieg in Konflikt mit den Pflichten der gewöhnlichen Neutralität geraten kann (Rz 3043 ff, 3341 ff).

3214 Eine *Pflicht* zu *moralisch-ideologischer Neutralität* besteht – ebenso wenig wie gem der gewöhnlichen Neutralität – für den dauernd Neutralen *nicht* (Rz 2081, 3112). Eine zu heftige Parteinahme würde aber seine Glaubwürdigkeit erschüttern, sodass eine gewisse Zurückhaltung bei der Kritik ratsam ist.

3215 Um im Neutralitätsfall den Verhinderungspflichten nachkommen zu können, muss sich der dauernd Neutrale die dazu nötigen Mittel schon im Frieden beschaffen, dh die **dauernde Neutralität** schließt eine entsprechende **(militärische) Verteidigungsvorsorge** mit ein (Rz 3203 f). Dagegen ist die 1983 proklamierte dauernde Neutralität Costa Ricas unbewaffnet bzw nichtmilitärisch. Costa Rica schaffte nämlich 1949 sein Militär ab und verfügt lediglich über eine bewaffnete Polizei.

3216 Ferner hat der dauernd Neutrale im Frieden *weitere Handlungspflichten,* dh alles zu unternehmen, um nicht in einen Krieg hineingezogen zu werden. Dazu hat er eine **Neutralitätspolitik** zu führen, deren nähere **Ausgestaltung in seinem Ermessen** liegt. Sie soll die *Glaubwürdigkeit* der *Verteidigungsfähigkeit* und *-bereitschaft* (Rz 3243) sowie die *Attraktivität* der *Sonderstellung* des dauernd Neutralen auch für andere Staaten (durch friedensstiftende und -erhaltende Funktionen wie gute Dienste, Vermittlung, Beherbergung von IO, *peace-keeping,* humanitäre Leistungen etc – Rz 3360) *erhöhen.*

6. Wandel in der österreichischen Neutralitätskonzeption?

Literatur: *Ginther,* Neutralität und Neutralitätspolitik (1975); *Krejci / Reiter / Schneider* (Hrsg), Neutralität. Mythos und Wirklichkeit (1992); *Zemanek,* Ändert sich das völkerrechtliche Neutralitätsrecht und mit ihm die österreichische Neutralität? ÖJZ 47 (1992) 177; *Köck,* Österreichs „immerwährende" Neutralität: Ein Mythos geht zu Ende, JRP 1 (1993) 210; *Türk,* Neutralität und Mitgliedschaft bei den Vereinten

Nationen, FS *Zemanek* (1994) 439; *Cede,* Österreichs Neutralität und Sicherheitspolitik nach dem Beitritt zur Europäischen Union, ZfRV 4 (1995) 142; *Griller,* Vom Wandel der immerwährenden Neutralität, in: *Schefbeck* (Red), 75 Jahre Bundesverfassung (1995) 727; *Hafner,* Die politischen Änderungen in Europa und die dauernde Neutralität, in: *Neuhold / Simma* (Hrsg), Neues europäisches Völkerrecht nach dem Ende des Ost-West-Konfliktes? (1996) 115; *Hummer,* Österreich zwischen Neutralität und Integration, in: *Pape* (Hrsg), Österreich – Von der Monarchie zum EU-Partner (2000) 271.

Va weil die dauernde Neutralität sich schon im Frieden stets neu **3217** bewähren muss, bedarf sie einer dynamischen und flexiblen Anpassung. Der österreichischen Praxis wurde Mitte der 1970er Jahre vorgeworfen *(Ginther),* dass sie sich vom „klassischen Schweizer Modell" (Rz 3178) entfernt und der sowjetischen Doktrin der „friedlichen Koexistenz" (Rz 109 ff, 3185) angenähert habe.

Bildete vorher eher die schweizerische Politik des „Stillesitzens" für **3218** Österreich den Maßstab außenpolitischen Verhaltens, so aktivierte der damalige Bundeskanzler *Kreisky* die Außenpolitik auch als Element der Sicherheitspolitik (Rz 3360 ff). Ua nahm die österreichische Aktivität in IO zu (Mitglied im SR der VN [1973/74, 1991/92], Wien als dritter offizieller Sitz der VN etc).

Im Gefolge der zunehmenden Aktivierung des Kap VII durch den SR **3219** der VN *seit* der *„Wende"* (Rz 30, 56, 116) musste sich die Bundesregierung aber immer stärker mit Überflugs- und Durchfuhrproblemen von Kriegsgerät auseinander setzen. In der Folge *interpretierte Österreich seine Neutralität immer restriktiver* (dazu ausführlich Rz 3313 ff).

So vertrat Österreich bei Durchführung der SR-Res 678 (1990) gegen **3220** den Irak (Rz 3322) die Ansicht, dass *Sanktionsmaßnahmen* des *SR* gem Kap VII SVN keinen zwischenstaatlichen Krieg iSd VR, sondern lediglich eine internationale *„Polizeiaktion"* darstellen, bei der die Neutralität nicht aktiviert wird (zum *BG über die Durchführung internationaler Sanktionsmaßnahmen* – Rz 3237).

Ferner wurde in der dauernden Neutralität kein Hindernis sowohl für **3221** die Teilnahme Österreichs an wirtschaftlichen Boykott- und Embargomaßnahmen als auch den „Petersberg-Aufgaben" einschließlich der „Friedensschaffung" im Rahmen der GASP bzw (G)ESVP (Rz 1113 ff, 1910 ff) in der EU gesehen. Die **Neutralität** wurde vielmehr von **Österreich** auf die **„militärischen Kernelemente" reduziert.**

7. Die neue österreichische Sicherheits- und Verteidigungsdoktrin

Literatur: *Einem,* Eine neue Sicherheitsdoktrin für Österreich, ÖJP 2001 (2002) 179; *Scheibner,* Die neue Sicherheits- und Verteidigungsdoktrin für Österreich, ebd 135; *Spindelegger,* Die neue Sicherheitsdoktrin für Österreich, ebd 155.

In der allerdings nur mit den Stimmen der Regierungsparteien vom **3222** Nationalrat 2001 anstatt der Verteidigungsdoktrin 1975 und des Landesverteidigungsplans 1984 angenommenen neuen **Sicherheits- und Verteidigungsdoktrin** (D 389) wird **Österreich** wegen seiner vorbehaltslosen Teilnahme an der GASP und (G)ESVP nicht mehr als neutraler, sondern als **„bündnisfreier" Staat** bezeichnet. Als Entschließung des Nationalrats kommt der Doktrin freilich keine Rechtsverbindlichkeit, sondern nur politische Bedeutung zu (zum Nationalen Sicherheitsrat Rz 654 f). Sie bedarf ferner noch der Ausarbeitung durch Teilstrategien.

8. Beendigungsmöglichkeiten der dauernden Neutralität Österreichs

3223 Sollte Österreich seine dauernde Neutralität aufgeben wollen, va um sich einem mit dieser nicht zu vereinbarenden Sicherheitssystem anzuschließen (Rz 3352 ff), ist die Frage der rechtlich einwandfreien Beendigung des Neutralitätsstatus zu klären.

3224 Sieht man die Grundlage der dauernden Neutralität Österreichs in einem durch aufeinander bezogene einseitige Rechtsgeschäfte geschaffenen vr Verpflichtungsverhältnis (Rz 3207), kommt einerseits ein **contrarius actus** in Betracht. Die Notifikation der Beendigung der dauernden Neutralität durch Österreich bedürfte dann der Zustimmung aller Staaten, die diese seinerzeit anerkannt haben. Damit besäße jeder dieser Staaten ein „Veto" und könnte Österreich zur Beibehaltung einer aus der Sicht Österreichs und der übrigen Staaten überholten Neutralität verhalten. Daher meinen manche, dass nur einige wichtige Staaten, insbes die ständigen Mitglieder des SR der VN, einwilligen müssten.

3225 Andererseits könnte sich Österreich in Anlehnung an Art 62 WVK (Rz 382) einseitig auf eine **grundlegende Änderung der Umstände** berufen, hätte sich dabei aber ebenfalls uU mit dem Einspruch anderer Staaten auseinander zu setzen (Rz 382).

3226 Die Befürworter einer **Obsoleterklärung** (vgl Rz 3169 ff) der dauernden Neutralität stehen dem Problem gegenüber, dass durch die „Wende" in Europa nach 1989 weder das Rechtsinstitut der dauernden Neutralität an sich noch die österreichische Verpflichtungserklärung dazu „obsolet" geworden ist.

3227 Va *Franz Cede,* der damalige Leiter des Völkerrechtsbüros des BMaA, griff die bereits von *Felix Ermacora* vorgebrachte These auf, die **österreichische Neutralität** sei **innerstaatlich** und **nicht im VR begründet.** Österreich habe seine Neutralitätszusage im Moskauer Memorandum (Rz 3112) nicht durch eine vr, sondern nur durch eine staatsrechtliche Verpflichtung einlösen wollen. Daher sei die Notifikation der Neutralitätserklärung ohne vr Verpflichtungswillen erfolgt (Rz 3117). Deshalb dürfe Österreich auch einseitig seine Neutralitätspflichten restriktiv auslegen.

3228 Ferner genüge zur Beendigung des Neutralitätsstatus die innerstaatliche Aufhebung des Neutralitätsgesetzes. Vr Hindernisse könnten sich nur bei Bestehen eines Krieges im vr Sinn und bei Berufung eines anderen Staates auf den Grundsatz von Treu und Glauben ergeben, wenn diesem durch die Beendigung der österreichischen Neutralität ein Schaden entstünde.

3229 Eine Notifikation der im alleinigen Ermessen Österreichs liegenden Beendigung seiner Neutralität an die übrigen Staaten würde nur aus Gründen der *Courtoisie* erfolgen. Übrigens habe auch Russland 1995 eingewilligt, dass Österreich allein über seine Neutralität entscheiden könne.

Sowohl die SPÖ und die Grünen als auch, wie Umfragen zeigen, die Mehrheit der österreichischen Bevölkerung befürworten zu Beginn des 21. Jhdt ein Festhalten an der dauernden Neutralität. Daher fehlt es an den politischen Voraussetzungen für deren Beendigung. **3230**

K. Die dauernde Neutralität als Bestandteil der österreichischen Rechtsordnung – innerstaatliche Durchführungsprobleme

Literatur *Köck,* Die Neutralität als Bestandteil der österreichischen Verfassungsordnung, JöR 30 (1981) 223; *Brandstetter / Loibl,* Neutralität und Waffenexporte (1990); *dies,* Neutralität und Waffenexporte, Ergänzungsband (1991).

1. Rechtsgrundlagen bzw Quellen der dauernden Neutralität im österreichischen Recht

Die innerstaatliche Rechtsgrundlage der dauernden Neutralität Österreichs bildet das *BVG über die Neutralität Österreichs* 1955 (Rz 3172; D 385). Darüber hinaus fließen auch über Art 9 Abs 1 B-VG (Rz 243; D 49) die die dauernde Neutralität betreffenden Normen des *VGR* auf Verfassungsstufe in die österreichische Rechtsordnung ein. **3231**

2. Dauernde Neutralität als Verfassungsgrundsatz („Baugesetz")?

Im Gegensatz zur Schweiz hat Österreich die dauernde Neutralität durch einen Akt der Bundesverfassungsgesetzgebung zu einem formalen Institut der Verfassungsordnung gemacht. Damit sind alle Organe der jeweiligen Gebietskörperschaften bei ihren hoheitlichen Aktivitäten zur Beachtung des VR der dauernden Neutralität verpflichtet. **3232**

Dazu stellen sich zwei Fragen: Welche Stellung nimmt die dauernde Neutralität zu den „Baugesetzen" der österreichischen Verfassung (demokratisches, liberales, rechtsstaatliches, föderalistisches etc Prinzip) ein, bzw wäre auch ihre einfachgesetzliche Begründung möglich gewesen? **3233**

Nach den Erläuternden Bemerkungen zur Regierungsvorlage des Neutralitätsgesetzes (D 386) stellt die dauernde Neutralität kein „Baugesetz" dar. Es handelt sich um **„einfaches" Verfassungsrecht,** das – staatsrechtlich – **ohne Volksabstimmung** gem Art 44 Abs 3 B-VG durch ein späteres Verfassungsgesetz wieder **abgeändert** oder **aufgehoben** werden könnte. **3234**

3. Die Mitwirkung an der Gemeinsamen Außen- und Sicherheitspolitik der Europäischen Union

Um Österreich – ohne Verletzung des Neutralitäts-BVG (Rz 3231) sowie anderer einschlägiger Bestimmungen (wie zB § 320 StGB – Rz 3257 f) – eine *verfassungskonforme Mitwirkung* an der **GASP** der EU zu ermöglichen, wurde 1994 ua **Art 23f** in das **B-VG** eingefügt (Rz 616; D 49). Er ermächtigt Österreich zur Übernahme des gesamten Normenbestandes *(„acquis")* der EU im Bereich der GASP und zur Teilnahme an wirtschaftlichen Sanktionsmaßnahmen der EG *(Embargos)* (Rz 3221) und in der **3235**

Folge den *„Petersberg-Aufgaben“* gem Art 17 Abs 2 EUV (Rz 3221, 3352f, 1910ff, 1104).

4. Die Durchführung von Sanktionsbeschlüssen Internationaler Organisationen in Österreich

3236 Wegen des besseren Funktionierens des kollektiven Sicherheitssystems der VN nach dem Ende des Ost-West-Konflikts musste Österreich seine innerstaatlichen Rechtsgrundlagen zur Umsetzung von **Sanktionsbeschlüssen** des **SR** der **VN** adaptieren. Anlassfall dafür war die Res 820 (1993) des SR der VN, mit der die Sanktionen gegen die BRJ verschärft wurden.

3237 Dazu wurde ein *BG über die Durchführung internationaler Sanktionsmaßnahmen* geschaffen (D 239a). Es ermächtigt die Bundesregierung, im Einvernehmen mit dem Hauptausschuss des Nationalrates mittels Verordnung bestimmte Verkehrsmittel zu beschlagnahmen und die Erbringung von Dienstleistungen zu verbieten. Das Einfrieren von Guthaben bestimmter Staaten wird ermöglicht durch *§ 78 Abs 7 Bankwesengesetz 1993* (D 239b). Durch eine Änderung des *Außenhandelsgesetzes* wurde die Bewilligungspflicht auf die Verfügung über Waren im Zollausland erstreckt (D 239c).

3238 Als EU-Mitglied hat Österreich aber auch das **Sanktionsregime** der **EU** zu beachten. Dieses kann aus gemeinschaftsrechtlichen oder unionsrechtlichen Maßnahmen bestehen, die unterschiedlich in die österreichische Rechtsordnung inkorporiert werden.

3239 Erfolgt die Umsetzung einer Sanktionsmaßnahme des SR *gemeinschaftsrechtlich* durch ein Embargo im Bereich des Waren- (Art 133 bzw 301 EGV) bzw des Kapital- oder Zahlungsverkehrs (Art 60 EGV), so geschieht dies durch eine *unmittelbar wirksame Verordnung* des *Rates* der EU.

3240 Werden hingegen Sanktionsbeschlüsse des SR *unionsrechtlich* durch *Gemeinsame Aktionen* (Rz 599, 1104, 1113) in der EU umgesetzt, so werden diese *wie vr Rechtsquellen inkorporiert* (Rz 600).

5. Neutralitätsdurchführungsbestimmungen: rechtlich geboten oder bloß erwünscht?

3241 Eine der schwierigsten Abgrenzungsfragen lautet, ob eine Maßnahme des Vollzugs neutralitätsrechtlich geboten (zur Ausführung von Neutralitätsrecht, das *„non self-executing“* ist; vgl Rz 324) oder lediglich neutralitätspolitisch erwünscht ist. Bei der Neutralitätsdurchführungsgesetzgebung unterscheidet der (österreichische) Gesetzgeber aber regelmäßig nicht zwischen diesen beiden Varianten.

6. Konkrete Neutralitätsdurchführungsbestimmungen im österreichischen Recht

3242 Die dauernde Neutralität hat in der österreichischen Rechtsordnung vielfachen Niederschlag gefunden. Als Beispiele seien aus dem öffentlichen Recht und dem Strafrecht – ohne Anspruch auf Vollständigkeit – folgende angeführt:

a) Öffentliches Recht

1) *Art 9a B-VG* (D 49) statuiert die **umfassende Landesverteidigung (ULV)** zur Wahrung der Unabhängigkeit nach außen sowie der Unverletzlichkeit und Einheit des Bundesgebietes, insbes zur Aufrechterhaltung und Verteidigung der immer währenden Neutralität; flankierend dazu die *Verteidigungsdoktrin* des Nationalrats vom 10. 6. 1975, der als Entschließung an sich nur politische Bedeutung zukommt, die aber durch Beschluss des Ministerrates vom 25. 10. 1975 rechtlich als Verwaltungsmaxime anerkannt wurde *(Verwaltungsverordnung);* eine neue Doktrin wurde 2001 angenommen (Rz 3222); § 2 Abs 1 lit a *Wehrgesetz* (BGBl 1990/305 idF BGBl 1996/788) über die militärische Landesverteidigung durch das Bundesheer. 3243

2) **BVG über Kooperation und Solidarität bei der Entsendung von Einheiten und Einzelpersonen in das Ausland** (**KSE-BVG;** BGBl I 1997/38 idF BGBl I 1998/35) (Rz 3334, D 236): Das KSE-BVG ersetzt das BVG über die Entsendung österreichischer Einheiten zur Hilfeleistung in das Ausland auf Ersuchen internationaler Organisationen („Entsendegesetz") 1965. Diese Gesetze waren nötig, weil Einsätze des Bundesheeres im Ausland in der taxativen Aufzählung des Art 79 Abs 1/1 B-VG und im Wehrgesetz 1955 nicht aufscheinen. 3244

Im KSE-BVG wird nicht mehr auf die Neutralität Österreichs, sondern nur allgemein auf die vr Verpflichtungen Österreichs verwiesen. Neben Entsendungen auf Ersuchen von IO sind auch die OSZE und die GASP der EU erwähnt. Außerdem können nunmehr auch Einzelpersonen entsandt werden. 3245

Das parallel zum „Entsendegesetz" ebenfalls 1965 erlassene BG über die Entsendung von Angehörigen des Bundesheeres zur Hilfeleistung in das Ausland (BGBl 1965/233 idF BGBl 1996/201) (Rz 3371) wurde *2001* durch das *Auslandseinsatzgesetz* (BGBl I 2001/55) ersetzt. Weitere administrative Anpassungen wurden durch das *Auslandseinsatzanpassungsgesetz* 2001 (BGBl I 2001/56) vorgenommen. 3246

3) **Kriegsmaterialgesetz** (KMG) 1977 (D 390 a): Gem § 3 Abs 1 *BG über die Ein-, Aus- und Durchfuhr von Kriegsmaterial* bedürfen grundsätzlich alle Ex- und Importe von „Kriegsmaterial" einer Genehmigung. Unter bestimmten Umständen (vr Verpflichtungen, außenpolitische Interessen Österreichs unter besonderer Bedachtnahme auf die immer währende Neutralität, sicherheitspolizeiliche, militärische etc) ist die Aus-, Ein- und Durchfuhr von Kriegsmaterial aber zu genehmigen. 3247

„Kriegsmaterial" wurde in einer gleichzeitig erlassenen Verordnung näher definiert. Nicht erlassen wurde aber die im KMG ebenfalls vorgesehene Verordnung über die *„Krisengebiete",* in die nicht geliefert werden darf. 3248

1982 wurde dem KMG eine Menschenrechtsschutzklausel beigefügt. 1991 kam in der Irak-Krise eine Ausnahmebestimmung bezüglich verbindlicher Beschlüsse des SR der VN gem Kap VII SVN hinzu. 2002 wurde das KMG erneut novelliert (BGBl I 2002/114; D 390 a). 3249

Überflüge von Militärflugzeugen regelt das *BG über den Aufenthalt ausländischer Truppen auf österreichischem Hoheitsgebiet* („**Truppenaufenthaltsgesetz** – D 390 b). Unter „Aufenthalt" ist nämlich auch das Überqueren der 3250

Grenzen zu verstehen. Die Anwendung des KMG wird ausdrücklich ausgeschlossen – der Überflug ist nicht als „Durchfuhr" qualifiziert –, dagegen finden luftfahrtsrechtliche Bestimmungen nach wie vor Anwendung, sodass Überflüge von Staatsluftfahrzeugen (Rz 3202, 3219) einer Bewilligung bedürfen.

3251 Der Überflug ist zu genehmigen, soweit nicht vr Verpflichtungen oder überwiegend außenpolitische Interessen entgegenstehen. Überflüge wie 1999 in der Kosovo-Krise (Rz 1866) können also genehmigt werden, wenn kein Krieg im vr Sinne vorliegt und daher neutralitätsrechtliche Verpflichtungen nicht aktiviert werden. Ein Durchflug ist allerdings dann ausgeschlossen, wenn dabei Kriegsmaterial mitgeführt wird, dessen „Entwicklung oder Herstellung oder Einsatz nach österreichischer Rechtsordnung unzulässig ist", es sich also um chemische oder bakteriologische Waffen handelt.

3252 4) Das **Außenhandelsgesetz** (AHG) 1995 (BGBl 1995/172 idF BGBl 1996/429) dient nicht nur als außenwirtschaftliches Regulativ zur Bezugssicherung im Rahmen der ULV, sondern auch zur Durchführung internationaler wirtschaftlicher Sanktionen (D 239c, 241; Rz 1844). Gem § 5 AHG kann durch Verordnung des Wirtschaftsministers die Ein- oder Ausfuhr von bestimmten Waren vorübergehend für bewilligungspflichtig erklärt werden, zB zur Durchführung eines *Wirtschaftsembargos.*

3253 5) **Erdöl-Bevorratungs- und Meldegesetz** (BGBl 1982/546 idF BGBl I 2001/150), **Energielenkungsgesetz** (BGBl 1982/545 idF BGBl I 2001/149), **Versorgungssicherungsgesetz** (BGBl 1992/380 idF BGBl I 2001/148) etc zur Versorgungssicherung (Autarkiestreben bzw Importsicherung eines dauernd Neutralen), gleichfalls im Rahmen der ULV. In diesem Zusammenhang verdient auch das *Lebensmittelbewirtschaftungsgesetz* (BGBl 1996/789 idF BGBl I 2001/108) Erwähnung.

3254 6) Das **Seeschifffahrtsgesetz** 1981 ermächtigt in § 5 den Verkehrsminister zu den erforderlichen Maßnahmen gegen eine Neutralitätsbeeinträchtigung durch ein österreichisches Seeschiff. Eine ähnliche Bestimmung enthält das **Rohrleitungsgesetz** 1975 in § 5 hinsichtlich der Erteilung von Konzessionen für grenzüberschreitende Pipelines.

3255 7) Zu einigen vr Verträgen hat Österreich einen ausdrücklichen *Neutralitätsvorbehalt* angebracht, zB zum *Biologiewaffenverbot* (Rz 2884; D 360) und zum *Übereinkommen über das Verbot der militärischen oder einer sonstigen feindseligen Nutzung umweltverändernder Techniken* (Rz 2469, 2884, 2943).

3256 Neben obigen Normen, die sich mehr oder minder als direkter Vollzug des Verfassungsauftrages zur dauernden Neutralität darstellen, räumen viele andere Bestimmungen den Verwaltungsbehörden ein bloßes Ermessen zum Handeln – unter bestimmten, die Sicherheit Österreichs bedrohenden Umständen – ein: zB § 10 Abs 2 und § 36 Abs 1 *Fremdengesetz 1997* (BGBl I 1997/75 idF BGBl I 2002/134); § 6 Abs 1 *ORF-Gesetz* (BGBl 1984/379 idF BGBl I 2001/83).

b) Strafrecht

3257 **StGB** (BGBl 1974/60 idF BGBl I 2002/62): **§ 320:** Strafbarkeit der *„Neutralitätsgefährdung"* (D 391); 1991 wurde dem § 320 eine Ausnahmebestimmung für militärische Beschlüsse des SR nach Kap VII SVN hinzugefügt (D 391; vgl Rz 1840 ff, 3322, 3249). 1998 wurden weitere Ausnahmen – Maßnahmen der Friedenssicherung der OSZE, Beschlüsse des Rates der EU im Rahmen der GASP (gegen die Österreich nicht gestimmt hat) nach Maßgabe des Art 23 f B-VG (Rz 3235, 3353, 616) – aufgenommen.

Durch das *Strafrechtsänderungsgesetz* 2002 (BGBl I 2002/134) wurde der Tatbestand der *„Neutralitätsgefährdung" in § 320 StGB gestrichen* und – iSd des „Anti-Terror-Pakets" (§ 278b–278d StGB; D 58b) – begrifflich durch die **„verbotene Unterstützung von Parteien bewaffneter Konflikte"** ersetzt. Auf Grund von § 320 StGB waren 1992 Manager österreichischer Betriebe in der *„Noricum-Causa"* wegen Umwegexporten österreichischen Kriegsmaterials über Libyen in den Iran, der sich damals mit dem Irak in einem bewaffneten Konflikt befunden hatte, zu bedingten Haftstrafen verurteilt worden. 3258

L. Minderheitenschutz in Österreich und Österreichs Schutzmachtfunktion für Südtirol

1. Minderheitenschutz in Österreich

Literatur: *Veiter,* Das Recht der Volksgruppen und Sprachminderheiten in Österreich (1970); *Unkart,* Ein Beitrag zur Auslegung des Art 7 des Staatsvertrages 1955, ÖJZ 29 (1974) 91; *Veiter,* Das österreichische Volksgruppenrecht seit dem Volksgruppengesetz von 1976 (1979); *Suppan,* Die österreichischen Volksgruppen (1983); *Unkart / Glantschnig / Ogris,* Zur Lage der Slowenen in Kärnten (1984); *Marauhn,* Die rechtliche Stellung der Minderheiten in Österreich, in: *Frowein / Hofmann / Oeter* (Hrsg), Das Minderheitenrecht europäischer Staaten (Bd 1, 1993), 224; *Österreichisches Volksgruppenzentrum* (Hrsg), Volksgruppenreport (1996); *Stenner* (Hrsg), Slowenische Steiermark (1997); *Öhlinger,* Der Verfassungsschutz ethnischer Gruppen in Österreich, FS *Koja* (1998) 371; *Kolonovits,* Sprachenrecht in Österreich (1999); *G. Winkler,* Zweisprachige Ortstafeln und Volksgruppenrechte (2002).

Bereits in der *österreichisch-ungarischen Monarchie* gab es *Minderheitenprobleme,* weil in die zahlenmäßig überwiegenden deutschen und ungarischen Volksgruppen andere Volksstämme (Tschechen, Slowaken, Polen, Ruthenen, Rumänen, Kroaten, Serben, Slowenen, Italiener) eingesprengt waren. 3259

Diese waren gem **Art 19 Staatsgrundgesetz über die allgemeinen Rechte der Staatsbürger 1867** *„gleichberechtigt"*, wobei *„jeder Volksstamm* ... ein unverletzliches Recht auf Wahrung und Pflege seiner *Nationalität und Sprache"* hatte. Ferner wurde „die *Gleichbehandlung aller landesüblichen Sprachen* in Schule, Amt und öffentlichem Leben ... vom Staat anerkannt." Nach nicht unbestrittener Rechtsprechung des VfGH ist *Art 19* allerdings *nicht mehr anwendbar,* weil es im heutigen Österreich keine „Volksstämme und landesüblichen Sprachen mehr gibt". 3260

Bei der Festlegung der Süd- und Ostgrenze Österreichs nach dem I. WK nach Volksabstimmungen (Rz 3035 f) schufen die Grenzziehung des Burgenlands sowie der Verbleib des heutigen Südkärnten bei Österreich für die dortigen kroatischen und slowenischen Volksgruppen eine Minderheitensituation. 3261

3262 Der **Staatsvertrag von St-Germain 1919** (Art 62–69; D 369) verpflichtete **Österreich** zum **Schutz** seiner **Minderheiten.** Diese Bestimmungen, die an sich heute noch in Geltung stehen, wurden *1964* gem Art 149 Abs 1 B-VG *in Verfassungsrang* gehoben. Zwar sind die darin enthaltenen Schutzgarantien nicht sehr weitreichend; dafür stehen die darin verankerten Rechte im Gegensatz zum persönlichen Geltungsbereich des Art 7 StV sämtlichen rassischen, religiösen und sprachlichen Minderheiten zu.

3263 Die *umfassendste Minderheitenschutzbestimmung,* allerdings nur zu Gunsten der slowenischen und kroatischen Minderheiten in Kärnten, im Burgenland und in der Steiermark, enthält **Art 7 StV 1955,** dessen Schutzbestimmungen mit *Ausnahme der Abs 1 und 5 im Verfassungsrang* stehen (D 380). Eine weitere Pflicht zur Beachtung von Minderheitenrechten im Verfassungsrang ergibt sich indirekt aus Art 14 EMRK (D 174; Rz 1657 ff).

3264 Gem Art 7 Abs 1 StV genießen österreichische Staatsangehörige der slowenischen und kroatischen Minderheiten **dieselben Rechte** wie **alle anderen österreichischen Staatsangehörigen.** Dies ist Ausdruck des *allgemeinen Gleichheitssatzes* in *Art 7 B-VG* (D 49).

3265 Gem Abs 2 haben Angehörige der Minderheiten Anspruch auf **Elementarunterricht** in **slowenischer** oder **kroatischer Sprache** und auf eine **verhältnismäßige Zahl eigener Mittelschulen.**

3266 Gem Abs 3 wird in den *Verwaltungs- und Gerichtsbezirken* Kärntens, des Burgenlandes und der Steiermark mit *slowenischer, kroatischer* oder *gemischter Bevölkerung* die **slowenische** oder **kroatische Sprache** zusätzlich zum Deutschen als **Amtssprache** zugelassen. In solchen Bezirken werden auch die **topografischen Bezeichnungen** und **Aufschriften** (Ortstafeln) sowohl in *slowenischer oder kroatischer Sprache* als auch *in Deutsch* verfasst.

3267 Gem *Abs 4* nehmen Angehörige der *Minderheiten* an den *kulturellen, Verwaltungs-* und *Gerichtseinrichtungen* in Kärnten, Burgenland und Steiermark auf Grund gleicher Bedingungen wie andere österreichische Staatsangehörige teil.

3268 Gem *Abs 5* ist die Tätigkeit von *Organisationen,* die darauf abzielen, *Minderheitenrechte* zu *beseitigen,* zu *verbieten.*

3269 Nach einigen früheren Ausführungsgesetzen zu Art 7 StV und dessen Forderungen nach Schul-, Sprach- und Kulturautonomie für die Minderheiten zu Gunsten der Kärntner Slowenen (zB Minderheitenschulgesetz für Kärnten [BGBl 1959/101 idF BGBl I 2001/76], Regelung der Amtssprache vor Gericht [BGBl 1959/102]) wurde **1976** durch das **Volksgruppengesetz** (D 392) und dessen **sechs Durchführungs-Verordnungen** (ua Verordnung über die *Volksgruppenbeiräte* [BGBl 1977/38 idF BGBl 1993/895]; Verordnung, mit der die *slowenischen Bezeichnungen für Ortschaften* festgesetzt werden [BGBl 1977/308]; Verordnung über die Zulassung der *slowenischen Sprache* als *Amtssprache* [BGBl 1977/307]; Verordnung über die *Bestimmung von Gebietsteilen,* in denen *topographische Bezeichnungen* in *deutscher und slowenischer Sprache* anzubringen sind [BGBl 1977/306] *(„Ortstafel-Verordnung“)* (vgl Rz 3266, 3282); Verordnung über die Zulassung der *kroatischen Sprache als zusätzliche Amtssprache* [BGBl 1990/231 idF BGBl 1991/6]) eine *umfassende Minderheitenregelung* versucht.

Das Volksgruppengesetz, das alle Minderheitenschutzpflichten aus vr Verträgen erfüllen soll, definiert in § 1 Abs 2 als *Volksgruppe* „die in Teilen des Bundesgebietes wohnhaften und beheimateten *Gruppen österreichischer Staatsbürger* mit *nichtdeutscher Muttersprache* und *eigenem Volkstum*". **3270**

Damit geht der persönliche Geltungsbereich des Volksgruppengesetzes über jene des Art 7 StV hinaus, der nur für Slowenen und Kroaten Sonderrechte schafft. Wer im Einzelnen einer Volksgruppe angehört, welche **Zurechnungskriterien – subjektives Options- oder objektives Abstammungs- und Sprachenprinzip** – Anwendung finden, zählt zu den **zentralen Probleme** der **Minderheitenfrage**. **3271**

Volkszählungen zeigten jedenfalls in Kärnten einen drastischen Rückgang der Volksgruppenzugehörigen. Gab es dort 1910 noch 66.463 Slowenen (ca 18% der Gesamtbevölkerung), so sank ihre Zahl 1951 auf 42.095 (ca 9%), bei der Volkszählung 1981 auf 18.640 Personen. Die Ergebnisse der *geheimen Erhebung der Muttersprache 1976* (BGBl 1976/38), die für Kärnten die Zahl von *16.000 Slowenen* ergab, sind nicht repräsentativ, weil an ihr wegen ihres *diskriminierenden Charakters* zahlreiche Minderheitsangehörige nicht teilnahmen. **3272**

Der bis 1989 von den Slowenen boykottierte im Volksgruppengesetz vorgesehene **Volksgruppenbeirat** setzt sich aus **16 Mitgliedern** zusammen (8 Slowenen-, 3 SPÖ-, 2 ÖVP-, 2 FPÖ-, 1 Kirchenvertreter); die im Nationalrat vertretenen Parteien können weitere Vertreter – allerdings nur mit beratender Stimme – entsenden. **3273**

Ein weiteres **Problem** stellt der **(Mindest-)Anteil** der Minderheit an der Gesamtbevölkerung bei der Festlegung von **„gemischtsprachigen" Gebieten** (Art 7 Abs 3 StV) dar. **3274**

Eine bestimmte zahlenmäßige Größe einer Volksgruppe (Siedlungsdichte) als Voraussetzung für die Inanspruchnahme der Rechte sah nur § 2 Abs 1 Ziff 2 *Volksgruppengesetz 1976* vor. Danach mussten *zweisprachige topografische Aufschriften* nur in Gebieten, in denen *25% der Bevölkerung* einer Volksgruppe angehören, angebracht werden. Dieses im internationalen Vergleich sehr hoch angesetzte zahlenmäßige Mindesterfordernis wurde allerdings durch das Erkenntnis des VfGH vom 13. 12. 2001 aufgehoben (vgl auch Rz 3282; D 392). Mit diesem Erkenntnis folgte der VfGH der vr Praxis, die einen (Mindest-)Prozentsatz für die Siedlungsdichte in einer Bandbreite zwischen 5–25% annimmt. **3275**

Mit den genannten Regelungen zu Gunsten der Kärntner Slowenen, va dem Volksgruppengesetz, ist nach offizieller österreichischer Ansicht Art 7 StV zur Gänze durchgeführt. Dies wurde aber nicht nur von den Kärntner Slowenen und vom damaligen Jugoslawien – das dem StV beitrat (D 380) und daraus eine Schutzmachtfunktion ableitete –, sondern auch in der wissenschaftlichen Literatur bestritten. Nach dieser Kritik werden die in Art 7 garantierten Rechte unabhängig von einem Mindestprozentsatz der Minderheitenbevölkerung nicht nur in bestimmten Gemeinden, sondern im ganzen traditionellen Siedlungsgebiet der Slowenen gewährt. **3276**

Dieser Ansicht schloss sich der *VfGH* an, indem er die in den Art 11 und 12 *Kärntner Minderheitenschulgesetz* vorgenommene *Einschränkung* des *zweisprachigen Elementarunterrichts* auf *bestimmte Gebiete* im Südkärntner **3277**

Raum als *Verstoß* gegen die Verfassungsbestimmung des *Art 7 Abs 2 StV* qualifizierte. Zweisprachiger Elementarunterricht müsse bei nachhaltigem lokalen Bedarf auch außerhalb des autochthonen slowenischen Siedlungsgebietes gewährleistet werden.

3278 Im Jahr 2000 (G 2–4/00–7) hob der VfGH eine Bestimmung in § 16 Abs 1 Kärntner Minderheitenschulgesetz (Rz 3269) auf, sodass nunmehr an den zweisprachigen Volksschulen auch in der *vierten Schulstufe* für die zum Slowenisch-Unterricht angemeldeten Schüler der gesamte Unterricht in deutscher und slowenischer Sprache in annähernd gleichem Ausmaß zu erteilen ist.

3279 Als im *Widerspruch* zu *Art 7 Abs 3 StV* stehend hob der VfGH *§ 13 Volksgruppengesetz 1976* auf, der die Verwendung einer Minderheitensprache als Amtssprache vom Erlass einer Verordnung gem § 2 Abs 1 Ziff 3 Volksgruppengesetz abhängig machte. Im Anlassfall ergebe sich ein Rechtsanspruch auf Verwendung des Kroatischen als Amtssprache im Burgenland direkt aus der unmittelbar anwendbaren Verfassungsbestimmung des Art 7 Abs 3 StV (Rz 3263).

3280 Bereits 1983 hatte der VfGH entschieden, dass Art 7 Abs 3 StV ein subjektiv-öffentliches Recht auf Gebrauch der Volksgruppensprache vor allen österreichischen Behörden und in allen Verfahrensarten gewährleistet.

3281 Im Jahr 2000 verstand der VfGH unter „Verwaltungsbezirk mit gemischter Bevölkerung" iSv Art 7 Ziff 3 StV „Ortschaften" und „Gemeindeverwaltungsteile" und relativierte die 25% Prozent-Schwelle (V 91/99).

3282 **2001** setzte der **VfGH** den **Minderheitenanteil** für **topografische Aufschriften** auf **mehr als 10%** fest (G 213/01; vgl Rz 3275). Da danach statt derzeit 74 nunmehr 148 Kärntner Orte zweisprachige Ortstafeln haben müssten, kam es zu einer innenpolitischen Kontroverse.

3283 1997 forderten die Volksgruppenbeiräte (Rz 3269, 3273) in einem Memorandum eine *Staatszielbestimmung* im *Verfassungsrang* mit einem *Bekenntnis* der Republik *Österreich* zu ihrer historisch gewachsenen kulturellen, sprachlichen und ethnischen *Vielfalt*, die in den *autochthonen Volksgruppen* zum Ausdruck kommt. Dieses Bekenntnis wurde 2000 in *Art 8 Abs 2 B-VG* (D 49) verankert.

2. Österreich als Schutzmacht für die deutschsprachige Volksgruppe in Südtirol

Literatur: *Miehsler,* Südtirol als Völkerrechtsproblem (1962); *Alcock,* Geschichte der Südtirolfrage (1982); *Ermacora,* Südtirol und das Vaterland Österreich (1984); *Steininger,* Los von Rom? Die Südtirolfrage 1945/46 und das Gruber-De Gasperi-Abkommen (1987); *Hummer,* Rechtliche und wirtschaftliche Probleme des „Accordino", FS *Seidl-Hohenveldern* (1988) 209; *Hummer / Zeller,* Der Abschluß der Durchführung des „Südtirol-Pakets", ÖJIP 5 (1989) 57; *Breisky,* Das Südtirolproblem, ÖJP '90 (1991) 647; *BMaA* (Hrsg), Österreichische außenpolitische Dokumentation – Sonderdruck Südtirol-Dokumentation (1992); *Zeller,* Das Problem der völkerrechtlichen Verankerung des Südtirol-Pakets und die Zuständigkeit des Internationalen Gerichtshofs (1992); *Fenet,* La fin du litige italo-autrichien sur le Haut Adige-Tyrol du Sud, AFDI 39 (1993) 357; *Zeyer,* Der völkerrechtliche und europarechtliche Status von Südtirol (1993); *Bonell / I. Winkler,* Südtirols Autonomie (1997); *Pernthaler / Ortino* (Hrsg), Europaregion Tirol (1997); *von Egen,* Die Südtirol-Frage vor den Vereinten Nationen (1997); *Südtiroler Landesregierung* (Hrsg), Das neue Autonomiestatut (2000); *Arnold,* Europäische Union und Minderheitenschutz, in: *Manssen / Banaszak* (Hrsg), Minderheitenschutz in Mittel- und Osteuropa (2001) 237; *Hilpold,* Modernes Minderheitenrecht (2001); *Clementi / Woelk* (Hrsg), 1992: Ende eines Streits. Zehn Jahre Streitbeilegung im Südtirolkonflikt zwischen Italien und Österreich (2003).

Großbritannien, Frankreich und Russland sicherten 1915 in einem Geheimabkommen Italien bei Kriegseintritt an ihrer Seite den südlichen Teil des Landes Tirol (das heutige Südtirol und das Trentino) zu. *Italien* berief sich auf die *Brennergrenze* als seine *natürliche Grenze* (Wasserscheide). Dieser Anspruch war aber weder historisch – Tirol gehörte seit 1363 zu Österreich – noch ethnografisch – gem der Volkszählung 1910 siedelten in Südtirol 235.000 Deutsche und Ladiner (97%) und nur 7000 Italiener – begründet. **3284**

Durch **Art 27 Staatsvertrag von St-Germain 1919** wurden dennoch *Südtirol* und das Trentino bis zum Brenner *Italien zugesprochen. Als* Siegermacht des I. WK war Italien entgegen den 14 Punkten Präsident *Wilsons* vr zu *keiner schützenden Sonderbehandlung* der deutschen und ladinischen Volksgruppe verpflichtet. **3285**

In der Folge setzte sehr bald eine Entnationalisierungs- bzw Italienisierungspolitik ein, die im **Hitler-Mussolini-Abkommen 1939** zur *Umsiedlung der Südtiroler ins Deutsche Reich* gipfelte. Auf Grund dieses Abkommens wählten 86% der Optionsberechtigten (vgl Rz 840) die Umsiedlung in das Deutsche Reich. Die Umsiedlung 1943 wurde nach dem Sturz des faschistischen Regimes in Italien eingestellt. Insgesamt wanderten 75.000 Südtiroler aus. **3286**

Nach dem II. WK suchte Österreich das Selbstbestimmungsrecht für Südtirol in einer Volksabstimmung durchzusetzen. Es erreichte aber nur in einem bilateralen Abkommen mit Italien 1946 eine *begrenzte Regionalautonomie* für die Bevölkerung der *Provinz Bozen* und der *benachbarten zweisprachigen Ortschaften* der *Provinz Trient.* Mit diesem Pariser oder **Gruber-De Gasperi-Abkommen (1946)** (aufgenommen als Annex IV in den Pariser Friedensvertrag mit Italien 1947–D 393) wurde das *Südtirol-Problem internationalisiert* und die rechtliche *Grundlage* für die *österreichische Schutzmachtfunktion* geschaffen. **3287**

Bei der Durchführung des Pariser Abkommens erstreckte Italien mit dem **Ersten Autonomiestatut 1948** die Autonomie (Art 2 Pariser Abkommen) über die Provinz Bozen hinaus auch auf die Provinz Trient. Die damit geschaffene **Region Trentino-Tiroler Etschland** – mit *mehrheitlich italienischer Bevölkerung* – erhielt **umfangreiche Kompetenzen** in **Gesetzgebung** und **Verwaltung.** Die beiden Provinzen Bozen und Trient mit bescheidenen Kompetenzen spielten nur eine untergeordnete Rolle. **3288**

Österreich rügte als Schutzmacht dieses Vorgehen als Nichterfüllung des Pariser Abkommens und suchte Italien zu bilateralen Verhandlungen über eine weitere Ausgestaltung der Autonomie zu bewegen. Nach dem Scheitern dieser Bemühungen brachte *Österreich das Südtirol-Problem 1959 vor den Europarat* und *1960 vor die GV der VN.* Diese forderte in der Res 1497 (XV) – bekräftigt 1961 in Res 1661 (XVI) – Österreich und Italien zu Verhandlungen über die Durchführung des Pariser Abkommens auf. *1960* **3289** erhob *Österreich* in diesem Zusammenhang auch eine *Staatenbeschwerde gem Art 24 EMRK gegen Italien* (Rz 1518).

3290 Parallel zu von Sprengstoffanschlägen überschatteten bilateralen Verhandlungen der beiden Staaten auf Grundlage dieser beiden Resolutionen erfolgten ab 1961 Beratungen der *innerstaatlichen 19er-Kommission* (elf Italiener, acht Südtiroler). Die von dieser ausgearbeiteten Vorschläge bildeten die Basis für die *Vereinbarung* zwischen den beiden *Außenministern Kurt Waldheim* und *Aldo Moro 1969.*

3291 Der materielle Teil dieser Vereinbarung, das sog **Paket,** enthielt ein Bündel von 137 Maßnahmen zur Verbesserung der Autonomie. Der formelle Teil, der sog **Operationskalender,** ein *„gentlemen's agreement"* (Rz 543 f), sollte Zug um Zug die Durchführung der „Paket"-Maßnahmen sicherstellen.

3292 Obwohl bilateral zwischen den beiden Staaten vereinbart, ist *weder* das *„Paket" noch* der *„Operationskalender"* ein *vr Vertrag.* Italien sah nämlich mit dem Ersten Autonomiestatut das Pariser Abkommen als bereits erfüllt an und lehnte jede weitere vr Bindung ab (zur vr Relevanz Rz 543 f).

3293 In Durchführung der „Paket"-Maßnahmen Nr 1–97 änderte und ergänzte Italien das Erste Autonomiestatut 1948 und erließ **1972** das **Neue Autonomiestatut.** Die Erlassung der erforderlichen Durchführungsbestimmungen verzögerte sich wegen politischer und rechtlicher Schwierigkeiten (häufige Regierungskrisen und verstärkter Zentralismus in Italien, Zurückweisung von Landesgesetzen usw) über die im Autonomiestatut vorgesehene Zweijahresfrist hinaus. So wurde das *„Paket" erst 1992 erfüllt.* Im selben Jahr tauschten Österreich und Italien die Ratifikationsurkunden des **„IGH-Vertrages"** aus; damit wurde die Anwendbarkeit des Europäischen Streitbeilegungsabkommens 1957 (Rz 309) auch auf frühere Verträge, also auch auf das *Gruber-De Gasperi*-Abkommen, sichergestellt. Ebenfalls 1992 gab Österreich die **Streitbeilegungserklärung** ab (D 394). Damit erklärte Österreich gegenüber den VN den seit 1960 im UN-Rahmen bestehenden bilateralen Streit mit Italien über die Südtirolautonomie für beendet.

3294 Gem einem Verfassungsgesetz im Rahmen einer föderalen Neuordnung Italiens konstituieren seit 2001 die beiden Provinzen Bozen und Trient, die vorher durch die Region Trentino-Südtirol „überhöht" waren, im Zusammenwirken (auch) die Region.

3295 Probleme ergaben sich aus Eingriffen der römischen Zentralorgane in die Autonomie durch Ausübung einer Ausrichtungs- und Koordinierungsbefugnis und Ersatzvornahme. Der italienische VfGH anerkannte diese Maßnahmen als verfassungskonform.

3296 Unklar ist ferner die vr Verankerung und damit die Klagbarkeit auch des „Pakets" und nicht nur des *Gruber-De Gasperi*-Abkommens vor dem IGH. Nach österreichischer, von Italien nicht geteilter Ansicht ist das „Paket" als spätere Auslegungsübereinkunft gem Art 31 Abs 3 lit a WVK vr relevant. Es lässt sich darin auch der Ausgangspunkt für einen *estoppel* sehen (Rz 208).

3297 *Noch ausständig* ist allein der in Pkt 18 „Operationskalender" vorgesehene *österreichisch-italienische Nachbarschaftsvertrag.* Er soll aus der Sicht der Südtiroler Volkspartei noch offene Probleme wie Detailfragen der an sich aufgehobenen „Schwarzen Listen" missliebiger österreichischer Staatsangehöriger, der Amnestierung der zu langen Freiheitsstrafen verurteilten

„Südtirol-Bumser" und der Stärkung der Autonomie sowie der internationalen Stellung Südtirols lösen.

Italien war jedoch 1993 nur zu einem *Rahmenabkommen über grenzüberschreitende Zusammenarbeit von Gebietskörperschaften* mit Österreich – in Durchführung der Rahmenkonvention von Madrid 1980 – bereit. Seine praktische Bedeutung ist allerdings gering, weil die Zusammenarbeit nur in Bereichen möglich ist, in denen österreichische Bundesländer einerseits und italienische Regionen und autonome Provinzen andererseits parallele Kompetenzen besitzen. Dies trifft im Rahmen des Abkommens nur auf Naturschutz, Kultur, Sport und Freizeitgestaltung, Zivilschutz sowie Verbesserung der Agrarstruktur zu. **3298**

Ein auf einer gemeinsamen Sitzung der Landtage von Tirol, Vorarlberg, Südtirol und Trentino zur Errichtung einer *Europaregion Tirol* beschlossener *„Runder Tisch"* wurde 1995 errichtet. Diese Europaregion wirft jedoch für Österreich die verfassungsrechtliche Frage auf, ob Länder – analog zu Art 9 Abs 2 B-VG – in ihrem selbständigen Wirkungsbereich Hoheitsrechte auf zwischenstaatliche Einrichtungen und deren Organe übertragen können (Rz 484). Dementsprechend wurde der Entwurf der Europaregion Tirol letztlich auch nicht unterzeichnet. **3299**

Das in Abs 3 lit d Pariser Abkommen vorgesehene **„Accordino"** wurde **1949** als **regionales Präferenzabkommen** für den **Warenverkehr** zwischen den Bundesländern **Tirol** und **Vorarlberg** und der **Region Trentino-Alto Adige** abgeschlossen (Rz 252). Es sollte die nachteiligen Folgen einer willkürlichen politischen Grenzziehung durch die Aufrechterhaltung der traditionellen Wirtschaftsbeziehungen abschwächen. **3300**

Die EU-Mitgliedschaft Österreichs derogierte zwar nicht formell dem *„Accordino"*, „überschattete" es aber materiell völlig. Nach der Erfüllung des „Pakets" 1992 sind nur die beiden verkehrsrechtlichen Korridorabkommen auf Schiene und Straße 1948 durch das Pustertal (BGBl 1949/226 und 227) sowie das Übereinkommen über den kleinen Grenzverkehr 1951 (BGBl 1951/253) als letzte, direkt auf das *Gruber-De Gasperi*-Abkommen zurückführbare bilaterale Verträge von autonomiepolitischer Relevanz. **3301**

Grundsätzlich steht der **fördernde Minderheitenschutz** (Rz 1642) der Südtiroler Regionalautonomie zu den **nicht-diskriminierenden Marktfreiheiten** des **EG-Binnenmarktes** in einem **Spannungsverhältnis.** Dies gilt va für die minderheitenfreundlichen Bestimmungen des Proporzes im öffentlichen Dienst, das Arbeitsvermittlungsprivileg und das Schulsystem. **3302**

Der EuGH wurde bereits mit der Sprachenregelung bei Gericht und der Zweisprachigkeitspflicht befasst. In beiden Fällen führte allerdings eine gemeinschaftsrechtskonforme Anwendung bzw Ausgestaltung der betroffenen Autonomieregelungen nicht zu deren Wegfall. **3303**

M. Das dauernd neutrale Österreich in der Staatengemeinschaft

Literatur: *Mayrzedt / Hummer,* 20 Jahre österreichische Neutralitäts- und Europapolitik (1955–1975) (1976); *Bielka / Jankowitsch / Thalberg* (Hrsg), Die Ära Kreisky. Schwerpunkte der österreichischen Außenpolitik (1983); *Steininger / Pelinka* (Hrsg), Österreich und die Sieger. 40 Jahre Zweite Republik – 30 Jahre Staatsvertrag

(Wien 1986); *Neuhold,* Österreich in einem neuen Europa – Versuch einer Standortbestimmung, FS *Zemanek* (1994) 465; *ders,* Austria on the Threshold of the Twenty-First Century (1996).

1. Universelle Organisationen

a) Allgemeines

3304 Österreich ist Mitglied der VN sowie folgender universeller Organisationen bzw Spezialorganisationen der VN: FAO, IAEA, IBRD, ICAO, IDA, IFAD, IFC, ILO, IMF, IMO, ITU, UNESCO, UNIDO, UPU, WHO, WIPO, WMO, *World Tourism Organization,* WTO (D 99).

3305 Besondere rechtliche Probleme warfen einerseits der Weiterbestand der Mitgliedschaft Österreichs im VB und in den in der Zeit des VB gegründeten bzw umgewandelten IO (ILO, ITU und UPU), andererseits aber auch die Mitgliedschaft Österreichs in den VN auf.

b) Die Mitgliedschaft Österreichs in Spezialorganisationen

3306 Nach der *Okkupationstheorie* (Rz 3071 ff) war die *Mitgliedschaft* Österreichs in ILO, ITU und UPU 1938 *nicht erloschen,* sondern ruhte nur und lebte 1945 wieder auf (Rz 3081 f). Tatsächlich wurde Österreich 1947 in die ILO formell (neu) aufgenommen, hingegen von der ITU 1945 und von der UPU 1946 ohne Aufnahmeverfahren wieder zugelassen *(readmitted).*

3307 In den *1945–1955 gegründeten „neuen" Spezialorganisationen* war Österreich zwar nicht Gründungsmitglied, konnte aber *ab 1947* – nach dem In-Kraft-Treten des Zweiten Kontrollabkommens 1946 (Rz 3092 ff; D 378) – *Aufnahmeanträge* stellen, die bald zu seiner Mitgliedschaft führten. So gehörte Österreich 1948 schon sieben solchen IO an.

3308 Nach 1955 bestanden für Österreich bei der Teilnahme an Gründungskonferenzen neuer universeller IO bzw der Mitgliedschaft in ihnen (IAEA, IDA, IFC, WIPO etc) keine Hindernisse mehr.

c) Die Mitgliedschaft Österreichs in den Vereinten Nationen

Literatur: *Verdross,* Die dauernde Neutralität Österreichs und die Organisation der Vereinten Nationen, JBl 77 (1955) 345; *Kunz,* Austria's Permanent Neutrality, AJIL 50 (1956) 418; *Zemanek,* Das Problem der Beteiligung des immerwährend neutralen Österreich an Sanktionen der Vereinten Nationen, besonders im Falle Rhodesiens, ZaöRV 28 (1968) 16; *ders,* The Changing International System: A New Look at Collective Security and Permanent Neutrality, AJPIL 41 (1991) 227; *Türk,* Neutralität und Mitgliedschaft bei den Vereinten Nationen, FS *Zemanek* (1994) 439.

ca) Probleme um die Aufnahme in die Vereinten Nationen

3309 Die VN sollten die Unabhängigkeit Österreichs sichern, und zwar allenfalls schon vor Abschluss des StV. So beschloss die österreichische Bundesregierung bereits 1947 die formelle Bewerbung Österreichs um Aufnahme in die VN.

3310 Die UdSSR junktimierte diese Frage aber mit der des StV und erklärte das österreichische Aufnahmegesuch für verfrüht; vor Abschluss des StV fehle es Österreich an der Fähigkeit zur Mitgliedschaft in den VN als souveräner Staat. In der Präambel StV 1955 (D 380) wurde festgestellt, dass die Alliierten und Assoziierten Mächte mit dessen Abschluss in die Lage versetzt sein sollen, die Bewerbung Österreichs um Zulassung zur Organisation der VN zu unterstützen.

Nach einem Durchbruch in der Streitfrage der Junktimierung von Aufnahmeanträgen (Rz 971; D 119) wurden in der Res der GV der VN 995 (X) vom 14. 12. 1955 in einem *package deal* 16 Mitgliedschaftsansuchen positiv erledigt (Österreich erhielt 56:0:0 Stimmen), ohne dass die Neutralität von irgendeiner Seite angesprochen wurde (Rz 3315). **3311**

cb) Vereinbarkeit von Mitgliedschaft in den Vereinten Nationen und dauernder Neutralität?

Unter Hinweis darauf, dass sich kein Mitglied mit der Berufung auf Neutralität den Pflichten der kollektiven Sicherheit entziehen dürfe, wurde zum Zeitpunkt der Gründung der VN die Ansicht vertreten (Frankreich), dass eine (dauernde) Neutralität mit der SVN unvereinbar sei (D 395 a). **3312**

Gleichwohl begründete die *österreichische Doktrin* (basierend auf *Kunz* und *Verdross*) die *Vereinbarkeit* von *dauernder Neutralität* und *Mitgliedschaft* in den *VN* folgendermaßen *(„Verdross-Doktrin")* (D 395): Die SVN sieht keine automatischen Sanktionen vor, sondern der SR entscheidet in jedem einzelnen Fall, ob ein Anlassfall für Zwangsmaßnahmen vorliegt (Art 39 SVN), und – bejahendenfalls – welche nichtmilitärischen oder (für dauernd neutrale Staaten bes bedenklichen) militärischen Sanktionen zu ergreifen sind (Art 41, 42 SVN; Rz 1841). **3313**

Nach Art 25 iVm Art 2 Abs 5 SVN haben zwar alle Mitgliedstaaten den Anordnungen des SR Folge zu leisten. Der **SR** kann aber gem **Art 48 SVN einzelne Mitglieder zu Zwangsmaßnahmen nicht heranziehen.** Zur Nichtbeteiligung an militärischen Zwangsmaßnahmen mit Abstellung von Streitkräften genügt es, dass der SR ein dauernd neutrales Mitglied nicht zum Abschluss eines Sonderabkommens gem Art 43 SVN auffordert. **3314**

Überdies sind nach dieser Auffassung **vier ständige Mitglieder des SR** (Frankreich, Großbritannien, die UdSSR bzw nunmehr die Russische Föderation und die USA) – schon als Parteien des StV, dessen Präambel und Art 17 die Aufnahme Österreichs in die VN vorsehen – **estopped** (Rz 208), Österreich zu einem neutralitätswidrigen Verhalten aufzufordern. Außerdem nahmen auch die anderen UN-Mitglieder Österreich als dauernd neutralen Staat ohne Einspruch in die VN auf. Deshalb dürften auch sie nie zu neutralitätswidrigen Zwangsmaßnahmen heranziehen. **3315**

Diese Argumentation überzeugt nicht restlos. Österreich wurde nämlich bei der Aufnahme weder vom SR noch von der GV als dauernd neutraler Sonderfall behandelt, sondern *en bloc* mit 15 anderen Staaten aufgenommen (Rz 3309 ff). Dies lag auch daran, dass das österreichische Aufnahmeansuchen 1947 gestellt wurde, als von der dauernden Neutralität Österreichs noch keine Rede war. Auch konnte allen Mitgliedern der VN die volle Kenntnis aller Konsequenzen der am 14. 11. 1955 notifizierten österreichischen Neutralitätserklärung beim Beschluss der GV über die Aufnahme – genau einen Monat später – kaum zugemutet werden. **3316**

3317 Österreich sah nicht nur seine „einfache“ UN-Mitgliedschaft, sondern auch seine Mitgliedschaft im SR (1973/74, 1991/92 – Rz 3326) sowie die Teilnahme an den vom SR gegen Südrhodesien, gegen die Republik Südafrika (Rz 1844) und gegen den Irak (D 241) angeordneten wirtschaftlichen Sanktionen als neutralitätskonform an.

3318 Österreich wies im Falle *Südrhodesiens* darauf hin, dass dort nur ein *innerstaatlicher Konflikt* (Sezessionsversuch einer britischen Kolonie) vorliege, der Österreichs Neutralität nicht aktualisiere (Rz 3180, 3190), sodass es überhaupt zu keiner Pflichtenkollision kommen könne.

3319 Des Weiteren *beanspruchte Österreich* bei diesem Anlassfall und bei späteren verbindlichen nichtmilitärischen Sanktionen des SR über die *„Verdross*-Doktrin“ (Rz 3313) hinaus das *Recht,* im *Lichte seiner Neutralitätspflichten* über die *Teilnahme* an konkreten *Zwangsmaßnahmen selbst zu entscheiden.*

3320 Es ist allerdings fraglich, ob der SR, va seine ständigen Mitglieder, diese – angesichts der Pflichten gem Art 2 Abs 5 und Art 25 SVN – problematische Auffassung akzeptierten. Der SR nahm nie Mitgliedstaaten von der Durchführung seiner Sanktionsbeschlüsse aus, denen Österreich übrigens in der Praxis auch immer nachkam.

3321 Österreich nahm *seit 1992* – anlässlich der Zwangsmaßnahmen des SR gegen Libyen (Res 748 [1992]) – jenes *Selbstbeurteilungsrecht nicht mehr in Anspruch.*

3322 Die Kampfhandlungen zwischen einer internationalen Streitmacht von 28 Staaten, welche die Res 678 (1990) des SR (D 240c) zum Einsatz aller erforderlichen Mittel ermächtigte, und dem **Irak 1991** warfen hingegen für die österreichische Bundesregierung das **Neutralitätsproblem** deshalb **nicht** auf, weil Maßnahmen zur Aufrechterhaltung oder Wiederherstellung des Weltfriedens auf Grund eines Beschlusses des SR nicht als Krieg im vr Sinn, sondern als **„Polizeiaktion“** im Rahmen kollektiver Sicherheit gem Kap VII SVN anzusehen seien (Rz 1840 ff). Diese Rechtsansicht, die zur Novellierung des § 320 StGB (D 391; Rz 3257) und des Kriegsmaterialgesetzes (D 390a; Rz 3247 ff) führte, ist allerdings nicht unbestritten.

cc) Die Neutralitätspolitik Österreichs in den Vereinten Nationen

3323 Österreich trachtete – bei seiner Suche nach einer neuen internationalen Identität – von Anfang an, in den VN aktiv mitzuarbeiten und dieses universelle Forum für seine Außenpolitik zu nützen.

3324 In der *ersten Phase* seiner Mitgliedschaft übte Österreich bei *kontroversen Fragen* allerdings noch *Zurückhaltung* (Stimmenthaltung) und versuchte nur, die GV zur Artikulierung von Grundsätzen seiner Außenpolitik zu nutzen.

3325 Ein *Wendepunkt* in dieser Politik war die Befassung der GV mit dem Konflikt zwischen Österreich und Italien über die Durchführung des Pariser *Gruber-De Gasperi-Abkommens* 1946 (Rz 3287; D 393) über Südtirol (1960/61).

3326 Den Durchbruch zur *„***Dynamisierung“** der **österreichischen UN-Aktivität** brachte die erfolgreiche Bewerbung um den Sitz eines *nichtständigen Mitglieds* im *SR.* Durch seine Mitgliedschaft im SR *1973/74* konnte Österreich auch seine Bereitschaft verdeutlichen, in der organisierten Staatengemeinschaft spezifische Aufgaben der Friedenssicherung und -stiftung zu übernehmen. Österreich enthielt sich in den 47 Abstimmungen seiner damaligen Funktionsperiode lediglich zwei Mal der Stimme.

Für die Jahre *1991/92* wurde Österreich (mit der größten Mehrheit unter den Kandidaten) erneut zum nichtständigen Mitglied des SR gewählt und stimmte für sämtliche in dieser Periode vom SR angenommenen Res. **3327**

Nachdem Österreich dem WSR bereits 1963–1965, 1976–1978, 1982–1984 und 1991–1993 angehört hatte, wurde es für die Jahre 2000–2002 neuerlich in dieses Hauptorgan gewählt. Ferner wurde Österreich der Vorsitz in wichtigen Ausschüssen und Kommissionen anvertraut. **3328**

Neben der **Teilnahme** an **friedenserhaltenden Operationen** (Rz 1852 ff, 3371 f) setzte sich Österreich bes in **humanitären Fragen** ein. Als Mitglied der Menschenrechtskommission (Rz 1381) 1960–1962, 1964–1979, 1985–1987, 1991–1993, 1994–1996, 1997–1999 und 2002–2004 und deren Unterkommission, des Menschenrechtsausschusses (Rz 1391 – ab 1980 bzw 1990), des Ausschusses zur Beseitigung rassischer Diskriminierung und der Expertengruppe für Minderheitenschutz konnte Österreich den Schutz der Menschenrechte mitfördern. Ferner war Österreich 1993 Gastgeber der II. UN-Weltkonferenz über Menschenrechte (Rz 1356, 1362). **3329**

2. Regionale Organisationen (Europa), Konferenzen und Verträge

a) Politische und technische Organisationen, Konferenzen und Verträge

Literatur: *Hummer / Wagner* (Hrsg), Österreich im Europarat 1956–1986 (1988); *Hummer / Wagner,* Dokumente zum Europarat (1990); *Neuhold* (Hrsg), The Pentagonal/Hexagonal Experiment (1991).

Österreich wurde bereits **1956** in den **Europarat aufgenommen** (BGBl 1956/121 und 1958/213), weil es die Zielsetzung des Europarats – zwischenstaatliche und interparlamentarische Zusammenarbeit auf nichtmilitärischem Gebiet (Art 1) – für neutralitätsrechtlich unbedenklich hielt. Ebenso hatte Österreich keine neutralitätspolitischen Bedenken wegen des „politischen" Charakters des Europarats. Nach *Lujo Toncic-Sorinj* und *Franz Karasek* trat *Walter Schwimmer* als dritter Österreicher 1999 für fünf Jahre das Amt des GS des Europarates an. Österreich ist va auch am Menschenrechtsschutzsystem des Europarats (Rz 1436 ff) beteiligt. **3330**

Ebenso wenig widersprach die (überaus aktive) Mitwirkung Österreichs am **KSZE/OSZE-Prozess** (Rz 1919 ff) der dauernden Neutralität, sondern bot vielmehr Gelegenheit zu **neutralitätspolitischer Profilierung** va zusammen mit anderen (dauernd) neutralen und blockfreien Staaten. **3331**

Ferner ist Österreich aktiver Teilnehmer an einer 1989 gegründeten Initiative subregionaler Zusammenarbeit. Ihr gehörten zunächst Italien, Jugoslawien, Österreich und Ungarn an (*„Quadrangolare";* nach der Aufnahme der Tschechoslowakei 1990 *„Pentagonale").* Mittlerweile beteiligen sich (nach der Aufnahme Jugoslawiens 2000) 17 Staaten an der nunmehrigen **Zentraleuropäischen Initiative** (ZEI). Sie treibt in zahlreichen Bereichen, wie Umweltschutz, Verkehr oder Kultur, konkrete Projekte voran. Die **3332**

Zusammenarbeit in der ZEI findet in vielen Ständigen und Ad-hoc-Arbeitsgruppen statt. Den jährlich rotierenden Vorsitz hatte Österreich 1996 inne.

3333 Seit *1960* ist Österreich Partei der Belgrader **Donaukonvention 1948** (Rz 2118 ff; D 273), zu deren neutralitätsrechtlich relevantem *Art 27 – Transitfreiheit* für alle Güter *(auch Waffen)* auf der Donau – *kein Neutralitätsvorbehalt* angebracht wurde.

b) Sicherheitspolitische Kooperationen

Literatur: *Lang,* Partnerschaft für den Frieden, ÖJP '97 (1998) 225; *Rotter,* Partnerschaft für den Frieden (PfP), ebd 239; *Hummer,* Österreich zwischen Neutralität und Integration, in: *Pape* (Hrsg), Österreich – Von der Monarchie zum EU-Partner (2000) 221.

3334 Neben der GASP bzw der (G)ESVP in der EU (Rz 1113 ff, 1910 ff) nimmt **Österreich seit 1995** an der **PfP** der NATO (Rz 1901) teil. Österreichs Mitwirkung an der PfP ist durch das Individuelle Partnerschaftsprogramm und die Teilnahme am Planungs- und Überprüfungsprozess der NATO ausgestaltet.

3335 Ferner wurden mit der NATO das Immunitätenabkommen (BGBl 1995/870) und das Sicherheitsabkommen (BGBl 1996/18) geschlossen. Die Rechtsstellung der Partnertruppen in Österreich wurde durch ein Abkommen mit den Mitgliedern der NATO und den übrigen PfP-Partnerstaaten geregelt (D 253). Relevant ist außerdem das KSE-BVG (Rz 3244 f).

3336 Ferner benannte Österreich Bundesheereinheiten in der Stärke von 2.500 Mann, die sowohl für PfP-Einsätze als auch für „Petersberg-Aufgaben“ (Rz 1104, 1117, 1910 ff) vorgesehen sind.

3337 Meinungsverschiedenheiten bestehen über das durch die PfP begründete Verhältnis zur NATO. Für die österreichische Bundesregierung stellte die Annahme der Einladung der NATO bloß eine politische Absichtserklärung dar. Die PfP wurde aber auch als vr Vertragsverhältnis angesehen, weil die Partnerschaft iSd Art 50 B-VG politischer Natur sei und auch gesetzes- und verfassungsändernden Charakter aufweise (*Rotter,* 250). Mangels eines Willens zu rechtlicher Bindung auf beiden Seiten ist die PfP aber wohl nicht als vr Vertrag, sondern bloß als faktisch koordiniertes Verhaltensprogramm (Rz 544) zu deuten.

3338 Da die PfP in erster Linie auf Aktivitäten kooperativer Sicherheit (Rz 1854, 1901, 1925) beschränkt ist, wirft die Partnerschaft keine neutralitätsrechtlichen Probleme auf, es sei denn, dass *Peace Support Operations* (Rz 1902) offensive Gewalt ohne Zustimmung des Adressaten mit einschließen.

c) Wirtschaftliche Organisationen

Literatur: *Hummer* (Hrsg), Österreichs Integration in Europa 1948–1989 (1990).

ca) OEEC/OECD und EFTA

3339 Obwohl sich aus der dauernden Neutralität keine allgemeine Pflicht zu wirtschaftlicher Neutralität ergibt, bestehen doch einzelne Pflichten dauernd neutraler Staaten im Bereich der Wirtschaft (Rz 3213). Eine der für Österreich wichtigsten Fragen betraf demgemäß die Vereinbarkeit seines Sonderstatus mit den Institutionen wirtschaftlicher Kooperation und Integration in Europa.

War die *Mitgliedschaft* in *OEEC* bzw *OECD* neutralitätsrechtlich *unbedenklich,* war jene in der **EFTA** (BGBl 1960/100) bereits umstritten. Aber weder die Willensbildung (Art 32 Abs 5 EFTA-Vertrag fordert für die verbindlichen Beschlüsse grundsätzlich *Einstimmigkeit* im Rat) noch die materiellen Bestimmungen dieser *Freihandelszone* – Beseitigung der Zölle und quantitativen Restriktionen – waren neutralitätsrechtlich problematisch (Rz 2522). Zudem enthält der EFTA-Vertrag eine allgemeine *Suspendierungsklausel* für Notzeiten (Art 18). **3340**

cb) Die Europäischen Gemeinschaften / Europäische Union

Literatur: *Hummer / Schweitzer,* Österreich und die EWG (1987); *Koppensteiner* (Hrsg), Der Weg in den Binnenmarkt (1990); *Griller,* Wird Österreich das dreizehnte EG-Mitglied? EuZW 2 (1991) 679; *Hafner,* Die Europäische Union und ihr Einfluß auf Österreichs völkerrechtliche Stellung, in: *Glaesner / Gilsdorf / Thürer / Hafner* (Hrsg), Außen- und sicherheitspolitische Aspekte des Vertrages von Maastricht und seine Konsequenzen für neutrale Beitrittswerber (1993) 113; *Neuhold,* Perspectives of Austria's Membership in the European Union, GYIL 37 (1994) 9; *Cede,* Österreichs Neutralität und Sicherheitspolitik nach dem Beitritt zur Europäischen Union, ZfRV 36 (1995) 142; *Griller,* Verfassungsfragen der österreichischen EU-Mitgliedschaft, ebd 89; *Zemanek,* Österreichs Neutralität und die GASP (1995).

Dagegen bestanden **neutralitätsrechtliche Einwände** gegen eine **Mitgliedschaft** Österreichs bei **EGKS** und **EWG.** Denn beide Organisationen kennen nicht nur Mehrheitsbeschlüsse in der gemeinschaftlichen Willensbildung bzw haben überhaupt *supranationalen Charakter* und weisen materiell mit der dauernden Neutralität unvereinbare Bestimmungen auf (Art 59 EGKSV; Art 75, 113 EWGV – und Art 6 Protokoll über die Satzung der Europäischen Investitionsbank); überdies gehörte ihnen auch die BRD an. Gem österreichischer Ansicht drohte zwar keine Verletzung des „Anschlussverbotes", da die Bundesrepublik *de iure* nur ein Mitglied der EG wie die anderen auch war und keine hegemoniale Stellung genoss. *De facto* war und ist sie freilich Österreichs dominanter Wirtschaftspartner. **3341**

Wegen der anderen, neutralitätsrechtlichen Bedenken wurde aber vorerst keine Mitgliedschaft Österreichs in EGKS und EWG, sondern bloß ein „Arrangement" geringerer Dichte angestrebt. **3342**

Zunächst *bewarb sich Österreich 1961* – wie die Schweiz und Schweden – um eine auf Art 238 EWGV gestützte **Assoziierung** (Rz 980 ff) und erhob dabei folgende Forderungen: **3343**

1) Beibehaltung der *treaty-making power* (Rz 251) im außenwirtschaftlichen Bereich;

2) Recht auf Kündigung/Suspendierung in für die dauernde Neutralität relevanten Fällen;

3) Vorsorgerecht für den Fall eines bewaffneten Konflikts;

4) Nichtunterwerfung unter die Mehrheitsbeschlüsse der EWG-Organe.

3344 Die Verhandlungen gerieten 1967 ins Stocken, weil einerseits Frankreich das Präjudiz eines Sonderarrangements fürchtete, andererseits Italien dieses mit der noch ungelösten Südtirol-Problematik junktimierte (Rz 3290f). Auch die UdSSR erhob Bedenken wegen des „Anschlussverbotes" (Rz 3125) und der dauernden Neutralität.

3345 Die 1970 neu eröffneten Verhandlungen endeten mit der Unterzeichnung der **Interimsabkommen Österreich-Mitgliedstaaten der EGKS** (BGBl 1972/358) und **Österreich-EWG** (BGBl 1972/357) sowie der **Globalabkommen Österreich-EGKS sowie deren Mitgliedstaaten** (BGBl 1972/467) und **Österreich-EWG** am 22. 7. **1972,** wodurch **zwei bilaterale Freihandelszonen** gem Art XXIV Ziff 8 lit b GATT (Rz 2570ff; D 309) zwischen Österreich und den beiden EG (mit der dritten EG, der EAG, schloss Österreich kein Abkommen) errichtet wurden.

3346 Damit ging man von der Assoziierung gem Art 238 EWGV ab und verankerte die Freihandelsabkommen als *Verträge sui generis gem Art 113 EWGV* (Abschluss von bloßen Zoll- und Handelsabkommen). Der von den Abkommen ausgeklammerte *Agrarmarkt* wurde in einem gesonderten *Briefwechsel* geregelt.

3347 Die Freihandelsabkommen enthielten *Absicherungen* der *dauernden Neutralität,* die auch die UdSSR für ausreichend erachtete.

3348 Als nach Jahren der Stagnation die EG-Integration mit der EEA 1986 (Rz 1094) neue Dynamik gewann, musste Österreich, das ca zwei Drittel seines Handels mit den EG-Staaten abwickelte, als Nichtmitglied seinen Ausschluss befürchten. Die *österreichische Bundesregierung* strebte daher *ab 1987* zunächst nach *umfassender Teilnahme* am *Binnenmarkt* mit einem **„global approach"** durch:

1) *Regelungen* auf der Ebene *EFTA-EG;*
2) *Verträge* zwischen *Österreich* und den *EG;*
3) *„autonomen Nachvollzug"* von EG-Recht durch Österreich.

3349 Die Beteiligung am **EWR** (Rz 1163) warf **keine neutralitätsrechtlichen Probleme** auf, wohl aber die von Österreich in der Folge als einzig zielführend angestrebte EG-Mitgliedschaft. In seinen **Aufnahmeanträgen an die drei EG** vom 17. 7. 1989 (D 396) stellte Österreich seine Erwartung klar, auch als EG-Mitglied seine Pflichten als dauernd neutraler Staat erfüllen und seine Neutralitätspolitik fortsetzen zu können **(„Neutralitätsvorbehalt").**

3350 Österreich stützte die Vereinbarkeit der dauernden Neutralität mit der Mitgliedschaft in den EG va auf die Sonderregelungen in *Art 223* und insbes *224 EWGV:* Danach stellte die dauernde Neutralität eine Verpflichtung Österreichs zur Aufrechterhaltung des Friedens und der internationalen Sicherheit gem Art 224 EWGV dar. Dieser Ansicht widersprach aber die EG-Kommission in ihrem *„avis"* 1991.

3351 Nach einjähriger EWR-Mitgliedschaft wurde **Österreich** am 1. 1. 1995 **Mitglied** der **EU** (Rz 601, 1091; D 397), **ohne** dabei aber einen **Neutralitätsvorbehalt** angebracht zu haben.

cc) EU-Sicherheitspolitik (Gemeinsame Außen- und Sicherheitspolitik, [Gemeinsame] Europäische Sicherheits- und Verteidigungspolitik) und Neutralität

Literatur: *Hummer,* Österreichs dauernde Neutralität und die GASP bzw GESVP in der EU, SZIER 11 (2001) 443; *ders,* Solidarität versus Neutralität, ÖMZ 39 (2001) 147; *Sucharipa,* Neutralität in der Gemeinsamen Außen- und Sicherheitspolitik? Die Union (2002) 85.

Auch nach dem Amsterdamer EUV 1997 (Art 23 Abs 1; D 138) bleiben **3352** jedem Mitgliedstaat im Bereich der GASP gegen Erstbeschlüsse ein Einspruchsrecht oder eine „konstruktive Enthaltung", dh Nichtbindung an den Beschluss der übrigen Mitglieder. Die Bindung an mit qualifizierter Mehrheit gefasste Durchführungsbeschlüsse kann mit Berufung auf wichtige nationale Interessen verhindert werden (Art 23 Abs 1 u Abs 2 EUV). Für militärische und verteidigungspolitische Beschlüsse ist weiterhin Einstimmigkeit erforderlich. Die Teilnahme an uU neutralitätsrechtlich bedenklichen *„Petersberg-Aufgaben"* (Rz 1104, 1117, 1910 ff) erfolgt freiwillig. Art 297 EGV (D 137) enthält eine weitere sicherheitspolitische Schutzklausel.

Österreich konnte daher sowohl auf einen „Neutralitätsvorbehalt" bei **3353** der Aufnahme in die EU verzichten und den gesamten Rechtsbestand der Union in der GASP übernehmen (Rz 1113 ff; D 138) als auch den EUV 1997 voll mittragen. Innerstaatlich wurde die allfällige Teilnahme an wirtschaftlichen Sanktionen der EU und den „Petersberg-Einsätzen" durch Art 23 f B-VG abgesichert (Rz 612, 616 ff; D 49).

Die Einführung der in Art 17 Abs 1 EUV nur als Perspektive erwähn- **3354** ten *gemeinsamen Verteidigung* würde allerdings das Ende der österreichischen Neutralität bedeuten. Dazu bedarf es aber eines einstimmigen Beschlusses des Europäischen Rates samt nachfolgender Ratifikation durch alle Mitgliedstaaten.

cd) „EU-Quarantäne" über Österreich

Literatur: *Leidenmühler,* Zur Legalität der Maßnahmen gegen die österreichische Bundesregierung, ZÖR 55 (2000) 299; *G. Winkler,* Eine staatsrechtliche und europarechtliche Analyse der Sanktionen der 14 EU-Mitgliedstaaten, in: *Wieland* (Hrsg), Österreich und Europa (2001) 61; *Hummer / Pelinka,* Österreich unter „EU-Quarantäne" (2002); *Schorkopf,* Die Maßnahmen der XIV EU-Mitgliedstaaten gegen Österreich (2002).

Wegen der Regierungsbeteiligung der FPÖ, die als außerhalb der euro- **3355** päischen Werteplattform in Art 6 Abs 1 EUV (D 138) stehend kritisiert wurde, verhängten die übrigen 14 EU-Mitgliedstaaten im Februar 2000 drei Maßnahmen gegen die österreichische Bundesregierung: 1) Abbruch der bilateralen politischen Kontakte auf Regierungsebene; 2) Nichtunterstützung österreichischer Kandidaten bei der Bewerbung um Posten in IO; 3) Empfang österreichischer Botschafter nur auf technischer Ebene (D 398). Da die neue ÖVP-FPÖ-Koalitionsregierung keine schwer wiegenden und anhaltenden Verletzungen der Grundsätze in Art 6 Abs 1 EUV begangen haben konnte, kam das in Art 7 EUV vorgesehene Sanktionsverfahren nicht in Frage.

3356 Die drei Maßnahmen waren nicht der EU zuzurechnen, sondern **unfreundliche Akte** der **14,** welche der *Courtoisie* (Rz 8, 199, 205) widersprachen und das Recht Österreichs auf gleichberechtigte Mitwirkung an der Willensbildung in der EU zu beeinträchtigen drohten.

3357 Den „Maßnahmen der 14" gegen Österreich schlossen sich in Europa insbes Norwegen und die Tschechische Republik ausdrücklich an; einige andere europäische Staaten trugen sie stillschweigend mit. Dagegen schlossen sich va die Schweiz, Liechtenstein, die Slowakei, Slowenien und Ungarn den Maßnahmen nicht an. Russland erklärte ausdrücklich, Österreich nur nach seinen Taten beurteilen zu wollen. Israel berief als einziger Staat seinen Botschafter ab, der aber auch nach Aufhebung der Maßnahmen nicht wieder nach Wien zurückkehrte. Unter den außereuropäischen Staaten trugen Argentinien, Costa Rica und Kanada die Maßnahmen formell mit, während sich die USA darauf beschränkten, ihre Botschafterin in Österreich zur regelmäßigen Berichterstattung nach Washington einzuberufen.

3358 Ein Ausweg aus dem Dilemma wurde schließlich im Auftrag an drei „Weise" – den Finnen *Martti Ahtisaari,* den Deutschen *Jochen Frowein* und den Spanier *Marcelino Oreja* – gefunden, die Haltung der österreichischen Regierung zu den gemeinsamen europäischen Werten und die FPÖ zu beurteilen. Die Experten kamen insgesamt zu einem positiven Ergebnis, äußerten aber Kritik an der FPÖ. Ihrer Empfehlung, die Maßnahmen gegen die österreichische Regierung aufzuheben, wurde im September 2000 entsprochen.

3359 Mit der Einführung eines *„Frühwarnverfahrens"* in *Art 7 EUV* idF des Vertrages von Nizza (D 138) wurde eine Konsequenz aus dem Vorgehen der 14 gegen die österreichische Regierung gezogen (D 398).

3. Österreichs „aktive" Neutralitäts- und Außenpolitik

a) Allgemeines

3360 Österreich sucht mit seiner „positiven" Neutralitätspolitik seine internationale Sonderstellung durch Übernahme von für andere Staaten nützlichen Funktionen auch für das Ausland vorteilhaft erscheinen zu lassen (Rz 3216).

b) Österreich als Sitzstaat Internationaler Organisationen und Ort internationaler Begegnung

3361 Seit langem bemüht sich Österreich um die Ansiedlung von IO (vgl BG über die Einräumung von Privilegien und Immunitäten an internationale Organisationen – D 106). **1958** nahm mit der **IAEA** eine wichtige IO (Überwachung der Einhaltung des Nonproliferationsvertrages gem dessen Art III – Rz 1821; D 223) ihren **Sitz** in **Wien** (Amtssitzabkommen), der **1965** die **OPEC** folgte (Amtssitzabkommen BGBl 1974/382). Zu ihnen kam **1967** die **UNIDO** (Amtssitzabkommen BGBl 1967/254).

3362 1997 nahm das Sekretariat der – formell erst mit dem In-Kraft-Treten des Kernwaffenteststoppvertrages 1996 (Rz 1821) zu errichtenden – Atomteststopp-Behörde der VN *(Comprehensive Test Ban Treaty Organization – CTBTO)* provisorisch seine Arbeit auf (Amtsitzabkommen BGBl III 1997/70 und 1997/71).

Nach der Übergabe des *Internationalen Zentrums („UN-City") 1979* an die VN (BGBl 1979/464) wurde **Wien** neben New York und Genf zum **dritten Sitz der VN** (BGBl 1981/365). Die Gebäude des Zentrums wurden den VN für 99 Jahre zu einem symbolischen Mietzins von rund 7,27 Cent überlassen (gleichzeitig blieb Österreich aber Eigentümer); zu ihrer Instandhaltung wurde ein gemeinsamer Fonds gegründet. **3363**

Zurzeit sind in Wien außerdem ua der OPEC-Fonds für Internationale Entwicklung und ca 200 NGO mit Konsultativstatus bei den IO angesiedelt. Bei den IGO waren 2002 ca 4.800 Beschäftigte tätig. **3364**

Die Betriebskosten der Gebäude der „UN-City" müssen von den UN-Organisationen selbst getragen werden. Die in Wien ansässigen Organisationen selbst beziffern ihren Beitrag zur österreichischen Wirtschaft mit jährlich etwa 470.000 €. **3365**

Der Name *Wien* ist ferner mit der *Kodifikation* des *VR* unter den Auspizien der VN verbunden – von der WDK bis zur WVK II (Rz 226). **3366**

Zudem wurde Wien nach Genf zum wichtigsten Ort für Rüstungskontroll- und Abrüstungsverhandlungen (Rz 1816 ff): 1970–1972: SALT I (alternierend mit Helsinki; Vertragsunterzeichnung in Moskau); 1973–1989: (erfolglose) Verhandlungen zwischen NATO und WVO über konventionelle Abrüstung in Mitteleuropa; 1979: Unterzeichnung der in Genf ausgehandelten SALT II-Verträge (Gipfeltreffen *Jimmy Carter – Leonid Breschnew;* 1. „Gipfel" USA – UdSSR in Wien *John F. Kennedy – Nikita Chruschtschow* 1961); 1989/90: VKSE (vgl Rz 1835; D 229); und KSZE-Verhandlungen über VSBM. **3367**

Wien ist Sitz des Sekretariats, des Ständigen Rats und des Forums für Sicherheitskooperation der **OSZE** (Rz 1931) sowie des Sekretariats zur Überwachung der *„Wassenaar-Übereinkunft"*. Diese soll die Lieferung moderner konventioneller Militärtechnologie und Waffen an „unsichere und gefährliche" Staaten verhindern. **3368**

Daneben fand in Wien eine Vielzahl wichtiger weltweiter und regionaler Konferenzen über die verschiedensten Themen statt (ua Konferenzen der VN über Wissenschaft und Technologie im Dienste der Entwicklung und über den Weltraum; 3. KSZE-Nachfolgetreffen 1986–1989 – Rz 1919 f; II. UN-Weltkonferenz der VN über Menschenrechte 1993 – Rz 1356, 1362). **3369**

2004 unterhielt Österreich zu 183 Staaten diplomatische Beziehungen; mit einem Staat bestanden nur konsularische und mit sieben Staaten sonstige zwischenstaatliche Beziehungen. Die bilateralen Interessen Österreichs im Ausland wurden von 81 Botschaften, 14 Berufskonsulaten, sechs ständigen Vertretungen bei IO, der ständigen Vertretung bei der EU (Rz 1156, 1719), 28 Kulturforen und 270 Honorarkonsulaten wahrgenommen. **3370**

c) Österreichs Teilnahme an friedenserhaltenden Operationen der Vereinten Nationen

Obwohl die Teilnahme an friedenserhaltenden Operationen der VN (Rz 1852 ff) keine neutralitätsrechtlichen Schwierigkeiten aufwirft, stellten sich für Österreich dabei die erwähnten innerstaatlichen Probleme (Rz 3244 ff; D 236). **3371**

3372 Insgesamt waren bis März 2003 rund 48.000 österreichische Soldaten und Zivilpersonen in friedenserhaltenden Operationen der VN, der Großteil im Rahmen von **UNFICYP** (allerdings wurde die österreichische Beteiligung daran 2002 beendet) und **UNDOF** (zu den übrigen Einsätzen D 233), zum Einsatz gekommen. Österreich war/ist ferner an **IFOR/SFOR, KFOR** (Rz 1864, 1904) und der **International Security Assistance Force (ISAF** – D 235 e) in Afghanistan beteiligt.

d) Österreichs humanitäre Aktivitäten

Literatur: *Eger,* Krisen an Österreichs Grenzen (1981); *Rauchensteiner,* Spätherbst 1956. Die Neutralität auf dem Prüfstand (1981); *Beermann / Rosenmayr,* Die Asyl- und Flüchtlingspolitik Österreichs in der Zweiten Republik, ÖJP '87 (1988) 481; *Pinter,* Das Flüchtlingshochkommissariat der Vereinten Nationen (UNHCR) und seine Rolle in Österreich (1995).

3373 Für Österreich wurde – nicht zuletzt wegen seiner geografischen Lage – eine nicht diskriminierende **Humanitäts-** und dabei va **Asylpolitik** zum neutralitätspolitischen Grundsatz. Neutrale sind für humanitäre Dienste in der Staatengemeinschaft bes akzeptabel und können damit ihrerseits die Frustration verringern, die ihre Bevölkerung wegen des Abseitsstehens in Konflikten manchmal empfindet (vgl Rz 3329).

3374 Die humanitäre Politik Österreichs hat bereits Tradition. 1945–1956 überschritten mehr als 800.000 Flüchtlinge die österreichische Grenze. Während des ungarischen Volksaufstandes 1956 erhielten 180.000 Flüchtlinge humanitäre Hilfe, nach der Invasion der ČSSR durch Truppen der WVO 1968 ca 100.000 Personen; in beiden Fällen blieb nur ein kleiner Teil der Flüchtlinge dauernd in Österreich. Ferner diente Österreich als Transitland für va nach Israel ausreisende jüdische Sowjetbürger.

3375 Nach der „Wende" in Osteuropa 1989/90 suchte eine steigende Zahl von Personen va eine Verbesserung ihrer wirtschaftlichen Lage (Rz 1266) im westlichen Ausland, darunter auch in Österreich. Deshalb *verschärfte Österreich* das *Fremden-* und das *Asylgesetz* (D 153, 152). *Bundesheereinheiten* wurden an die *österreichische Grenze* verlegt, um deren unerlaubte Überschreitung zu verhindern.

3376 Ab 1992 nahm Österreich ca 85.000 Kriegsflüchtlinge aus Bosnien-Herzegowina auf.

3377 2003 suchten etwa 32.300 Personen in Österreich um Asyl an. Die Anerkennungsquote betrug 21,0%. Die meisten Antragsteller stammten aus Afghanistan, Serbien und Montenegro, dem Irak, der Türkei, Indien und der Russischen Föderation. Die österreichische Asyl- und Flüchtlingspolitik ist innenpolitisch, aber auch international nicht unumstritten.

4. Österreichs dauernde Neutralität in einem neuen internationalen System

Literatur: *Neuhold,* Austria Still between East and West? (1995); *ders,* Austria on the Threshold of the Twenty-First Century (1996).

3378 Durch die Veränderungen in Osteuropa und als deren Folge im Ost-West-Konflikt kam es zu einer grundlegenden Problemverschiebung für die dauernd neutralen Staaten Europas (Rz 1898 ff).

Das **Ende des Ost-West-Konflikts** bedeutet *für* die darin entstandene *dauernde Neutralität Österreichs* den **Verlust** des **Hauptbezugskonflikts** und der **geostrategischen Hauptfunktion** als Puffer zwischen NATO und WVO sowie – zusammen mit der Schweiz – als dauernd neutraler „Alpenkeil" zwischen NATO-Staaten zum Vorteil des Ostens. **3379**

Zwar hat nach der „Wende" 1989/90 die Zahl der Konflikte va in Europa zugenommen, sodass sogar größerer Bedarf an neutralitätspolitischen Diensten als vorher besteht. Diese werden aber immer mehr auch von Bündnismitgliedern geleistet (zB gute Dienste und Vermittlung des NATO-Staates Norwegen in den Verhandlungen zwischen Israel und der PLO 1993 und zwischen den Bürgerkriegsparteien in Sri Lanka 2002). **3380**

Außerdem wird der *Spielraum* für eine *einzelstaatliche Neutralitätspolitik* für das EU-Mitglied Österreich durch die *GASP eingeengt.* **3381**

Va aber stellt sich die **Frage** nach der **Vereinbarkeit** zwischen einer auch noch so restriktiv interpretierten **dauernden Neutralität** (Rz 3227) mit der in einem **integrierten Europa** gebotenen **Solidarität** sowie insbes mit einer künftigen gemeinsamen Verteidigung im Rahmen der EU (Rz 616, 631, 1116 f, 1910 ff, 3235, 3352 ff). **3382**

Die Grundlagen des internationalen Status Österreichs nach 1955 – der StV, die dauernde Neutralität und Österreichs Zugehörigkeit zum Lager der pluralistischen, marktwirtschaftlich orientierten Demokratien des Westens in einem geteilten Europa – haben seit 1989/90 an Bedeutung verloren. Zusammen mit der Mitgliedschaft Österreichs bei der EU seit 1995 lassen es diese Entwicklungen vertretbar erscheinen, nach 1918/19, 1938, 1945 und 1955 ein weiteres Mal im 20. Jhdt von einem **neuen internationalen Status Österreichs** zu sprechen. **3383**

Sach- und Namensregister

Anmerkung: Die Zahlen beziehen sich auf die jeweiligen Randzahlen im Text; bei **Fällen** und **Verträgen** steht häufig noch ein Hinweis auf die Nummer des **Dokuments** im **Materialienteil** des Handbuchs; s = siehe.

Das Sachregister enthält neben **juristischen Fachausdrücken** auch **Personennamen,** die Namen **Internationaler Organisationen,** wichtige **völkerrechtliche Fälle** sowie **internationale Verträge.** Die **Hauptfundstelle** des Suchbegriffes ist jeweils **fett gedruckt.**

A

Abkommen über die Privilegien und Immunitäten der VN und ihrer Spezialorganisationen (1946, 1957) (D 104, 206) s Immunität
Abkommen Nr 29 über Zwangs- oder Pflichtarbeit (1930) 1400
Abkommen über strafbare und bestimmte andere an Bord von Luftfahrzeugen begangene Handlungen (1963) 2177
Abkommen über das Verbot des Menschenhandels und der Ausbeutung von Prostituierten (1950) 1400
Abrüstung 1800, **1816 ff**
Abstinenzprinzip s Neutralität
„Accordino" 252, 738, 3300 f
acquiescence **213,** 493, 509
Act-of-State-Doktrin 882 ff, 2663
acta iure gestionis s Staatenimmunität
acta iure imperii s Staatenimmunität
Ad-hoc-Gesandtschaft s Diplomatenrecht
Adoption s Völkerrecht und Landesrecht, innerstaatliche Durchführung des Völkerrechts (Inkorporation)
Afghanistan (2001) s *„Operation Enduring Freedom"*
African Union (AU) 128, 898, 1892, 2104, 2448
Afrikanische Charta der Menschenrechte und der Rechte der Völker (1981) (D 200) 138, 1627
– Afrikanische Flüchtlingskonvention (1969) 1269, 1633
– Afrikanischer Gerichtshof für Menschenrechte und Rechte der Völker 1631
– Afrikanische Kommission der Menschenrechte und der Rechte der Völker 1629
Afrikanische, Karibische und Pazifische Staaten (AKP-Staaten) 981, 1159
„Agenda 2000" 1092
„agenda setting" 1635
Aggression 74, 112, 1276, 2784, 2785
– Aggressionsdefinition der GV der VN (1974) (D 232) 1848 ff
– indirekte 1815
Ago, Roberto 2692
Agrément s Diplomatenrecht
Ahtisaari, Martti 3358
Alabama-Fall (1872) (D 260) 983, 1979, 1983
Allende, Salvador 1220
allgemeine Rechtsgrundsätze 8, **427 ff,** 448, 2499
– Anerkennung 431
– in Art 38 IGH-Statut 429 ff
– in der Handelsschiedsbarkeit 448 ff
– im Recht der EG 451 ff
– Beispiele in der Praxis 445 ff
– indirekte Beweisführung 443
– und *lex-specialis*-Regel 435 ff
– Nachweis 442 ff
– und *non liquet* 429
– Rang im österreichischen Rechtssystem 441
– als Rechtssatzform (Rechtsquelle) 435 ff
– im Unions- bzw Gemeinschaftsrecht 451 ff
Alliierte Kontrollabkommen (1945/46) s Österreich, Zeitgeschichte
Alpenkonvention (1991) 2093
Ambatielos-Fall (1956) (D 327) 2811
Amerikanische Konvention für Menschenrechte (1969) (D 199) **1617 ff,** 2023
– Inter-Amerikanische Kommission für Menschenrechte 1616

– Inter-Amerikanischer Gerichtshof für Menschenrechte **1619 ff,** 2023
– Zusatzprotokoll über die wirtschaftlichen, sozialen und kulturellen Rechte (1988) 1618
Amnesty International (ai) 1250 ff
Anden-Gemeinschaft (Comunidad Andina) 128
Andine Menschenrechts- und Grundrechteschutz-Charta (2002) 1625
Anerkennung 509 ff, 789 ff
– fremder Hoheitsakte 879 ff
– von Regierungen 509, 644, 797 ff
– – Anerkennung der Volksrepublik China durch Österreich (D 43) 509, 522, 644
– von Staaten 644, 789 ff
– – Anerkennung von Bangladesh durch Österreich (D 42) 509, 522, 644
animus belligerendi s Kriegs- und Humanitätsrecht
Annexion 807
Anschlusszone s Seerecht, internationales
Antarktis 2217 ff
– Ansprüche von Staaten (D 282) 2217
– Antarktisvertrag (1959) (D 283) 1824, **2218 ff,** 2224
Anti-Ballistic Missile-Vertrag (ABM) (1972) (D 224) **1822 f,** 2371
– Kündigung durch die USA (2001) 1823
Antikolonialismus-Deklarationen (1960) (D 266) (1965) (D 267) 1082, 2061 f
Apartheid 1404, 2784
Apartheid-Konvention (1973) 1404, 2849
Apostolischer Nuntius 1701
Arangio-Ruiz, Gaetano 2692
Arbeitsgruppe für Integrationsfragen 660
Arbenz, Jacobo 1220
Arbour, Louise 1430
Archipelstaaten s Gewässer, innere
ARGE ALP 255, 768
Arktis 2211 ff
– Sektorentheorie 2212 ff
Asbest-Fall (2001) (D 320) 2473, 2602
Ashdown, Paddy 784
Asian Free Trade Area (AFTA) 2527
Asian-Pacific Economic Cooperation (APEC) 2528
Association of South East Asian Nations (ASEAN) 128
Asyl-Fall (1950) (D 4) 181, 185
Atlantic Charter (1941) 910, **1379,** 2059
ATTAC 1237
Aufklärung 151, 1342
Aufständische 663, 2721
Aufteilung des Festlandsockels im Mittelmeer-Fall (1985) s Festlandsockel
Ausländer s Fremdenrecht
Ausschuss der Ständigen Vertreter s Europäische Union
„außenpolitische Kosten-Nutzen-Analyse" **57 ff,** 2087
Außenwirtschaftsrecht 2492 ff
Austin, John 57, 153
Auswärtige Angelegenheiten 552
Auswärtige Gewalt (in Österreich) 621 ff
– Arbeitsgruppe für Integrationsfragen 660
– Beirat für außenwirtschaftspolitische Angelegenheiten 661
– Bundeskanzler 628
– Bundespräsident 626
– Kompetenzlage 622 ff
– Kontrolle der auswärtigen Gewalt 645 ff
– Limitierung in der EU 631
– Nationaler Sicherheitsrat (D 52) **654,** 659
– organisatorische Ausgestaltung 625 ff
– Rat für Fragen der österreichischen Integrations- und Außenpolitik (D 53) 657
– Regierungsakt 643
– Regierungshandlungen 644
– Tätigkeitsbereiche der auswärtigen Gewalt 632 ff
– als „vierte Gewalt" 621
Außenminister 1681
AVNOJ (*Antifašisticko veče narodnog oslobodjenja Jugoslavije,* Antifaschistischer Rat für die Volksbefreiung Jugoslawiens) 3161 ff
AVNOJ-Dekrete (1944) 3161 ff

B

Badinter, Robert 791, 860
Badinter-Kommission, Gutachten (1992) (D 269) 2070
Bananen-Fall (1997) (D 317) 2595
Banjul-Charta s Afrikanische Charta der Menschenrechte und der Rechte der Völker (1981)
Bankovic ua gegen Belgien-Fall (2001) 1450
Barcelona-Traction-Fall (1970) (D 64) 703, 1233, **2792**

Basler Übereinkommen über die Kontrolle der grenzüberschreitenden Verbringung gefährlicher Abfälle und ihrer Entsorgung (1989) 2199, 2433
Baxter, Richard 2690
Bedingungen für die Aufnahme in die VN-Fall (1948) (D 119) 971
Befreiungsbewegungen/-krieg, nationale(r) 130, 986, 1942, 2062, 2079
Beirat für außenwirtschaftspolitische Angelegenheiten 661
Belgischer Sprachen-Fall (1968) 1501
Belgrader Donaukonvention (1948) s Donauregime
Belilos gegen die Schweiz-Fall (1988) 1454, 1551
Benedikt XV., Papst 2057
Benenson, Peter 1250
Beneš, Edvard 3019, 3155
Beneš-Dekrete (1945) 3019, 3155 ff
Bernadotte-Fall (1949) s *Entschädigungen für im Dienste der Vereinten Nationen erlittene Schäden-Fall*
Bernitz, Ulf 3160
Bestallungsurkunde 1748
Bestimmte Ausgaben der Vereinten Nationen-Fall (1962) (D 136) 342, 930, 1066
Bildt, Carl 784
Billigkeit 195, 528, **550 f,** 2748
Binnenstaaten 2325 ff
– Transit 2326 ff
Blockade s Kriegs- und Humanitätsrecht
Blockfreienbewegung 99, **125,** 1083, 1940
blocking statutes 751, 1222
Bodin, Jean 36
bona fides 69, 445, 2087
Botschafter s Diplomatenrecht
Breschnew, Leonid 45, 108, 3367
Breschnew-Doktrin 45, **108,** 1941
Bretton-Woods-System 2477, 2517
Briand, Aristide 1810
Briand-Kellogg-Pakt (1928) (D 220) **1810 ff,** 3054
Bryan, William J. 1808
Bryan-Verträge (1913/14) s auch Streitbeilegung, friedliche **1808,** 1966 (D 218)
Bundes-Verfassungsgesetz vom 1. 10. 1920, wieder verlautbart am 2. 1. 1930, idF 21. 11. 2003 (B-VG) (D 49) 571 ff
Bürgerkrieg **1870 ff,** 2079, 3190
Bürgerrechte 1344

C

Calvo-Klausel (D 155) 705, 1293, 2800
Campbell und Fell gegen Vereinigtes Königreich-Fall (1984) 1483
Caribbean Community (CARICOM) 2524
Caribbean Free Trade Association (CARIFTA) 2524
Carl-Zeiss-Fall (1966) (D 83) 794
Caroline-Zwischenfall s Selbstverteidigung
Cartagena-Protokoll über biologische Sicherheit (2000) s Umweltrecht, internationales
Carter, Jimmy 798, 3367
Cede, Franz 3227
Charta der wirtschaftlichen Rechte und Pflichten der Staaten (1974) (D 308) 137, 1316, 1325, 2133, 2520, 2539
Charta der Vereinten Nationen, s Vereinte Nationen
Charta von Paris für ein neues Europa (1990) 510, 1610, 1796
Chemiewaffenverbot s Kriegs- und Humanitätsrecht
Chicagoer Abkommen (1944) s Luftverkehr, internationaler
Chorzów-Fall (1927/28) (D 329, 337) 445, 1988, 2704, 2731, 2740, 2761, 2766 f, 2771
Christentum 84
Churchill, Winston 910
civil society 1234, 2452
„clash of civilisation“ 32
„class actions“ (Sammelklagen) 3137
clausula rebus sic stantibus s Verträge, völkerrechtliche
Cobden-Vertrag (1860) 2510
codes of conduct s Verhaltenskodizes
collective self-reliance 127
Colombo-Plan 2527
Communauté des Etats de l'Afrique de l'Ouest (CEAO) (Westafrikanische Wirtschaftsgemeinschaft) 2529
Comprehensive Test Ban Treaty Organization (CTBTO) 3362
Conciliation Commission s Vergleichskommission
Connally-Amendment s Internationaler Gerichtshof (IGH)
continuity of claims 711
contracting out 474, 503
Convention on the Marking of Plastic Explosives for the Purpose of Detection (1991) 2180
Costa Rica 3207, 3215, 3357

Cotonou-Abkommen (2000) 981, 1157, **1160 ff,** 1608
Coudenhove-Kalergi, Richard 1088
Courtoisie 8, 199, **205,** 3229, 3356
Crawford, James 2692
Cruschtschow, Nikita 3367

D

„Datenhighways“ 2189
Dayton-Abkommen 1862
debellatio 807, 3070
„De-facto-Regime“ s Staaten
Declaration on Principles of International Law concerning Friendly Relations and Co-operation among States in accordance with the Charter of the United Nations (1970) (D 214) 1081, **1793,** 2051, 2824
dédoublement fonctionnel s funktionelle Verdoppelung
Deklaration über das Recht auf Entwicklung (1986) (D 2) 136
Deklaration über die permanente Souveränität über Naturschätze (1962) (D 158) 1082, 1315
Deklaration von Rio über Umwelt und Entwicklung (1992) (D 297) 2402 ff, 2420, 2474 s auch Umweltrecht, internationales
Dekolonisation 22, **99,** 125, 130, 814, 1329
Demilitarisierung 1824, 2218
Demokratisierungsprinzip 132 f
denial of justice (déni de justice) 1300, **2812**
Denuklearisierung 1824, 2218, 2370
– Vertrag von Bangkok über eine kernwaffenfreie Zone in Südostasien (1995) 1824, 2304
– Vertrag von Pelindaba über eine kernwaffenfreie Zone in Afrika (1996) 1824
– Vertrag von Raratonga über eine nuklearfreie Zone im Südpazifik (1985) 1824, 2304
– Vertrag von Tlatelolco (Mexico City) über die Errichtung einer kernwaffenfreien Zone in Lateinamerika (1967) 1824
– Vertrag über das umfassende Verbot von Nuklearversuchen (1996) 1820
– Vertrag über das Verbot der Anbringung von Kernwaffen und anderen Massenvernichtungswaffen auf dem Meeresboden und im Meeresuntergrund (Meeresbodensperrvertrag) (1971) 1824, 2311
desuetudo s Völkergewohnheitsrecht
dettes odieuses 832
Deutsche Interessen in Polnisch-Oberschlesien-Fall (1926) (D 333) 1988, 2716
Deutschland **844 ff,** 1024
– Deutsche Demokratische Republik (DDR) 845 f
– Einigungsvertrag (1990) (D 87) 849
– Grundlagenvertrag (1972) 846
– NATO-Mitgliedschaft 852
– Einigung (1990) 693, 835, 848
– „Zwei-plus-Vier-Vertrag“ (1990) (D 88) 851
Deutschösterreich s Österreich, Zeitgeschichte
dilatorischer Formelkompromiss 469
Diplomatenrecht 1687 ff
– Abbruch diplomatischer Beziehungen 1714 ff
– *Ad-hoc*-Diplomatie 1688
– *Ad-hoc*-Gesandtschaft *(special mission)* 1727 ff
– *Ad-hoc*-Mission 1765, 1773
– *agent diplomatique régnicole* 1709
– *Agrément* 1708, 1710
– Anciennitätsprinzip 1696
– Apostolischer Nuntius 1701
– Aufnahme diplomatischer Beziehungen 1706 f
– Beendigung diplomatischer Beziehungen 1713 ff
– Beobachtermissionen 1721 ff
– Botschafter 1697 f
– *chargé d'affaires ad interim* 1716
– *chargé d'affaires en pied* oder *en titre* 1716
– *chargé des affaires* 1716
– Delegationen 1719
– diplomatischer Schutz 701 ff, 2690, 1705, **1738 ff,** 2797 ff
– erhöhter Schutz 1760 f
– Gesandter 1697
– Gesandtschaftsrecht 1719
– und Heiliger Stuhl 1693
– Immunität (D 211, 212) **1758 ff,** 1786 ff s auch eigener Suchbegriff
– Konvention über die Ad-hoc-Gesandtschaft *(Special Missions Convention)* (1969) 1674, 1691
– Kuriergepäck 1779 f
– Ministerresidenten 1697 f
– *persona non grata* 1710
– Privilegien 1758 ff

– Rangklassen 1696
– Sitzstaat 1722ff
– *special mission* s *Ad-hoc*-Gesandtschaft
– Ständige Beobachter 1720
– Ständige Geschäftsträger 1697
– Ständige Missionen 1719, **1721ff**
– Ständige Vertreter 1688, **1693ff,** 1717
– *Tabatabai-Fall* (1984) (D 208) 1690
– Unverletzlichkeit 1762f
– Wiener *Règlement* (1815) 86, **1696**
– Wiener Übereinkommen über diplomatische Beziehungen s dort

Diskriminierung(sverbot) **1294ff,** 1404ff, 1447
dismembratio **810ff,** 816, 820, 3031
„Displaced Persons" 3099, 3165
dissenting opinion 1538, 2010f
Dollfuß, Engelbert 3047
Donauregime 2116ff
– Belgrader Donaukonvention (1948) (D 273) 2118ff, 3333
– Bukarester Deklaration (1985) 2118, 2120
– Donaukommission 2119
– Europäische Donaukommission 2116
– Pariser Donaukonvention (1921) 2108, 2117
– Übereinkommen über die wasserwirtschaftliche Zusammenarbeit zum Schutz der Donau (1994) 2120
– Uferstaatenkommission 2116

Doppelbesteuerung(-sabkommen) 242, **2643**
Doppelstaatsbürgerschaft 73, 686, 689, 698f
Dönitz, Karl 844
Drago, Luis 1807
„Dritte Welt" 99ff, 106, **121ff,** 468, 1887, 2053, 2090, 2764
Dualismus s Völkerrecht und Landesrecht
due diligence 2638, **2707**
Dulles, John Foster 3120
Dum-Dum-Geschoße s Kriegs- und Humanitätsrecht
Dunant, Henri 1204, 2873
Durchgangsrecht über indisches Gebiet-Fall (1960) (D 7) 186

E

ECE-Übereinkommen über den Schutz und die Nutzung internationaler Wasserläufe und Internationaler Seen (1992) 2109
Economic Community of West African States (ECOWAS) 2529
Economic Cooperation among Developing Countries (ECDC) 127
Editions Périscope gegen Frankreich-Fall (1992) 1481
Effektivität(-sprinzip, -sgrundsatz) 1, 40, 57, **69ff,** 340, 1669, 2992
Eichmann, Adolf 2747
Einheitliche Europäische Akte (1986) s Europäische Union
einseitige Rechtsgeschäfte 492ff, 503ff
– Anerkennung 509f
– Begriff 494
– diplomatische Note 496
– Empfangsbedürftigkeit 500
– Formen 496ff
– Geltungsgrund 493
– im österreichischen Recht 517ff, 590f
– Memorandum 498
– Protest 511ff, 2815
– selbständige 509ff
– und völkerrechtliche Verträge 503ff
– Verbalnote 497
– Versprechen 513ff
– Verzicht 515
– Widerrufbarkeit 502

Einzelmenschen 10, 666, 1341ff
Eisenbahnverkehr, internationaler 2145ff
– *Union Internationale des Chemins de fer* (UIC) 2151
– vertragliche Regelungen 2145ff

Eisenstecken-Fall (2000) 1551
Ekéus, Rolf 1663
Engel gegen Niederlande-Fall (1976) 1482
Enklave 717
ENMOD-Konvention s Kriegs- und Humanitätsrecht
Enteignung s Fremdenrecht
Entschädigungen für im Dienste der Vereinten Nationen erlittene Schäden-Fall (1949) (D 103) 342, 929
Entschädigungsfonds für arisierte Vermögenswerte, Allgemeiner 3147ff
Entschädigungsfonds-Gesetz (D 382) 3150
Entscheidungssammlungen 530
Entwicklungsländer 3, 18, **121ff,** 134, 1325
Entwicklungsprinzip 134
Erga-omnes-Verpflichtungen 60, 244, 1368, **2792**
Ermacora, Felix 3227
„Erste Welt" 3

espousal of claim 708
estoppel **208,** 445, 493, 537, **546,** 1311, 3315
Estrada-Doktrin **798,** 1339
Europäische Aktiengesellschaft („Societas europea“) 1218
Europäische Atomgemeinschaft (EAG, EURATOM) 1089
Europäische Charta der Regional- oder Minderheitensprachen (1992) (D 202) 1658
Europäische Demokratische Union (EDU) 1239
Europäische Gemeinschaft(en) (EG) 1087ff s auch Europäische Union
Europäische Gemeinschaft für Kohle und Stahl (EGKS) **988,** 1088ff
Europäische Kommission gegen Rassismus und Intoleranz s Europarat
Europäische Konferenz der Verkehrsminister (*Conférence européenne des ministres des transports* – CEMT) 2105
Europäische Konvention über die Staatenimmunität (1972) 868
Europäische Konvention zum Schutz der Menschenrechte und Grundfreiheiten (EMRK) (1950) (D 174) 1436ff, 2802
– Auslegung 1449ff, 1462
– Beitritt der EU 1603f
– *„civil rights“* 1464, 1561
– Entschädigung 1540
– Europäische Kommission für Menschenrechte 1439
– Europäischer Gerichtshof für Menschenrechte 1436, **1511ff,** 2023
– Geltungsbereich(e) 1450ff
– Gesetzesvorbehalt 1455
– Günstigkeitsprinzip 1446
– Opfereigenschaft 1526, 1622
– Rechte der EMRK 1442ff
– – notstandsfeste Rechte 1459
– Rechtsschutzsystem 1442, 1510
– Reform 1546
– *„tribunal“*-Begriff 1561
– Verfahrensarten 1438, 1510ff
– – Individualbeschwerde 1438, 1520f
– – Staatenbeschwerde 1438, 1517f
– Verfahrensgang 1510ff
– Verhältnismäßigkeitsprinzip 1458
– Vorbehalte 1453f
– Zusatzprotokolle (D 175–180) 1446, 1503ff
Europäische Politische Zusammenarbeit (EPZ) s Europäische Union
„Europäische Sicherheitsarchitektur“ 1113, 1898ff
Europäische Sozialcharta (1961) (D 192) 309, 1434, **1570ff**
– Europäischer Sozialrechtsausschuss *(European Committee of Social Rights)* 1582
– Inhalt 1573
– Kollektivbeschwerde 1585ff
– Ministerkomitee des Europarates 1584
– und österreichische Rechtsordnung 1570
– Nicht-*self-executing*-Charakter 1570
– Zusatzprotokoll 1575
Europäische Union (EU) 1087ff
– und AKP-Staaten 1160ff
– Amtsblatt der EU 1124
– Amtssprachen 1124
– Assoziierung 1159f
– Aufenthaltsrecht 1180
– Aufnahme neuer Mitglieder 1155
– Ausschuss der Ständigen Vertreter s COREPER
– Außenbeziehungen 1130, **1156ff**
– Beitritt zur EMRK (D 196) 1603
– Binnenmarkt 1094, **1164ff**
– Bürgerbeauftragter 1135
– COREPER *(Comité des Représentants Permanents)* 1125
– Cotonou-Abkommen s dort
– Durchgriffswirkung des Gemeinschaftsrechts 489
– Einheitliche Europäische Akte (EEA) (1986) 1094, 1112
– Erweiterung 1091ff
– Euro 1177f
– Europa-Abkommen 1092, 1159
– Europäische Gemeinschaften (EG) 1087ff
– Europäische Politische Zusammenarbeit (EPZ) 1112
– Europäischer Gerichtshof (EuGH) **1138ff,** 2023
– – Gericht erster Instanz 1142
– Europäischer Konvent s Verfassungskonvent
– Europäischer Rat 614, 1128
– Europäischer Wechselkursmechanismus 1176
– und Europäischer Wirtschaftsraum (EWR) s dort
– Europäisches Parlament 1032ff
– Europäisches System der Zentralbanken (ESZB) 1179

– Europäisches Währungssystem (EWS) 1176
– Europäische Zentralbank (EZB) 1179
– und *European Free Trade Association* (EFTA) s dort
– Europol 1118f
– Fischereipolitik 1172
– freier Dienstleistungsverkehr 1168
– freier Kapital- und Zahlungsverkehr 1169
– freier Warenverkehr 1165
– Freizügigkeit der Arbeitnehmer 1167
– Fusionsvertrag (1965) 988, 1089
– Gemeinsame Aktionen 599, 630, 1104, 1113, 3240
– Gemeinsame Außen- und Sicherheitspolitik (GASP) 599, 612, 616, 988, 1104, **1113ff,** 1120f, 3018, 3221, 3235, 3352
– – (Gemeinsame) Europäische Sicherheits- und Verteidigungspolitik ([G]ESVP) 617ff, 1104, 1117, 1912, 3018, 3221
– Gemeinsamer Markt 1111, **1164ff,** 2522
– Gemeinsamer Raum der Freiheit, der Sicherheit und des Rechts 1119
– Gemeinsame Standpunkte 599, 630, 1104, 1113
– Gemeinsame Strategien 599, 1104, 1114
– „gemischte Verträge" 1157
– Generalanwälte 1139
– Gesandtschaftsrecht 1130, 1158
– Geschichte 1088ff
– Grundfreiheiten 1164ff
– Grundrechte-Charta (2000) (D 197) 451, 943, 1107, 1605, 1666
– Grundrechtsschutz 1596ff
– Grundsatz der begrenzten Einzelermächtigung 1149
– Haushaltsrecht 1144ff
– *Helsinki „headline goal"* (1999) (D 255) 1913
– Immunität 1122
– Inländergleichbehandlung 1167
– Intergouvernementalität 596
– Kartellrecht 1173
– Kommission 1038, **1129ff**
– Kommunalwahlrecht 1180
– Konvergenzkriterien 1177
– Landwirtschaft 1170f
– Lomé-Abkommen s dort
– Luxemburger Vereinbarung (1966) (D 140) 1061, **1127**
– Menschenrechtsschutz 1594ff
– Minderheitenschutz 1665ff
– Mitwirkung Österreichs an der Rechtssetzung 603ff
– Niederlassungsfreiheit 1168
– und österreichische Neutralität 3349ff
– und österreichische Rechtsordnung 596ff
– Organisatorischer Aufbau 1123f
– Organe 1123ff
– Parallelität von Innen- und Außenkompetenzen 1156
– Parlament 1132ff
– Petersberg-Aufgaben 1104, 1117, **1910ff,** 3018, 3221, 3235, 3336, 3352f
– Petitionsrecht 1182
– Politische Union 1096
– Polizeiliche und Justizielle Zusammenarbeit in Strafsachen (PJZS) 599, 612, 1095
– Rat 1125ff
– Rechnungshof 1148
– Rechtsetzung 1149ff
– Rechtsfähigkeit 1121
– Rechtshandlungen 1151
– Revisionskonferenz 1099
– „Sanktionen" von 14 EU-Mitgliedstaaten gegen Österreich (2000) (D 398) 3355ff
– Schengener Abkommen (1985, 1990) **1118,** 1277, 1287
– sekundäres Gemeinschaftsrecht 1149
– Subsidiaritätsprinzip 1109, 1150
– Supranationalität 452, 558, 905
– Unionsbürgerschaft 1098, 1180ff
– Unionsrecht 596, 1154
– Verfahren der Mitentscheidung 1133, 1153
– Verfahren der Zusammenarbeit 1153
– Verfassung der EU, Entwurf für eine 1110
– Verfassungskonvent 1109f
– verstärkte Zusammenarbeit 1106
– Vertrag zur Gründung der Europäischen Gemeinschaften (1957) (D 137) 918, 928, **1089f,** 1126, 1166, 1173
– – Vertrag über die Europäische Union (Maastricht 1992) (D 138) 1095ff, 1600
– – Vertrag von Amsterdam (1997) 1099, 1117, 1119, 1600, 3352
– – Vertrag von Nizza (2001) (D 139) 1105ff, 1602
– Vorabentscheidungsverfahren 581, **1141**
– Wahlrecht bei Wahlen zum Europäischen Parlament 1180

– Währungsunion 1177
– und Westeuropäische Union (WEU) s dort
– Wettbewerbsrecht 1173
– Wirtschafts- und Sozialausschuss 1039
– Wirtschafts- und Währungsunion (WWU) 1096, **1111,** 1177, 2522
– Ziele 1111 ff
– Zollunion 1165
– Zusammenarbeit in den Bereichen Justiz und Inneres (ZBJI) s Polizeiliche und Justizielle Zusammenarbeit in Strafsachen (PJZS)
Europäische Werteplattform 2074
Europäische Zentralbank (EZB) s Europäische Union
Europäischer Gerichtshof (EuGH) s Europäische Union
Europäischer Haftbefehl 1287
Europäischer Wirtschaftsraum (EWR) 1163
Europäisches Abkommen zur friedlichen Beilegung von Streitigkeiten (1957) 309, 3293
„Europäisches Gleichgewicht“ 82
Europäisches Komitee zum Schutz vor Folter oder anderer unmenschlicher oder erniedrigender Behandlung oder Strafe 1566 ff
Europäische Stelle für justizielle Zusammenarbeit (EUROJUST) 1106
Europäisches Parlament s Europäische Union
Europäisches Streitbeilegungsabkommen (1957) s Europäisches Abkommen zur friedlichen Beilegung von Streitigkeiten (1957)
Europäisches Übereinkommen über grenzüberschreitendes Fernsehen (1989) 2192
Europäisches Übereinkommen zur Bekämpfung des Terrorismus (1977) 2180
Europäisches Übereinkommen zur Verhütung von Folter und unmenschlicher oder erniedrigender Behandlung oder Strafe (1987) s auch Folterverbot 1565 ff
Europäisches Währungssystem (EWS) s Europäische Union
Europäische wirtschaftliche Interessensvereinigung (EWIV) 1218
Europarat 293, **1433 ff,** 1511 ff, 3330
– Europarats-Kommissar für Menschenrechte 1590 f
– Europäische Kommission gegen Rassismus und Intoleranz *(European Commission against Racism and Intolerance)* 1592 f
„Europaregion Tirol“ 3299
European Agreement Concerning the International Carriage of Dangerous Goods by Inland Waterway (ADN) (2000) 2114
European Agreement on Main Inland Waterways of International Importance (AGN) (1986) 2136
European Free Trade Association (EFTA) 98, **1163,** 3339
European Organization for the Safety of Air Navigation (Eurocontrol) 2162
European Space Agency (ESA) 2343
European Telecommunications Satellite Organization (EUTELSAT) 2346
Europol s Europäische Union
„ewige Tiefe“ 726
ex aequo et bono 550 f
Exequatur s Konsularrecht
exhaustion of local remedies **709,** 1369, 1521, 2662, 2810 f
Exilregierung 800
extraterritoriale Jurisdiktion 751, 1222
– Auswirkungsprinzip 1223

F

„failed State“ **746,** 2848
Fastenrath, Ulrich 238
Fatovich-Fall (1954) (D 343) 2775
favor contractus 340, 371
Feindstaatenklausel 3104
Feminismus 164
Fernmeldeverkehr, internationaler 2181 ff
– Ätherfreiheit 2185
– Datenschutzrecht 2189
– Europäisches Übereinkommen über grenzüberschreitendes Fernsehen (1989) 2192
– Frequenzen 2193
– Internationaler Fernmeldevertrag (1982) 2182
– *jamming* 2192, 2381
– „Piratensender“ 2194
Festlandsockel 2263 ff
– *Aufteilung des Festlandsockels im Mittelmeer-Fall* (1985) (D 288) 2265
– Ausbeutbarkeitskriterium 2270
– Genfer Übereinkommen über den Festlandsockel (1958) 2264, 2270
– „irische Formel“ 2271
– Küstenstaat 2268

– Rechtsprechung des IGH 2265, 2273
– seitliche Abgrenzung 2273
– *Truman*-Proklamation s dort
Figl, Leopold 3091, 3111, 3120
Finanzrecht, internationales s Wirtschaftsrecht, internationales
Fischerei s Hohe See
Fischerei-Fall (1951) (D 6) 183, 210, 2238
Flüchtlinge 1266ff
– Begriff 1266
– Afrikanische Flüchtlingskonvention (1969) 1269, 1276, 1633
– Deklaration der VN über territoriales Asyl (1967) 1269
– Genfer Flüchtlingskonvention (1951) (D 151) 1268, 1270ff
– Genfer Flüchtlingsprotokoll (1967) 1268
– Hochkommissar für das Flüchtlingswesen s Vereinte Nationen
– *Non-Refoulement*-Prinzip (D 153) 1273, 1275
– „Wirtschaftsflüchtlinge" 1275
Flugzeuge s Luftverkehr, internationaler
Flugzeugentführungen s Luftverkehr, internationaler
Flüsse 2106ff
– Begriff 2108
– Donau s Donauregime
– Gewässerschutz 2134
– als Grenze 727ff
– *Helsinki Rules* (1966) (D 272) 2133
– internationale 2108
– Kabotage 2113
– nationale 2108
– Nutzungsarten 2127ff
– Rhein s Rheinregime
– Schifffahrt 1938, 2110ff
– Schifffahrtsfreiheit 2110f
– *sic utere tuo ut alienum non laedas* 2127
– Übereinkommen und Statut über das Regime von schiffbaren Wasserwegen von internationaler Bedeutung (1921) 2111
– Vertragsregime 2112
– Wiener Kongressakte (1815) (D 270) 86, 2110
Folterverbot 1402f
– Europäisches Übereinkommen zur Verhütung von Folter und unmenschlicher oder erniedrigender Behandlung oder Strafe (1987) 1565ff
– – Europäisches Komitee zum Schutz vor Folter oder anderer unmenschlicher oder erniedrigender Behandlung oder Strafe (Antifolterkomitee, *Committee for the Prevention of Torture*) 1566
– Interamerikanische Konvention über die Verhinderung und Bestrafung von Folter (1985) 1625
– Übereinkommen der VN gegen Folter und andere grausame, unmenschliche oder erniedrigende Behandlung oder Strafe (1984) 1402, 1418
– – Ausschuss der VN gegen Folter und andere grausame, unmenschliche oder erniedrigende Behandlung oder Strafe 1421
Food and Agriculture Organization (FAO) 991, 3304
(F)POLISARIO 772
Franz Ferdinand, Erzherzog 3023
Französische Revolution 85, 1342, 2057
Freihandelszone s Wirtschaftsrecht, internationales
Freischärler s Kriegs- und Humanitätsrecht
fremde Hoheitsakte 877ff
Fremdenrecht 1263ff
– Abschiebung 1282
– Ausländer **1263f,** 1266ff
– Auslieferung 1280
– Ausweisung 1282
– *denial of justice (déni de justice)* s dort
– Diskriminierungsverbot 1294ff
– Enteignung 1303ff, 2747, 2777
– – Entschädigung 1319ff
– – Verfahren 1317f
– – Wirkungen im Ausland 1330ff
– – Zulässigkeit 1303ff
– Flüchtlinge s dort
– Inländergleichbehandlung 1290f, 1321f
– Meistbegünstigungsklausel 1295
– Mindeststandard 1274, 1291
– Pflichten 1334f
– Rechte 1289ff
– Rechtsfähigkeit 1298
– Staatenlose 1279, 1414
Friedenserhaltende Operationen *(peacekeeping operations)* (D 233–238) 1755, **1851ff,** 1913ff, 2035, 2039, 3216, 3329
– Bindung an das Kriegs- und Humanitätsrecht – *Bulletin des GS der VN* (1999) (D 234) 2894
– „der ersten Generation" 1853
– „der zweiten Generation" 1858
– „der dritten Generation" 1858

– *„enforcement by consent“* 1862, 1904
– Österreichs Teilnahme 3371 ff
Friendly-Relations-Deklaration s *Declaration on Principles of International Law concerning Friendly Relations and Co-operation among States in accordance with the Charter of the United Nations* (1970)
Frowein, Jochen 672, 3160, 3358
„funktionelle Staatlichkeit“ 1216, **1232**
funktionelle Verdoppelung *(dédoublement fonctionnel)* 552, 1668

G

Gabčíkovo-Nagymaros-Fall (1997) (D 23) 2019, 2419, 2462, 2735, 2744, 2836
García Amador, F. V. 2691
Gegenmaßnahmen s Repressalien
Gegenseitigkeit (Reziprozität) 65 ff, 77, 1673, 1707, 2830, 2871
– negative 68
Gemeinsame Außen- und Sicherheitspolitik (GASP) s Europäische Union
Gemeinsamer Markt **1164 ff,** 2522 s auch Wirtschaftsrecht, internationales
Gemeinschaft Unabhängiger Staaten (GUS) 762, 856
Gemeinschaftsrecht s Völkerrecht und Landesrecht
General Agreement on Tariffs and Trade (GATT) (1947/1994) (D 309, 311) 945, 2094, **2516 f, 2551 ff** s auch *World Trade Organization* (WTO)
– und Umweltrecht 2471 ff
General Agreement on Trade in Services (GATS) (1994) 2577 ff s auch *World Trade Organization* (WTO)
Genfer Abkommen zum Schutz der Kriegsopfer (1949) (D 354–356) 223, **2881 ff** s auch Kriegs- und Humanitätsrecht
– Zusatzprotokolle (1977) (D 357, 363) 2881, 2897 f
Genfer Flüchtlingskonvention (1951) s Flüchtlinge
Genfer Flüchtlingsprotokoll (1967) s Flüchtlinge
Genfer Rotkreuz-Konventionen (1864/1906) 2873
Genfer Übereinkommen über das Küstenmeer und die Anschlusszone, die Hohe See, die Fischerei und die
Erhaltung der Naturschätze der See sowie den Festlandsockel (1958) s Seerecht, internationales
Genfer Übereinkommen über den internationalen Beförderungsvertrag im Straßengüterverkehr (*Convention relative au contrat de transport international de marchandises par route* – CMR) (1956) s Straßenverkehr, internationaler
gentlemen's agreement 206, **543 f,** 3051, 3291
genuine link 71, **685,** 704, 712
geostationäre Satelliten s Weltraum
Gerichtsbarkeit, internationale 1986 ff
Gesellschaftsrecht, internationales 1218
Gewaltverbot 218, **1798 ff,** 2824, 2836
– Abrüstung/Rüstungskontrolle 1816 ff
– *animus belligerendi* 1803, 1813, 2901 f
– Ausnahmen 1870 ff
– *bellum iustum* 1801, 3181
– Entwicklung 1801 ff
– *ius ad bellum* 15, 1799, 1806, 2870
– und friedenserhaltende Operationen 1852 ff
– und kollektive Sicherheit 1840 ff
– und neue europäische „Sicherheitsarchitektur“ 1831 ff
– in der SVN 1813 f
– und Selbstverteidigung s dort
Gewässer, innere 2237 ff
– Archipelstaaten 2244
– Basislinie 2238
– Buchten 2242
– Hafenstaaten 2239 ff
– Statut über das internationale Regime der Seehäfen (1923) 2240
Ginther, Konrad 3217
„Gleichgewicht des nuklearen Schreckens“ 96
Gliedstaaten 251, **766 ff**
„global approach“ Österreichs gegenüber den EG 3348
Global System of Trade Preferences (GSTP) 127
Globalentschädigungsabkommen *(lump-sum agreements)* (D 162) 1328, **2777 f,** 3154
– Vermögensvertrag Österreich-Tschechoslowakei (1974) (D 162) 1328
Globalisierung 51, 165, 1208, 2480, 2599, 2604, 3018
Golder-Fall (1973) (D 19) 447, 1462
good administration 645
Gorbatschow, Michail 113, 1825
„governance“ 64
Gradinger-Fall (1995) (D 189) 1551
Greenpeace 1256 ff
Griller, Stefan 592

Grotius, Hugo 23, 148, 196, 1803, 2227, 2706, 2842
Gruber, Karl 3106
Gruber-De Gasperi-Abkommen (1946) (D 393) 252, **3287,** 3293, 3325
Grundrechte 1344
Grundsatz der beweglichen Vertragsgrenzen 815
„Gruppe der 77“ 99, **125 ff,** 908, 1083
gute Dienste s Streitbeilegung, friedliche
Güter, gefährliche 2199

H

Haager Abkommen zum Schutz von Kulturgut bei bewaffneten Konflikten (1954) 2883, 2970
Haager Friedenskonferenzen (1899, 1907) 92
Haager Landkriegsordnung (1907) (D 353) (LKO) 204, **2877,** 3061 s auch Kriegs- und Humanitätsrecht
(II.) Haager Übereinkommen betreffend die Beschränkung der Anwendung von Gewalt bei der Eintreibung von Vertragsschulden (*Drago-Porter*-Übereinkommen) (1907) (D 217) 1807
(III.) Haager Übereinkommen über den Beginn der Feindseligkeiten (1907) (D 352) 1806, 2901 s auch Kriegs- und Humanitätsrecht
(IV.) Haager Übereinkommen betreffend die Gesetze und Gebräuche des Landkrieges (LKÜ) (1907) 2877 f s auch Kriegs- und Humanitätsrecht
(V.) Haager Übereinkommen betreffend die Rechte und Pflichten der neutralen Mächte und Personen im Falle eines Landkrieges (1907) s Neutralität
(XIII.) Haager Übereinkommen betreffend die Rechte und Pflichten der neutralen Mächte und Personen im Falle eines Seekrieges (1907) s Neutralität
Haager Übereinkommen zur Bekämpfung der widerrechtlichen Inbesitznahme von Luftfahrzeugen (1970) 2178
Habsburgergesetz (Gesetz betreffend die Landesverweisung und die Übernahme des Vermögens des Hauses Habsburg-Lothringen) (1919) (D 366) 3029, 3128
Haekkerup, Hans 785
Hafner, Gerhard 3153
Haftbefehl-Fall (2002) (D 207) **758,** 1765
Halden-Theorie 730
Hammarskjöld, Dag 2039
Handels, Recht des internationalen s *World Trade Organization* (WTO)
Handyside gegen Vereinigtes Königreich-Fall (1976) 1493
Harmon-Doktrin 2129, 2407
Hatton-Fall (2001) (D 306 b) 2470
Havanna-Charta (1948) 2551
Hegel, Georg Wilhelm Friedrich 38, 154, 563
„Heilige Allianz“ 86
Heiliger Stuhl 663, 896, **1186 ff,** 1693, 1700 f
Heiliges Römisches Reich 79
Helsinki Rules (1966) s Flüsse
Hitler, Adolf 3051, 3064, 3078, 3286
Hitler-Mussolini-Abkommen (1939) s Südtirol
Hobbes, Thomas 151
Hochkommissar für das Flüchtlingswesen s Vereinte Nationen
Hochkommissar für Menschenrechte s Vereinte Nationen
Hoffmann g Dralle-Fall (1950) (D 89) 237, 3153
Hohe See 196, **2285 ff**
– Abfalllagerung 2303
– Fischerei 2302
– Flaggenstaat 2286 ff
– Jurisdiktion 2286
– Kernwaffentests 2294
– militärische Nutzung 2304
– Nacheile *(„hot pursuit“)* 2291
– nutzungsrechtliche Regelungen 2295
– Ölverschmutzung 2293, **2317 ff**
– „Piratensender“ 2290
– „Polizeigewalt“ (auf Hoher See) 2289
– *res communis omnium* 2285
– Schifffahrt 2298
– Schiffszusammenstöße 2299
– UNCTAD-Übereinkommen über Bedingungen für die Registrierung von Schiffen (1986) 2287
Hoher Kommissar für nationale Minderheiten (OSZE) (D 204) 1612, 1663
Höhere Gewalt *(force majeure)* 2732, 2739
Hormonfleisch-Fall (1998) (D 319) 2602
Huber, Max 157
Human Rights Watch 1371
„humanitäre Intervention“ 1800, 1866, **1878,** 1948, 2084
Humanitätsrecht s Kriegs- und Humanitätsrecht

Hummer-Streit 2267
Hummer, Waldemar 161
Huntington, Samuel 32
Hussein, Saddam 48, 1907

I

IFOR *(Implementation Force)* (D 242) 1862, 1904, 3372
Ihlen-Deklaration (1919) 1675
I'm Alone-Fall (1933/35) (D 344) 2774, 2780
IMCO-Fall (1960) (D 63) 685, **2286**
Immunität 864 ff, 1764 ff
– Abkommen über die Privilegien und Immunitäten der VN und ihrer Spezialorganisationen (1946, 1957) (D 104, 206) 1765
– absolute 864 f, 1764 ff
– Bediensteter Internationaler Organisationen 1786 ff
– Diplomaten (D 211) 1689, 1765 ff
– Europäische Union 1122
– funktionelle 866 ff, 1768 ff
– IGH-Richter 1789
– Internationale Organisationen 935 ff
– internationale Richter 1788
– Konsuln (D 212) 1768
– relative 866 ff
– Schiedsrichter 1788
– Staaten s Staatenimmunität
– Staatenvertreter 1765
– staatliche Einrichtungen 872 f
– von Staatsschiffen und -flugzeugen 2256
– im Vollstreckungsverfahren 874 ff
implied powers 110, **342,** 930, 1149, 1854
indigene Völker 1650 ff
industrielle Revolution 91
Informationsverein Lentia-Fall (1993) (D 187) 1500, 1560
Inkorporation s Völkerrecht und Landesrecht, innerstaatliche Durchführung des Völkerrechts
„instant custom" s Völkergewohnheitsrecht
Institut de Droit international (IDI) 220
Interamerikanische Erklärung über die Rechte indigener Völker (1995) 1625
Interdependenz 125, 232
Intergovernmental Organizations (IGO) s internationale Organisationen (IO)
Intermediate-Range Nuclear Forces-Vertrag (1987) (INF-Vertrag) 1825
International Air Transport Association (IATA) 2175 s auch Luftverkehr, internationaler
International Atomic Energy Agency (IAEA) 922, 3304, 3361
International Centre for Settlement of Investment Disputes (ICSID) (D 321) 714, 1985, **2621** s auch Investitionsrecht, internationales
International Civil Aviation Organization (ICAO) 414, 2103, 3304
International Court of Justice Reports (ICJ Reports) 530
International Development Association (IDA) 480, 2515, 3304
International Finance Corporation (IFC) 480, 2515, 3304
International Force in East Timor (INTERFET) 1864
International Helsinki Federation for Human Rights 1371
International Labour Organization (ILO) 462, 481, 3304
International Law Association (ILA) 220
International Law Commission (ILC) 225
International Law Reports 530
International League for Human Rights 1371
International Maritime Organization (IMO) 2323
International Non-Governmental Organizations (INGO) s *Non-Governmental Organizations*
International Refugee Organization (IRO) 3165
International Road Transport Union (IRU) 2156
International Telecommunication Union (ITU) 413, 2103, 2183, 2378, 3304
International Telecommunications Satellite Organization (INTELSAT) 2346
Internationale Energieagentur (IEA) 2545
Internationale Handelskammer 1228
Internationale Organisationen (IO) 10, **885 ff**
– und anwendbares Recht 942 ff
– Arten 896 ff
– Assoziierung 980 ff
– Auflösung 912 f
– Ausgabenwesen 1072 f
– Ausschluss 1001 ff
– Austritt 996 ff
– Bedeutung von IO 1074 ff
– Befreiung von staatlicher Gerichtsbarkeit 935 ff

– Beglaubigungsausschuss 1008
– Beglaubigungsschreiben 1008
– Begriff 893 ff
– Beobachterstatus 984 ff
– Beschlüsse 457 ff
– – Arten 461 ff
– – Empfehlungen 462 ff
– – generell-abstrakte Vorschriften 471 ff
– – konkrete Entscheidungen 476 ff
– – im österreichischen Staatsrecht 483 f
– – als Rechtsquelle 457 ff
– – und Völkervertragsrecht 479 ff
– Deliktsfähigkeit 928
– Einkünfte 1063
– Entstehung 909 ff
– Finanzierung 1062 ff
– Fiskalbefreiungen 939 f
– Gliedstaaten als Mitglieder von IO 978
– Gründung 909 ff
– *implied powers* in Anwendung auf IO 342, 930
– internes Organisationsrecht 948
– Mitgliedschaft 965 ff
– Organe von IO 1011 ff
– – Expertenorgane 1037 ff
– – Nicht-Plenarorgane 1019 ff
– – Plenarorgane 1011 ff
– – quasi-parlamentarische Organe 1032 ff
– – Sekretariate 1027 ff
– Personal 949 ff
– – Dienstrecht 953 ff
– – Privilegien und Immunitäten 958 ff
– Privatrechtsfähigkeit 931 f
– Rechtsnachfolge 914 ff
– Rechtspersönlichkeit, völkerrechtliche 918
– Rechtsstellung 918 ff
– Regionalorganisationen 898
– Sekretariate 1027 ff
– Spezialorganisationen der VN 989
– supranationale 905
– Suspension des Stimmrechts 994
– Teilmitgliedschaft 933
– universelle IO 896
– Verhältnis von IO zueinander 987 ff
– Vertragsfähigkeit, völkerrechtliche 919
– Verwaltungsgerichte 938, 955 f, 1072
– Verwaltungsunionen 887
– Vorrechte und Befreiungen 933 ff
– Wiener Übereinkommen über das Recht der Verträge zwischen Staaten und IO oder zwischen IO (WVK II) (1986) 226, 250, 924
– Willensbildung 1043 ff
– und Zwergstaaten 977
internationale Parteienverbände 1239
internationale Strafgerichtshöfe (Jugoslawien, Ruanda) s Strafrecht, internationales
Internationaler Fernmeldevertrag (1982) 2182
Internationaler Gerichtshof (IGH) 1042, **1989 ff**
– Anerkennung durch die Staaten (D 263) 1991, 2816
– *Connally-Amendment* 1995
– *dissenting opinion* 2011
– *ex aequo et bono* 2005
– Fakultativklausel 1992 f
– Gutachtenverfahren 927, 2001 f
– *iudex ad hoc* 1998 f
– Kammern 1996
– Nebenintervention 2014
– *„preliminary objections"* 2007
– Privilegien und Immunitäten der IGH-Richter 1789
– Rechtsstreitigkeiten 2003
– Richter 1996
– *separate opinion* 2011
– *stare decisis* 531, 2012
– Statut (1945) (D 261) 1989 ff, 2816
– Unterwerfungserklärungen durch die Staaten (D 262–264) **1992 ff,** 2816
– Urteile 529 ff
– Zugang 2000
– Zusammensetzung 1996
– Zuständigkeit 1992, 2003
Internationaler Seegerichtshof 2320
Internationaler Währungsfonds (IWF) 2496, **2515,** 2567
Internationales Abkommen über den Kraftfahrzeugverkehr (1926) 2101
Internationales Komitee vom Roten Kreuz (IKRK) 10, 271, 1185, **1204 ff,** 2925 s auch Rotes Kreuz
Internationales Strafrecht s Strafrecht, Internationales
Internationales Zentrum zur Beilegung von Investitionsstreitigkeiten *(International Centre for Settlement of Investment Disputes)* (ICSID) s Investitionsrecht, internationales
Internet 2189
Internet Corporation for the Assigned Numbers and Names (ICANN) 2189

Interventionsverbot 1367, 1784, 1792, **1935 ff**
– Begriff 1935
– Entwicklung 1938 ff
– und Interzession 1946
– offene Probleme 1946 ff
– in der OAS-Charta (D 257) 1944
– Verbotsdeklaration der GV der VN (1965) 1944
– Verbotsdeklaration der GV der VN (1981) 1945
Interzession 1946
Investitionsrecht, internationales 2608 ff
– Behandlung ausländischer Investitionen 2636 ff
– Bilaterale Investitionsschutzabkommen (*bilateral investment treaties* – BIT) 2615
– Direktinvestitionen 2610
– Enteignung 2649 ff
– Entschädigung 2653
– *exhaustion of local remedies* 2662
– *fair and equitable treatment* 2638
– Geldtransfers 2646
– Inländergleichbehandlung 2641
– *International Centre for Settlement of Investment Disputes* (ICSID) – Konvention (1965) (D 321) 2621
– *International Centre for Settlement of Investment Disputes* (Internationales Zentrum zur Beilegung von Investitionsstreitigkeiten – ICSID) 2670 ff
– Investitionskodizes 2627
– Investitionsversicherungen 2657
– *joint ventures* 2628, 2635
– Konzessionsverträge 2628
– – Rechtswahlklauseln 2629
– – Schiedsklauseln 2629
– – Stabilisierungsklauseln 2629
– Meistbegünstigung *(most-favoured-nation treatment)* 2642
– *Multilateral Investment Guarantee Agency* (MIGA) 2622, 2660
– *performance requirements* 2632
– Portfolioinvestitionen 2610
– Rechtsquellen 2613 ff
– Schiedsgerichtsbarkeit 2665 ff
– Streitbeilegung 2662 ff
– *trade-related investment measures* (TRIMs) 2576, 2605, 2620
– Transferbeschränkungen 2646
– *umbrella clauses* 2645
– Vergleichsverfahren *(conciliation)* 2674
– Zulassung ausländischer Investitionen 2630 ff
Investitionsschutz, internationaler **1230,** 1314, 2615 ff
Investitionsschutzabkommen 1224, **1314,** 1324, **2615 ff**
Irak 748, 1861, 1867, 2821
– *„Operation Desert Storm“* (1990/91) s dort
– Sanktionen gegen den Irak (1990) (D 240) 1861, 3317
– *United Nations Compensation Commission* 2821
– *„Operation Iraqi Freedom“* (2003) s dort
Iran-US Claims Tribunal 448, 1979, 2821
Irland gegen Vereinigtes Königreich-Fall (1978) 1470
Islam 32, 120, 2084
Islamische Menschenrechtsdeklaration (1990) 1634
Isländische Fischereijurisdiktions-Fälle (1974) (D 290) 2275
ius ad bellum s Gewaltverbot
ius cogens 31, 60, 175, **364 ff,** 2736, **2784,** 2836
– *ius cogens superveniens* 369, 388, 401
ius in bello s Kriegs- und Humanitätsrecht
ius in statu nascendi 546
ius soli 71

J

James ua gegen Vereinigtes Königreich-Fall (1986) 1504
jamming s Fernmeldeverkehr, internationaler
Jay-Vertrag (1794) 1982
Jellinek, Georg 669
Jessup, Philip C. 1210
Johanniter-Orden 1200
joint venture 2628, 2635
Judikatur 529 ff
Jugoslawien (ehemaliges) 792, **858 ff,** 976, 1862 ff, 2850

K

Kabelleitungen 2195 ff
„Kalter Krieg“ 118, 554, 3102, 3122, 3185
Kambodscha 3207
Kanäle 2106 ff
– Kieler-Kanal 2143 f
– Panama-Kanal 2141 f

– Rhein-Main-Donau-Kanal 2126
– Suez-Kanal 2138ff
Karasek, Franz 3330
Karl I., Kaiser 3024
Katholische Kirche 1186ff
Kellogg, Frank B. 1810
Kelsen, Hans 158, 3031
Kennedy, David 164
Kennedy, John F. 798, 3367
Kernwaffenversuche-Fälle (1974) (D 40) 493, 499
KFOR (Kosovo Force), Res des SR der VN 1244 (1999) (D 243) 1864, 3372
Kieler-Kanal s Kanäle
Kingsland, Lord 3160
Kirchen 1197ff
Kodifikation 92, **534ff**
– und *„progressive development"* 228
kodifikatorische Verträge 245
Kolonialismus 84, 2784
Kombattantenstatus s Kriegs- und Humanitätsrecht
Kommunismus 114, 139
kompromissarische Klausel 1974
Kondominium s Staatsgebiet
Konferenz über Sicherheit und Zusammenarbeit in Europa (KSZE) 907, 1320, 1609ff, 1831ff, 1919ff, 3331
– Bonner Konferenz über wirtschaftliche Zusammenarbeit (1990) (D 161) 1320
– Charta von Paris für ein neues Europa (1990) (D 216) 1610, 1796
– Konferenz über Vertrauens- und Sicherheitsbildende Maßnahmen und Abrüstung in Europa (KVAE) in Stockholm (1984–1986) 1832
– KSZE-Dokument über Demokratie, Rechtsstaatlichkeit und Minderheitenschutz im KSZE-Prozess (Konferenz über die menschliche Dimension in Kopenhagen) (1990) (D 198) 1610, 1662
– Prinzipienerklärung der Schlussakte von Helsinki (1975) (D 215) 542, **1794,** 2051, 2065, 2824
Konferenz der VN in Rio de Janeiro über Umwelt und Entwicklung (1992) 2387s auch Umweltrecht, internationales
Konfiskation s Fremdenrecht, Enteignung
Konfuzianismus 32, 120, 2084
Kongress von Aachen (1818) 1697
König-Fall (1975) (D 184) 1480
Konkordat 1193
Konkordat zwischen dem Heiligen Stuhl und Österreich (1934) (D 146) 1193
Konsensgrundsatz 52
Konsensus 278, 1059ff, 1793, 1848, 1946, 2562, 2593
Konsularrecht 1730ff
– Aufnahme konsularischer Beziehungen 1746ff
– Außenhandelsdelegierte 1742
– Beendigung konsularischer Beziehungen 1751f
– Bestallungsurkunde 1748
– *Exequatur* 1748
– Funktionen 1738ff
– Geschichte 1730ff
– Honorarkonsuln 1750
– Jurisdiktionskonsuln 1733
– Klassen 1737
– Rang 1737
– Schutzfunktion 1738ff
– Wiener Übereinkommen über konsularische Beziehungen (1963) (WKK) s dort
Kontrolltheorie 703
Konvention des Europarates über die gegenseitige Anerkennung der Rechtspersönlichkeit von NGO (1986) 1243, 1339
Konvention über die Ad-hoc-Gesandtschaft *(Special Missions Convention)* (1969) s Diplomatenrecht
Konvention über die biologische Vielfalt (1992) 2395
Konvention über die Immunität der Staatsschiffe (1926) 868
Konvention über die Sicherheit des UN-Personals (1994) 964
Konvention über spezifische Aspekte des Flüchtlingsproblems in Afrika (1969) 1269, 1276, 1633s auch Flüchtlinge, Afrikanische Flüchtlingskonvention
Konvention von Konstantinopel (Suez-Kanal) (1888) 2139
Konvention zum Schutz des Menschen bei der automatischen Verarbeitung personenbezogener Daten (1981) 2189
Konvention zur Abschaffung der Sklaverei (1926) 1399
Konvention zur Beseitigung jeder Form von Diskriminierung der Frau (1979) 302, 1405, 1418
Konzessionsverträge 1212, 1309, 2628
Kooperationsgebot 2047ff
Kooperative Sicherheit 1925

Korfu-Kanal-Fall (1949) (D 330, 339) 443, 446, 2016, 2257, 2704, 2724, 2767, 2774, 2780
Koskenniemi, Martti 164
Kosovo (1999) s *„Operation Allied Force“*
Kreisky, Bruno 3111, 3218
Kriegs- und Humanitätsrecht 92, 2870 ff
– Abkommen über die Kampfhandlungen 2974 ff
– Allbeteiligungsklausel 2889
– *animus belligerendi* 1803, 1813, 2901 f
– Antipersonenminen, Vertragliches Verbot von (1997) (D 228) 1829
– Anwendungsbereich 2888 ff
– Aufständische 663, 2721
– Ausnahmen von der Bindung an das Kriegs- und Humanitätsrecht 2930 f
– Befreiungskriege, nationale 2893
– Bindung von VN-Truppen an das Kriegs- und Humanitätsrecht – *Bulletin des GS der VN* (1999) (D 234) 2894
– Besatzungsmacht 2992 ff
– Blockade 72, 516
– Chemiewaffenverbot (1993) 1828, 2469, 2884
– *„collateral damage“* 2967
– *Dum-Dum*-Geschoße 2877, 2943
– ENMOD-Konvention *(Übereinkommen über das Verbot der militärischen oder einer sonstigen feindseligen Nutzung umweltverändernder Techniken)* (1977) (D 361) 2469, 2884, 2943, 3255
– Feindseligkeiten 2900 ff
– Freischärler 2938 f, 2983
– Geiselnahme 2931
– Genfer Abkommen zum Schutz der Kriegsopfer (1949) mit den beiden Zusatzprotokollen (1977) (D 354–357, 363) 223, 1202, **2881 ff,** 2891, 2914, 2929, 3009
– geschützte Objekte 2962 ff
– geschützte Zonen 2968, 2974
– Haager Abkommen zum Schutz von Kulturgut bei bewaffneten Konflikten (1954) s dort
– Haager Landkriegsordnung (LKO) (1907) s dort
– (IV.) Haager Übereinkommen betreffend die Gesetze und Gebräuche des Landkrieges (LKÜ) (1907) s dort
– (V.) Haager Übereinkommen betreffend die Rechte und Pflichten der neutralen Mächte und Personen im Falle eines Landkrieges (1907) s Neutralität
– (XIII.) Haager Übereinkommen betreffend die Rechte und Pflichten der neutralen Mächte und Personen im Falle eines Seekrieges (1907) s Neutralität
– (III.) Haager Übereinkommen über den Beginn der Feindseligkeiten (1907) (D 352) s dort
– Humanitätsrecht 2873
– individuelle Verantwortlichkeit 2914 ff
– innerstaatliche Durchführungsverpflichtungen 2908 ff
– internationale bewaffnete Konflikte 2880 ff, **2932 ff**
– *ius ad bellum* s Gewaltverbot
– *ius in bello* (Kriegsrecht) 218, 1799, 2871
– Kapitulation 2977
– Kombattantenstatus 130, 2932 ff
– Kriegsausbruch 1715, 1752
– Kriegsbegriff, materieller 2891
– Kriegserklärung 516, 1806
– Kriegsgefangene 2881, **2936 ff,** 2954, 2979, 2983 ff
– Kriegsverbrechen 2855 ff, **2914 ff**
– Kulturgüterschutz 2969 ff
– *levée en masse* 2932 f
– *Martenssche* Klausel 431, 549, 2878
– nicht-internationale bewaffnete Konflikte (D 363) 2896 ff, **3009 ff**
– Nicht-Kombattanten 2950 ff
– Notwendigkeit 2930
– Nuklearwaffen 2945 f
– Objektschutz 2962 ff
– *occupatio bellica* 2882, **2992 ff**
– Offene Stadt 2965
– Opfer von Kampfhandlungen 2979 ff
– Parlamentäre 2953, 2978
– Privateigentum 2999
– Rechtslage, gegenwärtige 2877 ff
– Repressalien 1881, 2931
– Rotkreuz-Konvention (1864) 221, 2873, 2877
– Schutzmacht s dort
– schwere Verletzungen *(grave breaches)* der Genfer Abkommen 2911 ff
– Söldner 82, 2936
– Sondertribunale (Jugoslawien, Ruanda) s dort
– Spione 2937, 2940, 2983
– *Tadic-Fall* s dort
– verbotene Kampfmethoden 2947 ff

– verbotene Kampfmittel 2942 ff
– Verbot des Einsatzes von Giftgas und von bakteriologischen Kampfmitteln (1925) (D 359) 2884, 2943
– Verbot von bakteriologischen (biologischen) Waffen und von Toxinwaffen (1972) (D 360) 1828, 2884, 2943, 3255
– Verfahren zur Sicherung der Einhaltung des Kriegs- und Humanitätsrechts 2904 ff
– Vorgesetzte, Verantwortlichkeit für die Untergebenen 2918
– Waffenstillstand 2977, 3191
– Zivilbevölkerung 2956 ff, 3005
– Zivilschutzaufgaben 2960 f
Kriegsgefangene s Kriegs- und Humanitätsrecht
Kriegsmaterialgesetz (1977) s Österreich
Kriegsverbrechen s Kriegs- und Humanitätsrecht
Kriegsverbrechertribunale (Jugoslawien, Ruanda) s Strafrecht, internationales
Kulturgüterschutz s Kriegs- und Humanitätsrecht
Kuriergepäck s Diplomatenrecht
Küstenmeer s Seerecht, internationales
Kuwait s *„Operation Desert Storm"*
Kyoto-Protokoll (1997) s Umweltrecht, internationales

L

Lac Lanoux-Fall (1957) (D 276) 2130, 2411
LaGrand-Fall (2001) (D 210) **1740,** 2008, 2019, 2697, 2741, 2780
Laissez-faire-Völkerrecht 19
Laos 3207
Lasso, Ayala 1430
Lasswell, Harold D. 162
Lateranverträge (1929) (D 145) 1189
Latin American Free Trade Association (LAFTA) 2524
Latin American Integration Association (LAIA) 2524
least developed countries (LLDC) 123
Legalitätsprinzip 633
Lenin, Wladimir I. 2057
levée en masse s Kriegs- und Humanitätsrecht
lex contractus 1310
lex mercatoria 2500
lex-specialis- bzw *lex-posterior-Grundsatz* 174, 409 f, 435, 594, 600, 2693
Liga Arabischer Staaten 128, 1892, 2049, 2529
Lingens-Fall (1986) (D 186) 1493, 1497
Lithgow ua gegen Vereinigtes Königreich-Fall (1986) 1504
Lloyd George, David 2057
Lockerbie trial (HMA v. Megrahi and Fhimah) (2001) 1286
Lomé-Abkommen (1975/1979/1985/1990) 981, 1157, 1160, 1608
Lopez Ostra-Fall (1994) (D 306 a) 2470
Lotus-Fall (1927) (D 3) 181, 197, 2299
„Lückenschließertheorie" 1029
Lückenlosigkeitstheorie 483 f
Luftverkehr, internationaler 2157 ff
– Bermuda-Abkommen I und II (1946, 1977) 2174
– Chicagoer Abkommen (1944) 2161 ff
– – Abkommen über die Internationale Zivilluftfahrt (1944) (D 278) 2165
– – Vereinbarung über den Durchflug im internationalen Fluglinienverkehr (1944) 2165
– *European Organization for the Safety of Air Navigation* (Eurocontrol) 2162
– Flugzeuge, Rechtsstatus 2171 f
– Flugzeugentführungen *(hijacking)* (D 280, 281) 2176 ff
– – Abkommen 2177
– Haftungsrecht 2172
– *International Air Transport Association* (IATA) 2175
– Luftfreiheiten (D 279) 2168
– Pariser Luftfahrtkonvention (1919) 2158
– Warschauer Abkommen zur Vereinheitlichung von Regeln über die Beförderung im internationalen Luftverkehr (1929) 2172
Luftverkehrs-Fall (1963) (D 47) 538
Lusitania-Fall (1923) (D 341) 2767, 2769, 2774
Luxemburger Vereinbarung (1966) s Europäische Union

M

Machtgleichgewicht 21
Macmillan, Harold 3120
Mainzer Rheinschifffahrtsakte (1831) s Rheinregime
Malta 3207
Malteser-Orden 1199 ff
Mandate s Staaten
Mannheimer Rheinschifffahrtsakte (1868) s Rheinregime
„Marionettenregierungen" 1873
„Marionettenstaaten" 741

Martenssche Klausel s Kriegs- und Humanitätsrecht
Martini-Fall (1930) (D 340) 2703, **2755**
„material breach" 378 ff, 1867
Matthews gegen Vereinigtes Königreich-Fall (1999) (D 195) 1599
Mavrommatis-Fall (1924) (D 345) 2798
McDouglas, Myres S. 162
Mediatisierung (des Menschen) 42, **2797 ff**
Meer s Hohe See
Meerengen 2211, **2256 ff**
Meeresbodensperrvertrag (1971) s Tiefseeboden
Meeresfreiheit(-en) 2195, 2211, **2285 ff**
Meeresumweltschutz 2311 ff
Menschenrechtsdeklaration des Rates des Islam für Europa (1981) 1359
Menschenrechtspakte der VN (1966) 1383 ff, 1387
– Fakultativprotokolle (D 168) 1383 ff
– Pakt über bürgerliche und politische Rechte (Pakt II) (D 166) **1383 ff,** 1390 ff, 1654, 2063
– Pakt über wirtschaftliche, soziale und kulturelle Rechte (Pakt I) (D 165) 1383 ff, 2063
Menschenrechtsschutz, außerhalb Europas 1613 ff
– Afrika 1627 ff
– Amerika 1613 ff s auch Amerikanische Konvention für Menschenrechte
– arabischer Raum 2627 ff
Menschenrechtsschutz, europäischer 1432 ff s auch Europäische Konvention zum Schutz der Menschenrechte und Grundfreiheiten (EMRK)
Menschenrechtsschutz, informeller durch NGO 1635 ff
Menschenrechtsschutz, internationaler 1341 ff, 2081 ff
– Abkommen im Rahmen der VN (D 165–168) 1381 ff, 1398 ff
– Afrikanische Charta der Menschenrechte und der Rechte der Völker (1981) s dort
– Allgemeine Erklärung der Menschenrechte (1948) (D 164) 1381 f, 1432, 1605
– Amerikanische Deklaration der Rechte und Pflichten des Menschen (1948) 1614
– Amerikanische Konvention für Menschenrechte (1969) s dort
– Arbeiterschutz 1410 ff
– Ausprägung 1357 ff
– Ausschüsse im Rahmen der VN 1419 ff
– – Ausschuss für die Beseitigung aller Formen rassischer Diskriminierungen 1419
– – Ausschuss gegen Folter und andere grausame, unmenschliche oder erniedrigende Behandlung oder Strafe 1421
– – Ausschuss zum Schutze der Rechte der Kinder 1423
– – Ausschuss zur Beseitigung jeder Form von Diskriminierung der Frau 1420
– Begriff 1341 ff
– Berichtssysteme 1389, 1392
– bürgerliche Rechte 1350
– *„charter-based-systems"* 1416, 1424 ff
– Diskriminierungsschutz 1404 ff, 1418 ff, 1425
– „dritte Generation" der Menschenrechte 136, 1354 f
– *erga omnes*-Wirkung wichtiger Menschenrechte 1368
– „Erklärung der Menschen- und Bürgerrechte" (1789) (D 163) 1342
– „erste Generation" der Menschenrechte 1348 ff
– und Europäische Union 1594 ff s auch Europäische Union, Grundrechte-Charta
– *exhaustion of local remedies* s dort
– Flüchtlinge und Staatenlose 1414
– Folterverbot s dort
– Hochkommissar der VN für Menschenrechte s Vereinte Nationen
– Individualbeschwerde 1394, 1520, 1525, 1621
– Inhalt 1345 ff
– Internationalisierung 1363 ff
– und Interventionsverbot 1365 ff
– Islamische Menschenrechtsdeklaration (1990) 1359, 1634
– *ius cogens*-Charakter wichtiger Menschenrechte 1368
– Konferenz der VN in Wien (1993) 1356, 1362, 1430, 3329
– und Krieg 1413
– kulturelle Rechte 1353
– Menschenrechts-Deklaration des Rates des Islam für Europa (1981) 1359
– Menschenrechtsausschuss der VN (MRA) 1391 ff, 1526
– Menschenrechtskommission der VN 1081, **1381,** 1424 ff

– Menschenrechtspakte der VN (1966) s dort
– und Organisation für Sicherheit und Zusammenarbeit in Europa (OSZE) 1609 ff
– politische Rechte 1350
– Schutz des Kindes 1409, 1418, 1423
– Schutzsysteme **1373 ff,** 1416 ff
– Schutzverfahren im Rahmen der VN 1416 ff, 1424 ff
– Sklaverei und Zwangsarbeit 1399 f, 3136 ff
– soziale Rechte 1348, 1352
– Staatenbeschwerde 1393, 1418, 1438, 1517, 1621
– *„treaty-based-systems"* 1416 ff
– Übereinkommen über die Rechte des Kindes (1989) 1409, 1418
– Universalität 1362
– *„views"* 1395, 1421
– – des Menschenrechtsausschusses 1395
– – des Ausschusses gegen Folter 1421
– Völkermord 1368, 1401, 2701, 2784, 2843
– Völkermordkonvention (1948) (D 171) 1401, 2701, 2849
– wirtschaftliche Rechte 1351
– zivile Rechte 1349
– „zweite Generation" der Menschenrechte 1348 ff
Mercado Común del Sur (Mercosur) 2525
Merkl, Adolf 621
„Mezzanintheorie" 236
Miklas, Wilhelm 3056
„Mikrostaaten" 40 f, 131,742 f, 977, 2071
Militärgerichtshöfe, internationale 204, 2914 f
Milizen 2932
Milošević, Slobodan 812, 858, 2852
Minderheitenschutz, internationaler 1639 ff, 1653 ff, 2058, 3302 f
– Definition 1646 ff
– Entwicklung 1639 ff
– Erklärung der VN über die Rechte der Minderheiten (1992) (D 201) 1655
– Europäische Charta der Regional- oder Minderheitensprachen (1992) (D 202) 1658
– in der EU 1665 ff, 3302 f
– im Europarat 1657 ff
– in der KSZE/OSZE 1661 ff
– indigene Völker 1650 ff
– in Österreich 3259 ff
– neue Minderheiten 1649
– Rahmenübereinkommen zum Schutz nationaler Minderheiten (1995) (D 203) 1660
– traditionelle Minderheiten 1647
– in den VN 1653 ff
Mixed Claims Commissions s Verantwortlichkeit, völkerrechtliche
Molotov, Wjatscheslaw 778, 863, 3120
Molotov-Ribbentrop-Abkommen (1939) 778, 863
Mondvertrag (1979) (D 294) 2345, 2358, 2371, **2383 f**
Monismus s Völkerrecht und Landesrecht
Monroe, James 88
Monroe-Doktrin (1823) 88
Moro, Aldo 3290
Moser, Johann Jakob 152
Moskauer Deklaration (1943) s Österreich, Zeitgeschichte
Moskauer Kernwaffenteststoppvertrag (1963) (D 222) 1819, 2304
Moskauer Memorandum (1955) (D 379) 543, **3111 ff,** 3143, 3211
Mostar 784
Multilateral Agreement on Investment (MAI) 1230, 1249, 2471, 2605, 2619
Multilaterale Investitions-Garantie-Agentur (MIGA) 2622
Münchener Abkommen (1938) (D 375) 3067
Mussolini, Benito 3049

N

Nacheile 2291
Nachrichtenagenturen 2191
Namibia 781
Napoleon (Napoleon Bonaparte) 85, 2509
Nation 675
National Security Strategy der USA (2002) (D 248) 1891
Naturrecht 151, 547 ff, 1342
Nehru, Jawaharlal 3106
Neue Internationale Wirtschaftsordnung (NIWO) 106, 135, 2048, 2477, 2518 ff, 2606
– Deklaration und Aktionsprogramm (1974) (D 307) 2520
Neutralität 3106 ff, 3119 ff, 3172 ff, 3176 ff
– Abstinenzprinzip 3196 ff
– „Äquidistanz" 3198
– Arten 3187 ff
– Begründung 3190, 3207
– bewaffnete 3176, 3203, 3215

– *courant normal* 3201
– dauernde 1196, 2081, 3178, 3188, 3207
– – Beendigung 3223 ff
– – Begründung 3207 f
– – Garantieverträge 3211
– – Pflichten 3209 ff
– – Verteidigungsfähigkeit 3215
– – „Vorwirkungen" 3209
– Duldungspflichten 3205
– Erklärung der Neutralität 516, 3172 ff, 3190
– faktisch dauernde 3189
– Funktionen 3180 ff
– gewöhnliche 3178, 3187, 3190 ff
– (V.) Haager Übereinkommen betreffend die Rechte und Pflichten der neutralen Mächte und Personen im Falle eines Landkrieges (D 388) (1907) 3194, 3199, 3203
– (XIII.) Haager Übereinkommen betreffend die Rechte und Pflichten der neutralen Mächte und Personen im Falle eines Seekrieges (D 388) (1907) 3194, 3203
– ideologische 3214
– und kollektive Selbstverteidigung 3186
– und kollektive Sicherheit 3184, 3322
– Neutralität Österreichs s Österreich
– Neutralitätspolitik 2081, 3179, **3216,** 3218 ff, 3323 ff, 3360 ff
– Paritätsprinzip 3199 ff
– Pflichten 3176 ff, 3196 ff, 3209 ff
– unbewaffnete 3215
– Unterlassungspflichten 3196 ff
– Verhinderungspflichten 3202 ff
New Haven Approach 162
New Stream 164
Nicaragua-Fall (1986) (D 245) 198, 218, 446, 1795, 1815, 1874, 1995, 2004, 2008, 2009, 2720, 2899
Non-Governmental Organizations (NGO, auch INGO) 61, 894, 992, 1209, **1234 ff**
– Informeller Menschenrechtsschutz durch NGO 1635 ff
non liquet 429
Non-Refoulement-Prinzip s Flüchtlinge
Nonproliferationsvertrag (1968) (D 223) 349, 1085, 1194, **1821,** 3361
Nord-Süd-Konflikt 106
Nordsee-Festlandsockel-Fälle (1969) (D 5) 181, 191, 199, 551, 2214, 2265
„normative Kraft des Faktischen" 74
North American Free Trade Agreement (NAFTA) 2471, 2526, 2624
North Atlantic Treaty Organization (NATO) 97, 852, 1834 ff, **1899 ff,** 2895, 3109 f
– Erweiterung der NATO (1999, 2004) 1909
– *Euro-Atlantic Partnership Council* 1902
– *NATO Response Force* 1908
– NATO-Vertrag (1949) (D 250) 1899
– Österreich und NATO 3334 ff
– Partnerschaft für den Frieden *(Partnership for Peace)* (D 251, 252, 253 b) **1901 f,** 3334 ff
– *Peace Support Operations* 1902, 3338
– *Permanent Joint Council* 1909
Nottebohm-Fall (1955) (D 62) 181, 685
Nuklearwaffen s Denuklearisierung s Kriegs- und Humanitätsrecht

O

occupatio quasi-bellica 3053, 3070
Okkupation 805, 2992 f
Oktoberrevolution (1917) 27, 94
Ölkrise (1973/74) 126, 2544
Ölplattformen-Fall (2003) 1880, 2018
„Open-Skies-Treaty" (1992) 1834
„Operationskalender" s Südtirol
„Operation Allied Force" (1999) 785, 1450, **1866,** 1878, 1904 f, 2018, 2967, 3251
„Operation Artemis" (2003) 1916
„Operation Concordia" (2003) 1916
„Operation Desert Storm", Res 678 (1990) des SR der VN (D 240 c) 1861, 3322
„Operation Enduring Freedom" (2001) 1889 f, 2984
– Res des SR der VN 1368, 1373 (2001) (D 247) 1889 f
„Operation Iraqi Freedom" (2003) (D 244) 748, 1867, 1878, 1907, 1915
opinio iuris s Völkergewohnheitsrecht
ordre public **880,** 2848
Oreja, Marcelino 3358
Organe des völkerrechtlichen Verkehrs 1668 ff
– Außenminister 1681
– dezentralisierte Organe 1683 ff
– Immunitäten und Privilegien 1758 ff
– Regierungschef 1678 ff
– Staatsoberhaupt 1677
– zentrale Organe 1676 ff
Organisation für Sicherheit und Zusammenarbeit in Europa (OSZE) 907, **1919 ff**

– Hoher Kommissar für nationale Minderheiten (OSZE) (D 204) 1612, 1663
– *Office for Democratic Institutions and Human Rights* (Büro für Demokratische Institutionen und Menschenrechte (ODIHR) 1610
– „Mechanismus der Menschlichen Dimension“ 1611
– Streitbeilegungsabkommen der OSZE (1992) 2028
Organization for Economic Cooperation and Development (OECD) 97, 898, 916, 2605, **3339f**
Organization for European Economic Cooperation (OEEC) 97, 916, 3339f
Organization of African Unity (OAU) 128, 2049 s auch *African Union* (AU)
Organization of American States (OAS) (D 257) **898,** 2049, 2524
Organization of Arab Petroleum Exporting Countries (OAPEC) 2544
Organization of Petroleum Exporting Countries (OPEC) 2490, 2519, **2541,** 3361
Oscar-Chinn-Fall (1934) (D 271) 2111
Ost-Timor-Fall (1995) (D 268) 2067
Ost-West-Konflikt 4, 96, 1817
Österreich 3014ff
– und allgemeine Rechtsgrundsätze 441, 584
– Annexionstheorie 3071ff
– Asylpolitik 3373ff
– AVNOJ-Dekrete s dort
– Auswärtige Gewalt (in Österreich) s dort
– *Beneš*-Dekrete s dort
– und Beschlüsse von Staatengemeinschaftsorganen 592f
– Bundesgesetz über die Durchführung internationaler Sanktionsmaßnahmen (1993) (D 239a) 3237
– Bundesländer 253ff, 586, 605ff, 623, 768ff, 3034
– BVG über Kooperation und Solidarität bei der Entsendung von Einheiten und Einzelpersonen in das Ausland (KSE-BVG) (1997) (D 236) 3244, 3371
– und einseitige Rechtsgeschäfte 517ff, 590f
– und EMRK 1548ff
– Entsendung von Einheiten und Einzelpersonen in das Ausland 3244, 3371f
– und Europäische Sozialcharta (1961) 1570
– und die EU 385f, 3334ff, 3341ff
– – Beitrittsansuchen an die Europäischen Gemeinschaften (1989) (D 396) 3349
– – Bundesverfassungsgesetz über den Beitritt Österreichs zur Europäischen Union („Beitritts-BVG“) (D 39) (1994) 597
– – Bundes-Verfassungsgesetz vom 1. 10. 1920, wieder verlautbart am 2. 1. 1930, idF 21. 11. 2003 (Bestimmungen zum EU-Beitritt Österreichs – „Begleit-BVG“) (D 49) 602, 3235
– – EU-Beitritt (1995) 3351
– – und Europawahlordnung 603
– – Freihandelsabkommen mit der EWG (1972) 3345ff
– – und GASP 3334ff, 3352ff
– – Mitwirkung an der Rechtsetzung in der EU 601ff
– – „Sanktionen“ von 14 EU-Mitgliedstaaten gegen Österreich (2000) (D 398) 3355ff
– – Übernahme von EU-Recht 596ff
– – Vertrag über den Beitritt Österreichs zur Europäischen Union (D 397b) 601
– Gesetz über die Staats- und Regierungsform von Deutschösterreich (1918) (D 365) 3027
– Habsburgergesetz (1919) s dort
– und humanitäre Aktivitäten 3373ff
– in Internationalen Organisationen 3304ff
– – EFTA 3340
– – Europarat 3330
– – KSZE/OSZE 3331, 3368
– – OEEC/OECD 3340
– – als Sitzstaat Internationaler Organisationen 3361ff
– – VN 3309ff
– – im WSR der VN 3328
– Kriegsmaterialgesetz (KMG) (2002) (D 390a) 3247ff, 3322
– Minderheitenschutz 1652, 1659, 3127, 3259ff
– – und Sprachenregelung 3265f, 3269ff, 3274ff
– – im Staatsgrundgesetz (1867) 3260
– – im Staatsvertrag von St-Germain (1919) (D 369) 3262
– – im Staatsvertrag von Wien (1955) (D 380) 3127, 3263ff
– – Volksgruppe, Definition 3270
– – Volksgruppenbeirat 3273, 3283

– – Volksgruppengesetz (1976) (D 392) 3269 ff
– – Zurechnungskriterien 3271
– Moskauer Memorandum (1955) s dort
– Neutralität, Österreichs dauernde 3178, 3187, 3207 s auch Neutralität
– – als „Baugesetz" 3232 ff
– – Beendigungsmöglichkeiten 3223 ff
– – Begründung 3172 ff, 3207
– – Bundesverfassungsgesetz über die Neutralität Österreichs (1955) (D 385) 644, **3172 ff,** 3231 ff, 3235
– – und EU-Mitgliedschaft **3235 ff,** 3349 ff, 3382
– – und GASP 3235, 3258, **3352 ff**
– – und (G)ESVP 3252 ff
– – innerstaatliche Durchführung 3231 ff, 3242 ff
– – und Mitgliedschaft in den VN (D 395) 3218 ff, 3304, **3309 ff**
– – NATO-Mitgliedschaft 3334 ff, 3379 f
– – Neutralitätsgefährdung (§ 320 StGB) (D 391) 619, 3257 f, 3322
– – Neutralitätsvorbehalt beim Aufnahmeansuchen an die EG (1989) 3349
– – Notifikation des Neutralitätsgesetzes 3173
– – Pflichten 3176 ff, 3209 ff
– – Sanktionsmaßnahmen 3235 ff, 3257, 3320
– – „Schweizer Modell" 3178, 3208
– – Wandel in der österreichischen Neutralitätskonzeption 3217 ff
– *Noricum*-Causa 3258
– Okkupationstheorie 3071 ff, 3306
– Rat für Auswärtige Angelegenheiten 654
– Rat für Fragen der österreichischen Integrationspolitik 656
– „Sanktionen" von 14 EU-Mitgliedstaaten gegen Österreich (2000) (D 398) 3355 ff
– als Schutzmacht für Südtirol s Südtirol
– im SR der VN 3317, 3320, 3326
– Sicherheits- und Verteidigungsdoktrin (2001) (D 389) 3222
– Staatsvertrag von St-Germain (1919) (D 369) 843, 1554, **3033 f,** 3097, 3262, 3285
– Staatsvertrag 1955 s Staatsvertrag von Wien (1955)
– Teilnahme an friedenserhaltenden Operationen (D 236) 3329, 3371 f
– Truppenaufenthaltsgesetz (D 390 b) (2001) 3250
– Übernahme von Völkerrecht 582 ff
– umfassende Landesverteidigung 3243
– und völkerrechtliche Verträge s Verträge, völkerrechtliche, und österreichische Rechtsordnung
– „Volksdeutsche", österreichische Entschädigungsmaßnahmen für 3165 f
– Volksgruppengesetz (1976) (D 392) 3269 ff
– im Wirtschafts- und Sozialrat (WSR) der VN 3328
– Zeitgeschichte Österreichs (seit 1918) 3020 ff
– – Alliierte Kontrollabkommen (1945/46) (D 378) 3085 ff, 3307
– – „Anschluss" an Deutschland (1938) (D 372) 3052 ff, 3071 ff
– – Bundesverfassungsgesetz über die Wiedervereinigung Österreichs mit dem Deutschen Reich (1938) 3055
– – Bürgerkrieg (1934) 3048
– – Deutschösterreich 3026 ff
– – deutsch-österreichischer Zollunionsplan (D 371) 3043 ff
– – und das „Dritte Reich" 3052 ff
– – *Genfer Protokolle* (1922) 3040, 3046, 3054
– – und Italien als Schutzmacht (1934) 3049 ff
– – Kriegswirtschaftliches Ermächtigungsgesetz (1917) 3047
– – *Lausanner Protokoll* (1932) 3042, 3054
– – Moskauer Deklaration (D 374) (1943) 3063, 3077
– – Nationalsozialismus 3054
– – als „kollektives Quasi-Protektorat" 3086
– – österreichisch-ungarische Monarchie s dort
– – Proklamation über die Selbständigkeit Österreichs (1945) (D 376) 3083
– – *Römische Protokolle* (1934) 3049
– – als „scheintoter" Staat 3078
– – „*Schober-Curtius*-Plan" (1931) 3043
– – Ständestaat 3047 ff
– – Übereinkommen über die Normalisierung der österreichisch-deutschen Beziehungen (1936) 3051
– – und Völkerbund 3082
– – Völkerbundanleihen 3039 ff
Österreichisch-deutscher Handelsvertrags-Fall (1973) (D 48) 538
Österreichisch-tschechoslowakischer Vermögensvertrag (1974) (D 162) 1328, 2777

Österreichisch-ungarische Monarchie 3020 ff
– Nachfolgestaaten 3024 f
– Untergang 842 f, 3020 ff
– *Ostgrönland-Fall* (1933) (D 41) 499, 805, 1675, 2213
Ozonschicht s Umweltrecht, internationales

P

pacta sunt servanda 201, **370,** 1311
pactum tacitum 109
Palestine Liberation Organization (PLO) 522, 773 ff
Palmas-Fall (1928) (D 84) 805
Panama-Kanal s Kanäle
Papst 1187
par in parem non habet imperium 202, **864**
Pariser Donaukonvention (1921) 2117
Pariser Luftfahrtkonvention (1919) 2158
Pariser Seerechtsdeklaration (1856) 221
Paritätsprinzip s Neutralität
Partnerschaft für den Frieden s *North Atlantic Treaty Organization* (NATO)
peace-keeping operations s friedenserhaltende Operationen
Peace Support Operations s *North Atlantic Treaty Organization* (NATO)
„persistent objector" s Völkergewohnheitsrecht
Pernthaler, Peter 556
Petersberg-Aufgaben s Europäische Union
Petritsch, Wolfgang 784
Pfunders-Fall (1960) 1518, 3289
Pinay, Antoine 3120
Pinochet, Augusto 1765
Pipelines 2195 ff
Piraterie 2289 ff, 2843
Piratensender 2290
Polargebiete 2210 ff
Poldihütte-Fall (1959) (D 96) 3153
policy orientation 162
Porter, Horace 1807
Positivismus 152
Post 2200 ff
„Prager-Frühling" 108
Präventivnotwehr s Selbstverteidigung
Praxissammlungen 536
Pretty gegen Vereinigtes Königreich-Fall (2002) 1468
prior tempore, potior iure 2090
Privatrecht, Internationales (IPR) 759
Pro-Nuntius **1191,** 1701
progressive development s Völkergewohnheitsrecht
Protektorate s Staaten
Protest 511 f
Pufendorf, Samuel 151

R

Raab, Julius 3111
radizierte Schulden 831
radizierte Verträge 824
Rahmenabkommen zwischen Italien und Österreich über grenzüberschreitende Zusammenarbeit von Gebietskörperschaften (1993) 3298
Rahmenübereinkommen des Europarates zum Schutz nationaler Minderheiten (1995) 1660
Rainbow-Warrior-Fall (1990) (D 326) 1261, 2029, 2697, 2703, 2732, 2734, 2774, 2780, 2783
Rat für Auswärtige Angelegenheiten s Österreich
Rat für Fragen der österreichischen Integrationspolitik s Österreich
Rat für gegenseitige Wirtschaftshilfe (RGW) 97
räumliche Regime 2092 ff
Recht auf Entwicklung – Res der GV der VN (1986) (D 2) 137, 1354
Rechtmäßigkeit der Drohung mit oder des Einsatzes von Kernwaffen, Gutachten des IGH (1996) s Selbstverteidigung
Rechtsdurchsetzung 56
Rechtserkenntnisquellen 523
Rechtspersönlichkeit s Völkerrechtssubjektivität
Rechtsprechungsorgane, internationale 55
Regierungsbegriff 1678
Regierungschef 1678 ff
regionale wirtschaftliche Integration 2522 ff
„Reine Rechtslehre" 158
Relativität völkerrechtlicher Rechte und Pflichten 2789 ff
Religionsgemeinschaften 1197 f
Renner, Karl 3026, 3083
Reports of International Arbitral Awards (RIAA) 530
Repressalie(n) *(countermeasures)* 7, 58, 194, **2834 ff**
restitutio in integrum 2747
res communis omnium 2285
res inter alios acta 2050
res nullius 196

res transit cum suo onere 831
Retorsion **7,** 545, **2828 ff**
Reziprozität s Gegenseitigkeit
Rhein-Main-Donau-Kanal s Kanäle
Rheinregime 2121 ff
– und EG 2124
– Mainzer Rheinschifffahrtsakte (1831) 2121
– Mannheimer Rheinschifffahrtsakte (1868) (D 275) 2121
– Revisionsabkommen (1963) 2121
– Zentralkommission 2121
Ribbentrop, Joachim von 778, 863
Ringeisen-Fall (1970) (D 183) 1480
Rio-Deklaration s Umweltrecht, internationales
Riphagen, Willem 2692
Ritterorden 663, **1199 ff**
Robinson, Mary 1430
„rogue States" 48, 430, **748,** 1823, 1885
Rohstoffrecht, internationales 2530 ff
– *Buffer-stock*-System 2534
– *Common Fund* 2537
– Integriertes Rohstoffprogramm 2537
– Rohstoffabkommen *(primary commodity agreements)* 2532 ff
– Rohstoffkartelle 2538 ff
Roosevelt, Franklin D. 910, 1379
Rotes Kreuz 1203 ff s auch Internationales Komitee vom Roten Kreuz (IKRK)
Rotkreuz-Konvention (1864) s Kriegs- und Humanitätsrecht
Rotter, Manfred 584, 3337
Rousseau, Jean-Jacques 1342
Ruanda 475, 746
Russische Entschädigungen-Fall (1912) (D 28) 429, 436, 2732, 2735, 2775
Russische Föderation **47,** 510
Rüstungskontrolle 1799, **1816 ff**

S

„safe areas" 1858
Saiga-Fall (1999) (D 285) 2286, 2774, 2813
Sanktionen im Völkerrecht 2823
– „Sanktionen" von 14 EU-Mitgliedstaaten gegen Österreich (2000) (D 398) 3355 ff
Satelliten s Weltraum
Saxoferrato, Bartolus de 36, 146
„scheintote Staaten" **863,** 3078
Schelsky, Helmut 2823
Schengener Abkommen s Europäische Union
Schieds(gerichts)vertrag 1977
Schiedsgerichtsbarkeit, internationale 429, **1969 ff**
– Entwicklung 1981 ff
– Unterschiede zur internationalen Gerichtsbarkeit 1979 ff
– Zuständigkeitsbegründung 1972 ff
Schifffahrt 2106 ff, 2225 ff
„Schurkenstaaten" s *„rogue States"*
Schutzmacht 1202, 1206, **2923 ff,** 3047 ff, 3259 ff, 3284 ff
Schweiz 3176 ff, 3201, 3208
„Schwellenländer" 123, 745
Scelle, Georges 156, 1668
Schärf, Adolf 3111
Schindler, Dietrich sen 157
Schuschnigg, Kurt 3052
Schwimmer, Walter 3330
Seerecht, internationales 2225 ff
– Anschlusszone 2229, **2261 ff**
– Ausdehnung des Küstenmeeres/Erklärung
von Santiago (1952) (D 287) 2247
– Ausschließliche Wirtschaftszone 2275 ff
– Entwicklung 2225 ff
– Genfer Übereinkommen über das Küstenmeer und die Anschlusszone, die Hohe See, die Fischerei und die Erhaltung der Naturschätze des See sowie den Festlandsockel (1958) 226, 417, 2196, **2229**
– *International Sea-Bed Authority* (ISBA) 2308 f
– Internationaler Seegerichtshof 1042, 2026, **2320**
– *International Maritime Organization* (IMO) 2103, **2323 f**
– Küstenmeer 2245 ff
– – Basislinie 2238
– – Breite 2245 ff
– – Erklärung von Santiago (1952) (D 287) 2247
– – Jurisdiktion 2254 ff
– – Küstenstaat 2250 ff
– – Recht der friedlichen Durchfahrt 2251
– – *Truman-Deklaration* über die Ausdehnung der küstenstaatlichen Rechte (1945) (D 286) 2247
– Meeresfreiheit(-en) 2195, 2285, **2295**
– Organisationen 2322 ff
– Recht der friedlichen Durchfahrt 2251
– Seerechtsübereinkommen der VN (1982) (D 284) 226, 414, 431, 921, 2333

– Statut über das internationale Regime der Seehäfen (1923) 2240
– Streitbeilegung 2320f
– Tiefsee 2089, 2207, **2305ff,** 2333
– Tiefseeboden s dort
– Übereinkommen zur Durchführung des Teiles XI des Seerechtsübereinkommens der VN (1994) (D 284b) 2234, 2310
– *United Nations Conference on the Law of the Sea* (UNCLOS) 2232, 2276, 2320
Seerechtsübereinkommen der VN (1982) s Seerecht, internationales
Sektorentheorie 2212ff, 2217
Selbstbestimmungsrecht (der Völker) 130ff, 1643ff, 1875, **2054ff**
– äußere Selbstbestimmung 2071ff
– Deklaration der GV der VN über die Gewährung der Unabhängigkeit an koloniale Länder und Völker (1960) (D 266) 2061
– Entwicklung 2057ff
– *erga-omnes-Charakter* s *Ost-Timor-Fall* (D 268)
– und Gewaltverbot 2079f
– Inhalt 2071ff
– innere Selbstbestimmung 2075f
– und Menschenrechtspakte der VN 2063
– als Norm des Völkerrechts 2067
– als politische Maxime 2066
– räumliche Beschränkung 2077f
– Träger 2068ff
Selbsthilfe 2681, **2823ff**
Selbstverteidigung 1879ff
– *Caroline*-Zwischenfall (1837) (D 246) 1879
– individuelle 1879
– kollektive 1879
– nationale Befreiungskriege 130, 1887
– notwehrfähige Rechtsgüter 1886
– präventive Selbstverteidigung (D 248) 1882, 1891
– *Rechtmäßigkeit der Drohung mit oder des Einsatzes von Kernwaffen,* Gutachten des IGH (1996) (D 362) 1880, 2411, 2946
– und Repressalien 1881
– und völkerrechtliche Verantwortlichkeit 2730
Selden, John 196, 2227
self-contained regime 2836
self-executing 324f, 578, 584
separate opinion 1538, 2011
Separation 810
Sepúlveda, Juan Gines 147
Serbien und Montenegro 763f, 859
Seyss-Inquart, Arthur 3055
Sezession 810ff
SFOR *(Stabilization Force)* 1863, 1904, 3372
Shrimp (Garnelen)-Fall (1998) (D 318) 2473f, 2601
Sicherheitsrat (SR) s Vereinte Nationen
Sitztheorie 703
Sklaverei 1399f, 2289, 2784
societas europea 1218
„soft law“ 9, 126, **527,** 1795, 1923, 2403f, 2503f
Soering-Fall (1989) (D 182) 1471
Sohn, Louis 2690
Solange II-Beschluss (1986) 1597, 1599
Söldner s Krieg(-srecht)
Solidarität 136
Sondertribunale (Jugoslawien, Ruanda) s Strafrecht, internationales
South Asian Association for Regional Cooperation (SAARC) 128
Southern African Development Community (SADC) 128
Souveränität **34ff,** 52, 74, 108, 140, 1220, 1366, 1802
– absolute 38
– und „Dritte Welt“ 140
– geistliche 1187
– politische 41
– rechtliche 41
– relative 37
– territoriale 1185
Sowjetunion 855ff
sozialistische Staaten 107
„sozialistischer Internationalismus“ 108
Spanische Zone von Marokko-Fall (1924) (D 331) 2707, 2733
special mission s Ad-hoc-Gesandtschaft
Special Missions Convention (1969) s Konvention über die Ad-hoc-Gesandtschaft (1969)
Spione s Kriegs- und Humanitätsrecht
Spitzbergen 2215f
– Vertrag über Spitzbergen (1920) 2215
Sramek-Fall (1984) (D 185) 1480
Staat(-en) 667ff
– Anerkennung 789ff
– *„De-facto*-Regime“ 672
– Definition 667ff
– „Drei-Elemente-Lehre“ 671
– Entstehung 789ff
– fremde Hoheitsakte 877ff
– Gebietserwerb 804ff
– Gebietshoheit 732ff, 749

– Gliedstaaten 766 ff
– Immunität s Staatenimmunität
– Mandate 781
– „Marionettenstaaten“ 741
– „Mikrostaaten“ 742, 977
– Nationalstaat 676, 1645
– Nationalitätenstaat 676
– Personalhoheit 750
– Protektorate 777 ff
– „scheintote Staaten“ 863
– „Schwellenländer“ 123, 745
– Staatselemente **670 f,** 677
– Treuhandgebiete 780
– Zahl der Staaten 673
Staatenbund 762
Staatengemeinschaftsgebiete 2207 ff
Staatenimmunität 864 ff
– Abgrenzungsprobleme 869 ff
– absolute 864 f
– *acta iure gestionis* 866
– *acta iure imperii* 866, **2663**
– relative 866 ff
– staatliche Unternehmen 872 f
– im Vollstreckungsverfahren 874 ff
Staatenlose s Fremdenrecht
Staatennachfolge 116, **810 ff**
– *„Clean slate“*-Regel **816,** 820, 822, 862
– deutsche Einigung 844 ff
– Deutschland nach dem II. Weltkrieg 844 ff
– Devolutionsabkommen 818
– *dismembratio* 810, 3031
– Grundsatz der beweglichen Vertragsgrenzen 815
– Jugoslawien 858 ff
– Konzessionen 837
– Österreich-Ungarn 842 f
– *pick and choose* 816
– “scheintote Staaten” 863
– in Schulden 830 ff
– Separation 810
– Sezession 810
– Sowjetunion 855 ff
– und Staatenverantwortlichkeit 838
– und Staatsbürgerschaft 839 ff
– Sukzessionserklärung 503
– Tschechoslowakei 861 f
– in Vermögen 827 ff
– in Verträge 815 ff
– Wiener Konvention über die Staatennachfolge in Staatsvermögen, -archive und -schulden (1983) 226, **814,** 828, 836
– Wiener Konvention über die Staatennachfolge in Verträge (1978) 226, **814**
Staatensukzession s Staatennachfolge
Staatenverantwortlichkeit 838, 1675, 2682 ff, 2740 ff s auch Verantwortlichkeit, völkerrechtliche
Staatenzusammenschlüsse 760 ff
– Personalunion 765
– Staatenbund 762
Staatsakte s Verantwortlichkeit, völkerrechtliche
Staatsbürgerschaft 684 ff
– Ausbürgerung 700
– Doppelstaatsbürgerschaft 686
– und Effektivität 712
– Erwerb 684 ff
– *genuine link* 685
– *ius sanguinis* 689
– *ius soli* 690
– Verlust 698 ff
Staatselemente 670
– Gebiet 716 ff s auch Staatsgebiet
– Staatsgewalt, souveräne 739 ff
– Volk 674 ff
Staatsgebiet 716 ff
– Begriff 716 ff
– Erwerb 804 ff
– Gebietshoheit 733 ff
– Grenzen 718 ff s auch Staatsgrenzen
– Koimperium 737, 844
– Kondominium 730, 737
– Servituten 738, 1754
– territoriale Souveränität 732 ff
Staatsgrenzen 718 ff
– Grenzen im Luft- und Weltraum 731
– Grenzen zur See 731
– Grenzflüsse 727 ff
– Grenzseen 730
– Grenzverträge 723
– Halden-Theorie 730
– Landgrenzen 725 ff
– natürliche Grenzen 722
– *Uti-possidetis*-Prinzip 130, **720 f,** 2069
– – *Badinter-Kommission, Gutachten* (1992) s dort
Staatsoberhaupt 1677
Staatsvertrag von St-Germain (1919) s Österreich
Staatsvertrag von Wien (1955) (D 380) 1554, 2118, 3017, 3097 ff, 3262 ff
– „Anschluss“-Verbot 3099, 3125, 3341
– Auslegung 3167 f
– Berliner Außenministerkonferenz (1945) 3107
– deutsche Frage 3107
– „Deutsches Eigentum“ 3099, 3142 ff
– *„liberated country“*, Österreich als 3155

- Menschenrechte 3126
- militärische Bestimmungen 1839, 3129ff
- Minderheitenbestimmungen 3127f, 3268ff
- und Neutralität 3111ff, 3119
- Obsoleterklärung einzelner Bestimmungen (1990) 538, 638, 1839, 3169ff, 3212
- Raketenverbot 3130
- Unabhängigkeitsbestimmungen 3123ff
- Verhandlungen 3098ff
- Vermögenswerte 3142ff

Stadtstaaten 78
Stalin, Jossif 910, 3105
Ständiger Internationaler Gerichtshof (StIG) 1988
Stimson, Henry 59, 1812
Stimson-Doktrin (1932) (D 221) 59, 532, 807, **1812,** 2786, 3058
Stockholm-Deklaration s Umweltrecht, internationales
Stoel, Max van der 1663
Stourzh, Gerald 3122
Strafrecht, Internationales 754ff, 2045, 2841ff
- Aggression 2855
- Auslieferungsrecht 2844
- Bundesgesetz über die Zusammenarbeit mit anderen Gerichten (1996) 2868
- *dedere aut iudicare* 1894, 2845
- *delicta iuris gentium* 756
- *International Criminal Tribunal for Rwanda* (Internationaler Strafgerichtshof für Ruanda - ICTR) 2850ff
- *International Criminal Tribunal for the Former Yugoslavia* (Internationaler Strafgerichtshof für das ehemalige Jugoslawien ICTY) (D 349) 2850ff, 2887
- Internationaler Strafgerichtshof (ICC) (D 350) 2854ff, 2907
- - Anklagebehörde 2862
- - *elements of crime* 2855
- - Komplementarität 2859
- - *ne bis in idem* 2859
- - Organe 2861f
- - Verfahren 2862ff, 2868
- - Zuständigkeit 2855ff
- internationales Verbrechen *(international crime)* 2784, 2843
- Jurisdiktion 2844ff
- Kriegsverbrechen s Kriegs- und Humanitätsrecht
- Nürnberger und Tokioter Militärtribunal 2849
- Personalitätsprinzip 754, 2842
- Schutzprinzip 754, 2842
- Straftatbestände 2842ff
- Territorialitätsprinzip 754, 2842
- Todesstrafe 2866
- transnationales Verbrechen 2843
- Universalitäts- oder Weltstrafrechtsprinzip (D 78) 757, 2842
- Verbrechen gegen die Menschlichkeit *(crimes against humanity)* 2855, 2915
- Völkermord s Menschenrechtsschutz, Internationaler

Straßenverkehr, internationaler 2152ff
- Genfer Übereinkommen über den internationalen Beförderungsvertrag im Straßengüterverkehr (*Convention relative au contrat de transport international de marchandises par route –* CMR) (1956) 2155
- Wiener Übereinkommen über den Straßenverkehr (1968) 2153

Strategic Arms Limitation Talks/ Treaty (SALT I) (1972) 1822, 2371, 3367
Strategic Arms Reduction Talks (START) I-Vertrag (1991) 1826
Strategic Arms Reduction Talks (START) II-Vertrag (1993) 1826
Strategic Arms Reduction Talks (START) III-Vertrag (2002) 1826
Streitbeilegung, friedliche 1950ff
- *Bryan-Verträge* (1913/14) (D 218) 1808, 1966
- gute Dienste 1956f, 3106
- Kombination von Streitbeilegungsmethoden 2027ff
- Rechtsprechung 1969ff
- Untersuchung 1958f
- Vergleich/Ausgleich 1966ff
- Verhandlungen 1953ff
- Vermittlung 1960ff
- im Rahmen der VN 2030ff

Streitbeilegungsverfahren in der WTO s *World Trade Organization*
Streitkräfte (im Ausland) **1753ff,** 2932ff
Subsidiaritätsprinzip s Europäische Union
Sucharipa, Ernst 3149
Südtirol 3284ff
- *„Accordino"* s dort
- I. Autonomiestatut (1948) 3288
- II. Autonomiestatut (1972) 3293

– Brennergrenze 3284
– „Europaregion Tirol“ 3299
– *Gruber-De Gasperi*-Abkommen (1946) s dort
– *Hitler-Mussolini*-Abkommen (1939) 3286
– IGH-Vertrag (1992) 3293
– 19er-Kommission 3290
– Österreich als Schutzmacht 3287 ff
– österreichisch-italienischer Nachbarschaftsvertrag 3297
– „Operationskalender“ (1969) 544, 3291 ff
– „Paket“ (1969) 3291 ff
– Rahmenabkommen zwischen Österreich und Italien über grenzüberschreitende Zusammenarbeit von Gebietskörperschaften (1993) 3298
– „Runder Tisch“ 3299
– und Staatsvertrag von St-Germain (1919) 3285
– Streitbeendigungserklärung (1992) (D 394) 3293
– Südtiroler-Erlässe (D 65) 692
Südwestafrika-Fälle (1966/71) (D 79, 81) 2016, 2789
Suez-Kanal s Kanäle
Supranationalität s Europäische Union 452, 558, 905
sustainable development s Umweltrecht, internationales
System kollektiver Sicherheit s Vereinte Nationen

T

Tabatabai-Fall (1984) s Diplomatenrecht
Tadic-Fall (1999) 2899, 3011
Taiwan 1009
Taliban 2984
Technologietransferrecht, internationales 2519
Teheraner Geisel-Fall (1980) (D 346) 444, 448, 797, 1675, 1762, 1965, 2004, 2008, 2725, 2821, 2836
terra nullius 805
Territorialitätsprinzip **877 ff,** 884
Terrorismus 49, 654, 1286, 1889, **1893 ff,** 1906, 2984
– *Al-Kaida* 2984
– *dedere aut iudicare* s Strafrecht, internationales
– Definitionen (D 249) 1896
– im Luftverkehr 2176 ff, 2843 (D 280, 281)
– Konventionen der VN 1894
– (Europäischer) Koordinator für die Terrorismusbekämpfung 1896
– „Staatsterrorismus“ 1895
Texaco v Libyen (1977) (D 323) 2750
Tiefsee s Seerecht, internationales
Tiefseeboden 24, 2305 ff
– Abbaurechte 2308
– *Enterprise* 2308 f
– Internationale Meeresbodenbehörde (*International Sea-Bed Authority* – ISBA) 2308 f
– Vertrag über das Verbot der Anbringung von Kernwaffen und anderen Massenvernichtungswaffen auf dem Meeresboden und im Meeresuntergrund (Meeresbodensperrvertrag) (1971) s Denuklearisierung
– Moratoriums-Resolution (1969) 2306
– Prinzipiendeklaration (1970) 2307
Tin-Council-Fall (1989) (D 102) 2535
Tobar-Doktrin 798
Toncic-Sorinj, Lujo 3330
Trade-Related Aspects of Intellectual Property Rights (TRIPS) 2584 ff s auch *World Trade Organization* (WTO)
Trail-Smelter-Fall (1941) (D 303) 2402, 2411
Transformation s Völkerrecht und Landesrecht
Transitproblem 2093, 2152
Transitrecht 2093
Transnationale Akteure 1208 ff
– *Non-Governmental Organizations* (NGO, auch INGO) s dort
– Transnationale Wirtschaftsunternehmen
(*Transnational Corporations* – TNC) s dort
Transnationale Wirtschaftsunternehmen (*Transnational Corporations* – TNC) 895, 1212 ff, 2489
– Bedeutung 1213 ff
– Definition 1216
– diplomatischer Schutz 1233
– europäische Gesellschaftsrechtsformen 1218
– „funktionelle Staatlichkeit“ 1232
– Holding-Gesellschaft 1217
– Kontrolle 1222 ff
– – durch die Gastgeberstaaten 1224 f
– – durch den Heimatstaat 1222 f
– Konzern 1217
– Organisationsformen 1217
– Verhaltenskodizes **1227,** 2504, 2625
– Verstaatlichte Industrie (in Österreich) 1221

– Verträge mit Gastgeberstaat 1231 f
– völkerrechtliche Verantwortlichkeit 1220 ff
– Völkerrechtssubjektivität 1232
treaty-making power s Verträge, völkerrechtliche
Treu und Glauben 310, **337 f,** 354, 2087 s auch *bona fides*
Treuhandgebiete s Staaten
Treuhandschaftsrat s Vereinte Nationen
Triepel, Heinrich 243
Truman, Harry 2247, 2263
Truman-Deklaration über die Ausdehnung der küstenstaatlichen Rechte (1945) s Seerecht, internationales
Truman-Proklamation über den Festlandsockel (1945) (D 9) 2263, 2275
Tschechoslowakei 861 f
Turkmenistan 3207
Tyrer gegen Vereinigtes Königreich-Fall (1978) 1470

U

Übereinkommen der UNCTAD über den Internationalen Multimodalen Gütertransport (1980) 2096
Übereinkommen der VN über das Recht der nicht-schifffahrtsmäßigen Nutzungen der internationalen Wasserläufe (1997) (D 277) 2107, 2133
Übereinkommen gegen Folter und andere grausame, unmenschliche oder erniedrigende Behandlung oder Strafe (1984) 1402 ff, 1418, 2735
Übereinkommen über Bedingungen für die Registrierung von Schiffen (1986) 2287
Übereinkommen über die Beseitigung aller Formen rassischer Diskriminierungen (1966) 1404
Übereinkommen über die Verhütung und Bestrafung von Straftaten gegen völkerrechtlich geschützte Personen einschließlich Diplomaten (1973) 1674, 1761
Übereinkommen über die Privilegien und Immunitäten der VN (1946) (D 104) 934
Übereinkommen über die Rechte des Kindes (1989) s Menschenrechtsschutz, internationaler
Übereinkommen über die völkerrechtliche Haftung für Schäden durch Weltraumgegenstände (1972) (D 293 a) 2341, 2360
Übereinkommen über die wasserwirtschaftliche Zusammenarbeit zum Schutz der Donau (1994) 2120
Übereinkommen und Statut über das Regime von schiffbaren Wasserwegen von internationaler Bedeutung (1921) s Flüsse
Übereinkommen und Statut über die Freiheit des Durchgangsverkehrs (1921) 2094
Übereinkommen und Statut über die internationale Rechtsordnung der Eisenbahnen (1923) 2145
Übereinkommen zum Schutz und zur Nutzung grenzüberschreitender Wasserläufe und internationaler Seen (1992) 2109
Übereinkommen zur Bekämpfung widerrechtlicher Handlungen gegen die Sicherheit der Zivilluftfahrt (1971) 2179
ultra-hazardous activities s Verantwortlichkeit, völkerrechtliche
Umweltrecht, internationales 2386 ff
– Basler Übereinkommen über die Kontrolle der grenzüberschreitenden Verbringung gefährlicher Abfälle und ihrer Entsorgung (1989) 2433
– *Brundtland*-Bericht 2387
– Cartagena-Protokoll über biologische Sicherheit (2000) (D 300) 2400, 2417, 2433, 2475
– Formen der Umweltbelastung 2394
– Haftung 2456 ff
– Informationspflicht 2431
– Institutioneller Rahmen 2444 ff
– Johannesburger Weltgipfel für Nachhaltige Entwicklung *(World Summit on Sustainable Development)* (2002) 2392
– Katastrophenfälle 2440 ff
– Kausalität 2456
– Konferenz der VN über Umwelt und Entwicklung in Rio de Janeiro (1992) (D 297 – *Rio-Deklaration*) 2387, 2403, 2420, 2474
– Konferenz der VN über eine menschliche Umwelt in Stockholm (1972) (D 296 – *Stockholm-Deklaration*) 2386, 2403, 2410
– Konsultationsverpflichtungen 2434 f
– Krisenmanagement 2440 ff
– Kyoto-Protokoll (1997) (D 298 b) 2400, 2465, 2467

– Montrealer Protokoll über Stoffe, die zu einem Abbau der Ozonschicht führen (1987) (D 299b) 2400, 2463, 2475
– Nachbarrecht 2411
– Nord-Süd-Gegensatz 2389
– Präventionsprinzip 2421
– Rechtseinhaltungsregime 2461 ff
– Rechtsquellen 2399 ff
– *sustainable development* (D 297) 2387
– territoriale Souveränität 2410 ff
– Tschernobyl, Nuklearunfall bei (1986) 2440, 2456
– Übereinkommen über die biologische Vielfalt (1992) 2400, 2463
– Übereinkommen über die frühzeitige Benachrichtigung bei nuklearen Unfällen (1986) (D 301) 240, 2441
– Übereinkommen über Hilfeleistung bei nuklearen Unfällen oder strahlungsbedingten Notfällen (1986) (D 302) 2401, 2441
– Umweltverträglichkeitsprüfung 2436 f
– UN-Rahmenübereinkommen über Klimaänderungen (1992) (D 298 a) 2400, 2463, 2464
– Ursprungsprinzip 2422
– Verantwortlichkeit 2456 ff
– Verfahrenspflichten 2430 ff
– Verträge 2398 ff, 2447
– Verursacherprinzip 2423 f
– Vorsorgeprinzip 2415
– Washingtoner Artenschutzübereinkommen (1973) 2395, 2463
– Wiener Übereinkommen zum Schutz der Ozonschicht (1985) (D 299 a) 2400

UNCTAD-Übereinkommen über Bedingungen für die Registrierung von Schiffen (1986) s Hohe See
Union Internationale des Chemins de fer (UIC) 2151
Unionsbürgerschaft s Europäische Union
United Nations s Vereinte Nationen
United Nations Commission on International Trade Law (UNCITRAL) 224, 2500, 2668
United Nations Compensation Commission 2821
United Nations Conference on the Exploration and Peaceful Uses of Outerspace (UNISPACE) 2336
United Nations Conference on the Law of the Sea (UNCLOS) s Seerecht, internationales
United Nations Conference on Trade and Development (UNCTAD) 126, 1229, 2537
United Nations Development Programme (UNDP) 2455
United Nations Educational, Scientific and Cultural Organization (UNESCO) 464, 481, 829, 3304
United Nations Environment Programme (UNEP) 2322, 2401, **2445**
United Nations High Commissioner for Refugees (UNHCR) 1267
United Nations Industrial Development Organization (UNIDO) 997, 3304, 3361
United Nations (International) Children's (Emergency)Fund (UNICEF) 983, 1069
United Nations Mission in Bosnia and Herzegovina (UNMIBH) 783
United Nations Mission in Kosovo (UNMIK) 782
United Nations Relief and Rehabilitation Administration (UNRRA) 3165
United Nations Treaty Series (UNTS) 288
„*Uniting-for-Peace*"-Resolution der GV der VN (1950) 1846 f
Unrecht, völkerrechtliches 2676 ff
Uruguay-Runde s Wirtschaftsrecht, Internationales
Uti-possidetis-Prinzip s Staatsgrenzen

V

Vatikan 788, 1188, 3207
Vattel, Emer de 36, 149, 2798
venire contra factum proprium s *estoppel*
Verantwortlichkeit, individuelle 43, 2679, 2841, **2914 ff** s auch Strafrecht, internationales
Verantwortlichkeit, völkerrechtliche *(responsibility)* 2682 ff
– Anspruchsberechtigter 2788 ff
– aufständische Bewegung 2721
– Auslieferungsrecht 2844
– Begriff 2682
– *composite obligation* 2701
– Dauerdelikt 2696
– *delayed damages* 2772
– *denial of justice* 1300, **2811 f**
– *due diligence* 2707, 2710
– entgangener Gewinn 2764, **2768 ff**
– *erga-omnes*-Verpflichtungen 2792
– Erfolgshaftung 2708 ff
– *exhaustion of local remedies* s dort

– Folgen der völkerrechtlichen Verantwortlichkeit 2740 ff
– Gegenmaßnahmen *(countermeasures)* 2731, **2834 ff** s auch Repressalien
– – Grenzen von Gegenmaßnahmen 2836
– – Gegenmaßnahmenexzess 2836
– Geltendmachung 2788 ff
– Genugtuung 2779 ff
– Globalabkommen *(lump sum agreement)* (D 162) 2777 f
– Haftung *(liability)* 2685 ff
– *Harvard-Law-School*-Entwurf (1961) 2690
– Höhere Gewalt *(force majeure)* 2732, 2739
– ILC-Kodifikation (2001) (D 325) 2683, **2691 ff**
– immaterielle Schäden 2773 f
– individuelle Verantwortlichkeit s Verantwortlichkeit, individuelle
– *ius cogens*-Verpflichtungen, Verletzung von 2784 ff
– Kausalität 2705
– *lucrum cessans* 2769, 2771
– *Mixed Claims Commissions* 2801, 2819 ff
– *„nationality of claims"* 2809
– Naturalrestitution 2767
– Nicht-Dauerdelikt 2697
– *punitive damages* 2774, 2787
– Rechtfertigungsgründe 2728 ff
– Rechtsbehelfe 2815
– *restitutio in integrum* 2747
– Retorsion 2828
– Sanktionen 2823 ff
– – Verfahren 2838 ff
– Schaden **2702 ff,** 2762 ff
– Schadenersatzpflicht 2760 ff
– Schuldhaftung 2705
– Schutzmaßnahmen 2829 ff
– Selbsthilfe 2681, 2823
– Selbstverteidigung 2730
– Sorgfalt s *due diligence*
– Staatsakt(e) *(act of a state)* 2714 ff
– *ultra-hazardous activities* 2685
– Unrecht 2694 ff
– Unterlassungs- oder Nichtwiederholungsgarantien 2741
– Verhinderungspflichten 2698
– Verschuldenshaftung 2705 ff
– Völkerrechtsverletzung 2694 ff
– Wiedergutmachung 2742
– Wiederherstellungspflicht 2746
– Zinsen 2775 f
– Zulässigkeit 2808 ff
– Zurechnung 2711 ff

Verbot des Rechtsmissbrauches 445
Verbot von bakteriologischen (biologischen) Waffen und von Toxinwaffen (1972) s Kriegs- und Humanitätsrecht
Verdross, Alfred 161, 200, 364, 562, 565, 3313
„Verdross-Doktrin" 3313, 3319
Vereinte Nationen (VN) 891
– Ausschuss für wirtschaftliche, soziale und kulturelle Rechte 1389
– Charta der Vereinten Nationen s Satzung
– Finanzierung 1064 ff
– friedenserhaltende Operationen s dort
– Generalsekretär 1028 ff, 2038
– Generalsekretariat 1028
– Generalversammlung (GV) 53, **1011 ff,** 2037
– Gewaltverbot s dort
– Gründungskonferenz von San Francisco (1945) 910
– Hochkommissar für das Flüchtlingswesen 1267
– Hochkommissar für Menschenrechte (D 173) 1430 f
– kollektive Sicherheit 93, **1840 ff,** 1903, 2681
– „Lückenschließertheorie" **1029,** 2038 f
– Menschenrechtsausschuss (MRA) 1391 ff
– Menschenrechtskommission (MRK) 1381, 1424 ff
– Menschenrechtspakte (1966) s dort
– Menschenrechtsschutz 1379 ff, 1416 ff
– Minderheitenschutz 1653 ff
– Mitgliedsbeiträge 1063 ff
– Mitgliedschaft 965 ff
– und Österreich 3304 ff
– regionale Abkommen oder Organe nach Kap VIII SVN *(„regional arrangements or agencies")* 1892
– Satzung der Vereinten Nationen (SVN) (1945) (D 1) **910 f,** 1380
– Sicherheitsrat (SR) 1023 f
– Spezialorganisationen 989
– Streitbeilegungssystem 2030 ff
– System kollektiver Sicherheit 1840 ff
– Treuhandschaftsrat 1026
– Vertragsfähigkeit 919
– Verwaltungsgericht 956 f
– „Veto" im SR 1053
– Willensbildung **1046 ff,** 1053 ff
– Wirtschafts- und Sozialrat (WSR) 1025, 2040, 2047, 2103

Verfahren der Aufnahme in die VN – Gutachten des IGH (1950) (D 120) 465, 971
Vergleichskommission *(Conciliation Commission)* 396, 1808, 1966 ff
Verhaltenskodizes *(Codes of Conduct)* 206, 543, 1227, 2504, **2625**
Verkehrsrecht, internationales 2092 ff
– Begriff 2092
– Regelungen, allgemeine 2097 ff
– Verkehrskonferenzen 2101
Vermögensvertrag Österreich-Tschechoslowakei (1974) (D 162) 1328
Verosta, Stephan 161
Versöhnungsfonds-Gesetz (2000) (D 381) 3138
Versöhnungsfonds zur Abgeltung von Forderungen ehemaliger Sklaven- und Zwangsarbeiter 3136 ff
Versprechen 513 f
Vertrag von Bangkok über eine kernwaffenfreie Zone in Südostasien (1995) s Denuklearisierung
Vertrag von Pelindaba über eine kernwaffenfreie Zone in Afrika (1996) s Denuklearisierung
Vertrag von Raratonga über eine nuklearfreie Zone im Südpazifik (1985) s Denuklearisierung
Vertrag von Tlatelolco (Mexico City) über die Errichtung einer kernwaffenfreien Zone in Lateinamerika (1967) s Denuklearisierung
Vertrag über das umfassende Verbot von Nuklearversuchen (1996) s Denuklearisierung
Vertrag über das Verbot der Anbringung von Kernwaffen und anderen Massenvernichtungswaffen auf dem Meeresboden und im Meeresuntergrund (1971) s Denuklearisierung
Vertrag über konventionelle Streitkräfte in Europa (KSE-Vertrag) (1990) (D 229) 1835 ff
Verträge, völkerrechtliche 239 ff
– Abschluss 270 ff
– *„Accordino"* s dort
– Änderung 345
– Anerkennung, gegenseitige 256
– Anfechtung 353 ff
– Auflösung 370 ff, **377 ff,** 2831
– Auslegung s unten Interpretation
– authentischer Text 321
– Beitritt 280
– *clausula rebus sic stantibus* s unten grundlegende Änderung der Umstände
– Depositär 287
– dritte Staaten 404 ff
– Durchführung 310 ff
– und einseitige Rechtsgeschäfte 503 ff
– Endigung 351 ff
– Erfüllung 310 ff
– Frustrationsverbot 284
– Funktion im Völkerrecht 241 ff
– Gliedstaaten 251
– grundlegende Änderung der Umstände 201, **382 f,** 1312
– In-Kraft-Treten 284 ff
– Interpretation 326 ff, 539
– – authentische Sprachen 335
– – *effet utile* 340
– – *favor contractus* 340
– – funktionelle 342
– – *implied powers* 342
– – innerstaatliche 343 f
– – objektive Theorie 326
– – subjektive Theorie 327
– – teleologische 339
– – *travaux préparatoires* 334, 431
– – *ut res magis valeat quam pereat* 340
– interpretative Erklärung **295,** 306
– *ius cogens* **364 ff,** 395
– kodifikatorische Verträge 245
– Konsensus-Verfahren 275, 278, 1059 ff, 1793, 1848, 1923, 1946, 2562, 2593
– Kündigung 370 ff, **373 ff**
– *material breach* 378
– Nichtigkeit 175, 368 f, 397 ff
– Notenwechsel 282, 3148, 3151
– objektiver Vertrag 243
– und österreichische Rechtsordnung 253, 313 ff
– – Abschluss 264 ff
– – authentischer Text 321
– – und Bundesländer 253 ff
– – Durchführung 313 ff
– – Erfüllungsvorbehalt 322
– – In-Kraft-Treten 319
– – Kundmachung 318 f
– – Rang 313 ff
– – Ratifikation 314, 316
– – Regierungsübereinkommen 317
– – Ressortübereinkommen 266
– – *self-executing* 324
– – Transformation 487
– – Verwaltungsübereinkommen 265
– – Vorbehalte 305 f

– *opting in/opting out* 308
– Paraphierung 277
– Ratifikation 279, 281
– Registrierung 288f
– Rücktritt 373ff, 402
– Suspendierung 370ff, **377ff,** 2831
– *treaty-making power* 251ff, 919, 3044
– Treu und Glauben **310,** 337f
– Unterzeichnung **277,** 279, 283
– Verhältnis zueinander 409ff
– – bilaterale Verträge 409ff
– – *Lex-posterior*-Regel 410
– – multilaterale Verträge 412ff
– – Vorrangsvereinbarungen 417
– Verletzung 378ff
– Vertragsanwendungsorgane 592
– Vorbehalte 294ff
– – Zulässigkeit von Vorbehalten, Rechtsgutachten des IGH (1951) (D 13) 292
– Wiener Vertragsrechtskonvention (1969) (WVK) (D 10) 226, 240ff, 247
– Wiener Vertragsrechtskonferenz (1968/69) 251, 304, 362, 367, 372
– Ziel und Zweck 292, 339
– Zustandekommen 261ff
– zuständige Organe 261ff
Verwaltungsgericht der Vereinten-Nationen-Fall (1954) (D 113) 956
„views"
– des Menschenrechtsausschusses 1395
– des Ausschusses gegen Folter 1421
Verwaltungsgerichte 938, **955ff**
Verwaltungsrecht, Internationales 759
Verwaltungsunionen 887
Vieira de Mello, Sergio 1430
Vienna Declaration on Space and Human Development (1999) 2336
Visscher, Charles de 157
Vitoria, Francisco de 147
Vitzthum, Wolfgang Graf 2236
Völkerbund (VB) 93, **888ff,** 915, 3037ff
Völkergewohnheitsrecht 177ff
– Begriff 177ff
– bilaterales 186f
– derogierendes 214ff
– *desuetudo* **214ff,** 538
– Erzeugungsarten 200ff
– *„instant custom"* 189
– Kodifikation 219ff
– Kodifikationsverträge 226
– in der Krise 238
– in der österreichischen Rechtsordnung 233ff
– *opinio iuris* 177, **191ff,** 206, 215, 2051
– partikuläres 184
– *„persistent objector"* 183
– *progressive development* 228, 2693
– regionales 184
– Staatenpraxis 179ff, 536ff
– Übung 177ff, **181ff**
Völkermord s Menschenrechtsschutz, internationaler
Völkermordkonvention, Gutachten über *Vorbehalte zur Konvention über die Verhütung und Bestrafung des Verbrechens des Völkermordes* (1951) (D 13) 292
Völkerrecht 1ff
– Abgrenzung 558f
– Definition 6
– und „Dritte Welt" 121ff
– europäisches 75ff
– Funktionen 15ff
– „Konstitutionalisierung" **165,** 2085
– Krise 67
– der sozialistischen Staaten 45, **107ff,** 114
– Voraussetzungen 20ff
– westliches 29, **100ff,** 113, 232
Völkerrecht und Landesrecht 552ff
– Abgrenzung 558f
– Anwendungsvorrang 556, 595, 597
– Auswärtige Gewalt (in Österreich) s dort
– Dualismus 561
– funktionelle Verdoppelung 552
– Geltungsvorrang 594
– innerstaatliche Durchführung des Völkerrechts (Inkorporation) 233, 568ff
– – Adoption 576f, 587
– – dynamische Inkorporation 585
– – rezente Perspektiven 579ff
– – Theorien 572ff
– – Transformation 573ff
– – – generelle 574
– – – spezielle 575, 588
– – unmittelbare Anwendbarkeit 578
– Kollision zwischen Völkerrecht und österreichischem Recht 594f
– Mitwirkung Österreichs an der Rechtsetzung in der EU 601ff
– Monismus 562ff
– – gemäßigter 565
– – radikaler 564
– Übernahme von EU-Recht in die österreichische Rechtsordnung 596ff
– – Gemeinschaftsrecht 597
– – Unionsrecht 599f
– Übernahme von Völkerrecht in das Landesrecht 568ff

– Übernahme von Völkerrecht in das österreichische Recht 582ff
– Verhältnis Gemeinschaftsrecht – Landesrecht in Österreich 567
Völkerrechtlicher Verkehr 1674ff s auch Organe des völkerrechtlichen Verkehrs
Völkerrechtslehre 532f
Völkerrechtsquellen 166f
– Anwendungsvorrang 176
– Definition 166ff
– Derogation 174
– Katalog des Art 38 IGH-Statut 8, **167,** 169
– Normenhierarchie 175
– Primärquellen 167, **174**
– Rangordnung 174f
– Rechtserkenntnisquellen 167, 523
Völkerrechtssubjekte 10, **662ff**
– Einzelmenschen 1263ff
– Gliedstaaten s Staaten
– Heiliger Stuhl s dort
– Internationale Organisationen s dort
– partielle 767
– Ritterorden s dort
– Rotes Kreuz s dort
– Staaten s dort
– Transnationale Akteure s dort
Völkerrechtssubjektivität 766ff, 918ff
Völkerrechtsverletzung s Verantwortlichkeit, völkerrechtliche
Völkerrechtswissenschaft 145ff
– und „Dritte Welt“ 121ff
– europäische 145ff
– westliche 160
Völkersitte s *Courtoisie*
Völkerstrafrecht s Strafrecht, internationales
Völkervertragsrecht s Verträge, völkerrechtliche
„Volksdeutsche“, österreichische Entschädigungsmaßnahmen für s Österreich
Volksgruppengesetz (1976) s Österreich, Minderheitenschutz
Vorbehalte s Verträge, völkerrechtliche

W

Waldheim, Kurt 1707, 3290
Walfang 2302, 2394
Warschauer Abkommen zur Vereinheitlichung von Regeln über die Beförderung im internationalen Luftverkehr (1929) 2172
Warschauer-Vertrags-Organisation (WVO) (Warschauer Pakt) 97, 1898
Washingtoner Artenschutzübereinkommen (1973) s Umweltrecht, internationales
Weltbank 937, 1056, 1069, **2515**
Welthandelsorganisation s *World Trade Organization* (WTO)
Weltnachrichtenvertrag (1932) 2101
Weltpostverein (1964) (WPV) 413, 887, **2201f**
Weltpostvertrag (1878) 347, 2101, **2201**
Weltraum 2334ff
– Aneignungsverbot 2347
– Astronauten 2356
– Denuklearisierung 2370
– *European Space Agency* (ESA) 2343
– Freiheiten 2349f
– Gemeinwohlprinzip 2349
– geostationäre Satelliten 2376
– Geschichte 2337ff
– Haftung 2359ff
– Haftungsvertrag (1972) (D 293a) 2341, **2360,** 2369
– und Luftraum 2351f
– Mondvertrag s dort
– nutzungsbezogene Regelungen 2370ff
– Nutzung von Kernenergie im Weltraum – Res der GV der VN (1992) (D 295) 2385
– Rechtsquellen 2337ff
– Registerstaat 2355
– Registrierungsvertrag (1975) 2342, 2354
– Rückführungsvertrag (1968) 2340, 2357, 2368
– Satelliten 2346f, 2376
– Startstaat 2354
– *United Nations Commitee on the Peaceful Uses of Outer Space* (UNCOPUOS) 2337
– Weltraumschrott *(space debris)* 2385
– Weltraumvertrag (1967) s dort
Weltraumdeklaration (1963) 2338
Weltraumvertrag (1967) (D 292) 188, 1824, 2339f, 2347ff, 2358
Weltstrafrechtsprinzip (D 78) 757, 2842
Weltwirtschaftskrise 95
Werteplattform, gemeinsame 25, 30, 78
Westendorp, Carlos 784
Westeuropäische Union (WEU) **1116f,** 1911
Westfälische Friedensverträge (1648) 15, **80,** 115, 1693
Wiedergutmachung s Verantwortlichkeit, völkerrechtliche

Wiener Kongress (1814/15) **86,** 204, 221, 885, 1399, 1640, 1696, 1700, 2509
Wiener Kongressakte (1815) s Flüsse
Wiener Konvention über die Staatennachfolge in Staatsvermögen, -archive und -schulden (1983) s Staatennachfolge
Wiener Konvention über die Staatennachfolge in Verträge (1978) s Staatennachfolge
Wiener Konvention über die Vertretung von Staaten in ihren Beziehungen mit Internationalen Organisationen universellen Charakters (WmDK) (1975) 226, 1007, 1674
Wiener *Règlement* (1815) s Diplomatenrecht
Wiener Vertragsrechtskonvention (WVK) (1969) s Verträge, völkerrechtliche
Wiener Übereinkommen über das Recht der Verträge zwischen Staaten und Internationalen Organisationen oder zwischen Internationalen Organisationen (WVK II) (1986) 226, 250, **924**
Wiener Übereinkommen über den Straßenverkehr (1968) s Straßenverkehr, internationaler
Wiener Übereinkommen über diplomatische Beziehungen (WDK) (1961) (D 205) 204, 226, 878, **1674 ff,** 1698
Wiener Übereinkommen über konsularische Beziehungen (WKK) (1963) (D 209) 226, 417, 426, 878, **1674 ff**
Wiener Übereinkommen zum Schutz der Ozonschicht (1985) (D 299 a) 2400
Wilson, Woodrow 93, 289, 798, 2057, 2077, 3285
Wirtschafts- und Sozialrat (WSR) s Vereinte Nationen
Wirtschafts- und Währungsunion (WWU) s Europäische Union
Wirtschaftsrecht, Internationales (IWR) 2476 ff
– und allgemeine Rechtsgrundsätze 2499
– Außenwirtschaftsrecht 2492 ff
– Begriff 2487
– *Cobden*-Vertrag (1860) 2510
– Entwicklung 2505 ff
– Finanzrecht, Internationales 2477, 2515
– Freihandel 2510
– und Fremdenrecht 2505 f
– geistiges Eigentum 2512
– Internationale Wirtschaftsorganisationen 2496
– Konzessionsverträge 2628
– *lex mercatoria* 2500
– Lomé-Abkommen s dort
– Meistbegünstigung 2510, 2558
– Merkantilismus 2508
– Regelungsbereiche 2481
– regionale wirtschaftliche Integration 2522 ff
– – Freihandelszone 2522, 2526
– – Gemeinsamer Markt 2522
– – Wirtschafts- und Währungsunion s Europäische Union
– – Zollunion 2522
– *terms of trade* 2484, 2519
– transnationale Wirtschaftsunternehmen s dort
– Uruguay-Runde 2553
– Verhaltenskodizes s dort
– und Völkergewohnheitsrecht 2498
– „weiches" Internationales Wirtschaftsrecht 2504
– Wirtschaftsvölkerrecht 2487 ff
World Health Organization (WHO) 968, 3304
World Intellectual Property Organization (WIPO) 2584, 3304
World Meteorological Organization (WMO) 979
World Trade Organization (WTO) 899, 991, 2517, **2553 ff,** 2589 ff, 3304
– Aufgaben und Organisation 2555 ff
– *Dispute Settlement Body* 2559, **2591 ff**
– Doha-Runde 2603
– Inländergleichbehandlung 2558
– Konsulationsverfahren 2591
– Meistbegünstigung 2558, 2571, 2578
– *General Agreement on Trade in Services* (GATS) (1994) (D 313) 2577 ff
– – Dienstleistungen 2581 f
– – Sektorübereinkommen 2582
– – Verpflichtungen 2578
– *General Agreement on Tariffs and Trade* (GATT) (1947/1994) (D 309, 311) 945, 2094, **2516 f, 2551 ff**
– – Schutzmaßnahmen 2575
– – Sonderübereinkommen zum GATT (1994) 2576
– – *trade-related investment measures* (TRIMs) 2576, 2605, 2620
– – Transitfreiheit 2574
– – Zollsenkungen 2571
– – Uruguay-Runde 2553

– Mitgliedschaft in der WTO 2563
– Panel-Verfahren 2591
– Plurilaterale Übereinkommen 2588
– Rechtsdurchsetzung 2589 ff
– *Standing Appellate Body* 2592
– Streitbeilegungsverfahren in der WTO (D 315, 316) 2029, **2554**
– *Trade-Related Aspects of Intellectual Property Rights* (TRIPS) (D 314) 2584 ff
– – Patent- und Urheberrechte 2585 ff
– – Verbindung mit der WIPO 2584
– Transparenz 2569
– Zusammenarbeit der WTO mit anderen IOs 2566 f
– Zusammenarbeit der WTO mit NGO 2568

Z

Zentralamerikanischer Gerichtshof 1987
Zentraleuropäische Initiative (ZEI) 3332
Zivilbevölkerung s Krieg(-srecht)
Zivilgesellschaft s *civil society*
Zollauschlussgebiet 717
Zollunion 1111, 1165, **2522** s auch Wirtschaftsrecht, internationales
Zusammenarbeit in den Bereichen Justiz und Inneres (ZBJI) s Europäische Union, Polizeiliche und Justizielle Zusammenarbeit (PJZS)
„Zwei-plus-Vier-Vertrag“ (1990) s Deutschland
„Zweite Welt“ 3
„Zwergstaaten“ s Mikrostaaten